AutoCAD 14

AutoCAD 14

Werner Sommer

Von den grundlegenden
Techniken bis zum
Einstieg in die 3D-Welt

Profitips, neue Funktionen,
praxisnahe Beispiele
und Übungen

Anpassen der
Bedienoberfläche, Einstieg
in die Programmierung

DAS KOMPENDIUM

Markt&Technik
Buch- und Software-Verlag GmbH

Die Deutsche Bibliothek – CIP-Einheitsaufnahme

AutoCAD 14 – das Kompendium :
von den grundlegenden Techniken bis zum Einstieg in die 3D-Welt ;
Profitips, neue Funktionen, praxisnahe Beispiele und Übungen ; Anpassen der
Bedienoberfläche, Einstieg in die Programmierung / Werner Sommer. –
Haar bei München : Markt und Technik, Buch- und Software-Verl.
   ISBN 3-8272-5299-7

Buch. – 1997
   Gb.

CD-ROM. – 1997

Die Informationen in diesem Produkt werden ohne Rücksicht auf einen
eventuellen Patentschutz veröffentlicht.
Warennamen werden ohne Gewährleistung der freien Verwendbarkeit benutzt.
Bei der Zusammenstellung von Texten und Abbildungen wurde mit größter
Sorgfalt vorgegangen.
Trotzdem können Fehler nicht vollständig ausgeschlossen werden.
Verlag, Herausgeber und Autoren können für fehlerhafte Angaben
und deren Folgen weder eine juristische Verantwortung noch
irgendeine Haftung übernehmen.
Für Verbesserungsvorschläge und Hinweise auf Fehler sind Verlag und
Herausgeber dankbar.

Alle Rechte vorbehalten, auch die der fotomechanischen Wiedergabe und der
Speicherung in elektronischen Medien.
Die gewerbliche Nutzung der in diesem Produkt gezeigten Modelle und Arbeiten
ist nicht zulässig.

Fast alle Hardware- und Softwarebezeichnungen, die in diesem Buch erwähnt werden,
sind gleichzeitig auch eingetragene Warenzeichen oder sollten als solche betrachtet werden.

10   9   8   7   6   5   4   3

02   01   00   99

ISBN 3-8272-5299-7

© 1998 by Markt&Technik Buch- und Software-Verlag GmbH,
Hans-Pinsel-Straße 9b, D-85540 Haar bei München/Germany
Alle Rechte vorbehalten
Einbandgestaltung: Grafikdesign Heinz H. Rauner, München
Lektorat: Rainer Fuchs, rfuchs@mut.de
Herstellung: Martin Horngacher
Satz: EDV-Satz Reemers, Krefeld
Druck: Bercker Graph. Betrieb GmbH, Kevelaer
Dieses Produkt wurde mit Desktop-Publishing-Programmen erstellt
und auf chlorfrei gebleichtem Papier gedruckt
Printed in Germany

Inhaltsverzeichnis

      Vorwort 17

Teil 1 Der Start mit AutoCAD 21

1	Einführung	23
1.1	Über dieses Buch	25
	Die Gliederung	26
	Die Konventionen in diesem Buch	27
	Die CD zum Buch.	28
1.2	Hard- und Software-Voraussetzungen für AutoCAD 14	29
1.3	CAD-Peripherie.	31
	Maus oder Digitalisiertablett	31
	Ausgabegeräte.	32
1.4	Die Funktionen in AutoCAD 14	33
1.5	Was ist neu in AutoCAD 14?.	35
2	**AutoCAD 14 – die Bedienelemente**	39
2.1	AutoCAD 14 starten	41
2.2	Der AutoCAD-14-Bildschirm.	43
2.3	Eine Zeichnungsdatei öffnen	46

2.4	Die Abrollmenüs 57
2.5	Die Werkzeugkästen 58
2.6	Die Tablettmenüs 63
2.7	Befehlszeilenfenster und Textfenster 65
2.8	Befehle und Optionen 67
2.9	Das Übersichtsfenster. 70
2.10	Zoom- und Pan-Befehle 73
2.11	Tastenbelegung auf der Maus oder dem Zeigegerät des Digitalisiertabletts 80
2.12	Die Hilfe-Funktionen 81
2.13	Einrichtung des AutoCAD-Arbeitsplatzes 86
2.14	AutoCAD 14 beenden 90

Teil 2 Die erste Zeichnung in AutoCAD 91

3	Grundeinstellungen zum Zeichnen 93
3.1	Start einer neuen Zeichnung 95
3.2	Das Zeichnungskoordinatensystem und die Eingabe von Koordinaten 108
3.3	Limiten, Papierformat und Maßstäbe 112
3.4	Start einer neuen Zeichnung ohne Setup 115
3.5	Die Zeichnungshilfen 116
3.6	Layer, Farben und Linientypen 121
3.7	Linientypen und Linientypenfaktoren 137
3.8	Die aktuelle Farbe 141
3.9	Speichern der Zeichnung 143

4	Zeichen- und Konstruktionstechniken 147
4.1	Eine Zeichnung mit einer Vorlage starten 149
4.2	Zeichnen von Linien 152
4.3	Befehle zurücknehmen 156

4.4	Orthogonales Zeichnen und Längenangaben	157
4.5	Versetzen von Objekten	158
4.6	Stutzen und Dehnen	160
4.7	Abrunden und Fasen von Objekten	165
4.8	Neuzeichnen und Regenerieren	170
4.9	Konstruktionsübung	171
4.10	Löschen von Objekten	173
4.11	Zeichnen mit dem Objektfang	183
4.12	Konstruktionslinie und Strahl	194
4.13	Konstruieren mit Objektfang und Konstruktionslinien	196
4.14	Relativpunkte	199
4.15	Zeichnen von Kreisen	200
4.16	Zeichnen von Bögen	203
4.17	Benutzerkoordinatensysteme BKS	208
4.18	Zeichnen von Rechtecken	216
4.19	Regelmäßige Anordnungen erzeugen	218
4.20	Kopieren von Objekten	223
4.21	Drehen von Objekten	224
4.22	Schieben von Objekten	226
4.23	Spiegeln von Objekten	227
4.24	Skalieren von Objekten	228
4.25	Strecken von Objekten	230
4.26	Zeichnen mit Punktfiltern	233
4.27	Die Spur-Funktion	236
4.28	Mittellinien	239
4.29	Länge ändern	240
4.30	Sicherung von Ausschnitten	242

| 5 | **Schraffieren, Bemaßen und Beschriften** 245
| 5.1 | Schraffieren von Flächen in der Zeichnung 248
| 5.2 | Layer setzen 256
| 5.3 | Ändern der Objekteigenschaften. 257
| 5.4 | Ausmessen und Abfragen. 259
| 5.5 | Bemaßen der Zeichnung 265
| 5.6 | Bemaßungsstile 266
| 5.7 | Einfache lineare Maße 270
| 5.8 | Zusammengesetzte lineare Maße 275
| 5.9 | Radius- und Durchmesserbemaßung 278
| 5.10 | Winkelbemaßung 280
| 5.11 | Führungslinien. 282
| 5.12 | Koordinatenbemaßung 285
| 5.13 | Form- und Lagetoleranzen 287
| 5.14 | Mittellinien an Kreisen und Bögen 289
| 5.15 | Beschriften der Zeichnung 290
| 5.16 | Textänderungen 300
| 5.17 | Rechtschreibprüfung 301
| 5.18 | Attribute bearbeiten. 303
| 5.19 | Textstile 305

| 6 | **Plotten von Zeichnungen** 309
| 6.1 | Der Plotbefehl 311
| 6.2 | Geräteauswahl. 312
| 6.3 | Stiftzuordnung 315
| 6.4 | Plotbereich festlegen 317
| 6.5 | Papierformate 319
| 6.6 | Skalierfaktor, Drehung und Ursprung 320
| 6.7 | Die Plotvoransicht 321
| 6.8 | Plotter konfigurieren 324
| 6.9 | Das Dienstprogramm Stapelplotten 325

Teil 3 Befehle, Befehle, Befehle... 333

7	**Weitere Zeichen- und Editierbefehle**	**335**
7.1	Zeichnen von Polylinien	337
7.2	Editierung von Polylinien	343
	Polylinienoptionen bei Editierbefehlen	343
	Der Editierbefehl für Polylinien	345
7.3	Zeichnen und Editieren von Splines	349
7.4	Ellipse, Polygon und Ring	351
	Zeichnen von Ellipsen	351
	Zeichnen von Polygonen	353
	Zeichnen von Ringen	353
7.5	Zeichnen von Skizzen	354
7.6	Zeichnen mit komplexen Linientypen	357
7.7	Zeichnen und Editieren von Multilinien	358
7.8	Symbole	365
7.9	Punkte, Messen und Teilen	366
7.10	Brechen von Objekten	369
7.11	Isometrisches Zeichnen	371
7.12	Vom Tablett digitalisieren	374
7.13	Der Geometrierechner	375
8	**Gefüllte Flächen und Anzeigereihenfolge**	**381**
8.1	Gefüllte Flächen mit dem Schraffurbefehl	383
8.2	Andere Möglichkeiten für gefüllte Flächen	385
8.3	Darstellung gefüllter Flächen	386
8.4	Anzeigereihenfolge	387
8.5	Umgrenzung	390
9	**Regionen**	**393**
9.1	Erstellung von Regionen	395
9.2	Analyse von Regionen	396

9.3	Verknüpfung von Regionen	398
9.4	2D-Konstruktionen aus Regionen	400
10	**Bemaßungseinstellungen, Stile und Änderungen**	**403**
10.1	Einstellung der Bemaßungsvariablen	405
10.2	Einstellung der Bemaßungsparameter mit Dialogfeldern	408
10.3	Bemaßungsstile	420
10.4	Editierung von Objekten mit Bemaßung	425
10.5	Editierung von Maßen	426
11	**Blöcke, Attribute und Gruppen**	**431**
11.1	Eigenschaften von Blöcken	433
11.2	Blöcke erstellen	436
11.3	Exportieren von Blöcken	438
11.4	Einfügen von Blöcken	441
11.5	Die Zeichnung bereinigen	445
11.6	Blöcke zuschneiden	446
11.7	Attribute	449
11.8	Attributdefinition	450
11.9	Änderung von Attributdefinitionen	452
11.10	Attributeingabe	453
11.11	Änderung von Attributwerten	455
11.12	Anzeige von Attributen	457
11.13	Attributausgabe	458
11.14	Gruppen	462
12	**Externe Referenzen**	**469**
12.1	Externe Referenzen zuordnen	471
12.2	Benannte Objekte in externen Referenzen	476
12.3	Binden von externen Referenzen	479
12.4	Binden der benannten Objekte	481
12.5	Blöcke contra externe Referenzen	482

13	**Bilder in Zeichnungen**	**483**
13.1	Rasterdateien zuordnen	485
13.2	Bilder bearbeiten	492
13.3	Bilder zuschneiden	494
13.4	Beispiele für Bilder in Zeichnungen	495
14	**Änderungsfunktionen und Objektgriffe**	**499**
14.1	Änderung der Objekteigenschaften	501
14.2	Änderung von Objekteigenschaften und Geometrie	503
14.3	Übertragung von Objekteigenschaften	515
14.4	Editieren mit Griffen	517
15	**Papierbereich, Modellbereich, Mehrfachansichten und Maßstab**	**527**
15.1	Umschalten in den Papierbereich	529
15.2	Mehrfachansichten	533
15.3	Papierbereich und Modellbereich	536
15.4	Sichtbarkeit in den Ansichtsfenstern	541
15.5	Bemaßen von Mehrfachansichten	544
15.6	Plotten von Mehrfachansichten	548
15.7	Ansichtsfenster beim Setup für eine neue Zeichnung	549
16	**Windows-spezifische Funktionen**	**555**
16.1	Befehle ausführen durch Drag&Drop	557
16.2	Windows-Zwischenablage innerhalb von AutoCAD	561
16.3	Verknüpfen und Einbetten (OLE)	564
16.4	Änderungen an OLE-Objekten	569
16.5	Aufruf des Internet-Browser	572
17	**Datenaustausch mit anderen Programmen**	**575**
17.1	Austausch mit anderen AutoCAD-Versionen	577
17.2	Austausch im DXF-Format	583
17.3	WMF-Dateien einlesen und erstellen	585

| 17.4 | BMP-Dateien erstellen 587
| 17.5 | Weitere Austauschformate 588
| 17.6 | PostScript-Ein- und -Ausgabe 591
| 17.7 | Das DXB-Format 594
| 17.8 | Plotdateien erstellen 595

Teil 4 Abheben in die dritte Dimension 599

| 18 | **3D-Techniken und 3D-Darstellungen** 601
| 18.1 | 3D-Techniken 603
| 18.2 | 3D-Koordinatenformate. 605
| 18.3 | Zeichnen mit Objekthöhe und Erhebung 607
| 18.4 | Das erste 3D-Modell. 610
| 18.5 | Ansichtspunkte und Ausschnitte. 614
| 18.6 | Verdecken und Schattieren. 619
| 18.7 | 3D-Editierfunktionen 623
| 18.8 | Benutzerkoordinatensysteme im Raum. 635
| 18.9 | Dynamische Ansichten und Fluchtpunktperspektiven 642
| 18.10 | Aufteilung des Bildschirms in Fenster. 647
| 18.11 | Mehrere Ansichten auf einem Zeichenblatt. 651

| 19 | **Oberflächenmodelle** 661
| 19.1 | 3D-Polylinien, -Flächen und -Netze 663
| | 3D-Grundkörper aus Oberflächen 671
| | Oberflächen aus Drähten 675
| 19.2 | Editierung von Oberflächenmodellen 681
| 19.3 | 3D-Konstruktion eines Oberflächenmodells 683

| 20 | **Volumenkörper** 689
| 20.1 | Volumenkörper erstellen 691
| 20.2 | Volumenkörper verknüpfen 701

20.3	3D-Konstruktionen mit Volumenkörpern	705
20.4	Zeichnungen von Volumenkörpern erstellen	715

21	**Rendern in AutoCAD**	723
21.1	Rendern von 3D-Modellen	725
21.2	Bilder speichern, wiedergeben und drucken	732
21.3	Rendern mit Hintergrund	736
21.4	Rendern im Nebel	741
21.5	Materialien aus der Materialbibliothek	742
21.6	Materialien bearbeiten und erstellen	748
21.7	Mapping	754
21.8	Lichter und Schatten	759
21.9	Szenen	765
21.10	Landschaft	768
21.11	Sonstiges	772

Teil 5 AutoCAD intern 775

22	**Die Werkzeugkästen**	777
22.1	Funktionsleisten und Werkzeugkästen ein- und ausblenden	779
22.2	Eigenschaften eines Werkzeugkastens	782
22.3	Inhalt eines Werkzeugkastens ändern	783
22.4	Einen neuen Werkzeugkasten erstellen	785
22.5	Ein Fly-out-Menü in einen Werkzeugkasten einbauen	786
22.6	Belegung eines Symbols ändern	788
22.7	Syntax für Makros	793
22.8	Werkzeugkästen wiederherstellen	795

23	**Die Supportdateien**	797
23.1	Linientypen definieren	799
23.2	Komplexe Linientypen definieren	801

23.3	Schraffurmuster definieren	804
23.4	Externe Programme einbinden	808
23.5	Befehlskürzel definieren	809
23.6	Diadateien	810
23.7	Skript-Dateien	812
24	**Die Menüs**	**817**
24.1	Die Menüdatei	819
24.2	Abschnitte in der Menüdatei	821
24.3	Syntax der Menüdatei	823
24.4	Das Knopfmenü	824
24.5	Die Pop-up-Menüs	825
24.6	Die Abrollmenüs	830
24.7	Die Bildmenüs	833
24.8	Werkzeugkästen	835
24.9	Das Bildschirmseitenmenü	837
24.10	Die Tablettmenüs	839
24.11	Der Hilfetext	842
24.12	Tastaturkürzel	843
24.13	Laden von Teilmenüs	845
24.14	Die Makrosprache DIESEL	847
24.15	DIESEL-Funktionen	849
25	**ASE-Datenbank-schnittstelle**	**855**
25.1	Datenbanken in AutoCAD	857
25.2	Beispiel einer dBase3-Datenbank	858
	Einrichten der Umgebung	858
	Anlegen einer neuen Tabelle	860
	Verknüpfen der Daten mit Zeichnungselementen	864
	Auswerten der Daten mit SQL	865

26	Software-Schnittstellen	869
26.1	Wozu Software-Schnittstellen?.	871
26.2	AutoLISP und DCL	871
	Direktes Ausführen von AutoLISP-Befehlen.	872
	AutoLISP-Programme	875
	AutoLISP-Programm für ein Langloch	881
	Dialogfelder mit DCL programmiert	886
	Start aus einem Werkzeugkasten	891
26.3	Die ADS-Schnittstelle	892
26.4	Die ARX-Schnittstelle	892
26.5	ActiveX-Automation, VBA-Entwicklungsumgebung in AutoCAD	893
26.6	Die Bonus-Utilities.	908
	Layer-Funktionen	909
	Text-Funktionen	910
	Änderungs-Funktionen	911
	Zeichnungs-Funktionen	912
	Werkzeuge	913
27	Installation und Konfiguration	915
27.1	Die Installation von AutoCAD	917
27.2	Der erste Start von AutoCAD	923
27.3	Schalter beim Start von AutoCAD	924
27.4	Voreinstellungen für AutoCAD	927
27.5	Konfiguration des Tabletts	944

Teil 6 Referenzteil 947

28	Befehlsübersicht	949
28.1	Menüfunktionen und Befehle	951
28.2	Werkzeugkästen und Befehle	960

28.3	AutoCAD-Befehle von A bis Z 964
	Befehlsliste. 965
28.4	Befehlsaliase. 1013
29	**Systemvariablen** 1019
29.1	AutoCAD-Systemvariablen von A bis Z 1023
30	**Branchenapplikationen**. 1041
30.1	Architektur und Bauwesen 1043
	Architektur 1043
	Innenarchitektur, Büroplanung 1045
	Schalung und Bewehrung 1046
	Stahlbau 1046
	Haustechnik 1047
	Messebau 1047
30.2	Kartographie und Geographische Informationssysteme. . . 1048
	Stadtplanung 1048
	Versorgung/Entsorgung 1048
	Vermessungstechnik und Kartographie. 1049
30.3	Mechanik. 1049
	Maschinenbau. 1049
	Fertigung 1050
30.4	Verfahrenstechnik. 1052
30.5	Elektrotechnik 1052
30.6	Symbolbibliotheken. 1053
30.7	Zeichnungsverwaltungen, EDM-Systeme 1053
30.8	GENIUS – Applikationen rund um den Maschinenbau . . . 1054
	Genius 14 1054
	Genius-Vario 1057
	Genius-TNT 1057
	Genius-Profile 1057
	Genius-Motion 1057
	Genius-Mold 1058
	Stichwortverzeichnis 1059

Vorwort

Sie ist inzwischen 15 Jahre alt: die Erfolgsgeschichte von AutoCAD. Sie begann in der Zeit, in der Microcomputer noch das Image von Spielzeug hatten, geniales Spielzeug zwar, doch für den kommerziellen Einsatz unbrauchbar.

Doch 1982 kam der Personalcomputer von IBM auf den Markt. Er verhalf der Branche zum Durchbruch, die seither enorme Wachstumsraten verzeichnen kann. Der PC etablierte sich in den folgenden Jahren in Industrie, Verwaltung, Forschung und Entwicklung, bei Banken und Versicherungen, in der Aus- und Weiterbildung sowie in der Freizeit.

In dem Jahr, als der Personalcomputer seinen Siegeszug begann, stellte auch die neu gegründete Firma Autodesk ein CAD-Programm (CAD = Computer Aided Design) für Personalcomputer vor: AutoCAD. Bis zu dieser Zeit war CAD eine Domäne leistungsfähiger Großsysteme. Das Echo auf AutoCAD war geteilt. Die einen bejubelten den Durchbruch und sahen die Chance, daß damit CAD jetzt preiswert für alle zur Verfügung stehen würde, für die anderen war CAD auf dem Personalcomputer für professionellen Einsatz schlicht und einfach unmöglich.

Erstere hatten recht: AutoCAD setzte sich durch. Innerhalb weniger Jahre wurde es zum meistverkauften CAD-Programm weltweit. Durch die konsequent offene Architektur mit ihren integrierten Software-Schnittstellen und die Datenbankanbindung entstand eine ganze Software-Industrie rund um AutoCAD. AutoCAD wurde die Basissoftware für die unterschiedlichsten Branchenapplikationen.

Inzwischen geht die Erfolgsgeschichte in das 14. Kapitel: Seit Juni 1997 ist AutoCAD 14 auf dem Markt. Es gibt auch wieder nur eine Plattform für AutoCAD. Die neue Version wurde konsequent als 32-Bit-Windows-Programm entwickelt. Sie läuft unter Windows 95 und Windows NT. Es gibt keine Version mehr für Windows 3.11, es sind auch keine Unix-Versionen mehr geplant, und die DOS-Version gehört endgültig der Vergangenheit an.

Die Bedieneroberfläche wurde gründlich überarbeitet und dem Windows-Standard angepaßt. Die Schlankheitskur hat AutoCAD gut getan. Durch das Verschwinden des Ballastes aus den verschiedenen Versionen ist das Programm schneller und leistungsfähiger geworden. Neue Funktionen kamen hinzu und machen das Programm noch universeller einsetzbar.

Das vorliegende Kompendium zu AutoCAD 14 wendet sich an Umsteiger und erfahrene Anwender, die sich in das Programm einarbeiten wollen. Wenn Sie noch keine CAD-Kenntnisse haben, finden Sie in den ersten Kapiteln des Buches den Einstieg in das Programm. An einem überschaubaren Beispiel, das von Anfang an geplant und gezeichnet wird, lernen Sie die elementaren Zeichen- und Konstruktionstechniken kennen. Alle Schritte sind ausführlich beschrieben.

Alle Befehle und Funktionen können Sie in den folgenden Kapiteln an vorbereiteten Beispielzeichnungen üben. Auch der fortgeschrittene Anwender findet hier Tips und Tricks für den effektiven Einsatz des Programms.

Wenn Sie schon mit einer vorherigen Version von AutoCAD gearbeitet haben, lernen Sie mit dem Kompendium schnell die Vorzüge von AutoCAD 14 kennen. Die Neuerungen dieser neuesten Version sind speziell gekennzeichnet.

Ausführlich werden auch die 3D-Funktionen von AutoCAD 14 behandelt. Sie lernen, wie Sie Festkörper und Oberflächenmodelle konstruieren und wie Sie diese darstellen können. In AutoCAD 14 ist AutoVision enthalten, das Programm für fotorealistische Darstellungen von 3D-Modellen, das zu den Versionen 12 und 13 als zusätzliches Modul verkauft wurde. Wie Sie damit Bilder von Ihren 3D-Modellen in höchster Qualität erstellen können, finden Sie ebenfalls in diesem Buch.

Datenaustausch ist in der CAD-Branche ein wichtiges Thema. Welche Schnittstellen AutoCAD zur Verfügung stellt und wie Sie Daten und Zeichnungen mit anderen Windows-Anwendungen austauschen, finden Sie ebenfalls in diesem Buch. Mit seinen neuen Möglichkeiten wird AutoCAD 14 immer interessanter für den Einsatz in der technischen Dokumentation und bei der Erstellung von Handbüchern und Bedienungsanleitungen, vor allem wenn man berücksichtigt, daß bereits vorhandene CAD-Zeichnungen so mehrfache Verwendung finden können.

AutoCAD 14 stellt dem versierten Anwender eine ganze Reihe von Möglichkeiten zur Verfügung, das Programm seinen Anforderungen anzupassen. Werkzeugkästen können selbst zusammengestellt, Menüdateien geändert und angepaßt und mit der Makrosprache DIESEL versehen werden. Auch darauf wird in diesem Kompendium detailliert eingegangen.

Der Erfolg von AutoCAD basiert zu einem wesentlichen Teil auf seiner offenen Architektur. Die verschiedensten Software-Schnittstellen haben AutoCAD zur Plattform vieler Branchenapplikationen gemacht. Im vorliegenden Buch finden Sie beschrieben, wie Sie die Funktionalität von AutoCAD erweitern können. Es ist aber kein Kompendium für Programmierer, lediglich die grundsätzlichen Möglichkeiten der Programmierung von AutoCAD sind beschrieben

Ein weiteres Kapitel verschafft Ihnen einen Überblick über die wichtigsten Branchenapplikationen zu AutoCAD.

Ein kompakter Referenzteil mit allen Befehlen und Systemvariablen von AutoCAD 14 rundet das Buch ab. Damit behält es seinen Wert als Nachschlagewerk bei der täglichen Arbeit mit AutoCAD 14 auch nach der Einarbeitung.

Zahlreiche Übungen erleichtern den Einstieg in das umfangreiche Programm. Auf der beiliegenden CD finden Sie für alle Kapitel vorbereitete Übungsbeispiele, an denen Sie die gelernten Befehle und Funktionen erproben können. Zur Kontrolle sind auch immer die Lösungen der Aufgaben gespeichert.

Ich wünsche Ihnen viel Spaß bei der Einarbeitung in AutoCAD 14 mit diesem Buch und einen erfolgreichen Einsatz des Programms für Ihre beruflichen Anwendungen.

Für die Unterstützung bei der Arbeit an diesem Buch danke ich: Frank Müller, der die Kapitel 25 und 26 geschrieben hat, meiner Frau Doris für ihre Korrekturarbeiten, Karl-Friedrich von Neubeck, Werner Klink und Andreas Schlenker für das fachliche Lektorat, der Firma Autodesk und meinem Lektor Dr. Rainer Fuchs beim Markt&Technik-Verlag.

Werner Sommer

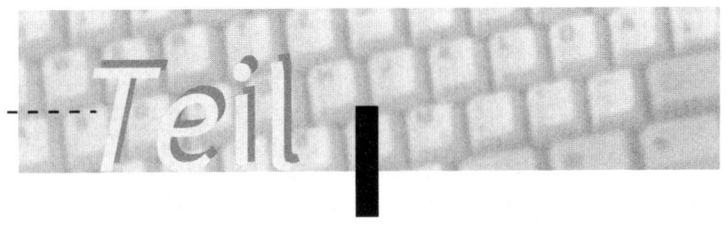

Der Start mit AutoCAD

Einführung

Kapitel 1

1.1 Über dieses Buch
1.2 Hard- und Software-Voraussetzungen für AutoCAD 14
1.3 CAD-Peripherie
1.4 Die Funktionen in AutoCAD 14
1.5 Was ist neu in AutoCAD 14?

Herzlichen Glückwunsch zu Ihrem neuen AutoCAD 14! Die Version ist als 32-Bit-Windows-Applikation nur noch unter Windows 95 oder Windows NT (ab 3.51) lauffähig. Eine DOS-Version gibt es nicht mehr, Unix-Versionen sind ebenfalls nicht mehr geplant. Damit hat Autodesk den Übergang auf die neue Plattform geschafft, und es gibt wieder nur *ein* AutoCAD.

Diese Schlankheitskur hat Vorteile gebracht. Die konsequente Entwicklung für nur eine Plattform brachte wesentliche Performanceverbesserungen und eine höhere Stabilität. Version 14 läuft bei gleichen Hardware-Voraussetzungen wesentlich schneller als die Vorgängerversion 13.

1.1 Über dieses Buch

»AutoCAD 14, Das Kompendium« ist sowohl für Einsteiger in CAD, Umsteiger auf die Version 14 als auch für den AutoCAD-»Power-User« geschrieben. Letzterer wird sich in den ersten Kapiteln langweilen. Er sollte sie aber nicht zu schnell überblättern. Sie enthalten auch bei den elementaren Zeichen- und Editierbefehlen jede Menge Neuigkeiten, die AutoCAD 14 bietet.

Arbeiten Sie das erste Mal mit AutoCAD, oder steigen Sie auf die Windows-Version um, dann lernen Sie im ersten Teil die Oberfläche mit allen Bedienelementen kennen.

Der zweite Teil ist speziell für den CAD-Einsteiger gedacht. Nach einigen wenigen theoretischen Einführungen lernen Sie an einer einfachen Zeichnung alle wichtigen Zeichen- und Bearbeitungsfunktionen. Die Befehle werden erläutert und an einer Übungszeichnung in die Praxis umgesetzt. Am Ende dieses Teils haben Sie Ihre erste eigene Zeichnung auf dem Papier vor sich.

Daraufhin lernen Sie im nächsten Teil alle weiteren Befehle von AutoCAD kennen. Auch hier kommen die Übungen nicht zu kurz. Für alle Befehle finden Sie Übungszeichnungen auf der CD, an denen Sie das Gelernte in der Praxis erproben können.

Damit Sie als erfahrener AutoCAD-Anwender mit diesem Buch schnell die neuen Möglichkeiten der Version 14 kennenlernen können, sind diese Abschnitte am Rand mit einem Symbol gekennzeichnet.

Der Referenzteil am Schluß des Buches und der Überblick über die wichtigsten AutoCAD-Branchenapplikationen machen das Buch auch über die Einarbeitung hinaus zu einem wichtigen Arbeitsbuch. Stellen Sie es nicht ins Bücherregal, lassen Sie es am besten neben Ihrem AutoCAD-Arbeitsplatz liegen.

1.1.1 Die Gliederung

»AutoCAD 14, Das Kompendium« gliedert sich in 6 Teile:

Teil 1: Der Start mit AutoCAD

In diesem ersten Teil lernen Sie, wie AutoCAD gestartet wird. Sie erfahren alles über die Bedienelemente von AutoCAD und wie man Befehle anwählt. Sie suchen und öffnen Zeichnungen, arbeiten mit den Zoom-Befehlen sowie dem Übersichtsfenster und benutzen die Hilfe.

Teil 2: Die erste Zeichnung in AutoCAD

Sie lernen, wie Sie eine neue Zeichnung beginnen und welche Grundeinstellungen Sie vornehmen können. Mit den elementaren Zeichen- und Editierbefehlen erstellen Sie Ihre erste Zeichnung. Sie erfahren dabei alles über Koordinaten und Koordinatensysteme und lernen die Konstruktionsmethoden kennen. Danach werden Sie schraffieren, bemaßen und beschriften und Ihre Zeichnung auf das Papier bringen.

Teil 3: Befehle, Befehle, Befehle...

Kapitelweise lernen Sie alle Befehle von AutoCAD kennen. An vorbereiteten Zeichnungsbeispielen können Sie von der Funktion und den Einsatzmöglichkeiten der behandelten Befehle eine Vorstellung bekommen.

Teil 4: Abheben in die 3. Dimension

AutoCAD 14 ist ein 3D-Programm, wenn Sie auch bis zu diesem Teil des Buches nur flächig gearbeitet haben. Sie erweitern Ihre Kenntnisse um eine weitere Dimension, erstellen Oberflächen- und Volumenmodelle und setzen das Ergebnis mit den Renderfunktionen ins rechte Licht.

Teil 5: AutoCAD 14 intern

Nichts ist so gut, daß es nicht noch verbessert werden kann. AutoCAD ist ein offenes Programm. Sie lernen, wie Sie Werkzeugkästen und Menüs entsprechend Ihren Vorstellungen und Anforderungen ändern können. Mit den verschiedenen integrierten Programmiersprachen und Softwareschnittstellen kann die Funktionalität des Programms wesentlich erweitert und eine Branchenapplikation erstellt werden. Sie sehen, welche Möglichkeiten Ihnen damit offen stehen. In einem weiteren Kapitel lernen Sie, wie AutoCAD installiert wird und welche Voreinstellungen und Konfigurationen Sie vornehmen können.

Teil 6: Referenzteil

Alle Befehle zum Nachschlagen finden Sie im Referenzteil, dazu noch die Systemvariablen, mit denen Sie AutoCAD beeinflussen können. Durch die Zusammenstellung der wichtigsten Branchenapplikationen zu AutoCAD bekommen Sie einen Überblick über die vielfältigen Einsatzmöglichkeiten des Programms.

1.1.2 Die Konventionen in diesem Buch

Die wichtigste Aufgabe, die Ihnen bei der Einarbeitung in ein CAD-Programm bevorsteht, ist, zu lernen, mit welchem Befehl welche Aufgabe ausgeführt werden kann. Doch was nützt der beste Befehl, wenn Sie ihn nicht finden. Deshalb wird für jeden Befehl, der in diesem Buch eingeführt wird, beschrieben, wo Sie ihn finden können. Zur besseren Orientierung im Text werden Befehlsnamen, Namen von Systemvariablen und Bedienelementen, wie Werkzeugkästen, Abrollmenüs, Menüeinträge, Schaltflächen in Dialogfeldern usw., im Buch immer in Kapitälchen gesetzt, z.B.: Befehl LINIE, Systemvariable SURFTAB1, Abrollmenü ZEICHNEN, Werkzeugkasten ÄNDERN, Schaltfläche ÖFFNEN usw.

Fast alle Befehle können Sie auch per Symbol aus den Werkzeugkästen wählen. Wo dies der Fall ist, finden Sie eine Abbildung des entsprechenden Symbols.

AutoCAD kann auch mit einem Digitalisiertablett bedient werden. Die wichtigen Befehle von AutoCAD finden Sie auch auf den Menüfeldern des Digitalisiertabletts. Wo dies der Fall ist, werden die Koordinaten des Tablettfeldes angegeben. Auf dem Feld M9-10 finden Sie beispielsweise den Befehl KREIS. Der Buchstabe bezeichnet die Zeile, eine oder mehrere Zahlen (bei breiteren Feldern) die Spalte. Die Bezeichnungen sind auf der AutoCAD-Standard-Tablettauflage aufgedruckt.

Befehlsdialoge sind im Text in einer speziellen Schriftart ausgedruckt. Eingaben in diesen Dialogen, die Sie zu machen haben, und Erläuterungen dazu sind zudem fett gesetzt, z.B.:

```
Befehl: Kreis
3P/TTR/<Mittelpunkt>: _TTR
Eingabe der Tangentenspezifikation: rechte Linie wählen
Eingabe der zweiten Tangentenspezifikation: untere Linie wählen
Durchmesser/<Radius>: 20
```

Die Eingaben im Befehlsdialog erfolgen meist automatisch, wenn Sie den entsprechenden Befehl in den Menüs oder den Werkzeugkästen wählen. Dann wird allerdings der englische Befehlsname übernommen. Aus Gründen der Übersichtlichkeit und Verständlichkeit wird im Buch abweichend davon immer der deutsche Befehlsname aufgeführt.

Übungsanleitungen sind im Text mit der Standardschrift kursiv gesetzt, z.B.:

➔ *Starten Sie AutoCAD 14 neu, oder wählen Sie den Befehl NEU.*

➔ *Wählen Sie im Dialogfeld in der linken Leiste von Schaltflächen die Setup-Methode VORLAGE VERWENDEN.*

Weitere Markierungen im Text:

Vorgang: Dehnen von Objekten

Anweisungen zur Ausführung von Zeichen- und Konstruktionsfunktionen oder Befehlen lesen Sie nach einer solchen Überschrift.

Übung: Starten mit einer Vorlage

Übungsanleitungen finden Sie nach einer solchen Überschrift.

Zusatzübung: Drehen um eine beliebige Achse

In einigen Kapiteln haben Sie in diesem Buch durchgehende Übungen. Trotzdem sind für diverse Befehle zusätzliche Übungen im Buch. Wenn Sie diese durcharbeiten wollen, speichern Sie die Zeichnung, an der Sie arbeiten, und holen sich die Zeichnung mit dem Übungsbeispiel. Falls Sie vergleichen wollen, die Lösung befindet sich ebenfalls im Übungsverzeichnis. Holen Sie danach wieder Ihre Zeichnung, und arbeiten Sie daran weiter.

Tips: Anordnung der Werkzeugkästen

Hier finden Sie spezielle Tips über einfachere oder erweiterte Möglichkeiten und schnellere Bedienung.

Verweis:

Hier lesen Sie am Kapitelende Verweise zu anderen Kapiteln, in denen es weitere Erläuterungen oder verwandte Themen gibt.

Fehler:

Unter dieser Überschrift gibt es spezielle Hinweise, um Fehler von vornherein zu vermeiden.

1.1.3 Die CD zum Buch

Auf der CD, die dem Buch beiliegt, stehen alle Zeichnungen, Dateien und Bilder, die Sie benötigen, um die Übungen bearbeiten zu können. Auch alle Lösungen finden Sie darauf. So können Sie Ihr Ergebnis mit der gespeicherten Musterlösung vergleichen.

Für die Programmierkapitel 25 und 26 bekommen Sie ebenfalls Beispiele auf der CD. Darüber hinaus enthält die CD Demoprogramme von anderen Autosdesk-Produkten, Beispielzeichnungen und gerenderte Bilder, Demo-Programme und Informationen zu AutoCAD-Applikationen sowie Hilfsprogramme und Tools rund um AutoCAD.

Weitere Informationen zum Inhalt der CD finden Sie in der Datei README.TXT auf der CD:

Übung: Kopieren der Übungsdateien auf die Festplatte

- *Zunächst benötigen Sie für die Arbeit mit diesem Buch nur die Übungsdateien aus einem Ordner der CD. Kopieren Sie diese auf Ihre Festplatte.*
- *Starten Sie den Windows-Explorer.*
- *Erstellen Sie auf Ihrer Festplatte einen Ordner \AUFGABEN.*
- *Legen Sie die CD ins Laufwerk ein.*
- *Im Ordner \AUFGABEN finden Sie alle Beispieldateien. Die Datei AUFGABEN.EXE enthält alle Dateien noch mal in gepackter Form. Dabei handelt es sich um eine Programmdatei, die sich beim Start selbst entpackt.*
- *Kopieren Sie nur die Datei AUFGABEN.EXE aus dem Ordner \AUFGABEN der CD in den Ordner \AUFGABEN auf Ihrer Festplatte.*
- *Starten Sie die Programmdatei AUFGABEN.EXE auf Ihrer Festplatte durch einen Doppelklick im Explorer. Die Beispieldateien werden entpackt.*
- *Löschen Sie danach die Datei AUFGABEN.EXE wieder auf der Festplatte.*

1.2 Hard- und Software-Voraussetzungen für AutoCAD 14

Mit der Einführung von Version 13 von AutoCAD stiegen die Hardware-Anforderungen beträchtlich. Die Vorgängerversion 12, die zu einem überwiegenden Prozentsatz noch unter DOS eingesetzt wurde, lief auf jedem 486er in akzeptabler Geschwindigkeit. Der Umstieg der Anwender auf Version 13 ging deshalb anfangs sehr zögernd vonstatten. Meist wurde der Schritt mit der Anschaffung neuer Hardware verbunden.

Kapitel 1: Einführung

Die Version 14 wurde dagegen auf Geschwindigkeit getrimmt. Bei gleichen Hardware-Voraussetzungen läuft sie schneller als die Vorgängerversion. Neue Hardware ist also mit dem Umstieg nicht erforderlich. Selbst noch mancher AutoCAD-12-Anwender, der Version 13 ausgelassen hat, kann jetzt den Umstieg auf die Windows-Version wagen.

Die Anforderungen sind:

- Personalcomputer mit mindestens 486er-Prozessor, empfohlen ab Pentium 90 MHz
- 32 Mbyte Arbeitsspeicher
- 10 Mbyte zusätzlicher Arbeitsspeicher für jede weitere gleichzeitig geöffnete AutoCAD-Sitzung
- ca. 50 Mbyte auf der Festplatte
- ca. 64 Mbyte für Auslagerungsdateien auf der Festplatte
- Grafikkarte mit SVGA-Auflösung 1024 x 768 Punkten, besser 1280 x 1024 Punkte
- Farbbildschirm mit 43 cm (17 Zoll), besser 51 cm (20 Zoll) Bildschirmdiagonale
- CD-ROM-Laufwerk für die Installation
- Maus oder Digitalisiertablett (oder beides)

Trotz dieser heutzutage niedrigen Anforderungen gilt, vor allem bei der Bearbeitung größerer Zeichnungen: je schneller, desto besser. Vor allem bei der Anschaffung eines neuen PC sollten die folgenden Faktoren berücksichtigt werden. Sie erhöhen die Leistungsfähigkeit und sorgen für schnelleren Bildaufbau und eine schnellere Bearbeitung der Zeichnung:

- Möglichst hohe Taktfrequenz, Pentium-Prozessor nicht unter 150 MHz Taktfrequenz, besser Pentium-Pro-Prozessor
- Festplatte mit kurzer Zugriffszeit und Controller mit hoher Übertragungsrate. SCSI-Controller und SCSI-Festplatte haben einen höheren Datendurchsatz
- 48 oder 64 Mbyte Arbeitsspeicher bei der Bearbeitung großer Zeichnungen.
- Grafikkarte mit mindestens 4 Mbyte Speicher, mit denen meist eine Auflösung bis 1600 x 1280 möglich ist. Bei der CAD-Standardauflösung von 1280 x 768 Bildpunkten ist dann eine Farbtiefe von mindestens 16 Bit möglich. Da mit AutoCAD meist über einen längeren Zeit-

raum konzentriert am Bildschirm gearbeitet wird, ist zu beachten, daß bei der gewählten Auflösung eine Bildwiederholfrequenz von mindestens 75 Hz, besser über 80 Hz, möglich ist.

- Farbbildschirm mit 51 cm (20 Zoll) oder größere Bildschirmdiagonale. Für diese Bildgrößen sollte die Auflösung 1280 x 1024 Bildpunkte oder mehr (1600 x 1280) betragen.

- Windows 95 oder Windows NT 3.51 bzw. 4.0 auf Intel-Plattform. Es gibt keine DOS-Version mehr und auch keine Unix-Versionen.

AutoCAD 14 beinhaltet alle Befehle zur effizienten Erstellung und Bearbeitung von Zeichnungen. Es ist aber ein branchenneutrales CAD-Programm. Mit den integrierten Programmiersprachen und den vorhandenen Softwareschnittstellen ist es möglich, die Funktionalität des Programms erheblich zu erweitern. Erst in Kombyteination mit einer Branchenapplikation wird daraus eine Lösung für die verschiedensten Anwendungen. In Kapitel 30 (Branchenapplikationen) finden Sie eine Zusammenstellung der wichtigsten deutschsprachigen Branchenapplikationen.

1.3 CAD-Peripherie

1.3.1 Maus oder Digitalisiertablett

AutoCAD 14 können Sie ausschließlich mit dem Windows-Systemzeigegerät bedienen. Das ist in der Regel eine Maus. Sinnvoll ist eine 3-Tasten-Maus, denn die mittlere Taste des Zeigegeräts ist in AutoCAD mit dem Pop-up-Menü für den Objektfang belegt. Alle Funktionen können damit ausgeführt werden.

In AutoCAD 14 können Sie aber auch mit einem Digitalisiertablett arbeiten. Das hat den Vorteil, daß Sie Befehle ohne Blättern durch Menüs, direkt von der Menüfläche per Symbol anwählen können. Viele Branchenapplikationen setzen ein Digitalisiertablett voraus. Um dieses verwenden zu können, müssen Sie einen WINTAB-Treiber in Windows installiert haben. Dann können Sie es parallel zur Maus oder als einziges Zeigegerät betreiben.

Sie haben auch die Möglichkeit, verschiedene Tablettmodelle in AutoCAD zu konfigurieren. Es arbeitet nur, wenn Sie AutoCAD gestartet haben, dann aber in allen Programmen. Nähere Informationen zur Installation eines Digitalisiertabletts finden Sie in Kapitel 27 (Installation und Voreinstellungen).

1.3.2 Ausgabegeräte

Jeder grafikfähige Drucker, der von Windows unterstützt wird oder mit einem Windows-Treiber geliefert wird, kann als Ausgabegerät für Zeichnungen aus AutoCAD 14 verwendet werden.

Man kann unterscheiden zwischen:

Nadeldrucker

Die meisten Nadeldrucker sind grafikfähig. Bilder und Zeichnungen werden gerastert ausgegeben. Die Zeichnung setzt sich aus einzelnen Punkten zusammen. Neuere Drucker mit 24 Nadeln haben eine Auflösung von 360 dpi (Dots per Inch = Punkte pro Zoll).

Die Nachteile von Nadeldruckern liegen in der hohen Geräuschentwicklung, der ungleichmäßigen Schwärzung bei gefüllten Flächen und der geringen Ausgabegeschwindigkeit im Grafikmodus.

Tintenstrahldrucker

Tintenstrahldrucker spritzen gezielt aus bis zu 64 Düsen Tinte auf das Papier. In einer Kammer wird Tinte erhitzt, bis sich eine Dampfblase bildet. Diese drückt die Tinte durch die Düse auf das Papier. Mit diesem Verfahren wird die Zeichnung ebenfalls in einzelne Punkte gerastert ausgegeben. Dabei sind Auflösungen von 600 dpi und mehr möglich. Die Rasterpunkte sind dabei so fein, daß sie nicht mehr als solche zu erkennen sind. Tintenstrahldrucker sind meist auch für Farbdruck geeignet.

Tintenstrahldrucker sind leise, schneller als Nadeldrucker und bringen auch größere Flächen in der nötigen Schwärzung aufs Papier. Sie verarbeiten die unterschiedlichsten Papierarten (Normal- und Transparentpapier sowie Folien). Sie sind preiswert im A4-Format erhältlich, es gibt aber auch Geräte für das A3- und A2-Fromat.

Laserdrucker

Beim Laserdrucker wird eine Bildtrommel von einem Laserstrahl elektrostatisch aufgeladen. Die Trommel zieht ein Tonerpulver an, überträgt es auf das Papier, und es wird in einer Fixiereinheit eingebrannt. Auch hier wird die Zeichnung gerastert, mit einer Auflösung von bis zu 600 dpi.

Laserdrucker sind schnell und leise im Ausdruck und erzeugen randscharfe Konturen. Sie sind inzwischen auch preiswert für das Format A4 zu haben. A3-Laserdrucker werden nur von wenigen Herstellern angeboten und sind wesentlich teurer. Mit Laserdruckern sind in der Regel nur monochrome Ausgaben möglich. Es gibt auch Farblaserdrucker, allerdings erst ab Preisen um 10.000 DM.

Stiftplotter

Stiftplotter zeichnen mit einem Tuschestift, Filzschreiber, Kugelschreiber oder auch Bleistift auf dem Papier. Mit den unterschiedlichen Stiften lassen sich alle Papierarten verwenden.

Die Geräte sind meist als Trommelplotter ausgelegt. Der Stift wird in Y-Richtung über das Papier bewegt. In X-Richtung wird das Papier über eine Trommel bewegt.

Mit Stiftplottern lassen sich auf den unterschiedlichsten Papierarten präzise Zeichnungen in Schwarz oder farbig erstellen. Großformatige Ausgaben bis A0 oder auch in Überlänge sind möglich. Die Nachteile liegen in der hohen Geräuschentwicklung und in der niederen Ausgabegeschwindigkeit.

Tintenstrahlplotter

Tintenstrahlplotter sind vom Druckverfahren her großformatige Tintenstrahldrucker. Es gibt sie bis zur Größe A0, meist noch in Überlänge, Schwarz oder in Farbe.

Sie zeichnen sich durch ihre hohe Ausgabegeschwindigkeit selbst bei großen Zeichnungen aus. Ein A0-Blatt wird von den meisten Geräten in weniger als 10 Minuten ausgegeben, unabhängig vom Inhalt.

Sind großformatige Zeichnungen erforderlich, erhält man mit einem Tintenstrahlplotter ein optimales Preis-Leistungs-Verhältnis. Sie haben sich in den letzten Jahren zum Standardausgabegerät entwickelt.

1.4 Die Funktionen in AutoCAD 14

AutoCAD 14 läuft unter der Windows-Oberfläche, die den meisten PC-Anwendern vertraut ist. Alle Befehle können übersichtlich aus Abrollmenüs und Werkzeugkästen gewählt werden. Dialogfelder ermöglichen bei vielen Befehlen eine übersichtliche Bedienung.

Der Funktionsumfang in Stichworten:

Zeichenbefehle

Befehle zum Zeichnen aller wichtigen geometrischen Grundelemente: Punkt, Linie, Multilinie, Kreis, Bogen, Ellipse und Ellipsenbogen, Spline als NURBS-Kurve, Polylinie, Polygon, Ring, Rechteck, Solid und Schraffurfunktion mit automatischer Konturerkennung und einer Vielfalt von Schraffurmustern und Flächenfüllungen.

3D-Befehle

3D-Modelle lassen sich aus 2D-Objekten mit Erhebung und Objekthöhe, als Oberflächenmodelle und als Volumenkörper erzeugen.

Editierbefehle

Umfangreiche Änderungsfunktionen zur Bearbeitung von Zeichnungen: Löschen, Kopieren, Ändern, Schieben, Spiegeln, Varia, Bruch, Längenänderungen, Fase und Abrunden, Strecken, Dehnen und Stutzen, Versetzen, reihenförmige und polare Anordnungen sowie Bearbeitungsfunktionen für Splines und Polylinien. Mit den Objektgriffen stehen weitere komfortable Bearbeitungsfunktionen zur Verfügung.

Zeichnungshilfen

Eine Reihe von Funktionen erleichtern die Zeichnungsarbeit und ermöglichen eine sinnvolle Organisation der Zeichnung: Raster, Fang, orthogonaler Zeichenmodus, dynamischer Objektfang, Layertechnik, 256 Zeichenfarben, beliebig definierbare Linientypen und frei definierbare Benutzerkoordinatensysteme.

Bemaßung und Beschriftung

Verschiedene Bemaßungsbefehle ermöglichen normgerechte Bemaßung: Linearmaße, Bezugs- und Kettenmaße, Radius- und Durchmessermaße sowie Winkel- und Koordinatenmaße.

Eine ganze Reihe von Bemaßungsvariablen sorgen für die Anpassung an die verschiedensten Normen und Zeichengepflogenheiten.

Bemaßungen werden in AutoCAD 14 assoziativ ausgeführt, das heißt, wenn nachträglich die Geometrie geändert wird, ändert sich das Maß mit.

Beschriftungen lassen sich in einzelne Zeilen einbringen, mehrzeilig oder als kompletter Textabsatz mit den verschiedensten AutoCAD-Schriften und der ganzen Palette der TrueType-Schriften von Windows.

Anzeigebefehle

Mit den Anzeigebefehlen läßt sich jeder beliebige Ausschnitt und jede Vergrößerung in Echtzeit einstellen. Ein Übersichtsfenster läßt sich einblenden, in dem bei jeder Vergrößerung die komplette Zeichnung dargestellt wird, das aber auch als Lupe verwendet werden kann.

3D-Modelle lassen sich von allen Seiten betrachten, schattieren und auch in einer realistischen Fluchtpunktperspektive darstellen.

Renderbefehle

Die Funktionen des Programms AutoVision, das als Zusatz zu AutoCAD 12 und 13 erhältlich war, sind in AutoCAD 14 integriert. Damit können 3D-Modelle in fotorealistischer Qualität dargestellt werden.

Befehle für das Zeichnungslayout

Durch die Unterscheidung eines Papier- und Modellbereichs lassen sich Zeichnungen und 3D-Modelle in verschiedenen Maßstäben und verschiedenen Ansichten auf einem Zeichenblatt anordnen.

Blöcke, Attribute, externe Referenzen, Gruppen und Rasterdateien

Objekte lassen sich zu Blöcken zusammenfassen, die in jeder anderen Zeichnung als Bausteine weiterverwendet werden können. An diese Blöcke lassen sich variable Attribute anhängen, die bei der Verwendung mit festen Werten versehen werden. So lassen sich aus der Zeichnung Stücklisten extrahieren.

Externe Referenzen ermöglichen das dynamische Verknüpfen verschiedener Zeichnungen.

Objekte lassen sich außerdem in einer Zeichnung zu einer Gruppe zusammenfassen. Der Zusammenhang zwischen den Objekten wird gespeichert, sie lassen sich aber trotzdem einzeln bearbeiten.

Rasterdateien, wie sie von einem Scanner kommen oder mit den Renderfunktionen erzeugt werden, können in der Zeichnung plaziert und ausgedruckt werden.

Ausgabebefehle

Zeichnungen lassen sich auf allen Windows-Systemdruckern mit den speziellen AutoCAD-Drucker- und Plottertreibern ausgeben oder in den verschiedensten Austauschformaten exportieren.

1.5 Was ist neu in AutoCAD 14?

Wie schon erwähnt, werden die neuen Funktionen von AutoCAD 14 im Text mit einem speziellen Symbol markiert. Für einen ersten Überblick hier die Neuheiten in Stichworten:

- Start einer neuen Zeichnung mit dem Assistent
- Zeichnungsvorlagen *.DWT* statt der bisherigen Prototypdatei *.DWG*
- Standardvorlagen für die verschiedenen DIN-, ANSI-, JIS- und ISO-Formate

Kapitel 1: Einführung

- Neu gegliederte Abrollmenüs und Werkzeugkästen

- Neue, Windows 95/NT-4.0-kompatible-Dialogfelder nach MFC-Standard (Microsoft Foundation Class), damit ist in allen Dialogfeldern zur Dateiverwaltung Explorerfunktionalität verfügbar (nicht in Windows NT 3.51)

- Schnellere Möglichkeiten, Werkzeugkästen aus- und einzublenden sowie zu ändern

- Bessere Unterstützung der rechten Maustaste

- Unterstützung der Cursortasten im Befehlszeilenfenster zur Befehlswiederholung

- Kopieren von Befehlen in der Befehlshistorie und Einfügen an der aktuellen Befehlseingabe möglich

- Kombinierte Echtzeit-Zoom- und -Pan-Funktion für schnellen Ausschnittwechsel

- Größenverstellbares Fadenkreuz

- Verbesserte Plotvoransicht mit Darstellung des Papierformats

- Speicherung aller relevanten Ploteinstellungen in erweiterten Plotvorgabedateien *.PC2 (vorher *.PCP)

- Automatischer Objektfang mit verbesserten Einstellmöglichkeiten, Auswahl der Fangfunktion mit der TAB-Taste

- Fehleingaben lassen sich vermeiden durch Umstellung, so daß Koordinateneingabe Vorrang vor dem Objektfang hat

- Einfache Längeneingabe beim Zeichnen mit Maßeingabe

- Spur-Funktion zur Konstruktion von virtuellen Punkten

- Layer- und Linientypdialogfeld in einem Fenster auf zwei Registerkarten mit verbesserten und vereinfachten Funktionen

- Befehl DDOMODI wird dadurch überflüssig und entfällt

- Geänderte Funktionsleiste, Eigenschaften mit Abrollmenü für die Farbeinstellung

- Befehl zum Setzen des aktuellen Layers auf denselben Layer wie ein vorhandenes Objekt

- Verbesserte Editiermöglichkeiten bei den Griffen

- Übertragung von Objekteigenschaften von einem Quellobjekt auf ein oder mehrere Zielobjekte, es ist einstellbar, welche Objekteigenschaften übertragen werden sollen

- Neuer Texteditor zur Eingabe und Änderung von Textabsätzen, mit verbesserten Formatierungsfunktionen, Funktionen zum Suchen und Ersetzen sowie einfacherer Eingabe von Sonderzeichen, Übernahme von RTF-(Rich-Text-Format)Dateien mit der Formatierung
- Verbesserter Befehl STIL bzw. DDSTYLE
- Bessere Darstellungs- und Druckqualität von TrueType-Schriften
- PostScript-Schriften werden nicht mehr unterstützt
- Optimierte Polylinie mit eingeschränkten Funktionen für schnelleren Bildaufbau und kompakteres Dateiformat
- Konvertierungsmöglichkeiten in das bisherige Polylinienformat
- Bessere Voransicht bei der Auswahl des Schraffurmusters
- Schraffurmuster als eigenes AutoCAD-Objekt, nicht mehr als unbenannter Block gespeichert
- Verwendung von Füllflächen beim Schraffurbefehl
- Schraffuren und Füllflächen können mit dem Befehl FÜLLEN ein- und ausgeschaltet werden
- Verbesserte Editiermöglichkeiten der Schraffurgrenzen bei assoziativer Schraffur
- Verbesserte OLE-Möglichkeiten und Steuerung der Sichtbarkeit von OLE-Objekten, druckbar auf allen konfigurierten Druckern
- Übernahme, Plazierung und Anzeige aller gängigen Rasterformate in der Zeichnung
- Rasterdatei-Manager zur Verwaltung und Einstellung der Sichtbarkeit von Rasterdateien
- Beschneidung von Rasterdateien in der Zeichnung
- Rasterdateibearbeitung innerhalb der Zeichnung
- Lage der Objekte in der Zeichnung veränderbar, so lassen sich beispielsweise Texte oder Linien auf Füllflächen darstellen
- Manager zur Verwaltung und Einstellung der Sichtbarkeit von externen Referenzen
- Beschneidung von externen Referenzen in der Zeichnung
- Neuer Befehl BMAKE zur Bildung von Blöcken

Kapitel 1: Einführung

- Neues komprimiertes Format *.DWF zur Publizierung von Zeichnungen im Internet, Zeichnung kann im DWF-Format gespeichert werden, und DWF-Dateien lassen sich in AutoCAD anzeigen
- Direkter Zugriff aus AutoCAD auf Internet-Browser, spezieller Internet-Werkzeugkasten zuschaltbar
- Neue Renderfunktionen mit fotorealistischer Darstellung, Materialeditor, Sonnenstandsberechnung, Funktionen von AutoVision standardmäßig in AutoCAD 14 enthalten (außer Berechnung und Generierung von Animationssequenzen)
- Kompakteres Zeichnungsformat, dadurch schnellerer Bildschirmaufbau
- AutoLISP-Funktionen werden dauerhaft geladen, auch wenn eine neue Zeichnung geöffnet wird
- Neue Zugriffsmöglichkeiten auf AutoCAD-Objekte mit ActiveX, Applikationen lassen sich so leichter mit modernen Programmiersprachen wie Visual Basic oder Visual C++ erstellen
- Erzeugung und Editierung von AutoCAD-Objekten mit jeder Applikation möglich, die als Active X Controller fungieren kann, z.B.: Microsoft Excel
- ActiveX als neues AutoCAD-Programmierwerkzeug für Einsteiger, (zukünftiger AutoLISP-Ersatz?)
- Konfiguration und Voreinstellungen können komplett in einem Dialogfeld mit verschiedenen Registerkarten vorgenommen werden. Das Konfigurationsmenü gehört der Vergangenheit an.
- Speicherung von Benutzerprofilen zur individuellen Konfiguration von AutoCAD
- Einfache Netzwerksinstallation, geführt durch einen Assistenten
- Kein Dongle mehr im Netzwerk erforderlich durch Autodesk-Lizenz-Manager (AdLM)
- Einfachere Konfiguration der AutoCAD-SQL-Schnittstelle
- In AutoCAD mit ADI-Treiber konfigurierte Drucker können direkt auf eine Druckerwarteschlange im Netzwerk zugreifen
- Batch-Plot-Funktion zum automatischen Plotten von Zeichnungsdateien mit den zugehörigen Plotvorgabedateien *.PC2, eine weitere Sitzung von AutoCAD wird zum Plotten gestartet
- Neue Optionen zum Start von AutoCAD

AutoCAD 14 – die Bedienelemente

Kapitel 2

- 2.1 AutoCAD 14 starten
- 2.2 Der AutoCAD-14-Bildschirm
- 2.3 Eine Zeichnungsdatei öffnen
- 2.4 Die Abrollmenüs
- 2.5 Die Werkzeugkästen
- 2.6 Die Tablettmenüs
- 2.7 Befehlszeilenfenster und Textfenster
- 2.8 Befehle und Optionen
- 2.9 Das Übersichtsfenster
- 2.10 Zoom- und Pan-Befehle
- 2.11 Tastenbelegung auf der Maus oder dem Zeigegerät des Digitalisiertabletts
- 2.12 Die Hilfe-Funktionen
- 2.13 Einrichtung des AutoCAD-Arbeitsplatzes
- 2.14 AutoCAD 14 beenden

In einem ersten Rundgang durch AutoCAD 14 lernen Sie:

- wie man AutoCAD 14 in Windows 95 bzw. Windows NT startet,
- welche Elemente der AutoCAD-14-Bildschirm enthält,
- wie man Zeichnungsdateien öffnet und gegebenenfalls sucht,
- wie man die Abrollmenüs benützt,
- wie man mit den Werkzeugkästen arbeitet,
- was ein Digitalisiertablett für Vorteile bringt,
- wozu man ein Befehlszeilenfenster benötigt,
- wie man auf das Textfenster umschaltet,
- was Befehle und Optionen sind,
- wie das Übersichtsfenster benützt wird und wie man zoomen kann,
- wie die Tasten von Maus und Digitalisiertablett belegt sind,
- wie die Hilfe-Funktionen genutzt werden,
- wie Sie sich Ihren AutoCAD-14-Arbeitsplatz gestalten können und
- wie Sie AutoCAD wieder beenden.

2.1 AutoCAD 14 starten

AutoCAD 14 können Sie nur dann starten, wenn Sie das Programm auf Ihrem Computer installiert haben. Alle erforderlichen Dateien sind dann auf der Festplatte im Ordner \PROGRAMME\AUTOCAD R14 und in weiteren Unterordnern gespeichert, außer Sie haben bei der Installation einen anderen Namen angegeben. Wie Sie AutoCAD 14 installieren, ist ausführlich im Kapitel 27 beschrieben. Haben Sie das noch nicht gemacht, informieren Sie sich zuerst dort.

Vorgang: AutoCAD 14 aus dem Menü Programme starten

Bei der Installation wird ein Eintrag im Menü PROGRAMME von Windows 95 bzw. Windows NT 4.0 für AutoCAD 14 angelegt (siehe Abbildung 2.1). Damit wird das Programm gestartet.

Abbildung 2.1:
Das Startmenü mit dem Eintrag für AutoCAD 14

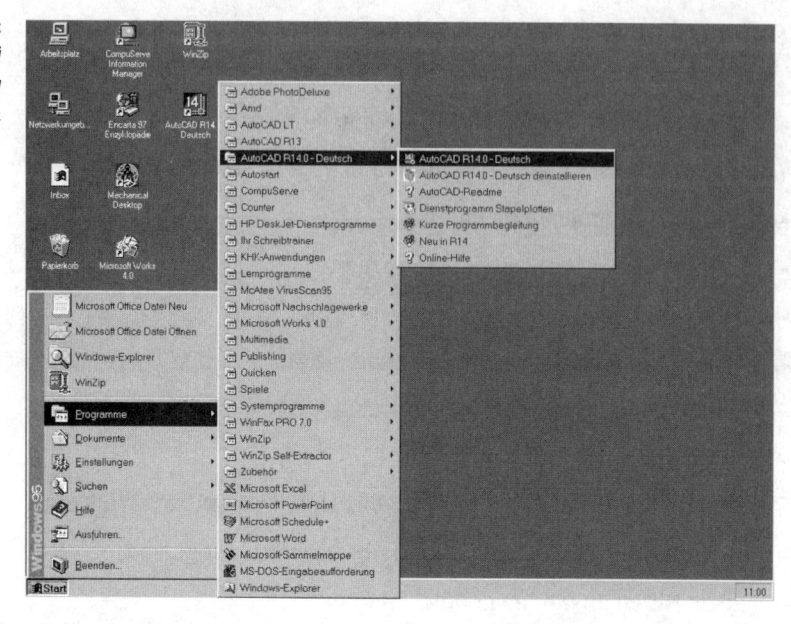

Bei der Installation wird außerdem eine Verknüpfung auf dem Desktop angelegt. Mit einem Doppelklick auf das Symbol (siehe Abbildung 2.2) kann AutoCAD ebenfalls gestartet werden.

Abbildung 2.2:
Symbol auf dem Desktop zum Start von AutoCAD 14

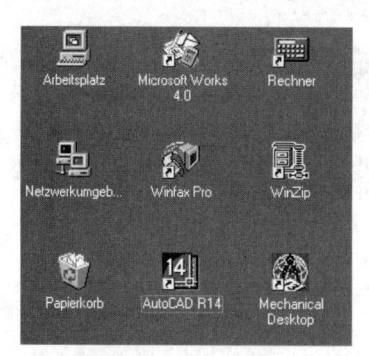

Übung: Starten von AutoCAD 14

↳ Starten Sie AutoCAD 14:

↳ Schalten Sie den Computer ein, Windows 95 oder Windows NT wird hochgefahren.

↳ Aktivieren Sie das Menü START und darin das Menü PROGRAMME.

↳ Klicken Sie dann die Gruppe AUTOCAD R14 DEUTSCH an und darin wiederum den Eintrag AUTOCAD R14 DEUTSCH. Das Programm wird gestartet.

2.2 Der AutoCAD-14-Bildschirm

Nachdem AutoCAD 14 geladen ist, erscheint der Zeichenbildschirm mit dem Dialogfeld zum Erstellen einer neuen Zeichnung oder zum Öffnen einer bereits vorhandenen Zeichnung (siehe Abbildung 2.3).

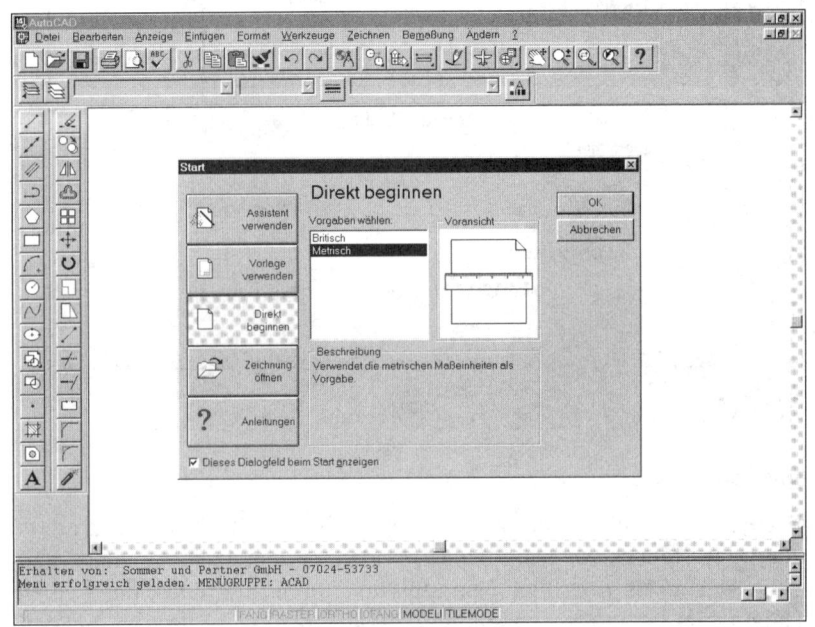

Abbildung 2.3:
Der Zeichenbildschirm nach dem Start von AutoCAD 14

Zunächst sollen Sie weder eine neue Zeichnung beginnen noch eine vorhandene Zeichnung öffnen. Lassen Sie deshalb das Dialogfeld vom Bildschirm verschwinden, indem Sie mit dem Mauszeiger auf das Feld ABBRECHEN klicken. Jetzt haben Sie Ihren AutoCAD-14-Arbeitsplatz vor sich (siehe Abbildung 2.4).

Folgende Elemente finden Sie auf dem AutoCAD-Bildschirm:

Die Zeichenfläche

Den größten Teil des Bildschirms nimmt die Zeichenfläche ein. Alles was Sie während einer Sitzung erstellen, wird auf der Zeichenfläche dargestellt. Mit den Anzeigebefehlen können Sie den Ausschnitt bestimmen, der darauf dargestellt wird. Im Hintergrund haben Sie jedoch immer die ganze Zeichnung. Wichtig: Sie können immer nur eine Zeichnung auf der Zeichenfläche geöffnet haben. Es ist aber möglich, daß Sie mehrere AutoCAD-Sitzungen starten und darin unterschiedliche Zeichnungen öffnen.

Kapitel 2: AutoCAD 14 – die Bedienelemente

Abbildung 2.4:
Der AutoCAD-14-Arbeitsplatz

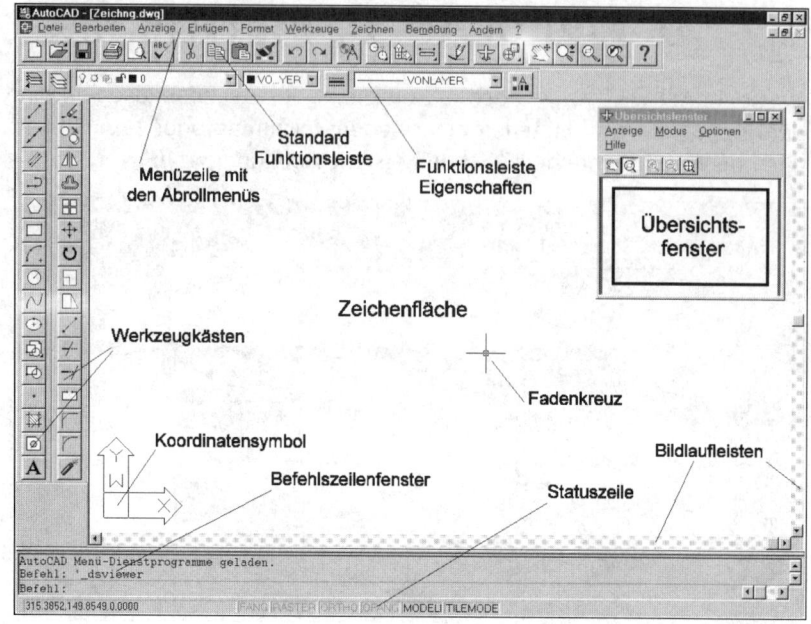

Das Fadenkreuz

Die Eingabeposition beim Zeichnen wird Ihnen vom Fadenkreuz angezeigt. Sie steuern das Fadenkreuz mit den Bewegungen der Maus oder des Zeigegeräts des Digitalisiertabletts. Der Schnittpunkt der beiden Linien zeigt Ihnen die momentane Eingabeposition an. Je nach Einstellung ist um den Schnittpunkt des Fadenkreuzes ein Fangfenster, mit dem Sie bestehende Punkte oder Zeichnungsobjekte wählen können. Die Länge der Achsen des Fadenkreuzes sind einstellbar.

Das Koordinatensymbol

In AutoCAD kann mit mehreren Koordinatensystemen gearbeitet werden, sogenannten Benutzerkoordinatensystemen. Das Koordinatensymbol zeigt die Lage der X- und Y-Achse des momentan aktiven Benutzerkoordinatensystems an. In der Grundeinstellung befindet sich das Symbol an der linken unteren Ecke der Zeichenfläche. Sie können es aber auch so einstellen, daß es am Koordinatenursprung angezeigt wird.

Das Befehlszeilenfenster

AutoCAD wird über Befehle bedient. Jede Aktion, die Sie vornehmen, ob Sie eine Linie zeichnen oder den Bildausschnitt vergrößern wollen, Sie brauchen dazu einen Befehl. Den können Sie, wenn Sie seinen Namen wissen, auf der Tastatur eingeben. Normalerweise wählen Sie aber die gewünschte Funktion aus den Abrollmenüs, einem Werkzeugkasten oder, falls Sie eines haben, aus einem Menübereich des Digitalisiertabletts aus. Egal, wo Sie gewählt haben, die Auswahl wird im Befehlszeilenfenster protokolliert. Das Befehlszeilenfenster können Sie in seiner Größe verändern und an eine beliebige Stelle des Bildschirms schieben.

Die Menüzeile mit den Abrollmenüs

Befehle wählen Sie in AutoCAD aus den Abrollmenüs aus. Wenn Sie mit dem Fadenkreuz an die obere Grenze der Zeichenfläche kommen, verschwindet es und Sie bekommen einen Zeiger. Klicken Sie mit der linken Maustaste bzw. mit der ersten Taste Ihres Digitalisiertabletts, der sogenannten »Pick-Taste«, auf einen Eintrag in der Menüzeile, wird das Menü abgerollt und Sie können die gewünschte Funktion wieder per Klick auswählen.

Die Werkzeugkästen

Alle Befehle können Sie auch in Werkzeugkästen anwählen. Werkzeugkästen lassen sich bei Bedarf ein- und ausschalten und entweder am Rand der Zeichenfläche festsetzen (andocken) oder frei plazieren, dazu später mehr.

Die Standard-Funktionsleiste

Wichtige Befehle können Sie mit Werkzeugsysmbolen in der Standard-Funktionsleiste (unter der Menüzeile) anwählen. Die wichtigsten Symbole sind identisch mit denen der Microsoft-Office-Programme. Die Standard-Funktionsleiste wird wie ein Werkzeugkasten behandelt. Sie können sie aus- und einschalten und auf dem Zeichenbereich verschieben oder am Rand festsetzen.

Die Funktionsleiste Eigenschaften

Wichtige Zeichnungseinstellungen können Sie mit weiteren Werkzeugsymbolen und Abrollmenüs in einer zweiten Funktionsleiste, der Funktionsleiste EIGENSCHAFTEN unter der Standard-Funktionsleiste vornehmen. Auch diese Leiste kann wie ein Werkzeugkasten ein- und ausgeschaltet werden und auf der Zeichenfläche verschoben werden.

Die Bildlaufleisten

An den Bildlaufleisten am unteren und rechten Rand der Zeichenfläche können Sie den Zeichnungsausschnitt auf der Zeichenfläche verschieben.

Die Statuszeile

Am unteren Bildschirmrand werden Ihnen verschiedene Statusinformationen der Zeichnung angezeigt, die Sie dort auch umschalten können.

Die Dialogfelder

Eine ganze Reihe von Befehlen bringen bei Ihrer Auswahl ein Dialogfenster auf den Bildschirm. Statt einer Eingabe im Dialogbereich haben Sie jetzt die Möglichkeit, die gewünschten Funktionen per Mausklick anzuwählen. Die Dialogfelder werden in der Bildschirmmitte eingeblendet (siehe Abbildung 2.2) und verschwinden wieder, wenn Sie die gewünschten Funktionen gewählt haben.

Das Übersichtsfenster

Egal, welchen Ausschnitt der Zeichnung Sie gerade auf der Zeichenfläche haben, im Übersichtsfenster können Sie den Überblick behalten. Dort läßt sich die komplette Zeichnung anzeigen. Das Übersichtsfenster ist ein eigenständiges Windows-Anwendungsfenster, das Sie in seiner Größe und Position verändern oder auch ganz abschalten können. Sollte es auf Ihrem Bildschirm nicht sichtbar sein, gedulden Sie sich noch einen Augenblick, wir schalten es später zu.

2.3 Eine Zeichnungsdatei öffnen

Holen Sie zunächst eine gespeicherte Beispielzeichnung auf den Bildschirm, um die Funktionen der oben beschriebenen Elemente näher kennenzulernen.

Vorgang: Abrollmenü Datei aktivieren

Klicken Sie in der Menüzeile den Eintrag DATEI an und das Abrollmenü wird aktiviert. In der Menüzeile ist bei jedem Eintrag ein Buchstabe unterstrichen. Wenn Sie die Taste [Alt] drücken und festhalten und den unterstrichenen Buchstaben eingeben, wird das Menü ebenfalls aktiviert. In diesem Fall könnten Sie also auch mit [Alt] + [D] das Abrollmenü aktivieren (siehe Abbildung 2.5).

Im Abrollmenü können Sie den gewünschten Menüpunkt ebenfalls durch Anklicken oder durch Eingabe des unterstrichenen Buchstabens aktivieren. Beim Befehl ÖFFNEN... ist es beispielsweise die Taste [F].

Verschiedene Menüeinträge sind am rechten Rand des Menüs mit einer Tastenkombination gekennzeichnet. Damit können Sie die Befehle aktivieren, ohne vorher das Menü aufblättern zu müssen. Im Abrollmenü DATEI finden Sie solche Einträge, z.B. [Strg] + [N] für NEU... , [Strg] + [O] für ÖFFNEN... usw.

Überall dort, wo Sie hinter dem Menüeintrag drei Punkte finden, wie z.B. bei ÖFFNEN..., wird bei Anwahl der Funktion ein Dialogfeld auf den Bildschirm gebracht.

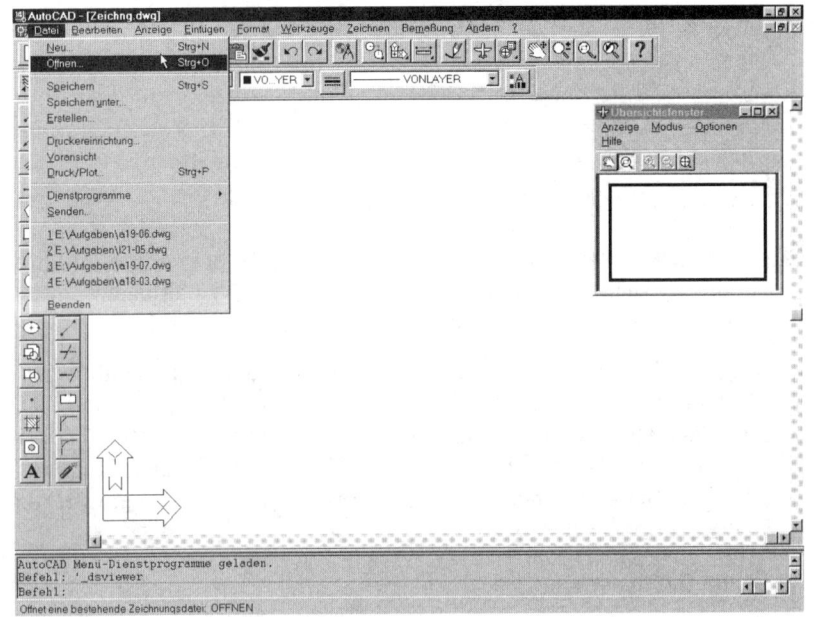

Abbildung 2.5:
Das Abrollmenü
DATEI

Vorgang: BEFEHL ÖFFNEN

Um eine bestehende Zeichnung auf den Bildschirm zu holen, verwenden Sie den Befehl ÖFFNEN. Wählen Sie den Befehl durch:

→ Eintippen des Befehlsnamens auf der Tastatur. Da Befehle immer durch Eintippen ihres Namens aufgerufen werden können, wird dies in den folgenden Befehlsbeschreibungen nicht mehr erwähnt.

→ Aktivierung des Abrollmenüs DATEI, und Anklicken des Eintrags ÖFFNEN...

→ Anklicken des Tablettfeldes T25

→ Anklicken des Symbols in der Standard-Funktionsleiste

Die letzten vier geöffneten Dateien werden am unteren Ende des Abrollmenüs DATEI angezeigt (siehe Abbildung 2.5), auch aus vorangegangenen Sitzungen. Einfaches Anklicken bringt eine dieser Zeichnungen wieder auf den Bildschirm.

Haben Sie seit dem Start von AutoCAD oder seit der letzten Sicherung irgendwelche Änderungen an der Zeichnung vorgenommen, erscheint zunächst ein Dialogfeld auf dem Bildschirm (siehe Abbildung 2.6).

Kapitel 2: AutoCAD 14 – die Bedienelemente

Abbildung 2.6:
Dialogfeld zur Sicherung von Änderungen

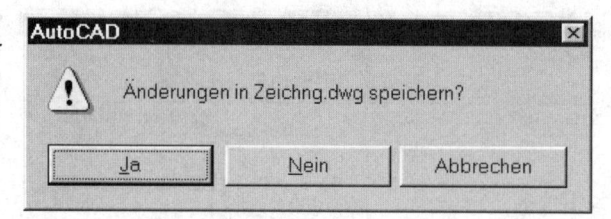

Durch Anklicken der Schaltfläche JA oder NEIN entscheiden Sie, ob Ihre Zeichnung gesichert werden soll. Bei Auswahl der Schaltfläche ABBRECHEN beenden Sie den Befehl, ohne daß etwas ausgeführt wird.

Auch in den Dialogfeldern kommen Sie mit der Tastenkombination aus `Alt` und dem unterstrichenen Buchstaben in der Schaltfläche zum Ziel. Klicken Sie also NEIN an oder nehmen Sie die Tastenkombination `Alt` + `N`. Eine weitere Methode bringt Sie mit der Tastatur zum Ziel: Betätigen Sie die `⇥`-Taste so lange, bis das Feld NEIN markiert ist und drücken dann die Leertaste oder `↵`.

Vorgang: DATEIAUSWAHL

Danach erscheint der Dateiwähler (siehe Abbildung 2.7) auf dem Bildschirm. Darin können Sie die Datei auswählen, die Sie zur Bearbeitung auf den Bildschirm holen wollen.

Abbildung 2.7:
Dialogfeld zum Öffnen einer Zeichnung

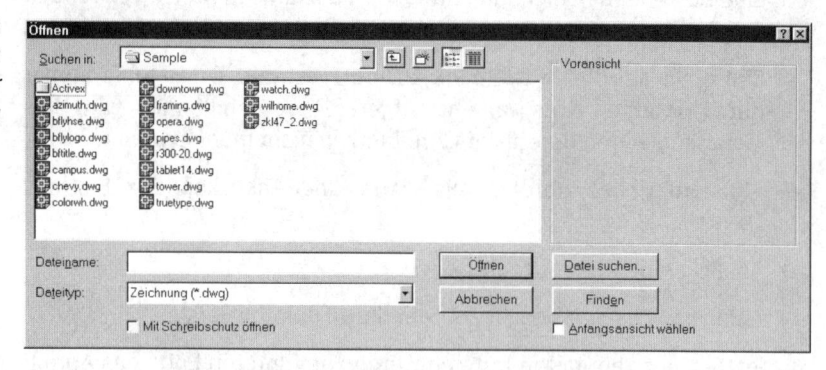

Alle Dialogfelder sind in AutoCAD 14 kompatibel zum Standard von Windows 95 bzw. Windows NT 4.0. Speziell die Dialogfelder zum Öffnen oder Speichern von Dateien haben in allen Windows-Programmen das gleiche Aussehen und die gleichen Funktionen. Für die Neulinge in diesen Betriebssystemen hier eine ausführliche Beschreibung dieser teilweise auch versteckten Funktionen.

Laufwerk oder Ordner wechseln

Im Listenfeld werden Ihnen alle AutoCAD-Zeichnungsdateien aus dem aktuellen Verzeichnis angezeigt. Sie sind mit dem Symbol für AutoCAD-14-Zeichnungen markiert.

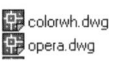

Am Anfang der Liste finden Sie die Symbole für die Ordner (Verzeichnisse), die unterhalb des aktuellen Ordners liegen. Mit einem Doppelklick auf ein Symbol wechseln Sie in diesen Ordner und die Liste zeigt den Inhalt des Ordners an.

Rechts neben dem Auswahlmenü SUCHEN IN: finden Sie ein Symbol. Durch einfaches Anklicken wechseln Sie in den darüberliegenden Ordner.

Wollen Sie das Laufwerk wechseln, um dort eine Zeichnungsdatei zu suchen, dann klicken Sie in das Auswahlmenü SUCHEN IN: oder auf den Pfeil am rechten Rand. Im Auswahlmenü werden die Laufwerke Ihres PC aufgelistet (siehe Abbildung 2.8). Klicken Sie das Laufwerk an, in dem sich die Datei befindet, die Sie öffnen wollen. Wie oben beschrieben, können Sie auch auf dem neuen Laufwerk den gewünschten Ordner öffnen.

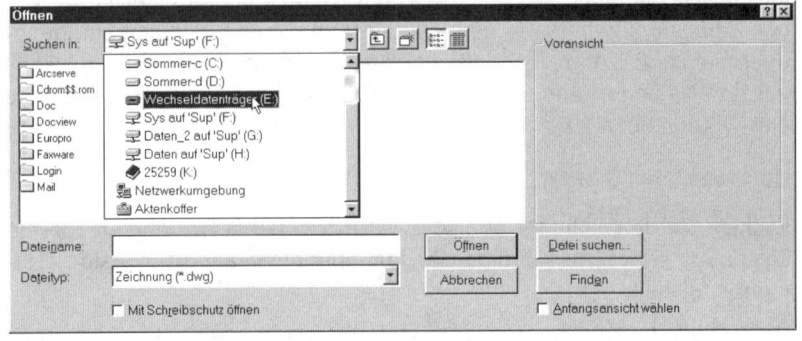

Abbildung 2.8: Auswahl des Laufwerks

Zeichnung auswählen

Wenn Sie den gewünschten Ordner geöffnet haben, klicken Sie die Zeichnung an, die Sie öffnen wollen. Der Zeichnungsname wird in das Feld DATEINAME: übernommen. Im Fenster VORANSICHT, rechts neben der Liste, bekommen Sie eine Anzeige der markierten Zeichnung (siehe Abbildung 2.9).

Sie können aber auch in dem Feld DATEINAME: einen Namen eintragen, z.B. A*.DWG. Bestätigen Sie den Eintrag mit ⏎ und in der Liste werden dann nur noch die Zeichnungen angezeigt, deren Name mit dem Buchstaben A beginnen.

Abbildung 2.9:
Voransicht der Zeichnung

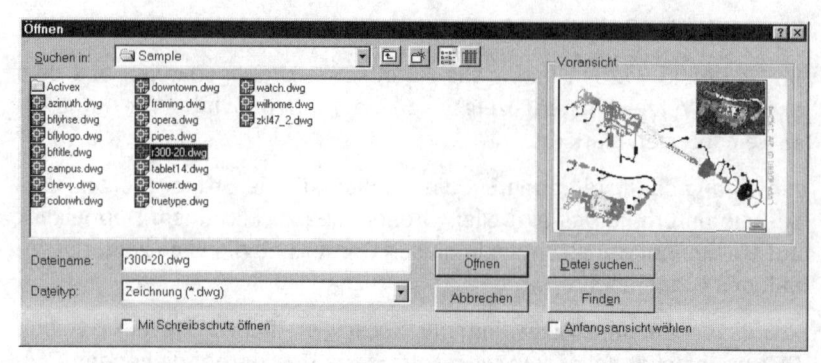

Im Feld DATEITYP: wählen Sie, welche Dateiarten geöffnet und damit in der Liste angezeigt werden sollen. In einem Auswahlmenü können Sie zwischen *Drawing (*.dwg)*, *DXF (*.dxf)* und *Drawing Template File (*.dwt)* wählen. AutoCAD-Zeichnungen haben die Dateierweiterung .DWG (von dem englischen Wort drawing = Zeichnung). Da Sie eine Zeichnung öffnen wollen, sollten Sie an dieser Einstellung nichts ändern. Zu den anderen möglichen Dateitypen später.

Klicken Sie die Schaltfläche ÖFFNEN an, wird die markierte Zeichnung auf den Bildschirm geholt. Kennen Sie den Namen der Zeichnung und benötigen Sie keine Voransicht, läßt sich diese auch durch einen Doppelklick auf den Namen öffnen. Mit der Schaltfläche ABBRECHEN wird der Befehl ohne Aktion beendet.

Optionen beim ÖFFNEN

Klicken Sie den Schalter MIT SCHREIBSCHUTZ ÖFFNEN an, können Sie die Zeichnung zwar öffnen und bearbeiten, aber die geänderte Version nicht mehr speichern.

Ist der Schalter ANFANGSANSICHT WÄHLEN eingeschaltet, können Sie beim Bildaufbau wählen, ob die Zeichnung mit dem letzten Ausschnitt auf den Bildschirm kommen soll oder ob die komplette Zeichnung dargestellt werden soll. Haben Sie in der Zeichnung Ausschnitte gesichert, können Sie auch gleich einen solchen Ausschnitt auf den Bildschirm holen.

DATEI FINDEN

Haben Sie im Feld Dateiname den Namen der Datei eingetragen, die Sie öffnen wollen, aber nicht wissen, in welchem Verzeichnis die Datei gespeichert ist, dann klicken Sie auf das Feld FINDEN. Befindet sich die Datei im aktuellen Suchpfad, wird in das Verzeichnis gewechselt, in dem die Datei gespeichert ist. Der aktuelle Suchpfad ist der Pfad, in dem AutoCAD seine Dateien sucht. Er kann in den Voreinstellungen (siehe Kapitel 2.13 und 27) festgelegt werden.

Befindet sich die Datei in keinem dieser Verzeichnisse, erscheint die Meldung, daß die Datei in diesen Pfaden nicht gefunden wurde.

Vorgang: Weitere Funktionen der Windows-95/Windows-NT-4.0-Dialogfelder

Eine Reihe weiterer Funktionen sind typisch für die Dialogfelder zum Öffnen und Speichern. Sie kennen sie eventuell schon vom Windows Explorer.

Klicken Sie auf das zweite Symbol rechts neben dem Auswahlmenü. Ein neuer Ordner wird angelegt. Er bekommt den Namen NEUER ORDNER. Klicken Sie einmal auf den Namen und der Ordner wird markiert. Klicken Sie ein weiteres Mal darauf, dann wird der gesamte Name markiert und Sie können ihn mit einem anderen Namen überschreiben. Mit einem erneuten Klick in den Namen setzen Sie den Cursor an diese Stelle. Sie können den Namen dann ändern.

Mit den beiden Symbolen rechts davon kann die Anzeige in der Liste umgeschaltet werden. Ist das linke Symbol gedrückt, erscheinen nur die Namen, beim rechten dagegen eine Tabelle mit Name, Größe, Typ und Datum der letzten Änderung.

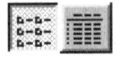

Auch innerhalb der Dateiliste gilt die komplette Funktionalität des Explorers:

- Ziehen Sie eine Zeichnung auf den neuen Ordner, wird sie dorthin verschoben

- Markieren Sie eine Zeichnung oder einen Ordner, und drücken Sie die Taste `Entf`, wird das markierte Objekt gelöscht

- Markieren Sie eine Zeichnung oder einen Ordner, und drücken Sie die rechte Maustaste, dann erscheint ein Pop-up-Menü (siehe Abbildung 2.10).

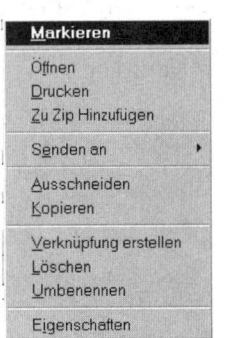

Abbildung 2.10:
Pop-up-Menü bei markiertem Objekt

Kapitel 2: AutoCAD 14 – die Bedienelemente

→ Dort haben Sie Funktionen, um das Objekt zu markieren, zu öffnen, zu drucken usw. Mit der Funktion SENDEN AN > wird ein Untermenü aufgeblättert, in dem Sie den Ordner oder die Zeichnung auf Diskette kopieren, in den Aktenkoffer legen oder als E-Mail verschicken können, je nachdem welche Komponenten in Ihrem PC zur Verfügung stehen. Außerdem stehen Funktionen zum Kopieren, Ausschneiden, Löschen und Umbenennen zur Verfügung. Mit der Funktion EIGEN-SCHAFTEN erhalten Sie eine Registerkarte mit allen Informationen zu dem Objekt (siehe Abbilddung 2.11).

Abbildung 2.11:
Registerkarte mit den Eigenschaften einer Datei

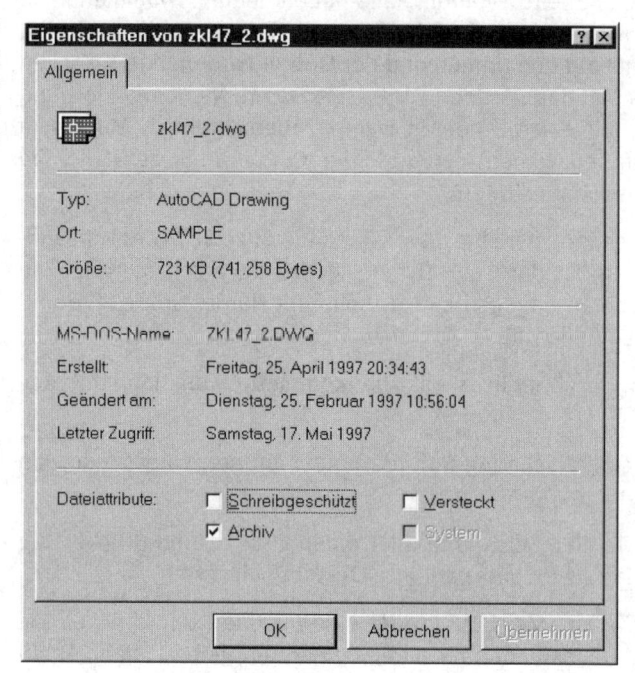

→ Haben Sie kein Objekt in der Liste markiert, erscheint ein anderes Pop-up-Menü (siehe Abbildung 2.12), wenn Sie die rechte Maustaste drücken.

Abbildung 2.12:
Pop-up-Menü, wenn kein Objekt markiert ist

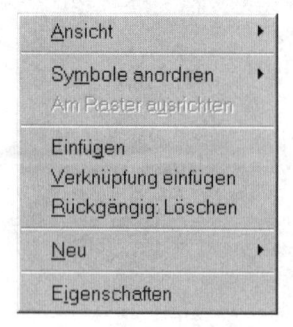

Eine Zeichnungsdatei öffnen

⇨ Hier haben Sie die Möglichkeit, im Untermenü ANSICHT > die Anzeige auf große oder kleine Symbole (siehe Abbildung 2.13), die standardmäßige Listenanzeige oder auf Detailanzeige (siehe oben) umzustellen. In einem weiteren Untermenü SYMBOLE ANORDNEN > können Sie die Sortierung wählen (nach Name, Typ, Größe oder Datum). Außerdem können Sie kopierte oder ausgeschnittene Objekte (siehe oben) in diesen Ordner einfügen, Verknüpfungen einfügen oder neue Ordner oder Verknüpfungen erstellen. Mit dem Menüpunkt EIGENSCHAFTEN können Sie sich hier auch Informationen anzeigen lassen. Diesmal aber zum gesamten Ordner.

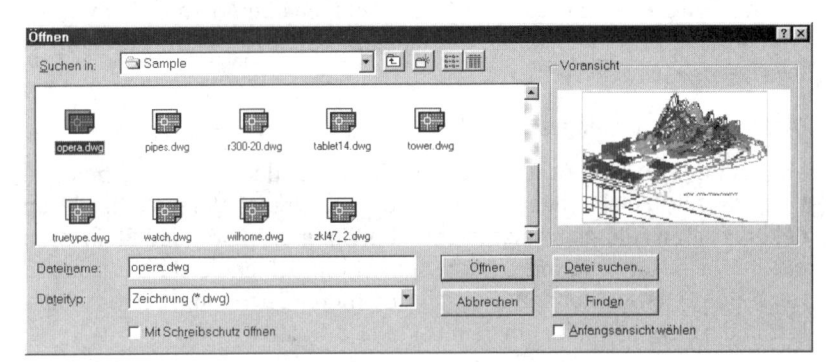

Abbildung 2.13: *Symbolanzeige in der Liste*

⇨ Haben Sie die Detailanzeige gewählt, können Sie die Sortierung in den Spalten ändern, indem Sie in die Spaltenüberschrift klicken. Nach der Spalte, die Sie anklicken, wird die Liste sortiert. Ein weiterer Klick bewirkt, daß die Liste in absteigender Reihenfolge angezeigt wird.

⇨ Die Spaltenbreite bei der Detailanzeige können Sie ändern. Wenn Sie in der Spaltenüberschrift auf die Begrenzungslinien mit der Maus zeigen, erhalten Sie als Symbol am Cursor eine senkrechte Linie mit einem Doppelpfeil. Drücken Sie die Maustaste und verschieben Sie das Symbol, die Spaltenbreite ändert sich entsprechend. Mit einem Doppelklick auf dieses Symbol erhalten Sie die optimale Spaltenbreite für die Spalte.

⇨ Immer dann, wenn eine Liste nicht komplett ins Fenster paßt, erscheint am Rand des Fensters eine Schiebeleiste. Damit haben Sie folgende Möglichkeiten: Ein Klick auf die Taste mit dem Pfeil nach oben schiebt die Liste um eine Zeile nach unten und umgekehrt. In der Schiebeleiste markiert ein Rechteck die Position in der Liste. Ziehen Sie das Rechteck an eine andere Position, wird der entsprechende Ausschnitt der Liste angezeigt. Mit einem Klick über oder unter das Rechteck springt die Liste eine ganze Seite weiter.

Kapitel 2: AutoCAD 14 – die Bedienelemente

Vorgang: DATEI SUCHEN

Wollen Sie eine ganz bestimmte Zeichnung bearbeiten, wissen aber deren Namen nicht mehr oder nur Teile davon, so gibt es die Möglichkeit, alle Zeichnungen eines Ordners mit dem Voransichtsbild durchzublättern oder nach verschiedenen Kriterien zu suchen. Klicken Sie dazu das Feld DATEI SUCHEN... an. Danach kommt ein weiteres Dialogfeld auf den Bildschirm (siehe Abbildung 2.14 und 2.15).

Das neue Dialogfeld hat sogenannte Registerkarten. Wie bei einem Karteikasten sind ausgeschnittene Registerkarten hintereinander angeordnet. Klicken Sie auf das entsprechende Feld am oberen Rand, kommt die zugehörige Karte nach vorne. Bei diesem Dialogfeld sind es die Karten BLÄTTERN und SUCHEN.

Blättern im Zeichnungsbestand

Mit der Registerkarte BLÄTTERN können Sie durch den Zeichnungsbestand blättern. Alle Zeichnungsdateien werden mit ihrem Voransichtsbild im linken großen Feld angezeigt (siehe Abbildung 2.14). Mit den Pfeiltasten auf der Tastatur oder mit einer waagrechten Schiebeleiste am unteren Rand des Fensters können Sie sich durch den Zeichnungsbestand blättern, falls nicht alle Bilder in dem Feld Platz finden.

Abbildung 2.14:
Suchen einer Zeichnung, Registerkarte BLÄTTERN

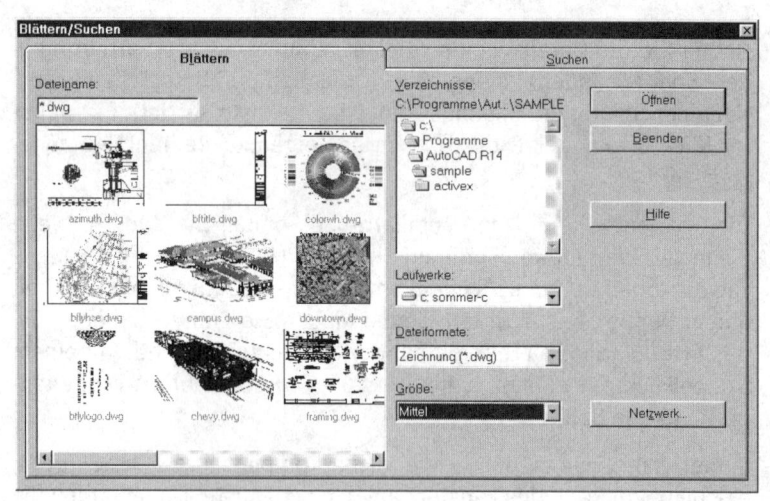

Haben Sie die gewünschte Zeichnung gefunden, reicht wieder ein Doppelklick auf das Bild und die Zeichnung wird geladen. Im Auswahlmenü GRÖSSE rechts wählen Sie die Größe der Voransichtsbilder (groß, mittel oder klein). Im Feld VERZEICHNISSE wird angezeigt, in welchem Ordner Sie sich befinden. Dort können auch Sie den Ordner wechseln. Darunter finden Sie das Auswahlmenü LAUFWERKE zur Auswahl des gewünschten Laufwerks.

Suchen einer Zeichnung

Die Registerkarte SUCHEN hilft Ihnen beim Auffinden einer Zeichnung (siehe Abbildung 2.15). Gehen Sie bei der Suche wie folgt vor: Tragen Sie im Feld SUCHKRITERIUM den Namen oder bekannte Teile des Namens der gesuchten Zeichnung ein, z.B. Z08-15.DWG, wenn Sie diese Zeichnung suchen, oder Z08-*.DWG, wenn Sie alle Zeichnungen suchen, deren Name mit Z08 beginnt, also Z08-14.DWG, Z08-15.DWG und Z08-16.DWG. Im Auswahlmenü DATEIFORMATE ist das Format Zeichnung (*.DWG) voreingestellt.

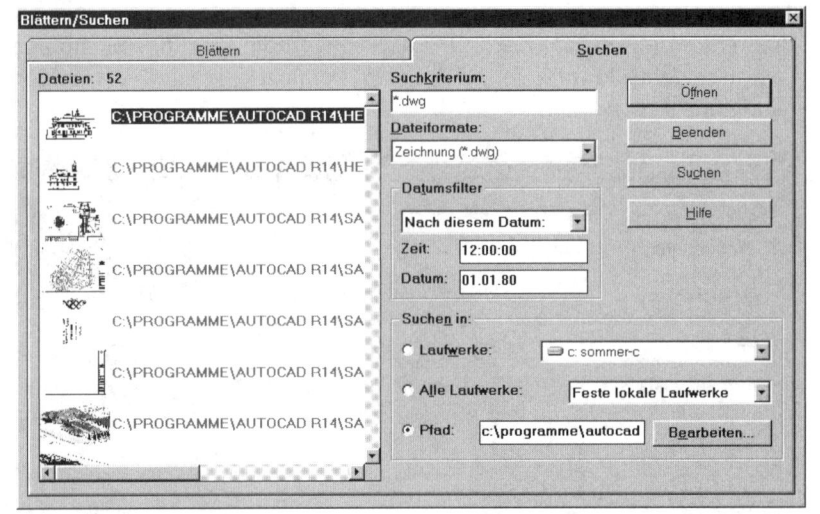

Abbildung 2.15:
Suchen einer Zeichnung, Registerkarte SUCHEN

Wenn Sie das ungefähre Erstellungsdatum einer Zeichnung wissen, hilft Ihnen bei der Suche das DATUMSFILTER. Stellen Sie die Uhrzeit oder das Datum ein. Beachten Sie, daß das Datum in der Form Monat-Tag-Jahr verlangt wird, also 5-15-97 für den 15. Mai 1997. Im Auswahlmenü darüber stellen Sie ein, ob Sie nach Dateien suchen wollen, die vor oder nach diesem Datum erstellt wurden.

Im Feld SUCHEN IN geben Sie an, wo die Dateien gesucht werden sollen. Sie können ein bestimmtes Laufwerk im Abrollmenü LAUFWERKE zur Suche auswählen. Wenn Sie die Funktion aktivieren wollen, klicken Sie auf den Begriff LAUFWERKE oder den Punkt davor und der Punkt wird schwarz ausgefüllt dargestellt. Die Funktion ist ausgewählt. Sie können die Suche aber auch auf alle Laufwerke ausdehnen. Klicken Sie dazu auf die Auswahl ALLE LAUFWERKE. Im Abrollmenü steht dann noch zur Wahl, ob nur auf den lokalen Festplatten des Computers (Auswahl FESTE LOKALE LAUFWERKE) oder auf allen Laufwerken in einem Netzwerk gesucht werden soll (Auswahl ALLE LAUFWERKE).

Kapitel 2: AutoCAD 14 – die Bedienelemente

Haben Sie alle Ihre Zeichnungen in einem oder mehreren Ordnern mit verschiedenen Unterordnern, so können Sie auch nur in einem oder mehreren Pfaden suchen lassen. Wählen Sie dazu die Funktion PFAD an und klicken Sie auf das Feld BEARBEITEN.... In einem weiteren Dialogfeld (siehe Abbildung 2.16) können Sie die Pfade auswählen, in denen nach der Zeichnung gesucht werden soll. Wählen Sie den Pfad im Listenfeld VERZEICHNISSE auf der linken Seite und klicken Sie auf HINZUFÜGEN und der Pfad wird in die Liste SUCHPFAD aufgenommen. Im Auswahlmenü LAUFWERKE können Sie einstellen, von welchem Laufwerk Sie den Suchpfad wählen wollen. Haben Sie einen falschen Suchpfad gewählt, markieren Sie ihn in der Liste und klicken auf den Schalter LÖSCHEN und er wird aus der Liste entfernt. Mit dem Feld ALLE LÖSCHEN wird die Liste der Suchpfade komplett gelöscht und mit SCHLIESSEN kommen Sie zum vorherigen Dialogfeld zurück.

Abbildung 2.16:
Auswahl der Suchpfade

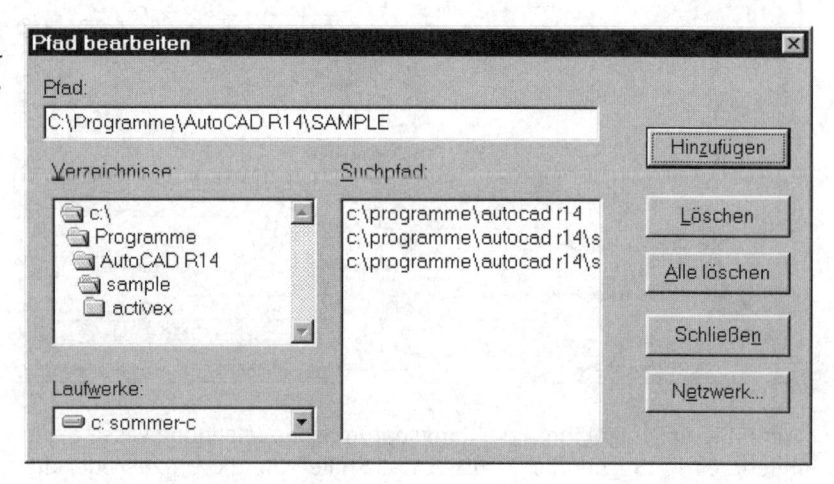

Haben Sie alles eingestellt, klicken Sie auf die Schaltfläche SUCHEN, der Suchlauf beginnt und die gefundenen Zeichnungen mit ihrem Pfad und dem kleinen Voransichtsbild werden im linken Feld angezeigt. Mit einem Doppelklick öffnen Sie die Zeichnung. Ein einfacher Klick markiert den Eintrag. Mit der Schaltfläche ÖFFNEN wird die Zeichnung ebenfalls geöffnet.

Wenn Ihnen die Suche zu lange dauert, können Sie sie auch mit der Schaltfläche SUCHE ANHALTEN stoppen. In der Liste finden Sie dann nur die Dateien, die bis zu diesem Zeitpunkt gefunden wurden.

Übung: Öffnen einer Zeichnung

↳ Wählen Sie den Befehl ÖFFNEN

↳ Suchen Sie im Ordner C:\AUFGABEN die Zeichnung A02-01.DWG

↳ Öffnen Sie die Datei

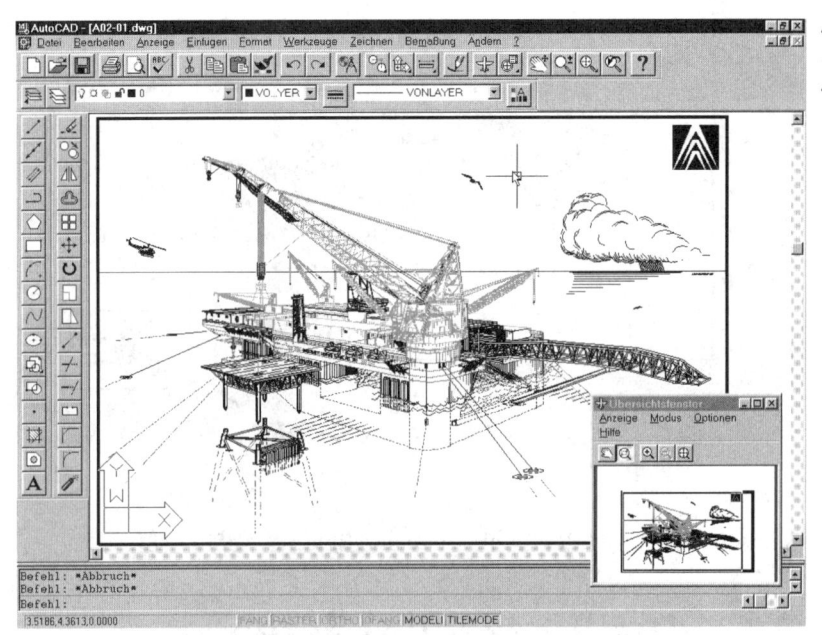

Abbildung 2.17:
Die geöffnete Zeichnung

2.4 Die Abrollmenüs

Die Funktionen in den Abrollmenüs haben teilweise zusätzliche Markierungen. Im ersten Kapitel wurde schon darauf hingewiesen, daß drei Punkte, z.B. beim Befehl ÖFFNEN..., bedeuten, daß Sie mit dieser Auswahl ein Dialogfeld auf den Bildschirm bekommen. Steht hinter der Funktion das Zeichen >, bedeutet das, daß Sie mit dieser Funktion ein weiteres Menü öffnen. In AutoCAD 14 wird von »kaskadierenden Menüs« gesprochen. In der Regel können Sie einen Befehl sehr schnell direkt aus dem Menü oder in einer Stufe darunter anwählen. Nur in Ausnahmefällen gibt es drei Stufen, bis Sie zu Ihrem Befehl kommen. Abbildung 2.18 zeigt ein Beispiel für drei Menüs in Folge.

Abbildung 2.18:
Kaskadierende Abrollmenüs

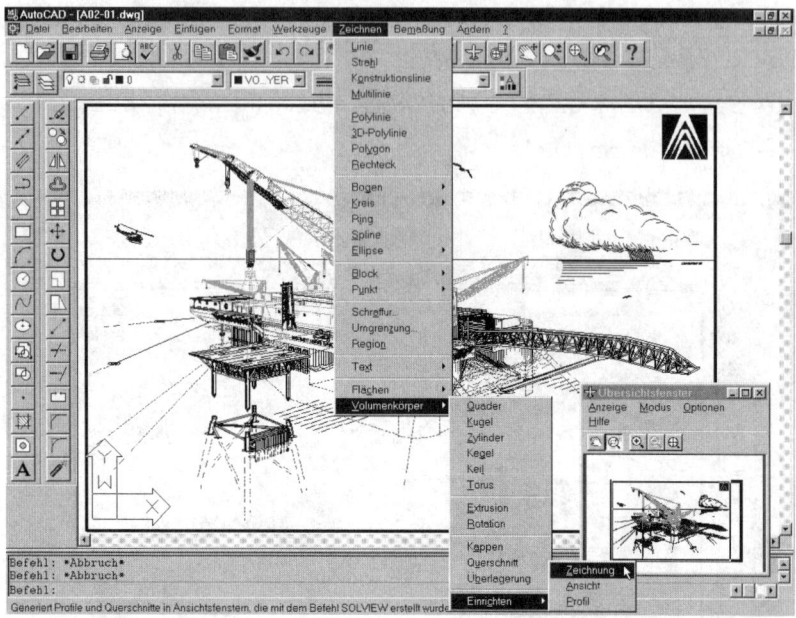

Verweis:

Siehe Referenzteil: Menüfunktionen und Befehle (Kapitel 28).

2.5 Die Werkzeugkästen

Die Abrollmenüs sind nicht die einzige Möglichkeit, mit denen Sie in AutoCAD-14-Befehle auswählen können. Aus den Werkzeugkästen lassen sich die Befehle mit einem Symbol oft schneller anwählen. Werkzeugkästen können Sie ein- und ausschalten und an verschiedenen Stellen auf der Zeichenfläche plazieren oder am Rand der Zeichenfläche »andocken«.

Nach der Installation von AutoCAD 14 haben Sie in der Standardeinstellung zwei Funktionsleisten auf dem Bildschirm. Sie werden im Programm wie Werkzeugkästen behandelt und es sind: die Standard-Funktionsleiste und die Funktionsleiste EIGENSCHAFTEN (siehe Kapitel 2.2). Diese Funktionsleisten sind unter der Menüzeile mit den Abrollmenüs fest plaziert. Zwei weitere Werkzeugkästen befinden sich angedockt am linken Rand der Zeichenfläche: ÄNDERN (mit den Editierbefehlen) und ZEICHNEN (mit den Zeichenbefehlen).

Vorgang: Befehl Werkzeugkasten

Mit dem Befehl WERKZEUGKASTEN können Sie die verfügbaren Werkzeugkästen in einem Dialogfeld ein- und ausschalten. Wählen Sie den Befehl:

↳ Abrollmenü ANZEIGE, Funktion WERKZEUGKÄSTEN...

↳ Tablettfeld R3

↳ Rechtsklick auf ein beliebiges Symbol

Sie bekommen dann ein Dialogfeld zur Auswahl der Werkzeugkästen auf den Bildschirm (siehe Abbildung 2.19). Dasselbe Dialogfeld erhalten Sie, wenn Sie mit dem Mauszeiger auf ein beliebiges Symbol in einem Werkzeugkasten oder einer der Funktionsleisten zeigen und die rechte Maustaste drücken.

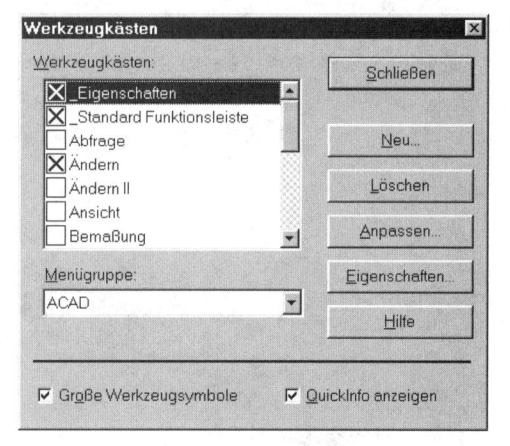

Abbildung 2.19: *Dialogfeld zur Auswahl der Werkzeugkästen*

Im Dialogfeld können Sie in einer Liste die Werkzeugkästen durch Anklicken markieren, die Sie auf dem Bildschirm haben wollen. Ein Häkchen in dem Feld vor dem Namen zeigt Ihnen an, daß der Werkzeugkasten eingeschaltet ist. Hier finden Sie auch die Standard-Funktionsleiste und die Funktionsleiste EIGENSCHAFTEN. Drei weitere Schalter steuern das Aussehen der Werkzeugkästen:

GROSSE WERKZEUGSYMBOLE: Ist der Schalter eingeschaltet, werden große Symbole angezeigt.

QUICKINFO ANZEIGEN: Ist der Schalter eingeschaltet, wird am Mauszeiger eine Information zu dem Befehl angezeigt, wenn man mit dem Mauszeiger ca. eine Sekunde auf einem Symbol bleibt.

Die weiteren Schaltflächen auf der rechten Seite dienen dazu, Werkzeugkästen zu ändern oder neue zu erstellen. Doch dazu mehr in Kapitel 22.

Kapitel 2: AutoCAD 14 – die Bedienelemente

Übung: Werkzeugkästen ein- und ausschalten

↪ Wählen Sie aus dem Abrollmenü ANZEIGE die Funktion WERKZEUG-KÄSTEN... und schalten Sie weitere Werkzeugkästen ein.

↪ Schalten Sie den Werkzeugkasten ÄNDERN aus.

↪ Klicken Sie auf OK und sehen Sie sich das Ergebnis an.

Vorgang: Werkzeugkasten plazieren

Werkzeugkästen können Sie auf verschiedene Arten am Bildschirm anordnen: Sie können Sie fest am Rand der Zeichenfläche »andocken« oder frei auf der Zeichenfläche plazieren (siehe Abbildung 2.20).

Abbildung 2.20:
Werkzeugkästen angedockt und frei plaziert

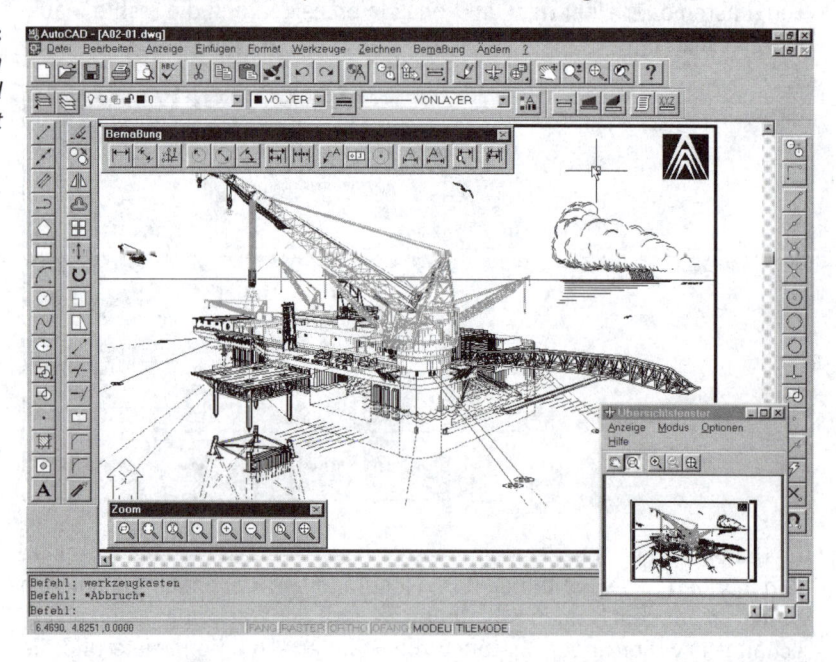

Frei plazierbare Werkzeugkästen können Sie verschieben, indem Sie auf die Titelleiste klicken, und mit gedrückter Maustaste den Werkzeugkasten an die gewünschte Stelle ziehen. Kommen Sie dabei in die Nähe des Bildschirmrandes, rastet der Werkzeugkasten automatisch ein, er bleibt fest an dieser Position und läßt sich dann auch nicht mehr verschieben. Die Zeichenfläche verkleinert sich entsprechend, der Werkzeugkasten ist »angedockt«. Wenn Sie die Taste `Strg` beim Verschieben drücken, läßt sich das automatische Andocken verhindern.

Ziehen Sie den linken, rechten oder unteren Rand eines frei plazierbaren Werkzeugkastens mit gedrückter Maustaste, ändert sich die Form des Werkzeugkastens. Durch einen Klick in der linken oberen Ecke wird ein

Werkzeugkasten geschlossen. Er verschwindet dann von der Zeichenfläche. Bei einem angedockten Werkzeugkasten ist das nicht möglich. Sie müssen zuerst wieder einen frei plazierbaren daraus machen. Klicken Sie dazu an den Rand des Werkzeugkastens und ziehen Sie ihn mit gedrückter Maustaste auf die Zeichenfläche. Erst dann können Sie ihn ausschalten. Natürlich können Sie ihn auch auch mit dem Befehl WERKZEUGKASTEN (siehe oben) ausschalten, egal ob er angedockt oder frei plazierbar ist. Klicken Sie ihn in der Liste an und das Häkchen (siehe Abbildung 2.19) verschwindet und damit auch der Werkzeugkasten auf dem Bildschirm.

In Abbildung 2.21 sehen Sie alle möglichen Werkzeugkästen frei plazierbar auf dem Bildschirm und die beiden Funktionsleisten am oberen Rand der Zeichenfläche.

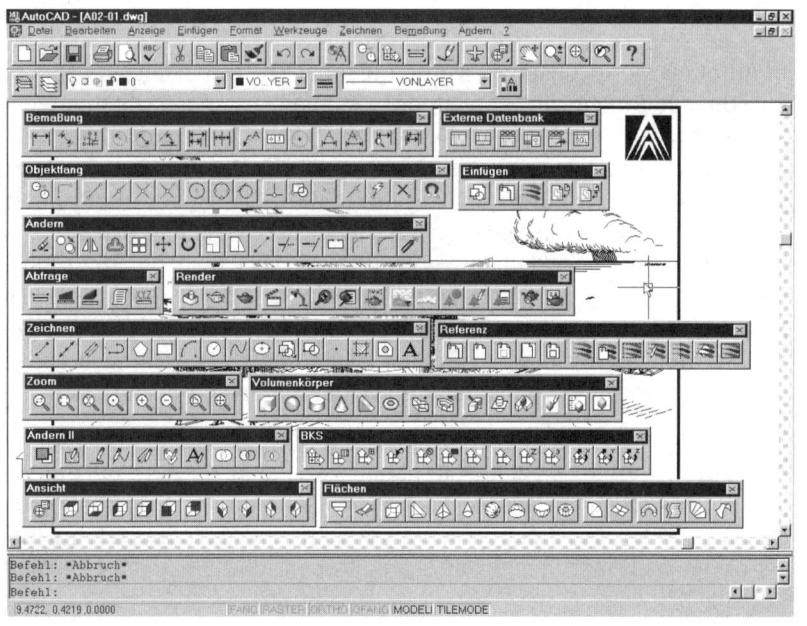

Abbildung 2.21:
Alle Werkzeugkästen und die Funktionsleisten

Übung: Werkzeugkästen verschieben

- *Verschieben Sie die Werkzeugkästen.*
- *Lassen Sie Werkzeugkästen andocken und machen Sie wieder frei plazierbare daraus.*
- *Stellen Sie danach die Standardeinstellung wieder her (siehe Abbildung 2.17).*

Vorgang: Funktionen aus Werkzeugkästen anwählen

Klicken Sie auf ein Symbol in einem Werkzeugkasten, wird der zugehörige Befehl ausgeführt. Bleiben Sie mit dem Mauszeiger auf einem Werkzeugsymbol stehen, wird Ihnen nach kurzer Zeit am Mauszeiger eine Erläuterung zu dem Befehl angezeigt, das sogenannte QUICKINFO (siehe Abbildung 2.22). Gleichzeitig erscheint in der Statuszeile am unteren Bildschirmrand ein zusätzlicher Hilfetext mit einer Kurzbeschreibung der Funktion.

Abbildung 2.22:
QUICKINFO auf einem Symbol

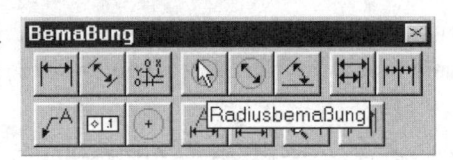

In AutoCAD 13 für Windows wurden erstmals Werkzeugkästen verwendet. Um alle Befehle, meist auch noch mit verschiedenen Optionen, unterzubringen, wurden in Werkzeugkästen Fly-out-Menüs verwendet. Hinter Symbolen, die in der rechten unteren Ecke das Symbol > hatten, verbarg sich ein Fly-out-Menü. Das führte dazu, daß sehr viele Symbole verwendet wurden, die sich oft auch zum Verwechseln ähnlich sahen. In Version 14 sind nur noch die Befehle, nicht die verschiedenen Unterfunktionen als separate Symbole enthalten. Die Zahl der Symbole hat sich damit reduziert, so daß weitgehend auf Fly-out-Menüs verzichtet werden konnte. Nur in der Standard-Funktionsleiste befinden sich noch einige Fly-out-Menüs, die auch hier mit dem Symbol > gekennzeichnet sind.

Halten Sie beim Anklicken die Maustaste gedrückt, wird das Fly-out-Menü ausgefahren. Mit gedrückter Maustaste fahren Sie jetzt auf das gewünschte Symbol und lassen dort los (siehe Abbildung 2.23). Der Befehl, dessen Symbol unter dem Mauszeiger war, wird dann ausgeführt. Bei Fly-out-Menüs liegt immer das Symbol oben, das Sie zuletzt gewählt haben.

Abbildung 2.23:
Fly-out-Menü in der Standard-Funktionsleiste

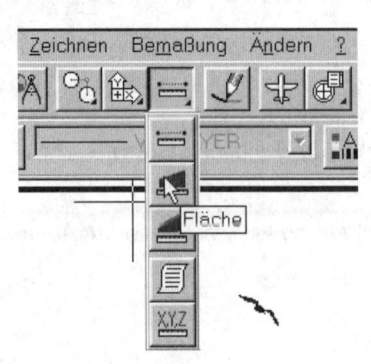

Tips: Anordnung der Werkzeugkästen

↪ Schalten Sie die Funktionsleisten nicht aus.

↪ Schalten Sie zusätzliche Werkzeugkästen nur ein, wenn Sie sie brauchen und schalten Sie sie anschließend wieder aus.

↪ Docken Sie Werkzeugkästen nur dann an, wenn Sie sie ständig brauchen, z.B. den Werkzeugkasten OBJEKTFANG. Verwenden Sie zum Andocken den freien Platz neben den Funktionsleisten.

↪ Die Einstellungen werden gespeichert und sind bei der nächsten Sitzung wieder vorhanden.

2.6 Die Tablettmenüs

Wenn Sie für Ihren Arbeitsplatz ein Digitalisiertablett zur Verfügung haben, steht Ihnen eine weitere Möglichkeit zur Verfügung, AutoCAD 14 zu bedienen. Die verfügbare Tablettfläche kann in einen Zeigebereich und bis zu vier Menübereiche aufgeteilt werden. Die Standard-Tablettauflage verwendet alle vier Menübereiche, wobei der erste frei für eigene Anpassungen ist. Zu diesem Standardtablett wird eine Menüauflage mit AutoCAD 14 geliefert, die Sie auf dem Digitalisiertablett befestigen können. Damit die Auswahl der Befehle vom Programm richtig erkannt wird, müssen Sie das Tablett konfigurieren. Das erfolgt mit dem Befehl TABLETT, der im Kapitel 27 beschrieben ist. Falls Sie das an Ihrem Arbeitsplatz noch nicht gemacht haben, schauen Sie zunächst dort nach.

Wenn Ihr Digitalisiertablett eine andere Größe hat, ist das kein Problem. Im Ordner PROGRAMME\AUTOCAD R14\SAMPLE befindet sich eine Zeichnung TABLET14.DWG, mit der Menüauflage. Die können Sie sich in der benötigten Größe ausdrucken und auf Ihr Digitalisiertablett aufkleben und auf diese Größe mit dem Befehl TABLETT konfigurieren.

Jetzt brauchen Sie nur noch auf das gewünschte Tablettfeld klicken und der zugehörige Befehl wird aktiviert.

Abbildung 2.24:
Standard-Tablettauflage für AutoCAD 14

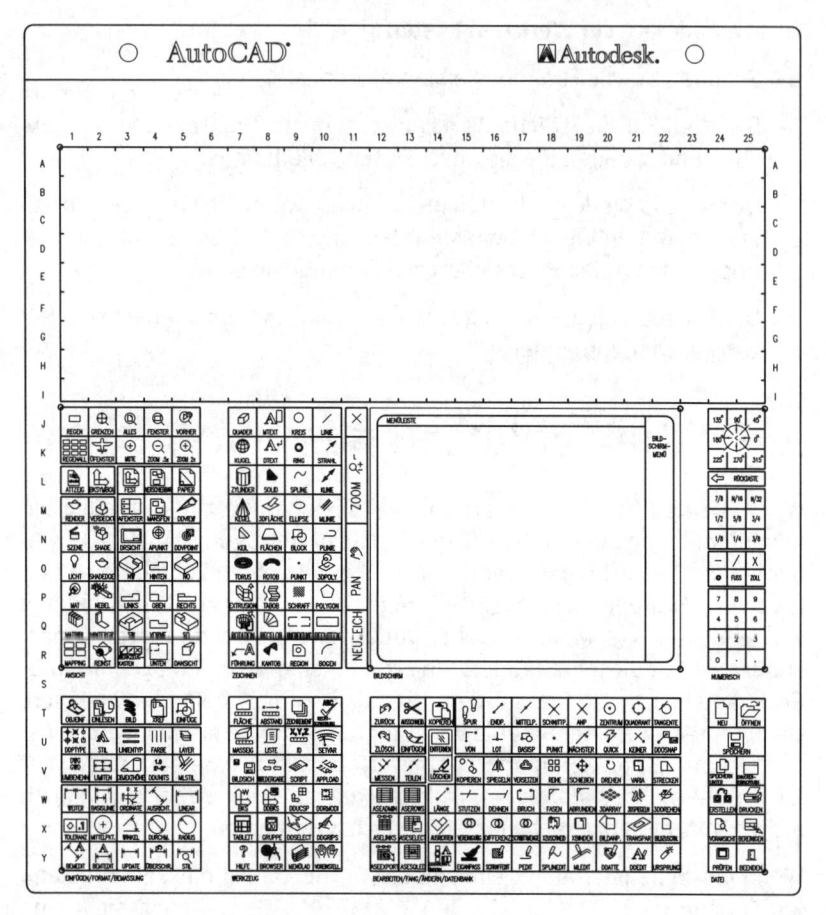

Tips: Hinweise zum Tablettmenü im Buch

↳ Die Spalten des Tabletts sind von 1 bis 25 durchnumeriert. Die Zeilen sind mit Buchstaben versehen, A bis Y.

↳ Im Buch finden Sie bei den Erläuterungen zu den Befehlen auch das Feld auf dem Tablett, auf dem Sie den Befehl wählen können. Zur Orientierung wird die Koordinate des Tablettfeldes angegeben, R5 bedeutet dann z.B., daß Sie den Befehl in der Zeile R in der fünften Spalte finden.

Verweis:

Siehe Kapitel 27: Tablettkonfiguration.

2.7 Befehlszeilenfenster und Textfenster

Am unteren Rand des Zeichenbildschirms von AutoCAD 14 läuft in 3 Zeilen der Befehlsdialog mit. Jede Ihrer Eingaben wird dort protokolliert, egal, ob Sie den Befehl aus den Menüs wählen oder ihn eintippen. Mit den Schiebeleisten an der rechten Seite und rechts unten können Sie das Protokoll durchblättern.

Vorgang: Änderung des Befehlszeilenfensters

Das Befehlszeilenfenster kann ähnlich wie ein Werkzeugkasten am Bildschirm plaziert und in seiner Größe verändert werden. Standardmäßig ist es, wie schon erwähnt, am unteren Rand des Zeichenbildschirms angedockt. Klicken Sie es mit der Maus am oberen Rand an und halten Sie die Maustaste fest, können Sie das Fenster größer oder kleiner ziehen. Packen Sie es an einem anderen Rand, können Sie es in die Zeichenfläche ziehen (siehe Abbildung 2.25).

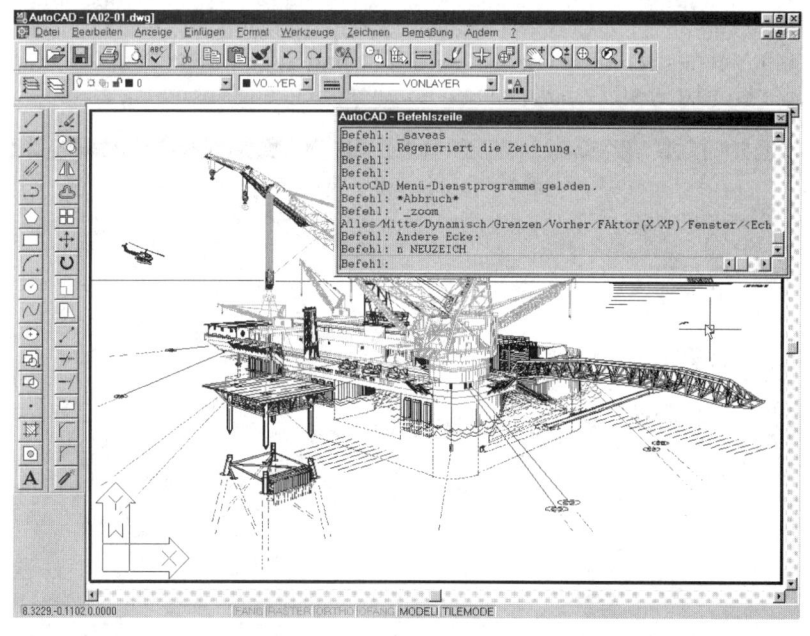

Abbildung 2.25: Befehlszeilenfenster in der Zeichenfläche

An den Rändern und in den Ecken läßt sich das Fenster jetzt mit gedrückter Maustaste größer oder kleiner ziehen. An der Titelleiste kann es verschoben werden. Sie können es auch am oberen Rand der Zeichenfläche andocken.

Vorgang: Umschalten auf das Textfenster

Zusätzlich kann auch ein Textfenster eingeblendet werden. Hier sehen Sie den Befehlsdialog in einem größeren Fenster, das Sie sogar bildschirmfüllend vergrößern können. Es hat ebenfalls Schiebeleisten an der rechten Seite und rechts unten. Sie schalten es mit der Funktionstaste [F2] zu. Wenn Sie die Funktionstaste einmal drücken, kommt das Textfenster in den Vordergrund und verschwindet wieder, wenn Sie sie wieder drücken. Bei manchen Befehlen wird das Textfenster automatisch aktiviert. Auch hier kommen Sie mit [F2] wieder zur Zeichnung.

Wenn Sie [F2] einmal gedrückt haben oder einen Befehl verwendet haben, der das Textfenster aktiviert hat, läuft das Textfenster als eigenes Windows-Anwendungsfenster mit, bis Sie es im Systemmenü wieder schließen. Sie finden es auch in der Taskleiste als aktives Programm.

Sowohl im Befehlszeilenfenster als auch im Textfenster können Sie den Protokolltext markieren. Drücken Sie die rechte Maustaste, erscheint ein Pop-up-Menü (siehe Abbildung 2.26). Sie können den ganzen Text oder nur den markierten Teil in die Zwischenablage kopieren. Umgekehrt ist es ebenfalls möglich, Text aus der Zwischenablage in die Befehlsanfrage zu kopieren. Eine weitere Funktion im Pop-up-Menü verzweigt zum Befehl VOREINSTELLUNGEN (siehe Kapitel 2.13 und 27). Alle Funktionen finden Sie im Textfenster auch in einem Abrollmenü (siehe Abbildung 2.26).

Abbildung 2.26:
Das Textfenster mit Pop-up-Menü

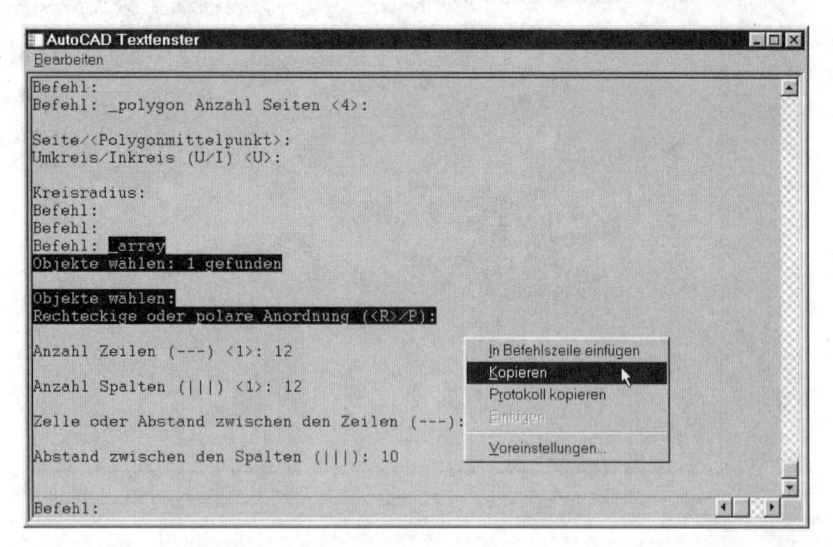

Haben Sie die letzten Befehle auf der Tastatur eingegeben, können Sie die Eingaben mit den Tasten [↑] und [↓] durchblättern und in die Befehlseingabe holen. Mit [↵] wird der Befehl ausgeführt, der sich gerade an der Befehlseingabe befindet.

Übung: Befehlszeilenfenster verändern und Textfenster zuschalten

- Verändern Sie die Größe des Befehlszeilenfensters, verschieben Sie es auf der Zeichenfläche.
- Schalten Sie das Textfenster zu und wieder aus. Schließen Sie es.
- Stellen Sie danach die Standardeinstellung wieder her (siehe Abbildung 2.17).

2.8 Befehle und Optionen

Alle Aktionen werden, wie Sie schon gesehen haben, in AutoCAD 14 mit Befehlen gestartet. Die Befehle lassen sich per Namen eintippen oder aus den Menüs wählen.

Befehlskürzel

Bei der Eingabe auf der Tastatur können Sie den kompletten Befehlsnamen eintippen. Für die meisten Befehle sind zusätzlich Befehlskürzel definiert, mit denen Sie einen Befehl mit einem Kürzel aus 1 bis 5 Zeichen starten können. So ist beispielsweise L das Kürzel für den Befehl LINIE, B für BOGEN oder K für KREIS.

Englische und deutsche Bedienung

Bei der Wahl aus den Menüs werden englische Namen verwendet. Mit einem vorangestellten Unterstrich »_« kann der englische Name verwendet werden. Ob Sie den Befehl LINIE oder _LINE eintippen, das Ergebnis ist dasselbe.

Die Optionen

Viele Befehle in AutoCAD 14 lassen sich in verschiedenen Varianten verwenden. Das wird mit der sogenannten Befehlsoption ausgewählt. Welche Optionen Ihnen zur Verfügung stehen, wird im Befehlszeilenfenster aufgelistet.

Beim Befehl PLINIE, den Sie später noch kennenlernen werden, bekommen Sie beispielsweise eine besonders umfangreiche Optionsliste angezeigt:

```
Befehl: Plinie
Von Punkt: Startpunkt eingeben
Aktuelle Linienbreite beträgt 0.0000
Kreisbogen/Schliessen/Halbbreite/sehnenLänge/
Zurück/Breite/<Endpunkt der Linie>:
```

Wenn Sie den Namen der Option eintippen, wird diese ausgeführt. Es reicht aber auch, wenn Sie den Buchstaben eintippen, der in der Liste bei der gewünschten Option groß geschrieben ist. Das ist in der Regel der er-

Kapitel 2: AutoCAD 14 – die Bedienelemente

ste Buchstabe. Es kann aber auch wie im obigen Beispiel ein anderer Buchstabe sein: K für KREISBOGEN oder L für SEHNENLÄNGE. Bei noch längeren Optionslisten kann das Kürzel für die Option auch aus zwei oder mehreren Buchstaben bestehen: LÖ für LÖSCHEN oder LI für LINIENTYP.

Die vorgewählte Option wird in spitzen Klammern angezeigt. Sie kann ohne weitere Eingaben direkt verwendet werden. Wird bei einem Befehl ein Zahlenwert als Vorgabe angezeigt, kann dieser mit ⏎ bestätigt werden, wenn er unverändert übernommen werden soll, z.B.:

```
Befehl: Limiten
Modellbereich Limiten zurücksetzen:
Ein/Aus/<linke untere Ecke> <0.0000,0.0000>: ⏎
Obere rechte Ecke <420.0000,297.0000>: ⏎
```

Optionen direkt in den Menüs anwählbar

Noch eine Anmerkung zu den Befehlen und Optionen. Aus den Abrollmenüs können Sie viele Befehle schon mit der gewünschten Option wählen. Dadurch ersparen Sie sich Tastatureingaben. Abbildung 2.27 zeigt den Befehl BOGEN mit seinen Optionen im Abrollmenü.

Abbildung 2.27:
Befehl BOGEN mit Optionen im Abrollmenü

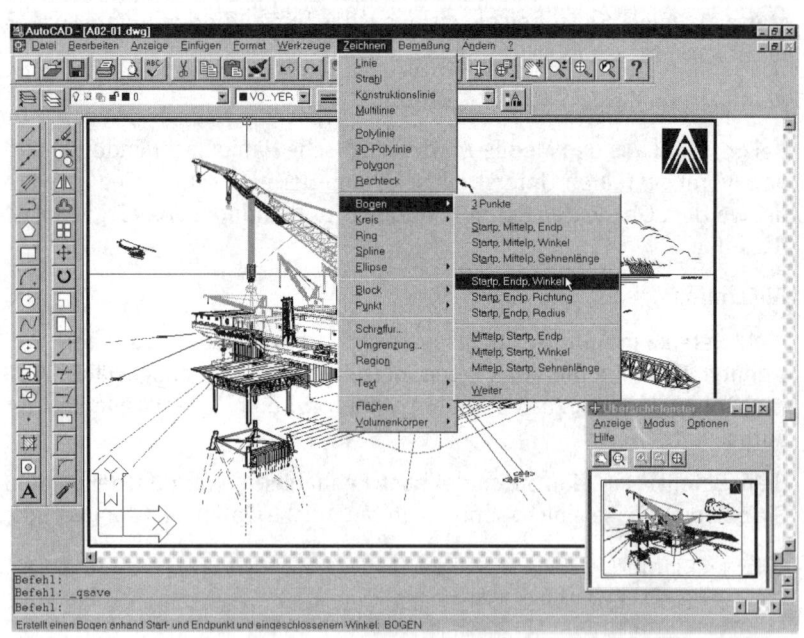

In den Werkzeugkästen sind verschiedene Befehle ebenfalls schon mit vorgewählten Optionen wählbar. In Abbildung 2.28 sehen Sie den Werkzeugkasten BKS mit verschiedenen Optionen des Befehls BKS.

Abbildung 2.28:
Werkzeugkasten BKS mit verschiedenen Optionen des Befehls

Diverse Befehle liegen auf dem Tablett ebenfalls auf mehreren Feldern mit verschiedenen Optionen, z.B. der Befehl ZOOM mit seinen Optionen auf den Feldern J2 bis J5 und K3 bis K5.

Auch die Optionen können mit ihren englischen Namen eingegeben werden, wenn der Unterstrich vorangestellt wird. Bei der Anwahl aus den Menüs ist das meistens der Fall.

Falsch angewählte Befehle lassen sich mit der Taste [Esc] abbrechen. AutoCAD kommt dann zur Befehlsanfrage (auch Befehlsprompt genannt) zurück.

Befehl:

In manchen Fällen muß zweimal hintereinander [Esc] eingegeben werden, um zur Befehlsanfrage zurückzukommen. Wird ein Befehl aus den Menüs gewählt, wird ein bereits laufender Befehl automatisch abgebrochen. Dadurch werden Fehlfunktionen ausgeschlossen und die [Esc]-Taste für den Abbruch überflüssig.

Transparente Befehle

Normalerweise können Sie einen neuen Befehl erst dann wählen, wenn der vorhergehende beendet ist und im Befehlszeilenfenster wieder der Befehlsprompt steht:

Befehl:

Wenn ein Befehl noch nicht abgeschlossen ist und Sie wählen schon einen neuen an, dann wird der vorhergehende automatisch abgebrochen, aber unter Umständen nicht korrekt ausgeführt.

Aber es gibt in AutoCAD auch Befehle, mit denen anders gearbeitet werden kann, die sogenannten *transparenten Befehle*. Sie können während der Arbeit an einem anderen Befehl eingeschoben werden.

Welche Befehle das sind, entnehmen Sie der Befehlsliste (siehe Kapitel 28). Wenn Sie einen solchen Befehl eintippen, dann stellen Sie das Zeichen ' (Apostroph) voran, z.B.:

Befehl:_Linie
Von Punkt: 200,100
Nach Punkt: '_Neuzeich

```
Nehme LINIE-Befehl wieder auf
Nach Punkt:
```

Wenn Sie einen transparenten Befehl aus dem Menü anwählen, wird er automatisch transparent aufgerufen und der laufende Befehl nicht abgebrochen.

Tips: Verschiedene Befehle mit ähnlichen Funktionen

In AutoCAD lassen sich bestimmte Aktionen mit verschiedenen Befehlen ausführen. Zusätzlich zu den Befehlen, die mit Dialogfeld arbeiten, gibt es auch Befehle, die nur im Befehlszeilenfenster arbeiten. Diese sind für die normale Bedienung des Programms nicht wichtig, da sie in der Handhabung zu umständlich sind. Für eigene Anpassungen der Bedieneroberfläche sind sie aber wichtig. Oft sind auch im Übungsteil nicht alle Optionen eines Befehls ausführlich beschrieben.

Sie finden deshalb alle Befehle im Referenzteil in Kurzform beschrieben. Auch ist am Ende jedes Kapitels ein Verweis, falls im Referenzteil weitere Befehle zum selben Thema zu finden sind.

2.9 Das Übersichtsfenster

Wenn Sie an den Details der Zeichnung arbeiten, dann sollten Sie die Vergrößerung und den Zeichnungsausschnitt so oft als nötig wechseln. Im Übersichtsfenster können Sie den Bildausschnitt auf der Zeichenfläche verändern. Trotzdem behalten Sie die ganze Zeichnung im Übersichtsfenster, in dem zur Orientierung der Bildausschnitt auf der Zeichenfläche markiert ist (siehe Abbildung 2.29).

Falls Sie es bis jetzt noch nicht auf Ihrem Bildschirm hatten, schalten Sie es jetzt ein.

Vorgang: Übersichtsfenster ein- und ausschalten

Mit dem Befehl ÜFENSTER bzw. kurz ÜF schalten Sie das Übersichtsfenster ein und aus. Sie finden den Befehl:

- im Abrollmenü ANZEIGE, Funktion ÜBERSICHTSFENSTER
- Symbol in der STANDARD-FUNKTIONSLEISTE
- Tablettfeld K2

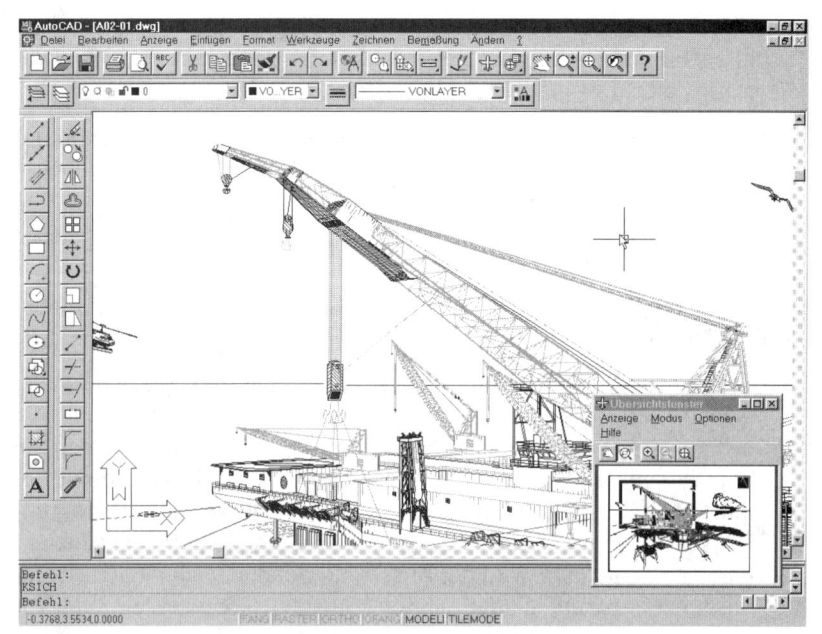

Abbildung 2.29:
Zeichnung mit Übersichtsfenster

Vorgang: Bildausschnitt im Übersichtsfenster wählen

Das Übersichtsfenster ist eine eigene Windows-Anwendung mit eigenen Abrollmenüs, das sich auf dem Bildschirm verschieben und in der Größe verändern läßt. Dazu müssen Sie es mit der Maus in der Titelleiste anklicken, die Maustaste festhalten und es an die gewünschte Stelle ziehen.

Zur Veränderung der Größe nehmen Sie das Fenster am Rand. Dann ziehen Sie es mit gedrückter Maustaste größer oder kleiner. An den Ecken des Fensters verändern Sie die Größe in diagonaler Richtung.

Folgende Funktionen können Sie im Übersichtsfenster ausführen:

Zoomen im Übersichtsfenster

Im Übersichtsfenster kann die Vergrößerung auf der Zeichnungsfläche stufenlos vergrößert werden, sogenanntes Zoomen. Zunächst ist die ganze Zeichnung sichtbar. Der Bereich, der sich gerade auf der Zeichenfläche befindet, ist mit einem Rahmen markiert, der jetzt noch so groß ist wie das ganze Übersichtsfenster.

Klicken Sie zum Zoomen ins Übersichtsfenster und danach auf den Eckpunkt eines Fensters. Ziehen Sie mit gedrückter Maustaste zu dem gegenüberliegenden Eckpunkt und lassen Sie die Maustaste los. Der Bereich, der sich in diesem Fenster befindet, wird formatfüllend auf der Zeichenfläche dargestellt. Während Sie das Fenster im Übersichtsfenster aufziehen, wird die Zeichnung auf der Zeichenfläche dynamisch mitgezogen. Der Bereich, der auf der Zeichenfläche dargestellt ist, wird im Übersichtsfenster durch einen Rahmen markiert. Sie sehen aber nach wie vor die ganze Zeichnung im Übersichtsfenster.

Klicken Sie im Übersichtsfenster auf die rechte Maustaste, wird von der Zoom-Funktion zur Pan-Funktion (siehe unten) umgeschaltet. Ein weiterer Rechtsklick schaltet wieder zur Zoom-Funktion zurück.

Weitere Funktionen im Übersichtsfenster

In der Symbolleiste im Übersichtsfenster können Sie weitere Funktionen wählen (von links nach rechts):

- Schaltet auf die Funktion zur Verschiebung des Bildschirmausschnitts um, in AutoCAD PAN genannt. Jetzt können Sie den Ausschnitt verschieben, ohne die Vergrößerung zu ändern. Schieben Sie den Rahmen einfach an eine andere Stelle und klicken Sie mit der linken Maustaste. Der Bereich, der dann im Rahmen ist, wird formatfüllend auf dem Bildschirm dargestellt. Halten Sie beim Verschieben die linke Maustaste, wird der Ausschnitt auf der Zeichenfläche dynamisch mitgezogen. Mit der rechten Maustaste können Sie wieder zur Zoom-Funktion umschalten.

- Schaltet auf die Zoom-Funktion um.

- Vergrößert die Darstellung im Übersichtsfenster.

- Verkleinert die Darstellung im Übersichtsfenster.

- Zeigt die komplette Zeichnung im Übersichtsfenster an.

Vorgang: Abrollmenüs im Übersichtsfenster

Abrollmenü ANZEIGE: Damit kann der Ausschnitt im Übersichtsfenster verändert werden (siehe die drei rechten Symbole, oben).

Abrollmenü MODUS: Umschaltung zwischen ZOOM und PAN (siehe die zwei linken Symbole, oben).

Abrollmenü OPTIONEN: Vier Einträge stehen in dem Abrollmenü zur Auswahl. Ist AUTO-AFENSTER aktiviert, wird der Inhalt des Übersichtsfensters mit dem Wechsel eines Ansichtsfensters auf der Zeichenfläche sofort nachgeführt, ansonsten erst, wenn wieder in das Übersichtsfenster geklickt wird. Ist die Funktion DYNAMISCH AKTUALISIEREN aktiv, werden Änderungen in der Zeichnung sofort im Übersichtsfenster nachgeführt, ansonsten erst dann, wenn wieder ins Übersichtsfenster geklickt wird. Mit der Funktion ECHTZEIT-ZOOM... wählen Sie, ob beim Aufziehen des Fensters beim Zoomen der Bildausschnitt auf der Zeichenfläche dynamisch mitgezogen wird.

Übung: Übersichtsfenster benützen

⇨ *Schalten Sie das Übersichtsfenster zu.*

⇨ *Verwenden Sie die Zoom- und Pan-Funktion des Übersichtsfensters.*

Tips: Arbeiten mit zwei Bildschirmen

⇨ Stehen Ihnen an Ihrem AutoCAD-Arbeitsplatz zwei Bildschirme zur Verfügung, ist es sinnvoll, auf einem Bildschirm das Übersichtsfenster zu plazieren. Sie können es darauf groß ziehen.

⇨ Auf dem restlichen Platz können Sie die häufig benötigten Werkzeugkästen plazieren.

Vorgang: Bildlaufleisten benützen

Sowohl an der Zeichenfläche als auch im Übersichtsfenster finden Sie an der rechten und unteren Seite sogenannte Bildlaufleisten, mit denen Sie das Bild horizontal oder vertikal, stufenlos oder in festen Schritten verschieben können.

2.10 Zoom- und Pan-Befehle

In AutoCAD 14 haben Sie außer dem Übersichtsfenster noch eine ganze Reihe von Befehlen, um den Bildschirmausschnitt zu verändern. In Auto-CAD 13 standen Ihnen dazu die Befehle ZOOM und PAN sowie DYZOOM und DYPAN für die Echtzeitfunktionen zur Verfügung. In Version 14 können Sie alle Funktionen mit dem Befehl ZOOM ausführen und direkt von der Zoom- zur Pan-Funktion wechseln und umgekehrt. Fast alle Optionen arbeiten transparent.

Trotzdem stehen Ihnen zum Teil noch die Befehle aus Version 13 zur Verfügung, wenn auch teilweise mit veränderten Funktionen.

Vorgang: Echtzeit-Zoom-Funktion

Die flexibelste Methode, den Bildausschnitt zu verändern, ist die Echtzeitmethode mit kombinierter Zoom- und Pan-Funktion. Wählen Sie diese Variante des Befehls ZOOM:

⇨ Abrollmenü ANZEIGE, Untermenü ZOOM >, Funktion ECHTZEIT

⇨ Symbol in der Standard-Funktionsleiste

⇨ Tablettfelder K bis M11

Sie erhalten in der Zeichenfläche statt des bisherigen Fadenkreuzes ein Lupensymbol mit den Zeichen + und – (siehe Abbildung 2.30).

Abbildung 2.30:
Lupensymbol für Echtzeitzoom

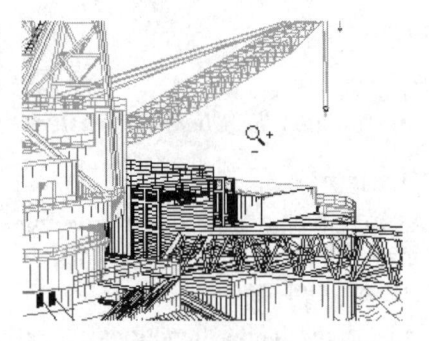

Bewegen Sie das Symbol mit gedrückter Maustaste nach oben, vergrößern Sie die Anzeige stufenlos, nach unten wird sie verkleinert. Haben Sie die richtige Vergrößerung auf diese Weise eingestellt, drücken Sie die Tasten (Esc) oder (↵) auf der Tastatur, der Befehl wird beendet und die momentane Vergrößerung übernommen.

Drücken Sie dagegen die rechte Maustaste, erscheint ein Pop-up-Menü. Darin lassen sich weitere Funktionen anwählen (siehe Abbildung 2.31).

Abbildung 2.31:
Pop-up-Menü bei Echtzeit-Zoom oder Pan

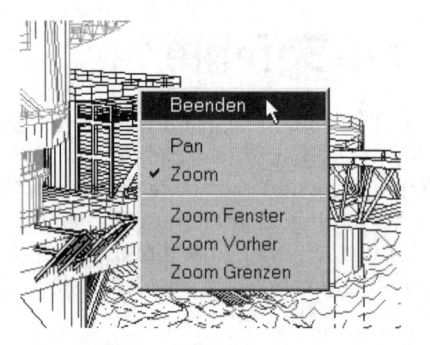

Wenn Sie in diesem Menü die Funktion PAN anklicken, können Sie Ihren Ausschnitt in Echtzeit verschieben. Dazu erhalten Sie auf der Zeichenfläche ein Handsymbol (siehe Abbildung 2.32).

Abbildung 2.32:
Handsymbol für Echtzeit-Pan

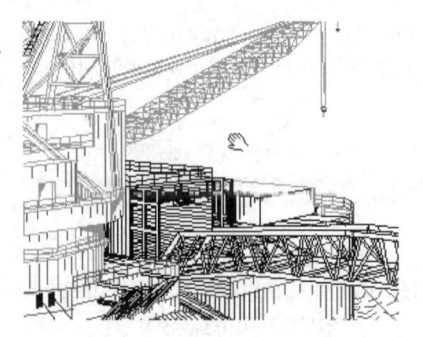

Jetzt können Sie die Zeichnung mit gedrückter Maustaste in die gewünschte Richtung verschieben. Die Zeichnung wird kontinuierlich mitbewegt. Mit den Tasten [Esc] oder [←] wird der Befehl beendet und der momentane Ausschnitt übernommen. Auch aus dieser Funktion kommen Sie mit der rechten Maustaste in das Pop-up-Menü (siehe Abbildung 2.31).

Weitere Funktionen im Pop-up-Menü

ZOOM FENSTER: Schaltet auf einen weiteren Modus um. Mit einem Fenstersymbol kann mit gedrückter Maustaste ein Fenster aufgezogen werden (siehe Abbildung 2.33). Der Ausschnitt in diesem Fenster wird formatfüllend auf dem Bildschirm dargestellt.

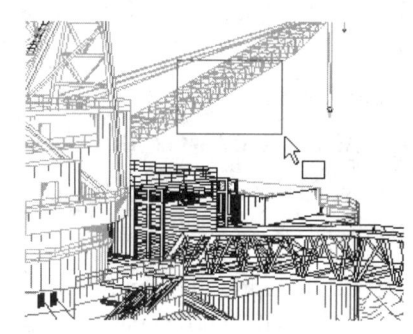

Abbildung 2.33:
Fenstersymbol für Ausschnittvergrößerung

ZOOM VORHER: Schaltet zum vorherigen Ausschnitt zurück (siehe unter Befehl ZOOM, Option VORHER).

ZOOM GRENZEN: Bringt die komplette Zeichnung formatfüllend auf den Bildschirm (siehe unter Befehl ZOOM, Option GRENZEN).

EXIT: Beendet den Befehl

Vorgang: Echtzeit-Pan-Funktion

Wollen Sie gleich mit der Pan-Funktion starten, müssen Sie nicht den Umweg über die Zoom-Funktion gehen. Wählen Sie direkt den Befehl PAN:

↦ Abrollmenü ANZEIGE, Untermenü PAN >, Funktion ECHTZEIT

↦ Symbol in der Standard-Funktionsleiste

↦ Tablettfelder N bis P11

Sie starten mit der Pan-Funktion (Handsymbol) und können wie oben beschrieben auch zur Zoom-Funktion und zurück wechseln.

Vorgang: Weitere Optionen des Befehls ZOOM

Neben den Echtzeitfunktionen gibt es noch eine Reihe von Standard-Zoomfunktionen. Es sind alles Optionen des Befehls ZOOM.

Zoom FENSTER

↳ Abrollmenü ANZEIGE, Untermenü ZOOM >, Funktion FENSTER

↳ Symbol im Fly-out-Menü ZOOM in der Standard-Funktionsleiste und im Werkzeugkasten ZOOM

↳ Tablettfeld J4

Zwei diagonale Eckpunkte eines Fensters werden abgefragt. Der Bereich in diesem Fenster wird formatfüllend auf die Zeichenfläche übernommen.

Zoom VORHER

↳ Abrollmenü ANZEIGE, Untermenü ZOOM >, Funktion VORHER

↳ Symbol in der Standard-Funktionsleiste

↳ Tablettfeld J5

Mit dieser Option kommen Sie zum vorherigen Ausschnitt zurück. Die letzten 10 Ausschnitte bleiben gespeichert und können so der Reihe nach zurückgeholt werden.

Zoom FAKTOR

↳ Abrollmenü ANZEIGE, Untermenü ZOOM >, Funktion ZOOMFAKTOR

↳ Symbol im Fly-out-Menü ZOOM in der Standard-Funktionsleiste und im Werkzeugkasten ZOOM

Mit dieser Option können Sie einen Vergrößerungsfaktor für den Ausschnitt auf der Tastatur eingeben. Werte > 1 bewirken eine Vergrößerung und Werte < 1 eine Verkleinerung. Der Faktor bezieht sich:

↳ auf die Gesamtzeichnung, wie sie in den Limiten (siehe Kapitel 3) definiert ist

↳ auf den momentanen Ausschnitt, wenn dem Wert X angehängt wird

↳ auf die Vergrößerung des Modells im Papierbereich (siehe Kapitel 15), wenn dem Zahlenwert XP angehängt wird.

Beachten Sie, Zahlen kleiner 1 werden in AutoCAD 14 mit Punkt und nicht mit Komma geschrieben also 0.8 nicht 0,8.

Zoom 0.5x bzw. 2x

⇢ Abrollmenü ANZEIGE, Untermenü ZOOM >, Funktion VERGRÖSSERN bzw. VERKLEINERN

⇢ Symbol im Fly-out-Menü ZOOM in der Standard-Funktionsleiste und im Werkzeugkasten ZOOM

⇢ Tablettfeld K4 und K5

Die Optionen verkleinern bzw. vergrößern um den Faktor 0.5x bzw. 2x.

Zoom MITTE

⇢ Abrollmenü ANZEIGE, Untermenü ZOOM >, Funktion MITTE

⇢ Symbol im Fly-out-Menü ZOOM in der STANDARD-FUNKTIONSLEISTE und im Werkzeugkasten ZOOM

⇢ Tablettfeld K3

Die Option MITTE arbeitet ähnlich wie die Option FAKTOR, nur daß Sie den Mittelpunkt des neuen Ausschnitts und einen Vergrößerungsfaktor bestimmen können.

Zoom ALLES bzw. GRENZEN

⇢ Abrollmenü ANZEIGE, Untermenü ZOOM >, Funktion ALLES bzw. GRENZEN

⇢ Symbol im Fly-out-Menü ZOOM in der Standard-Funktionsleiste und im Werkzeugkasten ZOOM

⇢ Tablettfeld J3 und J2

Mit der Option ALLES erhalten Sie den Bereich innerhalb der Limiten (siehe Kapitel 3) auf dem Bildschirm. Wenn außerhalb der Limiten gezeichnet wurde, werden alle Objekte der Zeichnung, auch die außerhalb der Limiten, auf dem Bildschirm dargestellt. Aber Vorsicht, verwenden Sie diese Option nur sehr sparsam. Sie erfordert eine Regenerierung des Bildschirms, was bei großen Zeichnungen auch einige Zeit in Anspruch nehmen kann. Außerdem kann die Option nicht transparent ausgeführt werden.

Die Option GRENZEN bringt alles formatfüllend, was Sie bis dahin gezeichnet haben, sei es ein Kreis, eine Linie oder eine komplette Zeichnung. Mit der Option GRENZEN können Sie kontrollieren, ob Objekte versehentlich außerhalb des Zeichenbereichs verschoben wurden. Es kann dann passieren, daß die Zeichnung ganz klein in der Ecke liegt und am Bildschirmrand ein winziges Objekt zu sehen ist.

Zoom DYNAMISCH

↪ Abrollmenü ANSICHT, Untermenü ZOOM >, Funktion DYNAMISCH

↪ Symbol im Fly-out-Menü ZOOM in der Standard-Funktionsleiste und im Werkzeugkasten ZOOM

Mit dieser Option erhalten Sie einen speziellen Auswahlbildschirm (siehe Abbildung 2.34), auf dem Sie folgendes sehen und einstellen können:

↪ Die komplette Zeichnung

↪ Ein gepunktetes Fenster in der Größe der Limiten (äußeres Fenster)

↪ Ein gepunktetes Fenster, das die Größe des letzten Ausschnitts anzeigt (inneres Fenster)

↪ Das Einstellfenster, mit einem X markiert. Seine Lage kann mit der Maus verschoben werden. Klicken Sie die linke Maustaste, schaltet das Fenster um, es wird mit einem -> am Rand markiert und mit der Maus kann die Größe verändert werden. Klicken Sie wieder mit der linken Maustaste schaltet das Fenster erneut um. Mit der rechten Maustaste, der [Esc]- oder [↵]-Taste wird der Ausschnitt im Fenster auf den Zeichenbildschirm formatfüllend übernommen.

Abbildung 2.34:
Dynamische Funktion des Befehls ZOOM

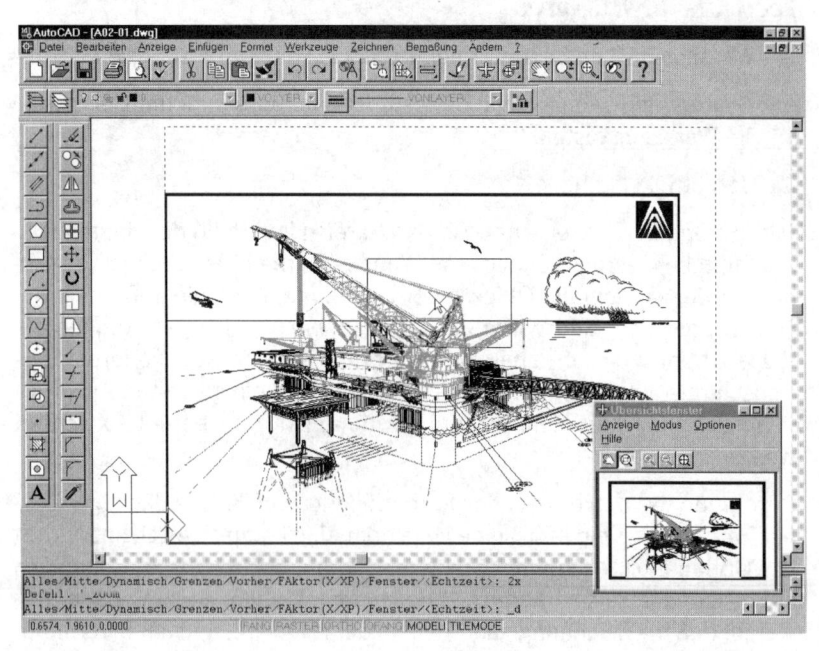

Vorgang: Weitere Optionen des Befehls PAN

Wird der Befehl PAN mit einem vorangestellten - gestartet, -PAN, arbeitet er nicht im Echtzeitmodus. Sie können den Befehl auch aus dem Abrollmenü mit dieser Variante wählen:

↳ Abrollmenü ANZEIGE, Untermenü PAN >, Funktion PUNKT

Sie erhalten folgende Anfrage, wenn Sie den Befehl wählen:

```
Befehl: -Pan
Verschiebung:
Zweiter Punkt:
```

Verwenden Sie den Befehl so, daß Sie zwei Punkte auf der Zeichenfläche anklicken. Die Zeichnung wird dann um die Distanz der beiden Punkte verschoben und Sie erhalten einen neuen Ausschnitt auf dem Bildschirm.

Sie können aber auch den Ausschnitt um eine feste Strecke verschieben. Gehen Sie dazu so vor:

```
Befehl: -Pan
Verschiebung: 100,200
Zweiter Punkt: 200,200
```

Der Punkt 100,200 in der Zeichnung verschiebt sich dorthin, wo der Punkt 200,200 war (zu Koordinaten und den Koordinatenformaten erfahren Sie im Kapitel 3 mehr). Der Ausschnitt wird also um 100 Einheiten in X-Richtung verschoben. Dieselbe Wirkung hätten Sie auch erzielt mit:

```
Befehl: -Pan
Verschiebung: 100,0
Zweiter Punkt: [↵]
```

Die Zeichnung wird um 100 Einheiten in X-Richtung verschoben, wenn der zweite Punkt nur mit [↵] bestätigt wird. Der erste Wert wird als Verschiebungswert interpretiert.

Wichtig: Die Objekte auf dem Zeichenblatt werden nicht verschoben, nur das Zeichenblatt auf dem Bildschirm.

Vier weitere fest eingestellte Verschiebungswerte finden Sie ebenfalls im Abrollmenü:

↳ Abrollmenü ANZEIGE, Untermenü PAN >, Funktion LINKS, RECHTS, OBEN und UNTEN

Der Ausschnitt wird jeweils um einen bestimmten Betrag in der gewählten Richtung verschoben.

Übung: Zoom- und Pan-Funktionen

➔ Schalten Sie den Werkzeugkasten ZOOM ein.

➔ Experimentieren Sie an Ihrer Zeichnung mit den Zoom- und Pan-Funktionen in Echtzeit und mit den statischen Funktionen

2.11 Tastenbelegung auf der Maus oder dem Zeigegerät des Digitalisiertabletts

Wie Sie schon in den vorangegangenen Kapiteln gesehen haben, haben die Maustasten oft unterschiedliche Funktionen. Außerdem wurde schon erwähnt, daß auch mit einem Digitalisiertablett gearbeitet werden kann. In diesem Fall kann das Fadenkreuz bzw. der Cursor mit der Maus oder dem Zeigegerät (Lupe oder Stift) des Digitalisiertabletts bewegt werden. Auch die Tasten haben die gleiche Funktion. Es gilt:

Linke Maustaste und erste Taste des Zeigegeräts

»Pick«-Taste zur Auswahl in Menüs, Eingabe von Punkten, Größen und Winkeln auf der Zeichenfläche.

Rechte Maustaste und zweite Taste des Zeigegeräts

Entspricht der Taste ⏎ auf der Tastatur in einem Befehlsdialog. Damit bestätigen Sie Vorgabewerte im Befehlsdialog. Wird die Taste nach Beendigung eines Befehls bei der erneuten Befehlsanfrage gedrückt, wird der letzte Befehl wiederholt. Das gleiche gilt auch für die Taste ⏎ auf der Tastatur.

In verschiedenen Dialogfeldern, im Textfenster und im Befehlszeilenfenster, bei den Echtzeitfunktionen der Befehle ZOOM und PAN, beim Editieren mit Griffen usw. sind Spezialfunktionen zugeordnet. Meist wird dann damit ein Pop-up-Menü eingeblendet.

Mittlere Maustaste (falls vorhanden) und dritte Taste des Zeigegeräts

Pop-up-Menü für den Objektfang (siehe Kapitel 4). Ist keine dritte Maustaste vorhanden oder haben Sie für Ihr Digitalisiertablett einen Stift mit zwei Tasten, dann können Sie diese Funktionen auch mit der Taste ⇧ auf der Tastatur zusammen mit der rechten Maustaste ausführen.

Vierte Taste des Zeigegeräts

Abbruchtaste, ein laufender Befehl wird abgebrochen. Das gleiche kann auch mit der Taste `Esc` auf der Tastatur erledigt werden.

2.12 Die Hilfe-Funktionen

AutoCAD 14 stellt Ihnen ein umfangreiches System von Hilfe-Funktionen zur Verfügung für den Fall, daß Sie nicht mehr weiter wissen.

Vorgang: Hilfe anfordern

An jeder beliebigen Stelle im Befehlsdialog können Sie zur Hilfe verzweigen:

- Taste `F1` drücken
- Abrollmenü HILFE, Funktion AUTOCAD-HILFETHEMEN...
- Fragezeichensymbol in der Standard-Funktionsleiste

Sie bekommen dann Erklärungen zu dem Befehl, an dem Sie gerade arbeiten. Die Hilfe wird in einem eigenen Windows-Anwendungsfenster angezeigt. Abbildung 2.35 zeigt die Hilfe am Beispiel des Befehls KREIS.

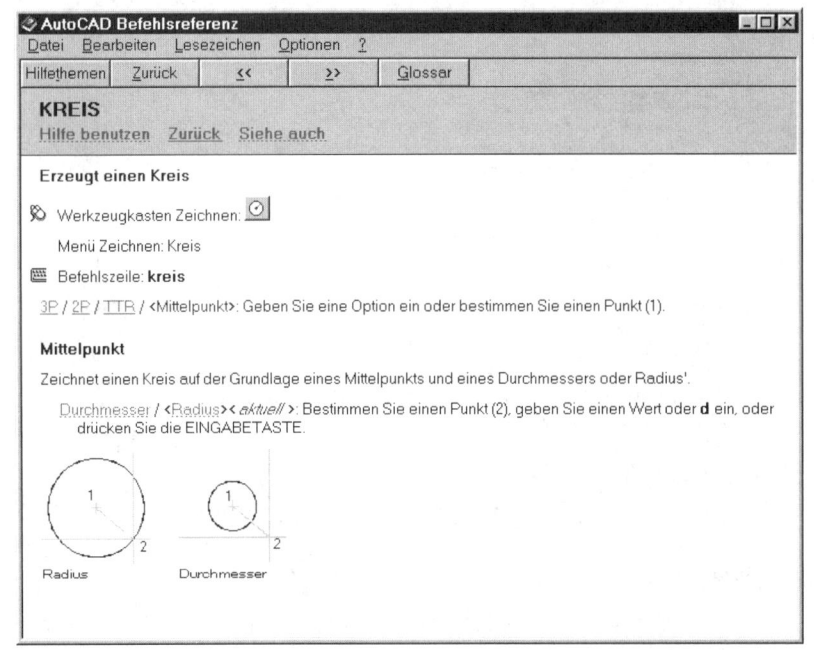

Abbildung 2.35: *Hilfefenster am Beispiel des Befehls KREIS*

Kapitel 2: AutoCAD 14 – die Bedienelemente

Außerdem finden Sie in fast jedem Dialogfeld die Schaltfläche HILFE, welche Ihnen die Erläuterungen zum Dialogfeld liefert.

Wenn Sie noch keinen Befehl angewählt haben, können Sie die benötigte Funktion, einen Befehl oder eine Arbeitsanleitung im Hilfesystem suchen. Ziel ist es, zum Hilfefenster mit dem gewünschten Inhalt zu kommen (siehe Abbildung 2.35).

Wählen Sie vor dem Befehl die Hilfe-Funktion auf eine der oben beschriebenen Arten an. Sie erhalten ein Dialogfeld für die Hilfethemen mit drei Registerkarten (siehe Abbildung 2.36 bis 2.38).

Registerkarte INHALT

Wie im Inhaltsverzeichnis eines Buches können Sie mit einem Doppelklick ein Kapitel und eventuell Unterkapitel aufschlagen (siehe Abbildung 2.36). Wählen Sie ein Kapitel per Doppelklick aus und Sie kommen wieder zum Hilfefenster mit dem Inhalt, den Sie im Inhalt angeklickt haben (siehe Abbildung 2.35).

Abbildung 2.36: Hilfethema im Inhaltsverzeichnis suchen

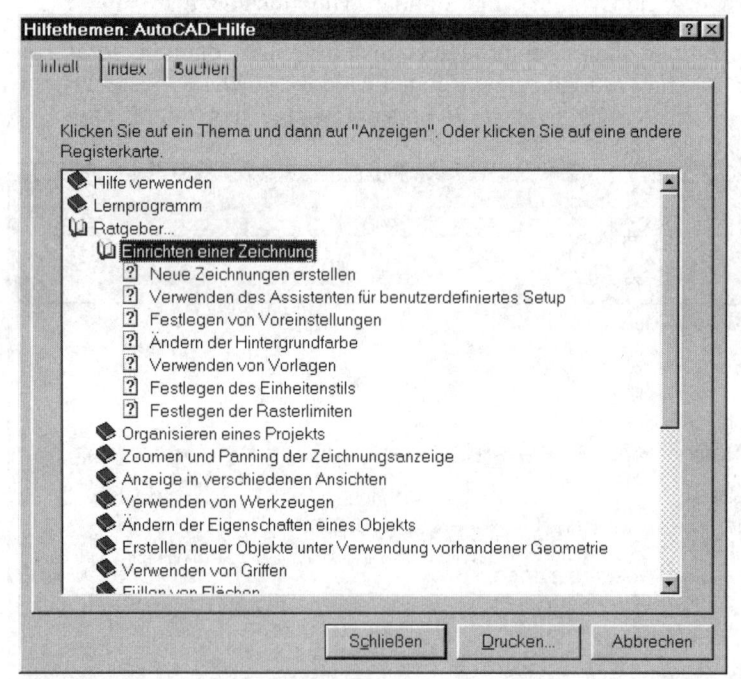

Registerkarte INDEX

Wie im Index eines Buches können Sie einen oder mehrere Buchstaben eingeben und Sie erhalten alle Begriffe im unteren Teil des Fensters gelistet, die mit diesem Buchstaben beginnen (siehe Abbildung 2.37). Wählen Sie ein Kapitel per Doppelklick aus, und Sie kommen auch mit dieser Methode über einen anderen Suchweg zum entsprechenden Hilfefenster (siehe Abbildung 2.35).

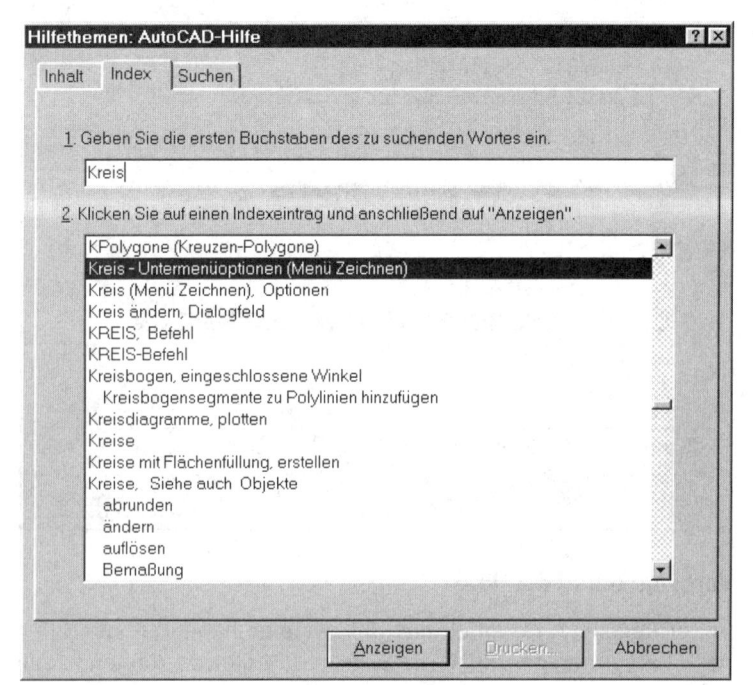

Abbildung 2.37:
Hilfethema im Index suchen

Registerkarte SUCHEN

Hiermit können Sie alle Kapitel der Hilfe nach einem bestimmten Begriff durchsuchen (siehe Abbildung 2.38). Tragen Sie den Suchbegriff im oberen Feld ein. Darunter bekommen Sie eine Liste ähnlicher Begriffe, die in der Hilfe vorkommen. Standardmäßig sind alle Begriffe markiert. Klicken Sie einen Begriff an, werden alle anderen deaktiviert und nur der gewählte markiert. Mit festgehaltener Umschalttaste können Sie jetzt zusätzliche Begriffe markieren. Drücken Sie jedoch die (Strg)-Taste und klicken dabei einen Begriff an, wird bei ihm die Markierung entfernt. Alle anderen bleiben markiert. Beim ersten Anwählen dieser Registerkarte wird die Wortliste für die Suchfunktion erstellt. Das kann eine gewisse Zeit in Anspruch nehmen.

In der unteren Liste finden Sie alle Kapitel, in denen der Begriff vorkommt. Mit einem Doppelklick kommen Sie wieder zum entsprechenden Hilfefenster (siehe Abbildung 2.35).

| Kapitel 2: AutoCAD 14 – die Bedienelemente

Abbildung 2.38:
Hilfebegriff in allen Kapiteln suchen

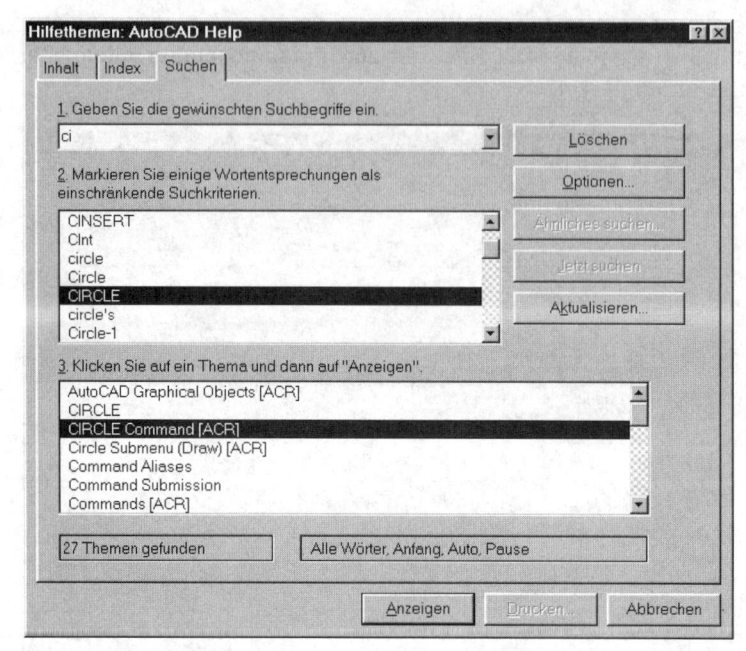

Vorgang: Inhalt der Hilfe

In der Registerkarte Inhalt des Hilfesystems haben Sie die Hilfethemen nach Kategorien geordnet, die Sie von dort starten können (siehe Abbildung 2.36).

HILFE VERWENDEN: Anleitung zum Hilfesystem

LERNPROGRAMM: Tutorial mit 10 Übungen, Anleitungen werden in einem Fenster angezeigt, das immer im Vordergrund liegt und durchblättert werden kann.

RATGEBER...: Anleitung zu allen Arbeitsschritten in AutoCAD, z.B.: Set up a drawing, Organizing a drawing usw. Zu allen Kapiteln gibt es wieder Unterkapitel.

BEFEHLSREFERENZ: Referenz aller AutoCAD-Befehle, Systemvariablen, Menüs, Werkzeugkästen, Utility-Programmen, Linientypen-, Schraffurmusterbibliotheken sowie der Schriftarten und alle grafischen Objekte von AutoCAD.

BENUTZERHANDBUCH: Das Handbuch von AutoCAD

INSTALLATIONSHANDBUCH: Das Handbuch für die Installation

HANDBUCH FÜR BENUTZERANPASSUNGEN: Das Handbuch für Benutzeranpassungen

ACTIVE X AUTOMATISIERUNG: Das Handbuch für die Active-X-Programmierung

Abbildung 2.39 zeigt das Hilfefenster mit der Befehlsreferenz. Durch Anklicken der farbig hervorgehobenen Begriffe kommen Sie zur ausführlichen Beschreibung des Befehls. Auch dort gibt es wieder Verweise zu weiteren Kapiteln, ebenfalls farbig hervorgehoben. Durch Anklicken der Buchstabenfelder kommen Sie zu einem anderen Anfangsbuchstaben, ohne die ganze Liste durchblättern zu müssen.

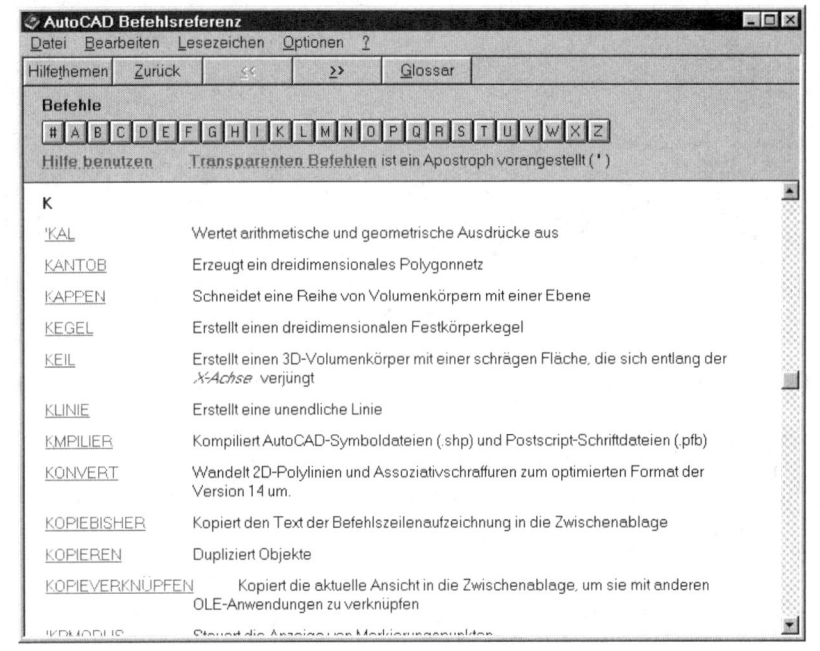

Abbildung 2.39:
Befehlsreferenz im Hilfefenster

Falls Sie auf einen Ihnen unbekannten Begriff stoßen, zu dem kein Verweis existiert, können Sie auch im Glossar nachschauen. Klicken Sie auf den Schalter GLOSSAR unter der Menüzeile. Sie erhalten eine Liste von Begriffen, wieder mit Buchstabenfeldern, damit Sie sich schnell an die richtige Stelle bewegen können (siehe Abbildung 2.40).

Vorgang: Hilfe ohne AutoCAD starten

Die Hilfe zu AutoCAD läßt sich auch ohne das eigentliche Programm starten. Wenn Sie nur etwas nachschlagen wollen, dazu aber AutoCAD nicht starten wollen, klicken Sie das Menü START in Windows 95 bzw. Windows NT an. Wählen Sie daraus das Menü PROGRAMME, den Eintrag AUTOCAD R14 DEUTSCH und daraus die Funktion ONLINE HILFE. Die Hilfe wird gestartet, alle Funktionen stehen wie oben beschrieben zur Verfügung.

Abbildung 2.40:
Glossar im Hilfefenster

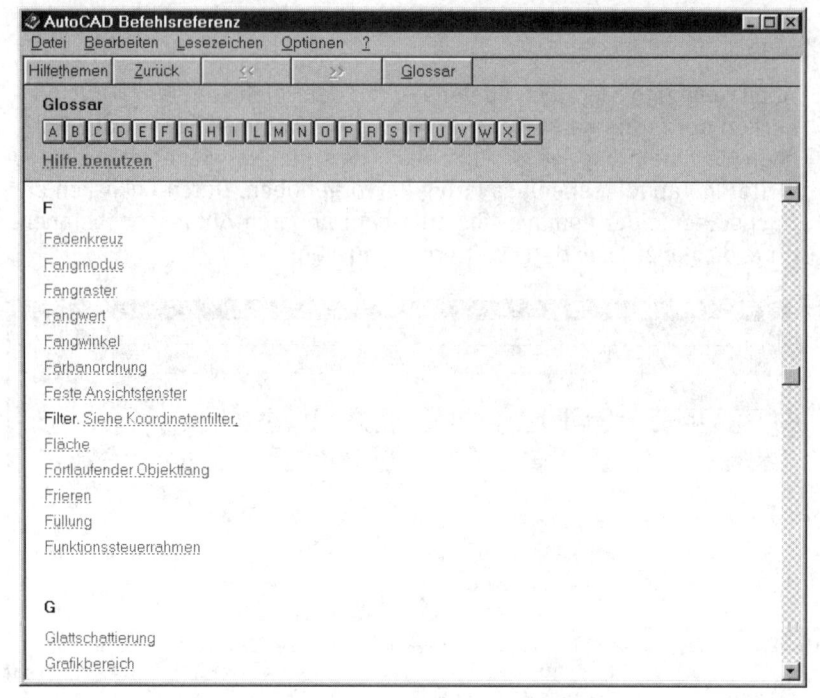

Übung: Hilfe benützen

↳ Machen Sie sich mit den Hilfe-Funktionen vertraut. Suchen Sie mit den verschiedenen Zugriffsarten nach einem Befehl.

2.13 Einrichtung des AutoCAD-Arbeitsplatzes

Nachdem Sie die Elemente des AutoCAD-14-Bildschirms kennengelernt haben, sollen Sie auch die Möglichkeiten kennenlernen, Ihren Arbeitsplatz nach Ihren Vorstellungen zu gestalten.

Vorgang: Befehl VOREINSTELLUNGEN

Mit dem Befehl VOREINSTELLUNGEN können Sie AutoCAD 14 konfigurieren (alles dazu finden Sie im Kapitel 27) und das Aussehen des Bildschirms wählen. So finden Sie den Befehl:

↳ Abrollmenü WERKZEUGE, Funktion VOREINSTELLUNGEN...

Einrichtung des AutoCAD-Arbeitsplatzes

→ Klick auf die rechte Maustaste, wenn der Cursor im Befehlszeilenfenster oder im Textfenster steht, VOREINSTELLUNGEN... im Pop-up-Menü anwählen.

→ Tablettfeld Y10

Sie erhalten ein Dialogfeld mit 8 Registerkarten (siehe Abbildung 2.41). Für diese Einstellungen sind die Registerkarten ANZEIGE und ZEIGER wichtig.

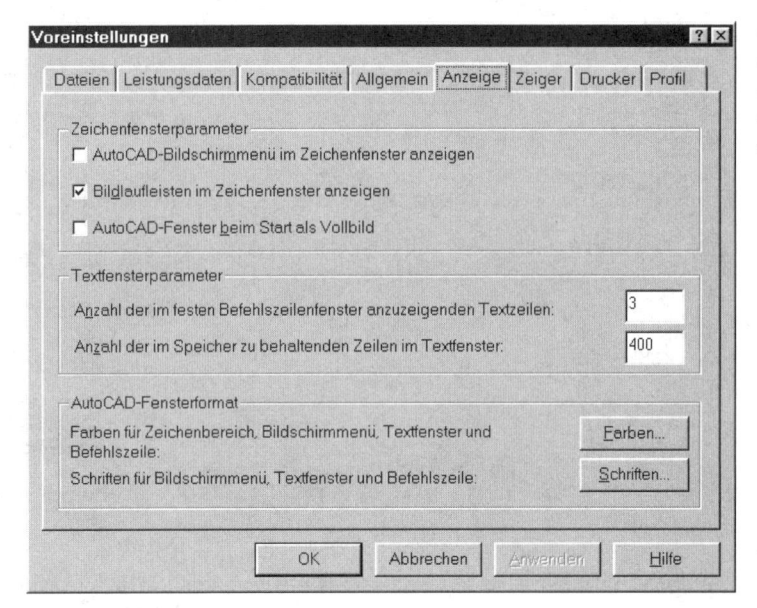

Abbildung 2.41:
Einstellung des Bildschirms, Registerkarte ANZEIGE

Registerkarte ANZEIGE

Darin können Sie wählen, ob Sie wie in früheren DOS-Versionen von AutoCAD ein Seitenmenü am rechten Bildschirmrand haben wollen (Schalter: AUTOCAD-BILDSCHIRMMENÜ IM ZEICHENFENSTER ANZEIGEN), ob Sie die Bildlaufleisten haben wollen (Schalter: BILDLAUFLEISTEN IM ZEICHENFENSTER ANZEIGEN) und ob AutoCAD beim Start als Vollbild erscheinen soll (Schalter: AUTOCAD-FENSTER BEIM START ALS VOLLBILD). Darunter stellen Sie ein, wie viele Zeilen das Befehlszeilenfenster haben soll und wie viele Zeilen im Textfenster gespeichert werden sollen.

Tip: Seitenmenü oder nicht

In früheren DOS-Versionen von AutoCAD wurden Befehle und Optionen hauptsächlich aus dem Seitenmenü gewählt. Abrollmenüs, Werkzeugkästen und Tablettmenü haben das Seitenmenü mehr und mehr überflüssig gemacht. Trotzdem kann das Seitenmenü (siehe Abbildung 2.42) auch in Version 14 noch benützt werden. Der Vorteil des Seitenmenüs

Kapitel 2: AutoCAD 14 – die Bedienelemente

liegt nicht so sehr in der Befehlswahl, da dort meist über mehrere Ebenen hinweg geblättert werden muß. Ist jedoch ein Befehl gewählt, lassen sich aus dem Seitenmenü die Optionen direkt anklicken. Es entfällt die Eingabe auf der Tastatur. Nachteilig ist jedoch, daß ein nicht unerheblicher Teil der Zeichenfläche verloren geht.

Abbildung 2.42:
AutoCAD 14 mit Seitenmenü

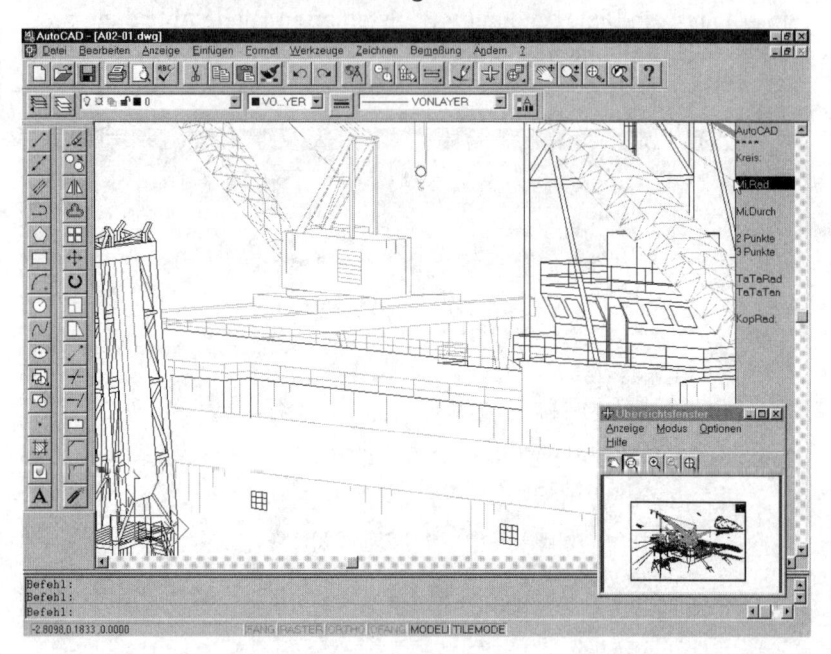

Mit der Schaltfläche FARBEN... holen Sie ein weiteres Dialogfeld (siehe Abbildung 2.43). Darin können Sie den Bildschirm Ihren Wünschen entsprechend farblich abstimmen. Sie haben den Zeichenbildschirm und das Textfenster im Kleinformat im Dialogfeld (siehe Abbildung 2.43). Klicken Sie auf die entsprechende Fläche in den Fenstern oder wählen Sie im Abrollmenü FENSTERELEMENT den Bereich aus, dessen Farbe Sie verändern wollen. Wählen Sie dann eine Grundfarbe aus oder stellen Sie an den Schiebereglern für die Grundfarben Rot, Grün und Blau einen Farbwert ein. Die ausgewählte bzw. eingestellte Farbe sehen Sie in der Voransicht im Dialogfeld.

Ob Sie auf einer weißen oder schwarzen Zeichenfläche arbeiten wollen, hängt von Ihren Gewohnheiten ab. Viele Zeichenfarben sind auf dem weißen Hintergrund schlecht sichtbar. Der Kontrast und damit die Lesbarkeit einer Zeichnung ist höher, wenn auf einem schwarzen Hintergrund gezeichnet wird.

Der Schalter FARBVORGABEN stellt die Grundeinstellung wieder her. Sollten Sie versehentlich den Schalter MONOCHROMVEKTOREN eingeschaltet haben, sind alle Elemente auf der Zeichenfläche schwarz bzw. weiß. Das kann bei einem monochromen Bildschirm eines Laptop-Computers zur Erhöhung des Kontrastes sinnvoll sein.

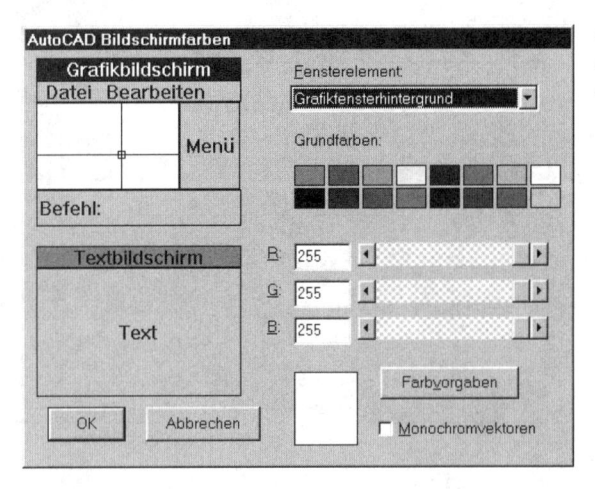

Abbildung 2.43:
Einstellung der Bildschirmfarben

Mit der Schaltfläche SCHRIFTEN... können Sie die Schriftart für den Text- und Grafikbildschirm von AutoCAD wählen.

Wenn Sie Änderungen vornehmen, werden diese gespeichert und sind so auch in der nächsten Sitzung vorhanden.

Registerkarte ZEIGER

Im oberen Teil der Registerkarte können Sie das verwendete Zeigegerät konfigurieren. Auch dazu alles Weitere in Kapitel 27. Im Feld CURSORGRÖSSE (siehe Abbildung 2.44) stellen Sie ein, ob das Fadenkreuz über den ganzen Bildschirm gehen soll wie in früheren AutoCAD-Versionen (Einstellung 100) oder wieviel Prozent vom Bildschirm das Fadenkreuz einnehmen soll.

Übung: Voreinstellungen

- Richten Sie die Bildschirmfarben für AutoCAD 14 nach Ihrem Geschmack ein. Achten Sie dabei auf eine kontrastreiche Darstellung. Machen Sie die Zeichenfläche nicht rot, da die Zeichnung darauf kaum erkennbar wäre.

- Stellen Sie die Größe des Fadenkreuzes nach Ihren Vorstellungen ein.

Verweis:

Siehe Kapitel 27: Befehl VOREINSTELLUNGEN mit allen weiteren Einstellmöglichkeiten

Abbildung 2.44:
Einstellung des Bildschirms, Registerkarte ZEIGER

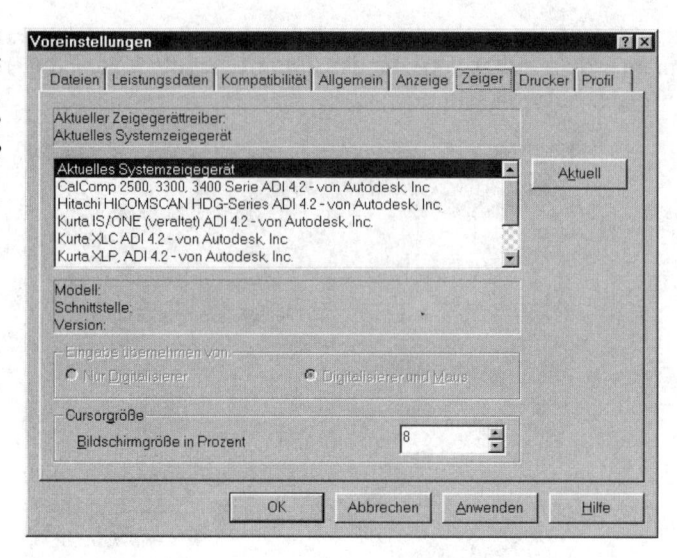

2.14 AutoCAD 14 beenden

Wenn Sie fürs erste genug haben, dann beenden Sie Ihre Arbeit mit dem Befehl ENDE.

Vorgang: Befehl ENDE

Wählen Sie den Befehl:

→ Abrollmenü DATEI, Funktion BEENDEN

→ Tablettfeld T25

→ Tastenkombination [Alt] + [F4]

Da Sie an der Zeichnung, die sich gerade auf dem Bildschirm befindet, bestimmt irgendwelche Änderungen vorgenommen haben, erscheint eine Warnmeldung und Sie können wählen, ob die Zeichnung gesichert werden soll oder nicht (siehe Abbildung 2.45).

Abbildung 2.45:
Warnmeldung beim Beenden

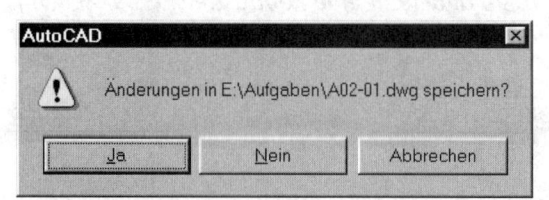

Wählen Sie NEIN, da wir bis jetzt noch nichts Speichernswertes gezeichnet haben. AutoCAD 14 wird beendet.

Teil II

Die erste Zeichnung in AutoCAD

Grundeinstellungen zum Zeichnen

Kapitel 3

3.1 Start einer neuen Zeichnung
3.2 Das Zeichnungskoordinatensystem und die Eingabe von Koordinaten
3.3 Limiten, Papierformat und Maßstäbe
3.4 Start einer neuen Zeichnung ohne Setup
3.5 Die Zeichnungshilfen
3.6 Layer, Farben und Linientypen
3.7 Linientypen und Linientypenfaktoren
3.8 Die aktuelle Farbe
3.9 Speichern der Zeichnung

In diesem Kapitel beginnen Sie Ihre erste Zeichnung mit AutoCAD 14. Sie lernen:

- wie Sie mit dem Assistenten eine neue Zeichnung beginnen,
- wozu Sie Koordinatensysteme brauchen,
- in welchen Einheitensystemen Sie zeichnen können,
- in welchen Formaten Sie Koordinaten eingeben,
- wie Sie zu Limiten, Papierformat und Maßstab kommen,
- wozu Ihnen die Zeichnungshilfen nützlich sein können,
- was Sie mit Layern, Linientypen und Farben anfangen können,
- wie Sie Linientypen aus einer Datei laden,
- was die aktuellen Einstellungen sind,
- was eine Vorlage ist und wozu Sie sie benötigen,
- wie Sie eine neue Vorlage erstellen und
- wie Sie AutoCAD 14 verlassen.

Bevor Sie weiter machen: Ab jetzt benötigen Sie die Beispieldateien von der CD in einem Übungsordner auf der Festplatte. In Kapitel 1.1 ist beschrieben, wie Sie die Dateien auf Ihre Festplatte bekommen. Wenn Sie es noch nicht gemacht haben, schauen Sie dort und holen Sie es jetzt nach.

3.1 Start einer neuen Zeichnung

AutoCAD 14 läßt sich an beliebige Normen, verschiedene Einheitensysteme usw. anpassen. Damit Sie nicht bei jeder neuen Zeichnung diese Einstellungen vornehmen müssen, können Sie die Grundeinstellungen in einer sogenannten Vorlage speichern. Eine Vorlage ist eine normale AutoCAD-Zeichnung, die zwar keine Elemente enthält, vielleicht einen Zeichnungsrahmen, dafür aber alle Grundeinstellungen für die neue Zeichnung. Sie muß allerdings nicht wie eine Zeichnungsdatei, sondern als Vorlage in einem speziellen Verzeichnis gespeichert werden. Die Vorlage kann dann beim Start in eine neue Zeichnung kopiert werden.

Wir wollen uns im folgenden die erforderlichen Grundeinstellungen für eine neue Zeichnung anschauen und diese in einer Vorlage speichern, die wir dann im nächsten Kapitel für unsere Übungszeichnung verwenden. Dazu beginnen wir die Zeichnung mit dem Assistenten.

Kapitel 3: Grundeinstellungen zum Zeichnen

Vorgang: Dialogfeld beim Start von AutoCAD

Starten Sie AutoCAD 14 wieder neu. Sie bekommen wieder das Dialogfeld, das Sie schon vom letzten Start her kennen (siehe Abbildung 3.1).

Abbildung 3.1:
Dialogfeld beim Start von AutoCAD

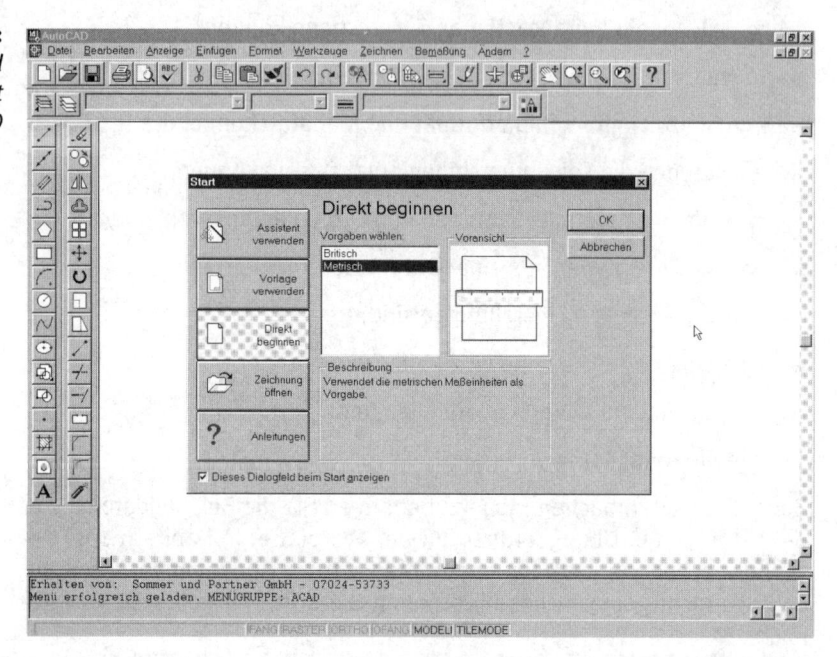

Das Fenster erscheint immer dann, wenn Sie AutoCAD starten. Mit den 5 Schaltflächen auf der linken Seite haben Sie folgende Möglichkeiten:

Assistent verwenden

Start einer neuen Zeichnung mit dem Assistenten. Alle Einstellungen der neuen Zeichnung werden in verschiedenen Dialogfeldern abgefragt. Dieses Verfahren wird in diesem Kapitel weiter unten ausführlich beschrieben.

Vorlage verwenden

Start einer neuen Zeichnung mit einer Vorlage. Die Vorlage kann aus der Liste gewählt werden. Im rechten Feld sehen Sie eine Voransicht der markierten Vorlage (siehe Abbildung 3.2).

Start einer neuen Zeichnung

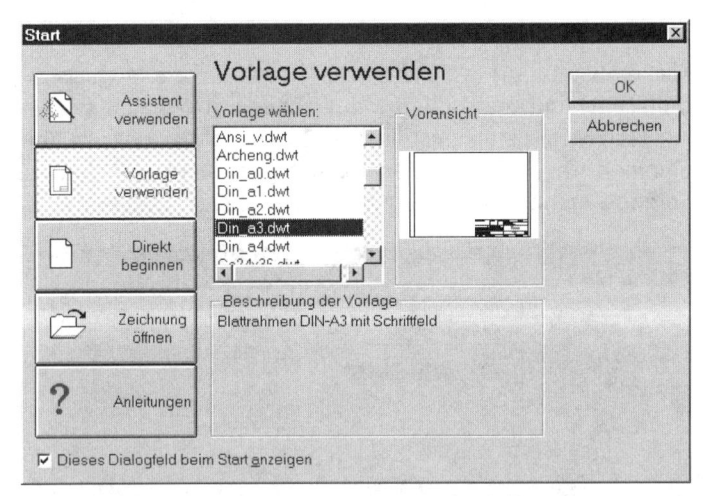

Abbildung 3.2:
Start mit einer Vorlage

Eine Vorlage ist eine Datei mit der Dateierweiterung *.DWT, in der alle Grundeinstellungen für die neue Zeichnung gespeichert sind. Jede Zeichnung kann als Vorlage gespeichert werden (siehe Kapitel 3.9: Speichern der Zeichnung) und zum Start für eine neue Zeichnung verwendet werden (siehe Kapitel 4.1: Start mit einer Vorlage). Die Vorlagen ersetzen die Prototypen aus vorherigen AutoCAD-Versionen. Prototypen unterschieden sich bis AutoCAD 13 nicht von normalen Zeichnungen. Sie hatten ebenfalls die Dateierweiterung *.DWG. So konnte es leicht passieren, daß beim Speichern der Prototyp mit den Grundeinstellungen überschrieben wurde. Durch die verschiedenen Dateierweiterungen sind solche Versehen weitgehend ausgeschlossen.

Zwei besondere Vorlagen sollten Sie beachten: ACAD.DWT und ACADISO.DWT. Sie entsprechen den gleichnamigen Prototypen aus AutoCAD 13. Mit ihnen bekommen Sie eine leere Zeichnung, die aber die Grundeinstellungen für das Zeichnen in Fuß und Zoll (Vorlage ACAD.DWT) und in metrischen Einheiten (Vorlage ACADISO.DWT) haben.

Zudem haben Sie verschiedene Vorlagen mit Zeichnungsrahmen und Schriftfeld im DIN-, ISO-, ANSI- und JIS-Format. Wenn Sie eine solche Vorlage verwenden, wird der Rahmen in den Papierbereich gelegt und ein Fenster in der maximalen Größe erzeugt. Mehr zum Zeichnen mit Papier- und Modellbereich finden Sie in Kapitel 15.

Vorlagen finden Sie normalerweise im Ordner \PROGRAMME\AUTOCAD R14\TEMPLATE. Wollen Sie eine Vorlage aus einem anderen Ordner verwenden, wählen Sie den Eintrag WEITERE DATEIEN... in der Liste. Klicken Sie dann auf OK, können Sie mit dem Dateiwähler Ihre Vorlage in einem beliebigen Ordner suchen.

Kapitel 3: Grundeinstellungen zum Zeichnen

Direkt beginnen

Klicken Sie auf diese Schaltfläche, haben Sie die Möglichkeit, zwischen britischen und metrischen Maßeinheiten zu wählen (siehe Abbildung 3.3). Die wichtigsten Einstellungen werden ohne spezielle Vorlage vorgenommen. Die in dieser Liste zuletzt gewählten Einheiten kommen als Vorgabe, wenn Sie das Dialogfeld abbrechen.

Abbildung 3.3:
Start mit den Grundeinstellungen

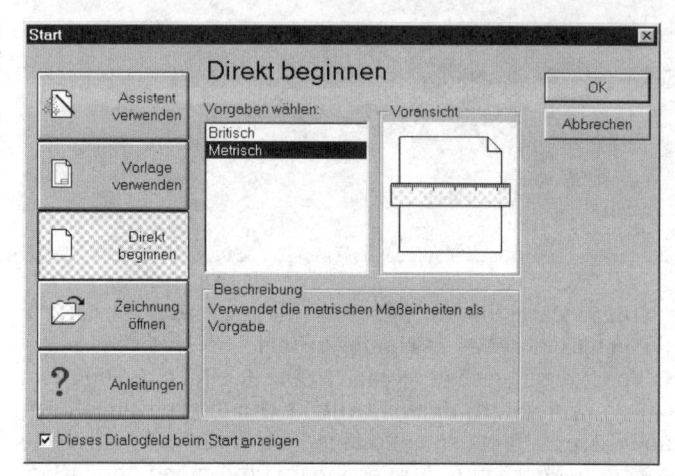

Zeichnung öffnen

Mit dieser Schaltfläche bekommen Sie die zuletzt geöffneten Zeichnungen in der Liste zur Auswahl (siehe Abbildung 3.4). Mit einem Doppelklick holen Sie eine dieser Zeichnungen wieder auf den Bildschirm. Klicken Sie dagegen auf den Eintrag WEITERE ZEICHNUNGEN..., kommen Sie zum Befehl ÖFFNEN und der Dateiwähler erscheint auf dem Bildschirm.

Abbildung 3.4:
Öffnen einer bereits gespeicherten Zeichnung

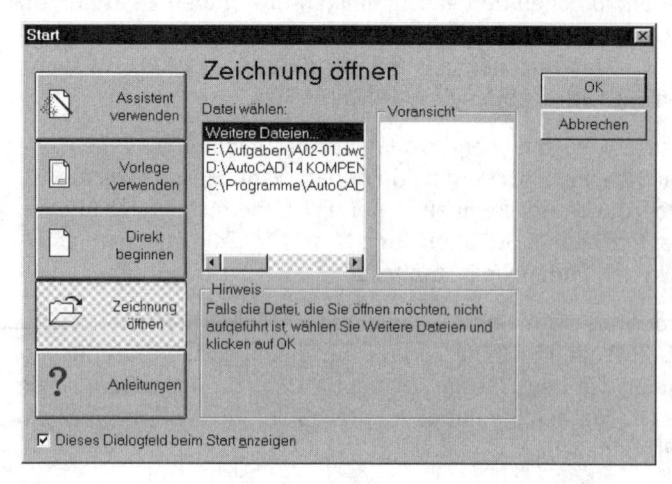

Anleitungen

Die letzte Schaltfläche bringt Ihnen Anleitungen zu den Schaltflächen in das Dialogfeld (siehe Abbildung 3.5).

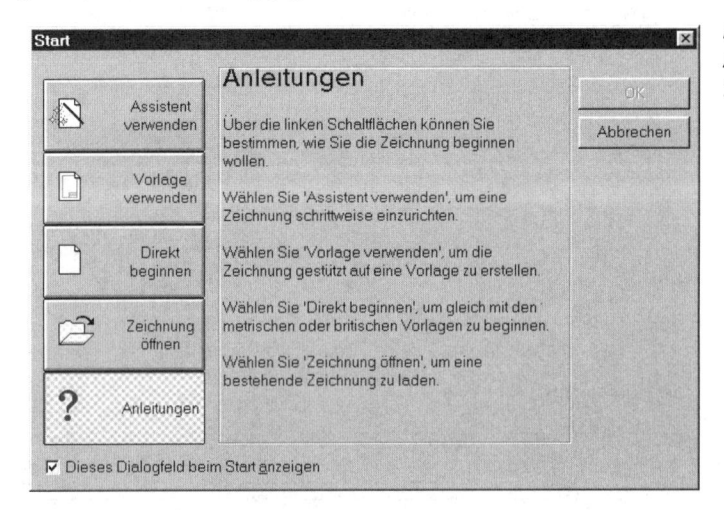

Abbildung 3.5:
Anleitung zu den Startmethoden

Vorgang: Startdialogfeld aus- und einschalten

Wollen Sie dieses Dialogfeld beim Start von AutoCAD 14 nicht haben, klicken Sie den Schalter DIESES DIALOGFELD BEIM START VON AUTOCAD ANZEIGEN aus. AutoCAD 14 startet dann zunächst mit den Grundeinstellungen. Haben Sie es einmal ausgeschaltet, dann können Sie es nur mit dem Befehl VOREINSTELLUNGEN wieder aktivieren, so daß es auch beim nächsten Start von AutoCAD wieder erscheint. Aktivieren Sie den Befehl, wie Sie es in Kapitel 2.13 gesehen haben:

- Abrollmenü WERKZEUGE, Funktion VOREINSTELLUNGEN...
- Klick auf die rechte Maustaste, wenn der Cursor im Befehlszeilenfenster oder im Textfenster steht, VOREINSTELLUNGEN... im Pop-up-Menü anwählen.
- Tablettfeld Y10

Klicken Sie die Registerkarte KOMPATIBILITÄT an (siehe Abbildung 3.2). Wenn Sie den Schalter DIALOGFELD START ANZEIGEN eingeschaltet haben, wird das Dialogfeld beim Start von AutoCAD wieder angezeigt.

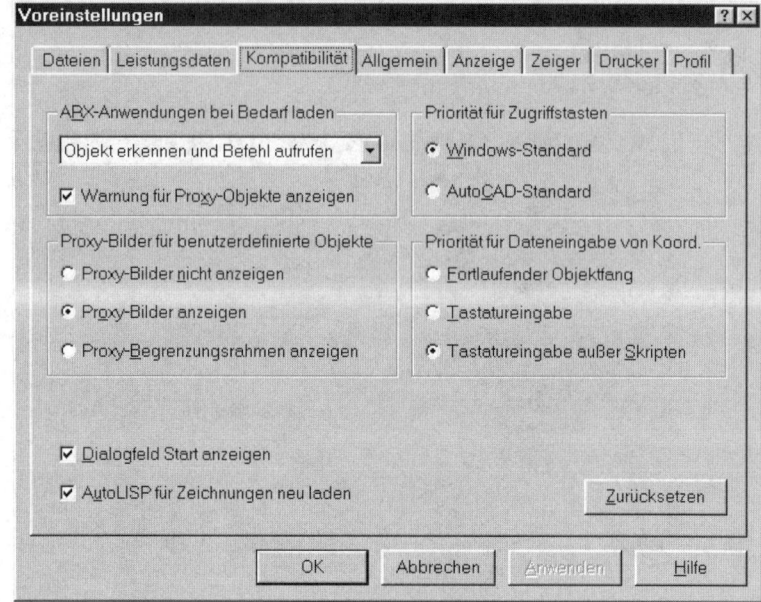

Abbildung 3.6:
Dialogfeld beim Start ein- und ausschalten

Vorgang: Befehl NEU

Fast dasselbe Dialogfeld wie beim Start von AutoCAD erhalten Sie dann, wenn Sie in AutoCAD den Befehl NEU anwählen. Lediglich eine Schaltfläche fehlt dann, ZEICHNUNG ÖFFNEN, da Sie diesen Befehl nur dann brauchen, wenn Sie eine neue Zeichnung beginnen wollen. Für bestehende Zeichnungen steht Ihnen der Befehl ÖFFNEN zur Verfügung (siehe Kapitel 2.3). Wählen Sie den Befehl NEU also nur dann, wenn Sie eine neue Zeichnung beginnen wollen. Sie finden den Befehl:

- Abrollmenü DATEI, Funktion NEU...
- Tablettfeld Y10
- Symbol in der Standard-Funktionsleiste

Vorgang: Benutzerdefinierter Start einer neuen Zeichnung mit dem Assistenten

Beginnen Sie die neue Zeichnung mit dem Assistenten, klicken Sie also auf die Schaltfläche ASSISTENT VERWENDEN. Sie können nun in der mittleren Liste zwischen einem SCHNELLSTART und einem BENUTZERDEFINIERTEN wählen. Beim BENUTZERDEFINIERTEN werden die Einstellungen in 7 Schritten vorgenommen. Beim SCHNELLSTART können Sie nur die wichtigsten Einstellungen vornehmen.

Klicken Sie also auf BENUTZERDEFINIERT und dann auf OK. Sie bekommen ein Dialogfeld mit 7 Registerkarten für die 7 Setup-Schritte (siehe Abbildungen 3.7 bis 3.13). Sie können die Schritte in beliebiger Reihenfolge ausführen, wenn Sie die Registerkarten anklicken, die Sie ändern wollen. Klicken Sie auf FERTIG, dann wird die Zeichnung mit den gewählten Einstellungen gestartet. Haben Sie eine Registerkarte vergessen, werden dafür die Grundeinstellungen genommen.

Besser ist es, wenn Sie die Registerkarten Schritt für Schritt einstellen und jeweils mit der Schaltfläche WEITER >> zum nächsten Setup-Schritt schalten. So sind Sie sicher, daß Sie nichts vergessen haben. Bei Unklarheiten bringt Sie die Schaltfläche << ZURÜCK zum vorhergehenden Schritt. Sind Sie beim Schritt 7, bleibt Ihnen nur noch FERTIG, es sei denn, Sie wollen nochmal zurück.

Schritt 1: Einheiten

In Schritt 1 legen Sie fest, in welchem Einheitensystem Sie arbeiten wollen (siehe Abbildung 3.7). Für Zeichnungen im metrischen System werden Sie immer DEZIMAL wählen. Die anderen Einstellungen sind für das britische System, bei dem in Fuß und Zoll gearbeitet wird. Ebenfalls dezimal ist die Einstellung WISSENSCHAFTLICH, allerdings in exponentieller Darstellung, z.B. 3.57E+02 für 357.

Im Abrollmenü GENAUIGKEIT stellen Sie ein, mit wieviel Stellen Genauigkeit die Koordinaten in der Statuszeile angezeigt werden sollen und wie genau Meßwerte angezeigt werden. Intern arbeitet AutoCAD immer mit maximaler Genauigkeit, unabhängig von dieser Einstellung. Außerdem kann die Einstellung jederzeit später wieder geändert werden. Für die neue Zeichnung belassen Sie es bei dezimalen Einheiten und stellen Sie eine Genauigkeit von zwei Kommastellen ein (siehe Abbildung 3.7). Klicken Sie dann auf WEITER >>.

Schritt 2: Winkel

Die nächste Registerkarte, Schritt 2, ist für die Einstellung der Winkeleinheiten. Wählen Sie, ob Sie in Dezimalgrad, mit Grad/Minuten/Sekunden, in Neugrad, im Bogen- oder im Feldmaß arbeiten wollen. Auch hier kann in einem Abrollmenü die Genauigkeit für die Darstellung eingestellt werden. Belassen Sie auch hier die dezimale Einstellung und stellen Sie die Genauigkeit auf eine Kommastelle ein (siehe Abbildung 3.8). Gehen Sie dann zum nächsten Schritt.

Abbildung 3.7:
*Schritt 1,
Festlegung der
Einheiten*

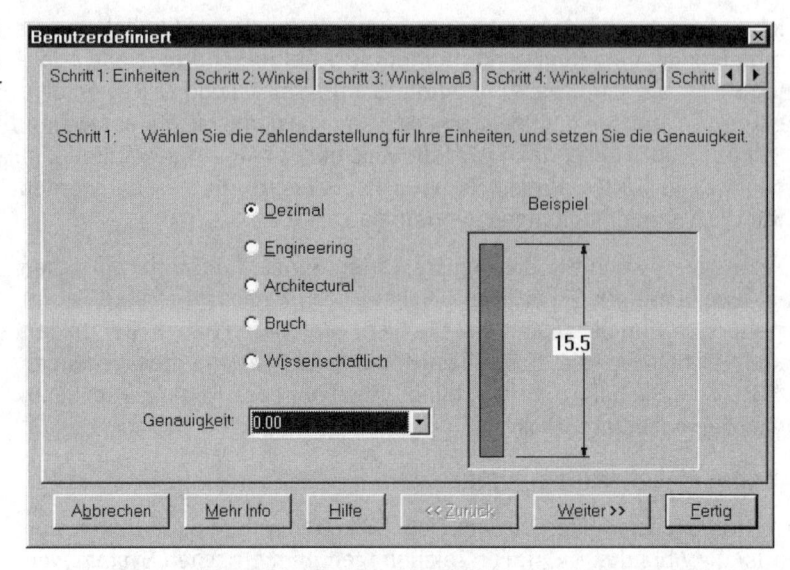

Abbildung 3.8:
*Schritt 2,
Festlegung der
Winkeleinheiten*

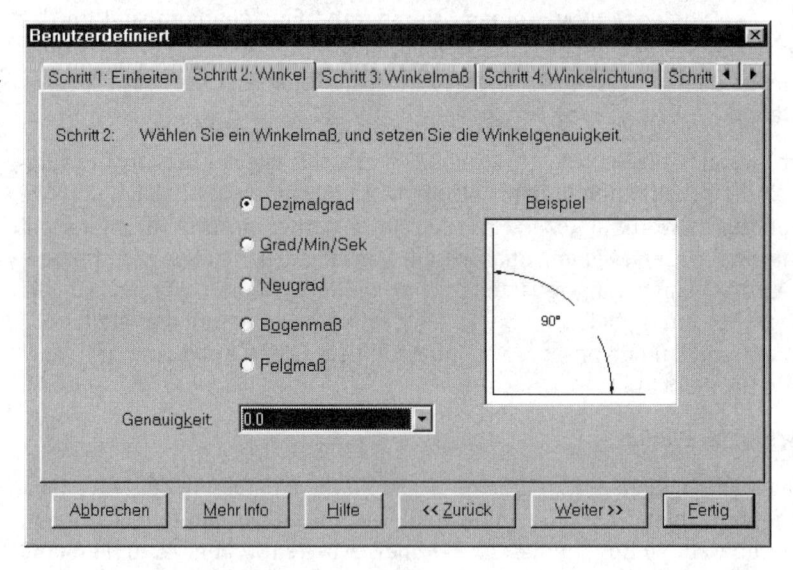

Schritt 3: Winkelmaß

Bei diesem Schritt stellen Sie die Null-Grad-Richtung für Winkel ein. Bei technischen Zeichnungen zeigt sie normalerweise nach Osten. Für andere Einsätze von AutoCAD kann sie auch auf eine andere Himmelsrichtung gestellt werden, z.B. in der Vermessungstechnik nach Norden. Außerdem kann auch ein beliebiger Winkel eingestellt werden, der dann die Abweichung zur normalen 0-Grad Richtung (Osten) angibt. Schalten Sie in diesem Fall den Schalter ANDERE ein und tragen den Winkelwert dahinter ein (siehe Abbildung 3.9). Lassen Sie die Einstellung auf OSTEN und gehen Sie ohne Veränderungen zum nächsten Schritt.

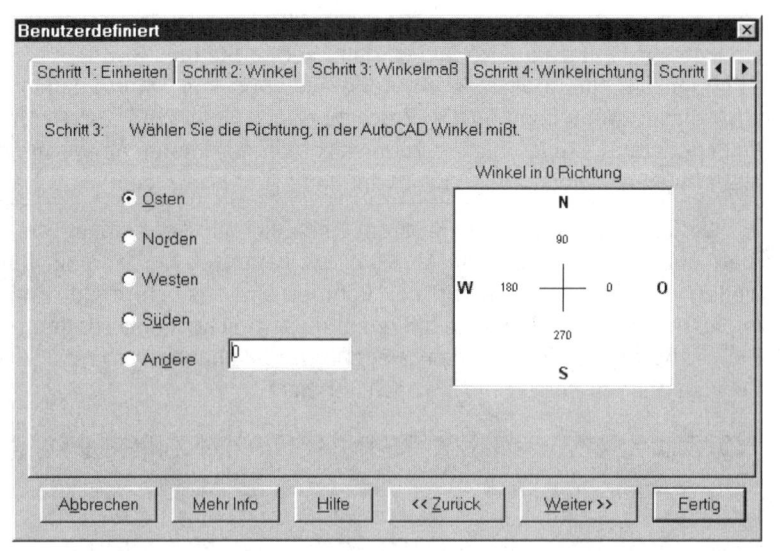

Abbildung 3.9:
Schritt 3, Festlegung der Null-Grad-Richtung für Winkel

Schritt 4: Winkelrichtung

Die Winkel werden in AutoCAD normalerweise gegen den Uhrzeigersinn gemessen. Auch hier können Sie bei Bedarf umschalten (siehe Abbildung 3.10). Lassen Sie es bei der Einstellung GEGEN DEN UHRZEIGERSINN und wählen Sie den nächsten Schritt.

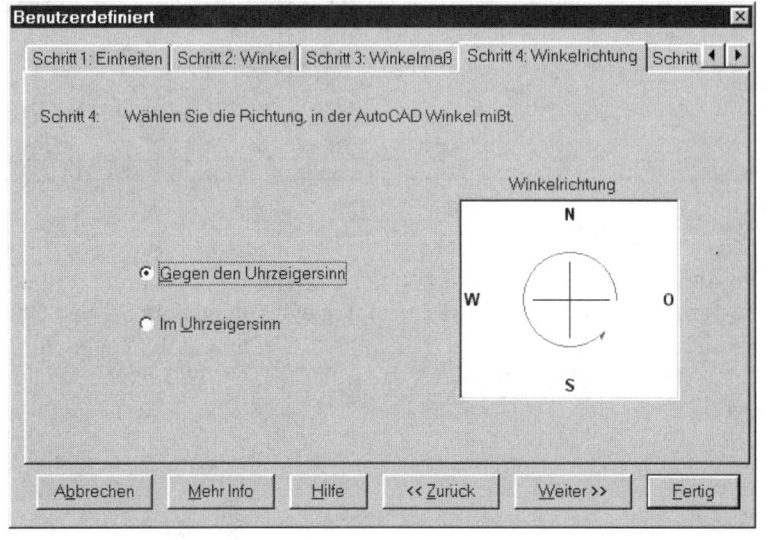

Abbildung 3.10:
Schritt 4, Festlegung Winkelrichtung

Kapitel 3: Grundeinstellungen zum Zeichnen

Schritt 5: Bereich

Mit diesem Schritt können Sie wählen, wie groß Ihre Zeichnung werden soll. Hier schon ein Vorgriff auf die weiteren Erläuterungen in diesem Kapitel: In AutoCAD wird immer in Originalmaßen gezeichnet. Zeichnen Sie ein Gebäude mit 20 auf 30 Meter, dann geben Sie dieses Maß hier ein. Zeichnen Sie eine Maschine mit 5000 auf 3000 mm, dann können Sie auch dieses Maß eingeben. Der Zeichenbereich ist so groß wie der Originalgegenstand, stellen Sie die voraussichtlich maximalen Abmessungen hier ein (siehe Abbildung 3.11).

Wir wollen in den folgenden Kapiteln eine Zeichnung auf einem DIN-A3-Blatt erstellen, das dann im Maßstab 1:1 geplottet werden soll. Dafür wollen wir im nächsten Schritt den Rahmen und das Schriftfeld wählen. In diesem Fall sind die Einstellungen in diesem Schritt ohne Bedeutung. Die Größe ergibt sich aus dem eingefügten Zeichnungsrahmen. Gehen Sie also ohne Änderungen zum nächsten Schritt.

Abbildung 3.11:
Schritt 5, Festlegung des Zeichenbereichs

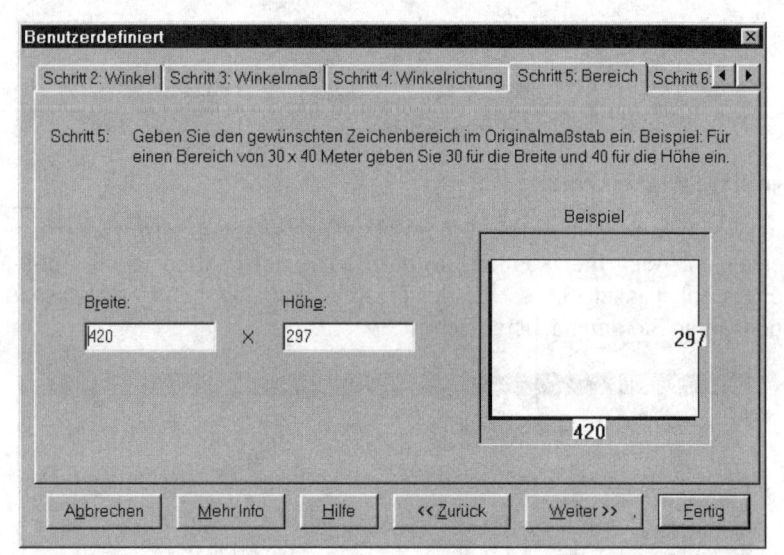

Schritt 6: Schriftfeld

Im Abrollmenü BESCHREIBUNG können Sie jetzt ein Schriftfeld und damit auch das Format für die neue Zeichnung wählen. Suchen Sie den Eintrag DIN A3 (MM) aus. Darunter bekommen Sie den Dateinamen für das Schriftfeld angezeigt, bei dieser Auswahl DIN_A3.DWG (siehe Abbildung 3.12).

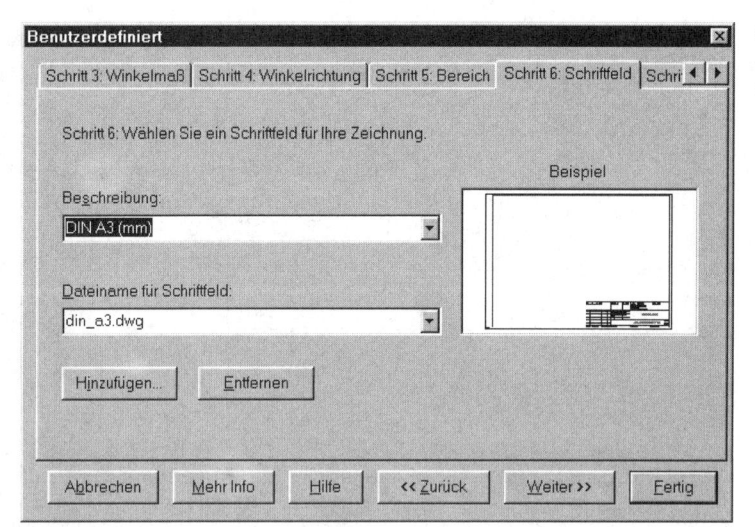

Abbildung 3.12:
Schritt 6, Wahl des Schriftfelds

Das Schriftfeld ist eine Zeichnungsdatei, die in die neue Zeichnung eingefügt wird. Sie können auch eigene Schriftfelder in das Abrollmenü aufnehmen oder nicht benötigte Schriftfelder aus dem Abrollmenü entfernen. Dazu benötigen Sie die Schaltflächen HINZUFÜGEN... und ENTFERNEN. Mit HINZUFÜGEN... bekommen Sie den Dateiwähler, mit dem Sie die Zeichnung eines Schriftfeldes in die Liste aufnehmen können. Danach tragen Sie eine Beschreibung für dieses Schriftfeld ein. Die Schaltfläche ENTFERNEN entfernt das gewählte Schriftfeld aus der Liste. Wenn Sie ISO- oder ANSI-Schriftfelder nie benötigen, können Sie diese für eine übersichtlichere Anzeige aus dem Abrollmenü entfernen.

Schritt 7: Zeichnungsanordnung

Im letzten Schritt, ZEICHNUNGSANORDNUNG, wählen Sie, ob Sie mit Papierbereich und Modellbereich arbeiten wollen (siehe Abbildung 3.13). Das ist für 2D-Zeichnungen nicht unbedingt erforderlich. Stellen wir es also zurück, in Kapitel 15.7 finden Sie die Erläuterung dazu. Klicken Sie den Schalter NEIN an und es wird nicht zwischen Papierbereich und Modellbereich unterschieden. Alle Einstellungen sind gemacht, klicken Sie auf FERTIG.

Übung: Assistent ausführen

Starten Sie eine neue Zeichnung mit dem Assistenten, mit den oben beschriebenen Einstellungen.

Sie haben jetzt ein leeres DIN-A3-Zeichenblatt auf dem Bildschirm (siehe Abbildung 3.14). Nach dem Namen und dem Pfad für die neue Zeichnung sind Sie nicht gefragt worden.

Kapitel 3: Grundeinstellungen zum Zeichnen

Abbildung 3.13:
Schritt 7, die Zeichnungsanordnung

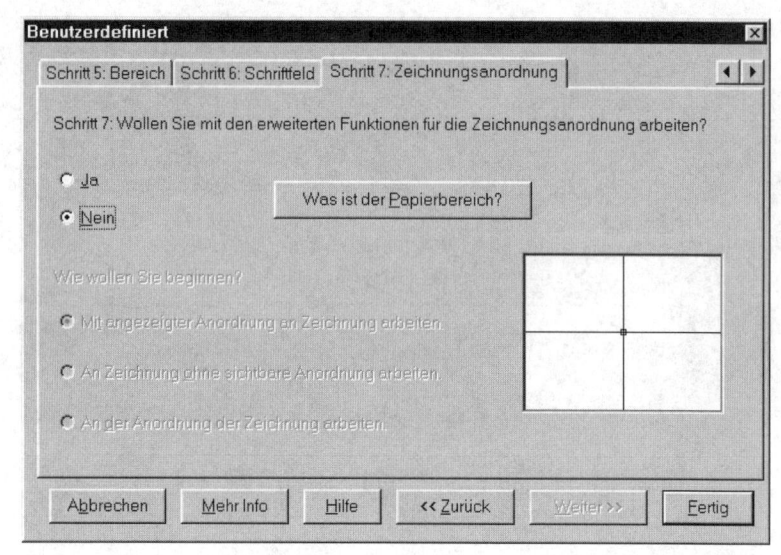

Den benötigen Sie erst, wenn Sie die Zeichnung das erste Mal speichern wollen. In der Titelzeile des AutoCAD Fensters wird der Zeichnungsname angezeigt. Dort steht jetzt noch der Vorgabename ZEICHNG.DWG.

Abbildung 3.14:
Das leere Zeichnungsblatt

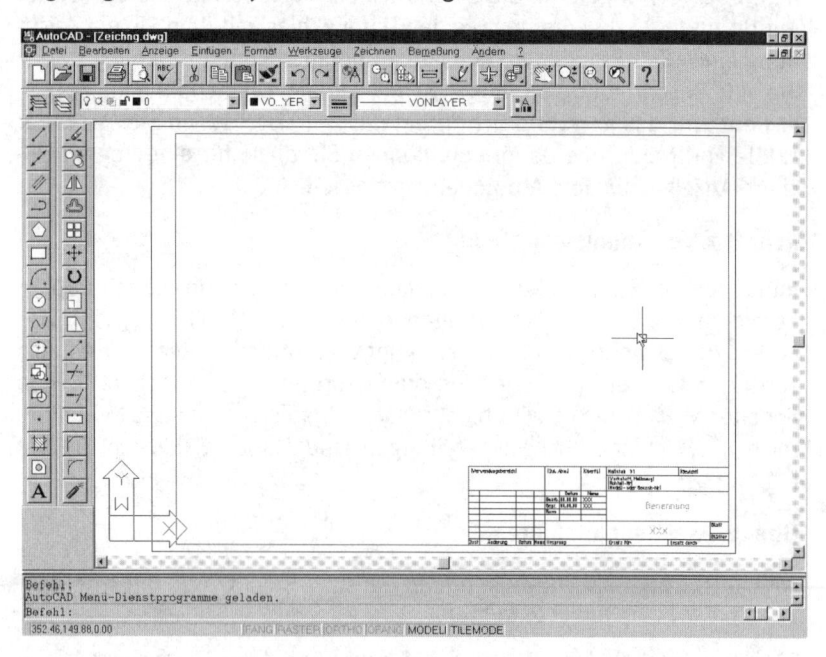

Vorgang: Schnellstart mit dem Assistent

Mit dem SCHNELLSTART des Assistenten können Sie nur die Einheiten und den Bereich wählen (siehe Abbildung 3.15 und 3.16). Für die anderen Einstellungen werden die Vorgaben verwendet. Schriftfelder können Sie nicht wählen, auch das Arbeiten mit Papierbereich und Modellbereich ist in dieser Methode nicht vorgesehen.

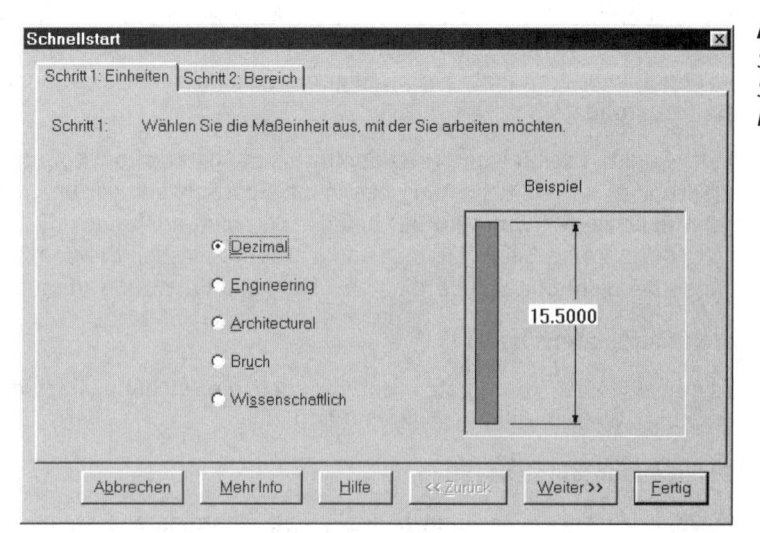

Abbildung 3.15:
Schnellstart Schritt 1: Einheiten

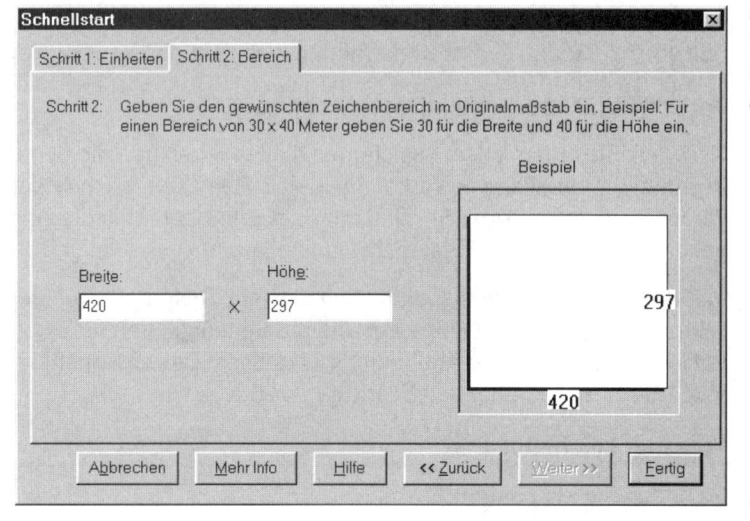

Abbildung 3.16:
Schnellstart Schritt 2: Zeichenbereich

Kapitel 3: Grundeinstellungen zum Zeichnen

3.2 Das Zeichnungskoordinatensystem und die Eingabe von Koordinaten

Nun haben Sie das leere Blatt vor sich. Aber wo anfangen? Lineal und Bleistift können wir nicht verwenden. Damit beim Zeichnen jeder Punkt seinen eindeutigen Platz erhält, liegt der Zeichnung ein Koordinatensystem zugrunde.

Jeder Punkt in der Zeichnung ist durch seinen Abstand vom Koordinatenursprung in X- und Y-Richtung bestimmt. Später, wenn wir uns mit den 3D-Möglichkeiten von AutoCAD befassen, kommt auch noch die Z-Richtung dazu. Wenn Sie zweidimensional arbeiten, lassen Sie den Z-Anteil weg. Aber nicht nur ein Koordinatensystem steht uns zur Verfügung.

Weltkoordinatensystem

Es gibt ein festes Koordinatensystem, in dem die Zeichnung liegt, das sogenannte Weltkoordinatensystem (WKS).

Benutzerkoordinatensystem

Zusätzlich lassen sich darin beliebig viele Koordinatensysteme frei im Raum definieren, sogenannte Benutzerkoordinatensysteme (BKS). Damit ist es möglich, den Nullpunkt neu festzulegen oder bei der Konstruktion von 3D-Modellen eine Konstruktionsebene in den Raum zu legen.

Vorgang: Wahl der Maßeinheiten verändern

Nachdem Sie nun mit dem Assistenten die Einheiten und die Genauigkeit bestimmt haben, kann es vorkommen, daß Sie nachträglich Änderungen vornehmen wollen. Oder Sie sind mit dem SCHNELLSTART in die Zeichnung gekommen und konnten gar nichts einstellen.

Mit dem Befehl DDUNITS bekommen Sie ein Dialogfeld auf den Bildschirm, in dem sich die Einheiten und die Genauigkeiten für Längen und Winkel einstellen (siehe Abbildung 3.17) lassen. Das entspricht beim benutzerdefinierten Setup den Schritten 1 und 2.

Vorgang: Befehl DDUNITS

So finden Sie den Befehl:

↪ Abrollmenü FORMAT, Funktion EINHEITEN...

↪ Tablettfeld V4

Das Zeichnungskoordinatensystem und die Eingabe von Koordinaten

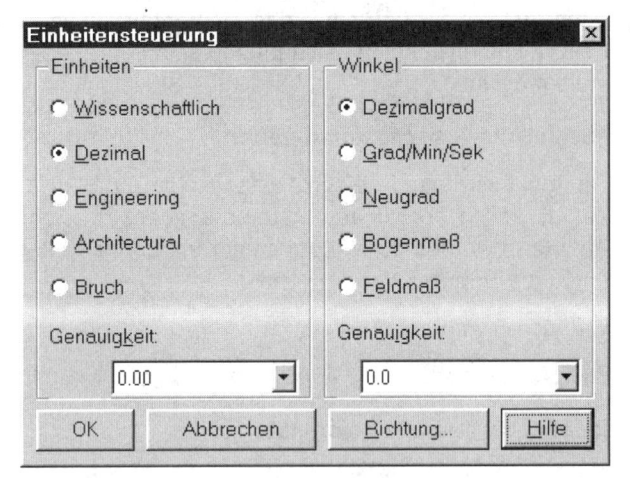

Abbildung 3.17:
Einstellung der Maßeinheiten

Wenn Sie das Feld RICHTUNG anklicken, können Sie in einem weiteren Dialogfeld die Winkelmeßrichtung und die Null-Grad-Richtung einstellen (siehe Abbildung 3.18) und damit die Einstellungen von Schritt 3 und 4 des benutzerdefinierten Setups ändern.

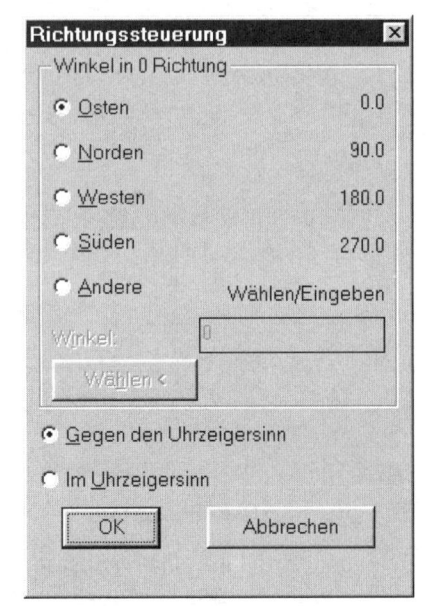

Abbildung 3.18:
Einstellung der Winkelmeßrichtung

Koordinatenformate

Zum exakten maßstäblichen Zeichnen lassen sich Koordinaten auf der Tastatur eingeben. Wollen Sie also eine Linie zeichnen, so geben Sie bei dem Befehl die Koordinate des Anfangs- und Endpunkts ein.

Dabei gilt als Bezug immer das momentan aktive Koordinatensystem. Bei zweidimensionalen Zeichnungen sind verschiedene Koordinatenformate möglich:

Absolute kartesische Koordinaten

Ein Punkt wird durch seinen Abstand in X- und Y-Richtung vom Ursprung des aktuellen Koordinatensystems angegeben (siehe Abbildung 3.19). Die Werte werden durch Komma getrennt, innerhalb einer Zahl wird ein Punkt als Trennzeichen verwendet.

Format: X, Y

Beispiele: 100,150   -22.5,35.7

Relative kartesische Koordinaten

Ein Punkt wird durch seinen Abstand in X- und Y-Richtung vom zuletzt eingegebenen Punkt im aktuellen Koordinatensystem angegeben (siehe Abbildung 3.19). Dem Zahlenpaar wird das Zeichen @ vorangestellt.

Format: @dx,dy

Beispiele: @10,20   @15.5,-5.7

Abbildung 3.19:
Absolute und relative kartesische Koordinaten

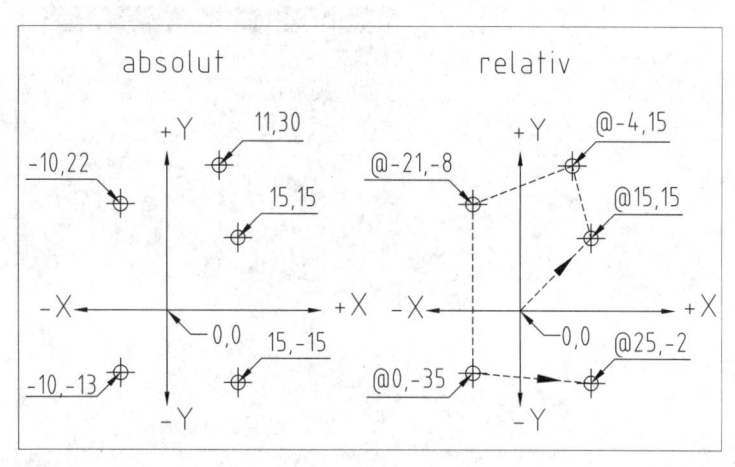

Absolute polare Koordinaten

Ein Punkt wird durch seinen Abstand und Winkel vom Ursprung des aktuellen Koordinatensystems angegeben (siehe Abbildung 3.20). Die Werte werden durch das Zeichen < getrennt.

Format: A<W

Beispiele: 50<45
         82.75<-90

Das Zeichnungskoordinatensystem und die Eingabe von Koordinaten

Relative polare Koordinaten

Ein Punkt wird durch seinen Abstand und Winkel vom zuletzt eingegebenen Punkt im aktuellen Koordinatensystem angegeben (siehe Abbildung 3.20). Den Werten wird das Zeichen @ vorangestellt und sie werden durch das Zeichen < getrennt.

Format: @A<W

Beispiele: @20<135
@45.25<-45

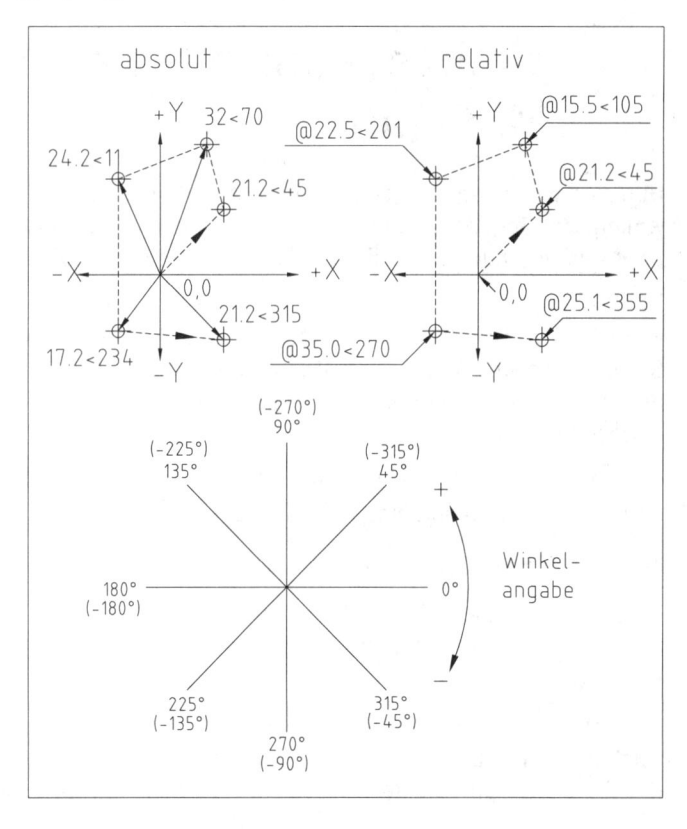

Abbildung 3.20: Absolute und relative polare Koordinaten

In der Statuszeile am unteren Bildschirmrand werden die absoluten Koordinaten des Fadenkreuzes in X, Y und Z angezeigt. Bewegen Sie das Fadenkreuz und Sie sehen, wie sich die Anzeige ändert. Wenn Sie die Funktionstaste [F6] auf der Tastatur tippen, bleibt die Anzeige stehen. Sie zeigt nur dann einen neuen Wert an, wenn Sie auf der Zeichenfläche beim Zeichnen einen Punkt anklicken. Drücken Sie wieder [F6], dann läuft die Anzeige wieder mit.

Beim Zeichnen kann die Koordinatenanzeige in drei verschiedenen Modi betrieben werden. Haben Sie einen Punkt eingegeben, wird die Position des Fadenkreuzes in absoluten Koordinaten mitlaufend angezeigt. Drücken Sie einmal [F6], läuft die Anzeige in Polarkoordinaten mit und zeigt die relative Position zum zuletzt eingegebenen Punkt. Bei nochmaligem Betätigen von [F6] läuft die Koordinatenanzeige nicht mehr mit und zeigt nur die eingegebenen Punkte an. Statt die Taste [F6] zu drücken, können Sie auch mit der Maus in das Anzeigefeld der Koordinaten doppelt klikken.

3.3 Limiten, Papierformat und Maßstäbe

Nun sind wir ja sehr eingeengt, wenn wir auf unserem A3-Blatt zeichnen wollen. Der Gegenstand, den wir zeichnen wollen, darf maximal 420 mm breit und 297 mm hoch sein, und selbst da zeichnen wir schon bis zum Blattrand.

Beim Zeichnen mit Bleistift und Papier multiplizieren Sie die Größen, die Sie zeichnen wollen, mit dem Maßstab und stellen Sie kleiner oder größer als in Wirklichkeit dar. Nachteilig ist dabei, daß Sie dann jedes Maß umrechnen müssen.

Da Sie aber das Rechnen beim CAD-Zeichnen besser dem Computer überlassen sollten, gilt eine wichtige Regel:

Zeichnen Sie mit AutoCAD immer 1:1!

Erst bei der Ausgabe der Zeichnung auf dem Drucker oder Plotter vergrößern oder verkleinern Sie die Zeichnung so, daß sie auf das gewünschte Papierformat paßt.

Sie vergrößern oder verkleinern den Zeichenbereich so, daß das zu zeichnende Teil in den Originalmaßen darauf Platz findet, und rechnen die Maße nicht um. Sie haben also ein Zeichenblatt in Originalgröße.

Die zweite wichtige Regel ist:

Innerhalb von AutoCAD gibt es nur »Zeichnungseinheiten«, das können mm, cm, m oder km oder Lichtjahre sein!

Bei den weiteren Überlegungen haben wir drei Größen zu berücksichtigen:

Limiten, Papierformat und Maßstäbe

Die Zeichnungslimiten

Durch die Abmessungen des zu zeichnenden Objekts können zwei Punkte ermittelt werden, ein linker unterer und ein rechter oberer. Innerhalb des Rechtecks, das sich aus diesen Punkten bildet, befindet sich die Zeichnung. Diese Punkte werden in AutoCAD-Limiten genannt. Meist liegt die linke untere Limite bei 0,0. Die Limiten ergeben sich also aus der Größe des zu zeichnenden Objekts.

Papierformat und Plotmaßstab

Eine dieser Größen ist meist gegeben und die andere resultiert daraus: Entweder wird ein Papierformat vorgegeben (oft durch Plotter oder Drucker begrenzt), und daraus resultiert ein bestimmter Maßstab, damit das Objekt dargestellt werden kann, oder eine Zeichnung soll in einem bestimmten Maßstab erstellt werden, und daraus ergibt sich das notwendige Papierformat.

Der Maßstab wird in AutoCAD erst beim Plotten der Zeichnung erforderlich. Dabei wird er so angegeben:

Geplottete mm = Zeichnungseinheiten

Wenn also eine Zeichnung 1:50 auf das Papier kommen soll, ist 1 geplotteter mm = 50 Zeichnungseinheiten.

Vorgang: Ermittlung der Limiten

Die Größe der rechten oberen Limite errechnen Sie wie folgt, wenn davon ausgegangen wird, daß die linke untere Limite beim Punkt 0,0 liegt:

```
Rechte obere Limite=Papiermaß/Plotmaßstab
```

Beim A3-Blatt im Maßstab 1:50 (=0.02) ergibt sich:

```
X: 420/0.02=21000
Y: 297/0.02=14850
```

Aber bringen wir das Ganze etwas leichter handhabbar in tabellarische Form. Die Werte in der Tabelle entsprechen der rechten oberen Limite, wenn die linke untere bei 0,0 liegt. Bei den Limiten wurde mit dem vollen Papiermaß gerechnet.

Maßstab	A4	A3	A2	A1	A0
10:1	29.7, 21	42, 29.7	59.4, 42	84, 59.4	118.8, 84.0
5:1	59.4, 42	84, 59.4	118.8, 84	168, 118.8	237.6, 168

Tabelle 3.1: Limiten in Abhängigkeit von Maßstab und Papierformat

Maß-stab	A4	A3	A2	A1	A0
1:1	297, 210	420, 297	594, 420	840, 594	1188, 840
1:5	1485, 1050	2100, 1485	2970, 2100	4200, 2970	5945, 4200
1:10	2970, 2100	4200, 2970	5940, 4200	8400, 5940	11880, 8400
1:50	14850, 1050	21000, 14850	29700, 21000	42000, 29700	59450, 42000
1:100	29700, 21000	42000, 29700	59400, 42000	84000, 59400	118800, 84000

Wichtig:

Da kein Drucker bis zum Rand drucken kann, muß der freie, nicht bedruckbare Rand abgezogen werden. Der ist aber bei jedem Drucker oder Plotter anders, deshalb in der Tabelle die vollen Papiermaße. Bei Plottern wird oft Papier im Überformat verwendet, so daß man bis zur Normgröße des Papiers plotten kann.

Wenn die Zeichnungseinheiten nicht mm entsprechen

Etwas komplizierter wird es, wenn nicht in mm gezeichnet wird, sondern in cm, m oder km. Dann verändern sich die Limiten, und der Plotmaßstab ist nicht mehr identisch mit dem Maßstab der Zeichnung.

Der Zeichenbereich verringert sich bei cm um den Faktor 10 und bei m um den Faktor 1000.

Soll beispielsweise in cm gezeichnet und auf einem A4-Blatt im Maßstab 1:1 ausgegeben werden, dann liegt die rechte obere Limite bei 29.7,21 Zeichnungseinheiten (= cm). Der Plotmaßstab muß ebenfalls korrigiert werden, 1 geplotteter mm entspricht dann 0.1 Zeichnungseinheiten (= cm).

Noch ein Beispiel: Auf einem A3-Blatt wird in m gezeichnet, der Maßstab soll 1:50 sein. Die rechte obere Limite ist dann 21,14.85 (= m). Ein geplotteter mm entspricht in diesem Fall 0.05 Zeichnungseinheiten (= m).

Zeichentechniken

Damit Sie diese Überlegungen nicht bei jeder neuen Zeichnung wiederholen müssen, gibt es den Setup-Assistenten. Nachteilig ist dabei nur, daß dabei immer von einem Plotmaßstab von 1:1 ausgegangen wird, es sei denn, Sie arbeiten mit Papier- und Modellbereich. Noch schneller kommen Sie mit einer Vorlage zum Ziel. Wir wollen am Schluß dieses Kapitels eine eigene Vorlage anlegen. Es ist sinnvoll, daß Sie für die häufig benötigten Formate und Maßstäbe Vorlagen anlegen und diese beim Start einer neuen Zeichnung verwenden.

Wie Sie eine Zeichnung mit einer Vorlage beginnen, finden Sie in Kapitel 4. In unserem jetzigen Beispiel haben wir das Schriftfeld vom Setup-Assistenten übernommen. Die Limiten sind dabei gleich miteingestellt worden.

Sie können aber auch ohne Einschränkungen draufloszeichnen und sich erst am Schluß um Plotmaßstab und Format kümmern. Nur beim Beschriften der Zeichnung sollte schon klar sein, in welchem Maßstab die Zeichnung geplottet werden soll. Die Schrifthöhe wird ebenfalls in Zeichnungseinheiten angegeben. Wird die Zeichnung beim Drucken vergrößert oder verkleinert, dann hat sie auf dem Papier die falsche Größe. In Kapitel X sehen Sie, wie Sie eine Zeichnung auf diese Art einrichten können.

3.4 Start einer neuen Zeichnung ohne Setup

Beim Konstruieren oder Entwerfen steht am Anfang oft das leere Blatt. Sie können noch nicht sagen, in welchem Maßstab Sie später plotten und auf welchem Papierformat. Aber auch ohne diese Festlegungen können Sie eine neue Zeichnung beginnen, wählen Sie den Befehl NEU....

Klicken Sie auf das Feld DIREKT BEGINNEN, dann auf die Vorgabe METRISCH und auf OK. Sie haben ein leeres Blatt vor sich. Zeichnen Sie frei drauflos in Originaleinheiten.

Erstellen Sie die Geometrie. bemaßen, beschriften und schraffieren sollten Sie noch nicht. Stellen Sie die maximalen Abmessungen der Zeichnung fest. Suchen Sie in der Tabelle 3.1 ein Papierformat und einen Maßstab aus.

Gehen wir davon aus, daß die Objekte in Ihrer Zeichnung beispielsweise bis zur Koordinate 36000,25000 reichen. Sie könnten die Zeichnung dann optimal auf A3 im Maßstab 1:100 oder A1 im Maßstab 1:50 plotten. Nehmen wir das A3-Format.

Beim Plotten müssen Sie die Zeichnung um den Faktor 100 verkleinern. Deshalb sollten Sie die Limiten mit dem Befehl LIMITEN auf 0,0 und 42000,29700 einstellen.

Verschiedene Größen müssen Sie in Zeichnungseinheiten angeben. Die Werte beziehen sich aber auf die Größen auf dem Papier. Beispielsweise soll ein Text auf dem Papier 3.5 mm hoch sein. Wird die Zeichnung beim Plotten um den Faktor 100 verkleinert, muß die Schrift 350 Zeichnungseinheiten groß sein. Ähnlich ist es mit dem Linientypenfaktor, dem Schraffurabstand und dem Bemaßungsfaktor, alles Größen, die Sie im Laufe der Arbeit mit diesem Buch noch näher kennenlernen werden.

Selbstverständlich muß dann auch der Zeichnungsrahmen und das Schriftfeld um den entsprechenden Faktor vergrößert bzw. verkleinert eingefügt werden.

Vorgang: Einstellung der Limiten, Befehl LIMITEN

Die Limiten stellen Sie mit dem gleichnamigen Befehl LIMITEN ein. Sie finden den Befehl im:

↳ Abrollmenü FORMAT, Funktion LIMITEN

↳ Tablettfeld V2

Im Befehlszeilenfenster läuft dann der folgende Dialog ab:

```
Befehl: Limiten
Modellbereich Limiten zurücksetzen:
Ein/Aus/<linke untere Ecke><0.000,0.000>: ↵
Obere rechte Ecke <420.00,297.00>: ↵
```

EIN bzw. AUS

Mit den Optionen kann die Limitenkontrolle aus und eingeschaltet werden. Sie bewirkt beim Zeichnen, daß jede Eingabe überprüft und nicht angenommen wird, wenn sie außerhalb der Limiten liegt.

Wenn die Limitenkontrolle ausgeschaltet ist, dienen die Limiten nur zur Orientierung. Sie haben aber noch andere praktische Funktionen. Damit Sie sich in dem praktisch unbegrenzten Zeichenraum zurechtfinden, können Sie den Bereich innerhalb der Limiten anzeigen oder plotten. Es ist deshalb ganz praktisch, wenn Sie die Limiten auf die Größe des Zeichenblattes setzen.

3.5 Die Zeichnungshilfen

Zur besseren Orientierung kann man beim Zeichnen mit Bleistift und Papier auf kariertem Papier oder auf Millimeterpapier zeichnen. AutoCAD bietet Ihnen ähnliche, aber bessere Möglichkeiten. Mit den Zeichnungshilfen können Sie sich ein Zeichen- und ein Fangraster einstellen.

Vorgang: Befehl DDRMODI

Mit dem Befehl DDRMODI können Sie die Zeichnungshilfen einstellen. Den Befehl finden Sie im:

↣ Abrollmenü WERKZEUGE, Funktion ZEICHNUNGSHILFEN...

↣ Tablettfeld W10

Sie erhalten ein Dialogfeld zur Einstellung (siehe Abbildung 3.21).

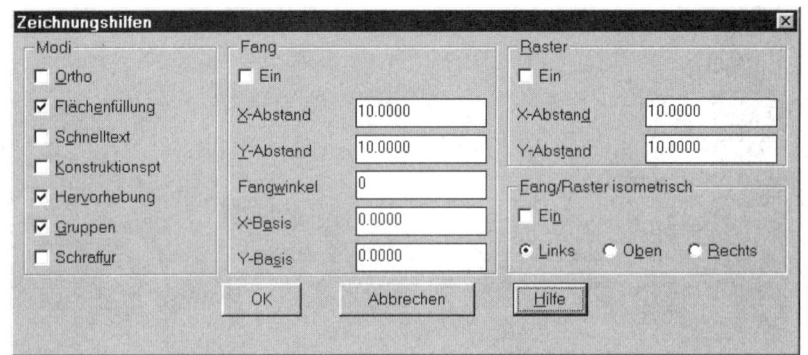

Abbildung 3.21:
Dialogfeld für die Einstellung der Zeichnungshilfen

Vorgang: Veränderung des Rasters

Im rechten Teil des Dialogfeldes können Sie das Zeichenraster einstellen. Ist es eingeschaltet, wird der gesamten Zeichnung innerhalb der Limiten ein Punktraster unterlegt. Der Rasterabstand ist in X- und Y-Richtung in den Feldern X-ABSTAND und Y-ABSTAND des Dialogfeldes einstellbar. Aber nur wenn der Schalter EIN eingeschaltet ist, wird das Raster auch auf dem Bildschirm sichtbar (siehe Abbildung 3.22). Das Raster wird nur innerhalb der Limiten angezeigt, solange das Weltkoordinatensystem aktiv ist. Haben Sie ein Benutzerkoordinatensystem (siehe Kapitel 4.17) eingeschaltet, wird das Raster immer über den ganzen Bildschirm gezeichnet. Ist das Raster zu eng, erscheint eine Meldung im Befehlszeilenfenster und es wird nicht angezeigt:

```
Raster zu dicht, keine Anzeige
```

Wenn Sie weit genug in die Zeichnung hineinzoomen, wird das Raster angezeigt und auch wieder ausgeschaltet, wenn Sie herauszoomen.

Schalten Sie das Raster ein, ändern Sie auch probeweise den Abstand und kontrollieren Sie das Ergebnis auf dem Bildschirm. Wenn Sie den X-Abstand ändern und die Eingabe mit ⏎ bestätigen, ändert sich auch der Y-Abstand auf diesen Wert. Soll der Y-Abstand einen anderen Wert erhalten, so ändern Sie diesen nachträglich.

Abbildung 3.22:
Zeichenfläche mit Raster

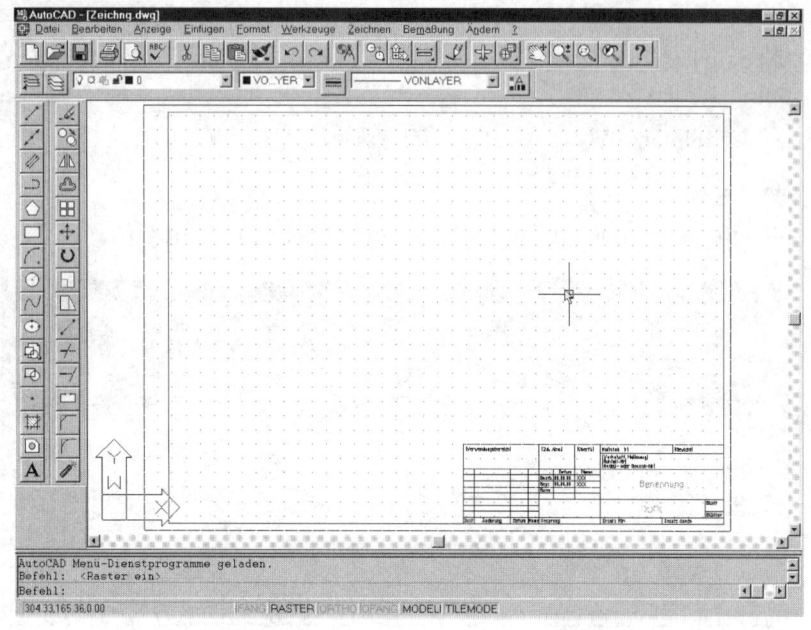

Tip:

Wenn Sie in einem Feld des Dialogfeldes Werte oder Texte ändern wollen, haben Sie zwei Möglichkeiten, das Feld zu editieren:

- Zeigen Sie mit der Maus an die Stelle, an der Sie ändern wollen, und klicken Sie die Stelle an. Ein Cursor erscheint innerhalb des Feldes, der sich mit den Pfeiltasten nach links oder rechts verschieben läßt. Gelöscht wird mit der ←-Taste oder der Löschtaste Entf.
- Wenn Sie das Feld aber mit einem Doppelklick anwählen, wird der ganze Eintrag markiert. Sobald Sie ein Zeichen eingeben, wird der vorherige Eintrag komplett gelöscht.

Vorgang: Veränderung des Fangs

Der mittlere Teil des Dialogfeldes ist für die Einstellung des Fangs. Während das Raster nur der Orientierung dient, wird mit dem Fang das Fadenkreuz nur noch in festen Schritten über den Bildschirm geführt.

Sie können den Fang im Dialogfeld mit dem Schaltfeld EIN ein- und ausschalten und in den darunterliegenden Feldern X-ABSTAND und Y-ABSTAND den Fangwert verändern. Zusätzlich haben Sie die Möglichkeit, den Fang um einen wählbaren Punkt und um einen einstellbaren Winkel zu drehen. Diesen Punkt stellen Sie in den Feldern X-BASIS und Y-BASIS und den

Winkel im Feld FANGWINKEL ein. Schalten Sie den Fang ein und bewegen Sie das Fadenkreuz am Bildschirm und Sie sehen, wie es um den Fangwert springt.

Wenn Sie auf einem festen Raster zeichnen wollen, z.B. bei Schemaplänen, dann kann mit eingeschaltetem Fang am schnellsten gezeichnet werden.

Vorgang: Fang und Raster isometrisch

In AutoCAD kann das Fangraster auch auf einen isometrischen Modus umgeschaltet werden. Damit haben Sie die Möglichkeit, auf einfache Art isometrische Darstellungen zu erzeugen. Das isometrische Raster wählen Sie im Bereich FANG/RASTER ISOMETRISCH. Mehr dazu finden Sie im Kapitel 7.11.

Vorgang: Orthogonales Zeichnen

Noch eine sehr wichtige Funktion zum Zeichnen finden Sie in dem Dialogfeld, den orthogonalen Zeichenmodus. Ist dieser eingeschaltet, läßt sich nur noch waagrecht und senkrecht zeichnen, schieben, kopieren, strecken usw. Mit dem Schalter ORTHO schalten Sie den Modus bei Bedarf zu und auch wieder ab.

Zeichnen Sie eine Linie und haben den Startpunkt eingegeben, wird diese horizontal gezeichnet, wenn der X-Abstand des nächsten Punktes vom ersten Punkt größer ist als der Y-Abstand (siehe Abbildung 3.23). Ist der Y-Abstand größer, wird vertikal gezeichnet. Das gilt nur dann, wenn Sie die Punkte in der Zeichnung anklicken. Beim Zeichnen mit Koordinaten haben diese Vorrang.

Raster, Fang und Ortho-Modus lassen sich auch mit den Funktionstasten ein- und ausschalten:

`F7`	Schaltet das Raster ein und aus
`F8`	Schaltet den Ortho-Modus ein und aus
`F9`	Schaltet den Fang ein und aus

Außerdem gibt es am unteren Bildschirmrand ja noch die Statusleiste (siehe auch Abbildung 3.23). Dort finden Sie verschiedene Felder, unter anderen auch FANG, RASTER und ORTHO. Die Schrift in diesen Feldern ist entweder grau, dann ist der Modus ausgeschaltet, oder schwarz, wenn der Modus eingeschaltet ist. Mit einem Doppelklick auf ein solches Feld schalten Sie den Modus um.

Abbildung 3.23:
Zeichnen im Ortho-Modus

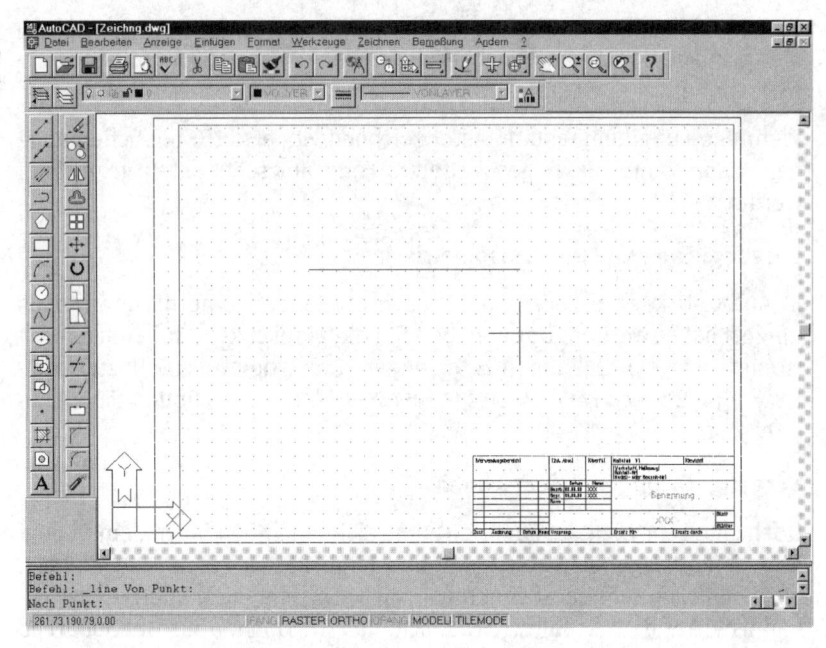

Vorgang: Weitere Zeichenmodi

Im linken Teil des Dialogfeldes unter dem Ortho-Schalter finden Sie eine Reihe weiterer Schalter, mit denen Sie die Zeichenmodi verändern können:

Flächenfüllung

Schaltet den Darstellungsmodus von breiten Polylinien, Solids und gefüllten Flächen um (siehe Kapitel 8). Ist der Schalter ein, werden die Objekte gefüllt gezeichnet, ist er dagegen aus, werden nur die Randlinien gezeichnet. Änderungen an der Einstellung werden erst nach der nächsten Regenerierung der Bildschirmdarstellung wirksam.

Schnelltext

Zeichnungen mit viel Text benötigen viel Zeit, um am Bildschirm aufgebaut zu werden. Der Vorgang kann beschleunigt werden, wenn dieser Modus eingeschaltet ist. Dann werden für die Texte nur noch Platzhalter, in Form von Rechtecken, in der Textgröße angezeigt. Auch hier wirken sich Änderungen nur nach einer Regenerierung aus.

Konstruktionspt

Jede Punkteingabe bringt ein kleines Kreuz auf den Bildschirm, den sogenannten Konstruktionspunkt. Die Punkte verschwinden beim nächsten Bildaufbau. Wenn Sie diese Punkte stören, schalten Sie diesen Schalter aus.

Hervorhebung

Bei der Objektwahl (siehe Kapitel 4.10) werden die ausgewählten Objekte gestrichelt dargestellt. Ist der Schalter aus, arbeiten Sie ohne Kontrolle, die gewählten Objekte bleiben unverändert auf dem Bildschirm. Sie sehen nicht mehr, was Sie schon gewählt haben und was noch gewählt werden muß.

Gruppen

Ist der Schalter ein, können Gruppen (siehe Kapitel 11.14) nur insgesamt angewählt werden. Einzelne Objekte in einer Gruppe können nicht gewählt werden.

Schraffur

Ist dieser Schalter ein und Sie wählen eine Schraffur (siehe Kapitel 5.1), wird die Umgrenzung mitgewählt. Ist der Schalter aus, lassen sich Schraffur und Umgrenzung getrennt wählen.

Verweis:

siehe Referenzteil: Befehle ORTHO, FÜLLEN, QTEXT, KPMODUS, GRUPPE, FANG, RASTER und ISOEBENE sowie Systemvariable HIGHLIGHT.

3.6 Layer, Farben und Linientypen

In AutoCAD können Sie eine Zeichnung auf verschiedenen Ebenen erstellen, den sogenannten Layern. Darunter können Sie sich verschiedene plan aufeinanderliegende Folien vorstellen, die jeweils inhaltlich zusammengehörende Teile der Zeichnung enthalten. Beispielsweise werden sichtbare Kanten, Hilfslinien, Bemaßungen, Text usw. auf verschiedene Layer gelegt. So können Sie beispielsweise nur die Außenkonturen anzeigen oder plotten und die Bemaßungen dazu ausschalten. Sie bleiben dann in der Zeichnung enthalten.

Wenn Sie verschiedene Baugruppen in einer Zeichnung darstellen wollen, können Sie diese auf unterschiedlichen Layern erstellen. So ist es jederzeit möglich, Baugruppen auszublenden oder auch separat zu plotten.

Hilfslinien, Konstruktionshinweise, Zusatzinformationen können Sie ebenfalls in der Zeichnung ablegen. Erzeugen Sie dazu spezielle Layer, die Sie zum Plotten ausschalten.

Layer in Zeichnungen

- In einer Zeichnung lassen sich beliebig viele Layer anlegen.

- Layer werden mit Namen versehen, die bis zu 32 Zeichen lang sein dürfen, und sich aus Buchstaben, Ziffern und den Sonderzeichen -, _, $ und l zusammensetzen dürfen.

- Der Layername sollte einen Bezug zum Inhalt haben, einfaches Durchnumerieren ist nicht sinnvoll.

- Inhaltlich zusammengehörige Teile sollten auf einem Layer gezeichnet werden, z.B. alle Konturen, alle Mittellinien, alle Objekte einer Baugruppe usw.

- Der Layer 0 ist in jeder Zeichnung angelegt. In einer neuen Zeichnung existiert nur dieser Layer, es sei denn, in der Vorlage oder einem eingefügten Schriftfeld sind schon Layer angelegt worden.

- Layer lassen sich ein- und ausschalten und so am Bildschirm sichtbar oder nichtsichtbar machen.

- Layer lassen sich frieren und tauen. Gefrorene Layer werden beim Bildaufbau nicht berücksichtigt. Der Bildaufbau beschleunigt sich, wenn längere Zeit nicht mehr benötigte Layer gefroren werden.

- Objekte auf nichtsichtbaren Layern lassen sich weder plotten noch verändern.

- Layer lassen sich sperren und entsperren. Objekte auf gesperrten Layern werden zwar am Bildschirm angezeigt, sie lassen sich aber nicht ändern.

- Ein Layer ist immer der aktuelle Layer. Objekte, die neu gezeichnet werden, kommen auf den aktuellen Layer.

- Jedem Layer ist eine Farbe und ein Linientyp zugeordnet.

- Die Objekte erhalten die Farbe und den Linientyp von dem Layer, auf dem sie abgelegt sind.

- Der aktuelle Layer und dessen Farbe wird in der Standard-Funktionsleiste angezeigt.

- Werden Objekte durch Kopieren vorhandener Objekte erzeugt, so kommt die Kopie immer auf den gleichen Layer wie das Original, egal welcher Layer aktuell ist.

- Den Farben werden in AutoCAD beim Plotten Plotterstifte bzw. Strichstärken zugeordnet. Rot wird dann beispielsweise immer mit der Strichstärke 0.5 mm ausgegeben. Mehrere Farben lassen sich ei-

- Unbenutzte Layer lassen sich mit dem Befehl BEREINIG aus der Zeichnung entfernen.

- Layer können in AutoCAD 14, im Gegensatz zu den Vorgängerversionen, im Dialogfeld für die Layersteuerung auch gelöscht werden, wenn sich auf Ihnen keine Objekte mehr befinden.

Wichtig:

Überlegen Sie sich ein Layerkonzept für Ihre Anwendungen. Legen Sie die Layernamen fest, und ordnen Sie Farben und Linientypen zu. Speichern Sie die Einstellungen in den Vorlagen, und Sie haben die Layer in jeder neuen Zeichnung sofort parat. Benötigen Sie verschiedene Sätze von Layern, dann machen Sie sich verschiedene Vorlagen.

Vorgang: Befehl DDLMODI bzw. LAYER

Zur Verwaltung der Layer gibt es in früheren Versionen von AutoCAD zwei Befehle: DDLMODI und LAYER. In AutoCAD 14 wurde die Befehlsflut etwas verringert. Beide Befehle rufen jetzt dasselbe Dialogfeld auf. Wollen Sie aber den Befehl LAYER in der alten Form verwenden, beispielsweise in einem Menümakro oder in einer Scriptdatei, starten Sie ihn mit einem vorangestellten »-«, also mit -LAYER.

Mit dem Befehl DDLMODI bzw. LAYER lassen sich alle Funktionen in einem übersichtlichen Dialogfeld einstellen. Alle Funktionen dieses Dialogfelds sind neu überarbeitet worden. Im folgenden wird deshalb auf das AutoCAD-14-Symbol verzichtet. Wählen Sie den Befehl:

- Abrollmenü FORMAT, Funktion LAYER...

- Tablettfeld U5

- Symbol in der Funktionsleiste EIGENSCHAFTEN

Sie bekommen das Dialogfeld für die Layersteuerung auf den Bildschirm (siehe Abbildung 3.24). Es hat zwei Registerkarten, eine für die Verwaltung der Layer und eine für die Linientypen. Sie können mit der Registerkarte LINIENTYP direkt zu den Funktionen des Befehls DDLTYPE umschalten (siehe unten).

Hätten Sie ohne Schriftfeld begonnen, wäre jetzt nur der Layer 0 in der Liste. Das eingefügte Schriftfeld hat seine Layer mit in die neue Zeichnung gebracht.

Abbildung 3.24:
Dialogfeld zur Layersteuerung

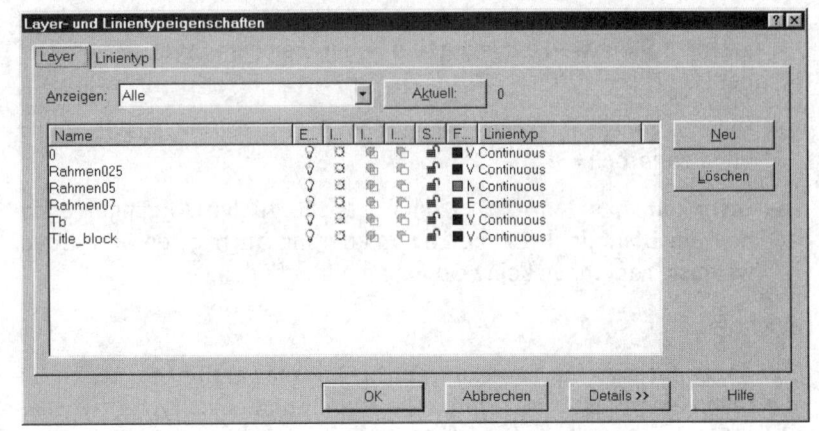

Vorgang: Anzeige und Markierung in der Layerliste

Im Dialogfeld haben Sie die Liste aller Layer in dieser Zeichnung. Sie können die Sortierung in der Liste ändern, indem Sie auf das entsprechende Titelfeld klicken, die Liste wird nach diesem Feld sortiert. Ein weiterer Klick in das Titelfeld sortiert die Liste absteigend, ein Klick auf ein anderes Titelfeld sortiert nach diesem Feld.

Auch die Feldbreite können Sie verändern, wenn Sie den Trennstrich in der Titelzeile verschieben. Ein Doppelklick auf den Trennstrich stellt die Breite so ein, daß der breiteste Eintrag dargestellt werden kann.

In der ersten Spalte der Liste wird der Layername angezeigt. Klicken Sie einen Layer an, wird er markiert. Nur so kann er bearbeitet werden. Es lassen sich auch mehrere Layer gleichzeitig markieren und damit auch bearbeiten. Wenn Sie einen Layer markiert haben und mit gedrückter ⇧-Taste einen weiteren Layer anklicken, dann werden beide Layer und alle in der Liste dazwischen markiert. Klicken Sie dagegen mit gedrückter Strg-Taste einen weiteren Layer an, wird dieser zusätzlich markiert. Die Layer dazwischen bleiben unverändert.

Wollen Sie alle Layer markieren, drücken Sie die rechte Maustaste. Ein Menü mit zwei Einträgen erscheint am Cursor (siehe Abbildung 3.25). Wählen Sie den Eintrag ALLES WÄHLEN und alle Layer werden markiert. Sie können alle Layer gemeinsam bearbeiten. Mit dem Eintrag ALLES LÖSCHEN werden die Markierungen wieder entfernt.

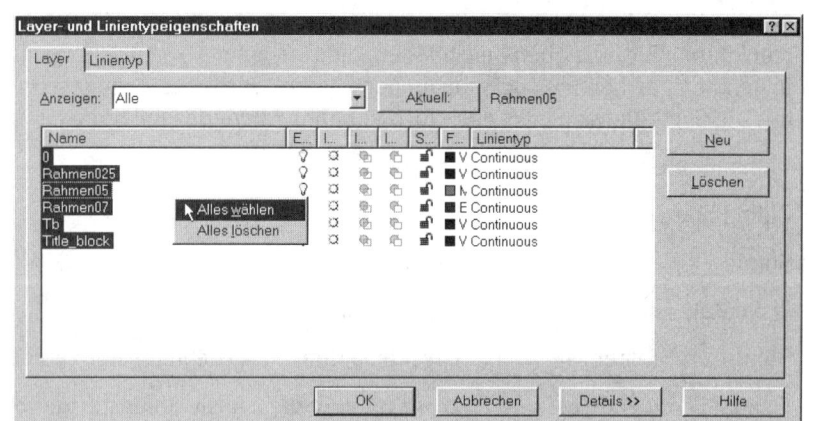

Abbildung 3.25:
Alle Layer markieren

Vorgang: Layer zum aktuellen Layer machen

Wie oben beschrieben, ist ein Layer immer der aktuelle Layer. Auf diesem werden neue Objekte abgelegt. Um einen anderen Layer zum aktuellen Layer zu machen, klicken Sie den Layer in der Liste an und er wird markiert (dunkel unterlegt). Klicken Sie dann auf die Schaltfläche AKTUELL und der Layer wird zum aktuellen Layer und neben der Schaltfläche angezeigt (siehe Abbildung 3.26).

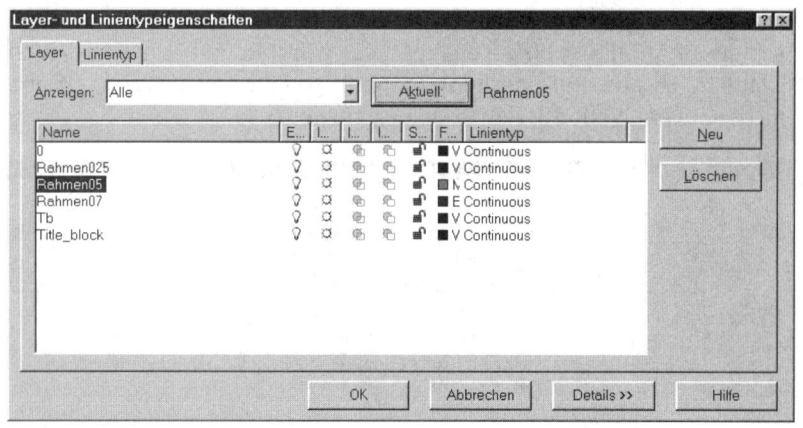

Abbildung 3.26:
Aktuellen Layer wechseln

Vorgang: Layerstatus ändern

Wie schon oben beschrieben, lassen sich Layer ein- und ausschalten, frieren und tauen sowie sperren und entsperren. Der Status des Layers wird geändert. Mit den Symbolen in der Layerliste kann das erledigt werden. Haben Sie einen oder mehrere Layer markiert, können Sie auf ein Symbol klicken und es wird umgeschaltet. Die Layer müssen nicht markiert sein, klicken Sie nur auf das entsprechende Symbol in der Liste und

Kapitel 3: Grundeinstellungen zum Zeichnen

es wird ebenfalls umgeschaltet und der Layer gleichzeitig markiert. Auch hier können Sie, wie oben beschrieben, die ⟨⇧⟩- oder ⟨Strg⟩-Taste zu Hilfe nehmen. Klicken Sie nochmal auf das Symbol, wird erneut umgeschaltet. Die Symbole (von links nach rechts) haben folgende Funktionen:

Glühlampe ein	Layer ein
Glühlampe aus	Layer aus
Sonne	Layer getaut
Eiskristall	Layer gefroren
Sonne mit Fenster	Layer im aktuellen Ansichtsfenster getaut
Eiskristall mit Fenster	Layer im aktuellen Ansichtsfenster gefroren (siehe Kapitel 15.4)
Sonne mit leerem Fenster	Layer in einem neuen Ansichtsfenster getaut
Eiskristall mit leerem Fenster	Layer in einem neuem Ansichtsfenster gefroren (siehe Kapitel 15.4)
Vorhängeschloß offen	Layer entsperrt
Vorhängeschloß geschlossen	Layer gesperrt

In der Layerliste in Abbildung 3.27 ist der Layer RAHMEN025 ausgeschaltet, RAHMEN05 eingeschaltet, aber gefroren und damit auch nicht sichtbar, TB aus und gefroren (»doppelt genäht hält besser«, ist aber nicht notwendig) und TITLE_BLOCK ist gesperrt.

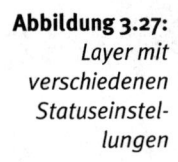

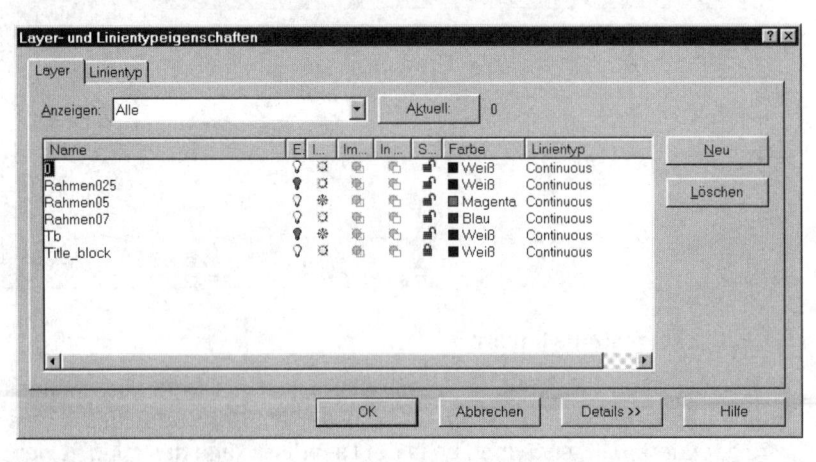

Abbildung 3.27:
Layer mit verschiedenen Statuseinstellungen

Der aktuelle Layer kann zwar ausgeschaltet werden, es ist aber in der Praxis nicht sinnvoll, da dann Ihre Zeichnung nicht angezeigt wird. Falls Sie es trotzdem versuchen, erhalten Sie eine Warnung, die Funktion wird aber ausgeführt.

Den aktuellen Layer sollten Sie auch nicht sperren, da Zeichenfehler dann nicht mehr korrigiert werden können. Sollten Sie es versuchen, erhalten Sie auch hierbei eine Warnung.

Es ist allerdings nicht möglich, den aktuellen Layer zu frieren. Aber das ist auch nicht sinnvoll.

Vorgang: Layerstatus in der Funktionsleiste EIGENSCHAFTEN ändern

Doch nicht jedesmal, wenn Sie einen Layer ein- oder ausschalten oder den aktuellen Layer wechseln wollen, müssen Sie sich dieses Dialogfeld auf den Bildschirm holen, es geht auch einfacher und schneller. In der Funktionsleiste EIGENSCHAFTEN haben Sie auf der linken Seite ein Abrollmenü. Im Textfeld wird der Name und der Status des aktuellen Layers angezeigt. Wenn Sie ins Namensfeld oder auf den Pfeil klicken, wird das Abrollmenü ausgeklappt (siehe Abbildung 3.28).

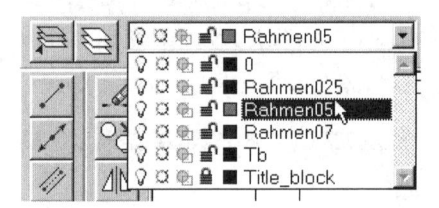

Abbildung 3.28:
Abrollmenü zur Einstellung des Layerstatus

Klicken Sie auf einen anderen Layernamen, wird dieser zum aktuellen Layer, das Abrollmenü verschwindet wieder und der neue aktuelle Layer wird in dem Feld angezeigt.

Dieselben Symbole wie im Dialogfeld haben Sie auch im Abrollmenü. Klicken Sie auf ein Symbol vor dem Layer, den Sie ändern wollen, wird der Status umgeschaltet. Sie können auch nacheinander mehrere Symbole anklicken. Wenn Sie danach in die Zeichenfläche klicken, verschwindet das Abrollmenü wieder und die Layer werden entsprechend geschaltet.

Vorgang: Neuen Layer anlegen

Bist jetzt haben Sie nur gesehen, wie Sie bestehende Layer manipulieren können. Wie aber kommen Sie zu neuen Layern? Das geht nur im Dialogfeld zur Layersteuerung. Klicken Sie einfach auf die Schaltfläche NEU, und ein neuer Layer wird in die Liste eingefügt. Klicken Sie nochmal darauf und ein weiterer wird angelegt. Sie erhalten zunächst die fortlaufend numerierten Namen LAYER1, LAYER2 usw.

Neue Layer haben erstmal die Farbe WEISS und den Linientyp CONTINUOUS, aber auch das läßt sich ändern. Die neuen Layer sind die letzten in der Liste. Beim nächsten Aufruf des Dialogfelds ist die Liste alphabetisch sortiert.

Kapitel 3: Grundeinstellungen zum Zeichnen

Vorgang: Layer umbenennen

In der ersten Spalte der Liste wird der Layername angezeigt. Wenn Sie den Namen anklicken, wird er markiert. Wenn Sie einen Namen zweimal anklicken (kein Doppelklick, Pause dazwischen), können Sie den Namen überschreiben. Mit einem weiteren Klick können Sie den Cursor setzen und den Namen ändern. So ist es auf einfache Art möglich, einem bereits bestehenden Layer einen neuen Namen zu geben.

Übung: Neue Layer anlegen

⇨ Da Sie noch an Ihrer Vorlage arbeiten, legen Sie die Layer an, die Sie in den nächsten Kapiteln zum Zeichnen brauchen.

⇨ Holen Sie sich das Dialogfeld zur Layersteuerung auf den Bildschirm.

⇨ Erstellen Sie acht neue Layer. Benennen Sie sie um in:
KONTUR, GEWINDE, HILFSLINIEN, MASSE, MITTELLINIEN, SCHRIFT, SCHRAFFUR und VERDECKT (siehe Abbildung 3.29).

⇨ Machen Sie den Layer KONTUR zum aktuellen Layer.

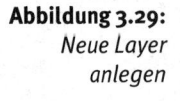

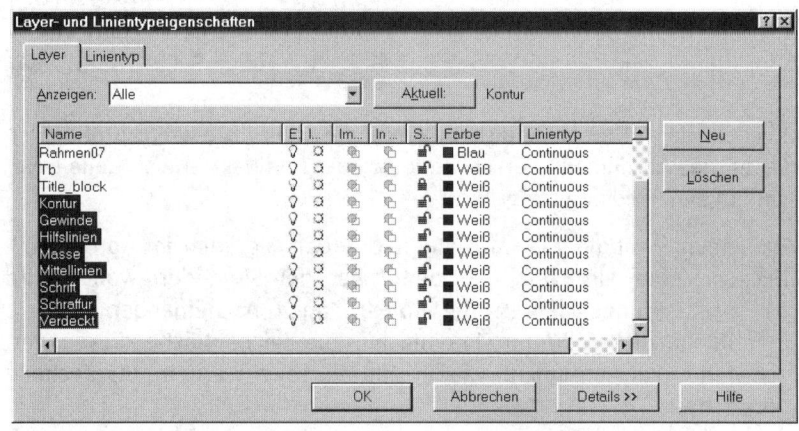

Abbildung 3.29: Neue Layer anlegen

Vorgang: Layer löschen

Einen Layer können Sie nur dann löschen, wenn keine Objekte darauf gezeichnet wurden. Markieren Sie den Layer und klicken auf die Schaltfläche LÖSCHEN. Der Layer verschwindet aus der Liste. Befinden sich Objekte auf dem Layer, erscheint eine Fehlermeldung, der Layer wird nicht gelöscht (siehe Abbildung 3.30). Sie müssen in diesem Fall erst alle Objekte auf diesem Layer löschen, dann erst können Sie den Layer löschen. Außerdem können Sie die Layer 0, DEFPOINTS und den aktuellen Layer nicht löschen. Layer von externen Referenzen (siehe Kapitel 12) lassen sich ebenfalls nicht löschen.

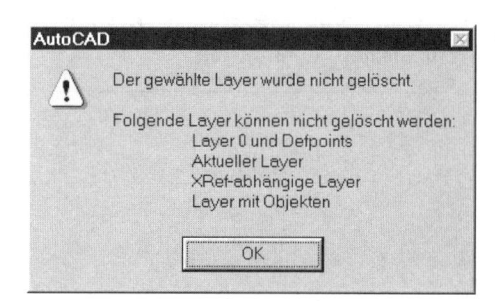

Abbildung 3.30:
Versuch, einen Layer mit Objekten zu löschen

Auch das ist neu im Vergleich zu AutoCAD 13. Dort konnten Sie nur über den Befehl BEREINIG (siehe Referenzteil, Kapitel 28) nicht benutzte Layer wieder löschen.

Vorgang: Farbe zuweisen

Einem Layer kann eine Farbe zugewiesen werden. Standardmäßig ist das die Farbe WEISS, die aber geändert werden kann. Ist der Layer aktuell, wird mit der Farbe gezeichnet, die diesem Layer zugewiesen ist.

Um einem oder mehreren Layern eine neue Farbe zuweisen zu können, markieren Sie diese zunächst im Dialogfeld. Klicken Sie dann auf das Farbfeld oder den Farbnamen in der Liste und Sie bekommen ein weiteres Dialogfeld zur Farbauswahl (siehe Abbildung 3.31).

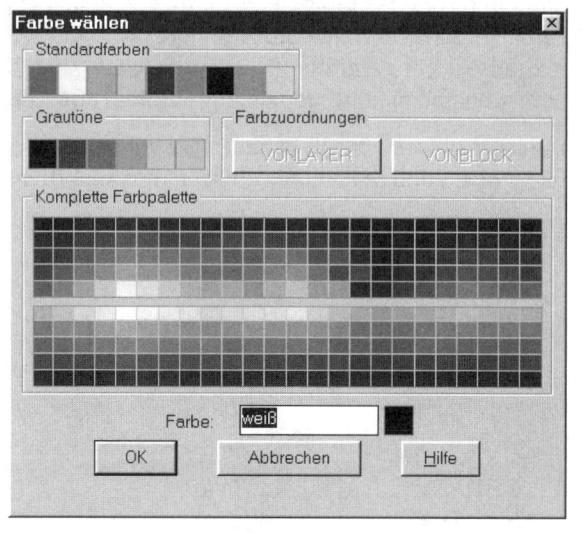

Abbildung 3.31:
Dialogfeld zur Farbauswahl

In AutoCAD können Sie mit den Farben 1 bis 255 zeichnen. Die Farben 1 bis 7 sind Standardfarben, die auch mit dem Farbnamen angegeben werden können:

Farbnummer	Farbname
1	Rot
2	Gelb
3	Grün
4	Cyan
5	Blau
6	Magenta
7	Weiß

Die Farbe 7, Weiß, wird bei schwarzem Bildschirmhintergrund auch weiß angezeigt. Bei weißem Hintergrund wird sie jedoch schwarz angezeigt. Sollten Sie eine altertümliche Grafikkarte in Ihrem PC haben, kann es sein, daß nur 16 Farben angezeigt werden, alle anderen Farbfelder sind dann weiß. Trotzdem können Sie die Farben verwenden. Wenn Sie die Zeichnung auf einem anderen PC laden, der über 256 Farben verfügt, werden auch alle Farben wieder richtig dargestellt.

Sie können eine Farbnummer oder den Namen einer Standardfarbe im untersten Feld des Dialogfelds eintragen (1 bis 255), und die zugehörige Farbe wird im Farbfeld daneben angezeigt. Wenn Sie dagegen ein Farbfeld aus der angezeigten Palette anklicken, wird die Farbnummer bzw. der Farbname eingetragen und im Farbfeld angezeigt.

Durch Anklicken von OK kommen Sie wieder zum ursprünglichen Dialogfeld zurück, und die neue Farbe ist den markierten Layern zugeordnet.

Übung: Layern Farben zuweisen

↳ Holen Sie sich wieder die Layersteuerung auf den Bildschirm.

↳ Ändern Sie die Farben wie in der folgenden Liste (siehe auch Abbildung 30.32).

↳ *Layername*   *Farbe*

0   7 (Weiß)
GEWINDE   2 (Gelb)
HILFSLINIEN   4 (Cyan)
KONTUR   1 (Rot)
MASSE   3 (Grün)
MITTELLINIEN   4 (Cyan)
RAHMEN025   5 (Blau)

Layer, Farben und Linientypen

RAHMEN05	1 (Rot)
RAHMEN07	6 (Magenta)
SCHRAFFUR	5 (Blau)
SCHRIFT	2 (Gelb)
TB	7 (Weiß)
TITLE_BLOCK	7 (Weiß)
VERDECKT	2 (Gelb)

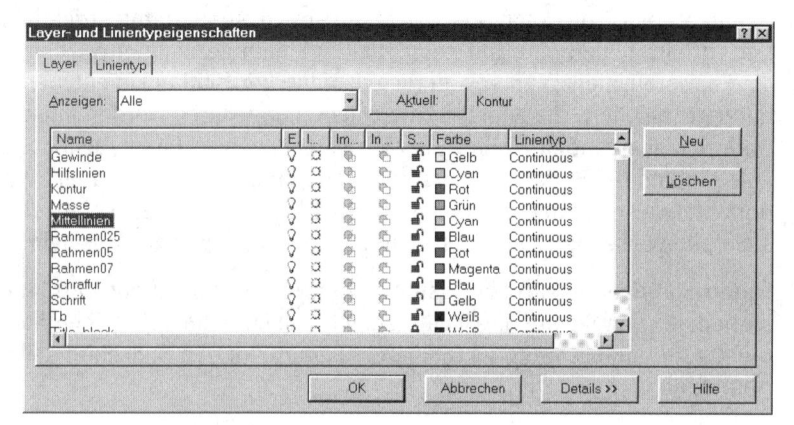

Abbildung 3.32:
Layern Farben zuweisen

Vorgang: Layern Linientypen zuweisen

So wie Sie einem Layer eine Farbe zugewiesen haben, können Sie ihm auch einen neuen Linientyp zuweisen. Ist der Layer aktuell, wird mit dem Linientyp gezeichnet, der mit diesem Layer verknüpft ist.

Markieren Sie wieder einen oder auch mehrere Layer und klicken Sie auf den Linientypennamen in der letzten Spalte. In einem weiteren Dialogfeld können Sie den Linientyp markieren, den Sie den angewählten Layern zuweisen wollen (siehe Abbildung 3.33).

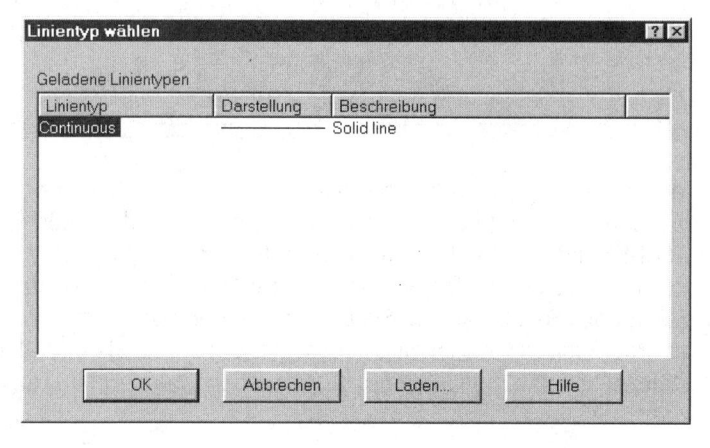

Abbildung 3.33:
Dialogfeld zur Auswahl des Linientyps

Leider ist die Auswahl in der Liste noch sehr bescheiden. Nur der Linientyp CONTINUOUS steht zur Auswahl, die Bezeichnung für ausgezogene Linien. Linientypen sind in Linientypendateien gespeichert und sie müssen in der Zeichnung geladen sein, wenn Sie in diesem Dialogfeld verwendet werden sollen.

Vorgang: Linientypen laden

Soll in AutoCAD nicht mit ausgezogenen Linien, sondern mit strichpunktierten Mittellinien oder mit gestrichelten Linien gezeichnet werden, so sind andere Linientypen erforderlich. Linientypen sind in Linientypendateien gespeichert, die zuerst in die Zeichnung geladen werden müssen. Dadurch ist es möglich, daß Sie sich verschiedene Linientypendateien anlegen und bei Bedarf die entsprechende in die Zeichnung laden. Wird normalerweise immer mit der gleichen Datei gezeichnet, sollte diese sinnvollerweise gleich in den entsprechenden Vorlagen geladen sein.

Laden Sie also Linientypen, damit Sie in der Zeichnung zur Verfügung stehen. Klicken Sie auf die Schaltfläche LADEN im Dialogfeld (siehe Abbildung 3.33) an. Ein weiteres Dialogfeld kommt auf den Bildschirm (siehe Abbildung 3.34).

Abbildung 3.34:
Dialogfeld zum Laden von Linientypen

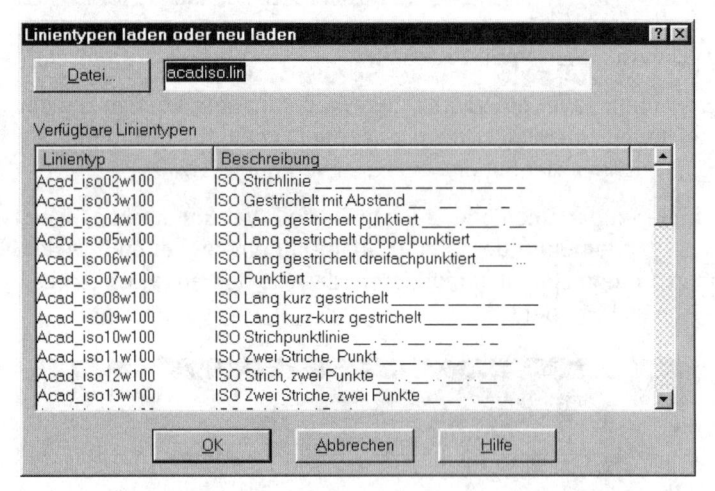

Mehrere Linientypendateien stehen Ihnen jetzt zur Verfügung. Wenn Sie in metrischen Einheiten zeichnen, sollten Sie die Linientypendatei ACADISO.LIN verwenden. Diese erscheint auch als Vorgabe im Feld DATEI des Dialogfelds. Wollen Sie eine andere Linientypendatei, dann klicken Sie auf das Feld DATEI, und Sie bekommen den Dateiwähler auf den Bildschirm. Suchen Sie sich eine Linientypendatei aus. Sie muß die Dateierweiterung .LIN haben, aber nur diese werden überhaupt im Fenster angezeigt.

In der Liste darunter bekommen Sie alle Linientypen, die in der Linientypendatei gespeichert sind. Markieren Sie die Linientypen, die Sie in Ihrer Zeichnung benötigen. Denken Sie an Ihre rechte Maustaste. Damit bekommen Sie auch in dieser Liste ein Cursormenü mit den Einträgen ALLES WÄHLEN und ALLES LÖSCHEN. Meist ist es sinnvoll, alle Linientypen aus der Datei in die Zeichnung zu laden, Sie können damit am schnellsten markieren. Mit OK werden die markierten Linientypen in die Zeichnung übernommen.

Übung: Linientypen laden

↳ Klicken Sie die Schaltfläche LADEN an.

↳ Markieren Sie alle Linientypen der Datei ACADISO.LIN und laden Sie sie in die Zeichnung.

↳ Nun haben Sie in der Liste alle Linientypen zur Auswahl und Sie können sie den Layern zuordnen (siehe Abbildung 3.35).

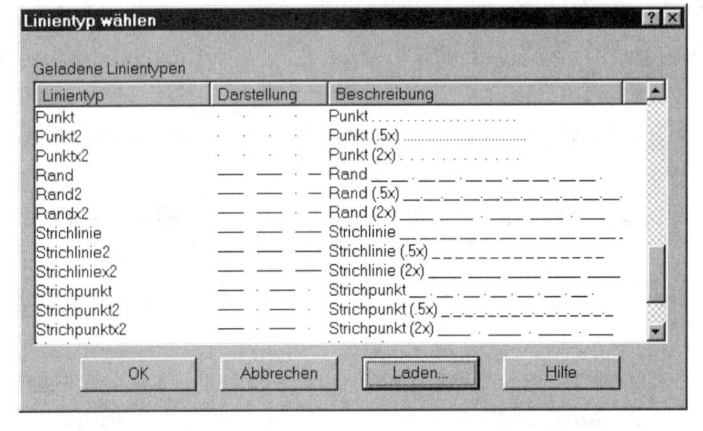

Abbildung 3.35:
Dialogfeld zur Auswahl des Linientyps mit den geladenen Linientypen

Jetzt können Sie im Dialogfeld zur Layersteuerung einen Layer markieren, auf den Linientypennamen klicken und aus der Liste des folgenden Dialogfelds einen Linientyp für diesen Layer auswählen.

Tip:

Beachten Sie, daß alle Linientypen dreifach vorkommen, z.B. MITTE, MITTE2 mit Segmenten, die nur halb so lang sind, und MITTEX2 mit doppelt so langen Segmenten (siehe Abbildung 3.35).

Übung: Layern Linientypen zuweisen

↳ Weisen Sie dem Layer MITTELLINIEN den Linientyp MITTE und dem Layer VERDECKT den Linientyp VERDECKT zu.

Kapitel 3: Grundeinstellungen zum Zeichnen

↳ *Alle anderen Layer belassen Sie beim Linientyp CONTINUOUS bzw. weisen Sie ihnen diesen wieder zu, wenn Sie schon Änderungen vorgenommen haben.*

Vorgang: Layerliste filtern

Wenn Sie Änderungen an den Layerzuweisungen im Dialogfeld vornehmen, haben Sie immer das Problem, daß Sie die Layer in der Liste suchen müssen. Haben Sie sehr viele Layer in Ihrer Zeichnung, kann es zweckmäßig sein, die Liste zu filtern, d. h., nur bestimmte Layer in der Liste anzuzeigen.

Im Dialogfeld zur Layersteuerung haben Sie ganz oben das Abrollmenü ANZEIGEN (siehe Abbildung 3.36). Dort können Sie wählen, welche Layer in der Liste angezeigt werden sollen:

ALLE	Alle Layer anzeigen
ALLE VERWENDETEN	Alle Layer, auf denen Objekte gezeichnet wurden
ALLE NICHT VERWENDETEN	Alle Layer, auf denen sich keine Objekte befinden
ALLE XREF ABHÄNGIGEN	Alle Layer, die zu externen Referenzen gehören
ALLE NICHT XREF ABHÄNGIGEN	Alle Layer, die nicht zu externen Referenzen gehören (siehe Kapitel 12)
ALLE DURCH DEN FILTER GEHENDEN	Alle Layer, die durch den Filter gelaufen sind (siehe weiter unten)

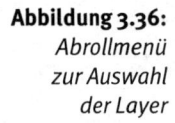

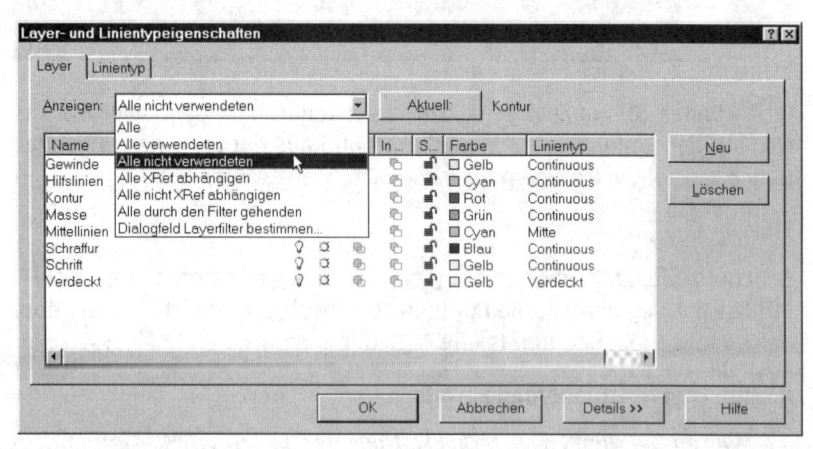

Abbildung 3.36: Abrollmenü zur Auswahl der Layer

Der letzte Eintrag in der Liste, DIALOGFELD LAYERFILTER BESTIMMEN, holt ein weiteres Dialogfeld auf den Bildschirm (siehe Abbildung 3.37). Darin können Sie einen Filter setzen, nach dem die Layer aussortiert werden.

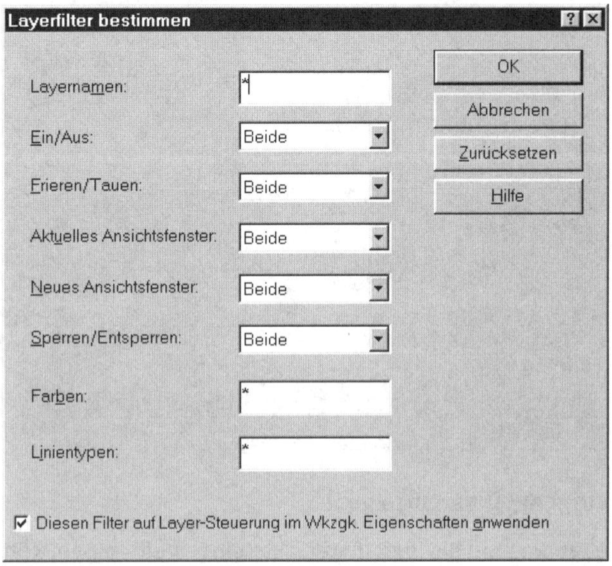

Abbildung 3.37:
Dialogfeld zur Filterung der Layer

Hier können Sie die Bedingungen vorgeben, unter denen ein Layer in der Liste erscheinen soll. Sie wollen beispielsweise alle Layer haben, die eingeschaltet, getaut und entsperrt sind, deren Name mit S beginnt und deren Farbe Gelb ist. Alle anderen Kriterien sollen nicht für die Filterung verwendet werden. Beim Layernamen tragen Sie S* in das Filterfeld ein. Das Zeichen * steht für beliebige Zeichen. Wenn Sie den Schalter DIESEN FILTER AUF LAYER-STEUERUNG IM WKZGK. EIGENSCHAFTEN ANWENDEN einschalten, dann sind im Abrollmenü des Werkzeugkastens EIGENSCHAFTEN auch nur noch diese Layer verfügbar, ansonsten werden dort, trotz Filter, alle Layer angezeigt.

Das Dialogfeld sieht für die obige Abfrage wie in Abbildung 3.38 aus. Wenn Sie den Layerstatus wie oben beschrieben eingestellt haben und im Dialogfeld auf OK klicken, wird in der Layerliste nur noch der Layer *SCHRIFT* angezeigt. Voraussetzung ist, daß Sie im Abrollmenü ANZEIGE den Eintrag ALLE DURCH DEN FILTER GEHENDEN gewählt haben.

Abbildung 3.38:
Layer nach bestimmten Kriterien filtern

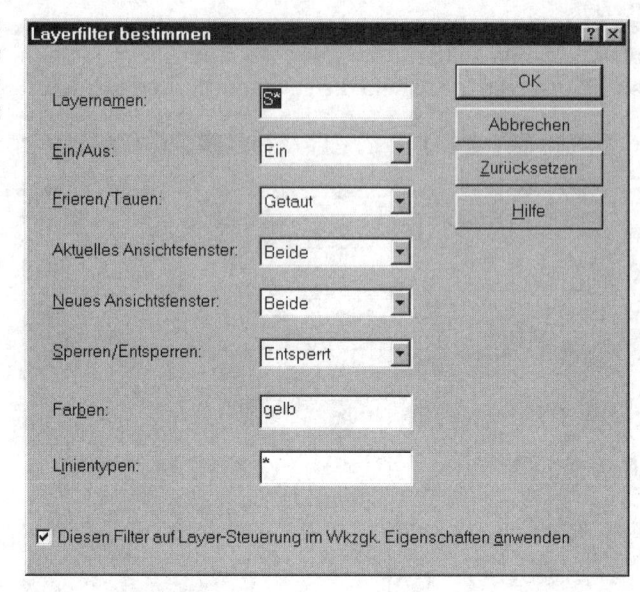

Vorgang: Detailanzeige

Alles was Sie bis jetzt in der Liste eingestellt haben, können Sie auch mit separaten Schaltern einstellen. Klicken Sie dazu auf die Schaltfläche DETAILS >>. Das Dialogfeld wird vergrößert und Sie bekommen zusätzliche Bedienelemente (siehe Abbildung 3.39).

Abbildung 3.39:
Dialogfeld mit erweiterten Funktionen

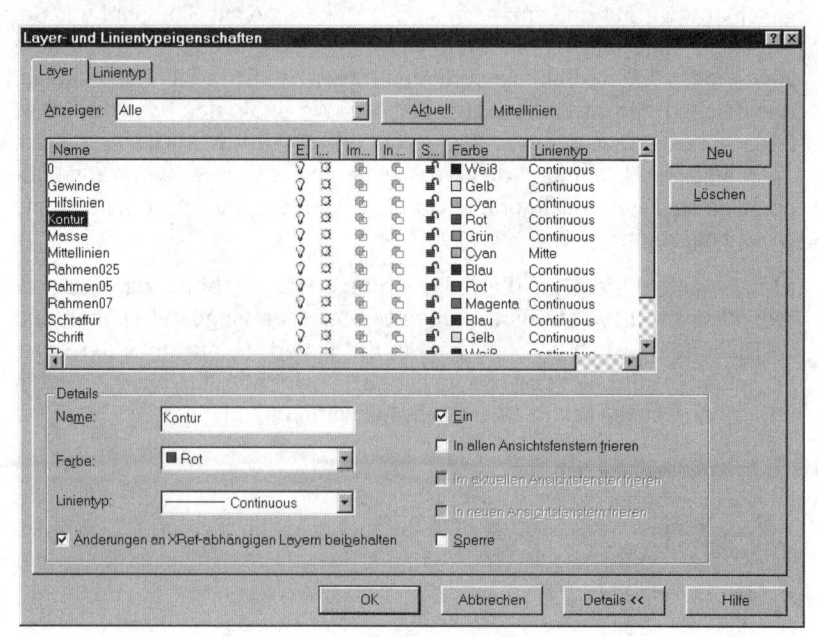

Markieren Sie einen Layer, bekommen Sie im unteren Teil des Dialogfeldes den Namen des Layers angezeigt. Dort können Sie Änderungen vornehmen und so den Layer umbenennen. Im Abrollmenü können Sie eine neue Farbe und einen neuen Linientyp für den oder die markierten Layer auswählen. Finden Sie die gewünschte Farbe nicht, klicken Sie auf den Eintrag ANDERE... und Sie bekommen das Dialogfeld mit der Farbpalette.

In der Spalte rechts können Sie den Status der Layer ändern. Hiermit können Sie dieselben Funktionen wie mit den Symbolen in der Liste ausführen.

Klicken Sie wieder auf die Schaltfläche DETAILS <<, erhalten Sie wieder das verkleinerte Fenster auf dem Bildschirm.

Verweis:

Siehe Referenzteil: Befehle -LAYER, -LINIENTP, BEREINIG.

3.7 Linientypen und Linientypenfaktoren

Wie Sie schon gesehen haben, hat das Dialogfeld des Befehls LAYER eine zweite Registerkarte, die Registerkarte LINIENTYP. Sie können diese Registerkarte anklicken und erhalten weitere Einstellmöglichkeiten.

Vorgang: Befehl DDLTYPE bzw. LINIENTP

Das Dialogfeld mit dieser Registerkarte erhalten Sie sofort, wenn Sie den Befehl DDLTYPE oder LINIENTP anwählen. Zwei weitere Befehle aus AutoCAD 13 sind hier in einem Befehl vereint worden. Wollen Sie aber den Befehl LINIENTP in der alten Form verwenden, beispielsweise in einem Menümakro oder in einer Skriptdatei, starten Sie ihn mit einem vorangestellten »-«, also mit -LINIENTP. Den neuen Befehl bekommen Sie im:

- Abrollmenü FORMAT, Funktion LINIENTYP...
- Tablettfeld U3
- Symbol in der Funktionsleiste EIGENSCHAFTEN

In einem Dialogfeld können Sie den Linientyp wählen, mit dem gezeichnet werden soll, den aktuellen Linientyp (siehe Abbildung 3.40).

Abbildung 3.40:
Dialogfeld zur Wahl des Linientyps

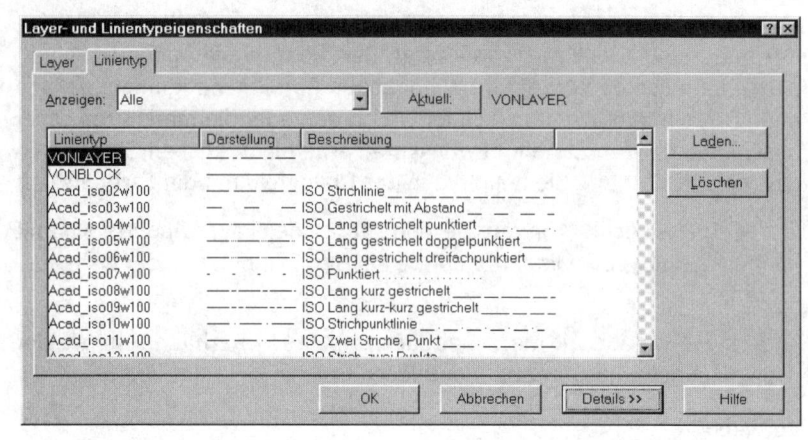

Wie bei den Layern können Sie hier den aktuellen Linientyp ändern. Markieren Sie einen Linientyp in der Liste und klicken Sie auf die Schaltfläche AKTUELL, der Linientyp wird zum aktuellen Linientyp. Alle Objekte, die von jetzt an gezeichnet werden, werden mit diesem Linientyp gezeichnet.

Fehler:

Normalerweise sollten Sie den aktuellen Layer immer auf der Einstellung VONLAYER belassen. Die Objekte werden mit dem Linientyp gezeichnet, der dem aktuellen Layer zugeordnet ist. Nur so erhält die Zeichnung eine eindeutige Struktur. Ist kein Layer vorhanden, dem dieser Linientyp zugeordnet ist, erzeugen Sie einen neuen Layer und weisen Sie diesem den gewünschten Linientyp zu (siehe oben). Machen Sie diesen Layer zum aktuellen Layer. Nur so haben Sie eine eindeutige Zuordnung von Layer zu Linientyp.

Vorgang: Linientypen laden und löschen

Mit der Schaltfläche LADEN kommen Sie zum Dialogfenster LADEN VON LINIENTYPEN (siehe Abbildung 3.34). Die Funktionen sind identisch mit denen des Befehls DDLMODI bzw. LAYER.

Linientypen können in AutoCAD 14 auch wieder aus der Zeichnung gelöscht werden, ohne daß Sie dazu den Befehl BEREINIG benötigen. Markieren Sie einen oder mehrere Linientypen in der Liste und klicken Sie auf LÖSCHEN. Nicht gelöscht werden können die Einträge VONLAYER, VONBLOCK, CONTINUOUS, der aktuelle Linientyp, Linientypen von externen Referenzen und Linientypen, auf denen sich Objekte befinden oder die Layern zugeordnet sind.

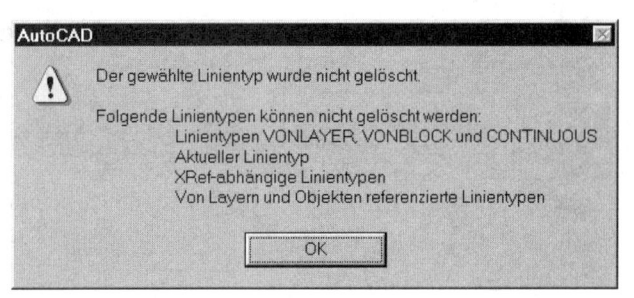

Abbildung 3.41:
Versuch, einen Linientyp zu löschen

Vorgang: Anzeige verändern

Wie beim Dialogfeld des Befehls DDLMODI haben Sie auch hier die Möglichkeit, die Anzeige in der Liste zu ändern. Im Abrollmenü ANZEIGE können Sie wählen:

ALLE	Alle Linientypen anzeigen
ALLE VERWENDETEN	Alle, auf denen Objekte gezeichnet wurden
ALLE NICHT VERWENDETEN	Alle, auf denen sich keine Objekte befinden
ALLE XREF ABHÄNGIGEN	Alle, die zu externen Referenzen gehören
ALLE NICHT XREF ABHÄNGIGEN	Alle, die nicht zu externen Referenzen gehören (siehe Kapitel 12)

Die Anzeige wird entsprechend der Auswahl reduziert.

Vorgang: Skalierfaktor einstellen

Linientypen sind in der Linientypendatei in einem bestimmten Maßstab definiert. Werden Sie in eine Zeichnung geladen, kann es sein, daß der Maßstab nicht zu dieser Zeichnung paßt. Ist er zu klein, sind die Segmente so eng beieinander, daß sie wie ausgezogene Linien erscheinen, und ist er zu groß, kann ein Segment schon die ganze Linie darstellen, gestrichelte Linien werden ebenfalls durchgezogen am Bildschirm dargestellt.

Den Faktor können Sie in der Zeichnung global einstellen, d. h. er gilt für alle unterbrochenen Linien in dieser Zeichnung. Den globalen Skalierfaktor können Sie in diesem Dialogfeld verändern, wenn Sie auf die Schaltfläche DETAILS >> klicken. Wie in der Layersteuerung wird das Feld größer und Sie erhalten zusätzliche Einstellmöglichkeiten (siehe Abbildung 3.42).

Abbildung 3.42:
Dialogfeld mit erweiterten Funktionen

Im Feld GLOBALER SKALIERFAKTOR stellen Sie den Faktor ein, der für die ganze Zeichnung gilt. Wollen Sie Ihre Zeichnung später in einem anderen Maßstab als 1:1 plotten, tragen Sie hier einen entsprechenden Wert ein, z.B. 10, wenn Sie 1:10 plotten oder 0.1 bei 10:1. Eventuell können Sie noch korrigieren, wenn die Strichlängen nicht passen.

Im Feld AKTUELLE OBJEKTSKALIERUNG können Sie zusätzlich einen Korrekturfaktor einstellen, mit dem Sie den globalen Skalierfaktor multiplizieren. Alle Objekte, die danach gezeichnet werden, werden um diesen Faktor korrigiert. Dieser Faktor wird mit dem Objekt gespeichert und kann nachträglich mit den Änderungsfunktionen geändert werden (siehe Kapitel 14).

Außerdem haben Sie die Möglichkeit, den Namen und die Beschreibung des Linientyps in den gleichnamigen Feldern zu ändern. Klicken Sie in das entsprechende Feld und korrigieren Sie den Eintrag. Er wird in der Liste ebenfalls korrigiert.

Mit der Schaltfläche DETAILS << wird das Dialogfeld wieder verkleinert und nur die Liste angezeigt (siehe Abbildung 3.40).

Übung: Skalierfaktor einstellen

↪ *Stellen Sie einen globalen Linientypfaktor von 0.25 ein.*

Vorgang: Aktuellen Linientyp in der Funktionsleiste EIGENSCHAFTEN wählen

In der Funktionsleiste EIGENSCHAFTEN haben Sie ein weiteres Abrollmenü, aus dem Sie den aktuellen Linientyp wählen können (siehe Abbildung 3.43).

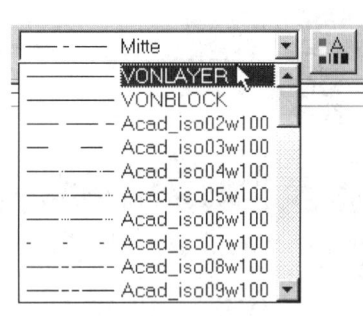

Abbildung 3.43: *Abrollmenü zur Wahl des aktuellen Linientyps*

Auch hier gilt, belassen Sie die Einstellung auf VONLAYER. Der Layer soll den Linientyp bestimmen. Nur in seltenen Einzelfällen ist eine Ausnahme zulässig, beispielsweise wenn Sie nur ein Objekt mit einem speziellen Linientyp benötigen.

Verweis:

Siehe Referenzteil: Befehle -LAYER, -LINIENTP, BEREINIG

3.8 Die aktuelle Farbe

Wie Sie einen aktuellen Linientyp wählen können, ist es auch möglich, eine aktuelle Farbe zu wählen. Alle neuen Objekte werden dann in dieser Farbe gezeichnet. Auch hier sei gleich erwähnt: Lassen Sie die Farbe auf VONLAYER, dann wird mit der Farbe gezeichnet, die dem aktuellen Layer zugeordnet ist.

Vorgang: Befehl DDCOLOR

Mit dem Befehl DDCOLOR ändern Sie die aktuelle Zeichenfarbe. Sie finden den Befehl im:

- Abrollmenü FORMAT, Funktion FARBE...
- Tablettfeld U4

In einem Dialogfeld können Sie die Farbe wählen, mit der gezeichnet werden soll, die aktuelle Farbe (siehe Abbildung 3.44).

Abbildung 3.44:
Dialogfeld zur Wahl der Farbe

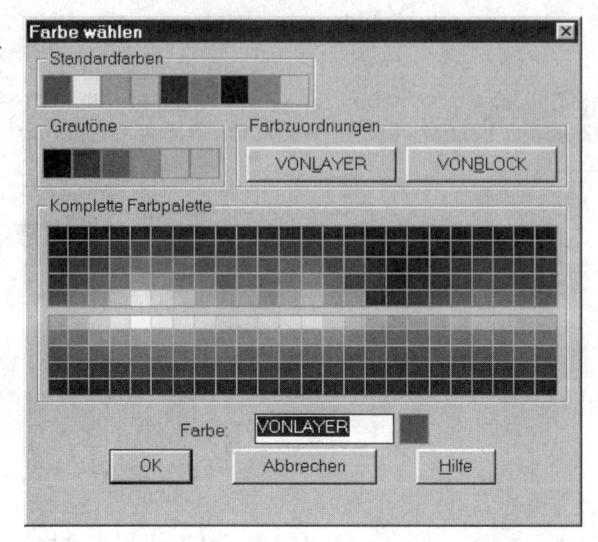

Klicken Sie ein Farbfeld an oder besser, belassen Sie es bei VONLAYER.

Vorgang: Aktuelle Farbe in der Funktionsleiste EIGENSCHAFTEN wählen

In der Funktionsleiste EIGENSCHAFTEN können Sie auch die aktuelle Farbe in einem Abrollmenü wählen (siehe Abbildung 3.45).

Abbildung 3.45:
Abrollmenü zur Wahl der aktuellen Farbe

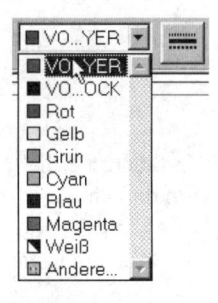

Hier finden Sie die VONLAYER und die Standardfarben sowie einen Eintrag ANDERE..., mit dem Sie wieder zum Dialogfeld der Farbwahl kommen (siehe Abbildung 3.44).

Verweis:

Siehe Referenzteil: Befehl FARBE

3.9 Speichern der Zeichnung

Um Ihrer Zeichnung einen Namen zu geben, speichern Sie sie, auch wenn sie im Moment noch nichts enthält außer dem Schriftfeld und ein paar Einstellungen. Trotzdem steckt Arbeit drin, die nicht bei jeder neuen Zeichnung gemacht werden muß. Sie können jetzt auf zwei Arten speichern, als Zeichnungsdatei oder als Zeichnungsvorlage.

Wo liegt der Unterschied? Eine Zeichnungsdatei (Dateierweiterung *.DWG) kann mit dem Befehl ÖFFNEN wieder geladen werden und weiter bearbeitet werden. Eine Vorlage (Dateierweiterung *.DWT) kann nur als Start für eine neue Zeichnung verwendet werden. Sie muß dazu speziell als Vorlage im Ordner \PROGRAMME\AUTOCAD R14\TEMPLATE gespeichert werden. Sie können die Vorlage auch in einem anderen Ordner ablegen, müssen dann aber immer den Ordner wechseln, da nur die Vorlagen aus dem Vorlagenverzeichnis im Dialogfeld für eine neue Zeichnung automatisch aufgelistet werden.

Sie können eine Vorlage auch als Zeichnungsdatei speichern. Wenn Sie dann eine neue Zeichnung beginnen, öffnen Sie die Vorlage und speichern diese Datei gleich unter dem neuen Namen ab. Die zuerst beschriebene Methode ist die bessere. Wenn Sie das Speichern unter einem anderen Namen einmal vergessen, überschreiben Sie die Vorlage. Das kann Ihnen mit der eigenen Vorlagendatei nicht passieren.

Vorgang: Speichern der Zeichnung

Sie haben zwei Möglichkeiten: Sie speichern die Zeichnung unter ihrem bisherigen Namen oder unter einem neuen Namen. Das machen Sie mit dem Befehl KSICH (Speichern unter dem bisherigen Namen) oder SICHALS (Speichern unter einem neuen Namen). Zunächst der Befehl KSICH.

- Abrollmenü DATEI, Funktion SPEICHERN
- Tablettfeld U24 bis 25
- Symbol in der Standard-Funktionsleiste

Wurde die Zeichnung noch nie gespeichert, hat sie den Namen ZEICHNG.DWG. In diesem Fall erscheint auch beim Befehl KSICH das Dialogfeld zur Dateiwahl auf dem Bildschirm (siehe Abbildung 3.46). Wählen Sie das Verzeichnis und geben Sie den Namen ein, unter dem sie gesichert werden soll. Hat die Zeichnung schon einen Namen, wird der Befehl ohne weitere Anfrage ausgeführt.

Mit dem Befehl SICHALS wird auf jeden Fall ein neuer Zeichnungsname angefragt. Den Befehl finden Sie im:

Kapitel 3: Grundeinstellungen zum Zeichnen

⇢ Abrollmenü DATEI, Funktion SPEICHERN UNTER...

⇢ Tablettfeld V24

Bei diesem Befehl erscheint in jedem Fall das Dialogfeld zur Dateiauswahl (siehe Abbildung 3.46).

Abbildung 3.46:
Dialogfenster zum Speichern

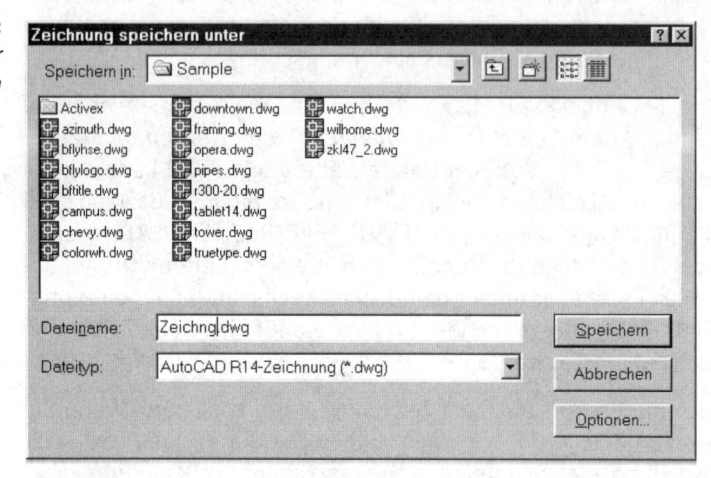

Der bisherige Name erscheint als Vorgabe und kann mit OK übernommen werden oder Sie geben einen neuen ein. Sie können aber auch einen Namen aus der Dateiliste durch Anklicken wählen. Dann überschreiben Sie allerdings diese Datei. Das wird Ihnen in einer Warnmeldung mitgeteilt. Jetzt können Sie noch abbrechen oder die Datei tatsächlich überschreiben. Der vorherige Inhalt ist dann verloren.

Selbstverständlich haben Sie auch wieder alle Funktionen wie beim Öffnen von Zeichnungen (siehe Kapitel 2). Sie können Laufwerke und Ordner wechseln, die Anzeige verändern, Ordner anlegen usw.

Eines sollten Sie unbedingt beachten: Wenn Sie einen neuen Namen vorgeben, dann arbeiten Sie anschließend an der Zeichnung mit diesem Namen weiter. Falls Sie einen Stand sichern wollen und dann mit einem neuen Namen weiterarbeiten wollen, sollten Sie zuerst den Befehl KSICH und unmittelbar danach den Befehl SICHALS verwenden. Danach können Sie für alle weiteren Sicherungen wieder den Befehl KSICH verwenden.

Im Abrollmenü DATEITYP kann eingestellt werden, wie gespeichert werden soll (siehe Abbildung 3.47). Sie haben die Möglichkeit, als AutoCAD-R14-Zeichnung oder als Zeichnungsvorlage zu speichern. Wenn Sie Zeichnungsdateien mit Partnern austauschen, die noch mit älteren Versionen von AutoCAD arbeiten, dann können Sie das entsprechende Format auch in diesem Abrollmenü wählen.

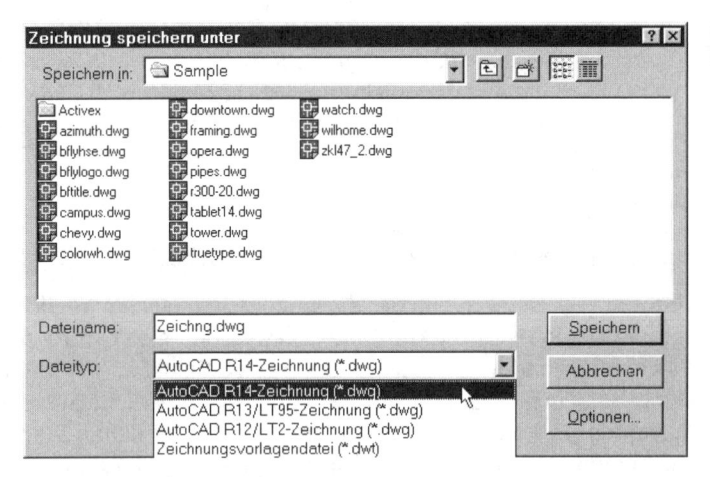

Abbildung 3.47:
Dateityp wählen

Haben Sie ZEICHNUNGSVORLAGE eingestellt, wird automatisch in den Ordner \PROGRAMME\AUTOCAD R14\TEMPLATE gewechselt. Sie können aber auch einen anderen Ordner wählen, was aber, wie oben schon erwähnt, nicht ratsam ist. Nachdem Sie auf OK geklickt haben, erscheint ein weiteres Fenster, in dem Sie die Vorlagenbeschreibung eingeben können (siehe Abbildung 3.48). Im Abrollmenü legen Sie fest, ob Sie metrische oder britische Einheiten in dieser Vorlage haben wollen.

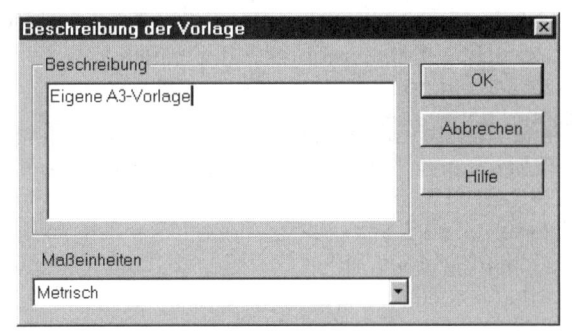

Abbildung 3.48:
Beschreibung der Vorlage

Übung: Zeichnung speichern und Vorlage erstellen

- Speichern Sie den momentanen Stand der Zeichnung im Ordner \Aufgaben unter dem Namen Z01.DWG ab.

- Speichern Sie zudem den jetzigen Stand als Zeichnungsvorlage A3-NEU.DWT im Ordner \PROGRAMME\AUTOCAD R14\TEMPLATE ab. Geben Sie eine Vorlagenbeschreibung ein (siehe Abbildung 3.48).

- Wenn Sie die Einstellungen nicht gemacht haben und trotzdem eine Vorlage erstellen wollen, öffnen Sie die Zeichnungsdatei Z01-A.DWG aus Ihrem Übungsverzeichnis. Speichern Sie diese als Zeichnungsvorlage im Ordner \PROGRAMME\AUTOCAD R14\TEMPLATE ab. Sie haben aber auch die Vorlage A3-NEU.DWT im Übungsordner. Kopieren Sie diese in den Ordner \PROGRAMME\AUTOCAD R14\TEMPLATE, dann haben Sie die Vorlage ebenfalls bei einer neuen Zeichnung zur Verfügung.

↲ Beenden Sie AutoCAD.

Vorgang: Sicherungsdateien und automatische Speicherung

AutoCAD verwaltet neben der Zeichnungsdatei auch eine Sicherungsdatei, die sogenannte Backup-Datei. Sie hat den gleichen Namen wie die Zeichnung, aber die Dateierweiterung .BAK. Beim Sichern wird die Zeichnungsdatei in die Backup-Datei kopiert und der aktuelle Stand gesichert. Wenn Sie jetzt weiterarbeiten, haben Sie den aktuellen Stand auf dem Bildschirm, den letzten Stand in der Zeichnungsdatei mit der Erweiterung .DWG und den vorletzten Stand in der Backup-Datei mit der Erweiterung .BAK.

Noch einen weiteren Rettungsring haben Sie beim Computerabsturz. Im Dialogfeld für die Voreinstellungen können Sie die automatische Speicherung aktivieren. Dort können Sie das Zeitintervall und den Dateinamen für die Speicherung einstellen. Es wird nicht unter dem Zeichnungsnamen gesichert.

Stellen Sie das Sicherungsintervall nicht zu hoch ein, 15 bis 20 Minuten sind richtig. Damit geht Ihnen bei einem Programmabsturz maximal soviel Zeit verloren.

Falls Sie tatsächlich einmal auf die automatische Speicherungsdatei zurückgreifen müssen, dann benennen Sie diese Datei (normalerweise AUTO.SV$) in eine Zeichnungsdatei um (Dateierweiterung .DWG nicht vergessen). Tun Sie es gleich, arbeiten Sie nicht zwischendurch an anderen Zeichnungen. Sie laufen Gefahr, daß dann die automatische Sicherungsdatei überschrieben wird.

Verweis:

Siehe Kapitel 27: Befehl VOREINSTELLUNGEN.

Zeichen- und Konstruktionstechniken

Kapitel 4

4.1 Eine Zeichnung mit einer Vorlage starten
4.2 Zeichnen von Linien
4.3 Befehle zurücknehmen
4.4 Orthogonales Zeichnen und Längenangaben
4.5 Versetzen von Objekten
4.6 Stutzen und Dehnen
4.7 Abrunden und Fasen von Objekten
4.8 Neuzeichnen und Regenerieren
4.9 Konstruktionsübung
4.10 Löschen von Objekten
4.11 Zeichnen mit dem Objektfang
4.12 Konstruktionslinie und Strahl

4.13 Konstruieren mit Objektfang und Konstruktionslinien
4.14 Relativpunkte
4.15 Zeichnen von Kreisen
4.16 Zeichnen von Bögen
4.17 Benutzerkoordinatensysteme BKS
4.18 Zeichnen von Rechtecken
4.19 Regelmäßige Anordnungen erzeugen
4.20 Kopieren von Objekten
4.21 Drehen von Objekten
4.22 Schieben von Objekten
4.23 Spiegeln von Objekten
4.24 Skalieren von Objekten
4.25 Strecken von Objekten
4.26 Zeichnen mit Punktfiltern
4.27 Die Spur-Funktion
4.28 Mittellinien
4.29 Länge ändern
4.30 Sicherung von Ausschnitten

Nachdem wir alle Voreinstellungen hinter uns gebracht haben, wollen wir nun in diesem Kapitel endlich beginnen zu zeichnen. Sie lernen:

- wie Sie eine neue Zeichnung mit einer Vorlage beginnen,
- wie Sie Linien mit unterschiedlichen Koordinatenangaben zeichnen,
- wie Sie Befehle rückgängig machen,
- wie Sie mit Längenangaben zeichnen,
- wie Sie parallele Objekte erzeugen können,
- wie Sie Objekte dehnen und stutzen,
- wie Sie Radien und Fasen anbringen können,
- warum Sie die Zeichnung ab und zu neu zeichnen oder regenerieren sollten,
- wie Sie Objekte wieder aus der Zeichnung löschen können,
- wozu Sie einen Objektfang haben,
- was eine Konstruktionslinie und ein Strahl sind,
- was Relativpunkte sind,
- wie Sie Bögen und Kreise zeichnen,
- warum Benutzerkoordinatensysteme auch beim 2D-Zeichnen sehr praktisch sind,
- wie Sie Rechtecke zeichnen,
- was eine polare und eine rechteckige Anordnung ist,
- was Sie mit Polylinien anfangen können,
- wie Sie Objekte durch einen Punkt versetzen,
- wie vielseitig gestreckt werden kann und
- wie Sie spiegeln, drehen und skalieren können.

4.1 Eine Zeichnung mit einer Vorlage starten

Nachdem Sie im letzten Kapitel diverse Voreinstellungen gemacht haben und diese samt Schriftfeld in einer Zeichnungsvorlage abgespeichert haben, sollen Sie jetzt eine neue Zeichnung mit dieser Vorlage beginnen.

Vorgang: Start mit einer Vorlage

Im letzten Kapitel haben wir uns mit dem Assistenten beschäftigt. Wenn Sie nun aber eine bestehende Vorlage verwenden wollen, brauchen Sie sich nicht mehr durch die verschiedenen Abfragen des Assistenten zu quälen. Klicken Sie einfach im Startdialogfeld oder im Dialogfeld des Befehls NEU auf den Schalter VORLAGE VERWENDEN. Sie finden dann alle Vorlagen in der Liste, auch die, die Sie selbst angelegt haben. Damit Sie nicht auch noch alle ANSI-, ISO- oder JIS-Vorlagen angezeigt bekommen, die Sie sowieso nie brauchen, können Sie im Verzeichnis \PROGRAMME\AUTOCAD R14\TEMPLATE die überflüssigen Vorlagen löschen.

Abbildung 4.1:
Start einer neuen Zeichnung mit einer Vorlage

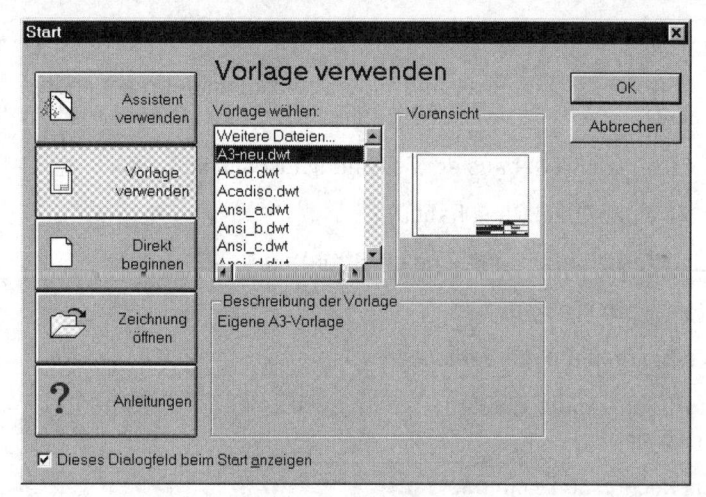

Die Vorlagen ACAD.DWT und ACADISO.DWT sind Vorlagen im britischen und metrischen Einheitensystem ohne sonstige Voreinstellungen.

Wenn Sie eine Vorlage in einem anderen Ordner abgelegt haben, können Sie auf den Eintrag WEITERE DATEIEN... klicken. Sie erhalten dann den Dateiwähler, mit dem Sie sich eine Vorlage aus einem beliebigen Ordner wählen können.

Wenn Sie den Schalter DIREKT BEGINNEN anklicken, können Sie wählen zwischen britischen und metrischen Einstellungen. Sie kommen zum gleichen Ergebnis, wie wenn Sie mit den Vorlagen ACAD.DWT oder ACADISO.DWT gestartet hätten.

Mit dem Schalter ZEICHNUNG ÖFFNEN, der allerdings in diesem Dialogfeld nur vorhanden ist, wenn Sie AutoCAD 14 neu gestartet haben (nicht beim Befehl NEU), kommen Sie zu einem weiteren Dialogfeld (siehe Abbildung 4.2). Hier finden Sie in einer Liste die zuletzt bearbeiteten Zeichnungen. Mit dem Eintrag WEITERE DATEIEN kommen Sie zum Befehl ÖFFNEN (siehe Kapitel 2).

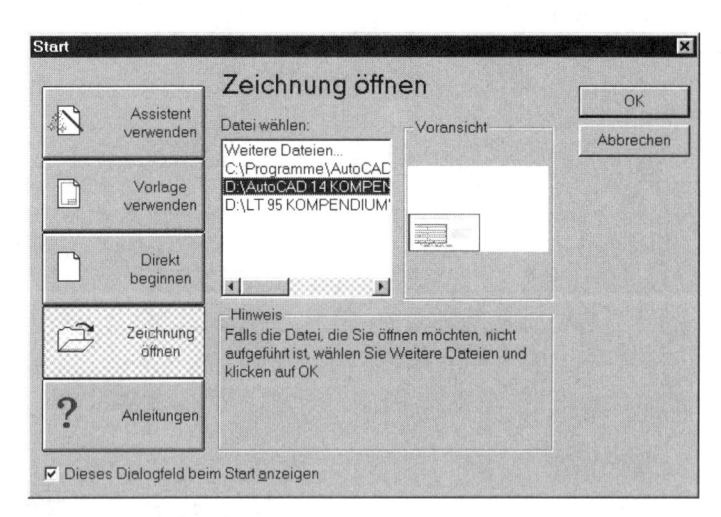

Abbildung 4.2:
Zeichnung beim Start öffnen

Übung: Starten mit einer Vorlage

↳ Starten Sie AutoCAD 14 neu oder wählen Sie den Befehl NEU.

↳ Wählen Sie im Dialogfeld in der linken Leiste mit Schaltflächen die Setup-Methode VORLAGE VERWENDEN (siehe Abbildung 4.1).

↳ In der Liste in der Mitte finden Sie Ihre Vorlage A3-NEU.DWT aus dem letzten Kapitel, einschließlich der Vorlagenbeschreibung im Feld unter der Liste und einer Voransicht rechts daneben.

↳ Klicken Sie die Vorlage an und dann OK.

↳ Falls Sie im letzten Kapitel keine Vorlage angelegt haben, öffnen Sie die Zeichnung Z01-A.DWG aus dem Ordner \AUFGABEN. Dort sind alle Einstellungen für Sie gemacht. Damit kommen Sie zum gleichen Ergebnis.

↳ Ihre Zeichnung hat jetzt allerdings noch keinen Namen (Name »ZEICHNG«). Speichern Sie die Zeichnung mit dem Befehl SICHALS unter dem Namen Z01.DWG im Ordner \AUFGABEN. Überschreiben Sie eine eventuell vorhandene Datei gleichen Namens.

Vorgang: Die erste Zeichnung

Jetzt kann's losgehen. Damit Sie wissen wo's langgeht: Die Zeichnung soll, wenn sie fertig ist, so aussehen wie in Abbildung 4.3. Es gibt also viel zu tun.

Sollten Sie zwischendurch mal nachsehen wollen, ob Sie noch richtig sind, die Lösung ist als Zeichnungsdatei L01.DWG im Ordner \AUFGABEN gespeichert.

Abbildung 4.3:
Das Ergebnis unserer Bemühungen

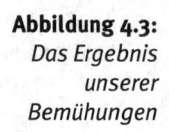

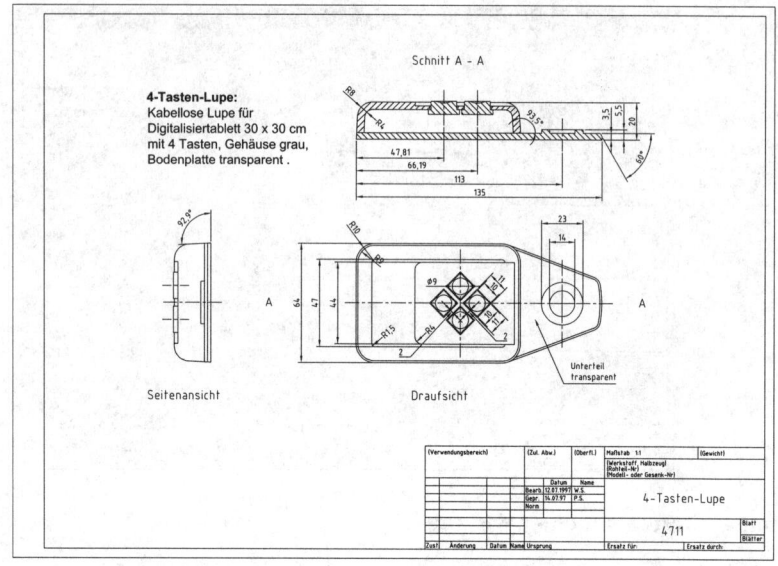

4.2 Zeichnen von Linien

Der elementarste Zeichenbefehl ist der Befehl LINIE. Mit ihm lassen sich einzelne Linien oder Linienzüge erstellen. Die Befehle sind in den Menüs nach Gruppen zusammengefaßt. So finden Sie alle Zeichenbefehle, Änderungsbefehle usw. in einem eigenen Menü, in einem eigenen Werkzeugkasten und in einem separaten Bereich auf dem Tablett. Den Befehl LINIE finden Sie im:

- Abrollmenü ZEICHNEN, Funktion LINIE
- Tablettfeld J10
- Symbol im Werkzeugkasten ZEICHNEN

Wenn Sie den Befehl anwählen, erscheint im Befehlszeilenfenster der Dialog, zu dem Befehl. Beachten Sie bei Befehlen ohne Dialogfeld immer den Dialog, der dort abläuft. Dort werden alle Anfragen aufgelistet:

```
Befehl:Linie
Von Punkt:
Nach Punkt:
Nach Punkt:
```

Sie können nun Punkte auf der Zeichenfläche anklicken oder deren Koordinaten auf der Tastatur eingeben. Die Punkte werden durch Linienzüge

Zeichnen von Linien

verbunden. Ist ein Punkt gesetzt, wird zum Fadenkreuz eine Linie gezogen, die sich mit der Stellung des Fadenkreuzes wie ein Gummiband verändert, man spricht in AutoCAD auch von der Gummibandlinie.

Wenn Sie die erste Befehlsanfrage:

Von Punkt:

mit ⏎ bestätigen, dann wird der neue Linienzug am zuletzt gezeichneten Punkt angesetzt. Aber auch nur dann, wenn schon einmal in dieser Sitzung gezeichnet wurde. Der zuletzt beim Zeichnen gewählte Punkt wird gespeichert. so daß es passieren kann, daß Sie an einem Punkt ansetzen, den Sie schon vor einiger Zeit angewählt haben, aber zwischendurch keine Zeichenbefehle verwendet haben.

Wenn Sie eine Befehlsanfrage:

Nach Punkt:

mit ⏎ bestätigen, wird dagegen der Befehl beendet und der Linienzug abgebrochen.

Der Befehl LINIE bietet Ihnen zwei Optionen, die hier ausnahmsweise nicht in einer Optionsliste angezeigt werden.

ZURÜCK

Wenn Sie auf eine Punktanfrage Z oder ZURÜCK eingeben, wird der zuletzt eingegebene Punkt entfernt und mit ihm das letzte Liniensegment. Die Funktion kann mehrmals hintereinander ausgeführt werden, sogar so lange, bis alle Punkte der Eingabe entfernt sind und der Startpunkt wieder neu gesetzt werden kann.

Die Option kann auch mit ihrem Symbol aus der Standard-Funktionsleiste angewählt werden.

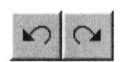

SCHLIESSEN

Wenn Sie auf eine Punktanfrage S oder SCHLIESSEN eingeben, wird der zuletzt eingegebene Punkt mit dem Anfangspunkt des Linienzuges verbunden und der Befehl beendet. Das ist jedoch nur möglich, wenn schon mindestens drei Punkte eingegeben wurden. Ansonsten kann nicht geschlossen werden.

Übung: Zeichnen eines Linienzuges mit absoluten und relativen Koordinaten

- Machen Sie den Layer KONTUR zum aktuellen Layer, falls er es nicht schon ist.

Kapitel 4: Zeichen- und Konstruktionstechniken

→ Zeichnen Sie einen Linienzug mit dem Befehl LINIE in Form eines Rechtecks, das bei der absoluten Koordinate 190,105 beginnt. Die Maße: 90 Zeichnungseinheiten breit und 64 Zeichnungseinheiten hoch.

→ Zeichnen Sie nach dem Startpunkt mit relativen Koordinaten weiter.

In Abbildung 4.4 sehen Sie das Ergebnis auf dem Bildschirm (Rechteck unten rechts). Folgende Eingaben sind erforderlich, nachdem Sie den Befehl angewählt haben:

```
Befehl: Linie
Von Punkt: 190,105
Nach Punkt: @90,0
Nach Punkt: @0,64
Nach Punkt: @-90,0
Nach Punkt: S oder Schliessen
```

Abbildung 4.4:
Zeichnen von Linien

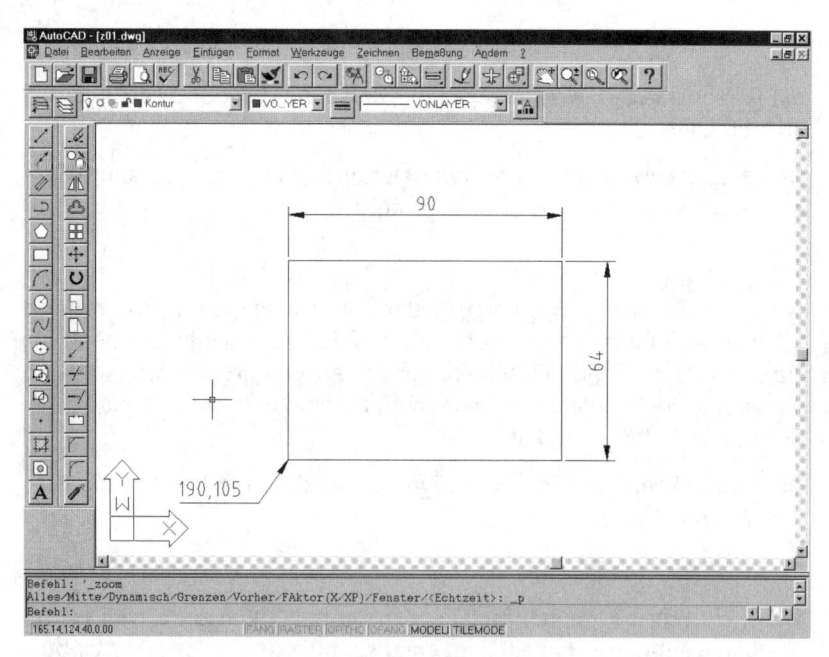

Das Zeichen @ bekommen Sie, wenn Sie auf der Tastatur die Tastenkombination [Alt Gr] + [Q] drücken.

Korrigieren Sie Eingabefehler mit der Option ZURÜCK. Brechen Sie aber den Befehl nicht ab und beginnen neu. In diesem Fall würde die Option SCHLIESSEN nicht funktionieren oder ein falsches Ergebnis liefern.

Beachten Sie bei der Eingabe, daß die Leertaste in AutoCAD dieselbe Wirkung wie die [↵]-Taste hat, also auch für die Bestätigung der Eingabe verwendet werden kann. Eine weitere Besonderheit in AutoCAD ist, daß Sie mit der ⏎-Taste bei der Befehlsanfrage den letzten Befehl wiederholen können. Da die ⏎-Taste häufig benötigt wird, ist die rechte Maustaste bzw. die zweite Taste auf dem Eingabegerät des Digitalisiertabletts mit ⏎ belegt.

Übung: Zeichnen eines Linienzuges mit absoluten, relativen und polaren Koordinaten

↳ Zeichnen Sie einen weiteren Linienzug. Er soll bei der absoluten Koordinate 190,225 beginnen und die Maße wie in Abbildung 4.5 haben. Verwenden Sie relative Polarkoordinaten.

```
Befehl: Linie
Von Punkt: 190,225
Nach Punkt: @135<0
Nach Punkt: @3.5<90
Nach Punkt: @45<180
Nach Punkt: @-1,16.5
Nach Punkt: @88<180
Nach Punkt: S oder Schliessen
```

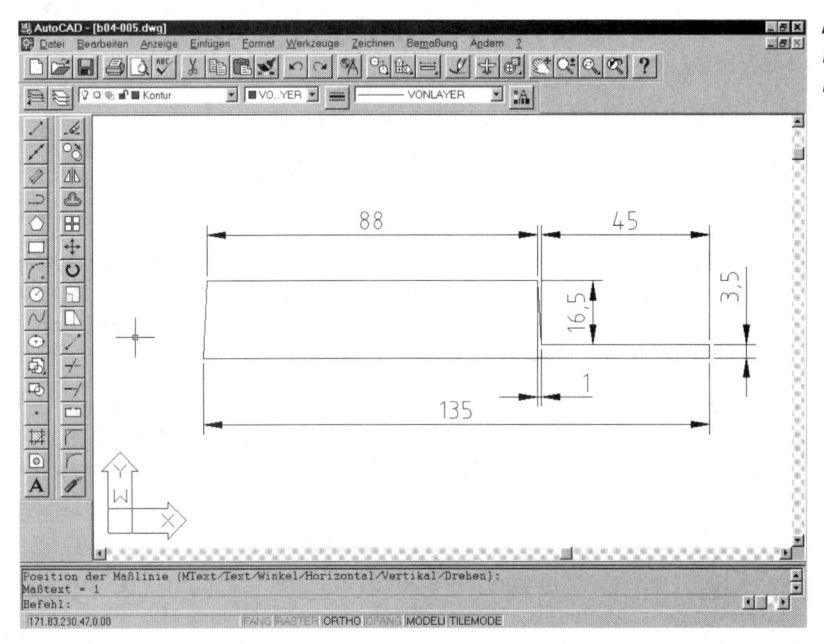

Abbildung 4.5:
Ein weiterer Linienzug

4.3 Befehle zurücknehmen

Die Option ZURÜCK innerhalb des Befehls LINIE haben Sie kennengelernt. Es gibt aber auch noch die Befehle Z und ZLÖSCH, die ebenfalls Eingaben rückgängig machen können.

Vorgang: Befehle zurücknehmen, Befehl Z und ZLÖSCH

Während die Option ZURÜCK im Befehl LINIE nur die Eingabe eines Punktes zurücknimmt, nimmt der Befehl Z einen kompletten Befehl zurück. Geben Sie den Befehl ein, nachdem Sie den Linienzug gezeichnet haben und der Linienbefehl abgeschlossen ist, entfernt der Befehl Z den kompletten Linienzug. Trotzdem ist es kein Löschbefehl. War der letzte Befehl ein Zeichenbefehl, dann löscht Z zwar, war der letzte Befehl jedoch beispielsweise ein Löschbefehl, dann bringt Z die gelöschten Objekte zurück.

Der Befehl ZLÖSCH wiederum macht die letzte Rücknahme rückgängig.

So finden Sie die Befehle:

- Abrollmenü BEARBEITEN, Funktion ZURÜCK, Befehl Z, und ZLÖSCH, Befehl ZLÖSCH
- Tablettfeld T7, Befehl Z, und U7, Befehl ZLÖSCH
- Symbole in der Standard-Funktionsleiste

Tip:

Der Befehl Z kann beliebig oft verwendet werden, bis alle Befehle aus der Zeichensitzung wieder rückgängig gemacht sind, der Befehl ZLÖSCH dagegen kann nur einen Befehl Z rückgängig machen und auch nur dann, wenn er unmittelbar nach dem Befehl Z eingegeben wird.

Die Befehle können Sie durch Anklicken der beiden Symbole aus der Funktionsleiste anwählen. Das linke Symbol ist für den Befehl Z, das rechte für ZLÖSCH. Sie finden Sie außerdem im Abrollmenü BEARBEITEN als ZURÜCK und ZLÖSCH und auf dem Tablett im Bereich U 7 BIS 10.

Noch mehr Möglichkeiten bietet der Befehl ZURÜCK. Mit ihm können Sie mehrere Befehle auf einmal zurücknehmen oder Befehle bis zu einer Markierung im Befehlsablauf rückgängig machen. Er wird aber in der Praxis beim Zeichnen kaum verwendet. Deshalb findet man ihn auch nicht in den Menüs. Er eignet sich aber für Makros und Skript-Dateien. Sie finden die Beschreibung in der Befehlsreferenz (siehe Kapitel 28).

4.4 Orthogonales Zeichnen und Längenangaben

Eine weitere Besonderheit bei technischen Zeichnungen ist, daß oft nur horizontal oder vertikal gezeichnet wird, wie ja auch bei unseren ersten Beispielen. In AutoCAD 14 wird dem Rechnung getragen. Wenn Sie den Ortho-Modus mit der Taste F8 einschalten (siehe Kapitel 3.5), dann können Sie nur noch horizontal oder vertikal zeichnen, schieben, kopieren usw.

Ist der Ortho-Modus eingeschaltet, dann wird unabhängig von der exakten Stellung des Fadenkreuzes immer in der Richtung des nächsten rechten Winkels gezeichnet, wenn Sie einen Punkt auf der Zeichenfläche mit der Maustaste anklicken (siehe Abbildung 4.6). Geben Sie jedoch Koordinaten auf der Tastatur ein, gelten diese, auch wenn sich dadurch keine rechtwinkligen Linienzüge ergeben.

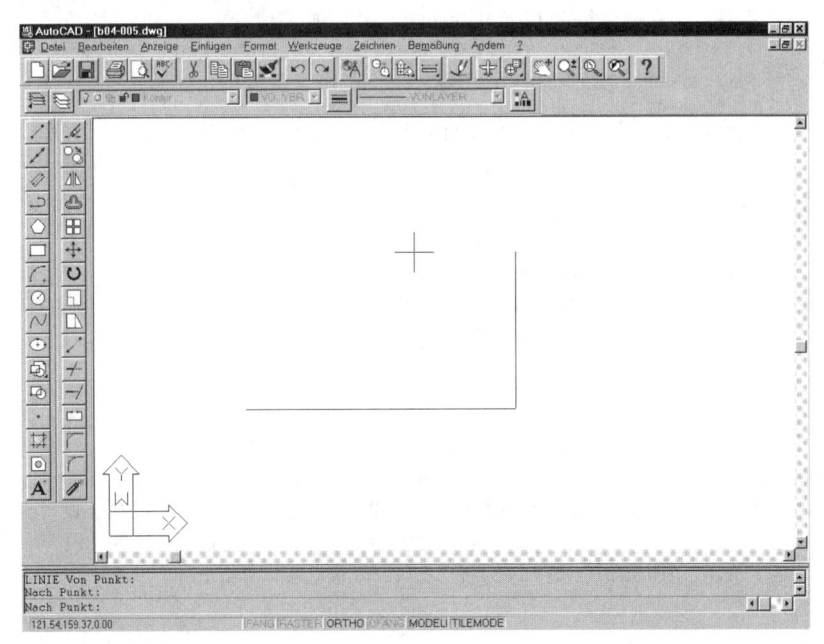

Abbildung 4.6: Zeichnen eines Linienzuges mit dem Ortho-Modus

Vorgang: Zeichnen mit Längenangaben

Eine weitere Zeichenmethode läßt sich mit dem Ortho-Modus kombinieren, um schneller Konturen zeichnen zu können. Sie können beim Zeichnen auch nur die Länge eingeben. Selbst das @-Zeichen können Sie sich in diesem Fall sparen. AutoCAD 14 zeichnet dann in der Richtung, in der das Fadenkreuz steht. Das führt natürlich nur dann zu sinnvollen Ergebnissen, wenn der Ortho-Modus eingeschaltet ist.

Unsere ersten Konturen hätten mit eingeschaltetem Ortho-Modus auch viel einfacher gezeichnet werden können.

Übung: Zeichnen mit Längenangaben

- *Machen Sie die bisherigen Eingaben mit dem Befehl Z rückgängig. Wählen Sie den Befehl so oft, bis Sie nichts mehr auf der Zeichnung haben.*
- *Schalten Sie den Ortho-Modus ein, indem Sie die Taste F8 drücken.*
- *Zeichnen Sie mit Längeneingaben:*

```
Befehl: Linie
Von Punkt: 190,105
Nach Punkt: Mit Fadenkreuz nach rechts fahren und 90 eintippen
Nach Punkt: Fadenkreuz nach oben und 64 eintippen
Nach Punkt: Fadenkreuz nach links und 90 eintippen
Nach Punkt: S oder Schliessen
```

und weiter mit der oberen Kontur:

```
Befehl: Linie
Von Punkt: 190,225
Nach Punkt: Fadenkreuz nach rechts und 135 eintippen
Nach Punkt: Fadenkreuz nach oben und 3.5 eintippen
Nach Punkt: Fadenkreuz nach links und 45 eintippen
Nach Punkt: Relative Koordinate @-1,16.5 eingeben
Nach Punkt: Fadenkreuz nach links und 90 eintippen
Nach Punkt: S oder Schliessen
```

Das geht zweifellos schneller, auch wenn Sie immer zwischen Tastatur und Maus wechseln müssen. Ist der Ortho-Modus jedoch nicht eingeschaltet, ist das Ergebnis zufällig. Die Linie verläuft in der Richtung der momentanen Position des Fadenkreuzes. Arbeiten Sie also immer mit dem Ortho-Modus, wenn Sie mit Längenangaben zeichnen.

4.5 Versetzen von Objekten

Nichts ist umständlicher, als mit Koordinateneingabe zu zeichnen. Deshalb sollten Sie immer versuchen, aus den bestehenden Objekten neue durch Editierbefehle zu erzeugen.

Vorgang: Befehl VERSETZ

Ein einfaches, aber sehr wirksames Werkzeug ist der Befehl VERSETZ. Sie finden den Befehl im:

↳ Abrollmenü ÄNDERN, Funktion VERSETZEN

↳ Tablettfeld V17

↳ Symbol im Werkzeugkasten ÄNDERN

Folgende Anfragen erscheinen im Befehlszeilenfenster, wenn Sie den Befehl angewählt haben:

```
Befehl: Versetz
Abstand oder Durch punkt <Durch punkt>:
```

Sie erzeugen mit diesem Befehl immer Parallelen oder konzentrische Kreise bzw. Bögen. Zwei Möglichkeiten haben Sie, den Versatz zu bestimmen: Entweder Sie geben den Abstand der Parallele ein oder Sie geben einen Punkt vor, und die Parallele wird so erzeugt, daß Sie durch diesen Punkt läuft.

Zunächst wollen wir uns nur mit der ersten Methode befassen. Wir wollen einen festen Versatz vorgeben. Die zweite Methode ist erst sinnvoll mit dem Objektfang einzusetzen.

```
Befehl: Versetz
Abstand oder Durch punkt <Durch punkt>: Abstand eingeben
Objekt wählen, das versetzt werden soll:
Seite, auf die versetzt werden soll?
Objekt wählen, das versetzt werden soll:
Seite, auf die versetzt werden soll?
```

Nachdem Sie den Abstand eingegeben haben, fragt das Programm im Wiederholmodus Objekt und Seite ab. Das gewählte Objekt wird jeweils um den eingestellten Abstand auf die gezeigte Seite versetzt. Beim Zeigen der Seite reicht es vollkommen, irgendeinen Punkt auf der gewünschten Seite anzuklicken. Es muß kein Punkt sein, durch den das neue Objekt gehen soll. Den Abstand haben Sie ja eingegeben.

Für die Objektwahl erhalten Sie die sogenannte Pickbox, ein kleines Quadrat, mit dem Sie die Linien anklicken können.

Übung: Erzeugen von Hilfskonstruktionen mit dem Befehl VERSETZ

↳ *Versetzen Sie die rechte Kante des Rechtecks um 53 Einheiten nach innen (siehe Abbildung 4.7).*

↳ *Versetzen Sie die obere und untere Kante jeweils um 10 Einheiten nach innen.*

```
Befehl: Versetz
Abstand oder Durch punkt <Durch punkt>: 53
Objekt wählen, das versetzt werden soll: P1 anklicken
Seite, auf die versetzt werden soll? Punkt links davon
anklicken
```

↪ *Jetzt soll mit einem neuen Abstand versetzt werden. Wählen Sie den Befehl VERSETZ neu an. Gehen Sie genau wie oben vor (siehe Abbildung 4.7).*

```
Befehl: Versetz
Abstand oder Durch punkt <Durch punkt>: 10
Objekt wählen, das versetzt werden soll: P2 anklicken
Seite, auf die versetzt werden soll? Punkt darunter anklicken
Objekt wählen, das versetzt werden soll: P3 anklicken
Seite, auf die versetzt werden soll? Punkt darüber anklicken
```

Abbildung 4.7:
Versetzen von Objekten

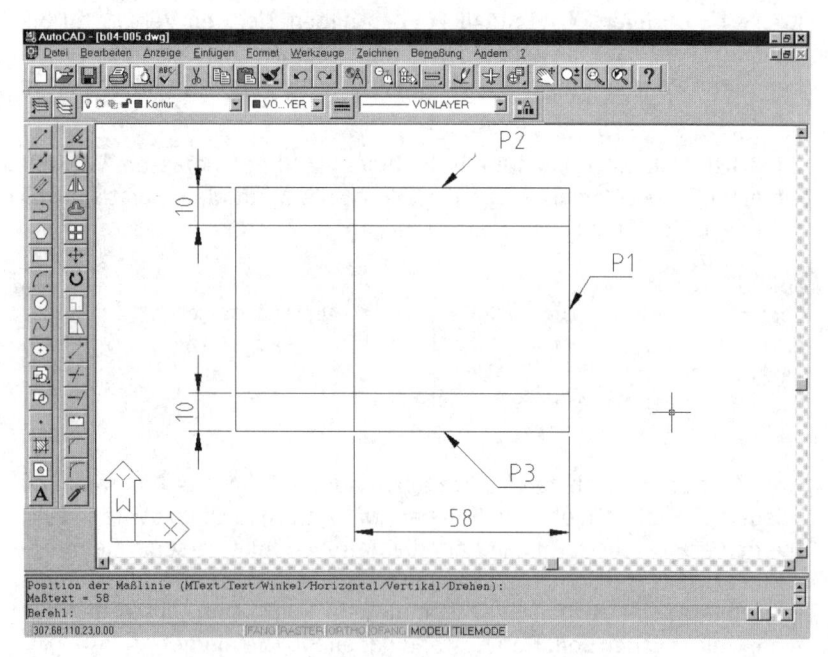

4.6 Stutzen und Dehnen

Nun haben Sie Hilfslinien erzeugt. Sie wollen aber so bearbeitet werden, daß daraus die richtige Kontur entsteht. Hier helfen die Befehle DEHNEN und STUTZEN weiter.

Vorgang: Stutzen von Objekten

In der Draufsicht sollen die versetzten Linien einen Einschnitt bilden. Mit dem Befehl STUTZEN sollen sie in die richtige Form gebracht werden. Den Befehl finden Sie im:

↪ Abrollmenü ÄNDERN, Funktion STUTZEN

↪ Tablettfeld W15

↪ Symbol im Werkzeugkasten ÄNDERN

Folgender Dialog erscheint im Befehlszeilenfenster:

```
Befehl: Stutzen
Schnittkante(n) wählen: (PROJMODE = BKS; EDGEMODE = Nichtdehnen)
Objekte wählen: Schnittkanten wählen
...
...
Objekte wählen: ⏎
<Objekt wählen, das gestutzt werden soll>/Projektion/Kante/ZUrück:
Zu stutzende Objekte wählen
<Objekt wählen, das gestutzt werden soll>/Projektion/Kante/ZUrück:
Zu stutzende Objekte wählen
```

Auch hier lassen sich eine oder mehrere Schnittkanten wählen. Die Auswahl wird mit ⏎ abgeschlossen. Schnittkanten sind die Kanten, an denen ein anderes Objekt abgeschnitten werden soll. Wählen Sie also hier nicht schon die Objekte, die Sie abschneiden wollen. In vielen Fällen sind aber Schnittkanten auch gleichzeitig Objekte, die geschnitten werden sollen (so auch im Übungsbeispiel unten).

Danach wählen Sie die Objekte, die geschnitten werden sollen. Wählen Sie auf der Seite, die entfernt werden soll (siehe Abbildung 4.8). Mit der Option ZURÜCK bei der Anfrage läßt sich das letzte Stutzen rückgängig machen. Zwei weitere Optionen stehen zur Verfügung:

PROJEKTION

Objekte auf unterschiedlichen Höhen und in unterschiedlichen Ebenen werden in eine Ebene projiziert und an den projizierten Schnittkanten gestutzt. Mit der Option PROJEKTION kann die Projektionsebene gewählt werden.

```
Projektion/Kante/ZUrück/<Objekt wählen, das gestutzt werden soll>:
P für Projektion
Keine/Bks/Ansicht <Bks>:
```

Kapitel 4: Zeichen- und Konstruktionstechniken

Als Projektionsebene kann das aktuelle Benutzerkoordinatensystem (siehe weiter unten in diesem Kapitel) oder die momentane Ansichtsebene verwendet werden.

KANTE

Mit der Option KANTE können Sie wählen, ob nur die Objekte gestutzt werden sollen (Modus NICHT DEHNEN), die über die Schnittkante laufen oder ob auch Objekte am virtuellen Schnittpunkt mit der Schnittkante abgetrennt werden sollen (Modus DEHNEN). Den Unterschied der beiden Modi sehen Sie in Abbildung 4.8.

Abbildung 4.8:
Verschiedene Methoden beim Stutzen

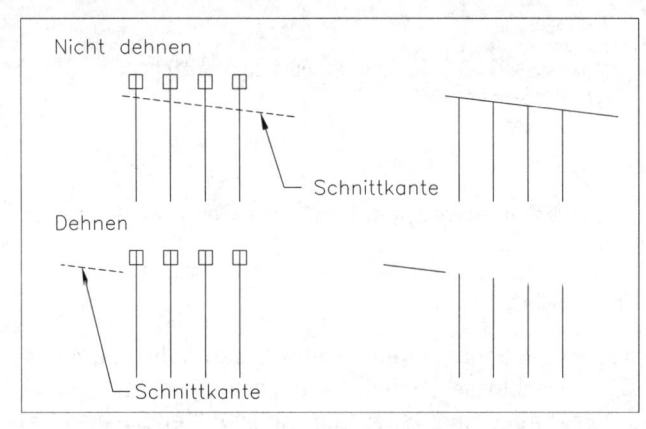

Übung: Stutzen von Hilfskonstruktionen

↳ *Stutzen Sie die Linien zu einem Ausschnitt wie in Abbildung 4.9.*

```
Befehl: Stutzen
Schnittkante(n) wählen: (PROJMODE = BKS; EDGEMODE =
Nichtdehnen)
Objekte wählen: P1 wählen
Objekte wählen: P2 wählen
Objekte wählen: P3 wählen
Objekte wählen: ⏎
<Objekt wählen, das gestutzt werden soll>/Projektion/Kante/
ZUrück: P4 wählen
<Objekt wählen, das gestutzt werden soll>/Projektion/Kante/
ZUrück: P5 wählen
<Objekt wählen, das gestutzt werden soll>/Projektion/Kante/
ZUrück: P6 wählen
<Objekt wählen, das gestutzt werden soll>/Projektion/Kante/
ZUrück: P7 wählen
<Objekt wählen, das gestutzt werden soll>/Projektion/Kante/
ZUrück: ⏎
```

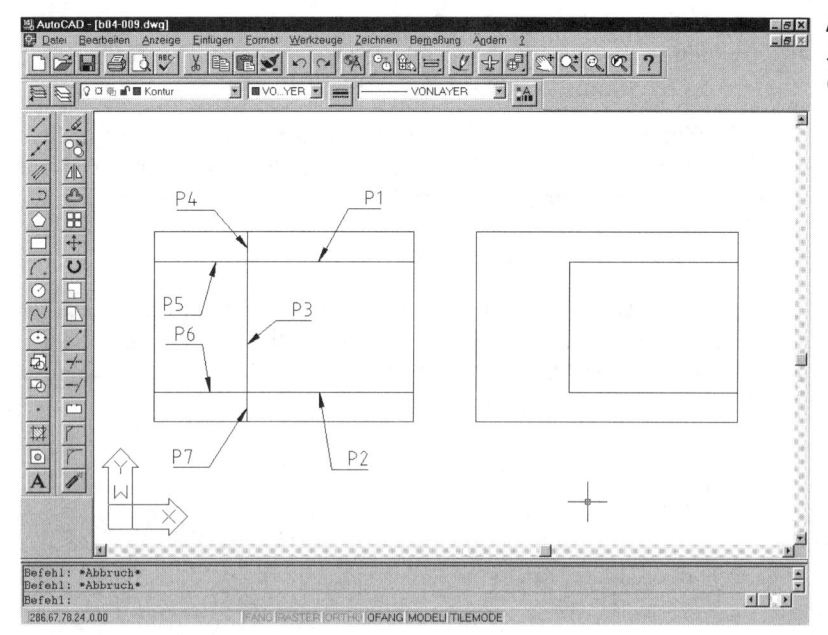

Abbildung 4.9:
Stutzen von Objekten.

Vorgang: Dehnen von Objekten

In der Ansicht darüber soll eine Linie verlängert werden, und zwar bis zu einer anderen Kante. Ein Fall für den Befehl DEHNEN. Sie finden den Befehl im:

→ Abrollmenü ÄNDERN, Funktion DEHNEN

→ Tablettfeld W16

→ Symbol im Werkzeugkasten ÄNDERN

Der Dialog, der im Befehlszeilenfenster erscheint, ist dem des Befehls STUTZEN ähnlich:

```
Befehl: Dehnen
Grenzkante(n) wählen: (PROJMODE = BKS; EDGEMODE = Nichtdehnen
Objekte wählen: Grenzkante anklicken
...
...
Objekte wählen: ↵
<Objekt wählen, das gedehnt werden soll>/Projektion/Kante/ZUrück:
zu dehnendes Objekt anklicken
<Objekt wählen, das gedehnt werden soll>/Projektion/Kante/ZUrück:
```

Kapitel 4: Zeichen- und Konstruktionstechniken

Sie können eine oder mehrere Grenzkanten wählen. Die Auswahl der Grenzkanten muß mit ⏎ abgeschlossen werden. Grenzkanten sind die Kanten, bis zu denen ein Objekt verlängert werden soll.

Danach können Sie die Objekte wählen, die gedehnt werden sollen. Wählen Sie auf der Seite, auf der Sie dehnen wollen. Wenn Sie ein Objekt am falschen Ende wählen, erscheint die Meldung:

```
In dieser Richtung keine Grenzkante.
```

Dehnen lassen sich Linien, Bögen und Polylinien. Mit der Option ZURÜCK bei der Anfrage läßt sich die letzte Dehnung rückgängig machen. Die Optionen PROJEKTION und KANTE stehen ebenfalls zur Verfügung (siehe oben Befehl STUTZEN und Abbildung 4.10).

Abbildung 4.10:
Verschiedene Methoden beim Dehnen

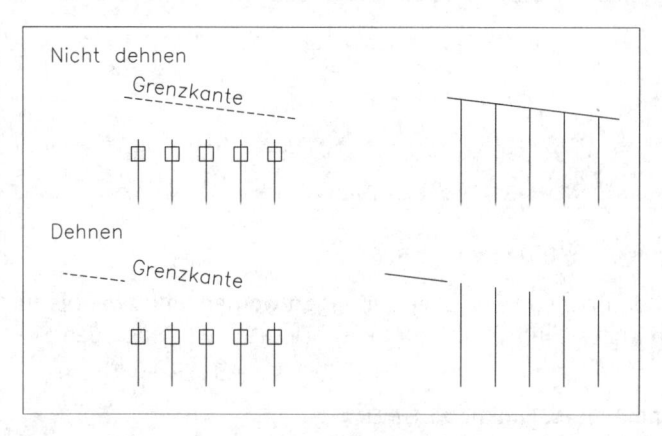

Übung: Dehnen von Hilfskonstruktionen

↳ *Dehnen Sie die Linie in der oberen Schnittdarstellung bis zur linken Kante (siehe Abbildung 4.11).*

```
Befehl: Dehnen
Grenzkante(n) wählen: (PROJMODE = BKS; EDGEMODE = Nichtdehnen
Objekte wählen: P1 wählen
Objekte wählen: ⏎
<Objekt wählen, das gedehnt werden soll>/Projektion/Kante/
ZUrück: P2 wählen
<Objekt wählen, das gedehnt werden soll>/Projektion/Kante/
ZUrück: ⏎
```

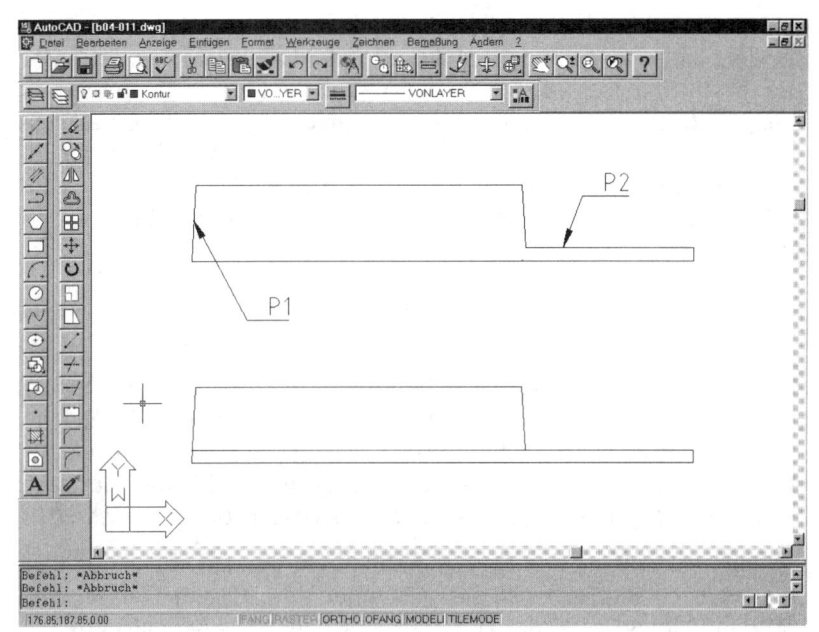

Abbildung 4.11:
Dehnen von Objekten

4.7 Abrunden und Fasen von Objekten

Objekte aus der Zeichnung können Sie mit zwei weiteren Befehlen sehr schnell in die richtige Form bringen: ABRUNDEN und FASE.

Vorgang: Abrunden von Objekten

Mit dem Befehl ABRUNDEN lassen sich Linien oder Bögen an Ihrem Schnittpunkt mit einem einstellbaren Radius versehen. Die Originalobjekte können dabei am Schnittpunkt gestutzt oder in ihrer ursprünglichen Form belassen werden. Sie finden den Befehl im:

⇒ Abrollmenü ÄNDERN, Funktion ABRUNDEN

⇒ Tablettfeld W19

⇒ Symbol im Werkzeugkasten ÄNDERN

Der Dialog des Befehls läuft im Befehlszeilenfenster ab:

```
Befehl: Abrunden
(STUTZEN-Modus) Gegenwärtiger Abrundungsradius = 10.00
Polylinie/Radius/Stutzen/<erstes Objekt wählen>:
```

Zunächst wird Ihnen der eingestellte Radius angezeigt. Das ist der Radius, der beim letzten Runden mit diesem Befehl verwendet wurde. Außerdem erscheint in der Anzeige ein Hinweis, ob der Stutzen-Modus aktiv ist oder nicht. Ist der Stutzen-Modus eingeschaltet, werden die Objekte gekürzt. Ist er nicht aktiv, bleiben sie unverändert. Verwenden Sie den Befehl das erste Mal oder wollen Sie einen neuen Radius verwenden, dann stellen Sie ihn zuerst mit der Option RADIUS ein. Abgerundet wird so lange mit diesem Radius, bis ein neuer eingestellt wird.

```
Polylinie/Radius/Stutzen/<erstes Objekt wählen>: Radius
Rundungsradius eingeben <10.00>:
```

Bei einer erneuten Anwahl des Befehls brauchen Sie dann nur noch zwei Linien, Bögen oder Kreise wählen und sie werden mit dem Radius verbunden. Die Elemente werden, falls notwendig, am Schnittpunkt gekürzt oder bis zum Schnittpunkt hin verlängert bzw. unverändert belassen, wenn der Stutzen-Modus aus ist, und dann mit dem Bogen versehen.

Sie können auch mit dem Radius 0 abrunden. Was auf den ersten Blick sinnlos erscheint, zeigt sich aber als äußerst praktisches Werkzeug bei der Bearbeitung von Konturen. Sich überschneidende oder nicht treffende Linien werden an ihrem gemeinsamen Endpunkt abgeschnitten. Der Stutzen-Modus sollte in diesem Fall natürlich eingeschaltet sein.

Tips:

- Parallele Linien werden immer mit einem Halbkreis verrundet, egal welcher Radius eingestellt ist.
- Wählen Sie die überschneidenden Objekte immer an dem Teil vom Objekt, der erhalten bleiben soll.
- Mit der Option POLYLINIE lassen sich alle Kanten einer Polylinie abrunden, doch zu Polylinien später mehr.

Übung: Abrunden von Objekten

- *Bringen Sie verschiedene Rundungsradien an den beiden Ansichten an (siehe Abbildung 4.12). Lassen Sie den Stutzen-Modus für alle Aktionen eingeschaltet.*

```
Befehl: Abrunden
(STUTZEN-Modus) Gegenwärtiger Abrundungsradius = 10.00
Polylinie/Radius/Stutzen/<erstes Objekt wählen>: Radius
Rundungsradius eingeben <0.00>: 8
Befehl: Abrunden
(STUTZEN-Modus) Gegenwärtiger Abrundungsradius = 2.00
Polylinie/Radius/Stutzen/<erstes Objekt wählen>: P1 wählen
Zweites Objekt wählen: P2 wählen
```

```
Befehl: Abrunden
(STUTZEN-Modus) Gegenwärtiger Abrundungsradius = 2.00
Polylinie/Radius/Stutzen/<erstes Objekt wählen>: P3 wählen
Zweites Objekt wählen: P4 wählen
```

↳ *Runden Sie die Draufsicht an der äußeren Kontur mit dem Radius 10 und am Einschnitt mit 4 (siehe Abbildung 4.12).*

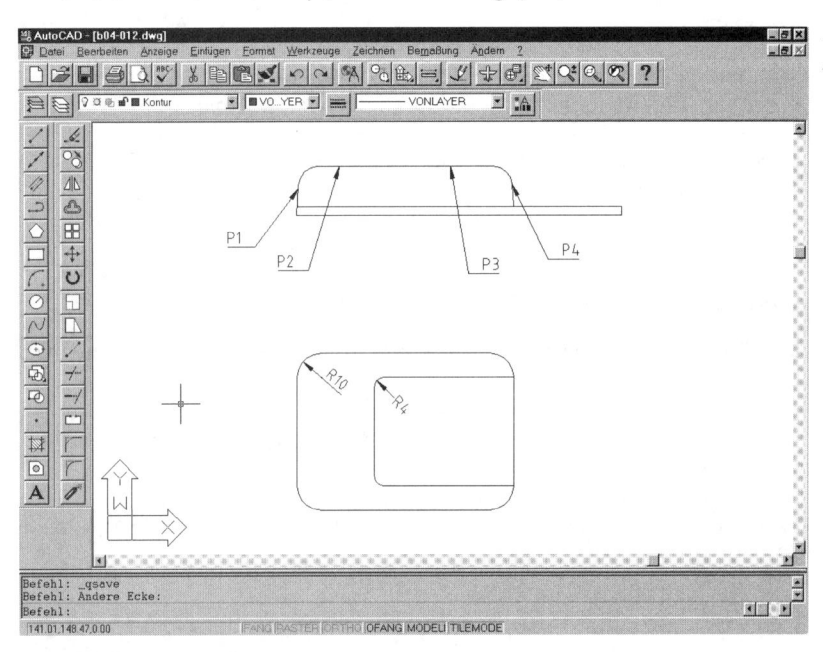

Abbildung 4.12: *Abrunden mit verschiedenen Radien*

Vorgang: Fasen von Objekten

Genauso wie Sie abrunden, können Sie auch Kanten abschrägen. Mit dem Befehl FASE steht Ihnen diese Möglichkeit zur Verfügung. Zu finden ist der Befehl im:

↳ Abrollmenü ÄNDERN, Funktion FASE

↳ Tablettfeld W18

↳ Symbol im Werkzeugkasten ÄNDERN

Er arbeitet analog zum Befehl ABRUNDEN und läuft ebenfalls im Befehlszeilenfenster im Dialog:

```
Befehl: Fase
(STUTZEN-Modus) Gegenwärtiger Fasenabst1 = 10.00, Abst2 = 10.00
Polylinie/Abstand/Winkel/Stutzen/Methode/<erste Linie wählen>:
```

Fasen können Sie zwei Linien oder zwei Liniensegmente einer Polylinie. Der eingestellte erste Fasenabstand wird an der zuerst gewählten Linie abgetragen, der zweite Fasenabstand an der zweiten Linie. Überschneidungen und zu kurze Linien werden wie beim Befehl ABRUNDEN korrigiert, wenn der Stutzen-Modus aktiv ist. Ist der Stutzen-Modus aus, werden die ursprünglichen Objekte unverändert gelassen und es wird nur die Fase eingezeichnet. Um die Geometrie der Fase einzustellen, haben Sie verschiedene Optionen zu Auswahl:

ABSTAND

Wählen Sie die Option ABSTAND, können Sie zwei Abstände für die Fase eingeben, den Abstand auf der ersten und zweiten Linie.

```
Polylinie/Abstand/Winkel/Stutzen/Methode/<erste Linie wählen>: A
für Abstand
Ersten Fasenabstand eingeben <0.00>:
Zweiten Fasenabstand eingeben <0.00>:
```

WINKEL

Mit der Option WINKEL geben Sie einen Abstand und einen Fasenwinkel vor.

```
Polylinie/Abstand/Winkel/Stutzen/Methode/<erste Linie wählen>: W
für Winkel
Geben Sie die Fasenlänge auf der ersten Linie ein <0.00>:
Geben Sie den Fasenwinkel von der ersten Linie aus berechnet ein
<0.00>:
```

METHODE

Mit der Option METHODE legen Sie fest, welche Werte im Befehlsdialog beim Start des Befehls angezeigt werden sollen, Fasenabstände oder Fasenlänge und Winkel.

```
Polylinie/Abstand/Winkel/Stutzen/Methode/<erste Linie wählen>: M
für Methode
Abstand/Winkel <Abstand>: Option eingeben
```

Tips:

- Egal mit welcher Methode Sie die Werte für die Fase eingestellt haben, es gilt: Einmal eingestellte Werte gelten bis zur Eingabe von neuen Werten.

- Beachten Sie noch: Parallele Linien können nicht gefast werden. Wählen Sie die sich überschneidenden Objekte immer an dem Teil vom Objekt, der bleiben soll.

- Mit der Option POLYLINIE lassen sich alle Kanten einer Polylinie auf einmal fasen.

Übung: Fasen von Objekten

→ Bringen Sie an der oberen Darstellung eine Fase an der vorderen Kante an (siehe Abbildung 4.13). Stellen Sie zunächst die Anzeigemethode auf die Winkelanzeige.

```
Befehl: Fase
(STUTZEN-Modus) Gegenwärtiger Fasenabst1 = 0.00, Abst2 = 0.00
Polylinie/Abstand/Winkel/Stutzen/Methode/<erste Linie wählen>:
M für Methode
Abstand/Winkel <Abstand>: W für Winkel eingeben
```

→ Der Stutzen-Modus ist normalerweise ein. Sollten Sie ihn aber beim Abrunden probeweise ausgeschaltet haben, dann ist er auch bei diesem Befehl aus. Schalten Sie ihn dann ein.

→ Stellen Sie dann einen Fasenabstand von 1 ein und einen Winkel von 60°.

```
Polylinie/Abstand/Winkel/Stutzen/Methode/<erste Linie wählen>:
W für Winkel
Abstand/Winkel <Abstand>: W für Winkel eingeben
Geben Sie die Fasenlänge auf der ersten Linie ein <20.00>: 1
Geben Sie den Fasenwinkel von der ersten Linie aus berechnet
ein <0.0>: 60
```

→ Wählen Sie den Befehl wieder an und fasen Sie an der vorderen Kante.

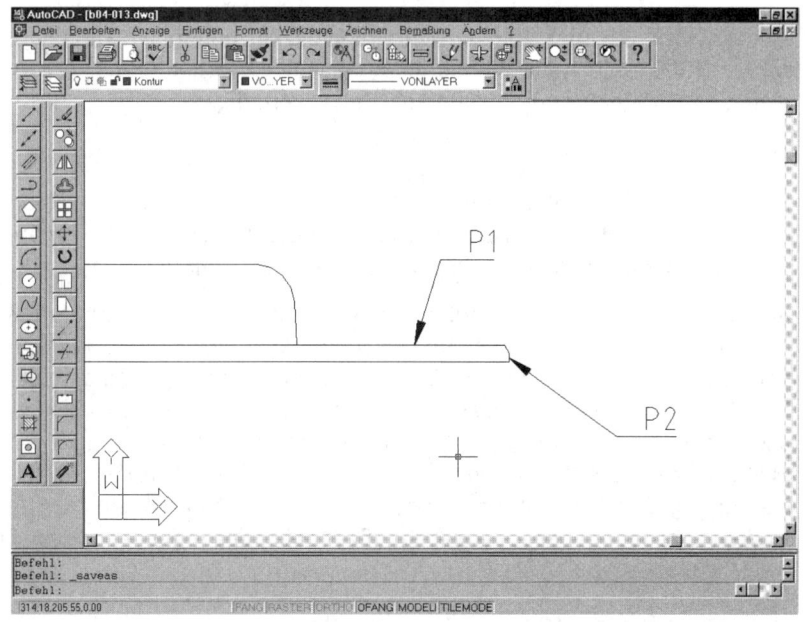

Abbildung 4.13:
Fasen der vorderen Kante

4.8 Neuzeichnen und Regenerieren

Sicher sieht Ihre Zeichnung schon aus wie ein Streuselkuchen, es sei denn, Sie haben öfters gezoomt. Jede Eingabe eines Punktes in AutoCAD setzt nämlich einen Konstruktionspunkt auf dem Bildschirm. Diese Kreuze dienen nur zur Kontrolle und werden nicht in der Zeichnung gespeichert. Im Kapitel 3.5 haben Sie schon gesehen, wie Sie diese Anzeige mit den Zeichnungshilfen ein- und ausschalten können. Im Dialogfeld für die Zeichnungshilfen können Sie den Schalter KONSTRUKTIONSPT (siehe Abbildung 4.14) ausschalten, dann bekommen Sie erst gar keine Konstruktionspunkte in der Zeichnung.

Abbildung 4.14: Konstruktionspunkte ein- und ausschalten mit den Zeichnungshilfen

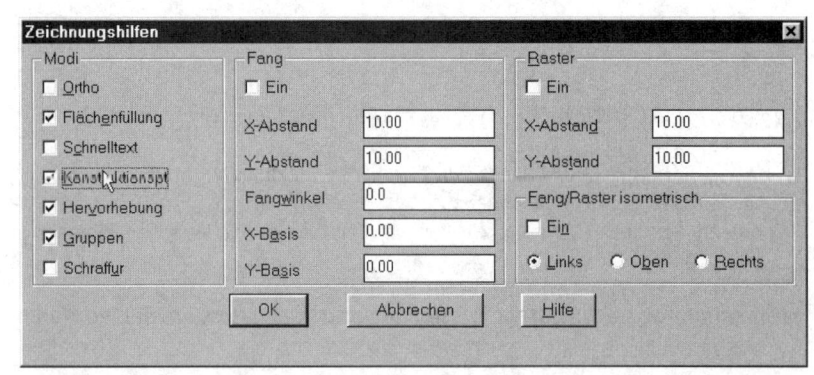

Sie verschwinden aber auf jeden Fall, wenn die Zeichnung neu aufgebaut wird, z.B. beim Zoomen. Wenn Sie sie beseitigen wollen, ohne zu zoomen, können Sie das mit dem Befehl NEUZEICH erledigen.

Tip:

Sie behalten bei komplizierteren Aufgaben wesentlich besser den Überblick, wenn Sie die Konstruktionspunkte eingeschaltet lassen. Verwenden Sie lieber öfters den Befehl NEUZEICH, wenn die Punkte stören.

Außerdem kommt es beim Ändern der Zeichnung immer wieder vor, daß Sie ein Objekt löschen müssen, darunter liegt aber ein anderes, das bleiben soll. Es verschwindet dann ebenfalls aus der Zeichnung. Mit dem Befehl NEUZEICH bekommen Sie alles wieder auf den Bildschirm, was Sie tatsächlich noch in der Zeichnung haben. Den Befehl finden Sie nicht in den Menüs. Statt dessen kann in allen Menüs der Befehl NEUZALL gewählt werden. Der Befehl bewirkt dasselbe, nur daß er die Anzeige gleichzeitig in allen Ansichtsfenstern neu aufbaut. Sie finden diesen Befehl im:

↪ Abrollmenü ANZEIGE, Funktion NEUZEICHNEN

↪ Tablettfeld Q bis R 11

↪ Symbol in der Standardfunktionsleiste

Beide Befehle werden ohne Anfragen ausgeführt.

Die Änderung verschiedener Einstellungen wird erst sichtbar, wenn die Zeichnung mit dem Befehl REGEN neu aufgebaut wird. Verwenden Sie den Befehl aber nur dann, wenn es unbedingt nötig ist, nicht nur, um Konstruktionspunkte zu entfernen. Der Befehl kann bei großen Zeichnungen viel Zeit in Anspruch nehmen. Auch hiervon gibt es eine Variante, die die Zeichnung in allen Ansichtsfenstern regeneriert, der Befehl REGENALL.

Beide Befehle finden Sie im Abrollmenü ANZEIGE unter den Einträgen REGENERIEREN und ALLES REGENERIEREN und auf den Tablettfeldern J1 und K1.

4.9 Konstruktionsübung

Mit den wenigen Befehlen, die Sie bis jetzt kennengelernt haben, läßt sich schon eine Menge erreichen. Bearbeiten Sie die beiden Ansichten nach den Vorgaben in den folgenden Anleitungen weiter.

Übung: Innenkontur durch Versetzen erstellen

↪ *Versetzen Sie die Kontur samt den Radien in der Schnittansicht um 4 Einheiten nach innen.*

↪ *Da die senkrechten Linien leicht nach innen geneigt sind, ergibt sich am Detail 1 (siehe Abbildung 4.15) ein kleiner Überstand, den Sie mit dem Befehl STUTZEN beseitigen sollten. Zoomen Sie dazu weit genug in die Zeichnung hinein.*

↪ *Am Detail 2 ist noch ein Überstand, der ebenfalls mit dem Befehl STUTZEN beseitigt werden kann (siehe Abbildung 4.15).*

Übung: Draufsicht bearbeiten

↪ *Versetzen Sie die komplette Außenkontur um eine Einheit nach innen, da das Gehäuse konisch nach oben zuläuft. Versetzen Sie, wie oben auch, die Radien mit. Sie erhalten dann wieder eine geschlossene Kontur (siehe Abbildung 4.16).*

↪ *Machen Sie dasselbe nochmal mit einem Versatz von 8.5 Einheiten von der äußeren Kontur. Vergessen Sie auch diesmal die Bögen nicht.*

↪ *Stutzen Sie die Kanten am Einschnitt (siehe Abbildung 4.16).*

Kapitel 4: Zeichen- und Konstruktionstechniken

Abbildung 4.15:
Versetzen und Korrigieren

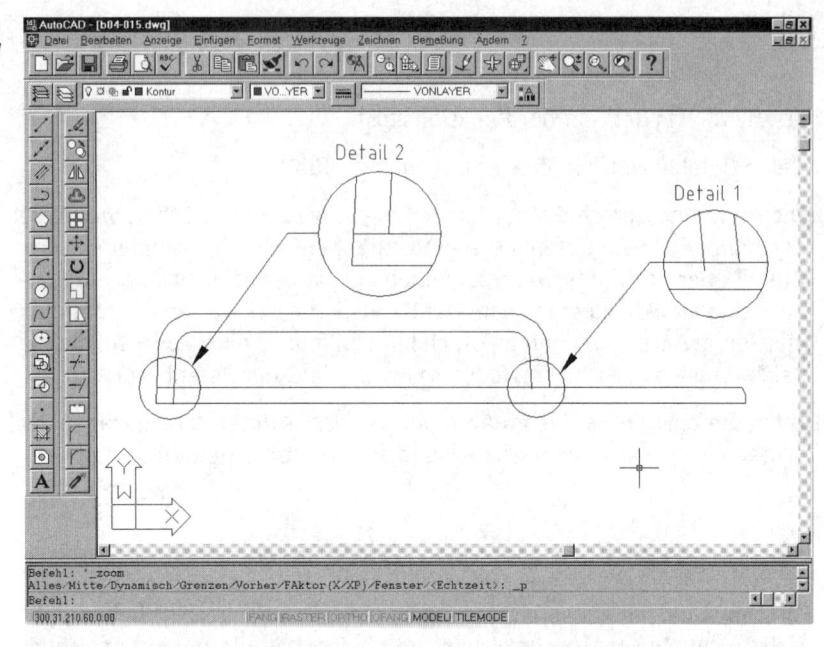

Abbildung 4.16:
Versetzen und Korrigieren

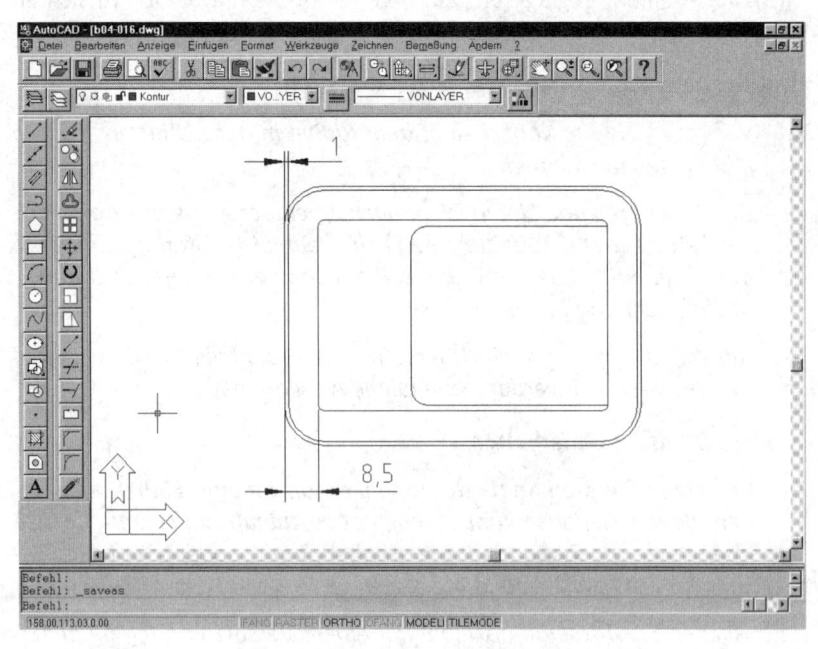

4.10 Löschen von Objekten

Wollen Sie ein Objekt wieder aus der Zeichnung entfernen, können Sie es zwar mit dem Befehl Z rückgängig machen. Aber was tun, wenn ein Fehler erst viel später auffällt?

Vorgang: Befehl LÖSCHEN

Natürlich gibt es auch einen Befehl LÖSCHEN, mit dem Sie ein oder mehrere Objekte wieder aus der Zeichnung entfernen können. Sie finden den Befehl im:

↳ Abrollmenü ÄNDERN, Funktion LÖSCHEN

↳ Abrollmenü BEARBEITEN, Funktion LÖSCHEN

↳ Tablettfeld V14

↳ Symbol im Werkzeugkasten ÄNDERN

Nach Anwahl des Befehls können Sie im Wiederholmodus die zu löschenden Objekte wählen.

Vorgang: Objekte wählen

Die meisten Editierbefehle, so auch der Befehl LÖSCHEN, erfordern als erstes die Objektwahl. Damit legen Sie fest, auf welche Objekte der Befehl angewendet werden soll.

```
Objekte wählen:
```

Diese Anfrage bleibt im Wiederholmodus. Haben Sie ausgewählt, wird die Anfrage immer wieder gestellt, bis die Auswahl mit ⏎ abgeschlossen wird. Erst danach wird die Löschung ausgeführt.

Bei der Objektwahl gibt es eine ganze Reihe von Möglichkeiten, die Ihnen jetzt vielleicht noch etwas überflüssig erscheinen. Aber je komplizierter die Editieraufgaben werden, desto eher werden Sie diese Möglichkeiten schätzen lernen.

Wenn Sie die folgenden Methoden testen wollen, wäre es ratsam, Ihre Zeichnung jetzt zu sichern, damit Sie sie später wieder zurückholen und an dieser Stelle weiterarbeiten können.

Vorgang: Auswahl mit der Pickbox

Bei der Objektwahl erscheint zunächst die Pickbox auf dem Bildschirm, ein kleines Quadrat. Mit der Pickbox können Sie Objekte einzeln anklicken. Die Objektwahl bleibt im Wiederholmodus, bis Sie eine Anfrage mit ⏎ bestätigen. Bei jeder Auswahl wird angegeben, ob und wieviel Objekte Sie gefunden haben. Bei der Wahl mit der Pickbox kann es immer nur ein Objekt sein. Bei den anderen Fenstertechniken können es aber durchaus mehrere sein.

```
Objekte wählen: Mit der Pickbox anklicken
1 gefunden
```

Hatten Sie das Objekt innerhalb dieses Auswahlvorganges schon einmal gewählt, dann erscheint die Meldung:

```
Objekte wählen: Mit der Pickbox anklicken
1 gefunden (1 doppelt vorhanden)
```

Hatten Sie das Pech, ein Objekt zu erwischen, das auf einem gesperrten Layer war, erhalten Sie auch dazu eine Meldung;

```
Objekte wählen: Mit der Pickbox anklicken
1 gefunden
1 war auf einem gesperrten Layer.
```

Ausgewählte Objekte werden zur Kontrolle gestrichelt oder gepunktet dargestellt (je nach Bildschirmtreiber und -auflösung). Wenn Sie dagegen im Dialogfeld für die Zeichnungshilfen (siehe Abbildung 4.14) den Schalter HERVORHEBUNG ausgeschaltet haben, werden die ausgewählten Objekte nicht gekennzeichnet.

Tip:

↳ Auch hier wieder der Tip für die Praxis: Schalten Sie den Schalter HERVORHEBUNG nicht aus, Sie bewegen sich sonst wie im Blindflug bei der Objektwahl.

Vorgang: Auswahl mit verschiedenen Fenstern

Klicken Sie dagegen mit der Pickbox ins Leere, wird dieser Punkt automatisch als Eckpunkt eines Fensters genommen, und Sie können die zweite, diagonal gegenüberliegende Ecke des Fensters anklicken.

```
Objekte wählen:
Andere Ecke:
```

Nun kommt es darauf an, in welche Richtung Sie das Fenster aufziehen. Wenn Sie von links nach rechts ziehen, werden nur die Objekte ausgewählt, die sich vollständig im Fenster befinden (siehe Abbildung 4.17). Diese Methode wird als Option FENSTER bezeichnet.

Ziehen Sie es umgekehrt auf, also von rechts nach links, dann werden die Objekte ausgewählt, die sich vollständig oder auch nur teilweise im Fenster befinden (siehe Abbildung 4.17). Diese Methode wird als Option KREUZEN bezeichnet.

Löschen von Objekten

Egal wie Sie das Fenster aufziehen, Sie erhalten danach immer die Meldung, wie erfolgreich Ihre Auswahl war, d. h. wieviele Objekte gewählt wurden, und eventuell auch, wieviele davon doppelt gewählt wurden.

```
Objekte wählen:
Andere Ecke: anderen Eckpunkt anklicken
4 gefunden (2 doppelt vorhanden)
```

Auch Objekte von gesperrten Layern werden Ihnen wie bei der Auswahl mit der Pickbox gemeldet.

```
Objekte wählen:
Andere Ecke: anderen Eckpunkt anklicken
12 gefunden (4 doppelt vorhanden)
3 waren auf einem gesperrten Layer.
```

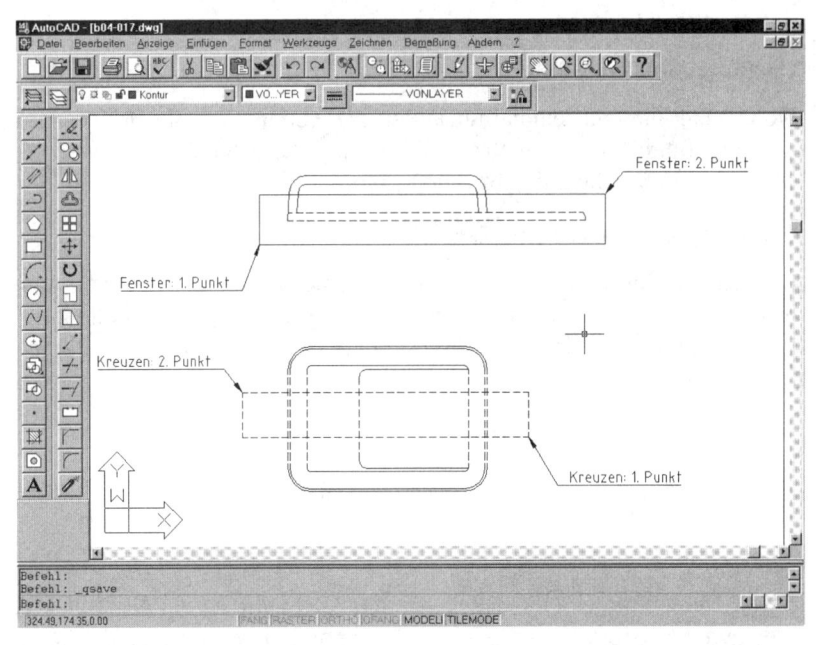

Abbildung 4.17:
Objektwahl mit verschiedenen Fenstern

Die bisher beschriebene Methode ist die Standard-Einstellung. Zusätzlich gibt es eine Reihe weiterer Optionen, die Sie im Bedarfsfall anwählen müssen. Geben Sie dazu den Optionsnamen ein bzw. das Kürzel.

Vorgang: Auswahl mit den Optionen FENSTER und KREUZEN

Wenn Sie die Auswahl über die Optionen FENSTER oder KREUZEN vornehmen wollen, egal in welcher Folge die Eckpunkte eingegeben werden, müssen Sie die Option vorgeben. Dann ist die Richtung unwichtig, in der Sie das Fenster aufziehen.

```
Objekte wählen: F für Fenster oder K für Kreuzen
Erste Ecke:
Andere Ecke:
```

Vorgang: Auswahl des letzten Objekts

Ganz ohne Pickbox und Fenster geht es auch. Sie können bei der Objektwahl mit der Option L<small>ETZTES</small> das zuletzt gezeichnete Objekt auswählen. Die Option kann mehrmals verwendet werden, so daß eine ganze Reihe von Objekten gewählt werden kann. Sie müssen allerdings in einer Folge gezeichnet worden sein.

Vorgang: Auswahl der vorherigen Objekte

Wollen Sie mit einem Auswahlsatz mehrere Editierbefehle ausführen, z.B. S<small>CHIEBEN</small> und D<small>REHEN</small>, können Sie bei der zweiten Objektwahl die Option V<small>ORHER</small> verwenden.

Vorgang: Alles auswählen

Wollen Sie alles auf einmal anwählen, verwenden Sie die Option A<small>LLE</small>. Achtung: Damit werden auch die Objekte auf ausgeschalteten Layern gewählt, nicht aber die auf gefrorenen Layern.

Vorgang: Auswahl mit dem Zaun

Oft kommen Sie weder mit F<small>ENSTER</small> noch mit K<small>REUZEN</small> zur richtigen Auswahl. Sie müssen sich dann mit mehreren Auswahlfunktionen helfen. Unter Umständen kann Ihnen die Auswahl mit der Z<small>AUN</small>-Methode weiterhelfen.

```
Objekte wählen: Z oder Zaun
Erster Zaunpunkt: Punkt setzen
Zurück/<Endpunkt der Linie>: weiteren Punkt setzen
Zurück/<Endpunkt der Linie>: weiteren Punkt setzen
Zurück/<Endpunkt der Linie>: Mit ⏎ Auswahl beenden
```

Damit können Sie einen Linienzug in die Zeichnung legen. Alle Objekte, die davon geschnitten werden, kommen in die Auswahl (siehe Abbildung 4.18). Mit der Option Z<small>URÜCK</small>, kann wie beim Linienbefehl ein Segment entfernt werden. Die Eingabe des Linienzugs kann mit ⏎ beendet werden.

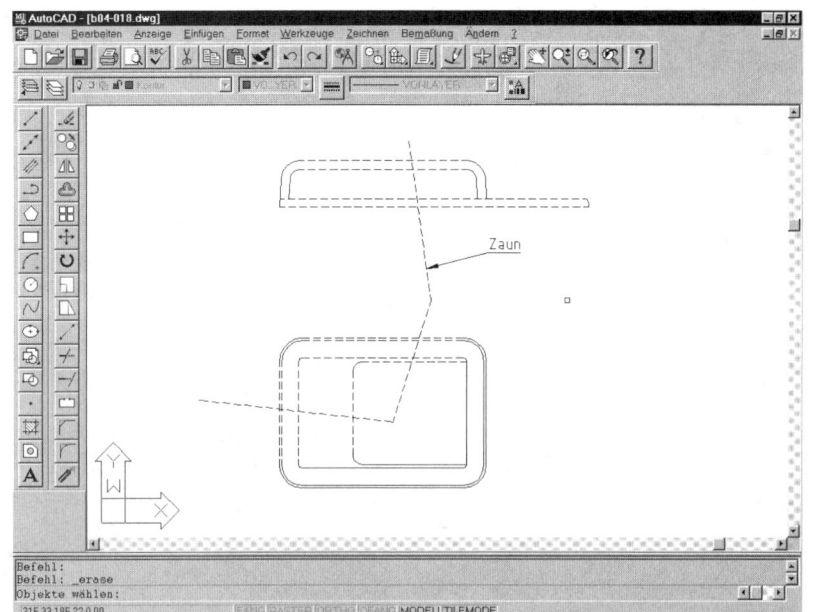

Abbildung 4.18:
Objektwahl mit dem Zaun

Vorgang: Auswahl mit Polygonen

Der Nachteil bei den Fenstermethoden ist, daß ein Fenster logischerweise immer rechteckig ist. Oft ist die Auswahl mit einer der Polygonmethoden günstiger. Damit ziehen Sie ein Polygon auf, und alle Objekte, die im Polygon sind, werden mit der Methode FPOLYGON ausgewählt. Bei der Methode KPOLYGON werden auch die Objekte gewählt, die sich nur teilweise im Polygon befinden (siehe Abbildung 4.19).

```
Objekte wählen: FP für FPolygon oder KP für KPolygon
Erster Punkt des Polygons:: Polygoneckpunkt wählen
Zurück/<Endpunkt der Linie>: Polygoneckpunkt wählen
Zurück/<Endpunkt der Linie>: Polygoneckpunkt wählen
Zurück/<Endpunkt der Linie>: ⏎
```

Jede Eingabe gibt einen Polygonpunkt vor. So können Sie die gewünschten Objekte wie mit einem Lasso einfangen. Mit der Option ZURÜCK können Sie einen falsch gesetzten Punkt wieder entfernen, ohne das ganze Polygon neu aufziehen zu müssen.

Abbildung 4.19:
Objektwahl mit Polygonen

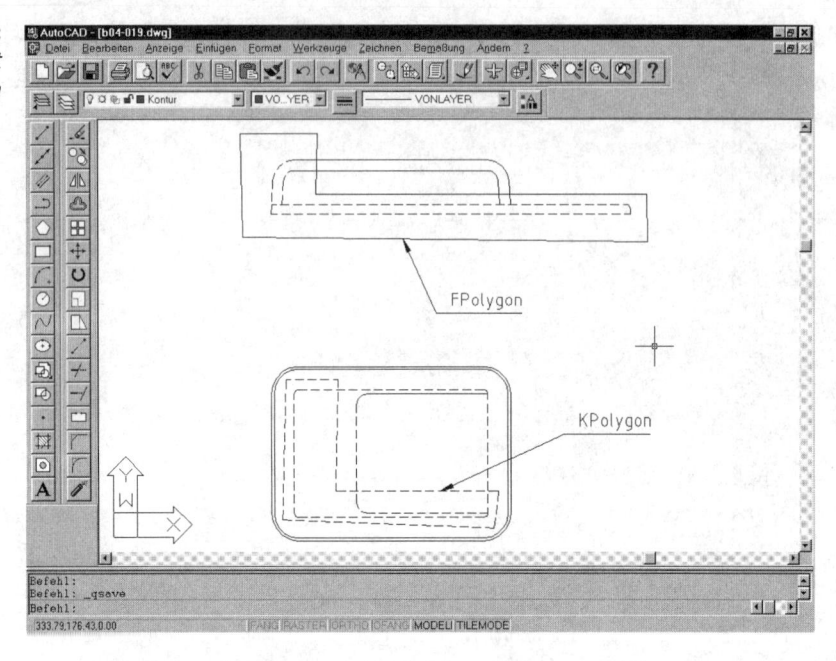

Vorgang: Umschaltung in den Modus ENTFERNEN

Trotz aller Hilfsmittel kommt es vor, daß Sie Objekte in die Auswahl bekommen, die Sie nicht haben wollen. Es wäre schlecht, wenn Sie dann noch einmal ganz von vorne anfangen müßten. Mit der Option ENTFERNEN können Sie deshalb in den Modus zum Entfernen von Objekten aus der Auswahl umschalten.

```
Objekte wählen: E für Entfernen
Objekte entfernen:
```

Auch in diesem Modus stehen Ihnen alle oben beschriebenen Auswahlmethoden zur Verfügung.

Tip:

Wenn Sie bei einer Objektwahl die ⌂-Taste drücken, dann können Sie so lange Objekte aus dem Auswahlsatz entfernen, wie Sie die Taste gedrückt halten. Das ist die schnellere Methode, ohne lang Optionen tippen zu müssen.

Vorgang: Umschaltung in den Auswahlmodus

Wenn Sie dann wieder zur Objektwahl zurückkommen wollen, wählen Sie die Option HINZU und Sie können weitere Objekte mit einer der obigen Methoden aussuchen:

```
Objekte entfernen: H für Hinzu
Objekte wählen:
```

Zum endgültigen Abschluß der Objektwahl geben Sie ⏎ auf eine Anfrage ein. Der Befehl LÖSCHEN wird danach ohne weitere Anfragen ausgeführt. Die anderen Editierbefehle stellen weitere Anfragen.

Vorgang: Spezialfunktionen bei der Objektwahl

Neben den oben beschriebenen Funktionen gibt es bei der Objektwahl noch eine Reihe spezieller Funktionen, die weniger zum Zeichnen gedacht sind, die aber in Makros oder Skript-Dateien verwendet werden können.

AUTO

Aktiviert den automatischen Auswahlmodus (Wahl mit der Pickbox bzw. mit den Optionen FENSTER oder KREUZEN), falls dieser über die Objektwahl-Einstellungen (siehe unten) ausgeschaltet wurde. Dieser Modus ist in der Standard-Einstellung die Vorgabe.

BOX

Aktiviert den automatischen Auswahlmodus mit der Fenstermethode, aber ohne Wahl mit der Pickbox (Optionen FENSTER oder KREUZEN), falls dieser über die Objektwahl-Einstellungen (siehe unten) ausgeschaltet wurde.

GRUPPE

Wählt alle Objekte einer Gruppe (siehe Kapitel 11.14). Der Name der Gruppe wird angefragt.

```
Gruppenname eingeben:
```

Geben Sie einen Gruppennamen ein, oder mehrere durch Komma getrennt. Joker-Zeichen sind ebenfalls möglich, z.B.:

```
Gruppenname eingeben: Gruppe-1,Gruppe-2
```

oder

```
Gruppenname eingeben: Gruppe*
```

MEHRERE

Mehrere Objekte können einzeln gewählt werden, ohne daß sie markiert werden. Erst mit ⏎ werden die Objekte markiert und der Auswahlmodus bleibt erhalten. Das kann bei sehr großen Zeichnungen sinnvoll sein, da bei jeder Auswahl die Zeichnungsdatenbank durchsucht wird, was dann unangenehme Pausen zur Folge haben kann.

EINZELN

Die Objektwahl läuft mit dieser Option nicht mehr im Wiederholmodus. Sobald eine Auswahl getroffen wurde, wird der entsprechende Befehl ohne Rückfrage ausgeführt.

Vorgang: Befehl WAHL

Mit dem Befehl WAHL wird eine Objektwahl ohne weitere Aktion ausgeführt. Alle der oben genannten Methoden stehen Ihnen zur Verfügung. Sie können aber danach einen Editierbefehl anwählen und dort bei der Objektwahl die Option VORHER verwenden. Beim normalen Zeichnen ist auch dieser Befehl wenig sinnvoll. Sie können ihn aber in Makros oder Skript-Dateien sinnvoll einsetzen. Deshalb liegt er auch nicht in den Menüs, er kann nur auf der Tastatur eingegeben werden

Vorgang: Objektwahl-Einstellungen festlegen

In einem Dialogfeld (siehe Abbildung 4.20) legen Sie fest, welche Funktionen der Objektwahl als Standard vorgewählt sein sollen. Außerdem können Sie einstellen, daß Sie zuerst die Objekte und dann den Befehl wählen. Dazu steht Ihnen der Befehl DDSELECT zur Verfügung, bei dem Sie in einem Dialogfeld die Grundeinstellungen festlegen können. Sie finden den Befehl:

- Abrollmenü WERKZEUGE, Funktion AUSWAHLEINSTELLUNGEN...
- Tablettfeld X9

Abbildung 4.20: *Dialogfeld für die Auswahleinstellungen*

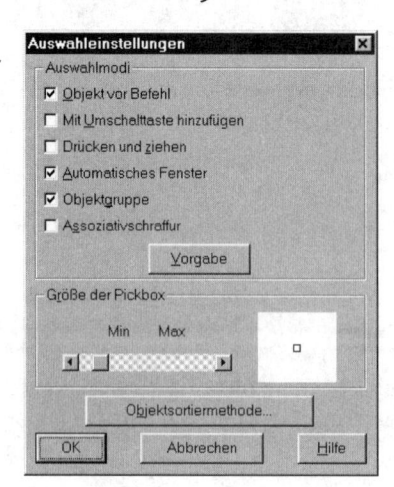

Objekt vor Befehl

Wenn die Funktion OBJEKT VOR BEFEHL eingeschaltet ist, dann können Sie, ohne daß Sie einen Editierbefehl gewählt haben, mit der Standardmethode Objekte wählen (Objekte anklicken oder Fenster aufziehen). Wenn Sie dann den gewünschten Editierbefehl aktivieren, dann entfällt bei diesem die Objektwahl und der Befehl wird mit den vorher gewählten Objekten ausgeführt. Haben Sie vorher keine Objekte gewählt, läuft der Befehl wie oben beschrieben ab.

Aber Vorsicht, diese Einstellung ist nicht ungefährlich. Wenn Sie beispielsweise irgendwo in der Zeichnung ein Objekt angeklickt haben und dann den Befehl LÖSCHEN anklicken, verschwindet das vorher markierte Objekt ohne Kommentar aus der Zeichnung und Sie merken es u. U. gar nicht oder erst viel später.

Mit Umschalttaste hinzufügen

Diese Einstellung ist für AutoCAD erfahrene Anwender ungewohnt, aber in Windows Programmen durchaus üblich. Wenn MIT UMSCHALTTASTE HINZUFÜGEN eingeschaltet ist, dann wird bei der Objektwahl jedesmal ein neuer Auswahlsatz gebildet und der bisherige verworfen. Soll aber der bisherige erhalten bleiben und der neu gewählte hinzugefügt werden, muß während der weiteren Auswahl die Umschalttaste (⇧-Taste) gedrückt werden.

Drücken und Ziehen

Ist die Einstellung DRÜCKEN UND ZIEHEN ausgeschaltet, funktionieren die Fensterfunktionen bei der Objektwahl so, daß beide Eckpunkte per Mausklick festgelegt werden.

Ist sie dagegen eingeschaltet, ist die Bedienung anderen Windows Programmen angeglichen. Ein Fenster wird dann aufgezogen, wenn man die Maustaste an einem Eckpunkt klickt und festhält, das Fenster aufzieht und die Maustaste am anderen Eckpunkt losläßt.

Automatisches Fenster

Ist AUTOMATISCHES FENSTER eingeschaltet, dann können Sie automatisch, wie oben beschrieben, Fenster aufziehen, von rechts nach links oder umgekehrt. Wenn der Schalter aus ist, funktioniert das automatische Fenster nicht bei einem Mausklick ins Leere.

Objektgruppe

Ist der Schalter OBJEKTGRUPPE ein, reicht es aus, wenn Sie ein Objekt einer Gruppe wählen und die ganze Gruppe wird markiert. Ist der Schalter dagegen aus, können Sie die Objekte der Gruppe einzeln wählen. Wenn Sie jedoch die Option GRUPPE bei der Objektwahl verwenden und Sie den Gruppennamen eingeben, werden unabhängig von dieser Schalterstellung alle Objekte der Gruppe gewählt. Alles zu Gruppen finden Sie im Kapitel 11.14.

ASSOZIATIVSCHRAFFUR

Wenn dieser Schalter an ist und Sie eine Schraffur anwählen, wird die Umgrenzung der Schraffur automatisch mitgewählt. Dieses gilt auch beim Löschen. Mit der Schraffur wird die Kontur gelöscht. Das gilt aber nur, wenn die Schraffur assoziativ erstellt wurde und nicht mit dem Befehl URSPRUNG zerlegt wurde.

VORGABE

Wenn Sie das Feld VORGABE anklicken, wird die Standard-Einstellung aktiviert, wie Sie sie in Abbildung 4.20 sehen.

GRÖSSE DER PICKBOX

An dem Schieber darunter können Sie die Größe der Pickbox einstellen. In dem Fenster daneben bekommen Sie die momentane Einstellung angezeigt.

OBJEKTSORTIERMETHODE...

Mit dieser Schaltfläche kommen Sie zu einem weiteren Dialogfeld, in dem Sie einstellen können, daß die Objekte in der Reihenfolge Ihrer Erstellung sortiert werden. Das kann bei der Objektwahl, beim Objektfang, beim Neuzeichnen, beim Regenerieren, bei der Erstellung eines Dias, beim Plotten und bei der Post-Script-Ausgabe erfolgen (siehe Abbildung 4.21).

Abbildung 4.21: Sortierung der Objekte

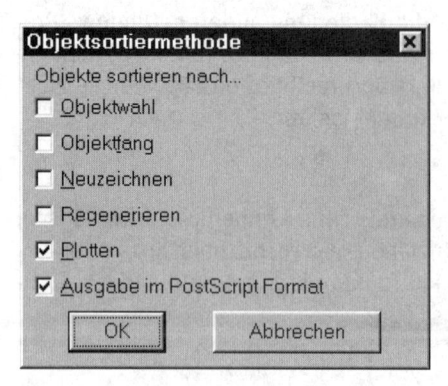

Beim normalen Zeichnen sind diese Einstellungen ohne Bedeutung. Belassen Sie es bei der Standardeinstellung wie in Abbildung 4.21.

Vorgang: Löschung zurücknehmen

Doch zurück zum Löschen. Sie haben etwas gelöscht und stellen später fest, Sie hätten es doch nicht tun sollen. Mit dem Befehl Z alle Befehle zurückzunehmen, die Sie seither ausgeführt haben, wäre unpraktisch, da Sie in der Zwischenzeit einiges neu gezeichnet haben, das erhalten bleiben soll. Hier hilft der Befehl HOPPLA. Er macht die letzte Löschung rückgängig, egal wann Sie diese vorgenommen haben. Es funktioniert allerdings nur dann, wenn die Löschung in der momentanen Sitzung ausgeführt wurde. Der Befehl läßt sich nur einmal ausführen. Sie finden den Befehl nicht in den Menüs, geben Sie ihn bei Bedarf auf der Tastatur ein.

Übung: Zeichnung korrigieren

- *Testen Sie die verschiedenen Auswahlmethoden bei der Objektwahl mit dem Befehl LÖSCHEN. Bringen Sie die Objekte mit dem Befehl HOPPLA oder dem Befehl Z wieder zurück.*

4.11 Zeichnen mit dem Objektfang

Je mehr Objekte in der Zeichnung sind, desto öfter kommt es vor, daß Sie einen bereits vorhandenen Punkt in der Zeichnung anwählen wollen. Sie wissen aber die Koordinate nicht mehr. Da aber exakt gezeichnet wird, reicht es nicht aus, das Fadenkreuz etwa auf diesem Punkt zu plazieren. Sie könnten sich mit dem Fang behelfen (siehe Kapitel 3.5). Wenn aber, was meist der Fall ist, nicht alle Punkte auf einem Raster liegen, nützt er Ihnen auch nichts. Dafür haben Sie in AutoCAD den Objektfang.

Eine wichtige Neuerung in AutoCAD 14 ist, daß der Objektfang jetzt dynamisch arbeitet. Der sogenannte AutoSnap zeigt Ihnen Fangpunkte in der Zeichnung mit Symbolen dynamisch an.

Vorgang: Objektfang auf Geometriepunkte

Bei jeder Punktanfrage des Programms innerhalb eines Befehls können Sie zusätzlich eine Objektfangfunktion wählen, z.B. beim Befehl LINIE:

```
Befehl: Linie
Von Punkt:
```

Wenn Sie beispielsweise eine Linie am Endpunkt einer bestehenden Linie ansetzen wollen, verwenden Sie den Objektfang ENDPUNKT:

```
Befehl: Linie
Von Punkt: END oder Endpunkt
```

| Kapitel 4: Zeichen- und Konstruktionstechniken

Wenn Sie jetzt über eine schon bestehende Linie fahren und Sie in die Nähe des Endpunkts kommen, wird das Symbol für den Endpunkt angezeigt. Klicken Sie dann auf die Pick-Taste, wird die Linie nicht an der Position des Fadenkreuzes angesetzt, sondern an dem Punkt, an dem das Symbol angezeigt wurde, also an dem Endpunkt der bestehenden Linie.

Wenn Sie etwa eine Sekunde warten, wird zusätzlich angezeigt, um welchen Punkt es sich handelt. In einem gelben Fenster wird der Tip angezeigt (siehe Abbildung 4.22). Mit der ⌧-Taste können Sie die weiteren Fangpunkte auf dem Objekt oder einem Objekt im Fangbereich durchblättern. Beachten Sie, wenn Sie die Pick-Taste drücken, wird immer der Punkt gewählt, an dem das Symbol gerade angezeigt wird, egal wo sich das Fadenkreuz befindet.

Abbildung 4.22:
Anzeige von Fangsymbol und Tip

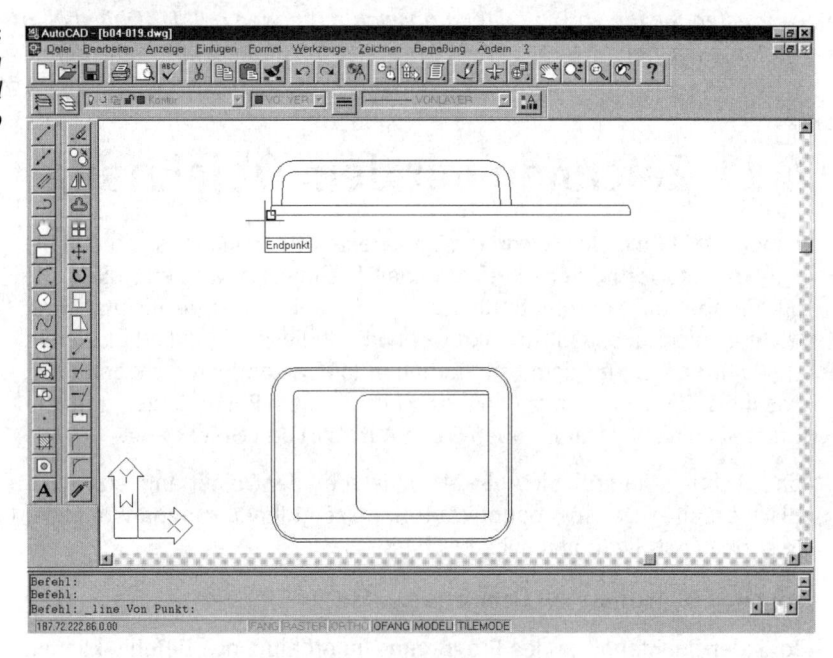

Das funktioniert natürlich nicht nur bei Linien, sondern bei allen Objekten und mit allen Fangfunktionen, die in AutoCAD zur Verfügung stehen. Jedoch haben unterschiedliche Objekte auch andere Fangpunkte. Die entsprechenden Symbole leuchten der Reihe nach auf, wenn Sie das Fadenkreuz an die verschiedenen Stellen des Objekts bringen oder mit der ⌧-Taste weiterschalten.

Der Objektfang ist die wichtigste Zeichen- und Konstruktionshilfe. Er kann auf zwei verschiedene Arten verwendet werden:

Vorgang: Objektfang für eine Punkteingabe verwenden

Sie können den Objektfang immer dann verwenden, wenn ein Punkt angefragt wird, bei Zeichenbefehlen, Editierbefehlen, Bemaßungen usw. Erst bei der Punktanfrage aktivieren Sie die gewünschte Objektfangfunktion und sie gilt dann auch nur für eine Punkteingabe. Bei der nächsten Punktanfrage können Sie eine andere Objektfangfunktion wählen.

Den Objektfang können Sie wie folgt aktivieren:

- Eintippen der Fangfunktion bzw. des Kürzels (meist die ersten drei Buchstaben der Funktion, siehe unten) bei der Punktanfrage
- Symbole im Werkzeugkasten OBJEKTFANG
- Fly-out-Menü in der Standard-Funktionsleiste
- Tablettbereich T bis U16 bis 22
- Pop-up-Menü mit dritter Taste auf dem Zeigegerät

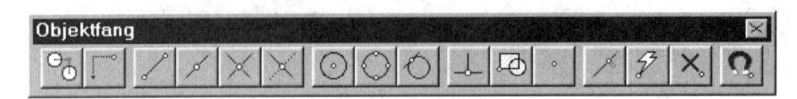

Sie können bei der Punkteingabe den Namen der Objektfangfunktion eintippen oder die ersten drei Buchstaben der Funktion, also Endpunkt oder END bzw. Schnittpunkt oder SCH.

Da das Tippen auf der Tastatur den Eingabefluß unterbricht, sollten Sie sich eine der anderen Methoden angewöhnen. Klicken Sie z.B. das entsprechende Symbol aus dem Fly-out-Menü in der Standard-Funktionsleiste an oder schalten Sie den Werkzeugkasten OBJEKTFANG zu.

Tip:

Wenn Ihre Bildschirmanzeige eine hohe Auflösung hat (ab 1024 x 768 Punkte) und Sie kleine Symbole gewählt haben, ist neben der Standard-Funktionsleiste und der Funktionsleiste Eigenschaften noch freier Platz. Schalten Sie den Werkzeugkasten OBJEKTFANG zu und docken Sie ihn an dieser Stelle an (siehe Abbildung 4.23). Wenn Sie dann noch den Werkzeugkasten BEMASSUNG oben ablegen und ZEICHNEN und ÄNDERN an der linken Seite belassen, haben Sie alles Wichtige im schnellen Zugriff.

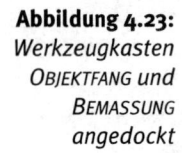

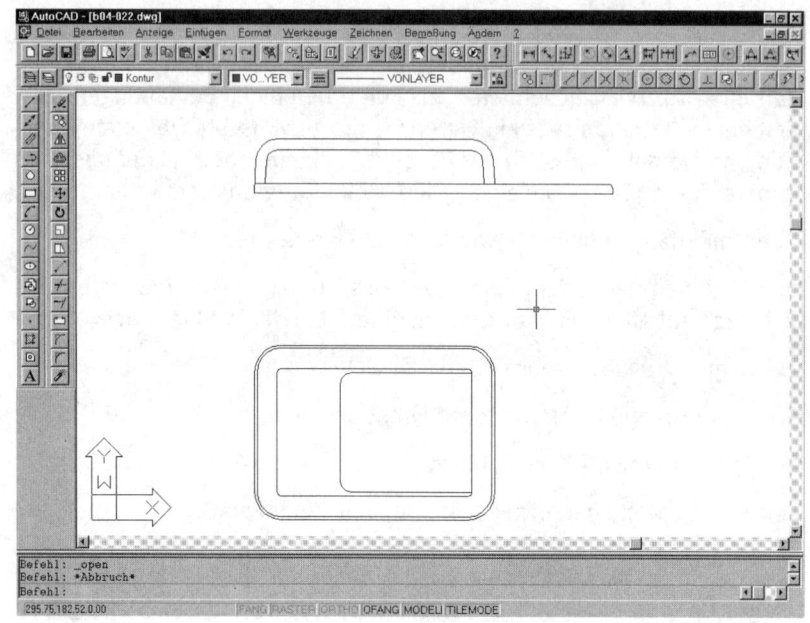

Abbildung 4.23:
Werkzeugkasten
OBJEKTFANG und
BEMASSUNG
angedockt

Tips für die Maus:

Wenn Sie eine Maus mit drei Tasten haben, können Sie mit der mittleren Taste das Pop-up-Menü am Cursor aktivieren, das die Objektfangfunktionen enthält (siehe Abbildung 4.24). Das Pop-up-Menü hat den Vorteil, daß es direkt neben dem Fadenkreuz eingeblendet wird, und es damit nur ein kurzer Weg zur Funktion ist.

Bei einer 2-Tasten-Maus erhalten Sie das Pop-up-Menü, wenn Sie die Taste ⇧ oder Strg gemeinsam mit der zweiten Maustaste drücken.

Wenn Sie in Windows eine Microsoft-kompatible Maus konfiguriert haben, steht Ihnen die dritte Taste der Maus nicht zur Verfügung. Auch dann nicht, wenn Ihre Microsoft-kompatible Maus drei Tasten hat. Der Microsoft-Maustreiber in Windows unterstützt nur 2-Tasten-Mäuse. Die dritte Taste funktioniert nur mit einem speziellen Treiber für eine 3-Tasten-Maus.

Doch welche Fangfunktionen stehen in AutoCAD zur Verfügung? Die entsprechenden Symbole werden an den Punkten angezeigt (siehe Abbildung 4.26). Die Fangpunkte an den Objekten sehen Sie in Abbildung 4.27:

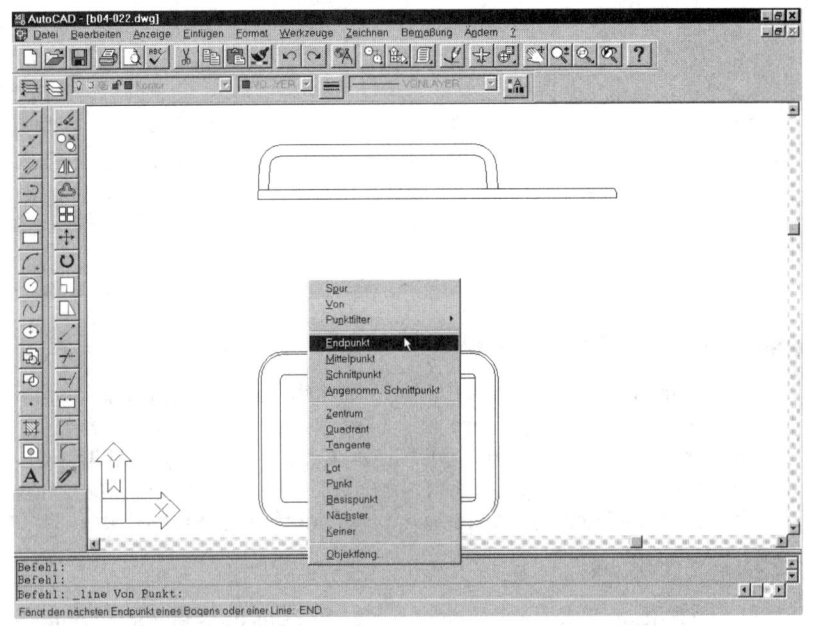

Abbildung 4.24:
Objektfang aus dem Pop-up-Menü wählen

END ODER ENDPUNKT

Fängt die Endpunkte einer Linie, eines Bogens oder eines Polyliniensegments.

MIT ODER MITTELPUNKT

Fängt den Mittelpunkt einer Linie, eines Bogens oder eines Polyliniensegments.

SCH ODER SCHNITTPUNKT

Fängt den Schnittpunkt zweier Zeichnungsobjekte.

Sobald Sie sich mit dem Fadenkreuz in der Nähe eines Objektes befinden, erscheint das Schnittpunktsymbol mit 3 Punkten und dem Tip ERWEITERTER SCHNITTPUNKT (siehe Abbildung 4.25). Klicken Sie den Punkt an. Es wird noch kein Punkt gefangen, Sie können aber auf ein anderes Objekt fahren. Hier erscheint jetzt der virtuelle Schnittpunkt der beiden Objekte. Das ist der Punkt, bei dem sich die Verlängerungen der beiden Objekte treffen. Voraussetzung ist, daß ein solcher Schnittpunkt existiert. Mit dieser Methode können Sie Schnittpunkte konstruieren.

Abbildung 4.25:
Objektfang Schnittpunkt für virtuelle Schnittpunkte

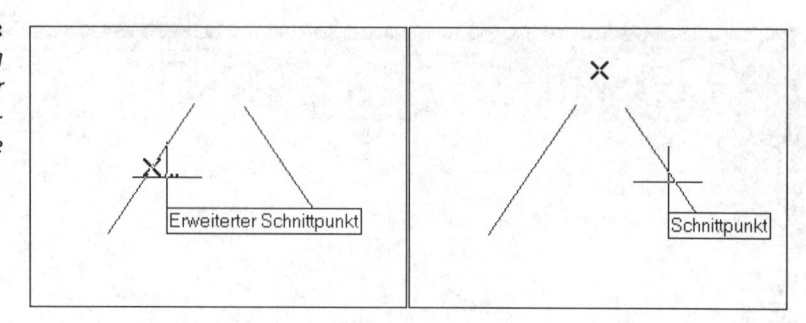

Erweiterter Schnittpunkt | Schnittpunkt

ANGENOMMENER SCHNITTPUNKT

Fängt den in der momentanen Ansicht sichtbaren Schnittpunkt zweier Objekte, die beliebig im Raum übereinanderliegen. Sie können beide Linien wählen. Der ermittelte Punkt liegt auf dem zuerst gewählten Objekt. Wenden Sie die Fangfunktion auf Objekte an, die in einer Ebene liegen, arbeitet die Funktion gleich wie der Objektfang SCHNITTPUNKT.

ZEN ODER ZENTRUM

Fängt den Mittelpunkt eines Kreises, eines Bogens oder eines Polylinienbogens. Beachten Sie, daß Sie die Kreis- oder Bogenlinie anfahren müssen, um das Symbol zu bekommen.

QUA ODER QUADRANT

Fängt den Quadrantenpunkt (0, 90, 180 oder 270 Grad) eines Kreises, Bogens oder einer Polylinie.

TAN ODER TANGENTE

Fängt den Punkt an einem Kreis, einem Bogen oder einem Polylinienbogen, zu dem ein anderer Punkt die Tangente bildet.

LOT

Fängt den Punkt auf einem Objekt, der von einem anderen Punkt aus einen rechten Winkel zu dem Objekt bildet. Fällt man das Lot auf eine Linie, muß sich der Punkt nicht unbedingt auf der Linie befinden, er kann auch auf der Verlängerung der Linie liegen.

BAS ODER BASISPUNKT

Fängt den Basispunkt der Einfügung eines Blocks oder Symbols oder den Einfügepunkt eines Textes oder eines Attributs.

PUN ODER PUNKT

Fängt einen Punkt.

NÄC ODER NÄCHSTER

Fängt den Punkt auf einem Objekt, der dem Fadenkreuz am nächsten liegt. Dieser Fangmodus ist ganz nützlich, wenn Sie eine Linie bis zu einem Objekt ziehen wollen, ohne daß sich dort ein Geometriepunkt befindet.

KEI ODER KEINER

Schaltet einen fest eingestellten Objektfang für eine Eingabe ab.

QUI ODER QUICK

Wenn QUICK gemeinsam mit einem anderen Objektfang verwendet wird, fängt dieser Modus den ersten in Frage kommenden Punkt des ersten Objekts, das er findet. In komplexen Zeichnungen verkürzt sich damit die Bearbeitungszeit.

Abbildung 4.26: Objektfangsymbole an den Geometriepunkten

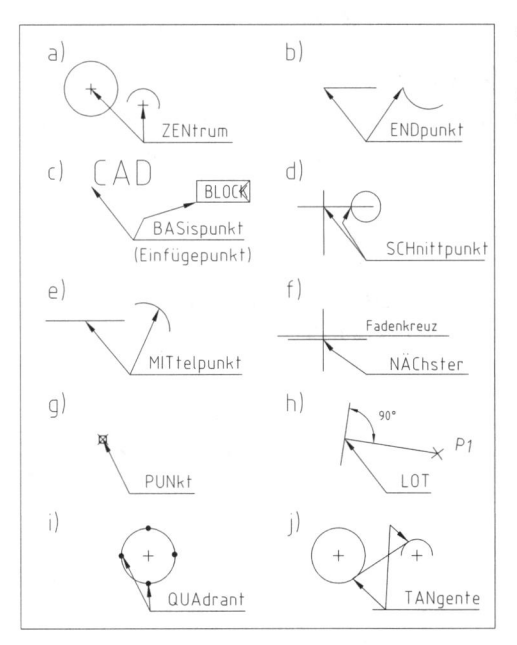

Abbildung 4.27: Geometriepunkte für den Objektfang

Vorgang: Objektfang fest einstellen

Wenn Sie für mehrere Eingaben den gleichen Objektfang oder mehrere Fangmodi benötigen, ist es wesentlich praktischer, den Objektfang fest einzustellen. Das erspart Ihnen bei jeder Punkteingabe mehrere Bedienschritte. Mit dem Befehl OFANG bzw. DDOSNAP bekommen Sie ein Dialogfeld auf den Bildschirm (siehe Abbildung 4.28), in dem Sie die Parameter für den Objektfang einstellen können. Sie finden den Befehl:

- Symbol im Werkzeugkasten OBJEKTFANG
- Fly-out-Menü in der Standard-Funktionsleiste
- Abrollmenü WERKZEUGE, Funktion OBJEKTFANG...
- Tablettfeld U22
- Pop-up-Menü mit dritter Taste auf dem Zeigegerät, Funktion OBJEKTFANG...

Sie haben noch eine Möglichkeit: In der Statuszeile finden Sie ein Feld OFANG. Klicken Sie dieses in einer Zeichnungssitzung das erste Mal mit einem Doppelklick an, erscheint ebenfalls das Dialogfeld des Befehls DDOSNAP. Danach können Sie mit diesem Schalter den Objektfang nur noch aus- und einschalten. Gleichzeitig erkennen Sie an diesem Schalter auch den Status des Objektfangs. Ist die Schrift grau, ist der Objektfang aus, ist sie schwarz, ist der Objektfang eingeschaltet.

Das Dialogfeld hat zwei Registerkarten:

OBJEKTFANG

Im oberen Teil des Dialogfelds (siehe Abbildung 4.28) können Sie die Fangmodi mit den Schaltern aus- und einschalten. Der Schalter ALLE LÖSCHEN schaltet alle Modi ab.

Mit dem Schieberegler GRÖSSE DER PICKBOX stellen Sie zum einen die Größe des Fangfensters ein, zum anderen stellen Sie damit gleichzeitig ein, wie nahe Sie an ein Objekt heranfahren müssen, um die Symbole für die Fangpunkte angezeigt zu bekommen.

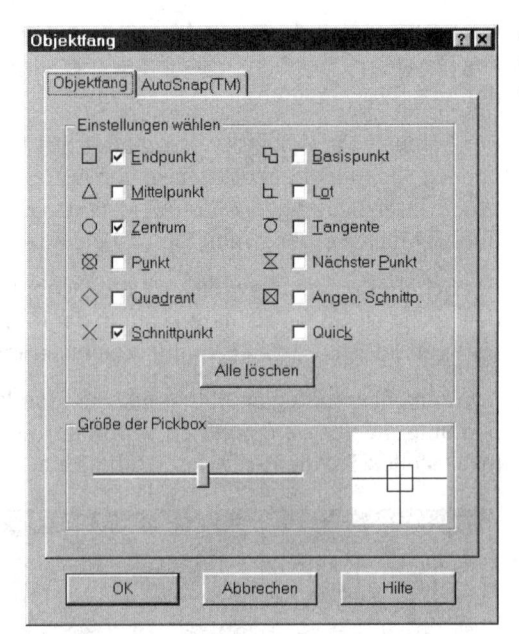

Abbildung 4.28:
Objektfang fest einstellen

Tips:

Meist benötigen Sie mehrere Objektfangfunktionen beim Zeichnen. Stellen Sie die ein, die Sie am häufigsten benötigen, beispielsweise ENDPUNKT und SCHNITTPUNKT bei der Bemaßung. Wenn Sie die Objekte überfahren, bekommen Sie Endpunkte und Schnittpunkte angezeigt.

Haben Sie eine oder mehrere Fangfunktionen fest eingestellt und brauchen für eine Eingabe eine andere Fangfunktion, so wählen Sie die Fangfunktion für den einen Punkt nach einer der weiter oben beschriebenen Methoden, beispielsweise aus dem Pop-up-Menü. Dann gilt der dann gewählte Objektfang für die eine Eingabe, für die weiteren gelten wieder die fest eingestellten Fangfunktionen.

Haben Sie einen oder mehrere Fangfunktionen fest eingestellt und wollen einen Punkt ohne Objektfang eingeben, dann wählen Sie aus dem Pop-up-Menü die Fangfunktion KEINE. Bei dieser Eingabe ist dann der fest eingestellte Objektfang nicht aktiv, erst wieder bei der nächsten.

Sie können einen fest eingestellten Objektfang auch per Doppelklick auf das Feld OFANG in der Statuszeile aus- und einschalten.

AUTOSNAP

In der zweiten Registerkarte (siehe Abbildung 4.29) können Sie die Einstellungen für den Objektfang vornehmen. Wenn der Schalter MARKIE-

RUNG eingeschaltet ist, werden die Symbole an den Geometriepunkten angezeigt und Sie können sie mit der ⌷-Taste durchblättern. Nur so ist der AutoSnap sinnvoll.

Der Schalter PICKBOX ANZEIGEN schaltet das Fangfenster zu. AutoCAD-12- und -13-Umsteiger bekommen so den AutoSnap mit dem gewohnten Aussehen ihrer bisherigen AutoCAD-Version. Es kann aber auch leicht unübersichtlich werden, wenn Sie zu viele Anzeigen haben.

Der Schalter MAGNET bewirkt, daß die Symbole auch dann angezeigt werden, wenn sich das Fadenkreuz nur in der Nähe befindet. Der Schalter TIP schaltet die Tips zu den Fangpunkten aus und ein.

Mit dem Schieberegler MARKIERUNGSGRÖSSE können Sie die Größe der Symbole an den Fangpunkten verändern. Im Abrollmenü MARKIERUNGSFARBE stellen Sie die Farbe der Symbole ein.

Abbildung 4.29:
Objektfang fest einstellen

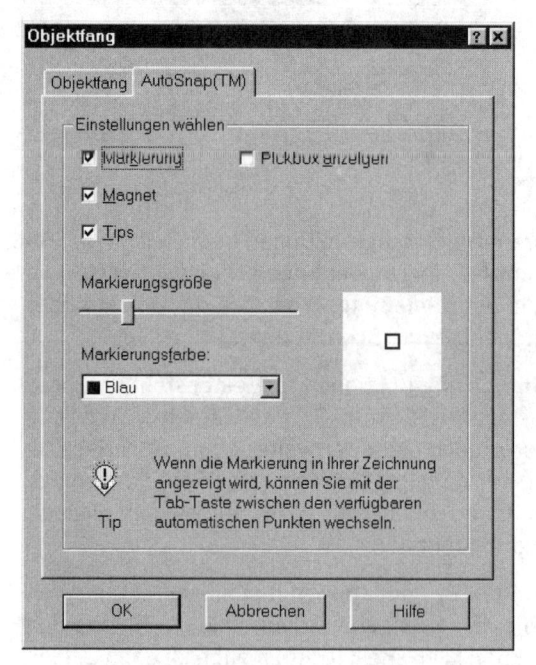

Mit den Einstellungen wie in Abbildung 4.29 nutzen Sie die Möglichkeiten des AutoSnap von AutoCAD 14 am besten. Sind die drei Schalter in der ersten Spalte aus und nur der Schalter PICKBOX ANZEIGEN an, dann haben Sie dieselben Funktionen wie in AutoCAD 13. Sie müssen den gesuchten Punkt bzw. das Objekt in das Fangfenster nehmen. Die dynamische Anzeige des Symbols und das Weiterschalten mit der ⌷-Taste ist dann nicht verfügbar.

Tip:

Ein fest eingestellter Objektfang hatte bei früheren AutoCAD-Versionen eine Fehlerquelle in sich. Stellen Sie sich folgenden Fall vor: Sie haben den Objektfang SCHNITTPUNKT fest eingestellt. Sie wollen eine Linie bei der Koordinate 103,102 beginnen. Diese Koordinate tippen Sie beim Befehl LINIE ein. Bei der Koordinate 100,100 befindet sich in der Zeichnung ein Schnittpunkt zweier Linien. Obwohl Sie 103,102 eintippen, wird der Schnittpunkt in der Nähe eingefangen und schon haben Sie den Zeichenfehler.

Mit AutoCAD 14 können Sie in den Voreinstellungen wählen, daß Koordinateneingaben immer Vorrang vor dem Objektfang haben. Diese Einstellung ist standardmäßig aktiv. Sie können dies im Befehl VOREINSTELLUNGEN (siehe Kapitel 27.4), Registerkarte KOMPATIBILITÄT, Bereich PRIORITÄT FÜR KOORDINATENEINGABE einstellen. Wenn Sie den Schalter TASTATUREINGABE oder TASTATUREINGABE AUSSER SCRIPTEN eingeschaltet haben (siehe Abbildung 4.30), hat die Tastatureingabe immer Vorrang und die Fehlerquelle ist damit beseitigt.

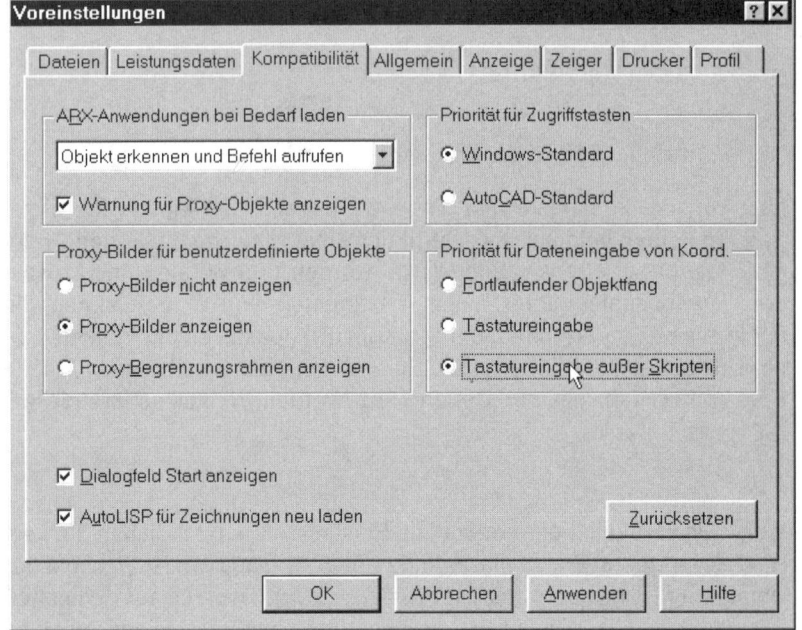

Abbildung 4.30: Tastatureingabe vorrangig behandeln

Verweis

In früheren AutoCAD-Versionen arbeitete nur der Befehl DDOSNAP mit einem Dialogfeld. Der Befehl OFANG stellte die Anfragen im Befehlszeilenfenster. In AutoCAD 14 haben beide Befehl dieselbe Funktion. Wenn Sie jedoch wie in früheren Versionen im Befehlszeilenfenster arbeiten wollen, geben Sie den Befehl mit einem vorangestellten »-« ein: -Ofang (siehe Referenzteil: Befehl -Ofang).

4.12 Konstruktionslinie und Strahl

Eine weitere Konstruktionsmethode wird von AutoCAD 14 unterstützt, die erst mit dem Objektfang einen Sinn bekommt: das Arbeiten mit Konstruktionshilfslinien und Strahlen.

Vorgang: Konstruktionslinien mit dem Befehl Klinie

Mit dem Befehl Klinie werden Konstruktionslinien horizontal, vertikal oder in einem bestimmten Winkel durch einen Punkt oder durch zwei wählbare Punkte gezeichnet, die ohne Anfang und Ende über den gesamten Zeichenbereich laufen. Durch Stutzen der Konstruktionslinien kommen Sie auf die gewünschte Kontur. Sie finden den Befehl im:

↪ Abrollmenü Zeichnen, Funktion Konstruktionslinie

↪ Tablettfeld L10

↪ Symbol im Werkzeugkasten Zeichnen

```
Befehl: Klinie
HOr/Ver/Win/HAlb/Abstand/<von Punkt>:
```

Jetzt können Sie einen Punkt eingeben, danach wird ein zweiter angefragt und durch beide eine Konstruktionslinie gezeichnet. Mit den Optionen Horizontal, Vertikal und Winkel werden horizontale und vertikale Konstruktionslinien unter einem bestimmten Winkel gezeichnet. Ein Punkt reicht zum Zeichnen. Bei den Konstruktionslinien mit Winkelangabe wird zuerst der Winkel angefragt und dann der Punkt, durch den die Linie laufen soll. Mit der Option Halb werden Winkelhalbierende gezeichnet.

Tip:

Wenn Sie vertikale oder horizontale Hilfslinien zeichnen, haben Sie kein Fadenkreuz mehr. Die zu plazierende Hilfslinie hängt an der Pickbox. Der Objektfang ist nicht automatisch aktiviert, auch wenn es auf den ersten Blick so aussieht. Wählen Sie die benötigte Fangfunktion zusätzlich an oder stellen Sie sie fest ein, wenn Sie eine ganze Serie von Konstruktionslinien plazieren wollen.

Wie mit dem Befehl VERSETZ können auch parallele Konstruktionslinien gezeichnet werden. Verwenden Sie dazu die Option ABSTAND. Der Vorteil der Konstruktionslinienmethode ist, daß durchgehende Linien erzeugt werden und nicht nur Parallelen in der Länge der Originalobjekte.

```
HOr/Ver/Win/HAlb/Abstand/<von Punkt>: A für Abstand
Abstand oder Durch punkt <Durch punkt>: Abstand eingeben z.B. 5
Linienobjekt wählen: beliebiges Linienobjekt wählen
Zu versetzende Seite? auf die Seite klicken, auf der die
Konstruktionslinie gezeichnet werden soll
Linienobjekt wählen:
Zu versetzende Seite? usw.
```

Oder durch einen Punkt:

```
HOr/Ver/Win/HAlb/Abstand/<von Punkt>: A für Abstand
Abstand oder Durch punkt <Durch punkt>: P für Punkt
Linienobjekt wählen: beliebiges Linienobjekt wählen
Durch Punkt: Punkt mit dem Objektfang wählen, durch den die
Konstruktionslinie gezeichnet werden soll
Linienobjekt wählen:
Durch Punkt:  usw.
```

Mit der Option Abstand erhalten Sie den gleichen Dialog wie beim Befehl VERSETZ. Das Ergebnis ist auch dasselbe, nur daß eine durchgehende Konstruktionslinie entsteht.

Tip:

Bei der Anfrage nach dem Abstand können Sie auch einen Punkt wählen, natürlich mit dem Objektfang. Danach wird ein weiterer Punkt angefragt. Greifen Sie auch diesen mit dem Objektfang ab. Die Distanz dieser beiden Punkte wird als Abstand verwendet. So können Sie die Abstände aus anderen Ansichten abgreifen, ohne die Werte zu wissen. Das funktioniert übrigens auch beim Befehl VERSETZ. Generell gilt, wenn AutoCAD eine Größe anfragt, können Sie diese auch an zwei Punkten in der Zeichnung mit dem Objektfang abgreifen.

Nachdem Sie eine Option beim Befehl KLINIE gewählt haben, bleibt der Befehl im Wiederholmodus, bis Sie ihn mit ⏎ beenden. Benötigen Sie eine andere Konstruktionsmethode, müssen Sie den Befehl neu anwählen.

Vorgang: Hilfslinien mit dem Befehl STRAHL

Der Befehl STRAHL erzeugt Strahlen, die von einem Punkt ausgehen und durch einen weiteren Punkt ins Unendliche gehen. Diese können ebenfalls für Hilfskonstruktionen verwendet werden. Sie finden den Befehl im:

→ Abrollmenü ZEICHNEN, Funktion STRAHL

→ Tablettfeld K10

→ Symbol im Werkzeugkasten ZEICHNEN

```
Befehl: Strahl
Von Punkt: Ursprungspunkt der Strahlen eingeben
Durch Punkt: Punkt auf dem Strahl eingeben
Durch Punkt: usw.
```

Damit können Sie eine Schar von Strahlen vom Startpunkt durch die danach eingegebenen Punkte zeichnen.

Tip:

Wenn Sie Konstruktionslinien stutzen oder brechen (siehe Befehl BRUCH), entstehen daraus Strahlen oder Linien. Werden Strahlen gestutzt, entstehen wieder Strahlen oder Linien.

4.13 Konstruieren mit Objektfang und Konstruktionslinien

Mit dem Objektfang und den Konstruktionslinien geht schon wesentlich mehr. Arbeiten Sie wie am Zeichenbrett, machen Sie Hilfslinien und radieren Sie. Es ist einfacher und geht zudem noch schneller.

Übung: Vertiefung zeichnen

→ *Stellen Sie den Objektfang ENDPUNKT fest ein.*

→ *Zeichnen Sie eine vertikale Konstruktionslinie am Ende des Einschnitts durch den Endpunkt P1 (siehe Abbildung 4.31).*

→ *Zeichnen Sie eine Konstruktionslinie im Abstand 2 von der Oberkante der Schnittansicht (P2).*

→ *Zeichnen Sie eine weitere vertikale Konstruktionslinie durch den Punkt P3, an dem die horizontale Konstruktionslinie die andere schneidet. Wählen Sie dazu den Objektfang SCHNITTPUNKT aus dem Pop-up-Menü.*

→ *Damit haben Sie alle Hilfslinien erzeugt. Den Rest erzeugen Sie mit den Befehlen STUTZEN und DEHNEN.*

→ *Ihre Zeichnung sollte danach wie in Abbildung 4.32 aussehen.*

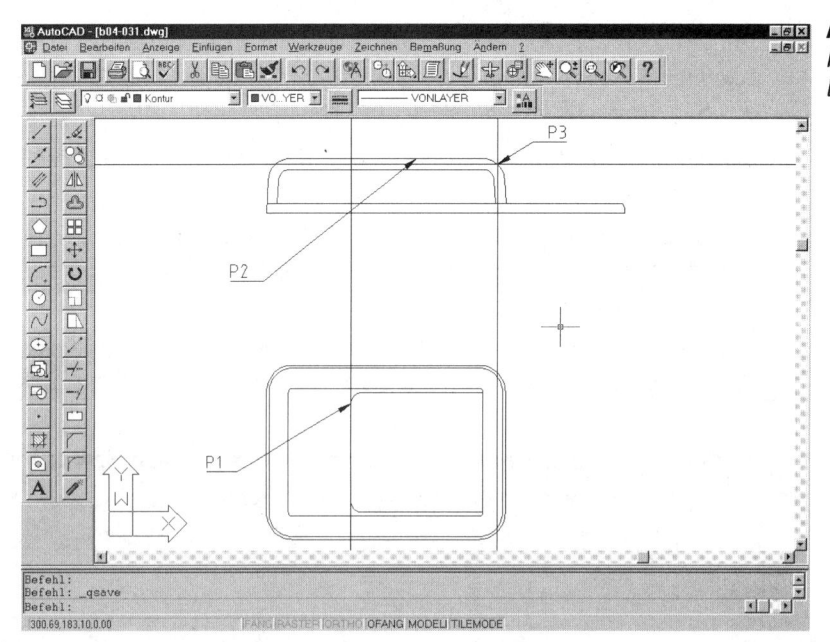

Konstruieren mit Objektfang und Konstruktionslinien

Abbildung 4.31:
Konstruktionslinien setzen

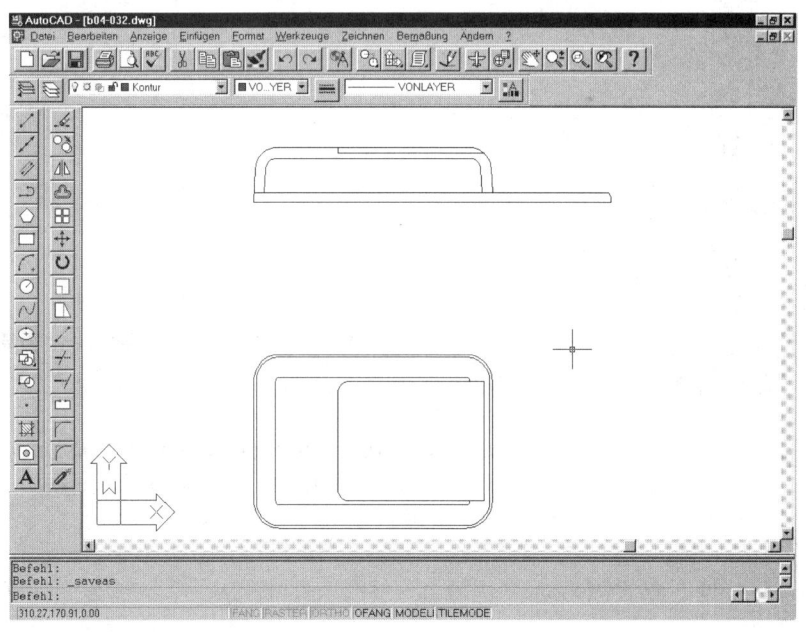

Abbildung 4.32:
Der fertige Einschnitt

| Kapitel 4: Zeichen- und Konstruktionstechniken

Übung: Vorderteil der Draufsicht

↳ Zeichnen Sie eine Konstruktionslinie unter 70° durch das Zentrum des Bogens B1. Wählen Sie dazu den Objektfang ZENTRUM.

↳ Machen Sie dasselbe unten am Bogen B2 unter dem Winkel 110°, wieder mit dem Objektfang ZENTRUM.

↳ Wo die Konstruktionslinien die Bögen schneiden, setzen Sie wieder Konstruktionslinien, oben unter dem Winkel 160° und unten mit 20°. Nehmen Sie beide Male den Objektfang SCHNITTPUNKT.

↳ Zeichnen Sie noch eine vertikale Konstruktionslinie durch den Punkt P1. Das Konstruktionsliniennetz sieht jetzt wie in Abbildung 4.33 aus.

Abbildung 4.33:
Die Hilfslinien für das Vorderteil

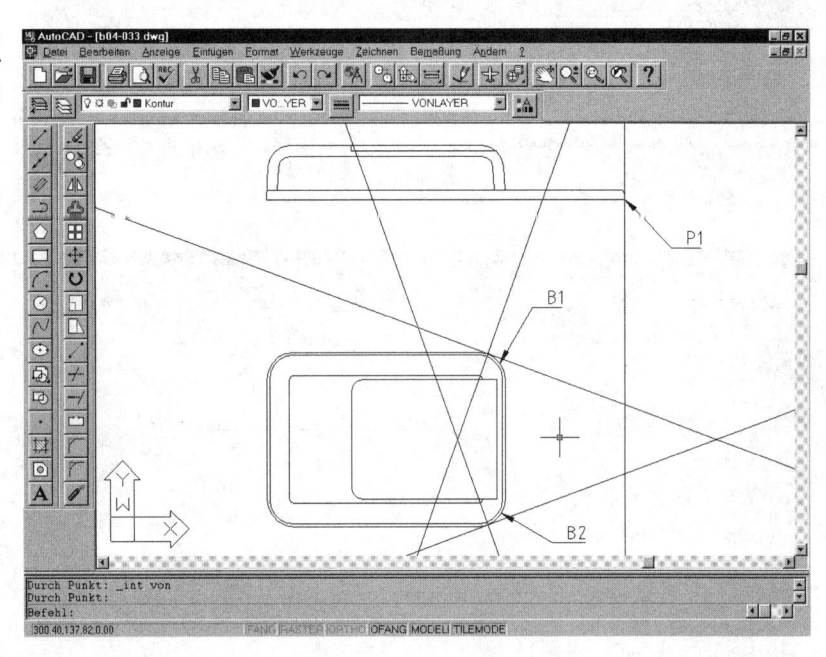

↳ Jetzt sind auch diese Hilfslinien komplett. Stutzen Sie die Hilfslinien zurecht und löschen Sie die überflüssigen, bis Sie dieselbe Zeichnung wie in Abbildung 4.34 haben.

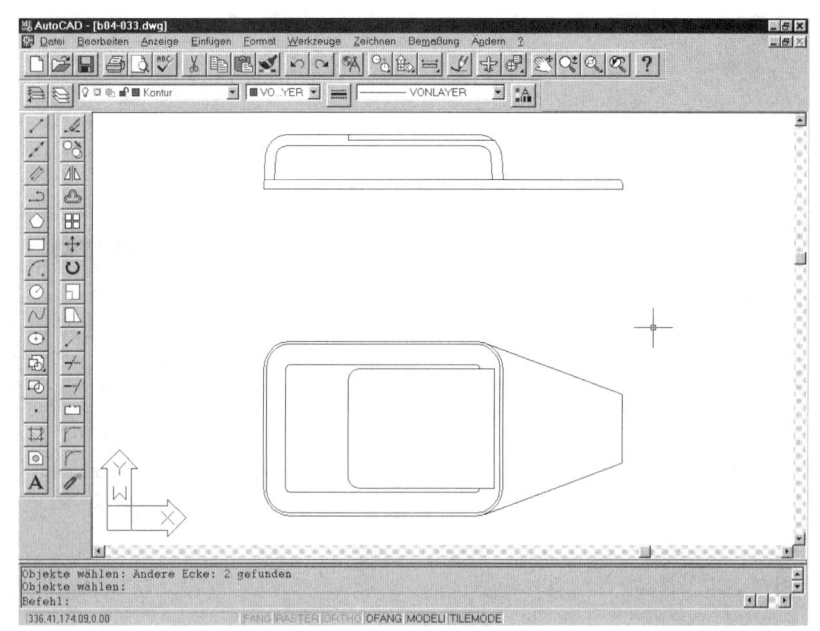

Abbildung 4.34:
Das fertige Vorderteil

4.14 Relativpunkte

Obwohl das Zeichnen mit Konstruktionslinien einfach zu verstehen ist, in vielen Fällen geht es auch ohne. Wenn Sie nur einen Punkt in einem bekannten Abstand von einem vorhandenen Punkt benötigen, reicht es auch, wenn Sie den Relativpunkt verwenden. In Abbildung 4.35 sehen Sie ein Beispiel. Die Maße des Kreises beziehen sich auf den linken unteren Eckpunkt der Draufsicht. Eine vertikale und eine horizontale Konstruktionslinie im Abstand der Maße lösen das Problem. Genauso geht es aber mit dem Relativpunkt.

Vorgang: Zeichnen mit Relativpunkten

Mit dem Relativpunkt wählen Sie einen bekannten Bezugspunkt, in der Regel mit dem Objektfang. Es ist aber auch eine Koordinateneingabe möglich. Zusätzlich geben Sie den Versatz von diesem Punkt als relative Koordinaten ein. Sie finden die Funktion im:

↳ Symbol im Werkzeugkasten OBJEKTFANG

↳ Symbol in einem Fly-out-Menü der Standard-Funktionsleiste

↳ Tablettfeld U15

↳ Pop-up-Menü mit dritter Taste auf dem Zeigegerät, Funktion VON

Kapitel 4: Zeichen- und Konstruktionstechniken

Abbildung 4.35:
Beispiel für einen Relativpunkt

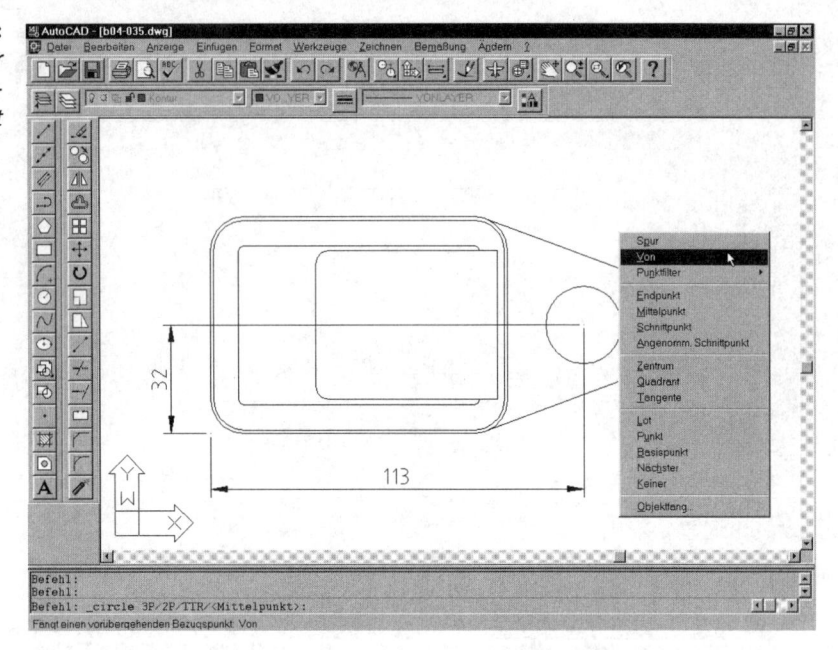

Beispiel für den Dialog bei der Eingabe eines Relativpunktes:

```
Befehl: Linie
Von Punkt: vonp
Basispunkt: Objektfang Endpunkt aktivieren und Bezugspunkt wählen
<Abstand>: Relative Koordinate eingeben z.B.: @50,50
Nach Punkt:
```

Bevor Sie die Funktion für die Zeichnung verwenden, zunächst noch den Befehl zum Zeichnen von Kreisen.

4.15 Zeichnen von Kreisen

Kreise zeichnen Sie mit dem Befehl KREIS. Damit lassen sich mit verschiedenen Optionen Kreise konstruieren.

Vorgang: Befehl KREIS

Den Befehl KREIS bekommen Sie in seiner Grundform, wenn Sie den Befehlsnamen auf der Tastatur eingeben oder aus dem Werkzeugkasten bzw. dem Tablett wählen. In diesem Fall geben Sie die Optionen auf der Tastatur ein. Sie können ihn aber auch im Abrollmenü gleich mit der gewünschten Option wählen:

Zeichnen von Kreisen

➔ Abrollmenü ZEICHNEN, Untermenü KREIS >, Funktionen für die Optionen des Befehls

➔ Tablettfeld J9

➔ Symbol im Werkzeugkasten ZEICHNEN

Der Befehl stellt die folgenden Anfragen:

```
Befehl: Kreis
3P/2P/TTR/>Mittelpunkt>:
Durchmesser/<Radius> <10.00>:
```

Geben Sie den Mittelpunkt ein. Danach wird der Radius abgefragt. Er kann als Zahlenwert oder als Punktkoordinate eingegeben werden. Dann wird der Kreis so gezeichnet, daß er durch diesen Punkt läuft. Bis zur Festlegung des Radius wird der Kreis dem Fadenkreuz nachgezogen. Haben Sie den Befehl schon einmal benutzt, erscheint der letzte Radius als Vorgabe, die Sie mit ⏎ übernehmen können.

Verwenden Sie bei der Radiusanfrage die Option DURCHMESSER oder nur D, dann wird auf die Durchmesseranfrage umgeschaltet:

```
Durchmesser/<Radius> <10.00>: D für Durchmesser
Durchmesser <20.00>:
```

3P

Geben Sie bei der ersten Anfrage die Option 3P ein, wählen Sie die Option zum Zeichnen des Kreises mit 3 Punkten.

```
KREIS 3P/2P/TTR/<Mittelpunkt>: 3p
Erster Punkt:
Zweiter Punkt:
Dritter Punkt:
```

Aus 3 Punkten entsteht immer ein eindeutig definierter Kreis.

2P

Die Option 2P zeichnet einen Kreis aus 2 Punkten. Die beiden Punkte sind Endpunkte des Durchmessers.

```
KREIS 3P/2P/TTR/<Mittelpunkt>: 2p
Erster Punkt auf Durchmesser:
Zweiter Punkt auf Durchmesser:
```

TTR

Mit der Option TTR werden 2 Objekte und ein Radius angefragt. Der Kreis wird tangential an die gewählten Objekte angelegt und mit dem eingegebenen Radius gezeichnet. Bei der Wahl der beiden Objekte ist der Objektfang TANGENTE automatisch aktiv.

```
3P/2P/TTR/<Mittelpunkt>: TTR
Eingabe der Tangentenspezifikation:
Eingabe der zweiten Tangentenspezifikation:
Radius <10.00>:
```

Tip:

Im Untermenü KREIS > des Abrollmenüs ZEICHNEN finden Sie noch eine weitere Funktion, die mit TAN, TAN, TAN bezeichnet ist. Dabei handelt es sich um eine Variante der Option 3P. Für alle 3 Punkteingaben wird bei dieser Methode der Objektfang TANGENTE aktiviert. Damit können Sie auf einfache Art einen Inkreis in ein Dreieck zeichnen.

Übung: Zeichnen der Kreise mit Relativpunkt

- Zeichnen Sie den Kreis mit dem Durchmesser 23 relativ zum virtuellen Schnittpunkt an der unteren linken Ecke (siehe Abbildung 4.36).

- Schalten Sie den festen Objektfang ab, falls er eingeschaltet ist.

- Das Verfahren ist nur auf den ersten Blick etwas kompliziert. Versuchen Sie es mehrmals, falls Sie beim ersten Mal abbrechen.

  ```
  Befehl: Kreis
  3P/TTR/<Mittelpunkt>: Funktion Vonp wählen (Von im Pop-up-Menü)
  Basispunkt: Objektfang Schnittpunkt wählen, mit dem Fadenkreuz
  auf die äußere linke senkrechte Linie fahren, bis das
  Schnittpunktsymbol X... erscheint, anklicken und dann auf die
  untere Linie gehen. Wenn das Symbol am virtuellen Schnittpunkt
  erscheint, Pick-Taste drücken
  <Abstand>: @113,32
  Durchmesser/<Radius>: D für Durchmesser
  Durchmesser: 23
  ```

- Beim zweiten konzentrischen Kreis haben Sie es einfacher. Sie können zwar zur Übung die gleiche Prozedur wiederholen. Sie können das Zentrum aber auch mit dem Objektfang ZENTRUM fangen. Noch einfacher ist es, wenn Sie einen konzentrischen Kreis mit dem Befehl VERSETZ im Abstand 4.5 erzeugen.

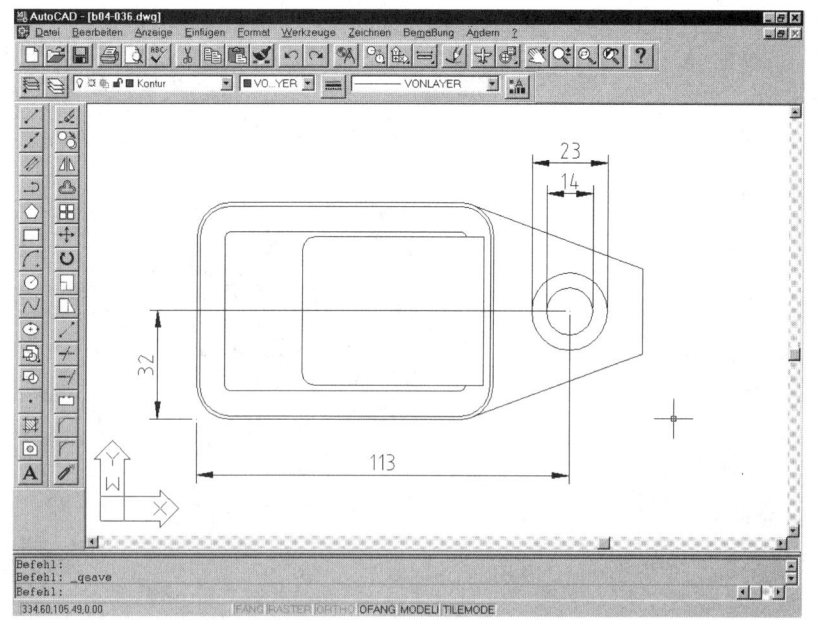

Abbildung 4.36:
Zeichnen der Kreise

4.16 Zeichnen von Bögen

Meist ist es einfacher, einen Kreis zu zeichnen und diesen zu stutzen, wenn Sie einen Bogen benötigen. Bögen lassen sich in AutoCAD aber auch auf verschiedene Arten konstruieren. Dafür gibt es den Befehl BOGEN.

Vorgang: Befehl BOGEN

Beim Befehl BOGEN ist es ähnlich wie beim Befehl KREIS: Den Befehl bekommen Sie in seiner Grundform auf der Tastatur, im Werkzeugkasten und auf dem Tablett. Die Optionen geben Sie dann auf der Tastatur ein. Im Abrollmenü haben Sie in einem Untermenü die Konstruktionsmethoden übersichtlich aufgelistet, die mit diesem Befehl möglich sind (siehe Abbildung 4.37).

- Abrollmenü ZEICHNEN, Untermenü BOGEN >, Funktionen für die Konstruktionsmethoden des Befehls
- Tablettfeld R10
- Symbol im Werkzeugkasten ZEICHNEN

Abbildung 4.37:
Untermenü zum Zeichnen von Bögen

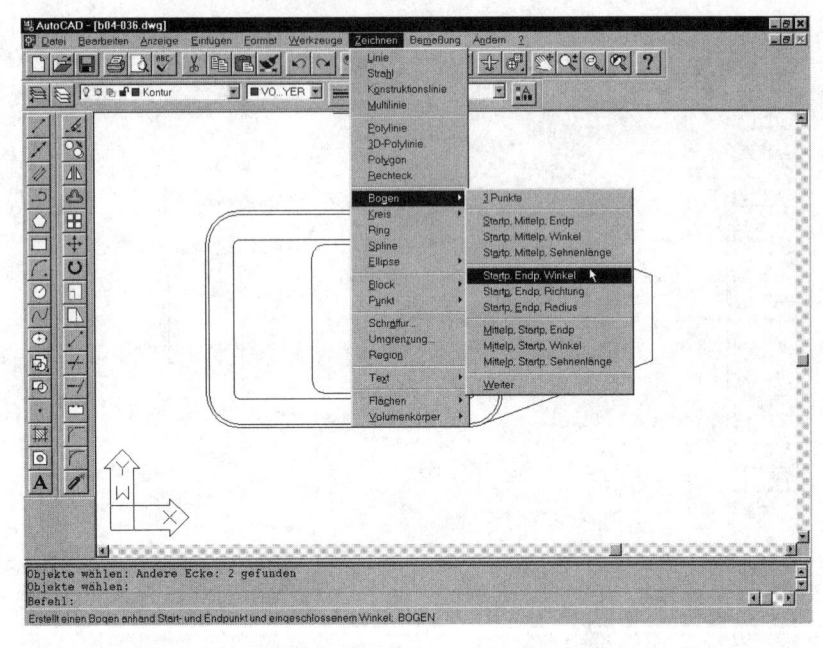

Im Abrollmenü steht Ihnen für jede Konstruktionsmethode des Befehls BOGEN ein eigener Menüpunkt zur Verfügung. Wenn Sie den Befehl aber eintippen, aus dem Werkzeugkasten oder vom Tablett wählen, läuft er mit der Standard-Methode ab, dem 3-Punkte-Bogen:

```
Befehl: Bogen
Mittelpunkt/<Startpunkt>:
Mittelpunkt/Endpunkt/<Zweiter Punkt>:
Endpunkt:
```

Aber auch bei der Standard-Methode lassen sich alle anderen Konstruktionsmethoden über die Eingabe der entsprechenden Option anwählen, z.B.:

```
Befehl: Bogen
Mittelpunkt/<Startpunkt>: M für Mittelpunkt
Mittelpunkt:
Startpunkt:
Winkel/Sehnenlänge/<Endpunkt>: W für Winkel
Eingeschlossener Winkel:
```

Im Abrollmenü werden elf Methoden angeboten:

3 PUNKTE

Standardmethode, siehe oben und Abbildung 4.38, a).

StartP, MittelP, EndP

Konstruktion aus Startpunkt, Mittelpunkt und Endpunkt. Der Bogen wird immer in der Vorzugsrichtung, entgegen dem Uhrzeigersinn, gezeichnet. Der Endpunkt muß nicht exakt bestimmt werden. Aus dem Punkt, den Sie eingeben, wird ein Gummiband vom Mittelpunkt gezogen. An dem Schnittpunkt des Bogens und des Gummibands wird der Endpunkt gesetzt (siehe Abbildung 4.38, b).

StartP, MittelP, Winkel

Konstruktion aus Startpunkt, Mittelpunkt und dem eingeschlossenen Winkel. Positive Winkel erzeugen einen Bogen entgegen dem Uhrzeigersinn, negative Winkel einen Bogen im Uhrzeigersinn (siehe Abbildung 4.38, c).

StartP, MittelP, Sehnenlänge

Konstruktion aus Startpunkt, Mittelpunkt und der Länge der Sehne des Bogens. Der Bogen wird immer entgegen dem Uhrzeigersinn gezeichnet. Dabei können immer zwei Bögen entstehen. Wird die Sehnenlänge positiv eingegeben, erhält man den kleinen Bogen, bei Eingabe eines negativen Wertes wird der große Bogen gezeichnet (siehe Abbildung 4.38, d).

StartP, EndP, Winkel

Konstruktion aus Startpunkt, Endpunkt und dem eingeschlossenen Winkel. Auch hier gilt wieder: Positive Winkel erzeugen einen Bogen entgegen dem Uhrzeigersinn, negative Winkel einen Bogen im Uhrzeigersinn (siehe Abbildung 4.38, e).

StartP, EndP, Richtung

Konstruktion aus Startpunkt, Endpunkt und der Vorgabe einer Startrichtung. Das ist der Winkel, unter dem die Tangente am Startpunkt verläuft (siehe Abbildung 4.38, f).

StartP, EndP, Radius

Konstruktion aus Startpunkt, Endpunkt und dem Radius des Bogens. Auch hier gibt es eine Besonderheit. Ein positiver Wert für den Radius erzeugt den kleinen Bogen, ein negativer Wert den großen. Der Bogen wird immer entgegen dem Uhrzeigersinn gezeichnet (siehe Abbildung 4.38, g).

MittelP, StartP, Endpunkt

Oft ist es bei der Bogenkonstruktion sinnvoller, mit dem Mittelpunkt zu beginnen, weil Sie diesen mit dem Objektfang leicht ermitteln können.

Kapitel 4: Zeichen- und Konstruktionstechniken

Von dort aus können Sie die weiteren Punkte als relative Koordinaten oder als relative Polarkoordinaten eingeben. Die Methode entspricht der ersten, aber die Eingabereihenfolge ist anders.

MITTELP, STARTP, WINKEL

Wie oben, aber in anderer Eingabereihenfolge.

MITTELP, STARTP, SEHNENLÄNGE

Wie oben, aber in anderer Eingabereihenfolge.

WEITER

Diese Konstruktionsmethode setzt einen Bogen an die zuletzt gezeichnete Linie oder den zuletzt gezeichneten Bogen tangential an. Sie müssen nur noch den Endpunkt für den Bogen eingeben.

Abbildung 4.38: Konstruktionsmethoden für Bögen

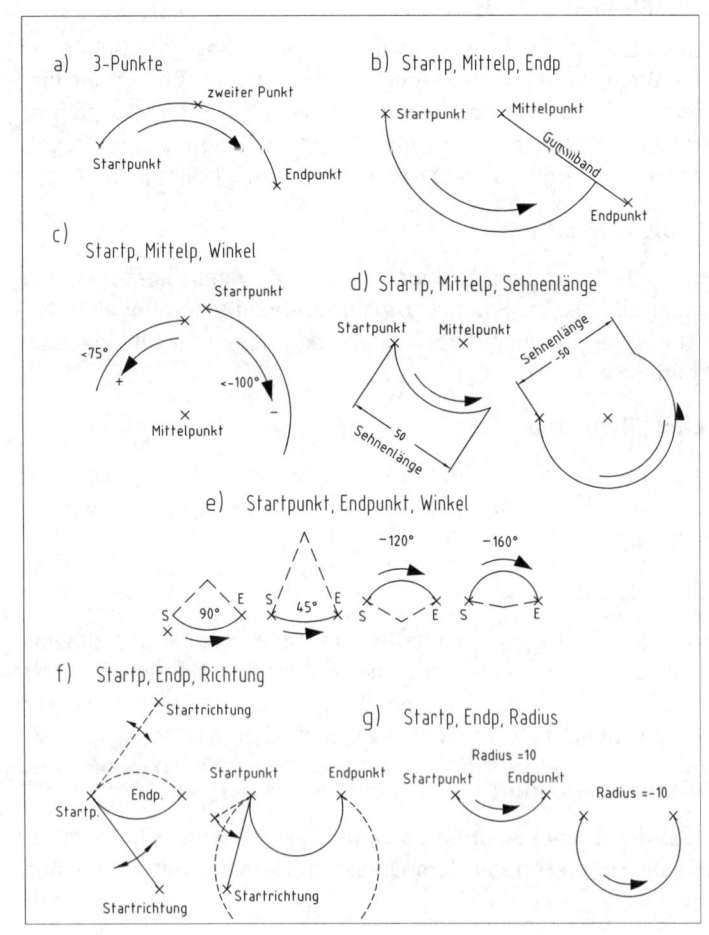

Übung: Bogen zeichnen

→ Zeichnen Sie eine senkrechte Konstruktionslinie im Abstand von 1.5 von der rechten Kante und eine horizontale durch den Mittelpunkt der senkrechten Linie.

→ Zeichnen Sie einen 3-Punkte-Bogen durch P1, P2 und P3 (siehe Abbildung 4.39).

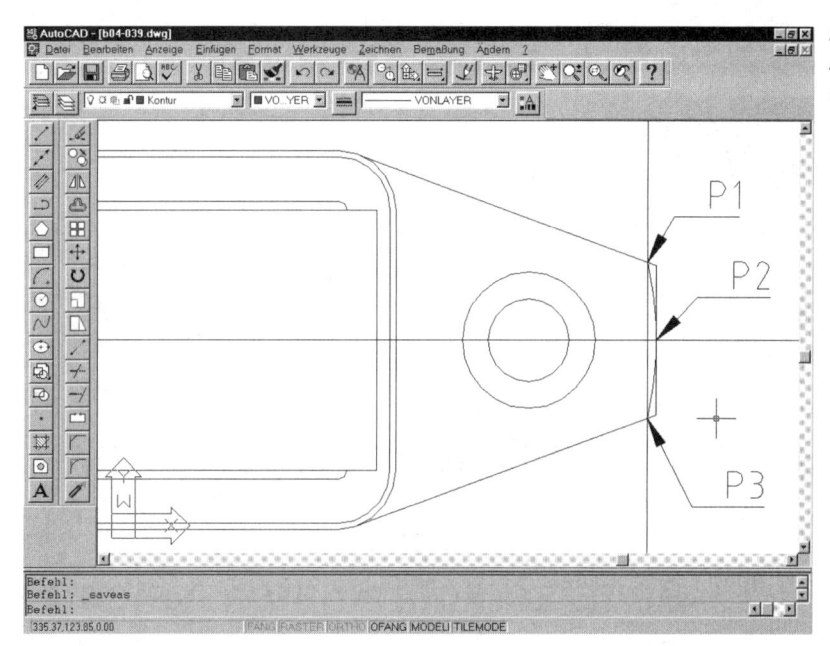

Abbildung 4.39:
Zeichnen des Bogens

→ Löschen Sie die Konstruktionslinien wieder heraus. Auch die rechte senkrechte Linie ist überflüssig.

→ Runden Sie die Kanten mit Radius 5 (siehe Abbildung 4.40).

→ Zeichnen Sie ein Fadenkreuz in den inneren Kreis. Verwenden Sie den Befehl LINIE und nehmen Sie den Objektfang QUADRANT.

→ Projizieren Sie mit vertikalen Konstruktionslinien die Quadrantenpunkte der Kreise in die Schnittdarstellung.

→ Zeichnen Sie den Ring im Schnitt mit einer Höhe von 2 Einheiten. Denken Sie auch an die obere Verbindungslinie und brechen Sie das Material zur unteren Platte hin auf.

→ Zeichnen Sie die Fase in der Draufsicht ein. Der Abstand beträgt eine Einheit. Stutzen Sie die Überstände am Gehäuse.

Kapitel 4: Zeichen- und Konstruktionstechniken

→ Ihre Zeichnung sollte dann wie in Abbildung 4.40 aussehen. Falls Sie nicht so weit gekommen sind, diesen Stand der Zeichnung finden Sie auch in Ihrem Übungsordner als Zeichnung Z01-B.DWG.

Abbildung 4.40:
Der momentane Stand der Zeichnung

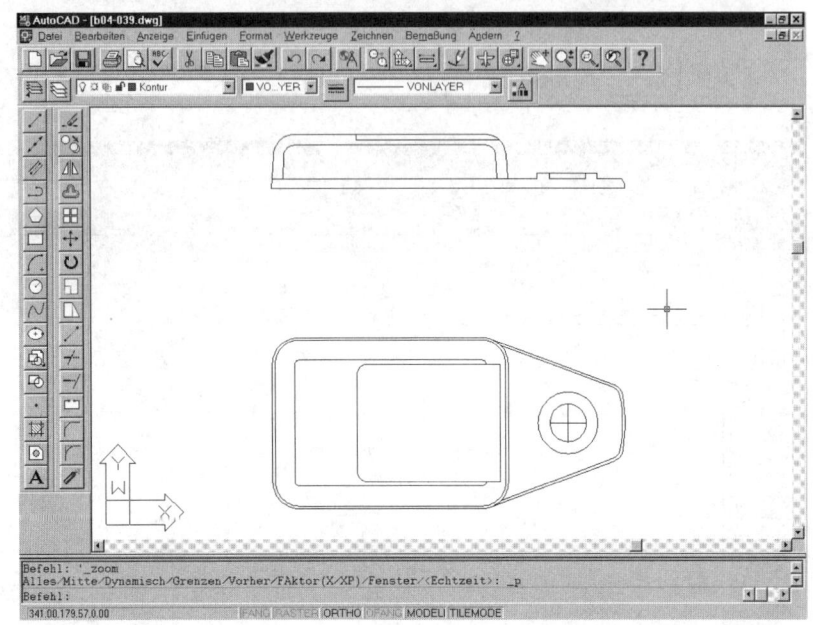

4.17 Benutzerkoordinatensysteme BKS

Wenn wir irgendwo in einem Teil ohne Orientierungspunkte eine neue Kontur erstellen wollen, ist es u. U. hilfreich, den Koordinatennullpunkt und die Ausrichtung des Koordinatensystems zu ändern. In AutoCAD setzt man dazu in das vorhandene feste Koordinatensystem, das sog. Weltkoordinatensystem, weitere Benutzerkoordinatensysteme.

Benutzerkoordinatensysteme können:

→ In beliebiger Anzahl erzeugt werden.

→ Mit Namen versehen und in der Zeichnung gespeichert werden.

→ Ein Benutzerkoordinatensystem ist immer das aktuelle BKS.

→ Alle Koordinateneingaben beziehen sich auf das aktuelle BKS.

→ Wird einer Koordinate ein * vorangestellt, gilt der Wert im Weltkoordinatensystem, z.B.: *100,50 (siehe Kapitel 3.2).

Vorgang: BKS erzeugen, sichern und holen

Mit dem Befehl BKS lassen sich Benutzerkoordinatensysteme in der Zeichnung plazieren, speichern und gespeicherte wieder aktivieren. Wie es in der Zeichnung einen aktuellen Layer gibt, so gibt es auch ein aktuelles BKS.

Koordinaten geben Sie in den Werten des aktuellen BKS ein. Auch die Koordinatenanzeige in der Statuszeile zeigt die Koordinaten im aktuellen BKS an.

Wenn ein Benutzerkoordinatensystem aktiv ist, und Sie wollen trotzdem eine Koordinate im Weltkoordinatensystem eingeben, setzen Sie dem Wert das Zeichen * voran, z. B.:

```
Befehl: Linie
Von Punkt: *100,50
Nach Punkt: @*30<45 usw.
```

Den Befehl BKS benötigen Sie vor allem dann, wenn Sie 3D-Modelle erstellen. Er ist aber auch bei 2D-Zeichnungen ganz nützlich. In diesem Kapitel wollen wir uns nur die Optionen anschauen, die für 2D-Anwendungen benötigt werden. Die Möglichkeiten bei 3D-Modellen werden Sie in Kapitel 18 kennenlernen.

➔ Abrollmenü WERKZEUGE, Untermenü BKS >, Funktionen für die einzelnen Optionen des Befehls

➔ Tablettfeld W7, Option WELT

➔ Symbole für die einzelnen Optionen im Werkzeugkasten BKS und in einem Fly-out-Menü der Standard-Funktionsleiste.

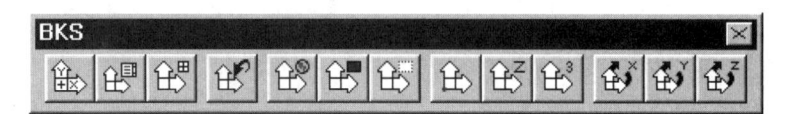

Ein Symbol im Werkzeugkasten startet den Befehl ohne vorgewählte Option. In diesem Fall geben Sie die Optionen auf der Tastatur ein:

```
Befehl: BKS
Ursprung/zAChse/3Punkt/Objekt/ANsicht/X/Y/Z/
Vorher/Holen/Sichern/Löschen/?/<Welt>:
```

Alle Optionen können Sie auch direkt aus dem Abrollmenü und dem Werkzeugkasten wählen:

Abbildung 4.41:
Untermenü und Werkzeugkasten zum Befehl BKS

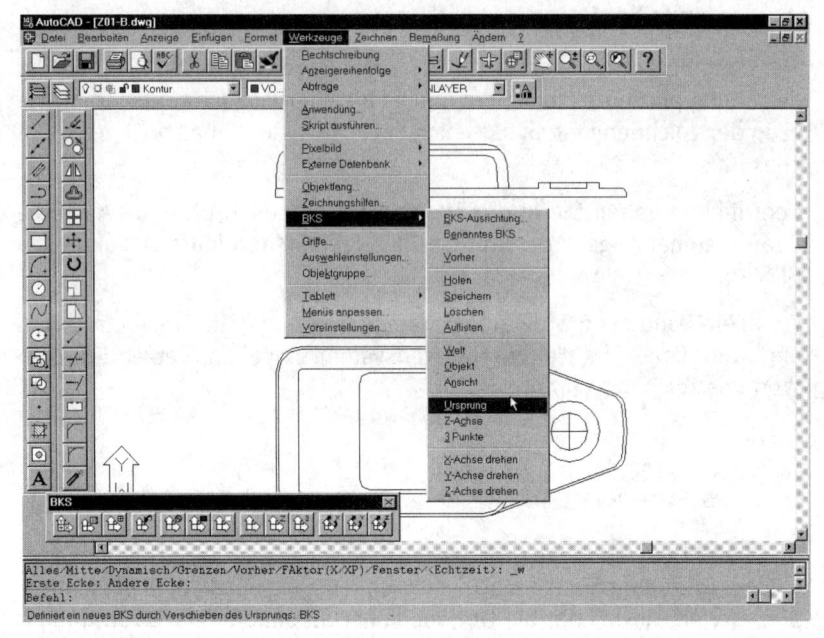

URSPRUNG

Definition eines neuen Benutzerkoordinatensystems durch Eingabe des Ursprungs:

```
Befehl: BKS
Ursprung/zACHse/3Punkt/Objekt/ANsicht/X/Y/Z/
Vorher/Holen/Sichern/Löschen/?/<Welt>: U für Ursprung
Ursprung <0,0,0>:
```

Die Ausrichtung der Achsen bleibt gleich, die Option bewirkt lediglich eine Ursprungsverschiebung.

X/Y/Z

Drehung des BKS um eine Koordinatenachse. Bei 2D-Zeichnungen ist vor allem die Drehung um die Z-Achse interessant.

```
Befehl: BKS
Ursprung/zACHse/3Punkt/Objekt/ANsicht/X/Y/Z/
Vorher/Holen/Sichern/Löschen/?/<Welt>: Z
Drehung um Z Achse <0>:
```

Das Koordinatensystem wird um den Ursprung gedreht und das Fadenkreuz neu ausgerichtet. Die Null-Grad-Richtung ändert sich ebenfalls.

WELT

Aktivierung des Weltkoordinatensystems.

VORHER

Aktivierung des vorherigen Koordinatensystems. Die 10 letzten Benutzerkoordinatensysteme bleiben gespeichert.

SICHERN

Sichern des aktuellen Benutzerkoordinatensystems unter einem Namen. Das BKS wird in der aktuellen Zeichnung gesichert.

```
Befehl: BKS
Ursprung/zAChse/3Punkt/Objekt/ANsicht/X/Y/Z/
Vorher/Holen/Sichern/Löschen/?/<Welt>: S für Sichern
?/Gewünschter BKS-Name:
```

Der BKS-Name darf, wie Layernamen, bis zu 32 Zeichen lang sein. Durch Eingabe eines ? werden alle schon gespeicherten BKS aufgelistet.

HOLEN

Wiederherstellen eines bereits gesicherten BKS. Nachteilig ist, daß Sie hierbei den Namen des BKS eintippen müssen. Wissen Sie ihn nicht mehr, können Sie ihn auch hier mit ? auflisten lassen.

```
Befehl: BKS
Ursprung/zAChse/3Punkt/Objekt/ANsicht/X/Y/Z/
Vorher/Holen/Sichern/Löschen/?/<Welt>: H für Holen
?/Name des wiederherzustellenden BKS:
```

LÖSCHEN

Löschen eines bereits gesicherten BKS.

```
Befehl: BKS
Ursprung/zAChse/3Punkt/Objekt/ANsicht/X/Y/Z/
Vorher/Holen/Sichern/Löschen/?/<Welt>: L für Löschen
Zu löschende(r) BKS-Name(n) <keiner>:
```

Vorgang: BKS-Symbol anzeigen

Wollen Sie sich die Lage des aktuellen BKS am Bildschirm anzeigen lassen, können Sie den Befehl BKSSYMBOL verwenden. Das Symbol für die Lage und Ausrichtung des BKS können Sie ein- und ausschalten. Außerdem können Sie wählen, ob Sie es links unten am Bildschirm oder am Ursprung des Koordinatensystems haben wollen. Sie finden den Befehl im:

Kapitel 4: Zeichen- und Konstruktionstechniken

⇒ Abrollmenü ANZEIGE, Untermenü ANZEIGE >, Untermenü BKS-SYMBOL, Funktionen für die Optionen des Befehls

```
Befehl: Bksymbol
Ein/AUs/ALles/Keinursprung/Ursprung <AUs>:
```

Mit den Optionen Ein und AUs läßt sich das Symbol ein- und ausschalten. KEINURSPRUNG setzt das Symbol an den linken unteren Bildschirmrand. Die Option URSPRUNG dagegen setzt es an den Ursprung, wenn der Ursprung sich innerhalb des momentanen Bildschirmausschnittes befindet (siehe Abbildung 4.42). Sonst wird es auch links unten angezeigt (siehe Abbildung 4.43).

Haben Sie den Bildschirm in mehrere Ansichtsfenster aufgeteilt, bewirkt die Option ALLES, daß eine Änderung der Symbolanzeige in allen Fenstern nachgeführt wird.

Tip:

Wird im Symbol ein W angezeigt, dann ist das Weltkoordinatensystem aktiv. Wird ein Kreuz am Schnittpunkt der Achsen angezeigt, dann befindet sich das Symbol am Ursprung (siehe Abbildung 4.42). Ist kein Kreuz zu sehen, dann ist der Ursprung nicht im momentanen Ausschnitt sichtbar (siehe Abbildung 4.43).

Übung: BKS erzeugen und sichern

⇒ *Stellen Sie mit dem Befehl BKSYMBOL die Koordinatenanzeige auf den Ursprung.*

```
Befehl: Bksymbol
Ein/AUs/ALles/Keinursprung/Ursprung <Ein>: U für Ursprung
```

⇒ *Erzeugen Sie ein neues BKS durch Ursprungsverschiebung. Der neue Ursprung soll 25 Einheiten rechts von der Mitte der mittleren Kante weg liegen.*

```
Befehl: BKS
Ursprung/zACHse/3Punkt/Objekt/ANsicht/X/Y/Z/Vorher/Holen/
Sichern/Löschen/?/<Welt>: U für Ursprung
Ursprung <0,0,0>: Funktion Von wählen für Relativpunkt
Basispunkt: Mit Objektfang Mittelpunkt Linie anklicken
<Abstand>: @25,0
```

⇒ *Drehen Sie das neue BKS um 45° um die Z-Achse.*

```
Befehl: BKS
Ursprung/zACHse/3Punkt/Objekt/ANsicht/X/Y/Z/Vorher/Holen/
Sichern/Löschen/?/<Welt>: Z für Drehung um Z-Achse
Drehwinkel um Z Achse <0.0>: 45
```

Benutzerkoordinatensysteme BKS

➔ *Sichern Sie das BKS unter dem Namen TASTEN.*

```
Befehl: BKS
Ursprung/zACHse/3Punkt/Objekt/ANsicht/X/Y/Z/
Vorher/Holen/Sichern/Löschen/?/<Welt>: S für Sichern
?/Gewünschter BKS-Name: Tasten
```

➔ *Ihr Fadenkreuz ist jetzt um 45° gedreht. Bewegen Sie Ihr Fadenkreuz in der Zeichnung und beachten Sie die Anzeige in der Funktionsleiste. Die X-Achse verläuft jetzt ebenfalls unter 45° und die Y-Achse unter 135°. Der Nullpunkt liegt im Symbol.*

➔ *Schalten Sie zurück auf das Weltkoordinatensystem.*

```
Befehl: BKS
Ursprung/zACHse/3Punkt/Objekt/ANsicht/X/Y/Z/
Vorher/Holen/Sichern/Löschen/?/<Welt>: W für Welt
```

➔ *Lassen Sie sich jetzt das gesicherte BKS listen. Sie sehen dann, wo es gegenüber dem aktuellen Koordinatensystem, im Moment dem WKS, liegt.*

```
Befehl: BKS
Ursprung/zACHse/3Punkt/Objekt/ANsicht/X/Y/Z/Vorher/Holen/
Sichern/Löschen/?/<Welt>: ?

Aufzulistende(r) BKS-Namen(n) <*>: Tasten

Aktuelles BKS: *WELT*
Gespeicherte Koordinatensysteme:
TASTEN

Ursprung = <247.00,137.00,0.00>,
X-Achse  = <0.71,0.71,0.00>
Y-Achse  = <-0.71,0.71,0.00>
Z-Achse  = <0.00,0.00,1.00>
```

➔ *Holen Sie das gesicherte BKS TASTEN zurück.*

```
Befehl: BKS
Ursprung/zACHse/3Punkt/Objekt/ANsicht/X/Y/Z/
Vorher/Holen/Speichern/Löschen/?/<Welt>: H für Holen
?/Name des wiederherzustellenden BKS: Tasten
```

Kapitel 4: Zeichen- und Konstruktionstechniken

Abbildung 4.42:
BKS Symbol am Koordinatenursprung

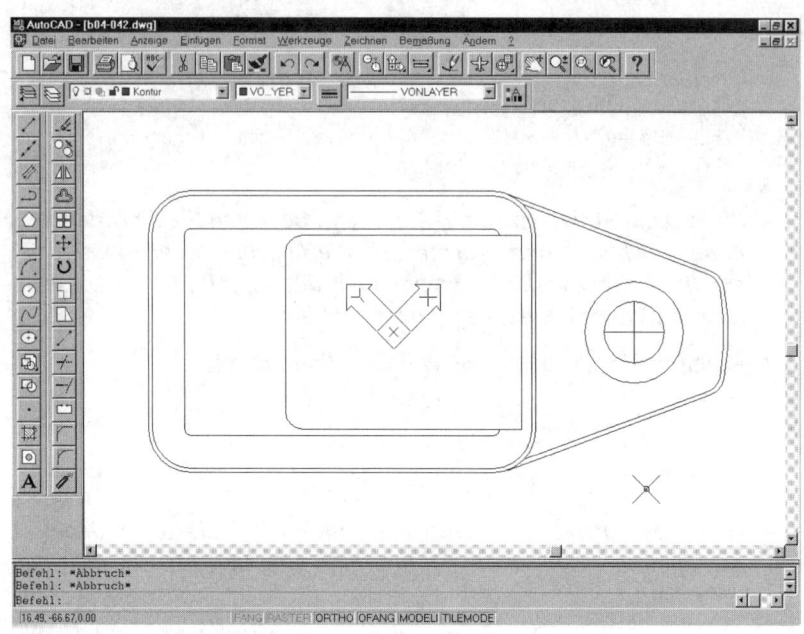

Abbildung 4.43:
Koordinatenursprung nicht im Bildschirmausschnitt

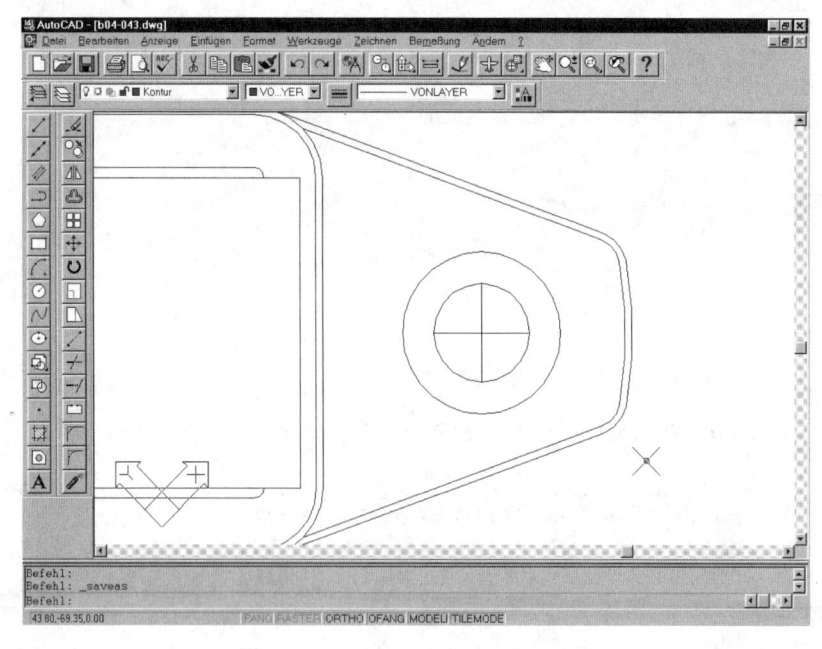

Vorgang: BKS mit Dialogfeld verwalten

Übersichtlicher können Sie die Koordinatensysteme mit dem Befehl DDBKS in einem Dialogfeld verwalten (siehe Abbildung 4.44). Sie finden den Befehl im:

→ Abrollmenü WERKZEUGE, Untermenü BKS >, Funktionen BENANNTES BKS...

→ Tablettfeld W8

→ Symbol im Werkzeugkasten BKS und in einem Fly-out-Menü der Standard-Funktionsleiste

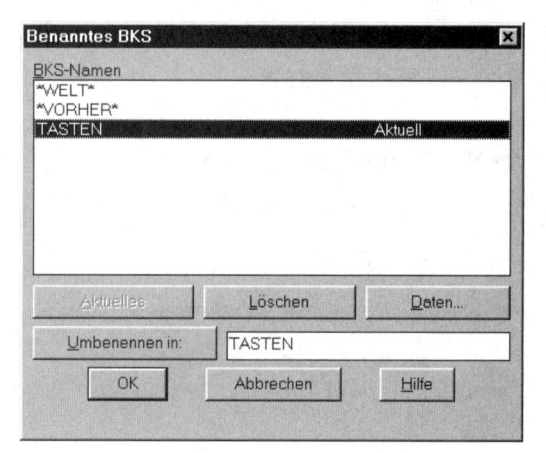

Abbildung 4.44:
Dialogfeld zur BKS-Auswahl

Im Dialogfeld finden Sie die gesicherten BKS, das WKS, das vorherige und das aktuelle Koordinatensystem, gekennzeichnet mit AKTUELL.

Wollen Sie das aktuelle BKS wechseln, klicken Sie es in der Liste an und dann auf das Feld AKTUELLES. Genauso können Sie auch ein BKS löschen (Schaltfläche LÖSCHEN) oder sich die Lage und Ausrichtung des BKS (Schaltfläche DATEN...) anzeigen lassen.

Ist das aktuelle BKS noch nicht gesichert, dann steht es in der Liste mit *KEIN NAME*. Um es zu sichern, geben Sie ihm einen Namen. Klicken Sie es dazu an. Sein Name wird in das untere Feld übernommen. Überschreiben Sie die Bezeichnung *KEIN NAME* mit einem gültigen Namen und klicken Sie auf UMBENENNEN IN:. Jetzt erscheint es mit seinem neuen Namen in der Liste.

Übung: Dialogfeld für Koordinatensysteme

→ Schalten Sie im Dialogfenster auf das Weltkoordinatensystem um.

→ Setzen Sie ein neues Koordinatensystem mit dem Befehl BKS, Option URSPRUNG an die linke untere Ecke des Schnitts.

↳ Wählen Sie dann den Befehl DDBKS. Markieren Sie den Eintrag *KEIN NAME*. Überschreiben Sie ihn im unteren Feld mit SCHNITT. Klicken Sie dann auf die Schaltfläche UMBENENNEN IN. Der Name erscheint in der Liste der Koordinatensysteme.

↳ Machen Sie das BKS TASTEN wieder zum aktuellen BKS.

4.18 Zeichnen von Rechtecken

Rechtecke und Quadrate können Sie natürlich mit dem Befehl LINIE oder PLINIE (siehe Kapitel 6) als geschlossenen Linienzug zeichnen. Einfacher haben Sie es jedoch mit dem Befehl RECHTECK.

Vorgang: Befehl RECHTECK

Die Angabe zweier diagonaler Eckpunkte reicht bei diesem Befehl aus, um das Rechteck zu zeichnen. Sie finden den Befehl im:

↳ Abrollmenü ZEICHNEN, Funktion RECHTECK

↳ Tablettfeld Q10

↳ Symbol im Werkzeugkasten ZEICHNEN

```
Befehl: Rechteck
Fasen/Erhebung/Abrunden/Objekthöhe/Breite/<Erste Ecke>:
Andere Ecke:
```

Nach Eingabe des ersten Punktes wird das Rechteck dynamisch nachgezogen und nachdem der zweite Punkt eingegeben wurde, endgültig gezeichnet. Darüber hinaus stehen bei dem Befehl folgende Optionen zur Verfügung:

FASEN

Mit dieser Option können Sie zwei Fasenabstände eingeben:

```
Fasen/Erhebung/Abrunden/Objekthöhe/Breite/<Erste Ecke>: F für Fasen
Erster Fasenabstand für Rechtecke <0.00>:
Zweiter Fasenabstand für Rechtecke <0.00>:
Fasen/Erhebung/Abrunden/Objekthöhe/Breite/<Erste Ecke>:
```

Danach wird die Optionsliste wieder angezeigt und Sie können eine weitere Option wählen oder die erste Ecke eingeben. Bei dem Rechteck sind alle Ecken gefast, wenn Sie hier Werte eingeben.

ERHEBUNG

Eingabe einer Erhebung für das Rechteck (siehe Kapitel 18).

ABRUNDEN

Mit dieser Option kann der Rundungsradius für die Ecken des Rechtecks eingegeben werden:

```
Fasen/Erhebung/Abrunden/Objekthöhe/Breite/<Erste Ecke>: A für
Abrunden
Rundungsradius für Rechtecke <2.00>:
Fasen/Erhebung/Abrunden/Objekthöhe/Breite/<Erste Ecke>:
```

Bei dem Rechteck sind alle Ecken mit dem eingegebenen Wert gerundet.

OBJEKTHÖHE

Eingabe einer Objekthöhe für das Rechteck (siehe Kapitel 18).

BREITE

Eingabe einer Linienbreite für das Rechteck.

Fehler:

Wenn Sie bei einer vorherigen Verwendung des Befehls schon Werte für die Breite, Fase usw. eingestellt haben, bleiben diese gespeichert. Wird später ein weiteres Rechteck erstellt, hat es ebenfalls diese Einstellungen. Prüfen Sie also vorher nach, was eingestellt ist.

Übung: Tastenausschnitt und Taste zeichnen

- *Jetzt muß das Benutzerkoordinatensystem TASTEN aktiv sein. Schalten Sie den OBJEKTFANG ab.*

- *Zeichnen Sie ein Rechteck:*

    ```
    Befehl: Rechteck
    Erste Ecke: 1,1
    Andere Ecke: @11,11
    ```

- *Versetzen Sie die Kontur des Rechtecks um 0.5 Einheiten nach innen mit dem Befehl VERSETZ. Die komplette Kontur ohne Überschneidungen an den Ecken wird auf einmal nach innen versetzt.*

- *Zeichnen Sie einen Kreis an der Koordinate 6.5,6.5 mit dem Radius 4.5 (siehe Abbildung 4.45).*

Abbildung 4.45:
Taste mit Tastenausschnitt

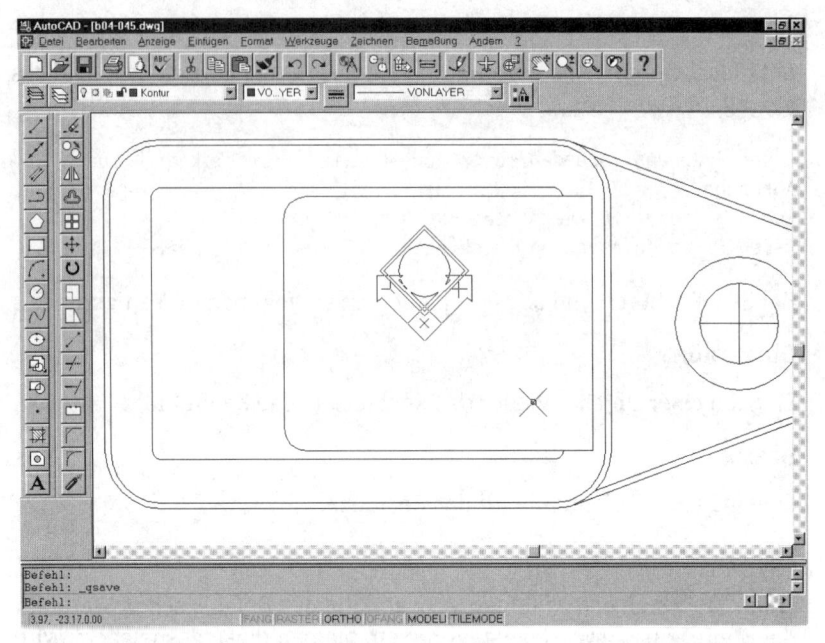

4.19 Regelmäßige Anordnungen erzeugen

Regelmäßige Anordnungen können Sie mit dem Befehl REIHE erzeugen. Damit lassen sich rechteckige und polare Anordnungen erzeugen.

Vorgang: Befehl REIHE

Wählen Sie den Befehl:

- Abrollmenü ÄNDERN, Funktion REIHE
- Tablettfeld V18
- Symbol im Werkzeugkasten ÄNDERN

```
Befehl: Reihe
Objekte wählen:
.
.
.
Objekte wählen: ⏎
Rechteckige oder polare Anordung (R/P) <R>:
```

Nachdem Sie die Objekte gewählt haben, können Sie zwischen zwei Varianten des Befehls wählen.

Vorgang: Rechteckige Anordnungen

Mit dieser Variante erzeugen Sie eine matrixförmige Anordnung der gewählten Objekte (siehe Abbildung 4.46).

```
Rechteckige oder polare Anordung (R/P) <R>: R
Anzahl Zeilen (--) <1>: Ganzzahl eingeben
Anzahl Spalten (|||) <1>: Ganzzahl eingeben
Zelle oder Abstand zwischen den Zeilen (--):
Abstand zwischen den Spalten (|||):
```

Geben Sie die Zahl der gewünschten Zeilen und Spalten ein. Danach bestimmen Sie die Abstände. Zwei Arten sind möglich:

- Geben Sie den Abstand der Zeilen und Spalten ein. Beachten Sie aber dabei, daß ein negativer Abstand die Anordnung entgegen dieser Achse aufbaut.

- Geben Sie zwei diagonale Eckpunkte an. Diese Zelle entspricht dem Platz, den ein Element der Anordnung einnimmt. Zeilen- und Spaltenabstand werden aus dieser Zelle ermittelt.

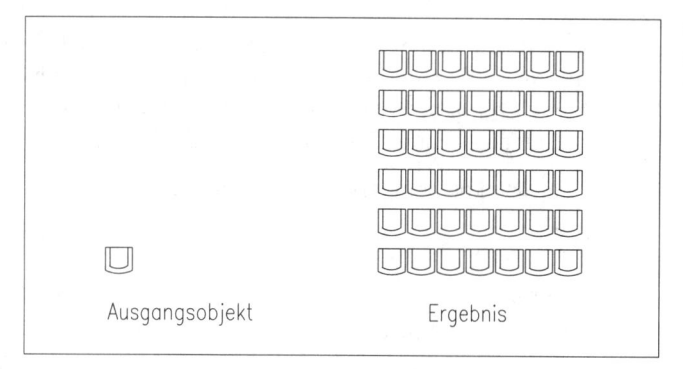

Abbildung 4.46: *Rechteckige Anordnung*

Zusatzübung: Rechtwinklige Anordnung erzeugen

- *Speichern Sie die Zeichnung, an der Sie gerade arbeiten. Zwischendurch Zusatzübungen zu diesem Befehl.*

- *Laden Sie die Zeichnung A04-01.DWG aus dem Ordner mit den Aufgaben.*

- *Erzeugen Sie die Anordnung wie in Abbildung 4.46.*

```
Befehl: Reihe
Objekte wählen: Stuhl auswählen
Rechteckige oder polare Anordung (R/P) <R>: R
Anzahl Zeilen (--) <1>: 6
Anzahl Spalten (|||) <1>: 7
```

```
Zelle oder Abstand zwischen den Zeilen (--): 17
Abstand zwischen den Spalten (|||): 13
```

⇢ Falls es Ihnen wider Erwarten nicht gelungen ist, die Lösung finden Sie ebenfalls im Aufgabenordner als Zeichnung L04-01.DWG.

Vorgang: Polare Anordnungen

Sollen die Objekte um einen Mittelpunkt angeordnet werden, wählen Sie die Option POLAR (siehe Abbildung 4.47).

```
Rechteckige oder polare Anordung (R/P) <R>: P
Basis/<Geben Sie den Mittelpunkt der Anordnung an>:
Anzahl Elemente:
Auszufüllender Winkel (+=GUZ,-=UZ) <360>:
Objekte drehen beim Kopieren? <J>
```

Geben Sie den Mittelpunkt und die Zahl der Objekte an. Beim auszufüllenden Winkel haben Sie verschiedene Eingabemöglichkeiten:

⇢ Die Vorgabe von 360 Grad bestätigen, die Objekte werden auf einem Vollkreis angeordnet.

⇢ Einen Winkel kleiner 360 Grad eingeben, die Objekte werden innerhalb dieses Kreisausschnitts angeordnet. Ein positiver Winkelwert baut die Anordnung, vom vorhandenen Objekt ausgehend, entgegen dem Uhrzeigersinn auf, ein negativer im Uhrzeigersinn.

⇢ Für den Winkel 0 eingeben. In diesem Fall erscheint die Anfrage:

```
Winkel zwischen den Elementen (+=GUZ,-=UZ):
```

⇢ Geben Sie den Winkel zwischen den Objekten positiv ein, werden die Objekte, jeweils um den angegebenen Winkel versetzt, im Gegenuhrzeigersinn aufgebaut. Bei negativem Winkel wird die Anordnung im Uhrzeigersinn aufgebaut.

Die Objekte können beim Kopieren gedreht werden, alle Objekte sind dann zum Mittelpunkt hin ausgerichtet. Sie können aber auch in der Ausrichtung des Originalobjektes um den Mittelpunkt gruppiert werden.

BASIS

Drehen Sie die Objekte beim Kopieren nicht, wird ein Punkt des Objekts auf einem Kreis oder Kreisbogen ausgerichtet. Dann können Sie mit der Option BASIS bestimmen, welcher Punkt des Objekts auf dem Teilkreis plaziert werden soll. Danach wird nochmal der Mittelpunkt der Anordnung abgefragt. Die restlichen Anfragen sind identisch. Geben Sie keine Basis an, werden die Objekte an ihrer Mitte (Schwerpunkt) angeordnet. Werden die Objekte gedreht, hat die Angabe der Basis keine Bedeutung.

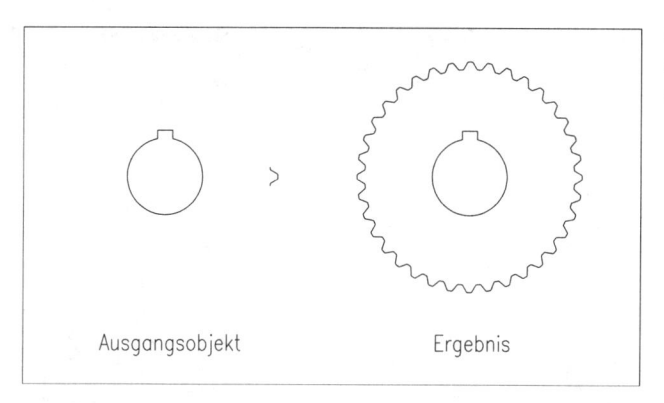

Abbildung 4.47:
Polare Anordnung

Ausgangsobjekt   Ergebnis

Zusatzübung: Polare Anordnung erzeugen

- Laden Sie die Zeichnung A04-02.DWG aus dem Ordner \AUFGABEN.
- Erstellen Sie das Zahnrad in Abbildung 4.47 aus den vorhandenen Objekten.

  ```
  Befehl: Reihe
  Objekte wählen: Zahn mit einem Fenster auswählen
  Rechteckige oder polare Anordnung (R/P) <R>: P
  Basis/<Geben Sie den Mittelpunkt der Anordnung an>: Mittelpunkt
  des Bogens mit Objektfang Zentrum wählen
  Anzahl Elemente: 36
  Auszufüllender Winkel (+=GUZ,-=UZ) <360>: ↵
  Objekte drehen beim Kopieren? <J> ↵
  ```

- Auch hierzu gibt es eine Lösung. Sie finden Sie im Aufgabenordner als Zeichnung L04-02.DWG.

Übung: Tasten in Reihe kopieren

- Laden Sie wieder Ihre Zeichnung mit der Lupe.
- Erzeugen Sie eine polare Anordnung der Tasten mit dem Mittelpunkt 0,0 und 4 Elemente, die beim Kopieren gedreht werden.
- Schalten Sie wieder auf das Weltkoordinatensystem zurück.
- Bearbeiten Sie jetzt den Schnitt. Eine Aufgabe, die komplizierter ist als sie aussieht. Sie brauchen nur die Befehle KLINIE, STUTZEN, DEHNEN und VERSETZ. Das Ergebnis sehen Sie in Abbildung 4.49.
- Die Schraffur soll Ihnen nur zur Orientierung dienen. Wie man Auto-CAD schraffiert, lernen Sie in Kapitel 5 kennen.
- Die Maße, die Sie nicht aus der Draufsicht übertragen können, finden Sie in Abbildung 4.49.

Kapitel 4: Zeichen- und Konstruktionstechniken

Abbildung 4.48:
Polare Anordnung mit 4 Tasten

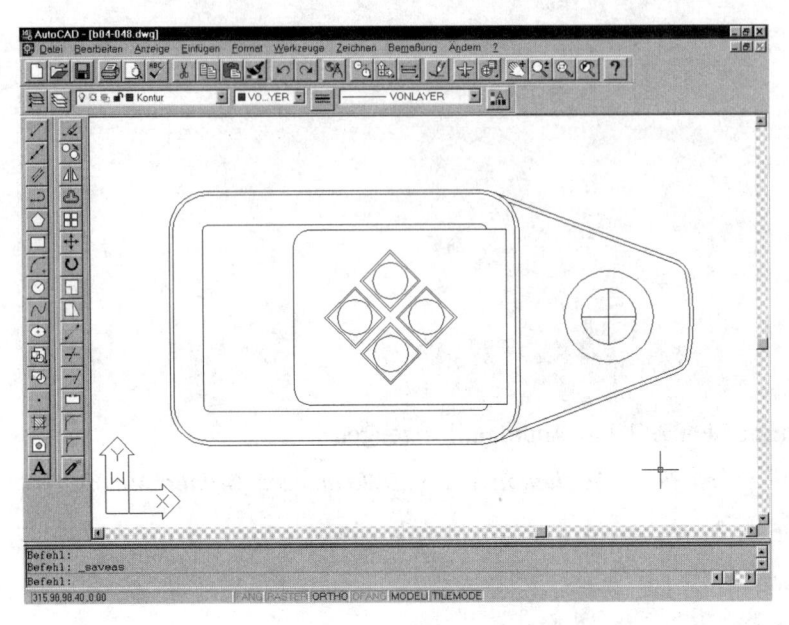

↪ *Für die Mulden in den Tasten können Sie vertikale Konstruktionslinien in der Draufsicht durch die Quadrantenpunkte der Kreise legen. Verwenden Sie dann den Befehl BOGEN mit der Methode STARTP, ENDP, RADIUS.*

Abbildung 4.49:
Die Tasten in den Schnitt konstruieren

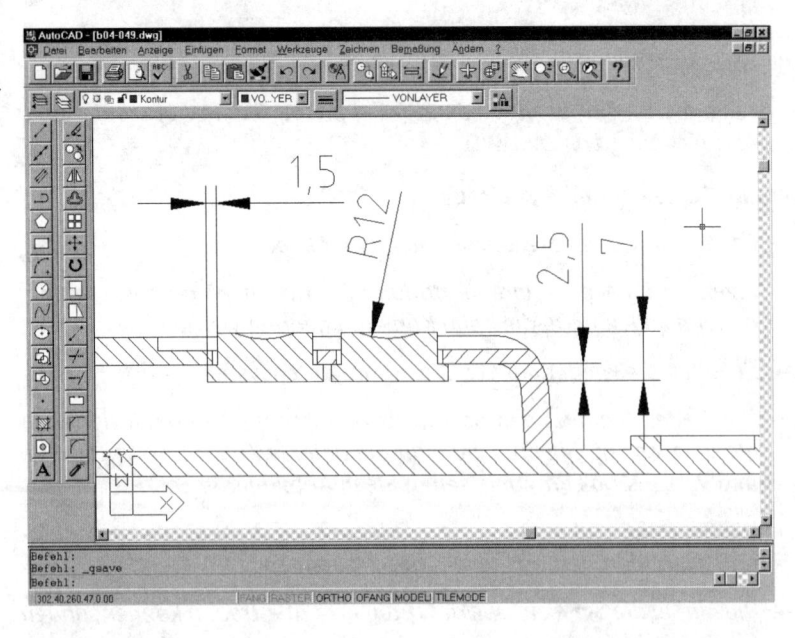

↪ *Falls Sie nicht weiterkommen, den jetzigen Stand der Zeichnung finden Sie auch in Ihrem Übungsordner als Zeichnung Z01-C.DWG.*

4.20 Kopieren von Objekten

Im folgenden lernen Sie eine ganze Reihe von Befehlen kennen, die alle nach demselben Schema arbeiten. Dazu machen Sie sich Kopien der Objekte, die wir bearbeiten wollen. Die Kopien benötigen Sie nicht, die Zeichnung hat danach wieder den Stand, den Sie jetzt hat. Speichern Sie also zur Sicherheit die Zeichnung in Ihrem Übungsordner.

Vorgang: Kopieren von Objekten

Mit dem Befehl KOPIEREN lassen sich eine oder mehrere Kopien von Objekten erzeugen. Sie finden den Befehl im:

⇒ Abrollmenü ÄNDERN, Funktion KOPIEREN

⇒ Tablettfeld V15

⇒ Symbol im Werkzeugkasten ÄNDERN

```
Befehl: Kopieren
Objekte wählen:
<Basispunkt oder Verschiebung>/Mehrfach:
Zweiter Punkt der Verschiebung:
```

Geben Sie einen Basispunkt ein bzw. fangen Sie einen Punkt mit dem Objektfang und danach einen zweiten Punkt. Die Kopie der gewählten Objekte wird um die Differenz der beiden Punkte verschoben. Weder Basispunkt noch Zielpunkt müssen auf dem zu kopierenden Objekt liegen, sie können an beliebiger Stelle aus der Zeichnung abgegriffen werden.

Wird der zweite Punkt nicht eingegeben, sondern ⏎, wird der erste Punkt als Verschiebung interpretiert. Die folgenden beiden Varianten:

```
<Basispunkt oder Verschiebung>/Mehrfach: 100,50
Zweiter Punkt der Verschiebung: 150,200
```

und

```
<Basispunkt oder Verschiebung>/Mehrfach: 50,150
Zweiter Punkt der Verschiebung: ⏎
```

haben die gleiche Wirkung.

Mit der Option MEHRFACH ist es möglich, von einem Satz von Objekten mehrere Kopien zu erzeugen. Sie geben einmal den Basispunkt vor, und danach wird mit jedem zweiten Punkt eine neue Kopie der gewählten Objekte erzeugt.

```
Befehl: Kopieren
Objekte wählen:
```

Kapitel 4: Zeichen- und Konstruktionstechniken

```
<Basispunkt oder Verschiebung>/Mehrfach: M für Mehrfach
Basispunkt oder Verschiebung:
Zweiter Punkt der Verschiebung:
Zweiter Punkt der Verschiebung:
.
.
Zweiter Punkt der Verschiebung: ⏎
```

Tip:

Wollen Sie beim Kopieren zwei Objekte paßgenau aufeinandermontieren, verwenden Sie für den Basispunkt und den zweiten Punkt den Objektfang. Aus den beiden Punkten wird ein Verschiebevektor gebildet, der auch an einer beliebigen Stelle der Zeichnung abgegriffen werden kann. Die Punkte müssen sich nicht auf dem Objekt befinden.

Sie können auch mit der Abstandsangabe kopieren. Geben Sie den Basispunkt an einer beliebigen Stelle ein. Beim zweiten Punkt schalten Sie den Ortho-Modus ein, fahren in die gewünschte Richtung und tippen einen Abstand ein. Die Kopie wird um diesen Abstand verschoben erzeugt.

Übung: Kopieren mit Abstandsangabe

➥ Aktivieren Sie den Befehl KOPIEREN. Wählen Sie die komplette Draufsicht.

➥ Kopieren Sie die Draufsicht um 150 Einheiten nach links.

```
Befehl: Kopieren
Objekte wählen: komplette Draufsicht wählen
<Basispunkt oder Verschiebung>/Mehrfach: Beliebigen Punkt in der
Zeichnung anklicken
Zweiter Punkt der Verschiebung: Ortho Modus mit F8 einschalten,
mit dem Fadenkreuz nach links wegfahren, 150 eintippen und mit
⏎ bestätigen
```

➥ Die Draufsicht ist jetzt zweimal in der Zeichnung.

4.21 Drehen von Objekten

Mit dem Befehl DREHEN lassen sich Objekte um einen wählbaren Punkt in einem wählbaren Winkel drehen.

Vorgang: Befehl DREHEN

Wählen Sie den Befehl im:

➥ Abrollmenü ÄNDERN, Funktion DREHEN

➥ Tablettfeld V20

⤻ Symbol im Werkzeugkasten ÄNDERN

```
Befehl: Drehen
Objekte wählen:
Basispunkt:
<Drehwinkel>/Bezug:
```

Mit dem Basispunkt wählen Sie den Drehpunkt. Danach können Sie den Drehwinkel als Zahlenwert eingeben oder dynamisch durch Plazierung des Fadenkreuzes.

BEZUG

Außerdem steht Ihnen auch die Option BEZUG zur Verfügung. Wenn Sie diese anwählen, werden zwei Winkel erfragt:

```
<Drehwinkel>/Bezug: B oder Bezug
Bezugswinkel <0>:
Neuer Winkel:
```

Geben Sie einen Winkel als Zahlenwert vor oder fangen Sie zwei Punkte in der Zeichnung mit dem Objektfang. Der Zahlenwert oder der Winkel, der sich aus den beiden ermittelten Punkten bildet, ist der Bezugswinkel. Wenn Sie den neuen Winkel eingeben, werden die Objekte um die Differenz der beiden Winkel gedreht.

Übung: Drehen der kopierten Draufsicht

⤻ Drehen Sie die Kopie um den Mittelpunkt der Linie an P1 (siehe Abbildung 4.50).

```
Befehl: Drehen
Objekte wählen: komplette Kopie wählen
Basispunkt: Punkt P1 wählen mit Objektfang Mittelpunkt
<Drehwinkel>/Bezug: 90
```

Abbildung 4.50:
Drehung der Kopie

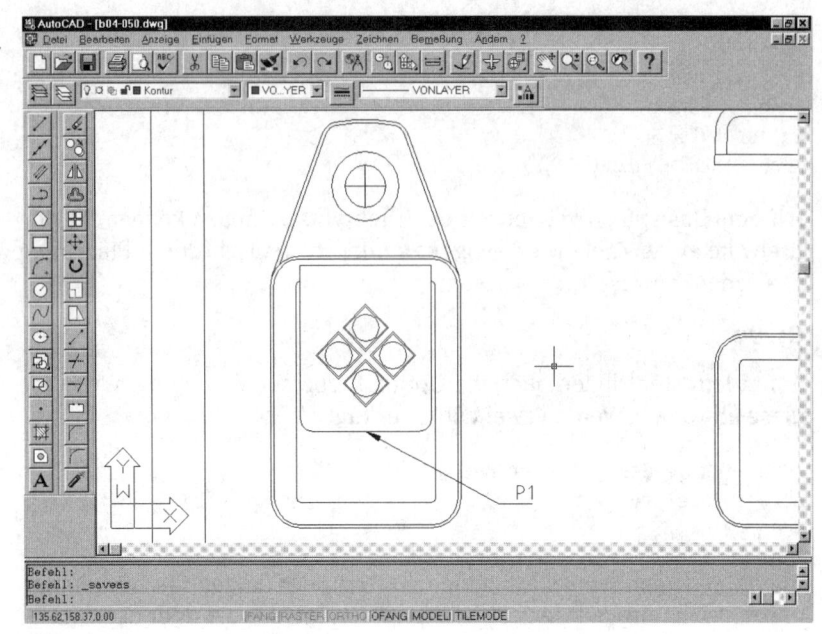

4.22 Schieben von Objekten

Mit dem Befehl SCHIEBEN können Sie Objekte in der Zeichnung verschieben.

Vorgang: Befehl SCHIEBEN

Wählen Sie den Befehl SCHIEBEN im:

↳ Abrollmenü ÄNDERN, Funktion SCHIEBEN

↳ Tablettfeld V19

↳ Symbol im Werkzeugkasten ÄNDERN

```
Befehl: Schieben
Objekte wählen:
Basispunkt oder Verschiebung:
Zweiter Punkt der Verschiebung:
```

Wie beim Befehl KOPIEREN können Sie eine Verschiebung oder zwei Punkte eingeben, um die neue Position der Objekte zu bestimmen.

Übung: Verschieben der kopierten Draufsicht

↪ *Schieben Sie die Kopie um 25 Einheiten nach rechts.*

```
Befehl: Schieben
Objekte wählen: komplette Kopie wählen
Basispunkt oder Verschiebung: beliebigen Punkt anklicken
Zweiter Punkt der Verschiebung: Ortho-Modus einschalten,
Fadenkreuz nach rechts stellen, 25 eingeben und mit ⏎
bestätigen
```

4.23 Spiegeln von Objekten

Mit dem Befehl SPIEGELN können Sie Objekte der Zeichnung um eine Achse spiegeln. Die Spiegelachse muß nicht als Objekt in der Zeichnung vorhanden sein, zwei Punkte, mit dem Objektfang ermittelt, reichen aus.

Vorgang: Befehl SPIEGELN

Sie finden den Befehl SPIEGELN im:

↪ Abrollmenü ÄNDERN, Funktion SPIEGELN

↪ Tablettfeld V16

↪ Symbol im Werkzeugkasten ÄNDERN

```
Befehl: Spiegeln
Objekte wählen:
Erster Punkt der Spiegelachse:
Zweiter Punkt der Spiegelachse:
Alte Objekte löschen? <N>:
```

Wählen Sie die Objekte und die Spiegelachse durch zwei Punkte in der Zeichnung. Bei der letzten Anfrage bestimmen Sie, ob das Original mit dem Spiegelbild erhalten bleiben oder ob nur das Spiegelbild in der Zeichnung bleiben soll.

Übung: Spiegeln des Schnitts

↪ *Zeichnen Sie unter den Schnitt eine beliebige waagrechte Linie.*

↪ *Spiegeln Sie den kompletten Schnitt an der Hilfslinie (siehe Abbildung 4.51).*

↪ *Wählen Sie die Spiegelachse mit dem Objektfang ENDPUNKT.*

```
Befehl: Spiegeln
Objekte wählen: kompletten Schnitt wählen
Erster Punkt der Spiegelachse: Linker Endpunkt P1 der Linie
```

Kapitel 4: Zeichen- und Konstruktionstechniken

```
mit Objektfang wählen
Zweiter Punkt der Spiegelachse: Rechter Endpunkt P2 der Linie
mit Objektfang wählen
Alte Objekte löschen? <N>: ↵
```

Abbildung 4.51:
Spiegeln der Draufsicht

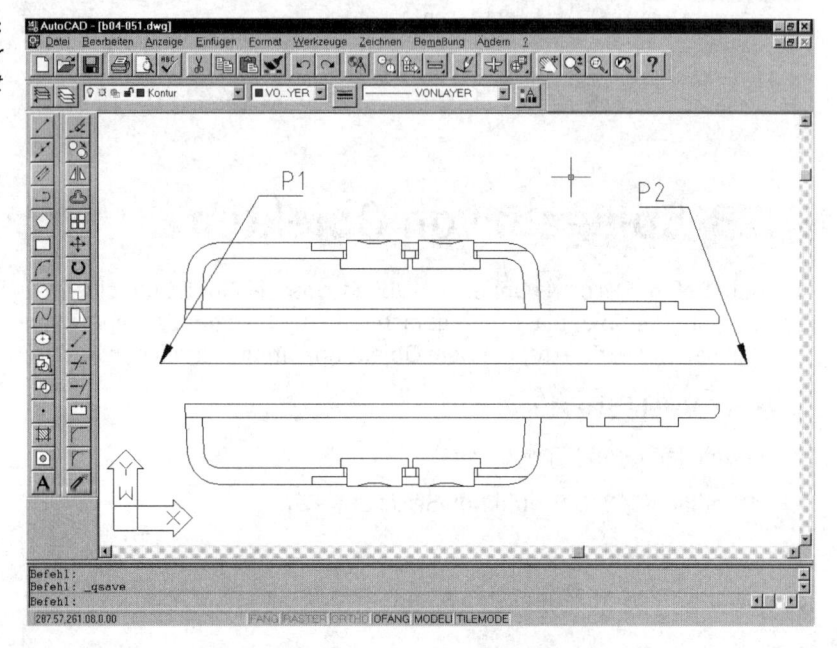

4.24 Skalieren von Objekten

Mit dem Befehl VARIA lassen sich Objekte in der Zeichnung skalieren. Vergrößerungen und Verkleinerungen sind damit möglich.

Vorgang: Befehl VARIA

Sie finden den Befehl VARIA im:

↦ Abrollmenü ÄNDERN, Funktion VARIA

↦ Tablettfeld V21

↦ Symbol im Werkzeugkasten ÄNDERN

```
Befehl: Varia
Objekte wählen:
Basispunkt:
<Skalierfaktor>/Bezug:
```

Skalieren von Objekten

Der Befehl benötigt dieselben Angaben wie der Befehl DREHEN. Wählen Sie zunächst die Objekte und dann den Basispunkt. Der Basispunkt ist der Punkt, der bei der Veränderung am Punkt bleibt.

Danach gibt es auch bei diesem Befehl die schon bekannten zwei Methoden. Sie können einen Skalierfaktor vorgeben. Faktoren größer 1 vergrößern die Objekte, Faktoren kleiner 1 verkleinern dagegen. Etwas irritierend wirkt dabei zunächst die Reaktion auf dem Bildschirm. Bei der Abfrage des Skalierfaktors wird das Ergebnis dynamisch mitgeführt. Dabei wird die Distanz vom Basispunkt zum Fadenkreuz als Skalierfaktor genommen. Bewegen Sie das Fadenkreuz nur ein kleines Stück, wird die Vergrößerung gleich riesig. Klicken Sie dann einen Punkt aus der Zeichenfläche an, vergrößern Sie die Objekte um den momentanen Faktor. In der Regel führt diese Methode zu unkalkulierbaren Ergebnissen.

BEZUG

Mit der Option BEZUG sparen Sie sich Rechenarbeit. Aus einer Bezugslänge und der neuen Länge wird der Skalierfaktor ermittelt.

```
<Skalierfaktor>/Bezug: B
Bezugslänge <1>:
Neue Länge:
```

Tip:

Die Bezugslänge können Sie auch durch Anklicken zweier Punkte aus der Zeichnung ermitteln, wenn Sie den Wert nicht wissen.

Übung: Verkleinern der gedrehten Draufsicht

↪ *Verkleinern Sie die gesamte Draufsicht so, daß die Breite nachher nur noch 45 Einheiten groß ist (siehe Abbildung 4.52).*

```
Befehl: Varia
Objekte wählen: Draufsicht wählen
Basispunkt: linke untere Ecke mit dem Objektfang wählen
<Skalierfaktor>/Bezug: B
Bezugslänge <1>: Breite mit Objektfang abgreifen
Neue Länge: 45
```

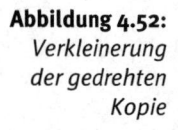

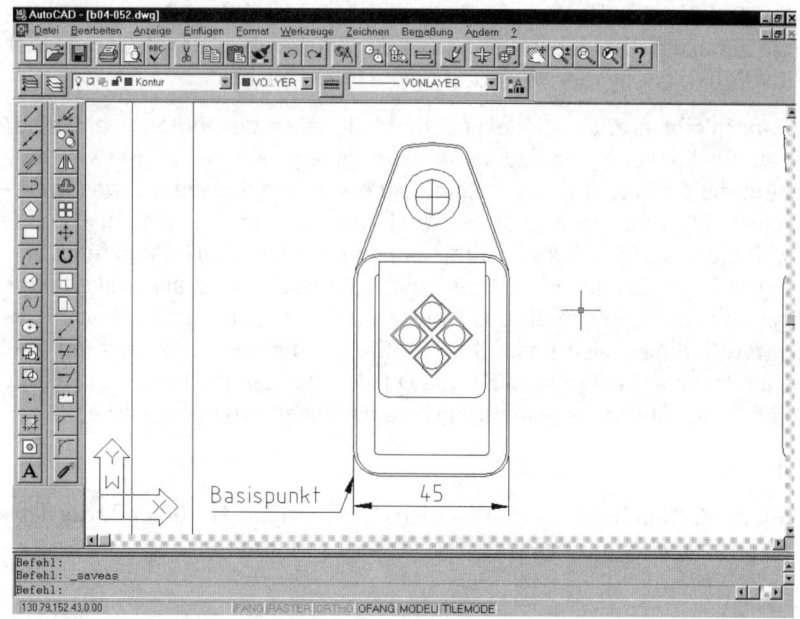

Abbildung 4.52:
Verkleinerung der gedrehten Kopie

4.25 Strecken von Objekten

Wollen Sie ein Maß in einer Zeichnung ändern, kann das mit unseren jetzigen Befehlen schnell sehr kompliziert werden. Soll beispielsweise der Einschnitt 5 mm länger, und die restliche Geometrie mitkorrigiert werden, dann haben Sie einiges zu schieben, zu stutzen und zu dehnen.

Vorgang: Befehl STRECKEN

Mit dem Befehl STRECKEN können Sie aber alles auf einmal machen. Den Befehl finden Sie im:

↳ Abrollmenü ÄNDERN, Funktion STRECKEN

↳ Tablettfeld V22

↳ Symbol im Werkzeugkasten ÄNDERN

Der Befehl kombiniert verschiedene Befehle. Der Befehl unterscheidet sich etwas in der Handhabung von den anderen Editierbefehlen. Sie müssen zumindest einmal die Option KREUZEN oder KPOLYGON bei der Objektwahl verwenden. Ziehen Sie bei diesem Befehl immer das Objektwahlfenster von rechts nach links, dann wird die Option KREUZEN automatisch aktiviert.

Das weitere Vorgehen ist einfach: Die Objekte, die bei der Option KREUZEN oder KPOLYGON ganz im Fenster sind, werden verschoben. Bei Objekten, die nur zum Teil im Fenster sind, wird der Geometriepunkt, der im Fenster ist, verschoben, die anderen Punkte bleiben an ihrem ursprünglichen Platz und die Objekte werden gestreckt bzw. gestaucht. Wählen Sie beispielsweise das Fenster so, daß bei einer Linie oder einem Bogen ein Punkt im Fenster ist, dann wird nur dieser Endpunkt verschoben. Kreise können Sie damit nicht in der Größe verändern. Nehmen Sie den Mittelpunkt mit ins Fenster, wird der Kreis verschoben, sonst bleibt er wo er war.

Der Befehlsablauf im Detail:

```
Befehl: Strecken
Objekte, die gestreckt werden sollen, mit Kreuzen-Fenster oder
Kreuzen-Polygon wählen...
Objekte wählen: _K für Kreuzen eingeben oder Fenster von rechts
nach links aufziehen
Andere Ecke:
Basispunkt oder Verschiebung:
Zweiter Punkt der Verschiebung:
```

Nach der Objektwahl können Sie wie bei den Befehlen SCHIEBEN oder KOPIEREN eine Verschiebung eingeben.

Fehler:

Sie können den Befehl nur einsetzen, wenn zumindest einmal die Option KREUZEN oder KPOLYGON verwendet wurde.

Übung: Einschnitt in der Draufsicht verlängern

- Verlängern Sie den Einschnitt bei der verkleinerten Draufsicht um 5 Einheiten (siehe Abbildung 4.53). Nehmen Sie die Tasten mit.

- Achten Sie sorgfältig darauf, daß das Fenster richtig plaziert wird (siehe Abbildung 4.53).

```
Befehl: Strecken
Objekte, die gestreckt werden sollen, mit Kreuzen-Fenster oder
Kreuzen-Polygon wählen...
Objekte wählen: Fenster von rechts nach links aufziehen und
Ausschnitt mit Tasten ins Fenster nehmen
Andere Ecke:
Basispunkt oder Verschiebung: Beliebigen Punkt anklicken
Zweiter Punkt der Verschiebung: Ortho-Modus mit [F8]-Taste
einschalten, Fadenkreuz nach unten fahren, 1.5 eingeben und
[⏎] drücken
```

Kapitel 4: Zeichen- und Konstruktionstechniken

Bei den letzten beiden Anfragen können Sie auch, wie bei den Befehlen SCHIEBEN oder KOPIEREN eine Verschiebung eingeben und den zweiten Punkt mit ⏎ beantworten. Die gewählten Objekte werden um den ersten Verschiebungsvektor verschoben:

```
Basispunkt oder Verschiebung: 0,-5 eingeben
Zweiter Punkt der Verschiebung: ⏎
```

Abbildung 4.53:
Strecken der Draufsicht

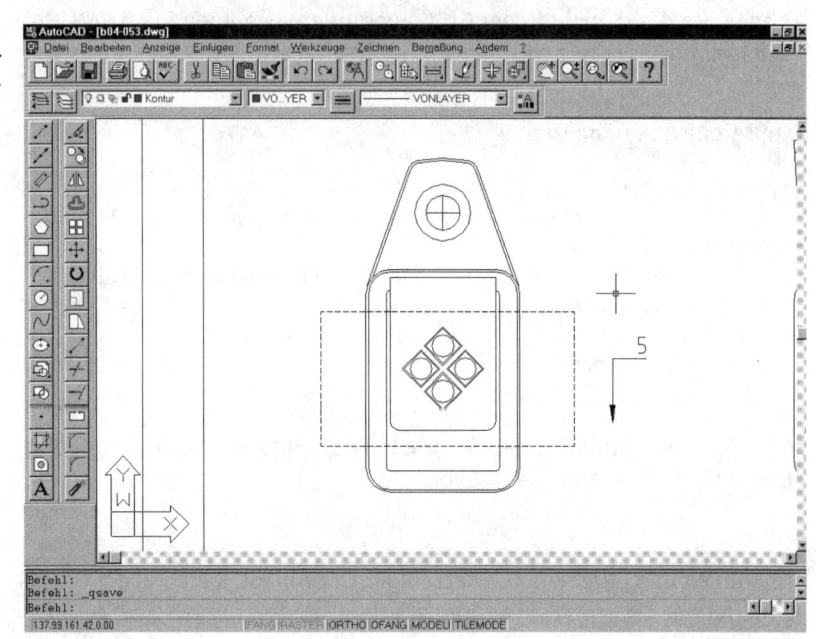

Übung: Löschen der Kopien

↳ *Die letzten Versuche waren nur zur Übung. Löschen Sie die gedrehte Draufsicht und den gespiegelten Schnitt.*

↳ *Und sollten Sie es vergessen haben, sichern Sie auch mal wieder Ihre Zeichnung.*

Die Zeichnung sollte jetzt wieder wie in Abbildung 4.54 aussehen. Haben Sie sich ganz vertan, der jetzige Stand ist im Übungsordner als *Z01-C.DWG* gespeichert.

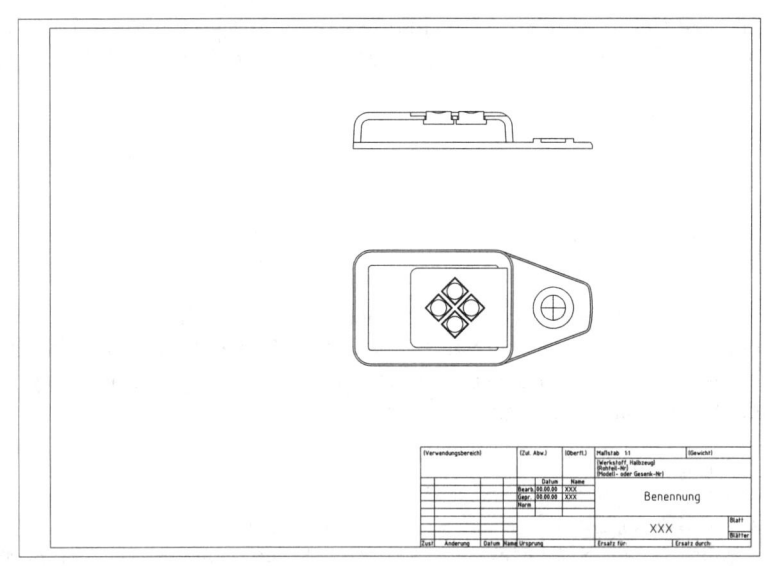

Abbildung 4.54:
Der Stand der Zeichnung

4.26 Zeichnen mit Punktfiltern

In der Praxis kommt es häufig vor, daß Sie in der Zeichnung einen neuen Punkt einfangen wollen, von dem Sie keine Koordinate haben. Aber Sie haben einen anderen Punkt, der denselben X- oder auch Y-Wert hat wie der gesuchte Punkt. Häufig hat man solche Fälle beim Zeichnen von Ansichten und Schnitten.

In AutoCAD haben Sie Konstruktionslinien für die Ermittlung solcher Punkte zur Verfügung, aber es geht auch ohne Konstruktionslinien. Bis jetzt haben Sie hauptsächlich damit gearbeitet. Aber wie Sie schon gesehen haben, gibt es in AutoCAD immer mehrere Methoden zur Lösung eines Problems. In diesem und den folgenden Kapiteln lernen Sie weitere Konstruktionsmethoden kennen. Eine solche Methode ist die mit den Punktfiltern.

Das Prinzip der Punktfilter ist einfach, wenn es auch in der Praxis etwas Übung erfordert: Wird beim Zeichnen ein Punkt angefragt, geben Sie zuerst den Wert bzw. die Werte mit einem vorangestellten Punkt ein, die Sie aus einem bekannten Punkt filtern wollen, und wählen dann den Punkt, meistens mit dem Objektfang. Danach geben Sie den verbleibenden Wert bzw. Werte ein, eventuell auch wieder mit dem Objektfang aus einer anderen Ansicht oder als numerische Koordinate.

Kapitel 4: Zeichen- und Konstruktionstechniken

Ein Beispiel: Sie wollen eine Linie beginnen, die 50 Einheiten in Y-Richtung entfernt vom Mittelpunkt eines Kreises beginnen soll. Der Dialog sähe dann so aus:

```
Befehl: Linie
Von Punkt: Punktfilter XZ wählen
XZ von Mit Objektfang Zentrum den Mittelpunkt fangen
(benötige Y): @0,50
Nach Punkt: usw.
```

Das ist fast dasselbe wie die Methode mit den Relativpunkten. Eine andere Anwendung: Sie suchen einen Punkt, dessen X-Wert am Endpunkt einer Linie liegt und dessen Y-Wert am Mittelpunkt einer anderen Linie liegt. Der Dialog könnte dann so aussehen:

```
Befehl: Linie
Von Punkt: Punktfilter X wählen
X von Mit Objektfang Endpunkt den Punkt fangen
(benötige YZ): Mit Objektfang Mittelpunkt den anderen Punkt fangen
Nach Punkt: usw.
```

Vorgang: Auswahl von Punktfiltern

Die Punktfilter können Sie auf der Tastatur bei der Punktanfrage eintippen:

```
Befehl: Linie
Von Punkt: .X
```

Besser ist es, die Filter aus dem Pop-up-Menü zu wählen (siehe Abbildung 4.55):

→ Pop-up-Menü mit dritter Taste auf dem Zeigegerät, Untermenü PUNKTFILTER

Beim 2D-Zeichnen interessiert uns der Z-Wert nicht, deshalb sind für die meisten 2D-Anwendungen nur die Filter .X und .Y interessant.

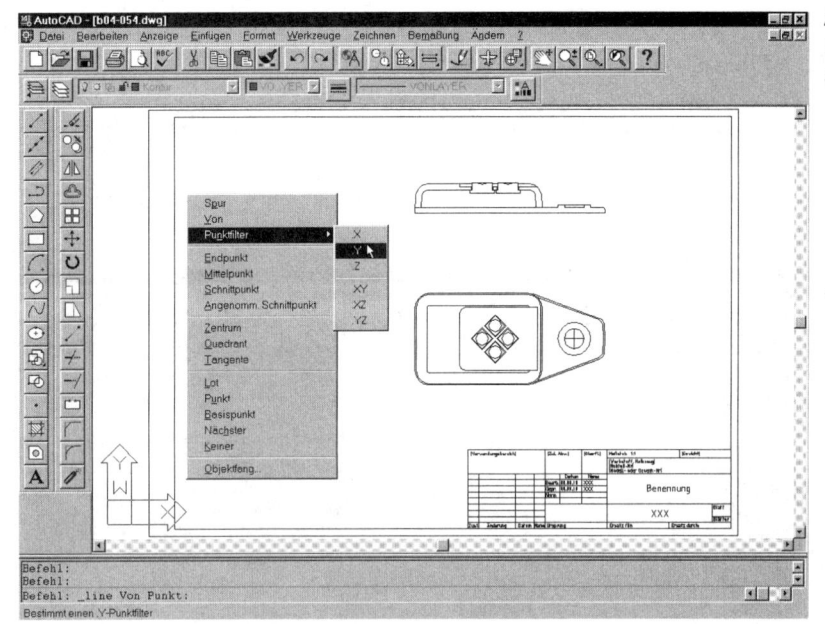

Abbildung 4.55:
Pop-up-Menü mit den Punktfiltern

Übung: Kontur für die dritte Ansicht

↳ Zeichnen Sie die äußere Kontur für die dritte Ansicht links neben der Draufsicht. Die Grundlinie soll beim Punkt 110,0 beginnen. Tippen Sie die Koordinate ein und entnehmen Sie die Werte für Y aus der Draufsicht.

```
Befehl: Linie
Von Punkt: .x
von 110,0
(benötigt YZ): Mit Objektfang Endpunkt die obere Kante in der
Draufsicht wählen
Nach Punkt: .y
von Mit Objektfang Endpunkt die äußere untere Kante in der
Draufsicht wählen
(benötigt XZ): @ für die gleiche Koordinate wie die des
zuletzt eingegebenen Punktes
```

↳ Brechen Sie den Linienbefehl nicht ab. Den nächsten Punkt können Sie auch so eingeben. Er ist 20 Einheiten in negativer X-Richtung entfernt und den Y-Wert nehmen Sie von der inneren Kontur.

```
Nach Punkt: .X
von @-20,0
(benötigt XZ): Mit Objektfang Endpunkt die innere untere Kante
in der Draufsicht wählen
```

Kapitel 4: Zeichen- und Konstruktionstechniken

↳ *und den letzten Punkt*

```
Nach Punkt: .X
von @ für die gleiche Koordinate wie die des zuletzt
eingegebenen Punktes
(benötigt YZ): Mit Objektfang Endpunkt die innere obere Kante
in der Draufsicht wählen
Nach Punkt: S für Schliessen
```

Abbildung 4.56:
Konstruktion der Ansicht mit Punktefiltern

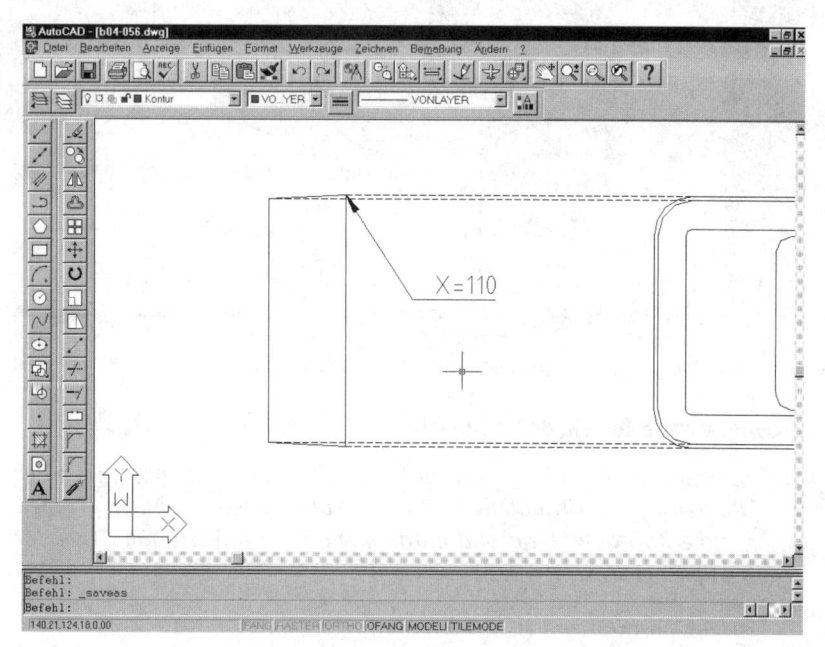

4.27 Die Spur-Funktion

Die Punktefilter sind zwar praktisch, aber doch etwas umständlich in der Anwendung, vor allem dann, wenn beide Koordinaten gefiltert werden sollen. Einfacher ist es mit der Spur-Funktion. Haben Sie in Ihrer Zeichnung einen Bezugspunkt für X und einen für Y, dann können Sie diese Funktion verwenden.

Vorgang: Punktwahl mit der Spur-Funktion

Die Funktion kann wie der Objektfang und die Punktfilter erst dann gewählt werden, wenn ein Punkt angefragt wird. Sie finden die Funktion im:

↳ Symbol im Werkzeugkasten OBJEKTFANG

↳ Symbol im Fly-out-Menü in der Standard-Funktionsleiste

Die Spur-Funktion | 237

↳ Tablettbereich T15

↳ Pop-up-Menü mit dritter Taste auf dem Zeigegerät, Funktion

Wählen Sie den Bezugspunkt für X und den für Y mit einer Fangfunktion und beenden Sie die Auswahl mit ⏎. Der resultierende Punkt ergibt sich aus dem Schnittpunkt der Hilfslinien, die durch diese beiden Punkte gehen. Der Ortho-Modus wird bei der Spur-Funktion automatisch eingeschaltet.

Es gibt aber immer zwei mögliche Punkte, je nachdem durch welchen Punkt eine vertikale und durch welchen eine horizontale Hilfslinie verläuft. Welcher Punkt wird gewählt? In der Richtung, wie Sie vom ersten Punkt wegfahren, wird eine Gummibandlinie gezeichnet und in der Richtung liegt auch der Punkt. Die zweite Anfrage wird wiederholt und es kann ein weiterer Punkt eingegeben werden. Der Punkt ergibt sich dann aus dem zweiten und dritten Punkt. Das geht solange, bis Sie die Auswahl mit ⏎ beenden. Natürlich lassen sich bei der Spur-Funktion auch relative Koordinaten oder Abstände zwischen den Punkten eingeben.

Übung: Rechteck mit der Spur-Funktion zeichnen

↳ *Schalten Sie den Objektfang ENDPUNKT fest ein.*

↳ *Zeichnen Sie ein Rechteck nur zur Übung wie in Abbildung 4.57 mit der Spur-Funktion. Wenn Sie sich an die Beschreibung halten, haben Sie keine Probleme.*

```
Befehl: Rechteck
Fasen/Erhebung/Abrunden/Objekthöhe/Breite/<Erste Ecke>: Spur
(Spur-Funktion aktivieren)
Erster Punkt für Spur: Punkt P1 anklicken, Objektfang Endpunkt
ist eingestellt, nach oben wegfahren
Nächster Punkt (Eingabetaste drücken, um Spur zu beenden):
Punkt P3 anklicken
Nächster Punkt (Eingabetaste drücken, um Spur zu beenden): ⏎
Andere Ecke: Spur (Spur-Funktion aktivieren)
Erster Punkt für Spur: Punkt P4 anklicken, nach links wegfahren
Nächster Punkt (Eingabetaste drücken, um Spur zu beenden):
Punkt P2 anklicken
Nächster Punkt (Eingabetaste drücken, um Spur zu beenden): ⏎
```

↳ *Löschen Sie das Rechteck wieder, wir brauchen es in unserer Zeichnung nicht. Es war nur ein Versuch mit dieser Funktion.*

Tip:

Bei der Spur-Funktion können Sie auch Punkte als Koordinaten eingeben.

Abbildung 4.57:
Zeichnen mit der Spur-Funktion

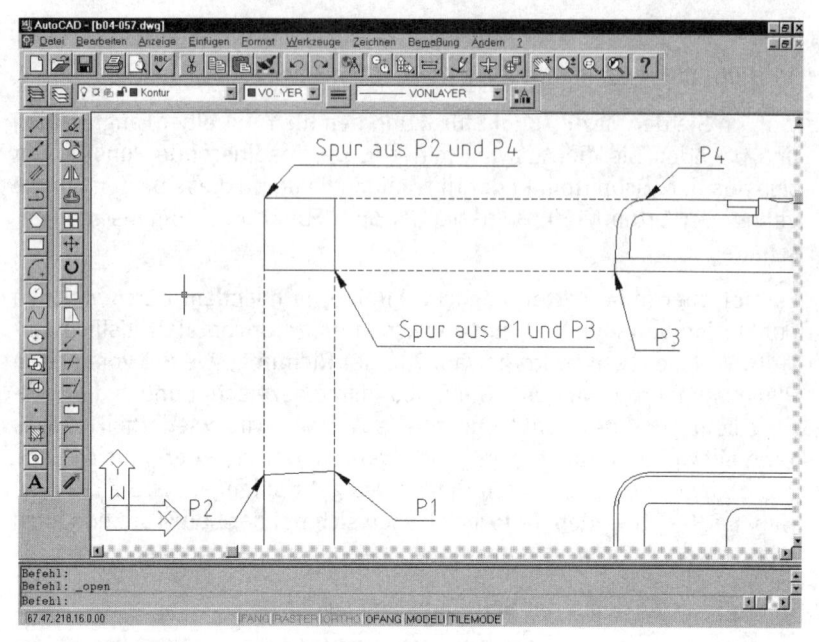

Übung: Detaillieren der Ansicht

- Detaillieren Sie die dritte Ansicht. Arbeiten Sie wieder mit Hilfslinien, Punktefiltern oder mit der Spur-Funktion.

- Alle Maße, die Sie nicht aus der Draufsicht entnehmen können, finden Sie in Abbildung 4.58.

- Denken Sie daran, Abstände müssen nicht auf der Tastatur eingegeben werden. Sie können auch mit zwei Punkten aus der Zeichnung abgegriffen werden. So können Sie beim Befehl VERSETZ die Abstände auch aus dem Schnitt abgreifen.

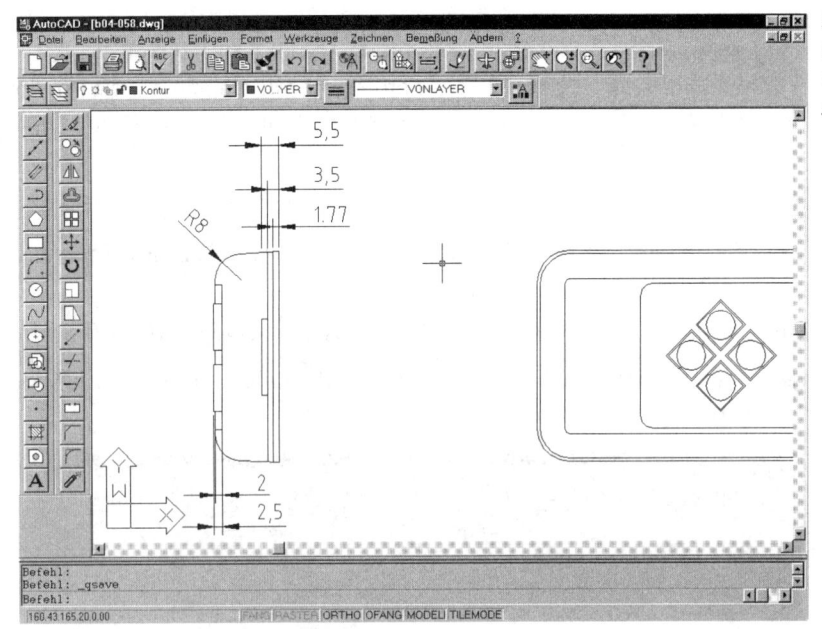

Abbildung 4.58:
Die fertige Geometrie der Ansicht

4.28 Mittellinien

Mittellinien in AutoCAD sind normale, mit dem Befehl LINIE gezeichnete Linien. Sie werden lediglich auf einem anderen Layer gezeichnet, dem die gewünschten Eigenschaften (Farbe und Linientyp) zugeordnet sind. Sie wechseln also lediglich den Layer, bevor Sie die Mittellinien zeichnen.

In Ihrer Vorlage haben Sie die Layer schon in Kapitel 3 angelegt. Sie müssen also nur noch wechseln. Bis jetzt haben wir nur Konturen gezeichnet und die wurden auf dem Layer KONTUR abgelegt. Wechseln Sie also den Layer, machen Sie den Layer MITTELLINIEN zum aktuellen Layer. Suchen Sie sich eine Methode aus:

- Wählen Sie das Dialogfeld für die Layersteuerung, klicken Sie in der Liste den gewünschten Layer an und dann auf die Schaltfläche AKTUELL, oder einfacher und schneller,

- aktivieren Sie in der Funktionsleiste das Abrollmenü für die Layer und klicken Sie dort den gewünschten Layer an.

Falls Sie nicht mehr wissen wie es geht, lesen Sie nochmal in Kapitel 3.6 nach.

Kapitel 4: Zeichen- und Konstruktionstechniken

Mittellinien werden üblicherweise über die Kontur hinaus gezeichnet. Dort befindet sich aber kein Punkt, den Sie mit dem Objektfang abgreifen können. Was also ist zu tun? Zeichnen Sie die Mittellinien auf die Kontur und verlängern Sie nachher die Linien mit dem Befehl LÄNGE (siehe Kapitel 4.29).

Übung: Zeichnen der Mittellinien

- Machen Sie wie oben beschrieben den Layer MITTELLINIEN zum aktuellen Layer.
- Schalten Sie den Objektfang MITTELPUNKT, QUADRANT und LOT fest ein.
- Zeichnen Sie die Mittellinien wie in Abbildung 4.59, jeweils bis zur Körperkante.

Abbildung 4.59:
Mittellinien in den Ansichten

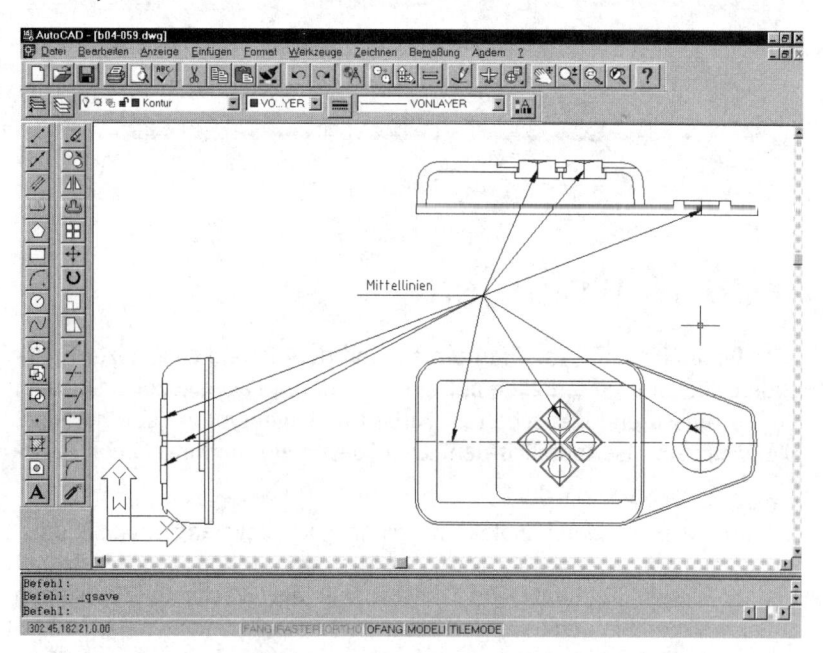

4.29 Länge ändern

Oft kommt es vor, daß Linien bis zu einem Punkt gezeichnet werden können, weil sich ein Fangpunkt dort befindet. Sie sollten aber ein Stück darüber hinaus gehen. Beispielsweise sollten Mittellinien ein Stück über die Kontur hinausragen.

Vorgang: Befehl LÄNGE

Mit dem Befehl LÄNGE kann nachträglich die Länge von Linien- und Bogensegmenten verändert werden.

➔ Abrollmenü ÄNDERN, Funktion LÄNGE

➔ Tablettfeld W14

➔ Symbol im Werkzeugkasten ÄNDERN

```
Befehl: Länge
DElta/Prozent/Gesamt/DYnamisch/<Objekt wählen>:
```

Mit den Optionen wählen Sie, wie die Längenänderung eingegeben werden soll.

Bei der Option DELTA kann ein Maß eingegeben werden, um das das Objekt verlängert werden soll. Bei der Option PROZENT kann um einen Prozentwert verlängert werden. Bei der Option GESAMT wird eine neue Gesamtlänge vorgegeben. Die Option DYNAMISCH verlängert dynamisch bis zur Position des Fadenkreuzes. Bei allen Optionen kann auch auf die Winkeleingabe umgeschaltet werden:

```
DElta/Prozent/Gesamt/DYnamisch/<Objekt wählen>: z.B.: G für neue
Gesamtlänge eingeben
Winkel/<Gesamtlänge eingeben (1.00)>: W für die Winkeleingabe
Gesamtwinkel eingeben (40)>: 60
<Zu änderndes Objekt wählen>/ZUrück:
```

Wollen Sie Bögen verändern, können Sie auch Winkeländerungen mit dem Befehl LÄNGE angeben. Wählen Sie beim zu ändernden Objekt eine Linie, wird eine Fehlermeldung ausgegeben und nichts ausgeführt. Der Befehl bleibt im Wiederholmodus. Nur wenn Sie ein neues Maß für die Verlängerung benötigen, müssen Sie den Befehl neu anwählen.

Übung: Verlängerung der Mittellinien

➔ *Verwenden Sie den Befehl* LÄNGE *mit der Option DELTA und stellen Sie 10 ein. Verlängern Sie alle Mittellinien auf beiden Seiten um diesen Wert.*

Abbildung 4.60:
Mittellinien mit Überstand

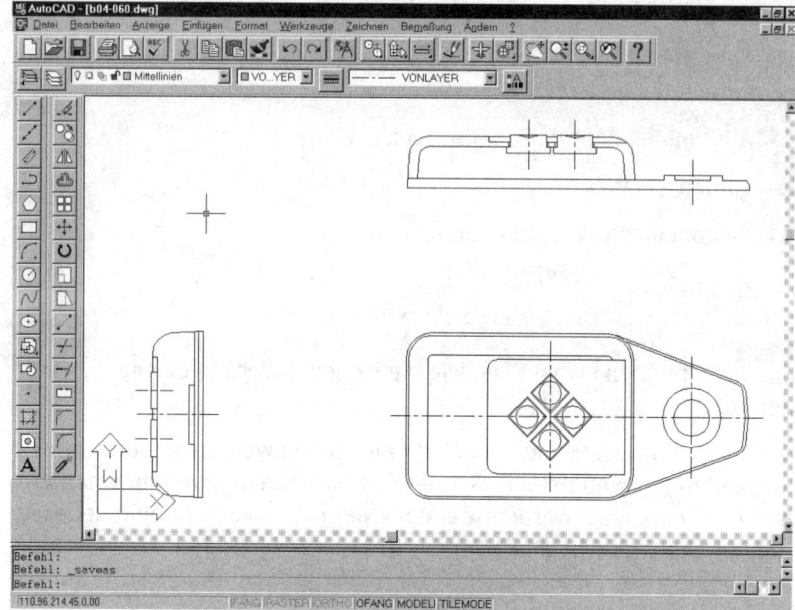

4.30 Sicherung von Ausschnitten

Wenn Sie an einer komplexen Zeichnung arbeiten oder mehrere Ansichten in der Zeichnung haben, ist es erforderlich, immer wieder dieselben Ausschnitte auf den Bildschirm zu holen. Auch bei 3D-Modellen benötigen Sie zur Bearbeitung immer wieder bestimmte Ansichten (siehe Kapitel 18 bis 21). In AutoCAD 14 haben Sie deshalb die Möglichkeit, bestimmte Ausschnitte der Zeichnung bzw. Ansichten des 3D-Modells unter einem Namen abzuspeichern und bei Bedarf wieder zu holen.

Vorgang: Befehl DDVIEW

Mit dem Befehl DDVIEW erscheint ein Dialogfeld auf dem Bildschirm, mit dem Sie Ausschnitte definieren, speichern und wiederherstellen können. Sie finden den Befehl im:

- Abrollmenü ANZEIGE, Funktion BENANNTE AUSSCHNITTE...
- Symbol im Werkzeugkasten ANZEIGE
- Symbol in einem Fly-out-Menü der Standard-Funktionsleiste

Sicherung von Ausschnitten

Abbildung 4.61:
Verwalten benannter Ausschnitte

Klicken Sie die Schaltfläche NEU... an, kommen Sie zu einem weiteren Dialogfeld. Dort können Sie neue Ausschnitte sichern (siehe Abbildung 4.62). Geben Sie einen Namen ein. Kreuzen Sie an, was Sie sichern wollen: AKTUELLER BILDSCHIRM oder FENSTER BESTIMMEN. Wenn Sie ein Fenster bestimmen wollen, kommen Sie mit der Schaltfläche FENSTER < zur Zeichnung. Mit zwei diagonalen Eckpunkten geben Sie das Fenster vor. Danach erscheint das Dialogfeld wieder. Die Koordinaten werden aufgelistet. Klicken Sie auf die Schaltfläche AUSSCHNITT SPEICHERN und der aktuelle Bildschirm oder das gerade bestimmte Fenster, je nach Einstellung der Schalter, werden gesichert und Sie kommen wieder zum vorherigen Dialogfenster. Der neue Ausschnitt ist jetzt in der Liste enthalten.

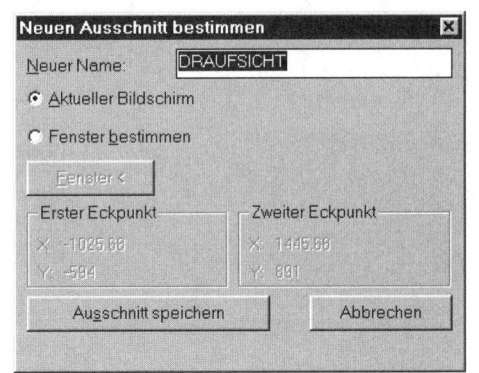

Abbildung 4.62:
Ausschnitte neu bestimmen

Im ersten Dialogfeld (siehe Abbildung 4.61) können Sie den Ausschnitt markieren, den Sie auf dem Bildschirm haben wollen. Klicken Sie dann auf WIEDERHERSTELLEN und Sie bekommen ihn auf den Bildschirm. Mit der Schaltfläche LÖSCHEN wird der markierte Ausschnitt gelöscht. Das Feld BESCHREIBUNG bringt ein weiteres Fenster mit den Abmessungen des markierten Ausschnitts.

Übung: Sichern und Wiederherstellen von Ausschnitten

↪ *Speichern Sie in der Zeichnung die Ausschnitte DRAUFSICHT, SCHNITT und SEITE.*

↪ *Machen Sie die Probe, stellen Sie die gespeicherten Ausschnitte wieder her.*

Verweis:

Siehe Referenzteil: Befehl AUSSCHNT.

Die Konturen sind fertig gezeichnet, die Mittellinien sind ebenfalls in der Zeichnung. Sie sollte jetzt wie in Abbildung 6.62 aussehen. Speichern Sie Ihre Arbeit. Wenn Sie nicht mitgezeichnet haben oder nur nachschauen wollen, der momentane Stand der Zeichnung befindet sich in Ihrem Aufgabenordner. Die Zeichnung hat den Namen *Z01-D.DWG*. Sie können im nächsten Kapitel auch mit dieser Zeichnung weiterarbeiten.

Abbildung 4.63: *Der Stand der Zeichnung*

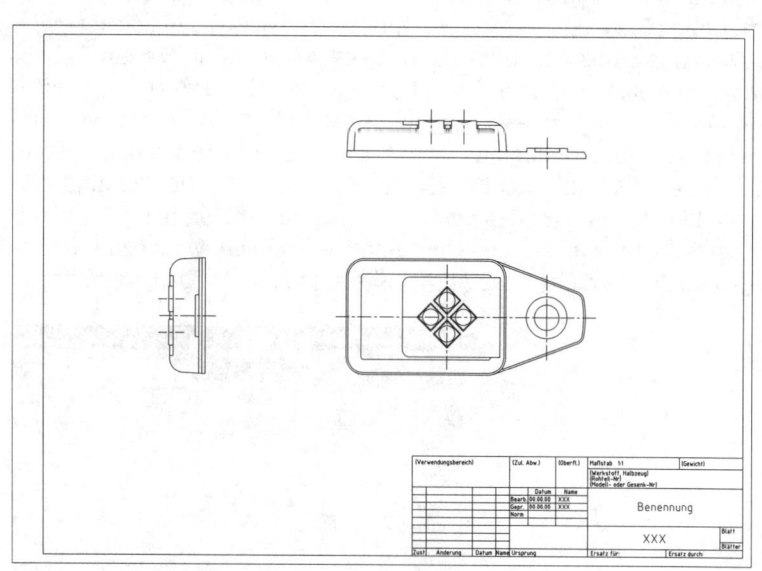

Schraffieren, Bemaßen und Beschriften

Kapitel 5

5.1 Schraffieren von Flächen in der Zeichnung
5.2 Layer setzen
5.3 Ändern der Objekteigenschaften
5.4 Ausmessen und Abfragen
5.5 Bemaßen der Zeichnung
5.6 Bemaßungsstile
5.7 Einfache lineare Maße
5.8 Zusammengesetzte lineare Maße
5.9 Radius- und Durchmesserbemaßung
5.10 Winkelbemaßung
5.11 Führungslinien
5.12 Koordinatenbemaßung

5.13 Form- und Lagetoleranzen
5.14 Mittellinien an Kreisen und Bögen
5.15 Beschriften der Zeichnung
5.16 Textänderungen
5.17 Rechtschreibprüfung
5.18 Attribute bearbeiten
5.19 Textstile

Nach den grundlegenden Zeichen- und Editiermethoden sollen Sie sich in diesem Kapitel vor allem mit dem Schraffieren, Bemaßen und Beschriften beschäftigen. Sie lernen:

- wie Flächen schraffiert werden,
- wie Sie Ihre Zeichnung ausmessen und abfragen,
- welche Bemaßungsarten Ihnen zur Verfügung stehen,
- wie Sie lineare Maße erstellen,
- wie Sie Radien und Durchmesser bemaßen,
- welche Koordinatenbemaßung es gibt,
- wie Sie Winkelbemaßungen in die Zeichnung bringen,
- wozu Führungslinien eingesetzt werden können,
- wie Toleranzsymbole eingefügt werden,
- wie Sie die Zeichnung beschriften,
- wie Sie neue Schriftstile definieren,
- was Sie im Texteditor alles machen können und
- wie Sie Rechtschreibfehler aus der Zeichnung entfernen können.

Wenn Sie das letzte Kapitel durchgearbeitet haben, hat Ihre Zeichnung den Stand wie in Abbildung 4.63. Falls nicht, können Sie sich auch die Zeichnung Z01-D.DWG aus Ihrem Übungsordner \AUFGABEN holen. Darin ist genau dieser Stand gespeichert.

Tip:

Falls Sie Ihre Zeichnung öffnen wollen, finden Sie im Abrollmenü DATEI die zuletzt bearbeiteten Zeichnungen im unteren Teil des Menüs. Klicken Sie einfach die Zeichnung an und sie wird geöffnet.

Abbildung 5.1:
Zuletzt bearbeitete Datei aus dem Abrollmenü wählen

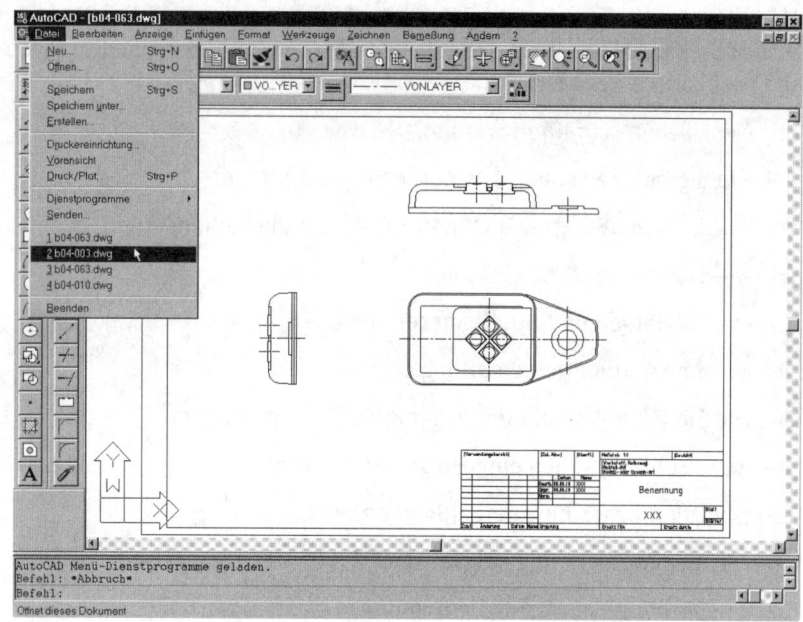

5.1 Schraffieren von Flächen in der Zeichnung

In technischen Zeichnungen müssen häufig Flächen schraffiert werden. In AutoCAD 14 steht Ihnen dafür eine Schraffurmusterbibliothek mit 68 verschiedenen Mustern zur Verfügung. Außerdem können Sie einfache Linienmuster selbst festlegen (siehe Kapitel 23.3).

In AutoCAD 14 gibt es auch die Möglichkeit, geschlossene Flächen mit einer Farbe zu füllen und Zeichnungsobjekte in der Darstellungreihenfolge zu sortieren. Dazu mehr in Kapitel 8.

Vorgang: Befehl GSCHRAFF

Schraffieren können Sie mit dem Befehl GSCHRAFF. Der Befehl ermittelt die Kontur der Schraffurfläche automatisch und erzeugt eine assoziative Schraffur. Wird die Kontur mit einem Editierbefehl geändert, ändert sich die Schraffur mit.

- Abrollmenü ZEICHNEN, Funktion SCHRAFFUR...
- Tablettfeld P9
- Symbol im Werkzeugkasten ZEICHNEN

Nach Anwahl des Befehls bekommen Sie ein Dialogfeld auf den Bildschirm, aus dem Sie alle Funktionen wählen und weitere Dialogfelder starten können (siehe Abbildung 5.2).

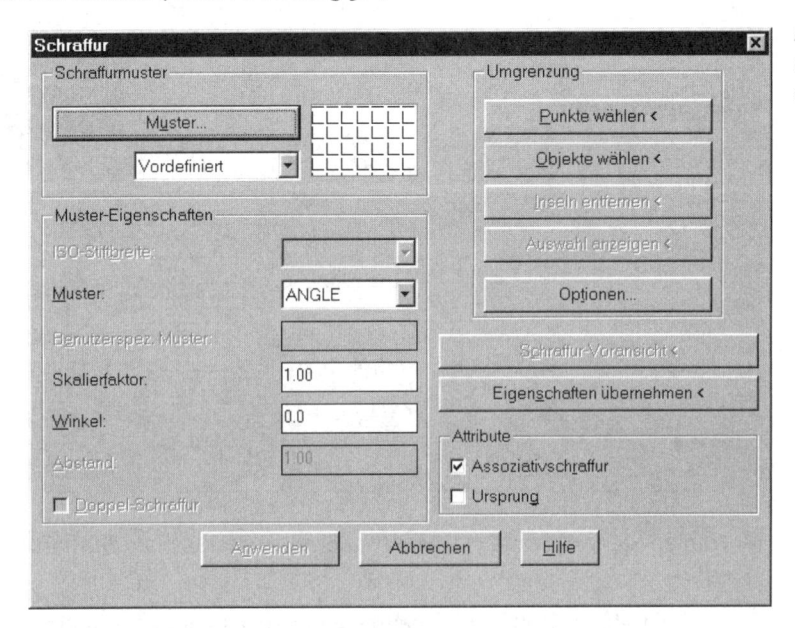

Abbildung 5.2:
Dialogfeld für die Schraffur

Sie haben folgende Einstellmöglichkeiten:

SCHRAFFURMUSTER

AutoCAD hat in seiner Schraffurmusterbibliothek (Datei ACADISO.PAT bzw. ACAD.PAT) 68 vordefinierte Schraffurmuster. Sie werden verwendet, wenn Sie im Abrollmenü VORDEFINIERT eingestellt haben. Das Muster können Sie auf verschiedene Arten wechseln:

- Klicken Sie in das Bildfeld mit der Probeschraffur und Sie bekommen das nächste Muster aus der Schraffurmusterbibliothek angezeigt. So können Sie sich Muster für Muster durchblättern. Das ist bei 68 Mustern etwas aufwendig. Wählen Sie lieber eine der anderen Methoden.

- Wenn Sie auf die Schaltfläche MUSTER... klicken, erhalten Sie das Bildmenü SCHRAFFURMUSTERPALETTE mit Probeschraffuren aller Muster (siehe Abbildung 5.3). Klicken Sie den Mustername in der Liste an und das Bildfeld wird markiert. Umgekehrt, wenn Sie ein Bildfeld anklicken, wird der Mustername markiert. Mit der Schiebeleiste können Sie in der Liste weiterblättern und mit den Schaltflächen VORHER und NÄCHSTER schalten Sie eine Bildseite weiter. Klicken Sie OK, wenn Sie das gewünschte Muster markiert haben.

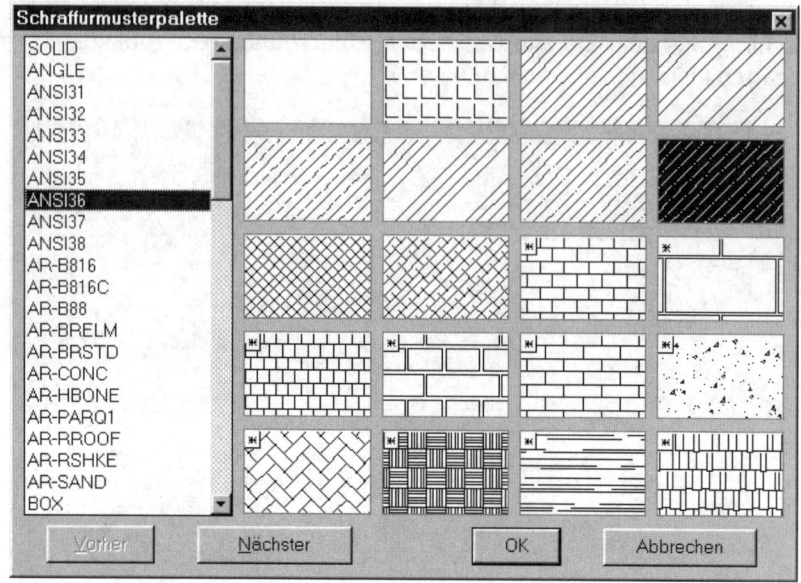

Abbildung 5.3:
Bildmenü mit den Schraffurmustern

↳ Wählen Sie im Abrollmenü MUSTER den Namen des Schraffurmusters aus.

Mit der Einstellung BENUTZERDEF. kann ein einfaches oder gekreuztes Linienmuster direkt mit Linienabständen und Winkeln eingestellt werden.

Mit der Einstellung BENUTZERSPEZ. können Sie dann arbeiten, wenn Sie eigene Schraffurmuster in einer Datei mit der Erweiterung *.PAT definiert haben (siehe Kapitel 23.3).

MUSTER-EIGENSCHAFTEN

Mit diesen Einstellungen lassen sich die Parameter für das Muster festlegen. Haben Sie ein vordefiniertes Muster gewählt, können Sie den Musternamen auch aus dem Abrollmenü MUSTER wählen (siehe oben).

Sowohl das vordefinierte als auch das benutzerdefinierte Muster sind in einem bestimmten Maßstab definiert. Im Feld SKALIERFAKTOR kann der Faktor für das Muster eingestellt werden. Bei einer Zeichnung, die im Maßstab 1:1 geplottet werden soll, kann der Faktor 1 verwendet werden. Bei Mustern, bei denen im Musterfeld in der linken oberen Ecke ein * angezeigt wird, sollte der Faktor verkleinert werden, z.B. 0.1 oder noch kleiner. Ist der Faktor zu groß, kann es sein, daß keine Schraffurlinien sichtbar werden, ist er dagegen zu klein, kommt es u. U. zu sehr engen Schraffurmustern, die Fläche wird ganz ausgefüllt.

Im Feld WINKEL läßt sich ein Winkel für das Schraffurmuster einstellen. Beachten Sie aber, daß das dem Winkel 0 der Anzeige in dem Musterfeld entspricht. Das Muster ANSI31 ist ein Muster mit 45°-Linien. Wenn Sie zusätzlich noch einen Winkel von 45° einstellen, wird das Muster um diesen Winkel gedreht und Sie erhalten senkrechte Linien.

Anders ist es beim benutzerdefinierten Muster. Hier kann direkt der Winkel der Schraffurlinien eingestellt werden.

Das Feld ABSTAND ist nur beim benutzerdefinierten Muster zugänglich. Damit kann der Abstand der Schraffurmuster in Zeichnungseinheiten eingestellt werden.

Das Schaltfeld DOPPEL-SCHRAFFUR ist ebenfalls nur beim benutzerdefinierten Muster zugänglich. Ist es eingestellt, wird eine doppelte Schraffur erzeugt. Die Linien kreuzen sich unter 90° Grad, es entsteht ein Gittermuster.

UMGRENZUNG

Sie haben zwei prizipiell unterschiedliche Methoden, die Schraffurfläche zu bestimmen: Sie können in die zu schraffierende Fläche klicken und die Schraffurgrenze wird automatisch ermittelt oder Sie wählen die Objekte, die die Schraffurgrenze bilden.

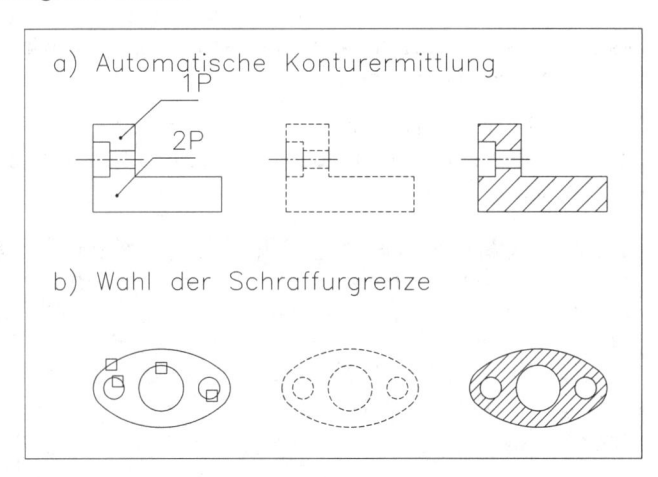

Abbildung 5.4:
Ermittlung der Schraffurfläche

Mit zwei Schaltflächen können Sie die gewünschte Methode wählen:

Wird das Feld PUNKTE WÄHLEN < angeklickt, aktivieren Sie die automatische Grenzkantenermittlung. Das Dialogfeld verschwindet und in der Zeichnung kann ein Punkt in der zu schraffierenden Fläche gewählt werden. Die Schraffurgrenze wird automatisch ermittelt und hervorgehoben. Inseln werden erkannt und von der Schraffur ausgeschlossen. Klicken

Kapitel 5: Schraffieren, Bemaßen und Beschriften

Sie in eine Insel, wird diese mitschraffiert. Es lassen sich auch mehrere nichtzusammenhängende Flächen wählen, die dann mit einem zusammenhängenden Muster schraffiert werden. Bedingungen für das einwandfreie Gelingen dieser Methode ist, daß die zu schraffierende Fläche von einer geschlossenen Kontur umrandet und vollständig am Bildschirm sichtbar ist. Wird die Anfrage nach weiteren Flächen mit ⏎ beantwortet, erscheint das Dialogfeld wieder.

Wird das Feld OBJEKTE WÄHLEN < angeklickt, lassen sich die Konturen für die Schraffurgrenze mit der Objektwahl bestimmen. Dann gilt: Die zu schraffierende Fläche muß umschlossen sein und die Objekte, die die Umgrenzung bilden, dürfen sich nicht überschneiden, sonst gibt es Fehler. Eine automatische Grenzkantenermittlung wird nicht durchgeführt. Inseln müssen mitgewählt werden. Die Methode sollte nur dann verwendet werden, wenn die Konturermittlung nicht möglich ist, weil beispielsweise die Kontur durch unsauberes Arbeiten nicht geschlossen ist.

Mit dem Feld INSELN ENTFERNEN < kommen Sie ebenfalls wieder zur Zeichnung. Inseln werden normalerweise von der Konturermittlung erkannt und von der Schraffur ausgenommen. Sollen Sie entfernt, also überschraffiert werden, können Sie jetzt noch gewählt werden. Die Auswahl wird mit ⏎ beendet.

Sind Sie sich nicht mehr sicher, was Sie schon gewählt haben, klicken Sie das Feld AUSWAHL ANZEIGEN < an. Die Schraffurkontur wird in der Zeichnung gestrichelt angezeigt.

Ein weiteres Dialogfeld können Sie mit dem Feld OPTIONEN... aktivieren. Damit können spezielle Optionen für die Konturermittlung eingestellt werden, siehe Abbildung 5.5.

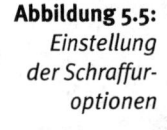

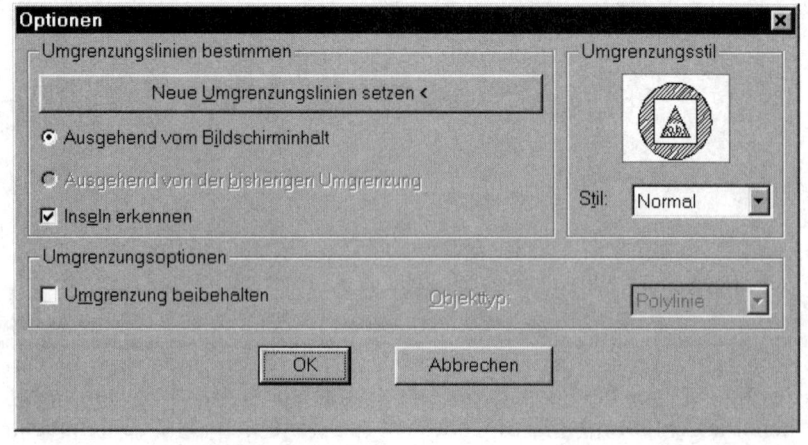

Abbildung 5.5:
Einstellung der Schraffuroptionen

Beachten Sie hier vor allem, daß nur dann Inseln erkannt werden, wenn der Schalter INSELN ERKENNEN eingeschaltet ist.

Beim UMGRENZUNGSSTIL können Sie einstellen, wie Inseln behandelt werden sollen. Die Einstellung NORMAL spart Inseln aus, in einer Insel liegende Inseln werden wieder schraffiert. Die Einstellung ÄUSSERE schraffiert nur die Fläche bis zur ersten Insel und die Einstellung IGNORIEREN schraffiert über alle Inseln hinweg. Bei der automatischen Grenzkantenermittlung sollten Sie die Einstellung NORMAL verwenden.

AutoCAD erstellt beim Schraffieren mit der Grenzkantenermittlung automatisch eine geschlossene Grenzkante, die normalerweise nach dem Schraffieren wieder gelöscht wird. Bei den UMGRENZUNGSOPTIONEN können Sie einstellen, ob die Umgrenzung nur temporär gezeichnet oder ob Sie nach dem Schraffieren beibehalten werden soll. Wenn Sie den Schalter UMGRENZUNG BEIBEHALTEN einschalten, wird sie beibehalten und Sie können zudem wählen, ob als Umgrenzung eine Polylinie (siehe Kapitel 6) oder eine Region (siehe Kapitel 9) erzeugt werden soll.

SCHRAFFUR-VORANSICHT <

Wird dieses Feld angeklickt, verschwindet das Dialogfeld und die Schraffur mit den eingestellten Parametern wird angezeigt, aber noch nicht ausgeführt. ⏎ beendet die Voransicht.

EIGENSCHAFTEN ÜBERNEHMEN <

Haben Sie in der Zeichnung bereits eine Schraffur und Sie wollen einen weiteren Bereich mit denselben Parametern schraffieren, wissen diese aber nicht mehr, dann können Sie sie mit diesem Feld übernehmen. Klikken Sie das Feld an, das Dialogfeld verschwindet und Sie können eine Schraffur in der Zeichnung wählen. Danach kommt das Dialogfeld zurück und die Parameter der gewählten Schraffur werden übernommen.

ATTRIBUTE

Schraffuren werden als eigene Objekte in AutoCAD 14 generiert, deren einzelne Linien nicht editiert werden können. Sie können aber mit dem Befehl SCHRAFFEDIT bearbeitet werden. Außerdem ändert sich die Schraffur mit, wenn die Kontur verändert wird. Das ist aber nur dann der Fall, wenn der Schalter ASSOTIATIVSCHRAFFUR eingeschaltet ist.

Schalten Sie dagegen den Schalter URSPRUNG ein, werden unzusammenhängende einzelne Linien generiert. Das Muster ist dann nicht mehr assoziativ. Es ändert sich bei Konturänderungen nicht mit und kann auch nicht mit dem Befehl SCHRAFFEDIT bearbeitet werden.

Tip:

In vorherigen Versionen von AutoCAD wurden Schraffuren als »unbenannte Blöcke« generiert. Das sind Objekte, die wie Blöcke erzeugt werden, aber nicht mit einem Namen in der Zeichnung geführt werden.

In AutoCAD 14 sind Schraffuren eigene Objekte in der Zeichnungsdatenbank. Sie lassen sich ebenfalls mit dem Befehl URSPRUNG in einzelne Linien zerlegen. Die Assoziativität geht dann natürlich verloren.

Übung: Schraffieren des Schnittes

- Machen Sie den Layer SCHRAFFUR zum aktuellen Layer.
- Schalten Sie den Layer MITTELLINIEN aus, denn sonst werden diese auch als Schraffurgrenzen erkannt. In diesem Fall müßten Sie die Schraffurfläche auf beiden Seiten der Mittellinien anwählen.
- Wählen Sie den Befehl GSCHRAFF und stellen Sie das Muster ANSI31 mit einem Skalierfaktor von 1 ein.
- Kontrollieren Sie die Optionen. Die Umgrenzung soll nach der Schraffur gelöscht werden.
- Schraffieren Sie das Gehäuse mit dem Winkel 0°. Wählen Sie 3 Punkte, P1, P2 und P3, für die Ermittlung der Grenzkanten.
- Kontrollieren Sie vor der endgültigen Ausführung mit der Schraffur-Voransicht. Achten Sie darauf, daß die Assoziativschraffur gewählt ist.
- Wählen Sie den Befehl GSCHRAFF erneut. Verwenden Sie das gleiche Muster und den gleichen Faktor, stellen aber einen Winkel von 90° für das Muster ein.
- Schraffieren Sie die Tasten mit diesen Parametern. Wählen Sie die Punkte P4 und P5 für die Ermittlung der Grenzkanten (siehe Abbildung 5.6).
- Wählen Sie den Befehl GSCHRAFF noch einmal. Ändern Sie die Einstellungen nicht und wählen Sie den Punkt P6 im Boden für die Schraffurfläche.
- Schalten Sie dann den Layer MITTELLINIEN wieder ein.

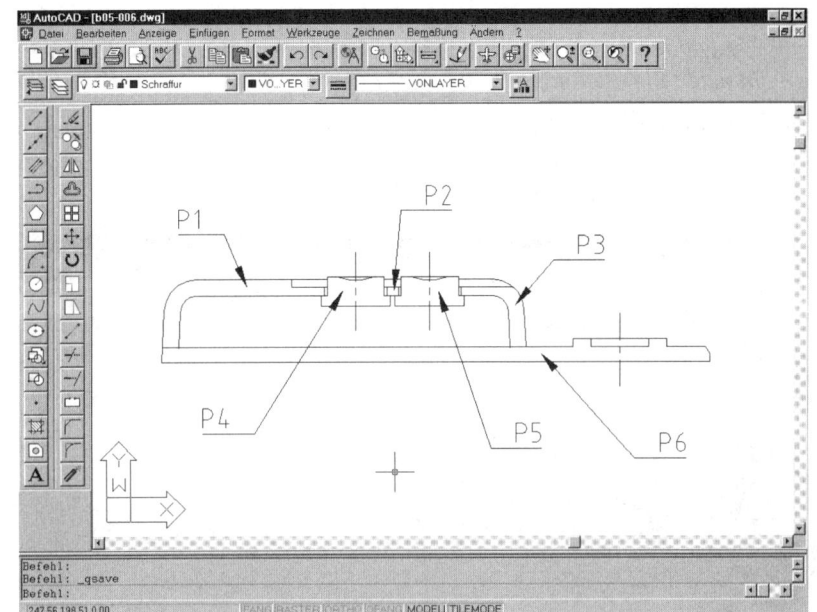

Abbildung 5.6:
Wahl der Schraffurflächen

Vorgang: Befehl SCHRAFFEDIT

Ist die Schraffur trotz Schraffur-Voransicht daneben gegangen oder soll Sie nachträglich geändert werden, steht Ihnen der Befehl SCHRAFFEDIT zur Verfügung.

- Abrollmenü ÄNDERN, Untermenü OBJEKT >, Funktion SCHRAFFUR BEARBEITEN...
- Tablettfeld Y16
- Symbol im Werkzeugkasten ÄNDERN II

Sie können die Schraffur wählen, und mit demselben Dialogfeld wie zur Erzeugung einer Schraffur die Parameter für die Schraffur ändern. Eine Änderung der Schraffurflächen ist allerdings nicht möglich.

Übung: Ändern der Schraffur

- *Wahlen Sie den Befehl SCHRAFFEDIT und ändern Sie den Skalierfaktor auf 0.70, damit die Schraffur enger wird.*
- *Die Schraffur ist fertig und sollte wie in Abbildung 5.7 aussehen. Bei Fehlern löschen Sie die entsprechende Schraffur wieder und versuchen es nochmal.*

↪ *Strecken Sie versuchsweise einmal Ihren Schnitt samt der Schraffur. Sie werden sehen, daß die Schraffur sich der neuen Kontur anpaßt. Machen Sie die Änderungen wieder rückgängig.*

↪ *Sichern Sie Ihre Zeichnung zwischendurch wieder einmal. Sie finden für alle Fälle auch diesen Stand der Zeichnung in Ihrem Übungsordner als Zeichnung Z01-E.DWG.*

Abbildung 5.7:
Der schraffierte Schnitt

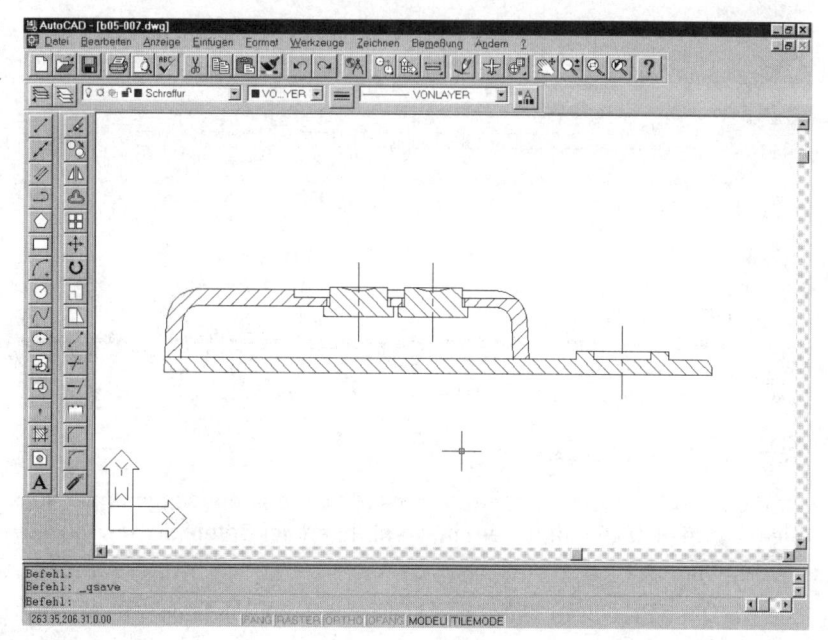

Verweis:

Siehe Referenzteil: Befehle SCHRAFF, -GSCHRAFF, -SCHRAFFEDIT.

5.2 Layer setzen

Nachdem Sie im vorherigen Kapitel die Konturen in Ihrer Zeichnung erstellt haben, wird es jetzt immer öfters erforderlich, einen neuen Layer als aktuellen Layer zu setzen. Sie haben das auch schon mehrfach gemacht. Wenn Sie aber immer mehr Objekte in der Zeichnung haben, ist es einfacher, den Layer zu setzen, indem man ein Objekt anklickt, das auf dem gewünschten Layer liegt.

Vorgang: Aktuellen Layer setzen durch Zeigen auf ein Objekt

Mit einem Symbol in der Funktionsleiste EIGENSCHAFTEN können Sie ein Objekt anklicken, und der Layer, auf dem dieses Objekt gezeichnet wurde, wird zum aktuellen Layer. Wählen Sie die Funktion:

⇥ Symbol in der Funktionsleiste EIGENSCHAFTEN

Nachdem Sie das Symbol gewählt haben, klicken Sie nur noch ein Objekt an, der aktuelle Layer wird gewechselt. Sie erhalten den Layer als aktuellen Layer, auf dem das gewählte Objekt liegt.

```
Befehl: Symbol anklicken
Objekt auswählen, dessen Layer der aktuelle Layer wird: Objekt
anklicken
KONTUR ist jetzt der aktuelle Layer.
```

Mit dieser Methode brauchen Sie sich mit der Zeit um Layernamen überhaupt nicht mehr zu kümmern, außer Sie wollen einen Layer verwenden, der noch nicht in der Zeichnung vorhanden ist.

5.3 Ändern der Objekteigenschaften

Beim Zeichnen kommt es immer wieder vor, daß Objekte auf dem falschen Layer liegen und damit die falsche Farbe und den falschen Linientyp haben. Das passiert nicht nur aus Unachtsamkeit, beim Versetzen kommt das regelmäßig vor. Die Kopien kommen immer auf den gleichen Layer wie das Ausgangsobjekt. Oft werden aber Mittellinien oder verdeckte Linien durch Versetzen erzeugt. In diesem Fall ist es immer erforderlich, den Layer der Objekte zu wechseln.

Vorgang: Objekte auf einen anderen Layer bringen

Der einfachste Weg, Objekte auf einen anderen Layer zu bringen ist der, Sie anzuklicken, danach das Abrollmenü für die Layerauswahl zu aktivieren und den Layer anzuklicken, auf den die gewählten Objekte gebracht werden sollen. Wenn Sie die Objekte anklicken, darf kein Befehl aktiv sein, da sonst das Abrollmenü ausgeblendet ist.

Wenn Sie die Objekte angeklickt haben, bekommen sie Griffe. Stören Sie sich nicht daran. Wählen Sie einfach den Layer, auf den die Objekte kommen sollen. Wenn Sie die Funktion ausgeführt haben, betätigen Sie die Taste [Esc] zweimal und die Griffe verschwinden wieder. Wählen Sie keinen Editierbefehl an, solange die Objekte Griffe haben. Der Editierbefehl würde sofort mit diesen Objekten ausgeführt werden. Alles was Sie zur Editierung mit Griffen wissen müssen, erfahren Sie in Kapitel 14.4.

Kapitel 5: Schraffieren, Bemaßen und Beschriften

Vorgang: Ändern der Objekteigenschaften

Die Zugehörigkeit eines Objekts zu einem Layer, die Farbe und der Linientyp, mit dem das Objekt gezeichnet wurde, wird in AutoCAD als Eigenschaft eines Objekts bezeichnet. Sie können diese Eigenschaften mit dem Befehl DDCHPROP ändern. Wählen Sie den Befehl im:

⇝ Abrollmenü ÄNDERN, Funktion EIGENSCHAFTEN...

⇝ Tablettfeld Y14

⇝ Symbol in der Funktionsleiste EIGENSCHAFTEN

Achtung:

Haben Sie die Funktion aus einem Menü oder der Funktionsleiste gewählt, wird DDCHPROP nur aktiv, wenn Sie mehrere Objekte angewählt haben. Bei einem Objekt wird dagegen der Befehl DDMODIFY aufgerufen (siehe Kapitel 14.2). Das Dialogfeld des Befehls DDCHPROP sieht wie in Abbildung 5.8 aus.

Abbildung 5.8:
Änderung der Objekteigenschaften

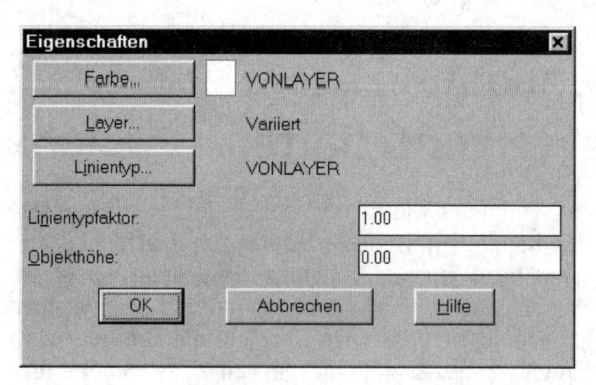

Mit den Schaltflächen FARBE..., LAYER... und LINIENTYP... erhalten Sie weitere Dialogfelder, in denen Sie die Eigenschaft für die Objekte wählen können.

Tip:

Haben Sie nur ein Objekt gewählt, wird das Dialogfeld des Befehls DDMODIFY aktiviert. Im oberen Teil finden Sie die gleichen Einstellungen wie beim Befehl DDCHPROP. Im unteren Teil können Sie die Geometrie des gewählten Objekts verändern.

Fehler:

Wichtig: Wenn Sie Objekte in einer anderen Farbe oder einem anderen Linientyp haben wollen, bringen Sie sie auf den Layer, dem diese Farbe oder dieser Linientyp zugeordnet ist. Ändern Sie nicht die Farbe und den Linientyp, belassen Sie die Einstellung auf VONLAYER.

Verweis:

Alles weitere zu den Änderungsfunktionen und zu Objektgriffen finden Sie in Kapitel 14.

5.4 Ausmessen und Abfragen

Bei der Erstellung einer Zeichnung kommt es immer wieder vor, daß Sie die Koordinaten eines Punktes wissen möchten, einen Abstand benötigen oder daß Sie wissen möchten, auf welchem Layer ein Objekt erstellt wurde.

AutoCAD stellt Ihnen eine Reihe von Befehlen zur Verfügung, mit denen Sie die Zeichnung ausmessen und bestimmte Abfragen stellen können. Dabei wird keine Bemaßung erstellt, die Ergebnisse werden nicht in die Zeichnung eingetragen. Sie werden lediglich zu Ihrer Information angezeigt.

Vorgang: Befehl ID

Falls Sie wissen wollen, welche Koordinaten der Mittelpunkt eines Kreises hat oder an welchen Koordinaten ein Schnittpunkt liegt usw., verwenden Sie den Befehl ID und Sie bekommen Auskunft.

- Abrollmenü WERKZEUGE, Untermenü ABFRAGE >, Funktion ID PUNKT
- Tablettfeld U9
- Symbol in einem Fly-out-Menü der Funktionsleiste EIGENSCHAFTEN
- Symbol im Werkzeugkasten Abfrage

```
Befehl: Id
Punkt: Gewünschten Punkt mit dem Objektfang wählen
X=92.50   Y=120.00   Z=0.000
```

Das Ergebnis wird in dem Format und mit der Genauigkeit angezeigt, die Sie im Dialogfeld für die Einheiten eingestellt haben. Die Koordinaten werden im aktuellen Koordinatensystem angegeben. Natürlich sollten Sie zum Ausmessen immer den Objektfang verwenden. Nur dann erhalten Sie das exakte Ergebnis.

Trotzdem gibt es für den Befehl ID auch eine Anwendung, die auf den ersten Blick zwar etwas paradox erscheint, beim Zeichnen aber manchmal ganz hilfreich sein kann:

```
Befehl: _id
Punkt: 92.5,120
X=92.50   Y=120.00   Z=0.000
```

| Kapitel 5: Schraffieren, Bemaßen und Beschriften

Bei der Punktanfrage geben Sie die Koordinate auf der Tastatur ein. Das Ergebnis im Dialogbereich interessiert uns nicht, aber auf der Zeichenfläche bekommen Sie ein Markierungskreuz an dem eingegebenen Punkt. So können Sie am schnellsten feststellen, wo eine Koordinate auf dem momentanen Bildschirmausschnitt liegt.

Vorgang: Messen eines Abstands

Wollen Sie den Abstand zweier Punkte aus der Zeichnung messen, gibt es den Befehl ABSTAND. Sie finden den Befehl im:

↳ Abrollmenü WERKZEUGE, Untermenü ABFRAGE >, Funktion ABSTAND

↳ Tablettfeld T8

↳ Symbol in einem Fly-out-Menü der Funktionsleiste EIGENSCHAFTEN

↳ Symbol im Werkzeugkasten ABFRAGE

```
Befehl: Abstand
Erster Punkt: Mit Objektfang fangen
Zweiter Punkt: Mit Objektfang fangen
Abstand = 100.00, Winkel in XY-Ebene = 37, Winkel von XY-Ebene = 0
Delta X = 80.00, Delta Y = 60.00, Delta Z = 0.00
```

Außer dem direkten Abstand der beiden eingegebenen Punkte werden auch noch die Abstände entlang der Koordinatenachsen angezeigt. Der Winkel in der XY-Ebene ist der Winkel der Verbindung vom ersten zum zweiten Punkt, zur X-Achse entgegen dem Uhrzeigersinn gemessen.

Der Winkel zur XY-Ebene ist in 2D-Zeichnungen natürlich immer 0. Bei 3D-Modellen gibt er den Winkel der Verbindung vom ersten zum zweiten Punkt, zur YX-Ebene gemessen, an.

Vorgang: Messen einer Fläche

Wollen Sie eine Fläche ausmessen, verwenden Sie den Befehl FLÄCHE. Sie finden ihn im:

↳ Abrollmenü WERKZEUGE, Untermenü ABFRAGE >, Funktion FLÄCHE

↳ Tablettfeld T7

↳ Symbol in einem Fly-out-Menü der Funktionsleiste EIGENSCHAFTEN

↳ Symbol im Werkzeugkasten ABFRAGE

Mit dem Befehl haben Sie nur ein Problem. Sie müssen die Fläche, die Sie messen wollen, umfahren und alle Stützpunkte anklicken. Befinden sich Bögen in der Kontur, erhalten Sie kein korrektes Ergebnis.

Ausmessen und Abfragen

```
Befehl: Fläche
<Erster Punkt>/Objekt/Addieren/Subtrahieren:
```

Wenn Sie jetzt einen Punkt anklicken, natürlich mit dem Objektfang, werden so lange Punkte abgefragt, bis Sie eine Punktanfrage mit ⏎ abschließen.

```
Nächster Punkt:
Nächster Punkt:
Nächster Punkt: ⏎
Fläche = 337.15, Umfang = 74.80
```

Fläche und Umfang werden angezeigt. Die Fläche muß nicht komplett umfahren werden. Zwischen dem ersten und letzten Punkt wird eine gerade Verbindung angenommen.

ADDIEREN UND SUBTRAHIEREN

Mit den Optionen ADDIEREN und SUBTRAHIEREN werden Zwischenergebnisse gebildet und in einem Speicher saldiert. Wichtig ist, daß vor jeder Aufnahme einer Fläche die entsprechende Option aktiviert wird.

```
<Erster Punkt>/Objekt/Addieren/Subtrahieren: A für Addieren
<Erster Punkt>/Objekt/Subtrahieren: Punkt eingeben
(Modus ADDIEREN) Nächster Punkt:
(Modus ADDIEREN) Nächster Punkt:
(Modus ADDIEREN) Nächster Punkt:
(Modus ADDIEREN) Nächster Punkt: ⏎

Fläche = 650.25, Umfang 102.00
Gesamtfläche = 650.25

<Erster Punkt>/Objekt/Subtrahieren: S für Subtrahieren
<Erster Punkt>/Objekt/Addieren: Punkt eingeben
(Modus SUBTRAHIEREN) Nächster Punkt:
(Modus SUBTRAHIEREN) Nächster Punkt:
(Modus SUBTRAHIEREN) Nächster Punkt:
(Modus SUBTRAHIEREN) Nächster Punkt: ⏎

Fläche = 120.00, Umfang 72,50
Gesamtfläche = 530.25

<Erster Punkt>/Objekt/Addieren: ⏎
```

So läßt sich beliebig oft zwischen den beiden Modi umschalten, aber wehe Sie machen einen Fehler. Dann müssen Sie wieder komplett von vorne anfangen. Einfacher ist es deshalb, wenn man Objekte ausmessen kann.

Kapitel 5: Schraffieren, Bemaßen und Beschriften

OBJEKT

Mit der Option OBJEKT können Sie Fläche und Umfang von Kreisen und Polylinien ermitteln.

```
<Erster Punkt>/Objekt/Addieren/Subtrahieren: O für Objekt
Objekte auswählen: Mit Pickbox anklicken
Fläche = 706.86, Kreisumfang = 94.25
```

oder der Auswahl einer Polylinie:

```
Fläche = 298.54, Umfang = 75.42
```

Die Optionen ADDIEREN und SUBTRAHIEREN lassen sich aber auch mit der Option OBJEKT kombinieren. Beispielsweise wollen Sie die Fläche einer Platte mit einer Bohrung ermitteln:

```
Befehl: _Fläche
<Erster Punkt>/Objekt/Addieren/Subtrahieren: A für Addieren
<Erster Punkt>/Objekt/Subtrahieren: Ersten Punkt der Umgrenzung
der Fläche anwählen
(Modus ADDIEREN) Nächster Punkt:
(Modus ADDIEREN) Nächster Punkt:
(Modus ADDIEREN) Nächster Punkt:
(Modus ADDIEREN) Nächster Punkt: ⏎

Fläche = 739.94, Umfang 109.04
Gesamtfläche = 739.94


<Erster Punkt>/Objekt/Subtrahieren: S für Subtrahieren
<Erster Punkt>/Objekt/Addieren: O für Objekt
(Modus SUBTRAHIEREN) Objekte auswählen: Bohrung anklicken
Fläche = 19.63, Kreisumfang = 15.71
Gesamtfläche = 720.30


(Modus SUBTRAHIEREN) Objekte auswählen: ⏎
<Erster Punkt>/Objekt/Addieren: ⏎
```

Übung: Messen Sie in der Zeichnung

- Machen Sie, falls es nicht schon so ist, das Weltkoordinatensystem zum aktuellen Koordinatensystem.
- Messen Sie die Punkte wie in der Zeichnung mit dem Befehl ID aus der Zeichnung.
- Messen Sie die Abstände und Flächen.

Vorgang: Auflisten der Objektdaten

Noch mehr Informationen bringt Ihnen der Befehl LISTE auf den Bildschirm. Neben allen gespeicherten Geometriedaten wird auch noch der Layer angezeigt, auf dem das Objekt gezeichnet wurde.

↳ Abrollmenü WERKZEUGE, Untermenü ABFRAGE >, Funktion AUFLISTEN

↳ Tablettfeld T8

↳ Symbol in einem Fly-out-Menü der Funktionsleiste EIGENSCHAFTEN

↳ Symbol im Werkzeugkasten ABFRAGE

```
Befehl: Liste
Objekte wählen:
```

Sie können ein oder mehrere Objekte wählen, von denen Sie die Daten ansehen wollen. Nachdem Sie die Auswahl bestätigt haben, wird das Textfenster eingeblendet und die Daten aufgelistet. Haben Sie mehrere Objekte angewählt, wird die Liste angehalten, wenn der Bildschirm voll ist, und erst bei ⏎ fortgesetzt. Mit den Schiebereglern am rechten und unteren Rand läßt sich die Liste auch durchblättern. Die Funktionstaste F2 schaltet wieder zum Grafikbildschirm um. Die Daten in der Liste unterscheiden sich je nach dem gewählten Objekt. Im nachfolgenden Beispiel wurde eine Linie und ein Kreis in der Zeichnung gewählt:

```
Befehl: Liste
Objekte wählen:

     KREIS      Layer: KONTUR
     Bereich: Modellbereich
     Referenz: 405
  Mittelpunkt Punkt, X= 85.00  Y= 90.00  Z= 0.00
     Radius   15.00
     Umfang   94.25
     Fläche   706.86

     LINIE      Layer: KONTUR
     Bereich: Modellbereich
     Referenz: 4DA
  von Punkt, X= 137.00  Y= 110.00  Z= 0.00
  nach Punkt, X=  50.00  Y= 110.00  Z= 0.00
  Länge= -87.00, Winkel in XY-Ebene= 180
  Delta X= -87.00, Delta Y= 0.00, Delta Z= 0.00
```

Übung: Auflisten von Objektdaten

↳ *Lassen Sie sich verschiedene Objekte in der Zeichnung auflisten.*

Kapitel 5: Schraffieren, Bemaßen und Beschriften

Vorgang: Zeitmessung in AutoCAD

Für die Projektabrechnung oder auch nur zur Information wird die Startzeit, die Bearbeitungszeit und eine Stoppuhr in der Zeichnung gespeichert. Diese Informationen können mit dem Befehl ZEIT abgerufen werden. Den Befehl finden Sie im:

↳ Abrollmenü WERKZEUGE, Untermenü ABFRAGE >, Funktion ZEIT

```
Befehl: Zeit
Aktuelle Zeit:   Mittwoch, 9. Juli 1997 um 21:25:03:300
Benötigte Zeit für diese Zeichnung:
 Erstellt:                 Donnerstag, 3. Juli 1997 um 20:40:04:210
 Zuletzt nachgeführt:      Mittwoch, 9. Juli 1997 um 21:12:02:370
 Gesamte Bearbeitungszeit: 0 Tage 23:22:28.840
 Benutzer-Stoppuhr (ein):  0 Tage 23:22:28.840
 Nächste automatische Speicherung in: <noch keine Änderungen>
Darstellung/Ein/Aus/Zurückstellen:
```

Mit den Optionen EIN, AUS und ZURÜCKSTELLEN können Sie die Stoppuhr einstellen. Die Option DARSTELLEN gibt die aktuellen Zeitinformationen erneut aus.

Vorgang: Der Zeichnungsstatus

Mit dem Befehl STATUS wird die Anzahl der Objekte in der aktuellen Zeichnung, die Grenzen der Zeichnung, verschiedene Zeichenmodi, die aktuellen Einstellungen usw. im Textfenster angezeigt. Mit [F2] kommen Sie wieder in den Zeichenmodus zurück. Sie finden den Befehl im:

↳ Abrollmenü WERKZEUGE, Untermenü ABFRAGE >, Funktion STATUS

Der Befehl wird ohne weitere Abfragen ausgeführt. Das Ergebnis in Form einer Liste erscheint im Textfenster.

```
Befehl: Status
335 Objekte in F:\Aufgaben\Z01-E.dwg
Modellbereich Limiten sind X:     -0.01   Y:     -0.01   (Aus)
                           X:    420.01   Y:    297.01
Modellbereich benutzt      X:      0.00   Y:      0.00
                           X:    420.00   Y:    297.00
Anzeige                    X:    -39.88   Y:     -1.65
                           X:    459.88   Y:    298.65
Einfüge-Basis ist          X:      0.00   Y:      0.00   Z: 0.00
Fangwert ist               X:     10.00   Y:     10.00
Rasterwert ist             X:     10.00   Y:     10.00

Aktueller Bereich:    Modellbereich
Aktueller Layer:      KONTUR
Aktuelle Farbe:       VONLAYER -- 1 (rot)
```

```
Aktueller Linientyp:        VONLAYER - CONTINUOUS
Aktuelle Erhebung:          0.00  Objekthöhe:     0.00
Füllen ein  Raster aus  Ortho aus  Qtext aus  Fang aus  Tablett aus
Objektfangmodi:             MitteTpunkt, Nächster
Freier Speicherplatz auf dwg-Laufwerk (F:): 81.2 MB
Freier Speicherplatz auf temp-Laufwerk (C:):30.4 MB
Freier physischer Speicher:           0.5 MB (von  63.4M).
Freier Platz in der Auslagerungsdatei:      731.2 MB (von 755.4M).
```

5.5 Bemaßen der Zeichnung

Technische Zeichnungen sollen in der Regel auch bemaßt werden. Hier zeigt sich die wahre Stärke des CAD-Zeichnens. Da Sie die komplette Geometrie exakt erfaßt haben, können Sie jedes gewünschte Maß genauso exakt aus der Zeichnung ermitteln und mit den Bemaßungsbefehlen von AutoCAD 14 weitgehend automatisch in die Zeichnung eintragen.

Die Bemaßungsfunktionen finden Sie in einem eigenen Abrollmenü BEMASSUNG und Sie können sich einen speziellen Werkzeugkasten für die Bemaßung einblenden (siehe Abbildung 5.9).

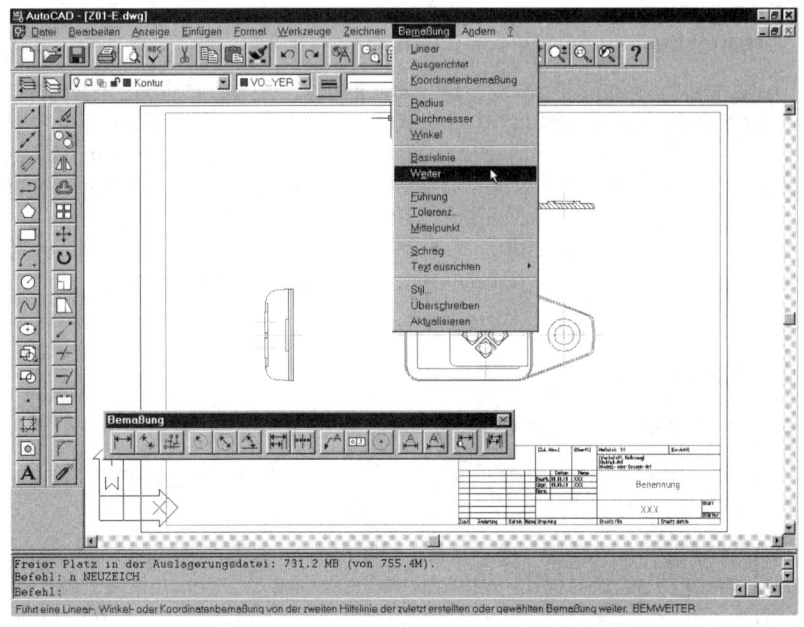

Abbildung 5.9: Bemaßungsbefehle im Menü und im Werkzeugkasten

Bemaßungen werden assoziativ erstellt, d. h., sie werden als Block generiert. Wird danach das Objekt mit seinen Maßen verändert, dann ändert sich die Maßzahl. Wenn Sie beispielsweise einen Teil mit dem Befehl VA-

RIA um den Faktor 2 vergrößern, verdoppeln sich die Maßzahlen, aber Maßpfeile und Textgröße bleiben gleich. Beim Befehl STRECKEN zeigt sich die wahre Stärke. Die Maße werden mitgestreckt und der Maßtext an die neue Länge angepaßt.

5.6 Bemaßungsstile

Bei den Maßen gibt es keinen einheitlichen Standard, jede Branche hat ihre Eigenheiten und Normen. Bauzeichnungen werden anders als technische Zeichnungen bemaßt. Außerdem gibt es nationale Unterschiede, nicht nur, daß in den angelsächsischen Ländern in Fuß und Zoll bemaßt wird, auch sonst sieht eine amerikanische technische Zeichnung anders aus.

AutoCAD als weltweit verbreitetes, branchenübergreifendes Programm kann sich nicht auf eine Norm festlegen. Es ist offen und kann mit Bemaßungsvariablen an alle vorkommenden Fälle angepaßt werden. Sie werden in diesem Kapitel fast ausschließlich mit den Standardeinstellungen arbeiten. Kapitel 10 enthält die Profitips für die Einstellung der Maße und die Editierung von bestehenden Maßen.

Vorgang: Bemaßungsstil einstellen

Trotzdem müssen Sie, wenn Sie mit einer Standard-Vorlage begonnen haben, ein paar Änderungen an der Einstellung der Bemaßung vornehmen. Die Bemaßungsvariablen können in einem sogenannten Bemaßungsstil gespeichert werden. Bemaßungsstile werden in der Zeichnung gespeichert, bzw. sie sind schon in der Vorlage enthalten. Sie können gespeicherte Bemaßungsstile wechseln oder einen vorhandenen ändern, wenn Sie den Befehl DBEM verwenden. Sie finden den Befehl im:

- Abrollmenü BEMASSUNG, Funktion STIL...
- Tablettfeld Y5
- Symbol im Werkzeugkasten BEMASSUNG

In einem Dialogfeld (siehe Abbildung 5.10) mit mehreren Unterfeldern lassen sich alle Einstellungen vornehmen.

Im oberen Teil des Dialogfeldes kann im Abrollmenü AKTUELLER: ein in der Zeichnung gesicherter Bemaßungsstil gewählt werden. Eingestellt ist ISO-5, ein Bemaßungsstil, bei dem der Maßtext 5 Einheiten hoch ist. Alle anderen Größen haben die richtigen Proportionen zu diesem Stil. Üblicherweise wird ein Maßtext von 3.5 Einheiten verwendet.

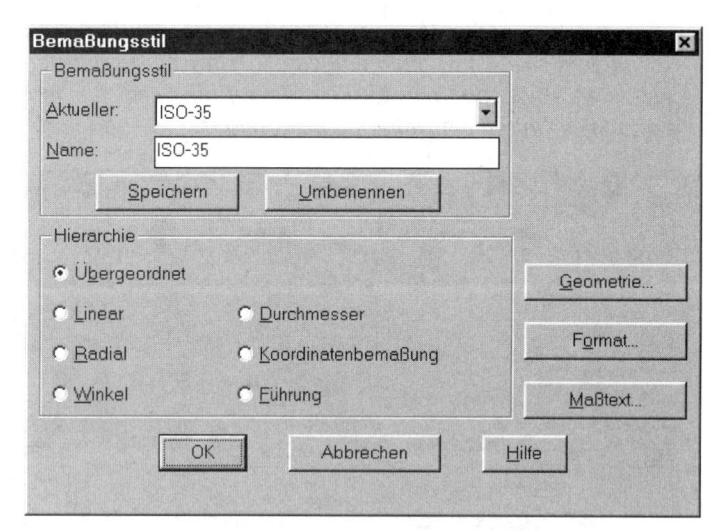

Abbildung 5.10:
Dialogfeld für den Bemaßungsstil

Übung: Bemaßungsstil wählen und verändern

→ Wählen Sie den Bemaßungsstil ISO-35 für die Bemaßung mit der Texthöhe 3.5 aus dem Abrollmenü BEMASSUNGSSTIL. Ein paar Einstellungen sollten wir jedoch ändern, bevor wir den Stil benutzen.

→ Der Abstand der Maßlinien bei Bezugsmaßen ist standardmäßig etwas knapp eingestellt. Klicken Sie auf die Schaltfläche GEOMETRIE... und stellen im folgenden Dialogfeld (siehe Abbildung 15.11) den Wert für den Abstand auf 7 Einheiten. Mit OK kommen Sie zum vorherigen Dialogfeld zurück.

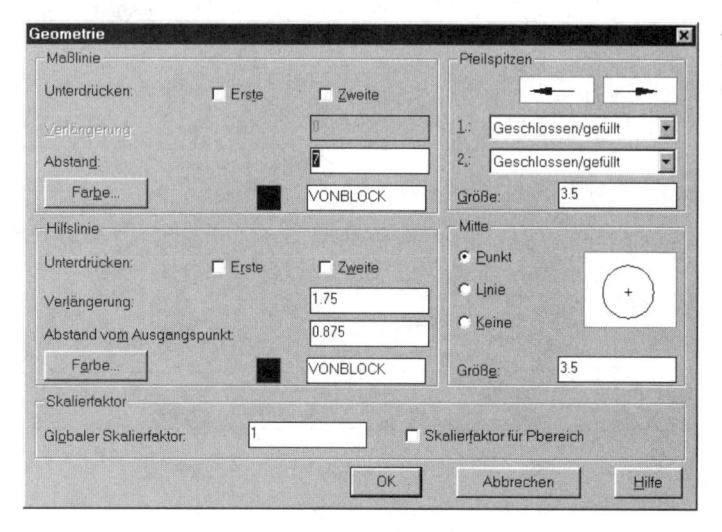

Abbildung 5.11:
Dialogfeld für die Geometrie

Kapitel 5: Schraffieren, Bemaßen und Beschriften

➔ Die Zahl der Stellen bei der Bemaßung ist standardmäßig auf vier Stellen nach dem Komma eingestellt. Ein wenig übertrieben für die meisten Anwendungen. Klicken Sie auf die Schaltfläche MASSTEXT... und Sie erhalten ein weiteres Dialogfeld (siehe Abbildung 5.12).

Abbildung 5.12:
Dialogfeld für den Maßtext

➔ Klicken Sie jetzt im Feld PRIMÄREINHEITEN auf die Schaltfläche EINHEITEN und Sie erhalten nochmal ein Dialogfeld (siehe Abbildung 5.13).

Abbildung 5.13:
Dialogfeld für die Einheiten

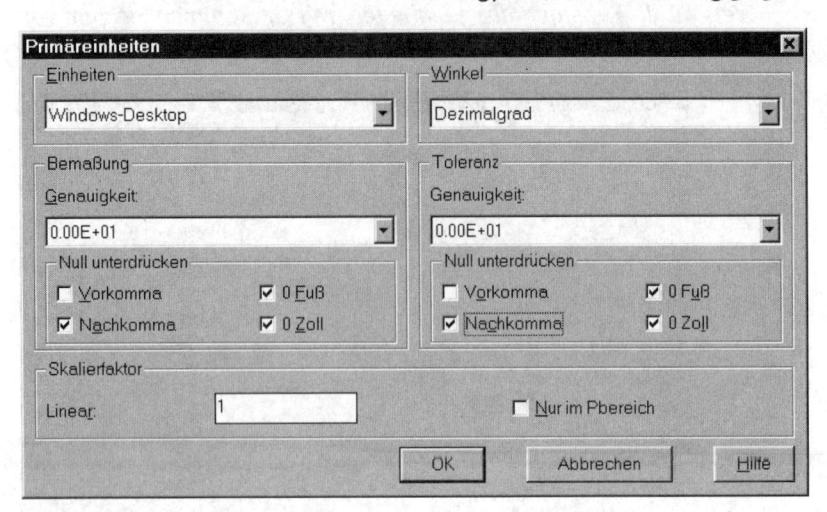

Bemaßungsstile

- Stellen Sie die Einheiten auf WINDOWS-DESKTOP, dann wird in AutoCAD 14 mit den Einheiten bemaßt, auf die Ihre Windows-Version eingestellt ist. Somit können Sie in AutoCAD 14 zum ersten Mal mit Komma bemaßen statt mit Dezimalpunkt (amerikanische Schreibweise).

- Beim Winkel belassen Sie die Einstellung auf DEZIMALGRAD.

- Stellen Sie die Genauigkeit für Bemaßung und Toleranz in den Abrollmenüs auf 2 Stellen ein. Das Maß wird auf maximal 2 Stellen hinter dem Komma gerundet in die Zeichnung eingetragen.

- Im Feld NULL UNTERDRÜCKEN soll der Eintrag NACHKOMMA eingeschaltet sein. Nullen hinter dem Komma werden dann unterdrückt.

- Klicken Sie so lange OK, bis Sie wieder zum ersten Fenster kommen.

- Diese Einstellung soll jetzt gesichert werden. Tragen Sie dazu im Feld NAME DIN-35 ein und klicken Sie auf die Schaltfläche SPEICHERN (siehe Abbildung 5.14). Die Einstellungen sind dann in diesem Stil gespeichert. Sie können jederzeit zwischen diesem Stil und den anderen, gespeicherten wechseln. Im Feld AKTUELLER wird jetzt auch der neue aktuelle Bemaßungsstil angezeigt. Klicken Sie auf OK.

Abbildung 5.14: Sicherung des neuen Stils

Verweis:

Im Kapitel 10 finden Sie alle weiteren Bemaßungseinstellungen detailliert beschrieben.

| Kapitel 5: Schraffieren, Bemaßen und Beschriften

5.7 Einfache lineare Maße

AutoCAD 14 bietet zwei Bemaßungsfunktionen für einfache lineare Maße und zwei zur Erstellung von zusammengesetzten Maßen:

Vorgang: Befehl BEMLINEAR

Mit dem Befehl BEMLINEAR erstellen Sie horizontale oder vertikale Maße. Sie finden den Befehl im:

- Abrollmenü BEMASSUNG, Funktion LINEAR
- Tablettfeld W5
- Symbol im Werkzeugkasten BEMASSUNG

```
Befehl: _Bemlinear oder Bemlin
Anfangspunkt der ersten Hilfslinie oder Eingabetaste für Auswahl
drücken:
```

Bei der ersten Anfrage entscheiden Sie, ob Sie zwei Punkte in der Zeichnung oder ein Objekt bemaßen wollen. Geben Sie den Anfangspunkt der Hilfslinie ein, wird danach ein weiterer Anfangspunkt angefragt:

```
Anfangspunkt der zweiten Hilfslinie:
```

Geben Sie jedoch bei der ersten Anfrage ⏎ ein, wird auf die Objektwahl umgeschaltet. Wählen Sie ein Objekt, das bemaßt werden soll.

```
Anfangspunkt der ersten Hilfslinie oder Eingabetaste für Auswahl: ⏎
Zu bemaßendes Objekt wählen:
```

Jetzt können Sie mit der Pickbox ein Objekt (Linie, Bogen oder Kreis) wählen. Das gewählte Objekt wird an seinen Endpunkten vermaßt. In beiden Fällen wird danach die Position der Maßlinie angefragt:

```
Position der Maßlinie (MText/Text/Winkel/Horizontal/Vertikal/
Drehen):
```

Die Maßlinie können Sie frei plazieren. Beim Positionieren wird das Maß dynamisch mitgeführt. Wenn Sie dabei nach rechts oder links wegfahren, wird ein vertikales Maß gezeichnet. Fahren Sie nach oben oder unten, gibt es ein horizontales Maß.

Statt der Position der Maßlinie können Sie eine Option wählen: HORIZONTAL oder VERTIKAL, dann wird das Maß so gezeichnet, egal wo Sie die Maßlinie plaziert haben. Bei der Option DREHEN können Sie einen Winkel für die Maßlinie eingeben:

```
Winkel der Maßlinie <0>:
```

Haben Sie eine der Plazierungsoptionen gewählt, wird das Maß wieder dynamisch mitgeführt, jetzt nur mit der Ausrichtung, die Sie gewählt haben, horizontal, vertikal oder gedreht. Die Optionsliste erscheint jetzt gekürzt:

```
Position der Maßlinie (MText/Text/Winkel):
```

Klicken Sie einen Punkt für die Maßlinie an. Der gemessene Wert wird im Befehlszeilenfenster angezeigt und das Maß mit diesem Wert in die Zeichnung eingetragen.

```
Maßtext = 91,5
```

Es stehen Ihnen noch drei Optionen zur Verfügung:

MTEXT

Mit dieser Option aktivieren Sie den Texteditor. Das gemessene Maß wird in den Editor übernommen und dort mit <> dargestellt (siehe Abbildung 5.15). Die Klammer steht als Platzhalter für den gemessenen Text. Sie können die spitze Klammer löschen und dafür einen anderen Wert eingeben, aber nur dann, wenn Sie nicht maßstäblich gezeichnet haben. Das ist allerdings nicht die feine Art beim CAD-Zeichnen.

Wichtig:

Wenn Sie einen anderen Wert eingeben, geht AutoCAD davon aus, daß die Zeichnung nicht maßstäblich ist. Verändern Sie die Zeichnung, bleibt der eingegebene Wert auch dann erhalten, wenn Sie die assoziative Bemaßung eingestellt haben.

Abbildung 5.15: *Texteditor zur Korrektur des Maßtextes*

Es kommt aber oft vor, daß Sie einen Zusatz zum gemessenen Maß benötigen. Beispielsweise wenn 6 gemessen wurde, Sie aber in der Zeichnung den Text M6, ein vorangestelltes Durchmesserzeichen oder nachgestellte Einheiten haben wollen. Dann setzen Sie zu den spitzen Klammern <> ein:

```
M<>, %%c<> bzw. <>mm, Länge = <> mm
```

Ändern Sie die Klammern nicht. %%c ist der Code für das Durchmesserzeichen, da Sie das nicht auf Ihrer Tastatur finden. Klicken Sie nach der Änderung auf OK und klicken Sie die Position der Maßlinie an. Das Maß wird fertig gezeichnet.

TEXT

Mit der Option TEXT wird wie oben das gemessene Maß angezeigt. Diesmal aber nicht mit eigenem Editor, sondern im Befehlszeilenfenster. Dort können Sie wie oben Änderungen eingeben:

```
Maßtext <10>: Länge = <> mm
```

Den Platzhalter für den gemessenen Text müssen Sie bei dieser Methode eintippen, sonst erscheint der gemessene Wert nicht in der Zeichnung.

WINKEL

Mit der Option WINKEL geben Sie einen Winkel für den Maßtext ein.

```
Textwinkel eingeben: 45
```

Der Text wird zwischen die Maßlinien gesetzt und um den eingegebenen Winkel gedreht.

Vorgang: Befehl BEMAUSG

Mit dem Befehl BEMAUSG erstellen Sie auf die gleiche Art wie oben ein Maß, das aber zum Unterschied parallel zu den Ausgangspunkten bzw. zum gewählten Objekt gezeichnet wird. Dabei wird der direkte Abstand zwischen den Endpunkten gemessen. Der Befehlsdialog und die Funktionen sind gleich, nur daß bei der Plazierung der Maßlinie die Optionen HORIZONTAL, VERTIKAL und DREHEN fehlen, die Maßlinie wird immer parallel ausgerichtet:

↳ Abrollmenü BEMASSUNG, Funktion AUSGERICHTET

↳ Tablettfeld W4

↳ Symbol im Werkzeugkasten BEMASSUNG

```
Befehl: Bemausg
Anfangspunkt der ersten Hilfslinie oder Eingabetaste für Auswahl
drücken:
Anfangspunkt der zweiten Hilfslinie:
Position der Maßlinie (MText/Text/Winkel):
Maßtext = 70,7
```

Übung: Zeichnung mit einfachen Linearmaßen versehen

↪ *Machen Sie den Layer MASSE zum aktuellen Layer.*

↪ *Bei der Bemaßung von schraffierten Schnitten kommt es sehr leicht zu Fehlern, da der Objektfang auch auf Schraffurlinien reagiert. Schalten Sie den Layer SCHRAFFUR aus, dann haben Sie das Problem nicht mehr.*

↪ *Bemaßen ohne Objektfang ist nicht möglich. Meist brauchen Sie den Objektfang SCHNITTPUNKT und ENDPUNKT. Stellen Sie diese im Dialogfeld für den Objektfang fest ein.*

↪ *Um die Maßlinien besser plazieren zu können, schalten Sie mit den Zeichnungshilfen den Fang auf eine Zeichnungseinheit und aktivieren sie ihn. Stellen Sie das Raster auf 10 Einheiten und aktivieren Sie es ebenfalls.*

↪ *Erstellen Sie die horizontalen Maße an den Kreisen rechts der Lupe (siehe Abbildung 5.16).*

```
Befehl: Bemlin
Anfangspunkt der ersten Hilfslinie oder Eingabetaste für
Auswahl: ⏎
Zu bemaßendes Objekt wählen: Inneren Kreis mit der Pickbox
anklicken
Position der Maßlinie (Text/Winkel/Horizontal/Vertikal/Drehen:
Maßlinie nach oben wegziehen und plazieren
Maßtext = 14
Befehl: Bemlin
Anfangspunkt der ersten Hilfslinie oder Eingabetaste für
Auswahl: ⏎
Zu bemaßendes Objekt wählen: Äußeren Kreis mit der Pickbox
anklicken
Position der Maßlinie (Text/Winkel/Horizontal/Vertikal/Drehen:
Maßlinie darüber plazieren
Maßtext = 23
```

↪ *Zeichnen Sie die vertikalen Maße an der linken Seite der Lupe (siehe Abbildung 5.16).*

```
Befehl: Bemlin
Anfangspunkt der ersten Hilfslinie oder Eingabetaste für
Auswahl: Unteren Punkt des inneren Maßes anklicken
Anfangspunkt der zweiten Hilfslinie: Oberen Punkt des inneren
Maßes anklicken
Position der Maßlinie (Text/Winkel/Horizontal/Vertikal/Drehen:
Maßlinie nach links wegziehen und plazieren
Maßtext = 44
```

Kapitel 5: Schraffieren, Bemaßen und Beschriften

```
Befehl: Bemlin
Anfangspunkt der ersten Hilfslinie oder Eingabetaste für
Auswahl: Unteren Punkt des mittleren Maßes anklicken
Anfangspunkt der zweiten Hilfslinie: Oberen Punkt des
mittleren Maßes anklicken
Position der Maßlinie (Text/Winkel/Horizontal/Vertikal/Drehen:
Maßlinie nach links wegziehen und außerhalb plazieren
Maßtext = 47
Befehl: Bemlin
usw.
```

↪ **Bemaßen Sie die Taste (siehe Abbildung 5.16) mit ausgerichteten Maßen.**

```
Befehl: Bemausg
Anfangspunkt der ersten Hilfslinie oder Eingabetaste für
Auswahl drücken: Punkt an der Taste wählen
Anfangspunkt der zweiten Hilfslinie: Anderen Punkt an der
Taste wählen
Position der Maßlinie (MText/Text/Winkel): Maßlinie plazieren
Maßtext = 10
Befehl: Bemausg
Anfangspunkt der ersten Hilfslinie oder Eingabetaste für
Auswahl drücken: Punkt am Tastenausschnitt wählen
Anfangspunkt der zweiten Hilfslinie: Anderen Punkt am
Tastenausschnitt wählen
Position der Maßlinie (MText/Text/Winkel): Maßlinie plazieren
Maßtext = 10
Befehl: Bemausg
usw.
```

Abbildung 5.16:
Zeichnen von einfachen linearen Maßen

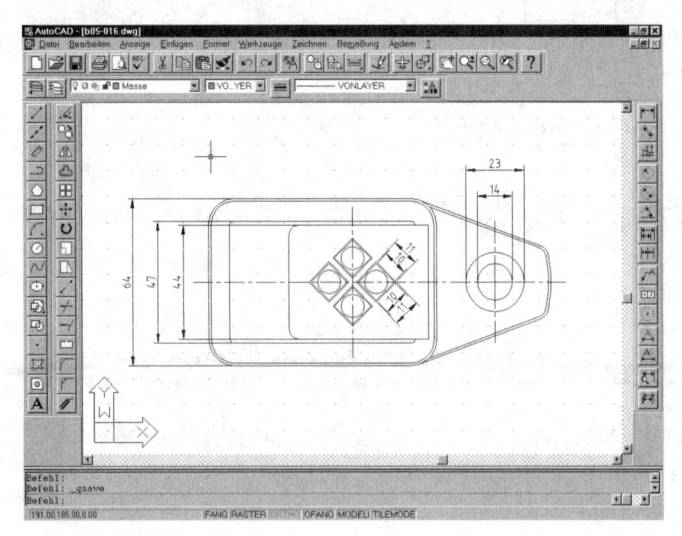

5.8 Zusammengesetzte lineare Maße

Neben den einfachen Maßen können Sie in AutoCAD auch zusammengesetzte Maße weitgehend automatisch erstellen. Zwei Bemaßungsfunktionen stehen dafür zur Verfügung:

Vorgang: Befehl BEMBASISL

Mit dem Befehl BEMBASISL erstellen Sie zusammengesetzte Maße, bei denen alle Maße auf eine Bezugskante hin ausgerichtet sind (Bezugsmaß). Sie finden den Befehl im:

↳ Abrollmenü BEMASSUNG, Funktion BASISLINIE

↳ Tablettfeld W2

↳ Symbol im Werkzeugkasten BEMASSUNG

Vorgang: Befehl BEMWEITER

Zusammengesetztes Maß, bei dem die Maße in einer Linie aneinandergereiht sind (Kettenmaß).

↳ Abrollmenü BEMASSUNG, Funktion WEITER

↳ Tablettfeld W1

↳ Symbol im Werkzeugkasten BEMASSUNG

Voraussetzung für die Verwendung der zusammengesetzten Maße ist ein einfaches Maß, an das angesetzt werden kann. Dieses erste Maß bestimmt dann die Ausrichtung der ganzen Kette.

```
Befehl: Bembasisl bzw.
Befehl: Bemweiter
Anfangspunkt einer zweiten Hilfslinie angeben oder (Zurück/
<Auswählen>):
```

Normalerweise wird die Maßkette an das zuletzt gezeichnete Maß angesetzt und Sie brauchen nur noch den Anfangspunkt der zweiten Hilfslinie einzugeben. Wollen Sie aber an einem bestehenden Maß oder einer bestehenden Maßkette ein weiteres Maß ansetzen, steht Ihnen die Option AUSWÄHLEN zur Verfügung, die Sie als Vorgabeoption auch mit ⏎ anwählen können.

```
Anfangspunkt einer zweiten Hilfslinie angeben oder (Zurück/
<Auswählen>): A für Auswählen oder ⏎
Basis-Bemaßung wählen: bzw.
Weiterzuführende Bemaßung wählen:
```

Kapitel 5: Schraffieren, Bemaßen und Beschriften

Mit der Pickbox können Sie jetzt ein Maß oder eine schon gezeichnete Maßkette an einer Maßhilfslinie wählen. Beachten Sie, daß beim Befehl BEMBASISL die Maßhilfslinie an der Bezugskante gewählt werden muß, beim Befehl BEMWEITER die Maßhilfslinie, an der angesetzt werden soll. Danach wird wieder nach dem zweiten Ausgangspunkt gefragt.

```
Anfangspunkt einer zweiten Hilfslinie angeben oder (Zurück/
<Auswählen>):
```

Eine Position der Maßlinie brauchen Sie nicht einzugeben, sie ergibt sich ja aus dem vorhergehenden Maß. Auch der Abstand der Maßlinien beim Befehl BEMBASISL ergibt sich automatisch. Der Abstand der Maßlinien zueinander bei den Bezugsmaßen kann im Bemaßungsstil eingestellt werden.

Die Befehle bleiben im Wiederholmodus, bis Sie zweimal ⏎ eingeben, wenn ein Punkt angefragt wird.

Haben Sie ein Maß versehentlich falsch plaziert, können Sie es mit der Option Z für ZURÜCK wieder entfernen.

Übung: Bezugs- und Kettenmaße erstellen

↪ *Erstellen Sie horizontale Bezugsmaße zur linken Kante des Schnitts (siehe Abbildung 5.17).*

```
Befehl: Bemlin
Anfangspunkt der ersten Hilfslinie oder Eingabetaste für
Auswahl: Linken unteren Eckpunkt anwählen
Anfangspunkt der zweiten Hilfslinie: Endpunkt der Mittellinie
der Taste anklicken
Position der Maßlinie (Text/Winkel/Horizontal/Vertikal/Drehen:
Maßlinie unterhalb des Schnitts plazieren
Maßtext = 47,81
Befehl: Bembasisl
Anfangspunkt der zweiten Hilfslinie angeben oder (Zurück/
<Auswählen>): Endpunkt der Mittellinie der zweiten Taste
anklicken
Maßtext = 66,19
Anfangspunkt der zweiten Hilfslinie angeben oder (Zurück/
<Auswählen>): Endpunkt der Mittellinie des Fadenkreuzes
Maßtext = 11
Anfangspunkt der zweiten Hilfslinie angeben oder (Zurück/
<Auswählen>): Rechten unteren Eckpunkt wählen
Maßtext = 135
Anfangspunkt der zweiten Hilfslinie angeben oder (Zurück/
<Auswählen>): ⏎
Basis-Bemaßung wählen: ⏎
```

Zusammengesetzte lineare Maße

➤ Erstellen Sie vertikale Bezugsmaße an der rechten Seite des Schnitts (siehe Abbildung 5.17).

```
Befehl: Bemlin
Anfangspunkt der ersten Hilfslinie oder Eingabetaste für
Auswahl: Rechten unteren Eckpunkt anwählen
Anfangspunkt der zweiten Hilfslinie: Oberkante der Platte
wählen
Position der Maßlinie (Text/Winkel/Horizontal/Vertikal/
Drehen): Maßlinie rechts vom Schnitt plazieren
Maßtext = 3,5
Befehl: Bembasisl
Anfangspunkt der zweiten Hilfslinie angeben oder (Zurück/
<Auswählen>): Oberkante des Rings wählen
Maßtext = 5,5
Anfangspunkt der zweiten Hilfslinie angeben oder (Zurück/
<Auswählen>): Oberkante des Gehäuses wählen
Maßtext = 20
Anfangspunkt der zweiten Hilfslinie angeben oder (Zurück/
<Auswählen>): ⏎
Basis-Bemaßung wählen: ⏎
```

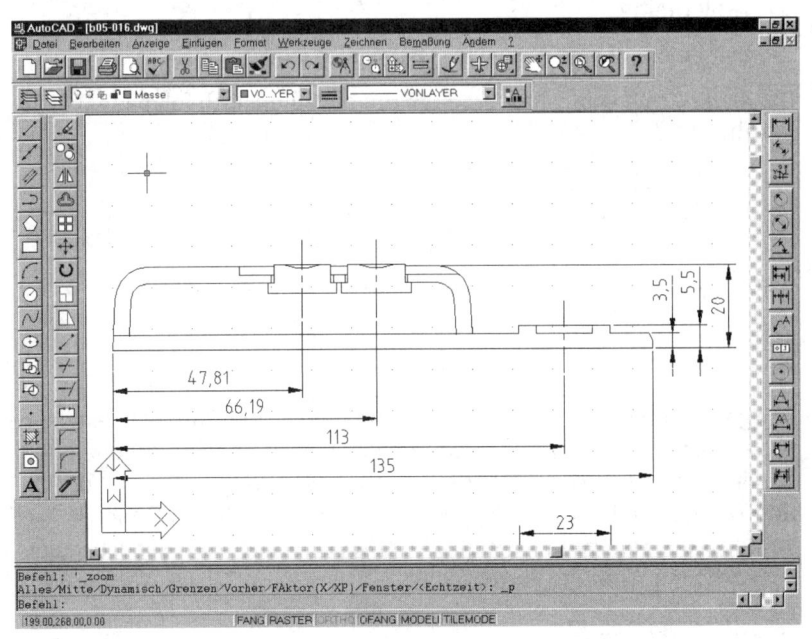

Abbildung 5.17: Bezugsmaße in der Zeichnung

5.9 Radius- und Durchmesserbemaßung

Zwei weitere Bemaßungsbefehle in AutoCAD 14 sind für die Bemaßung von Radius und Durchmesser. Der Befehl BEMRADIAL ist für Radiusmaße, BEMDURCHM für Durchmessermaße.

Vorgang: Befehl BEMRADIAL

Den Befehl BEMRADIAL finden Sie im:

↪ Abrollmenü BEMASSUNG, Funktion RADIUS

↪ Tablettfeld X5

↪ Symbol im Werkzeugkasten BEMASSUNG

Vorgang: Befehl BEMDURCHM

Den Befehl BEMDURCHM finden Sie im:

↪ Abrollmenü BEMASSUNG, Funktion DURCHMESSER

↪ Tablettfeld X4

↪ Symbol im Werkzeugkasten BEMASSUNG

Die Radius- und Durchmesserbemaßungen laufen nach folgendem Schema ab:

```
Befehl: Bemradius bzw.
Befehl: Bemdurchm
Bogen oder Kreis wählen:
```

Wählen Sie einen Bogen oder Kreis, den Sie bemaßen wollen.

```
Maßtext = 8
Maßlinienposition eingeben(MText/Text/Winkel):
```

Der gemessene Wert wird angezeigt und danach die Optionsliste ausgegeben. Sie können jetzt entweder die Position des Maßes angeben oder mit der Option MTEXT wieder zum Texteditor verzweigen oder mit der Option TEXT den Maßtext in den Befehlszeilen ändern. Mit der Option WINKEL läßt sich der Textwinkel ändern. Bei allen Optionen wird danach wieder zur vorherigen Anfrage gewechselt.

```
Maßlinienposition eingeben(MText/Text/Winkel):
```

Mit der Maßlinienposition bestimmen Sie auch, ob der Text innerhalb oder außerhalb des Bogens oder Kreises gezeichnet wird. Wenn Sie die Maßlinienposition eingegeben haben, wird das Maß gezeichnet und der Befehl beendet.

Übung: Zeichnung mit Radialmaßen versehen

↳ *Zeichnen Sie ein Durchmessermaß in die Tasten in der Draufsicht sowie die Radiusmaße im Schnitt und in der Draufsicht (siehe Abbildung 5.18).*

```
Befehl: Bemdurchm
Bogen oder Kreis wählen: Kreis in der Taste wählen
Maßtext = 9
Maßlinienposition eingeben (MText/Text/Winkel): Position der
Maßlinie wählen
Befehl: Bemradial
Bogen oder Kreis wählen: Radius am Einschnitt in der
Draufsicht wählen
Maßtext = 4
Maßlinienposition eingeben (Text/Winkel): Position der
Maßlinie wählen
Befehl: _Bemradial usw.
```

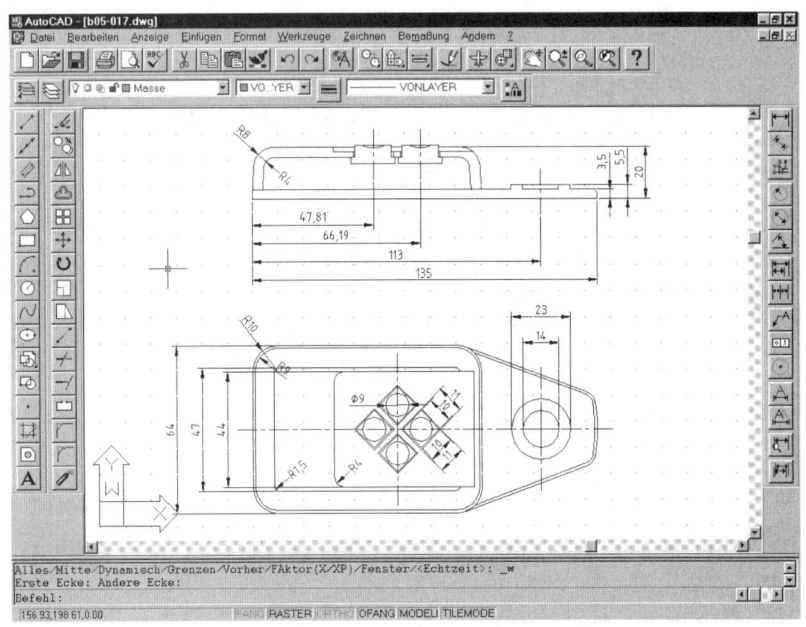

Abbildung 5.18:
Radiusmaße in der Zeichnung

5.10 Winkelbemaßung

Selbstverständlich verfügt AutoCAD 14 auch über eine Winkelbemaßung. Mit dem Befehl BEMWINKEL lassen sich Winkel auf verschiedene Arten bemaßen.

Vorgang: Befehl BEMWINKEL

Wählen Sie den Befehl:

↦ Abrollmenü BEMASSUNG, Funktion WINKEL

↦ Tablettfeld X3

↦ Symbol im Werkzeugkasten BEMASSUNG

Sie können den Winkel zweier Linien zueinander, ein Segment am Kreis, einen Bogen oder den Winkel zweier Punkte in bezug auf einen Scheitelpunkt bemaßen.

```
Befehl: Bemwinkel
Bogen, Kreis, Linie oder Eingabetaste wählen:
```

Normalerweise wählen Sie jetzt eine Linie mit der Pickbox.

```
Zweite Linie:
```

Die zweite Linie wird angefragt. Haben Sie einen Kreis gewählt, wird ein zweiter Punkt am Kreis abgefragt und die beiden Punkte mit einem Maßbogen versehen. Haben Sie einen Bogen angewählt, wird dieser mit einem Maßbogen versehen. Geben Sie ⏎ ein, werden drei Punkte erfragt:

```
Bogen, Kreis, Linie oder Eingabetaste drücken: ⏎
Scheitel des Winkels:
Erster Winkelendpunkt:
Zweiter Winkelendpunkt:
```

Die weiteren Anfragen sind gleich, egal welche Objekte Sie gewählt haben.

```
Position des Maßbogens (MText/Text/Winkel):
Maßtext = 45
```

Bei der Bemaßung zweier Linien werden nur Winkel bis 180 Grad bemaßt. Je nachdem, wo Sie die Position des Maßbogens setzen, wird der entsprechende Winkel und die erforderlichen Hilfslinien gezeichnet. Da der Winkel dynamisch nachgezogen wird, können Sie das Ergebnis leicht kontrollieren.

Statt der Positionierung des Maßtextes können Sie, wie vorher schon beschrieben, mit der Option MTEXT den Maßtext im Texteditor ändern, mit der Option TEXT den Maßtext im Befehlszeilenfenster ändern und mit der Option WINKEL einen neuen Winkel für den Maßtext vorgeben. Der Maßtext wird zum Schluß nur angezeigt und kann nicht mehr geändert werden.

Übung: Winkel in der Zeichnung bemaßen

↳ *Bemaßen Sie die Fase an der Vorderseite der Lupe mit einem Winkelmaß sowie die Schrägen am Gehäuse (siehe Abbildung 5.19). Schalten Sie den Objektfang vorher aus.*

```
Befehl: Bemwinkel
Bogen, Kreis, Linie oder Eingabetaste drücken: Linie mit der
Pickbox wählen
Zweite Linie: andere Linie mit der Pickbox wählen
Position des Maßbogens (MText/Text/Winkel): Position für den
Maßbogen vorgeben
Maßtext = 93.5
Befehl: Bemwinkel usw.
```

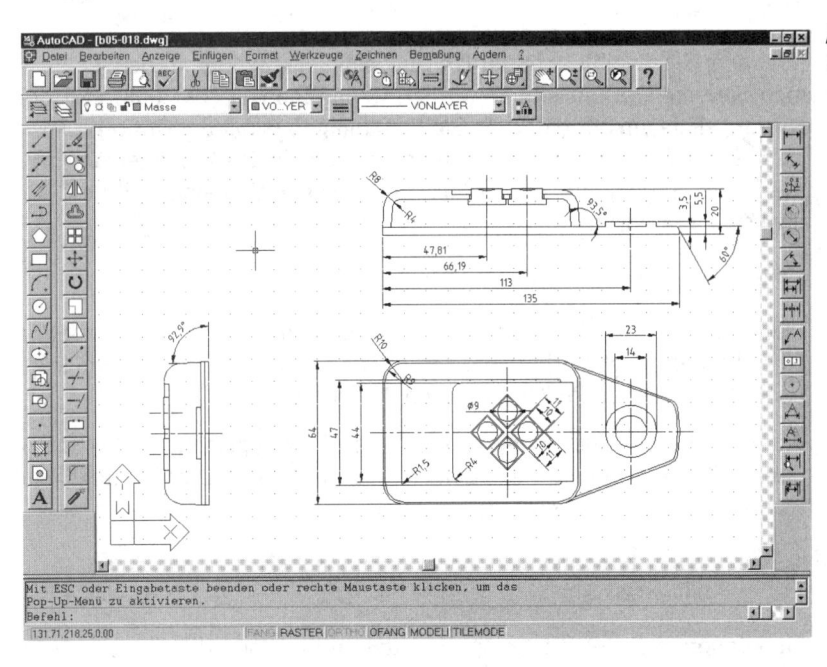

Abbildung 5.19: Winkel bemaßen

5.11 Führungslinien

Paßt der Maßtext nicht an die Stelle, an der das Maß plaziert ist, oder wollen Sie in der Zeichnung einen Hinweistext anbringen, können Sie den Befehl FÜHRUNG verwenden.

Vorgang: Befehl FÜHRUNG

Starten Sie den Befehl FÜHRUNG:

↳ Abrollmenü BEMASSUNG, Funktion FÜHRUNG

↳ Tablettfeld R7

↳ Symbol im Werkzeugkasten BEMASSUNG

Mit dem Befehl lassen sich Führungslinien in unterschiedlicher Form mit Texten, Textabsätzen oder Blöcken am Ende generieren.

```
Befehl: Führung
Von Punkt:
Nach Punkt:
Nach Punkt (Format/Masstext/Zurück) <Masstext>:
```

Nachdem Sie zwei Punkte der Führungslinie eingegeben haben, bekommen Sie eine Optionsliste angezeigt. Geben Sie weitere Punkte für die Führungslinie ein oder machen Sie Punkteingaben mit der Option ZURÜCK rückgängig. Mit der Option FORMAT bestimmen Sie das Aussehen der Führungslinie. Sie bekommen bei Auswahl dieser Option eine weitere Optionsliste zur Auswahl:

```
Spline/Gerade/Pfeil/Keine/<Exit>:
```

Sie können auswählen zwischen den Optionen SPLINE oder GERADE für eine kurvenförmige Verbindung zum Text oder einen Linienzug, und PFEIL oder KEINE für einen Pfeil oder keinen Pfeil am Beginn.

Wie beim Befehl LINIE können Sie einen Linienzug zeichnen oder Stützpunkte für eine Kurve, die Sie mit ⏎ abschließen. Die Führungslinie wird waagrecht verlängert.

```
Masstext (oder Eingabetaste für Optionen):
Toleranz/KOpieren/Block/KEine/<Mtext>:
```

Sie können jetzt den Text eingeben, der an das Ende der Führungslinie gesetzt werden soll. Mit ⏎ bekommen Sie eine weitere Optionsliste. In der können Sie wählen, was Sie an das Ende der Führungslinie setzen wollen: TOLERANZ für ein Toleranzsymbol, KOPIEREN, um einen Text oder einen Absatztext aus der Zeichnung an die Führungslinie zu kopieren,

BLOCK für einen in der Zeichnung vorhandenen Block, KEINE, um nichts an das Ende der Führungslinie zu setzen, und MTEXT, um einen Textabsatz zu plazieren. Den Textabsatz können Sie im Eingabefenster des Texteditors eingeben.

Übung: Maße mit Führungslinien eintragen

↳ *Bemaßen Sie die Abstände zwischen den Tasten und plazieren Sie den Maßtext außerhalb mit Führungslinien (siehe Abbildung 5.20).*

```
Befehl: Bemausg
Anfangspunkt der ersten Hilfslinie oder Eingabetaste für
Auswahl: Mit Objektfang Mittelpunkt Punkt an einer Taste
anklicken
Anfangspunkt der zweiten Hilfslinie: Mit Objektfang
Mittelpunkt Punkt an der gegenüberliegenden Taste anklicken
Position der Maßlinie (MText/Text/Winkel): T für die Option
Text anwählen
Maßtext <2>: Leerzeichen eingeben
Position der Maßlinie (MText/Text): @0,0 um die Maßlinie an
die Position zu setzen, an der die Taste angeklickt wurde.
Befehl: Führung
Von Punkt: Mit Objektfang Mittelpunkt die Maßlinie anklicken
Nach Punkt: Zweiten Punkt für die Führungslinie setzen
Nach Punkt (Format/Masstext/Zurück)<Masstext>: ⏎
Masstext (oder Eingabetaste für Optionen): 2
MText: ⏎
```

↳ *Machen Sie es bei der anderen Taste genauso.*

↳ *Setzen Sie jetzt in das Vorderteil der Lupe eine Führungslinie mit einer Beschriftung.*

```
Befehl: Führung
Von Punkt: In die Fläche klicken
Nach Punkt: Zweiten Punkt der Führungslinie außerhalb der
Fläche setzen
Nach Punkt (Format/Masstext/Zurück)<Masstext>: ⏎
Masstext (oder Eingabetaste für Optionen): Unterteil
MText: transparent
MText: ⏎
```

Kapitel 5: Schraffieren, Bemaßen und Beschriften

Abbildung 5.20:
Führungslinien in der Zeichnung

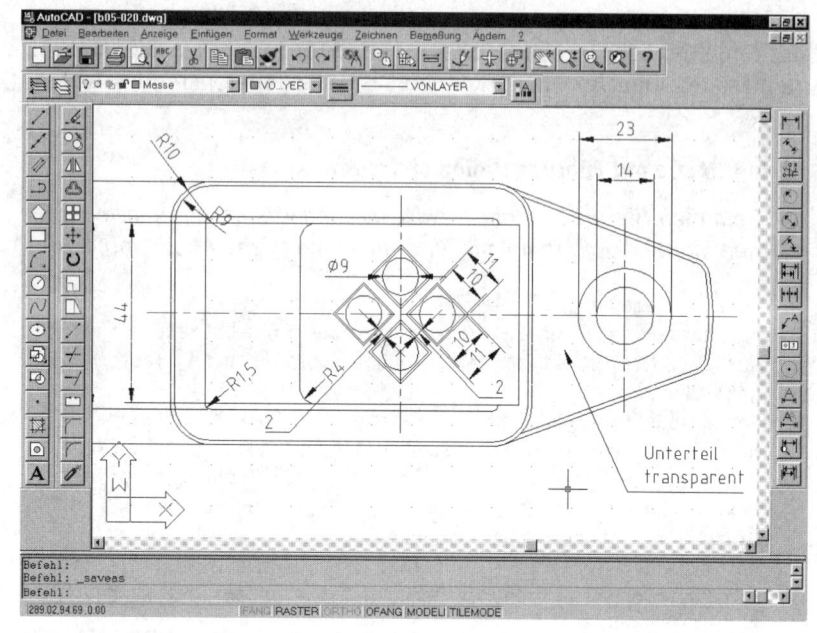

↪ Schalten Sie den Layer SCHRAFFUR wieder ein.

↪ Lassen Sie sich die ganze Zeichnung anzeigen.

↪ Sichern Sie die Zeichnung. Sie sollte jetzt wie in Abbildung 5.21 aussehen.

Abbildung 5.21:
Die bemaßte Zeichnung

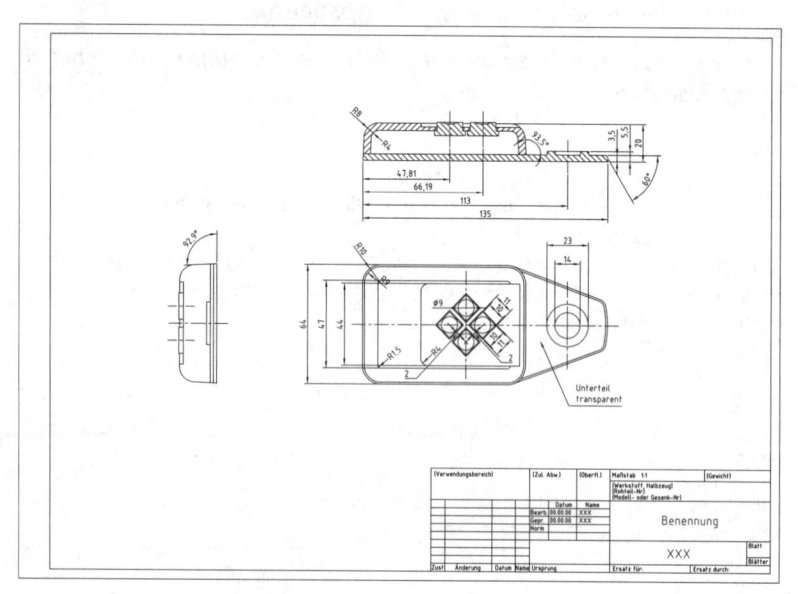

5.12 Koordinatenbemaßung

In AutoCAD 14 steht Ihnen außer den bisherigen linearen Maßen auch eine Koordinatenbemaßung zur Verfügung. Damit kann in bezug auf den Koordinatennullpunkt eine Koordinate auf einer Führungslinie eingetragen werden.

Vorgang: Befehl BEMORDINATE

Mit dem Befehl BEMORDINATE lassen sich AutoCAD-Koordinatenmaße in der Zeichnung plazieren. Sie finden den Befehl:

- Abrollmenü BEMASSUNG, Funktion KOORDINATENBEMASSUNG
- Tablettfeld W3
- Symbol im Werkzeugkasten BEMASSUNG

Voraussetzung ist, daß Sie vorher das Benutzerkoordinatensystem setzen, denn der zu bemaßende Punkt wird in bezug zum Koordinatenursprung vermaßt.

```
Befehl: Bemordinate
Zu bemaßender Punkt wählen:
Endpunkt der Führungslinie (Xdaten/Ydaten/MText/Text):
Maßtext = 100
```

Wählen Sie den zu bemaßenden Punkt mit dem Objektfang und klicken Sie einen Endpunkt für die Führungslinie an. Fahren Sie mit der Führungslinie nach rechts oder links, wird das Y-Maß eingetragen. Wenn Sie nach oben oder unten wegfahren, wird das X-Maß gesetzt.

Mit der Option XDATEN oder YDATEN wird das Maß auf jeden Fall als X- oder Y-Koordinate eingetragen.

```
Zu bemaßender Punkt wählen:
Endpunkt der Führungslinie (Xdaten/Ydaten/MText/Text): X bzw. Y
Endpunkt der Führungslinie:
Maßtext = 200
```

Mit der Option MTEXT kann der Maßtext im Texteditor geändert werden und mit der Option TEXT im Befehlszeilenfenster. Bei der letzten Zeile handelt es sich nur um eine Anzeige. An der Stelle können Sie keine Änderung mehr vornehmen.

Tip:

Es ist sinnvoll, wenn Sie bei der Koordinatenbemaßung den Ortho-Modus einstellen. Ansonsten ergibt sich ein Knick in der Führungslinie. Aus Platzgründen kann das aber auch erforderlich sein, dann können Sie ihn mit der Funktionstaste [F8] wieder ausschalten.

Zusatzübung: Zeichnung mit Koordinatenmaßen versehen

↪ Speichern Sie die Zeichnung, an der Sie gerade arbeiten, wenn Sie es nicht schon getan haben.

↪ Laden Sie die Zeichnung A05-01.DWG aus Ihrem Übungsordner.

↪ Setzen Sie ein Benutzerkoordinatensystem an die linke untere Ecke und schalten Sie den Ortho-Modus ein.

↪ Bemaßen Sie die X-Koordinaten an der Unterseite und die Y-Koordinaten an der linken Seite (siehe Abbildung 5.22).

```
Befehl: Bemordinate
Zu bemaßender Punkt wählen: Punkt wählen
Endpunkt der Führungslinie (Xdaten/Ydaten/MText/Text): _X
Endpunkt der Führungslinie: Standort des Maßtextes anklicken
Maßtext = 0
Befehl: Bemordinate
Zu bemaßender Punkt wählen: Punkt wählen
Endpunkt der Führungslinie (Xdaten/Ydaten/MText/Text): _X
Endpunkt der Führungslinie: Standort des Maßtextes anklicken
Maßtext =
```

↪ Schalten Sie beim Plazieren der Maße den Ortho-Modus ein. Wenn ein Maß keinen Platz hat, schalten Sie dafür den Ortho-Modus zwischendurch aus.

↪ Danach aktivieren Sie wieder das Weltkoordinatensystem.

Abbildung 5.22:
Zeichnung mit Koordinatenbemaßung

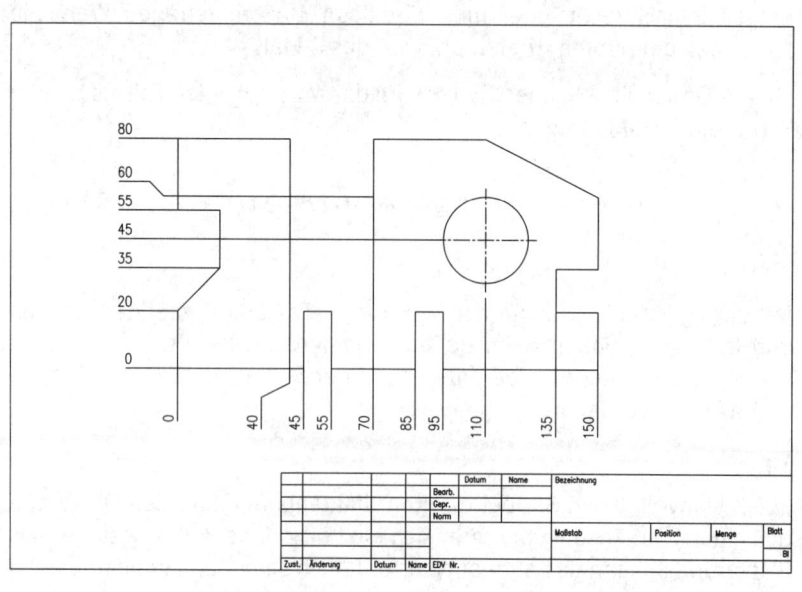

5.13 Form- und Lagetoleranzen

Mit dem Befehl TOLERANZ können Sie die Form- und Lagetoleranzen in die Zeichnung bringen. In Maschinenbauzeichnungen werden solche Symbole verwendet, um Toleranzarten, Toleranzwerte und Bezugsbuchstaben kenntlich zu machen.

Vorgang: Befehl TOLERANZ

Sie finden den Befehl TOLERANZ im:

↳ Abrollmenü BEMASSUNG, Funktionen TOLERANZ

↳ Tablettmenü X1

↳ Symbol im Werkzeugkasten BEMASSUNG

Der Befehl arbeitet mit verschiedenen Dialogfeldern, in denen Sie die Symbole zusammenstellen können. Im ersten Dialogfeld wählen Sie das Toleranzsymbol (siehe Abbildung 5.23).

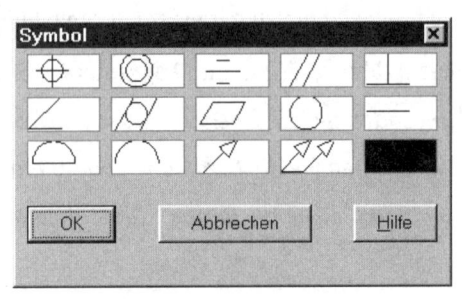

Abbildung 5.23: Dialogfeld zur Auswahl des Toleranzsymbols

Klicken Sie das gewünschte Symbol an bzw. das leere Feld in der rechten unteren Ecke und danach auf OK. Dnach erscheint ein weiteres Dialogfeld (siehe Abbildung 5.24). Dort können Sie dann die Toleranzwerte eingeben.

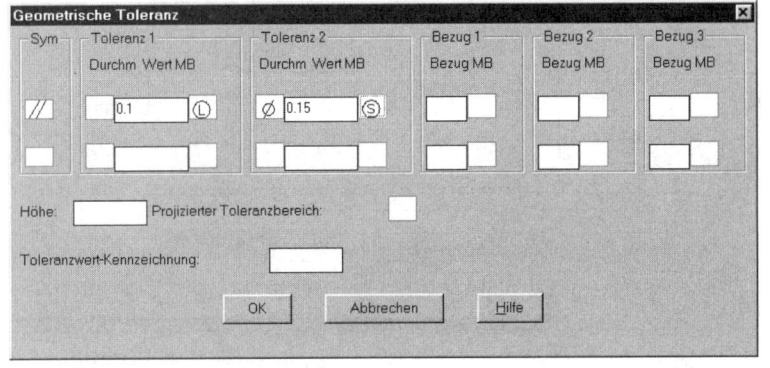

Abbildung 5.24: Dialogfeld zur Eingabe der Toleranzwerte

Kapitel 5: Schraffieren, Bemaßen und Beschriften

Stellen Sie das Symbol im Dialogfeld zusammen und klicken Sie auf OK. Sie können das Symbol dann in der Zeichnung plazieren.

```
Toleranzposition eingeben:
```

Vorgang: Toleranzfunktionen im Befehl FÜHRUNG

Mit dem Befehl FÜHRUNG (siehe Kapitel 5.11) haben Sie die Möglichkeit, am Endpunkt der Führungslinie ein Toleranzsymbol zu setzen. Mit der Option TOLERANZ können Sie zu den gleichen Dialogfeldern verzweigen wie beim Befehl TOLERANZ.

```
Befehl: Führung
Von Punkt: Stützpunkt eingeben
Nach Punkt:weiterer Stützpunkt
Nach Punkt (Format/Masstext/Zurück)<Masstext>: ⏎
Masstext (oder Eingabetaste für Optionen): ⏎
Toleranz/KOpieren/Block/KEine/<Mtext>: T für Toleranz
```

Das weitere Vorgehen entspricht dem des Befehls TOLERANZ, nur wird das Symbol jetzt gleich mit einer Führungslinie versehen.

Zusatzübung: Form- und Lagetoleranzen anbringen

↳ Laden Sie die Zeichnung A05-02.DWG aus dem Übungsordner.

↳ Bringen Sie die Form- und Lagetoleranzen wie in Abbildung 5.25. an.

↳ Eine Lösung finden Sie ebenfalls in Ihrem Übungsordner: L05-02.DWG

Abbildung 5.25:
Zeichnen von Form- und Lagetoleranzen

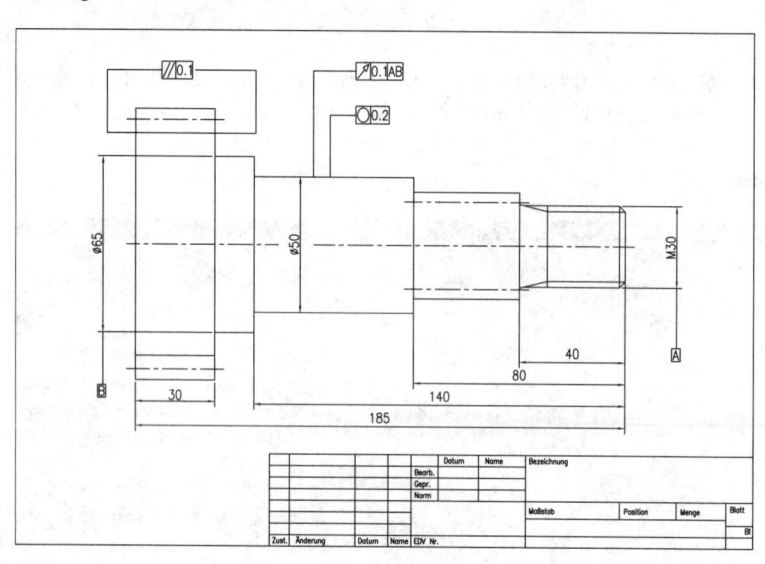

5.14 Mittellinien an Kreisen und Bögen

Bei den Bemaßungsbefehlen für Radius und Durchmesser werden bei Kreisen und Bögen automatisch Zentrumsmarkierungen gesetzt. Wie Sie in Kapitel 10 sehen, ist es auch möglich, AutoCAD so einzustellen, daß beim Bemaßen automatisch Mittellinien gezeichnet werden. Es gibt aber auch den Befehl BEMMITTELP, mit dem Kreise bzw. Bögen nicht bemaßt werden, sondern nur Mittelpunktsmarkierungen oder Mittellinien gezeichnet werden.

Vorgang: Befehl BEMMITTELP

Sie finden den Befehl BEMMITTELP im:

↳ Abrollmenü BEMASSUNG, Funktionen MITTELPUNKT

↳ Tablettmenü X2

↳ Symbol im Werkzeugkasten BEMASSUNG

Aktivieren Sie vorher einen Layer, dem ein Linientyp mit Mittellinien zugeordnet ist. Stellen Sie im Bemaßungsstil beim Mittensymbol auf Linie (siehe Abbildung 5.26). Sie erhalten das Dialogfeld, wenn Sie im Fenster für den Bemaßungsstil auf die Schaltfläche GEOMETRIE... klicken. Der im Feld GRÖSSE eingestellte Wert legt die Größe des Zentrumkreuzes und den Überstand über die Kreislinie fest.

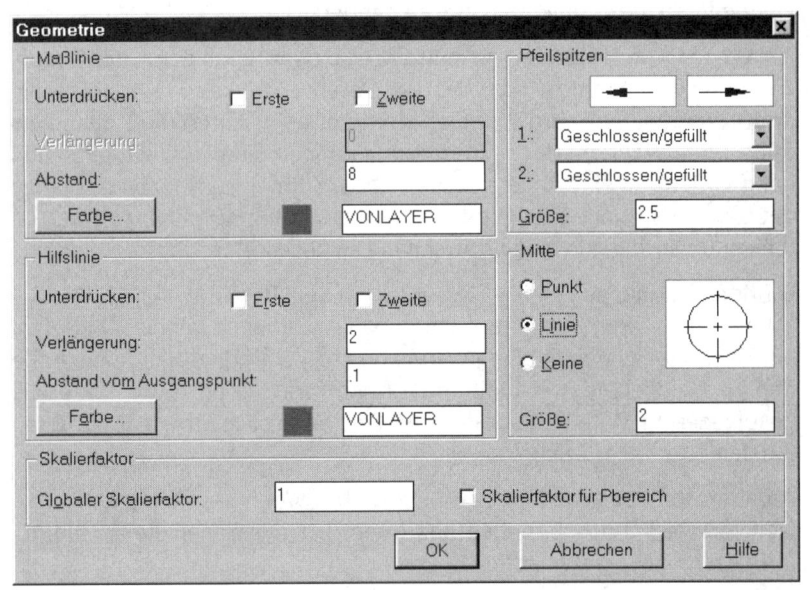

Abbildung 5.26: Dialogfeld zur Einstellung des Mittensymbols

Kapitel 5: Schraffieren, Bemaßen und Beschriften

Übung: Mittellinien an Kreisen und Bögen

↣ Laden Sie die Zeichnung A05-03.DWG aus Ihrem Ordner mit den Übungszeichnungen.

↣ Bringen Sie die Mittellinien an den Kreisen und am Bogen wie in Abbildung 5.27 an. Verwenden Sie den Layer MITTE.

↣ Eine Lösung finden Sie auch in Ihrem Übungsordner, die Zeichnung L05-03.DWG.

Abbildung 5.27:
Zeichnen von Mittellinien

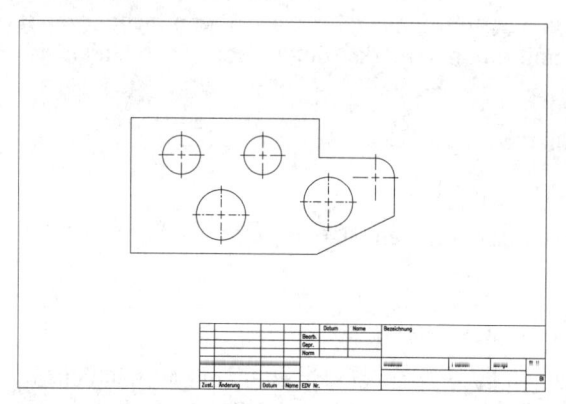

5.15 Beschriften der Zeichnung

Nun soll die Zeichnung mit der Lupe noch beschriftet werden, bevor sie ausgeplottet wird. Laden Sie Ihre Zeichnung wieder.

Für Beschriftungen stehen in AutoCAD 14 zwei Befehle zur Verfügung, die Befehle DTEXT und MTEXT. Mit dem Befehl DTEXT kann Text mehrzeilig erfaßt werden. Ein Schreibcursor in Textgröße erleichtert die Eingabe am Bildschirm. Während der Texterfassung können Sie die Eingabeposition mit der Maus an eine andere Stelle setzen. Somit ist es möglich, solange mit einer Schriftart gearbeitet wird, eine Zeichnung ohne weitere Befehlseingabe zügig in einem Durchgang zu beschriften.

Größere Textmengen geben Sie besser mit dem Befehl MTEXT ein. Wie Sie schon bei der Bemaßung gesehen haben, steht Ihnen bei diesem Befehl ein Texteditor mit einem Eingabefenster zur Verfügung. Hier können Sie den Text eingeben, eventuell ändern und formatieren sowie Texte aus gespeicherten Dateien übernehmen. Erst wenn alles fertig ist, plazieren Sie den Text in der Zeichnung.

Arbeiten Sie also an Ihrer Zeichnung weiter. Wenn Sie sie noch nicht so weit haben, können Sie auch aus Ihrem Übungsordner die Zeichnung Z01-F.DWG weiterverwenden.

Vorgang: Befehl DTEXT

Mit dem Befehl DTEXT kann der Text interaktiv an beliebigen Stellen der Zeichnung eingegeben werden. Sie finden den Befehl im:

- Abrollmenü ZEICHNEN, Untermenü TEXT >, Funktionen EINZEILIGER TEXT
- Tablettmenü K8

```
Befehl: Dtext
Position/Stil/<Startpunkt>:
```

Bei der ersten Anfrage des Befehls können Sie zwischen verschiedenen Optionen wählen. Geben Sie einen Punkt ein, wird dieser als linker Startpunkt für den Text genommen.

Geben Sie dagegen ⏎ ein, wird die neue Textzeile unter die zuletzt eingegebene Textzeile gesetzt. Position, Texthöhe und -winkel werden vom letzten Text ohne weitere Abfrage übernommen. Haben Sie in der Sitzung noch keinen Text eingegeben, erscheint eine Fehlermeldung:

```
Punkt oder Optionstitel wird benötigt.
Position/Stil/<Startpunkt>:
```

Die letzte Anfrage wird wiederholt. Sie müssen einen Startpunkt eingeben.

POSITION

Wollen Sie den Text nicht linksbündig ausrichten, verwenden Sie die Option POSITION.

```
Position/Stil/<Startpunkt>: P für Position
Ausrichten/Einpassen/Zentrieren/Mitte/Rechts/OL/OZ/OR/ML/MZ/MR/UL/
UZ/UR:
```

Jetzt können Sie zwischen den verschiedenen Ausrichtungsarten wählen. Soll der Text rechtsbündig oder zentriert plaziert werden, wählen Sie die Option RECHTS oder ZENTRIEREN. Mit der Option MITTE wird die eingegebene Textzeile um den geometrischen Mittelpunkt des Textes gesetzt.

Wenn Sie die Option AUSRICHTEN wählen, werden Start- und Endpunkt für den Text abgefragt. Der danach eingegebene Text wird in der Höhe so variiert, daß er zwischen die vorgegebenen Punkte paßt. Bei der Option EINPASSEN wird dagegen der Text mit fester Höhe und flexibler Buchstabenbreite zwischen die beiden Punkte gesetzt. Die beiden letzten Optionen sind mit Vorsicht zu verwenden, da die Schrift in der Höhe stark schwanken oder die unterschiedliche Buchstabenbreite zu Verzerrungen führen kann.

Die weiteren Optionen geben an, welcher Punkt für die erste Textzeile eingegeben werden soll:

OL: Oben links
OZ: Oben zentriert
OR: Oben rechts

ML: Mitte links
MZ: Mitte zentriert
MR: Mitte rechts

UL: Unten links
UZ: Unten zentriert
UR: Unten rechts

```
Ausrichten/Einpassen/Zentrieren/Mitte/Rechts/OL/OZ/OR/ML/MZ/MR/UL/
UZ/UR: MR
Punkt Mitte:
```

STIL

Mit dieser Option können Sie einen Textstil wählen, der in der Zeichnung definiert ist. Der Textstil legt die Schrift und die Parameter für die Schrift fest. Mehr zum Textstil finden Sie weiter unten in diesem Kapitel.

```
Position/Stil/<Startpunkt>: S
Stilname (oder ?) <Standard>:
```

Mit dieser Option machen Sie einen der vorhandenen Textstile zum neuen aktuellen Textstil. Der bisherige aktuelle Textstil wird in den Klammern angezeigt. Durch Eingabe von ? werden die Textstile aufgelistet, die in der Zeichnung definiert sind. Haben Sie einen neuen Stil gewählt oder den aktuellen mit ⏎ bestätigt, wird die erste Anfrage wiederholt.

Danach werden Texthöhe, Einfügewinkel und der eigentliche Text abgefragt.

```
Höhe <3.5>:
Drehwinkel <0>:
Text:
```

Die Höhe wird nicht abgefragt, wenn Sie einen Textstil mit fester Höhe (siehe unten) gewählt haben oder die Option AUSRICHTEN verwenden. In diesem Fall ist die Höhe variabel. Der Drehwinkel ist der Winkel der Textgrundlinie. Dieser ist nicht erforderlich, wenn Sie die Optionen AUSRICHTEN oder EINPASSEN gewählt haben, da er sich dann aus Start- und Endpunkt ergibt.

Bei der Texteingabe wird der Cursor an der gewählten Position angezeigt. Der Text wird aber zunächst immer linksbündig in der Zeichnung angezeigt. Erst wenn Sie die Texteingabe abschließen, wird er in seine endgültige Position gebracht. Wenn Sie bei der Textabfrage den Cursor mit dem Fadenkreuz an eine neue Stelle setzen, wird die Eingabe dort fortgesetzt. Mit ⏎ wird eine neue Textzeile begonnen. Geben Sie dagegen ⏎ direkt auf die Textanfrage ein, wird der Befehl beendet.

Da Sie nicht alle verfügbaren Zeichen auf der Tastatur finden, können Sie bestimmte Sonderzeichen nur über einen speziellen Code eingeben. Dieser Code wird mit der Zeichenfolge %% begonnen. Es gilt:

%%d	Gradzeichen
%%c	Durchmesserzeichen
%%p	plus/minus (Zeichen für Toleranzangabe)
%%nnn	ASCII-Code für das gewünschte Sonderzeichen
%%u	Unterstreichen ein/aus
%%o	Überstreichen ein/aus

Die letzten beiden Funktionen sind Schaltfunktionen. Geben Sie den Code bei der Texteingabe einmal ein, wird die Funktion eingeschaltet und beim nächsten Mal wieder ausgeschaltet.

Übung: Beschriftung der Zeichnung

↳ *Machen Sie den Layer SCHRIFT zum aktuellen Layer.*

↳ *Beschriften Sie die Zeichnung wie in Abbildung 5.28.*

↳ *Stellen Sie zur einfacheren Plazierung des Textes den Fang auf 5.*

↳ *Sollte der Objektfang noch aktiv sein, schalten Sie ihn aus.*

↳ *Geben Sie den Text mit dem Befehl DTEXT in der Höhe 5 ein.*

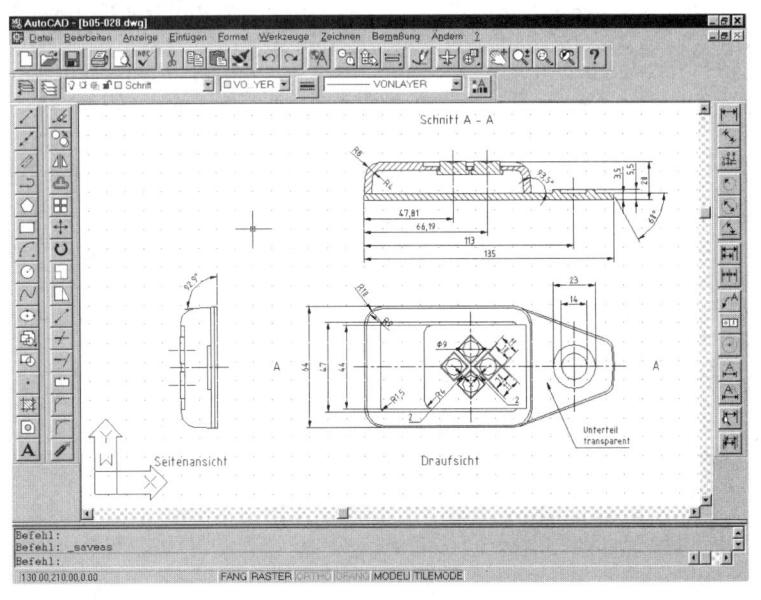

Abbildung 5.28:
Beschriftung der Zeichnung

Vorgang: Befehl MTEXT

Längere mehrzeilige Texte lassen sich einfacher mit dem Befehl MTEXT eingeben. Damit haben Sie die Möglichkeit, den Text zuerst im Texteditor zu bearbeiten und zu formatieren. Ist der Text im Texteditor korrekt eingegeben, übernehmen Sie ihn in die Zeichnung. Den Befehl finden Sie im:

⇢ Abrollmenü ZEICHNEN, Untermenü TEXT >, Funktionen ABSATZTEXT

⇢ Tablettmenü J8

⇢ Symbol im Werkzeugkasten ZEICHNEN

```
Befehl: Mtext
Aktueller Textstil: STANDARD. Texthöhe: 5
Erste Ecke:
Gegenüberliegende Ecke oder [Höhe/Ausrichten/Drehen/Stil/Breite]:
```

Nachdem Sie den Befehl angewählt haben, bekommen Sie zunächst angezeigt, welcher Textstil und welche Texthöhe verwendet wird.

Wenn Sie bei der ersten Anfrage einen Punkt in der Zeichnung anklicken, können Sie mit einem weiteren Punkt ein Rechteck aufziehen, das den Bereich vorgibt, in dem der einzugebende Text plaziert wird. Danach erscheint der Texteditor zur Eingabe des Textes (siehe weiter unten).

Statt der gegenüberliegenden Ecke können Sie auch verschiedene Optionen wählen:

Mit der Option HÖHE wählen Sie eine neue Texthöhe. Vorgabe ist die Höhe vom letzten Textbefehl. Ebenso ist es mit der Option STIL. Wählen Sie einen neuen Stil, bekommen Sie den vom letzten Textbefehl als Vorgabe. Geben Sie die Option DREHEN ein, können Sie einen Drehwinkel für das Textfenster vorgeben. Mit der Option AUSRICHTEN können Sie wie beim Befehl DTEXT den Punkt vorgeben, an dem der Textblock ausgerichtet werden soll.

```
Gegenüberliegende Ecke oder [Höhe/Ausrichten/Drehen/Stil/Breite]:
A für Ausrichten
Ausrichtung angeben [OL/OZ/OR/ML/MZ/MR/UL/UZ/UR] <OL>: z.B.: MR
für Mitte rechts
Gegenüberliegende Ecke oder [Höhe/Ausrichten/Drehen/Stil/Breite]:
```

Die Abkürzungen sind identisch mit denen beim Befehl DTEXT (siehe oben). Bei allen bisherigen Optionen wird nach der Eingabe die Anfrage wiederholt:

```
Gegenüberliegende Ecke oder [Höhe/Ausrichten/Drehen/Stil/Breite]:
```

Wenn Sie die gegenüberliegende Ecke eingegeben haben, wird das Dialogfeld mit dem Texteditor (siehe Abbildung 5.29) gestartet.

Wenn Sie die Option BREITE wählen, können Sie eine Breite für das Textfenster vorgeben. Die gegenüberliegende Ecke ist dann nicht mehr erforderlich, der Texteditor (siehe Abbildung 5.29) wird sofort gestartet.

Vorgang: Eingabe und Formatierung im Texteditor

Im Texteditor (siehe Abbildung 5.29) können Sie: Text erfassen, aus einer vorhandenen Datei übernehmen, formatieren und alle vorher gewählten Ausrichtungsoptionen noch verändern. Der Texteditor ist gegenüber der Version 13 um wesentliche Funktionen erweitert worden.

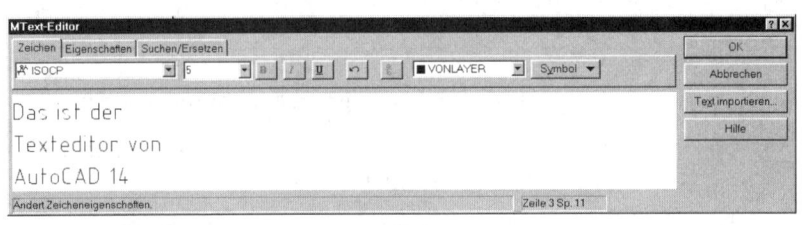

Abbildung 5.29: *Eingabefenster des Texteditors*

Geben Sie den Text ein. Der Zeilenumbruch wird automatisch gesetzt, entsprechend der Breite, die Sie für den Textabschnitt vorgegeben haben.

Wenn Sie die Schaltfläche TEXT IMPORTIEREN... anklicken, können Sie mit dem Dateiwähler eine Textdatei auswählen. Der Inhalt der Datei wird in den Texteditor übernommen. Auf diese Art können Sie reine ASCII-Texte oder formatierten Text im Rich-Text-Format übernehmen. Die Formatierung wird beim Rich-Text-Format komplett übernommen.

Übung: Text importieren

→ *Wählen Sie den Befehl MTEXT. Ziehen Sie ein Fenster für den Text auf der Zeichnung auf.*

→ *Importieren Sie aus Ihrem Übungsordner die Rich-Text-Format-Datei TEXT.RTF in Ihren Texteditor.*

Markieren Sie den Textteil, den Sie bearbeiten wollen, mit dem Cursor. Fahren Sie dazu wie in einem Texteditor mit gedrückter Maustaste über den Text. Mit der rechten Maustaste bekommen Sie im Texteditor ein Pop-up-Menü mit weiteren Funktionen (siehe Abbildung 5.30).

Kapitel 5: Schraffieren, Bemaßen und Beschriften

Abbildung 5.30:
Formatierter
Text im
Texteditor

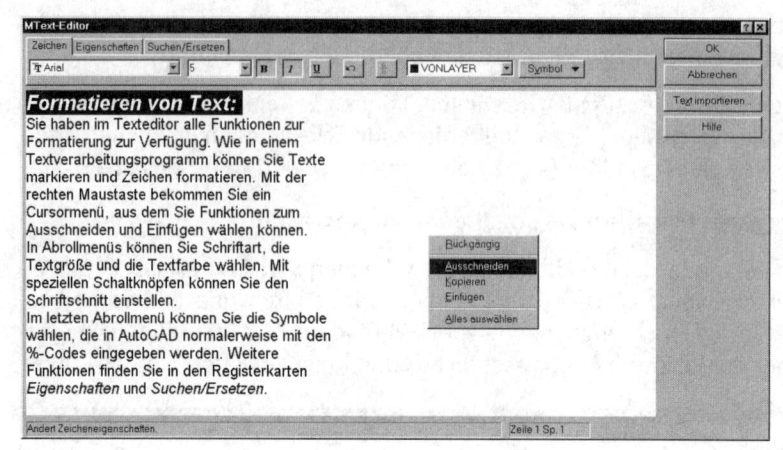

RÜCKGÄNGIG   Macht die letzte Aktion im Texteditor rückgängig.

AUSSCHNEIDEN   Schneidet den markierten Text aus und kopiert ihn in die Windows-Zwischenablage.

KOPIEREN   Kopiert den markierten Text in die Windows-Zwischenablage.

EINFÜGEN   Fügt Text aus der Windows-Zwischenablage an der Cursor-Position ein. Ist der Text markiert, wird er durch den eingefügten Text ersetzt.

ALLES AUSWÄHLEN Markiert den gesamten Text im Editor.

Zur Bearbeitung des Textes hat das Dialogfeld des Texteditors 3 Registerkarten:

ZEICHEN

In der ersten Registerkarte können Sie Zeichen innerhalb des Textes formatieren. Der eingegebene Text wird entsprechend der Voreinstellungen dargestellt.

Im ersten Abrollmenü können Sie (von links nach rechts) die Schriftart für den markierten Text wählen. Unabhängig vom aktuellen Textstil stehen Ihnen hier alle Schriftarten von AutoCAD sowie die in Windows installierten True-Type-Schriften zur Verfügung. Im nächsten Abrollmenü wählen Sie die Schriftgröße, aber nicht wie sonst in Textverarbeitungsprogrammen in Punkt, sondern, wie in technischen Zeichnungen üblich, in Zeichnungseinheiten.

Danach folgt eine Reihe von Symbolen. In den ersten drei können Sie den Schriftschnitt wählen. B für fette, I für kursive und U für unterstrichene Schrift. Das Symbol mit dem Pfeil macht die letzte Aktion im Texteditor rückgängig. Das rechte Symbol setzt den markierten Text übereinander. Dazu muß der Text, der übereinandergesetzt werden soll, mit »/« getrennt sein, z.B.: A/B. A wird dann über einen Bruchstrich gesetzt und B darunter. Soll kein Bruchstrich verwendet werden, trennen Sie die Zeichen mit »^«, z.B. A^B.

Danach folgt ein Abrollmenü für die Textfarbe. Wählen Sie daraus eine Farbe, wenn der Text nicht in der Farbe des Layers dargestellt werden soll. Mit dem letzten Eintrag in dem Menü ANDERE... erhalten Sie das Dialogfeld des Befehls DDCOLOR zur Farbwahl.

Im letzten Abrollmenü SYMBOL können Sie die AutoCAD-Sonderzeichen wählen:

%%d   Gradzeichen
%%c   Durchmesserzeichen
%%p   plus/minus (Zeichen für Toleranzangabe)

Sie werden im Text an der Cursorposition eingefügt, wenn Sie sie aus dem Menü wählen. Außerdem finden Sie dort ein geschütztes Leerzeichen. Damit verhindern Sie, daß zusammengehörige Worte am Zeilenumbruch getrennt werden. Mit dem Eintrag ANDERE... kommen Sie zum Dialogfeld mit der Zeichentabelle, das alle Sonderzeichen der Schriftart enthält (siehe Abbildung 5.31).

Abbildung 5.31:
Dialogfeld zur Auswahl von Sonderzeichen

Markieren Sie das Feld mit dem gewünschten Sonderzeichen und klicken Sie auf die Schaltfläche AUSWÄHLEN.

EIGENSCHAFTEN

In der zweiten Registerkarte stellen Sie Eigenschaften für den gesamten Textblock ein (siehe Abbildung 5.32). In 4 Abrollmenüs können Sie wählen (von links nach rechts):

- Den Textstil, mit dem der Text dargestellt werden soll. Beachten Sie aber, daß, wenn Sie einen Stil vorgeben, alle individuellen Formatierungen, die Sie in der vorherigen Registerkarte gemacht haben, verworfen und der Text einheitlich in der Schriftart des gewählten Stils dargestellt wird.

Kapitel 5: Schraffieren, Bemaßen und Beschriften

- Den Aufhängepunkt und die Ausrichtung des Textblockes.
- Die Breite des Textblocks. Mit der Einstellung (kein Umbruch) wird der komplette Text in einer Zeile dargestellt.
- Die Drehung des Textblocks.

Abbildung 5.32:
Eigenschaften des Textblocks

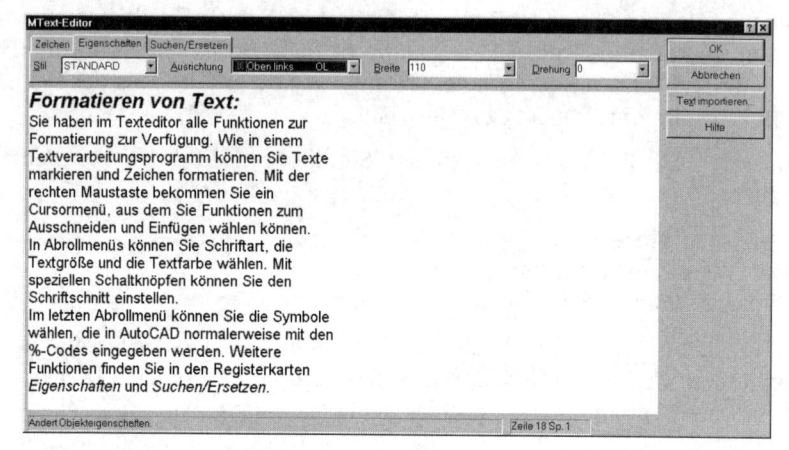

Formatieren von Text:
Sie haben im Texteditor alle Funktionen zur Formatierung zur Verfügung. Wie in einem Textverarbeitungsprogramm können Sie Texte markieren und Zeichen formatieren. Mit der rechten Maustaste bekommen Sie ein Cursormenü, aus dem Sie Funktionen zum Ausschneiden und Einfügen wählen können. In Abrollmenüs können Sie Schriftart, die Textgröße und die Textfarbe wählen. Mit speziellen Schaltknöpfen können Sie den Schriftschnitt einstellen.
Im letzten Abrollmenü können Sie die Symbole wählen, die in AutoCAD normalerweise mit den %-Codes eingegeben werden. Weitere Funktionen finden Sie in den Registerkarten *Eigenschaften* und *Suchen/Ersetzen*.

SUCHEN/ERSETZEN

In der letzten Registerkarte SUCHEN/ERSETZEN können Sie in größeren Textblöcken Text suchen und bei Bedarf durch einen anderen ersetzen (siehe Abbildung 5.33). Gehen Sie dazu wie folgt vor:

- Tragen Sie den zu suchenden Text im Feld SUCHEN ein.
- Wollen Sie den Text durch einen anderen ersetzen, tragen Sie diesen im Feld ERSETZEN DURCH ein.
- Wählen Sie an den Schaltern rechts die Suchbedingungen: GROSS-/KLEINS. BEACHTEN bewirkt, daß nur Texte gesucht werden, bei denen die Schreibweise der Buchstaben übereinstimmt. Ist der Schalter GANZES WORT ein, wird die gesuchte Zeichenkette nur dann berücksichtigt, wenn sie als einzelnes Wort geschrieben ist.
- Wollen Sie den gesuchten Text durch einen anderen ersetzen, tragen Sie den neuen Text im Feld ERSETZEN DURCH ein.
- Klicken Sie auf den entsprechenden Schalter und der Vorgang wird ausgelöst:

    zum Suchen von Text und

    zum Ersetzen von Text

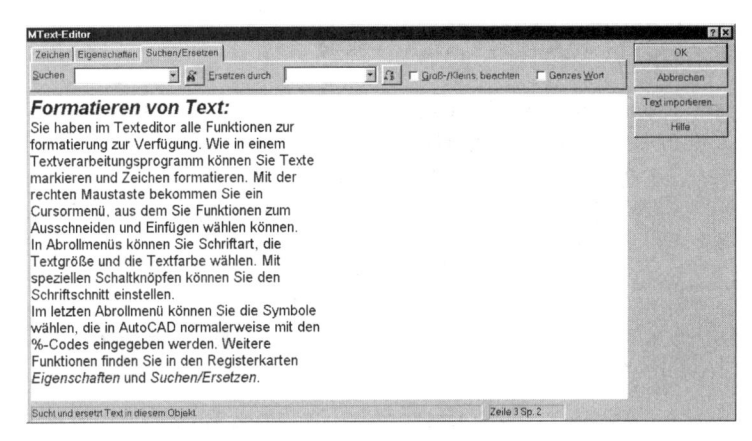

Abbildung 5.33:
Suchen und Ersetzen von Textteilen

Verweis:

Der Befehl kann auch mit -MTEXT eingegeben werden. Dann arbeitet der Befehl ohne Texteditor im Befehlszeilenfenster (siehe Referenzteil). Für die Verwendung in Menü-Makros oder Skript-Dateien kann der Befehl in dieser Form verwendet werden.

Übung: Beschriftung der Zeichnung

- *Formatieren Sie den Text. Testen Sie verschiedene Möglichkeiten.*
- *Löschen Sie den Textblock wieder aus der Zeichnung.*
- *Verwenden Sie den Befehl MTEXT neu und ziehen Sie in der linken oberen Ecke des Textfensters ein Rechteck auf.*
- *Setzen Sie dort einen Text in der Höhe 5 in einer True-Type-Schrift (siehe Abbildung 5.34).*

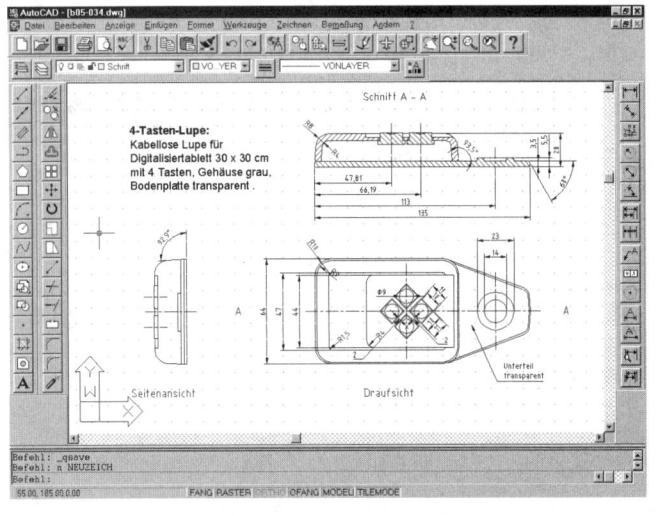

Abbildung 5.34:
Textabsatz in der Zeichnung

5.16 Textänderungen

Texte sind normale AutoCAD-Zeichnungsobjekte, Sie können sie verschieben, drehen, skalieren usw. Jede Textzeile oder jeder Textabsatz ist jedoch ein zusammenhängendes Objekt. Haben Sie einen Tippfehler in einer Textzeile oder einem Textabsatz, können Sie den Text mit dem Befehl DDEDIT bearbeiten.

Vorgang: Befehl DDDEDIT

Mit dem Befehl DDEDIT können Sie den Text in Dialogfeldern bearbeiten. Sie wählen den Befehl im:

→ Abrollmenü ÄNDERN, Untermenü OBJEKT >, Funktionen TEXT BEARBEITEN...

→ Tablettmenü Y21

→ Symbol im Werkzeugkasten ÄNDERN II

```
Befehl: Ddedit
<TEXT oder ATTDEF Objekt wählen>/Zurück:
```

Wählen Sie eine Textzeile (oder eine Attributsdefinition, siehe Kapitel 11.8), dann wird diese in ein Dialogfeld übernommen und kann geändert werden (siehe Abbildung 5.35).

Abbildung 5.35:
Dialogfeld zur Änderung einer Textzeile

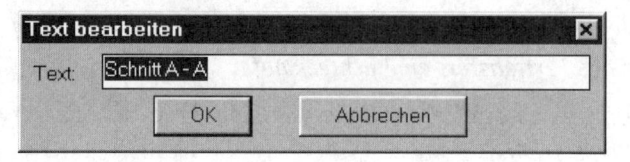

Wählen Sie einen Textabsatz, wird er wieder in den Texteditor zur Bearbeitung übernommen (siehe Abbildung 5.36).

Abbildung 5.36:
Texteditor zur Bearbeitung von Absatztext

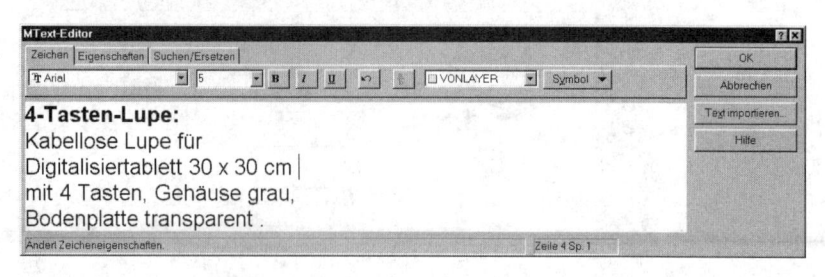

Mit der Option ZURÜCK können Sie Änderungen wieder zurücknehmen.

5.17 Rechtschreibprüfung

AutoCAD 14 hat eine Rechtschreibprüfung integriert, mit der Sie Ihre Texte auf Fehler prüfen lassen können. Sie können einzelne Texte oder die ganze Zeichnung prüfen.

Vorgang: Rechtschreibprüfung

Die Rechtschreibprüfung führen Sie mit dem Befehl RECHTSCHREIBUNG durch.

↦ Abrollmenü WERKZEUGE, Funktionen RECHTSCHREIBUNG

↦ Tablettmenü T10

↦ Symbol in der Standard-Funktionsleiste

```
Befehl: Rechtschreibung
Objekt wählen:
```

Wählen Sie die Texte, die geprüft werden sollen (Option ALLE prüft alle Texte in der Zeichnung). Wird ein Fehler oder ein unbekanntes Wort entdeckt, kommt ein Dialogfeld auf den Bildschirm (siehe Abbildung 5.37).

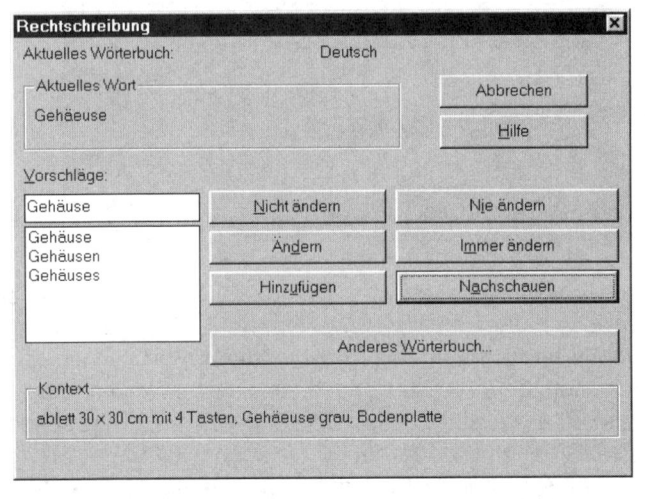

Abbildung 5.37:
Dialogfeld zur Rechtschreibprüfung

In der obersten Zeile bekommen Sie angezeigt, mit welchem Wörterbuch Sie gerade arbeiten. In der Zeile darunter wird das Wort angezeigt, das fehlerhaft oder unbekannt ist. Darunter sehen Sie die Änderungsvorschläge aus dem Wörterbuch. Jetzt können Sie angeben, was mit dem Wort geschehen soll: NICHT ÄNDERN nimmt keine Korrektur vor, NIE ÄNDERN fragt das Wort im ganzen Text nicht mehr an und ersetzt es somit auch nicht. Wenn Sie ÄNDERN anklicken, wird das Wort durch das in der Vorschlagsliste markierte ersetzt. Wenn Sie dagegen IMMER ÄNDERN anklicken, wird es im ganzen Text ersetzt.

Wenn Sie das Wort geprüft haben und es richtig ist, dann ist es im Wörterbuch nicht enthalten. Mit HINZUFÜGEN wird es in das Benutzerwörterbuch aufgenommen und in Zukunft nicht mehr angefragt. Wenn Sie ein Wort in der Vorschlagsliste markieren, können Sie mit der Schaltfläche NACHSCHAUEN Wörter in der Vorschlagsliste einblenden, die dem markierten Wort ähnlich sind. Mit der Schaltfläche ANDERES WÖRTERBUCH kommt ein weiteres Dialogfeld auf den Bildschirm, in dem Sie das Wörterbuch wechseln können (siehe Abbildung 5.38).

Abbildung 5.38:
Dialogfeld zur Wahl des Wörterbuchs

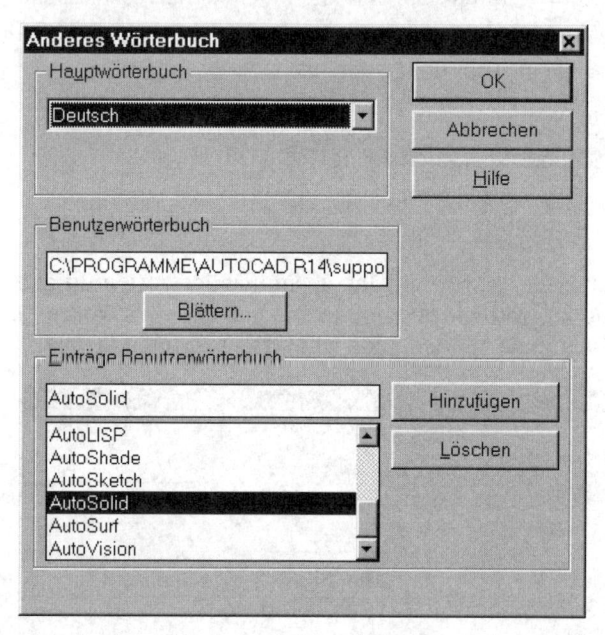

Sie können im oberen Abrollmenü des Dialogfeldes eine andere Sprache für das Hauptwörterbuch wählen. Neue Einträge können Sie ins Benutzerwörterbuch aufnehmen. Im mittleren Feld können Sie eintragen, mit welchem Benutzerwörterbuch Sie arbeiten wollen, oder mit dem Schalter BLÄTTERN... eines auswählen. In der unteren Liste sehen Sie die Einträge des Benutzerwörterbuchs. Sie können Einträge hinzufügen, wenn Sie das entsprechende Wort eintragen und auf die Schaltfläche HINZUFÜGEN klicken. Markierte Einträge können Sie mit der Schaltfläche LÖSCHEN aus dem Benutzerwörterbuch entfernen.

Übung: Text ändern und Rechtschreibung prüfen

- *Ändern Sie Ihren Text. Bauen Sie absichtlich Fehler ein, wenn Sie alles richtig geschrieben haben.*
- *Korrigieren Sie den Text mit der Rechtschreibprüfung.*

5.18 Attribute bearbeiten

Bei dem Schriftfeld, das wir anfangs in die Zeichnung eingefügt haben, handelt es sich um einen Block mit Attributen (siehe Kapitel 11.8). Die Texte im Schriftfeld sind als Attribute bereits im Block definiert und können mit einem speziellen Befehl geändert werden, dem Befehl DDATTE.

Vorgang: Befehl DDATTE

Mit dem Befehl DDATTE können Sie Attribute in eingefügten Blöcken ändern. Sie finden den Befehl im:

↪ Abrollmenü ÄNDERN, Untermenü OBJEKT >, Untermenü ATTRIBUTE >, Funktionen BEARBEITEN...

↪ Tablettmenü Y20

↪ Symbol im Werkzeugkasten ÄNDERN II

```
Befehl: Ddatte
Block wählen:
```

Die Attribute des gewählten Blocks werden in ein Dialogfeld übernommen und können dort geändert werden (siehe Abbildung 5.39). Mit den Schaltflächen NÄCHSTER und VORHER können Sie sich weiterschalten, wenn der Block viele Attribute enthält.

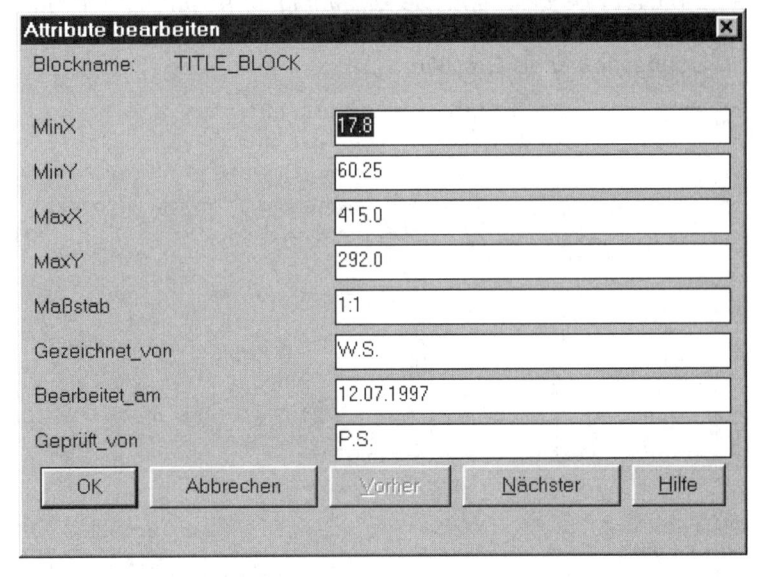

Abbildung 5.39:
Dialogfeld zur Editierung von Attributen

Attribute bearbeiten	
Blockname:	TITLE_BLOCK
MinX	17.8
MinY	60.25
MaxX	415.0
MaxY	292.0
Maßstab	1:1
Gezeichnet_von	W.S.
Bearbeitet_am	12.07.1997
Geprüft_von	P.S.

OK | Abbrechen | Vorher | Nächster | Hilfe

Kapitel 5: Schraffieren, Bemaßen und Beschriften

Übung: Schriftfeld ausfüllen

↳ Füllen Sie das Schriftfeld mit dem Befehl DDATTE aus (siehe Abbildung 5.40).

Abbildung 5.40:
Schriftfeld ausfüllen

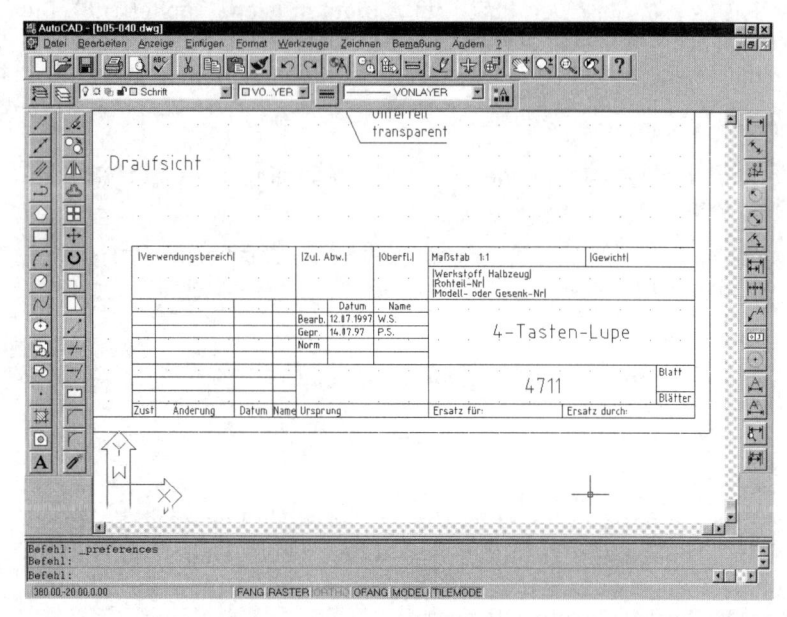

↳ Sie haben es geschafft. Die Zeichnung ist fertig. In Abbildung 5.41 sehen Sie sie in voller Größe. Sie haben das Ergebnis auch in Ihrem Übungsordner als L01.DWG.

Abbildung 5.41:
Die fertige Zeichnung

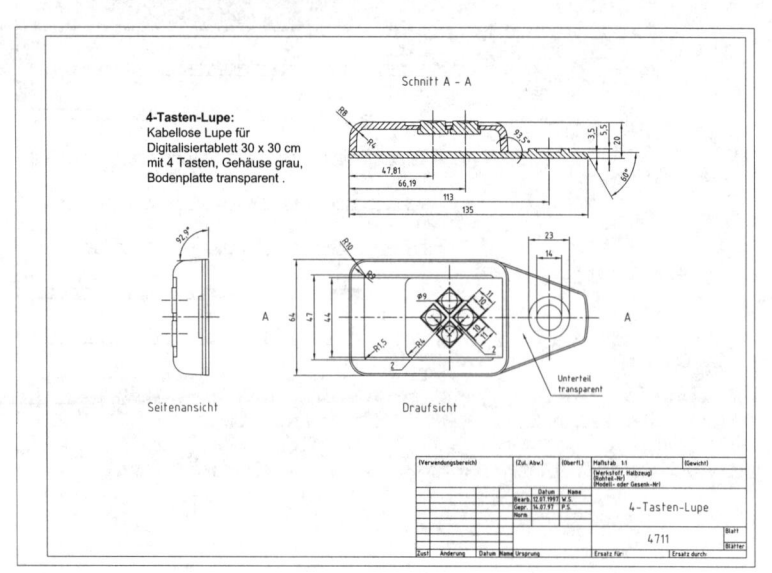

5.19 Textstile

AutoCAD 14 wird mit einer ganzen Reihe von Zeichensätzen geliefert. Darin ist die Geometrie der Schrift definiert. Zeichensätze sind Dateien, die Sie im Ordner \PROGRAMME\AUTOCAD R14\FONTS finden. Sie haben die Dateierweiterung .SHX. Außerdem können Sie die Windows-True-Type-Schriften auch in AutoCAD 14 verwenden. Von diesen Zeichensätzen werden eine ganze Reihe mit AutoCAD geliefert und im Ordner \WINDOWS\FONTS installiert. Sie haben die Dateierweiterung TTF. Diese Schriften können auch in anderen Windows-Programmen verwendet werden.

True-Type-Schriften werden in AutoCAD 14, im Gegensatz zu AutoCAD 13, in optimaler Qualität angezeigt und ausgedruckt. Auch bei extremer Vergrößerung fallen keine Kanten und Knicke mehr auf. In AutoCAD 13 waren diese Schriften aus diesem Grunde für den professionellen Einsatz unbrauchbar.

Vorgang: Befehl STIL bzw. DDSTYLE

Aus einem Zeichensatz lassen sich in AutoCAD beliebig viele Textstile definieren. Der Textstil legt fest, mit welchen Parametern der Zeichensatz verwendet werden soll. In einer Zeichnung lassen sich beliebig viele Textstile definieren. Ein Textstil ist immer der aktuelle Textstil, mit dem beschriftet wird. Wie Sie vorher schon gesehen haben, können Sie mit der Option STIL der Befehle DTEXT und MTEXT den aktuellen Textstil wechseln.

Mit den Befehlen STIL oder DDSTYLE definieren Sie neue Textstile oder ändern vorhandene Textstile. Auch hier sind zwei unterschiedliche Befehle aus AutoCAD 13 zusammengefaßt worden. Sie finden den Befehl:

↳ Abrollmenü FORMAT, Funktionen TEXTSTIL...

↳ Tablettmenü U2

Zunächst sehen Sie, wie mit dem Befehl STIL ein neuer Textstil definiert wird.

Wenn Sie einen neuen Stil definieren wollen, klicken Sie auf die Schaltfläche NEU... und tragen in einem zusätzlichen Eingabefeld den neuen Stilnamen ein.

Wählen Sie dann aus dem Abrollmenü SCHRIFTNAME einen Zeichensatz für den Textstil aus. TrueType-Schriften sind meist in verschiedenen Schriftschnitten vorhanden: Normal, kursiv, fett usw. Im Abrollmenü SCHRIFTSTIL können Sie wählen, wie Sie den Zeichensatz verwenden wollen.

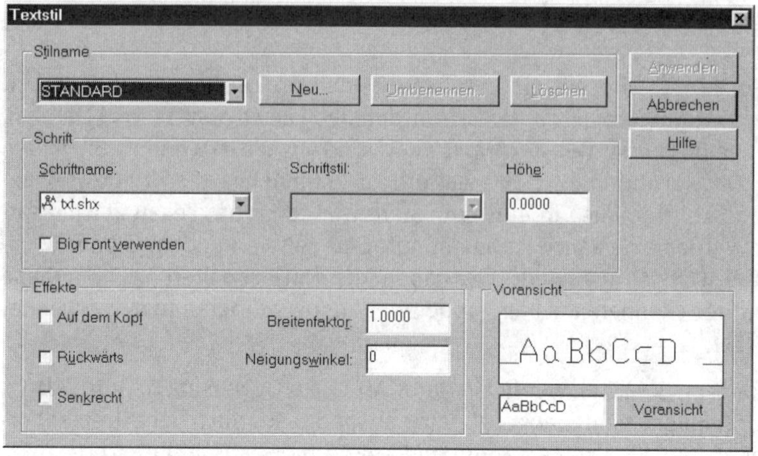

Abbildung 5.42:
Textstil definieren

Abbildung 5.43:
Neuen Stilnamen eingeben

Wenn Sie im Feld HÖHE eine Höhe für den Textstil eintragen, kann dieser Textstil nur mit dieser Höhe beschriftet werden. Bei den Befehlen DTEXT und MTEXT wird keine Höhe mehr abgefragt. Setzen Sie dagegen den Wert auf 0, kann bei jeder Anwahl der Befehle eine Höhe eingegeben werden.

Ist der Schalter BIG FONT VERWENDEN angekreuzt, werden Schriften mit erweitertem Zeichensatz verwendet. Im unteren Teil des Dialogfeldes können Sie besondere Effekte für die Schrift einstellen: Der Textstil kann so eingestellt werden, daß die Schrift auf dem Kopf steht, rückwärts (in Spiegelschrift) oder senkrecht läuft. An den entsprechenden Schaltern im Feld EFFEKTE können Sie das einstellen. Mit einem Breitenfaktor unter 1 wird die Schrift zusammengedrückt, darüber gedehnt. Mit dem Neigungswinkel können Sie aus einer geraden eine kursive Schrift machen. Der Winkel gibt die Neigung zur Senkrechten nach rechts an. Sie sollten aber für kursive Schriften besser Zeichensätze verwenden, die schon kursiv definiert sind. Sie ergeben ein besseres Schriftbild, als wenn Sie gerade Schriften neigen.

Im Feld VORANSICHT sehen Sie eine Schriftprobe des neuen Textstils. Wenn Sie im Feld darunter eine Zeichenfolge eingeben und die Schaltfläche VORANSICHT betätigen, wird diese Zeichenfolge in der Voransicht angezeigt.

Wollen Sie einen bestehenden Textstil ändern, wählen Sie diesen im Abrollmenü STILNAME (oben links), ändern die entsprechenden Einstellungen und klicken auf die Schaltfläche ANWENDEN.

Ähnlich verfahren Sie, wenn Sie einen Textstil umbenennen wollen. Wählen Sie ihn im Abrollmenü STILNAME aus, klicken Sie auf das Feld UMBENENNEN... und tragen Sie im Eingabefeld für den Stilnamen (siehe Abbildung 5.43) den neuen Namen ein und klicken auf OK.

Wollen Sie einen Textstil löschen, wählen Sie ihn ebenfalls im Abrollmenü STILNAME und klicken auf die Schaltfläche LÖSCHEN.

Übung: Neuen Textstil definieren

↪ *Definieren Sie neue Textstile mit True-Type-Schriften und erstellen Sie Schriftproben.*

Verweis:

In Menümakros und Skript-Dateien kann der Befehl STIL auch im Befehlszeilenfenster verwendet werden. Geben Sie dazu -STIL ein (siehe auch Referenzteil).

Plotten von Zeichnungen

Kapitel 6

- 6.1 Der Plotbefehl
- 6.2 Geräteauswahl
- 6.3 Stiftzuordnung
- 6.4 Plotbereich festlegen
- 6.5 Papierformate
- 6.6 Skalierfaktor, Drehung und Ursprung
- 6.7 Die Plotvoransicht
- 6.8 Plotter konfigurieren
- 6.9 Das Dienstprogramm Stapelplotten

Nachdem Ihr erstes komplettes Werk in AutoCAD fertiggestellt ist, soll es auch zu Papier gebracht werden. Sie lernen in diesem Kapitel:

- wie Sie mit verschiedenen Plottern und Druckern arbeiten können,
- wie Sie die Einstellungen speichern,
- wie Sie Stifte zuordnen,
- welchen Bereich Sie zum Plotten anwählen können,
- welche Papierformate möglich sind,
- wie der Maßstab bestimmt wird,
- welche Möglichkeiten zur Voransicht Sie haben,
- wie die Zeichnung aufs Papier kommt und
- wie Sie eine ganze Serie von Zeichnungen automatisch plotten können.

Wenn Sie die letzten Kapitel durchgearbeitet haben, haben Sie eine fertige Zeichnung, bereit zum Ausdrucken. Falls Sie die Zeichnung nicht oder nicht komplett haben, nehmen Sie die Lösung aus Ihrem Übungsordner L01.DWG.

6.1 Der Plotbefehl

Ihre Zeichnung können Sie mit jedem Drucker oder Plotter ausgeben, den Sie in Windows installiert haben. Darüber hinaus stehen in AutoCAD 14 eigene ADI-Treiber zur Verfügung (ADI = Autodesk Device Interface). Alles zur Installation und Konfiguration von AutoCAD finden Sie in Kapitel 27.4.

Vorgang: Befehl PLOT

Um Zeichnungen auf dem Drucker oder Plotter auszugeben, steht Ihnen der Befehl PLOT zur Verfügung.

- Abrollmenü DATEI, Funktion DRUCK/PLOT...
- Tablettfeld W25
- Symbol in der Standard-Funktionsleiste

Kapitel 6: Plotten von Zeichnungen

Abbildung 6.1:
Das Plot-Dialogfeld

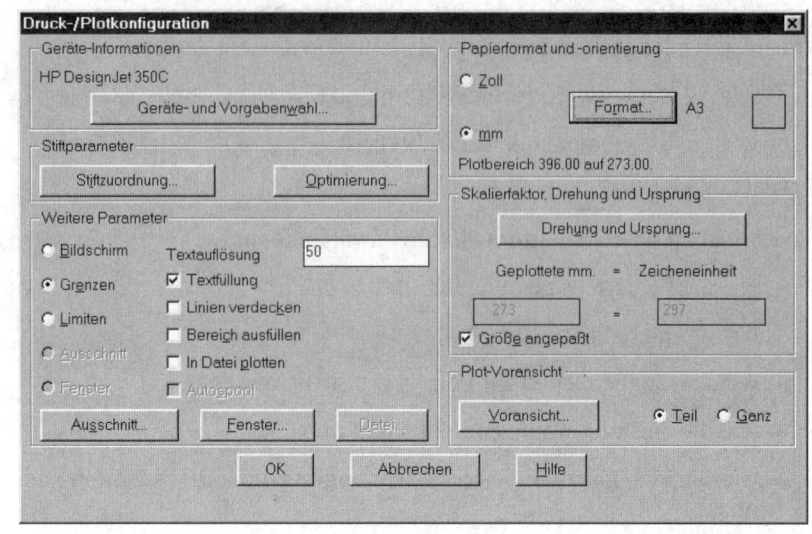

Alle Einstellungen des Ausdrucks nehmen Sie in diesem Dialogfeld vor. Die verschiedenen Schaltflächen verzweigen zu weiteren Dialogfeldern. Nach Beendung dieser erweiterten Einstellungen kommen Sie immer wieder zum Ausgangsfenster zurück, bis Sie mit OK den Plot auslösen.

6.2 Geräteauswahl

In AutoCAD 14 können Sie bis zu 29 verschiedene Ausgabegeräte über ADI-Treiber konfigurieren. Zudem können Sie den Systemdrucker als Ausgabegerät konfigurieren. Damit haben Sie Zugang zu allen in Windows konfigurierten Druckern.

Vorgang: GERÄTE- UND VORGABENWAHL

Zunächst legen Sie also fest, mit welchem Gerät Sie ausdrucken wollen. Wählen Sie dazu die Schaltfläche GERÄTE UND VORGABENWAHL. In einer Liste finden Sie die Geräte, die in AutoCAD 14 für die Ausgabe konfiguriert wurden (siehe Abbildung 6.2).

Im Beispiel in Abbildung 6.2 ist der Windows-Systemdrucker konfiguriert sowie ein Hewlett-Packard-Plotter und ein PostScript-Drucker. Klicken Sie den Drucker an, den Sie für die Ausgabe verwenden wollen.

Haben Sie den Windows-Systemdrucker markiert, können Sie im Feld GERÄTESPEZIFISCHE KONFIGURATION die Schaltfläche ÄNDERN... anklicken. Sie kommen dann zum Windows-Fenster zur Druckereinrichtung (siehe Abbildung 6.3).

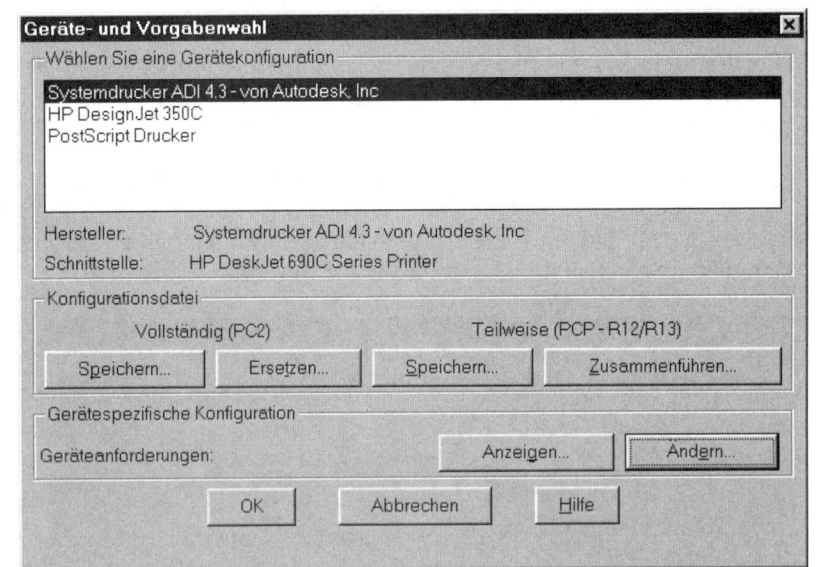

Abbildung 6.2:
Dialogfeld zur Geräteauswahl

Abbildung 6.3:
Dialogfeld zur Druckereinrichtung

Im Abrollmenü NAME können Sie einen der Windows-Drucker auswählen. Der Windows-Standarddrucker erscheint als Vorgabe. Darunter können Sie das Papierformat wählen und den Papierschacht, aus dem das Papier genommen werden soll. Rechts davon stellen Sie ein, ob Sie im Hoch- oder Querformat drucken wollen.

Kapitel 6: Plotten von Zeichnungen

Tip:

Beim Windows-Systemdrucker können Sie das Papierformat nur an dieser Stelle wählen. Im Hauptdialogfeld des Befehls PLOT haben Sie keine Wahlmöglichkeit.

Mit der Schaltfläche EIGENSCHAFTEN kommen Sie auf das Dialogfeld des Druckertreibers. Dort können Sie die speziellen Möglichkeiten Ihres Druckers nützen und einstellen. In Abbildung 6.4 sehen Sie ein solches Dialogfeld für einen Tintenstrahldrucker von Hewlett-Packard.

Abbildung 6.4:
Einstellmöglichkeiten des Druckertreibers

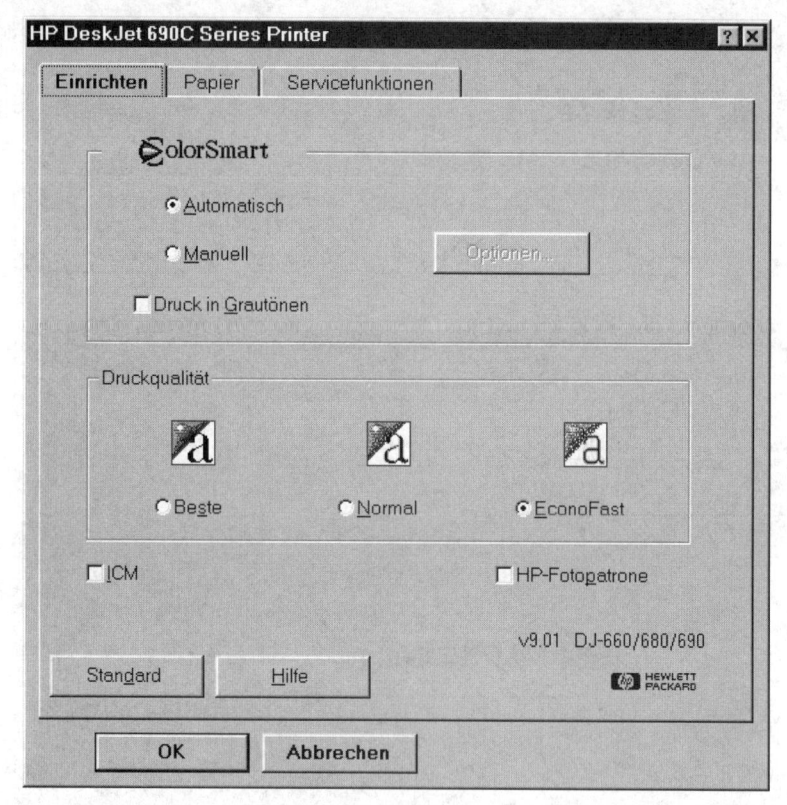

Haben Sie einen anderen Drucker als den Systemdrucker im Dialogfeld zur Druckerauswahl gewählt (siehe Abbildung 6.2), können Sie mit der Schaltfläche ÄNDERN... spezielle Einstellungen des Treibers beeinflussen, vorausgesetzt der Druckertreiber verfügt über irgendwelche Einstellmöglichkeiten. Bei den Plottern von Hewlett-Packard können Sie die Einstellungen mit einem speziellen Befehl vornehmen. Er heißt HPCONFIG und kann nur über die Tastatur eingegeben werden. Mit der Schaltfläche ANZEIGEN... können Sie sich die aktuellen Werte für den Druckertreiber anzeigen lassen.

Vorgang: Konfigurationsdatei speichern und laden

In Konfigurationsdateien lassen sich alle Einstellungen speichern, die Sie im Plotdialogfeld mit allen seinen Unterfeldern machen. In AutoCAD 12 und 13 war es auch schon möglich, diese Parameter zu speichern. Sie wurden in Dateien mit der Dateierweiterung *.PCP gespeichert (PCP = Plotter Configuration Parameter). Darin wurde vor allem die Stiftzuordnung gespeichert.

In AutoCAD 14 wurden die Möglichkeiten erweitert. Es können jetzt erweiterte Konfigurationsdateien erzeugt werden, die die Dateierweiterung *.PC2 haben. Darin werden auch die Papierformate und die gerätespezifischen Einstellungen gespeichert. Mit den Schaltflächen SPEICHERN... und ERSETZEN... im Feld VOLLSTÄNDIG (PC2) können Sie die aktuellen Einstellungen in einer PC2-Datei speichern bzw. aus einer PC2-Datei laden. Mit den Schaltfeldern SPEICHERN... und ZUSAMMENFÜHREN... im Feld TEILWEISE (PCP – R12/R13) können Sie die Parameter in PCP-Dateien speichern bzw. Werte aus PCP-Dateien einlesen.

PC2-Dateien sind darüber hinaus wichtig, um ganze Serien von Zeichnungsdateien im Stapelverarbeitungsmodus mit dem Programm BATCHPLT auszugeben.

6.3 Stiftzuordnung

Im Hauptdialogfeld des Befehls PLOT finden Sie als nächstes die Schaltfläche STIFTZUORDNUNG. Hier können Sie die AutoCAD-Farben den Stiften des Plotters bzw. Druckers zuordnen.

Vorgang: Stiftzuordnung

Wenn Sie auf einem Stiftplotter ausgeben, ist die Sache klar. Jede Farbe in der Zeichnung wird einem Stift des Plotters zugeordnet. Alle Objekte, die in dieser Farbe gezeichnet wurden, werden dann auch mit diesem Stift gezeichnet. Doch Stiftplotter gibt es heute nicht mehr.

Bei einem Laser- oder Tintenstrahldrucker haben Sie keine Stifte, AutoCAD 14 arbeitet trotzdem mit Stiften, mit sogenannten »logischen« Stiften. Mit dieser Methode ist die Zuordnung genauso einfach. Auch hier können Sie jede Farbe in der Zeichnung einer Stiftnummer zuordnen. Bei der Ausgabe auf einem Farbdrucker entspricht diese Stiftnummer dem gleichen Farbton wie der AutoCAD-Farbe. Zu jeder Farbe läßt sich dann noch die gewünschte Breite einstellen (siehe Abbildung 6.5). Wollen Sie bestimmte Farben in der Zeichnung schwarz ausdrucken, ordnen Sie diese Farben dem Stift 7 zu. Farbe 7 ist in AutoCAD Schwarz.

Tip:

Es kann sein, daß Ihr Drucker bei Schwarzweiß-Ausdrucken manche Linien sehr schwach ausdruckt. Das kommt daher, daß farbige Linien grau schattiert ausgedruckt werden, je heller die Farbe, desto schwächer auch der Ausdruck. Am meisten fällt das bei gelben Linien auf. Wenn Sie einen sattschwarzen Ausdruck haben wollen, stellen Sie das bei den Eigenschaften des Druckers um. Sollte das nicht möglich sein, ordnen Sie alle verwendeten Farben dem Stift 7 (Schwarz) zu. Die Strichstärke können Sie trotzdem unterschiedlich eingestellt lassen.

Abbildung 6.5:
Stiftzuordnung

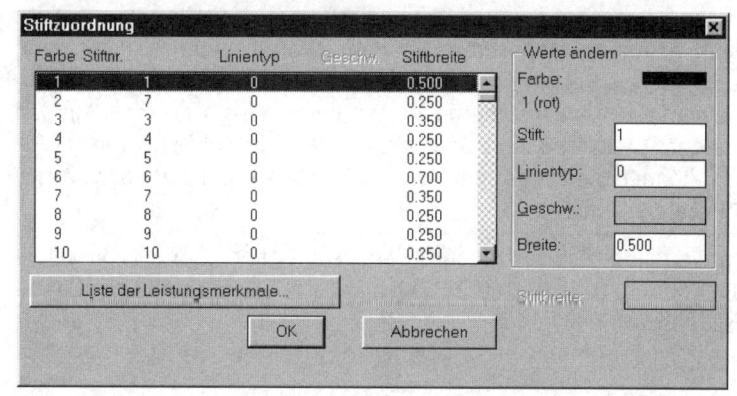

Zusätzlich können Sie zu jeder Farbe einen Linientyp einstellen. Die Linientypenliste blenden Sie mit dem Feld LISTE DER LEISTUNGSMERKMALE... ein. Da aber in AutoCAD schon mit den entsprechenden Linientypen gezeichnet wird, darf hier nicht nochmal ein Linientyp des Geräts eingestellt werden. Sonst würden beispielsweise gestrichelte Linien wieder gestrichelt. Lassen Sie die Einstellung für alle Farben bei 0.

Übung: Stiftzuordnung

⇒ *Stellen Sie die Stiftbreiten wie in Abbildung 6.5 ein. Bei Ausgabe auf dem Farbdrucker kommt die Farbe Gelb in der Zeichnung nur sehr schwach zur Geltung. Deshalb wurde diese Farbe dem Stift 6 (Magenta) zugeordnet.*

⇒ *Wenn Sie die Stifte zugeordnet und bestätigt haben, kommen Sie wieder zum ursprünglichen Dialogfeld.*

Vorgang: Optimierung einstellen

Mit der Schaltfläche OPTIMIERUNG im Hauptdialogfeld des Befehls PLOT können Sie Parameter für die Optimierung der Stiftbewegungen beim Stiftplotter einstellen. Bei Tintenstrahl- oder Laserdruckern, wie sie heute verwendet werden, sind diese Einstellungen ohne Bedeutung.

6.4 Plotbereich festlegen

Als nächstes stellen Sie im Hauptdialogfeld des Befehls PLOT (Abbildung 6.1) ein, welcher Bereich geplottet werden soll.

Vorgang: Plotbereich wählen

Im linken unteren Teil des Dialogfelds stellen Sie ein, welcher Bereich geplottet werden soll. Sie können wählen zwischen dem momentanen Bildschirmausschnitt BILDSCHIRM, allen Objekten in der Zeichnung GRENZEN, dem Bereich innerhalb der Limiten LIMITEN, einem gespeicherten Ausschnitt AUSSCHNITT und einem Fenster FENSTER.

Wollen Sie einen Ausschnitt der Zeichnung plotten, wählen Sie die Option FENSTER. Bevor Sie aber diesen Schalter wählen können, müssen Sie erst das Fenster bestimmen. Mit der unteren Schaltfläche FENSTER... können Sie die Fenstergröße in einem weiteren Dialogfeld in Zeichnungseinheiten eintragen (siehe Abbildung 6.6). Haben Sie die Koordinaten nicht parat, klicken Sie auf die Schaltfläche WÄHLEN <.

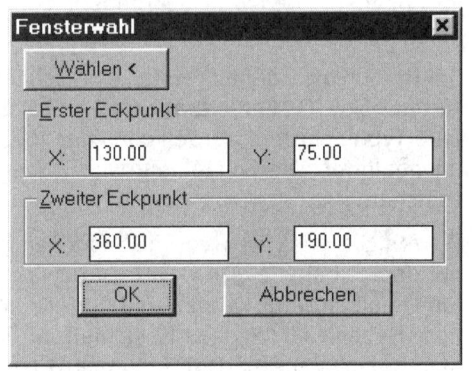

Abbildung 6.6:
Dialogfeld zur Bestimmung des Plotfensters

Mit der Schaltfläche WÄHLEN < verschwindet das Dialogfeld und Sie können in der Zeichnung zwei diagonale Eckpunkte anklicken. Der Bereich dazwischen wird geplottet. Die Maße dieses Ausschnitts werden in das Dialogfeld übernommen, nachdem Sie den zweiten Punkt eingegeben haben.

Ebenso verfahren Sie beim Plotten eines gespeicherten Ausschnitts. Mit Anwahl der unteren Schaltfläche AUSSCHNITT... erscheint ein Dialogfeld zur Auswahl des gewünschten Ausschnitts (siehe Abbildung 6.7). Wählen Sie den Ausschnitt, den Sie plotten wollen, und schalten Sie dann im Hauptdialogfeld den Schalter AUSSCHNITT ein.

Kapitel 6: Plotten von Zeichnungen

Abbildung 6.7:
Dialogfeld zur Bestimmung des zu plottenden Ausschnitts

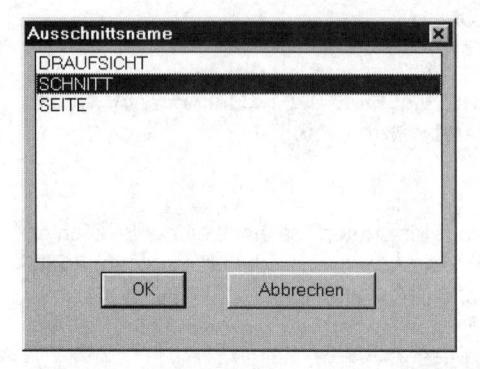

Vorgang: Weitere Parameter für den Plot einstellen

Im Feld TEXTAUFLÖSUNG stellen Sie ein, mit welcher Qualität TrueType-Schriften geplottet werden. Höhere Werte erhöhen die Auflösung, verringern aber die Plotgeschwindigkeit. Sie können zwischen 0 und 100 wählen. Der Wert wird in der Systemvariablen TEXTQLTY (Systemvariablen ändern: siehe Befehl SETVAR, Befehlsübersicht im Referenzteil) gespeichert. Verringern Sie den Wert bei Probeplots und stellen Sie bei der endgültigen Ausgabe 100 ein.

Bei Probeplots können Sie für eine schnellere Ausgabe und geringeren Tinten- bzw. Tonerverbrauch den Schalter TEXTFÜLLUNG ausschalten. True-Type-Schriften werden dann nur als Outline-Schriften mit ihrer Kontur geplottet. Die Einstellung wird in der Systemvariablen TEXTFILL gespeichert.

Plotten Sie Ansichten von 3D-Modellen im Modellbereich, können Sie mit dem Schalter LINIEN VERDECKEN bewirken, daß beim Plot die verdeckten Linien entfernt werden und nur die sichtbaren Linien geplottet werden. Haben Sie dagegen Ansichten im Papierbereich, müssen Sie mit dem Befehl MANSFEN, Option VERDPLOT (siehe Kapitel 18) den Plotmodus setzen.

Wenn Sie gefüllte Flächen exakt in der Breite ausdrucken wollen, wie Sie gezeichnet wurden, dann klicken Sie den Schalter BEREICH AUSFÜLLEN ein. Die äußere Kontur wird dann um eine halbe Strichstärke nach innen versetzt gezeichnet. Ist der Schalter aus, wird die Kontur nachgezeichnet. Die Fläche ist um eine halbe Linienstärke breiter. Zeichnen Sie beispielsweise das Layout von elektronischen Leiterplatten, kommt es auf Maßhaltigkeit an. Der Schalter muß in diesem Fall ein sein.

Ist der Schalter IN DATEI PLOTTEN ein, wird nicht direkt auf den Plotter, sondern in eine Datei ausgegeben. Der Zeichnungsname mit der Erweiterung *.PLT ist als Plotdateiname vorgegeben. Wollen Sie einen anderen als den voreingestellten Namen vergeben, wählen Sie die Schaltfläche DATEI... und Sie können im Dateiwähler einen anderen Plotdateinamen bestimmen.

Die Funktion AUTOSPOOL kann nur eingeschaltet werden, wenn Sie sie in den Voreinstellungen konfiguriert haben (siehe Kapitel 27). Die Plotdatei wird dann an ein Spoolprogramm weitergegeben, das im Hintergrund druckt.

Übung: Plotbereich

↳ *Wählen Sie für Ihren Ausdruck die Ausgabe eines Fensters.*

↳ *Bestimmen Sie die Grenzen des Fensters in der Zeichnung. Wählen Sie dazu den linken unteren und den rechten oberen Eckpunkt des inneren Rahmens des Schriftfelds. Der äußere Rahmen entspricht der Papiergröße, er soll nicht mitgedruckt werden, außer Sie verwenden übergroßes Papier und brauchen ihn als Schneidekante.*

↳ *Schalten Sie die Ausgabe in eine Datei aus.*

6.5 Papierformate

Im rechten Teil des Hauptdialogfelds für den Befehl PLOT (siehe Abbildung 6.1) stellen Sie im oberen Teil das Papierformat ein.

Vorgang: Papierformat einstellen

Bei den Maßeinheiten können Sie zwischen mm und Zoll wählen. Haben Sie den Systemdrucker für die Ausgabe gewählt, können Sie hier nichts weiteres einstellen. Es gilt das Papierformat, das Sie in der Windows-Druckereinstellung gewählt haben (siehe Abbildung 6.3).

Bei den anderen ADI-Treibern können Sie auf die Schaltfläche FORMAT... klicken. Sie erhalten ein Dialogfeld mit allen Größen, die der gewählte Drucker zur Auswahl hat (siehe Abbildung 6.8).

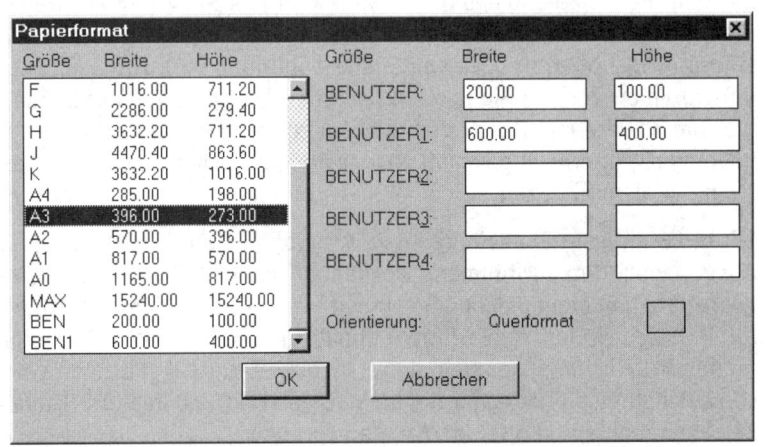

Abbildung 6.8: *Wahl des Papierformats*

Zusätzlich können Sie bis zu 5 benutzerdefinierte Formate eingeben, die gespeichert werden und auf die Sie später wieder zurückgreifen können.

Tip:

Beim Papierformat wird nicht die volle Größe angezeigt, sondern der bedruckbare Bereich bei diesem Format mit dem gewählten Gerät. So haben Sie beispielsweise beim A3-Format eine Größe von 420 x 297 mm. In der Liste bekommen Sie aber nur einen bedruckbaren Bereich von 396 x 273 mm angezeigt.

Wollen Sie bei dem gewählten Format bis zum Papierrand drucken, brauchen Sie Papier in Übergröße, das für Plotter als unbeschnittenes Papier erhältlich ist. Wählen Sie in diesem Fall nicht das Format A3, sondern geben Sie ein benutzerdefiniertes Format von 420 x 297 mm ein bzw. 1 bis 2 mm größer. Wählen Sie dann beim Plotbereich den äußeren Rand des Schriftfelds, der der tatsächlichen Papiergröße entspricht. Nur dann können Sie das Format ganz ausnützen. Allerdings müssen Sie das Blatt am äußeren Rand zuschneiden. Genauso verfahren Sie, wenn Ihr Plotter mit Rollenpapier arbeitet.

6.6 Skalierfaktor, Drehung und Ursprung

Bleiben noch Plotmaßstab, Plotdrehung und Ursprungsverschiebung. Auch diese Größen können Sie im Hauptdialogfeld des Befehls PLOT einstellen.

Vorgang: Skalierfaktor, Drehung und Ursprung einstellen

Mit dem Feld DREHUNG UND URSPRUNG... kommen Sie zu einem weiteren Dialogfeld, in dem Sie wählen, ob der Ausdruck gedreht und der Ursprung verschoben werden soll (siehe Abbildung 6.9). Arbeiten Sie mit Rollenpapier, können Sie den Verschnitt verkleinern, indem Sie das Papier um 90° drehen. Durch Ursprungsverschiebung können Sie den Plot auf einem größeren Papierblatt an eine andere Position schieben und ihn somit auf dem Blatt zentrieren.

Mit die wichtigste Einstellung im Plot-Dialogfeld ist die, bei der Sie den Ausgabemaßstab bestimmen. Sie können entweder festlegen, wieviel geplottete mm einer Zeichnungseinheit entsprechen oder den festgelegten Plotbereich dem Papierformat anpassen. Die Einstellung 1 geplotteter mm = 1 Zeichnungseinheit plottet im Maßstab 1:1, 1 geplotteter mm = 100 Zeichnungseinheiten plottet im Maßstab 1:100, 10 geplottete mm = 1 Zeichnungseinheit plottet im Maßstab 10:1 usw.

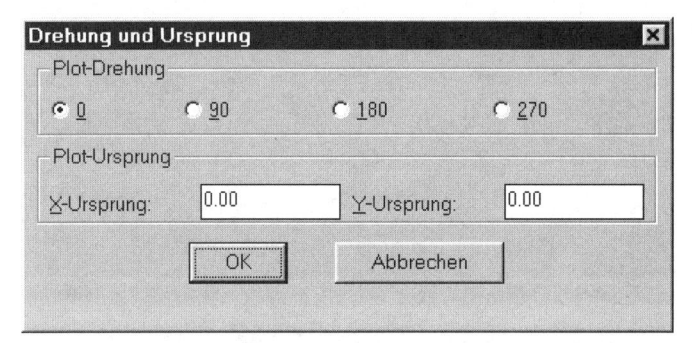

Abbildung 6.9:
Dialogfeld zur Wahl von Drehung und Ursprung

Wenn Sie den Schalter GRÖSSE ANGEPASST angewählt haben, wird der Maßstab automatisch so eingestellt, daß der gewählte Bereich der Zeichnung formatfüllend auf das eingestellte Papierformat paßt.

Übung: Plotmaßstab einstellen

- Wenn Sie einen A3-Drucker haben, stellen Sie ein: *1 geplotteter mm = 1 Zeichnungseinheit.*

- Kann Ihr Drucker nur A4 drucken, wählen Sie den Schalter GRÖSSE ANGEPASST an. Die Zeichnung wird so verkleinert, daß Sie auf den bedruckbaren Bereich paßt.

6.7 Die Plotvoransicht

Bevor Sie endgültig drucken, können Sie Ihre Einstellungen überprüfen.

Vorgang: Prüfung mit der Voransicht

Sie können mit zwei Schaltflächen, TEIL und GANZ, eine teilweise oder ganze Voransicht wählen. Mit der Schaltfläche VORANSICHT... wird die Voransicht gestartet. Bei der teilweisen Voransicht wird das Papierformat und der tatsächliche Plotbereich angezeigt. Bei eventuellen Formatüberschreitungen wird eine Warnmeldung angezeigt (siehe Abbildung 6.10).

Bei der ganzen Voransicht erscheint die Zeichnung mit den Papiergrenzen auf dem gewählten Papierblatt (siehe Abbildung 6.11).

Auf der Voransicht haben Sie das Lupensymbol wie beim dynamischen Zoomen. Sie können die Voransicht dynamisch vergrößern und verkleinern wie beim Zoomen. Drücken Sie die Maustaste, halten Sie sie fest und fahren nach unten, um dynamisch zu verkleinern, oder nach oben, um dynamisch zu vergrößern. Wie beim Zoomen können Sie auch hier mit der rechten Maustaste das Pop-up-Menü einblenden (siehe Abbildung 6.12).

Kapitel 6: Plotten von Zeichnungen

Abbildung 6.10:
Dialogfeld mit teilweiser Voransicht

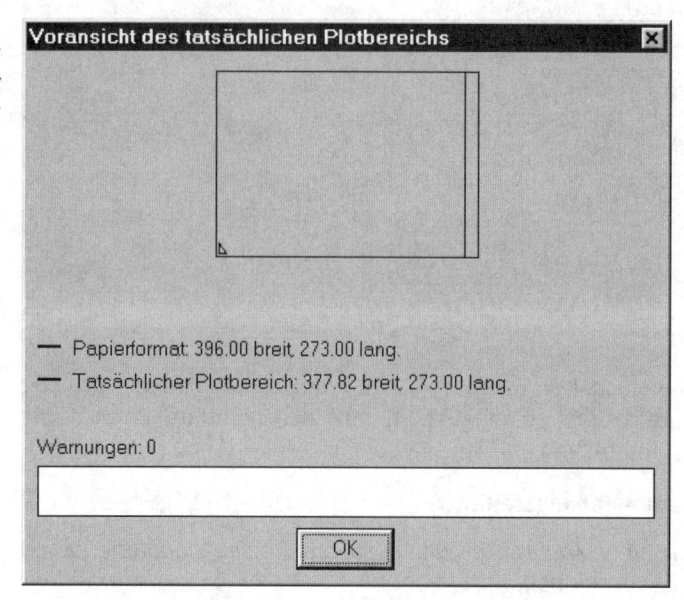

Abbildung 6.11:
Die komplette Voransicht der Zeichnung

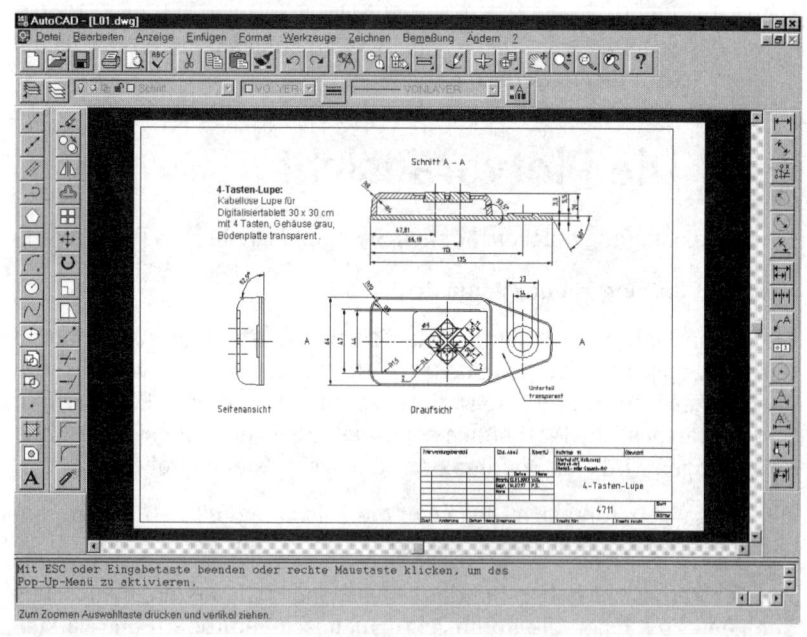

Die Funktionen im Pop-up-Menü entsprechen denen des Befehls ZOOM. Wenn Sie die Funktion BEENDEN wählen, kommen Sie wieder zum Plot-Dialogfeld. Mit OK wird der Plot ausgegeben.

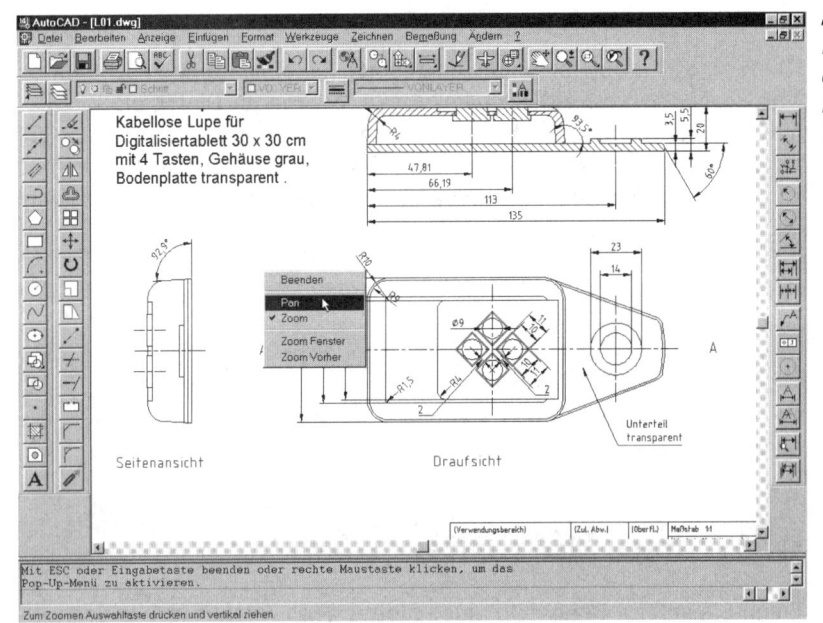

Abbildung 6.12:
Pop-up-Menü für die Zoom-Funktionen in der Voransicht

Übung: Voransicht

↳ Kontrollieren Sie die eingestellten Parameter mit der Voransicht. Wählen Sie die Zoom- und Pan-Funktionen, um den Ausdruck zu prüfen. Klicken Sie im Pop-up-Menü auf BEENDEN, wenn alles in Ordnung ist oder wenn Sie Änderungen vornehmen wollen.

↳ Korrigieren Sie, falls Ihre Zeichnung nicht auf das Papier paßt.

↳ Starten Sie die Ausgabe und überprüfen Sie die Zeichnung.

Übung: PC2-Datei erzeugen

↳ War Ihr Ausdruck in Ordnung? Wenn ja, wählen Sie den Befehl PLOT noch einmal. Kontrollieren Sie alle Einstellungen noch einmal.

↳ Speichern Sie die Plot-Einstellungen in einer PC2-Datei.

↳ Wählen Sie im Dialogfeld des Befehls PLOT die Schaltfläche GERÄTE- UND VORGABENWAHL.... Wählen Sie im folgenden Dialogfeld die Schaltfläche SPEICHERN... im Feld VOLLSTÄNDIG (PC2).

↳ Speichern Sie die Konfigurationsdatei in Ihrem Übungsordner als Z01.PC2.

↳ Die Konfigurationsdatei benötigen Sie in Kapitel 6.9 für einen Stapelplot.

Vorgang: Befehl VORANSICHT

Eine Voransicht der Zeichnung bekommen Sie auch, ohne gleich plotten zu müssen. Aufgrund der Einstellungen, die Sie im Dialogfeld des Befehls PLOT vorgenommen haben, erhalten Sie die komplette Voransicht der Zeichnung, wie Sie sie auch im Dialogfeld des Befehls PLOT wählen können, wenn Sie den Befehl VORANSICHT wählen. Sie finden den Befehl im:

↳ Abrollmenü DATEI, Funktion VORANSICHT...

↳ Tablettfeld X24

↳ Symbol in der Standard-Funktionsleiste

Sie bekommen die gleiche Darstellung und die Funktionen wie beim Befehl PLOT (siehe Abbildung 6.11 und 6.12).

6.8 Plotter konfigurieren

Wenn Sie im Plot-Dialogfeld einen Plotter oder Drucker verwenden wollen, muß dieser zuvor konfiguriert worden sein. Mit dem Befehl VOREINSTELLUNGEN bzw. KONFIG kann ein Drucker konfiguriert werden. Beide Befehle sind in AutoCAD 14 identisch. Sie wählen:

↳ Abrollmenü DATEI, Funktion DRUCKEREINRICHTUNG...

↳ Tablettfeld V25

Mit dieser Funktion aktivieren Sie den Befehl VOREINSTELLUNGEN und in dem Befehl gleich die Registerkarte DRUCKER. Sie können auch die allgemeine Variante des Befehl aktivieren:

↳ Abrollmenü WERKZEUGE, Funktion VOREINSTELLUNGEN...

und dann die Registerkarte DRUCKER wählen (siehe Abbildung 6.13).

Alle Einzelheiten zur Konfiguration von Druckern bzw. Plottern finden Sie in Kapitel 27.4.

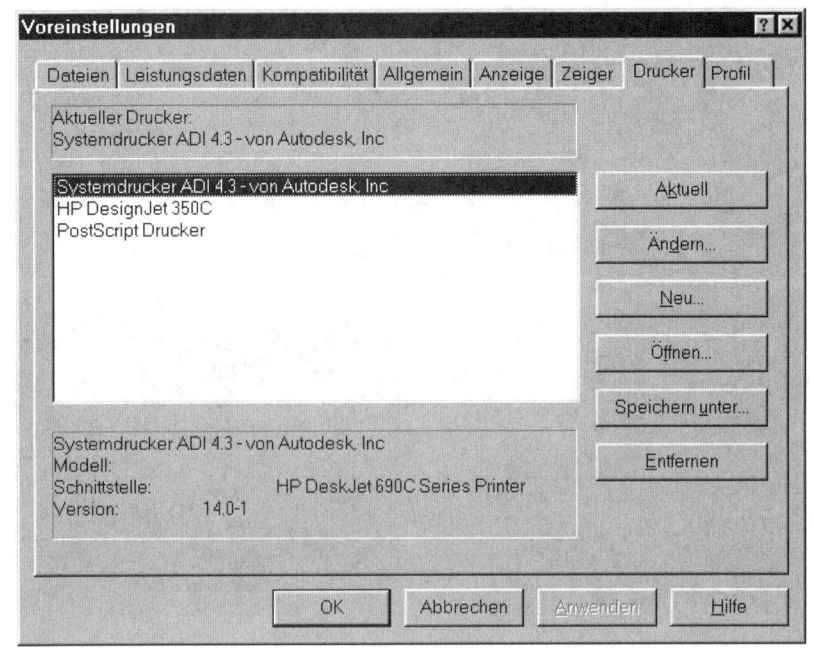

Abbildung 6.13:
Drucker konfigurieren

6.9 Das Dienstprogramm Stapelplotten

Wollen Sie eine ganze Serie von Zeichnungen plotten, ist das in AutoCAD aufwendig. Jede Zeichnung muß geladen und mit dem Befehl PLOT ausgegeben werden.

Mit AutoCAD 14 wird das Dienstprogramm STAPELPLOTTEN geliefert. Damit können Sie beliebig viele Zeichnungsdateien im Stapel ausplotten. Das Programm ist eine eigene Windows-Applikation, die aber automatisch AutoCAD zum Plotten startet.

Vorgang: Dienstprogramm STAPELPLOTTEN starten

Sie finden das Programm im Startmenü von Windows 95 bzw. Windows NT. Wählen Sie:

⇥ STARTMENÜ, Eintrag PROGRAMME, Gruppe AUTOCAD R14.0 – DEUTSCH, Eintrag DIENSTPROGRAMM STAPELPLOTTEN (siehe Abbildung 6.14)

Kapitel 6: Plotten von Zeichnungen

Abbildung 6.14:
Dienstprogramm
STAPELPLOTTEN
starten

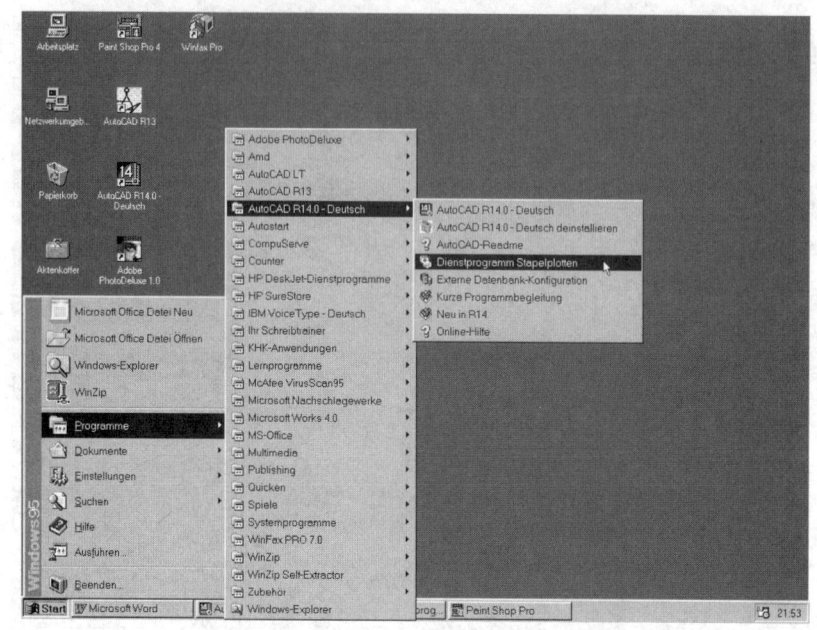

Wenn Sie das Programm starten, wird automatisch eine weitere Sitzung von AutoCAD gestartet. Das AutoCAD-Fenster bleibt aber im Hintergrund. Sie kommen zum Dialogfeld des Programms STAPELPLOTTEN (siehe Abbildung 6.15).

Abbildung 6.15:
Dialogfeld des
Programms
STAPELPLOTTEN

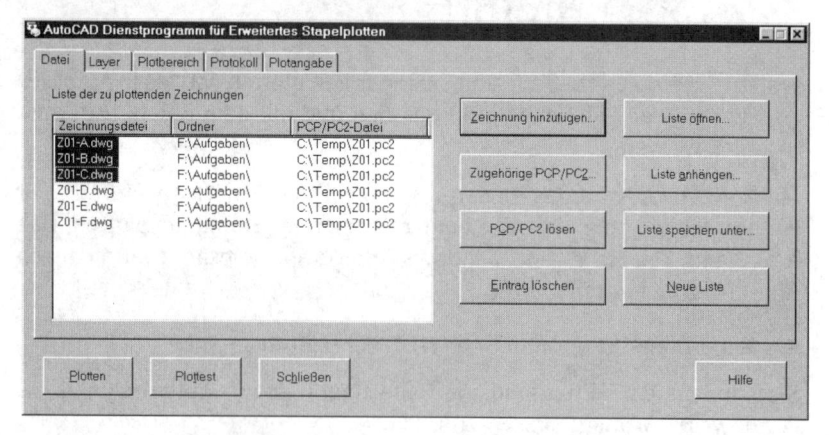

In fünf Registerkarten können Sie alle erforderlichen Einstellungen für das Programm vornehmen.

Vorgang: Registerkarte DATEI

In dieser Registerkarte können Sie die Zeichnungen wählen, die geplottet werden sollen (siehe Abbildung 6.15). In der Liste links werden die Dateien aufgeführt, die Sie zum Plotten ausgewählt haben.

In der rechten Hälfte finden Sie die Schaltflächen zur Dateiwahl:

ZEICHNUNG HINZUFÜGEN...

Klicken Sie auf die Schaltfläche und wählen Sie die Zeichnungen im Dateiwähler aus. Markieren Sie die Zeichnungen, die Sie im Stapel plotten wollen. Bei einer größeren Anzahl von Dateien können Sie die ⇧ - und die Strg -Taste beim Markieren verwenden. Wenn Sie auf OK klicken, werden die Dateien in die Liste übernommen.

ZUGEHÖRIGE PCP/PC2...

Haben Sie eine PC2- oder PCP-Datei mit den Druckereinstellungen gespeichert, können Sie diese mit den zu druckenden Dateien verbinden. Markieren Sie eine oder mehrere Dateien, klicken Sie auf die Schaltfläche und wählen Sie die zugehörige Konfigurationsdatei aus. In der Liste erscheint die Datei bei den entsprechenden Zeichnungen.

PCP/PC2 LÖSEN

Wollen Sie die Verbindungen mit Konfigurationsdateien lösen, markieren Sie die Zeichnungen und klicken auf diese Schaltfläche. Die Zeichnung wird ohne Konfigurationsdatei ausgedruckt.

EINTRAG LÖSCHEN

Mit dieser Schaltfläche entfernen Sie markierte Zeichnungen aus der Liste.

LISTE ÖFFNEN...

Haben Sie eine Serie von Zeichnungen ausgewählt, können Sie die Auswahl samt den zugeordneten Konfigurationsdateien und allen anderen Einstellungen in einer Liste speichern, um diese für spätere Stapelplots wieder zu verwenden. Mit dieser Schaltfläche holen Sie eine gespeicherte Liste zum erneuten Drucken. Die Listen haben die Dateierweiterung *.BP2 (für erweiterte Einstellungen) oder *.BPL.

LISTE ANHÄNGEN...

Haben Sie Zeichnungen ausgewählt und wollen zusätzlich noch Zeichnungen ausdrucken, die schon in einer Liste gespeichert sind, können Sie diese Liste mit den ausgewählten Zeichnungen drucken. Wenn Sie diese Schaltfläche wählen, werden die Zeichnungen aus der gewählten Liste der bestehenden Auswahl zugefügt.

Kapitel 6: Plotten von Zeichnungen

LISTE SPEICHERN UNTER...

Die Auswahl der Zeichnungen wird in einer Listendatei für spätere Ausdrucke gespeichert.

NEUE LISTE

Die Zeichnungsauswahl wird gelöscht.

Vorgang: Registerkarte LAYER

In der Registerkarte LAYER können Sie wählen, welche Layer der Zeichnungen geplottet werden sollen. Nehmen Sie keine Änderungen vor, werden die Layer geplottet, die in der Zeichnung beim letzten Bearbeiten eingeschaltet waren.

Markieren Sie einen Layer, bekommen Sie in der rechten Liste alle Layer der Zeichnung angezeigt. Markieren Sie Layer und klicken Sie auf EIN oder AUS, um Layer zum Plotten ein- oder auszuschalten. Wenn Sie auf die Schaltfläche AKTUALISIEREN klicken, werden die Layer wieder so gesetzt wie sie beim letzten Bearbeiten waren.

Abbildung 6.16:
Dialogfeld LAYER beim Stapelplot

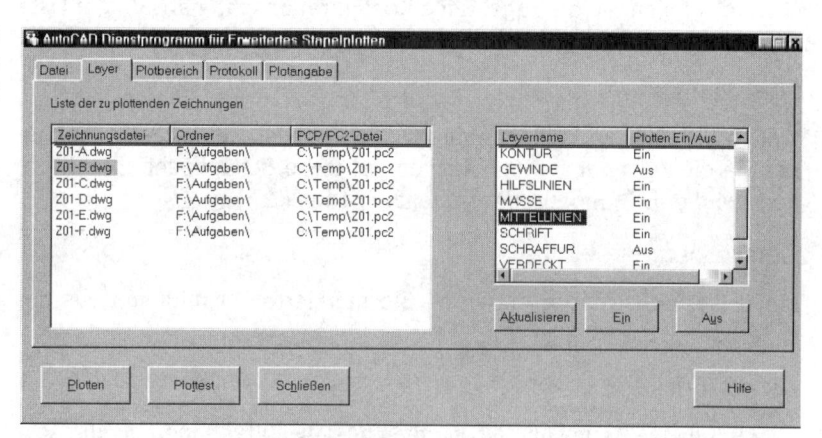

Vorgang: Registerkarte PLOTBEREICH

In dieser Registerkarte können Sie für jede Zeichnung den Plotbereich, ähnlich wie im Dialogfeld des Befehls PLOT, einstellen (siehe Abbildung 6.17). Wenn Sie eine PC2-Datei für die Plotkonfiguration mit der Zeichnung verbunden haben, gelten zunächst die Einstellungen aus dieser Datei.

Änderungen, die Sie nachträglich für einzelne Zeichnungen in dieser Registerkarte vornehmen, überschreiben die Einstellungen aus der Konfigurationsdatei.

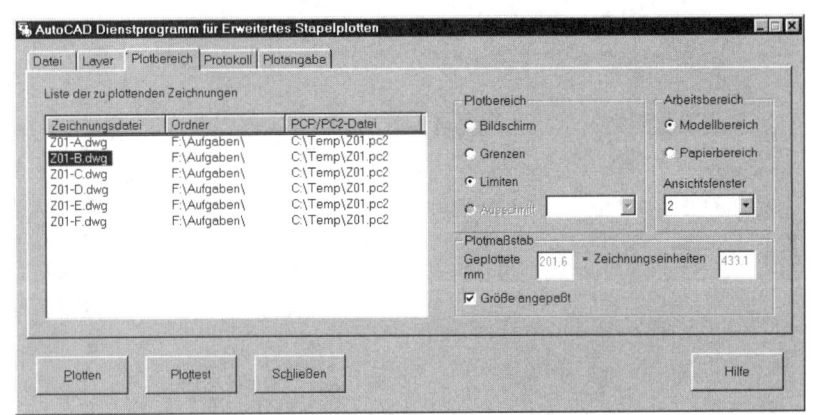

Abbildung 6.17:
Dialogfeld PLOTBEREICH beim Stapelplot

Vorgang: Registerkarte PROTOKOLL

In der Registerkarte PROTOKOLL können Sie wählen, ob über den Stapelplot ein Protokoll erstellt werden soll oder nicht (siehe Abbildung 6.18). Falls ja, können Sie den Protokollnamen eingeben oder mit der Schaltfläche DURCHSUCHEN... einen vorhandenen auswählen. Bestimmen Sie dann, ob das neue Protokoll angehängt oder das bestehende Protokoll überschrieben werden soll.

Außerdem können Sie einen PROTOKOLL-HEADER (Überschrift) und einen BENUTZERKOMMENTAR zum Protokoll eingeben.

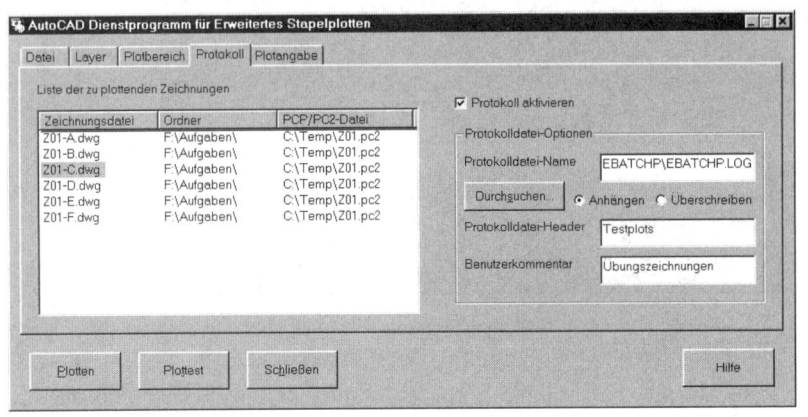

Abbildung 6.18:
Dialogfeld PROTOKOLL beim Stapelplot

Vorgang: Registerkarte PLOTANGABE

In der letzten Registerkarte, PLOTANGABE, können Sie wählen, ob eine Anmerkung auf den Plots gedruckt werden soll (siehe Abbildung 6.19). Wählen Sie die Ecke, die Ausrichtung und den Abstand für den Text. Geben Sie den Textstil an, der in jeder Zeichnung vorhanden sein muß.

Kapitel 6: Plotten von Zeichnungen

Abbildung 6.19:
Dialogfeld
PLOTANGABE *beim*
Stapelplot

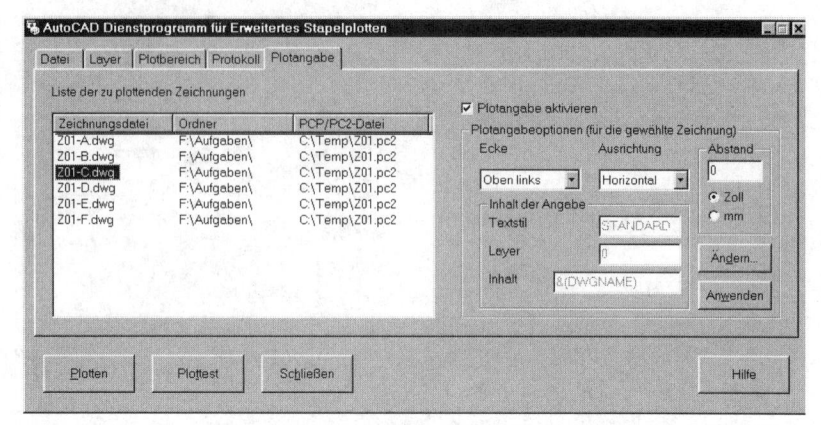

Im Feld INHALT DER ANGABE können Sie bestimmen, in welchem Textstil und auf welchem Layer die Anmerkung gedruckt werden und was sie enthalten soll. Klicken Sie auf die Schaltfläche ÄNDERN... und Sie können in einem weiteren Dialogfeld die Angaben wählen (siehe Abbildung 6.20).

Abbildung 6.20:
Dialogfeld INHALT
DER PLOTANGABE

Vorgang: Plot starten

Wenn Sie alle Einstellungen vorgenommen haben, klicken Sie auf die Schaltfläche PLOTTEN, um den Stapelplot auszuführen, oder auf PLOTTEST, um zu überprüfen, ob alle Zeichnungsdateien geplottet werden können. Das ist nur dann möglich, wenn alle Konfigurationsdateien, die Layer und Textstile für die Anmerkung vorhanden sind und die Plots fehlerfrei ausgedruckt werden können.

Übung: Stapelplot

- *Starten Sie das DIENSTPROGRAMM STAPELPLOTTEN.*

- *Wählen Sie die Zeichnungen im Übungsordner Z01-A.DWG bis Z01-F.DWG.DWG zum Plotten aus.*

- *Ordnen Sie den Zeichnungen die Konfigurationsdatei Z01.PC2 zu, die Sie in Kapitel 6.7 erzeugt hatten.*

- *Geben Sie eine Plotangabe ein.*

- *Machen Sie einen Plottest und plotten Sie die Zeichnungen aus, wenn der Plottest erfolgreich war.*

Teil III

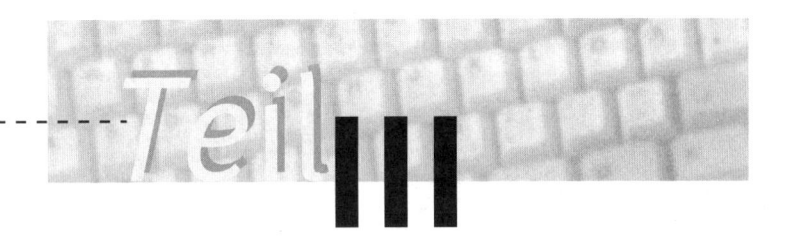

Befehle, Befehle, Befehle...

Weitere Zeichen- und Editierbefehle

Kapitel 7

7.1 Zeichnen von Polylinien
7.2 Editierung von Polylinien
7.3 Zeichnen und Editieren von Splines
7.4 Ellipse, Polygon und Ring
7.5 Zeichnen von Skizzen
7.6 Zeichnen mit komplexen Linientypen
7.7 Zeichnen und Editieren von Multilinien
7.8 Symbole
7.9 Punkte, Messen und Teilen
7.10 Brechen von Objekten
7.11 Isometrisches Zeichnen
7.12 Vom Tablett digitalisieren
7.13 Der Geometrierechner

In diesem Teil des Buches lernen Sie weitere Befehle von AutoCAD 14 kennen, die über die elementaren Zeichen- und Editierfunktionen hinausgehen. Zunächst finden Sie in diesem Kapitel spezielle Zeichen- und Editierbefehle, die über den Umfang der ersten Zeichnung hinausgehen. Sie lernen:

- wozu Polylinien nützlich sind und wie Sie sie zeichnen und editieren,
- was Splines sind und wie Sie sie zeichnen und editieren,
- wie Sie Ellipsen, Polygone und Ringe zeichnen,
- wie Sie Freihandlinien zeichnen können,
- wozu Sie komplexe Linientypen benötigen und wie Sie damit zeichnen,
- wie Sie Multilinien definieren, zeichnen und bearbeiten,
- was Symbole sind,
- wie Sie Punkte in der Zeichnung setzen,
- wie Sie Objekte messen und teilen,
- wie Sie Objekte brechen können,
- wie Sie isometrisch zeichnen können,
- wie Sie Papierzeichnungen digitalisieren und
- was Sie mit dem Geometrierechner alles anfangen können.

7.1 Zeichnen von Polylinien

Wenn Sie bisher mit dem Befehl LINIE einen Linienzug gezeichnet haben, dann wurde dieser als zusammenhängender Polygonzug gezeichnet. AutoCAD speichert aber die Segmente als einzelne Objekte. Sie sehen es bei der Objektwahl, es wird nur das angeklickte Objekt ausgewählt.

Vorgang: Befehl PLINIE

Polylinien dagegen sind zusammenhängende Konturen, die aus Linien- und Bogensegmenten bestehen können. Sie können mit dem Befehl PLINIE erstellt werden. Aber das ist nicht die einzige Besonderheit von Polylinien. Weiterhin können Sie:

- Polylinien als einzige Objekte in AutoCAD mit einer Breite zeichnen
- Jedem Segment einer Polylinie eine unterschiedliche Start- und Endbreite geben

Kapitel 7: Weitere Zeichen- und Editierbefehle

→ Breite Polylinien je nach Einstellung des Füllmodus, gefüllt oder nicht gefüllt auf dem Bildschirm darstellen und plotten (Breite 0 bedeutet, daß mit der eingestellten Druckbreite ausgegeben wird)

→ Polylinien offen oder geschlossen zeichnen

→ Polylinien mit unterbrochenen Linientypen zeichnen

Wählen Sie den Befehl PLINIE:

→ Abrollmenü ZEICHNEN, Funktion POLYLINIE

→ Tablettfeld N10

→ Symbol im Werkzeugkasten ZEICHNEN

```
Befehl: Plinie
Von Punkt:
Aktuelle Linienbreite beträgt 0.00
Kreisbogen/Schliessen/Halbbreite/sehnenLänge/
Zurück/Breite/<Endpunkt der Linie>:
```

Zunächst wird der Startpunkt der Polylinie eingegeben. AutoCAD zeigt Ihnen daraufhin die aktuelle Linienbreite an. Sie stammt von der letzten Verwendung des Befehls bzw. ist 0, wenn noch keine Breite eingegeben wurde oder der Befehl PLINIE noch nicht verwendet wurde.

Danach erscheint die Liste mit den möglichen Optionen des Befehls:

ENDPUNKT DER LINIE

Ohne eine weitere Option anzuwählen, können Sie Linienendpunkte eingeben und wie beim Befehl LINIE einen Linienzug zeichnen.

KREISBOGEN

Umschaltung in den Modus zum Zeichnen von Kreisbogensegmenten (siehe unten).

SCHLIESSEN

Schließen der Polylinie. Im Linienmodus wird ein Liniensegment zum Schließen verwendet. Sind Sie im Kreisbogen-Modus, wird mit einem Kreisbogen geschlossen.

HALBBREITE ODER BREITE

Eingabe der Werte für die Anfangs- und Endbreite bzw. der Halbbreite.

```
Startbreite <0.00>:
Endbreite <0.00>:
```

Wird mit der Breite 0 gezeichnet, werden die Objekte mit der beim Plotten eingestellten Stiftbreite gezeichnet. Breiten größer Null ergeben Bänder und ungleiche Breiten führen zu konischen Segmenten.

Polylinien mit einer Breite werden ausgefüllt gezeichnet, wenn der Füllmodus eingeschaltet ist (Standardeinstellung). Im Dialogfeld für die Zeichnungshilfen können Sie umstellen (siehe Abbildung 7.1). Holen Sie das Fenster auf den Bildschirm mit:

↳ Abrollmenü WERKZEUGE, Funktion ZEICHNUNGSHILFEN...

↳ Tablettfeld W10

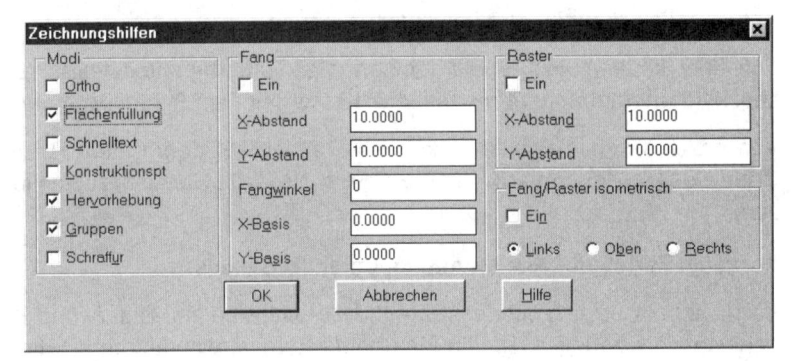

Abbildung 7.1:
Füllmodus für Polylinien

Mit dem Schalter FLÄCHENFÜLLUNG können Sie den Füllmodus aus- und einschalten.

SEHNENLÄNGE

Bei der Sehnenlänge geben Sie nur die Länge des nächsten Segments vor. Es wird als Verlängerung an das letzte Segment angehängt.

ZURÜCK

Nimmt das zuletzt gezeichnete Segment zurück.

Haben Sie auf die Option KREISBOGEN umgeschaltet, können Sie so lange Bogensegmente anhängen, bis Sie wieder in den Linienmodus zurückschalten oder den Befehl beenden.

```
Kreisbogen/Schliessen/Halbbreite/sehnenLänge/
Zurück/Breite/<Endpunkt der Linie>: K
Winkel/Mittelpunkt/Schliessen/RIchtung/Halbbreite/LInie/
RAdius/zweiter Pkt/Zurück/Breite/<Endpunkt des Bogens>:
```

Wie beim Befehl BOGEN können Sie auf die verschiedensten Arten Bögen an die Polylinie konstruieren. Mit den Optionen WINKEL, MITTELPUNKT, RADIUS, RICHTUNG und ZWEITER PKT bestimmen Sie, welchen Wert Sie als nächsten zur Konstruktion eingeben möchten.

Geben Sie ohne die Wahl einer weiteren Option sofort den Endpunkt an, so wird der Bogen tangential an das letzte Segment angehängt.

Die Optionen BREITE, HALBBREITE und ZURÜCK entsprechen denen im Linienmodus. Ebenso die Option SCHLIESSEN, nur daß im Bogenmodus auch mit einem Bogen geschlossen wird. Mit der Option LINIE schalten Sie wieder in den Linienmodus des Befehls zurück.

Weitere Eigenschaften von Polylinien

Mit Polylinien lassen sich geschlossene Konturen zeichnen, die Sie dann auch insgesamt versetzen können. Die Befehle FASE und ABRUNDEN lassen sich auf alle Eckpunkte der Polylinie anwenden.

Polylinien können Sie zwar mit den normalen Editierbefehlen bearbeiten, spezielle Operationen führen Sie aber besser mit dem Befehl PEDIT aus.

Von geschlossenen Polylinien können Sie sich mit dem Befehl FLÄCHE, Option OBJEKT, den Umfang und die eingeschlossene Fläche anzeigen lassen.

Vorgang: Zerlegung von Polylinien, Befehl URSPRUNG

Polylinien lassen sich mit dem Befehl URSPRUNG wieder in Linien- und Bogensegmente zerlegen. Haben Sie aber Breiten verwendet, gehen diese bei der Zerlegung verloren. Den Befehl finden Sie im:

↪ Abrollmenü ÄNDERN, Funktion URSPRUNG

↪ Tablettfeld Y22

↪ Symbol im Werkzeugkasten ÄNDERN

```
Befehl: Ursprung
Objekte wählen:
```

Ohne weitere Rückfragen werden Polylinien in ihre Segmente zerlegt. Blöcke, Bemaßungen und Schraffuren können Sie damit ebenfalls zerlegen.

Haben Sie andere Objekte angewählt, erscheint die Fehlermeldung:

```
1 war weder Block, noch Bemaßung noch Polylinie.
```

Übung: Zeichnen verschiedener Polylinien

↪ Zeichnen Sie Polylinien wie in Abbildung 7.2. Beginnen Sie eine neue Zeichnung.

Zeichnen von Polylinien

➔ *Beginnen Sie mit dem Langloch:*

```
Befehl: _Pline
Von Punkt: Startpunkt eingeben
Aktuelle Linienbreite beträgt 0.00
Kreisbogen/Schliessen/Halbbreite/sehnenLänge/
Zurück/Breite/<Endpunkt der Linie>: Ortho-Modus mit [F8]
einschalten, Fadenkreuz nach rechts stellen, 50 eingeben und
[↵] eingeben
```

➔ *Schalten Sie jetzt in den Kreisbogenmodus:*

```
Kreisbogen/Schliessen/Halbbreite/sehnenLänge/
Zurück/Breite/<Endpunkt der Linie>: K für Kreisbogen
Winkel/Mittelpunkt/Schliessen/RIchtung/Halbbreite/LInie/
RAdius/zweiter Pkt/Zurück/Breite/<Endpunkt des Bogens>: mit
dem Fadenkreuz nach oben fahren und 25 eingeben
```

➔ *Schalten Sie wieder zurück in den Linienmodus:*

```
Winkel/Mittelpunkt/Schliessen/RIchtung/Halbbreite/LInie/
RAdius/zweiter Pkt/Zurück/Breite/<Endpunkt des Bogens>: LI für
Linie eingeben
Kreisbogen/Schliessen/Halbbreite/sehnenLänge/
Zurück/Breite/<Endpunkt der Linie>: mit dem Fadenkreuz nach
links fahren und 50 eingeben
```

➔ *Schalten Sie nochmal in den Kreisbogenmodus, um damit die Kontur zu schließen:*

```
Kreisbogen/Schliessen/Halbbreite/sehnenLänge/
Zurück/Breite/<Endpunkt der Linie>: K für Kreisbogen
Winkel/Mittelpunkt/Schliessen/RIchtung/Halbbreite/LInie/
RAdius/zweiter Pkt/Zurück/Breite/<Endpunkt des Bogens>: S für
Schliessen eingeben
```

➔ *Zeichnen Sie jetzt das Bogenfenster:*

```
Befehl: _Pline
Von Punkt: Startpunkt eingeben
Aktuelle Linienbreite beträgt 0.00
Kreisbogen/Schliessen/Halbbreite/sehnenLänge/
Zurück/Breite/<Endpunkt der Linie>: Ortho-Modus mit [F8]
einschalten, Fadenkreuz nach oben stellen, 35 eingeben und [↵]
eingeben
```

Kapitel 7: Weitere Zeichen- und Editierbefehle

↳ *Schalten Sie jetzt in den Kreisbogenmodus:*

```
Kreisbogen/Schliessen/Halbbreite/sehnenLänge/
Zurück/Breite/<Endpunkt der Linie>: K für Kreisbogen
Winkel/Mittelpunkt/Schliessen/RIchtung/Halbbreite/LInie/
RAdius/zweiter Pkt/Zurück/Breite/<Endpunkt des Bogens>: mit
dem Fadenkreuz nach rechts fahren und 20 eingeben
Winkel/Mittelpunkt/Schliessen/RIchtung/Halbbreite/LInie/
RAdius/zweiter Pkt/Zurück/Breite/<Endpunkt des Bogens>: RI für
Richtung
Richtung von Startpunkt aus: 90 für 90° Richtung
Endpunkt: mit dem Fadenkreuz nach rechts fahren und 20 eingeben
```

↳ *Schalten Sie jetzt in den Linienmodus zurück:*

```
Winkel/Mittelpunkt/Schliessen/RIchtung/Halbbreite/LInie/
RAdius/zweiter Pkt/Zurück/Breite/<Endpunkt des Bogens>:
LI für Linie eingeben
Kreisbogen/Schliessen/Halbbreite/sehnenLänge/
Zurück/Breite/<Endpunkt der Linie>: mit dem Fadenkreuz nach
unten fahren und 35 eingeben
Kreisbogen/Schliessen/Halbbreite/sehnenLänge/
Zurück/Breite/<Endpunkt der Linie>: S für Schliessen eingeben
```

↳ *Zeichnen Sie jetzt den Doppelpfeil:*

```
Befehl: _Pline
Von Punkt: Startpunkt eingeben
Aktuelle Linienbreite beträgt 0.00
Kreisbogen/Schliessen/Halbbreite/sehnenLänge/
Zurück/Breite/<Endpunkt der Linie>: B für Breite
Startbreite <0.00>: 0
Endbreite <0.00>: 10
Kreisbogen/Schliessen/Halbbreite/sehnenLänge/
Zurück/Breite/<Endpunkt der Linie>: mit dem Fadenkreuz nach
rechts fahren und 35 eingeben
Kreisbogen/Schliessen/Halbbreite/sehnenLänge/
Zurück/Breite/<Endpunkt der Linie>: B für Breite
Startbreite <10.00>: 3
Endbreite <3.00>: 3
Kreisbogen/Schliessen/Halbbreite/sehnenLänge/
Zurück/Breite/<Endpunkt der Linie>: mit dem Fadenkreuz nach
rechts fahren und 25 eingeben
Kreisbogen/Schliessen/Halbbreite/sehnenLänge/
Zurück/Breite/<Endpunkt der Linie>: B für Breite
Startbreite <3.00>: 10
Endbreite <10.00>: 0
```

```
Kreisbogen/Schliessen/Halbbreite/sehnenLänge/
Zurück/Breite/<Endpunkt der Linie>: mit dem Fadenkreuz nach
rechts fahren und 35 eingeben
Kreisbogen/Schliessen/Halbbreite/sehnenLänge/
Zurück/Breite/<Endpunkt der Linie>: ⏎
```

↪ Wählen Sie jetzt einen Layer mit unterbrochenem Linientyp und zeichnen Sie das Rechteck.

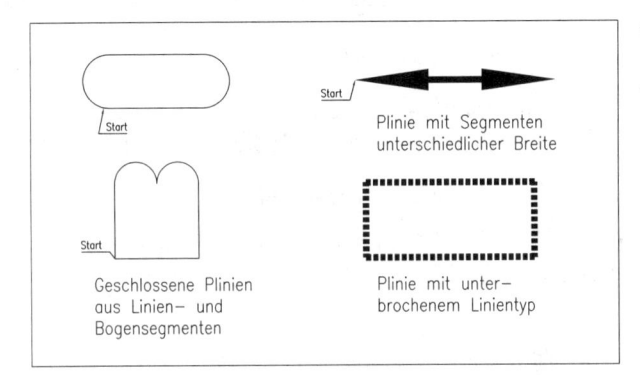

Abbildung 7.2: *Verschiedene Polylinien*

7.2 Editierung von Polylinien

Polylinien lassen sich immer dann sinnvoll einsetzen, wenn zusammenhängende Konturen erstellt werden sollen. Den Befehl PLINIE zum Erstellen von Polylinien haben Sie vorher kennengelernt. Sie lassen sich mit allen Editierbefehlen bearbeiten. Darüber hinaus haben aber einige Befehle besondere Optionen für Polylinien, und es gibt auch speziell für Polylinien den Befehl PEDIT.

7.2.1 Polylinienoptionen bei Editierbefehlen

Da Polylinien als zusammenhängende Objekte gespeichert sind, können Sie sie mit den Editierbefehlen Polylinien insgesamt bearbeiten. Mit dem Befehl STRECKEN läßt sich auch die Form der Polylinien verändern. Den Befehl BRUCH (siehe Kapitel 7.10) können Sie verwenden, um Polylinien zu trennen oder Teile herauszulöschen. Auch den Befehl URSPRUNG haben Sie schon kennengelernt. Damit lassen sich Polylinien in ihre Linien- und Bogensegmente zerlegen.

Vorgang: Versetzen von Polylinien

Mit dem Befehl VERSETZ lassen sich Polylinien insgesamt versetzen. Es entstehen im Gegensatz zu einzelnen Linien keine Überschneidungen und Lücken an den Ecken. Beim Versetzen entsteht wieder eine Polylinie (siehe Abbildung 7.3).

Vorgang: Abrunden von Scheitelpunkten

Beim Befehl ABRUNDEN können Sie zwei Liniensegmente einer Polylinie wählen, die wie bei Linien miteinander verrundet werden. Außerdem hat der Befehl die Option POLYLINIE zur Verfügung.

```
Befehl: Abrunden
(STUTZEN-Modus) Gegenwärtiger Abrundungsradius = 4.00
Polylinie/Radius/Stutzen/<erstes Objekt wählen>: P für Polylinie
2D Polylinie wählen:
X Linien wurden abgerundet
```

Alle Scheitelpunkte, an denen zwei Liniensegmente zusammentreffen, werden mit dem eingestellten Radius verrundet (siehe Abbildung 7.3).

Vorgang: Fasen von Scheitelpunkten

Ebenso verfahren Sie beim Befehl FASE, auch er verfügt über die Option POLYLINIE.

```
Befehl: Fase
(STUTZEN-Modus) Gegenwärtiger Fasenabst1 = 5.00, Abst2 = 5.00
Polylinie/Abstand/Winkel/Stutzen/Methode/<erste Linie wählen>: P
für Polylinie
2D Polylinie wählen:
X Linien wurden gefast
```

An allen Scheitelpunkten, an denen zwei Liniensegmente zusammentreffen, wird eine Fase angebracht, sofern die Segmente groß genug sind (siehe Abbildung 7.3).

Abbildung 7.3:
Polylinie editieren, versetzen, fasen und abrunden

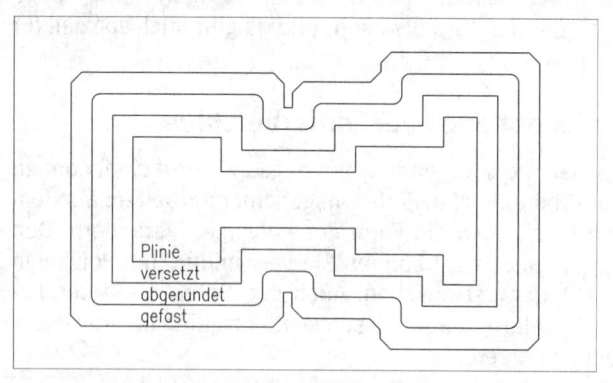

Vorgang: Berechnen von Umfang und Fläche bei Polylinien

Beim Befehl LISTE erhalten Sie die Koordinaten jedes Stützpunkts sowie die Breiten der Segmente. Am Schluß der Sequenz werden Umfang und Fläche aufgelistet.

Der Befehl FLÄCHE verfügt über die Option OBJEKT. Damit können Sie ebenfalls Fläche und Umfang einer Polylinie ermitteln. Der Vorteil ist dabei, daß hiermit auch Flächen addiert und subtrahiert werden können.

Übung: Polylinien versetzen, abrunden und fasen

- Laden Sie die Zeichnung A07-01.DWG aus Ihrem Übungsordner.
- Erzeugen Sie die Anordnung wie in Abbildung 7.3.
- Versetzen Sie mit dem Abstand 10, runden Sie eine Polylinie mit dem Radius 4 und fasen Sie eine andere Polylinie mit den Abständen 5.
- Die Lösung finden Sie ebenfalls im Übungsordner, Zeichnung L07-01.DWG.

7.2.2 Der Editierbefehl für Polylinien

Polylinien können Sie mit dem Befehl PEDIT bearbeiten.

Vorgang: Befehl PEDIT

Sie finden den Befehl im:

- Abrollmenü ÄNDERN, Untermenü OBJEKT >, Funktion POLYLINIEN BEARBEITEN
- Tablettfeld Y17
- Symbol im Werkzeugkasten ÄNDERN II

```
Befehl: Pedit
Polylinie wählen:
```

Sie können eine 2D-Polylinie, eine 3D-Polylinie oder ein 3D-Netz aus einer AutoCAD-Zeichnung wählen. Haben Sie keine Polylinie, sondern eine Linie oder einen Bogen gewählt, dann erscheint die Anfrage:

```
Das gewählte Objekt ist keine Polylinie
Soll es in eine Polylinie verwandelt werden? <J>
```

Geben Sie JA ein, wird das Objekt in eine 2D-Polylinie mit einem einzelnen Segment umgewandelt. Bei einer 2D-Polylinie erscheint folgender Dialog:

```
Schliessen/Verbinden/BReite/BEarbeiten/kurve Angleichen/
Kurvenlinie/kurve Löschen/LInientyp/Zurück/eXit <X>:
```

Diese Optionsliste wird nach jeder Aktion wieder angezeigt, bis Sie den Befehl mit der Option EXIT beenden.

Vorgang: Bearbeiten der gesamten Polylinie

Der Befehl arbeitet auf mehreren Ebenen. Auf der obersten kann die gesamte Polylinie bearbeitet werden. Mit der Option SCHLIESSEN wird Anfangs- und Endpunkt mit einem Liniensegment verbunden. In der Optionsliste ist bei einer geschlossenen Polylinie diese Option durch ÖFFNEN ersetzt.

Wollen Sie die Breite aller Segmente verändern, wählen Sie die Option BREITE (siehe Abbildung 7.4). Einzelne Segmente lassen sich hiermit nicht ändern. Das können Sie im Modus zum Editieren von Scheitelpunkten machen.

Ist die Polylinie mit einem unterbrochenen Linientyp dargestellt, wird an jedem Scheitelpunkt mit einem Liniensegment begonnen. Das hat den Vorteil, daß der Scheitelpunkt eindeutig zu lokalisieren ist. Sind die Stützpunkte aber dicht beieinander, kann es vorkommen, daß die Polylinie nur aus Liniensegmenten besteht und sie wie ausgezogen aussieht. Mit der Option LINIENTYP können Sie die Polylinie mit gleichmäßig langen Liniensegmenten zeichnen lassen, auch wenn dann Lücken an den Eckpunkten entstehen. Dazu wird der Linientypmodus eingeschaltet.

```
Schliessen/Verbinden/BReite/BEarbeiten/kurve Angleichen/
Kurvenlinie/kurve LÖschen/LInientp/Zurück/eXit <X>: LI oder
Linientyp
Gesamter PLINIE-Linientyp EIN/AUS <AUS>: EIN
```

Vorgang: Objekte mit einer Polylinie verbinden

Mit der Option VERBINDEN lassen sich Linien- und Bogensegmente an eine bestehende Polylinie anhängen. Voraussetzung ist, daß sich die Segmente an den Eckpunkten treffen, aber nicht überschneiden.

```
Schliessen/Verbinden/BReite/BEarbeiten/kurve Angleichen/
Kurvenlinie/kurve LÖschen/LInientyp/Zurück/eXit <X>: V oder
Verbinden
Objekte wählen: Wählen Sie die Objekte, die Sie mit der Polylinie
verbinden wollen
X Segmente der Polylinie hinzugefügt
```

Auch wenn Sie mit einem Fenster wählen, können Sie das Fenster großzügig aufziehen. Es werden nur die Objekte mit der Polylinie verbunden, die schon an der Polylinie hängen. Mit dieser Methode können Sie auch Konturen zuerst aus Linien und Bögen zeichnen und Sie dann in ein Polylinie umwandeln.

Vorgang: Polylinie mit Kurven angleichen

Polylinien lassen sich durch Kurven angleichen. Die Option KURVE ANGLEICHEN ersetzt die Polylinie durch einen Kurvenzug aus Bogensegmenten. Alle Scheitelpunkte der Polylinie werden angefahren und die Bögen laufen tangential ineinander über (siehe Abbildung 7.4). Mit der Unteroption TANGENTE (siehe Editieren von Scheitelpunkten) kann die Richtung vorgegeben werden, mit der die Kurve durch den Scheitelpunkt läuft.

Die Option KURVENLINIE erzeugt dagegen eine Kurve, die die Kurve interpoliert. Leider wird bei diesem Verfahren nur der Anfangs- und Endpunkt angefahren. Alle anderen Punkte werden gemittelt (siehe Abbildung 7.4).

Eine Freihandlinie können Sie in AutoCAD 14 als Polylinie, Spline oder Skizze zeichnen. Wenn Sie mit Polylinien arbeiten, zeichnen Sie zuerst eine Polylinie aus Liniensegmenten. Setzen Sie die Punkte nicht zu eng. Nähern Sie die Polylinie dann durch eine Kurve mit der Option KURVENLINIE an. Klicken Sie die Kurve an und nehmen Sie die Polylinie an den Griffen und ziehen Sie die Kurve in die endgültige Form. Mit der Option KURVE LÖSCHEN wird die Kurve wieder entfernt und die Polylinie wieder angezeigt. Wenn Sie die Systemvariable SPLFRAME auf 1 setzen, wird bei der Kurvenlinie die ursprüngliche Polylinie mitangezeigt. Der Wechsel wird allerdings erst nach dem nächsten Regenerieren der Zeichnung wirksam. Geben Sie den Befehl REGEN ein, wenn Sie das Ergebnis sofort sehen wollen.

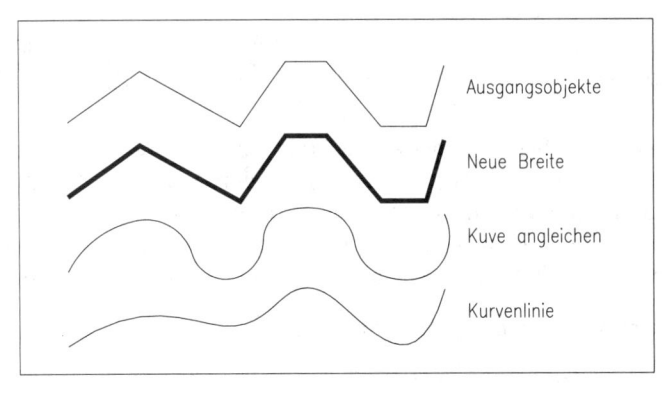

Abbildung 7.4:
Polylinie editieren, Breite ändern und Kurven erzeugen

Übung: Polylinien Breite und Kurven erzeugen

↳ *Laden Sie die Zeichnung A07-02.DWG aus dem Übungsordner. Verändern Sie die Breite und lassen Sie die Polylinie durch Kurven angleichen (siehe Abbildung 7.4).*

↳ *Eine Musterlösung finden Sie ebenfalls im Übungsordner als L07-02.DWG.*

Vorgang: Scheitelpunkte editieren

Wenn Sie die Option EDITIEREN anwählen, schalten Sie auf eine neue Ebene. Sie können jetzt einzelne Punkte editieren.

```
Schliessen/Verbinden/BReite/BEarbeiten/kurve Angleichen/
Kurvenlinie/kurve LÖschen/LInientp/Zurück/eXit <X>: BE für
Bearbeiten
Nächster/Vorher/BRUch/Einfügen/Schieben/Regen/Linie/
Tangente/BREite/eXit <N>:
```

Am Startpunkt der Polylinie wird jetzt ein Markierungskreuz angezeigt, das mit den Optionen VORHER und NÄCHSTER über die Polylinie bewegt werden kann. Mit der Option SCHIEBEN können Sie den markierten Scheitelpunkt verschieben (siehe Abbildung 7.5).

Die Option EINFÜGEN bewirkt, daß Sie nach der Markierung einen neuen Scheitelpunkt einfügen können und die Polylinie durch diesen gezeichnet wird. Start- und Endbreite für das nächste Segment lassen sich mit der Option BREITE ändern. Im Gegensatz zu der vorherigen Breitenfunktion läßt sich jedes Segment einzeln ändern.

Außerdem können Sie mit der Option LINIE mehrere Punkte entfernen und durch eine gerade Linie verbinden. Die Option BRUCH arbeitet genauso, nur daß die Segmente entfernt werden. Gehen Sie dazu wie folgt vor:

```
Nächster/Vorher/BRUch/Einfügen/Schieben/Regen/Linie/
Tangente/BREite/eXit <N>: Linie oder Bruch
Nächster/Vorher/Los/eXit <N>: Markierungskreuz an die zweite
Stelle bewegen
Nächster/Vorher/Los/eXit <N>: Los löst die Funktion aus
Nächster/Vorher/BRUch/Einfügen/Schieben/Regen/Linie/
Tangente/BREite/eXit <N>:
```

Plazieren Sie das Markierungskreuz an der ersten Stelle, geben Sie dann die Option ein (LINIE oder BRUCH). Plazieren Sie das Kreuz an der anderen Stelle und wählen Sie dann die Funktion LOS. Die Funktion wird ausgeführt und wieder in die nächsthöhere Befehlsebene verzweigt. Die Option EXIT verzweigt in die oberste Ebene, und nochmal EXIT beendet den Befehl.

Übung: Scheitelpunkte editieren

- Laden Sie die Zeichnung A07-03.DWG aus dem Übungsordner.

- Verändern Sie die Polylinie, fügen Sie Scheitelpunkte ein, verbinden und verschieben Sie andere und brechen Sie die Polylinie (siehe Abbildung 7.5). Arbeiten Sie der Einfachheit halber ohne Koordinaten mit dem Fang.

- Eine Musterlösung finden Sie ebenfalls in Ihrem Übungsordner. Sie hat den Zeichnungsnamen L07-03.DWG.

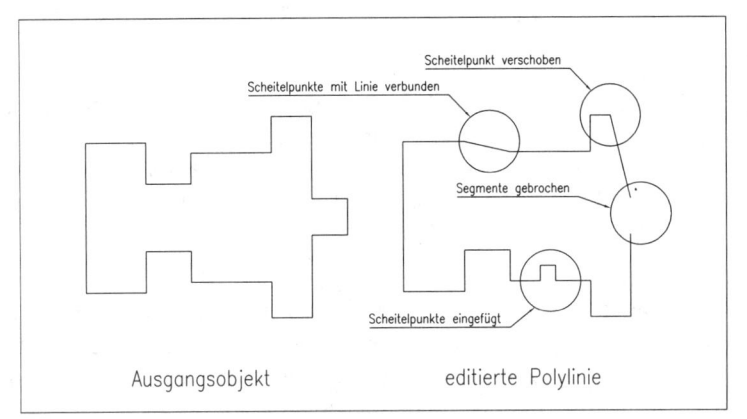

Abbildung 7.5:
Polylinie editieren, Scheitelpunkte verändern

7.3 Zeichnen und Editieren von Splines

Splines sind Kurven, die auf den Funktionen der NURBS-Mathematik beruhen (Non-Uniform Rational B-Spline). Damit lassen sich geglättete Kurven zeichnen, die durch festgelegte Stützpunkte verlaufen. Zwei Befehle stehen zur Verfügung: SPLINE zum Zeichnen von Splinekurven und SPLINEDIT zum Bearbeiten von solchen Kurven. Der Befehl ELLIPSE generiert ebenfalls Splinekurven.

Vorgang: Befehl SPLINE

Den Befehl SPLINE wählen Sie im:

- Abrollmenü ZEICHNEN, Funktion SPLINE
- Tablettfeld L9
- Symbol im Werkzeugkasten ZEICHNEN

```
Befehl: Spline
Objekt/<erster Punkt>:
Punkt eingeben:
Schliessen/Anpassungstoleranz/<Punkt eingeben>:
```

Geben Sie einen Punkt an, wird dieser als erster Stützpunkt des Splines genommen. Mit der Option OBJEKT an dieser Stelle, können Sie eine angeglichene Polylinie in einen Spline umwandeln lassen.

Haben Sie den Startpunkt eingegeben, können Sie danach beliebig viele weitere Stützpunkte eingeben. ⏎ beendet die Punkteingabe. Danach werden zwei Tangenten erfragt.

```
Starttangente eingeben:
Endtangente eingeben:
```

Plazieren Sie das Fadenkreuz so, daß die Kurve die gewünschte Form hat und klicken Sie einen Punkt an, oder geben Sie mit relativen Koordinaten einen Punkt an. Die Kurve verläuft tangential zu der Verbindungslinie zu diesem Punkt. Sie können aber auch ⏎ drücken, dann läuft die Kurve ideal auf den nächsten Punkt zu.

Die Option SCHLIESSEN beendet die Punktanfrage und zeichnet einen geschlossenen Spline. Mit der Option ANPASSUNGSTOLERANZ bestimmen Sie die Genauigkeit, mit der der Spline an die eingegebenen Punkte angeglichen wird. Ist der Wert 0, geht der Spline durch die Punkte. Je höher der Wert ist, desto größer wird die Abweichung.

Abbildung 7.6:
Zeichnen von Splines

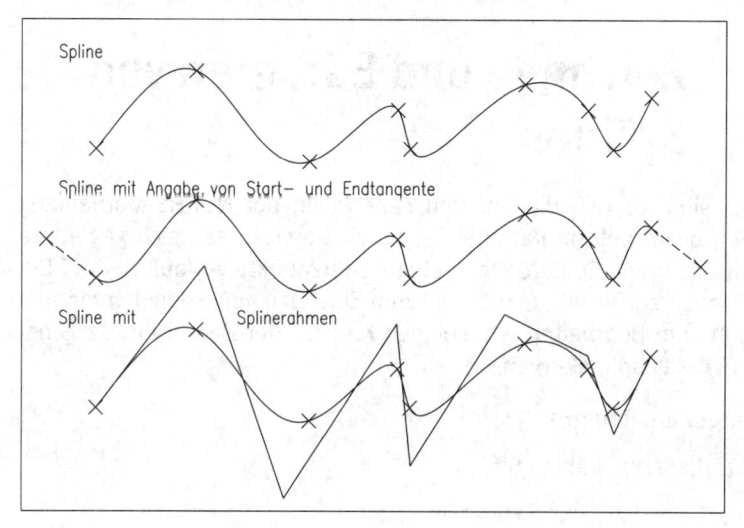

Vorgang: Befehl SPLINEDIT

Splines können Sie mit dem Befehl SPLINEDIT bearbeiten.

↳ Abrollmenü ÄNDERN, Untermenü OBJEKT >, Funktion SPLINE BEARBEITEN

↳ Tablettfeld Y18

↳ Symbol im Werkzeugkasten ÄNDERN II

```
Befehl: Splinedit
Spline wählen:
Anpassungsdaten/Schliessen/scheitelPunkte verschieben/
vErfeinern/Richtung wechseln/Zurück/eXit <X>:
```

Wenn Sie den Spline angewählt haben, werden die Kontrollpunkte des Splines angezeigt. Das sind nicht die Stützpunkte, die beim Zeichnen eingegeben wurden, sondern die Punkte, an die der Spline angepaßt wird. Sie sehen aus wie Griffe, wenn Sie aber einen Spline mit Griffen bearbeiten, bekommen Sie die Griffe an den Stützpunkten.

Mit der Option ANPASSUNGSDATEN können Sie die Stützpunkte des Splines bearbeiten. Es werden jetzt Griffe an den Stützpunkten angezeigt und ähnlich wie bei Polylinien können Sie Stützpunkte hinzufügen, löschen und verschieben, den Spline schließen bzw. öffnen, den Spline bereinigen, Start- und Endtangente verändern und die Toleranz in den Stützpunkten verändern. Alle diese Optionen finden Sie in einer weiteren Unteroptionsliste.

Mit einer weiteren Option auf der ersten Ebene des Befehls können Sie den Spline schließen. Ebenso lassen sich dort mit der Option SCHEITELPUNKTE VERSCHIEBEN einzelne Kontrollpunkte verschieben.

Bei der Option VERFEINERN können Sie in einem weiteren Untermenü einen Kontrollpunkt hinzufügen oder einen höheren Grad für den Spline wählen (maximal 26). Dadurch erhöht sich auch die Zahl der Kontrollpunkte. Außerdem können Sie das Gewicht an einem Kontrollpunkt ändern. Dadurch wird der Spline stärker zu diesem Kontrollpunkt hingezogen.

Mit der Option RICHTUNG WECHSELN werden die Stützpunkte in anderer Reihenfolge gespeichert. Das hat Einfluß auf die Bearbeitung, die Form des Splines ändert sich dadurch nicht.

Übung: Splines zeichnen

- *Laden Sie die Zeichnung A07-04.DWG aus Ihrem Übungsordner.*
- *Zeichnen Sie Splines mit verschiedenen Start- und Endtangenten durch die Stützpunkte (siehe Abbildung 7.6).*
- *Bearbeiten Sie die Splines mit dem Befehl SPLINEDIT.*

7.4 Ellipse, Polygon und Ring

Zum Zeichnen von Ellipsen, Polygonen und Ringen stehen in AutoCAD 14 ebenfalls Befehle zur Verfügung.

7.4.1 Zeichnen von Ellipsen

Mit dem Befehl ELLIPSE zeichnen Sie in AutoCAD Ellipsen und Ellipsenbögen. Dabei entstehen Splines, es sein denn, die Systemvariable PELLIPSE ist auf 1 gesetzt. Dann werden Ellipsen aus Polylinien angenähert. Geben Sie PELLIPSE an der Befehlsanfrage ein, wenn Sie die Einstellung ändern wollen.

Vorgang: Befehl ELLIPSE

Den Befehl ELLIPSE finden Sie im:

↳ Abrollmenü ZEICHNEN, Untermenü ELLIPSE >, Einträge für die Optionen

↳ Tablettfeld M9

↳ Symbol im Werkzeugkasten ZEICHNEN

Sie haben zwei Konstruktionsmöglichkeiten (siehe Abbildung 7.7) für Ellipsen und eine für Ellipsenbögen.

Vorgang: Zeichnen mit Angabe einer Achse und der Exzentrität

```
Befehl: Ellipse
Bogen/Mittelpunkt/<Achsenendpunkt 1>: P1
Achsenendpunkt 2: P2
<Abstand der anderen Achse>/Drehung: P3
```

Vorgang: Zeichnen mit Angabe von Mittelpunkt und Achsenendpunkten

```
Befehl: Ellipse
Bogen/Mittelpunkt/<Achsenendpunkt 1>: M
Mittelpunkt der Ellipse: P4
Achsenendpunkt: P5
<Abstand der anderen Achse>/Drehung: P6
```

Bei der letzten Anfrage steht Ihnen bei beiden Methoden die Option DREHUNG zur Verfügung. In diesem Fall geben Sie einen Winkel an. Die Ellipse, die dabei entsteht, entspricht dem Kreis, der bei Drehung um die Hauptachse im angegebenen Winkel entsteht.

Vorgang: Zeichnen von Ellipsenbögen

Zeichnen Sie die Ellipse wie vorher. Zu beachten ist, daß die Achsenmethode Vorgabe ist. Wollen Sie mit der Mittelpunktmethode arbeiten, müssen Sie mit der Option MITTELPUNKT zu dieser umschalten. Nachdem die Ellipse fertig ist, geben Sie Start- und Endwinkel für den Bogen an.

```
Parameter/<Start Winkel>:
Parameter/Eingeschlossen/<Ende Winkel>:
```

Statt des Endwinkels kann auch der eingeschlossene Winkel angegeben werden. Die Option PARAMETER verlangt die gleiche Eingabe wie bei den Winkeln, der elliptische Bogen wird jedoch mit Hilfe der folgenden parametrischen Vektorgleichung erzeugt:

$$p(u) = c + a * \cos(u) + b * \sin(u)$$

Dabei ist c der Mittelpunkt der Ellipse, a und b sind die Haupt- bzw. Nebenachse.

7.4.2 Zeichnen von Polygonen

Mit dem Befehl POLYGON können Sie regelmäßige Vielecke mit 3 bis 1024 Seiten zeichnen.

Vorgang: Befehl POLYGON

Wählen Sie den Befehl:

↦ Abrollmenü ZEICHNEN, Funktion POLYGON

↦ Tablettfeld P10

↦ Symbol im Werkzeugkasten ZEICHNEN

Zwei Konstruktionsmöglichkeiten stehen zur Verfügung, nachdem Sie die Zahl der Seiten angegeben haben:

Vorgang: Bestimmung von Mittelpunkt und Kreisradius

```
Befehl: Polygon
Anzahl Seiten <4>: Anzahl Seiten eingeben
Seite/<Polygonmittelpunkt>: Punkt für Mittelpunkt eingeben
Umkreis/Inkreis (U/I) <U>: I für Inkreis oder U für Umkreis
Kreisradius:
```

Geben Sie die Anzahl der Seiten ein und dann einen Punkt für den Mittelpunkt des Polygons. Danach werden Sie nach dem Maß für das Polygon gefragt. Wollen Sie den eingeschlossenen Kreis als Maß vorgeben, dann wählen Sie die Option INKREIS. Mit der Option UMKREIS geben Sie das Maß für den umschließenden Kreis an.

Vorgang: Bestimmung zweier Seitenendpunkte

```
Befehl: Polygon
Anzahl Seiten <4>: Anzahl Seiten eingeben
Seite/<Polygonmittelpunkt>: S für Seite
Erster Endpunkt der Seite:
Zweiter Endpunkt der Seite:
```

Geben Sie zwei Punkte für eine Seite des Polygons an. Das Polygon wird, ausgehend von dieser Seite, entgegen dem Uhrzeigersinn aufgebaut.

7.4.3 Zeichnen von Ringen

Mit dem Befehl RING können Sie Ringe mit einer vorgegebenen Wandstärke zeichnen.

Vorgang: Befehl RING

Wählen Sie den Befehl:

Kapitel 7: Weitere Zeichen- und Editierbefehle

↳ Abrollmenü ZEICHNEN, Funktion RING

↳ Tablettfeld K9

```
Befehl: Ring
Innendurchmesser <0.5>:
Außendurchmesser <1.00>:
Ringmittelpunkt:
Ringmittelpunkt:
usw...
```

Der Befehl bleibt im Wiederholmodus und fragt immer weitere Mittelpunkte ab, bis Sie eine Eingabe nach dem Mittelpunkt mit ⏎ bestätigen.

Übung: Zeichnen von Ellipsen, Polygonen und Ringen

↳ Laden Sie die Zeichnung A07-05.DWG aus Ihrem Übungsordner.

↳ Vervollständigen Sie die Zeichnung wie in Abbildung 7.7.

↳ Eine Musterlösung finden Sie in Ihrem Übungsordner, Zeichnung L07-05.DWG.

Abbildung 7.7:
Ellipse, Polygon und Ring

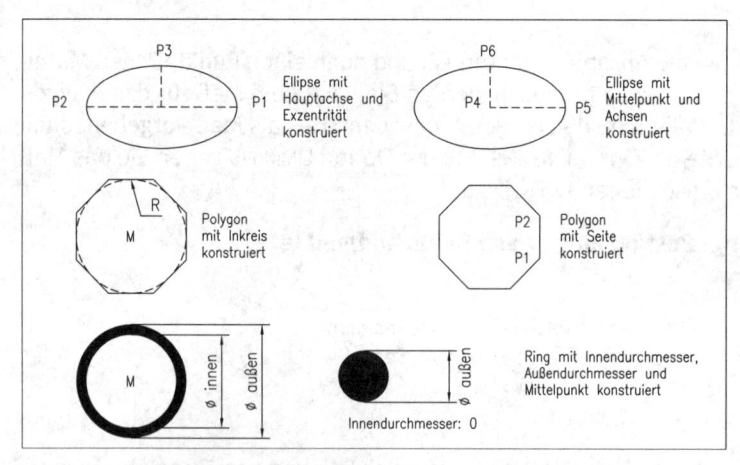

7.5 Zeichnen von Skizzen

Freihandlinien lassen sich mit dem Befehl SKIZZE zeichnen. Dabei arbeiten Sie mit einer Zeichenfeder, die Sie heben und senken können. Alle Mausbewegungen werden bei gesenkter Feder aufgezeichnet.

Vorgang: Befehl SKIZZE

Sie finden den Befehl nicht in den Menüs. Geben Sie ihn auf der Tastatur ein.

```
Befehl: Skizze
Skizziergenauigkeit <1.00>:
Skizze.  Feder eXit Quit Speichern Löschen Verbinden .
```

Die erste Abfrage legt die Skizziergenauigkeit fest. Damit geben Sie das kleinste Segment der Skizze in Zeichnungseinheiten an. Das Zeichengerät bei dem Befehl ist die Feder. Sie kann mit der Pick-Taste gehoben und gesenkt werden. Gezeichnet wird nur bei gesenkter Feder. Folgende Optionen stehen zur Verfügung:

FEDER

Die Feder kann mit der Pick-Taste oder der Option Feder gehoben oder gesenkt werden. Mausbewegungen bei gesenkter Feder werden aufgezeichnet. Skizzierte Linien werden zunächst temporär gespeichert und so lange in grüner Farbe dargestellt, bzw. in roter Farbe, wenn ein Layer mit einer grüner Farbe aktiv ist. Sie werden erst dann endgültig gespeichert, wenn der Befehl beendet wird oder die Option SPEICHERN gewählt wird.

EXIT

Speichert die gezeichnete Skizze und beendet den Befehl.

QUIT

Ignoriert alle Linien seit der letzten Speicherung und beendet den Befehl.

SPEICHERN

Speichert alle temporär skizzierten Linien in der Zeichnung.

LÖSCHEN

Löscht alle nicht gespeicherten Linien bis zur Fadenkreuzposition. Sie können mit dem Fadenkreuz entlang der temporären Skizze zurückfahren. Alle Elemente, die Sie dabei überfahren, werden gelöscht.

VERBINDEN

Haben Sie die Skizze unterbrochen, können Sie mit dieser Option am Ende ansetzen. Geben Sie die Option ein und fahren Sie zum Ende der letzten Skizze. Es wird automatisch angesetzt und der Skizziermodus fortgesetzt.

. (PUNKT)

Ist die Feder oben, wird mit dieser Option vom Endpunkt der Skizze eine Verbindung zum Fadenkreuz gezeichnet.

Fehler:

Beachten Sie, daß bei diesem Befehl die Optionen sofort ausgeführt werden und nicht mit ⏎ bestätigt werden müssen.

Tips:

- Bei gesenkter Feder wird jede Bewegung des Fadenkreuzes aufgezeichnet. Optionen können nur auf der Tastatur eingegeben werden. Fahren Sie nicht mit gesenkter Feder zum Bildschirmseitenmenü, wenn Sie es eingeschaltet haben.

- Hat die Systemvariable SKPOLY (Systemvariablen ändern: siehe Befehl SETVAR, Befehlsübersicht im Referenzteil) den Wert 1, werden Polylinien erzeugt, hat Sie den Wert 0, werden Liniensegmente gebildet.

- Schalten Sie beim Skizzieren den Ortho-Modus und den Fang aus, sonst bekommen Sie Treppen in Ihre Skizze.

- Bessere Ergebnisse erhalten Sie, wenn Sie die Genauigkeit nicht so hoch setzen, SKPOLY auf 1 setzen und nachher die Polylinie mit einer Kurve glätten.

Übung: Zeichnen von Skizzen

- Starten Sie eine neue Zeichnung und zeichnen Sie Skizzen mit unterschiedlicher Skizziergenauigkeit. Testen Sie die verschiedenen Optionen.

Abbildung 7.8:
Skizzen

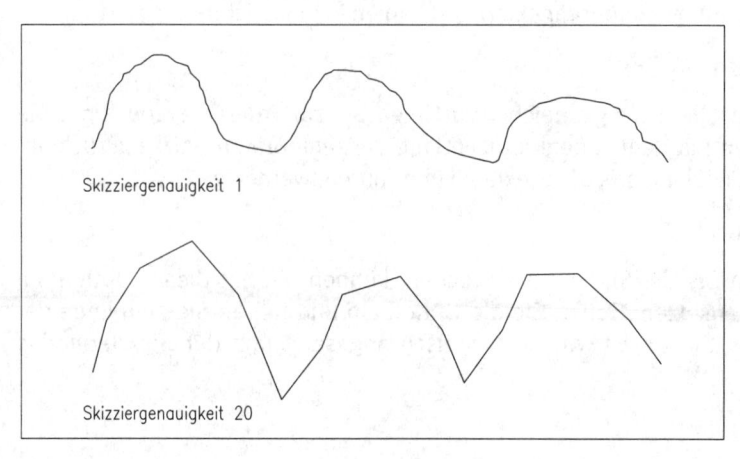

7.6 Zeichnen mit komplexen Linientypen

In Linientypdateien lassen sich komplexe Linientypen definieren. Das sind Linientypen, die außer Liniensegmenten, Punkten und Pausen auch Texte und Symbole enthalten. In der Standard-Linientypendatei ACADISO.LIN sind auch solche Linientypen definiert. Mit diesen Linientypen können Sie beispielsweise Versorgungsleitungen kennzeichnen, Grenzlinien zeichnen oder Isolationsschichten andeuten.

Sie können diese Linientypen Layern zuordnen. Wenn Sie einen Layer mit einem solchen Linientyp zum aktuellen Layer machen, werden alle Objekte auf diesem Layer mit dem Muster des Linientyps gezeichnet (siehe Abbildung 7.9).

Mit dem Skalierfaktor für die Linientypen beeinflussen Sie bei diesen Linientypen nicht nur den Abstand zwischen den Symbolen, sondern auch die Größe der Symbole.

Fehler:

Verwenden Sie die Linientypen nicht mit breiten Polylinien. Die Symbole werden dann nicht exakt gezeichnet.

Übung: Zeichnen mit komplexen Linientypen

- Laden Sie die Zeichnung A07-06.DWG aus Ihrem Übungsordner.
- Den Layern LAYER1 bis LAYER4 sind komplexe Linientypen zugeordnet.
- Zeichnen Sie Linien oder Kreise damit. Variieren Sie die Objektskalierung für die Linientypen, um eine optimale Darstellung zu erhalten.
- Das Ergebnis sehen Sie in Abbildung 7.9. Sie finden es auch in einer Beispielzeichnung in Ihrem Übungsordner: L07-06.DWG.

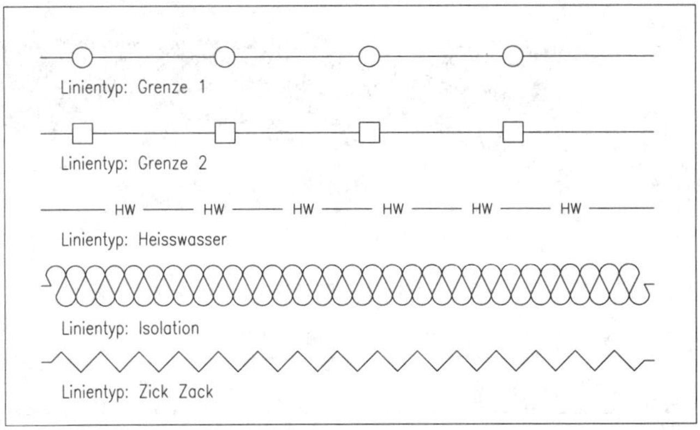

Abbildung 7.9: Komplexe Linientypen

7.7 Zeichnen und Editieren von Multilinien

In AutoCAD 14 können Sie Multilinien definieren und zum Zeichnen verwenden. Multilinien sind:

- Spezielle Linienobjekte, die aus bis zu 16 parallelen Linien bestehen,
- sie werden mit dem Befehl MLSTIL definiert,
- mit dem Befehl MLINIE gezeichnet und
- können mit dem Befehl MLEDIT bearbeitet werden.

Vorgang: Befehl MLSTIL

Multilinien definieren Sie mit dem Befehl MLSTIL. Sie finden den Befehl im:

- Abrollmenü FORMAT, Funktion MULTILINIENSTIL...
- Tablettfeld V5

In einem Dialogfeld (siehe Abbildung 7.10) können Sie einen neuen Multilinienstil definieren oder bestehende ändern und in einer Multiliniendatei abspeichern.

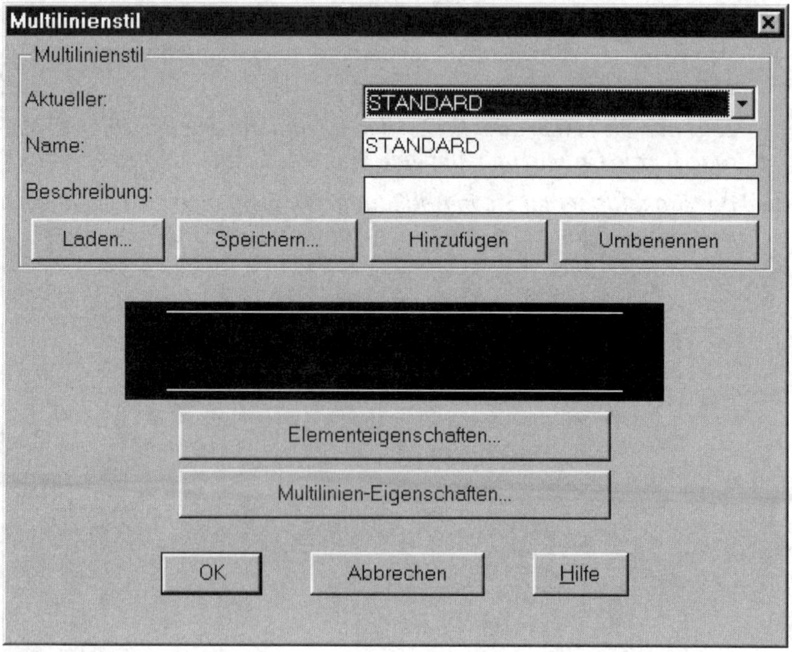

Abbildung 7.10:
Dialogfeld für den Multilinienstil

In dem Dialogfeld finden Sie in der obersten Zeile den aktuellen Multilinienstil. STANDARD ist ein Stil mit zwei parallelen Linien, der nicht verändert werden kann. Im Feld darunter wird der Name nochmal angezeigt und darunter wiederum ein Beschreibungstext für den Stil. Darunter befindet sich eine Zeile mit vier Schaltflächen. Folgende Möglichkeiten haben Sie:

LADEN VON MULTILINIENSTILEN

Klicken Sie auf die Schaltfläche LADEN..., ein weiteres Dialogfeld erscheint (siehe Abbildung 7.11). Sie finden dort alle Multilinienstile, die sich in der gewählten Datei befinden. Standardmäßig ist die Datei ACAD.MLN gewählt. *.MLN ist die Dateierweiterung für Multilinienstildateien. ACAD.MLN enthält nur den Stil STANDARD. Mit der Schaltfläche DATEI... können Sie eine andere Multilinienstildatei wählen.

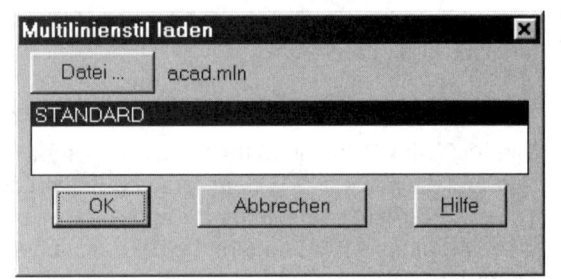

Abbildung 7.11:
Laden von Multilinienstilen

Übung: Laden einer Multilinienstildatei

- Um mehr Spielmaterial zu haben, laden Sie aus Ihrem Übungsordner die Datei MULTI.MLN. Darin sind 4 verschiedenen Arten von Multilinienstilen gespeichert.

- Kicken Sie im ersten Dialogfeld (Abbildung 7.10) auf die Schaltfläche LADEN... und im nächsten Dialogfeld auf die Schaltfläche DATEI... Wählen Sie die Datei MULTI.MLN im Übungsordner.

- Markieren Sie einen Multilinienstil und klicken Sie auf OK. Der Stil steht dann im Abrollmenü des ersten Fensters zur Verfügung. Laden Sie die anderen ebenfalls.

WECHSELN DES AKTUELLEN MULTILINIENSTILS

Wählen Sie den gewünschten Multilinienstil im Abrollmenü AKTUELLER des Dialogfeldes aus. Nachdem Sie in der Übung zunächst die Datei und dann die einzelnen Stile in die Zeichnung geladen haben, stehen 5 Stile zur Auswahl.

HINZUFÜGEN EINE NEUEN MULTILINIENSTILS

Wählen Sie im Abrollmenü für den aktuellen Stil einen Stil aus, der dem, den Sie neu erzeugen wollen, am nächsten kommt. Tragen Sie dann im Feld NAME einen neuen Namen ein und eventuell im Feld BESCHREIBUNG einen beschreibenden Text. Klicken Sie dann auf die Schaltfläche HINZUFÜGEN und der aktuelle Multilinienstil wird dupliziert. Der neue Stil, also die Kopie des aktuellen Stils, kann dann geändert werden (siehe unten). Mit der Schaltfläche SPEICHERN... können Sie dann den Stil in einer Multilinienstildatei speichern. Wählen Sie den Dateinamen im Dateiwähler.

UMBENENNEN EINES MULTILINIENSTILS

Wählen Sie im Abrollmenü für den aktuellen Stil den Stil aus, den Sie umbenennen wollen. Tragen Sie danach im Feld NAME einen neuen Namen ein und eventuell im Feld BESCHREIBUNG einen neuen Beschreibungstext. Klicken Sie dann auf die Schaltfläche UMBENENNEN und der aktuelle Multilinienstil wird umbenannt.

ÄNDERN DER ELEMENTEIGENSCHAFTEN EINES BESTEHENDEN MULTILINIENSTILS

Wählen Sie im Abrollmenü für den aktuellen Stil den Stil aus, den Sie ändern wollen. Klicken Sie dann auf die Schaltfläche ELEMENTEIGENSCHAFTEN..., um die Linienelemente zu ändern. In einem weiteren Dialogfeld (siehe Abbildung 7.12) ändern Sie die Zusammensetzung der Liniensegmente.

Abbildung 7.12:
Zusammensetzung der Multilinie

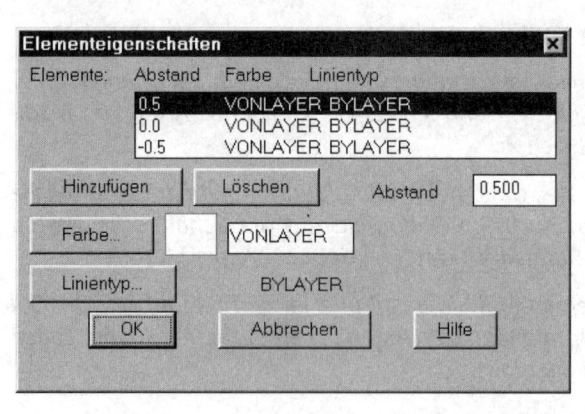

In der oberen Liste sind alle Linienelemente enthalten, die der Stil enthält. Gespeichert ist der Abstand eines Linienelements von der Null-Linie der Multilinie. Die Null-Linie ist die Linie, an der die Multilinie beim Zeichnen plaziert wird. Auf der Null-Linie muß sich kein Linienelement befinden. Außerdem kann jedem Linienelement ein Linientyp und eine Farbe zugeordnet werden, die in der Regel auf VONLAYER eingestellt sind, davon aber auch abweichen können.

Mit der Schaltfläche HINZUFÜGEN wird ein neues Linienelement dazugefügt und mit der Schaltfläche LÖSCHEN das markierte gelöscht. Ein neu hinzugefügtes Linienelement hat immer den Abstand 0, das heißt es liegt auf der Null-Linie. Markieren Sie es und tragen Sie einen neuen Abstand in das Feld Abstand ein, bestätigen Sie mit ⏎ und der eingetragene Abstand wird übernommen. Ebenso können Sie die Farbe und den Linientyp des markierten Elements verändern. Klicken Sie dazu auf das Feld FARBE... oder LINIENTYP... und Sie können sich in weiteren Dialogfeldern die gewünschten Eigenschaften auswählen. Ist ein Linientyp, den Sie zuordnen wollen, nicht vorhanden, können Sie ihn in dem Dialogfeld auch noch laden. Haben Sie alle Linienelemente hinzugefügt, klicken Sie auf OK. Im ersten Dialogfeld sehen Sie dann eine Voransicht des Multilinienstils.

ÄNDERN DER MULTILINIEN-EIGENSCHAFTEN EINES BESTEHENDEN MULTILINIEN-STILS

Wählen Sie wieder wie vorher im Abrollmenü für den aktuellen Stil den Stil aus, den Sie ändern wollen. Klicken Sie dann auf die Schaltfläche MULTILINIEN-EIGENSCHAFTEN. In einem weiteren Dialogfeld (siehe Abbildung 7.13) ändern Sie das Aussehen der Linie.

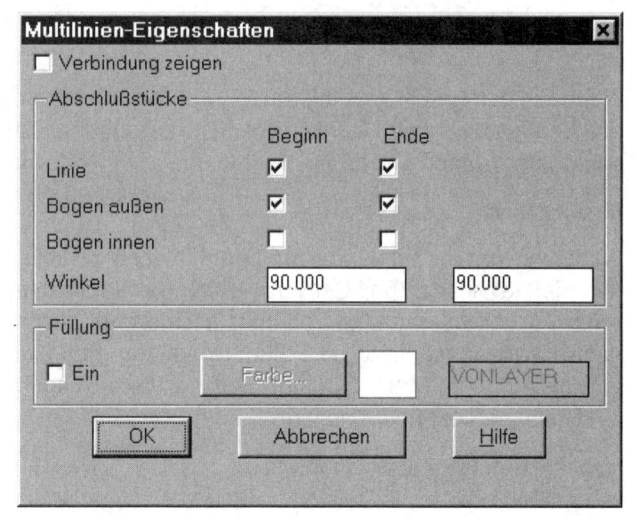

Abbildung 7.13: *Aussehen der Multilinie*

Ist der Schalter VERBINDUNG ZEIGEN eingeschaltet, werden an jedem Stützpunkt Trennstellen gezeichnet. Im Feld ANSCHLUSSSTÜCKE stellen Sie ein, ob die Multilinien mit einer Linie am Start und am Ende abgeschlossen werden. Zusätzlich können die äußeren Linien mit einem Bogen verbunden werden. Hat die Multilinie mehr als 3 Linienelemente, lassen sich auch die inneren mit einem Bogen verbinden. Außerdem können Sie den

Kapitel 7: Weitere Zeichen- und Editierbefehle

Winkel des Anfangs- und Endstücks einstellen. Wenn Sie den Schalter FÜLLUNG einstellen, wird die Multilinie ausgefüllt gezeichnet. Klicken Sie auf die Schaltfläche FARBE..., können Sie im Farb-Dialogfeld die Füllfarbe bestimmen.

Übung: Definieren eigener Multilinienstile

➔ Definieren Sie weitere Multilinienstile und speichern Sie sie in der Datei MULTI.MLN ab.

Vorgang: Befehl MLINIE

Mit dem Befehl MLINIE können Sie Multilinien zeichnen. Sie finden den Befehl im:

➔ Abrollmenü ZEICHNEN, Funktion MULTILINIE

➔ Tablettfeld M10

➔ Symbol im Werkzeugkasten ZEICHNEN

```
Befehl: Mlinie
Ausrichtung = Oben, Maßstab = 1.00, Stil = STANDARD
Ausrichtung/Massstab/Stil/<Von Punkt>:
<Nach Punkt>:
Zurück/<Nach Punkt>:
Schliessen/Zurück/<Nach Punkt>:
```

Wenn Sie den Befehl gewählt haben, werden zunächst die Einstellungen des Befehls angezeigt. Danach erscheint die Optionsliste. Folgende Einstellungen können Sie darin vornehmen:

AUSRICHTUNG

Wahl des Punktes, an der die Stützpunkte der Multilinie vorgegeben werden. Bei der Ausrichtung OBEN bzw. UNTEN geben Sie den oberen bzw. unteren Punkt vor, wenn Sie von links nach rechts zeichnen. Bei der Ausrichtung NULL geben Sie die Punkte auf der Null-Linie vor, die nicht zwangsläufig die Mitte sein muß und auf der sich auch nicht unbedingt ein Linienelement befinden muß.

```
Ausrichtung = Oben, Maßstab = 1.00, Stil = STANDARD
Ausrichtung/Massstab/Stil/<Von Punkt>: A für Ausrichtung
Oben/Null/Unten <oben>:
```

MASSSTAB

Mit dem Maßstab wird die Breite der Multilinie beeinflußt. Maßstab 1 zeichnet die Linie mit den Abständen, mit denen Sie definiert wurde. Bei einem anderen Maßstab werden die Abstände mit dem Maßstab multipliziert. Eine Multilinie kann nur in einer einheitlichen Breite gezeichnet werden.

Stil

Wechsel des Multilinienstils. Geben Sie einen anderen Stilnamen ein. Mit ? können Sie sich alle Multilinienstile auflisten lassen, die in der Zeichnung definiert sind.

```
Ausrichtung/Massstab/Stil/<Von Punkt>:   S für Stil
MStil Name (oder ?):    ? zum Auflisten

Geladene Multilinienstile:

      Name         Beschreibung
--------------------------------------------------------
STANDARD
3-LINIEN3 Linien mit gestrichelter Mittellinie
2-LINIEN-GEFUELLT2 Linien gefüllt
3-LINIEN-RUND3 Linien mit gerundeten Ecken
4-LINIEN-RUND4 Linien mit gerundeten Ecken
```

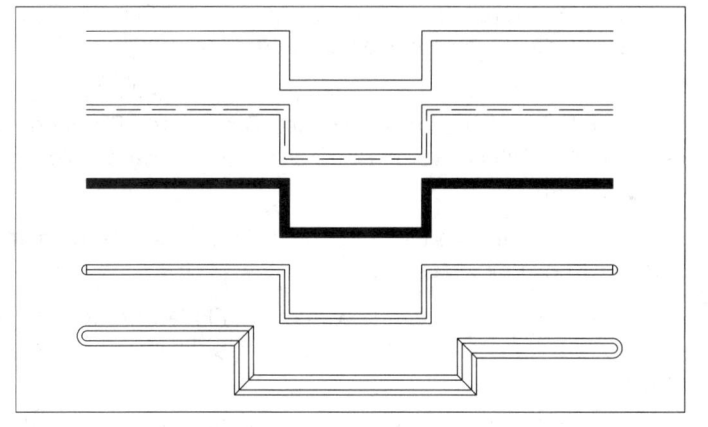

Abbildung 7.14: Multilinien mit verschiedenen Stilen gezeichnet.

Übung: Zeichnen von Multilinien

→ Zeichnen Sie Multilinien mit verschiedenen Multilinienstilen wie in Abbildung 7.14.

Vorgang: Befehl MLEDIT

Mit dem Befehl MLEDIT können Sie Kreuzungen von Multilinien bearbeiten und Stützpunkte einfügen und löschen. Sie finden den Befehl im:

→ Abrollmenü ÄNDERN, Untermenü OBJEKT >, Funktion MULTILINIE BEARBEITEN...

→ Tablettfeld Y19

→ Symbol im Werkzeugkasten ÄNDERN II

Abbildung 7.15:
Dialogfeld zum Editieren von Multilinien

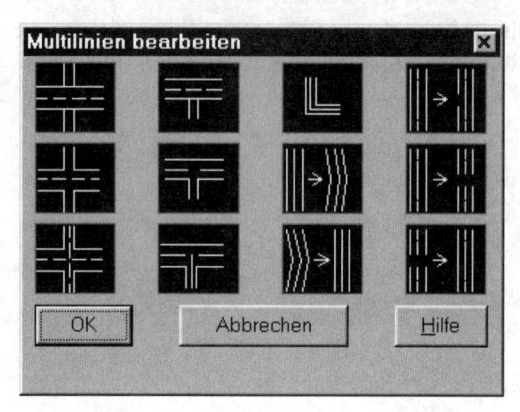

Die Funktionen des Befehls lassen sich aus einem Dialogfeld wählen.

Folgende Möglichkeiten stehen zur Verfügung (von oben nach unten und links nach rechts):

GESCHLOSSENES KREUZ: Die zuerst gewählte Multilinie wird aufgetrennt, die zweite bleibt als durchgehende Linie erhalten.

OFFENES KREUZ: Die äußeren Elemente beider Multilinien werden aufgetrennt und eine Kreuzung gezeichnet. Die inneren Elemente der zuerst gewählten Multilinie werden aufgetrennt. Die zweite bleibt auch hier durchgehend.

INTEGRIERTES KREUZ: Alle Elemente beider Multilinien werden aufgetrennt und eine Kreuzung gezeichnet.

GESCHLOSSENES T: Die zuerst gewählte Multilinie wird an der zweiten abgeschnitten. Die Stelle, an der die erste Multilinie gewählt wurde, bleibt erhalten.

OFFENES T: Wie oben, aber die äußeren Linienelemente werden aufgetrennt und verbunden.

INTEGRIERTES T: Wie oben, aber die inneren Linienelemente werden ebenfalls aufgetrennt und verbunden.

ECKVERBINDUNG: Zeichnen einer Eckverbindung aus zwei Multilinien. Die Stellen, an denen die Multilinien angewählt wurden, bilden die neue Eckverbindung.

KONTROLLPUNKT HINZUFÜGEN: Fügt einen neuen Kontrollpunkt an der gewählten Stelle hinzu.

KONTROLLPUNKT LÖSCHEN: Löscht den Kontrollpunkt, der am nächsten der Stelle liegt, an der die Polylinie gewählt wurde.

EINFACH SCHNEIDEN: Trennt das gewählte Linienelement einer Multilinie auf. Die Trennung erfolgt an der Stelle, an der die Multilinie gewählt wurde. Danach wird der zweite Punkt angefragt.

ALLES SCHNEIDEN: Wie oben, schneidet aber die komplette Multilinie. Das Objekt bleibt aber weiterhin eine Multilinie.

ALLES VERBINDEN: Verbindet eine Multilinie wieder, die mit einer der oben aufgeführten Möglichkeiten aufgeschnitten wurde.

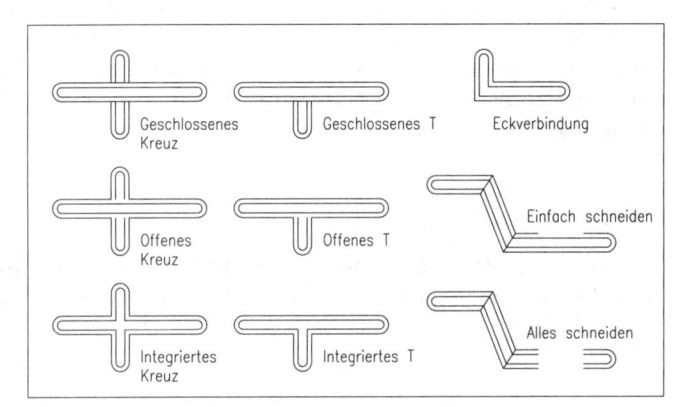

Abbildung 7.16:
Editieren von Multilinien

Übung: Editierung von Multilinien

- Laden Sie aus dem Ordner mit Ihren Übungszeichnungen die Datei A07-07.DWG.
- Bearbeiten Sie die darin enthaltenen Multilinien wie in Abbildung 7.16.
- Eine Musterlösung finden Sie im gleichen Ordner als Zeichnung L07-07.DWG.

Verweis:

Der Befehl MLEDIT kann auch mit -MLEDIT gestartet werden. Es erscheint dann kein Dialogfeld, die Anfragen werden im Befehlszeilenfenster gestellt. In Menüs und Skript-Dateien ist diese Variante sinnvoll.

7.8 Symbole

In AutoCAD können häufig benötigte Elemente mit relativ einfacher Geometrie in Symboldateien gespeichert werden. Leider lassen sich solche Symbole nicht zeichnerisch erstellen. Sie lassen sich nur in ASCII-Dateien relativ aufwendig definieren. Außerdem können Zeichnungen mit Symbolen auf einem anderen System nur dann vollständig dargestellt werden, wenn die Symboldatei mitgeliefert wird. Deshalb werden Symboldateien kaum angewendet. In der Regel wird in AutoCAD mit Blöcken oder externen Referenzen gezeichnet (siehe Kapitel 11).

Der Vollständigkeit halber sollen die beiden Befehle für die Arbeit mit Symbolen aufgeführt werden.

Vorgang: Befehl LADEN

Bis zu 255 Symbole können in einer Symboldatei gespeichert sein. Bevor die Symbole aber in der Zeichnung verwendet werden können, muß die Symboldatei geladen werden. Verwenden Sie dazu den Befehl LADEN. Den Befehl finden Sie nicht in den Menüs, geben Sie ihn auf der Tastatur ein und wählen Sie die Symboldatei im Dateiwähler. Symboldateien haben die Dateierweiterung *.SHX.

Vorgang: Befehl SYMBOL

Mit dem Befehl SYMBOL können Sie Symbole in der Zeichnung plazieren. Auch diesen Befehl können Sie nur auf der Tastatur eingeben.

```
Befehl: Symbol
Symbolname (oder ?):
```

Geben Sie den Symbolnamen ein oder »?« für eine Liste der verfügbaren Symbole. Plazieren Sie das Symbol mit einem Startpunkt, einer Höhe und einem Winkel.

```
Befehl: Symbol
Symbolname (oder ?):
Startpunkt:
Höhe <1.0000>:
Drehwinkel <0>:
```

7.9 Punkte, Messen und Teilen

In AutoCAD 14 lassen sich Punkte in der Zeichnung plazieren. Diese Punkte können Sie als Konstruktionspunkte verwenden und mit dem Objektfang PUNKT anklicken. In technischen Zeichnungen wird dies jedoch selten benötigt, da in AutoCAD 14 genügend Konstruktionshilfen zur Verfügung stehen, um auch ohne Konstruktionspunkte zum Ziel zu kommen.

Außerdem gibt es zwei Befehle, die beim Konstruieren ganz nützlich sein können: MESSEN und TEILEN. Sie erzeugen automatisch Markierungen auf einem wählbaren Objekt. Als Markierungen können Sie Punkte oder Blöcke verwenden. Beim Befehl MESSEN wird eine bestimmte Strecke auf einem Objekt abgetragen und an den Endpunkten Markierungen gesetzt.

Der Befehl TEILEN dagegen teilt das Objekt in eine bestimmte Anzahl von Segmenten und setzt ebenfalls an den Endpunkten die Markierungen.

Vorgang: Befehl PUNKT

In AutoCAD 14 verwenden Sie den Befehl PUNKT, um Punkte in der Zeichnung zu setzen. Sie finden den Befehl im:

- Abrollmenü ZEICHEN, Untermenü PUNKT >, Funktion EINZELNER PUNKT bzw. MEHRERE PUNKTE (Befehl im Wiederholmodus)
- Tablettfeld O9
- Symbol im Werkzeugkasten ZEICHNEN

Klicken Sie den Punkt in der Zeichnung an und der Punkt wird gesetzt. In der normalen Anzeige erscheint er allerdings nur ein Pixel groß.

Vorgang: Befehl DDPTYPE

Damit Punkte in der Zeichnung besser sichtbar werden, können Sie ein anderes Symbol und eine andere Größe für das Symbol einstellen. Wählen Sie dazu den Befehl DDPTYPE.

- Abrollmenü FORMAT, Funktion PUNKTSTIL...
- Tablettfeld U1

Im Dialogfeld (siehe Abbildung 7.17) können Sie sich ein Symbol aussuchen, mit dem der Punkt dargestellt werden soll. Darunter stellen Sie die Punktgröße ein. Die Größenangabe kann absolut in Zeichnungseinheiten oder proportional zum Bildschirm als Prozentwert eingestellt werden. Beachten Sie aber, daß nur die danach gezeichneten Punkte mit diesen Symbolen dargestellt werden. Die vorhandenen Punkte werden nach dem nächsten Regenerieren geändert (Befehl REGEN wählen).

Vorgang: Befehl MESSEN

Punkte lassen sich aber auch automatisch in der Zeichnung setzen. Mit dem Befehl MESSEN lassen sich Markierungen im vorgegebenen Abstand auf Objekten anbringen. Sie finden den Befehl im:

- Abrollmenü ZEICHNEN, Untermenü PUNKT >, Funktion MESSEN
- Tablettfeld V12

```
Befehl: Messen
Objekt wählen, das gemessen werden soll:
Block/<Segmentlänge>: Länge eingeben
```

Abbildung 7.17:
Einstellen des Punktstils

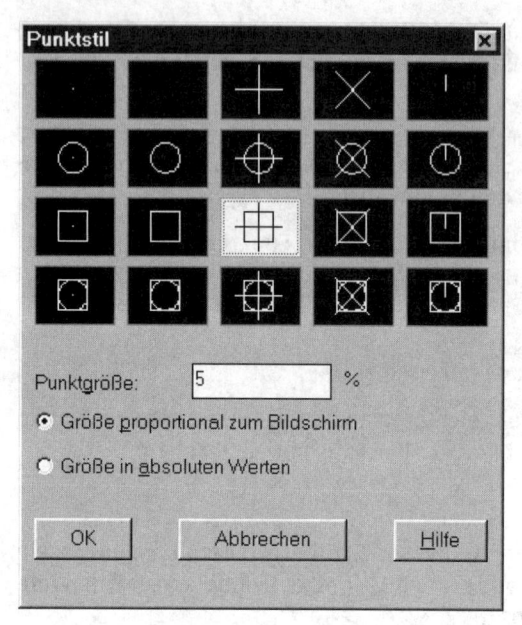

Bei der letzten Anfrage haben Sie die Möglichkeit, die Option BLOCK zu wählen. Sie können dann einen Block angeben, der anstatt eines Punktes eingefügt wird. Außerdem können Sie wählen, ob der eingefügte Block an Rundungen zum Mittelpunkt hin ausgerichtet werden soll oder ob er immer in der gleichen Lage eingefügt werden soll.

```
Block/<Segmentlänge>: B für Block
Name des einzufügenden Blocks: Blocknamen eintippen
Soll der Block mit dem Objekt ausgerichtet werden? <J> Ja oder
Nein eingeben
Segmentlänge:
```

Die Messung wird auf der Seite begonnen, an der Sie das Objekt anwählen. Da sie in der Regel nicht aufgeht, ist das letzte Stück auf der gegenüberliegenden Seite kürzer. Bei Kreisen wird keine Markierung mehr angebracht, wenn ein kleineres Segment übrig bleiben würde (siehe Abbildung 7.18).

Vorgang: Befehl TEILEN

Der Befehl TEILEN ist in der Bedienung identisch mit dem Befehl MESSEN. Statt der Segmentlänge geben Sie hier die Anzahl der Segmente ein. Die Markierungspunkte werden in gleichen Abständen gesetzt (siehe Abbildung 7.18).

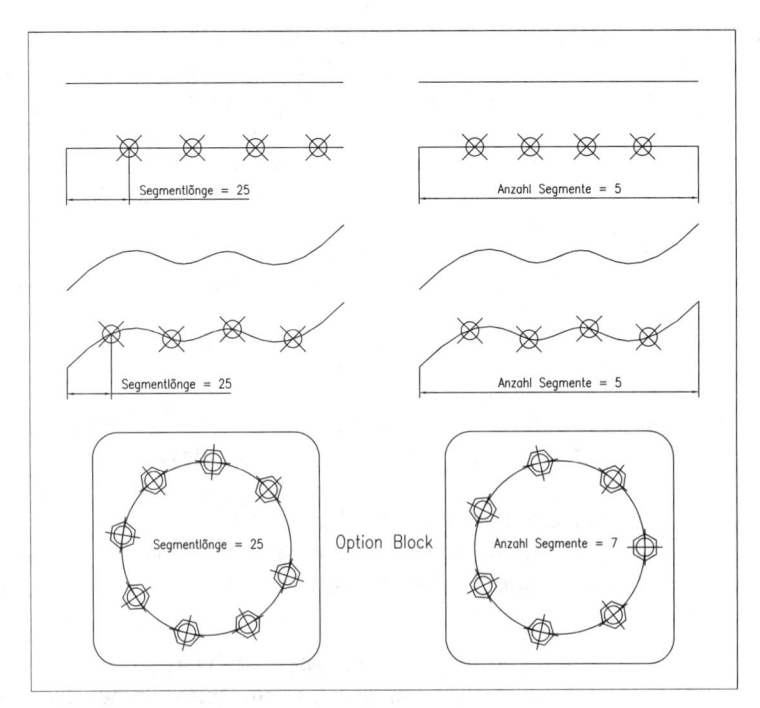

Abbildung 7.18:
Messen und Teilen

Übung: Messen und Teilen von Objekten

↳ Laden Sie die Zeichnung A07-08.DWG aus dem Übungsordner.

↳ Bearbeiten Sie die Zeichnung wie in Abbildung 7.18 mit den Befehlen MESSEN und TEILEN.

↳ Die Musterlösung finden Sie im gleichen Ordner als L07-08.DWG.

7.10 Brechen von Objekten

Mit dem Befehl BRUCH können Sie Linien, Kreise, Bögen und Polylinien an einer beliebigen Stelle trennen oder Teile daraus herauslöschen.

Vorgang: Befehl BRUCH

Sie finden den Befehl BRUCH in folgenden Menüs:

↳ Abrollmenü ÄNDERN, Funktion BRUCH

↳ Tablettfeld W17

```
Befehl: Bruch
Objekt wählen:
Zweiter Punkt (oder E für ersten Punkt):
```

Kapitel 7: Weitere Zeichen- und Editierbefehle

Bei der Objektwahl können Sie nur ein Objekt wählen, was ja auch sinnvoll ist. Die Auswahl mit den Fenstermethoden ist deshalb nicht möglich. Danach wird ein zweiter Bruchpunkt verlangt, denn AutoCAD 14 geht davon aus, daß der erste Bruchpunkt der Punkt sein soll, an dem Sie das Objekt angeklickt haben. In den meisten Fällen ist das aber nicht der Fall. Wenn Sie E (für den ersten Punkt) eingeben, können Sie den ersten Punkt neu bestimmen.

```
Zweiter Punkt (oder E für ersten Punkt): E für die Eingabe des
ersten Punktes
Erster Punkt:
Zweiter Punkt:
```

Nur dann können Sie auch bei beiden Punkten den Objektfang verwenden. Haben Sie eine Linie, Polylinie oder einen Bogen angewählt, wird der Bereich zwischen beiden Punkten herausgelöscht (siehe Abbildung 7.19). Liegt der zweite Punkt außerhalb des Objekts, wird der Bereich vom ersten Punkt an abgetrennt. Bei einem Kreis wird der Bereich zwischen dem ersten und zweiten Punkt im Gegenuhrzeigersinn herausgelöscht.

Soll das Objekt nur getrennt und nichts gelöscht werden, geben Sie beim zweiten Punkt @ ein. Trennen müssen Sie ein Objekt immer dann, wenn ein Teil einer Linie ab einer bestimmten Stelle unsichtbar ist und deshalb auf einen anderen Layer gelegt werden muß.

```
Zweiter Punkt (oder E für ersten Punkt): @
```

Abbildung 7.19:
Brechen von Objekten

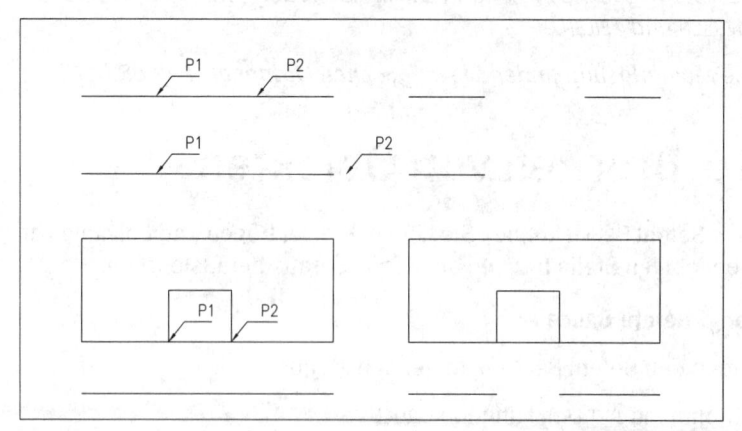

Tip:

Die Bruchpunkte müssen sich nicht auf dem Objekt befinden. Sie können Sie an einer beliebigen anderen Stelle aus der Zeichnung abgreifen. Die Punkte werden auf das zu brechende Objekt projiziert.

Übung: Brechen von Objekten

- Laden Sie wieder eine Zeichnung aus Ihrem Übungsordner: A07-09.DWG.
- Verändern Sie die Objekte wie in Abbildung 7.19.

```
Befehl: Bruch
Objekt wählen: Obere waagrechte Linie mit der Pickbox wählen
Zweiter Punkt (oder E für ersten Punkt): E für den ersten Punkt
Erster Punkt: P1 wählen
Zweiter Punkt: P2 wählen
Befehl: Bruch
Objekt wählen: Mittlere waagrechte Linie mit der Pickbox wählen
Zweiter Punkt (oder E für ersten Punkt): E für den ersten Punkt
Erster Punkt: P1 wählen
Zweiter Punkt: P2 rechts vom Ende der Linie anklicken
Befehl: Bruch
Objekt wählen: Untere waagrechte Linie mit der Pickbox wählen
Zweiter Punkt (oder E für ersten Punkt): E für den ersten Punkt
Erster Punkt: P1 am Rechteck wählen
Zweiter Punkt: P2 am Rechteck wählen
```

- Eine Beispiellösung finden Sie ebenfalls im Übungsordner, die Zeichnung L07-09.DWG.

7.11 Isometrisches Zeichnen

Isometrische Darstellungen ermöglichen es, einen dreidimensionalen Gegenstand perspektivisch darzustellen. In AutoCAD 14 wird das isometrische Zeichnen durch einen speziellen Fangmodus unterstützt. Damit erstellen Sie kein 3D-Modell, der Modus erstellt die Darstellungen als reine 2D-Zeichnungen. Sie können keine anderen Ansichten oder eine Draufsicht erzeugen. Wollen Sie das, müssen Sie von vornherein mit den 3D-Funktionen von AutoCAD 14 arbeiten (siehe Kapitel 18 bis 20). Isometrische Darstellungen lassen sich auch nachträglich nicht in 3D-Modelle umwandeln.

Trotzdem kann es ganz praktisch sein, in eine 2D-Konstruktionszeichnung eine isometrische Darstellung zur Illustration einzufügen, ohne gleich ein komplettes 3D-Modell zu erstellen. Es ist allerdings davon abzuraten, komplizierte Gegenstände isometrisch zu zeichnen.

Beim isometrischen Zeichnen geht man von verschiedenen Ebenen aus (siehe Abbildung 7.21). Das Fadenkreuz und das Fangraster werden in den einzelnen isometrischen Ebenen entsprechend verzerrt dargestellt, so daß die Linien einfacher unter den erforderlichen Winkeln gezeichnet werden können.

Fehler:

Das Weltkoordinatensystem wird nicht gewechselt. Wenn Sie die Koordinaten numerisch über die Tastatur eingeben, wird weiterhin in X- und Y-Richtung des WKS gezeichnet. Es handelt sich nur um eine Zeichenhilfe, die in Verbindung mit dem Fang wirksam wird. Lediglich der Ortho-Modus orientiert sich am Fadenkreuz. AutoCAD 14 unterstützt nur Isometrien unter 30 Grad für die rechte Ebene und 150 Grad für die linke Ebene.

Den isometrischen Fangmodus stellen Sie im Dialogfeld für die Zeichnungshilfen ein (siehe Abbildung 7.20). Das Dialogfeld aktivieren Sie mit dem Befehl DDRMODI, den Sie unter der Funktion ZEICHNUNGSHILFEN... im Abrollmenü WERKZEUGE finden.

Abbildung 7.20: *Einstellung des isometrischen Fangs*

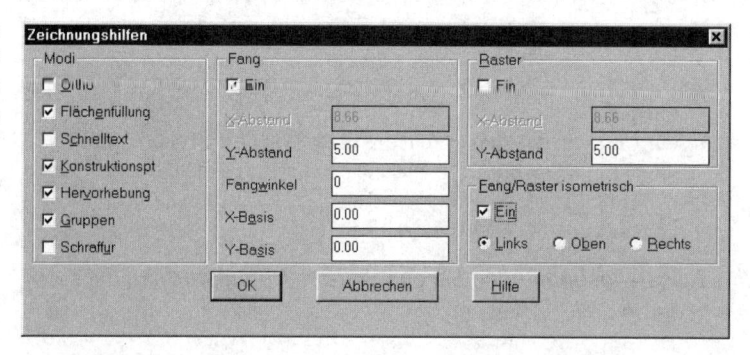

Schalten Sie in der rechten unteren Ecke FANG/RASTER ISOMETRISCH ein und wählen Sie die entsprechende isometrische Ebene: LINKS, OBEN oder RECHTS. Wenn Sie auf der rechten oder linken Seite zeichnen, ist die waagrechte Linie des Fadenkreuzes um 30 Grad gedreht. Auf der oberen Ebene sind beide geneigt. Die isometrische Ebene können Sie auch mit der Tastenkombination [Strg] + [E] wechseln.

Vorgang: Kreise in isometrischen Ansichten zeichnen

Wenn Sie Kreise in einer isometrischen Ebene zeichnen, erscheinen diese als Ellipsen. Da dies nur sehr schwer manuell machbar ist, bietet der Befehl ELLIPSE im isometrischen Fangmodus die Option ISOKREIS an.

```
Befehl: Ellipse
Bogen/Mittelpunkt/Isokreis/<Achsenendpunkt 1>: I für Isokreis
Kreismittelpunkt:
<Kreisradius>/Durchmesser:
```

Isometrisches Zeichnen 373

Sie geben bei der Option ISOKREIS die Maße des entsprechenden Kreises ein und der Kreis wird so gedreht, daß er als Ellipse erscheint.

Auf dieselbe Art können Sie auch Ellipsenbögen mit der Option ISOKREIS zeichnen.

```
Befehl: Ellipse
Bogen/Mittelpunkt/Isokreis/<Achsenendpunkt 1>: B für Bogen
<Achsenendpunkt 1>/Mittelpunkt/Isokreis: I für Isokreis
Kreismittelpunkt:
<Kreisradius>/Durchmesser:
Parameter/<Start Winkel>:
Parameter/Eingeschlossen/<Ende Winkel>:
```

Übung: Zeichnen der isometrischen Ansicht eines Würfels

- Laden Sie die Zeichnung A07-10.DWG aus dem Übungsordner.
- Schalten Sie Raster und Fang auf 10 Einheiten, aktivieren Sie den isometrischen Fangmodus und den Ortho-Modus.
- Zeichnen Sie den Würfel wie in Abbildung 7.21 in den drei isometrischen Ebenen. Der Würfel hat eine Kantenlänge von 100. Picken Sie die Punkte und orientieren Sie sich an der Koordinatenanzeige.
- Die Kreise sind schon gezeichnet. Löschen Sie diese und versuchen Sie es selber.
- Eine Musterlösung finden Sie im gleichen Ordner, die Zeichnung L07-10.DWG.

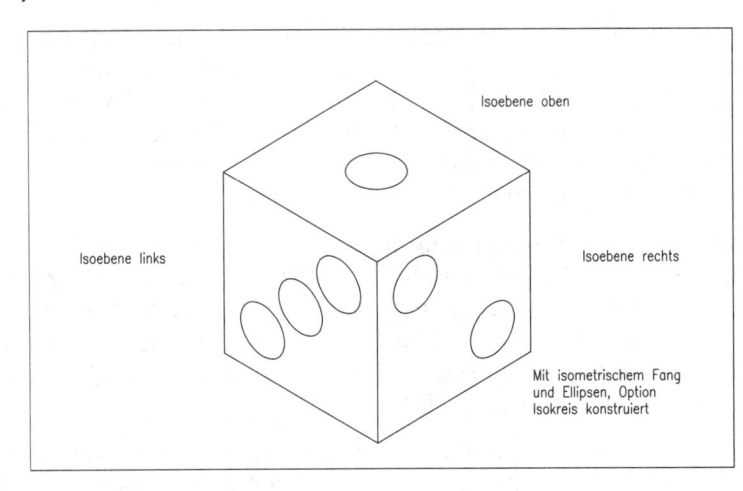

Abbildung 7.21: Isometrisches Zeichnen

7.12 Vom Tablett digitalisieren

Bis jetzt haben Sie Ihr Digitalisiertablett, sofern Sie eines haben, dazu benutzt, das Fadenkreuz zu führen und Befehle aus den Tablettmenüs zu wählen. Sie haben aber auch die Möglichkeit, Ihre Tablettfläche auf eine Papierzeichnung zu kalibrieren. Dann können Sie Papiervorlagen direkt abzeichnen.

Vorgang: Befehl TABLETT

Mit dem Befehl TABLETT können Sie verschiedene Funktionen ausführen:

- Konfigurieren des Tabletts auf die Menübereiche und den Bildschirmzeigebereich. Diese Funktion des Befehls finden Sie bei der Konfiguration von AutoCAD beschrieben (siehe Kapitel 27.5).
- Kalibrierung der Tablettfläche auf eine Papierzeichnung.

Sie finden diese Option des Befehl im:

- Abrollmenü WERKZEUGE, Untermenü TABLETT >, Funktion KALIBRIEREN

```
Befehl: Tablett
Option (Ein/Aus/KAl/KFg):
```

Mit der Option KAL werden zwei, drei oder mehr Punkte auf dem Papier abgefragt und deren Koordinaten eingegeben. Damit sind alle Punkte auf der Papierzeichnung mit AutoCAD-Koordinaten definiert. Nach dem Digitalisieren der Punkte wird in den Tablettmodus umgeschaltet.

Normalerweise kann das Fadenkreuz im Bildschirmzeigebereich des Tabletts über den ganzen Bildschirm bewegt werden. Ist dagegen der Tablettmodus aktiv, wird das Fadenkreuz nur noch innerhalb der bei der Kalibrierung festgelegten Koordinaten bewegt. Dadurch kann es vorkommen, daß bei einem ungünstigen Bildschirmausschnitt das Fadenkreuz gar nicht mehr auf dem Bildschirm erscheint.

So kann eine Papierzeichnung mit der Lupe des Digitalisiertabletts abgefahren werden. Es steht jedoch nur der Bildschirmzeigebereich zur Verfügung. Bei größeren Zeichnungen muß deshalb mehrfach neu kalibriert werden. Besser ist es, wenn das Tablett umkonfiguriert wird (siehe Kapitel 27.5). Wählen Sie keine Tablettmenüs und den Bildschirmzeigebereich so groß wie die ganze Tablettfläche.

Werden nur zwei Punkte digitalisiert, lassen sich Verzerrungen der Zeichnung nicht ausgleichen. Je mehr Punkte Sie digitalisieren, desto mehr Verzerrungen, auch in Teilbereichen der Zeichnung, werden ausgeglichen.

7.13 Der Geometrierechner

Während der Zeichen- und Konstruktionsarbeit ist es häufig erforderlich, Werte, Koordinaten, Abstände usw. zu berechnen. In AutoCAD ist dazu ein Geometrierechner integriert, der an jeder Stelle im Befehlsdialog aktiviert werden kann.

Mit dem Befehl KAL ist es möglich, bei Befehlsanfragen Zahlenwerte, Punkte oder Vektoren in Form von mathematischen Ausdrücken einzugeben.

Vorgang: Befehl KAL

Mit dem Befehl KAL lassen sich mathematische Ausdrücke eingeben. Der Befehl kann auch transparent verwendet werden, d. h., während der Arbeit mit einem anderen Befehl. Geben Sie den Befehl auf der Tastatur ein. Wenn Sie ihn innerhalb eines anderen Befehls verwenden (transparent), dann setzen Sie ' davor, also 'KAL.

```
Befehl: Kal
>>Ausdruck: 9-5+5/2+SQR(5)
31.5
```

oder:

```
Befehl:Linie
Von Punkt:'Kal
>>Ausdruck:[@10+7.5,15-8.75]
Nach Punkt:
```

usw.

Die Ausdrücke können Zahlen, Punkte, Vektoren und Formeln sowie Objektfangfunktionen enthalten.

ZAHLENFORMATE

1.2345, 12E+3, 0.1234, .5678 usw.

WINKELFORMATE

135.15, 0.135, 45d15'30" oder 0d30'10"

PUNKTE UND VEKTOREN

[100,50] oder [100,50,0]

[,,10] oder [0,0,10]

[,10] oder [0,10,0]

[] oder [0,0,0]

Koordinatenformate, z. B.: [@100<20<30]

RECHENOPERATIONEN

+ Addition
- Subtraktion
* Multiplikation
/ Division
() Klammern

VEKTOROPERATIONEN

+ Addition
  [100,50,0]+[50,20,20]=[150,70,20]
- Subtraktion
  [100,50]-[50,20]=[50,30]
* Multiplikation
  [100,50]*2=[200,100]
/ Division
  [100,50]/2=[50,25]
* Skalarprodukt von Vektoren
  [X,Y,Z]*[A,B,C]=X*A+Y*B+Z*C
& Vektorprodukt von Vektoren
  [X,Y,Z]*[A,B,C]=[(Z*B)-(Y*C),(X*C)-(Z*A),(Y*A)-(X*B)]
() Klammern

FUNKTIONEN

sin(Winkel)	Sinus des Winkels
cos(Winkel)	Cosinus des Winkels
tang(Winkel)	Tangens des Winkels
asin(Zahl)	Arcussinus der Zahl (zwischen -1..1)
acos(Zahl)	Arcuscosinus der Zahl (zwischen -1 und 1)
atan (Zahl)	Arcustangens der Zahl
log(Zahl)	Natürlicher Logarithmus der Zahl
log10(Zahl)	Zehnerlogarithmus der Zahl
exp(Zahl)	Natürlicher Exponent der Zahl
exp10(Zahl)	Zehnerexponent der Zahl
sqr(Zahl)	Quadrat der Zahl

sqrt(Zahl)	Wurzel der Zahl
abs(Zahl)	Absoluter Wert der Zahl
round(Zahl)	Gerundete Zahl
trunc(Zahl)	Integerwert der Zahl
r2d(Winkel)	Umwandlung Bogenmaß in Grad
d2r(Winkel)	Umwandlung Grad in Bogenmaß
pi	Konstante Pi

GEOMETRISCHE FUNKTIONEN

ang(P)	Winkel X-Achse und Punkt P
ang(P1,P2)	Winkel X-Achse und der Linie (P1,P2)
ang(S,P1,P2)	Winkel zwischen den Linien (S,P1) und (S,P2) projiziert auf die XY-Ebene
cur	Punkteingabe mit Fadenkreuz
cur(P)	Punkteingabe mit Fadenkreuz und Gummiband von P
dee	Distanz zwischen zwei Endpunkten
dist(P1,P2)	Abstand zwischen den Punkten P1 und P2
dpl(P,P1,P2)	Abstand zwischen dem Punkt P und der Linie (P1,P2)
dpp(P,P1,P2,P3)	Abstand zwischen dem Punkt P und der Ebene aus den Punkten P1, P2 und P3
ill(P1,P2,P3,P4)	Schnittpunkt der Linien (P1,P2) und (P3,P4)
ilp(P1,P2,	Schnittpunkt der Linie (P1,P2) und der (P3,P4,P5)-Ebene aus den Punkten P1, P2 und P3
ille	Schnittpunkt von zwei Linien, die durch vier Endpunkte definiert sind
mee	Mittelpunkt zwischen zwei Endpunkten
nee	Einheitsvektor in der XY-Ebene, senkrecht auf zwei Endpunkte
nor	Einheitsvektor senkrecht auf einen Kreis, Bogen oder Polylinienbogen
nor(V)	Einheitsvektor in der XY-Ebene, senkrecht auf den Vektor V
nor(P1,P2)	Einheitsvektor in der XY-Ebene senkrecht auf die Linie (P1,P2)

| Kapitel 7: Weitere Zeichen- und Editierbefehle

nor(P1,P2,P3)	Einheitsvektor senkrecht auf die Ebeneaus den Punkten P1, P2 und P3
pld(P1,P2,D)	Punkt auf der Linie (P1,P2) im Abstand von D zu P1
plt(P1,P2,T)	Punkt auf der Linie (P1,P2) der T Segmente von P1 entfernt ist (ein Segment entspricht dem Abstand P1, P2)
rad	Radius des gewählten Objekts
rot(P,B,W)	Drehung Punkt P um den Punkt B um den Winkel W, Drehachse parallel zur Z-Achse
rot(P,P1,P2,W)	Drehung Punkt P um den Winkel W, Drehachse ist die Linie (P1,P2)
rxof(P), ryof(P)	X-, Y- bzw. Z-Koordinate eines Punktes rzof(P)
u2w(P)	Transformation von P vom BKS ins WKS
vec(P1,P2)	Vektor von Punkt P1 zu Punkt P2
vec1(P1,P2)	Einheitsvektor von Punkt P1 zu P2
vee	Vektor von zwei Endpunkten
vee1	Einheitsvektor von zwei Endpunkten
w2u(P)	Transformation von P vom WKS ins BKS
xyof(P), xzof(P), xof(P) yof(P), zof(P)	XY-, XZ-, YZ-, X-, Y- bzw. Z-Koordinate von P yzof(P),

FANGFUNKTIONEN

END	Endpunkt
INS	Einfügebasispunkt
INT	Schnittpunkt
MID	Mittelpunkt
CEN	Zentrum
NAE	Nächster
NOD	Keiner
QUA	Quadrant
PER	Lot
TAN	Tangente

Beispiele:

Der Befehl KAL kann bei der Befehlsanfrage verwendet werden.

```
Befehl: Kal
>>Ausdruck: 3*7+sqrt(16)
25
```

Auf diese Art lassen sich auch Größen direkt aus der Zeichnung ermitteln:

```
Befehl: Kal
>>Ausdruck: DEE
>>Endpunkt für DEE: 1. Endpunkt picken
>>Weiterer Endpunkt für DEE: 2. Endpunkt picken
23.0416
```

Sie bekommen den Abstand der beiden Endpunkte ausgegeben. Der Objektfang ENDPUNKT wird automatisch aktiviert.

Der Befehl läßt sich auch transparent bei der Befehlseingabe einsetzen. Im folgenden wird ein Kreis mit dem gleichen Radius wie ein bereits existierender Kreis gezeichnet.

```
Befehl: Kreis
2P/3P/TTR/<Mittelpunkt>: 100,100
Durchmesser/<Radius>: 'Kal
>>Ausdruck: RAD
>>Kreis, Bogen oder Poliniensegment für RAD Funktion wählen:
Kreis in der Zeichnung wählen
```

Der Radius des gewählten Kreises wird für den neuen übernommen.

Mit den Funktionen des Befehls KAL lassen sich Punkte konstruieren. Im nächsten Beispiel wird der Punkt zwischen zwei Endpunkten ermittelt und dort ein Kreis plaziert:

```
Befehl: Kreis
2P/3P/TTR/<Mittelpunkt>: 'Kal
>>Ausdruck: MEE
>>Endpunkt für MEE: 1. Endpunkt picken
>>Weiterer Endpunkt: 2. Endpunkt picken
Durchmesser/<Radius>: 5
```

Mit dem Befehl KAL lassen sich auch Variablen sichern, auf die später wieder zugegriffen werden kann.

```
Befehl: Kal
>>Ausdruck: p1=CEN+[10,10]
>>Objekt wählen für Zentrum: Kreis picken
Befehl: Linie
Von Punkt: 'Kal
>>Ausdruck: p1
```

Gefüllte Flächen und Anzeigereihenfolge

Kapitel 8

8.1 Gefüllte Flächen mit dem Schraffurbefehl
8.2 Andere Möglichkeiten für gefüllte Flächen
8.3 Darstellung gefüllter Flächen
8.4 Anzeigereihenfolge
8.5 Umgrenzung

In AutoCAD 14 können Sie den Schraffurbefehl auch zur Erzeugung von gefüllten Flächen verwenden. Durch Anordnung der Zeichenobjekte in einer bestimmten Reihenfolge lassen sich Objekte abdecken oder auf eine gefüllte Fläche legen. Sie lernen in diesem Kapitel:

- mehr über die Schraffurfunktionen,
- wie Sie gefüllte Flächen erzeugen,
- wie Sie sonst noch zu gefüllten Flächen kommen,
- wie Sie Objekte in der Zeichnung übereinanderlegen können und
- wie Sie Umgrenzungen erstellen.

8.1 Gefüllte Flächen mit dem Schraffurbefehl

Obwohl der Schraffurbefehl in AutoCAD 14 genauso aussieht wie in AutoCAD 13, sind doch einige wichtige Details geändert worden. So werden jetzt Schraffuren nicht mehr als sogenannte »unbenannte Blöcke« generiert. Schraffuren sind eigene Objekte in AutoCAD 14. Dadurch ergeben sich kompaktere Zeichnungsdateien und der Bildaufbau wird beschleunigt.

Eine weitere Neuerung betrifft die Funktionalität von AutoCAD. Mit AutoCAD 14 kann der Schraffurbefehl zum Füllen von Flächen verwendet werden. Was in vorherigen Versionen von AutoCAD ein schwieriges Unterfangen war, ist jetzt ganz einfach möglich. Ein spezielles Schraffurmuster erzeugt gefüllte Flächen.

Vorgang: Befehl GSCHRAFF

Wie Sie schon in Kapitel 5.1 gesehen haben, wird der Befehl GSCHRAFF zum Schraffieren verwendet. Sie finden den Befehl:

- Abrollmenü ZEICHNEN, Funktion SCHRAFFUR...
- Tablettfeld P9
- Symbol im Werkzeugkasten ZEICHNEN

Nach Anwahl des Befehls bekommen Sie ein Dialogfeld auf den Bildschirm, aus dem Sie alle Funktionen wählen und weitere Dialogfelder starten können (siehe Abbildung 8.1).

Kapitel 8: Gefüllte Flächen und Anzeigereihenfolge

Abbildung 8.1:
Dialogfeld für die Schraffur

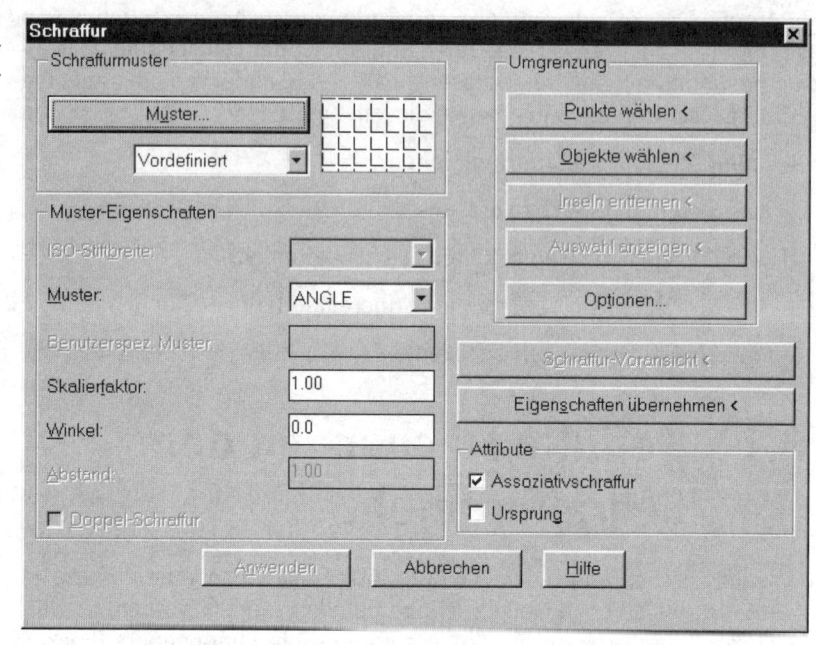

Da Sie den Befehl schon kennen, hier nur die Besonderheit für gefüllte Flächen. Klicken Sie dazu auf die Schaltfläche MUSTER... und Sie bekommen die verfügbaren Schraffurmuster in einem Bildmenü (siehe Abbildung 8.2).

Abbildung 8.2:
Bildmenü mit den Schraffurmustern

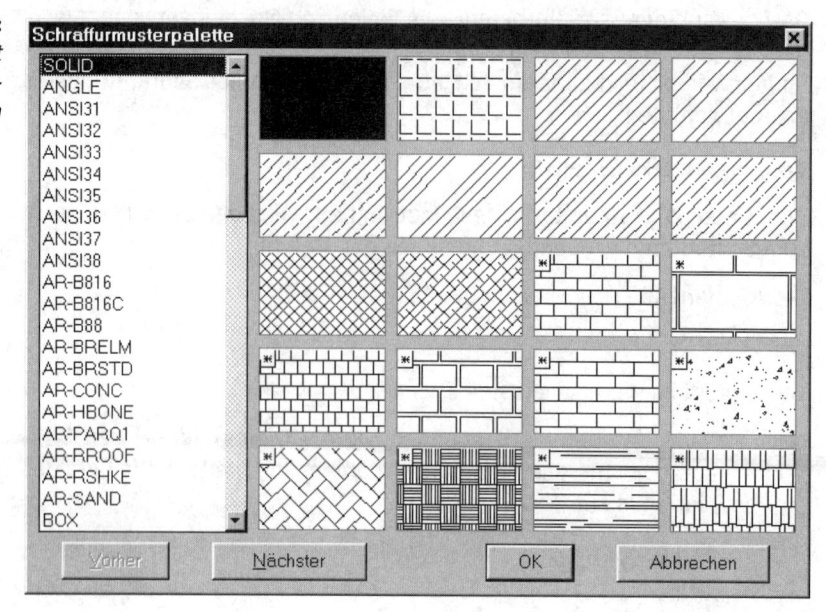

Das erste Feld im Bildmenü mit der leeren Fläche und der erste Eintrag SOLID in der daneben stehenden Liste stehen für die Schraffur als gefüllte Fläche. Die Fläche wird in der aktuellen Farbe bzw. der Farbe, die dem aktuellen Layer zugeordnet ist, gefüllt.

Alle Funktionen des Befehls bei gefüllten Flächen sind identisch mit denen bei herkömmlichen Schraffurmustern. Da der Befehl GSCHRAFF über eine automatische Konturerkennung verfügt, können Sie damit jede beliebige geschlossene Fläche füllen.

8.2 Andere Möglichkeiten für gefüllte Flächen

Ein weiteres Objekt, das als gefüllte Fläche dargestellt wird, ist das Solid. Dieses Objekt war auch schon in früheren Versionen von AutoCAD verfügbar. Solids haben aber einen entscheidenden Nachteil: sie bestehen nur aus drei- und viereckigen Flächen, die Sie natürlich auch zu Vielecken zusammensetzen können. Rundungen sind damit aber nicht möglich bzw. sie lassen sich nur sehr aufwendig annähern.

Vorgang: Befehl SOLID

Mit dem Befehl SOLID können Sie Flächen zeichnen, die sich aus drei- und viereckigen Elementen zusammensetzen. Sie finden den Befehl im:

↳ Abrollmenü ZEICHNEN, Untermenü FLÄCHEN >, Funktion SOLID

↳ Tablettfeld L8

↳ Symbol im Werkzeugkasten FLÄCHEN

```
Befehl: Solid
Erster Punkt:
Zweiter Punkt:
Dritter Punkt:
Vierter Punkt:
Dritter Punkt:usw.
```

Vorgang: Befehl PLINIE

Wie Sie in Kapitel 7.1 schon gesehen haben, können Sie auch Polylinien als breite gefüllte Objekte zeichnen. Sie können für jedes Segment eine Start- und Endbreite eingeben. Dadurch erhalten Sie gefüllte Flächen. Um gefüllte Quadrate, Rechtecke oder Dreiecke zu erhalten, können Sie auch eine Polylinie zeichnen, die nur aus einem Segment besteht.

Bei der Polylinie wird die Mittellinie gezeichnet. Die Polylinie ist damit immer symmetrisch. Unregelmäßige Vierecke oder Dreiecke lassen sich nicht mit breiten Polylinien zeichnen.

8.3 Darstellung gefüllter Flächen

Gefüllte Flächen können ausgefüllt oder nichtausgefüllt dargestellt werden, je nachdem wie der Füllmodus eingestellt ist.

Vorgang: Befehl FÜLLEN

Mit dem Befehl FÜLLEN können Sie den Anzeigemodus von gefüllten Flächen umstellen. Tippen Sie den Befehl auf der Tastatur ein. Sie finden den Befehl nicht in den Menüs.

```
Befehl: Füllen
Ein/Aus <Ein>:
```

Stellen Sie den Modus entsprechend ein.

Vorgang: Systemvariable FILLMODE

Sie können den Modus auch mit einer Systemvariablen umstellen. Alle Anzeigemodi werden in Systemvariablen gespeichert. Ob Sie den entsprechenden Befehl verwenden oder die Systemvariable direkt verändern, das Ergebnis ist dasselbe. Tippen Sie den Namen der Systemvariablen auf der Tastatur ein.

```
Befehl: Fillmode
Neuer Wert für FILLMODE <1>:
```

Geben Sie 0 für die ungefüllte Darstellung oder 1 für die gefüllte ein.

Tip:

Systemvariablen lassen sich auch transparent einstellen, d. h., während der Arbeit mit einem anderen Befehl.

```
Befehl: Solid
Erster Punkt: 100,100
Zweiter Punkt: 'Fillmode
>>Neuer Wert für FILLMODE <0>: 1
Nehme SOLID-Befehl wieder auf.
Zweiter Punkt:
```

Vorgang: Dialogfeld ZEICHNUNGSHILFEN

Eine weitere Möglichkeit zur Einstellung des Füllmodus haben Sie im Dialogfeld für die Zeichnungshilfen. Sie holen das Dialogfeld mit dem Befehl DDRMODI auf den Bildschirm. Sie finden den Befehl im:

- Abrollmenü WERKZEUGE, Funktion ZEICHNUNGSHILFEN...
- Tablettfeld P9

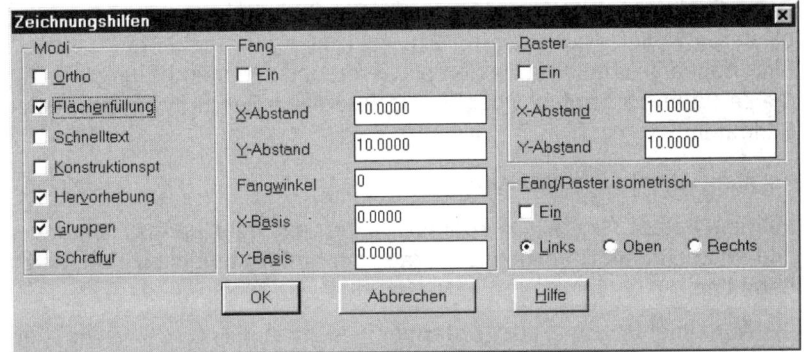

Abbildung 8.3:
Dialogfeld ZEICH-NUNGSHILFEN

Mit dem Schalter FLÄCHENFÜLLUNG schalten Sie den Füllmodus ein und aus.

Tips:

Egal mit welcher Methode Sie den Füllmodus umschalten, er wirkt sich erst auf neu gezeichnete Objekte aus. Erst beim nächsten Regenerieren werden alle Objekte im neuen Modus angezeigt. Sie können aber auch den Befehl REGEN verwenden, um alle Objekte sofort im neuen Modus darzustellen.

Der Füllmodus wirkt sich auch auf normale Schraffuren aus. Bei Flächen, die mit einem Linienmuster schraffiert wurden, wird mit dem Füllmodus die Schraffur ebenfalls ein- und ausgeschaltet.

Wenn Sie Ihre Zeichnung nicht in der Draufsicht anzeigen, sondern von einem anderen Ansichtspunkt im Raum (siehe Kapitel 18.5), werden gefüllte Flächen nicht ausgefüllt dargestellt, auch wenn der Füllmodus eingeschaltet ist. Das gilt nicht für Schraffuren und mit dem Befehl GSCHRAFF erzeugte gefüllte Flächen. Sie werden aus jeder Perspektive angezeigt, wenn der Füllmodus eingeschaltet ist.

8.4 Anzeigereihenfolge

Gefüllte Flächen bringen aber ein weiteres Problem in AutoCAD mit sich. Stellen Sie sich vor, Sie wollen eine Fläche mit einer Farbe unterlegen, auf dieser Fläche aber eine Beschriftung anbringen. In AutoCAD haben Sie bis jetzt keine Möglichkeit gehabt, zu bestimmen, was oben und unten liegt. Es kann Ihnen also passieren, daß die Beschriftung von der Füllung überdeckt wird. Sobald gefüllte Flächen verwendet werden können, muß es auch eine Möglichkeit geben, die Anzeigereihenfolge zu bestimmen. Genau diese Möglichkeit haben Sie jetzt in AutoCAD 14.

Diese Funktion ist auch wichtig, wenn Sie Bilddateien in der Zeichnung plazieren wollen (siehe Kapitel 13). Auch hier können Sie die Bilddatei hinter allen Zeichnungsobjekten plazieren und so einen Hintergrund für die Zeichnung erzeugen. Oder Sie plazieren eine Beschriftung über einer Bilddatei.

Vorgang: Befehl ZEICHREIHENF

Mit dem Befehl ZEICHREIHENF können Sie die Lage der Objekte zueinander ändern und damit Objekte nach vorne oder hinten stellen. Sie finden den Befehl im:

↪ Abrollmenü WERKZEUGE, Untermenü ANZEIGEREIHENFOLGE >, Funktion Einträge für die einzelnen Optionen des Befehls

↪ Tablettfeld P9

↪ Symbol im Werkzeugkasten ÄNDERN II

```
Befehl: Zeichreihenf
Objekte wählen:
üBer objekt/uNter objekt/Oben/<Unter>:
```

Mit den Optionen OBEN bzw. UNTER wird das Objekt über alle anderen bzw. unter alle anderen geholt. Die Optionen ÜBER OBJEKT bzw. UNTER OBJEKT ordnen das gewählte Objekt über bzw. unter einem Referenzobjekt an. Bei einer weiteren Anfrage wählen Sie das Referenzobjekt.

Fehler:

Wenn Sie eine Zeichnung laden, bei der die Zeichenreihenfolge verändert wurde, sollten Sie auf jeden Fall den Befehl REGEN verwenden. Beim Laden werden die Objekte in der Reihenfolge aufgebaut, in der Sie in der Zeichnungsdatenbank gespeichert sind, und die muß nicht identisch sein mit der festgelegten Zeichenreihenfolge.

Übung: Überdeckende Flächen

↪ *Öffnen Sie die Zeichnung A08-01.DWG aus Ihrem Übungsordner.*

↪ *Sie finden dort eine Zeichnung wie in Abbildung 8.4.*

↪ *Schraffieren Sie die Ringe mit dem Muster SOLID. Verwenden Sie beim linken Ring den Layer FARBE1, beim rechten Ring den Layer FARBE2 und unten den Layer FARBE3.*

↪ *Schieben Sie den Text um 20 Einheiten nach unten, den linken Ring samt Füllung um 60 Einheiten nach rechts und den rechten Ring mit seiner Füllung um 60 Einheiten nach links. Ringe, Füllung und Text liegen damit übereinander.*

↪ *Sortieren Sie jetzt alle. Bringen Sie den linken Ring mit seiner Füllung mit dem Befehl ZEICHREIHENF ganz nach vorne, den unteren ganz nach hinten.*

Anzeigereihenfolge

Abbildung 8.4:
Zeichenreihenfolge bestimmen, Ausgangszeichnung

↪ Den rechten Ring plazieren Sie zwischen den beiden anderen Ringen:

```
Befehl: Zeichreihenf
Objekte wählen: Rechten Ring mit Füllung wählen
üBer objekt/uNter objekt/Oben/<Unter>: N für die Option uNter
objekt
Referenzobjekt wählen: Linken Ring oder Füllung wählen
```

↪ Plazieren Sie jetzt noch den Text ganz oben. Das Ergebnis sollte wie in Abbildung 8.5 aussehen.

↪ Eine Lösung finden Sie im Übungsordner, Zeichnung Lo8-01.DWG.

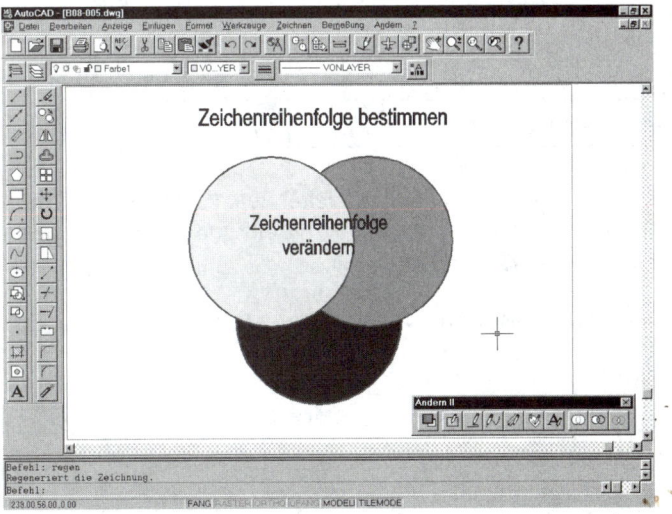

Abbildung 8.5:
Objekte angeordnet

8.5 Umgrenzung

Eine Variante des Befehls GSCHRAFF ist der Befehl UMGRENZUNG. Wie bei der Schraffur kann damit eine Fläche bestimmt werden. Der Befehl ermittelt automatisch die Grenzkante, schraffiert die Fläche aber nicht, sondern zeichnet Sie nach.

Vorgang: Befehl UMGRENZUNG

Sie finden den Befehl im:

↪ Abrollmenü ZEICHNEN, Funktion UMGRENZUNG

↪ Tablettfeld Q9

Die Einstellungen für den Befehl können Sie in einem Dialogfeld vornehmen (siehe Abbildung 8.6).

Wählen Sie im Abrollmenü OBJEKTTYP, ob Sie als Umgrenzung eine Polylinie oder eine Region (siehe Kapitel 9) haben wollen. Schalten Sie den Schalter INSELN ERKENNEN ein, wenn Sie auch um Inseln, die in der Fläche enthalten sind, eine Umgrenzung zeichnen wollen.

Abbildung 8.6:
Dialogfeld für die Umgrenzung

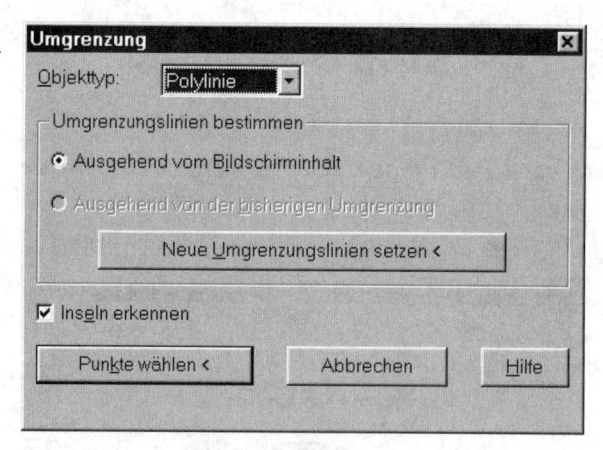

Klicken Sie auf die Schaltfläche PUNKTE WÄHLEN <. Wie beim Befehl GSCHRAFF verschwindet das Dialogfeld und Sie können in der Zeichnung eine Fläche wählen:

```
Internen Punkt wählen:
Interne Inseln werden analysiert...
Internen Punkt wählen:
.
Internen Punkt wählen: ⏎

UMGRENZUNG geschaffen 3 Polylinien
```

Klicken Sie einen Punkt in der Fläche an. Die Kontur um die Fläche wird gestrichelt dargestellt und Inseln ebenfalls umrandet (falls nicht ausgeschaltet). Klicken Sie weitere Flächen an, für die ebenfalls Umgrenzungen gezeichnet werden sollen. Beenden Sie die Anfrage nach einem weiteren Punkt mit ⏎ und die Umgrenzung wird gezeichnet.

Die Umgrenzung wird auf dem aktuellen Layer gezeichnet.

Tip:

Den Befehl Umgrenzung können Sie zum Ausmessen von geschlossenen Flächen verwenden. Erstellen Sie für diesen Zweck eine Umgrenzung mit einer Polylinie. Mit den Befehlen LISTE oder FLÄCHE können Sie sich die Fläche anzeigen lassen, die von der geschlossenen Polylinie eingeschlossen ist. Sie können aber auch eine Region erzeugen (siehe Kapitel 9). Dann erhalten Sie mit dem Befehl MASSEIG noch weitergehende Informationen. Vor allem werden bei Regionen eingeschlossene Inseln bei der Flächenberechnung abgezogen.

Übung: Umgrenzung für Flächenberechnung erzeugen

↳ *Öffnen Sie die Zeichnung A08-02.DWG aus Ihrem Übungsordner.*

↳ *Dort finden Sie die Zeichnung aus Abbildung 8.7.*

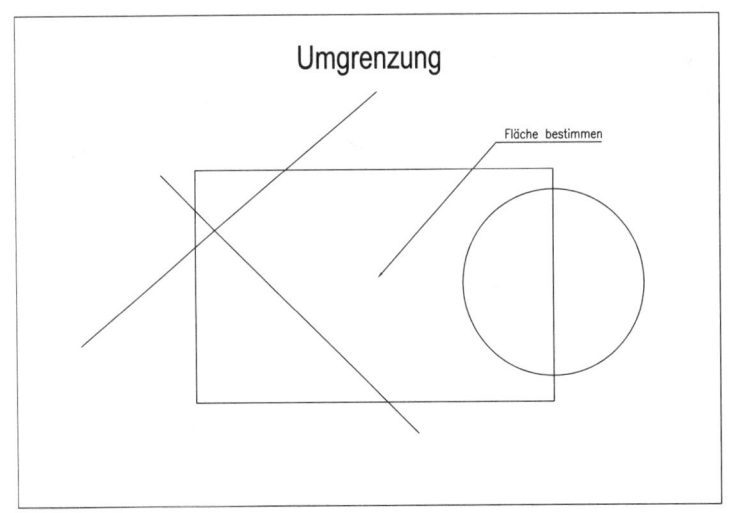

Abbildung 8.7:
Umgrenzung zur Flächenberechnung

↳ *Lassen Sie sich mit dem Befehl UMGRENZUNG eine Polylinie um die markierte Fläche zeichnen.*

↳ *Ermitteln Sie mit dem Befehl FLÄCHE die Fläche unter der Polylinie.*

Kapitel 8: Gefüllte Flächen und Anzeigereihenfolge

```
Befehl: Fläche
Objekt/Addieren/Subtrahieren/<Erster Punkt>: O für die Objekte
Objekte auswählen: Polylinie wählen
Fläche = 7444.60, Umfang = 435.27
```

↪ *Nach der Flächenberechnung können Sie die Polylinie wieder löschen, wenn Sie sie in der Zeichnung nicht mehr benötigen.*

Regionen

Kapitel 9

- 9.1 Erstellung von Regionen
- 9.2 Analyse von Regionen
- 9.3 Verknüpfung von Regionen
- 9.4 2D-Konstruktionen aus Regionen

Eine spezielle Methode beim Erstellen von 2D-Zeichnungen sind die Regionen. Damit lassen sich boolesche Verknüpfungen mit 2D-Objekten durchführen. Sie lernen in diesem Kapitel:

- wie Sie Regionen erstellen,
- welche Analysen Sie damit machen können,
- wie Sie Regionen miteinander verknüpfen können,
- wie Sie Regionen sinnvoll nützen können.

9.1 Erstellung von Regionen

Jedes geschlossen gezeichnete 2D-Objekt kann in eine Region umgewandelt werden. Das ist möglich mit einem geschlossenen Linienzug, einer geschlossenen Kontur aus Linien und Bögen, einer geschlossenen Polylinie aus Linien und Bogensegmenten (nicht mit 3D-Polylinien), einem Kreis, einem Polygon, einem geschlossenen Spline oder einer Ellipse.

Vorgang: Befehl REGION

Regionen können Sie mit dem Befehl REGION erstellen. Sie finden den Befehl im:

- Abrollmenü ZEICHNEN, Funktion REGION
- Tablettfeld R9
- Symbol im Werkzeugkasten ZEICHNEN

```
Befehl: Region
Objekte wählen: Objekte wählen
..
Objekte wählen: ⏎
1 Kontur extrahiert.
1 Region erstellt.
```

Haben Sie eines oder mehrere der oben aufgeführten Objekte gewählt, werden diese in einzelne Regionen umgewandelt. Die Anzeige ändert sich dadurch nicht. Sie haben aber jetzt keinen Lininenzug mehr, den Sie einzeln editieren können, sondern eine zusammenhängende Region.

Haben Sie Polylinien mit einer Breite gewählt, wird die Breiteninformation gelöscht. Die Mittellinie der Polylinie wird zur Kontur der Region.

Vorgang: Befehl URSPRUNG bei Regionen

Regionen können Sie mit dem Befehl URSPRUNG wieder in ihre Bestandteile zerlegen:

- Abrollmenü ÄNDERN, Funktion URSPRUNG
- Tablettmenü T22
- Symbol im Werkzeugkasten ÄNDERN

```
Befehl: Ursprung
Objekte wählen: Regionen wählen
```

Wählen Sie eine oder mehrere Regionen und sie werden wieder in ihre ursprünglichen Bestandteile zerlegt: Linien, Bögen, Kreise oder Splines.

Eine Ausnahme bilden Regionen, die aus Polylinien erzeugt wurden. Da die Information, aus welchen Objekten die Polylinie erzeugt wurde, nicht in der Region gespeichert ist, werden solche Regionen in einzelne Liniensegmente und Bögen zerlegt. Wurde eine Polylinie durch eine Kurve angeglichen, bevor sie in eine Region umgewandelt und diese Region wieder mit dem Befehl URSPRUNG zerlegt wurde, entstehen daraus einzelne kurze Liniensegmente. Selbstverständlich kann auch eine ursprünglich vorhandene Breite nicht wiederhergestellt werden.

9.2 Analyse von Regionen

Ein Vorteil der Regionen ist, daß Sie wesentlich mehr Informationen darüber erhalten als über einfache Linienzüge oder Polylinien.

Vorgang: Befehl LISTE bei Regionen

Wählen Sie eine Region mit dem Befehl LISTE an, bekommen Sie wesentlich mehr Informationen über das Objekt als bei einzelnen Linien oder Bogensegmenten und auch mehr als bei einer geschlossenen Polylinie. Wählen Sie den Befehl LISTE im:

- Abrollmenü WERKZEUGE, Untermenü ABFRAGE >, Funktion LISTE
- Tablettfeld U8
- Symbol im Werkzeugkasten ABFRAGE

```
Befehl: Liste
Objekte wählen: eine oder mehrere Regionen wählen
Objekte wählen: ⏎

              REGION     Layer: 0
                         Bereich: Modellbereich
```

```
                Referenz = FA
                    Fläche: 12350.0000
                    Umfang: 574.1421

Begrenzungsrahmen: Untere Begrenzung X=140, Y=80, Z=0
                   Obere Begrenzung X=290, Y=190, Z=0
```

Fläche und Umfang hätten Sie auch erhalten, wenn Sie die Objekte in eine Polylinie umgewandelt hätten. Bei einem Spline dagegen wird keine Flächeninformation angezeigt, nur der Umfang. Bei einer Region haben Sie die Informationen in jedem Fall. Zusätzlich bekommen Sie den Begrenzungsrahmen angezeigt. Das sind die maximalen Abmessungen des Objekts: der linke untere Punkt und der rechte obere. Sie können sich diese Informationen auch als Verpackungsmaß vorstellen.

Vorgang: Befehl MASSEIG bei Regionen

Ein Befehl, der eigentlich für 3D-Volumenkörper gedacht ist (siehe Kapitel 20), liefert noch weitergehende Informationen zu Regionen, der Befehl MASSEIG. Wählen Sie den Befehl im:

↳ Abrollmenü WERKZEUGE, Untermenü ABFRAGE >, Funktion MASSEEIGENSCHAFTEN

↳ Tablettfeld U7

↳ Symbol im Werkzeugkasten ABFRAGE

```
Befehl: Masseig
Objekte wählen: eine oder mehrere Regionen wählen
Objekte wählen: [←]

---------------     REGIONEN      ----------------

Fläche:              12350
Umfang:              574
Begrenzungsrahmen:   X: 140 -- 290
                     Y:  80 -- 190

Schwerpunkt:         X: 207
                     Y: 130

Trägheitsmomente:    X: 223084166
                     Y: 551925833

Deviationsmoment:    XY: 329674583

Trägheitsradien:     X: 134
                     Y: 211
```

```
Hauptträgheitsmomente und X-Y-Richtung um Schwerpunkt:
              I: 8844174 entlang [0.90 -0.43]
              J: 23208459 entlang [0.43 0.90]

In Datei schreiben ? <N>:
```

Wählen Sie eine oder mehrere Regionen und Sie bekommen mit diesem Befehl zusätzlich noch Informationen über Schwerpunkt und Trägheitsmomente. Die Informationen können Sie zur weiteren Verwendung in eine Textdatei schreiben lassen. Geben Sie dazu auf die letzte Anfrage J für Ja ein.

9.3 Verknüpfung von Regionen

Der eigentliche Vorteil von Regionen liegt darin, daß Sie mit booleschen Operationen verknüpft werden können. Damit läßt sich in manchen Fällen einfacher konstruieren und Fläche, Umfang, Schwerpunkt usw. erhält man gleich mit. Die Befehle sind identisch mit denen, die bei den Volumenkörpern verwendet werden (siehe Kapitel 20).

Vorgang: Befehl VEREINIG

Mit dem Befehl VEREINIG machen Sie aus mehreren Regionen eine Gesamtregion (siehe Abbildung 9.1, a). Sie finden den Befehl im:

↪ Abrollmenü ÄNDERN, Untermenü BOOLESCHE OPERATION >, Funktion VEREINIGUNG

↪ Tablettfeld X15

↪ Symbol im Werkzeugkasten ÄNDERN II

```
Befehl: Vereinig
Objekte wählen: eine oder mehrere Regionen wählen
Objekte wählen: weitere Regionen wählen
..
Objekte wählen: ⏎
```

Vorgang: Befehl DIFFERENZ

Der Befehl DIFFERENZ subtrahiert von einer oder mehreren Regionen einen zweiten Satz von Regionen (siehe Abbildung 9.1, b). Damit bringen Sie Aussparungen und Bohrungen an einer Region an.

↪ Abrollmenü ÄNDERN, Untermenü BOOLESCHE OPERATION >, Funktion DIFFERENZ

↪ Tablettfeld X16

↪ Symbol im Werkzeugkasten ÄNDERN II

```
Befehl: Differenz
Volumenkörper oder Region, von denen subtrahiert werden soll,
wählen...
Objekte wählen: eine oder mehrere Regionen wählen
..
Objekte wählen: ⏎
Volumenkörper oder Region für Subtraktion wählen...
Objekte wählen: eine oder mehrere Regionen wählen
..
Objekte wählen: ⏎
```

Vorgang: Befehl SCHNITTMENGE

Mit dem Befehl SCHNITTMENGE bilden Sie die Region, die sich überlagernde Regionen gemeinsam einnehmen. Herausfallende Teile einzelner Regionen werden entfernt (siehe Abbildung 9.1, c). Den Befehl verwenden Sie, wenn Sie eine Region auf eine maximale Ausdehnung begrenzen oder mit einer bestimmten Form ausstanzen wollen.

↦ Abrollmenü ÄNDERN, Untermenü BOOLESCHE OPERATION >, Funktion SCHNITTMENGE

↦ Tablettfeld X17

↦ Symbol im Werkzeugkasten ÄNDERN II

```
Befehl: Schnittmenge
Objekte wählen: eine oder mehrere Regionen wählen
Objekte wählen: weitere Regionen wählen
..
Objekte wählen: ⏎
```

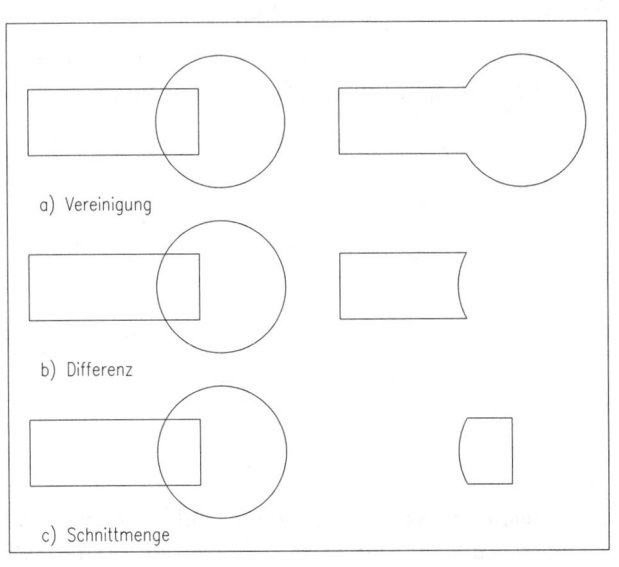

Abbildung 9.1: *Verknüpfung von Volumenkörpern*

a) Vereinigung

b) Differenz

c) Schnittmenge

Übung: Verknüpfung von Regionen

- Laden Sie die Zeichnung A09-01.DWG aus Ihrem Übungsverzeichnis.
- Machen Sie aus den Objekten Regionen.
- Verknüpfen Sie Regionen wie in Abbildung 9.1.
- Die Lösung finden Sie in Ihrem Übungsverzeichnis in der Zeichnung L09-01.DWG.

Tips:

Mit den Befehlen FASE und ABRUNDEN können die Ecken von Regionen nicht bearbeitet werden. Die Befehle KAPPEN, QUERSCHNITT und ÜBERLAGERUNG der Volumenkörper ergeben bei Regionen keinen Sinn und sind deshalb auch nicht verfügbar.

Sie können aber Regionen als Geometrie für die Volumenkörperbefehle EXTRUSION und ROTATION verwenden. Sie erhalten dann sofort den gewünschten Volumenkörper.

9.4 2D-Konstruktionen aus Regionen

Viele 2D-Konstruktionen lassen sich einfacher ausführen, wenn Sie mit Regionen an die Sache herangehen. Zwei Beispiele sollen Ihnen neue Möglichkeiten aufzeigen.

Übung: Konstruktion eines Zahnrades

- Laden Sie die Zeichnung A09-02.DWG aus dem Übungsordner (siehe Abbildung 9.2). Darin finden Sie die Grundkontur für das Zahnrad.

Abbildung 9.2: Grundkonturen für ein Zahnrad

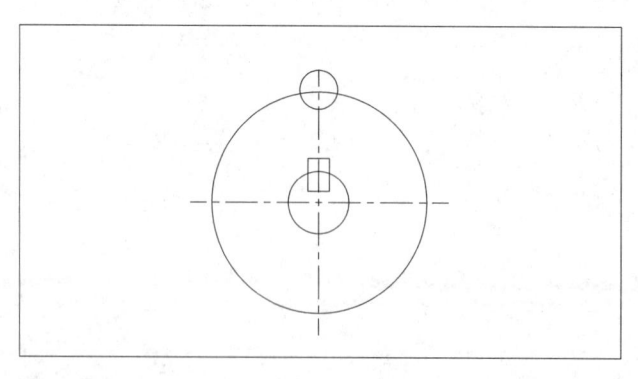

- Verwenden Sie den Befehl REIHE mit der Option POLAR und erzeugen Sie aus dem kleinen Kreis eine Anordnung von 16 Kreisen.

```
Befehl: Reihe
Objekte wählen: Kleinen Kreis wählen
Objekte wählen: ⏎
Rechteckige oder polare Anordnung (R/P) <R>: P für polare
Anordnung
Mittelpunkt der Anordnung: Zentrum des großen Kreises anklicken
Anzahl Elemente: 16
Auszufüllender Winkel (+=GUZ, -=UZ) <360>: ⏎
Objekte drehen beim Kopieren? <J> ⏎
```

↪ *Wandeln Sie alle Objekte in Regionen um. Die Mittellinien werden nicht umgewandelt.*

↪ *Subtrahieren Sie alle kleinen Kreise von dem großen Kreis und Sie haben ein Zahnrad.*

↪ *Subtrahieren Sie jetzt noch den Kreis und das Rechteck in der Mitte vom Zahnrad. Ihr Zahnrad sieht wie in Abbildung 9.3 aus. Sie haben auch eine Lösung in Ihrem Übungsordner, Zeichnung L09-02.DWG.*

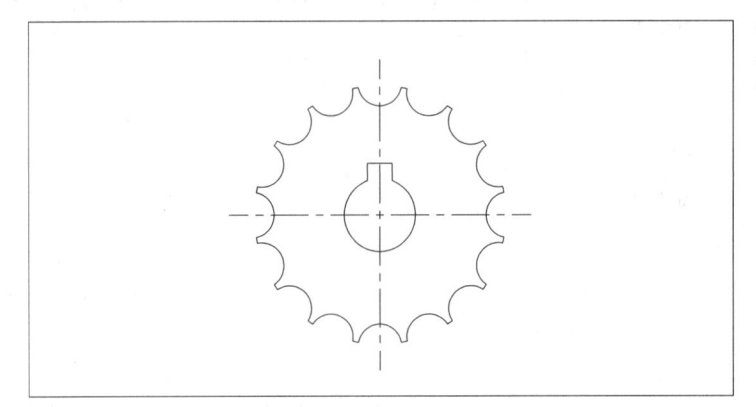

Abbildung 9.3: Zahnrad aus Regionen

↪ *Lassen Sie sich Umfang und Fläche berechnen und ermitteln Sie den Schwerpunkt und die Trägheitsmomente.*

↪ *Zerlegen Sie das Zahnrad mit dem Befehl URSPRUNG, wenn Sie es weiter bearbeiten wollen.*

Übung: Zeichnen einer Platte aus Lochblech

↪ *Laden Sie jetzt aus Ihrem Übungsordner die Zeichnung A09-03.DWG (siehe Abbildung 9.4), die Konturen für das Lochblech.*

↪ *Verwenden Sie den Befehl REIHE mit der Option RECHTECK und erzeugen Sie aus dem kleinen Kreis eine Anordnung aus 11 Zeilen und 18 Spalten mit Abstand 10 in beiden Richtungen:*

Kapitel 9: Regionen

Abbildung 9.4:
Grundkonturen für das Lochblech

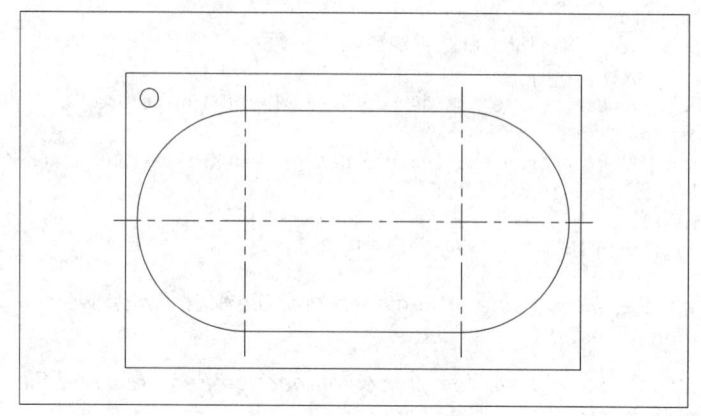

```
Befehl: Reihe
Objekte wählen: Kleinen Kreis wählen
Objekte wählen: ⏎
Rechteckige oder polare Anordnung (R/P) <P>: R für rechteckige
Anordnung
Anzahl Zeilen (---) <1>: 11
Anzahl Spalten (|||) <1>: 18
Zelle oder Abstand zwischen den Zeilen (---): -10
Abstand zwischen den Spalten (|||): 10
```

↳ Wandeln Sie alle Objekte in Regionen um.

↳ Subtrahieren Sie alle kleinen Kreise von dem Rechteck.

↳ Nun haben Sie ein rechteckiges Lochblech, aus dem Sie jede beliebige Form ausstanzen können.

↳ Bilden Sie die Schnittmenge aus dem Lochblech und der ovalen Kontur und Sie erhalten ein Lochblech in der Form wie in Abbildung 9.5.

Abbildung 9.5:
Ausgestanztes Lochblech

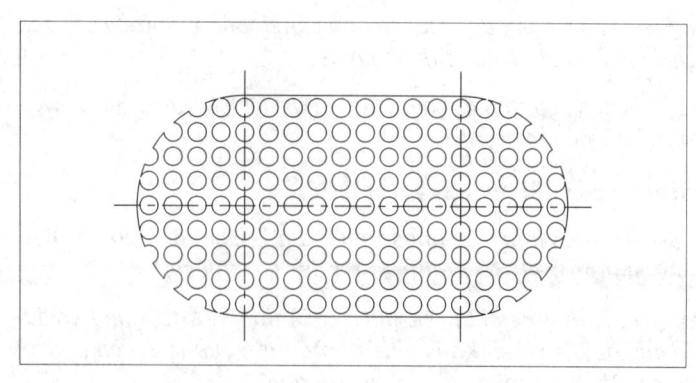

↳ Auch hiervon ist die Lösung im Übungsordner, L09-03.DWG.

Bemaßungseinstellungen, Stile und Änderungen

Kapitel 10

10.1 Einstellung der Bemaßungsvariablen
10.2 Einstellung der Bemaßungsparameter mit Dialogfeldern
10.3 Bemaßungsstile
10.4 Editierung von Objekten mit Bemaßung
10.5 Editierung von Maßen

Nachdem Sie im Kapitel 5 die Bemaßungsbefehle in ihrer Standardeinstellung kennengelernt haben, werden Sie sich in diesem Kapitel damit beschäftigen, wie Sie die Form der Bemaßung verändern können. Sie lernen:

- wie Sie die Bemaßungsparameter ändern können,
- welche Funktionen die einzelnen Bemaßungsparameter haben,
- was ein Bemaßungsstil ist und wie Sie diesen erzeugen und ändern können,
- wie Bemaßungen nachträglich editiert werden können,
- wie Sie Form- und Lagetoleranzen in die Zeichnung bringen und
- wie Sie Kreise und Bögen mit Mittellinien versehen können.

10.1 Einstellung der Bemaßungsvariablen

Sie haben im Kapitel 5 gesehen, wie Sie mit den Bemaßungsbefehlen arbeiten können. Sie haben dort aber immer nur die Standardeinstellungen verwendet. Jede Branche hat jedoch ihre speziellen Eigenheiten und Normen, an die ein CAD-Programm angepaßt werden muß.

In AutoCAD wird die Form der Maße von Bemaßungsvariablen gesteuert. Ob Sie mit oder ohne Toleranzangaben bemaßen wollen, mit Maßpfeilen oder Schrägstrichen, Radius- und Durchmessermaße mit einem Zentrumskreuz oder mit Mittellinien versehen wollen, das alles ist in den Bemaßungsvariablen festgelegt. Die Bemaßungsvariablen lassen sich bei jedem Bemaßungsbefehl oder im Bemaßungsmodus direkt verändern.

Vorgang: Änderung der Bemaßungsvariablen

Die Form der Bemaßungen wird von den Bemaßungsvariablen bestimmt. Bemaßungsvariablen lassen sich auf verschiedene Arten verändern.

ÄNDERUNG INNERHALB EINES BEMASSUNGSBEFEHLS

Bemaßungsvariablen können direkt innerhalb eines Bemaßungsbefehls, an beliebiger Stelle im Dialog, durch Eingabe des Variablennamens geändert werden:

```
Befehl: Bemliniear
Anfangspunkt der ersten Hilfslinie oder Eingabetaste für Auswahl:
Name der Bemaßungsvariablen eingeben z.B.: Bemtxt
Aktueller Wert <2.5000> Neuer Wert: Neuen Wert eingeben oder ⏎
```

zum Bestätigen
Anfangspunkt der ersten Hilfslinie oder Eingabetaste für Auswahl:
Bemaßungsbefehl fortsetzen

Der momentane Wert der Variablen wird angezeigt und kann durch einen neuen ersetzt oder mit ⏎ bestätigt werden.

ÄNDERUNG IM BEMASSUNGSMODUS

Mit dem Befehl BEM wird in einen speziellen Befehlsmodus, den Bemaßungsmodus, umgeschaltet. Bemaßungen lassen sich dann in Folge als Unteroptionen dieses Befehls ausführen. Der Befehl BEM1 läßt die Ausführung einer Bemaßungsunterfunktion zu und schaltet dann wieder in den normalen Befehlsanfragemodus zurück.

Die Befehle BEM und BEM1 sind schon in AutoCAD 13 durch neue, komfortablere Befehle ersetzt worden. Die alten Befehle aus der Vorgängerversion sind aus Gründen der Kompatibilität beibehalten worden. Sie sollten aber besser mit den neuen Befehlen zeichnen. In den Menüs sind auch nur diese Befehle integriert. Trotzdem lassen sich einige wenige Funktionen immer noch besser mit den alten Befehlen ausführen.

Befehl: Bem bzw. Bem1
Bem:

Im Bemaßungsmodus können Sie, außer den Unterbefehlen für die Bemaßungsfunktionen, auch die Bemaßungsvariablen ändern. Tippen Sie einfach den Namen einer Variablen ein und Sie erhalten den momentanen Wert, den Sie überschreiben können oder mit ⏎ bestätigen.

Bem: **Name der Bemaßungsvariablen eingeben, z.B.: Bemtom**
Aktueller Wert <Ein> Neuer Wert: Neuen Wert eingeben oder ⏎ zum Bestätigen

Bemaßungsvariablen können Ganzzahlen, Kommazahlen, Faktoren, Abstände oder Texte speichern, andere dagegen sind Schalter, die nur die Werte ein oder aus haben.

SYSTEMVARIABLE ÄNDERN

Alle Bemaßungsvariablen sind auch als Systemvariablen mit englischen Bezeichnungen vorhanden. Systemvariablen speichern alle wichtigen Zeichenmodi und Statusinformationen der Zeichnung, so auch die Bemaßungsvariablen.

Befehl: Dimtxt
Neuer Wert für DIMTXT <3.50>:>: Neuen Wert eingeben oder ⏎ zum Bestätigen

Vorgang: Befehl SETVAR für Bemaßungsvariable

Mit dem Befehl SETVAR lassen sich in AutoCAD Systemvariablen und damit auch Bemaßungsvariablen anzeigen und ändern. Sie finden den Befehl im:

↳ Abrollmenü WERKZEUGE, Untermenü ABFRAGE >, Funktion VARIABLE DEFINIEREN

↳ Tablettmenü U10

```
Befehl: Setvar
Variablenname oder ? <DIMTXT>: Variablenname eintippen z.B.: Dimtp
Neuer Wert für DIMTP <0.10>: Neuen Wert eingeben oder [↵] zum
Bestätigen
```

Die zuletzt geänderte Variable wird als Vorgabe angezeigt und sie kann mit [↵] geändert werden. Sie können aber auch eine andere Variable eintippen. Mit der Eingabe von ? können Sie sich alle oder eine Auswahl von Systemvariablen auflisten lassen.

```
Befehl: Setvar
Variablenname oder ? <DIMTXT>: ?
Aufzulistende Variable(n): Dim*

DIMADEC-1
DIMALTAus
DIMALTD2
DIMALTF0.0394
DIMALTTD2
..
..
..
DIMTXT3.000
DIMTZIN0
DIMUNIT2
DIMUPTAus
DIMZIN1
```

Alle Systemvariablen, die mit DIM beginnen, beziehen sich auf die Bemaßung, also können Sie sich mit der Eingabe von DIM* alle Bemaßungsvariablen auflisten lassen.

10.2 Einstellung der Bemaßungsparameter mit Dialogfeldern

Da die Namen der Bemaßungs- bzw. Systemvariablen für die Bemaßung nur bedingt aussagekräftig sind, ist es sehr schwer, sich die Namen und deren Funktion zu merken. In AutoCAD haben Sie deshalb eine weitere Möglichkeit, diese Variablen übersichtlich in Dialogfeldern einzustellen.

Vorgang: Befehl DBEM

Mit dem Befehl DBEM aktivieren Sie das Dialogfeld zur Einstellung der Bemaßungsparameter. Sie finden den Befehl im:

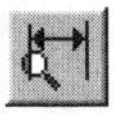

- Abrollmenü FORMAT, Funktion BEMASSUNGSSTIL... und im Abrollmenü BEMASSUNG, Funktion STIL...
- Tablettmenü Y5
- Symbol im Werkzeugkasten BEMASSUNG

Wenn Sie den Befehl anwählen, erscheint ein Dialogfeld auf dem Bildschirm (siehe Abbildung 10.1), aus dem heraus wieder weitere Fenster aufgerufen werden können. Das erste Fenster dient dazu, den Bemaßungsstil auszuwählen, dazu im nächsten Kapitel mehr. Auf der rechten Seite werden die weiteren Dialogfelder für die Bemaßungseinstellung angewählt.

Abbildung 10.1:
Dialogfeld für Bemaßungsstile und -parameter

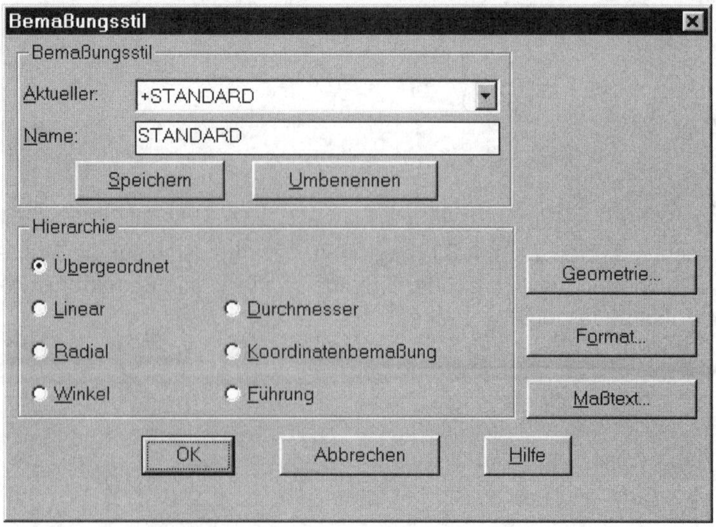

Mit den 3 übereinander angeordneten Schaltflächen starten Sie die weiteren Fenster.

Vorgang: Dialogfeld GEOMETRIE...

Klicken Sie im Dialogfeld für die Bemaßungsstile die Schaltfläche GEOMETRIE... an, erhalten Sie ein weiteres Dialogfeld. Dort finden Sie alle Einstellungen für die Geometrie des Maßes (siehe Abbildung 10.2).

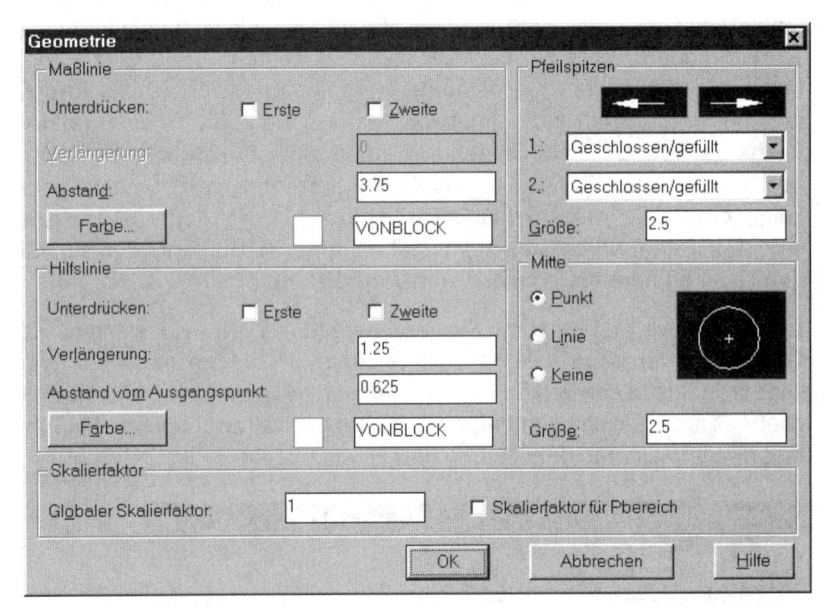

Abbildung 10.2:
Dialogfeld für die Geometrie des Maßes

Die Abbildungen 10.4 und 10.6 zeigen die Wirkung der einzelnen Einstellmöglichkeiten an Beispielen.

MASSLINIE

Im linken oberen Bereich, dem Bereich MAßLINIE, stellen Sie alles ein, was die Maßlinie betrifft. In der ersten Zeile finden Sie die zwei Schalter UNTERDRÜCKEN, mit denen Sie die linke oder rechte Seite der Maßlinie bzw. die komplette Maßlinie unterdrücken können (siehe Abbildung 10.4, a)). Das ist allerdings nur dann möglich, wenn der Maßtext zwischen die Maßlinien gesetzt ist. Ist der Maßtext darüber, hat diese Einstellung keine Auswirkung.

Das Feld VERLÄNGERUNG wird nur dann freigegeben, wenn Sie statt mit Pfeilspitzen mit Querstrichen bemaßen, wie es bei der Bemaßung in Bauzeichnungen üblich ist. Dann gibt dieser Wert die Verlängerung der Maßlinien über die Hilfslinien hinaus an (siehe Abbildung 10.6).

Kapitel 10: Bemaßungseinstellungen, Stile und Änderungen

Die Einstellung ABSTAND gibt an, in welchem Abstand voneinander die Maßlinien bei einer Basisbemaßung plaziert werden (siehe Abbildung 10.4, b)).

Für die Maßlinie können Sie mit der Schaltfläche FARBE... die Farbe wählen oder im Feld dahinter eine Farbnummer eintragen. Wenn Sie die Schaltfläche oder das Farbfeld anklicken, kommen Sie zum Dialogfeld für die Farbauswahl und Sie können unabhängig zu den sonstigen Einstellungen die Farbe für die Maßlinie separat einstellen (siehe Abbildung 10.3). Standardmäßig ist hier VONBLOCK eingestellt. Diese Einstellung bewirkt, daß Objekte zunächst in der Vorgabefarbe (weiß bzw. schwarz, je nach Hintergrund) gezeichnet werden, und wenn Sie zu einem Block (siehe Kapitel 11) zusammengefaßt werden, die dann aktuelle Farbe annehmen. Da Maße in AutoCAD als Blöcke eingefügt werden, hat das zur Folge, daß Maße in der aktuellen Farbe gezeichnet werden. Löst man Sie jedoch mit dem Befehl URSPRUNG (siehe Kapitel 11) auf, kommen sie auf den Layer 0 und erhalten wieder die Vorgabefarbe.

Empfehlenswert ist es, wenn Sie die Einstellung VONLAYER wählen. Die Objekte werden dann in der Farbe gezeichnet, die für den aktuellen Layer zugeordnet ist. Lediglich für den Maßtext (siehe unten) kann eine abweichende Farbe gewählt werden, wenn dieser in einer anderen Strichstärke und damit in einer anderen Farbe dargestellt werden soll.

Abbildung 10.3:
Dialogfeld für die Farbeinstellung

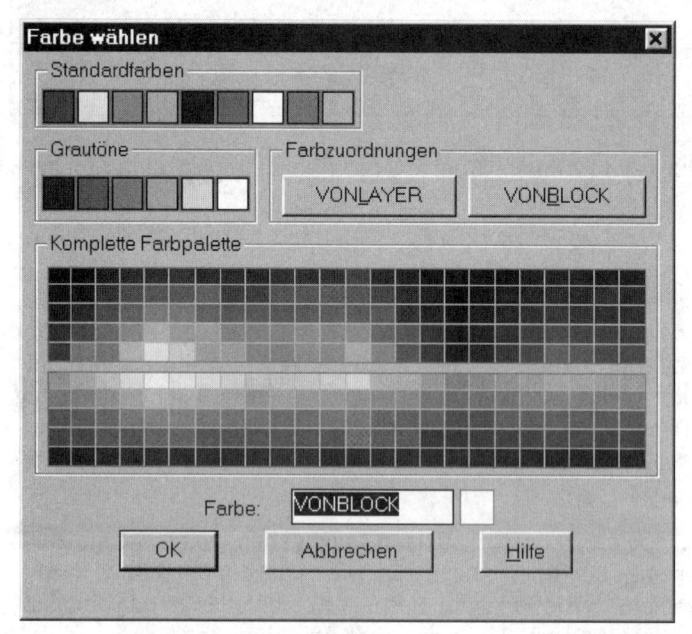

Hilfslinie

Im Bereich HILFSLINIE, links unten, können Sie mit den oberen beiden Schaltern UNTERDRÜCKEN wählen, ob Sie beide Hilfslinien, nur eine oder gar keine am Maß haben wollen (siehe Abbildung 10.4, d).

Außerdem können Sie im Feld VERLÄNGERUNG die Verlängerung der Hilfslinien über die Maßlinien hinaus und im Feld ABSTAND VOM AUSGANGSP. den Abstand der Hilfslinien zum Ausgangspunkt eintragen. Der Ausgangspunkt ist der Punkt, an dem Sie das Maß in der Zeichnung plaziert haben.

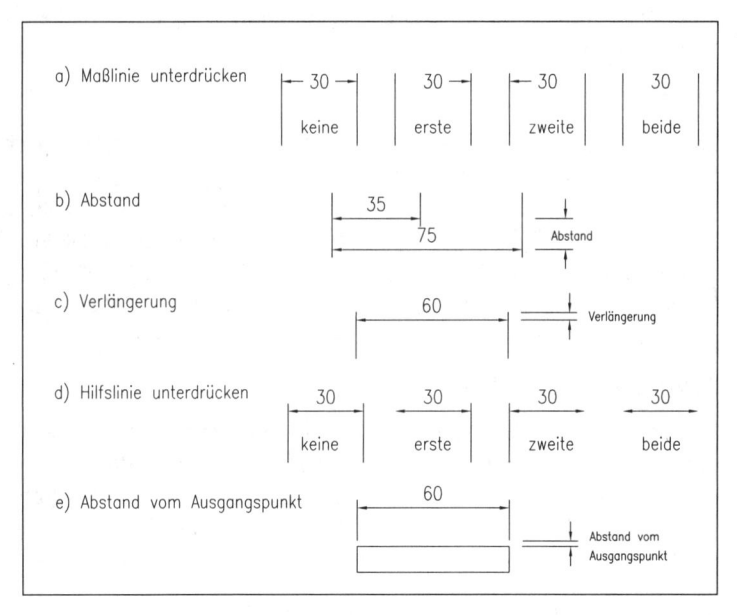

Abbildung 10.4:
Einstellung der Geometrie 1

Pfeilspitzen

Im rechten oberen Bereich, dem Bereich PFEILSPITZEN, finden Sie die Einstellungen für die Pfeilspitzen. In einem Abrollmenü können Sie das Symbol für den ersten und zweiten Maßpfeil wählen. In Abbildung 10.6, a) sind Beispiele aus den vielfältigen Möglichkeiten dargestellt. Sie können mit gefüllten Pfeilen, Schrägstrichen, Punkten, offenen Pfeilen oder ohne Symbole bemaßen. Auch können Sie für beide Seiten unterschiedliche Symbole einstellen. Mit der Einstellung BENUTZERSPEZIFISCH... können Sie für jeden Pfeil einen Block wählen, der an die Stelle des Pfeils gesetzt wird. Der Block muß in der Zeichnung definiert sein und kann in einem weiteren Dialogfeld (siehe Abbildung 10.5) eingegeben werden.

Abbildung 10.5:
Wahl von benutzerspezifischen Symbolen

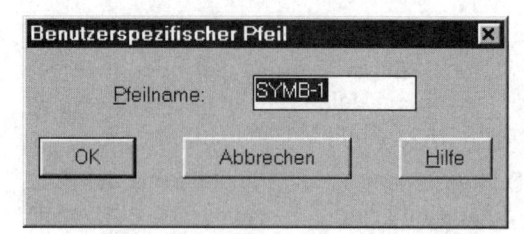

Die Größe gibt die Pfeillänge, bei Schrägstrichen die Strichlänge und bei Blöcken den Einfügefaktor des Blocks an (siehe Abbildung 10.6, b)). Haben Sie Schrägstriche eingestellt, wird bei der Maßlinie das Feld VERLÄNGERUNG freigegeben (siehe oben).

MITTE

Im rechten unteren Teil sind die Vorgaben für die Markierung des Zentrums bei Radius- und Durchmesserbemaßungen. Sie können den Mittelpunkt mit einem Zentrumskreuz markieren (Einstellung PUNKT), ein Zentrumskreuz und Mittellinien zeichnen lassen (Einstellung LINIE) oder auf eine Markierung ganz verzichten (Einstellung KEINE). Die Größe gibt die Größe des Zentrumskreuzes und bei der Einstellung LINIE auch den Überstand über die Kreislinie an (siehe Abbildung 10.6, d und e).

GLOBALER SKALIERFAKTOR

Mit dem globalen Skalierfaktor werden alle Größen in den Bemaßungseinstellungen multipliziert. Das hat den Vorteil, daß Sie beim Plotten in einem bestimmten Maßstab nicht alle Bemaßungseinstellungen ändern müssen, sondern nur diesen Faktor. Alle anderen Größen (Pfeilgrößen, Abstände, Verlängerungen usw.) werden mit diesem Faktor multipliziert.

Zur Verdeutlichung nochmal: In AutoCAD zeichnen Sie immer 1:1 in Originalmaßen. Ihr Zeichenblatt ist damit immer so groß wie das Original. Soll es auf ein Papierblatt, muß es beim Plotten verkleinert werden. Damit werden aber auch beispielsweise die Maßzahlen verkleinert. Soll also beispielsweise eine Zeichnung um den Faktor 100 beim Plotten verkleinert werden (Plot im Maßstab 1:100), muß der Maßtext nicht 3.5 hoch sein, sondern 350. Ebenso ist es mit den Pfeilspitzen und den Abständen. Stellen Sie aber nicht alle Größen um, sondern nur den globalen Skalierfaktor auf 100. Die Maße werden dann entsprechend vergrößert.

SKALIERFAKTOR FÜR PBEREICH

Haben Sie dagegen SKALIERFAKTOR FÜR PBEREICH angekreuzt, werden die Maße in den Ansichtsfenstern des Papierbereichs so skaliert, daß die Maßgrößen (Texthöhe, Pfeillängen, Abstände usw.) auf dem Papier in der eingestellten Größe erscheinen. Weitere Informationen zu Papierbereich und Ansichtsfenster finden Sie im Kapitel 15.

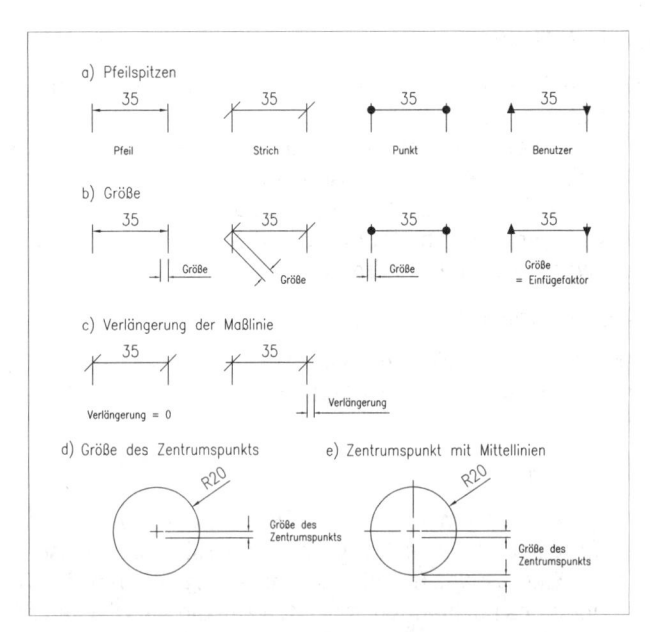

Abbildung 10.6:
Einstellung der Geometrie 2

Vorgang: Dialogfeld FORMAT...

Mit der Schaltfläche FORMAT... im ersten Dialogfeld aktivieren Sie das Fenster für die Formateinstellung (siehe Abbildung 10.7).

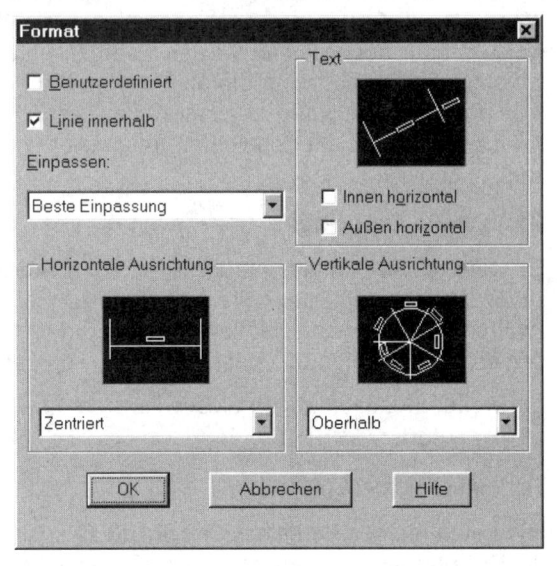

Abbildung 10.7:
Dialogfeld für das Format des Maßes

In Abbildung 10.8 sehen Sie die Funktionen dieses Dialogfeldes an Beispielen.

Benutzerdefiniert

Haben Sie links oben im Dialogfeld den Schalter BENUTZERDEFINIERT eingeschaltet, wird der Maßtext nicht in der Mitte der Maßlinie plaziert, sondern an der Stelle, an der Sie beim Bemaßungsbefehl den Standort der Maßlinie vorgeben (siehe Abbildung 10.8, a)). Eventuelle andere Vorgaben, die Sie in diesem Dialogfeld sonst noch eingestellt haben, werden unwirksam. Passen Maßpfeile und Maßtext nicht zwischen die Hilfslinien, werden Sie nach außen gesetzt.

Linien innerhalb

Mit der Einstellung LINIE INNERHALB geben Sie an, ob Sie zwischen den Hilfslinien trotzdem eine Maßlinie haben wollen (siehe Abbildung 10.8, b)).

Einpassen

In einem Abrollmenü können Sie einstellen, was passieren soll, wenn Maßpfeile und Text nicht zwischen die Hilfslinien passen. Die Vorgabe ist BESTE EINPASSUNG. Bei dieser Einstellung werden die Texte oder Pfeile oder beides nach außen gesetzt, wenn Sie dazwischen keinen Platz mehr haben. Sie können aber auch wählen, daß nur der Text oder nur die Pfeile nach innen gesetzt werden, wenn der Platz dafür ausreicht. Mit der Einstellung FÜHRUNG wird der Text herausgezogen und an einer Führungslinie angeordnet. Haben Sie dagegen KEINE FÜHRUNG gewählt, wird der Text ebenfalls herausgesetzt, aber keine Führungslinie gezeichnet. Wenn Sie mit Griffen das Maß bearbeiten, wird die Maßlinie normalerweise mitgeschoben, wenn Sie den Maßtext verschieben. Haben Sie FÜHRUNG eingeschaltet, bleibt die Maßlinie an ihrer Position, die Führungslinie wird entsprechend angepaßt. Bei der Einstellung KEINE FÜHRUNG kann der Maßtext mit den Griffen frei plaziert werden (siehe Abbildung 10.8, c) und d)).

Horizontale Ausrichtung

Ein weiteres Abrollmenü gibt die HORIZONTALE AUSRICHTUNG des Maßtextes an. Sie können wählen, ob Sie ihn zentriert, an oder über der ersten oder zweiten Hilfslinie haben wollen. Vertikale oder ausgerichtete Maße werden ebenfalls beeinflußt (siehe Abbildung 10.8, e)).

Die weiteren Einstellungen dieses Fensters finden Sie in der Abbildung 10.9 erläutert.

Text, innen horizontal

Im oberen rechten Bereich geben Sie die Ausrichtung des Textes vor. Ist der Schalter INNEN HORIZONTAL eingeschaltet, wird der Text auch bei vertikalen und ausgerichteten Bemaßungen innerhalb der Maßlinien horizontal gezeichnet, ansonsten vertikal bzw. parallel zur Maßlinie (siehe Abbildung 10.9, a)).

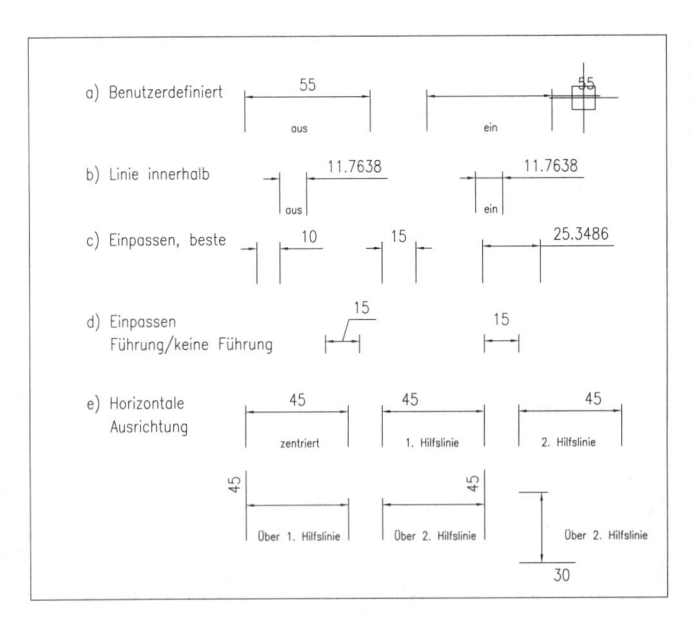

Abbildung 10.8:
Einstellung des Formats des Maßes 1

Text, Aussen Horizontal

Mit dem Schalter AUSSEN HORIZONTAL bestimmen Sie die Ausrichtung des Textes, wenn er außerhalb der Hilfslinien plaziert wird, horizontal oder vertikal bzw. parallel zur Maßlinie (siehe Abbildung 10.9, b)).

Vertikale Ausrichtung

Im rechten unteren Teil erfolgt dann noch die vertikale Plazierung von Text. Sie können einstellen, ob Sie den Text oberhalb oder zwischen der Maßlinie haben wollen oder ob er oberhalb der Maßlinie und außen (weg vom bemaßten Objekt) sein soll (siehe Abbildung 10.9, c)).

Vorgang: Dialogfeld MASSTEXT...

Mit der Schaltfläche MASSTEXT... im ersten Dialogfeld des Befehls (siehe Abbildung 10.1) aktivieren Sie das Fenster für die Einstellung des Maßtextes (siehe Abbildung 10.10).

Auch die Funktionen dieses Dialogfelds sehen Sie an Beispielen in Abbildung 10.11.

Primäreinheiten und Alternativeinheiten

Stellen Sie links oben die Primäreinheiten ein, also die Einheiten, mit denen bemaßt wird. Wenn Sie einen Text bei PRÄFIX oder bei SUFFIX eintragen, wird dieser vor (Präfix) oder nach das Maß (Suffix) gesetzt (siehe Abbildung 10.11, a)).

Abbildung 10.9:
Einstellung des Formats des Maßes 2

a) Innen horizontal

b) Außen horizontal

c) Vertikale Ausrichtung

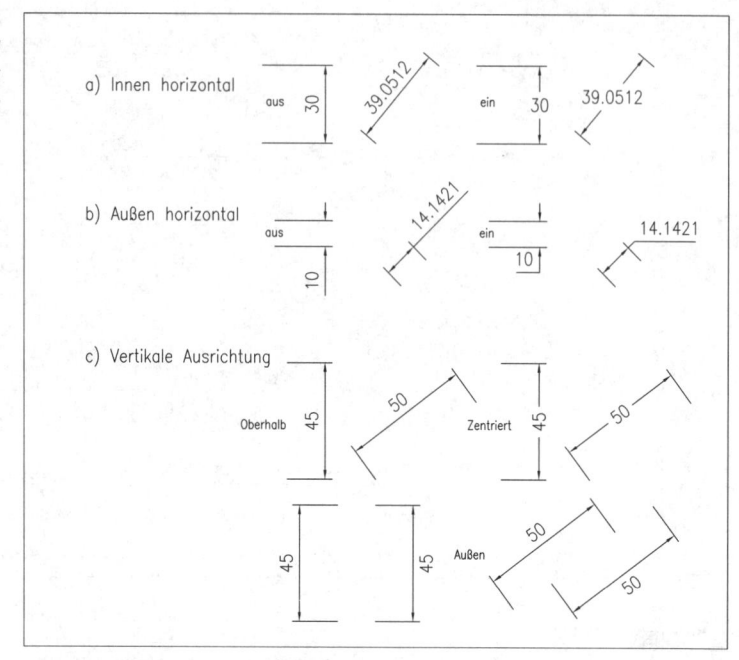

Abbildung 10.10:
Dialogfeld für den Maßtext

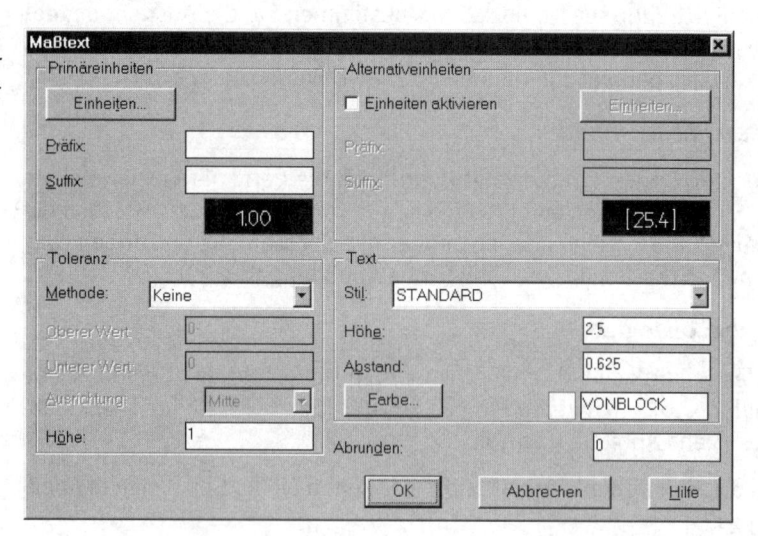

Alternativeinheiten können zusätzlich zu den Primäreinheiten an das Maß gesetzt werden. Dazu müssen Sie den Schalter EINHEITEN AKTIVIEREN im Bereich ALTERNATIVEINHEITEN eingeschaltet haben. Alternative Einheiten benötigen Sie dann, wenn Sie in verschiedenen Einheiten bemaßen wollen, beispielsweise in mm und Zoll. Auch bei alternativen Einheiten können Sie ein Präfix und Suffix eingeben (siehe Abbildung 10.11, b).

EINHEITEN...

Mit den Schalterflächen EINHEITEN kommen Sie zu einem weiteren Fenster, in dem Sie das Format und die Genauigkeit für Längen und Winkel einstellen können (siehe unten).

TOLERANZ

Links unten im Dialogfeld können Sie einstellen, ob Sie keine Toleranzen an dem Maßtext haben wollen, symmetrische Abweichungen angeben wollen, positive und negative Abweichungen zulassen wollen oder das obere und untere Grenzmaß angeben wollen. Maße mit Grundtoleranz können Sie mit einer speziellen Auswahl einrahmen lassen. In den Anzeigefeldern darüber sehen Sie ein Muster für die gewählte Einstellung (siehe Abbildung 10.11, c)).

Zudem können Sie den Wert für das obere und untere Abmaß eingeben und die Ausrichtung des Toleranzwertes am Maßtext (MITTE, OBEN oder UNTEN) wählen. Die Höhengabe bei den Toleranzen ist ein Faktor. Die Texthöhe für den Toleranztext ergibt sich aus der Höhe des Maßtextes, multipliziert mit dem dort eingegebenen Faktor.

TEXT

Im Bereich TEXT können Sie den Textstil für den Maßtext in einem Abrollmenü wählen. Darunter finden Sie Felder für die Texthöhe und den Abstand der Maßlinie zum Text. Der Abstand ist nur dann von Bedeutung, wenn die Maßlinie unterbrochen ist und der Text in dieser Lücke sitzt. Der Wert im Feld ABSTAND gibt dann den Abstand der Maßlinie zum Text an. Auch für den Maßtext können Sie wie für Maßlinie und Maßhilfslinie (siehe oben) mit der Schaltfläche FARBE... das Dialogfeld für die Farbauswahl aufrufen (siehe Abbildung 10.3). Stellen Sie auch hier VONLAYER ein. Wollen Sie aber die Maßtexte in einer anderen Strichstärke wie Maßlinien und Maßhilfslinien zeichnen, wählen Sie hier die Farbe, die für diese Strichstärke reserviert ist.

ABRUNDEN

Im Feld ABRUNDEN können Sie einen Wert einstellen. Das Maß wird dann auf das Vielfache dieses Werts gerundet (siehe Abbildung 10.11, d)).

Vorgang: Dialogfeld EINHEITEN...

In diesem Dialogfeld, das Sie mit der Schaltfläche EINHEITEN... separat für die primären und die alternativen Einheiten wählen können, stellen Sie das Format für den Maßtext der Primäreinheiten und Alternativeinheiten ein (siehe Abbildung 10.12).

Kapitel 10: Bemaßungseinstellungen, Stile und Änderungen

Abbildung 10.11:
Einstellung des Maßtextes

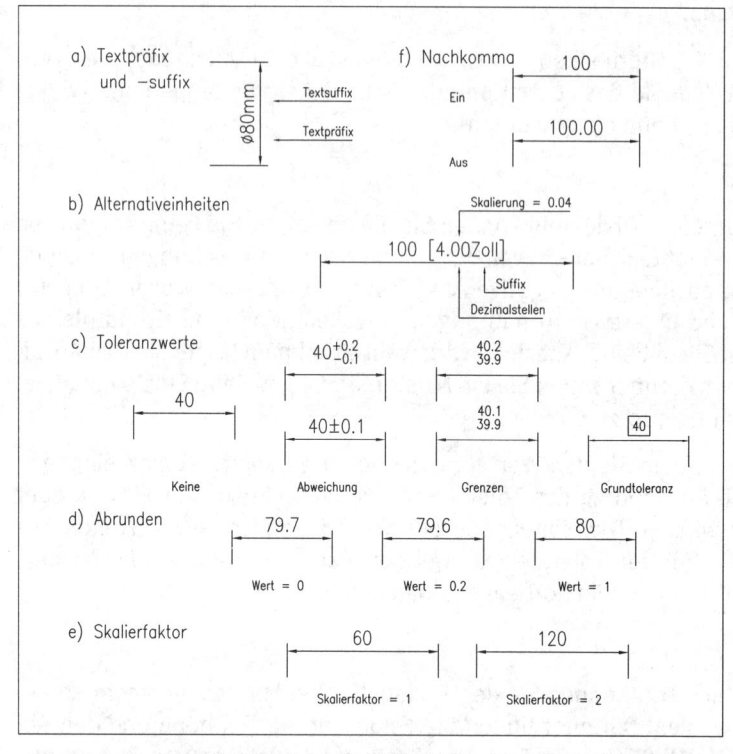

a) Textpräfix und –suffix
b) Alternativeinheiten
c) Toleranzwerte
d) Abrunden
e) Skalierfaktor
f) Nachkomma

Abbildung 10.12:
Dialogfeld für die Bemaßungseinheiten

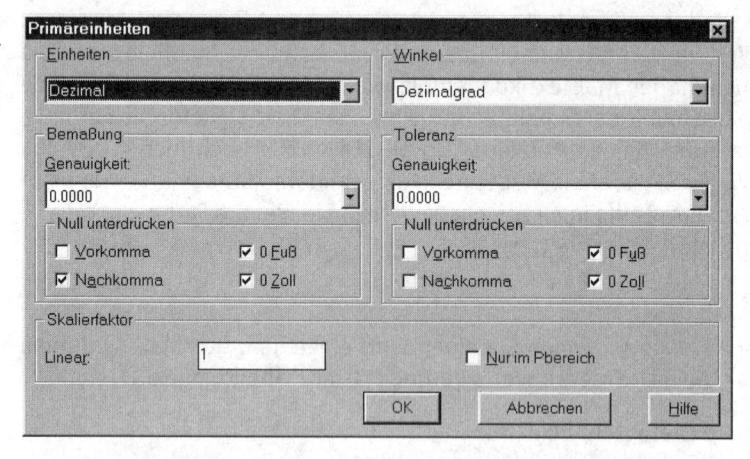

EINHEITEN UND WINKEL

In den beiden Abrollmenüs können Sie das Einheitensystem für Linear- und Winkelmaße wählen. Stellen Sie Dezimal bei den linearen Einheiten und Dezimalgrad bei den Winkeln ein, wenn Sie im europäischen Einheitensystem bemaßen wollen. Mit der Einstellung Windows-Desktop bei den Einheiten können Sie das Windows-Format für die Bemaßung übernehmen. In diesem Fall wird dann mit Komma im Maßtext bemaßt. In den bisherigen AutoCAD-Versionen konnte nur im amerikanischen Format mit Dezimalpunkt bemaßt werden.

GENAUIGKEIT FÜR BEMASSUNG UND TOLERANZ

Wählen Sie aus den beiden Abrollmenüs die Zahl der Nachkommastellen für die Bemaßung und die Toleranz.

NULL UNTERDRÜCKEN

Mit den Schaltern VORKOMMA und NACHKOMMA kann die Null vor dem Komma oder Nullen nach dem Komma ausgeschaltet werden. Ist beispielsweise eine Genauigkeit von 4 Stellen eingestellt und Sie messen 0.5000, dann würde in der Zeichnung erscheinen 0.5, wenn der Schalter NACHKOMMA ein ist, .5000 beim Schalter VORKOMMA und .5 wenn beide eingeschaltet sind (siehe Abbildung 10.11, f)).

Die Schalter 0 FUSS und 0 ZOLL steuern das Format der Bemaßung, wenn Sie in Fuß und Zoll bemaßen.

SKALIERFAKTOR

Mit dem SKALIERFAKTOR LINEAR können Sie einen Multiplikationsfaktor für das Maß vorgeben. Das gemessene Maß wird mit diesem Faktor multipliziert.

Bei den Alternativeinheiten legen Sie damit das Verhältnis der beiden Einheiten zueinander fest. Sind Ihre Primäreinheiten mm, geben Sie bei den Alternativeinheiten einen Skalierfaktor 0.04 an.

NUR IM PBEREICH

Ist dieser Schalter eingeschaltet, wird der eingestellte Skalierfaktor nur für die Bemaßung im Papierbereich verwendet. Damit kann der Maßstab in den Ansichtsfenstern korrigiert werden und die Bemaßung in Papiereinheiten ergeben korrekte Werte. Weitere Informationen zu Papierbereich und Ansichtsfenster finden Sie im Kapitel 15.

Tip:

Die Einstellungen im Dialogfeld EINHEITEN gelten nur für die Bemaßung und nicht für die Koordinatenanzeige und sonstige Anzeigefunktionen beim Zeichnen.

10.3 Bemaßungsstile

Wie Sie im vorigen Abschnitt gesehen haben, kann es sehr aufwendig werden, zwischen verschiedenen Bemaßungsformaten zu wechseln. Soll in einer Zeichnung mal mit Strichen, dann wieder mit Pfeilen, mal mit und mal ohne Toleranzen bemaßt werden und dann noch in verschiedenen Vergrößerungen, kann jeder Wechsel der Bemaßungsart eine ganze Reihe von Umstellungen erforderlich machen. Bemaßungsstile erleichtern hier die Arbeit.

EIGENSCHAFTEN:

- In einem Bemaßungsstil werden die Werte der Bemaßungsvariablen gespeichert.
- Bemaßungsstile werden in der Zeichnung gespeichert.
- Eine Zeichnung kann beliebig viele Bemaßungsstile enthalten.
- Innerhalb eines Bemaßungsstils lassen sich die einzelnen Bemaßungsarten gesondert einstellen. Es gibt einen übergeordneten Bemaßungsstil, der für alle Bemaßungsarten gilt und untergeordnete Stile, in denen Sie abweichende Einstellungen, getrennt für Linear-, Radial-, Winkel-, Durchmesser- und Koordinatenbemaßungen sowie für Führungslinien, einstellen können.
- Soll die Bemaßungsart gewechselt werden, muß nur ein anderer Bemaßungsstil zum aktuellen Stil gemacht werden.
- Wird ein Bemaßungsstil geändert, werden alle Maße, die mit diesem Stil erstellt wurden, an diesen Stil angepaßt und ebenfalls geändert.

Vorgang: Erstellung eines neuen Bemaßungsstils

- Aktivieren Sie das Dialogfeld für die Bemaßung mit der Funktion BE-MASSUNGSSTIL... im Abrollmenü FORMAT oder die Funktion STIL... im Abrollmenü BEMASSUNG.
- Wurde in der Zeichnung noch kein Bemaßungsstil erstellt, und ist auch in der verwendeten Vorlage keiner gespeichert, finden Sie im Abrollmenü in der oberen Hälfte des Dialogfelds den Eintrag *STANDARD (siehe Abbildung 10.13).
- Wählen Sie im Bereich HIERARCHIE den Schalter ÜBERGEORDNET. Er ist normalerweise standardmäßig eingeschaltet.
- Stellen Sie in den Dialogfeldern GEOMETRIE..., FORMAT... oder MASSTEXT... die gewünschten Werte ein.

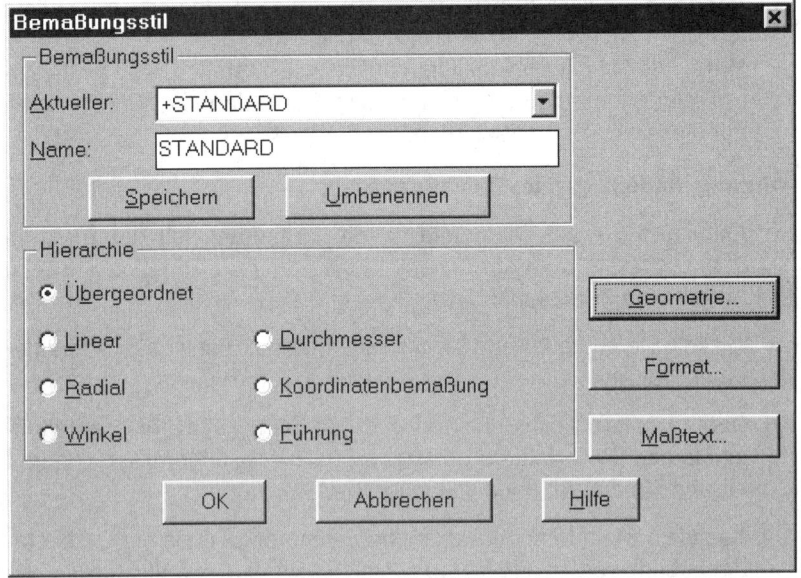

Abbildung 10.13:
Bemaßungsstile

➥ Tragen Sie im Bereich BEMASSUNGSSTIL in das Feld NAME einen Namen für den neuen Stil ein. Klicken Sie dann auf die Schaltfläche SPEICHERN und die vorher gemachten Einstellungen der Bemaßungsvariablen werden im Bemaßungsstil gespeichert. In der letzten Zeile des Dialogfelds wird eine entsprechende Meldung angezeigt (siehe Abbildung 10.14).

Abbildung 10.14:
Erstellung eines neuen Bemaßungsstils

- Der neue Stil wird zum aktuellen Stil und der Stilname wird im Feld AKTUELLER angezeigt. Ab jetzt wird mit dem aktuellen Stil bemaßt. Alle Maße, die Sie bis zum nächsten Stilwechsel erstellen, sind an diesen Stil gebunden. Änderungen an diesem Stil ändern die Maße mit, die mit diesem Stil erstellt wurden.

Vorgang: Änderung eines Bemaßungsstils

- Aktivieren Sie das Dialogfeld für die Bemaßung mit der Funktion BEMASSUNGSSTIL... im Abrollmenü FORMAT oder die Funktion STIL... im Abrollmenü BEMASSUNG.

- Klicken Sie einen bereits bestehenden Bemaßungsstil im Abrollmenü AKTUELLER an.

- Der Stil ist jetzt auch der aktuelle Stil. Ändern Sie jetzt die Einstellungen in den Dialogfeldern GEOMETRIE..., FORMAT... oder MASSTEXT... und klicken Sie danach auf die Schaltfläche SPEICHERN.

- Nachdem Sie alle Änderungen vorgenommen und sie mit OK bestätigt haben, werden alle Maße, die mit diesem Stil erstellt wurden, aktualisiert.

Vorgang: Erstellung hierarchischer Bemaßungsstile

- Aktivieren Sie das Dialogfeld für die Bemaßung mit der Funktion BEMASSUNGSSTIL... im Abrollmenü DATEN oder die Funktion STIL... im Abrollmenü BEMASSUNG.

- Tragen Sie einen Namen für den neuen Bemaßungsstil ein und klicken Sie auf die Schaltfläche SPEICHERN.

- Wählen Sie im Bereich HIERARCHIE den Schalter ÜBERGEORDNET.

- Stellen Sie in den Dialogfeldern GEOMETRIE..., FORMAT... oder MASSTEXT... die Werte ein, die für alle Bemaßungsarten gelten sollen.

- Klicken Sie nacheinander die Bemaßungsarten an, bei denen Sie abweichende Einstellungen haben wollen, und stellen Sie jeweils in den Dialogfeldern GEOMETRIE..., FORMAT... oder MASSTEXT... die Werte ein, die für die jeweilige Bemaßungsart gelten sollen. Im Bereich HIERARCHIE können Sie separate Einstellungen für die Bemaßungsarten LINEAR, RADIAL, WINKEL, DURCHMESSER, KOORDINATENBEMASSUNG und FÜHRUNG wählen.

- Sobald Sie eine neue Bemaßungsart wählen, erscheint ein Dialogfeld, in dem Sie wählen können, ob Sie die Änderungen speichern wollen (siehe Abbildung 10.15).

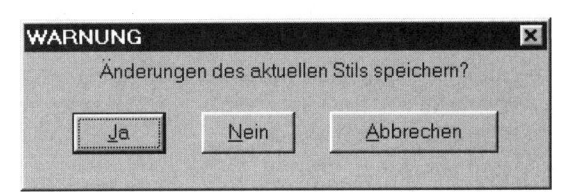

Abbildung 10.15:
Einstellungen für eine Bemaßungsart im Stil speichern

- Wenn alle Einstellungen gemacht wurden, klicken Sie auf die Schaltfläche JA.
- Der neue Stil wird zum aktuellen Stil und der Stilname wird im Feld AKTUELLER angezeigt. Ab jetzt wird mit diesem Stil bemaßt. Je nach Bemaßungsart haben Sie bei diesem Stil automatisch andere Einstellungen.
- Diese Methode können Sie nützen, wenn Sie beispielsweise bei Radialmaßen eine andere Genauigkeit haben wollen, bei Winkelmaßen ohne Maßpfeile bemaßen wollen, nur bei Koordinatenbemaßungen Toleranzen haben wollen usw.

Vorgang: Erstellung eines neuen Bemaßungsstils aus einem bestehenden

- Aktivieren Sie das Dialogfeld für die Bemaßung mit der Funktion BEMASSUNGSSTIL... im Abrollmenü DATEN oder die Funktion STIL... im Abrollmenü BEMASSUNG.
- Klicken Sie einen bereits bestehenden Bemaßungsstil im Abrollmenü AKTUELLER an.
- Tragen Sie danach im Feld NAME den gewünschten neuen Stilnamen ein und klicken Sie auf die Schaltfläche SPEICHERN.
- Der markierte Stil wird kopiert und die Einstellung auch unter dem neuen Namen gespeichert. Der neue Stil ist jetzt auch der aktuelle Stil.
- Ändern Sie jetzt die Einstellungen in den Dialogfeldern GEOMETRIE..., FORMAT... oder MASSTEXT..., die bei diesem Stil anders sein sollen, und klicken danach nochmals auf die Schaltfläche SPEICHERN.

Vorgang: Wechsel eines Bemaßungsstils

- Aktivieren Sie das Dialogfeld für die Bemaßung mit der Funktion BEMASSUNGSSTIL... im Abrollmenü DATEN oder die Funktion STIL... im Abrollmenü BEMASSUNG.
- Klicken Sie einen bereits bestehenden Bemaßungsstil im Abrollmenü AKTUELLER an. Der Stil wird zum aktuellen Bemaßungsstil.

Vorgang: Umbenennen eines Bemaßungsstils

↳ Aktivieren Sie das Dialogfeld für die Bemaßung mit der Funktion BEMASSUNGSSTIL... im Abrollmenü DATEN oder die Funktion STIL... im Abrollmenü BEMASSUNG.

↳ Klicken Sie einen bereits bestehenden Bemaßungsstil im Abrollmenü AKTUELLER an.

↳ Tragen Sie danach im Feld NAME den gewünschten neuen Stilnamen ein und klicken Sie auf die Schaltfläche UMBENENNEN.

↳ Der markierte Stil erhält den neuen Namen.

Wichtiger Hinweis: Bemaßungsstil mit »+« markiert

Steht ein »+« vor dem Stilnamen im Feld AKTUELLER, ist momentan kein Stil gewählt, die Maße, die Sie jetzt erzeugen, sind nicht an einen Stil gebunden. Spätere Änderungen am Stil wirken sich auf diese Maße nicht aus. Das »+« kommt dann, wenn Sie in einer neuen Zeichnung ohne Bemaßungsstil noch keinen Stil gespeichert haben, oder wenn Sie an einem Stil eine oder mehrere Einstellungen geändert und den Stil nicht wieder gesichert haben.

Übung: Bemaßen mit Bemaßungsstilen

↳ *Laden Sie die Zeichnung A10-01.DWG aus dem Übungsordner.*

↳ *Die Zeichnung enthält ein einfaches Teil (siehe Abbildung 10.16, aber noch ohne Maße). In der Zeichnung sind verschiedene Bemaßungsstile definiert*

↳ *PASSUNG: Für die Bemaßung von Passungen*
   RAD-DUR: Für Radius- und Durchmessermaße
   STANDARD: Für normale Maße
   STRICH: Für Bemaßung mit Schrägstrichen
   TOLERANZ-1: Für die Bemaßung mit Toleranzangaben

↳ *Bemaßen Sie das Teil entsprechend Abbildung 10.16, wenn auch ohne jeglichen Anspruch auf normgerechte Darstellung, aber zur Übung mit verschiedenen Bemaßungsarten.*

↳ *Aktivieren Sie den jeweils benötigten Bemaßungsstil.*

↳ *Beachten Sie, daß, wenn innerhalb eines zusammengesetzten Maßes (Basislinie und Weiter) der Stil gewechselt wird, das Maß wieder neu gewählt werden muß, an das angesetzt werden soll.*

↳ *In Ihrem Übungsordner finden Sie zur Kontrolle eine Beispiellösung L10-01.DWG.*

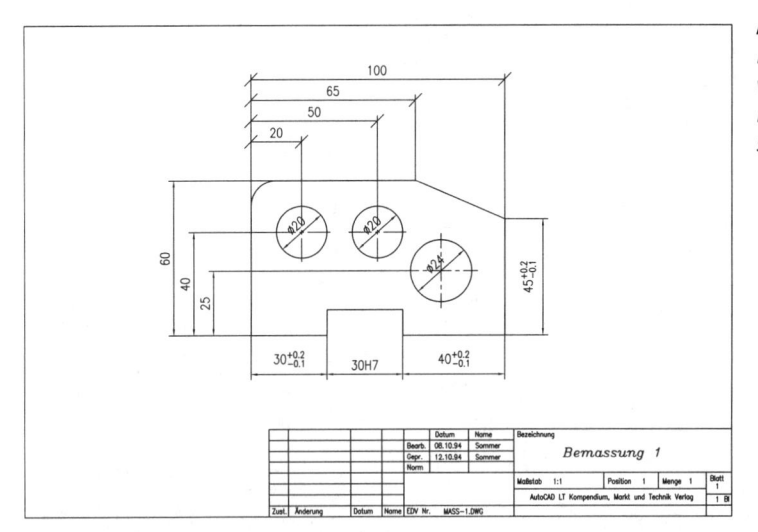

Abbildung 10.16:
Bemaßung mit verschiedenen Bemaßungsstilen

10.4 Editierung von Objekten mit Bemaßung

Maße werden in AutoCAD normalerweise assoziativ erstellt. Wird nachträglich die Geometrie geändert, ändert sich das Maß mit.

Bei der Editierung müssen Sie darauf achten, daß die entsprechenden Maße mitangewählt werden. Bemaßungen und die zugehörigen Objekte können auch mit Griffen editiert werden (siehe Kapitel 14).

Übung: Editierung von Objekten mit Bemaßung

↳ *Laden Sie die Zeichnung A10-02.DWG aus dem Ordner mit den Aufgaben.*

↳ *Ändern Sie die Teile mit den angegebenen Editierbefehlen wie in Abbildung 7.17 ab.*

Abbildung 10.17:
Editierung von Objekten mit Bemaßung

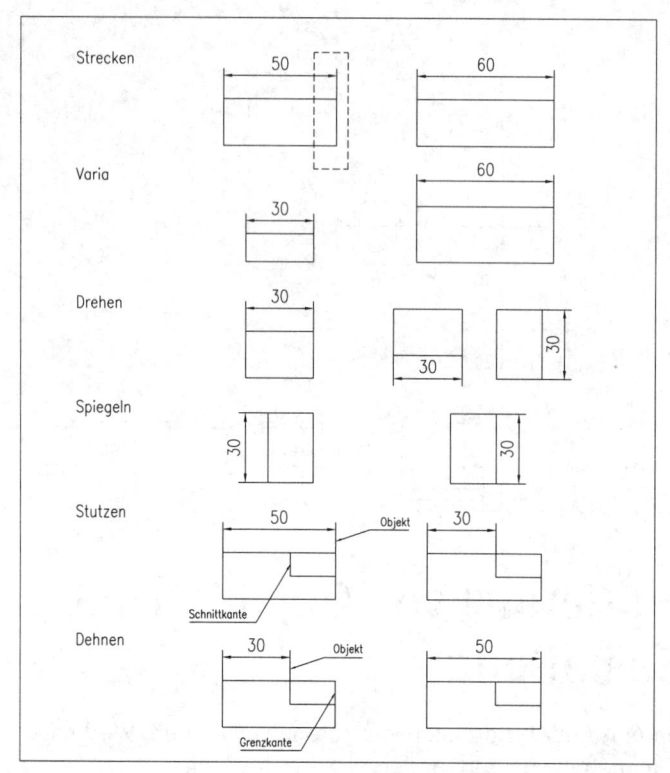

10.5 Editierung von Maßen

Maße werden als zusammenhängende Einheiten erzeugt. Einzelne Bestandteile der Maße lassen sich nachträglich nicht mehr ändern, beispielsweise eine Hilfslinie löschen, die Maßpfeile vergrößern usw. Sollen trotzdem Änderungen vorgenommen werden, stehen spezielle Editierbefehle für Maße zur Verfügung. Sie finden diese im unteren Teil des Abrollmenüs BEMASSUNG.

Vorgang: Befehl BEMTEDIT

Mit dem Befehl BEMTEDIT können Sie den Maßtext verschieben, ihn an eine bestimmte Position bringen oder drehen. Den Befehl finden Sie im:

- Abrollmenü BEMASSUNG, Untermenü TEXT AUSRICHTEN >, Funktionen für die einzelnen Befehlsoptionen
- Tablettmenü Y2
- Symbol im Werkzeugkasten BEMASSUNG

```
Befehl: Bemtedit
Bemaßung wählen: Ein Maß anklicken
Textposition eingeben (Links/Rechts/Ausgangsposition/Winkel): Maß
neu positionieren oder Option wählen
```

Wählen Sie keine Option, können Sie den Maßtext an eine beliebige Position schieben und dort plazieren. Das Maß wird dabei dynamisch mitgezogen. Diese Funktion ist nur bei der Wahl aus dem Werkzeugkasten verfügbar, bei den Abrollmenüs sind nur die Optionen verfügbar. Mit den Optionen LINKS bzw. RECHTS kann der Text an der linken bzw. rechten Maßhilfslinie plaziert werden. Mit der Option AUSGANGSPOSITION rückt der Text wieder an seine ursprüngliche Position. Wählen Sie die Option WINKEL, können Sie den Winkel für die Ausrichtung des Maßtextes neu festlegen.

Vorgang: Befehl BEMEDIT

Ganz ähnlich ist der Befehl BEMEDIT, nur daß Sie dabei gleich mehrere Maße ändern können. Sie finden den Befehl nur mit einer Option im Abrollmenü vertreten, der Option SCHRÄG. Auf dem Tablett haben Sie den Befehl in der Grundform.

↳ Abrollmenü BEMASSUNG, Funktion SCHRÄG

↳ Tablettmenü Y1

↳ Symbol im Werkzeugkasten BEMASSUNG

```
Befehl: Bemedit
Bemaßung bearbeiten (Ausgangsposition/Neu/Drehen/Schräg)
<Ausgangsposition>: Option wählen
```

Mit der Option SCHRÄG können Sie einen Winkel für die Maßhilfslinien eingeben, das Maß wird unter diesem Winkel schräg gestellt. Mit der Option DREHEN kann ein neuer Winkel für die Ausrichtung des Maßtextes vorgegeben werden. Die Option AUSGANGSPOSITION bringt einen verschobenen Maßtext wieder an seine ursprüngliche Position. Erst nach der Auswahl der Option wählen Sie die Maße, auf die die Funktion angewandt werden soll.

```
Bemaßung bearbeiten (Ausgangsposition/Neu/Drehen/Schräg)
<Ausgangsposition>: Option eingeben, z.B. S für Schräg
Objekte wählen: Zu ändernde Bemaßungen wählen
.
Objekte wählen: ⏎
Neigungswinkel eingeben (Eingabetaste drücken, wenn keiner): Neuen
Neigungswinkel eingeben
```

Kapitel 10: Bemaßungseinstellungen, Stile und Änderungen

Alle gewählten Maße werden geändert. Da mit diesem Befehl gleich mehrere Maße auf einmal geändert werden können, kommt man damit oft schneller zum Ziel.

Mit der Option NEU kann dagegen der Maßtext selber bearbeitet werden. Sie bekommen den Texteditor auf den Bildschirm und können den Text verändern. Das gemessene Maß steht mit seinem Platzhalter <> im Editor. Wollen Sie vor oder nach einem oder mehreren Maßen eine Zeichenfolge setzen, geben Sie es im Texteditor ein, z.B.: M<> oder <>mm (siehe Abbildung 10.18). Klicken Sie auf OK und Sie können die Maße wählen, die so verändert werden sollen. Außerdem stehen Ihnen alle Funktionen zur Formatierung des Maßtextes zur Verfügung (siehe Kapitel 5.15).

```
Bemaßung bearbeiten (Ausgangsposition/Neu/Drehen/Schräg)
<Ausgangsposition>: N für Neu
Objekte wählen: Zu ändernde Bemaßungen wählen
.
Objekte wählen: ⏎
```

Sie können den Befehl verwenden, um ein Maß gezielt zu verändern. Wenn Sie nicht maßstäblich gezeichnet haben, läßt sich nachträglich für jedes Maß ein anderer Maßtext eintragen. Eine andere Verwendung ist die, wie oben beschrieben, daß Sie verschiedene Maße mit einem Zusatz versehen wollen. Sie können aber auch eventuell geänderte oder bei der Bemaßung überschriebene Maße neu ausmessen. Wählen Sie dazu diese Option, klicken Sie aber im Editorfenster ohne Änderung auf OK und wählen Sie die Maße an. Bei den gewählten Maßen wird der Originalmaßtext wieder eingesetzt.

Abbildung 10.18: Editierung des Maßtextes

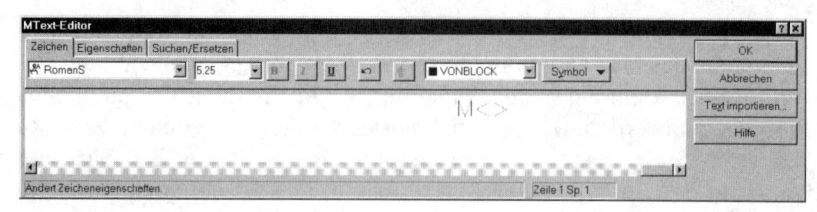

Vorgang: Befehl BEMÜBERSCHR

Wollen Sie bei einem Maß eine Bemaßungsvariable ändern, ohne dafür gleich einen neuen Bemaßungsstil erstellen zu müssen, können Sie das mit dem Befehl BEMÜBERSCHR tun. Sie finden den Befehl im:

↳ Abrollmenü BEMASSUNG, Funktion ÜBERSCHREIBEN

↳ Tablettmenü Y4

```
Befehl: Bemüberschr
Zu überschreibende Bemaßungsvariable (oder Löschen, um
Überschreiben zu deaktivieren): zum Beispiel BEMTXT
Aktueller Wert <2.5000> Neuer Wert: neuen Wert eingeben, zum
Beispiel 5
Zu überschreibende Bemaßungsvariable: weitere Variable eingeben
oder ⏎ wenn keine weiteren geändert werden sollen
Objekte wählen: ein oder mehrere Maße wählen
```

Geben Sie eine Bemaßungsvariable ein und deren neuen Wert. Wählen Sie dann eine weitere oder ⏎, wenn nur eine geändert werden soll. Danach wählen Sie die Maße aus, die geändert werden sollen. Geben Sie bei der ersten Anfrage die Option LÖSCHEN ein, werden die überschriebenen Variablen wieder auf die Werte des Bemaßungsstils gesetzt.

Vorgang: Editierfunktion AKTUALISIEREN

Mit dieser Funktion können Sie ein oder mehrere Maße auf die aktuellen Einstellungen der Bemaßungsvariablen oder auf den aktuellen Bemaßungsstil (wenn einer aktiv ist) setzen:

- Abrollmenü BEMASSUNG, Funktion AKTUALISIEREN
- Tablettmenü Y3
- Symbol im Werkzeugkasten BEMASSUNG

Haben Sie die Einstellung der Bemaßungsvariablen geändert oder den Bemaßungsstil gewechselt, können Sie Maße auswählen, die Sie auf den aktuellen Stand der Bemaßungsvariablen oder auf den aktuellen Bemaßungsstil (falls einer aktiv ist) bringen wollen.

Verweis:

Siehe auch Befehl BEM bzw BEM1 im Referenzteil und die Änderungsfunktionen in Kapitel 14.

Übung: Editierung von Maßen

- *Laden Sie die Zeichnung A10-03.DWG aus dem Ordner mit den Aufgaben.*
- *Ändern Sie die Maße mit den angegebenen Editierbefehlen wie in Abbildung 10.19 ab.*
- *Eine Lösung finden Sie ebenfalls in Ihrem Übungsordner: L10-03.DWG.*

Abbildung 10.19:
Editierung von Objekten mit Bemaßung

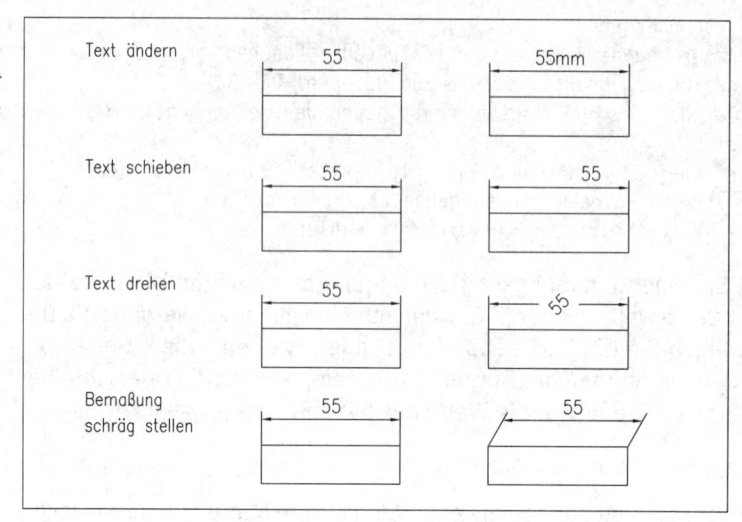

Blöcke, Attribute und Gruppen

Kapitel 11

11.1 Eigenschaften von Blöcken
11.2 Blöcke erstellen
11.3 Exportieren von Blöcken
11.4 Einfügen von Blöcken
11.5 Die Zeichnung bereinigen
11.6 Blöcke zuschneiden
11.7 Attribute
11.8 Attributdefinition
11.9 Änderung von Attributdefinitionen
11.10 Attributeingabe
11.11 Änderung von Attributwerten
11.12 Anzeige von Attributen
11.13 Attributausgabe
11.14 Gruppen

Häufig benötigte Teile lassen sich in AutoCAD zu Blöcken zusammenfassen, die bei Bedarf auch in einer eigenen Zeichnungsdatei gespeichert werden können. Zeichnungsdateien können wiederum in eine Zeichnung eingefügt werden. Außerdem lassen sich Objekte in der Zeichnung zu Gruppen zusammenfassen, die einen Namen erhalten und mit diesem auch angesprochen werden. Sie lernen in diesem Kapitel:

- wie Sie aus Objekten einer Zeichnung Blöcke bilden können,
- wie Blöcke aus der Zeichnung exportiert werden können,
- wie Blöcke oder Dateien in eine Zeichnung eingefügt werden,
- wozu Attribute verwendet werden können und wie Sie definiert werden,
- wie Sie Blöcke mit Attributen erstellen können,
- wie Attributwerte bei der Blockeinfügung eingegeben und später auch geändert werden können,
- wie Attributwerte aus der Zeichnung ausgelesen werden können,
- was Gruppen sind und
- wie Gruppen gebildet und per Namen angesprochen werden.

11.1 Eigenschaften von Blöcken

In der Zeichnung lassen sich beliebig viele Objekte zu einem Objekt zusammenfassen, einem sogenannten Block. Blöcke lassen sich mit ihrem Namen in die Zeichnung einfügen und dabei skalieren und drehen. Blöcke werden in der Zeichnung gespeichert, in der sie definiert wurden, sie können aber auch als eigenständige Zeichnungsdatei auf der Festplatte gespeichert werden.

Nach dem Einfügen können Blöcke wie ein Objekt editiert werden, z.B. mit den Befehlen SCHIEBEN, DREHEN, KOPIEREN, VARIA, SPIEGELN usw. Der Aufbau des Blocks kann jedoch nicht verändert werden, Befehle wie STRECKEN, DEHNEN, STUTZEN, BRUCH, ABRUNDEN usw. lassen sich nicht auf Blöcke anwenden.

Vorteile

- Durch die Verwendung von Blöcken kann eine Zeichnung in kleine Einheiten zerlegt werden, die wie Bausteine zusammengesetzt werden. So lassen sich Symbolbibliotheken häufig benötigter Teile erstellen.

- Kommen in einer Zeichnung bestimmte Objekte häufig vor, ist es sinnvoll, aus diesen einen Block zu bilden und ihn mehrmals einzufügen. Natürlich hätte man die Objekte aber auch mehrfach kopieren können. Bei der Blockmethode wird die Geometrie der Objekte nur einmal als Blockdefinition in der Zeichnung gespeichert. Überall dort, wo die Blöcke eingefügt sind, wird nur die Blockreferenz gespeichert. Das spart Speicherplatz, je komplexer ein Block ist, desto mehr.

- Wurde ein Block mehrfach eingefügt, und der Block ändert sich später, kann er durch eine einfache Neudefinition an allen Stellen durch den neuen Block ersetzt werden. Hätte man die Objekte mehrfach kopiert, müßte man jede Kopie ändern.

Eigenschaften

- Blöcke werden unter einem Blocknamen in der Zeichnung gespeichert. Der Name darf bis zu 31 Zeichen lang sein. Er kann sich aus Buchstaben und Ziffern beliebig zusammensetzen. Umlaute, ß und Sonderzeichen (außer _ und $) sind nicht erlaubt.

- Objekte, die zu einem Block zusammengefaßt werden, können auf unterschiedlichen Layern liegen und können unterschiedliche Farben und Linientypen haben. Wird der Block eingefügt, kommen die Objekte mit ihren ursprünglichen Eigenschaften in die Zeichnung. Die Blockreferenz wird jedoch auf dem Layer abgelegt, der bei der Einfügung aktuell ist. Wird dieser gefroren, verschwindet der Block. Wird jedoch ein Layer gefroren, der Teile des Blocks enthält, verschwinden nur diese Teile.

- Wird ein Block exportiert und in eine andere Zeichnung eingefügt, in der Layer oder Linientypen des Blockes nicht vorhanden sind, bringt der Block diese in die Zeichnung mit, in die er eingefügt wird. Gibt es dabei Differenzen, gelten die Festlegungen der Zeichnung, in die er eingefügt wird, z.B.: Es gibt in der Zeichnung einen Layer KONTUR, dem die Farbe Rot zugeordnet ist. Nun soll ein Block eingefügt werden, in dem ebenfalls ein Layer KONTUR existiert, aber mit der Farbe Grün. Nach der Blockeinfügung sind die Objekte des Blocks auf dem Layer KONTUR ebenfalls rot.

- Eine Ausnahme bildet der Layer 0, der in jeder Zeichnung vorhanden ist. Objekte, die auf dem Layer 0 erstellt und zu einem Block zusammengefaßt werden, kommen auf den Layer, der bei der Einfügung aktuell ist und erhalten damit dessen Farbe und Linientyp.

- Eine weitere Ausnahme bildet die Einstellung VONBLOCK. Objekte, die mit dieser Einstellung für Farbe und Linientyp gezeichnet und zu einem Block zusammengefaßt wurden, werden beim Einfügen mit der aktuellen Farbe und dem aktuellen Linientyp gezeichnet.

- Dieses Verhalten kann gezielt eingesetzt werden. Wenn Sie Layerzugehörigkeit und damit auch Farbe und Linientyp erst bei der Einfügung steuern wollen, zeichnen Sie die Objekte auf dem Layer *o*. Liegt die Layerzugehörigkeit schon von vornherein fest, können die Objekte gleich auf den entsprechenden Layern gezeichnet werden. Beide Möglichkeiten lassen sich auch in einem Block kombinieren.

- Ein Block kann neben normalen Zeichnungsobjekten auch andere Blöcke enthalten. Blöcke lassen sich auf diese Weise beliebig weit schachteln. Bei dieser Verschachtelung dürfen keine Eigenreferenzen vorkommen, d. h., ein Block XY darf nicht den Block XY enthalten.

- Blöcke können mit gleichen oder unterschiedlichen Faktoren in X-, Y-, Z-Richtung und einem Drehwinkel in die Zeichnung eingefügt werden.

- Blöcke lassen sich nach der Einfügung in ihre Bestandteile zerlegen oder schon als Einzelteile in die Zeichnung einfügen.

- Wurde ein Block mit unterschiedlichen Faktoren eingefügt, kann er nicht mehr in seine Bestandteile zerlegt werden.

- Blöcke werden mit dem Befehl BLOCK bzw. BMAKE (Befehl mit Dialogfeld) gebildet.

- Mit dem Befehl WBLOCK bzw. ERSTELLEN lassen sich Blöcke oder Zeichnungsobjekte in einer eigenen Datei speichern.

- Mit dem Befehl EINFÜGE bzw. DDINSERT (Befehl mit Dialogfeld) werden Blöcke oder Dateien in die Zeichnung eingefügt.

- Wird eine Datei eingefügt, existiert sie danach in der Zeichnung als Block. Wird sie danach gelöscht, existiert die Blockdefinition trotzdem noch. Diese kann nur mit dem Befehl BEREINIG entfernt werden.

- Blöcke lassen sich mit dem Befehl URSPRUNG in ihre Bestandteile zerlegen. Dabei wird die Blockdefinition in die Zeichnung kopiert. Die Blockdefinition bleibt allerdings in der Zeichnung gespeichert. Dateien, die als Datei nur einmal eingefügt und mit dem Befehl URSPRUNG zerlegt wurden, existieren weiterhin als Blöcke in der Zeichnung. Der Speicherbedarf ist in diesem Fall doppelt so hoch. Sie sollten mit dem Befehl BEREINIG entfernt oder als Einzelteile eingefügt werden.

- Bei einem eingefügten Block läßt sich der Basispunkt mit dem Objektfang BASISPUNKT oder kurz BAS fangen.

Kapitel 11: Blöcke, Attribute und Gruppen

→ Sind die Objektgriffe aktiviert, bekommt ein Block am Einfügepunkt einen Griff, an dem der Block verschoben werden kann. Ist der Schalter GRIFFE IN BLÖCKEN AKTIVIEREN im Dialogfeld zur Steuerung der Griffe eingeschaltet, erhalten Sie an den Geometriepunkten aller Objekte im Block Griffe. Sie können dann zwar nicht den Block verändern aber andere Objekte mit Griffen auf die Griffe des Blocks ziehen (siehe Kapitel 14.4).

11.2 Blöcke erstellen

Blöcke erstellen Sie mit dem Befehl BMAKE. Damit fassen Sie Objekte in der Zeichnung zu einem Block zusammen, der dann nur in dieser Zeichnung existiert.

Vorgang: Befehl BMAKE

Sie finden den Befehl im:

→ Abrollmenü ZEICHNEN, Untermenü BLOCK >, Funktion ERSTELLEN...

→ Tablettmenü N1

→ Symbol im Werkzeugkasten ZEICHNEN

Zur Erzeugung des Blocks erhalten Sie ein Dialogfeld auf dem Bildschirm (siehe Abbildung 11.1).

Abbildung 11.1: Dialogfeld zur Erzeugung eines Blocks

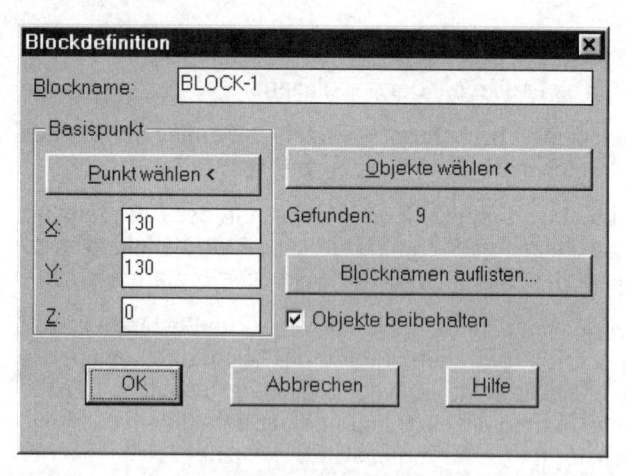

Gehen Sie bei der Bildung eines neuen Blockes wie folgt vor:

→ Tragen Sie im obersten Feld den Blocknamen ein. Beachten Sie die Regeln für die Namensvergabe. Tragen Sie einen Namen ein, der in der Zeichnung schon verwendet wurde, passiert zuerst noch nichts.

Erst wenn Sie alle Eingaben gemacht haben und auf OK klicken, erscheint eine Warnung in einem Dialogfeld (siehe Abbildung 11.2).

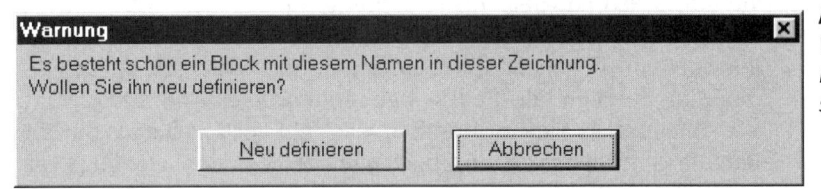

Abbildung 11.2:
Warnung bei Blocküberschreibung

- Wenn Sie OK anklicken, wird der Block neu definiert. Alle Blöcke dieses Namens, die schon in die Zeichnung eingefügt sind, werden durch den neu definierten Block ersetzt.

- Wenn Sie nicht wissen, welche Blocknamen schon belegt sind, können Sie die Schaltfläche BLOCKNAMEN... anklicken. Sie erhalten dann ein weiteres Dialogfeld, in dem alle Blocknamen in dieser Zeichnung aufgelistet sind (siehe Abbildung 11.3).

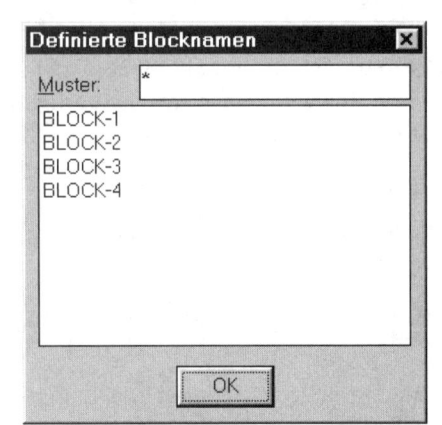

Abbildung 11.3:
Blöcke in der Zeichnung

- Danach bestimmen Sie den Basispunkt. Das ist der Punkt, an dem der Block später in der Zeichnung plaziert wird. In den seltensten Fällen werden Sie die Koordinaten des Basispunktes wissen. Wenn aber doch, können Sie diese im Bereich BASISPUNKT für X, Y und Z eintragen. In den meisten Fällen wollen Sie aber den Basispunkt in der Zeichnung mit dem Objektfang wählen. Klicken Sie auf das Feld PUNKT WÄHLEN <, das Dialogfeld verschwindet und Sie können den Basispunkt in der Zeichnung wählen. Sobald Sie ihn angeklickt haben, kommt das Dialogfeld wieder und die Koordinaten des Punktes werden in den Feldern angezeigt. Bei 2D-Zeichnungen hat die Z-Koordinate den Wert 0.

⤳ Wählen Sie die Objekte, die Sie in diesen Block aufnehmen wollen. Klicken Sie auf das Feld OBJEKTE WÄHLEN <, die Objektwahl wird aktiviert und das Dialogfeld verschwindet wieder. Mit den üblichen Methoden suchen Sie sich die Objekte zusammen. Sobald Sie die Objektwahl mit ⏎ beendet haben, kommt das Dialogfeld wieder auf den Bildschirm und die Zahl der gewählten Objekte wird angezeigt. Sie können, falls Sie es wünschen, das Feld auch nochmals anwählen. Die Objekte der ersten Objektwahl werden dann allerdings verworfen, Sie müssen nochmals von vorn anfangen.

⤳ Am Ende müssen Sie sich noch entscheiden, ob die gewählten Elemente nach der Blockbildung in der Zeichnung bleiben sollen oder nicht. Ist der Schalter OBJEKTE BEIBEHALTEN aus, verschwinden die Elemente des Blocks aus der Zeichnung. Ist der Schalter ein, bleiben die Elemente in der Zeichnung. Beachten Sie aber, daß sich dann an dieser Stelle kein Block befindet. Es bleiben dann die ursprünglichen Objekte in der Zeichnung.

Tip:

Mit dem Befehl wird ein Block in der Zeichnung gebildet. Er steht in anderen Zeichnungen nicht zur Verfügung. Dazu muß er zuerst aus der Zeichnung exportiert werden.

Verweis:

Siehe auch Referenzteil: Befehl BLOCK.

11.3 Exportieren von Blöcken

Um den Block in anderen Zeichnungen verwenden zu können, ist es erforderlich, aus dem Block eine Zeichnungsdatei zu erzeugen.

Vorgang: Befehl ERSTELLEN

Das können Sie mit dem Befehl ERSTELLEN erledigen. Sie finden den Befehl im:

⤳ Abrollmenü DATEI, Funktion ERSTELLEN...

⤳ Tablettmenü W24

Sie bekommen das Dialogfeld zur Speicherung von Dateien auf den Bildschirm (siehe Abbildung 11.4). Wählen Sie aus dem Abrollmenü DATEITYP die Einstellung BLOCK (*.DWG).

Wählen Sie Laufwerk, Ordner, Dateiname und bestätigen Sie mit OK. Wenn Sie einen vorhandenen Dateinamen anklicken, wird die Zeichnung überschrieben. Vorher erscheint aber eine Warnmeldung.

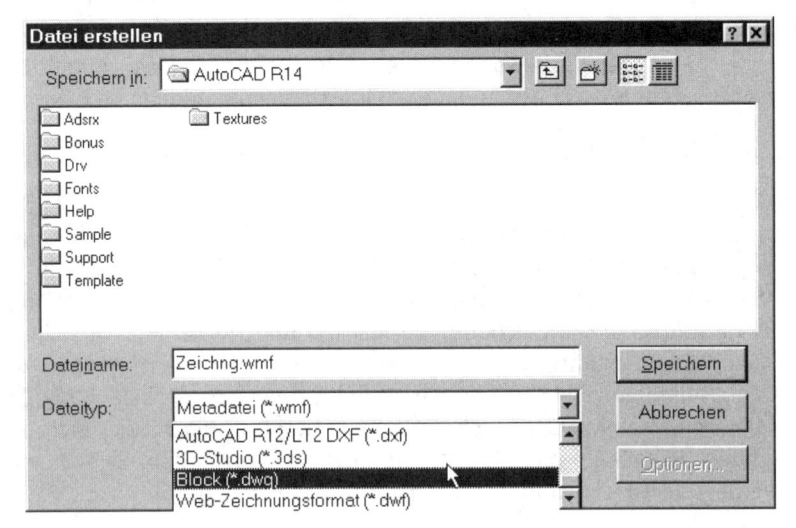

Abbildung 11.4:
Dateityp wählen

Danach wird der Blockname abgefragt. Hier haben Sie verschiedene Eingabemöglichkeiten:

Blockname:

BLOCKNAME eintippen

Der Block mit diesem Namen wird in der gewählten Zeichnungsdatei gespeichert. Blockname und Dateiname können verschieden sein, Sie können also auch einen Block aus der Zeichnung unter einem ganz anderen Dateinamen abspeichern.

»=« eintippen

In diesem Fall wird in der gewählten Zeichnungsdatei ein Block mit dem gleichen Namen wie der vorher eingegebene Dateiname gesucht und dann in der Datei gespeichert. Gibt es diesen Block nicht, erscheint eine Fehlermeldung.

»*« eintippen

Die Zeichnung, an der Sie gerade arbeiten, wird komplett als Block unter dem gewählten Dateinamen gespeichert. Das hätten Sie auch mit dem Befehl SICHERN machen können. Einen feinen Unterschied gibt es. Wird die Zeichnung so gesichert, werden alle nicht verwendeten benannten Objekte aus der Zeichnung entfernt. Das heißt Blöcke, Layer, Linientypen, Textstile und Bemaßungsstile, die zwar in der Zeichnung definiert sind, aber nicht verwendet sind, werden entfernt. Die Zeichnung wird »bereinigt« gespeichert (siehe auch Kapitel 11.5).

[↵]

In diesem Fall können Sie einzelne Objekte aus der aktuellen Zeichnung in der neuen Zeichnungsdatei sichern, ohne vorher daraus einen Block machen zu müssen. Basispunkt und Objekte bestimmen Sie im Dialog.

```
Einfüge-Basispunkt:
Objekte wählen:
```

Diese Funktion wenden Sie vor allem dann an, wenn Sie eine Zeichnung fertig haben und feststellen, daß Sie bestimmte Teile daraus auch in anderen Zeichnungen verwenden können. In diesem Fall wäre es unsinnig, zuerst Blöcke in der Zeichnung zu machen und sie dann zu speichern. Das erfordert unnötige Zeit. Speichern Sie sie sofort in Zeichnungsdateien ab. Allerdings verschwinden die Objekte dann aus der Zeichnung. Sie haben den Befehl HOPPLA schon kennengelernt, er macht die letzte Löschung rückgängig. Sie können ihn auch hier verwenden. Er holt auch die bei dem Blockexport verschwundenen Objekte zurück.

Verweis:

Siehe auch Referenzteil: Befehl WBLOCK.

Vorgang: Befehl BASIS

Sie können aber auch eine komplette Zeichnung in eine andere einfügen. Dazu brauchen Sie den Befehl ERSTELLEN nicht. Wird eine komplette Zeichnung eingefügt, hängt sie beim Einfügen immer mit dem Nullpunkt am Fadenkreuz. Mit dem Befehl BASIS haben Sie die Möglichkeit, das zu ändern. Sie geben damit den Einfügebasispunkt neu vor und können ihn an einen beliebigen Punkt in der Zeichnung legen. Sie finden den Befehl im:

↳ Abrollmenü ZEICHNEN, Untermenü BLOCK >, Funktion BASIS

```
Befehl: Basis
Base point <0.00,0.00,0.00>:
```

Geben Sie die Koordinaten für den neuen Basispunkt ein oder bestätigen den bisherigen mit [↵].

Tip:

Wenn Sie Bibliotheksteile mit dem Befehl ERSTELLEN erzeugt haben, können Sie die erzeugten Zeichnungen öffnen und den Einfügebasispunkt mit dem Befehl BASIS ändern.

11.4 Einfügen von Blöcken

In einer Zeichnung können Sie einmal definierte Blöcke beliebig oft, einzeln oder in Blockreihen einfügen. Außerdem kann jede andere Zeichnung eingefügt werden.

Vorgang: Befehl DDINSERT

Mit dem Befehl DDINSERT lassen sich mit Hilfe eines Dialogfeldes Blöcke einfügen oder Zeichnungsdateien in die aktuelle Zeichnung laden und als Block einfügen. Sie finden den Befehl im:

↳ Abrollmenü EINFÜGEN, Funktion BLOCK...

↳ Tablettmenü T5

↳ Symbol in einem Fly-out-Menü des Werkzeugkastens ZEICHNEN

↳ Symbol im Werkzeugkasten EINFÜGEN

Der Befehl bringt ein Dialogfeld auf den Bildschirm (siehe Abbildung 11.5)

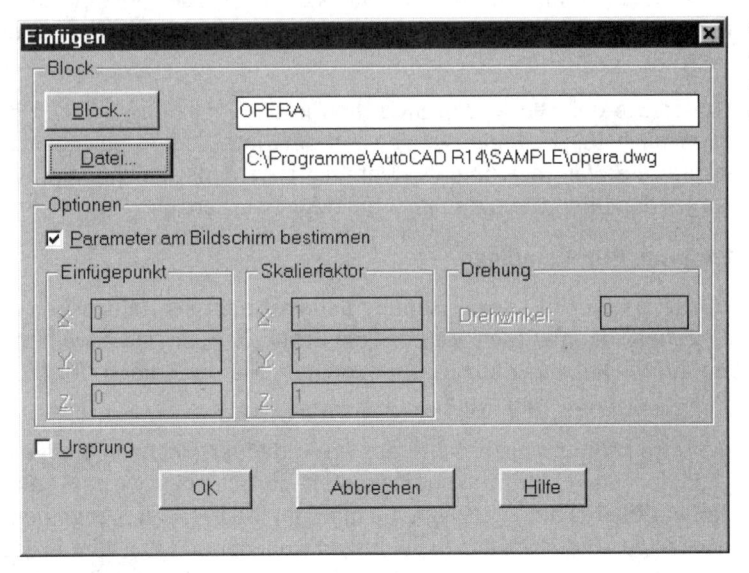

Abbildung 11.5:
Dialogfeld zum Einfügen von Blöcken

Vorgang: Datei einfügen

Klicken Sie auf den Schalter DATEI..., und Sie erhalten den Dateiwähler. Suchen Sie die Datei aus, die Sie in die Zeichnung einfügen wollen. Danach bekommen Sie das ursprüngliche Dialogfeld wieder. Der gewählte Dateiname wird samt Laufwerk und Pfad neben dem Feld DATEI... angezeigt (siehe Abbildung 11.5).

Wird eine Datei in die Zeichnung eingefügt, wird daraus in der Zeichnung ein Block erzeugt. Für den Blocknamen wird der Dateiname übernommen. Er erscheint im Dialogfeld in der obersten Zeile, den Sie aber auch ändern können. Das macht dann Sinn, wenn Sie mehrere Dateien mit demselben Namen aus verschiedenen Ordnern in die Zeichnung übernehmen. Bei Namensgleichheit in der Zeichnung kommt es zu Schwierigkeiten. Dann überschreibt der neue Block den bereits geladenen mit dem gleichen Namen und alle eingefügten Blöcke werden ausgetauscht. Das vermeiden Sie, wenn Sie der zweiten Datei einen anderen Blocknamen in der Zeichnung geben.

Unter Umständen wollen Sie aber auch einen bereits eingefügten Block durch eine andere Zeichnungsdatei auf der Platte ersetzen. In diesem Fall wählen Sie die neue Datei an. Der Dateiname wird als Blockname übernommen. Ändern Sie diesen um, und zwar in den Blocknamen, den Sie ersetzen wollen. Es erscheint eine Warnung in einem Dialogfeld:

```
Es gibt schon einen Block dieses Namens in dieser Zeichnung.
Möchten Sie ihn neu definieren?
```

Klicken Sie OK an, dann wird der Block überschrieben. Alle Blöcke dieses Namens in der Zeichnung werden durch den neu eingelesenen Block ersetzt.

Wollen Sie den Block, den Sie schon in die Zeichnung geladen haben, beim nächsten Einfügen wieder aus der Datei laden, erscheint immer wieder die Warnmeldung. Die Datei ist jetzt in der Zeichnung als Block vorhanden und kann als solcher eingefügt werden.

Vorgang: Block einfügen

Wurde ein Block in der Zeichnung definiert oder als Datei schon einmal eingefügt, dann klicken Sie das Feld BLOCK... an. In einem weiteren Dialogfeld (siehe Abbildung 11.6) bekommen Sie die Namen der Blöcke in dieser Zeichnung angezeigt.

Die Liste kann u. U. sehr lang sein. Im Feld MUSTER können Sie die Anzeige in der Liste einschränken. Tragen Sie dort beispielsweise S* ein, werden nur die Blöcke angezeigt, die mit dem Buchstaben S beginnen. Klicken Sie den Block an, den Sie einfügen wollen, der Name wird in das Feld AUSWAHL übernommen, klicken Sie dann auf OK und das Dialogfeld mit den Namen verschwindet wieder, Sie kommen zum vorherigen zurück.

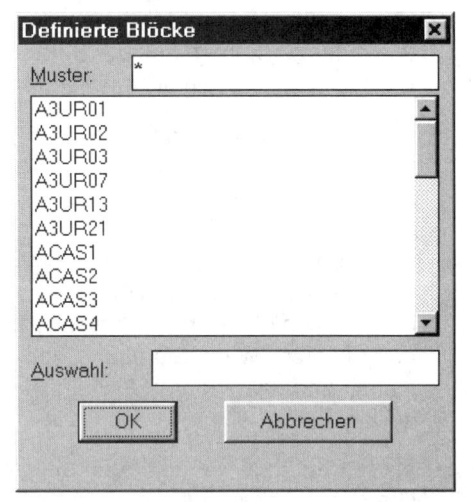

Abbildung 11.6:
Dialogfeld mit den Blocknamen

Die folgenden Parameter sind identisch, ob Sie einen Block oder eine Datei einfügen:

- Im Bereich OPTIONEN stellen Sie die Einfügeparameter ein, den Einfügepunkt, die Skalierfaktoren und die Drehung.

- Zunächst aber können Sie mit dem Schalter PARAMETER AM BILDSCHIRM BESTIMMEN wählen, ob die Werte im Dialogfeld eingetragen werden sollen (Schalter aus) oder ob sie im Dialog am Bildschirm dynamisch eingegeben werden sollen (Schalter ein). In aller Regel bleibt der Schalter eingeschaltet, dann sind die Felder für die Parameter ausgeblendet. Der Block soll ja mit der Maus an einer bestimmten Stelle, meist mit dem Objektfang, eingefügt werden.

- Soll beispielsweise ein Zeichnungsrahmen am Punkt 0,0 mit den Skalierfaktoren 1 und der Drehung 0 eingefügt werden, geht es schneller, wenn Sie diese Werte gleich eintragen. Sie können X-, Y- und Z-Koordinaten für den Einfügepunkt eintragen. Der Einfügepunkt ist der Punkt, an dem der Basispunkt des Blockes in der Zeichnung plaziert wird.

- Der Block kann vergrößert oder verkleinert in die Zeichnung übernommen werden. Werte größer 1 führen zu Vergrößerungen, Werte kleiner 1 zu Verkleinerungen und negative Werte zu Spiegelungen. Tragen Sie die Skalierfaktoren in das Dialogfeld ein. Die Faktoren können in jeder Achsrichtung unterschiedlich sein, was zu Verzerrungen führt, die aber auch gewünscht sein können.

- Zuletzt wird bei Bedarf noch ein Drehwinkel eingegeben. Der Block wird am Einfügepunkt um den eingetragenen Winkel gedreht.

Kapitel 11: Blöcke, Attribute und Gruppen

- Wird ein Block eingefügt, haben Sie ein zusammenhängendes Bauteil in der Zeichnung. Soll der Block gleich in seine Bestandteile zerlegt werden, schalten Sie das Feld URSPRUNG ein.

- Ob Sie eine Zeichnungsdatei einfügen, und dann mit dem Befehl URSPRUNG (siehe unten) zerlegen oder gleich zerlegt einfügen, das Ergebnis ist nicht dasselbe. Im ersten Fall wird die Zeichnungsdatei als Block in die aktuelle Zeichnung kopiert. Wird er dann zerlegt, werden die einzelnen Objekte nochmal in die Zeichnung kopiert. Der Speicherplatz steigt an. Fügen Sie sie aber gleich zerlegt ein, wird erst gar kein Block angelegt, sondern nur die Einzelteile in die Zeichnung kopiert. Wenn Sie also schon wissen, daß Sie den Block nur einmal und dann aber in Einzelteilen brauchen, dann fügen Sie ihn auch gleich so ein.

- Klicken Sie dann OK an. Wenn Sie die Parameter am Bildschirm bestimmen, können Sie die Einfügung interaktiv weiter durchführen, ansonsten wird der Block gleich an der richtigen Stelle eingefügt.

- Der Dialog bei der Einfügung ist unterschiedlich, je nachdem ob Sie das Feld URSPRUNG eingeschaltet haben oder nicht. Bei ausgeschaltetem Feld:

```
Einfügepunkt:
X Faktor <1>/Ecke/XYZ:
Y Faktor (Vorgabe=X):
Drehwinkel <0>:
```

- Bestimmen Sie den Einfügepunkt in der Zeichnung und danach den X-Faktor. Der Vorgabewert ist 1 und kann mit ⏎ übernommen werden. Beim Y-Faktor wird der X-Faktor als Vorgabewert angeboten und beim Drehwinkel 0. Bei der zweiten Anfrage stehen zwei zusätzliche Optionen zur Verfügung. Wählen Sie die Option ECKE, können Sie einen zweiten, diagonal gegenüberliegenden Punkt angeben und der Block wird in das daraus entstehende Rechteck eingepaßt. Die Option XYZ bewirkt dagegen, daß 3 Faktoren bei der Einfügung angefragt werden.

- Ist das Feld URSPRUNG eingeschaltet, wird nur ein Skalierfaktor abgefragt:

```
Einfügepunkt:
Skalierfaktor <1>:
Drehwinkel <0>:
```

- Der Block wird in Einzelobjekten eingefügt.

Vorgang: Befehl URSPRUNG

Blöcke lassen sich, wenn Sie nicht schon zerlegt eingefügt wurden, mit dem Befehl URSPRUNG in ihre einzelnen Objekte zerlegen. Sie finden den Befehl im:

↪ Abrollmenü ÄNDERN, Funktion URSPRUNG

↪ Tablettmenü T22

↪ Symbol im Werkzeugkasten ÄNDERN

```
Befehl: Ursprung
Objekte wählen:
```

Sie können einen oder mehrere Blöcke wählen, die nach Bestätigung der Auswahl aufgelöst werden. Mit dem Befehl lassen sich auch Bemaßungen, Polylinien und Schraffuren zerlegen. Wenn Sie keines von diesen Objekten angewählt haben, erscheint die Fehlermeldung:

```
1 war weder Block, Bemaßung noch Polylinie.
```

Wenn Blöcke zerlegt werden, ändert sich ihr Aussehen nicht. Blöcke, die mit unterschiedlichen Faktoren eingefügt wurden, lassen sich nicht zerlegen.

Verweis

Siehe auch Referenzteil: Befehl EINFÜGE und MEINFÜG.

11.5 Die Zeichnung bereinigen

Wenn Sie viel mit Blöcken arbeiten, kommt es immer wieder vor, daß Sie eine Zeichnungsdatei als Block einfügen und erst dann merken, daß es der falsche war. Sie löschen ihn wieder, trotzdem bleibt er in der Zeichnung als Block erhalten. Auf diese Art kann die Zeichnungsdatei sehr groß werden, ohne daß Sie viel auf dem Bildschirm zu sehen bekommen.

Vorgang: Befehl BEREINIG

Hier hilft nur eines, die Zeichnung zu bereinigen. Der Befehl dafür ist BEREINIG und Sie finden ihn im:

↪ Abrollmenü DATEI, Untermenü DIENSTPROGRAMME >, Untermenü BEREINIGEN >, Funktionen für alle Optionen des Befehls

↪ Tablettmenü X25

Mit dem Befehl lassen sich nur solche Blöcke entfernen, die nicht benutzt werden, also Blöcke, die in der Zeichnung definiert oder in die Zeichnung geladen wurden, dort aber bisher noch nie oder nicht mehr eingefügt sind. Ebenso ist es mit Layern, auf denen sich keine Objekte befinden, Linientypen mit denen nie gezeichnet wurde usw. Im Untermenü können Sie also gleich anwählen, was Sie entfernen wollen.

```
Befehl: Bereinig
Bereinigung unbenutzter BLöcke/BEmstile/LAyer/LTypen/Symbole/
Textstile/Mlinienstile/Alles:
```

Bei der Wahl aus dem Menü wird sofort die entsprechende Option angewählt. Bei verschachtelten Blöcken kann es sein, daß nicht alle unreferenzierten Blöcke auf einmal aus der Zeichnung entfernt werden. Dann muß der Befehl nach dem nächsten Laden eventuell nochmals ausgeführt werden.

Übung: Blöcke bilden und Blöcke einfügen

↦ *Laden Sie die Zeichnung A11-01.DWG aus Ihrem Übungsordner. Sie erhalten einen Plan von einem Zimmer, das eine Reihe von Möbelsymbolen enthält.*

↦ *Bilden Sie Blöcke aus den Symbolen, fügen Sie die Blöcke ein. Zerlegen Sie die eingefügten Blöcke mit dem Befehl URSPRUNG und definieren Sie Blöcke neu.*

11.6 Blöcke zuschneiden

Blöcke, externe Referenzen (siehe Kapitel 12) oder Rasterdateien (siehe Kapitel 13), die Sie in eine Zeichnung eingefügt haben, sind zunächst immer ganz sichtbar. Soll aber nur ein Teil des Blockes angezeigt werden, können Sie einen eingefügten Block oder mehrere Blöcke gleichzeitig zuschneiden.

Vorgang: Befehl XZUSCHNEIDEN

Mit dem Befehl XZUSCHNEIDEN können Sie Blöcke in der Zeichnung zuschneiden. Sie finden ihn im:

↦ Abrollmenü ÄNDERN, Untermenü OBJEKT >, Funktion ZUSCHNEIDEN

↦ Tablettmenü X18

↦ Symbol im Werkzeugkasten REFERENZ

Alle Optionen wählen Sie im Befehlszeilenfenster. Wählen Sie zuerst einen oder mehrere Blöcke, die Sie zuschneiden wollen:

```
Befehl: Xzuschneiden
Objekte wählen: Block wählen
Objekte wählen: ⏎
Ein/Aus/Schnittiefe/Löschen/Polylinie generieren/<Neue Umgrenzung>:
```

Mit ⏎ wählen Sie die Vorgabeoption. Damit können Sie eine neue Umgrenzung für den Block bestimmen. Objekte, die außerhalb dieser Umgrenzung liegen, werden ausgeblendet:

```
Ein/Aus/Schnittiefe/Löschen/Polylinie generieren/<Neue
Umgrenzung>: ⏎
```

Existiert bei den gewählten Blöcken schon eine Umgrenzung, erscheint eine Rückfrage, ob diese gelöscht werden soll:

```
Alte Umgrenzung(en) löschen? Nein/<Ja>:
```

Wollen Sie nicht löschen, bricht der Befehl ab. Ansonsten wird angefragt, wie Sie die Umgrenzung bilden wollen.

```
Polylinie wählen/Polygonal/<Rechteckig>:
```

Die Umgrenzung können Sie mit einem Rechteck aufziehen (Vorgabeoption RECHTECKIG mit ⏎ übernehmen). Mit der Option POLYGONAL können Sie ein Polygon zur Umgrenzung um den Block ziehen. Gehen Sie wie bei der Option FPOLYGON bei der Objektwahl vor. Haben Sie schon vorher eine Polylinie als Grenze um den Block gezeichnet, können Sie diese mit der Option POLYLINIE WÄHLEN als Umgrenzung wählen.

Mit der Option AUS bei der ersten Anfrage schalten Sie den ganzen Block sichtbar, ohne die Umgrenzung zu löschen, mit der Option EIN wird die Umgrenzung wieder wirksam und der Block zugeschnitten.

Wählen Sie die Option POLYLINIE GENERIEREN bei der ersten Anfrage, wird eine bereits vorhandene Umgrenzung mit einer Polylinie nachgezeichnet. Mit der Option LÖSCHEN wird die Umgrenzung gelöscht. Haben Sie sich aber eine Polylinie um die Umgrenzung zeichnen lassen, dann bleibt diese erhalten.

Wenn Sie schon eine Umgrenzung erzeugt haben, können Sie bei der ersten Anfrage auch die Option SCHNITTIEFE wählen. In diesem Fall können Sie eine vordere und hintere Ebene wählen, welche parallel zur Ansicht liegen, und ein 3D-Modell so beschneiden, daß nur der Teil dazwischen sichtbar ist.

Kapitel 11: Blöcke, Attribute und Gruppen

```
Ein/Aus/Schnittiefe/Löschen/Polylinie generieren/<Neue
Umgrenzung>: S für Schnittiefe
Geben Sie Punkt vorne an oder [Abstand/Entfernen]:
Geben Sie Punkt hinten an oder [Abstand/Entfernen]:
```

Geben Sie einen Punkt auf der vorderen und hinteren Ebene ein. In der Draufsicht auf einen 2D-Block würde die Eingabe von 0,0,10 und 0,0,-10 den Block unverändert lassen. Bei einem 3D-Modell würde nur der Teil des Modells angezeigt werden, der zwischen Z=10 und Z=-10 liegt.

Mit der Option ENTFERNEN bei den Eingaben der Punkte kann die entsprechende Ebene entfernt werden.

Mit der Option Abstand geben Sie den Abstand der Schnittebenen vom Betrachterstandort ein.

```
Geben Sie Punkt vorne an oder [Abstand/Entfernen]: A für Abstand
Geben Sie den Abstand von Umgrenzung an:
Geben Sie Punkt hinten an oder [Abstand/Entfernen]: A für Abstand
Geben Sie den Abstand von Umgrenzung an:
```

Übung: Blöcke zuschneiden

↳ Laden Sie die Zeichnung A11-02.DWG aus Ihrem Übungsordner. Sie ist zunächst noch leer, enthält aber Blöcke.

↳ Fügen Sie die Blöcke BL1 und BL2 mit dem Befehl DDINSERT ein. Sie sehen, daß im Block BL1 Bemaßungen enthalten sind, die im Zusammenbau stören.

↳ Löschen Sie BL2 zunächst einmal wieder und schneiden Sie BL1 mit einem Polygon zu. Setzen Sie die Eckpunkte des Polygons ähnlich wie in Abbildung 11.7.

Abbildung 11.7: Block zuschneiden

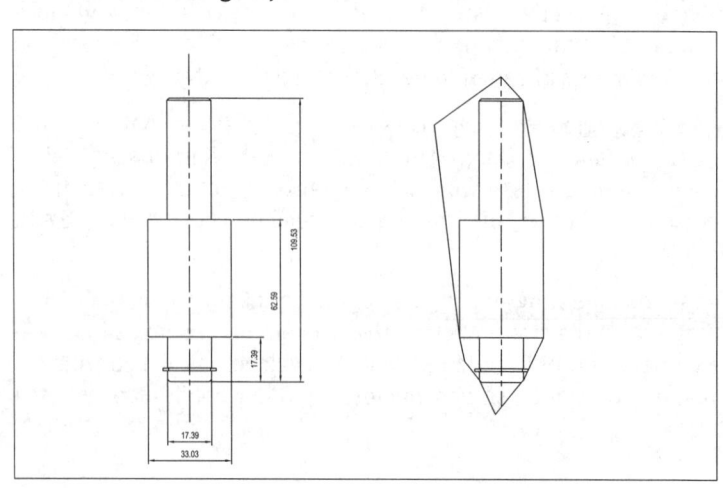

⇢ Fügen Sie dann den Block BL2 ein. Die Maße sind jetzt ausgeblendet und stören im Zusammenbau nicht mehr. Das Ergebnis sehen Sie in Abbildung 11.8. Sie finden die Lösung auch in L11-02.DWG in Ihrem Übungsordner.

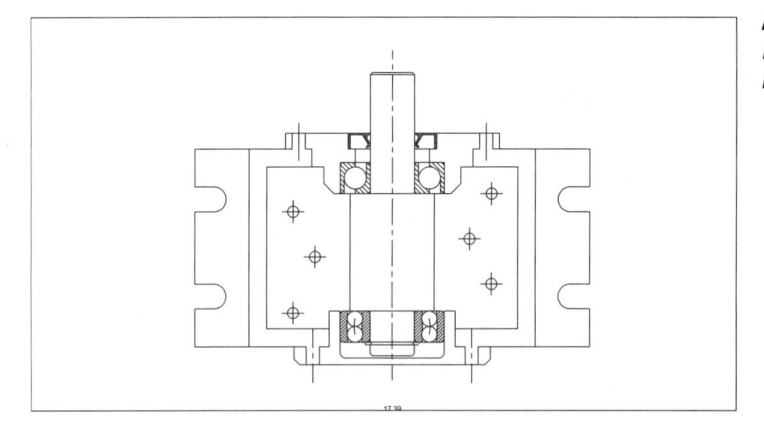

Abbildung 11.8:
Blöcke zusammengefügt

Vorgang: Systemvariable XCLIPFRAME umschalten

Die Umgrenzungen aller in der Zeichnung zugeschnittenen Blöcke, können Sie mit der Systemvariablen XCLIPFRAME schnell ein- und ausschalten. Mit einem Eintrag im Abrollmenü wird diese Variable umgeschaltet. Sie finden den Schalter im:

⇢ Abrollmenü ÄNDERN, Untermenü OBJEKT >, Untermenü XREF >, Funktion RAHMEN

⇢ Symbol im Werkzeugkasten REFERENZ

11.7 Attribute

Attribute sind Textinformationen, die mit einem Block gespeichert werden können. Sie werden verwendet, um in einer Zeichnung Beschriftungen in einer vorgegebenen Form automatisch zu generieren, z.B. um einen Zeichnungskopf normgerecht zu beschriften oder Baugruppen in einem Schemaplan mit einer Referenznummer zu versehen. So kann eine Beschriftung in einheitlicher Form vordefiniert werden. Bei der Ausführung muß nur noch ein Formular ausgefüllt werden. Die Beschriftung wird automatisch an der richtigen Stelle in der richtigen Form ausgeführt.

Außerdem eignen sich Attribute zur Speicherung von Stücklisteninformationen in der Zeichnung. Dabei kann es sich um einen konstanten Wert handeln, wie die DIN-Nummer eines Teils oder um einen variablen

Wert, der bei der Blockeinfügung eingegeben wird, wie die Bestellnummer eines Teils oder der Hersteller. Diese Informationen lassen sich in einer Datei im wählbaren Format ausgeben.

Vorgang: Das Arbeiten mit Attributen

Wie werden Attribute verwendet? Hier das Vorgehen in Stichworten:

Attributdefinition

- Definieren Sie Attribute mit dem Befehl DDATTDEF in der Zeichnung. Sie werden wie Texte in der Zeichnung angezeigt, alle Zeichen werden in Großbuchstaben umgewandelt.
- Attributdefinitionen können mit dem Befehl DDEDIT editiert werden.
- Bei der Blockbildung müssen die Attributdefinitionen, die zu einem Block gehören, mit in den Block aufgenommen werden.

Attributeingabe

- Wird ein Block mit Attributdefinitionen eingefügt, werden die Werte für die variablen Attribute abgefragt. Voraussetzung ist, daß die Systemvariable ATTREQ 1 ist (Standardeinstellung). Ist die Variable ATTDIA ungleich 0, erfolgt die Abfrage mit einem Dialogfeld.
- Attributwerte lassen sich mit den Befehlen DDATTE ändern.
- Attribute lassen sich in der Zeichnung anzeigen oder ausblenden, unabhängig davon, auf welchem Layer sie sich befinden. Der Befehl ATTZEIG steuert die Anzeige.

Attributausgabe

- Attribute lassen sich mit dem Befehl DDATTEXT in einer Textdatei ausgeben. Eine Dateischablone, die vorher erstellt werden muß, legt das Format der Ausgabe fest.
- Die Datei kann mit üblichen Text-, Tabellenkalkulation- oder Datenbankprogrammen weiterverarbeitet werden.

11.8 Attributdefinition

Attributdefinitionen erstellen Sie mit dem Befehl DDATTDEF.

- Abrollmenü ZEICHNEN, Untermenü BLOCK >, Funktion ATTRIBUTE...

Alle Funktionen des Befehls werden in einem Dialogfeld ausgeführt (siehe Abbildung 11.9).

Abbildung 11.9:
Dialogfeld zur Attributdefinition

Im Dialogfeld legen Sie im Bereich in der linken oberen Ecke den Modus des Attributs fest: Ein Attribut kann sichtbar oder unsichtbar sein. Mit dem Schalter UNSICHTBAR können Sie diesen Modus ein- und ausschalten. Auch wenn Sie ein Attribut als unsichtbar definiert haben, wird die Attributdefinition angezeigt. Erst wenn Sie das Attribut in einen Block aufgenommen und diesen Block eingefügt haben, gilt diese Einstellung.

Ist der Modus KONSTANT eingeschaltet, bekommt das Attribut einen festen Wert, z.B. die Teilenummer, und es wird beim Einfügen des Blocks nicht abgefragt. Es kann auch danach mit den Editierfunktionen nicht bearbeitet werden.

Haben Sie den Modus PRÜFEN eingeschaltet, wird das Attribut bei der späteren Eingabe im Dialogbereich nochmals zur Kontrolle aufgelistet und es muß erneut bestätigt werden. Geben Sie Attribute im Dialogfeld ein, ist dieser Modus ohne Bedeutung.

Auch der Modus VORWAHL ist nur bei der Eingabe im Dialogbereich wichtig. Ist der Modus eingeschaltet, wird das Attribut nicht angefragt, ein Vorgabewert wird übernommen. Sie können es aber nachher editieren. Bei der Eingabe im Dialogfeld erscheint dieses Attribut auch, und zwar mit seinem Vorgabewert.

Rechts daneben tragen Sie im Bereich ATTRIBUT den Namen des Attributs im Feld BEZEICHNUNG ein. Soll das Attribut mit einem speziellen Text angefragt werden, können Sie diesen im Feld EINGABEAUFFORDERUNG eintragen. Wenn Sie nichts eintragen, wird mit der Attributbezeichnung angefragt.

Kapitel 11: Blöcke, Attribute und Gruppen

Im Feld WERT können Sie einen Vorgabewert für das Attribut eintragen. Diesen können Sie bei der Attributeingabe ändern oder ohne Änderung übernehmen.

Danach legen Sie den Einfügepunkt für das Attribut fest. Tragen Sie die Koordinaten in den Feldern ein, oder klicken Sie auf das Feld PUNKT WÄHLEN < und Sie können den Einfügepunkt in der Zeichnung wählen. Haben Sie schon ein Attribut plaziert, können Sie das nächste direkt unter dem vorherigen plazieren, wenn Sie den Schalter UNTER VORHERIGEM ATTRIBUT AUSRICHTEN einschalten.

Attribute werden wie Text in der Zeichnung plaziert. Im Feld TEXTOPTIONEN stellen Sie die Parameter für die Schrift des Attributs ein. Das sind dieselben Parameter, wie Sie sie auch beim Befehl DTEXT benötigen.

Verweis:

Siehe auch Referenzteil: Befehl ATTDEF.

11.9 Änderung von Attributdefinitionen

Bevor Sie die Attributdefinitionen in einem Block zusammenfassen, können Sie sie mit dem Befehl DDEDIT noch bearbeiten. Der Befehl, der auch zur Änderung von Texten verwendet wird, zeigt das Attribut in einem Dialogfeld an. Den Befehl finden Sie im:

→ Abrollmenü ÄNDERN, Untermenü OBJEKT >, Funktion TEXT BEARBEITEN...

→ Tablettmenü Y21

→ Symbol im Werkzeugkasten ÄNDERN II

Wird eine Attributdefinition angewählt, erscheint ein anderes Dialogfeld, wie bei der Änderung von Textzeilen (siehe Abbildung 11.10).

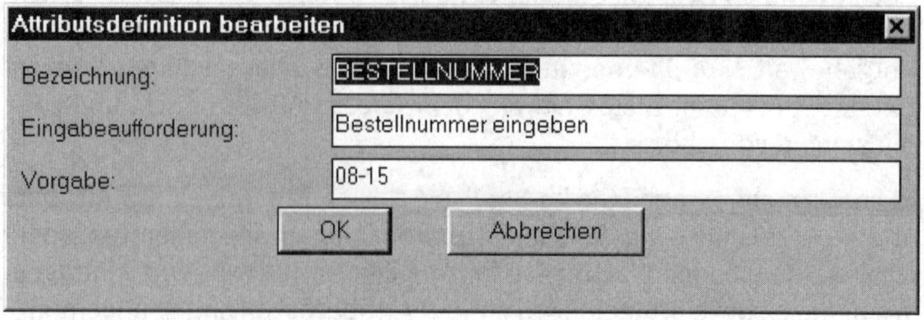

Abbildung 11.10: Dialogfeld zur Änderung von Attributdefinitionen

Haben Sie die Attribute für den Block erstellt und eventuell editiert, können Sie einen Block bilden. Wählen Sie die Objekte für den Block einschließlich der Attributdefinitionen. Beachten Sie: Wenn Sie die Attribute später im Dialogfeld in einer bestimmten Reihenfolge aufgelistet haben wollen, sollten Sie sie auch in dieser Reihenfolge einzeln bei der Objektwahl anwählen. Wenn Sie, wie sonst üblich, die Objekte mit einem Fenster wählen, erscheinen Sie im Dialogfeld meist in umgekehrter Reihenfolge.

Übung: Attributdefinitionen erstellen

→ Laden Sie die Zeichnung A11-03.DWG aus dem Verzeichnis Übungsordner. Sie enthält einen Zeichnungskopf.

→ Füllen Sie den Zeichnungskopf mit Attributen aus. Wählen Sie die Textoptionen so, daß die Felder ausgefüllt sind (siehe Abbildung 11.11).

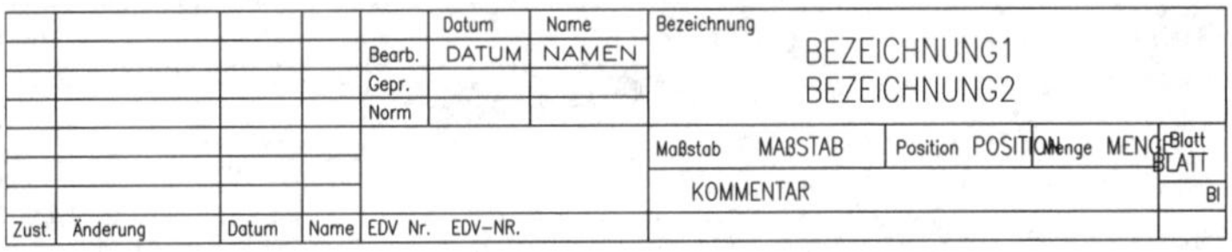

Abbildung 11.11: Zeichnungskopf mit Attributdefinitionen

→ Geben Sie die Attribute so ein, wie sie nachher beim Einfügen abgefragt werden sollen. Bei Änderungen kommt die Reihenfolge durcheinander. Aber es kann auch später noch korrigiert werden.

→ Sichern Sie den Kopf mit dem Befehl ERSTELLEN in der Datei L11-03.DWG im gleichen Verzeichnis.

→ Wählen Sie beim Bestimmen der Objekte zuerst nur die Geometrie und die Beschriftung und dann die Attribute einzeln mit der Pickbox in der Reihenfolge, wie sie nachher im Dialogfeld abgefragt werden sollen. Das ist zwar etwas aufwendig, bringt aber nachher Ordnung in das Dialogfeld.

11.10 Attributeingabe

Wenn Sie einen Block mit Attributen mit dem Befehl DDINSERT einfügen, plazieren Sie den Block wie sonst auch. Wenn die Parameter für die Blockeinfügung festgelegt sind, erscheint das Dialogfeld (siehe Abbildung 11.12) zur Eingabe der Attributwerte. Wenn der Block plaziert ist, werden anstelle der Platzhalter in der Blockdefinition nun die konkreten Werte für diese Blockeinfügung eingesetzt.

Kapitel 11: Blöcke, Attribute und Gruppen

Fehler:

Die Attribute werden nur abgefragt, wenn die Systemvariable ATTREQ 1 ist (Standardeinstellung). Es wird nur dann ein Dialogfeld verwendet, wenn die Systemvariable ATTDIA ungleich 0 ist. Tippen Sie die Variablen ein und prüfen Sie die Einstellung im Zweifelsfall.

Abbildung 11.12:
Dialogfeld zur Eingabe der Attributwerte

Attribute eingeben	
Blockname:	L11-03
BLATT	1
BEZEICHNUNG1	Testzeichnung
BEZEICHNUNG2	AutoCAD 14 Kompendium
MAßSTAB	1:1
POSITION	420,297
MENGE	1
KOMMENTAR	Beispielzeichnungen
DATUM	

[OK] [Abbrechen] [Vorher] [Nächster] [Hilfe]

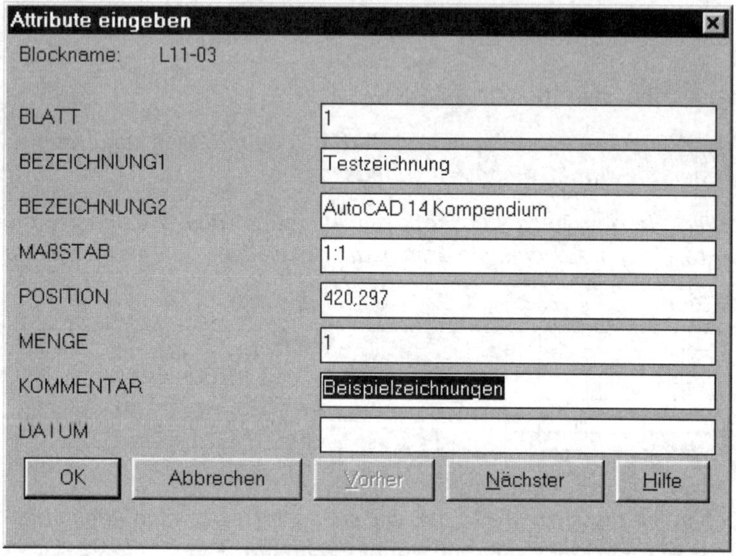

Übung: Eingabe der Attributwerte

↪ *Öffnen Sie eine neue Zeichnung und fügen Sie in diese Ihren Zeichnungskopf (oder L11-03.DWG, wenn Sie ihn nicht gezeichnet haben) aus dem Übungsordner ein. Geben Sie nach der Plazierung des Blocks die Attributwerte ein (siehe Abbildung 11.12). Schalten Sie mit der Schaltfläche NÄCHSTER weiter, wenn nicht alle Attributanfragen auf einer Seite Platz haben. Der Zeichnungskopf sieht danach wie in Abbildung 11.13 aus.*

Abbildung 11.13:
Zeichnungskopf mit Attributwerten ausgefüllt

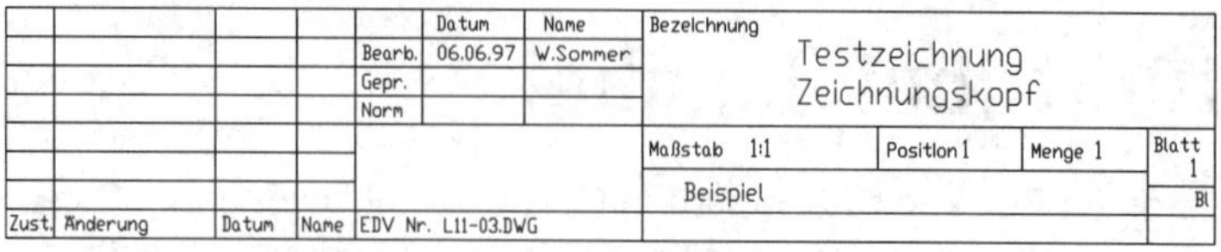

				Datum	Name	Bezeichnung			
			Bearb.	06.06.97	W.Sommer	Testzeichnung			
			Gepr.			Zeichnungskopf			
			Norm						
						Maßstab 1:1	Position 1	Menge 1	Blatt 1
						Beispiel			Bl
Zust	Änderung	Datum	Name	EDV Nr. L11-03.DWG					

11.11 Änderung von Attributwerten

Die Attribute von eingefügten Blöcken können Sie auf drei verschiedene Arten ändern:

- Mit Griffen, wenn die Position des Attributwerts verändert werden soll.
- Mit dem Befehl DDATTE, wenn Attributwerte geändert werden sollen.
- Mit dem Befehl ATTEDIT, wenn der Attributwert, die Position oder die Parameter für die Beschriftung geändert werden sollen.

Vorgang: Änderung der Position mit Griffen

Objekte in Blöcken können nicht geändert werden. Die Attributwerte machen da eine Ausnahme. Sie wollen ein Attribut an eine andere Stelle schieben? Das ist mit den Griffen am einfachsten möglich. Klicken Sie den Block, der Attribute enthält, einfach an, wenn kein Befehl aktiv ist. Der Block bekommt an seinem Einfügepunkt und an den Ausrichtungspunkten der Attribute einen Griff.

Wenn Sie einen solchen Griff zum heißen Griff machen (ausgefülltes rotes Quadrat), können Sie im Modus **STRECKEN** das Attribut verschieben. Mehr zu den Griffen finden Sie in Kapitel 14.

Vorgang: Änderung der Attributwerte

Wollen Sie Attributwerte eines Blocks ändern, verwenden Sie den Befehl DDATTE. Sie finden ihn im:

- Abrollmenü ÄNDERN, Untermenü OBJEKT >, Untermenü ATTRIBUTE >, Funktion BEARBEITEN...
- Tablettmenü Y21
- Symbol im Werkzeugkasten ÄNDERN II

```
Befehl: Ddatte
Block wählen:
```

Wählen Sie den Block, dessen Attribute Sie ändern wollen, und Sie erhalten das gleiche Dialogfeld wie bei der Blockeinfügung, lediglich die Überschrift ist anders (siehe Abbildung 11.12).

Vorgang: Globale Änderung von Attributen

Mit dem Befehl ATTEDIT können Sie Attribute nach bestimmten Kriterien zur Änderung selektieren und von einem oder mehreren Attributen den Wert, die Position und die Beschriftungsparameter ändern. Der Befehl ist etwas umständlich zu handhaben, aber für größere Änderungen gut geeignet. Wollen Sie nur den Wert oder die Position einiger Attribute ändern, kommen Sie mit den obigen Methoden schneller zum Ziel. Sie finden den Befehl im:

↳ Abrollmenü ÄNDERN, Untermenü OBJEKT >, Untermenü ATTRIBUTE >, Funktion GLOBAL BEARBEITEN

```
Befehl: Attedit
Attribute einzeln editieren? <J>
```

Globale Editierung

Bei der globalen Editierung können Sie eine Zeichenfolge in allen gewählten Attributwerten durch eine andere ersetzen. Durchgängige Fehler lassen sich damit schnell beseitigen. Dabei können Sie auf Wunsch auch die zur Zeit nicht sichtbaren Attribute mitändern.

```
Befehl: Attedit
Attribute einzeln bearbeiten? <J> N
Globales Editieren der Attributswerte.
Nur am Bildschirm sichtbare Attribute bearbeiten? <J>
Blockname <*>:
Attributbezeichnung Spezifikation <*>:
Attributwert Spezifikation <*>:
Attribute wählen:
X Attribute gewählt..
Zu ändernde Zeichenfolge:
Neue Zeichenfolge:
```

Sie können die Auswahl auf bestimmte Attributbezeichnungen und Attributwerte beschränken. Wenn Sie beispielsweise in allen Blöcken STUHL das Attribut HERSTELLER mit dem Attributwert FA. MEIER auswählen wollen, um einen durchgehenden Schreibfehler zu beseitigen, dann geben Sie ein:

```
Blockname <*>: Stuhl
Attributbezeichnung Spezifikation <*>: Hersteller
Attributwert Spezifikation <*>: Fa. Meier
Attribute wählen: Attribute wählen
 .
Attribute wählen: ⏎
Zu ändernde Zeichenfolge: Meier
Neue Zeichenfolge: Maier
```

Mit der Attributwahl können Sie die zu ändernden Attribute noch manuell auswählen. Geändert werden aber nur die, auf die die Bedingungen zutreffen. Die zu ändernde Zeichenfolge wird bei diesen durch die neue ersetzt.

Sie können zur Auswahl aber auch bei den ersten Anfragen die Vorgabe * übernehmen und nur die zu ändernden Attribute mit der Pickbox auswählen. Beide Auswahlmethoden können kombiniert verwendet werden.

Einzeleditierung:

Wählen Sie die Einzeleditierung an, und Sie können jedes Attribut einzeln im Dialog ändern.

```
Befehl: Attedit
Attribute einzeln bearbeiten? <J>: J
Blockname <*>:
Attributbezeichnung Spezifikation <*>:
Attributwert Spezifikation <*>:
Attribute wählen:
X Attribute gewählt..
WErt/Position/Höhe/WInkel/Stil/Layer/Farbe/Nächstes<N>:
```

Die Auswahl können Sie wie bei der globalen Editierung vornehmen. Danach werden die gewählten Attribute einzeln durchgegangen. Das Attribut, das gerade aktiviert wird, wird mit einem Kreuz markiert und die Optionsliste ausgegeben. Durch Eingabe des Kürzels können Sie die entsprechende Option ändern. Wenn ein Attributwert geändert wurde, können Sie mit der Option NÄCHSTES zum nächsten Attribut verzweigen.

Fehler:

Zerlegen Sie einen Block nicht mit dem Befehl URSPRUNG in seine Bestandteile, wenn Sie Attribute editieren wollen. In diesem Fall gehen die Attributwerte dieses Blocks verloren. In der Zeichnung steht dann nur noch die Attributdefinition.

11.12 Anzeige von Attributen

Sie können Attributwerte in der Zeichnung sichtbar machen oder alle Attribute ausblenden. Das steuern Sie unabhängig vom Layer mit dem Befehl ATTZEIG. Den Befehl finden Sie im:

↳ Abrollmenü ANZEIGE, Untermenü ANZEIGE >, Untermenü ATTRIBUTANZEIGE > mit den Optionen des Befehls.

```
Befehl: Attzeig
Normal/Ein/Aus <Normal>:
```

Sie haben drei Möglichkeiten: Die Option NORMAL zeigt alle sichtbaren Attribute an und alle unsichtbaren Attribute nicht, also so wie sie definiert wurden. Wenn Sie EIN wählen, werden alle Attributwerte angezeigt, egal wie sie definiert wurden, und wenn Sie AUS wählen, erscheint kein Attributwert mehr in der Zeichnung.

11.13 Attributausgabe

Attribute können Sie aus der Zeichnung in eine Textdatei schreiben. Mit dem Befehl DDATTEXT können Sie die Attributwerte aller oder nur von ausgewählten Blöcken exportieren. Das Format für die Ausgabe können Sie in der Dateischablone festlegen. Den Befehl geben Sie auf der Tastatur ein. Die Parameter für den Export können Sie in einem Dialogfeld einstellen (siehe Abbildung 11.14).

Abbildung 11.14:
Dialogfeld zur Ausgabe der Attributwerte

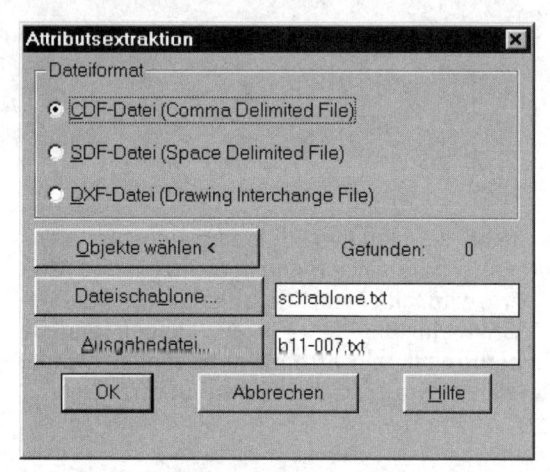

Zunächst legen Sie fest, in welchem Format die Datei erzeugt werden soll. Drei Formate stehen zur Auswahl:

CDF (Comma Delimited Format)

Das CDF-Format erzeugt Dateien, bei denen jeder ausgegebene Block durch einen Datensatz abgebildet ist. Innerhalb eines Datensatzes bildet jeder ausgegebene Attributwert ein Feld. Die Felder sind durch Trennzeichen voneinander getrennt, standardmäßig ist das ein Komma. Texte werden zusätzlich in Apostroph-Zeichen eingeschlossen. Die Angabe der Feldlänge in der Dateischablone (siehe unten) gibt bei diesem Format nur die maximale Länge an.

SDF (Space Delimited Format)

SDF-Dateien sind ähnlich aufgebaut. Hier haben die Felder aber eine feste Länge, die in der Dateischablone festgelegt wird. Dadurch bedarf es keiner besonderen Trennzeichen. Auch sind Textfelder und numerische Felder nicht gesondert gekennzeichnet. Über die Feldlänge kann jedes Zeichen eindeutig zugeordnet werden. Textfelder werden linksbündig ausgerichtet, numerische Felder rechtsbündig, der Rest wird von Leerzeichen aufgefüllt.

DXF (Data Exchange Format)

Außerdem lassen sich die Attribute im DXF-Format ausgeben. Dabei handelt es sich um eine Variante des AutoCAD-Zeichnungsaustauschformats, bei dem nur Blöcke und deren Attribute übertragen werden. Die DXF-Ausgabe von Attributen erfordert keine Dateischablone. Die Datei erhält die Erweiterung .DXX, um sich von normalen DXF-Dateien zu unterscheiden.

Nachdem Sie sich für ein Format entschieden haben, wählen Sie die Blöcke, von denen Sie die Attributwerte in der Datei haben wollen. Klicken Sie dazu auf das Feld OBJEKTE WÄHLEN <, das Dialogfeld verschwindet, bis Sie die Objektwahl beendet haben.

Danach wählen Sie eine Dateischablone und bestimmen den Namen der Ausgabedatei. Klicken Sie auch hierzu auf die entsprechend bezeichneten Felder und bestimmen Sie die Namen mit dem Dateiwähler.

Vorgang: Dateischablone anlegen

Die Dateischablone wird für die CDF- und SDF-Ausgabe benötigt. Sie legt das Ausgabeformat fest. Die Dateischablone ist selbst auch eine Textdatei, die beispielsweise mit dem Windows-Editor erstellt werden kann. Sie beschreibt das Format eines Datensatzes der Ausgabedatei. Alle Sätze sind gleich aufgebaut und jeder ausgegebene Block erzeugt einen Datensatz.

Jede Zeile in der Dateischablone steht somit wieder für ein Feld in der Ausgabedatei. Zwei Datentypen sind möglich und können folgendermaßen angegeben werden:

```
Attributbezeichnung Cxxx000
Attributbezeichnung Nxxxyyy
```

N steht für einen numerischen Wert, C für einen alphanumerischen Wert, xxx gibt die Feldlänge an, die immer dreistellig sein muß, yyy gibt die Zahl der Nachkommastellen an. Auch diese Angabe muß dreistellig erfolgen, bei alphanumerischen Feldern steht an dieser Stelle ooo.

Außer den Attributwerten lassen sich in die Ausgabedatei auch Informationen zu den Blöcken aufnehmen. Folgende Werte werden in die Ausgabedatei übernommen, wenn Sie in der Dateischablone so angegeben werden:

```
BL:LEVEL    Ebene der Blockverschachtelung
BL:NAME     Blockname
BL:X        X-Einfügepunkt
BL:Y        Y-Einfügepunkt
BL:Z        Z-Einfügepunkt
BL:NUMBER   Blockzähler
BL:HANDLE   Blockreferenz
```

Kapitel 11: Blöcke, Attribute und Gruppen

```
BL:LAYER    Layer der Blockeinfügung
BL:ORIENT   Drehwinkel der Einfügung
BL:XSCALE   X-Faktor der Einfügung
BL:YSCALE   Y-Faktor der Einfügung
BL:ZSCALE   Z-Faktor der Einfügung
BL:XEXTRUDE X-Komponente der Hochzugsrichtung
BL:YEXTRUDE Y-Komponente der Hochzugsrichtung
BL:ZEXTRUDE Z-Komponente der Hochzugsrichtung
Attribut    Attributbezeichnung
```

Bei der CDF-Ausgabe können Sie in der Dateischablone noch angeben, welche Trennzeichen zwischen den einzelnen Feldern verwendet und mit welchen Zeichen Textfelder gekennzeichnet werden sollen. Ohne eine Angabe werden standardmäßig , und ' verwendet.

```
C:DELIM DFeldtrennzeichen, z.B.: / oder ;
C:QUOTE CTextmarkierung, z.B.: " oder |
```

Die Dateischablone muß die Dateierweiterung .TXT erhalten. Die Ausgabedatei bekommt als Vorgabe den Namen der Zeichnungsdatei und ebenfalls die Dateierweiterung .TXT.

Übung: Ausgabe einer Stückliste

↪ Laden Sie die Zeichnung A11-04.DWG aus dem Übungsordner. Sie sehen das leere Zimmer aus einer der vorherigen Übungen.

↪ Möblieren Sie das Zimmer. Möbel sind schon als Blöcke in der Zeichnung definiert.

↪ Jeder Block enthält Attribute für die Bezeichnung, den Hersteller, den Typ, die Ausführung und den Preis. Tragen Sie Attributwerte bei der Blockeinfügung ein, damit nachher die Stückliste nicht leer ist (siehe Abbildung 11.15).

↪ Sie finden auch eine Zeichnung (L11-04.DWG) mit eingefügten Blöcken in Ihrem Übungsordner, die aussieht wie Abbildung 11.15.

↪ Erstellen Sie eine Dateischablone mit dem Windows-Editor, dem Notizblock, geben Sie den Text in den Klammern nicht mit ein. Falls Ihnen das zu lange dauert, im Übungsordner ist diese Datei schon unter dem Namen A11-04.TXT.TXT gespeichert.

```
BL:NAME C015000(AutoCAD-Blockname, max. 15 Zeichen)
BEZEICHNUNG C020000(Attribut: Bezeichnung, max. 20 Zeichen)
HERSTELLER C020000(Attribut: Hersteller, max. 15 Zeichen)
TYP C015000(Attribut: Typ, max. 15 Zeichen
AUSFUEHRUNG C020000(Attribut: Ausführung, max. 20 Zeichen)
PREIS N008002(Attribut: Preis, Zahlenwert Format)
```

↪ Erzeugen Sie eine CDF- und eine SDF-Ausgabedatei mit dem Befehl DDATTEDIT.

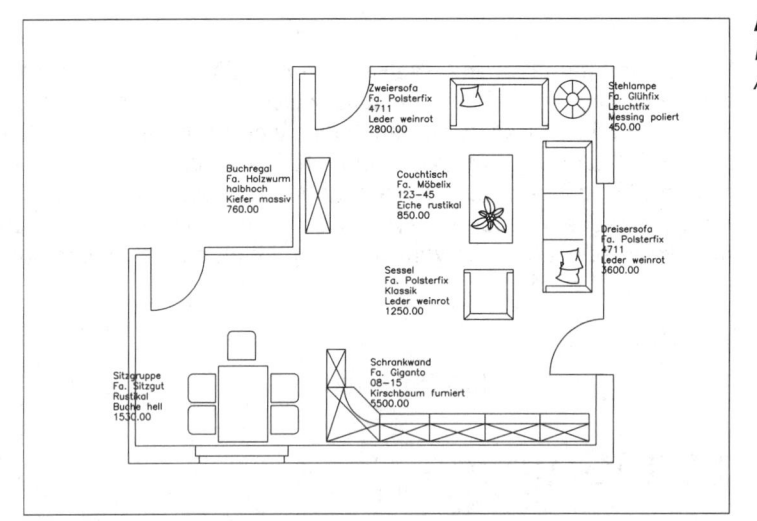

Abbildung 11.15:
Blöcke mit Attributen

→ *Im Übungsordner ist je eine Beispiellösung, L11-04-1.TXT für eine CDF-Datei und L11-04-2.TXT für eine SDF-Datei. Die CDF-Datei könnte so aussehen:*

```
'LAMPE','Stehlampe','Fa. Glühfix','Leuchtfix','',450.00
'REGAL','Buchregal','Fa. Holzwurm','halbhoch','',760.00
'SCHRANK','Schrankwand','Fa. Giganto','08-15','',5500.00
'SESSEL','Sessel','Fa. Polsterfix','Klassik','',1250.00
'SITZGR','Sitzgruppe','Fa. Sitzgut','Rustikal','',1530.00
'SOFA2','Zweiersofa','Fa. Polsterfix','4711','',2800.00
'SOFA3','Dreiersofa','Fa. Polsterfix','4711','',3600.00
'TISCH','Couchtisch','Fa. Möbelix','123-45','', 850.00
```

→ *Ein mögliches Beispiel für die SDF-Datei könnte dagegen so aussehen:*

```
LAMPE      Stehlampe    Fa. Glühfix      Leuchtfix    450.00
REGAL      Buchregal    Fa. Holzwurm     halbhoch     760.00
SCHRANK    Schrankwand  Fa. Giganto      08-15       5500.00
SESSEL     Sessel       Fa. Polsterfix   Klassik     1250.00
SITZGR     Sitzgruppe   Fa. Sitzgut      Rustikal    1530.00
SOFA2      Zweiersofa   Fa. Polsterfix   4711        2800.00
SOFA3      Dreiersofa   Fa. Polsterfix   4711        3600.00
TISCH      Couchtisch   Fa. Möbelix      123-45       850.00
```

Die CDF-Datei läßt sich beispielsweise direkt in Excel übernehmen und dort weiter bearbeiten. Die SDF-Datei dagegen eignet sich auch für die Übernahme in ein Textverarbeitungsprogramm. Datenbankprogramme können meist beide Formate verarbeiten. Die weitere Verarbeitung der Stückliste ist nicht mehr Aufgabe von AutoCAD.

Tip:

Stücklisteninformationen lassen sich in AutoCAD nur als Attribut an einen Block binden. Soll aber beispielsweise eine Linie, die eine Leitung darstellt, in die Stückliste aufgenommen werden, existiert kein Block. In diesem Fall läßt sich ein Block definieren, der nur die Attributdefinitionen enthält, und ein Markierungssymbol, das auf dem Objekt plaziert wird. Wenn das Markierungssymbol auf einem speziellen Layer erstellt wird, kann es unabhängig vom sonstigen Inhalt der Zeichnung aus- und eingeschaltet werden.

Verweis:

Siehe auch Referenzteil: Befehl ATTEXT.

11.14 Gruppen

Blöcke eignen sich immer dann, wenn feste Symbole mehrfach benötigt werden, eventuell auch in verschiedenen Zeichnungen. Sobald ein eingefügter Block geändert werden muß, werden die Vorteile schnell zum Nachteil. Blöcke lassen sich nicht ändern, sie müssen erst mit dem Befehl URSPRUNG geändert werden. Die Zeichnung wird dabei größer und damit auch die Verarbeitungsgeschwindigkeit geringer. Ist ein Block zerlegt und in einem Einbau mit anderen Teilen, dann kann er u. U. nur sehr schwer wieder zu einem Block zusammengefaßt werden.

Immer wenn verschiedene Baugruppen in einer Zeichnung zusammengesetzt werden, sind Gruppen besser geeignet. Objekte lassen sich in der Zeichnung zu Gruppen zusammenfassen. Dabei handelt es sich um einen lockeren Verband, dessen Einzelteile geändert werden können. Mit den Objekten wird lediglich die Gruppenzusammengehörigkeit gespeichert.

Eigenschaften von Gruppen

- Objekte auf verschiedenen Layern lassen sich zu Gruppen zusammenfassen.
- Die Gruppe kann insgesamt bearbeitet werden (schieben, drehen, vergrößern, verkleinern usw.). Einzelne Objekte der Gruppe können auch unabhängig bearbeitet werden.
- Eine Gruppe kann bei der Objektwahl per Namen ausgewählt werden.
- In eine Gruppe lassen sich jederzeit Objekte hinzufügen oder entfernen.

Vorgang: Befehl GRUPPE

Mit dem Befehl GRUPPE lassen sich Gruppen bilden und bearbeiten. Sie finden den Befehl im:

→ Abrollmenü WERKZEUGE, Funktion OBJEKTGRUPPE...

Alle Funktionen des Befehls lassen sich in einem Dialogfeld wählen (siehe Abbildung 11.16).

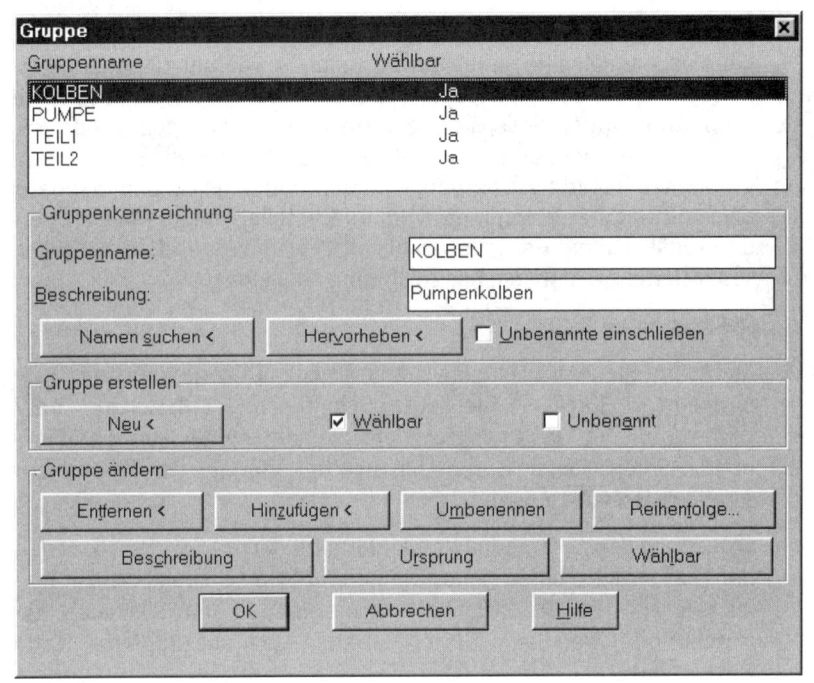

Abbildung 11.16:
Dialogfeld zur Bildung und Änderung von Gruppen

Gehen Sie folgendermaßen vor:

Gruppe bilden

→ Tragen Sie im Feld GRUPPENNAME einen Namen von maximal 31 Zeichen ein. Im Feld BESCHREIBUNG können Sie zusätzlich einen erklärenden Text mit maximal 64 Zeichen eingeben.

→ Kreuzen Sie das Feld WÄHLBAR an, wenn Sie bei der Objektwahl die Gruppe insgesamt wählen wollen. Schalten Sie es aus, wenn Sie die Objekte einzeln wählen wollen. Wenn Sie das Feld UNBENANNT ankreuzen, erhält die Gruppe keinen Namen und kann somit auch nicht per Namen angesprochen werden.

- Klicken Sie die Schaltfläche NEU < an, das Dialogfeld verschwindet und Sie können die Objekte wählen, die zur Gruppe gehören sollen. Mit der Eingabe von ⏎ erscheint das Dialogfeld wieder und die Gruppe ist erzeugt. Sie können dann eine neue Gruppe bilden, indem Sie einen neuen Namen eingeben.

- Gruppen können auch wieder andere Gruppen enthalten. Ein Zusammenbau kann Baugruppen enthalten, diese enthalten wieder Bauteile, die dann aus einzelnen AutoCAD-Objekten bestehen.

- Normalerweise sollte eine Gruppe immer wählbar sein. Trotzdem kann es sinnvoll sein, eine Gruppe als nicht wählbar zu setzen. Enthält ein Zusammenbau Baugruppen, ist der Zusammenbau eine AutoCAD-Gruppe. Diese Gruppe enthält die Baugruppen, wieder als AutoCAD-Gruppen, und diese die Bauteile als Gruppen. Soll auf Baugruppenebene editiert werden, wird die Gruppe des Zusammenbaus als nicht wählbar geschaltet, wird auf Bauteilebene gearbeitet, werden zusätzlich die Baugruppen als nicht wählbar geschaltet. So lassen sich Hierarchien in einer Zeichnung verwalten.

Gruppe ändern

- Markieren Sie in der Liste im oberen Teil des Dialogfeldes den Gruppennamen. Klicken Sie die Schaltfläche ENTFERNEN< oder HINZUFÜGEN < an. Das Dialogfeld verschwindet und Sie können Objekte auswählen, die zur Gruppe hinzugefügt oder aus der Gruppe entfernt werden sollen.

- Wollen Sie den Gruppennamen ändern, markieren Sie den Namen in der Liste, tragen einen neuen Namen im Feld GRUPPENNAME ein und klicken auf die Schaltfläche UMBENENNEN. Haben Sie auch die Beschreibung geändert, klicken Sie auch noch auf die Schaltfläche BESCHREIBUNG.

- Wollen Sie eine Gruppe auflösen, markieren Sie die Gruppe in der Liste und klicken auf die Schaltfläche URSPRUNG. Sie verschwindet dann aus der Liste.

- Wollen Sie einzelne Objekte der Gruppe wählen können, markieren Sie die Gruppe in der Liste und klicken auf die Schaltfläche WÄHLBAR. Die Wählbarkeit wird umgeschaltet. Steht JA in der Liste, wird die Gruppe mit der Objektwahl insgesamt gewählt, bei NEIN können die einzelnen Objekte gewählt werden.

Gruppe suchen

- Wenn Sie eine Gruppe in der Zeichnung suchen, markieren Sie die Gruppe in der Liste. Klicken Sie auf die Schaltfläche HERVORHEBEN < und die Gruppe wird in der Zeichnung gepunktet dargestellt. Mit OK kommen Sie wieder ins Dialogfeld.

→ Wollen Sie wissen, welcher Gruppe ein Objekt in der Zeichnung angehört, klicken Sie auf die Schaltfläche NAMEN SUCHEN <. Das Dialogfeld verschwindet und Sie können das Objekt wählen. In einem weiteren Dialogfeld wird Ihnen angezeigt, zu welcher Gruppe das Objekt gehört (siehe Abbildung 11.17).

Abbildung 11.17: Anzeige der Zugehörigkeit zu Gruppen

Objektreihenfolge in einer Gruppe

→ Wenn Sie auf die Schaltfläche REIHENFOLGE... klicken, können Sie die Reihenfolge der Objekte in einer Gruppe ändern. In einem weiteren Dialogfeld können Sie umsortieren, die einzelnen Objekte anzeigen oder die Reihenfolge ändern.

Gruppen wählen bei Editierbefehlen

→ Ist eine Gruppe nicht wählbar, kann Sie mit der Objektwahl nicht im Ganzen angewählt werden.

→ Ist eine Gruppe wählbar, wird bei Anwahl eines Objektes der Gruppe die ganze Gruppe markiert.

→ Ist eine Gruppe wählbar, können Sie auch Ihren Namen bei der Objektwahl jedes Editierbefehls eingeben:

```
Befehl: Schieben
Objekte wählen: G für Gruppe
Gruppenname eingeben: Teil1
Objekte wählen: eventuell weitere Objekte wählen
Objekte wählen: ↵
```

→ Schalten Sie im Dialogfeld für die Objektwahl die Wahlmöglichkeit OBJEKTGRUPPE aus (siehe Abbildung 11.18), können Sie mit der Pickbox bei der Objektwahl nur einzelne Objekte wählen. Trotzdem können Sie mit der Option GRUPPE bei der Objektwahl den Namen für eine Gruppe eingeben. Damit haben Sie beide Möglichkeiten kombiniert und Sie müssen nicht immer die Wählbarkeit von Gruppen umschalten. Zur Erinnerung: Der Befehl heißt DDSELECT und Sie finden ihn im Abrollmenü WERKZEUGE unter der Funktion AUSWAHLEINSTELLUNGEN...

Abbildung 11.18:
*Gruppenwahl
ein- und
ausschalten*

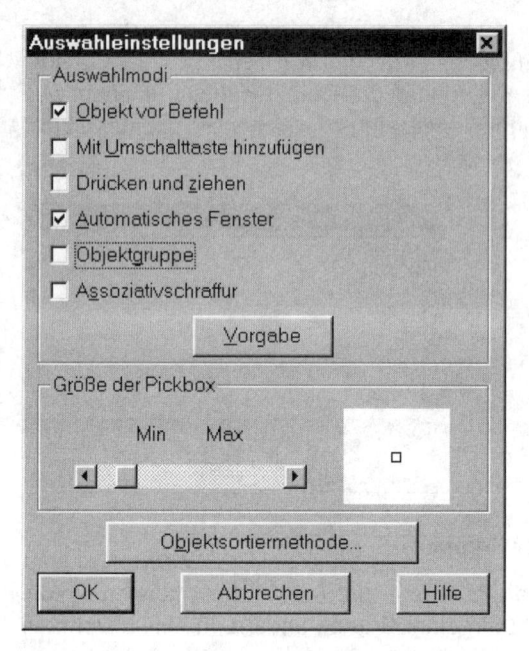

Tip:

Wenn Sie den Befehl mit einem vorangestellten »-« eingeben, erscheint kein Dialogfeld auf dem Bildschirm. Alle Optionen lassen sich im Befehlszeilenfenster wählen. Diese Variante der Befehlseingabe gibt es bei verschiedenen AutoCAD-Befehlen, wie Sie auch schon in den vorhergehenden Kapiteln gesehen haben.

```
Befehl: -Gruppe
?/Reihenfolge/Hinzufügen/ENtfernen/URsprung/UMbenennen/Wählbar/
<ERzeugen>:
```

Den Befehl werden Sie in dieser Form nicht beim Zeichnen verwenden, aber beim Einbau in Menüs oder Skript-Dateien, bei Belegung von Symbolen oder bei Verwendung in Lisp-Programmen wird diese Form gewählt.

Verwenden Sie immer dann Gruppen, wenn Sie komplexe Baugruppen zusammenbauen. Blöcke sind bei Änderungen nur schwer zu handhaben. Hier haben Sie mit Gruppen eine größere Flexibilität.

Übung: Arbeiten mit Gruppen

- *Laden Sie die Zeichnung A11-05.DWG aus dem Übungsordner, eine Zeichnung mit 3 Baugruppen (siehe Abbildung 11.19).*
- *Machen Sie aus den Teilen der Zeichnung drei Gruppen, z.B.: Teil1 (linkes Gehäuseteil), Teil2 (rechtes Gehäuseteil) und Kolben.*
- *Fügen Sie die Teile wie in Abbildung 11.20 zusammen.*

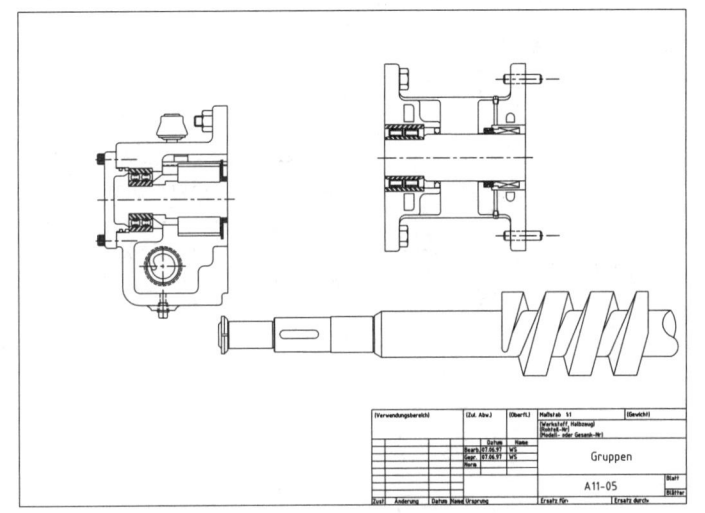

Abbildung 11.19: *Baugruppen in einer Zeichnung*

- *Sie können jetzt beispielsweise ganz einfach den Kolben wieder herausschieben, wenn Sie die Gruppe Kolben anwählen.*
- *Entfernen Sie die Mittellinien aus den Gruppen Teil1 und Teil2. Wenn Sie sie entfernt haben, können sie auch gelöscht werden.*
- *Zeichnen Sie eine Mittellinie über den gesamten Kolben und nehmen Sie diese in die Gruppe Kolben auf.*
- *Entfernen Sie die rechte Begrenzungslinie am Gehäuse, dort wo der Kolben durchläuft. Löschen Sie sie aus der Zeichnung.*
- *Erzeugen Sie die Gruppe Pumpe aus der gesamten Baugruppe.*
- *Eine Lösung finden Sie auch in Ihrem Übungsordner als Zeichnung L11-05.DWG.*

Kapitel 11: Blöcke, Attribute und Gruppen

Abbildung 11.20:
Baugruppen als AutoCAD-Gruppen montiert

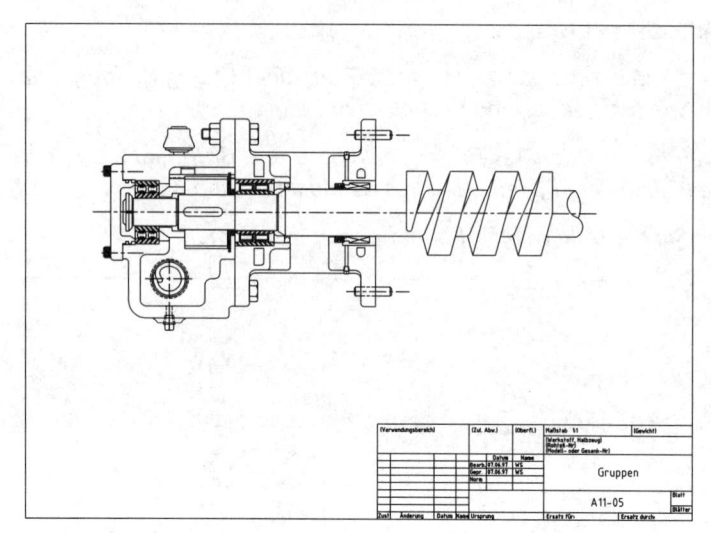

Externe Referenzen

Kapitel 12

12.1 Externe Referenzen zuordnen
12.2 Benannte Objekte in externen Referenzen
12.3 Binden von externen Referenzen
12.4 Binden der benannten Objekte
12.5 Blöcke contra externe Referenzen

Nachdem Sie im letzten Kapitel gesehen haben, wie Dateien als Blöcke in eine neue Zeichnung eingefügt werden, lernen Sie in diesem Kapitel eine weitere Methode kennen. Sie lernen:

- wie Sie in einer Zeichnung eine externe Referenz zu einer anderen Zeichnung herstellen können,
- wie einzelne Baugruppen ausgeblendet werden können,
- wie Sie referenzierte Zeichnungen binden können,
- welche Layernamen, Linientypen usw. entstehen und
- wie Layer, Linientypen und andere benannte Objekte aus einer referenzierten Zeichnung gebunden werden können.

12.1 Externe Referenzen zuordnen

Bei der Verarbeitung von Blöcken haben Sie gesehen, daß jede gespeicherte Zeichnung in andere Zeichnungen eingefügt werden kann. Die Datei wird mit dem Befehl DDINSERT als Block in die aktuelle Zeichnung kopiert. Damit handeln Sie sich aber u. U. Nachteile ein:

- Wird eine Zeichnung in viele andere Zeichnungen als Block eingefügt, entsteht in jeder Zeichnung eine Kopie der eingefügten. Der Zeichnungsbestand kann unnötig viel Speicherplatz in Anspruch nehmen.
- Ist eine Zeichnung einmal in eine andere eingefügt, so werden Änderungen in der ursprünglichen Zeichnung nicht mehr in der Zeichnung aktualisiert, in der sie eingefügt wurde.

Bei der Bearbeitung eines größeren Projektes kann es aber durchaus sinnvoll sein, daß Sie verschiedene Baugruppen in einzelnen Zeichnungen erstellen. In einer weiteren Zeichnung stellen Sie die Baugruppen zu einer Gesamtzeichnung zusammen. Ändern sich jetzt im Laufe des Projektfortschrittes die Baugruppen, sollte die Gesamtzeichnung immer auf dem aktuellen Stand sein.

In AutoCAD haben Sie diese Möglichkeit mit dem Befehl XREF. Damit werden gespeicherte Zeichnungen mit der aktuellen Zeichnung verknüpft. Die Zeichnung, auf die mit der externen Referenz verwiesen wird, erscheint nur in der aktuellen Zeichnung, wird aber nicht in die Zeichnung kopiert. Jedesmal wenn Sie die Gesamtzeichnung laden, werden die referenzierten Zeichnungen neu geladen.

Kapitel 12: Externe Referenzen

Vorgang: Befehl XREF

Externe Referenzen verwalten Sie mit dem Befehl XREF. Der Befehl hat sich gegenüber Version 13 komplett geändert, alles wird jetzt über ein Dialogfeld gesteuert. Sie wählen ihn im:

↪ Abrollmenü EINFÜGEN, Funktion XREF...

↪ Tablettmenü T4

↪ Symbol in den Werkzeugkästen EINFÜGEN und REFERENZ

Externe Referenzen werden in einem Dialogfeld verwaltet (siehe Abbildung 12.1).

Abbildung 12.1: Dialogfeld zur Verwaltung von externen Referenzen

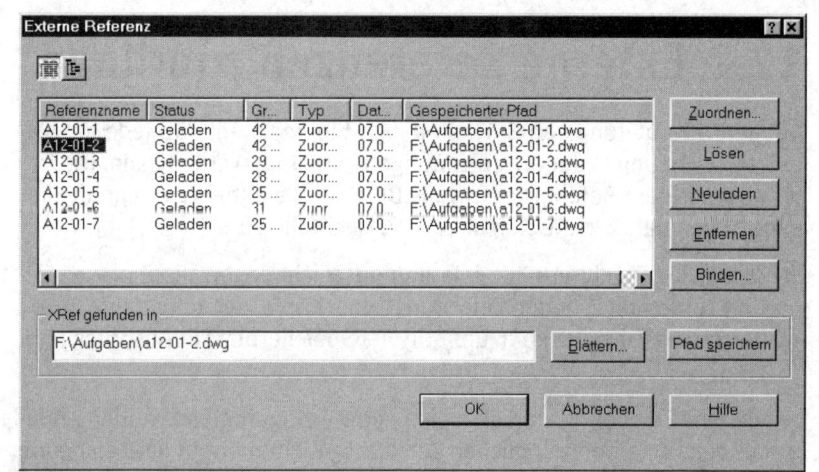

XREF ZUORDNEN

Wenn Sie eine externe Zeichnung in die aktuelle Zeichnung als externe Referenz übernehmen wollen, klicken Sie auf die Schaltfläche ZUORDNEN.... Haben Sie bisher noch keine externe Referenz in der aktuellen Zeichnung, erscheint gleich der Dateiwähler und Sie können die Zeichnung auswählen. Danch erscheint ein weiteres Dialogfeld, in dem Sie die Parameter für die Einfügung einer externen Referenz eingeben können (siehe Abbildung 12.2).

Haben Sie in der aktuellen Zeichnung schon einmal eine externe Referenz zugeordnet, erscheint gleich dieses Dialogfeld. Sie können dann eine neue Zuordnung machen, indem Sie auf die Schaltfläche BLÄTTERN... klicken und eine neue Datei auswählen. Sie können aber auch eine schon zugeordnete externe Referenz ein weiteres Mal in der Zeichnung plazieren.

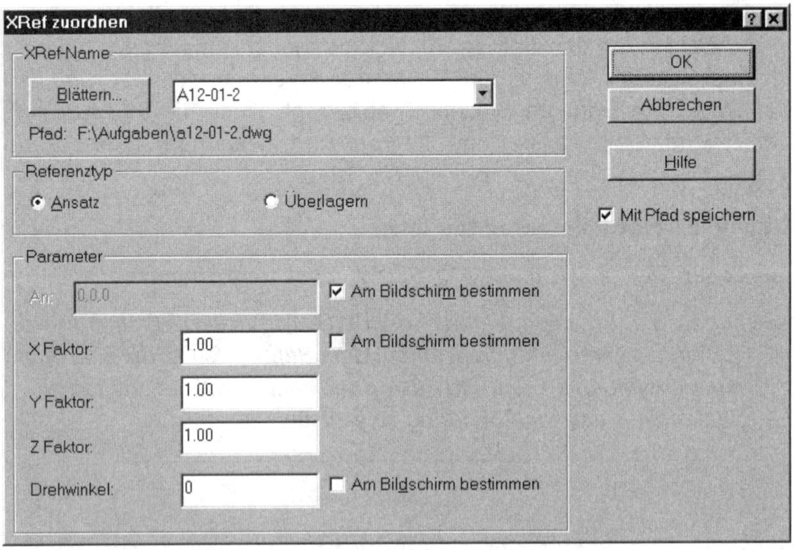

Abbildung 12.2:
Parameter für die Einfügung einer externen Referenz

Im Abrollmenü im Feld XREF-NAME finden Sie alle externen Referenzen, die Sie in der Zeichnung zugeordnet haben. Sie können eine auswählen, die zuletzt zugeordnete erscheint oben im Abrollmenü. Darunter wird der Pfad und der Dateiname der Zeichnung aufgelistet.

Bevor Sie die externe Referenz in der Zeichnung plazieren, stellen Sie den Typ ein. Ob Sie sie zuordnen wollen (Schalter ANSATZ ein) oder nur als Overlay vorübergehend in die Zeichnung einblenden wollen (Schalter ÜBERLAGERN ein), legen Sie mit den Schaltern fest. Haben Sie den Typ ÜBERLAGERN gewählt, sind keine verschachtelten externen Referenzen möglich, während beim Typ ANSATZ in der externen Referenz weitere enthalten sein können.

Mit dem Schalter MIT PFAD SPEICHERN geben Sie an, ob der Pfad der externen Referenz in der Zeichnung gespeichert werden soll. Das ist der Fall, wenn der Schalter eingeschaltet ist. Stehen dann die externen Referenzen in einem anderen Pfad, kommt es zu Fehlermeldungen, weil AutoCAD beim Öffnen der Zeichnung nur im ursprünglichen Ordner sucht. Ist der Schalter ausgeschaltet und die Zeichnungen sind in einem anderen Ordner, sucht AutoCAD in den Ordnern für die Supportdateien (siehe Befehl VOREINSTELLUNGEN Kapitel 27.4). In Version 14 von AutoCAD kann außerdem ein Projektordner angegeben werden, der ebenfalls in den Voreinstellungen gespeichert wird. Externe Referenzen werden auch hier gesucht, wenn Sie nicht mehr am Originalplatz stehen und der Pfad nicht mitgespeichert wurde.

Im Feld PARAMETER tragen Sie den Einfügepunkt, die Skalierfaktoren für X, Y und Z ein sowie den Einfügewinkel. Hinter jedem Eingabefeld befindet sich der Schalter AM BILDSCHIRM BESTIMMEN. Ist er eingeschaltet, wird dieser Wert beim Einfügen dynamisch abgefragt. Wenn Sie OK anklicken, verschwinden alle Fenster und Sie können die externe Referenz einfügen.

Übung: Externe Referenzen zuordnen

↳ Laden Sie die Zeichnung A12-01.DWG aus Ihrem Übungsordner.

↳ Fügen Sie Zeichnungen A12-01-1.DWG, A12-01-2.DWG und A12-01-3.DWG als externe Referenzen mit dem Befehl XREF in die Zeichnung ein. Verwenden Sie den Typ ANSATZ und speichern Sie den Pfad nicht. Setzen Sie sie wie in Abbildung 12.3 zusammen.

Abbildung 12.3: Zeichnung, aus externen Referenzen zusammengesetzt

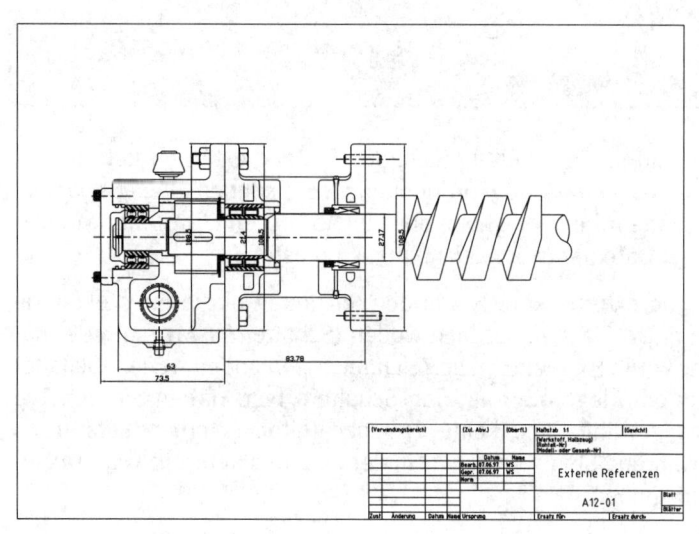

LISTE DER EXTERNEN REFERENZEN

Im ersten Dialogfeld des Befehls XREF (siehe Abbildung 12.1) haben Sie eine Liste aller zugeordneten externen Referenzen. Wie in allen Listen dieser Art (siehe Befehl DDLMODI bzw. LAYER) können Sie die Sortierung ändern, indem Sie auf das entsprechende Titelfeld klicken, die Liste wird nach diesem Feld sortiert. Ein weiterer Klick in das Titelfeld sortiert die Liste absteigend, ein Klick auf ein anderes Titelfeld sortiert nach diesem Feld. Die Feldbreite können Sie verändern, wenn Sie den Trennstrich in der Titelzeile verschieben. Ein Doppelklick auf den Trennstrich stellt die Breite so ein, daß der breiteste Eintrag gerade dargestellt werden kann.

In der Liste wird in der ersten Spalte der Name der externen Referenzen angezeigt. Wenn Sie einen Namen zweimal anklicken (kein Doppelklick, Pause dazwischen), können Sie den Namen überschreiben. Mit einem weiteren Klick können Sie den Cursor setzen und den Namen ändern. Die externe Referenz bekommt damit einen anderen Namen als den der eingefügten Datei, einen sogenannten Aliasnamen.

In den nächsten Spalten werden der Status (siehe unten) und die Größe der externen Referenz angezeigt. In der nächsten Spalte finden Sie den Typ: ZUORDNEN (im Dialogfeld bei der Einfügung als ANSATZ bezeichnet) oder ÜBERLAGERN. Ein Doppelklick auf einen solchen Begriff schaltet den Typ um. Dahinter wird das Datum und der Pfad angezeigt (nur wenn er gespeichert wurde).

Mit den beiden Schaltern links oberhalb der Liste kann der Anzeigemodus umgeschaltet werden. Wählbar ist die Anzeige in Form der Liste (siehe Abbildung 12.1) und eine Baumanzeige, in der Sie sehen, wie die externen Referenzen verschachtelt sind (siehe Abbildung 12.4).

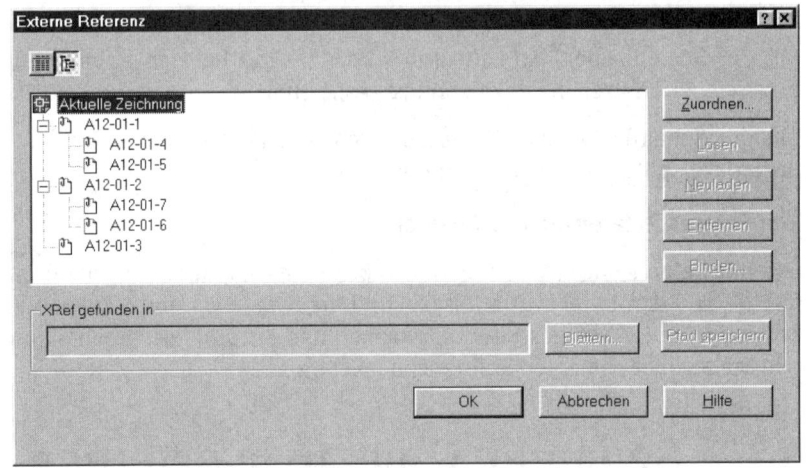

Abbildung 12.4: Externe Referenzen als Baumstruktur

Übung: Liste der externen Referenzen

→ Wählen Sie den Befehl XREF wieder an und schauen Sie sich die Liste genauer an. Es sind mehr externe Referenzen vorhanden, als Sie eingefügt haben. Die eingefügten externen Referenzen hatten wiederum externe Referenzen.

→ Schalten Sie auf die Baumanzeige und Sie sehen, wie sie verschachtelt sind (siehe auch Abbildung 12.4).

Änderung von externen Referenzen

Wenn Sie externe Referenzen im Dialogfeld des Befehls XREF markieren, können Sie den Status ändern. Mit der Schaltfläche LÖSEN werden die markierten gelöscht. Sie verschwinden aus der Liste und aus der Zeichnung.

Markieren Sie eine oder mehrere externe Referenzen und klicken Sie auf die Schaltfläche ENTFERNEN, werden sie ausgeblendet. Sie werden zwar nicht mehr angezeigt, die Verbindung bleibt aber in der Zeichnung gespeichert. Sie können Sie jederzeit wieder markieren und mit der Schaltfläche NEULADEN wieder anzeigen. Der Bildaufbau läßt sich beschleunigen, wenn die gerade nicht benötigten externen Referenzen aus der Zeichnung ausgeblendet werden.

Haben Sie eine externe Referenz markiert, wird im Abrollmenü XREF GEFUNDEN IN der Pfad angezeigt. Mit der Schaltfläche BLÄTTERN... wird der Dateiwähler wieder auf den Bildschirm gebracht und es kann eine neue Datei gewählt werden. Die bisherige externe Referenz wird durch die neue ersetzt.

Mit der Schaltfläche PFAD SPEICHERN wird der Pfad bei den markierten externen Referenzen in der Zeichnung gespeichert.

Mit der Schaltfläche BINDEN... lassen sich externe Referenzen binden, doch dazu später mehr (siehe Kapitel 12.3).

Tip: Externe Referenzen zuschneiden

Externe Referenzen lassen sich wie Blöcke zuschneiden. Sie haben in Kapitel 11.6 den Befehl XZUSCHNEIDEN und die Systemvariable XCLIPFRAME kennengelernt. Alles was Sie dort gesehen und ausprobiert haben, können Sie auch mit externen Referenzen machen.

12.2 Benannte Objekte in externen Referenzen

Externe Referenzen verhalten sich ähnlich wie eingefügte Blöcke. Sie haben in der Zeichnung zusammenhängende Baugruppen, die sie verschieben, kopieren, drehen, skalieren oder auch wieder löschen können. Die Geometriepunkte innerhalb der externen Referenz lassen sich auch mit dem Objektfang auswählen. Eine externe Referenz kann auch mit Griffen wie ein Block bearbeitet werden. Es ist aber nicht möglich, Teile daraus zu löschen, sie zu strecken oder Objekte zu stutzen oder zu brechen.

Benannte Objekte in externen Referenzen

Es gibt noch einen wesentlichen Unterschied gegenüber dem Einfügen von Blöcken, die Behandlung von benannten Objekten. Benannte Objekte sind in AutoCAD Objekte, die mit Namen in der Zeichnung gespeichert werden: Blöcke, Bemaßungsstile, Layer, Linientypen und Textstile.

Wird eine Zeichnung als Block eingefügt und es herrscht Namensgleichheit, beispielsweise die Zeichnungsdatei, die eingefügt werden soll, enthält den Layer KONTUR und die aktuelle Zeichnung ebenfalls. Dem Layer KONTUR sind aber in den beiden Dateien unterschiedliche Farben zugeordnet. In diesem Fall gelten immer die Einstellungen der aktuellen Zeichnung. Die eingefügte Datei nimmt die Einstellungen der Zeichnung an, in die sie eingefügt wurde.

Anders ist es bei externen Referenzen. Alle benannten Objekte werden mit in die Zeichnung importiert. Damit keine Namensgleichheit auftritt, werden die benannten Objekte in der neuen Zeichnung mit dem Dateinamen der externen Referenz bzw. mit deren Aliasnamen versehen. Der Layer KONTUR der externen Referenz A12-01-1 hat dann beispielsweise in der aktuellen Zeichnung den Namen A12-01-1|KONTUR. Bei allen anderen benannten Objekten ist es genauso. Wählen Sie den Befehl LAYER, dann sehen Sie diesen Effekt bei den Layern (siehe Abbildung 12.5).

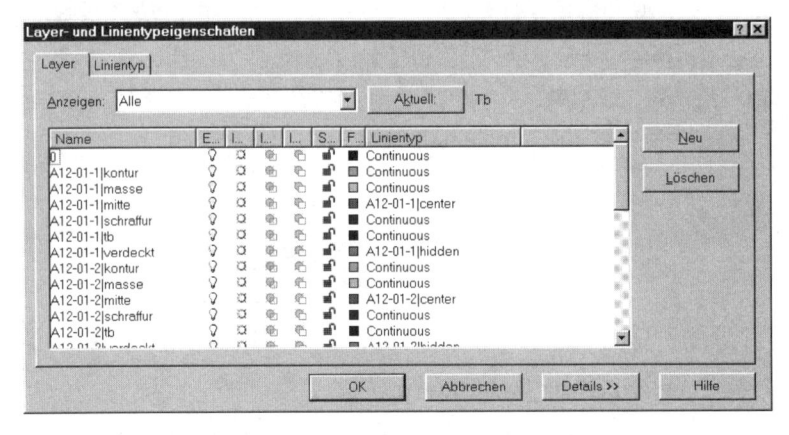

Abbildung 12.5:
Layernamen bei externen Referenzen

Benannte Objekte von externen Referenzen können Sie aber in der aktuellen Zeichnung nicht verwenden. Sie können nicht den Layer A12-01-1|KONTUR zum aktuellen Layer machen oder den Linientyp A12-01-1|HIDDEN einem Layer in der Zeichnung zuordnen. Dazu müßten Sie zuerst gebunden werden (siehe unten).

Lediglich die Sichtbarkeit und die Farbzuordnung der Layer externer Referenzen können verändert werden. Sie können also beispielsweise allen Layern KONTUR die Farbe Rot zuordnen oder alle Layer der externen Referenz A12-01-1 ausschalten usw. Änderungen, die Sie vornehmen, gelten aber nur für die aktuelle Sitzung. Wird die Zeichnung neu geladen, wird der Originalzustand wiederhergestellt.

Sollen die Einstellungen gespeichert werden, müssen Sie die Systemvariable VISRETAIN auf den Wert 1 setzen (Standardeinstellung). Tippen Sie den Variablennamen ein und Sie können ihren Wert setzen.

Übung: Ändern von Layern aus externen Referenzen

- Weisen Sie allen Layern KONTUR von externen Referenzen die Farbe Rot zu. Schalten Sie alle Layer MASSE von externen Referenzen aus, da die Maße im Zusammenbau nicht sichtbar sein sollen. Prüfen Sie die Systemvariable VISRETAIN, ob die Einstellungen gespeichert werden.

- Sichern Sie die Zeichnung und laden Sie sie anschließend neu. Kontrollieren Sie, ob die Einstellungen geblieben sind. Die Zeichnung sollte wie in Abbildung 12.6 aussehen. Sie haben auch eine Lösung im Übungsordner: L12-01.DWG.

Abbildung 12.6: Zusammenbau mit ausgeschalteten Maßen

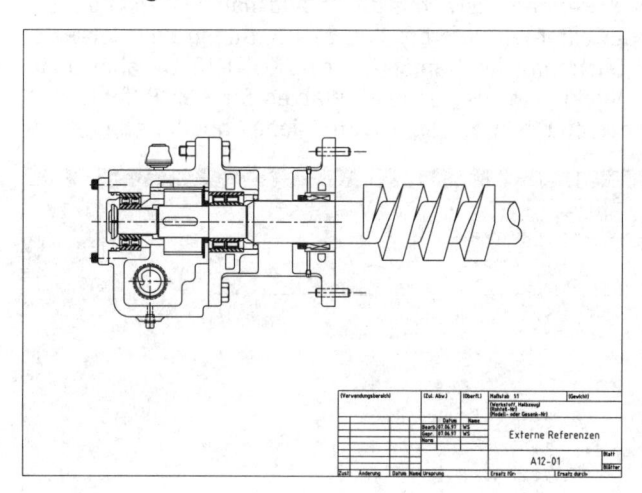

Übung: Änderung von Baugruppen

- Ändern Sie die Einzelteilzeichnungen, strecken Sie beispielsweise A12-01-3.DWG, den Kolben an der rechten Seite.

- Öffnen Sie dann Ihren Zusammenbau oder L12-01.DWG. Der Zusammenbau ist auf dem neuesten Stand.

Vorgang: Layer filtern bei externen Referenzen

Für Manipulationen an Layern in Zeichnungen mit externen Referenzen ist es ganz praktisch, die Layer zu filtern. Im oberen Abrollmenü ANZEIGE des Layerdialogfelds kann ein Filter gewählt werden. Wählen Sie aus dem Menü DIALOGFELD LAYERFILTER BESTIMMEN.... Sie erhalten ein Dialogfeld, um den Filter einzustellen (siehe Abbildung 12.7).

Abbildung 12.7:
Layerfilter setzen

Setzen Sie die Filterbedingungen und schalten Sie den Filter mit dem Schalter am unteren Ende des Dialogfeldes ein. Wenn Sie dann auf OK klicken, kommen Sie zum Layerfenster zurück und Sie haben nur noch die Layer in der Liste, die der Filterbedingung entsprechen. Jetzt können Sie Ihre Änderungen vornehmen. Wollen Sie wieder alle Layer, wählen Sie im Abrollmenü ALLE und der Filter ist deaktiviert.

12.3 Binden von externen Referenzen

Ist die Konstruktion abgeschlossen, soll der letzte Stand dokumentiert werden. Ändern sich später die Komponenten, die in der Gesamtzeichnung referenziert wurden, soll sich diese nicht mehr ändern, die externen Referenzen müssen gebunden werden. Das erfolgt mit der Schaltfläche BINDEN... im Dialogfeld des Befehls XREF. Markieren Sie die externen Referenzen in der Liste und klicken Sie auf die Schaltfläche. Sie bekommen ein Auswahlfenster, in dem Sie wählen, wie Sie binden wollen (siehe Abbildung 12.8).

Abbildung 12.8:
Externe Referenzen binden

BINDEN

Externe Referenzen werden als Blöcke in die Zeichnung übernommen, die bei Bedarf auch mit dem Befehl URSPRUNG in ihre Bestandteile zerlegt werden können.

Die Layernamen und alle weiteren benannten Objekte lassen weiterhin die Herkunft erkennen. Die Layer, die mit der externen Referenz importiert wurden, haben den Namen der externen Referenz vorangestellt. Danach folgt 0 und der ursprüngliche Layername, z.B.: A12-01-1$0$KONTUR. Dieser Layer steht Ihnen jetzt als vollwertiger Layer in der Zeichnung zur Verfügung. Sie können ihn auch zum aktuellen Layer machen. Der Vorteil bei dieser Methode ist, daß die Herkunft der Layer ersichtlich bleibt und sie baugruppenweise ein- oder ausgeschaltet werden können.

EINFÜGEN

Externe Referenzen werden auch hier in Blöcke umgewandelt. Alle benannten Objekte verlieren aber die Herkunft im Namen. Aus dem Layer A12-01-1|KONTUR wird KONTUR. Auch das kann in bestimmten Fällen sinnvoll sein. Die Zahl der Layer hält sich so in Grenzen.

Übung: Binden Sie alle externen Referenzen

↳ *Binden Sie alle externen Referenzen in Ihrem Zusammenbau.*

↳ *Schauen Sie sich die Liste im Layerdialogfeld an.*

Tip:

Wie bei verschiedenen anderen AutoCAD-Befehlen können Sie bei der Eingabe auf der Tastatur ein »-« voranstellen. Alle Optionen lassen sich dann im Befehlszeilenfenster wählen (siehe Referenzteil). Verwenden Sie diese Form nur in Menümakros, bei der Belegung von Symbolen usw.

12.4 Binden der benannten Objekte

Ein Layer aus einer extern referenzierten Zeichnung kann nicht zum aktuellen Layer gemacht werden. Das gelingt Ihnen erst, wenn Sie die extern referenzierten Zeichnungen gebunden haben.

Wollen Sie die externen Referenzen nicht binden, aber trotzdem die benannten Objekte in die aktuelle Zeichnung übernehmen, verwenden Sie dazu den Befehl XBINDEN. Sie finden den Befehl im:

- Abrollmenü ÄNDERN, Untermenü OBJEKT >, Untermenü XREF >, Funktion BINDEN...
- Tablettmenü X19
- Symbol im Werkzeugkasten REFERENZ

Die Objekte wählen Sie in einem Dialogfeld (siehe Abbildung 12.9).

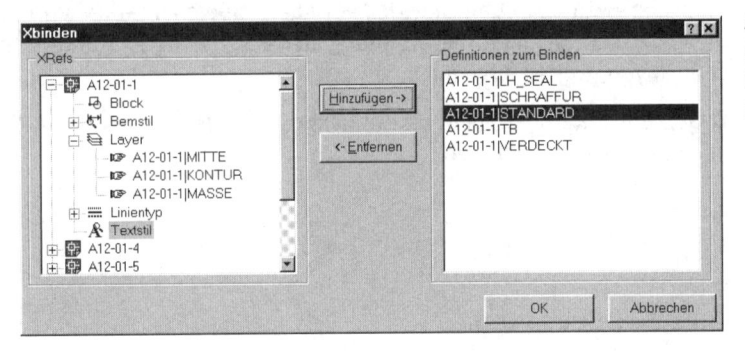

Abbildung 12.9: Binden benannter Objekte

Im linken Fenster sind alle externen Referenzen aufgelistet. Mit einem Doppelklick auf den Namen oder einem einfachen Klick auf das »+« davor, gehen Sie in der Hierarchie weiter nach unten. Es werden alle Objekttypen angezeigt. Klicken Sie noch eine Stufe weiter, werden die benannten Objekte angezeigt. Markieren Sie die gewünschten und klicken Sie die Schaltfläche HINZUFÜGEN -> an. Sie werden in die rechte Liste übernommen und damit gebunden. Haben Sie falsche Objekte gewählt, markieren Sie sie in der rechten Liste, klicken auf <- ENTFERNEN und sie werden entfernt.

Gebundene Objekte werden wie bei der Funktion BINDEN... des Befehls XREF benannt: A12-01-1$0$KONTUR, A12-01-1$0$MASSE usw.

Tip:

Auch bei diesem Befehl können Sie ein »-« bei der Tastatureingabe voranstellen. Alle Optionen wählen Sie dann im Befehlszeilenfenster. Verwenden Sie diese Form nur in Menümakros, bei der Belegung von Symbolen usw.

12.5 Blöcke contra externe Referenzen

Sie fragen sich jetzt bestimmt, wann wird eine Zeichnung besser als Block eingefügt und wann ist die Methode des externen Referenzierens geeigneter.

Grundsätzlich gilt: Einfache Symbole sollten als Blöcke eingefügt werden. Bei einer größeren Zahl von Symbolen würde die Zahl der Layer unnötig zunehmen. Außerdem ist es nicht erforderlich, daß in einer Schemazeichnung jedes Symbol auf unterschiedlichen Layern liegt. Das würde nur zur Verwirrung führen.

Dagegen bietet es sich an, große Zeichnungen von Baugruppen in einer Zusammenbauzeichnung extern zu referenzieren. Hier bringt die automatische Aktualisierung und der geringere Speicherbedarf Vorteile. In diesen Fällen ist auch die Trennung der Baugruppen in unterschiedlichen Layergruppen sinnvoll.

Beachten sollten Sie auch, daß bei externen Referenzen keine Attribute verwendet werden können.

Bilder in Zeichnungen

Kapitel 13

13.1 Rasterdateien zuordnen
13.2 Bilder bearbeiten
13.3 Bilder zuschneiden
13.4 Beispiele für Bilder in Zeichnungen

In den letzten beiden Kapiteln haben Sie kennengelernt, wie bestehende Zeichnungsdateien in neue Zeichnungen eingeladen werden können. Sie haben aber in AutoCAD 14 auch die Möglichkeit, Bilder in eine Zeichnung zu laden und dort anzuzeigen. Sie lernen:

- wie Sie Bilder in eine Zeichnung laden und dort anzeigen,
- mit welchen Dateiformaten das möglich ist,
- wie Sie Bilder in der Zeichnung bearbeiten können,
- wie Sie Bilder zuschneiden können und
- wie Sie die Anzeigereihenfolge der Bilder ändern können.

13.1 Rasterdateien zuordnen

In AutoCAD 14 haben Sie völlig neue Möglichkeiten der Übernahme und Bearbeitung von Bilddateien. Da alle Befehle und Funktionen neu sind, erscheint in diesem Kapitel das 14er-Symbol nicht jedesmal wieder.

Bildbearbeitung und CAD, zwei verschiedene Arbeitsgebiete, was soll es also, daß AutoCAD 14 die Verarbeitung von Bilddateien unterstützt?

Was auf den ersten Blick widersprüchlich erscheint, bringt aber doch eine ganze Reihe von Anwendungsmöglichkeiten und führt letztendlich zu besseren Zeichnungen. Sie können mit den neuen Möglichkeiten:

- Firmenlogos, Markenzeichen, spezielle Schriftzüge usw. im Zeichnungskopf oder in der Zeichnung plazieren
- Zeichnungen scannen und als Hintergrund zum Nachzeichnen in eine neue Zeichnung legen
- Produktfotos in eine technische Zeichnung, eine Präsentationsfolie oder eine Druckvorlage übernehmen
- Bilder oder Fotos als Zeichnungshintergrund verwenden
- Ansichten von 3D-Modellen mit gerenderten Bildern in einer Zeichnung anordnen

Sie sehen aus der Liste der aufgeführten Möglichkeiten, daß Sie mit diesen Funktionen ganz neue Möglichkeiten der Darstellung und Produktpräsentation haben. Die Grenzen zwischen CAD, Bildbearbeitung und Layout werden durchlässig. Nützen Sie Ihr AutoCAD für mehr als »nur« zum Erstellen von technischen Zeichnungen.

Kapitel 13: Bilder in Zeichnungen

Bilder sind als einzelne farbige Punkte gespeichert. Hier werden nicht, wie in AutoCAD-Dateien, Zeichnungsobjekte mit ihren Koordinaten gespeichert, sondern alle Bildpunkte des Bildes zeilenweise. Das Bild wird gerastert, also in Zeilen zerlegt und die Zeilen wieder in einzelne Bildpunkte. Die Dateien werden deshalb auch als Rasterdateien bezeichnet.

Welche Rasterformate lassen sich in AutoCAD-14-Zeichnungen übernehmen? Tabelle 13.1 enthält eine Zusammenstellung der möglichen Formate.

Tabelle 13.1: Mögliche Bildformate

Format	Beschreibung	Dateierweiterung
BMP	Windows oder OS2 Bitmap	.BMP, .DIB, .RLE, .RST
CALS-1	Mil R-Raster I	.CAL, .CG4, .GP4, .MIL
FLIC	Animator FLIC Animationsdateien	.FLC, .FLI
GIF	CompuServe Graphic Interchange Format	.GIF
JPEG	JPEG Bildformat	.JPG
PICT	Macintosh Bildformat PICT1, PICT2	.PCT
PCX	PC Paintbrush Bildformat	.PCX
PNG	Portable Network Graphics	.PNG
TARGA	Truevision Bildformat	.TGA
TIFF	Tagged Image File Format	.TIF

Vorgang: Befehl BILD

Rasterdateien können Sie mit dem Befehl BILD laden und ändern. Sie wählen ihn im:

↳ Abrollmenü EINFÜGEN, Funktion PIXELBILD...

↳ Tablettmenü T3

↳ Symbol in den Werkzeugkästen EINFÜGEN und REFERENZ

In einem ähnlichen Dialogfeld mit ähnlichen Funktionen wie beim Befehl XREF werden auch Rasterdateien verwaltet (siehe Abbildung 13.1).

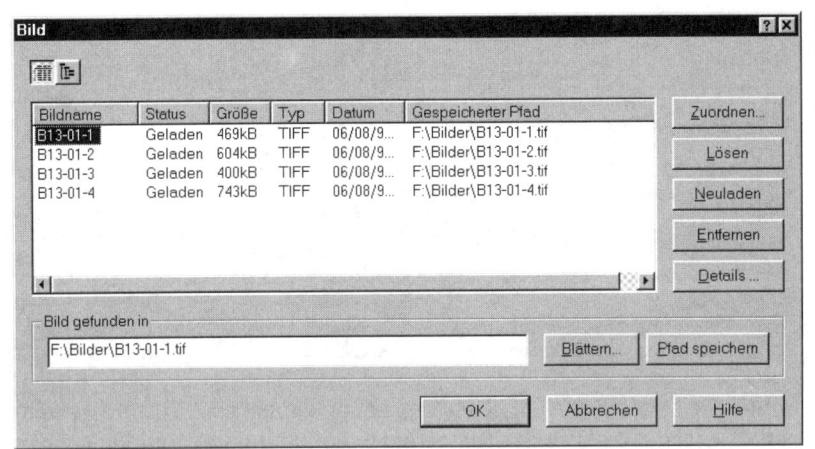

Abbildung 13.1:
Dialogfeld zur Verwaltung von Rasterdateien

Rasterdatei zuordnen

Soll eine Rasterdatei in die aktuelle Zeichnung übernommen werden, klicken Sie auf den Schalter ZUORDNEN.... Wenn Sie den Befehl das erste Mal in einer Zeichnung aufrufen, kommen Sie mit dieser Schaltfläche gleich zum Dateiwähler, in dem Sie eine Rasterdatei mit Hilfe eines Voransichtsbildes aussuchen können (siehe Abbildung 13.2).

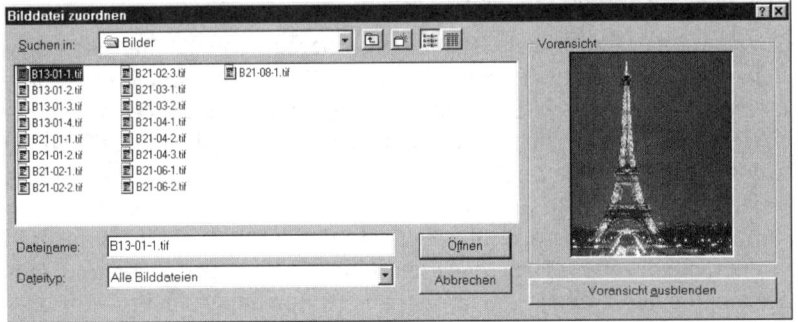

Abbildung 13.2:
Dateiwähler mit Voransicht für Rasterdateien

Wenn Sie den Namen der gesuchten Rasterdatei schon kennen und Sie die Zeit stört, die der Bildaufbau des Voransichtsbildes braucht, können Sie die Voransicht auch abschalten. Klicken Sie dazu auf die Schaltfläche VORANSICHT AUSBLENDEN und das Bild verschwindet. Jetzt steht auf dieser Schaltfläche VORANSICHT ANZEIGEN und Sie können damit das Voransichtsbild wieder einblenden.

Haben Sie die gewünschte Rasterdatei ausgewählt und die Schaltfläche OK angeklickt, kommen Sie zu einem weiteren Dialogfeld, in dem Sie die Parameter für die Bildeinfügung einstellen können (siehe Abbildung 13.3).

Kapitel 13: Bilder in Zeichnungen

Abbildung 13.3:
Parameter für die Einfügung von Bildern

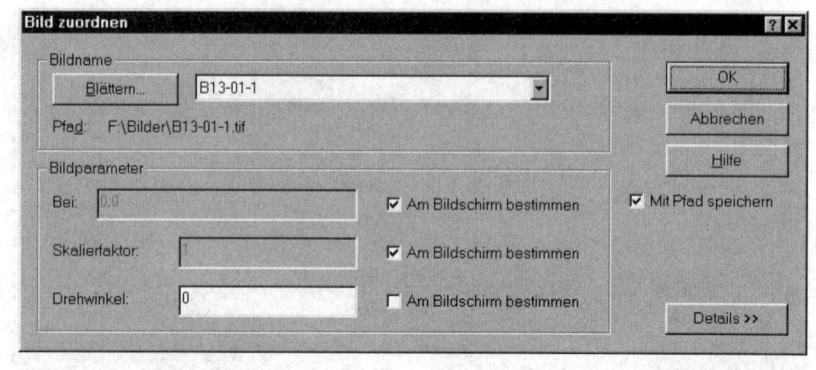

Haben Sie in der aktuellen Zeichnung schon einmal eine Rasterdatei eingefügt, erscheint gleich das Dialogfeld in Abbildung 13.2 und Sie können ein Bild, das Sie schon geladen haben, aus dem Abrollmenü BILDNAME auswählen und erneut in die Zeichnung nehmen. Dort finden Sie alle Bilder, die Sie in der Zeichnung zur Verfügung haben. Wählen Sie ein Bild aus, wird darunter der Pfad und der Dateiname der Rasterdatei angezeigt, in der dieses Bild gespeichert ist.

Wollen Sie ein neues Bild haben, klicken Sie auf die Schaltfläche BLÄTTERN.... Sie kommen zum Dateiwähler wie in Abbildung 13.2 und können eine neue Rasterdatei wählen.

Bevor Sie das Bild in der Zeichnung plazieren können, sind noch eine Reihe von Parametern erforderlich. Haben Sie den Schalter MIT PFAD SPEICHERN eingeschaltet, wird der Pfad der Rasterdatei in der Zeichnung gespeichert. In diesem sucht AutoCAD die Rasterdateien immer im Originalordner, wenn Sie eine Zeichnung öffnen, die Bilder enthält. Haben Sie die Rasterdateien an eine andere Stelle kopiert, erscheint eine Fehlermeldung. Ist der Schalter aus und die Rasterdateien sind in einem anderen Ordner, sucht AutoCAD in den Ordnern für die Supportdateien und, falls Sie einen Pfad für den Projektordner angegeben haben, im Projektordner (siehe Befehl VOREINSTELLUNGEN Kapitel 27.4).

Im Feld BILDPARAMETER tragen Sie den Einfügepunkt, den Skalierfaktor und den Drehwinkel ein. Hinter jedem Eingabefeld befindet sich der Schalter AM BILDSCHIRM BESTIMMEN. Ist er eingeschaltet, wird dieser Wert beim Einfügen dynamisch abgefragt. Wenn Sie OK anklicken, verschwinden alle Fenster und Sie können das Bild einfügen.

Wollen Sie mehr Informationen über das Bild, bevor Sie es einfügen, klicken Sie auf die Schaltfläche DETAILS >> und das Dialogfeld vergrößert sich um das Feld BILDINFORMATIONEN (siehe Abbildung 13.4).

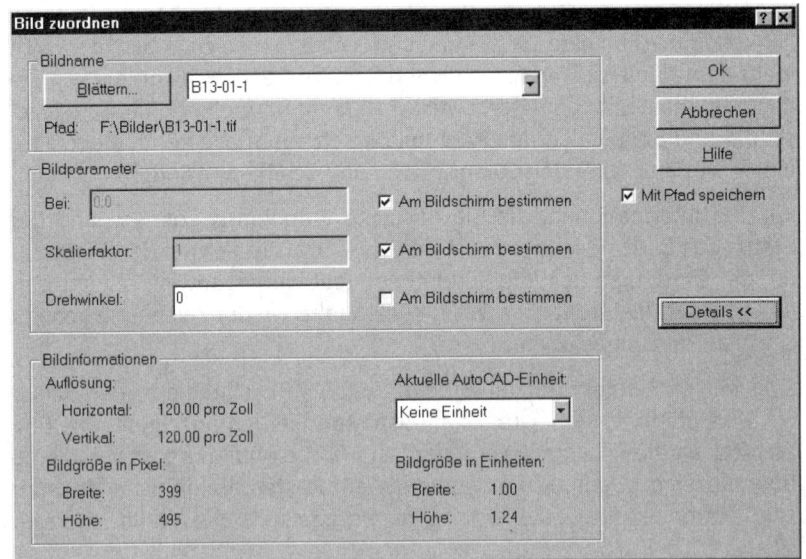

Abbildung 13.4:
Informationen zur Rasterdatei

Sie können dort die Bildauflösung, die Bildgröße in Bildpunkten (Pixel = einzelne Bildpunkte) und die Bildgröße in Zeichnungseinheiten ablesen, jeweils die Breite und die Höhe. Im Abrollmenü AKTUELLE AUTOCAD-EINHEIT können Sie einstellen, in welchen Maßeinheiten die Bildgröße angezeigt werden soll.

Mit der Schaltfläche DETAILS << können Sie das Dialogfeld wieder auf die ursprüngliche Größe bringen und die Zusatzinformationen wieder abschalten.

Übung: Rasterdateien laden

- *Starten Sie eine neue Zeichnung.*
- *Fügen Sie Rasterdateien von der CD zum Buch ein. Sie finden Sie im Ordner BILDER. Nehmen Sie die Dateien B13-01-1.TIF bis B13-01-4.TIF, Fotos von Sehenswürdigkeiten in Europa. Verwenden Sie einen Skalierfaktor zwischen 50 und 100.*

Liste der eingefügten Bilder

Im ersten Dialogfeld des Befehls BILD (siehe Abbildung 13.1) sehen Sie die Liste aller eingefügten Bilder. Wie Sie die Sortierung in der Liste und die Spaltenbreite in der Liste ändern, wurde schon mehrfach beschrieben. Schauen Sie, wenn Sie es nicht mehr wissen, beispielsweise im Kapitel 12.1 nach.

Kapitel 13: Bilder in Zeichnungen

Wie bei den externen Referenzen haben Sie auch bei den Bildern die Möglichkeit, dem Bild in der Zeichnung einen Aliasnamen zu geben, der nicht mehr dem Namen der ursprünglichen Rasterdatei entspricht. Klicken Sie dazu den Namen in der Liste zweimal an (kein Doppelklick, Pause dazwischen) und Sie können den Namen überschreiben. Sie können auch mit einem weiteren Klick den Cursor setzen und den Namen ändern.

Weitere Informationen, die Sie der Liste entnehmen können, sind der Status des Bildes (siehe unten), die Größe und das Format der Rasterdatei, das Datum, an dem die Bilddatei erstellt wurde, sowie Pfad und Dateiname der Rasterdatei, sofern diese Angaben in der Zeichnung gespeichert wurden (siehe oben).

Eine weitere Gemeinsamkeit mit dem Befehl XREF sind die beiden Schalter links oberhalb der Liste. Damit schalten Sie den Anzeigemodus um. Wählbar ist die Anzeige in Form der Liste (siehe Abbildung 13.1) und eine Baumanzeige. Sollten die verwendeten Rasterdateien verschachtelt sein, so können Sie es dieser Anzeige entnehmen (siehe Abbildung 13.5).

Abbildung 13.5:
Eingefügte Bilder als Baumstruktur

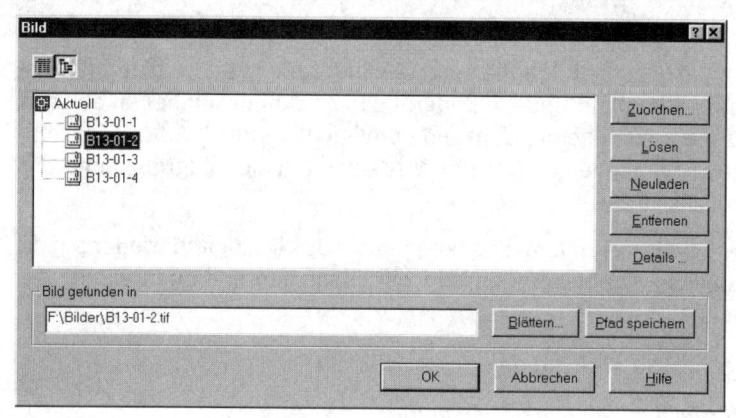

Änderung von eingefügten Bildern

Wollen Sie eingefügte Bilder ändern, markieren Sie diese zunächst in der Liste im Dialogfeld des Befehls BILD. Klicken Sie dann auf die Schaltfläche LÖSEN, werden die markierten Bilder gelöscht. Sie verschwinden aus der Liste und aus der Zeichnung.

Klicken Sie dagegen auf die Schaltfläche ENTFERNEN, werden sie ausgeblendet und nur noch ein Rahmen in der Zeichnung angezeigt. Sie werden zwar nicht mehr angezeigt, die Verbindungen bleiben aber in der Zeichnung gespeichert. Sie können jederzeit mit der Schaltfläche NEULADEN wieder eingeblendet werden. Da die Bilder den Zeichnungsaufbau beim Zoomen stark verlangsamen, ist es sinnvoll, wenn Sie die Bilder ausschalten, nachdem Sie sie richtig ausgerichtet haben.

Haben Sie ein Bild markiert, wird im Abrollmenü BILD GEFUNDEN IN der Pfad der Rasterdatei angezeigt. Klicken Sie auf die Schaltfläche BLÄTTERN... und Sie bekommen wieder den Dateiwähler mit der Voransicht (siehe Abbildung 13.2) auf den Bildschirm. Sie können eine andere Datei auswählen und das Bild wird durch das neue ersetzt.

Mit der Schaltfläche PFAD SPEICHERN wird der Pfad der Rasterdateien bei den markierten Bildern in der Zeichnung gespeichert.

Haben Sie ein Bild markiert und klicken Sie auf die Schaltfläche DETAILS... bekommen Sie Informationen zum Bild in einem weiteren Dialogfenster auf den Bildschirm (siehe Abbildung 13.6).

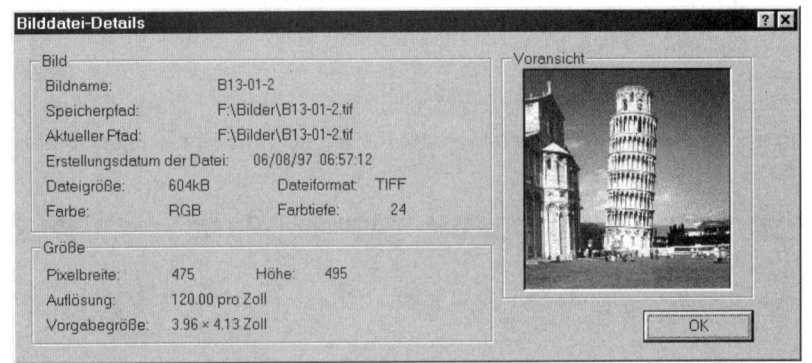

Abbildung 13.6:
Informationen zu einem eingefügten Bild

Tip:

Den Befehl BILD können Sie auch ohne Dialogfeld ausführen, wenn Sie bei der Tastatureingabe des Befehls ein »-« voranstellen: -BILD. Alle Optionen wählen Sie dann im Befehlszeilenfenster.

Vorgang: Befehl BILDZUORDNEN

Wenn Sie ein Bild neu laden wollen, können Sie das Dialogfeld mit den zugeordneten Bildern auch überspringen und direkt den Dateiwähler für Rasterdateien (siehe Abbildung 13.2) starten. Wählen Sie dazu den Befehl BILDZUORDNEN:

Symbol im Werkzeugkasten REFERENZ

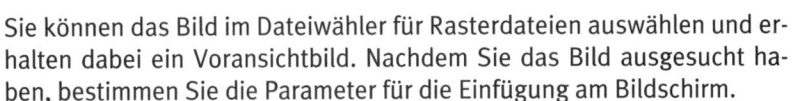

Sie können das Bild im Dateiwähler für Rasterdateien auswählen und erhalten dabei ein Voransichtsbild. Nachdem Sie das Bild ausgesucht haben, bestimmen Sie die Parameter für die Einfügung am Bildschirm.

13.2 Bilder bearbeiten

Bilder lassen sich in AutoCAD nicht nur anzeigen, Sie können Sie auch in gewissem Umfang noch bearbeiten. Sie können Farben und Helligkeit für jedes Bild individuell einstellen, um die Ausgabequalität zu optimieren.

Vorgang: Befehl BILDANPASSEN

Zur Bearbeitung von Rasterdateien können Sie den Befehl BILDANPASSEN verwenden. Sie wählen ihn im:

↪ Abrollmenü ÄNDERN, Untermenü OBJEKT >, Untermenü BILD >, Funktion ANPASSEN...

↪ Tablettmenü X19

↪ Symbol im Werkzeugkasten REFERENZ

In einem Dialogfeld können Sie die Einstellung vornehmen (siehe Abbildung 13.7).

Abbildung 13.7:
Dialogfeld zur Justierung von Bilddateien

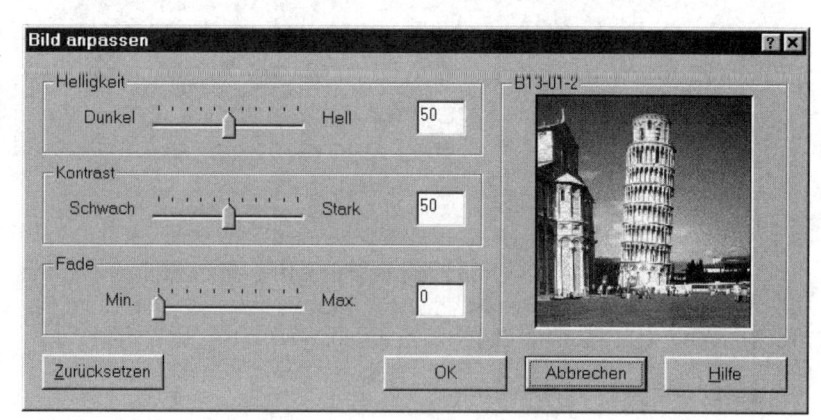

Helligkeit und Kontrast des Bildes können Sie an Schiebereglern zwischen 0 und 100 einstellen. Mit dem Regler FADE stellen Sie die Dichte des Bildes ein. Je mehr Sie den Regler aufmachen, desto blasser wird das Bild und desto mehr kommt der Bildschirmhintergrund durch. Alle Änderungen können Sie im Voransichtbild kontrollieren.

Tip:

Auch bei diesem Befehl ist die Ausführung ohne Dialogfeld möglich. Geben Sie bei der Tastatureingabe ein »-« vor dem Befehl ein: -BILDANPASSEN. Alle Optionen werden dann im Befehlszeilenfenster angefragt.

Vorgang: Befehl BILDQUALITÄT

Mit dem Befehl BILDQUALITÄT verändern Sie die Anzeigequalität von Bildern auf dem Bildschirm. Sie finden den Befehl im:

- Abrollmenü ÄNDERN, Untermenü OBJEKT >, Untermenü BILD >, Funktion QUALITÄT

- Symbol im Werkzeugkasten REFERENZ

```
Befehl: Bildqualität
Hoch/Entwurf <Hoch>:
```

Wählen Sie zwischen hoher Qualität und Entwurfsqualität. Die Bilder in der Zeichnung werden sofort korrigiert, der Bildaufbau geht schneller. Das macht sich vor allem beim Zoomen bemerkbar. Beim Drucken oder Plotten wird in jedem Fall die hohe Qualität verwendet.

Vorgang: Befehl TRANSPARENZ

Manche Bildformate verwenden auch transparente Pixel im Bild. Bilder in solchen Formaten lassen sich in AutoCAD transparent schalten, der Bildhintergrund kommt an diesen Stellen durch. Mit dem Befehl TRANSPARENZ können Sie die Bilder transparent schalten. Wählen Sie den Befehl im:

- Abrollmenü ÄNDERN, Untermenü OBJEKT >, Untermenü BILD >, Funktion TRANSPARENZ

- Tablettmenü X21

- Symbol im Werkzeugkasten REFERENZ

```
Befehl: Transparenz
Bild wählen: ein oder mehrere Bilder wählen
Bild wählen: ⏎
EIN/AUS <Ein>:
```

Wählen Sie eine oder mehrere Bilder an und stellen Sie den Modus entsprechend ein.

Vorgang: Befehl BILDRAHMEN

Haben Sie Bilder mit dem Befehl BILD ausgeblendet, wird an Stelle des Bildes ein Rahmen in der Zeichnung angezeigt. Diesen Rahmen können Sie mit dem Befehl BILDRAHMEN sichtbar oder unsichtbar machen. Sie finden den Befehl im:

- Abrollmenü ÄNDERN, Untermenü OBJEKT >, Untermenü BILD >, Funktion RAHMEN

- Symbol im Werkzeugkasten REFERENZ

```
Befehl: Bildrahmen
EIN/AUS <Ein>:
```

Wählen Sie die gewünschte Option. Beachten Sie aber, daß, wenn der Rahmen ausgeschaltet ist, Sie das Bild nicht mehr anwählen können. Sollten Sie es doch noch einmal nachbearbeiten wollen, müssen Sie den Rahmen wieder einschalten.

Vorgang: Befehl ZEICHREIHENF bei Bilddateien

Überlappen Sie Bilder in der Zeichnung, können Sie mit dem Befehl ZEICHREIHENF wählen, welche Bilder oben liegen sollen, und damit andere verdecken. Die Funktionen des Befehls finden Sie in Kapitel 8.

Vorgang: Bilder mit Griffen bearbeiten

Eingefügte Bilder können Sie auch an den Griffen bearbeiten. Klicken Sie ein Bild am Rand an, ohne daß Sie vorher einen Befehl gewählt haben. Das Bild bekommt an den Eckpunkten Griffe. Klicken Sie einen dieser Griffe nochmal an, können Sie das Bild größer oder kleiner ziehen und der Bildinhalt wird entsprechend skaliert. Egal wie Sie das Bild ziehen, das Seitenverhältnis bleibt immer erhalten.

Mehr zu den Griffen und zu den Änderungsmöglichkeiten mit dem Befehl DDMODIFY finden Sie in Kapitel 14.

13.3 Bilder zuschneiden

Bilder lassen sich wie Blöcke und externe Referenzen zuschneiden. Dadurch wird es möglich, jeden gewünschten Bildausschnitt in der Zeichnung darzustellen.

Vorgang: Befehl BILDZUSCHNEIDEN

Bilder in der Zeichnung können Sie mit dem Befehl BILDZUSCHNEIDEN zuschneiden. Sie finden den Befehl im:

- Abrollmenü ÄNDERN, Untermenü OBJEKT >, Funktion BILD ZUSCHNEIDEN
- Tablettmenü X22
- Symbol im Werkzeugkasten REFERENZ

Die Optionen werden im Befehlszeilenfenster aufgelistet. Wählen Sie zuerst eines oder mehrere Bilder, die Sie zuschneiden wollen. Wählen Sie gleichzeitig mehrere Bilder, wird die Umgrenzung um alle Bilder gezeichnet.

```
Befehl: Bildzuschneiden
Zuzuschneidende(s) Bild(er: eines oder mehrere Bilder wählen
EIN/AUS/Löschen/<Neue Umgrenzung>:
```

Mit ⏎ wählen Sie die Vorgabeoption. Damit können Sie eine neue Umgrenzung bestimmen. Bildteile, die außerhalb der Umgrenzung liegen werden ausgeblendet:

EIN/AUS/Löschen/<Neue Umgrenzung>: ⏎

Existiert bei den gewählten Bildern schon eine Umgrenzung, fragt AutoCAD an, ob diese gelöscht werden soll:

Alte Umgrenzung löschen? Nein/<Ja>:

Wenn Sie die alte Umgrenzung nicht löschen wollen, wird der Befehl abgebrochen. Im anderen Fall wird angefragt, wie Sie die Umgrenzung bilden wollen:

Polygonal/<Rechteckig>:

Die Umgrenzung können Sie mit einem Rechteck aufziehen (Vorgabeoption RECHTECKIG mit ⏎ übernehmen). Mit der Option POLYGONAL können Sie ein Polygon zur Umgrenzung um das Bild ziehen. Gehen Sie wie bei der Option FPOLYGON bei der Objektwahl vor.

Mit der Option AUS schalten Sie den ganzen Block sichtbar, ohne die Umgrenzung zu löschen, mit der Option EIN wird die Umgrenzung wieder wirksam und der Block zugeschnitten.

13.4 Beispiele für Bilder in Zeichnungen

Die folgenden Beispiele sollen Ihnen einen Überblick über die Einsatzmöglichkeiten von Rasterdateien in Zeichnungen geben.

Übung: Firmenlogo im Zeichnungskopf

- *Öffnen Sie die Zeichnung A13-02.DWG aus Ihrem Übungsordner.*
- *Fügen Sie in den Zeichnungskopf Ihr Firmenlogo als Rasterdatei ein. Wenn Sie keine Rasterdatei davon haben, nehmen Sie das Logo B13-02-1.TIF ebenfalls aus dem Übungsordner.*
- *Plazieren Sie es im Zeichnungskopf. Wählen Sie den Skalierfaktor am Bildschirm und ziehen Sie das Bild so, daß es in das freie Feld paßt (siehe Abbildung 13.8).*
- *Schalten Sie mit dem Befehl BILDRAHMEN den Rahmen aus.*
- *Eine Lösung finden Sie im Übungsordner: L13-02.DWG.*

Kapitel 13: Bilder in Zeichnungen

Abbildung 13.8:
Zeichnungs-
rahmen mit
Firmenlogo als
Bilddatei

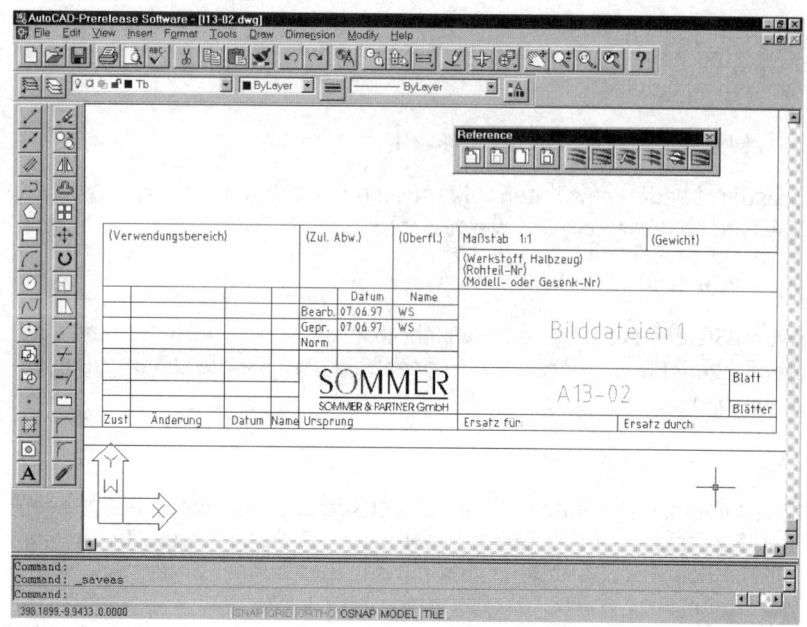

Übung: Zeichnung mit Bild

↪ Öffnen Sie die Zeichnung A13-03.DWG aus Ihrem Übungsordner, ein 3D-Modell von einer Lupe eines Digitalisiergeräts, das Sie in Kapitel 20 dieses Buches selber konstruieren werden.

↪ Fügen Sie die Bilddatei B13-03-1.TIF auf dem Zeichenblatt ein. In der Bilddatei haben Sie das gerenderte Bild, wie Sie es in Kapitel 21 dieses Buches erstellen werden.

↪ Das Ergebnis sehen Sie in Abbildung 13.9. Sie finden eine Lösung auch im Übungsordner als Zeichnung L13-03.DWG.

Übung: Zeichnung mit Hintergrund

↪ Öffnen Sie jetzt die Zeichnung A13-04.DWG aus Ihrem Übungsordner, ein 3D-Modell eines Plattenspielers.

↪ Fügen Sie die Bilddatei B13-04-1.TIF ein. Skalieren Sie sie so, daß das Bild über den ganzen Hintergrund reicht.

↪ Bearbeiten Sie die Datei mit dem Befehl BILDANPASSEN nach. Stellen Sie den Schieberegler Fade auf etwa 40.

↪ Legen Sie das Bild mit dem Befehl ZEICHREIHENF in den Hintergrund.

↪ Ihre Zeichnung sollte wie in Abbildung 13.10 aussehen. Falls nicht, finden Sie die Lösung L13-04.DWG im Übungsordner.

Beispiele für Bilder in Zeichnungen

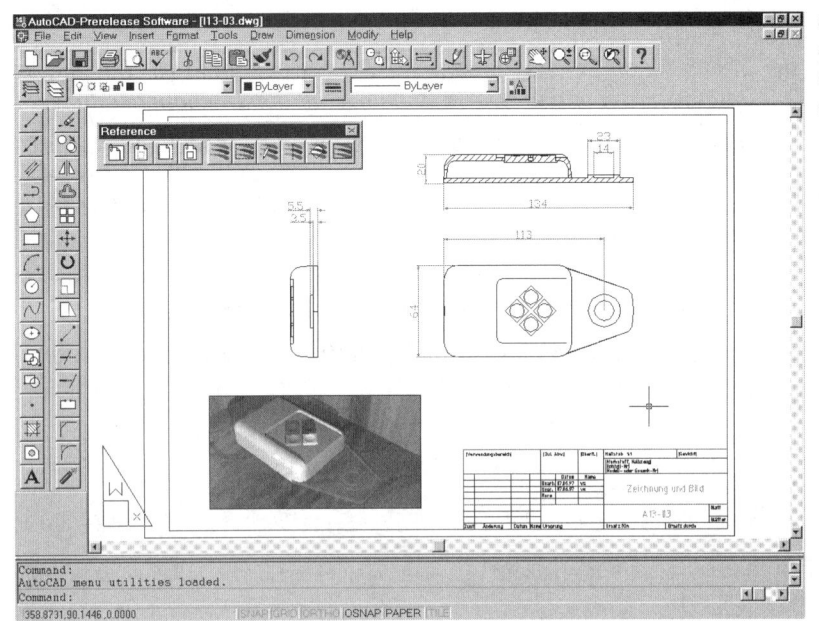

Abbildung 13.9:
Zeichnungen und Bild auf einem Blatt

Abbildung 13.10:
Zeichnungen mit Hintergrund

Kapitel 13: Bilder in Zeichnungen

Vorgang: Gescanntes Bild laden

→ Öffnen Sie die Zeichnung A13-05.DWG. Sie befindet sich ebenfalls im Übungsordner und enthält erst einmal nur den Zeichnungsrahmen.

→ Fügen Sie jetzt die Bilddatei B13-05-01.TIF ein. Dabei handelt es sich um eine gescannte Zeichnung. Plazieren Sie die Zeichnung so, daß sich die Draufsicht links unten und der Schnitt darüber auf dem A4-Zeichnungsblatt befinden.

→ Schneiden Sie jetzt die gescannte Zeichnung so zu, daß nur noch die Draufsicht und der Schnitt darüber auf dem A4-Blatt liegen.

→ Skalieren Sie das Bild mit dem Befehl VARIA und der Option BEZUG so, daß es 1:1 auf dem Papierblatt liegt.

```
Befehl: Varia
Objekte wählen: Bilddatei am Rand wählen
Objekte wählen: ⏎
Basispunkt: linken unteren Punkt des Ausschnitts anklicken
Bezug/<Skalierfaktor>: B für Bezug
Bezugslänge <1>: Bekannte Länge abgreifen, z.B.: Maß 40 in der
Draufsicht
Zweiter Punkt: Zweiten Punkt an dem Maß anklicken
Neue Länge: 40
```

→ Schalten Sie dann mit dem Befehl BILDRAHMEN den Rahmen aus.

→ Das Ergebnis sollte der Abbildung 13.11 ähnlich sein.

→ Eine Musterlösung finden Sie ebenfalls im Übungsordner: L13-05.DWG.

Abbildung 13.11: Gescanntes Bild in der Zeichnung

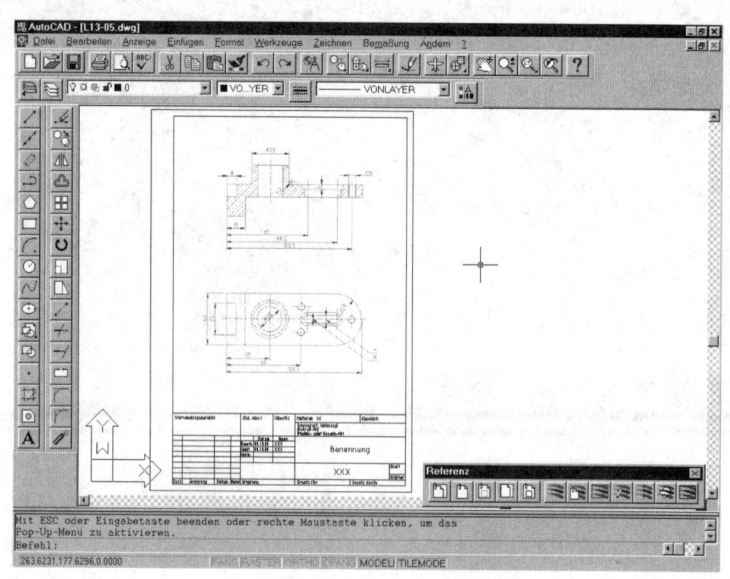

Änderungsfunktionen und Objektgriffe

Kapitel 14

14.1 Änderung der Objekteigenschaften
14.2 Änderung von Objekteigenschaften und Geometrie
14.3 Übertragung von Objekteigenschaften
14.4 Editieren mit Griffen

In den vergangenen Kapiteln haben Sie schon mehrfach Objekte in der Zeichnung geändert. Hier finden Sie eine Zusammenfassung aller Änderungsmöglichkeiten und eine Erweiterung der bisher kennengelernten Methoden. Sie lernen in diesem Kapitel:

- wie Sie die Eigenschaften von mehreren Objekten zugleich ändern können,
- wie Sie neben den speziellen Editierbefehlen mit einem Editierbefehl alle Objektarten ändern können,
- wie Sie die Eigenschaften eines Objektes auf andere übertragen können,
- wozu ein Objekt Griffe hat,
- wie Sie mit den Objektgriffen in vielen Fällen Objekte schneller ändern können als mit den Editierbefehlen.

14.1 Änderung der Objekteigenschaften

Beim Zeichnen und Konstruieren kommt es immer wieder vor, daß ein oder mehrere Objekte auf einen falschen Layer kommen, mit einem falschen Linientyp oder einer falschen Farbe gezeichnet werden. Es kommt auch vor, daß Objekte, die mit unterbrochenen Linientypen gezeichnet werden, einen falschen Linientypenfaktor haben oder daß Objekte mit Objekthöhe eine falsche Objekthöhe haben.

Vorgang: Befehl DDCHPROP

In AutoCAD werden diese Werte als die Eigenschaften von Objekten bezeichnet. Eigenschaften lassen sich mit dem Befehl DDCHPROP ändern. Sie finden den Befehl im:

- Abrollmenü ÄNDERN, Funktion EIGENSCHAFTEN...
- Tablettfeld Y14
- Symbol in der Funktionsleiste EIGENSCHAFTEN

Achtung:

Haben Sie die Funktion aus einem Menü oder der Funktionsleiste gewählt, wird dieser Befehl nur aktiviert, wenn Sie mehrere Objekte wählen. Haben Sie dagegen nur ein Objekt gewählt, wird der Befehl DDMODIFY aufgerufen (siehe Kapitel 14.2). Nur bei der Eingabe auf der Tastatur ist es ohne Bedeutung, wie viele Objekte Sie wählen.

Nachdem Sie also mehrere Objekte gewählt haben, erscheint das Dialogfeld des Befehls (siehe Abbildung 14.1).

Abbildung 14.1:
Änderung der Objekteigenschaften

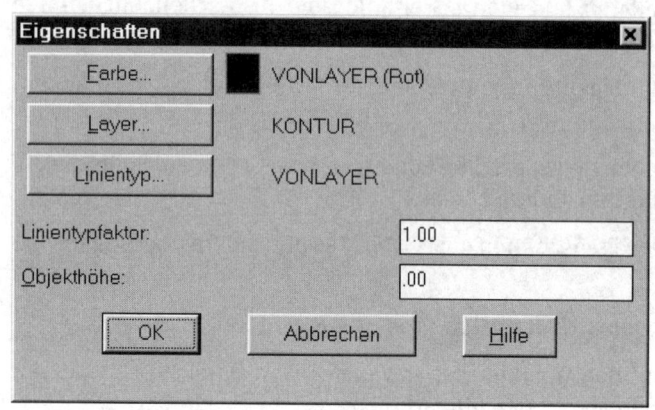

Klicken Sie auf eine der Schaltflächen links oben, FARBE..., LAYER... oder LINIENTYP..., erhalten Sie weitere Dialogfelder, in denen Sie die entsprechende Eigenschaft ändern können. Klicken Sie einfach einen neuen Eintrag an. Der aktuelle Wert steht jeweils hinter der Schaltfläche. Haben die gewählten Objekte unterschiedliche Werte, steht dahinter VARIIERT.

Fehler:

Beachten Sie: Wenn Sie ein oder mehrere Objekte in einer anderen Farbe oder einem anderen Linientyp haben wollen, ändern Sie nicht Farbe oder Linientyp. Legen Sie die Objekte auf den Layer, dem diese Farbe und dieser Linientyp zugeordnet sind. Gibt es keinen Layer mit diesen Zuordnungen, legen Sie sich zuerst einen neuen Layer an und ändern dann die Objekteigenschaften. Auch wenn dies umständlich erscheint und es anders schneller geht, wenn Sie sich nicht an diese Regel halten, hat Ihre Zeichnung keine Struktur. Ein Linie ist zwar strichpunktiert und hat die Farbe von Mittellinien, ist aber trotzdem auf dem Layer für Konturen. Wenn Sie Ihre Zeichnung ohne Mittellinien ausplotten wollen und den Layer für Mittellinien ausschalten, dann verschwinden diese Linien nicht, die Sie so geändert haben. Die Möglichkeiten, die Ihnen das Layerkonzept bietet, können Sie nicht mehr nutzen.

Kurz gesagt: Farbe und Linientyp sollte immer auf VONLAYER eingestellt sein (siehe Abbildung 14.1). Klicken Sie also auf die Schaltfläche LAYER, wenn Sie die Layerzugehörigkeit ändern wollen, und Sie erhalten ein weiteres Dialogfeld (siehe Abbildung 14.2). Klicken Sie den gewünschten Layer an und die Objekte werden dorthin verschoben.

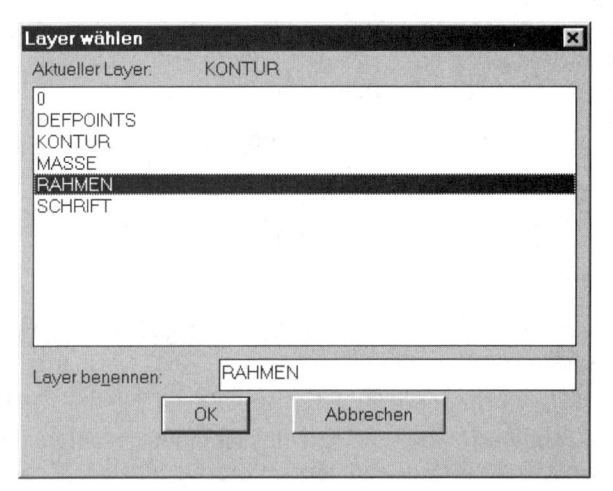

Abbildung 14.2:
Änderung der Layerzugehörigkeit

Werden Objekte mit unterbrochenen Linientypen gezeichnet, wird der Maßstab der Strichelung vom globalen Linientypenfaktor bestimmt. Daneben gibt es einen Multiplikationsfaktor, mit dem dieser globale Linientypenfaktor multipliziert wird. Im Dialogfeld des Befehls DDCHPROP (siehe Abbildung 14.1) wird dieser Multiplikationsfaktor für die gewählten Objekte geändert. Tragen Sie hier 2 ein, ist die Strichelung doppelt so lang wie bei den anderen Objekten, bei 0.5 halb so lange.

In der letzten Zeile kann die Objekthöhe eingestellt werden. 2D-Objekte werden um diesen Faktor in die Höhe gezogen (siehe Kapitel 18).

Verweis:

Siehe auch Referenzteil: Befehl EIGÄNDR.

14.2 Änderung von Objekteigenschaften und Geometrie

Wollen Sie von einem Objekt Eigenschaften und Geometrie ändern, dann könnten Sie den Befehl DDCHPROP und danach einen speziellen Änderungsbefehl für diesen Objekttyp wählen. Sie können aber alle Objekttypen mit einem Befehl in einem Dialogfeld ändern.

Vorgang: Befehl DDMODIFY

Mit dem Befehl DDMODIFY sind solche Änderungen möglich. Er kombiniert den Befehl DDCHPROP und die speziellen Änderungsbefehle, die Sie in den

Kapitel 14: Änderungsfunktionen und Objektgriffe

vorangegangenen Kapiteln kennengelernt haben. Mit speziellen Schaltflächen kommen Sie zu den Änderungsfunktionen für das gewählte Objekt. Sie finden den Befehl im:

↪ Abrollmenü ÄNDERN, Funktion EIGENSCHAFTEN...

↪ Tablettfeld Y14

↪ Symbol in der Funktionsleiste EIGENSCHAFTEN

Achtung:

Wie Sie sehen, wird der Befehl auf die gleiche Art gewählt wie der Befehl DDCHPROP. Aber wie oben schon erwähnt, wird er aufgerufen, wenn Sie bei der Objektwahl nur ein einzelnes Objekt angeklickt haben.

Der obere Teil des Dialogfeldes ist identisch mit dem des Befehls DDCHPROP. Der Rest des Fensters unterscheidet sich, je nach Typ des gewählten Objekts (siehe Abbildung 14.3 bis 14.21).

Je nach Objekttyp können verschiedene Parameter geändert werden. Zudem werden Werte angezeigt, die ebenfalls von Objekttyp zu Objekttyp verschieden sind. In Tabelle 14.1 finden Sie die Objekte von AutoCAD 14, die änderbaren Parameter und die Werte, die im Dialogfeld angezeigt werden.

Tabelle 14.1: Änderbare Parameter und angezeigte Werte

Element	Änderbare Werte	Angezeigte Werte
Punkt	Punktkoordinate	
Linie	Anfangs- und Endpunkt	Delta XYZ, Länge und Winkel
Klinie	Erster und zweiter Plazierungspunkt	Richtungsvektor
Strahl	Ursprungspunkt und Plazierungspunkt	Richtungsvektor
Bogen	Mittelpunkt, Radius, Start- und Endwinkel	Eingeschlossener Winkel und Bogenlänge
Kreis	Mittelpunkt, Radius	Durchmesser, Umfang und Fläche
Polylinie	Glättungsart, Geschlossen/Offen Linientypangleichung	Koordinaten für jeden Stützpunkt
3D-Polylinie	wie Polylinie	
3D-Netz	Glättungsart, Maschendichte	Koordinaten für jeden Stützpunkt

Änderung von Objekteigenschaften und Geometrie

Element	Änderbare Werte	Angezeigte Werte
Spline	nicht änderbar	Kontrollpunkte, Stützpunkte, Grad, Eigenschaft
Multilinie	nicht änderbar	
Solid	Koordinaten der Eckpunkte	
Region	nicht änderbar	
3D-Solid	nicht änderbar	
Textzeile	Textinhalt, Einfügepunkt, Höhe, Drehung, Breitenfaktor, Neigung, Ausrichtung, Textstil, 180-Grad-Drehung, Rückwärts	
Textabsatz	Textinhalt, Einfügepunkt, Textstil, Ausrichtungspunkt, Textorientierung, Breitenfaktor, Texthöhe, Drehung	
Attributsdefinition	Bezeichnung, Eingabe, Vorgabe, Textoptionen wie bei Text, Attributsmodi, Sichtbarkeit	
Block	Einfügepunkt, Einfügefaktoren, Drehung, Zeilen und Spalten sowie Abstände für Mehrfacheinfügungen, Anzeige der kompletten oder zugeschnittenen Blocks	
XRef	Einfügepunkt, Einfügefaktoren, Drehung, Zeilen und Spalten sowie Abstände für Mehrfacheinfügungen, Anzeige der kompletten oder zugeschnittenen Blocks	
Rasterbild	Einfügepunkt, Einfügefaktor, Drehung, Breite und Höhe, Funktion zur Bildbearbeitung, Anzeigemodus	
Bemaßung	Maßtext, Bemaßungsstil, Editor für den Maßtext, alle Bemaßungsparameter	
Schraffur	Schraffurmusterdialog	
Ansichtsfenster	nicht änderbar	Zentrum des Fensters, Fensternummer, Länge und Breite, Status

Kapitel 14: Änderungsfunktionen und Objektgriffe

Überall dort, wo in den Dialogfeldern (Abbildung 14.3 bis 14.21) eine Koordinate zur Änderung angezeigt wird, kann der X-, Y- oder Z-Wert geändert werden. Sie können aber auch die zugehörige Schaltfläche PUNKT WÄHLEN < anklicken. Das Dialogfeld verschwindet vorübergehend, wählen Sie in der Zeichnung einen Punkt, eventuell mit dem Objektfang. Danach erscheint das Dialogfeld wieder und der neue X-, Y- und Z-Wert wird in den Feldern angezeigt.

PUNKT

Abbildung 14.3: Dialogfeld DDMODIFY für einen Punkt

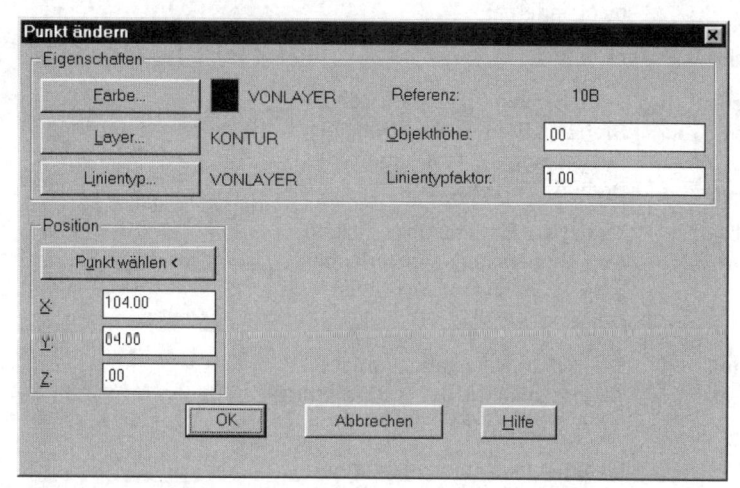

Änderung der Koordinate des Punktes.

LINIE

Abbildung 14.4: Dialogfeld DDMODIFY für eine Linie

Änderung von Startpunkt und Endpunkt der Linie, Anzeige von Delta X, Delta Y und Delta Z zwischen Start- und Endpunkt sowie der Linienlänge und des Winkels der Linie.

KONSTRUKTIONSLINIE

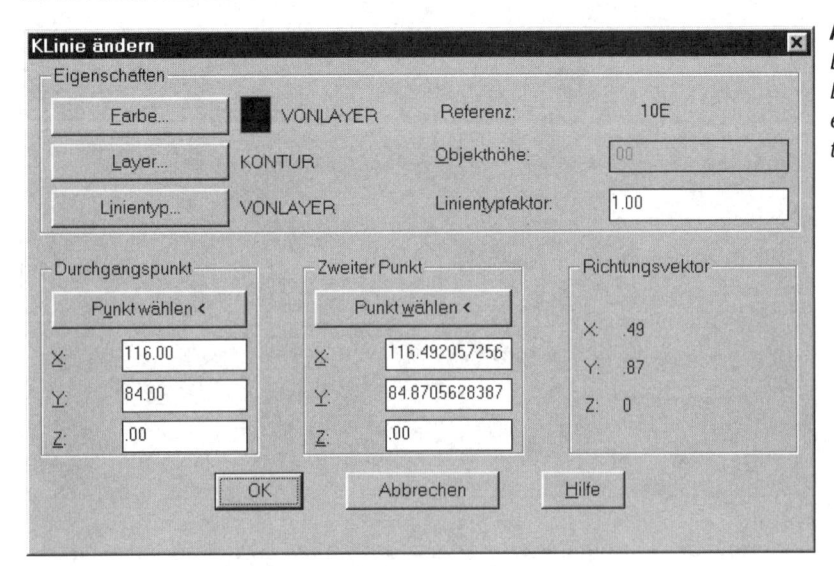

Abbildung 14.5:
Dialogfeld DDMODIFY für eine Konstruktionslinie

Änderung des ersten und zweiten Plazierungspunktes, Anzeige des Richtungsvektors der Konstruktionslinie.

STRAHL

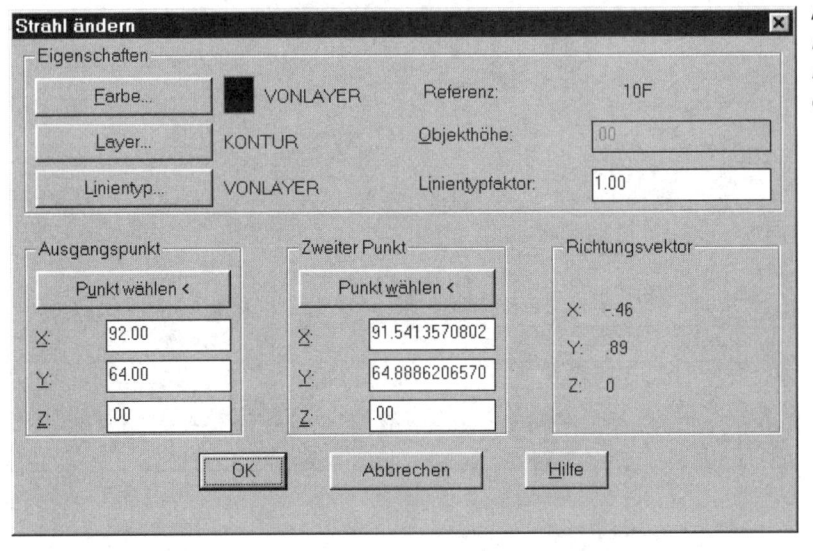

Abbildung 14.6:
Dialogfeld DDMODIFY für einen Strahl

Kapitel 14: Änderungsfunktionen und Objektgriffe

Änderung des Ursprungsspunktes und des zweiten Plazierungspunktes, Anzeige des Richtungsvektors der Konstruktionslinie.

BOGEN

Abbildung 14.7: Dialogfeld DDMODIFY für einen Bogen

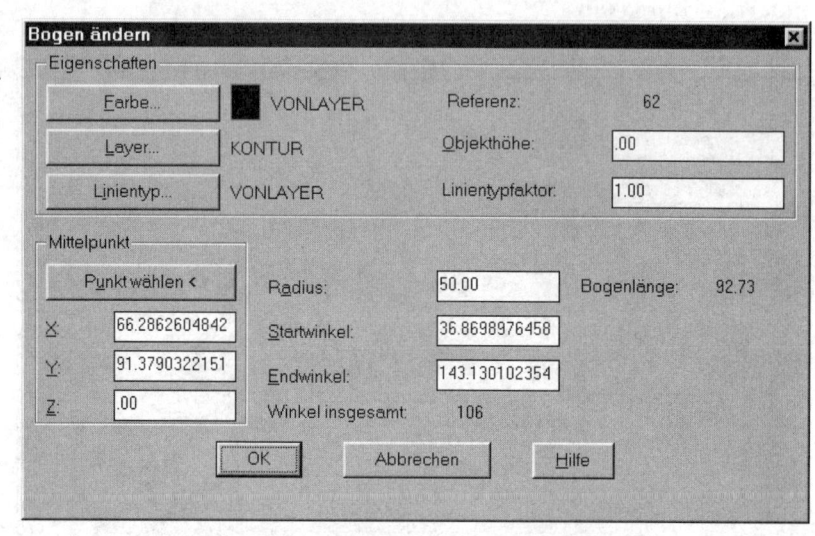

Änderung des Mittelpunktes, Radius, Start- und Endwinkels, Anzeige des eingeschlossenen Winkels und der Bogenlänge.

KREIS

Abbildung 14.8: Dialogfeld DDMODIFY für einen Kreis

Änderung des Mittelpunktes und des Radius, Anzeige des Umfangs, des Durchmessers und der Kreisfläche.

2D- ODER 3D-POLYLINIE

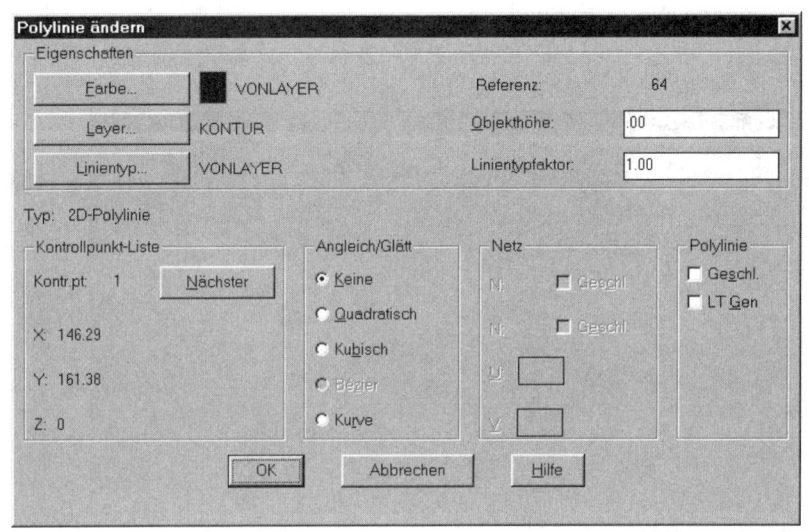

Abbildung 14.9:
Dialogfeld DDMODIFY für eine 2D- oder 3D-Polylinie

Anzeige der Koordinaten der Scheitelpunkte, mit der Schaltfläche NÄCH-STE können alle Scheitelpunkte durchgeblättert werden. Änderung der Art der Kurvenangleichung, Öffnen bzw. Schließen der Polylinie und Änderung der Linientypenangleichung (siehe auch Befehl PEDIT).

3D-NETZ

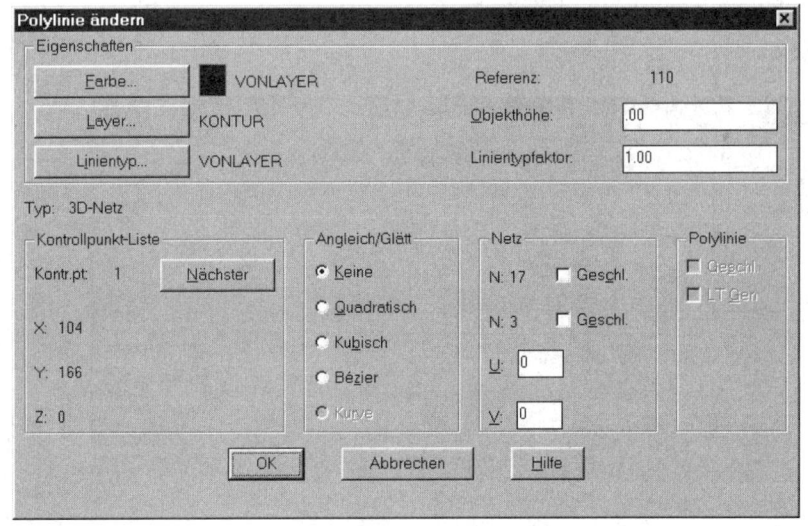

Abbildung 14.10:
Dialogfeld DDMODIFY für ein 3D-Netz

Anzeige der Koordinaten der Scheitelpunkte des Netzes, mit der Schaltfläche NÄCHSTE können alle Scheitelpunkte durchgeblättert werden. Änderung der Art der Angleichung, Öffnen bzw. Schließen des Netzes in M- und N-Richtung, Änderung der Dichte des geglätteten Netzes in U- und V-Richtung (siehe auch Befehl PEDIT).

SPLINE

Abbildung 14.11:
Dialogfeld DDMODIFY für einen Spline

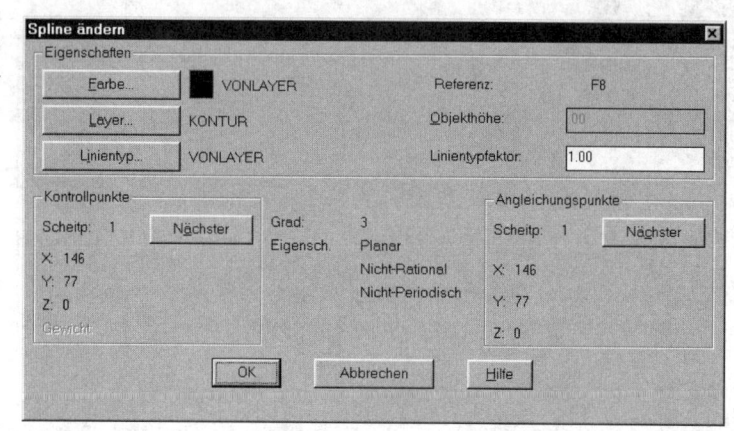

Anzeige der Koordinaten der Kontroll- und Stützpunkte des Splines, mit der Schaltfläche NÄCHSTE können die Punkte durchgeblättert werden (siehe auch Befehl SPLINEDIT).

MULTILINE

Keine Änderungen möglich und keine Anzeige. Änderungen sind nur mit dem Befehl MLEDIT möglich.

SOLID

Abbildung 14.12:
Dialogfeld DDMODIFY für einen Solid

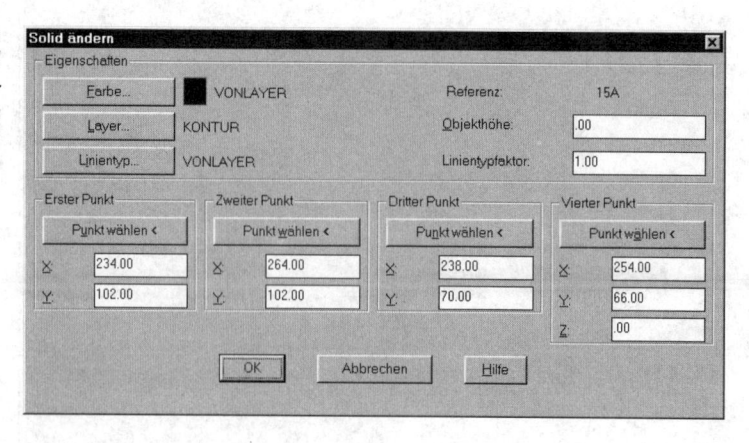

Änderung der Eckpunkte des Solids.

Änderung von Objekteigenschaften und Geometrie

REGION
Keine Änderungen und keine Anzeige möglich.

3D-SOLID
Keine Änderungen und keine Anzeige möglich.

TEXTZEILE

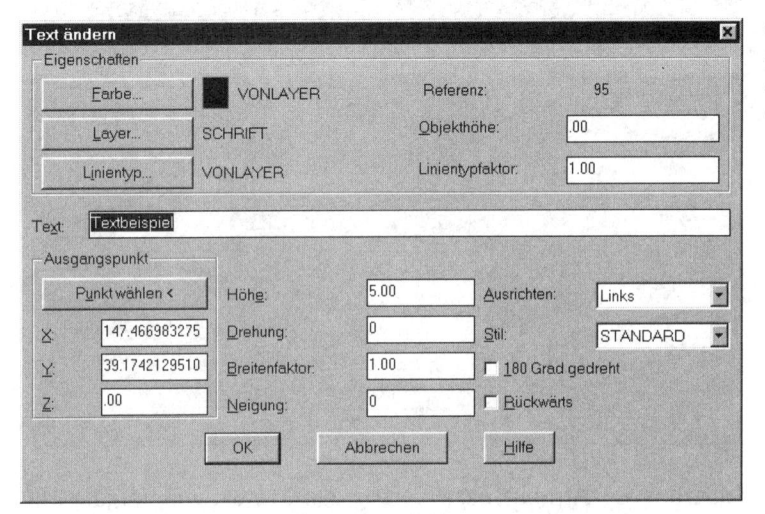

Abbildung 14.13: *Dialogfeld DDMODIFY für eine Textzeile*

Änderung der Textzeile, des Einfügepunktes des Textes, der Höhe, des Einfügewinkels, des Breitenfaktors, der Neigung, der Ausrichtung und des Textstils. Zusätzlich kann gewählt werden, ob die Textzeile auf dem Kopf oder spiegelverkehrt gesetzt werden soll.

TETXABSATZ

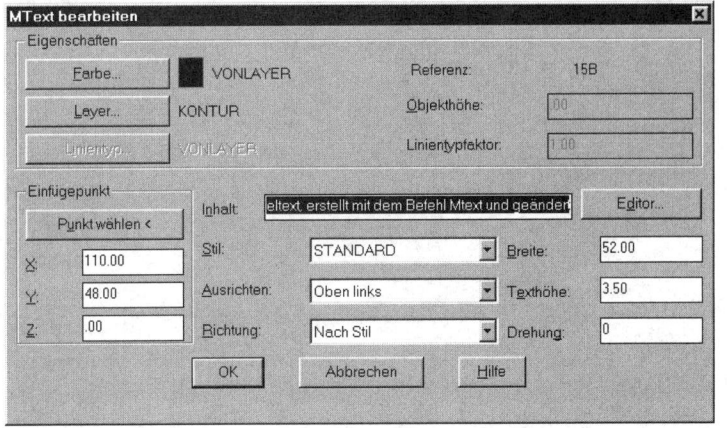

Abbildung 14.14: *Dialogfeld DDMODIFY für einen Textabsatz*

Kapitel 14: Änderungsfunktionen und Objektgriffe

Änderung des Textes in einer fortlaufenden Zeile oder Aufruf des Texteditors mit der Schaltfläche EDITOR. Änderung des Einfügepunktes, des Textstils, der Ausrichtung, der Textorientierung (horizontal, oder vertikal oder wie im Textstil definiert), der Fensterbreite und -höhe sowie des Winkels des Textfensters.

ATTRIBUTSDEFINITION

Abbildung 14.15:
Dialogfeld DDMODIFY für eine Attributsdefinition

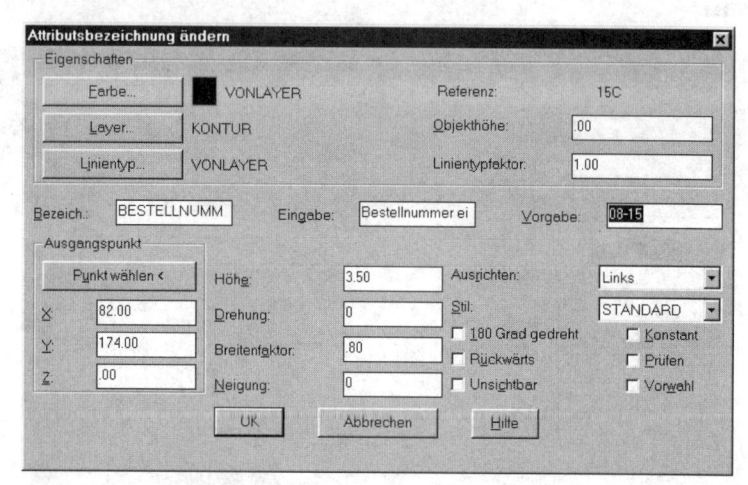

Änderung von Attributsbezeichnung, Anfragetext und Vorgabewert, Einfügepunkt, Texthöhe, Einfügewinkel, Breitenfaktor, Neigung, Ausrichtung, Textstil sowie die Einstellung, ob das Attribut auf dem Kopf oder spiegelverkehrt gesetzt werden soll und die Einstellung der Attributsmodi.

BLOCK

Abbildung 14.16:
Dialogfeld DDMODIFY für einen Block

Anzeige des Blocknamens, Änderung des Punktes, an dem der Block eingefügt wurde, des Einfügefaktors in X-, Y- und Z-Richtung, Änderung des Einfügewinkels, die Zahl der Zeilen und Spalten sowie den Abstand zwischen Zeilen und Spalten bei mehrfach eingefügten Blöcken. Außerdem kann gewählt werden, ob ein zugeschnittener Block komplett oder nur bis zur Umgrenzung angezeigt werden soll.

EXTERNE REFERENZ

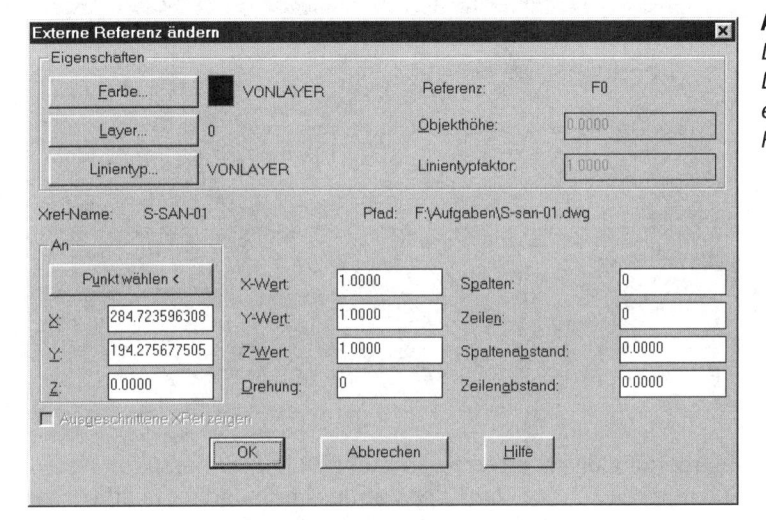

Abbildung 14.17:
Dialogfeld DDMODIFY für eine externe Referenz

Wie bei einem Block, siehe oben.

RASTERBILD

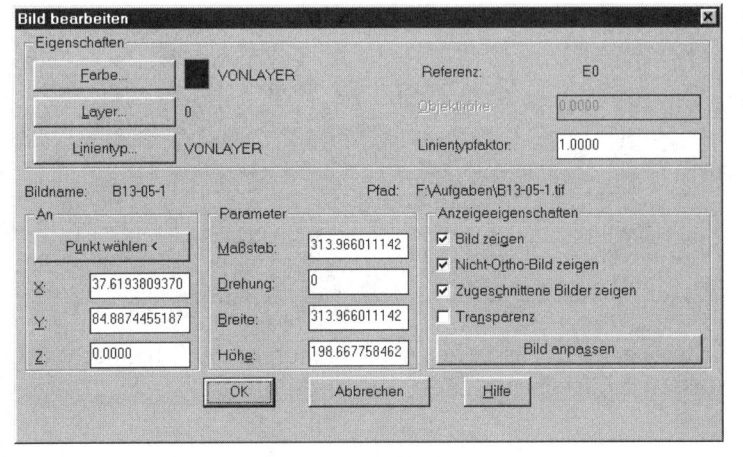

Abbildung 14.18:
Dialogfeld DDMODIFY für ein Rasterbild

Kapitel 14: Änderungsfunktionen und Objektgriffe

Anzeige des Bildnamens, des Pfades und des Dateinamens der Bilddatei. Änderung des Punktes, an dem die Bilddatei eingefügt wurde, des Skalierfaktors, des Einfügewinkels, der Breite und der Höhe sowie der Anzeigeeigenschaften: Mit der Schaltfläche BILD ANPASSEN wird das Dialogfeld zur Bildbearbeitung aufgerufen (siehe auch Befehl BILDANPASSEN).

BEMASSUNG

Abbildung 14.19: Dialogfeld DDMODIFY für eine Bemaßung

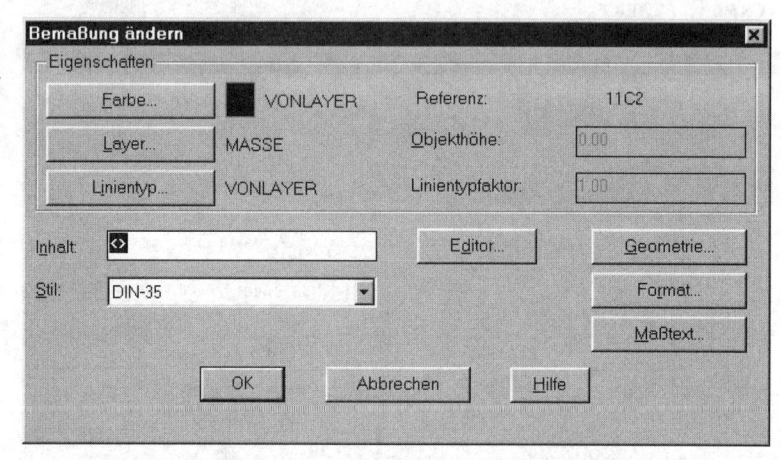

Bearbeitung des Maßtextes, <> steht für den gemessenen Wert. Mit der Schaltfläche EDITOR... kann der Maßtext im Texteditor bearbeitet werden. Änderung des Bemaßungsstils sowie einzelner Bemassungsparameter mit den Schaltflächen GEOMETRIE..., FORMAT... und MASSTEXT....

SCHRAFFUR

Abbildung 14.20: Dialogfeld DDMODIFY für eine Schraffur

Änderung der Eigenschaften der Schraffur mit der Schaltfläche SCHRAFFUR BEARBEITEN... (siehe auch Befehl SCHRAFFEDIT).

Ansichtsfenster

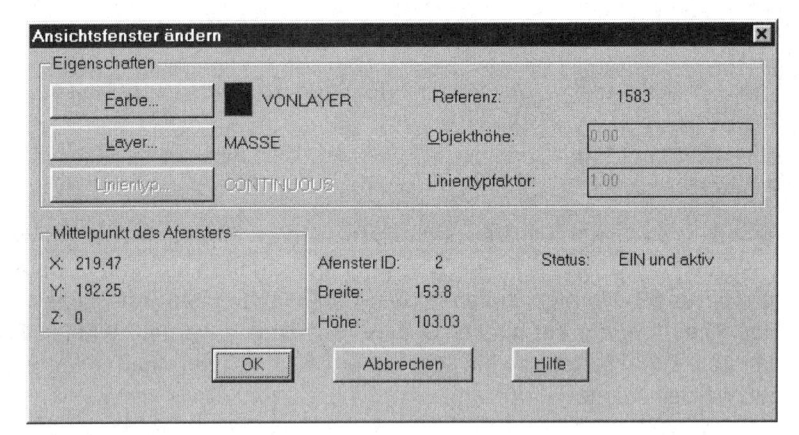

Abbildung 14.21:
Dialogfeld DDMODIFY für ein Ansichtsfenster

Anzeige des Fensterzentrums, der Fensternummer, der Breite und Höhe und des Fensterstatus.

Verweis:

Siehe auch Referenzteil: Befehl ÄNDERN. Weitere Informationen zu den Änderungsfunktionen finden Sie auch bei den speziellen Änderungsfunktionen für die einzelnen Objekte.

14.3 Übertragung von Objekteigenschaften

Einfacher werden Änderungen in AutoCAD 14, wenn Sie schon ein Objekt in der Zeichnung haben, das die gewünschten Eigenschaften hat. Sie können die Eigenschaften auf ein anderes Objekt übertragen.

Vorgang: Befehl EIGÜBERTRAG

Mit dem Befehl EIGÜBERTRAG können Sie Objekteigenschaften von einem Quellobjekt auf ein Zielobjekt übertragen. Sie finden den Befehl im:

↳ Abrollmenü ÄNDERN, Funktion EIGENSCHAFTEN ANPASSEN

↳ Tablettfeld Y15

↳ Symbol in der Funktionsleiste EIGENSCHAFTEN

```
Befehl: Eigübertrag
Quellobjekt wählen: Quellobjekt wählen
Aktuelle aktive Einstellungen = FARBE LAYER Ltyp LTFAKTOR
Objekthöhe TEXT BEM SCHRAFF
eiNstellungen/<Zielobjekt(e) wählen>: Zielobjekte oder Option
wählen
eiNstellungen/<Zielobjekt(e) wählen>: weitere Objekte oder ⏎
zum Beenden
```

Nachdem Sie den Befehl gewählt haben, wird ein Quellobjekt abgefragt. Das Quellobjekt ist das Objekt, dessen Eigenschaften auf andere Objekte übertragen werden sollen. Danach bekommen Sie eine Liste der Eigenschaften, die auf andere Objekte übertragen werden. Wählen Sie dann die Zielobjekte, also die Objekte, auf die die Eigenschaften übertragen werden sollen.

EINSTELLUNGEN

Mit der Option EINSTELLUNGEN, können Sie in einem Dialogfeld (siehe Abbildung 14.22) einstellen, welche Eigenschaften übertragen werden sollen.

Abbildung 14.22: *Dialogfeld zur Wahl der Eigenschaften*

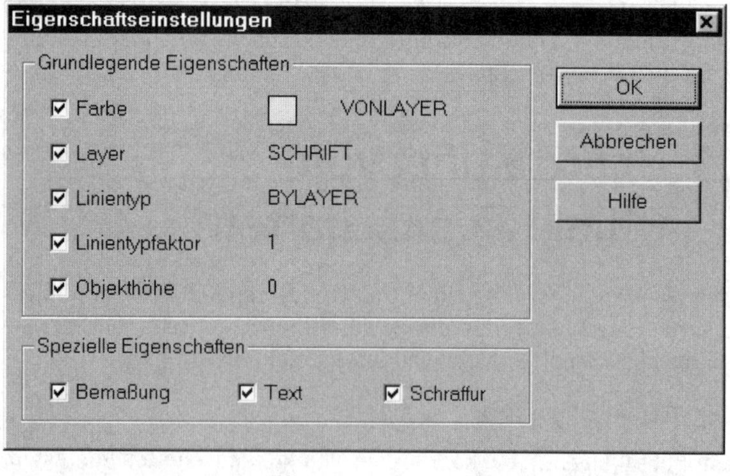

Sie können wählen, welche Standardeigenschaften Sie übertragen wollen. Klicken Sie die entsprechenden Schalter an. Hinter den Schaltern werden die Werte angezeigt, die das Quellobjekt hat. Außerdem können Sie anwählen, ob Sie die Bemaßungs-, Text- und Schraffureigenschaften übertragen wollen. Nachdem Sie die Einstellungen geprüft oder verändert haben, klicken Sie OK und Sie kommen wieder zur Zeichnung und wählen dann die Zielobjekte.

Übung: Objekteigenschaften übertragen

↳ *Öffnen Sie die Zeichnung A14-01.DWG aus Ihrem Übungsordner.*

↳ *Übertragen Sie die Eigenschaften von der linken zur rechten Spalte (siehe Abbildung 14.23). Sie finden die Lösung in L14-01.DWG.*

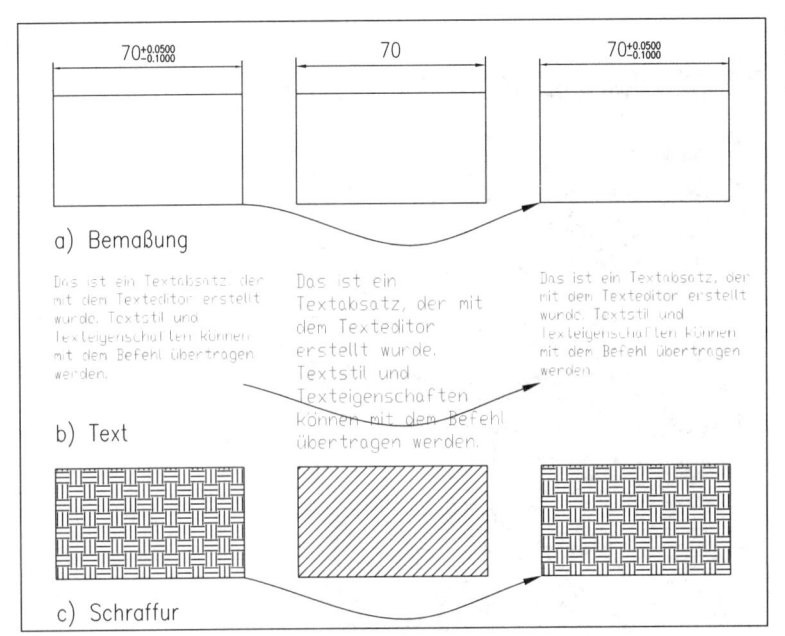

Abbildung 14.23: *Übertragung von Eigenschaften*

a) Bemaßung

b) Text

c) Schraffur

14.4 Editieren mit Griffen

Neben den bisher behandelten Editierbefehlen haben Sie auch die Möglichkeit, Objekte an den Griffen zu editieren. Vor allem beim Erstellen von Illustrationen, Schemaplänen und dergleichen ist diese praktische Methode den Editierbefehlen überlegen.

Ob die Griffe aktiviert sind, erkennen Sie am Fadenkreuz. Um das Fadenkreuz wird bei der Anfrage:

```
Befehl:
```

also sozusagen im Leerlauf von AutoCAD, ein quadratisches Fangfenster angezeigt. Sie können mit diesem Fenster Objekte zur Bearbeitung anklicken, ohne vorher einen Befehl angewählt zu haben.

Die Größe des Fangfensters stellen Sie mit dem Dialogfeld des Befehls DDSELECT ein (siehe Abbildung 14.24). Wählen Sie dazu:

↳ Abrollmenü WERKZEUGE, Funktion AUSWAHLEINSTELLUNGEN...

↳ Tablettmenü X9

Abbildung 14.24:
Einstellung der Größe des Fangfensters

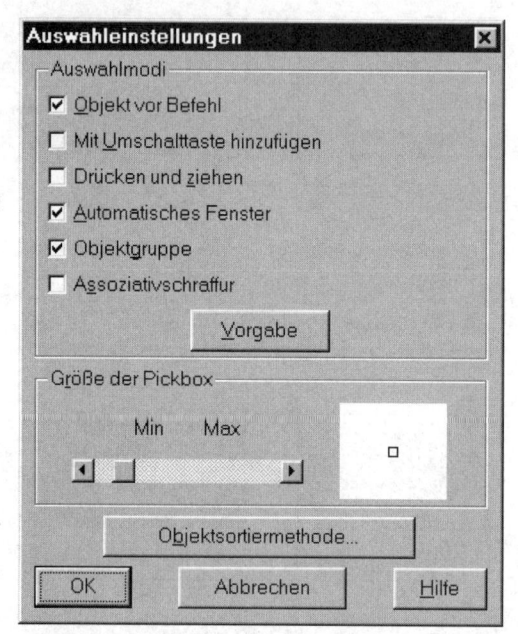

Mit dem Schieberegler GRÖSSE DER PICKBOX stellen Sie sowohl die Größe des Fangfensters als auch die Größe der Pickbox ein.

Vorgang: Griffe einstellen, Befehl DDGRIPS

Zeigt sich das Fangfenster im Leerlauf nicht, sind die Griffe ausgeschaltet. Mit dem Dialogfeld des Befehls DDGRIPS (siehe Abbildung 14.25) schalten Sie die Griffe ein und aus bzw. stellen Sie die Parameter für die Griffe ein. Wählen Sie den Befehl:

↳ Abrollmenü WERKZEUGE, Funktion GRIFFE...

↳ Tablettmenü X10

Abbildung 14.25:
Einstellung der Griffe

Mit dem obersten Schalter GRIFFE AKTIVIEREN schalten Sie die Griffe ein und aus. Mit dem darunterliegenden Schalter GRIFFE IN BLÖCKEN AKTIVIEREN können Sie Griffe auch innerhalb von Blöcken aktivieren. Normalerweise hat ein Block nur einen Griff, und zwar am Einfügepunkt. Ist dieser Schalter eingeschaltet, hat jedes Objekt im Block ebenfalls Griffe. Sie können die Griffpositionen innerhalb des Blockes zwar nicht ändern, aber andere Objekte auf diese Griffe ziehen.

Darunter sehen Sie die Griff-Farben für kalte und heiße Griffe (siehe unten), die Sie durch Anklicken der Schaltfelder in der Farbe verändern können. Die Griffgröße wird am Schieberegler GRIFF-GRÖSSE eingestellt.

Vorgang: Griffe aktivieren

Sie bringen Griffe an einem Objekt an, indem Sie es mit dem Fangfenster anklicken oder, wie bei der Objektwahl, ein Fenster darüber aufziehen.

Auch hier gilt die gleiche Regel wie bei der Objektwahl:

- Wird das Fenster von links nach rechts aufgezogen, werden die Objekte mit Griffen versehen, die sich ganz im Fenster befinden.

- Wird das Fenster von rechts nach links aufgezogen, werden die Objekte mit Griffen versehen, die sich ganz oder teilweise im Fenster befinden.

Kapitel 14: Änderungsfunktionen und Objektgriffe

Die Griffe erscheinen an den Punkten, an denen sich die Objekte bearbeiten lassen (siehe Abbildung 14.26). Sie haben zunächst die Farbe Blau, wenn Sie sie nicht umgestellt haben (siehe Abbildung 14.25).

Abbildung 14.26: *Beispiele für Griffe an Objekten*

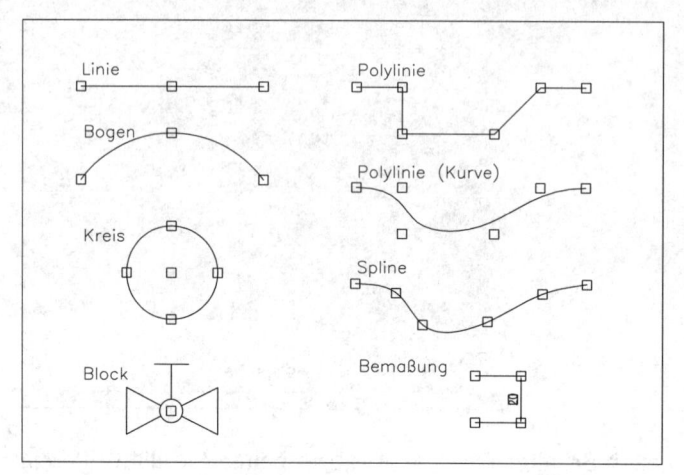

Tabelle 14.2: *Griffe an den Objekten*

Objekt	Griffposition
Punkt	Am Punkt
Linie	Am Mittelpunkt und an den Endpunkten
Klinie	Am Mittelpunkt und an zwei Punkten daneben
Strahl	Am Ausgangspunkt und einem Punkt daneben
Bogen	Am Mittelpunkt und an den Endpunkten
Kreis	Am Zentrum und an den Quadrantenpunkten
Polylinie	An den Scheitelpunkten der Segmente und an den Mittelpunkten der Bogensegmente
3D-Polylinie	An den Scheitelpunkten der Segmente
3D-Netz	An den Knotenpunkten
Spline	An den Stützpunkten
Multilinie	An den Stützpunkten
Solid	An den Eckpunkten
Region	An den Eckpunkten
3D-Solid	An den Einfügepunkten

Objekt	Griffposition
Textzeile	Am Einfügepunkt und am zweiten Punkt, falls mit Ausrichten oder Einpassen plaziert
Textabsatz	An den Eckpunkten des Textabsatzes
Attributsdefinition	Am Einfügepunkt und am zweiten Punkt, falls mit Ausrichten oder Einpassen plaziert
Block	Am Einfügepunkt und, falls aktiviert, auch an allen Objekten innerhalb des Blocks
XRef	Am Einfügepunkt und, falls aktiviert, auch an allen Objekten innerhalb des XRefs
Rasterbild	An den Eckpunkten
Bemaßung	An den Anfangspunkten der Hilfslinien, am Maßtext und an den Endpunkten der Hilfslinien
Schraffur	Am Schraffurmittelpunkt
Ansichtsfenster	An den Eckpunkten

Vorgang: Verschiedene Griffarten

Haben Sie Objekte angeklickt, haben diese sogenannte warme Griffe. Die Objekte sind hervorgehoben (gestrichelt) dargestellt. Die Griffe sind blau. Objekte die solche Griffe haben, können Sie bearbeiten.

Klicken Sie nochmal auf das Objekt mit gedrückter ⇧-Taste, aber nicht auf einen Griff. Das Objekt wird wieder normal dargestellt, aber die Griffe bleiben. Diese Griffe werden kalte Griffe genannt. Die Griffe können als Fangpunkte für die Griffunktionen mit anderen Objekten dienen. Klicken Sie ein weiteres Mal auf das Objekt mit gedrückter ⇧-Taste, verschwinden auch die kalten Griffe.

Drücken Sie die Taste (Esc) einmal, werden alle warmen Griffe in der Zeichnung zu kalten und beim zweiten Drücken von (Esc) verschwinden auch diese Griffe.

Fahren Sie mit dem Fadenkreuz über einen Griff, rastet es auf dem Griff ein. Klicken Sie ihn an, wird er zum heißen Griff. Seine Farbe ändert sich, normalerweise in Rot. Jetzt können Sie das Objekt bearbeiten.

Vorgang: Griffe bearbeiten

Nachdem Sie einen Griff zum heißen Griff gemacht haben, kann das Objekt bearbeitet werden Zunächst ist die Funktion STRECKEN aktiv, die ähnlich wie der gleichnamige Befehl arbeitet:

```
Befehl:
**STRECKEN**
<Strecken bis Punkt>/BAsispunkt/Kopieren/Zurück/eXit:
```

Ohne weitere Eingabe kann der Griff verschoben werden. Picken Sie einen neuen Punkt an, wählen Sie einen anderen Griff, auf den das Fadenkreuz einrastet, wählen Sie einen Punkt mit dem Objektfang oder geben Sie eine relative Koordinate ein und der Griff wird an diesen Punkt versetzt, z. B.:

```
Befehl:
**STRECKEN**
<Strecken bis Punkt>/BAsispunkt/Kopieren/Zurück/eXit: @0,5
```

oder

```
Befehl:
**STRECKEN**
<Strecken bis Punkt>/BAsispunkt/Kopieren/Zurück/eXit: Mit dem
Objektfang ein Objekt ohne Griff anklicken
```

oder

```
Befehl:
**STRECKEN**
<Strecken bis Punkt>/BAsispunkt/Kopieren/Zurück/eXit: Einen Griff
auf einem anderen Objekt anklicken
```

Je nachdem, welchen Griff Sie gewählt haben, können Sie verschiedene Operationen ausführen (siehe Tabelle 14.3).

Tabelle 14.3: Griffe bearbeiten

Objekt	Griff	Funktion
Punkt	Punkt	Verschieben
Linie	Mittelpunkt	Verschieben
	Endpunkt	Strecken
Klinie	Mittelpunkt	Verschieben
	andere Punkte	Drehen um Mittelpunkt
Strahl	Anfangspunkt	Verschieben
	andere Punkte	Drehen um Anfangspunkt

Objekt	Griff	Funktion
Bogen	Mittelpunkt Endpunkt	Ausbuchtung verändern Strecken
Kreis	Mittelpunkt Quadrant	Verschieben Vergrößern bzw. Verkleinern
Polylinie	Scheitelpunkte Bogenpunkte	Strecken Ausbuchtung verändern
3D-Polylinie	Scheitelpunkte	Strecken
3D-Netz	Knotenpunkte	Strecken
Spline	Stützpunkt	Strecken
Multilinie	Stützpunkt	Strecken
Solid	Eckpunkt	Strecken
Region	Eckpunkt	Verschieben
3D-Solid	Einfügepunkt	Verschieben
Textzeile	Einfügepunkt Zweiter Punkt	Verschieben nur bei Einpassen und Ausrichten Textbreitenfaktor ändern
Textabsatz	Eckpunkt	Strecken
Attributsdefinition	Einfügepunkt Zweiter Punkt	Verschieben nur bei Einpassen und Ausrichten Textbreitenfaktor ändern
Block	Einfügepunkt Griff im Block	Verschieben Verschieben
XRef	Einfügepunkt Griff im XRef	Verschieben Verschieben
Rasterbild	Eckpunkt	Skalieren
Bemaßung	Hilfslinienpunkt Maßlinienpunkt Textpunkt	Strecken des Maßpunktes Verschieben der Maßlinie Verschieben des Textes
Schraffur	Mittelpunkt	Schraffur verschieben
Ansichtsfenster	Eckpunkt	Strecken

Kapitel 14: Änderungsfunktionen und Objektgriffe

Ist ein heißer Griff aktiv, können statt einer Punkteingabe auch weitere Optionen gewählt werden (siehe Optionsliste):

```
Befehl:
**STRECKEN**
<Strecken bis Punkt>/BAsispunkt/Kopieren/Zurück/eXit:
```

Wählen Sie statt eines Punktes die Option BASISPUNKT, können Sie den Vektor für die Streckfunktion an einer beliebigen anderen Stelle in der Zeichnung mit zwei Punkten bestimmen. Das können dann auch wieder Griffe auf Objekten sein.

Die Option KOPIEREN erzeugt mehrfache Kopien des Objekts, auf dem der Griff liegt. Die entstehenden Kopien werden gestreckt (siehe Abbildung 14.27). Haben Sie einen Griff aktiviert, der eine Verschiebung bewirkt, beispielsweise der mittlere Griff einer Linie oder eines Kreises, erzeugen Sie unveränderte Kopien.

Abbildung 14.27:
Mehrfachkopien beim Strecken

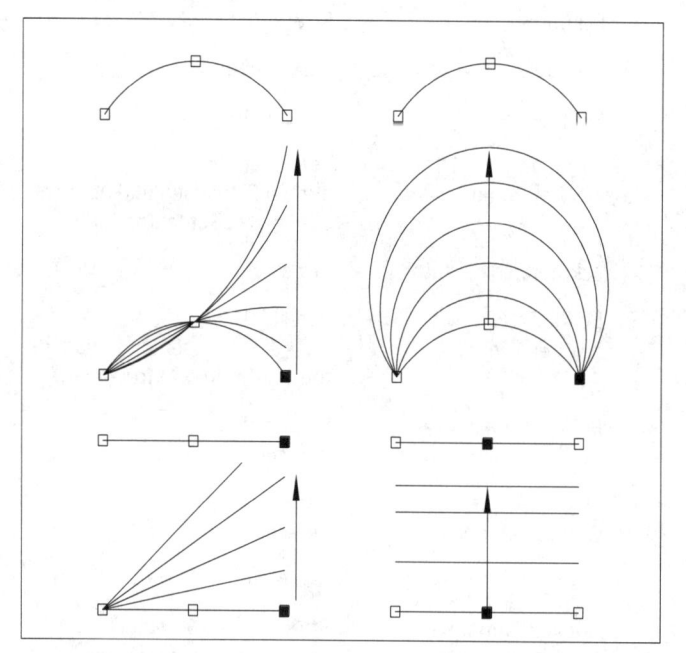

Geben Sie bei der ersten Anfrage des Befehls ⏎ ein, wird in die Funktion SCHIEBEN gewechselt. Weitere Eingaben von ⏎ aktivieren nacheinander die Funktionen DREHEN, SKALIEREN und SPIEGELN.

```
Befehl:
**STRECKEN**
<Strecken bis Punkt>/BAsispunkt/Kopieren/Zurück/eXit: ⏎
```

```
**SCHIEBEN**
<Schieben nach Punkt>/BAsispunkt/Kopieren/Zurück/eXit: ⏎
**DREHEN**
<Drehwinkel>/BAsispunkt/Kopieren/Zurück/BEzug/eXit: ⏎
**SKALIEREN**
<Skalierfaktor>/BAsispunkt/Kopieren/Zurück/BEzug/eXit: ⏎
**SPIEGELN**
<Zweiter Punkt>/BAsispunkt/Kopieren/Zurück/eXit: ⏎
```

Mit der Eingabe des zweiten gesuchten Punktes bzw. des Drehwinkels oder des Skalierfaktors wird die Funktion ausgeführt. Bei allen Funktionen sind die Optionen BASISPUNKT, KOPIEREN und teilweise auch BEZUG verfügbar.

Die Griffunktionen arbeiten wie die gleichnamigen Editierbefehle, außer daß mit diesen Funktionen auch Serien von gestreckten, verschobenen, gedrehten, skalierten oder gespiegelten Objekten erzeugt werden können.

Vorgang: Rechte Maustaste bei den Griffen

Alle oben aufgeführten Optionen können Sie auch aus einem Pop-up-Menü wählen, das erscheint, wenn Sie die rechte Maustaste drücken und ein heißer Griff aktiv ist (siehe Abbildung 14.28).

Abbildung 14.28: *Pop-up-Menü für die Bearbeitung der Griffe*

Die oberste Zeile im Menü entspricht der ⏎-Taste. Darunter finden Sie die Funktionen SCHIEBEN, SPIEGELN, DREHEN, SKALIEREN und STRECKEN, die Sie dort direkt anwählen können, ohne, wie oben beschrieben, mehrfach die ⏎-Taste drücken zu müssen. Im nächsten Abschnitt des Pop-up-Menüs können Sie die Optionen der Funktionen wählen.

Mit dem Eintrag EIGENSCHAFTEN... können Sie die Befehle DDCHPROP und DDMODIFY (siehe Kapitel 14.1 und 14.2) aufrufen. Gehen Sie wie folgt vor:

- Klicken Sie ein oder mehrere Objekte an oder ziehen Sie ein Fenster über die Objekte. Die Objekte werden mit Griffen versehen.
- Klicken Sie einen beliebigen Griff an und er wird zum heißen Griff.
- Drücken Sie die rechte Maustaste und das Pop-up-Menü erscheint.
- Wählen Sie die Funktion EIGENSCHAFTEN... und das Dialogfeld des Befehls DDMODIFY erscheint, wenn Sie ein Objekt mit Griffen versehen haben, bzw. das Dialogfeld des Befehls DDCHPROP, wenn mehrere Objekte Griffe haben.

Mit dem Menüeintrag EXIT wird der Befehl beendet.

Übung: Editieren mit Griffen

- *Laden Sie die Zeichnung A14-02.DWG aus dem Übungsordner.*
- *Verändern Sie die Objekte mit den Griffen. Schauen Sie sich die unterschiedlichen Wirkungen der einzelnen Griffe an.*

Papierbereich, Modellbereich, Mehrfachansichten und Maßstab

Kapitel 15

15.1 Umschalten in den Papierbereich
15.2 Mehrfachansichten
15.3 Papierbereich und Modellbereich
15.4 Sichtbarkeit in den Ansichtsfenstern
15.5 Bemaßen von Mehrfachansichten
15.6 Plotten von Mehrfachansichten
15.7 Ansichtsfenster beim Setup für eine neue Zeichnung

Bis jetzt haben Sie mit AutoCAD nur in einem Bereich gearbeitet. In diesem Kapitel wollen wir zwischen Papierbereich und Modellbereich unterscheiden. Sie lernen:

- wie Sie den normalen Zeichenbereich verlassen und zwischen Papierbereich und Modellbereich unterscheiden können,
- wie Sie Mehrfachansichten Ihrer Zeichnung auf Papier bringen,
- wie zwischen Papierbereich und Modellbereich umgeschaltet wird,
- wie Ansichten skaliert werden,
- welche Aufgaben im Papierbereich und welche im Modellbereich ausgeführt werden,
- wie Sie die Zeichnung mit mehreren Ansichten plotten können,
- wie Sie bei einer neuen Zeichnung schon beim Setup Ansichtsfenster erzeugen können,
- wie Sie in beliebigen Maßstäben zeichnen.

15.1 Umschalten in den Papierbereich

Alle vorherigen Zeichnungen haben wir in einem Bereich erstellt und geplottet. Nun gibt es aber auch Fälle, in denen das nicht ausreicht. Sie haben beispielsweise eine Zeichnung erstellt, die Sie in verschiedenen Maßstäben auf einem Zeichenblatt darstellen und natürlich auch plotten möchten. Außerdem sollen in den verschiedenen Maßstäben unterschiedliche Details der Zeichnung dargestellt werden. Wenn im nächsten Teil des Buches die Erstellung von 3D-Modellen behandelt wird, sollen diese auch in verschiedenen Ansichten auf dem Papier abgebildet werden. Wir brauchen den Papierbereich, um das Layout der Zeichnung auf dem Papier erstellen zu können.

Vorgang: TILEMODE umschalten

Die Systemvariable TILEMODE schaltet zwischen diesen Bereichen um. Bis jetzt war TILEMODE immer 1, es gab nur den normalen Zeichenbereich. Wird TILEMODE dagegen auf 0 gesetzt, wird auf den Papierbereich umgeschaltet. Ein leeres weißes Blatt wird vor die Zeichnung gelegt, sie verschwindet erst einmal. TILEMODE können Sie auf folgende Arten umschalten:

Kapitel 15: Papierbereich, Modellbereich, Mehrfachansichten und Maßstab

↳ Abrollmenü ANZEIGE, Funktion FESTER MODELLBEREICH (TILEMODE=1) oder VERSCHIEBBARER MODELLBEREICH und PAPIERBEREICH (TILEMODE=0), der aktive Bereich ist mit einem Häkchen markiert (siehe Abbildung 15.1)

↳ Tablettmenü L3 und L4

↳ Doppelklick auf den Schalter TILEMODE in der Statuszeile zum Umschalten der Variable. Ist TILEMODE grau dargestellt, hat die Variable den Wert 0.

Übung: In den Papierbereich wechseln

↳ Laden Sie die Zeichnung aus A15-01.DWG aus dem Übungsordner (siehe Abbildung 15.1). Die Zeichnung kennen Sie aus Kapitel 11.6.

↳ Diesmal sind es keine Blöcke. Aber die Baugruppen sind auf unterschiedlichen Layern.

Abbildung 15.1:
Zusammenbauzeichnung

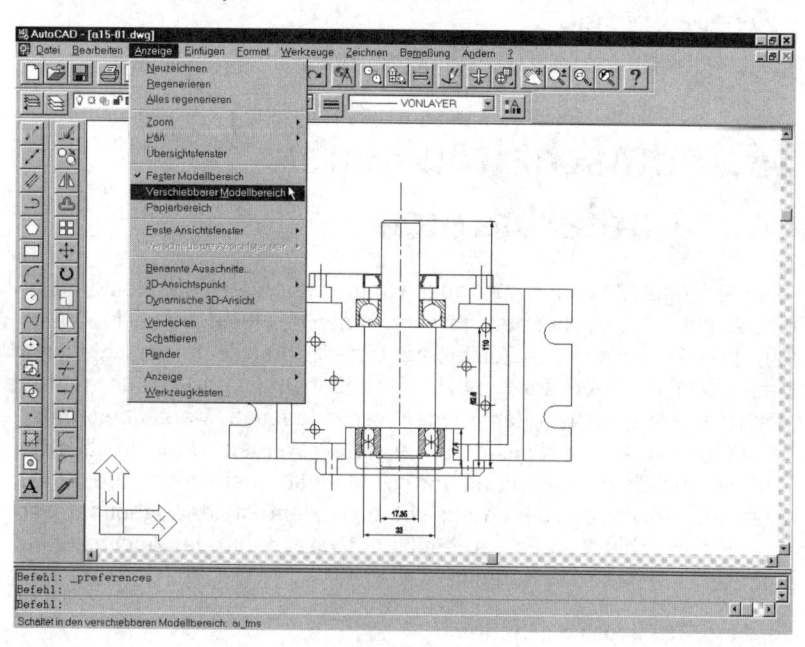

↳ Schalten Sie die Variable TILEMODE auf 0.

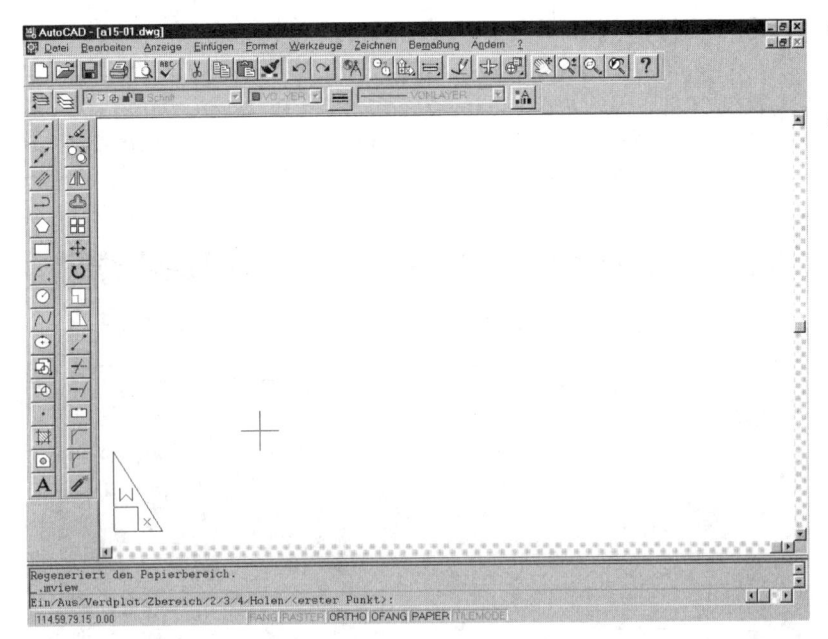

Abbildung 15.2:
Variable TILEMODE auf 0 gesetzt

Die Zeichnung ist verschwunden, Sie haben das leere Papier auf dem Bildschirm (siehe Abbildung 10.1). Sie erkennen an dem veränderten Koordinatensymbol, daß Sie sich im Papierbereich befinden.

Auf dem Papier können Sie mit dem Befehl MANSFEN Fenster erstellen, die die Zeichnung sichtbar machen. Der Befehl wurde auch schon aktiviert, wenn Sie die Funktion aus dem Abrollmenü gewählt haben. Bevor Sie das tun, sollten Sie zwei Dinge beachten. Brechen Sie also den Befehl zunächst mit (Esc) ab.

Der Papierbereich ist ein neuer Bereich, der vom Zeichnungsbereich unabhängige Limiten hat. Er sollte, wie der Name sagt, der Papiergröße der Zeichnung entsprechen. Wollen Sie die Zeichnung auf einem A3-Blatt erstellen, hat der Papierbereich auch diese Limiten. Außerdem ist es sinnvoll, den Zeichnungsrahmen einzufügen, bevor Fenster erstellt werden.

Die Ansichtsfenster sind normale AutoCAD-Zeichnungsobjekte, im Gegensatz zu den Fenstern, die mit dem Befehl AFENSTER erzeugt werden können (siehe Kapitel 18.10). Sie werden damit auch auf dem aktuellen Layer erstellt. Wollen Sie die Fensterränder später unsichtbar machen, ist es sinnvoll, dafür einen separaten Layer anzulegen.

Kapitel 15: Papierbereich, Modellbereich, Mehrfachansichten und Maßstab

Übung: Zeichnungsrahmen im Papierbereich einfügen

↳ Fügen Sie den Zeichnungsrahmen DIN_A3.DWG aus dem Ordner \ACADR14\SUPPORT im Papierbereich als Block am Punkt 0,0 ein (Abrollmenü EINFÜGEN, BLOCK...). Stellen Sie alle Parameter im Dialogfeld ein (siehe Abbildung 15.3), wird der Befehl ohne weitere Anfragen ausgeführt.

Abbildung 15.3:
Einfügen des Zeichnungsrahmens im Papierbereich

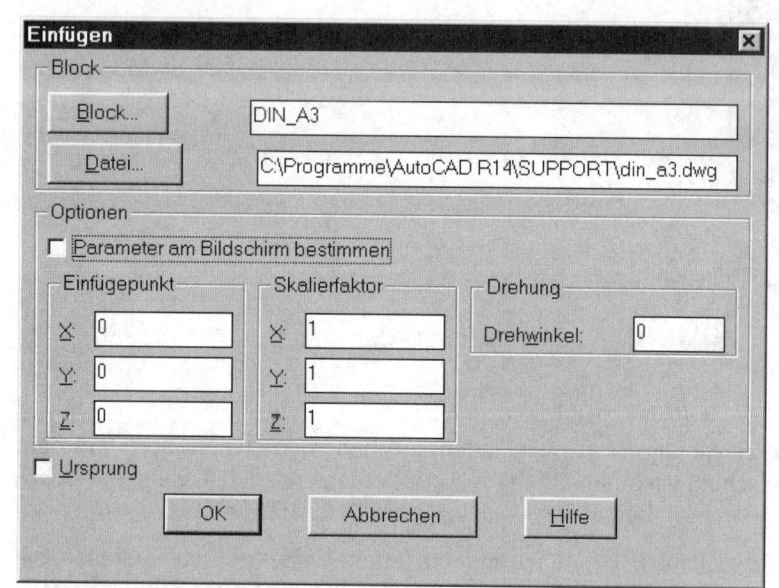

↳ Überprüfen Sie die Limiten. Sie sollten auf dem linken unteren und rechten oberen Eckpunkt des Zeichnungsrahmens gesetzt sein (Abrollmenü FORMAT, LIMITEN).

```
Befehl: Limiten
Papierbereich Limiten zurücksetzen:
Ein/Aus/<linke untere Ecke> <0.00,0.00>: ⏎
Obere rechte Ecke <420.00,297.00>: Mit dem Objektfang
Schnittpunkt die rechte obere Ecke des Zeichnungsrahmens
wählen (420,297)
```

↳ Bringen Sie Ihr Papierblatt mit dem Befehl ZOOM, Option ALLES formatfüllend auf den Bildschirm.

↳ Erzeugen Sie einen Layer FENSTER, ordnen Sie diesem die Farbe CYAN und den Linientyp CONTINUOUS zu und machen Sie ihn zum aktuellen Layer.

↳ Setzen Sie Raster und Fang auf 5 Einheiten und schalten Sie beides ein.

15.2 Mehrfachansichten

Jetzt können Sie auf dem Zeichenblatt mit dem Befehl MANSFEN Fenster erstellen, in der die Zeichnung oder Ausschnitte bzw. Ansichten davon dargestellt werden. Der Befehl kann jedoch nur dann gewählt werden, wenn die Systemvariable TILEMODE den Wert 0 hat. Ansonsten ist er im Abrollmenü deaktiviert.

Vorgang: Befehl MANSFEN

Sie finden den Befehl:

↳ Abrollmenü View, Untermenü VERSCHIEBBARE ANSICHTSFENSTER >, Funktionen für die Optionen des Befehls

↳ Tablettfeld M4

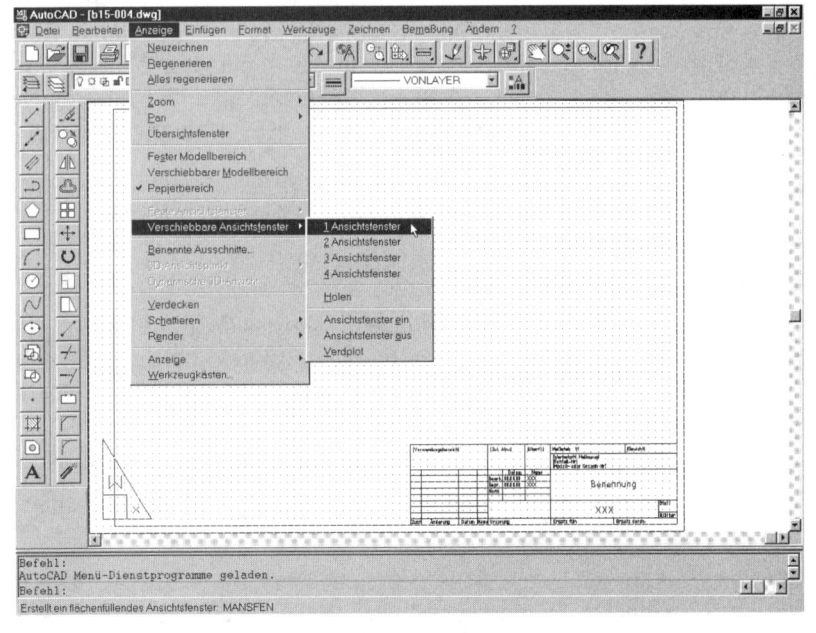

Abbildung 15.4:
Befehl MANSFEN im Abrollmenü

Im oberen Teil des Untermenüs befinden sich die Optionen zum Erzeugen von Ansichtsfenstern.

1 ANSICHTSFENSTER

Mit dieser Funktion läßt sich ein Ansichtsfenster durch Angabe zweier diagonaler Eckpunkte aufziehen.

```
Befehl: Mansfen
Ein/Aus/Verdplot/Zbereich/2/3/4/Holen/<erster Punkt>: Ersten
```

```
Eckpunkt eingeben
Andere Ecke: Zweiten Eckpunkt eingeben
```

Im neuen Ansichtsfenster erscheint der letzte Ausschnitt der Zeichnung, der bei TILEMODE = 1 auf dem Bildschirm war.

2/3/4 ANSICHTSFENSTER

Mit diesen Funktionen lassen sich mehrere Ansichtsfenster auf einmal erzeugen. Die Fenster grenzen allerdings unmittelbar aneinander.

```
Befehl: Mansfen
Ein/Aus/Verdplot/Zbereich/2/3/4/Holen/<erster Punkt>: z.B.: 2
Horizontal/<Vertikal>: Vertikal oder Horizontal wählen
Zbereich/<Erster Punkt>: Eckpunkt eingeben oder Z für Zbereich,
z.B.: Punkt eingeben
Zweiter Punkt: anderen Eckpunkt eingeben
```

Sie geben vor, ob Sie eine vertikale oder horizontale Teilung haben wollen. Haben Sie drei Ansichtsfenster gewählt, wird eine Kombination aus 2 kleinen und einem großen Ansichtsfenster erzeugt. Sie bestimmen dann in einer weiteren Anfrage, wo das große Ansichtsfenster liegen soll.

```
Horizontal/Vertikal/Über/Unter/Links/<Rechts>: Eine Variante wählen
Zbereich/<Erster Punkt>: Eckpunkt eingeben oder Z für Zbereich,
z.B.: Punkt eingeben
Zweiter Punkt: anderen Eckpunkt eingeben
```

Die Variante mit den vier Fenstern erzeugt vier gleich große Fenster. In allen Fällen können Sie bestimmen, ob die gewählte Anordnung in den aktuellen Bildschirmausschnitt (ZBEREICH) oder in ein wählbares Viereck eingepaßt werden soll.

Mit der Option HOLEN wird eine Aufteilung, die Sie bei TILEMODE = 1 mit dem Befehl AFENSTER erzeugt haben (siehe Kapitel 18.10), in den Papierbereich übernommen.

Mit den Funktionen ANSICHTSFENSTER EIN und ANSICHTSFENSTER AUS lassen sich Ansichtsfenster ein- und ausschalten. Bei einer Zeichnung mit mehreren Ansichtsfenstern kann es sinnvoll sein, die Fenster, die längere Zeit nicht gebraucht werden, auszuschalten. Das beschleunigt den Bildaufbau erheblich. Ausgeschaltete Ansichtsfenster bleiben auf dem Bildschirm, sind aber leer.

VERDPLOT

Mit dieser Option bestimmen Sie, daß bei einem oder mehreren Ansichtsfenstern beim Plotten die verdeckten Kanten entfernt werden. Vor dem Plotten wird der Befehl VERDECKT ausgeführt (siehe Kapitel 18.6).

Mehrfachansichten

```
Befehl: Mansfen
Ein/Aus/Verdplot/Zbereich/2/3/4/Holen/<erster Punkt>: EV für
Verdplot
EIN/AUS: E oder EIN
Objekte wählen: Ansichtsfenster anklicken, in denen die verdeckten
Kanten entfernt werden sollen
```

ZBEREICH

Die Option können Sie nicht aus dem Abrollmenü wählen. Sie müssen den Befehl eintippen. Damit können Sie ohne weitere Rückfrage ein Ansichtsfenster erzeugen, das so groß wie der momentane Bildschirmausschnitt ist.

Tip:

Die maximale Zahl der Ansichtsfenster wird mit der Systemvariablen MAXACTVP begrenzt. Sollten Sie einmal mehr als 16 Ansichtsfenster benötigen, müssen Sie diesen Wert hochsetzen, denn 16 ist der Vorgabewert. Beachten Sie aber, daß der Papierbereich selber auch als Ansichtsfenster mitzählt.

Übung: Erzeugen Sie einzelne Ansichtsfenster

↳ *Erstellen Sie mit dem Befehl MANSFEN einzelne Ansichtsfenster. Die Maße für die Fenster:*
   links oben: *50,225 und 160,280*
   links unten: *50,25 und 160,185*
   rechts oben: *190,120 und 385,280*

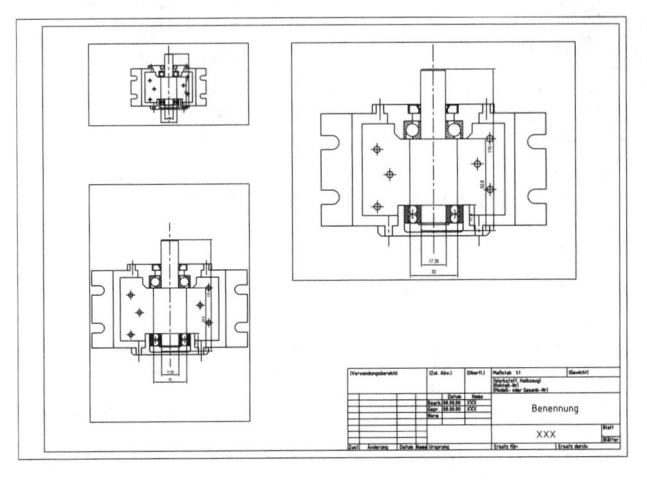

Abbildung 15.5: *Zeichnung mit Ansichtsfenstern*

In allen Ansichtsfenstern erscheint zunächst dieselbe Zeichnung. Der Inhalt der Fenster läßt sich im Moment noch nicht ändern.

15.3 Papierbereich und Modellbereich

Sie befinden sich im Moment im Papierbereich. Dort wird das Layout der Zeichnung auf dem Papier erstellt. Sie können Ansichtsfenster verschieben, kopieren, vergrößern bzw. verkleinern, drehen und löschen, aber nicht den Inhalt verändern. Bei der Objektwahl müssen Sie die Fenster am Rand anklicken. Im Papierbereich wird das Fadenkreuz auf dem ganzen Bildschirm angezeigt (siehe Abbildung 15.6). Ansichtsfenster können sich auch überlappen.

Abbildung 15.6:
Zeichnung im Papierbereich

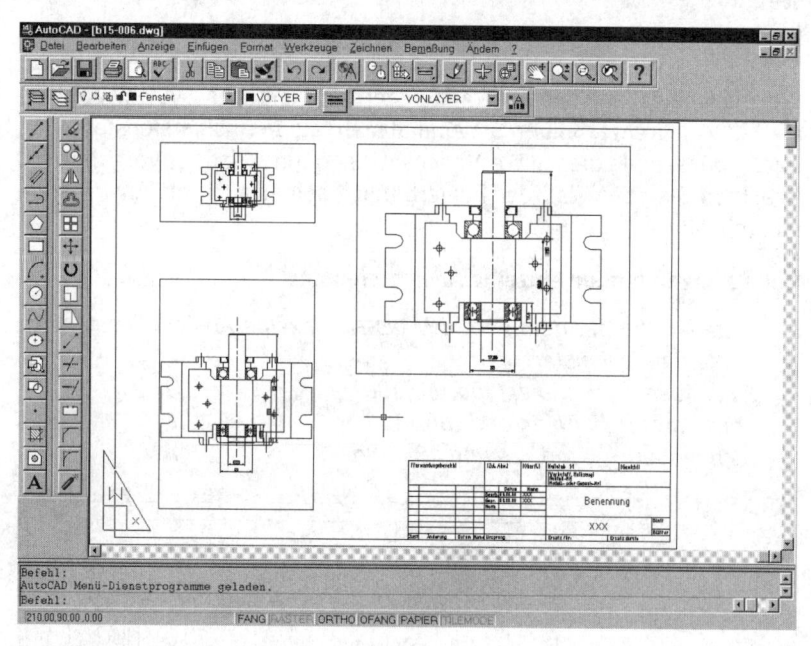

Vorgang: Befehle MBEREICH und PBEREICH

Mit den Befehlen MBEREICH und PBEREICH kann zwischen Modellbereich und Papierbereich umgeschaltet werden. Im Modellbereich kann in den Fenstern gearbeitet werden. Ein Fenster ist immer das aktive Fenster. Dort erscheint das Fadenkreuz, in den anderen Fenstern und auf dem restlichen Bildschirm nur ein Pfeil. Das aktive Ansichtsfenster ist durch einen verstärkten Rahmen erkennbar (siehe Abbildung 15.7).

Das aktive Fenster können Sie wechseln, wenn Sie in ein anderes Fenster klicken. Das kann auch innerhalb eines Zeichenbefehls erfolgen, nicht aber innerhalb der Befehle ZOOM und PAN. In jedem Ansichtsfenster können Raster und Fang unterschiedliche Werte haben.

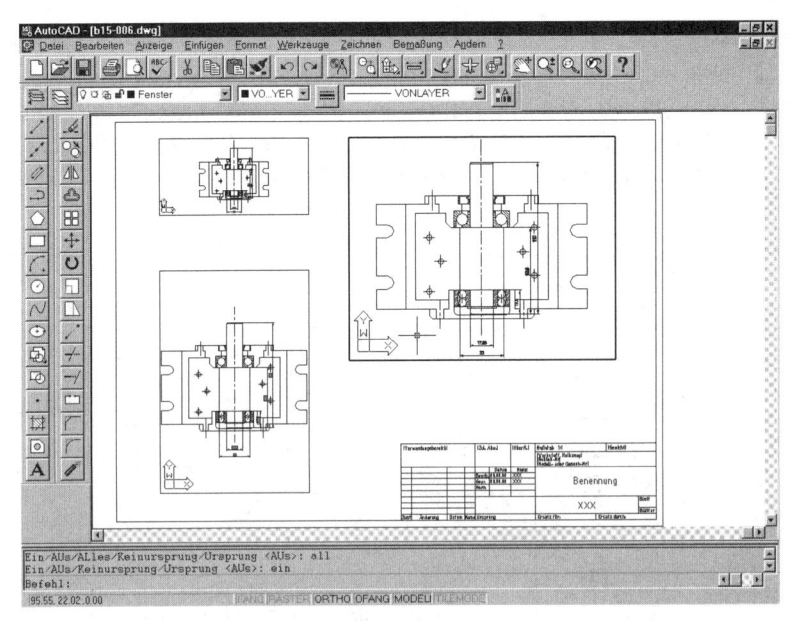

Abbildung 15.7:
Zeichnung im Modellbereich

Die Befehle MBEREICH und PBEREICH finden Sie im:

- Abrollmenü ANZEIGE, VERSCHIEBBARER MODELLBEREICH bzw. PAPIERBEREICH
- Tablettmenü L4 bzw. L5
- Doppelklick auf das Feld PAPIER bzw. MODELL in der Statuszeile am unteren Bildschirmrand, zwischen den Bereichen wird umgeschaltet

Die wichtigste Aufgabe im Modellbereich ist es, die gewünschte Ansicht im Fenster einzustellen. Wie üblich machen Sie das mit den Befehlen ZOOM und PAN. Wir wollen aber eine maßstäbliche Darstellung auf dem Papier haben. Auch das erledigen Sie mit dem Befehl ZOOM. Dazu gehen Sie wie folgt vor: Wechseln Sie in den Modellbereich, falls noch nicht erfolgt. Stellen Sie den gewünschten Ausschnitt mit dem Befehl ZOOM ungefähr ein. Skalieren Sie dann den Ausschnitt mit dem Befehl ZOOM.

```
Befehl: Zoom
Alles/Mitte/Dynamisch/Grenzen/Vorher/FAktor(X/XP)/
Fenster/<Echtzeit>: 1XP
```

Wichtig:

Ein Faktor, gefolgt von XP, bestimmt den Maßstab:
1XP stellt die Zeichnung im Maßstab 1:1 im Fenster dar,
2XP vergrößert die Zeichnung im Maßstab 2:1 im Fenster und
0.5XP verkleinert auf den Maßstab 2:1 usw.

Rücken Sie den Ausschnitt mit dem Befehl PAN endgültig zurecht.

Übung: Einstellen der Ansicht

↳ Stellen Sie die Ansichten in den Fenstern ein. Im rechten oberen Fenster soll die Gesamtzeichnung 1:1 dargestellt werden. Links unten soll nur die Welle im Maßstab 1:1 erscheinen, darüber ein Detail, das untere Lager, im Maßstab 2:1 (siehe Abbildung 15.8).

Abbildung 15.8:
Ansichtsfenster skalieren

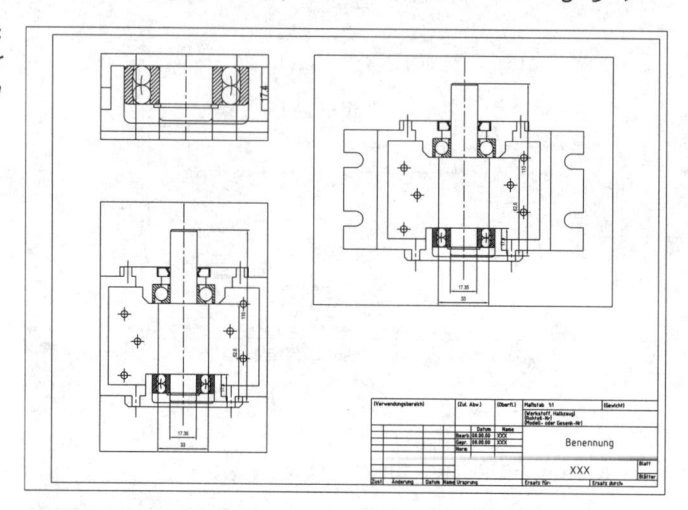

Vorgang: Linientypfaktor in den Ansichtsfenstern

Bei unterschiedlichen Maßstäben in den Ansichtsfenstern kann es allerdings vorkommen, daß unterbrochene Linientypen in den einzelnen Ansichtsfenstern unterschiedliche Strichlängen haben. Normalerweise werden diese nur für die ganze Zeichnung bei TILEMODE = 1 im Dialogfeld des Befehls LINIENTP mit dem Feld GLOBALER SKALIERFAKTOR eingestellt. Schalten Sie dazu das komplette Dialogfeld mit dem Schalter DETAILS >> ein. Unterschiedliche Vergrößerungen der Zeichnung in den einzelnen Fenstern ergeben dann aber auch unterschiedliche Strichlängen.

Wird dagegen die Systemvariable PSLTSCALE auf 1 gesetzt, wird die Skalierung der Ansichtsfenster bei der Darstellung der Linientypen berücksichtigt, sie erscheinen überall gleich. Die Systemvariable PSLTSCALE finden Sie im Dialogfeld des Befehls LINIENTP. Schalten Sie auch hier mit der Schaltfläche DETAILS >> auf die komplette Anzeige um. Schalten Sie dann den Schalter PAPIERBEREICHSEINHEITEN ZUM SKALIEREN VERWENDEN ein (siehe Abbildung 15.9), damit haben Sie PSLTSCALE auf 1.

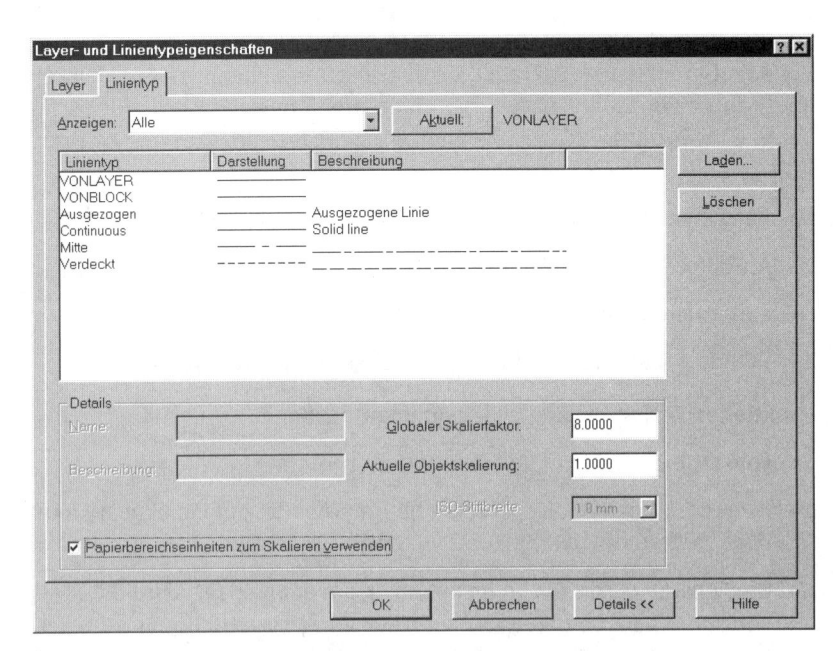

Abbildung 15.9:
Linientypfaktor in den Ansichtsfenstern

Vorgang: Zoomen in Papierbereich und Modellbereich

Im Modellbereich können Sie natürlich Änderungen an der Zeichnung vornehmen. Alles was Sie in einem Fenster ändern, wird sofort in allen Fenstern nachgeführt. Durch die Aufteilung in Fenster ist die Darstellung aber meist sehr klein. Wenn Sie aber in einem Fenster zoomen, verändern Sie wieder Ihren Maßstab, den Sie nachher aufwendig wieder einstellen müssen. Bei größeren Änderungen sollten Sie deshalb besser auf TILEMODE = 1 umschalten. Sobald Sie wieder zurückschalten auf TILEMODE = 0, sind die Änderungen in allen Fenstern vorhanden.

Wenn Sie im Papierbereich zoomen, wird das Papierblatt insgesamt gezoomt. Die Skalierung in den Fenstern wird dadurch nicht verändert.

So können Sie natürlich auch an Zeichnungsdetails arbeiten: Schalten Sie in den Papierbereich, zoomen Sie den Ausschnitt heran. Schalten Sie dann in den Modellbereich, machen Sie die Änderungen, schalten wieder in den Papierbereich und zoomen Sie zurück.

Vorgang: Befehle REGENALL und NEUZALL

Wie Sie in den früheren Kapiteln schon gesehen haben, wird mit dem Befehl NEUZEICH der Bildschirm neu gezeichnet und mit dem Befehl REGEN der Bildschirm neu durchgerechnet und ebenfalls neu gezeichnet. Stellen Sie jetzt beispielsweise die Variable PSLTSCALE um, sollten Sie alle Fenster regenerieren, deren Maßstab Sie verändert haben. Mit dem Befehl REGEN wird aber nur das aktuelle Fenster regeneriert. Ebenso ist es mit dem Befehl NEUZEICH. Damit Sie aber nicht erst alle Fenster anklicken und den gewünschten Befehl mehrfach ausführen müssen, gibt es für beide eine Variante, die alle Fenster auf einmal bearbeitet: NEUZALL und REGENALL. Sie finden die Befehle im:

- Abrollmenü ANZEIGE, Funktion NEUZEICHNEN (Befehl NEUZALL)
- Abrollmenü ANZEIGE, Funktion ALLES REGENERIEREN (Befehl REGENALL)
- Tablettfeld O BIS R11
- Symbol in der Standard-Funktionsleiste (Befehl NEUZALL)

Funktionen im Papierbereich, Zusammenfassung

- Fenster erzeugen und auf dem Papier anordnen.
- Fenster mit den Editierbefehlen bearbeiten. Bei der Objektwahl muß der Fensterrahmen angeklickt werden.
- Die Fenster werden auf dem aktuellen Layer abgelegt. Wird dafür ein spezieller Layer verwendet, kann dieser später auch gefroren werden, um die Rahmen unsichtbar zu machen.
- Zeichnungsrahmen und -kopf einfügen und beschriften.
- Es ist auch möglich, aber nicht empfehlenswert, die Zeichnung im Papierbereich zu bemaßen. Die Maßpunkte lassen sich anwählen. Die Maße sind aber nicht mehr assoziativ zum Modell.
- Im Papierbereich kann das Modell nicht editiert werden.
- Der Papierbereich ist durch ein besonderes Koordinatensymbol gekennzeichnet. Außerdem wird TILEMODE und Papierbereich/Modellbereich in der Statuszeile angezeigt.
- Das Fadenkreuz reicht über den ganzen Bildschirm.
- Der Papierbereich hat eigene Limiten, Raster- und Fangwerte.
- Der Papierbereich ist zweidimensional. Bestimmte Befehle lassen sich deshalb nicht anwenden (z. B. APUNKT, DANSICHT).

Funktionen im Modellbereich, Zusammenfassung

- Im Modellbereich ist ein Fenster aktiv. Es erhält einen verstärkten Rahmen, das Fadenkreuz erscheint nur dort. Auf der anderen Bildschirmfläche wird ein Pfeil dargestellt.
- Mit der Pick-Taste kann ein Fenster aktiviert werden, auch während der Arbeit mit einem Befehl (außer Anzeigebefehle).

- Änderungen in einem Fenster werden sofort in allen anderen Fenstern nachgeführt.
- Jedes Fenster kann eine andere Ansicht enthalten.
- Der Maßstab läßt sich in ein bestimmtes Verhältnis zum Papierbereich bringen. Beim Befehl ZOOM kann ein Faktor eingegeben werden, gefolgt von XP, z. B.:
  1XPMaßstab 1:1 auf dem Papier
  2XPMaßstab 2:1 auf dem Papier
  0.5XPMaßstab 1:2 auf dem Papier
- Raster und Fang können in jedem Fenster unterschiedlich sein.
- Es ist möglich, verschiedene Ausschnitte oder Ansichten einer Zeichnung auf einem Papierblatt auszugeben.
- Mit dem Befehl AFLAYER ist es möglich, Layer nur in bestimmten Fenstern sichtbar zu machen (siehe Kapitel 15.4).

15.4 Sichtbarkeit in den Ansichtsfenstern

Nun kann es vorkommen, daß in den verschiedenen Fenstern unterschiedliche Objekte sichtbar sein sollen. Stellen Sie sich den Fall vor: Sie haben die Zusammenbauzeichnung in einem Fenster, wollen aber in anderen Fenstern die Einzelteile separat darstellen. Wenn Sie konventionell ohne die Mehrfachansichten arbeiten, machen Sie eine Kopie der Objekte, die separat dargestellt werden sollen, neben den Zusammenbau. Jede Kopie muß aber bei einer späteren Änderung mitgeändert werden. Jede Kopie mehr ist eine Fehlerquelle mehr! Machen Sie also Mehrfachansichten. Arbeiten Sie mit verschiedenen Fenstern, setzen Sie Einzelteile auf unterschiedliche Layer und frieren Sie die Einzelteillayer in den Fenstern, in denen Sie sie nicht haben wollen.

Eine andere Anwendung: Sie haben eine größere Zeichnung auf dem Bildschirm und wollen ein Konstruktionsdetail vergrößert darstellen. Dieses Detail soll bemaßt sein. Nehmen Sie die Gesamtzeichnung und das Detail in ein Fenster. Wenn Sie jetzt in der Detaildarstellung bemaßen, würde diese Bemaßung auch in der Gesamtzeichnung erscheinen. Frieren Sie also den Bemaßungslayer in der Gesamtzeichnung.

Man kann in AutoCAD Layer global frieren und tauen. Gefrorene Layer sind in allen Fenstern und im Papierbereich unsichtbar. Darüber hinaus lassen sich Layer aber auch nur in einem Ansichtsfenster frieren und tauen.

Kapitel 15: Papierbereich, Modellbereich, Mehrfachansichten und Maßstab

Wie alle Layerfunktionen können auch diese Einstellungen im Dialogfeld zur Layersteuerung vorgenommen werden, das Sie schon ausgiebig kennengelernt haben. Starten Sie es aus dem Abrollmenü FORMAT, Funktion LAYER..., oder starten Sie mit dem Symbol aus der Funktionsleiste EIGENSCHAFTEN.

Machen wir es gleich am Beispiel: Im Fenster unten links soll nur die Welle dargestellt werden. In den übrigen Fenstern soll die Bemaßung der Welle ausgeschaltet werden.

Übung: Layer in Ansichtsfenster frieren

↳ Schalten Sie in den Modellbereich und machen Sie das Fenster links unten zum aktuellen Fenster.

↳ Aktivieren Sie das Dialogfeld zur Layersteuerung.

↳ Markieren Sie alle Layer, die mit B1 beginnen (siehe Abbildung 15.10).

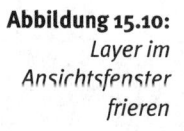

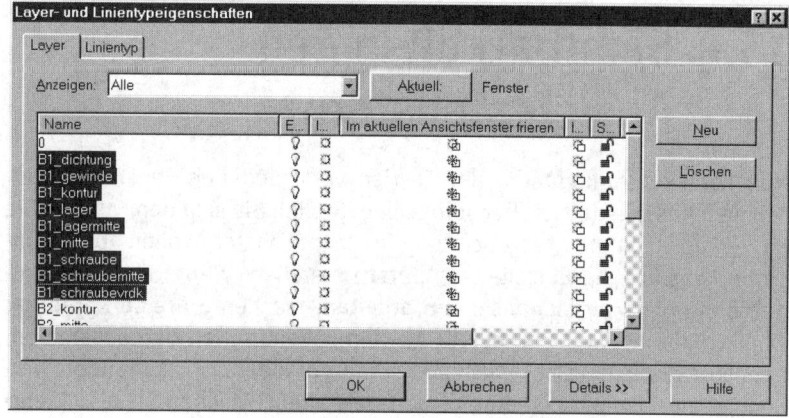

Abbildung 15.10:
Layer im Ansichtsfenster frieren

↳ Klicken Sie auf das Symbol mit der Sonne im Fenster in der Spalte IM AKTUELLEN ANSICHTSFENSTER FRIEREN, die Sonne verschwindet, der Eiskristall erscheint, die Layer sind in diesem Ansichtsfenster gefroren.

↳ Klicken Sie nacheinander die beiden anderen Fenster an und frieren Sie darin den Layer MASSE.

↳ Schalten Sie in den Papierbereich. Machen Sie den Layer 0 zum aktuellen Layer, und frieren Sie den Layer FENSTER global, und die Zeichnung sieht wie in Abbildung 15.11 aus.

↳ Diese Lösung finden Sie auch im Übungsordner als Zeichnung L15-01.DWG.

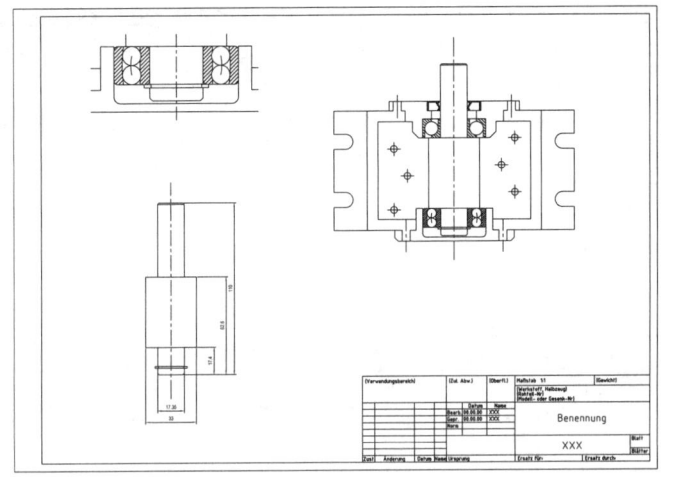

Abbildung 15.11:
Ansichtsfenster mit unterschiedlicher Sichtbarkeit

Tips:

Wollen Sie einen Layer in einem Ansichtsfenster tauen, gehen Sie genauso vor. Das Symbol mit der Sonne erscheint wieder.

Einen Layer in einem Ansichtsfenster frieren und tauen können Sie auch im Abrollmenü zur Layersteuerung. Dort haben Sie ebenfalls das Symbol mit der Sonne oder dem Eiskristall im Fenster (siehe Abbildung 15.12).

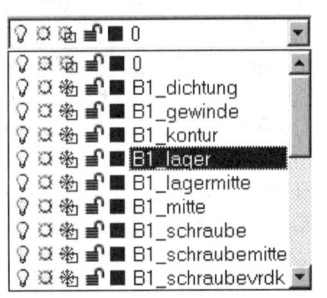

Abbildung 15.12:
Layersteuerung im Abrollmenü

Im Dialogfeld zur Layersteuerung können Sie in der Spalte IM NEUEN ANSICHTSFENSTER FRIEREN (rechts neben der vorherigen Einstellung) einen Vorgabewert für einen Layer setzen. Erstellen Sie ein neues Ansichtsfenster, sind die Layer dort gleich gefroren oder getaut, je nach Vorgabe. Das Symbol finden Sie in der Layerliste rechts neben dem vorherigen (siehe Abbildung 15.13).

Abbildung 15.13:
Sichtbarkeit von Layern in neuen Ansichtsfenstern

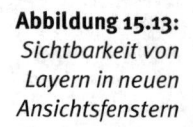

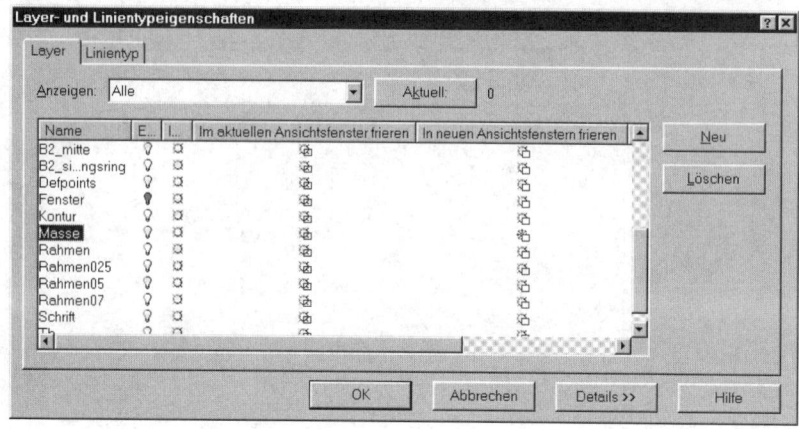

Verweis:

Siehe auch Referenzteil: Befehl AFLAYER.

15.5 Bemaßen von Mehrfachansichten

Wo bemaßen Sie jetzt aber die Zeichnung? Sie könnten im Papierbereich bemaßen und trotzdem die Punkte im Modellbereich mit dem Objektfang abgreifen. Allerdings müssen Sie dann immer den eingestellten Maßstab der Fenster mitberücksichtigen. Am besten machen Sie dann unterschiedliche Stile für die einzelnen Maßstäbe. Außerdem können Sie bei dieser Methode Maße und Geometrie nicht gemeinsam verändern. Beide sind in unterschiedlichen Bereichen, die assoziative Bemaßung nützt Ihnen dann nichts.

Besser ist es, die einzelnen Fenster im Modellbereich zu bemaßen. Allerdings ist es dann erforderlich, die Bemaßung eines Fensters in den anderen Fenstern unsichtbar zu machen.

Beide Bemaßungsarten sind möglich und werden durch spezielle Funktionen bei den Bemaßungsvariablen unterstützt. Auch hier lernen Sie die Varianten am besten an Beispielen kennen.

Übung: Bemaßen im Papierbereich

↪ Laden Sie die Zeichnung A15-02.DWG aus dem Ordner mit den Beispielzeichnungen. Sie finden darin einen Grundriß, der in Metern gezeichnet wurde. Auf dem Papier haben Sie zwei Ansichtsfenster, eines auf dem Papier im Maßstab 1:100, das andere 1:50.

Bemaßen von Mehrfachansichten

→ Der Zoomfaktor wäre dann 0.01XP für das Fenster mit dem gesamten Grundriß. Da aber im Modellbereich eine Zeicheneinheit einem Meter entspricht und im Papierbereich einem Millimeter, wird mit dem Faktor 1000 multipliziert und Sie haben 10XP als Zoomfaktor.

→ Beim Detailfenster im Maßstab 1:50 ist der Zoomfaktor 0.02XP, wieder multipliziert mit 1000 ergibt das 20XP.

→ In der Zeichnung sind zwei Bemaßungsstile definiert: BAU-BEM-1-100 und BAU-BEM-1-50. Im Dialogfeld für die Maßeinheiten ist der Faktor berücksichtigt. Beim Fenster, das mit 10XP gezoomt wurde, ist ein Faktor von 0.1 eingestellt, um wieder das richtige Maß zu bekommen. Beim Fenster, in dem mit 20XP gezoomt wurde, benötigt man einen Skalierfaktor von 0.05. Sie kommen zu dem Wert, wenn Sie im Dialogfeld des Befehls DBEM die Schaltfläche MAßTEXT... und im nächsten Dialogfeld die Schaltfläche EINHEITEN... anklicken. Der Wert steht im Feld SKALIERFAKTOR LINEAR. (siehe Abbildung 15.14). Schalten Sie den Schalter NUR IM PBEREICH ein, gilt der Faktor nur für den Papierbereich. Würden Sie auch im Modellbereich bemaßen, würde der eingestellte Faktor im Modellbereich ignoriert.

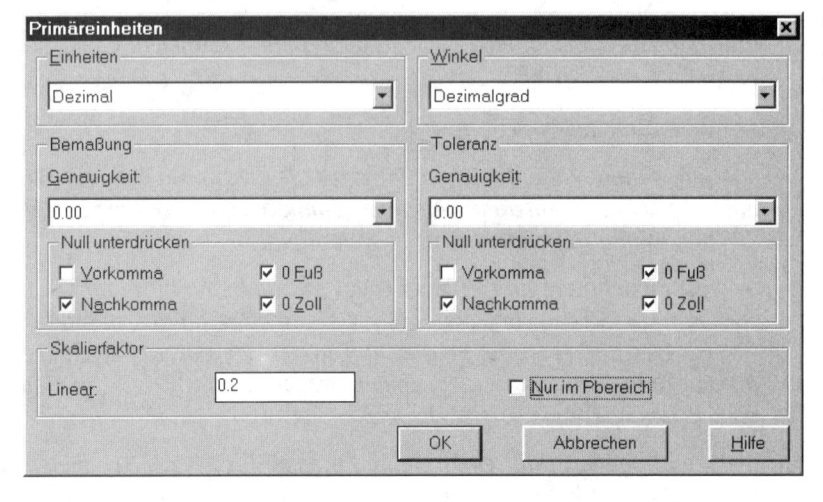

Abbildung 15.14:
Skalierfaktor für die Bemaßung im Papierbereich

→ Bleiben Sie im Papierbereich oder schalten Sie dorthin um. Wählen Sie mit dem Befehl DBEM den Bemaßungsstil BAU-BEM-1-100 und bemaßen Sie das Fenster mit dem gesamten Grundriß.

→ Schalten Sie auf den Bemaßungsstil BAU-BEM-1-50 um und bemaßen den Ausschnitt mit der Vergrößerung. Die Maße werden entsprechend korrigiert (siehe Abbildung 15.15).

Abbildung 15.15:
Bemaßung der
Ansichtsfenster
im Papierbereich

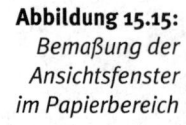

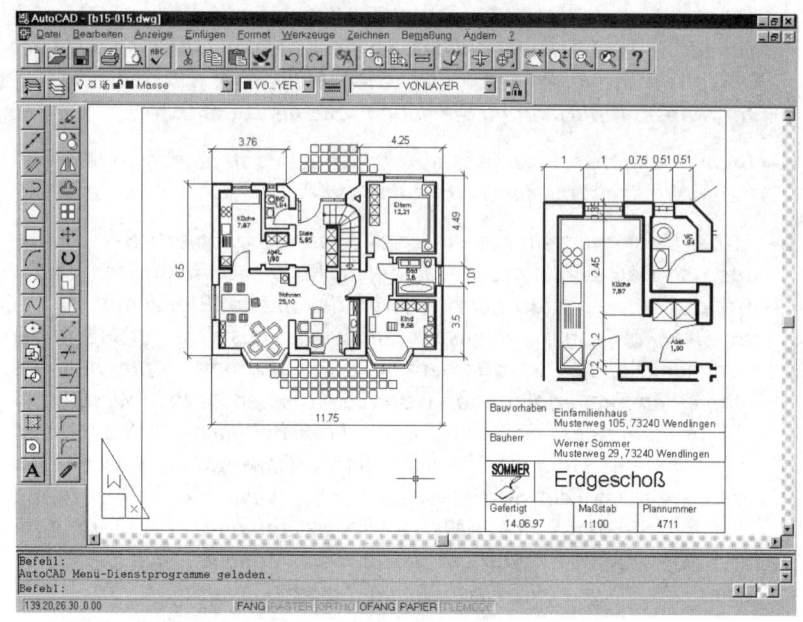

↪ Im Übungsordner haben Sie eine Lösung zum Vergleich. Es ist die Zeichnung L15-02.DWG.

Übung: Bemaßen im Modellbereich

↪ Jetzt die andere Variante. Laden Sie dazu die Zeichnung A15-03.DWG aus dem Ordner mit den Beispielzeichnungen. Es ist die gleiche Zeichnung, nur mit anderen Voreinstellungen.

↪ In dieser Zeichnung gibt es zwei Layer für die Bemaßung: MASSE1-100 und MASSE1-50. Der erste ist für die Bemaßung des gesamten Grundrisses und er ist nur im großen Fenster sichtbar. Der zweite ist für das kleine Fenster mit dem Zeichnungsausschnitt. Die Layer sind jeweils im anderen Fenster gefroren.

↪ Jetzt benötigen Sie nur einen Bemaßungsstil BAU-BEM. Bei diesem ist der globale Skalierfaktor für die Bemaßungsgrößen auf 0 gesetzt. Pfeillänge, Textgröße, Abstände usw., kurz alle Bemaßungsvariablen, in denen Größen zur Form der Maße gespeichert sind, werden so korrigiert, daß die Angaben im Papierbereich richtig erscheinen. Die Einstellung machen Sie im Dialogfeld des Befehls DBEM, Schaltfläche GEOMETRIE..., Bereich SKALIERFAKTOR. Schalten Sie den Schalter SKALIERFAKTOR FÜR PBEREICH ein, damit wird das Feld GLOBALER SKALIERFAKTOR auf 0 gesetzt und deaktiviert (siehe Abbildung 15.16).

Bemaßen von Mehrfachansichten   547

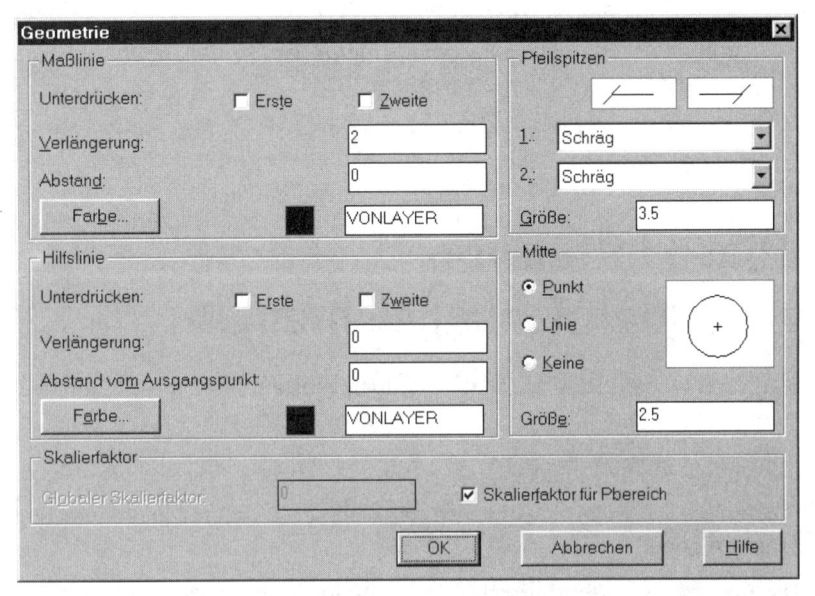

Abbildung 15.16:
Skalierfaktor für die Maßgrößen

→ Machen Sie den Layer MASSE1-100 zum aktuellen Layer, wenn Sie den gesamten Grundriß bemaßen. Zur Bemaßung des Ausschnitts rechts oben verwenden Sie den Layer MASSE1-50. Die Maße sind dann jeweils im anderen Fenster nicht sichtbar. Jedoch sind die Maße auf dem Papier alle gleich groß (siehe Abbildung 15.17).

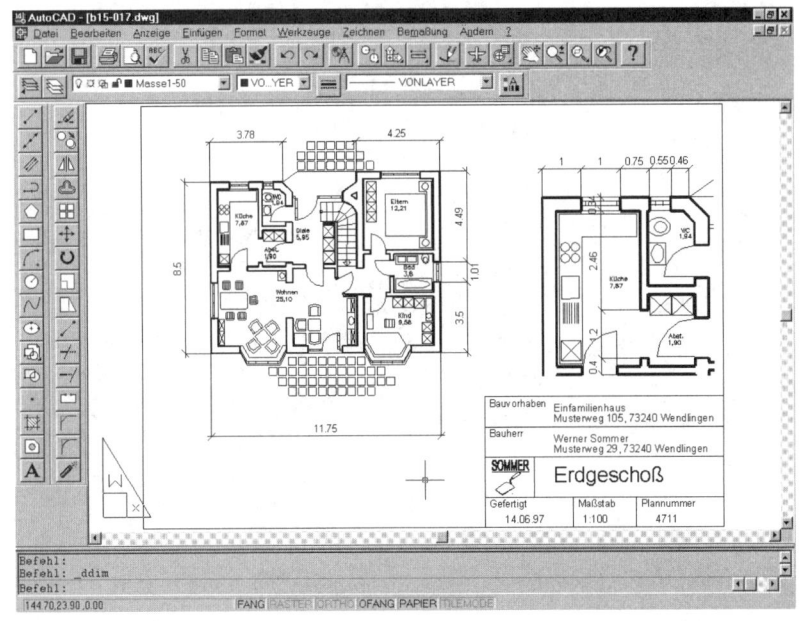

Abbildung 15.17:
Bemaßung der Ansichtsfenster im Modellbereich

↳ *Das Ergebnis unterscheidet sich nicht durch das vorherige, aber die Maße sind jetzt assoziativ. Bei Änderungen an der Geometrie können die Maße mitgeändert werden.*

↳ *Im Übungsordner haben Sie auch dafür eine Lösung, die Zeichnung L15-03.DWG.*

15.6 Plotten von Mehrfachansichten

Natürlich wollen Sie die Zeichnung auch plotten, aber in welchem Bereich?

Plotten Sie im Modellbereich, wird nur das aktuelle Fenster geplottet.

Plotten Sie im Papierbereich, wird das komplette Blatt mit allen Ansichtsfenstern geplottet.

Die Angaben zum Plotbereich im Dialogfeld beziehen sich auch auf den Papierbereich. Da der Papierbereich immer 1:1 zu den Papiermaßen erstellt wird, können Sie beim Plotten auch den Maßstab 1:1 einstellen. Den Maßstab der Zeichnung haben Sie ja durch die Skalierung der Fenster bekommen (siehe Abbildung 15.18).

Abbildung 15.18:
Plotten der Zeichnung

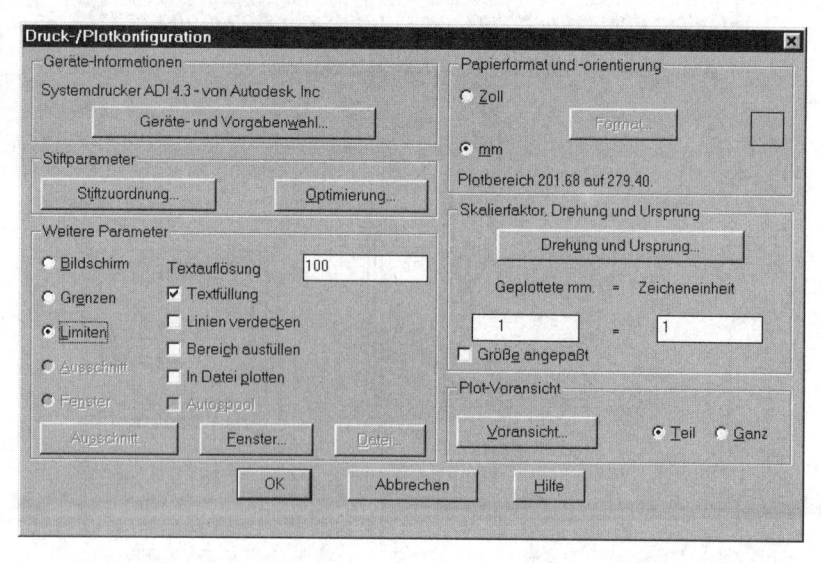

Übung: Plotten der Zeichnung

↳ *Plotten Sie die Zeichnung 1:1 auf einem A4 Zeichnungsblatt.*

15.7 Ansichtsfenster beim Setup für eine neue Zeichnung

Was wir bei unserer allerersten Zeichnung noch zurückgestellt haben, wird jetzt klar. Mit dem Setup für eine neue Zeichnung kann man die Bereiche automatisch aufteilen lassen. Ein Zeichnungsrahmen wird in den Papierbereich gelegt und ein Ansichtsfenster auf dem freien Bereich geöffnet. Um diese Setup-Methode kennenzulernen, wählen Sie im Abrollmenü DATEI die Funktion NEU.... Sie erhalten das bekannte Dialogfeld (siehe Abbildung 15.19).

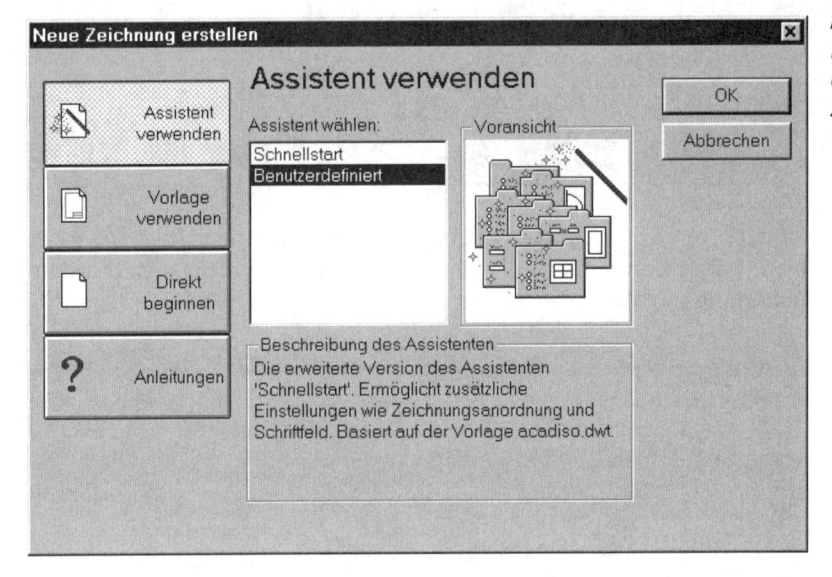

Abbildung 15.19:
Dialogfeld für eine neue Zeichnung

Vorgang: Neue Zeichnung mit dem Assistenten erstellen

Klicken Sie auf das Feld ASSISTENT VERWENDEN, danach auf ERWEITERTES SETUP und dann auf OK (siehe Abbildung 15.19). Das Setup läuft in 7 Schritten ab, wie Sie schon in Kapitel 3.1 gesehen haben. Gehen Sie die ersten vier Schritte wie in Kapitel 3.1 durch. Ändern Sie dort nichts.

Geben Sie beim 5. Schritt das Originalmaß der Zeichnung in Zeichnungseinheiten ein (siehe Abbildung 15.20). Damit stellen Sie die Limiten des Modellbereichs ein. Gehen Sie zum nächsten Schritt.

Kapitel 15: Papierbereich, Modellbereich, Mehrfachansichten und Maßstab

Abbildung 15.20:
Setup-Assistent,
Schritt 5:
Einstellung des
Zeichenbereichs

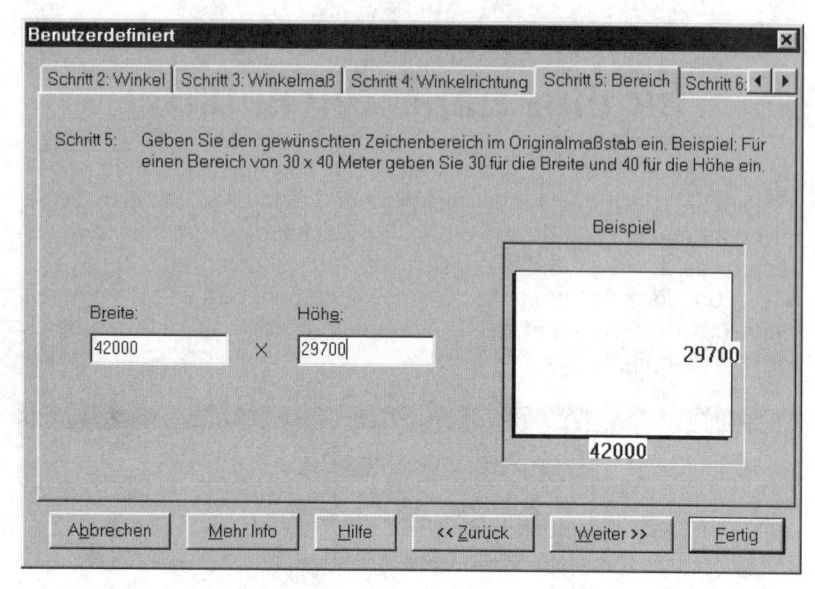

Im nächsten Schritt wählen Sie das Schriftfeld mit dem Zeichnungsrahmen. Damit werden auch die Limiten des Papierbereichs gesetzt (siehe Abbildung 15.21).

Abbildung 15.21:
Setup-Assistent,
Schritt 6: Wahl
des Schriftfelds

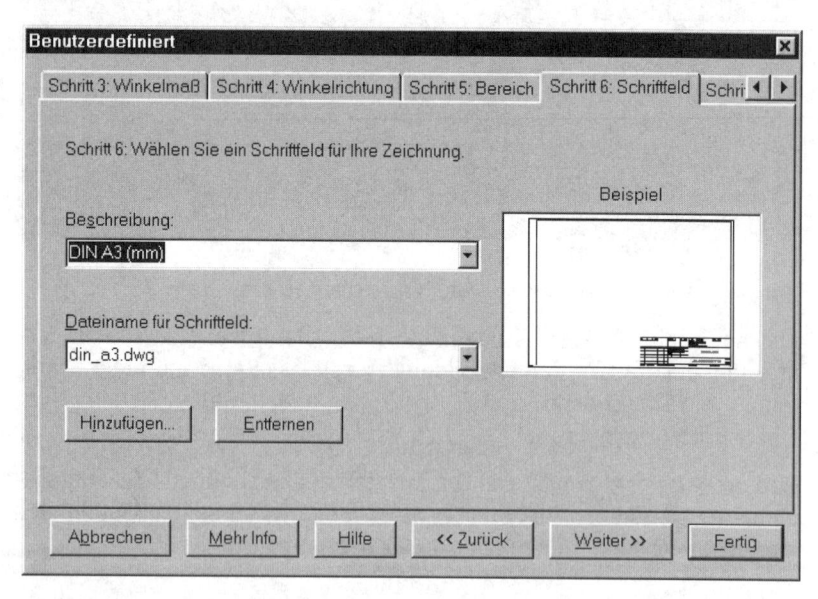

Wenn Sie im Schritt 7 (siehe Abbildung 15.22) die erweiterten Funktionen für die Zeichnungsanordnung wählen (Schalter JA ein), wird ein Fenster im Papierbereich auf der verfügbaren Zeichenfläche erzeugt. Die

Zeichnung wird innerhalb Ihrer Limiten in dem Fenster möglichst formatfüllend gezoomt. Bei der Frage: WIE WOLLEN SIE BEGINNEN? können Sie wählen, ob Sie: Mit TILEMODE = 0 im Modellbereich (Einstellung: MIT ANGEZEIGTER ANORDNUNG AN ZEICHNUNG ARBEITEN), mit TILEMODE = 1 (Einstellung: AN ZEICHNUNG OHNE SICHTBARE ANORDNUNG ARBEITEN) oder mit TILEMODE = 0 im Papierbereich beginnen wollen (Einstellung: AN DER ANORDNUNG DER ZEICHNUNG ARBEITEN).

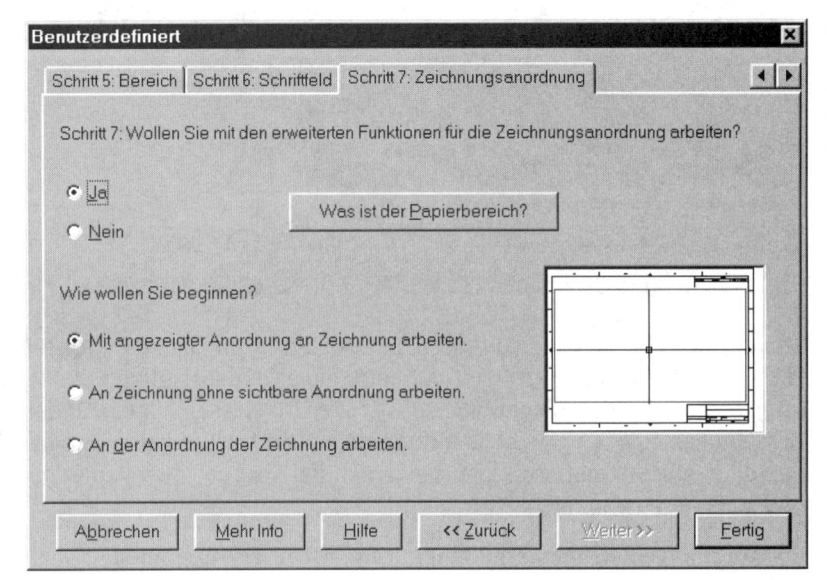

Abbildung 15.22: Setup-Assistent, Schritt 7: Wahl des Papierbereichs

Der Vorteil der Methode ist, daß fast alle Einstellungen für Sie vorgenommen werden. Leider ist der Maßstab im Fenster etwas zufällig, da im verfügbaren Bereich auf dem Zeichenblatt maximal gezoomt wird, und das kann auch einen Faktor von beispielsweise 0.1175 zur Folge haben. Sie können aber mit dem Zoombefehl korrigieren, indem Sie für das Fenster einen Zoomfaktor von 0.01XP eingeben, und Sie haben den Maßstab 1:100 auf dem Papier.

Ein Bemaßungsstil wird bei dieser Methode automatisch erzeugt: ISO-25_WS (siehe Abbildung 15.23). In diesem ist die Skalierung der Maße schon eingestellt, allerdings mit einem festen Skalierfaktor und nur für einen Bemaßungstext mit 2.5 Einheiten Texthöhe. Korrigieren Sie dieses entsprechend.

Kapitel 15: Papierbereich, Modellbereich, Mehrfachansichten und Maßstab

Abbildung 15.23:
Automatisch erzeugter Bemaßungsstil

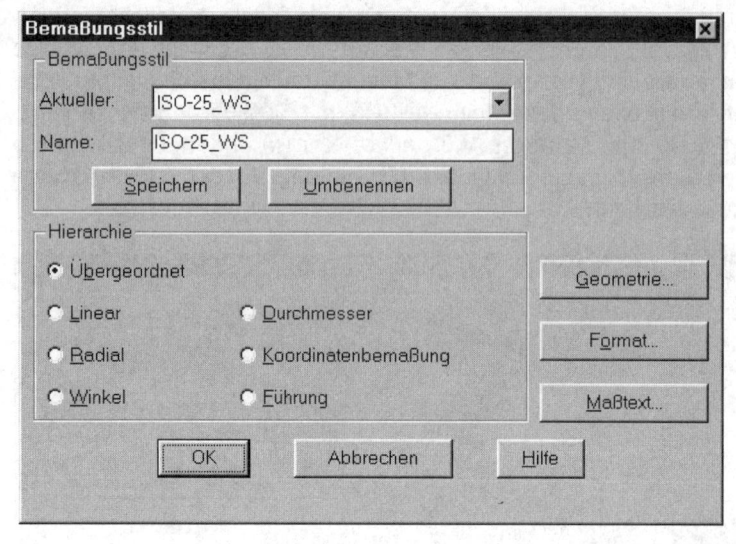

Stellen Sie im Dialogfeld GEOMETRIE... die Skalierung auf SKALIERFAKTOR FÜR PBEREICH und das Maß erscheint auf dem Papier in der richtigen Skalierung. Sichern Sie den Bemaßungsstil. Machen Sie dasselbe auch für den Bemaßungsstil ISO-35 und falls erforderlich auch für ISO-5 usw. Sie haben dann auch Bemaßungsstile, bei denen der Text auf dem Papier 3.5 und 5 Einheiten groß erscheint.

Vorgang: Neue Zeichnung mit einer Standardvorlage beginnen

Klicken Sie im ersten Dialogfeld des Befehls NEU auf das Feld VORLAGE VERWENDEN, finden Sie in der Liste die gespeicherten Standard-Vorlagen (siehe Abbildung 15.24).

Abbildung 15.24:
DIN-A3-Vorlage für eine neue Zeichnung

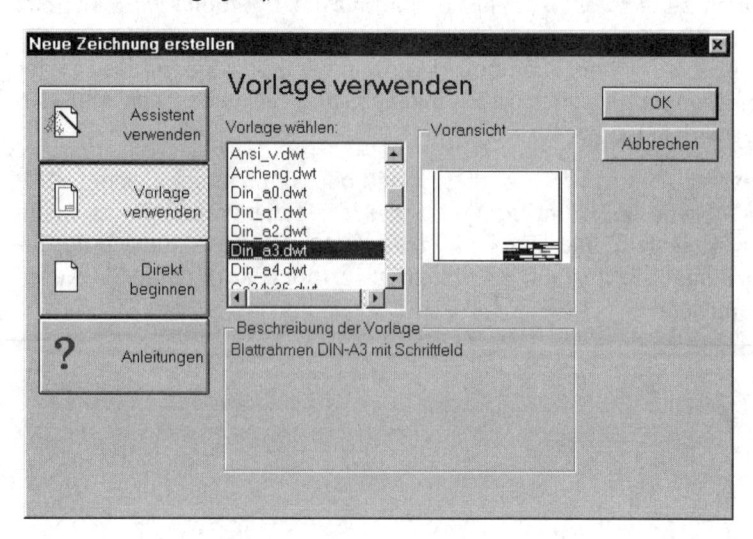

Wählen Sie aus der Liste eine DIN-, ISO- oder ANSI-Vorlage und klicken Sie auf OK. Sie erhalten folgenden Zustand: Modellbereichs- und Papierbereichslimiten werden gesetzt, ein Zeichnungsrahmen mit Schriftfeld im entsprechenden Format wird eingefügt, TILEMODE wird auf 0 gesetzt, der Modellbereich wird aktiviert und skaliert. Leider wird falsch skaliert. Papier- und Modellbereich sind nicht 1:1 zueinander, sondern 1:1,1 oder sonst ein ungerader Wert. Skalieren Sie also das Fenster zunächst einmal mit dem Befehl ZOOM.

Tips zum Arbeiten mit Papier- und Modellbereich:

Der Nachteil ist, daß diese Art der Zeichnungsanordnung in der Handhabung komplizierter ist. Denken Sie nur an das Zoomen, wenn Sie bei TILEMODE = 0 im Modellbereich arbeiten. Es ändert sich jedesmal der Maßstab auf dem Zeichenblatt, den Sie vorher erst eingestellt haben. Sie sollten also immer auf TILEMODE = 1 umschalten, wenn Sie an der eigentlichen Zeichnung arbeiten. Nur zur Anordnung der Fenster, zur Einfügung des Zeichnungsrahmens und zur Beschriftung der Zeichnung sollte TILEMODE = 0 sein.

In der Praxis haben Sie in der Regel keinen Vorteil, wenn Sie nur ein Fenster haben. Dann ist es einfacher, die komplette Zeichnung bei TILEMODE = 1 zu erstellen.

Sinnvoll ist die Methode, wenn Sie mit verschiedenen Maßstäben auf einem Blatt arbeiten. Dann haben Sie den Vorteil, daß Änderungen bei TILEMODE = 1 automatisch in allen Fenstern mitgeführt werden. Unumgänglich ist die Methode, wenn Sie 3D-Modelle erstellen. Nur dann haben Sie die Möglichkeit, verschiedene Ansichten des Modells auf dem Papier anzuordnen. Mehr dazu finden Sie in Kapitel 18.

Windows-spezifische Funktionen

Kapitel 16

16.1 Befehle ausführen durch Drag&Drop
16.2 Windows-Zwischenablage innerhalb von AutoCAD
16.3 Verknüpfen und Einbetten (OLE)
16.4 Änderungen an OLE-Objekten
16.5 Aufruf des Internet-Browser

Bis jetzt haben Sie nur mit AutoCAD 14 allein gearbeitet. In Windows können Sie jedoch gleichzeitig an mehreren Programmen arbeiten. Das eröffnet Ihnen auch neue Möglichkeiten mit AutoCAD 14. Sie lernen:

- wie Sie AutoCAD-14-Befehle per Drag&Drop aus dem Windows Explorer heraus ausführen,
- wie Sie die Windows-Zwischenablage zum Import und Export von Bildern, Zeichnungen und Texten verwenden können,
- was OLE ist, und wie Sie diese Funktionen einsetzen,
- wie Sie in AutoCAD den Internet-Browser starten.

16.1 Befehle ausführen durch Drag&Drop

AutoCAD 14 arbeitet unter der Windows-Oberfläche. Eine wichtige Eigenschaft ist dabei, daß Sie mehrere Programme gleichzeitig starten und benutzen können. Das erleichtert die Arbeit in vielen Fällen. Zeitaufwendige Vorgänge können im Hintergrund ablaufen, während Sie an einem anderen Programm weiterarbeiten. Zum Beispiel können Sie in der Textverarbeitung schreiben, während AutoCAD 14 Ihre Zeichnung plottet, die verdeckten Kanten aus einem 3D-Modell entfernt oder ein Bild rendert.

In AutoCAD 14 kann man verschiedene Befehle einfacher ausführen, wenn man neben dem AutoCAD-Anwendungsfenster auch noch den Explorer in einem Fenster auf dem Bildschirm hat. Mit den Drag&Drop-Funktionen lassen sich Dateien aus dem Explorer in die Zeichnung ziehen, das führt den damit verbundenen Befehl aus.

Doch sehen Sie sich das prinzipielle Vorgehen an einem Beispiel an.

Übung: Zeichnungen per Drag&Drop einfügen

- *Starten Sie AutoCAD. Falls das Programm als Vollbild auf dem Bildschirm erscheint, schalten Sie es mit der mittleren Schaltfläche in der rechten oberen Ecke des Fensters kleiner. Klicken Sie mit der Maus an den Fensterrand (oben, unten, rechts, links oder in die Ecken). Halten Sie die Maustaste gedrückt, und ziehen Sie dabei das Fenster in die gewünschte Größe. Ziehen Sie das Fenster so, daß es die rechte Hälfte des Bildschirms einnimmt (siehe Abbildung 16.1). Wenn das Fenster an der falschen Stelle sitzt, klicken Sie in die Titelzeile, halten die Maustaste fest und ziehen das ganze Fenster an die gewünschte Stelle.*

Kapitel 16: Windows-spezifische Funktionen

↪ Aktivieren Sie den Windows Explorer aus dem Start-Menü von Windows. Verändern Sie die Fenstergröße so, daß es den Rest des Bildschirms einnimmt (siehe Abbildung 16.1).

↪ Beginnen Sie im AutoCAD-Fenster mit dem Befehl NEU eine neue Zeichnung.

↪ Aktivieren Sie im Explorer Ihren Ordner mit den Übungszeichnungen. Suchen Sie in der rechten Hälfte des Explorers die Datei A16-01-1.DWG. Klicken Sie die Datei an, halten Sie die Maustaste fest, und ziehen (»Drag«) Sie das Symbol auf die Zeichenfläche von AutoCAD. Lassen Sie das Symbol dort los (»Drop«), und der Befehl EINFÜGEN wird aktiviert.

↪ Befehlswahl und Blockname werden automatisch übernommen, Sie können den Block jetzt plazieren.

↪ Fügen Sie die Zeichnungsdateien A16-01-2.DWG und A16-01-3.DWG ebenfalls ein.

Abbildung 16.1:
Zeichnungen einfügen aus dem Datei-Manager

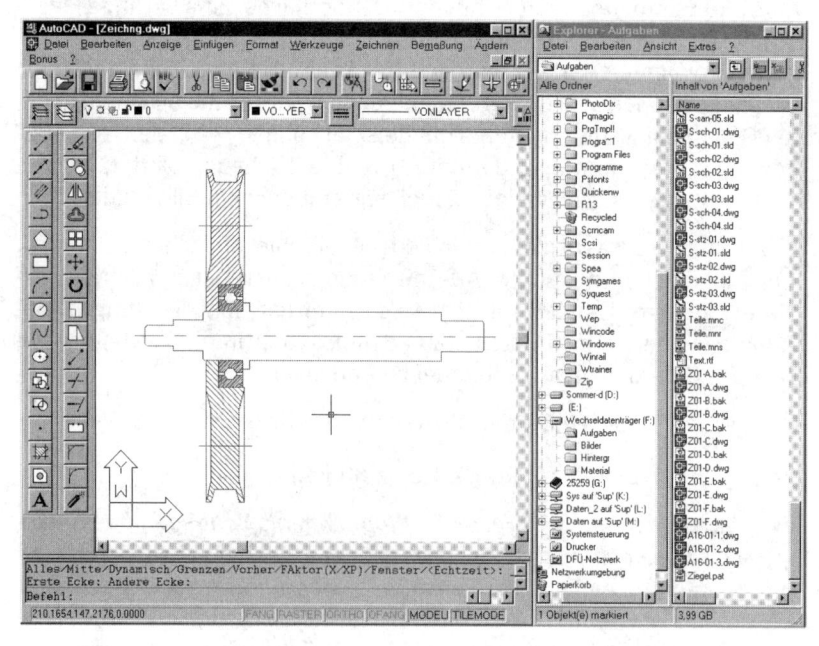

Mögliche Drag&Drop-Funktionen

Das Einfügen von Zeichnungsdateien ist nicht die einzige Anwendung von Drag&Drop in AutoCAD 14. Tabelle 16.1 zeigt, welche Dateien Sie in die Zeichnung ziehen können und welcher Befehl dabei aktiviert wird.

Funktion	Dateityp	Befehl
Zeichnung einfügen	*.DWG	Einfügen
DXF-Datei importieren	*.DXF	Dxfin
Linientyp laden	*.LIN	Linientyp, Laden
Script-Datei ausführen	*.SCR	Script
Diadatei anzeigen	*.SLD	Zeigdia
ASCII-Text einfügen	*.TXT	Mtext oder Dtext
Bilddateien	alle Bildformate	Bild
Programmdatei	*.LPS, *.ARX	Lisp oder ARX laden

Tabelle 16.1: Befehle, die per Drag&Drop ausgeführt werden können

Wenn Sie eine Textdatei ins AutoCAD-Fenster ziehen, wird der Befehl automatisch als Textabsatz eingefügt. Wollen Sie aber einzelne Textzeilen haben, müssen Sie den Befehl DTEXT verwenden. Damit läuft der Vorgang etwas anders ab. Sie wählen den Befehl an und beantworten alle Anfragen bis zur Anfrage

```
Text:
```

Dann ziehen Sie die Textdatei auf den Bildschirm. Der Text wird zeilenweise aus der Textdatei in die Zeichnung übernommen.

Übung: Textdatei per Drag&Drop einfügen

- Öffnen Sie den Windows-Editor NOTEPAD.EXE aus dem Start-Menü von Windows 95.

- Geben Sie einen Text ein. Denken Sie aber daran, daß AutoCAD bei der Texteingabe eine Zeilenschaltung mit ⏎ am Zeilenende benötigt. Mehrere Zeilenschaltungen hintereinander brechen jedoch den Befehl DTEXT ab. Wenn Sie also mit diesem Befehl arbeiten wollen, hilft ein Trick weiter: Geben Sie keine leeren Zeilen ein. Fügen Sie mindestens ein Leerzeichen in die Leerzeile ein, dann ist das Problem behoben.

| **Kapitel 16: Windows-spezifische Funktionen**

➥ Speichern Sie den Text, geben Sie ihm die Dateierweiterung *.TXT.

➥ Öffnen Sie AutoCAD und den Windows Explorer (siehe Abbildung 16.2). Den Editor brauchen Sie jetzt nicht mehr, Sie können ihn beenden oder aber auch für eventuelle Änderungen weiterhin offenhalten.

➥ Ziehen Sie die Textdatei aus dem Windows Explorer auf die Zeichenfläche. Der Text wird in die Zeichnung eingefügt.

➥ Sie können auch den Befehl DTEXT anwählen und alle Anfragen des Befehls beantworten bis zur Anfrage Text. Ziehen Sie dann die Textdatei auf die Zeichenfläche von AutoCAD.

Abbildung 16.2:
Text mit dem Editor erstellt und mit Drag&Drop eingefügt

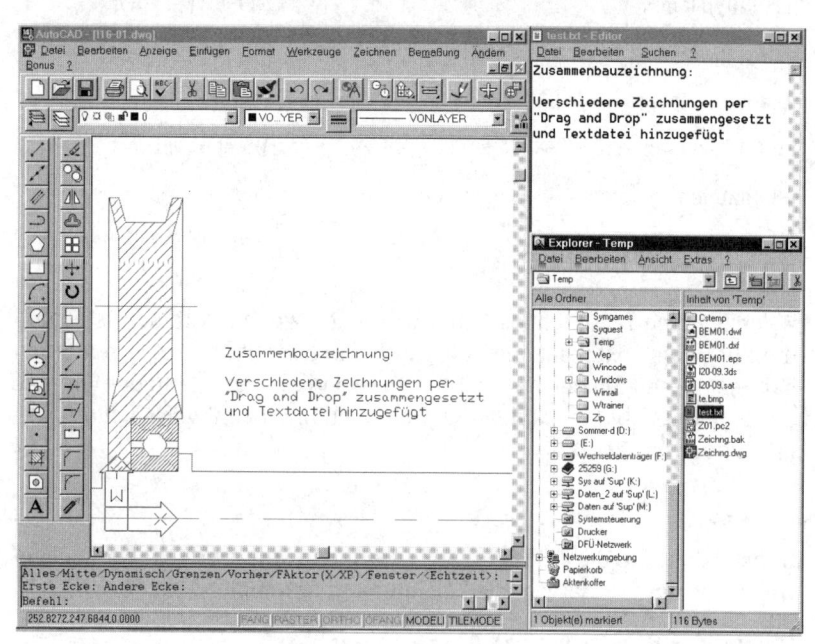

Im nächsten Kapitel finden Sie eine weitere Methode zum Einfügen von Texten. Dazu verwenden Sie die Windows-Zwischenablage.

16.2 Windows-Zwischenablage innerhalb von AutoCAD

Die Zwischenablage (auch Clipboard genannt) ist ein Hintergrundspeicher, auf den alle Windows-Anwendungen zugreifen können. Allen Windows-Anwendungen gemeinsam ist das Abrollmenü BEARBEITEN. Dort können Objekte in die Zwischenablage kopiert und daraus übernommen werden. Über die Zwischenablage lassen sich:

- Objekte aus AutoCAD in die Zwischenablage kopieren oder
- Objekte aus der Zwischenablage in AutoCAD einfügen

Damit können Sie innerhalb von AutoCAD Objekte von einer Sitzung in die anderen kopieren oder verschieben.

Mit dem Befehl COPYCLIP bzw. KOPIEVERKNÜPFEN lassen sich Objekte aus der AutoCAD-14-Zeichenfläche in die Windows-Zwischenablage kopieren. Die Zeichnung bleibt unverändert. Mit dem Befehl AUSSCHNEIDEN werden die gewählten Objekte in die Zwischenablage verschoben. Sie verschwinden von der Zeichenfläche. Die Objekte aus der Zwischenablage können Sie mit dem Befehl CLIPEINFÜG in die gleiche AutoCAD-Zeichnung oder in eine beliebige andere kopieren.

Vorgang: Befehl COPYCLIP

Sie finden den Befehl:

- Abrollmenü BEARBEITEN, Funktion KOPIEREN
- Tablettfeld T14
- Symbol in der Standard-Funktionsleiste
- Tastenkombination [Strg] + [C]

```
Befehl: Copyclip
Objekte wählen:
```

Die gewählten Objekte werden im WMF-Format (Windows-Metafile) in die Zwischenablage kopiert. Dieses Format kann von fast allen Text- und Grafikprogrammen übernommen werden. Dabei handelt es sich um ein vektororientiertes Format, in dem die Objekte mit ihren geometrischen Daten gespeichert sind.

Vorgang: Befehl AUSSCHNEIDEN

Sie finden den Befehl:

↦ Abrollmenü BEARBEITEN, Funktion AUSSCHNEIDEN

↦ Tablettfeld T13

↦ Symbol in der Standard-Funktionsleiste

↦ Tastenkombination `Strg` + `X`

```
Befehl: Ausschneiden
Objekte wählen:
```

Der Befehl funktioniert wie COPYPLIP, nur daß die Objekte aus der Zeichnung entfernt werden.

Vorgang: Befehl KOPIEVERKNÜPFEN

Sie finden den Befehl:

↦ Abrollmenü BEARBEITEN, Funktion KOPIE VERKNÜPFEN

Bei diesem Befehl wird die aktuelle Ansicht in die Windows-Zwischenablage kopiert. Eine Objektauswahl ist nicht erforderlich. Die Ansicht wird als Ausschnitt in der Zeichnung gespeichert, falls es kein gespeicherter Ausschnitt war. Sie erhält den Namen *OLE1* bzw. *OLE2*, *OLE3* usw. Mit dem Befehl DDVIEW läßt sich das leicht überprüfen.

Vorgang: Befehl CLIPEINFÜG

Sie finden den Befehl:

↦ Abrollmenü BEARBEITEN, Funktion EINFÜGEN

↦ Tablettfeld U13

↦ Symbol in der Standard-Funktionsleiste

↦ Tastenkombination `Strg` + `V`

```
Befehl: Clipeinfüg
Einfügepunkt: X Faktor <1> / Ecke/ XYZ:
Y Faktor (Vorgabe=X):
Drehwinkel <0>:
```

Haben Sie Objekte aus AutoCAD in der Zwischenablage, lassen sich diese wie ein Block in der Zeichnung einfügen. Alle Informationen wie Layer, Linientypen, Farbe usw. bleiben erhalten.

Danach lassen sich die Objekte mit dem Befehl URSPRUNG wieder in ihre Bestandteile zerlegen.

Übung: Objekte zwischen zwei AutoCAD-Sitzungen ausgetauscht

- Starten Sie AutoCAD zweimal, und ordnen Sie die Fenster am Bildschirm an.
- Kopieren Sie in einem Fenster die Objekte in die Zwischenablage.
- Fügen Sie den Inhalt der Zwischenablage im anderen Fenster mit dem Befehl CLIPEINFÜG ein.
- Beim Einfügen wird der linke untere Punkt der Auswahl als Einfügepunkt verwendet.

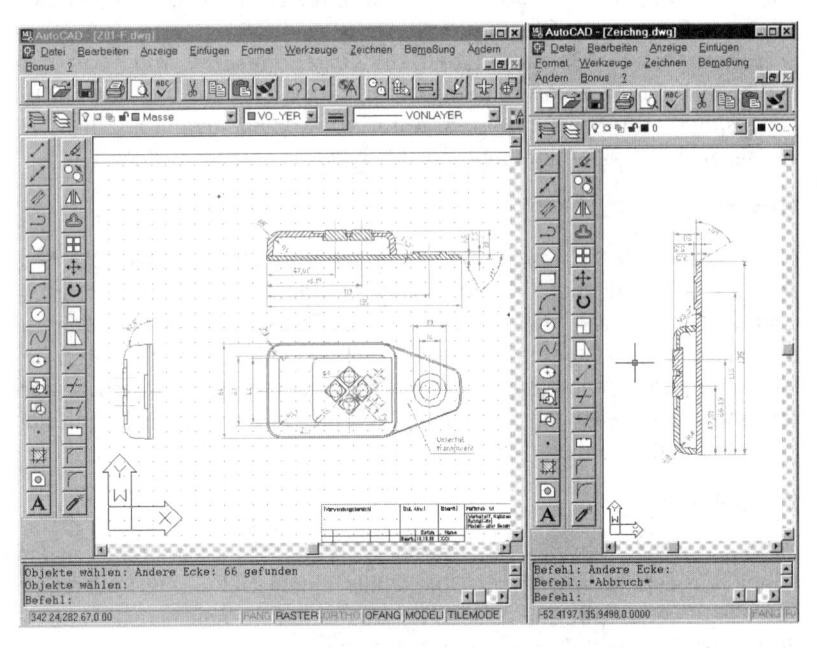

Abbildung 16.3:
Objekte zwischen AutoCAD-Sitzungen austauschen

- Sie können auch innerhalb einer AutoCAD-Sitzung die Zwischenablage benutzen.
- Laden Sie eine Zeichnung, und kopieren Sie die Objekte, die Sie übertragen wollen, in die Zwischenablage.
- Öffnen Sie eine andere Zeichnung, oder beginnen Sie eine neue Zeichnung, und kopieren Sie dort den Inhalt der Zwischenablage hinein.

16.3 Verknüpfen und Einbetten (OLE)

Verknüpfen und Einbetten von Objekten (OLE = Objekt Linking and Embedding) sind Windows-Funktionen. Damit lassen sich Objekte aus mehreren Anwendungen in einem Dokument zusammenführen. Zum Beispiel lassen sich in einer AutoCAD-Zeichnung Tabellen, Diagramme oder Texte plazieren oder umgekehrt in einer Beschreibung Ausschnitte einer AutoCAD-Zeichnung plazieren. Um mit OLE arbeiten zu können, müssen beide Windows-Programme OLE unterstützen. In einem Programm, dem OLE-Server, werden die Objekte erstellt, die eingebettet bzw. verknüpft werden sollen. In einem anderen Programm, dem Ole-Client, werden die Objekte eingebettet bzw. verknüpft. AutoCAD 14 kann sowohl als OLE-Server als auch als OLE-Client agieren.

EINBETTEN

Die Funktion EINBETTEN erzeugt eine Kopie der Objekte aus dem OLE-Server im OLE-Client. Diese Kopie ist danach unabhängig vom ursprünglichen Dokument. Wird dieses geändert, hat das keine Auswirkungen auf die eingebetteten Objekte. Sollen Änderungen an den eingebetteten Objekten vorgenommen werden, wird der OLE-Server automatisch gestartet, und die Änderungen können ausgeführt werden. Danach kann das Zieldokument aktualisiert werden.

VERKNÜPFEN

Mit der Funktion VERKNÜPFEN wird eine Verbindung zwischen Server und Client hergestellt. Wurde ein Objekt aus einem OLE-Server mit einem OLE-Client verknüpft, und das Server-Dokument wird nachträglich geändert, wird das Client-Dokument automatisch geändert.

Bei beiden Verfahren kann aus dem OLE-Client die Applikation gestartet werden, in der das Dokument erstellt wurde. Mit den Befehlen COPYCLIP, AUSSCHNEIDEN erzeugen Sie in AutoCAD Objekte, die Sie in anderen Programmen einbetten können. Wenn Sie Objekte in anderen Applikationen verknüpfen wollen, sollten Sie den Befehl KOPIEVERKNÜPF verwenden.

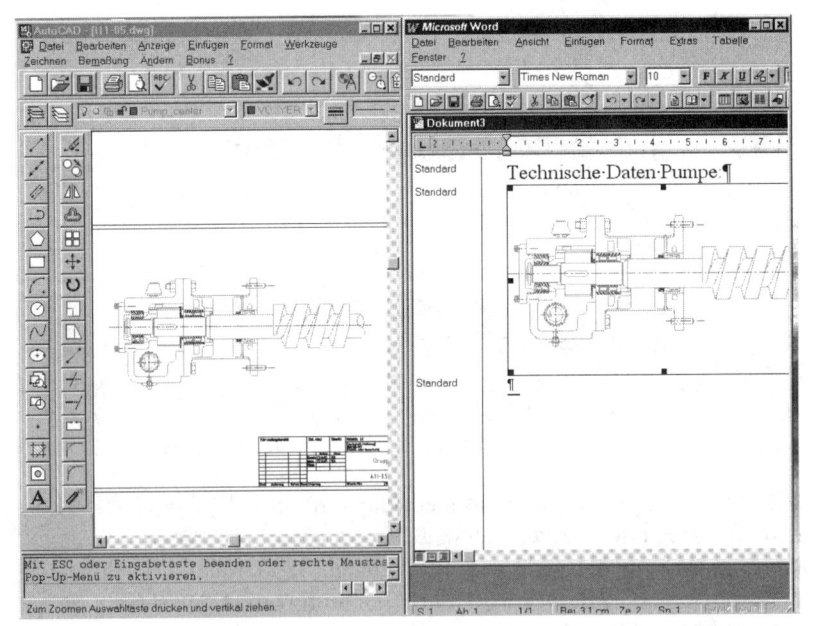

Abbildung 16.4:
AutoCAD-Zeichnung in Microsoft Word

Um in AutoCAD OLE-Objekte zu verwalten, stehen Ihnen in AutoCAD außerdem folgende Befehle und Funktionen zur Verfügung:

Vorgang: Befehl INHALTEINFÜG

Mit dem Befehl INHALTEINFÜG können Sie Objekte von anderen Programmen aus der Zwischenablage in die aktuelle Zeichnung kopieren. Wählen Sie den Befehl:

↪ Abrollmenü BEARBEITEN, Funktion INHALTE EINFÜGEN...

In einem Dialogfeld (siehe Abbildung 16.5) können Sie wählen, wie Sie die Objekte einfügen wollen. In einer Liste stehen beispielsweise bei einem Word-Text in der Zwischenablage folgende Möglichkeiten zur Auswahl: Einfügen im objekteigenen Format, Einfügen als Bilddatei, Umwandeln in AutoCAD-Objekte, als Bild einfügen, als Text einfügen.

Kapitel 16: Windows-spezifische Funktionen

Abbildung 16.5:
Dialogfeld des Befehls INHALT-EINFÜG

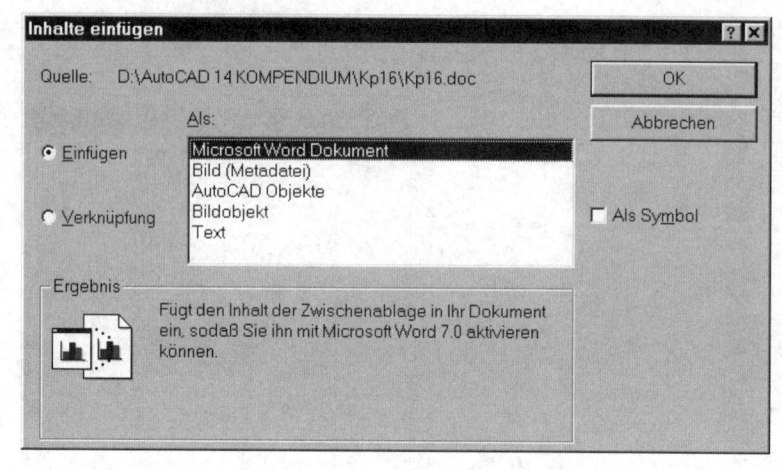

Mit dem Schalter EINFÜGEN wird das Objekt in AutoCAD eingebettet. Klicken Sie jedoch den Schalter VERKNÜPFUNG an, wird eine Verknüpfung mit dem Originalobjekt erstellt. Änderungen am Originalobjekt werden nachgeführt. Ist der Schalter SYMBOL eingeschaltet, wird in der Zeichnung nur ein Symbol als Platzhalter angezeigt.

Vorgang: Befehl OBJEINFÜG

Mit dem Befehl OBJEINFÜG können Sie Objekte aus anderen Programmen in AutoCAD einbetten bzw. mit AutoCAD verknüpfen:

↣ Symbol im Werkzeugkasten EINFÜGEN

Abbildung 16.6:
Dialogfeld des Befehls OBJEINF, NEU ERSTELLEN

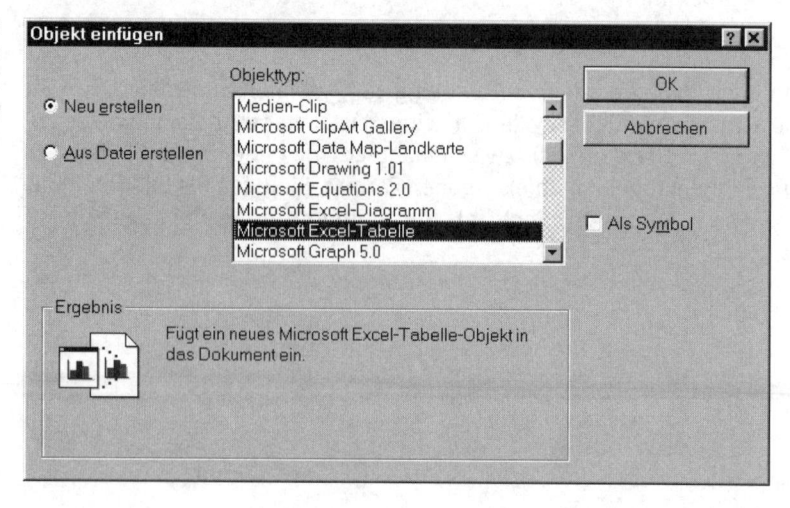

Neu erstellen

Schalten Sie im Dialogfeld (siehe Abbildung 16.6) den Schalter NEU ERSTELLEN ein. Wählen Sie in der Liste die Applikation, mit der Sie es erstellen wollen, und klicken Sie auf OK. Die Applikation wird gestartet. Wählen Sie beispielsweise MICROSOFT EXCEL-TABELLE, und Excel wird gestartet. Erstellen Sie eine Excel-Tabelle, und beenden Sie dann Excel. Die Tabelle wird in AutoCAD als OLE-Objekt eingebettet.

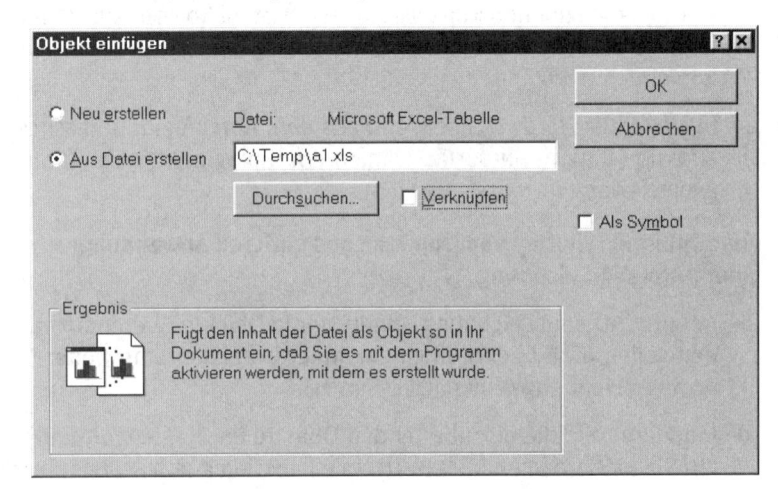

Abbildung 16.7:
Dialogfeld des Befehls OBJEINF, AUS DATEI ERSTELLEN

Aus Datei erstellen

Schalten Sie im Dialogfeld (siehe Abbildung 16.7) den Schalter AUS DATEI EINFÜGEN ein, können Sie die Datei wählen, die Sie als OLE-Objekt einbetten wollen. Mit dem Schalter DURCHSUCHEN... können Sie die Datei mit dem Dateiwähler aussuchen. Ist der Schalter VERKNÜPFEN eingeschaltet, wird das Objekt mit AutoCAD verknüpft.

Folgende Vorgehensweisen stehen Ihnen nun zur Verfügung:

Ausführung: Einbetten von AutoCAD-Objekten in anderen Anwendungen

- AutoCAD starten und gewünschte Zeichnung laden (OLE-Server)
- In einem anderen Fenster eine andere Anwendung starten (OLE-Client, z.B.: Textverarbeitung)
- Im Abrollmenü DATEI die Funktion KOPIEREN (Befehl COPYCLIP) oder AUSSCHNEIDEN (Befehl AUSSCHNEIDEN) wählen und gewünschte Objekte wählen
- In den OLE-Client wechseln und dort im Abrollmenü BEARBEITEN, EINFÜGEN wählen, die AutoCAD-Objekte werden eingefügt.

Ausführung: Verknüpfen von AutoCAD-Objekten mit anderen Anwendungen

- AutoCAD starten und gewünschte Zeichnung laden (OLE-Server)
- In einem anderen Fenster eine andere Anwendung starten (OLE-Client). Im folgenden am Beispiel Microsoft Word beschrieben.
- Ausschnitt in der AutoCAD-Zeichnung wählen und im Abrollmenü BEARBEITEN die Funktion KOPIE VERKNÜPFEN (Befehl KOPIEVERKNÜPFEN) wählen. Die aktuelle Ansicht wird ohne Anfragen in die Zwischenablage kopiert.
- In Microsoft Word wechseln und aus dem Abrollmenü BEARBEITEN die Funktion INHALTE EINFÜGEN... wählen. Im Dialogfeld die Funktion VERKNÜPFEN wählen.

Ausführung: Einbetten von Objekten aus anderen Anwendungen in einer AutoCAD-Zeichnung

- In AutoCAD eine Zeichnung öffnen, in die Objekte übernommen werden sollen (OLE-Client). In einem anderen Fenster eine weitere Windows-Anwendung öffnen (OLE-Server).
- Markieren Sie die einzubettenden Objekte im OLE-Server, und wählen Sie im Abrollmenü BEARBEITEN die Funktion KOPIEREN. Der markierte Text wird in die Zwischenablage kopiert.
- In die AutoCAD-Zeichnung wechseln und im Abrollmenü BEARBEITEN die Funktion EINFÜGEN (Befehl CLIPEINFÜG) wählen. Die Objekte werden eingefügt. Sie lassen sich verschieben und skalieren.

Ausführung: Verknüpfen von Objekten aus anderen Anwendungen mit AutoCAD-Zeichnungen

- Anwendung starten, aus der Objekte in die AutoCAD-14-Zeichnung übernommen werden sollen (OLE-Server)
- In einem anderen Fenster AutoCAD starten (OLE-Client).
- Objekte in der anderen Anwendung markieren und im Abrollmenü BEARBEITEN die Funktion KOPIE VERKNÜPFEN wählen. Objekte werden in die Zwischenablage kopiert.
- Zu AutoCAD wechseln und im Abrollmenü BEARBEITEN die Funktion INHALTE EINFÜGEN... (Befehl INHALTEINFÜG) wählen. Im Dialogfeld Funktion VERKNÜPFUNG einschalten.

Zudem haben Sie die Möglichkeit, mit dem Befehl OBJEINF direkt aus AutoCAD Objekte einzubetten und zu verknüpfen (siehe oben).

16.4 Änderungen an OLE-Objekten

Der Vorteil von OLE-Objekten ist, daß Sie Änderungen leicht ausführen können, ohne zu wissen, mit welchem Programm das Objekt erstellt wurde.

Vorgang: Änderungen an einem OLE-Objekt

Haben Sie in Ihrer AutoCAD-Zeichnung OLE-Objekte, können Sie mit einem Doppelklick die Anwendung starten, in der das Objekt erstellt wurde. Haben Sie beispielsweise eine Excel-Tabelle in AutoCAD eingefügt, gehen Sie wie folgt vor:

- Klicken Sie das Objekt in AutoCAD doppelt an, Excel wird geöffnet und die Tabelle in Excel übernommen.
- Bearbeiten Sie das Objekt, und beenden Sie Excel. Das Objekt wird in AutoCAD aktualisiert.

Dabei ist es ohne Bedeutung, ob das Objekt eingebettet oder verknüpft ist. Der Unterschied besteht darin, daß bei einem verknüpften Objekt die Originaldatei geöffnet wird und die Änderungen an der Originaldatei vorgenommen werden, während bei einem eingebetteten Objekt das Objekt aus der Zeichnung in das ursprüngliche Programm kopiert wird und dort geändert werden kann.

Vorgang: Griffe bei OLE-Objekten

Wenn Sie ein eingefügtes Objekt anklicken, bekommt es Griffe an den Ecken und an den Seitenmittelpunkten. Ähnlich wie bei den AutoCAD-Griffen kann das Objekt mit diesen Griffen geändert werden. Das Vorgehen unterscheidet sich aber:

- Klicken Sie an einen Seitenmittelpunkt, halten Sie die Maustaste fest, und ziehen Sie den Griff. Das Objekt wird in dieser Richtung gestreckt. Dabei erhalten Sie einen Doppelpfeil.
- Klicken Sie einen Eckpunkt an, halten Sie die Maustaste fest, und ziehen Sie den Griff. Das Objekt wird diagonal auseinandergezogen. Die Proportionen bleiben erhalten. Bei dieser Aktion erhalten Sie einen diagonalen Doppelpfeil.
- Klicken Sie in die Mitte des Objekts, halten Sie die Maustaste fest, und schieben Sie das Objekt an die gewünschte Stelle. Beim Ziehen erhalten Sie einen vierfachen Pfeil.

Die Griffe verschwinden, wenn Sie an einer anderen Stelle in die Zeichnung klicken.

Fehler:

Mit der AutoCAD-Objektwahl können Sie ein eingefügtes Objekt nicht wählen.

Übung: Verknüpfen einer Excel-Tabelle mit einer AutoCAD-Zeichnung

→ Öffnen Sie die Zeichnung A16-02.DWG aus Ihrem Übungsordner.

→ Wählen Sie den Befehl Objeinf. Schalten Sie den Schalter Aus Datei erstellen ein.

→ Klicken Sie auf die Schaltfläche Durchsuchen..., und wählen Sie aus Ihrem Übungsordner die Datei A16-02-1.XLS, eine Excel-Tabelle. Schalten Sie den Schalter Verknüpfen ein.

→ Plazieren Sie die Tabelle in der linken unteren Ecke der Zeichnung.

→ Verkleinern Sie das Objekt mit den Griffen (siehe Abbildung 16.8).

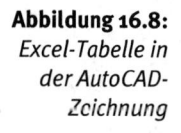

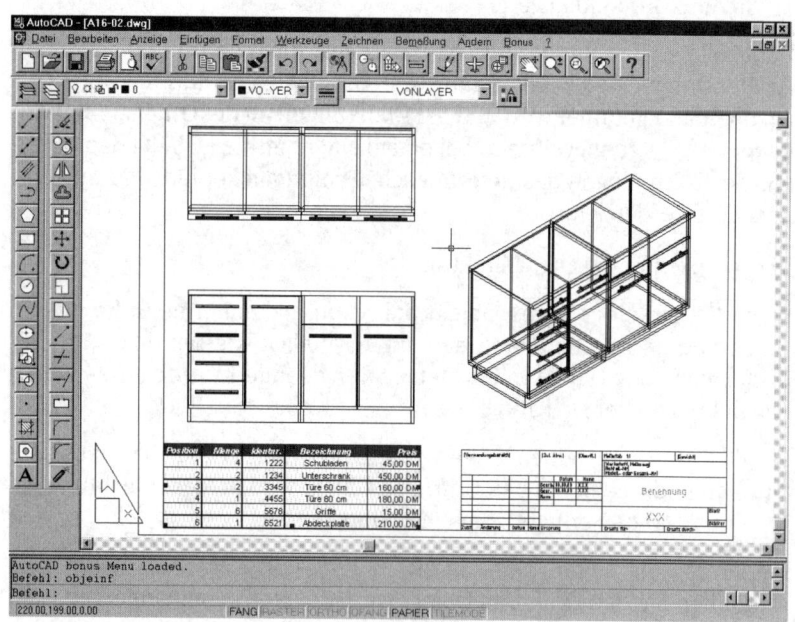

Abbildung 16.8:
Excel-Tabelle in der AutoCAD-Zeichnung

Vorgang: Rechte Maustaste bei markierten OLE-Objekten

Wenn Sie ein eingefügtes Objekt markiert haben, können Sie mit der rechten Maustaste ein Pop-up-Menü am Fadenkreuz einblenden (siehe Abbildung 16.9).

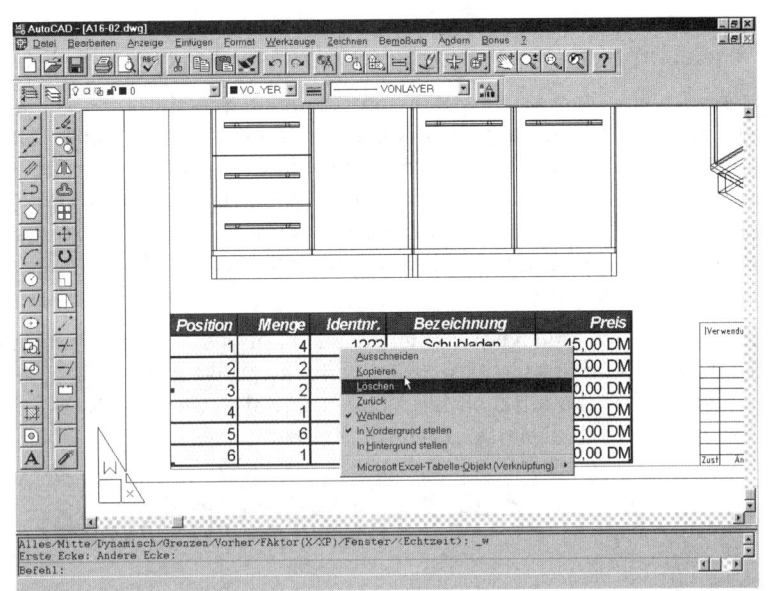

Abbildung 16.9:
Pop-up-Menü zur Bearbeitung von OLE-Objekten

Sie können das Objekt ausschneiden, kopieren, löschen, Bearbeitungen zurücknehmen, das Objekt wählbar oder nicht wählbar schalten, in den Vordergrund oder den Hintergrund stellen und in einem Untermenü die Bearbeitung des Objekts starten.

Vorgang: Befehl OLEVERKN

Mit dem Befehl OLEVERKN können Sie die Verknüpfungen in der Zeichnung bearbeiten. Wählen Sie den Befehl:

↳ Abrollmenü BEARBEITEN, Funktion VERKNÜPFUNGEN

In einem Dialogfeld können Sie die Einstellungen vornehmen (siehe Abbildung 16.10).

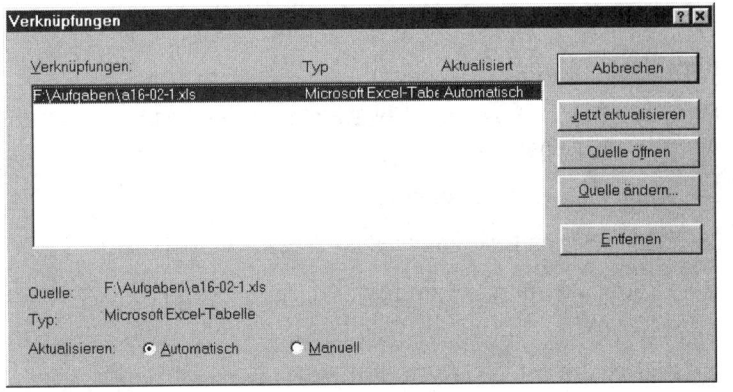

Abbildung 16.10:
Verknüpfung bearbeiten

In der Liste finden Sie alle Verknüpfungen der Zeichnung. Dort sind der Pfad der Originaldatei, der Dateityp und die Aktualisierung aufgelistet.

Wenn Sie eine Verknüpfung markieren, können Sie mit der Schaltfläche JETZT AKTUALISIEREN den aktuellen Stand der Datei neu laden. Die Schaltfläche QUELLE ÖFFNEN startet das Programm, mit dem die Datei erstellt wurde, und lädt die Datei. Mit der Schaltfläche QUELLE ÄNDERN... können Sie eine neue Datei wählen. Das Objekt wird durch die neue Datei ersetzt. Wollen Sie es ganz aus der Zeichnung entfernen, klicken Sie auf die Schaltfläche ENTFERNEN.

In der untersten Zeile können Sie einstellen, ob die AutoCAD-Zeichnung beim Laden automatisch aktualisiert werden soll, wenn die Ausgangsdatei verändert wurde. Haben Sie MANUELL gewählt, wird bei Änderungen angefragt, ob aktualisiert werden soll.

16.5 Aufruf des Internet-Browser

Sie haben die Möglichkeit, direkt aus AutoCAD einen Internet-Browser aufzurufen. In den Voreinstellungen können Sie festlegen, zu welcher Vorgabe-Internet-Adresse verzweigt werden soll.

Vorgang: Befehl BROWSER

Mit dem Befehl Browser rufen Sie den in Ihrem System konfigurierten Internet-Browser auf. Sie finden den Befehl folgendermaßen:

↳ Symbol in der Standard-Funktionsleiste

```
Befehl: Browser
Position <http://www.sommer.com>
```

Drücken Sie ⏎, um zur Standard-Adresse zu kommen, oder geben Sie eine neue Adresse ein. Es ist nicht notwendig, vor der Adresse *http://* einzugeben. Der Internet-Browser startet, und Sie werden automatisch mit der angegebenen Adresse verbunden (siehe Abbildung 16.11).

Hinweis:

Mit dem Befehl VOREINSTELLUNGEN stellen Sie die Standard-Internet-Adresse ein. Gehen Sie wie folgt vor:

↳ Wählen Sie den Befehl VOREINSTELLUNGEN.

↳ Klicken Sie im Dialogfeld auf die Registerkarte DATEIEN.

↳ Klicken Sie auf den Eintrag MENÜ, HILFE, PROTOKOLL UND VERSCHIEDENE DATEINAMEN.

↳ Klicken Sie auf VORGABE-INTERNETADRESSE.

Aufruf des Internet-Browser | 573

➭ Entfernen Sie den bisherigen Eintrag, und tragen Sie eine neue Adresse ein (siehe Abbildung 16.12).

Abbildung 16.11:
Start des Internet-Browser aus AutoCAD

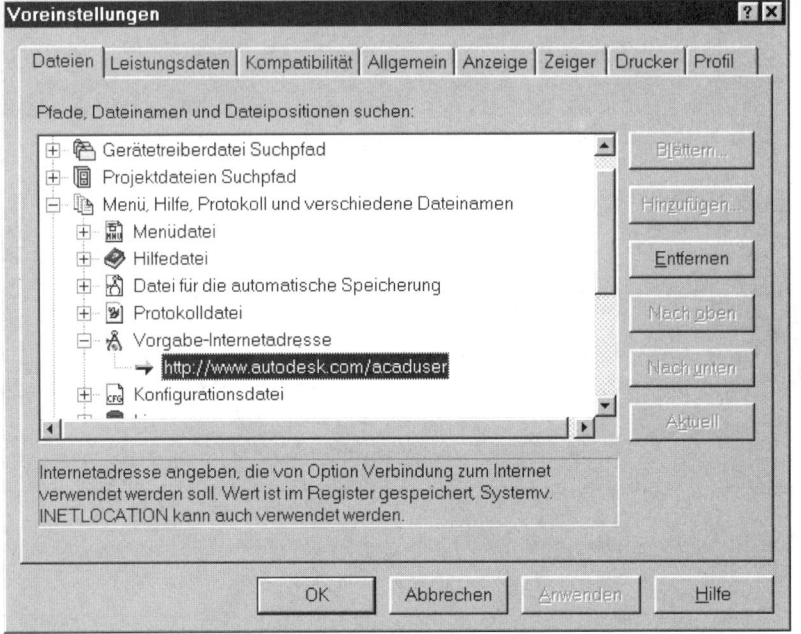

Abbildung 16.12:
Festlegung der Standard-Internet-Adresse

Datenaustausch mit anderen Programmen

Kapitel 17

17.1 Austausch mit anderen AutoCAD-Versionen
17.2 Austausch im DXF-Format
17.3 WMF-Dateien einlesen und erstellen
17.4 BMP-Dateien erstellen
17.5 Weitere Austauschformate
17.6 PostScript-Ein- und -Ausgabe
17.7 Das DXB-Format
17.8 Plotdateien erstellen

AutoCAD ist zwar sehr weit verbreitet, trotzdem kann man nicht davon ausgehen, daß jeder mit AutoCAD zeichnet. Daten müssen aber zwischen CAD-Systemen ausgetauscht oder in andere Programme übernommen werden. Sie lernen in diesem Kapitel:

- wie Sie mit anderen AutoCAD-Versionen und anderen CAD-Programmen Daten austauschen können,

- welche Austauschformate für Textverarbeitungs-, DTP- und Grafikprogramme zur Verfügung stehen,

- wie Sie PostScript-Dateien erstellen und einlesen können,

- wie Sie durch Konfiguration eines Plottertreibers verschiedene Rasterdateien erzeugen können.

17.1 Austausch mit anderen AutoCAD-Versionen

Zeichnungen in älteren AutoCAD-Zeichnungsformaten werden beim Einlesen automatisch konvertiert. AutoCAD-14-Zeichnungen lassen sich dagegen in früheren AutoCAD-Versionen oder in AutoCAD LT 95 nicht direkt verarbeiten. In AutoCAD 14 ist es aber möglich, im Format früherer AutoCAD-Versionen abzuspeichern.

Vorgang: AutoCAD-Zeichnungen in AutoCAD 14

Zeichnungen aus früheren AutoCAD-Versionen oder aus AutoCAD LT 95 (Version 3) werden beim Einladen in AutoCAD 14 automatisch konvertiert. Beachten Sie aber, wenn Sie diese Zeichnungen in AutoCAD 14 bearbeiten und speichern, werden sie im Format von AutoCAD 14 gespeichert. Sollen die Zeichnungen im ursprünglichen Programm weiterverarbeitet werden, müssen Sie sie so abspeichern (siehe unten).

Zeichnungen aus Mechanical Desktop Version 1.X lassen sich in AutoCAD 14 laden. Sie enthalten jedoch Objekte, die in AutoCAD 14 nicht definiert sind. Solche sogenannten Proxy-Objekte können als Proxy-Grafiken übernommen und angezeigt, aber nicht bearbeitet werden. Beim Laden einer solchen Zeichnung erhalten Sie ein Dialogfeld, in dem Sie wählen können, wie diese Objekte in AutoCAD 14 behandelt werden sollen (siehe Abbildung 17.1).

Abbildung 17.1:
Proxy-Grafiken in AutoCAD 14

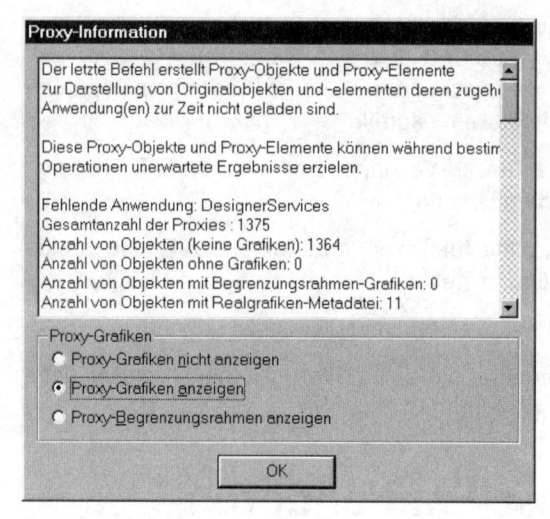

Sie können:

- Proxy-Grafiken nicht anzeigen. Sie erscheinen dann nicht in der Zeichnung.

- Proxy-Grafiken in der Zeichnung anzeigen. Sie werden dann korrekt angezeigt, lassen sich aber weder verändern noch löschen. Auch mit dem Befehl URSPRUNG können solche Objekte nicht zerlegt werden.

- Proxy-Begrenzungsrahmen anzeigen. Sie erhalten in diesem Fall eine Box in der Größe der maximalen Abmessung dieser Objekte (siehe Abbildung 17.2). Auch diese Objekte können nicht verändert werden.

Abbildung 17.2:
Proxy-Grafiken mit Begrenzungsrahmen

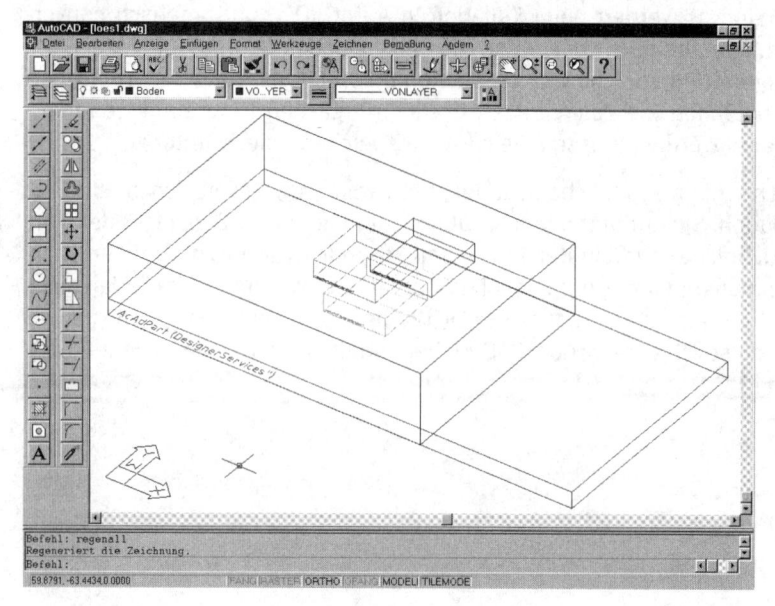

Sie können den Darstellungsmodus auch noch umstellen, wenn Sie die Zeichnung schon geladen haben. Verändern Sie dann die Systemvariable PROXYSHOW. Sie kann auf 0 (keine Anzeige), 1 (Anzeige) und 2 (Begrenzungsrahmen) gesetzt werden. Verwenden Sie danach den Befehl REGEN, damit die neue Einstellung wirksam wird.

Vorgang: AutoCAD-14-Zeichnungen in früheren AutoCAD-Versionen

Sollen Ihre Zeichnungen aus AutoCAD 14 in älteren Versionen von AutoCAD oder AutoCAD LT weiterverarbeitet werden, müssen Sie Ihre Zeichnungen in diesem Format abspeichern. Wählen Sie dazu wie gewohnt den Befehl SICHALS:

↪ Abrollmenü DATEI, Funktion SPEICHERN UNTER...

↪ Tablettfeld V24

Wählen Sie wie gewohnt Laufwerk, Ordner, und wählen Sie beim Dateityp das AutoCAD-Format (siehe Abbildung 17.3).

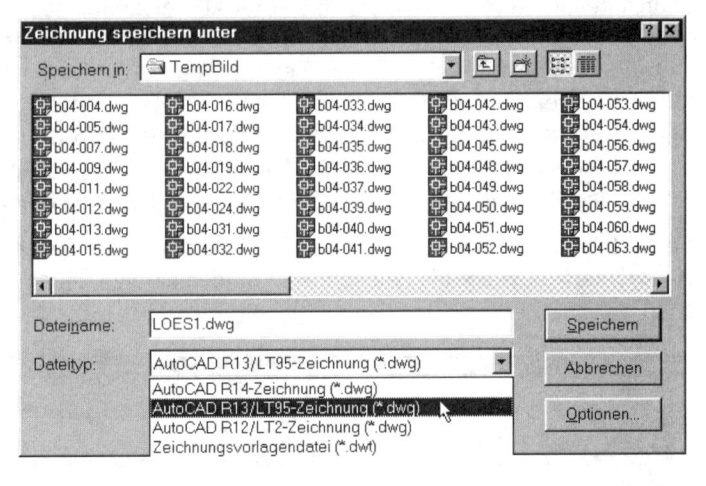

Abbildung 17.3:
Speichern in verschiedenen AutoCAD-Formaten

Sie können wählen:

↪ AUTOCAD-R14-ZEICHNUNG (*.DWG): Standardeinstellung zur Speicherung im eigenen Format.

↪ AUTOCAD R13/LT95-ZEICHNUNG (*.DWG): Speicherung im Format von AutoCAD 13 oder AutoCAD LT 95. Objekte, die es in diesen Versionen nicht gibt, werden durch ähnliche Objekte ersetzt oder nicht übernommen (z.B.: Bilddateien).

↪ AUTOCAD R12/LT2-ZEICHNUNG (*.DWG): Speicherung im Format von AutoCAD 12 oder AutoCAD LT 2. Da AutoCAD 11 dasselbe Zeichnungsformat hat wie AutoCAD 12, kann dieses Format auch in AutoCAD 11

Kapitel 17: Datenaustausch mit anderen Programmen

übernommen werden. Auch hier werden Objekte, die in diesen Versionen nicht bekannt sind, durch ähnliche Objekte ersetzt, oder sie werden nicht übernommen.

Ältere AutoCAD-Formate als AutoCAD 11 sind nicht mehr möglich.

Vorgang: Austausch von Zeichnungen mit früheren DOS-Versionen

DOS und Windows haben unterschiedliche Zeichensätze. Haben Sie Text in einer Zeichnung aus Version 11 oder 12 von AutoCAD für DOS, und Sie übernehmen diese in AutoCAD 14, kann es sein, daß verschiedene Zeichen falsch dargestellt werden.

Das rührt daher, daß in der DOS-Version von AutoCAD für Zeichen mit einem ASCII-Wert über 128 der erweiterte IBM-ASCII-Zeichensatz verwendet wird, mit der DOS-Codeseite 850. Bei diesen Zeichen handelt es sich um die Umlaute und verschiedene Sonderzeichen.

AutoCAD 14 läuft unter Windows 95 bzw. Windows NT und verwendet die Codeseite ISO 8859-1. Wenn Sie eine AutoCAD-Zeichnung aus einer DOS-Version mit diesen Zeichen in AutoCAD 14 öffnen, müssen unter Umständen die Textzeichen mit Hilfe des Befehls DBTRANS konvertiert werden, um den korrekten Werten der Windows-Codeseite zu entsprechen. Der Befehl DBTRANS steht nur zur Verfügung, wenn Sie die Bonus-Tools installiert haben (siehe Kapitel 26). Außerdem müssen Sie die Applikation zuerst laden, bevor Sie den Befehl verwenden können (siehe unten).

Geben Sie dann auf der Tastatur den Befehl DBTRANS ein. Sie erhalten ein Dialogfeld, in dem Sie die Zeichensätze wählen können (siehe Abbildung 17.4).

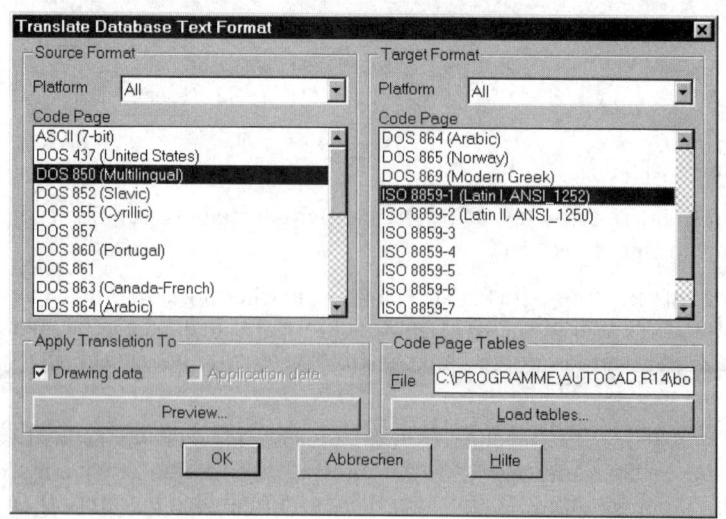

Abbildung 17.4:
Konvertieren der Zeichensätze

Wählen Sie in der linken Liste das Ausgangsformat und in der rechten das Zielformat. Sie können die Liste reduzieren, wenn Sie in den Abrollmenüs PLATFORM das Betriebssystem für das Ausgangs- und Zielformat wählen. Mit dem Schalter PREVIEW können Sie sich eine Voransicht der konvertierten Texte anzeigen lassen.

Vorgang: Zeichnung mit fremden Zeichensätzen

Zeichensätze, die in einer Zeichnung verwendet werden, müssen auf dem System vorhanden sein, auf dem die Zeichnung geladen wird.

Laden Sie eine Zeichnung von einem anderen AutoCAD-Anwender, die Zeichensätze enthält, die in Ihrer AutoCAD-Version nicht enthalten sind, werden diese Schriften durch die Schrift ersetzt, die in der Systemvariablen FONTALT definiert ist.

```
Befehl: Fontalt
Neuer Wert für FONTALT, oder . für keine <"isocp">:
```

Geben Sie den Namen der Schrift ein, die Sie verwenden wollen, wenn eine Schriftdatei nicht gefunden wird. Geben Sie einen Punkt ein, wird keine Ersatzdatei verwendet. Taucht beim Laden eine fremde Schrift auf, können Sie im Einzelfall wählen, durch welche Schrift diese ersetzt werden soll. Sie erhalten ein Dialogfeld auf dem Bildschirm, aus dem Sie die Ersatzschrift wählen können (siehe Abbildung 17.5). Ersetzen Sie die Schrift durch eine TrueType-Schrift, können Sie zudem den Schriftstil wählen.

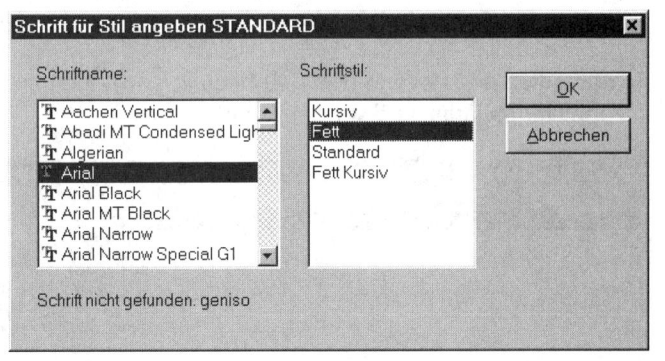

Abbildung 17.5: *Ersatzschrift wählen*

Haben Sie mehrere fremde Schriften in der Zeichnung, können Sie in der Datei ACAD.FMP definieren, wie die Schriften ersetzt werden sollen. Wenn Sie dann eine Zeichnung laden, die fremde Schriften enthält, läuft es nach folgendem Schema ab:

↪ Ersetzen der Schriften durch die in *ACAD.FMP* definierten Schriften. Falls die Schrift dort nicht aufgeführt ist:

| Kapitel 17: Datenaustausch mit anderen Programmen

→ Ersetzen durch die in der Systemvariablen FONTALT definierten, Schrift. Falls dort keine definiert ist:

→ Dialogfeld für Ersatzschrift aktivieren.

In der Datei ACAD.FMP geben Sie die fremde Schift an und setzen dahinter die Ersatzschrift:

```
geniso; txt
```

Wollen Sie die Schrift durch eine TrueType-Schrift ersetzen, geben Sie den Zusatz .TTF an:

```
geniso; arial.ttf
```

Fehler:

Die Schrift wird nur in der Anzeige ersetzt. In der Zeichnung bleiben die bisherigen Schriften erhalten. Wenn Sie die Schriften ersetzen wollen, definieren Sie die Textstile neu (siehe Befehl STIL, Kapitel 5.19).

Vorgang Befehl APPLOAD

Bestimmte Befehle in AutoCAD 14 sind nicht direkt im Programm implementiert. Sie müssen Zusatzprogramme, sogenannte Applikationen, laden, um diese Befehle zur Verfügung zu haben. Bei Befehlen, die im Menü von AutoCAD integriert sind, erfolgt das automatisch. Bei anderen Applikationen können Sie den Befehl APPLOAD verwenden, um diese zu laden. Sie finden den Befehl unter:

→ Abrollmenü WERKZEUGE, Funktion ANWENDUNG...

Sie erhalten ein Dialogfeld (siehe Abbildung 17.6), mit dem Sie eine Zusatzapplikation laden und starten können.

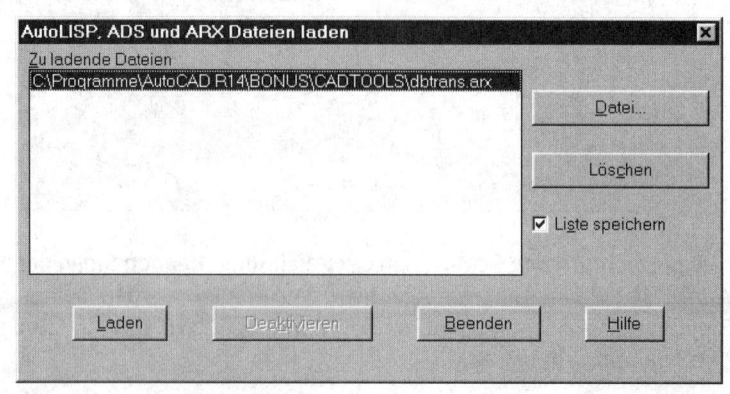

Abbildung 17.6:
Laden von Applikationen

Mit der Schaltfläche DATEI... können Sie im Dateiwähler die Applikation suchen. Im Abrollmenü DATEITYP des Dateiwählers können Sie einstellen, was für ein Zusatzprogramm Sie laden wollen. Zur Verfügung stehen:

- LISP (*.LSP): AutoLisp-Applikation
- ADS (*.EXE): ADS-Applikation
- ARX (*.ARX): ARX-Applikation

Die Applikation, die Sie im Dateiwähler markieren, wird in die Liste des Dialogfelds (Abbildung 17.5) übernommen. Markieren Sie die Applikationen dann in der Liste, und klicken Sie auf den Schalter LADEN, wird das Programm geladen. Die Befehle und Funktionen aus dieser Applikation stehen Ihnen in AutoCAD zur Verfügung.

Wenn Sie den Befehl wieder anwählen und Einträge in der Liste markieren, können Sie sie mit der Schaltfläche LÖSCHEN aus der Liste entfernen. Ist der Schalter LISTE SPEICHERN eingeschaltet, werden die Einträge in der Liste gespeichert. Aktivieren Sie den Befehl APPLOAD in der nächsten AutoCAD-Sitzung, finden Sie die gleichen Einträge in der Liste wieder.

Benötigen Sie eine geladene Applikation nicht mehr, kann sie deaktiviert werden. Damit wird Speicherplatz wieder freigegeben. Wählen Sie den Befehl APPLOAD, markieren Sie eine oder mehrere geladene Applikationen in der Liste, und klicken Sie auf die Schaltfläche DEAKTIVIEREN.

17.2 Austausch im DXF-Format

Mit anderen CAD-Programmen können Sie Zeichnungsdateien nicht direkt austauschen. Mit DXF-Dateien (Data Exchange Format) lassen sich Zeichnungen übertragen. Das DXF-Format wird von Autodesk definiert und meist mit einer neuen AutoCAD-Version geändert bzw. erweitert. In diesem Format können mit den meisten CAD-Programmen Zeichnungen ausgetauscht werden. Außerdem lassen sich Zeichnungen so in Grafik-, DTP- (Desktop Publishing) und Textprogramme übernehmen. Das DXF-Format ist ein Vektorformat. Es enthält die geometrischen Beschreibungen der Zeichnungsobjekte.

Vorgang: DXF-Datei importieren

In AutoCAD 14 können Sie Dateien im DXF-Format mit dem Befehl EINLESEN übernehmen. Sie finden den Befeh folgendermaßenl:

- Symbol im Werkzeugkasten EINFÜGEN

Mit dem Befehl EINLESEN lassen sich verschiedene Dateiformate in die Zeichnung einlesen (siehe unten). Stellen Sie beim Dateiwähler im Abrollmenü DATEITYP DXF (*.dxf) ein. Suchen Sie den Namen der Datei aus, die Sie einlesen wollen. Mit OK wird die gewählte DXF-Datei in die neue Zeichnung übernommen. Eine Voransicht gibt es für DXF-Dateien nicht.

DXF-Dateien aus früheren AutoCAD-Versionen werden beim Einlesen automatisch konvertiert. Dabei entsteht immer eine Zeichnung im AutoCAD-14-Format.

Fehler:

DXF-Dateien lassen sich meist nur in eine leere Zeichnung einfügen. Beginnen Sie eine neue Zeichnung, ohne Rahmen und Schriftfeld, verwenden Sie auch keine Vorlage. Klicken Sie beim Befehl NEU im ersten Fenster auf das Feld DIREKT BEGINNEN.

Vorgang: Zeichnung als DXF-Dateien exportieren

Die aktuelle Zeichnung können Sie mit dem Befehl ERSTELLEN in einer Austauschdatei im DXF-Format exportieren. Sie finden den Befehl unter:

- Abrollmenu DATEI, Funktion ERSTELLEN...

Mit dem Befehl ERSTELLEN lassen sich aus der aktuellen Zeichnung verschiedene Dateiformate erzeugen. Stellen Sie beim Dateiwähler im Abrollmenü DATEITYP DXF (*.dxf) ein.

Da es, wie bei den Zeichnungsdateien, auch beim DXF-Format unterschiedliche Versionen gibt, können Sie wählen:

- AUTOCAD R14 DXF (*.DXF): Standardeinstellung zur Speicherung im AutoCAD-14-DXF-Format.

- AUTOCAD R13/LT DXF (*.DXF): Speicherung im DXF-Format von AutoCAD 13 oder AutoCAD LT 95. Objekte, die es in diesen Versionen nicht gibt, werden durch ähnliche Objekte ersetzt oder nicht übernommen (z. B.: Bilddateien).

- AUTOCAD R12/LT 2 DXF (*.DXF): Speicherung im DXF-Format von AutoCAD 12 oder AutoCAD LT 2. Da AutoCAD 11 dasselbe Zeichnungsformat hat wie AutoCAD 12, kann dieses Format auch in AutoCAD 11 übernommen werden. Auch hier werden Objekte, die in diesen Versionen nicht bekannt sind, durch ähnliche Objekte ersetzt, oder sie werden nicht übernommen.

Ältere DXF-Formate als AutoCAD 11 sind nicht mehr möglich.

Mit der Schaltfläche OPTIONEN... können Sie einstellen, wie die DXF-Datei erzeugt werden soll (siehe Abbildung 17.7).

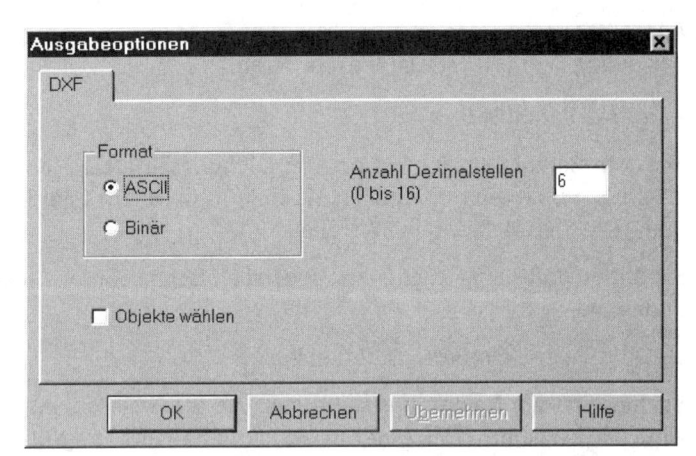

Abbildung 17.7:
Optionen für die DXF-Ausgabe

Wählen Sie, ob die Datei im ASCII-Format (Standard) oder im Binär-Format erzeugt werden soll. Im ASCII-Format können Sie zudem wählen, mit welcher Genauigkeit die Koordinaten übertragen werden. Ist der Schalter OBJEKTE WÄHLEN aus, werden alle Objekte der aktuellen Zeichnung in die DXF-Datei geschrieben. Ist der Schalter an, können Sie die Objekte wählen, die Sie in die DXF-Datei schreiben wollen.

DXX-EXTRAKT (*.DXX): Erstellt eine Untermenge des AutoCAD-DXF-Formats, in der nur Blöcke und Attribute enthalten sind (siehe Attributausgabe, Kapitel 11.13). Diese Ausgabe erfordert keine Dateischablone wie bei den anderen Ausgabeformaten bei den Attributen. Die Dateierweiterung ist *.DXX und unterscheidet sich damit von den Dateien des normalen DXF-Formats.

Geben Sie den Dateinamen ein, wählen Sie Laufwerk und Ordner, und aus der Zeichnung wird das Austauschformat erstellt.

Verweis:

Siehe Referenzteil: Befehle DXFOUT und DXFIN mit weiteren Möglichkeiten

17.3 WMF-Dateien einlesen und erstellen

Ein weiteres Vektorformat steht mit dem Austausch über WMF-Dateien (Windows Metafile Format) zur Verfügung. Das Format eignet sich, um Grafiken in ein Windows-Text-, Grafik- oder DTP-Programm zu übernehmen. Da es sich dabei um ein Vektorformat handelt, können die Grafiken dort ohne Qualitätsverlust vergrößert werden.

Kapitel 17: Datenaustausch mit anderen Programmen

Aus AutoCAD 14 lassen sich WMF-Dateien einlesen und die aktuelle Zeichnung in eine WMF-Datei exportieren.

Vorgang: Befehl WMFIN

Mit dem Befehl EINLESEN lassen sich auch WMF-Dateien in die aktuelle Zeichnung übernehmen. Stellen Sie hierfür im Dateiwähler beim Abrollmenü DATEITYP Metadatei (*.WMF) ein.

Sie haben dafür aber auch einen speziellen Befehl WMFIN. Diesen Befehl finden Sie im:

↳ Abrollmenü EINFÜGEN, Funktion WMF...

Suchen Sie den Namen der Datei aus, die Sie einlesen wollen. Mit OK wird die gewählte WMF-Datei in die aktuelle Zeichnung übernommen. Bei der Auswahl der WMF-Datei wird die Datei im Voransichtsfenster angezeigt (siehe Abbildung 17.8).

Abbildung 17.8:
WMF-Datei einlesen mit Voransicht

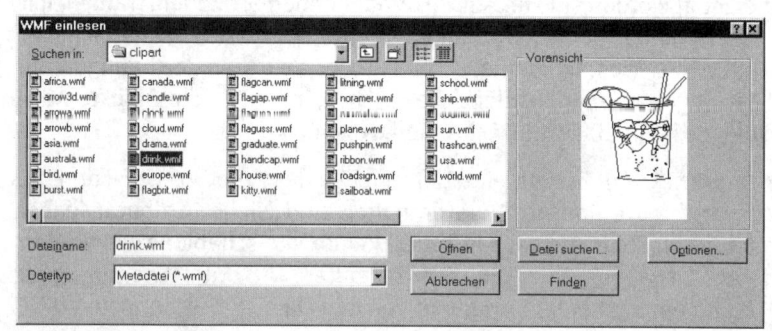

Mit der Schaltfläche OPTIONEN... erhalten Sie ein weiteres Dialogfeld, in dem Sie die Vorgaben für die WMF-Übernahme einstellen können (siehe Abbildung 17.9). Das gleiche Dialogfeld erhalten Sie beim Befehl WMFOPT, mit dem Sie die Vorgabeeinstellung für die WMF-Übernahme einstellen können.

Abbildung 17.9:
Voreinstellungen für WMF-Übernahme

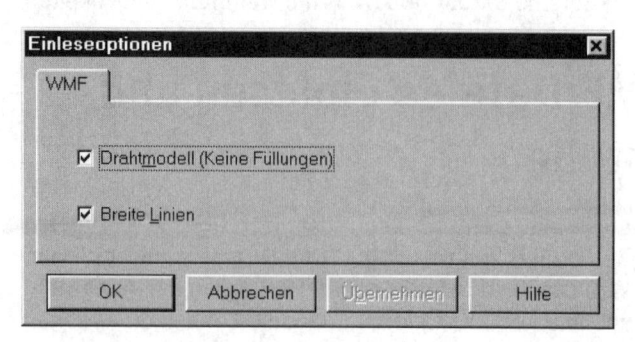

An zwei Schaltern können Sie einstellen, ob gefüllte Objekte gefüllt oder nur die Kontur übernommen werden soll und ob breite Linien breit bleiben sollen oder mit Linienbreite 0 in AutoCAD dargestellt werden sollen. Nach Einstellung der Optionen und Auswahl der Datei kann das Objekt wie ein Block in der Zeichnung plaziert werden:

```
Einfügepunkt: X Faktor <1> / Ecke/ XYZ:
Y Faktor (Vorgabe=X):
Drehwinkel <0>:
```

ClipArt-Dateien, die mit Grafikprogrammen geliefert werden, liegen oft im WMF-Format vor. Daraus können Sie Logos, Icons, Hinweisschilder usw. in Ihre AutoCAD-Zeichnung übernehmen.

Vorgang: WMF-Datei exportieren

Teile der Zeichnung lassen sich mit dem Befehl ERSTELLEN im WMF-Format abspeichern. Es ist der gleiche Befehl, wie er auch zum Exportieren von DXF-Dateien verwendet wird. Diesmal stellen Sie beim Dateiwähler im Abrollmenü DATEITYP: *Metadatei* (*.WMF) ein. Geben Sie den Namen der Datei ein, in der Sie speichern wollen. Nachdem Sie auf OK geklickt haben, wählen Sie die Objekte aus, die in die WMF-Datei übernommen werden sollen, und die Datei wird erstellt.

Verweis:

Siehe Referenzteil: Befehl WMFOPT

17.4 BMP-Dateien erstellen

Bitmap-Dateien sind Rasterdateien. Die einzelnen Bildpunkte auf dem Bildschirm werden in eine Datei geschrieben. Solche Dateien lassen sich in Bildbearbeitungsprogramme oder Textdokumente übernehmen. Sie können allerdings nur in der Größe eingesetzt werden, in der sie erzeugt wurden. Vergrößerungen haben Auflösungsverluste zur Folge.

Vorgang: Befehl ERSTELLEN für Bitmap-Dateien

Zeichnungsdateien können Sie im Bitmap-Format abspeichern. Dazu verwenden Sie ebenfalls den Befehl ERSTELLEN. Wählen Sie:

↪ Abrollmenü DATEI, Funktion ERSTELLEN...

Stellen Sie beim Dateiwähler im Abrollmenü DATEITYP *Bitmap* (*.BMP) ein. Geben Sie den Namen der Datei ein, in der Sie speichern wollen, wählen Sie das Laufwerk und den Ordner, und klicken Sie auf OK. Die Datei wird erstellt.

Verweis:

Siehe Referenzteil: Befehl BMPSICH

17.5 Weitere Austauschformate

Mit dem Befehl ERSTELLEN haben Sie noch weitere Möglichkeiten, Austauschformate zu erstellen.

Vorgang: Befehl ERSTELLEN für weitere Austauschformate

Wählen Sie wieder Befehl ERSTELLEN:

- Abrollmenü DATEI, Funktion ERSTELLEN...

Stellen Sie beim Dateiwähler im Abrollmenü DATEITYP den gewünschten Dateityp ein. Möglich sind außer den bisher behandelten:

- ACIS (*.SAT): ACIS ist ein Dateiformat für Volumenmodelle, mit dem Objekte aus AutoCAD in SAT-Dateien (ASCII-Format) gespeichert werden können.

- STEREOLITHOGRAPHIE (*.STL): Sie können AutoCAD-Volumenkörper in einem SLA-kompatiblen (Stereolithographie-Apparat) Dateiformat schreiben. Die Daten der Volumenkörper werden als aus einem Satz von Dreiecken bestehende Facettendarstellung in das SLA-Format übertragen. Die SLA-Arbeitsstation verwendet die Daten, um einen Satz von Layern zu definieren, aus dem sich das entsprechende Einzelteil zusammensetzt. Wählen Sie es oder mehrere Volumenkörperobjekte aus. Alle Objekte müssen sich vollständig innerhalb des positiven XYZ-Oktanten des WKS befinden. Das heißt, ihre X-, Y- und Z-Koordinaten müssen größer Null sein.

- 3D-STUDIO (*.3DS): Mit dieser Einstellung können Sie eine Datei im 3D-Studio-Format erzeugen. 3D Studio ist ein Programm von Autodesk für fotorealistische Darstellung und Animation. Wählen Sie die Objekte, die Sie ausgeben wollen, und bestimmen Sie die Optionen für die Übertragung in einem weiteren Dialogfeld (siehe Abbildung 17.10).

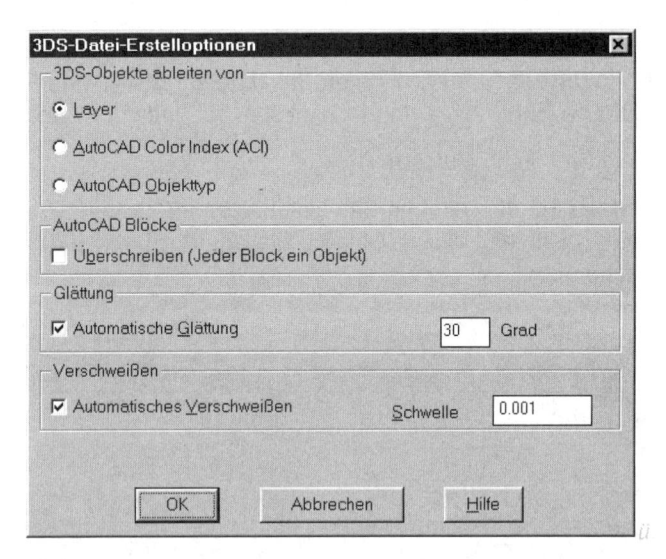

Abbildung 17.10:
Optionen für die Übertragung in das 3D-Studio-Format

Stellen Sie ein, ob alle Objekte eines Layer, einer Farbe oder alle Objekte eines Typs in ein 3D-Studio-Objekt konvertiert werden sollen. Außerdem können Sie eine automatische Glättung und ein automatisches Verschweißen einstellen.

→ WEB-ZEICHNUNGSFORMAT (*.DWF): Mit AutoCAD 14 können Sie aus der aktuellen Zeichnung eine Zeichnungsdatei im Drawing-Web-Format (*.DWF) erstellen. Diese Dateien lassen sich mit dem WHIP! Netscape Navigator Plug-in oder dem WHIP! Microsoft Internet Explorer ActiveX Control im entsprechenden Internet Browser anzeigen. Diese Plug-Ins können von der Web-Site unter

http://www.autodesk.com/products/autocad/whip/whip.htm

heruntergeladen werden. Damit können Sie Ihre Zeichnungen im Internet publizieren. Mit der Schaltfläche OPTIONEN... erhalten Sie ein weiteres Dialogfeld (siehe Abbildung 17.11), in dem Sie die Genauigkeit der Ausgabe wählen können und die Komprimierung ein- und ausschalten können.

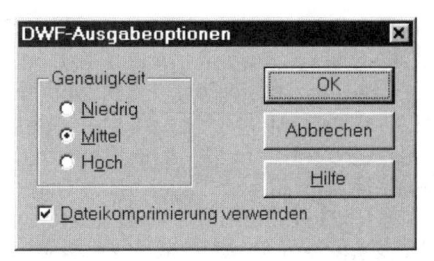

Abbildung 17.11:
Optionen für die Übertragung in das DWF-Format

Kapitel 17: Datenaustausch mit anderen Programmen

Vorgang: Befehl 3DSIN

Mit dem Befehl 3DSIN können Sie Dateien aus 3D Studio direkt in die aktuelle AutoCAD-Zeichnung einlesen. Sie finden den Befehl:

↳ Abrollmenü EINLESEN, Funktion 3D STUDIO...

Wählen Sie die Datei im Dateiwähler. Danach können Sie in einem Dialogfeld wählen, welche Objekte Sie aus der Datei übernehmen wollen (siehe Abbildung 17.12).

Abbildung 17.12:
Übernahme aus einer 3D-Studio-Datei

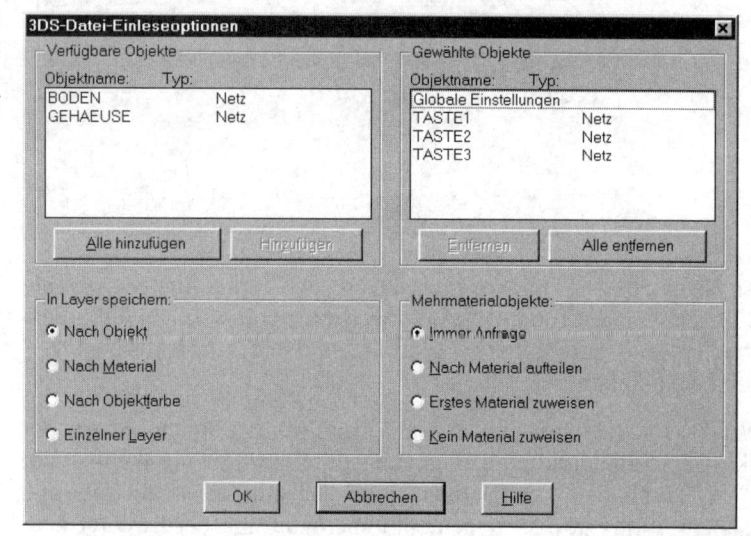

Wählen Sie in der linken Liste die Objekte aus, die Sie übernehmen wollen. Markieren Sie sie, und klicken Sie auf die Schaltfläche HINZUFÜGEN. Mit der Schaltfläche ALLE HINZUFÜGEN übernehmen Sie alle Objekte aus der Liste.

In der rechten Liste haben Sie alle Objekte, die Sie übernommen haben. Dort können Sie markierte Objekte mit der Schaltfläche ENTFERNEN wieder aus der LISTE ENTFERNEN oder mit ALLE ENTFERNEN wieder alle aus der Liste nehmen.

In Bereich IN LAYER SPEICHERN wählen Sie, wie Sie die Objekte den AutoCAD-Layern zuordnen wollen. NACH OBJEKT erstellt für jedes Objekt in der 3D Studio-Datei einen Layer und positioniert das Objekt auf diesem Layer. NACH MATERIAL erstellt für jedes Material in der 3D Studio-Datei einen Layer und positioniert Objekte, denen dieses Material zugewiesen wurde, auf diesem Layer. NACH OBJEKTFARBE erstellt für jede Objektfarbe in der 3D Studio-Datei einen Layer und positioniert alle Objekte mit dieser Farbe auf diesem Layer. EINZELNER LAYER erstellt einen einzelnen Layer und positioniert alle Objekte auf diesem Layer.

Im Bereich MEHRMATERIALOBJEKTE legen Sie fest, was gemacht werden soll, wenn AutoCAD auf ein 3D Studio-Objekt trifft, dem mehrere Materialien zugeordnet wurden. Sie können wählen, ob angefragt werden soll, mehrere Objekte erzeugt werden sollen, das erste Material zugewiesen werden oder kein Material zugewiesen werden soll.

Vorgang: Befehl ACISIN

Mit dem Befehl ACISIN können Sie ACIS-Dateien in AutoCAD einlesen. Sie finden den Befehl im:

↳ Abrollmenü EINFÜGEN, Funktion ACIS-OBJEKT...

Wählen Sie die Datei im Dateiwähler, und fügen Sie sie in die aktuelle Zeichnung ein.

Verweis:

Siehe Referenzteil: Befehle ACISOUT, STLOUT, 3DSOUT, DWFOUT und EINLESEN

17.6 PostScript-Ein- und -Ausgabe

AutoCAD-Zeichnungen lassen sich als PostScript-Datei ausgeben. PostScript hat sich zum Standard bei DTP (Desktop Publishing), Grafik- und Illustrationsprogrammen und im Fotosatz entwickelt. Mit dem Befehl ERSTELLEN bzw. PSOUT läßt sich die aktuelle Zeichnung in eine EPS-Datei (Encapsulatet PostScript) umwandeln, und mit dem Befehl PSIN können PostScript-Dateien in die aktuelle Zeichnung geladen werden.

Was ist PostScript?

Zunächst ist PostScript einmal eine Programmiersprache, vergleichbar mit Basic, Pascal oder C. PostScript wurde jedoch nicht entwickelt, um irgendwelche mathematischen Probleme zu lösen, sondern um Bilder und Texte auf einer Druckseite zu plazieren und zu gestalten. Deshalb spricht man bei PostScript auch von einer Seitenbeschreibungssprache.

Sie enthält in erster Linie Befehle zur Erstellung von Linien, Bögen, Kreisen, Kurven, Füllmustern und vor allem auch Schriften auf dem Papier. Schriften werden dort als eine Art von Grafik behandelt, die beliebig skaliert, gedreht, gedehnt, gestaucht und gefüllt werden kann. Dadurch werden sie geräteunabhängig und lassen sich in jeder Größe und Form auf PostScript-Geräten ausgeben.

Die Konversation zwischen dem Computer und dem PostScript-Drucker läuft dann in der Form ab, daß vom Computer Befehle in der Programmiersprache PostScript ausgegeben werden, die der Prozessor im Drukker in das entsprechende Seitenbild umwandelt.

AutoCAD 14 und PostScript

AutoCAD 14 kann mit dem Befehl ERSTELLEN bzw. PSOUT die Zeichnung umwandeln in das Encapsulated-PostScript-Format, kurz EPS-Format oder noch kürzer in EPSF. EPS-Dateien unterscheiden sich von normalen PostScript-Dateien durch mindestens zwei Kommentarzeilen.

```
%!PS-Adobe-2.0 EPSF-2.0
%%BoundingBox: 20 20 275 360
```

Die erste Zeile weist Sie als EPS-Datei aus. Die zweite Zeile gibt die Größe der sogenannten Bounding Box im PostScript-Koordinatensystem an. Das entspricht der Größe, die diese Datei auf der Druckseite einnimmt. Weitere Kommentarzeilen geben an, aus welchem Programm die Datei erzeugt wurde, sowie das Erstellungsdatum.

```
%%Title: C:\TEMP\PLOT1.EPS
%%Creator: AutoCAD PSOUT
%%For: Werner Sommer, Sommer und Partner GmbH
%%Pages: 1
%%DocumentFonts: (atend)
%%DocumentNeededFonts: (atend)
%%CreationDate: 1997-07-28
%%EndComments
```

Solche Dateien lassen sich sowohl direkt auf dem Drucker ausgeben als auch in anderen Programmen auf einer Seite positionieren, beliebig skalieren und mit anderen Grafikelementen kombinieren.

Leider werden diese PostScript-Dateien beim Plazieren in Grafik- oder Publishing-Programmen nur als graue Flächen angezeigt. Das Bild, das sich dahinter verbirgt, zeigt sich erst bei der Ausgabe auf einem PostScript-Drucker auf dem Papier.

Abhilfe schaffen hier nur darstellbare EPS-Dateien. Sie enthalten im Vorspann eine pixelweise Darstellung. Dadurch ist der Bildinhalt in grober Form sichtbar. Zu beachten ist aber, daß solche Dateien nicht direkt zum Ausdruck an den Drucker gesandt werden können. Beim Layout erleichtern sie aber die Arbeit wesentlich.

Vorgang: Befehl ERSTELLEN

Mit dem Befehl ERSTELLEN können Sie aus der aktuellen Zeichnung eine EPS-Datei erzeugen. Wählen Sie den Befehl:

↪ Abrollmenü DATEI, Funktion ERSTELLEN...

Wählen Sie im Abrollmenü DATEITYP den Eintrag ENCAPSULATED PS (*.EPS). Geben Sie den Dateinamen ein, und wählen Sie das Laufwerk und den Ordner. Mit der Schaltfläche OPTIONEN... können Sie, ähnlich wie beim Befehl PLOT, die Ausgabeparameter in einem Dialogfeld bestimmem (siehe Abbildung 17.13).

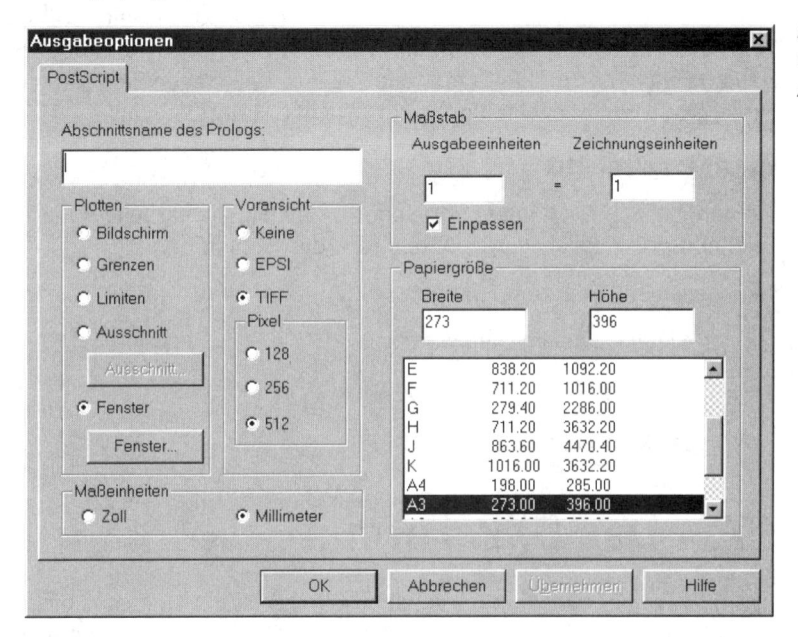

Abbildung 17.13: *PostScript-Ausgabe*

Abschnittname des Prologs

Für die PostScript-Ausgabe wird die Parameterdatei *ACAD.PSF* verwendet. In dieser Datei können Sie einen sogenannten Prologabschnitt definieren und darin das Erscheinungsbild der PostScript-Datei beeinflussen. Dies kann sinnvoll sein, wenn Sie unterschiedliche Farben, unterschiedliche Linienbreiten oder spezielle Linientypen haben wollen. In der Datei *ACAD.PSF* können viele Prologabschnitte definiert sein. In diesem Feld geben Sie ein, welcher verwendet werden soll. Ein kommentierter Beispielprolog, genannt *SAMPLEPROLOG, ist in *ACAD.PSF* enthalten.

Plotten

Vorgabe des Plotbereichs wie beim Befehl PLOT. Sie können den momentanen Bildschirmausschnitt, alle Objekte der aktuellen Zeichnung, die Zeichnung innerhalb der Limits, einen gespeicherten Ausschnitt oder ein Fenster in der PostScript-Datei ausgeben.

Voransicht

Wenn Sie ein Voransichtsformat wählen, wird der PostScript-Datei ein Voransichtsbild angehängt. Beim Plazieren in Text- und Grafikprogrammen wird dann eine Voransicht gezeigt.

Wählen Sie im Feld MAßEINHEITEN, ob Sie in mm oder Zoll arbeiten wollen. Den Maßstab stellen Sie ebenfalls wie beim Befehl PLOT ein, oder Sie wählen EINPASSEN für eine formatfüllende Anzeige. Tragen Sie zuletzt die Papiergröße ein, oder wählen Sie ein Format aus der Liste aus.

Vorgang: Befehl PSIN

Mit dem Befehl PSIN können PostScript-Dateien in die aktuelle AutoCAD-Zeichnung eingelesen werden. Sie finden den Befehl:

↳ Abrollmenü EINFÜGEN, Funktion EPS...

Wählen Sie die Datei im Dateiwähler.

Verweis:

Siehe auch Referenzteil, Befehl PSOUT

17.7 Das DXB-Format

Das DXB-Format (Drawing Interchange Binary) ist ein einfaches binäres Format, mit dem Sie geometrische Grundobjekte in andere Programme übertragen können. Für den Datenaustausch hat dieses Format keine Bedeutung mehr. Trotzdem gibt es Anwendungen, bei denen man DXB-Dateien verwenden kann. Da diese Dateien nur geometrische Grundobjekte enthalten können, werden auch Texte, Schraffuren usw. in ihre geometrischen Bestandteile zerlegt. Lädt man diese Dateien wieder, kann die Geometrie der Schrift bearbeitet werden. Ebenso lassen sich Ansichten von einem 3D-Modell als DXB-Datei erzeugen, wieder einlesen und nachbearbeiten.

AutoCAD kann solche Dateien nur lesen. Es gibt keinen direkten Befehl zum Schreiben einer DXB-Datei. Mit einem ADI-Plotter-Treiber kann jedoch eine solche Datei geschrieben werden.

Vorgang: DXB-Datei erstellen

Konfigurieren Sie einen Plotter-Treiber für die Ausgabe, und plotten Sie in eine Datei im DXB-Format. Gehen Sie wie folgt vor:

↳ Wählen Sie den Befehl VOREINSTELLUNGEN.

↳ Aktivieren Sie die Registerkarte DRUCKER.

⇒ Klicken Sie auf die Schaltfläche Neu...

⇒ Wählen Sie aus der Liste den Eintrag AutoCAD-DXB-Dateiformat (vor 4.1) von Autodesk Inc. und geben Sie die weiteren Parameter wie bei der Plotterkonfiguration ein. Sie legen damit nur Vorgabewerte fest, die Sie im Plot-Dialogfeld wieder ändern können.

```
Maximales horizontales (X) Plotformat in Zeicheneinheit <11.0000>:
Plotterbewegungen pro Zeicheneinheit <1000.0000>:
Maximales vertikales (Y) Plotformat in Zeicheneinheit <8.5000>:

Plotoptimierungsebene = 1
Alle Größen sind in Zoll und der Stil in Querformat angegeben
Der Plotursprung liegt auf (0.00,0.00)
Der Plotbereich mißt 11.00 auf 8.50 (MAX Größe)
Der Plot wird NICHT gedreht
Flächenfüllung wird NICHT an Stiftbreite angepaßt
Die verdeckten Linien werden NICHT unterdrückt
Die Plotgröße wird der Größe des verfügbaren Bereichs angepaßt

Möchten Sie noch etwas ändern? (Nein/Ja/Datei) <N>:
```

⇒ Wählen Sie den Befehl Plot für die Ausgabe, und wählen Sie bei der Geräte- und Vorgabenwahl die Gerätekonfiguration AutoCAD-DXB-Datei. Alle Einstellmöglichkeiten des Befehls Plot stehen Ihnen zur Verfügung.

Vorgang: Befehl Dxbin

Mit dem Befehl Dxbin können DXB-Dateien in die aktuelle AutoCAD-Zeichnung eingelesen werden. Sie finden den Befehl im:

⇒ Abrollmenü Einfügen, Funktion Dxb...

Wählen Sie die Datei im Dateiwähler.

17.8 Plotdateien erstellen

Weitere Möglichkeiten, Dateien in verschiedenen Formaten zu erzeugen, haben Sie, wenn Sie weitere Plotter konfigurieren und in eine Datei plotten.

Vorgang: Rasterdateiausgabe

Gehen Sie wie vorher beschrieben vor. Wählen Sie den Befehl Voreinstellungen, und konfigurieren Sie einen neuen Drucker. Wählen Sie bei der Geräteauswahl Rasterdateiexport ADI 4.3 – von Autodesk Inc.

Kapitel 17: Datenaustausch mit anderen Programmen

Geben Sie dann Werte für die Auflösung, das Format und die Farbtiefe ein:

Unterstützte Modelle:

```
 1.  320 x  200    (CGA/MCGA-Farbe)
 2.  640 x  200    (CGA-Monochrom)
 3.  640 x  350    (EGA)
 4.  640 x  400
 5.  640 x  480    (VGA)
 6.  720 x  540
 7.  800 x  600
 8. 1024 x  768
 9. 1152 x  900    (Sun Standard)
10. 1600 x 1280    (Sun hi-res)
11. Benutzerdefiniert
```

Ihre Auswahl, 1 bis 11 <1>:

Sie können eine Zeichnung in einem der folgenden
Rasterdateiformate erstellen. Wählen Sie das gewünschte Format.

```
1. Microsoft Windows geräteunabh. Bitmap (.BMP)
2. TrueVision TGA-Format
3. Z-Soft PCX-Format
4. TIFF (Tag Image File Format)
```

Geben Sie eine Auswahl ein, 1 bis 4 <1>:

Die Datei kann als Monochrom- oder Farbbild erstellt werden.

```
1. Monochrom
2. Farbe -  16 Farben
3. Farbe - 256 Farben
```

Geben Sie eine Auswahl ein, 1 bis 3 <3>:

Sie können eine beliebige Farbe der 256 AutoCAD-Standardfarben als
Hintergrund festlegen. Die Vorgabe 0 legt schwarz als
Bildschirmhintergrund fest.

Geben Sie eine Auswahl ein, 0 bis 255 <0>:

Alle Größen sind in Zoll und der Stil in Querformat angegeben
Der Plotursprung liegt auf (0.00,0.00)
Der Plotbereich mißt 320.00 auf 240.00 (MAX Größe)
Der Plot wird NICHT gedreht
Die verdeckten Linien werden NICHT unterdrückt
Die Plotgröße wird der Größe des verfügbaren Bereichs angepaßt

Möchten Sie noch etwas ändern? (Nein/Ja/Datei) <N>:

Alle Angaben, die Sie hier machen, außer der Auflösung, können Sie im Plot-Dialogfeld bei der Ausgabe noch ändern.

Wählen Sie den Befehl PLOT, und klicken auf die Schaltfläche GERÄTE- UND VORGABENWAHL. Wählen Sie zur Ausgabe das konfigurierte Rasterformat. Format und Auflösung können Sie noch ändern, wenn Sie im Feld GERÄTE-ANFORDERUNGEN auf die Schaltfläche ÄNDERN... klicken. In verschiedenen Dialogfeldern stellen Sie das Format, die Farbtiefe, die Hintergrundfarbe und eventuelle Komprimierungsoptionen ein.

Vorgang: HPGL-Dateien

Verschiedene Grafik- und DTP-Programme können Daten im HPGL-Format übernehmen. Das HPGL-Format ist ein Vektorformat zur Ansteuerung von Plottern. Bilder in diesem Format lassen sich ohne Qualitätsverlust skalieren.

Es wurde von der Fa. Hewlett Packard, dem Marktführer bei Plottern, entwickelt und ist auch danach benannt (HPGL=Hewlett Packard Grafik Language).

Über einen Trick kann man dieses Format auch mit AutoCAD 14 erzeugen. Konfigurieren Sie in AutoCAD einen HewlettPackard-Plotter, beispielsweise das Modell 7475, den Standard Plotter von Hewlett Packard. Geben Sie beim Befehl PLOT vor, daß in eine Datei gedruckt werden soll.

Verwenden Sie in AutoCAD das Gerät zur Ausgabe. Wenn Sie die Ausgabe starten, wird ein Dateiname abgefragt. Die Befehle, die normalerweise an den Plotter gehen, werden in eine Datei mit der Erweiterung *.PLT* geschrieben. Diese Datei kann dann in andere Programme eingelesen werden.

Vorgang: PostScript-Dateien

Weiter oben in diesem Kapitel haben Sie den Befehl PSOUT kennengelernt, mit dem Sie die Zeichnung als PostScript-Datei ausgeben können. Eine andere Möglichkeit, solche Dateien zu erzeugen, haben Sie, wenn Sie einen PostScript-Drucker konfigurieren und in eine Datei plotten.

Teil IV

Abheben in die dritte Dimension

3D-Techniken und 3D-Darstellungen

Kapitel 18

- 18.1 3D-Techniken
- 18.2 3D-Koordinatenformate
- 18.3 Zeichnen mit Objekthöhe und Erhebung
- 18.4 Das erste 3D-Modell
- 18.5 Ansichtspunkte und Ausschnitte
- 18.6 Verdecken und Schattieren
- 18.7 3D-Editierfunktionen
- 18.8 Benutzerkoordinatensysteme im Raum
- 18.9 Dynamische Ansichten und Fluchtpunktperspektiven
- 18.10 Aufteilung des Bildschirms in Fenster
- 18.11 Mehrere Ansichten auf einem Zeichenblatt

Bis jetzt haben Sie nur in zwei Dimensionen gearbeitet. Doch jetzt werden Sie abheben. In diesem Teil des Buches werden Sie sich mit den Möglichkeiten beschäftigen, die AutoCAD 14 bietet, um 3D-Modelle zu erstellen. Sie lernen:

- was es mit der Erhebung und der Objekthöhe auf sich hat,
- wie 2D-Objekte mit Objekthöhe aussehen,
- welche dreidimensionalen Koordinatenformate möglich sind,
- wie Sie Ansichtspunkte einstellen können,
- wie 3D-Modelle ohne verdeckte Kanten und schattiert aussehen,
- wie Sie im Raum editieren können,
- wie Sie mit Benutzerkoordinatensystemen frei im Raum beliebige Konstruktionsebenen legen können,
- welche Möglichkeiten Sie mit den dynamischen Ansichten haben,
- wie Sie realistische Fluchtpunktperspektiven erstellen können,
- wie Sie Schnitte darstellen können,
- wie Sie Ihre Arbeitsfläche in Fenster aufteilen können,
- wie das 3D-Modell in verschiedenen Ansichten und Perspektiven auf das Papier kommt.

18.1 3D-Techniken

Alle zeichnerischen Darstellungen, ob auf dem Papier oder in einem CAD-Programm, bilden in der Regel dreidimensionale Gegenstände ab. Um sie auf dem zweidimensionalen Medium Papier sichtbar machen zu können, werden unterschiedliche Methoden zur Darstellung verwendet:

- Verschiedene Ansichten (meist Draufsicht, Vorderansicht und Seitenansicht) und Schnitte,
- Isometrische Ansichten,
- Perspektivische Darstellungen
- oder auch Explosionszeichnungen.

Wie auf dem Papier, können Sie auch mit einem CAD-Programm arbeiten. Sie zeichnen Ansichten und Schnitte und überlassen es der Vorstellungskraft und dem technischen Verständnis des Betrachters, sich das dreidimensionale Objekt vorzustellen.

Auch Isometrien und perspektivische Ansichten können Sie mit einem 2D-CAD-Programm wie am Zeichenbrett erstellen. AutoCAD unterstützt Sie beispielsweise mit dem isometrischen Fangraster bei der Erstellung von isometrischen Darstellungen.

Der Nachteil dabei ist jedoch, daß Sie keine Kontrolle über die Richtigkeit der so erstellten Zeichnungen haben. Ob beispielsweise eine Kante sichtbar oder unsichtbar ist oder welche Linien in einem Schnitt sichtbar sind, kann Ihnen kein 2D-CAD-Programm ermitteln. Das können nur Sie mit Ihrer Vorstellung über den Gegenstand entscheiden. Außerdem ist es bei einer solchen Darstellung nicht möglich, die Ansicht zu wechseln und das Objekt von einer anderen Seite zu betrachten.

Wenn in diesem Teil des Buches 3D-Funktionen behandelt werden, gehen wir von anderen Voraussetzungen aus:

Im Computer entsteht ein realistisches dreidimensionales Modell des darzustellenden Objektes!

Aus dreidimensionalen Grundelementen setzen Sie ein Modell zusammen, oder Sie modellieren wie aus einem Rohteil den Gegenstand heraus, den Sie dann aus allen Richtungen betrachten können. Erst wenn das erledigt ist, kümmern Sie sich um die Zeichnung, falls sie dann überhaupt noch erforderlich ist. Ansichten, Schnitte und perspektivische Darstellung lassen sich aus dem 3D-Modell ableiten.

In AutoCAD 14 (ohne zusätzliche Module wie Autodesk Mechanical Desktop) stehen Ihnen für die Erstellung von 3D-Modellen die folgenden Techniken zur Verfügung:

DRAHTMODELLE

Punkte, Linien, 3D-Polylinien, Konstruktionslinien oder Strahlen lassen sich beliebig im Raum zeichnen. Damit lassen sich Hilfskonstruktionen für 3D-Modelle erstellen, die mit einer der folgenden Methoden vervollständigt werden.

Die anderen AutoCAD-Objekte können nur auf der Zeichenebene (dem sogenannten Benutzerkoordinatensystem, kurz BKS) oder parallel zur Zeichenebene erstellt werden. Mit dieser Einschränkung lassen sich auch andere AutoCAD-Objekte als Hilfskonstruktionen verwenden.

3D-OBJEKTE MIT ERHEBUNG UND OBJEKTHÖHE

Bei den zweidimensionalen Objekten in AutoCAD wird eine Objekthöhe gespeichert. Sie ist normalerweise Null, kann aber auch auf einen konstanten Wert gesetzt werden. Dadurch wird aus einem Kreis ein Zylinder und aus einer Linie eine Wand mit der Dicke Null. Mit der Erhebung wird festgelegt, welchen Abstand das Objekt zur Zeichenebene hat. Einfache

Gegenstände lassen sich so darstellen, aber schon Kegel oder Pyramiden sind mit dieser Methode nicht mehr möglich. Diese Technik eignet sich für einfache Illustrationen. Komplexe Objekte lassen sich nur annäherungsweise darstellen.

OBERFLÄCHENMODELLE

Mit dieser Technik werden dreidimensionale Objekte durch ein Oberflächennetz aus drei- und viereckigen Flächen angenähert. Je feinmaschiger das Netz erzeugt wird, desto höher ist die Genauigkeit des Modells. Diese Technik ist vor allem dann geeignet, wenn es auf die Oberfläche eines Gegenstandes ankommt, beispielsweise um daraus ein NC-Programm für die Bearbeitung zu erzeugen.

VOLUMENKÖRPER

Mit dieser Technik lassen sich Grundkörper wie Zylinder, Quader, Kegel, Pyramide, Kugel oder Torus erzeugen. Außerdem lassen sich aus 2D-Konturen durch Extrusion und Rotation Volumen erzeugen. Die entstandenen 3D-Objekte lassen sich mit boolschen Verknüpfungen zusammenfassen und durch Fasen, Abrunden oder Kappen weiterbearbeiten. Die so entstandenen Objekte enthalten Volumeninformationen.

Bei der Erstellung eines 3D-Modells können Sie verschiedene dieser Techniken verwenden. Für einfache Illustrationen reicht es, wenn Sie mit Objekthöhe zeichnen. Ist ein Objekt komplizierter, erstellen Sie es als Volumenkörper oder Oberfläche.

18.2 3D-Koordinatenformate

Wie vorher erwähnt, können Sie Linienzüge beliebig im Raum zeichnen. Dazu ist es erforderlich, daß Sie die notwendigen Koordinatenwerte auch dreidimensional eingeben können. Die Koordinatenformate, die Sie schon vom zweidimensionalen Zeichnen kennen, werden erweitert bzw. um neue ergänzt.

WICHTIG:

Alle Koordinatenangaben beziehen sich auf das aktuelle Benutzerkoordinatensystem. Setzt man aber einen »*« davor, beziehen sie sich auf das Weltkoordinatensystem, unabhängig davon, welches Benutzerkoordinatensystem aktiv ist. Die Funktionen zur Erzeugung von Benutzerkoordinatensystemen haben Sie schon in Kapitel 4 kennengelernt. In diesem Kapitel werden sie um die dritte Dimension erweitert.

Kapitel 18: 3D-Techniken und 3D-Darstellungen

KARTESISCHE KOORDINATEN

Ein Punkt wird durch seinen Abstand in X-, Y- und Z-Richtung vom Ursprung des Koordinatensystems bzw. vom letzten Punkt (bei relativen Koordinaten) eingegeben. Die Z-Achse steht senkrecht zur XY-Ebene. Es gilt die »**Rechte-Hand-Regel**«. Spreizt man an der rechten Hand Daumen und Zeigefinger und winkelt den Mittelfinger ab, zeigt der Daumen in die Richtung der X-Achse, der Zeigefinger in die Richtung der Y-Achse und der Mittelfinger in die Richtung der Z-Achse.

Absolut	Relativ
Format: X,Y,Z	Format: @dx,dy,dz
Beispiel: 150,80,120	Beispiel: @20,100,50

KUGELKOORDINATEN

Ein Punkt wird durch seinen Abstand vom Koordinatennullpunkt bzw. vom letzten Punkt, seinem Winkel in der XY-Ebene und seinem Winkel zur XY-Ebene des aktuellen Koordinatensystems angegeben. Der Winkel in der XY-Ebene wird von der X-Achse aus entgegen dem Uhrzeigersinn gemessen. Der Winkel zur XY-Ebene ist positiv, wenn der Punkt darüberliegt und negativ, wenn er darunterliegt.

Absolut	Relativ
Format: A<W1<W2	Format: @A<W1<W2
Beispiel: 50<45<60	Beispiel: @50<30<45

ZYLINDERKOORDINATEN

Ein Punkt wird durch den Abstand seiner Projektion in die XY-Ebene vom Koordinatennullpunkt bzw. vom letzten Punkt, seinen Winkel in der XY-Ebene und seinen Abstand in Z-Richtung angegeben. Der Winkel in der XY-Ebene wird von der X-Achse aus entgegen dem Uhrzeigersinn gemessen.

ABSOLUTRELATIV

Absolut	Relativ
Format: A<W,Z	Format: @A<W,Z
Beispiel: 50<45,20	Beispiel: @50<30,20

Abbildung 18.1 zeigt die verschiedenen Koordinatenformate. Polarkoordinaten, die Sie vom zweidimensionalen Zeichnen her kennen, sind auch nur als 2D-Koordinaten möglich. Das dreidimensionale Äquivalent dazu ist die Zylinderkoordinate.

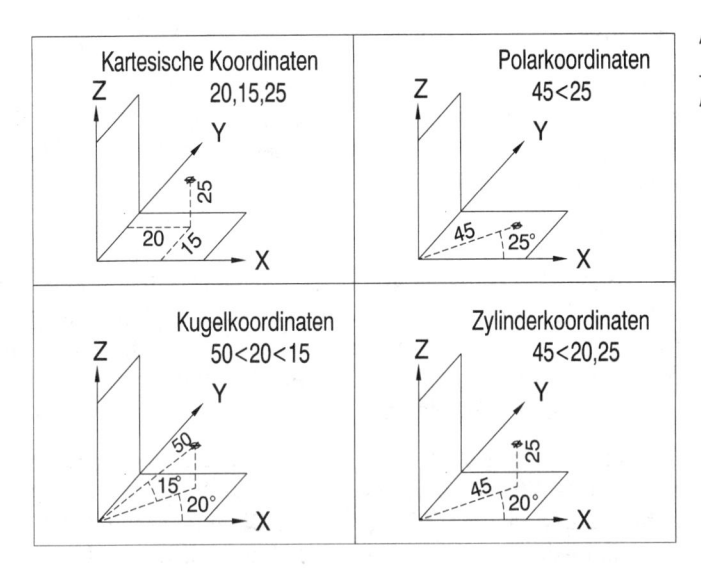

Abbildung 18.1:
3D-Koordinatenformate

WICHTIG:

- Nur Linien, 3D-Polylinien, Konstruktionslinien oder Strahlen lassen sich beliebig im Raum zeichnen. Jeder Eingabepunkt kann einen anderen Z-Koordinatenwert haben.

- Alle anderen Objekte lassen sich nur parallel zum Benutzerkoordinatensystem erzeugen. Alle Punkte müssen denselben Z-Koordinatenwert haben.

- Wird eine andere Ausrichtung gewünscht, muß das Benutzerkoordinatensystem neu ausgerichtet werden.

18.3 Zeichnen mit Objekthöhe und Erhebung

Schon seit Version 2.1 können Sie in AutoCAD mit Erhebung und Objekthöhe zeichnen und dadurch dreidimensionale Gegenstände erzeugen. Der Vorteil dieser Methode ist, daß sich die Objekte einfach erstellen lassen. Außerdem ergeben sich kompakte Zeichnungsdateien, was wiederum schnelle Bildaufbau- und Regenerierungszeiten zur Folge hat. Die Möglichkeiten sind begrenzt, einfache Illustrationen können Sie damit aber erstellen.

Erhebung

Die Erhebung ist der Abstand des Objekts zur XY-Ebene des aktuellen Koordinatensystems. Die Erhebung kann positiv oder negativ sein. Hat sie den Wert 0, liegt das Objekt auf der XY-Ebene des aktuellen Koordinatensystems.

Objekthöhe

Die Objekthöhe ist der Wert, um den ein Objekt über oder unter seine Erhebung in die Höhe gezogen wird. Positive Objekthöhen ziehen ein Objekt nach oben (in Richtung der positiven Z-Achse), negative nach unten (in Richtung der negativen Z-Achse). Die Objekthöhe 0 ist Vorgabe, es entstehen reine 2D-Objekte.

Ein Kreis mit Erhebung 20 und Objekthöhe 10 sieht gleich aus wie ein Kreis mit der Erhebung 30 und der Objekthöhe -10. Erhebung und Objekthöhe werden in AutoCAD 14 für alle Objekte gespeichert. Solange Sie zweidimensional arbeiten, sind die Werte für alle Objekte 0. Erhebung und Objekthöhe sind für das gesamte Objekt gleich.

Erhebung und Objekthöhe können Sie auf feste Werte einstellen. Alle Objekte die Sie danach zeichnen, erhalten diese Werte. Sie können aber auch alles auf die XY-Ebene zeichnen und danach die Objekte mit den Änderungsbefehlen auf die richtige Objekthöhe bringen. Die Erhebung können Sie mit den Änderungsbefehlen nicht beeinflussen. Sie können allerdings mit dem Befehl SCHIEBEN die Objekte auf die richtige Erhebung bringen.

Statt eine feste Erhebung einzustellen, können Sie auch die Koordinaten der Zeichnungspunkte mit X-, Y- und Z-Wert eingeben.

Wie sehen 2D-Objekte aus AutoCAD 14 aus, wenn sie mit Objekthöhe gezeichnet werden? Abbildung 18.2 zeigt alle Objektarten in der Draufsicht.

Abbildung 18.2:
2D-AutoCAD-Objekte in der Draufsicht

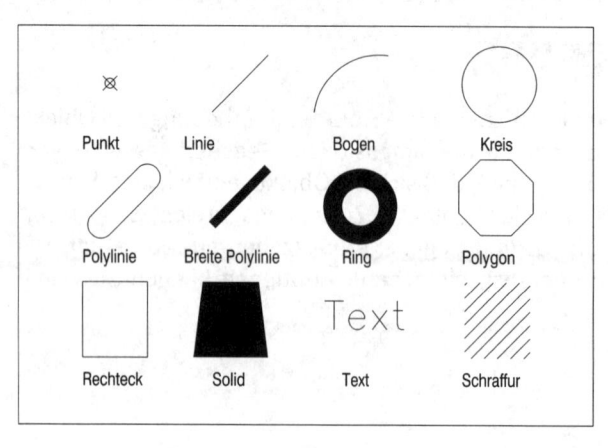

Betrachten Sie diese Objekte von einem Punkt im Raum aus, dem sogenannten Ansichtspunkt (siehe Kapitel 18.5), bekommen Sie zunächst einmal nur Drahtmodelle auf den Bildschirm, die noch wenig Aufschluß über das Aussehen geben (siehe Abbildung 18.3).

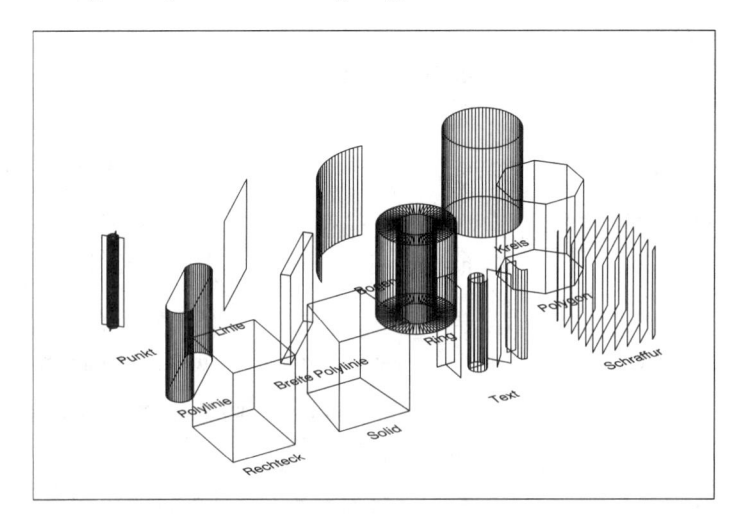

Abbildung 18.3:
AutoCAD-Objekte mit Objekthöhe in isometrischer Ansicht

Erst wenn Sie die verdeckten Kanten aus der Darstellung entfernen, erhalten Sie Aufschluß über die tatsächliche Form der Objekte (siehe Abbildung 18.4).

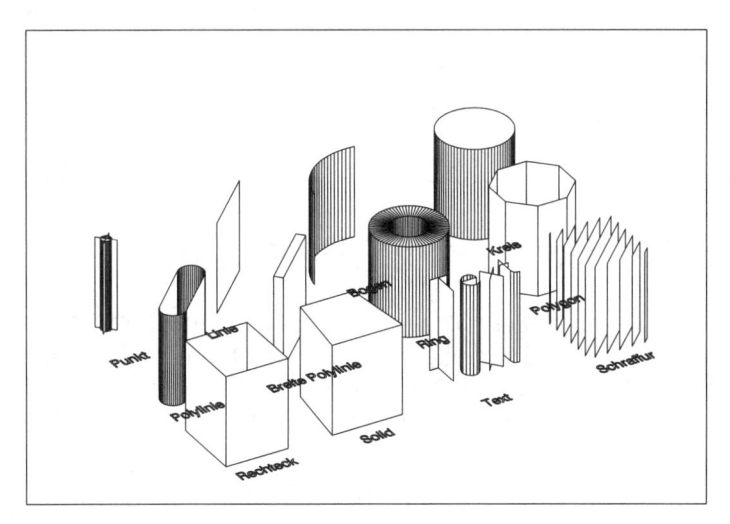

Abbildung 18.4:
AutoCAD-Objekte mit Objekthöhe in isometrischer Ansicht ohne verdeckte Kanten

In Tabelle 18.1 sehen Sie die Objekte von AutoCAD 14 aufgelistet und wie sie dargestellt werden, wenn Sie mit einer Objekthöhe gezeichnet werden.

Tabelle 18.1:
AutoCAD-Objekte mit Objekthöhe

AutoCAD-Objekt	AutoCAD-Objekt mit Objekthöhe
Punkt	Senkrechte Linie
Linie	Undurchsichtige Fläche
Bogen	Undurchsichtige gewölbte Fläche
Kreis	Massiver Zylinder
Polylinie	Gerade oder gewölbte undurchsichtige Flächenelemente
Breite Polylinie	Massive gerade oder gewölbte Wandelemente
Ring	Röhre mit massiver Wand
Polygon	Regelmäßiges Profil mit Wandstärke 0
Rechteck	Rechteckiges bzw. quadratisches Profil mit Wandstärke 0
Solid	Massiver drei- bzw. viereckiger Körper
Text	Erhabene Schrift
Schraffur	Undurchsichtige senkrechte Flächen
Ellipse	Objekthöhe hat keine Wirkung
Bemassung	Objekthöhe hat keine Wirkung
Multilinie	Objekthöhe hat keine Wirkung
Spline	Objekthöhe hat keine Wirkung
Klinie	Objekthöhe hat keine Wirkung
Strahl	Objekthöhe hat keine Wirkung

18.4 Das erste 3D-Modell

Ihr erstes 3D-Modell soll ausschließlich aus AutoCAD-2D-Objekten entstehen, die Sie mit Erhebung und Objekthöhe zeichnen. Abbildung 18.5 zeigt Ihnen das gewünschte Ergebnis: eine Küchenzeile aus zwei Unterschränken. Doch gehen Sie dazu Schritt für Schritt vor.

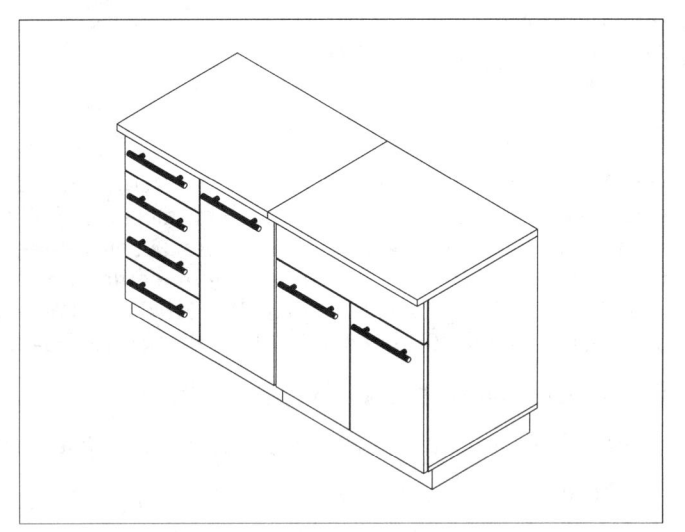

Abbildung 18.5:
3D-Modell aus 2D-Objekten mit Erhebung und Objekthöhe

Vorgang: Systemvariable THICKNESS

Zunächst zeichnen Sie den Sockel. Die Zeichnungseinheiten sollen cm entsprechen. Der Sockel soll aus 2 cm starken Platten bestehen und 9 cm hoch sein. Verwenden Sie dazu eine geschlossene Polylinie in der Breite, die der Materialstärke entspricht. Bevor Sie zeichnen, stellen Sie die Objekthöhe auf den gewünschten Wert. In der Version 13 gab es dafür noch den Befehl DDOMODI, bei dem verschiedene Grundeinstellungen in einem Dialogfeld vorgenommen werden konnten. Die Bedienoberfläche ist in Version 14 überarbeitet und vereinheitlicht worden. Dabei wurde dieser Befehl geopfert. Stellen Sie die Objekthöhe mit der Systemvariablen THICKNESS ein. Wählen Sie:

- Abrollmenü FORMAT, Funktion OBJEKTHÖHE, oder
- tippen Sie den Namen auf der Tastatur ein.

Vorgang: Systemvariable ELEVATION

Die Erhebung stellen Sie mit der Systemvariablen ELEVATION ein. Tippen Sie den Variablennamen auf der Tastatur ein, und geben Sie einen neuen Wert dafür ein.

Vorgang: Befehl ERHEBUNG

Beide Werte können Sie auch mit dem Befehl ERHEBUNG ändern. Auch diesen Befehl finden Sie nicht in den Menüs. Geben Sie ihn auf der Tastatur ein:

```
Befehl: Erhebung
Neue aktuelle Erhebung <0.0000>:
Neue aktuelle Objekthöhe <0.0000>:
```

Tip:

Eine Änderung mit einer der oben genannten Methoden ändert nichts an bereits gezeichneten Objekten. Lediglich die Objekte, die Sie nach einer neuen Einstellung zeichnen, werden mit den neuen Werten erstellt. Bereits gezeichnete Objekte können mit den Änderungsbefehlen auf eine neue Objekthöhe gebracht werden. Die Erhebung können Sie nicht ändern. Hier können Sie nur den Befehl SCHIEBEN verwenden.

Übung: Zeichnen der Einzelteile

↳ *Beginnen Sie eine neue Zeichnung. Starten Sie ohne Vorlage.*

↳ *Stellen Sie die Objekthöhe 9 ein.*

↳ *Zeichnen Sie eine Polylinie mit der Breite 2 vom Punkt 1,5 nach 79,5 nach 79,55 nach 1,55, und schließen Sie diese.*

```
Befehl: Plinie
Von Punkt: 1,5
Aktuelle Linienbreite beträgt 0.00
Kreisbogen/Schliessen/Halbbreite/sehnenLänge/
Zurück/Breite/<Endpunkt der Linie>: B für Breite
Startbreite <0.00>: 2
Endbreite <2.00>: 2 oder RETURN
Kreisbogen/Schliessen/Halbbreite/sehnenLänge/
Zurück/Breite/<Endpunkt der Linie>: 79,5 oder @78,0 oder @78<0
Kreisbogen/Schliessen/Halbbreite/sehnenLänge/
Zurück/Breite/<Endpunkt der Linie>: 79,55 oder @0,50 oder @50<90
Kreisbogen/Schliessen/Halbbreite/sehnenLänge/
Zurück/Breite/<Endpunkt der Linie>: 1,55 oder @-78,0 oder @78<180
Kreisbogen/Schliessen/Halbbreite/sehnenLänge/
Zurück/Breite/<Endpunkt der Linie>: S für Schliessen
```

↳ *Zeichnen Sie darauf eine 2 cm dicke Bodenplatte. Sie hat die Erhebung 9, da sie auf dem 9 cm hohen Sockel liegt, und die Objekthöhe 2. Verwenden Sie wieder eine Polylinie. Diesmal in der Breite der Platte, die 58 cm betragen soll. Geben Sie die beiden Endpunkte mit 0,31 und 80,31 vor.*

↳ *Da jetzt die Platte den darunterliegenden Sockel verdeckt, sollten Sie zwecks besserem Durchblick den Füllmodus ausschalten. Verwenden Sie dazu den Befehl Füllen. Geben Sie ihn am besten auf der Tastatur ein.*

```
Befehl: Füllen
EIN/AUS <EIN>: AUS
Befehl: Regen
```

- *Zeichnen Sie nun die Seitenteile auf der Erhebung 11 mit der Objekthöhe 76. Erledigen Sie dies mit 2 Polylinien mit der Breite 2. Die Endpunkte sind 1,2 und 1,60 bzw. 79,2 und 79,60 für die andere Seite.*

- *Die Rückwand besteht aus einer 1 cm dicken Platte. Zeichnen Sie diese wieder mit einer Polylinie mit Breite 1, gleiche Erhebung und Objekthöhe. Die Endpunkte liegen bei 2,59 und 78,59.*

- *Zuletzt noch die Abdeckplatte mit einer Stärke von 3 cm. Objekthöhe ist 3 und die Erhebung 87. Diesmal hat die Polylinie die Breite 64, und sie beginnt bei 0,28 und endet bei 80,28.*

Da unser Schrank bisher nur in der Draufsicht zu sehen war, ist das Ergebnis natürlich enttäuschend. Sie haben aber in AutoCAD die Möglichkeit, 3D-Modelle von einem beliebigen Punkt im Raum zu betrachten.

Tip:

Mit dem Befehl FÜLLEN stellen Sie ein, ob breite Polylinien, Solids oder mit dem Schraffurbefehl gefüllte Flächen auf dem Bildschirm auch gefüllt oder nur mit ihren Rändern gezeichnet werden sollen. Sie finden den Befehl nicht in den Menüs, tippen Sie ihn ein. Beachten Sie aber, daß erst die danach gezeichneten Objekte so dargestellt werden. Bereits gezeichnete Objekte werden erst nach Eingabe des Befehls REGEN im neuen Modus dargestellt.

Sie können den Modus auch im Dialogfeld des Befehls DDRMODI umstellen (siehe Abbildung 18.6). Wählen Sie:

- Abrollmenü WERKEUGE, Funktion ZEICHNUNGSHILFEN... oder

- Tablettfeld W10

Klicken Sie dazu den Schalter FLÄCHENFÜLLUNG an oder aus.

Abbildung 18.6:
Dialogfeld Zeichnungshilfen zur Einstellung der Flächenfüllung

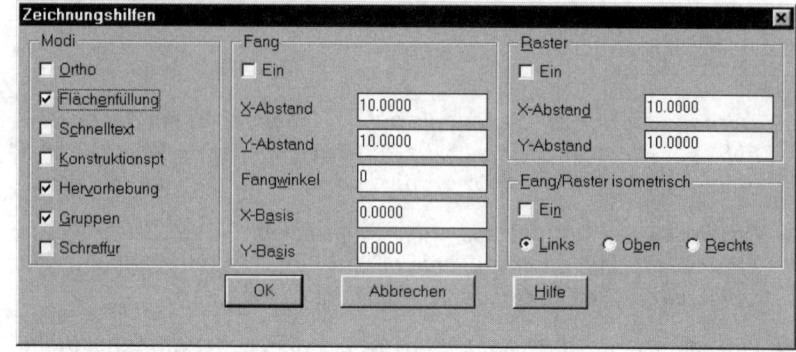

18.5 Ansichtspunkte und Ausschnitte

Stellen Sie sich vor, Sie haben Ihr 3D-Modell in einem virtuellen Raum erstellt. Jetzt begeben Sie sich zu einem Aussichtspunkt oder stellen sich nur auf einen Stuhl oder eine Leiter und schauen sich Ihr Werk von diesem Punkt aus an. Dieser Punkt wird in AutoCAD-Ansichtspunkt genannt, und Sie können ihn wählen. Ihr Modell erscheint dann auf dem Bildschirm so, als ob Sie es von diesem Punkt aus betrachten würden.

Allerdings sieht es nur fast so aus. Alle parallelen Kanten, die in den Raum hineinlaufen, sind auch in dieser Darstellung parallel. Das widerspricht unseren Sehgewohnheiten. Normalerweise erscheinen entferntere Punkte kleiner, alles läuft auf einen Fluchtpunkt zu. Man unterscheidet Parallelperspektiven bzw. Isometrien und Fluchtpunktperspektiven. Vom Ansichtspunkt aus erhalten Sie nur parallele Perspektiven, Fluchtpunktperspektiven lernen Sie später aber auch noch kennen.

Um den Ansichtspunkt zu wählen, stehen Ihnen die Befehle APUNKT und DDVPOINT zur Verfügung. Um schnell wieder in die Draufsicht zu wechseln, können Sie den Befehl DRSICHT verwenden.

Welcher Ansichtspunkt bewirkt nun welche Darstellung? In Tabelle 18.2 finden Sie die Begriffe, wie sie auch in den Menüs von AutoCAD wieder auftauchen:

Tabelle 18.2: *Ansichtspunkte*

Ansichtspunkt	Himmelsrichtung	Darstellung..
Vorne	Süden	aus Richtung der negativen Y-Achse
Hinten	Norden	aus Richtung der positiven Y-Achse
Links	Westen	aus Richtung der negativen X-Achse
Rechts	Osten	aus Richtung der positiven X-Achse
Oben	–	aus Richtung der positiven Z-Achse
Unten	–	aus Richtung der negativen Z-Achse
ISO-Ansicht SW	Süd-West	aus Richtung 225° im Winkel 35,5 Grad bzw. von vorne links oben
ISO-Ansicht SO	Süd-Ost	aus Richtung 315° im Winkel 35,5 Grad bzw. von vorne rechts oben
ISO-Ansicht NO	Nord-West	aus Richtung 45° im Winkel 35,5 Grad bzw. von vorne rechts oben
ISO-Ansicht NW	Nord-West	aus Richtung 135° im Winkel 35,5 Grad bzw. von vorne rechts oben

Vorgang: Befehl APUNKT

Zunächst der Befehl APUNKT. Damit können Sie den Ansichtspunkt mit Koordinaten, Winkeln oder grafisch mit einem Achsendreibein einstellen.

↳ Abrollmenü ANZEIGE, Untermenü 3D-ANSICHTSPUNKT >
↳ Fly-outmenü in der STANDARD-FUNKTIONSLEISTE
↳ Werkzeugkasten ANSICHTSPUNKT
↳ Tablettfelder N4 UND O-R 3-5

```
Befehl: Apunkt
Drehen/<Ansichtspunkt> <0.00,0.00,1.00>:
```

Folgende Eingaben sind möglich:

KOORDINATEN

Wenn Sie keine weitere Option wählen, können Sie die Koordinate Ihres Standortes eingeben. Dabei sind die absoluten Werte unwichtig, die Objekte werden immer formatfüllend dargestellt. Das Verhältnis der Werte zueinander bestimmt die Perspektive. Geben Sie beispielsweise Ansichtspunkt 1,1,1 ein, wird eine Isometrie von rechts hinten oben erzeugt. Diese Variante finden Sie im Abrollmenü ANZEIGE im Untermenü 3D-ANSICHTSPUNKT > unter dem Begriff VEKTOR.

Kapitel 18: 3D-Techniken und 3D-Darstellungen

DREHEN

Wählen Sie dagegen die Option DREHEN, können Sie Ihren Standort mit zwei Winkeln wählen.

```
Drehen/<Ansichtspunkt> <0.00,0.00,1.00>: Drehen
Winkel in XY-Ebene von der X-Achse aus eingeben <270>:
Winkel von der XY-Ebene eingeben <90>:
```

Mit dem ersten Winkel (Winkel in XY-Ebene von der X-Achse) legen Sie die Betrachterposition, projiziert in die XY-Ebene, gemessen zur X-Achse fest. Der zweite Winkel (Winkel von der XY-Ebene) gibt die Position zur XY-Ebene an. Positive Winkelwerte ergeben eine Ansicht von oben, negative eine Ansicht von unten. Auch diese Variante finden Sie im Abrollmenü ANZEIGE. Sie befindet sich im Untermenü 3D-ANSICHTSPUNKT > als Funktion DREHEN.

ACHSEN

Wenn Sie statt einer Koordinate ⏎ eingeben oder die Menüfunktion ACHSE im Untermenü 3D-ANSICHTSPUNKT > wählen, steht eine spezielle Einstellmethode mit Achsendreibein und Globussymbol zur Verfügung (siehe Abbildung 18.7).

Abbildung 18.7:
Ansichtspunkt mit Globussymbol und Achsendreibein einstellen

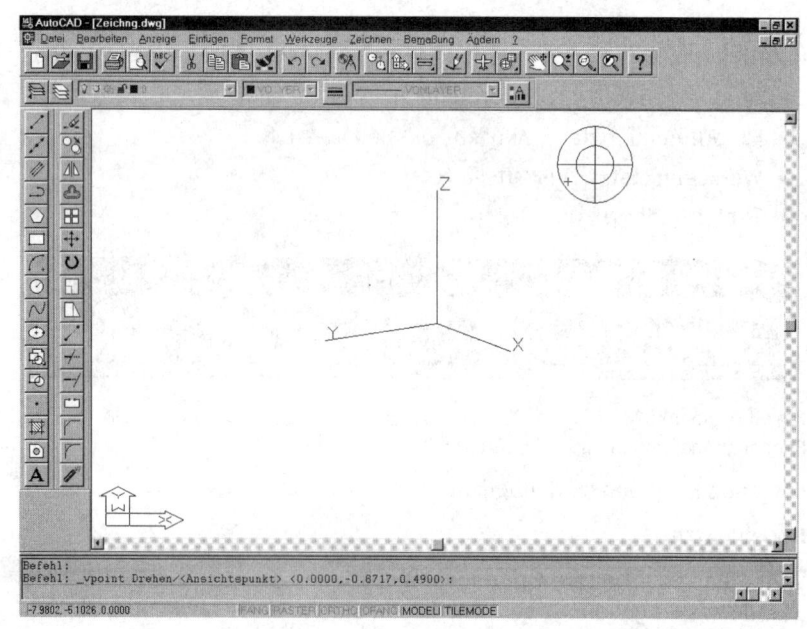

Rechts oben im Bild sehen Sie einen stilisierten Globus, bei dem der Nordpol in der Mitte liegt, der Äquator durch den mittleren Kreis und der Südpol durch den äußeren Kreis dargestellt wird. Bei der Modellvorstellung geht man davon aus, daß Sie als Betrachter auf der Globusoberfläche stehen und das betrachtete Modell sich im Zentrum des Globus befindet. Positionieren Sie die Markierung im inneren Kreis, bekommen Sie eine Sicht von oben. Befindet sich die Markierung zwischen den Kreisen, schauen Sie von unten. Das Achsendreibein zeigt analog dazu die Lage der drei Koordinatenachsen. Bewegen Sie die Markierung an die gewünschte Stelle, drücken Sie die Pick-Taste, und die gewünschte Ansicht erscheint auf dem Bildschirm

FESTE ANSICHTSPUNKTE

Die wichtigsten Ansichtspunkte finden Sie direkt im Abrollmenü ANZEIGE ebenfalls im Untermenü 3D-ANSICHTSPUNKT > und in einem Fly-outmenü in der Standard-Funktionsleiste und im Werkzeugkasten ANSICHT. Ansichten von allen Seiten sowie verschiedene Isometrien (siehe Tabelle 18.2) können Sie direkt anwählen. In der Abbildung 18.8 sehen Sie einen unserer Küchenunterschränke von den verschiedenen Ansichtspunkten im Raum aus betrachtet.

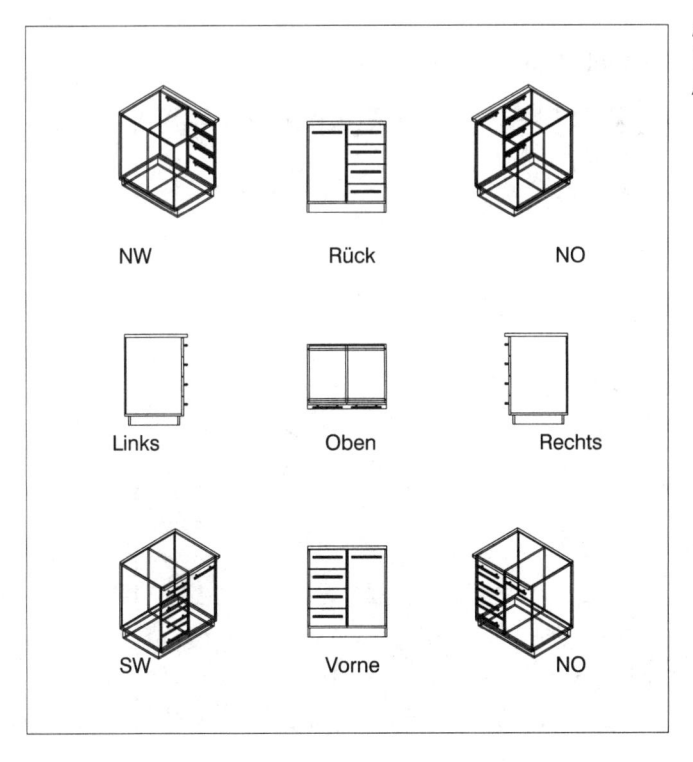

Abbildung 18.8:
Verschiedene Ansichtspunkte

Kapitel 18: 3D-Techniken und 3D-Darstellungen

Vorgang: Befehl DRSICHT

Mit dem Befehl DRSICHT können Sie ohne lange Einstellung direkt in die Draufsicht wechseln. Dabei ist wählbar, ob die Draufsicht auf das Weltkoordinatensystem, auf das aktuelle Benutzerkoordinatensystem oder auf ein gespeichertes Benutzerkoordinatensystem angezeigt werden soll. Den Befehl wählen Sie folgendermaßen:

⇢ Abrollmenü ANZEIGE, Untermenü 3D-ANSICHTSPUNKT >, Untermenü DRAUFSICHT >, Funktionen für verschiedene Koordinatensysteme

⇢ Tablettfeld N3

Vorgang: Befehl DDVPOINT

Der Befehl DDVPOINT entspricht der Option DREHEN des Befehls APUNKT. Nur hiermit stellen Sie die beiden Winkel in einem Dialogfeld ein (siehe Abbildung 18.9). Zusätzlich können Sie wählen, ob der Ansichtspunkt im Weltkoordinatensystem (Vorgabe) oder im aktuellen Benutzerkoordinatensystem bestimmt werden soll. Mit einem weiteren Schaltfeld können Sie in die Draufsicht wechseln. Der Befehl wird wie folgt angewählt:

⇢ Abrollmenü ANZEIGE, Untermenü 3D-ANSICHTSPUNKT >, Funktion WÄHLEN...

⇢ Tablettfeld N5

Abbildung 18.9:
Ansichtspunkt im Dialogfeld einstellen

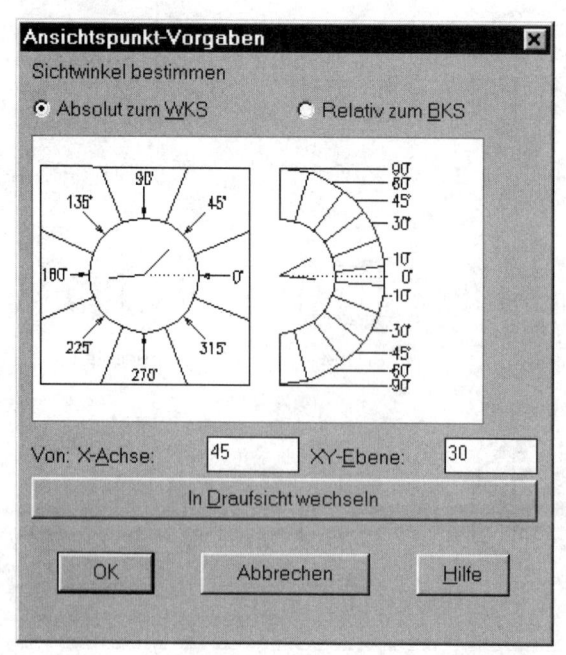

Tip:

Ein Ansichtspunktwechsel wird im Befehl ZOOM festgehalten. Mit dem Befehl ZOOM, Option VORHER kommen Sie zum vorherigen Ansichtspunkt ebenso wie zur letzten Vergrößerung zurück. Bis zu 10 Schritte werden festgehalten.

Übung: Verschiedene Ansichtspunkte einstellen

↪ *Betrachten Sie Ihren Unterschrank von verschiedenen Ansichtspunkten im Raum. Ihr Ergebnis sieht allerdings noch nicht so wie in Abbildung 18.8 aus, die Türen fehlen noch.*

Vorgang: Befehl DDVIEW

Den Befehl DDVIEW haben Sie schon kennengelernt (siehe Kapitel 4.30). Damit lassen sich Ausschnitte der Zeichnung in einem Dialogfeld unter einem Namen sichern und später wieder auf den Bildschirm holen (siehe Abbildung 18.10). Mit diesem Befehl wird auch der Ansichtspunkt gesichert.

Bei komplexen 3D-Modellen und beim Rendering kann es sinnvoll sein, einmal gewählte und für gut befundene Ansichtspunkte als Ausschnitte zu sichern, um später wieder darauf zurückzugreifen.

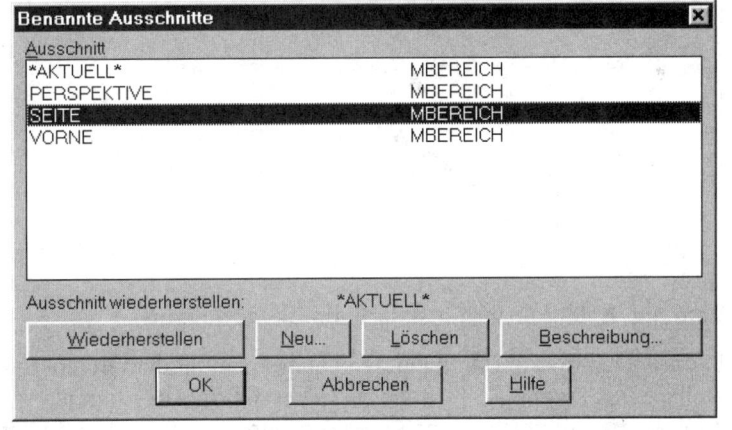

Abbildung 18.10:
Ausschnitte im Dialogfeld sichern und wiederherstellen

18.6 Verdecken und Schattieren

Die Darstellungen zeigten das 3D-Modell immer als Drahtmodell. Dabei fällt die Orientierung oft schwer. Vor allem bei Ansichten von unten kommt es leicht zur Verwirrung. Entfernen Sie jedoch die unsichtbaren Kanten, läßt sich das Modell besser beurteilen, und Sie erkennen eventuelle Fehler bei der Konstruktion des Modells.

Vorgang: Befehl VERDECKT zum Entfernen verdeckter Kanten

Der Befehl VERDECKT entfernt die unsichtbaren Kanten aus dem Modell und zeigt nur die sichtbaren Kanten. Der Befehl kann auf folgende Arten gewählt werden:

- Abrollmenü ANZEIGE, Funktion VERDECKEN
- Tablettfeld M2
- Symbol im Werkzeugkasten RENDER

Unser Unterschrank würde, wenn er schon Türen hätte, wie in Abbildung 18.11 aussehen.

Abbildung 18.11:
Das fertige Schrankteil ohne verdeckte Kanten

Vorgang: Befehl SHADE für schattierte Darstellungen

Einfache schattierte Darstellungen können Sie mit dem Befehl SHADE erstellen. Das Ergebnis läßt sich zwar nicht mit dem des Renderers (siehe Kapitel 21) vergleichen, dafür bekommen Sie aber Ihre Bilder sehr schnell auf den Schirm, und es reicht aus, um 3D-Modelle während der Konstruktion beurteilen zu können. Der Befehl ist folgendermaßen finden:

- Abrollmenü WERKZEUGE, Untermenü SCHATTIEREN >, Funktionen für die verschiedenen Schattierungsarten
- Tablettfeld N2
- Symbol im Werkzeugkasten RENDER

Schattierte Darstellungen erhalten Sie nur, wenn Ihre Grafikkarte über eine Farbpalette von mindestens 256 Farben verfügt. Die Systemvariable SHADEDGE steuert die Farbwiedergabe, so daß Sie auch bei Grafikkarten mit weniger Farben noch ein Bild auf den Bildschirm bekommen (siehe Abbildung 18.12).

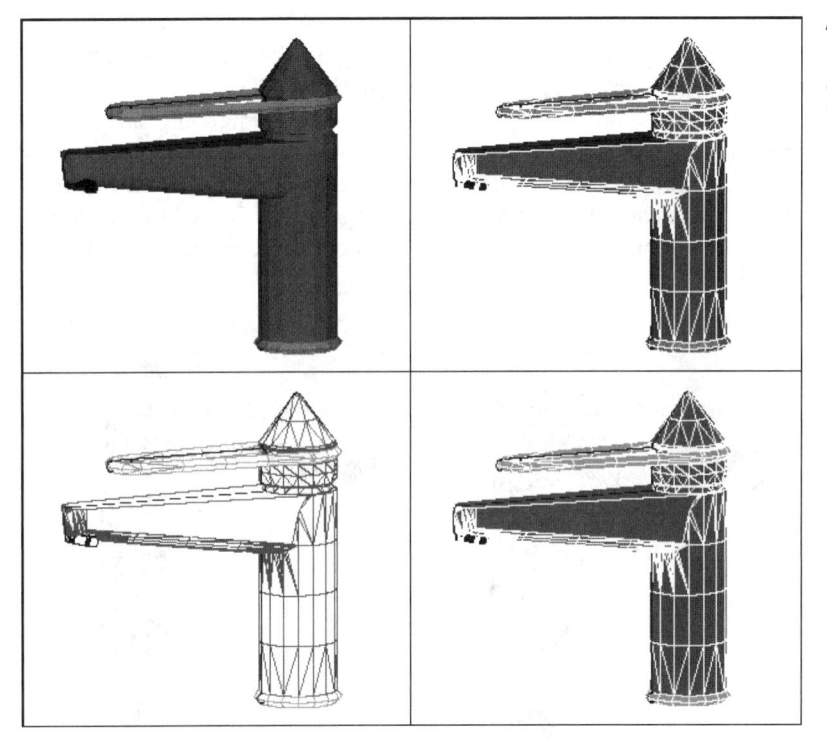

Abbildung 18.12:
Verschiedene Einstellungen von SHADEDGE

Wert für Shadedge	Funktion
0	256 FARBEN: Schattierte Darstellung mit 256 Farben ohne Darstellung der Körperkanten
1	256 FARBEN, MIT KANTEN: Schattierte Darstellung mit 256 Farben und Darstellung der Kanten in der Farbe des Bildschirmhintergrundes.
2	16 FARBEN, VERDECKT: Darstellung der sichtbaren Kanten in der Objektfarbe, wie beim Befehl VERDECKT.
3	16 FARBEN, GEFÜLLT: Darstellung mit gefüllten Farbflächen in der Objektfarbe, Kanten in der Farbe des Bildschirmhintergrundes.

Tabelle 18.3:
Werte für die Variable SHADEDGE

Bei schattierten Darstellungen (SHADEDGE 0 oder 1) wird die räumliche Tiefe durch Farbverläufe dargestellt, wie sie normalerweise von der Beleuchtung herrühren. Je nach Winkel der Fläche zur Lichtquelle, erscheint die Fläche heller oder dunkler. Beim Befehl SHADE wird von einer Beleuchtung ausgegangen, die sich aus einem diffusen Umgebungslicht und einem Punktlicht aus Richtung des Betrachters zusammensetzt.

Die Variable SHADEDIF gibt den prozentualen Anteil des Punktlichts am gesamten Licht an. Sie kann auf einen ganzzahligen Wert zwischen 0 und 100 eingestellt werden. Beim Wert 0 ist nur das Umgebungslicht aktiv, Farbverläufe sind nicht mehr sichtbar. Beim Wert 100 wird nur noch vom Punktlicht beleuchtet. Seitliche Flächen werden sehr dunkel. Mit dem Vorgabewert von 70 erhalten Sie meist die besten Ergebnisse. In Abbildung 18.13 sehen Sie vier unterschiedliche Einstellungen von SHADEDIF: 100, 70, 40 und 10.

Abbildung 18.13:
Verschiedene Einstellungen von SHADEDIF

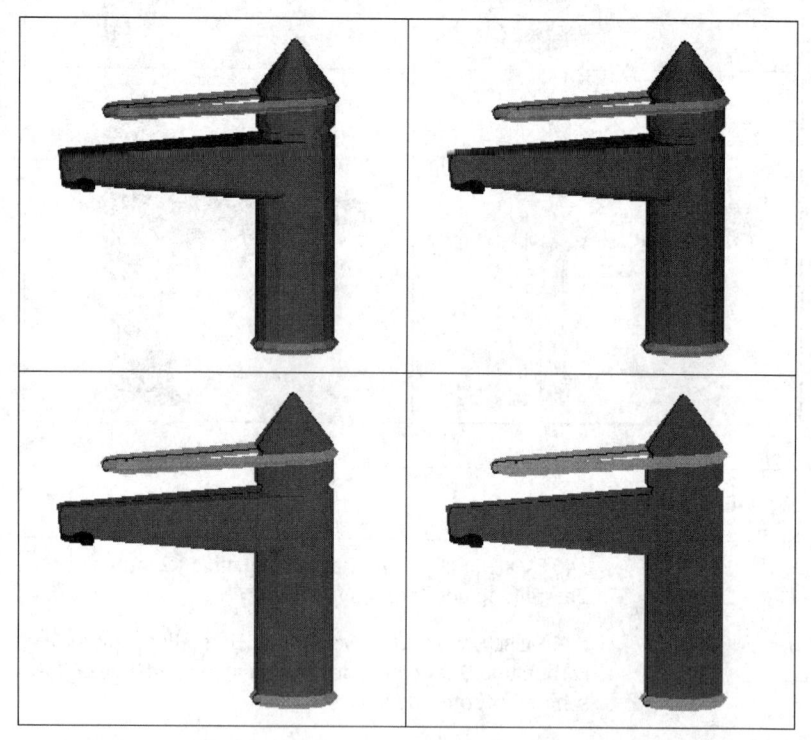

Schattierte Darstellungen können Sie nicht ausdrucken. Sie können aber eine Diadatei daraus erstellen oder über die Zwischenablage in ein anderes Programm übertragen.

Tip:

Im Abrollmenü haben Sie für alle vier Einstellungen der Systemvariablen SHADEDGE einen Eintrag. Der Befehl SHADE wird mit diesem Wert für SHADEDGE ausgeführt. Wählen Sie den Befehl aus dem Werkzeugkasten, oder vom Tablett, muß vorher die Variable richtig eingestellt werden. Geben Sie dazu SHADEDGE auf der Tastatur ein, und tippen Sie den Wert ein. Auf dem Tablett haben Sie auf O2 ein Feld zur Einstellung der Variablen.

Übung: Schattieren und verdecken

↳ Wählen Sie verschiedene Ansichtspunkte, und lassen Sie sich verdeckte und schattierte Darstellungen erzeugen.

Zusatzübung: Schattieren und verdecken

↳ Laden Sie das 3D-Modell A18-01.DWG aus dem Ordner \AUFGABEN (wie Abbildung 18.12 und 18.13).

↳ Hier haben Sie runde Oberflächen, an denen Sie die Änderungen am Schattierungsmodus besser sehen können.

↳ Wählen Sie schattierte Darstellungen mit unterschiedlichen Einstellungen der Variablen Shadedge und Shadedif.

18.7 3D-Editierfunktionen

AutoCAD stellt Ihnen eine ganze Reihe von Editierbefehlen für 2D-Zeichnungen zur Verfügung. Einen Teil davon können Sie auch in der dritten Dimension verwenden.

Befehl	3D-Funktion
Schieben	Objekte lassen sich in den Raum verschieben
Kopieren	Objekte lassen sich in den Raum kopieren
Dehnen	Eine beliebige Kante im Raum kann als Dehnkante verwendet werden. Die zu dehnenden Objekte werden auf diese Kante projiziert und soweit gedehnt.
Stutzen	Eine beliebige Kante im Raum kann als Schnittkante verwendet werden. Die zu stutzenden Objekte werden auf diese Kante projiziert und daran gestutzt.
Strecken	Objekte lassen sich in den Raum hinein strecken.

Tabelle 18.4: D-Funktionen von Editierbefehlen

Kapitel 18: 3D-Techniken und 3D-Darstellungen

Befehl	3D-Funktion
Versetzen	Ein Objekt läßt sich durch einen beliebigen Punkt im Raum versetzen.
Bruch	Ein oder zwei Punkte im Raum lassen sich als Bruchpunkte verwenden. Diese können entweder auf dem zu brechenden Objekt oder auf einem anderen Objekt im Raum liegen.
Abrunden	Abrunden eines Volumenkörpers.
Fase	Fasen eines Volumenkörpers.

Andere Befehle arbeiten dagegen nur in der XY-Ebene: DREHEN, SPIEGELN und REIHE. Dafür gibt es aber spezielle Befehle, die auch in der dritten Dimension verwendet werden können: 3DDREHEN, 3DSPIEGELN, 3DREIHE und AUSRICHTEN.

Übung: Zeichnen von Schubladenfronten und einer Türe

↪ Zeichnen wir auf der rechten Seite des Schrankes eine Tür und auf der linken eine Schubladenreihe. Drehen Sie die Türe um 55° (siehe Abbildung 18.11). Stellen Sie zunächst eine isometrische Ansicht aus Richtung SW ein.

↪ Stellen Sie die Erhebung auf 9 und die Objekthöhe auf 77.5. Zeichnen Sie die rechte Türe mit einer Polylinie, Breite 2 von Punkt 40.2,1 nach 79.5,1.

↪ Kopieren Sie die Tür auf die linke Seite.

```
Befehl: Kopieren
Objekte wählen: Rechte Türe wählen
Objekte wählen: ⏎
<Basispunkt oder Verschiebung>/Mehrfach: -39.7,0,0
Zweiter Punkt der Verschiebung: ⏎
```

↪ Nun wollten wir aber auf der rechten Seite Schubladenfronten. Ändern Sie die Objekthöhe mit einem der bekannten Änderungsbefehle DDMODIFY oder DDCHPROP. Wählen Sie die linke Türe an, und stellen Sie 19 für die neue Objekthöhe ein.

↪ Kopieren Sie die Schublade mehrfach nach oben:

```
Befehl: Kopieren
Objekte wählen: (Linke untere Schubladenfront wählen)
Objekte wählen: ⏎
<Basispunkt oder Verschiebung>/Mehrfach: M für mehrfach
Basispunkt: Punkt an der unteren Schubladenfront wählen
```

```
Zweiter Punkt der Verschiebung: @0,0,19.5
Zweiter Punkt der Verschiebung: @0,0,39
Zweiter Punkt der Verschiebung: @0,0,58.5
Zweiter Punkt der Verschiebung: ⏎
```

→ *Drehen Sie die rechte Tür um auf 55°*

```
Befehl: Drehen
Objekte wählen: Rechte Türe wählen
Objekte wählen: ⏎
Basispunkt: 79.5,1
<Drehwinkel>/Bezug: 55
```

→ *Der Küchenschrank sieht jetzt aus wie in Abbildung 18.11, nur die Griffe an den Türen und Schubladen fehlen noch, aber für die Konstruktion brauchen wir das Benutzerkoordinatensystem im dreidimensionalen Raum. Dazu mehr im nächsten Kapitel. Lassen Sie sich das Modell ohne verdeckte Kanten anzeigen, schattieren Sie es auch. Drehen Sie dann die Tür wieder zu.*

Wie weiter oben schon erwähnt, können Sie nicht alle Editierbefehle beliebig im Raum verwenden, sie sind teilweise auf die XY-Ebene beschränkt. Dafür stehen Ihnen jedoch spezielle 3D-Varianten dieser Befehle zur Verfügung, die von diesen Beschränkungen befreit sind. Damit können Sie natürlich auch alle 2D-Operationen ausführen.

Vorgang: Befehl 3DDREHEN

Mit dem Befehl 3DDREHEN können Sie Objekte um beliebige Achsen im Raum drehen. Anwählen können Sie ihn auf eine der folgenden Arten:

→ Abrollmenü ÄNDERN, Untermenü 3D OPERATION >, Funktion 3D DREHEN

→ Tablettfeld W22

```
Befehl: 3DDrehen
Objekte wählen:
Objekte wählen: ⏎
Achse von Objekt/Letztes/Ansicht/X-Achse/Y-Achse/Z-Achse/
<2Punkte>: 2 Punkte anklicken oder eine andere Option wählen
```

Nachdem Sie ein Objekt gewählt haben, bestimmen Sie die Drehachse mit einer der Optionen aus der angezeigten Liste. Vorgewählte Standardoption ist 2PUNKTE. Geben Sie zwei beliebige Punkte im Raum als Drehachse ein.

Mit drei weiteren Optionen können Sie die Drehachse (X-ACHSE, Y-ACHSE und Z-ACHSE) wählen. Damit liegt die Drehachse parallel zu einer der Koordinatenachsen. Mit einem Punkt auf der Drehachse ist die Drehung bestimmt.

```
Punkt auf X Achse <0,0,0>:
```

Die Option ANSICHT dreht die gewählten Objekte um eine Drehachse, die parallel zur momentanen Ansichtsrichtung liegt. Auch hier ist ein weiterer Punkt erforderlich, durch den die Drehachse verlaufen soll.

```
Punkt auf Ansichtsrichtungsachse <0,0,0>:
```

Sie können mit der Option LETZTE die Drehachse verwenden, die Sie zuvor bei diesem Befehl schon einmal verwendet haben. Mit der Option ACHSE VON OBJEKT bestimmen Sie ein 2D-Objekt:

```
Linie, Kreis, Bogen oder 2D-Polyliniensegment auswählen:
```

Wählen Sie eine Linie oder ein 2D-Polyliniensegment, ist dieses Objekt die Drehachse. Bei einem Kreis wird in der Ebene gedreht, auf der der Kreis liegt. Drehpunkt ist der Mittelpunkt des Kreises.

Egal, wie Sie die Drehachse bestimmt haben, danach ist der Drehwinkel erforderlich:

```
<Drehwinkel>/Bezug:
```

Geben Sie wie beim 2D-Befehl DREHEN den Drehwinkel als numerischen Wert ein, oder zeigen Sie zwei Punkte in der Zeichnung. Mit der Option Bezug können Sie einen Bezugswinkel als Wert oder mit zwei Punkten in der Zeichnung bestimmen. Anschließend wird der neue Winkel abgefragt, ebenfalls als Wert oder mit zwei Punkten. So können Sie beispielsweise ein Objekt, das beliebig in der Drehebene ausgerichtet ist, gleich ausrichten wie ein Objekt, das ebenfalls in dieser Ebene liegt.

```
Bezugswinkel <0>:
Zweiter Punkt:
Neuer Winkel:
Zweiter Punkt:
```

oder bei Eingabe numerischer Winkelwerte:

```
Bezugswinkel <0>:
Neuer Winkel:
```

In Abbildung 18.14 sehen Sie Beispiele zu dem Befehl.

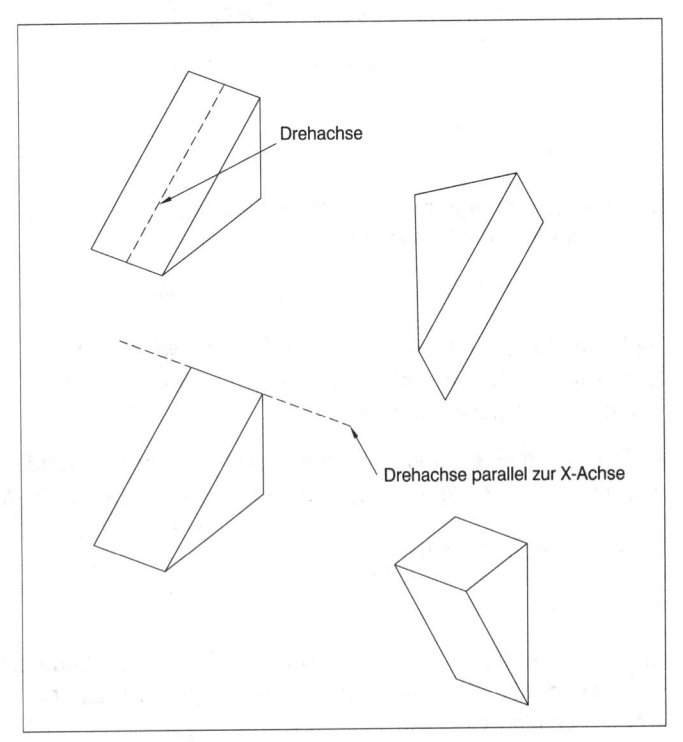

Abbildung 18.14:
Drehungen um verschiedene Drehachsen

Zusatzübung: Befehl 3DDREHEN

↳ Laden Sie die Zeichnung A18-02.DWG, und drehen Sie die Objekte wie in Abbildung 18.14.

↳ Das Ergebnis finden Sie in der Zeichnung L18-02.DWG.

Vorgang: Befehl 3DSPIEGELN

Mit dem Befehl 3DSPIEGELN können Sie Objekte an beliebigen Ebenen im Raum spiegeln. Sie finden den Befehl im:

↳ Abrollmenü ÄNDERN, Untermenü 3D OPERATION >, Funktion 3D SPIEGELN

↳ Tablettfeld W21

```
Befehl: 3DSpiegeln
Objekte wählen:
Objekte wählen: ⏎
Ebene von Objekt/Letztes/Z-Achse/Ansicht/
XY/YZ/ZX/<3Punkte>:
```

Wie beim letzten Befehl, wählen Sie zunächst eine Spiegelebene, am einfachsten geht es mit der Option 3PUNKTE:

```
Ebene von Objekt/Letztes/Z-Achse/Ansicht/
XY/YZ/ZX/<3Punkte>: Punkt anklicken
Zweiter Punkt auf der Ebene:
Dritter Punkt auf der Ebene:
```

Sie können auch hier mit der Option EBENE VON OBJEKT ein Objekt wählen (wie beim Befehl 3DDREHEN, siehe oben).

```
Linie, Kreis, Bogen oder 2D-Polyliniensegment auswählen:
```

Die Ebene, in der das gewählte Objekt liegt, wird zur Spiegelebene. Mit der Option LETZTE wird die zuletzt verwendete Ebene als Spiegelebene für eine neue Operation verwendet.

Wollen Sie an einer Ebene spiegeln, die auf einer Ebene oder parallel zu einer Ebene im Koordinatensystem liegt, verwenden Sie XY, YZ oder ZX.

```
Punkt auf XY Ebene <0,0,0>: oder
Punkt auf YZ Ebene <0,0,0>: oder
Punkt auf ZY Ebene <0,0,0>:
```

Da die Ebene auch parallel zur gewählten Ebene sein kann, ist ein weiterer Punkt erforderlich, der danach abgefragt wird. Zuletzt wird wie bei der 2D-Version des Befehls gefragt:

```
Alte Objekte löschen? <N>
```

Sie wählen damit, ob Sie das Originalobjekt behalten wollen oder nur das gespiegelte Objekt benötigen. Abbildung 18.15 zeigt Beispiele zu dem Befehl.

Zusatzübung: Befehl 3DSPIEGELN

→ *Laden Sie die Zeichnung A18-03.DWG, und spiegeln Sie die Objekte wie in Abbildung 18.15.*

→ *Vergleichen Sie mit der Lösung L18-03.DWG.*

Vorgang: Befehl 3DARRAY

Mit dem Befehl 3DARRAY können Sie rechteckige und polare Anordnungen wie mit dem Befehl REIHE erzeugen, nur daß diese dreidimensional aufgebaut werden können. Sie finden den Befehl unter:

→ Abrollmenü ÄNDERN, Untermenü 3D OPERATION >, Funktion 3D REIHE

→ Tablettfeld W20

```
Befehl: 3DArray
Objekte wählen:
Objekte wählen: ⏎
Rechteckige oder polare Anordnung (R/P):
```

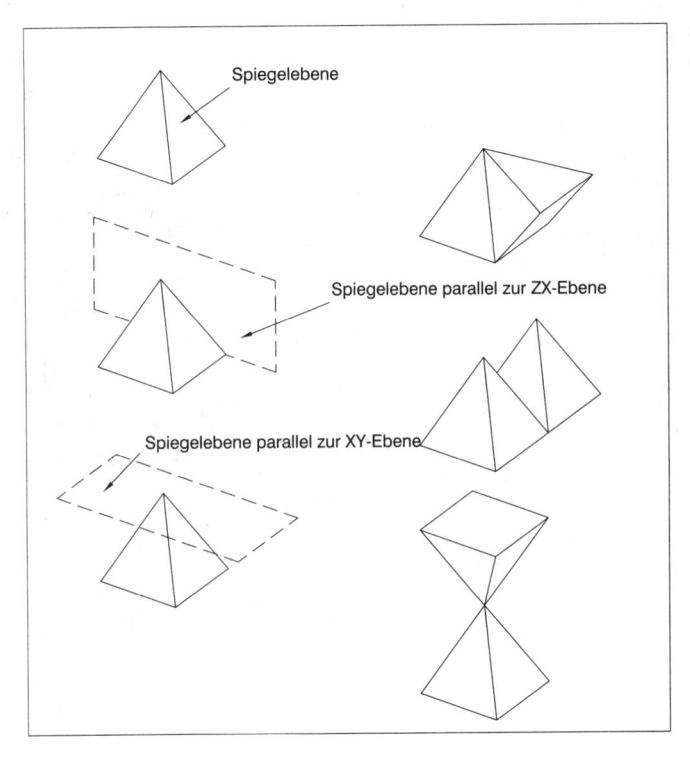

Abbildung 18.15:
Spiegelung an verschiedenen Ebenen im Raum

RECHTECKIG

Erzeugung einer dreidimensionalen Matrix aus Zeilen, Spalten und Ebenen von den gewählten Objekten (siehe Abbildung 18.16).

```
Rechteckige oder polare Anordnung (R/P): R für rechteckige
Anordnung
Zeilenanzahl (---) <1>: Zeilenanzahl eingeben
Spaltenanzahl (|||) <1>: Spaltenanzahl eingeben
Ebenenanzahl (.2..) <1>: Ebenenanzahl eingeben
Zeilenabstand (---): Zeilenabstand eingeben
Spaltenabstand (|||): Spaltenabstand eingeben
Ebenenabstand (...): Ebenenabstand eingeben
```

Kapitel 18: 3D-Techniken und 3D-Darstellungen

POLAR

Erzeugung einer kreisförmigen Anordnung, die beliebig im Raum ausgerichtet ist (siehe Abbildung 18.16). Die Achse, um die diese Anordnung gebildet wird, ergibt sich aus dem Mittelpunkt der Anordnung und aus einem zweiten Punkt der Achse.

```
Rechteckige oder polare Anordnung (R/P): P für polare Anordnung
Elementanzahl: Zahl der Elemente eingeben
Auszufüllender Winkel <360>: Winkel eingeben oder ⏎ für einen
Vollkreis
Objekte beim Kopieren drehen? <J>: ⏎ eingeben, wenn die Objekte
zum Mittelpunkt hin ausgerichtet werden sollen
Mittelpunkt der Anordnung: Mittelpunkt eingeben
Zweiter Punkt auf Drehachse: Drehachse festlegen
```

Abbildung 18.16:
Rechteckige und polare dreidimensionale Anordnungen

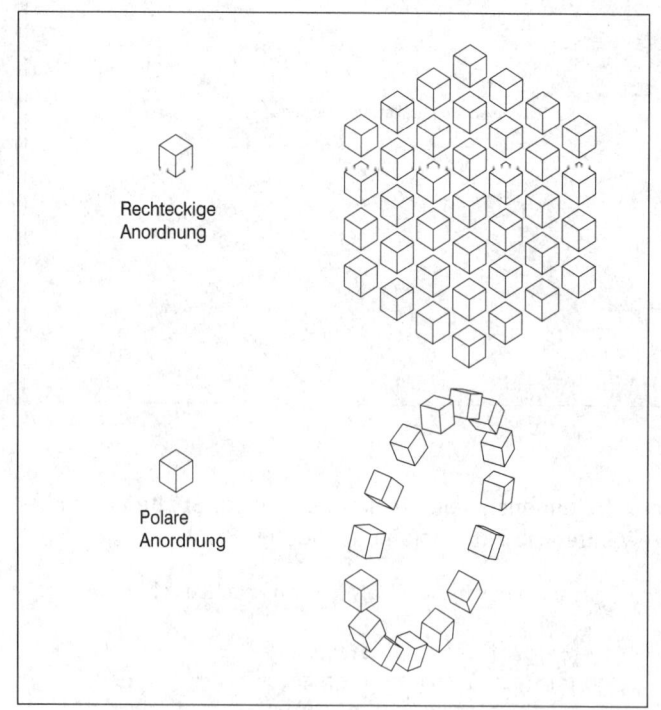

Zusatzübung: Befehl 3DARRAY

↳ Laden Sie die Zeichnung A18-04.DWG. Erzeugen Sie 3D-Reihen wie in Abbildung 18.16.

↳ Ihre Lösung könnte wie Zeichnung L18-04.DWG aussehen.

3D-Editierfunktionen

Vorgang: Befehl AUSRICHTEN

Mit dem Befehl AUSRICHTEN können Sie zwei Objekte im Raum mit einem, zwei oder drei Paaren von Punkten aneinander ausrichten. Sie wählen ihn folgendermaßen an:

↳ Abrollmenü MODIFY, Untermenü 3D OPERATIONEN >, Funktion AUSRICHTEN

↳ Tablettfeld X14

```
Befehl: Ausrichten
Objekte wählen:
Objekte wählen: ⏎
Erster Ursprungspunkt: Punkt eingeben
Erster Zielpunkt: Punkt eingeben
Zweiter Ursprungspunkt: Punkt eingeben oder ⏎ zum Beenden
Zweiter Zielpunkt: Punkt eingeben
Dritter Ursprungspunkt: Punkt eingeben oder ⏎ zum Beenden
Dritter Zielpunkt: Punkt eingeben
```

Je nachdem, wie viele Punktpaare Sie eingeben, wird das Objekt in der entsprechenden Zahl von Ebenen ausgerichtet (siehe Abbildung 18.17). Sie beenden die Eingabe, wenn Sie auf die Anfrage nach einem Ursprungspunkt ⏎ eingeben.

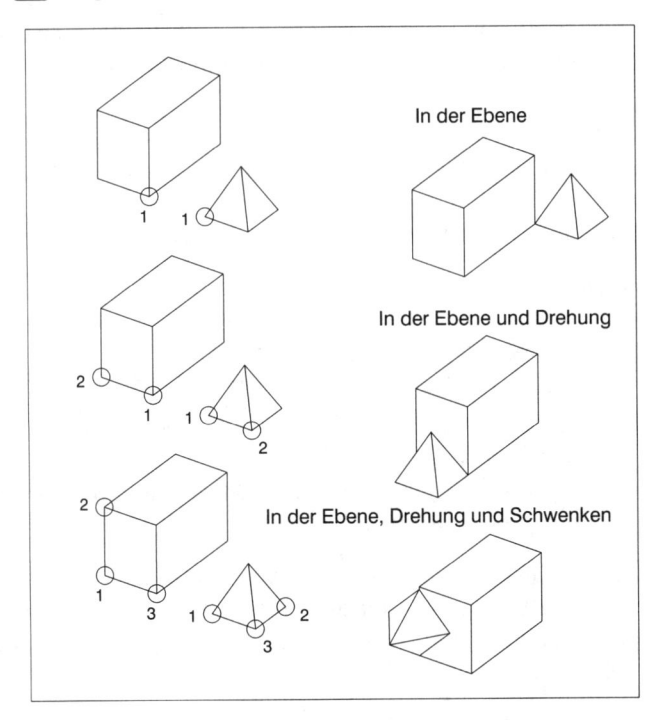

Abbildung 18.17: *Objekte im Raum ausrichten*

Zusatzübung: Befehl AUSRICHTEN

↳ *Laden Sie die Zeichnung A18-05.DWG. Richten Sie die Pyramide nach verschiedenen Methoden am Quader aus (siehe Abbildung 18.17).*

↳ *Ihre Lösung sollte wie Zeichnung L18-05.DWG aussehen.*

Vorgang: Koordinaten filtern bei der 3D-Konstruktion

Oft benötigen Sie beim Zeichnen oder Editieren im Raum Punkte, die Sie nicht unmittelbar angeben oder mit dem Objektfang einfangen können. Sie haben aber Punkte in Ihrem Modell, deren Koordinaten denselben X-, Y- oder Z-Wert wie der zu bestimmende Punkt haben. Sie haben schon beim Zeichnen in 2D gesehen, wie Sie solche Probleme mit den Koordinatenfiltern lösen können. Diese Methode können Sie auch beim 3D-Konstruieren anwenden. Sie bestimmen einen Punkt aus den Koordinatenanteilen verschiedener anderer Punkte oder geben Koordinatenanteile numerisch ein. Auf diese Art entfällt das Zeichnen von Hilfslinien. Sie können die Punkte direkt eingeben.

Koordinatenfilter können Sie bei jeder Punkteingabe als Zusatzfunktion, meist in Kombination mit dem Objektfang verwenden. Sie finden die Filter in Version 14 nur noch als Untermenü im Pop-up-Menü (siehe Abbildung 18.19). Wählen Sie dort, oder tippen Sie auf der Tastatur, wenn Sie diese Konstruktionsmethode verwenden wollen. Dazu geben Sie bei einer Koordinatenanfrage den Wert mit einem vorangestellten Punkt an, den Sie aus dem nächsten Punkt ermitteln wollen:

```
Von Punkt: .X, .X, .Y, .XY, .XZ oder .YZ
```

Im Beispiel in Abbildung 18.18 soll eine Linie vom Zentrum der Schräge des Keils auf das Zentrum der hinteren Fläche gezogen werden. Ohne Hilfslinien, mit Verwendung der Punktefilter erledigen Sie das so:

```
Befehl: Linie
Von Punkt: .X von: mit dem Objektfang Mittelpunkt die vordere
untere Linie wählen
(benötige YZ): mit dem Objektfang Mittelpunkt die schräge Kante
wählen
Nach Punkt: .X von: mit dem Objektfang Mittelpunkt die hintere
untere Linie wählen
(benötige YZ): mit dem Objektfang Mittelpunkt die hintere
senkrechte Kante wählen.
```

Meist brauchen Sie einen Filter, wenn Sie einen Punkt in der Draufsicht mit dem Objektfang anklicken können, aber einen anderen Z-Wert benötigen. Dann wählen Sie XY mit dem Filter und geben Z numerisch ein, z. B.:

```
Befehl: Kreis
3P/2P/TTR/<Mittelpunkt>: .XY von: mit dem Objektfang einen Punkt
in der Draufsicht anklicken
(benötige Z): Z-Wert eintippen, z.B.: 150
```

Wie Sie an diesem Beispiel sehen, ist es bei solchen Konstruktionen sinnvoll, sich die voraussichtlich benötigten Objektfangfunktionen vorher fest einzuschalten. Das erspart eine Menge Eingabearbeit.

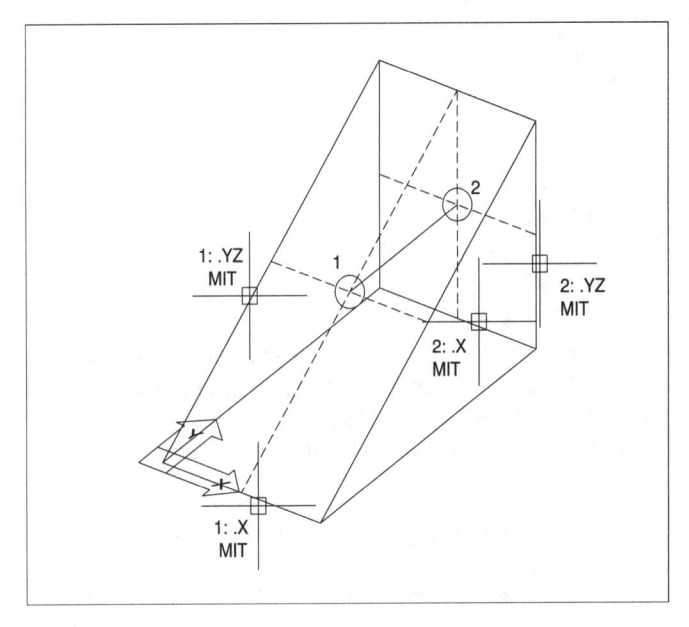

Abbildung 18.18:
Punkte mit Filtern bestimmen

Zusatzübung: Koordinatenfilter

↳ Laden Sie die Zeichnung A18-06.DWG.

↳ Zeichnen Sie die Verbindungslinie wie in Abbildung 18.18 mit den Koordinatenfiltern.

↳ Die Lösung finden Sie in Zeichnung L18-06.DWG.

Vorgang: Funktion VON PUNKT

Selbstverständlich können Sie auch die Funktion VON PUNKT gut für 3D-Konstruktionen verwenden. Wählen Sie die Funktion:

↳ Fly-outmenü in der STANDARD-FUNKTIONSLEISTE

↳ Im Werkzeugkasten OBJEKTFANG

↳ Tablettfeld U15

↳ Aus dem Pop-up-Menü für den Objektfang (siehe Abbildung 18.19)

Abbildung 18.19:
Pop-up-Menü mit der Funktion VON PUNKT

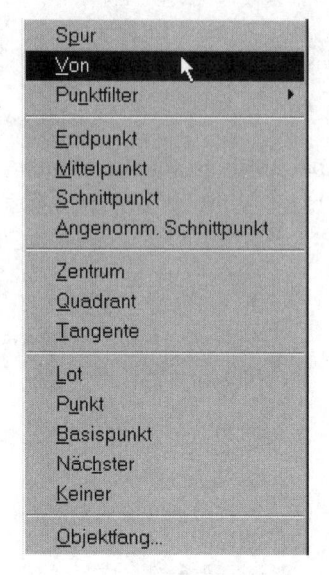

Sie suchen damit einen Punkt, der von einem anderen Punkt einen bekannten Abstand hat. In diesem Fall fangen Sie den Punkt mit der Funktion VON PUNKT und einem passenden Objektfang. Die Position des neuen Punktes geben Sie dann als relative 3D-Koordinate an. z.B.:

```
Befehl: Linie
Von Punkt: _from Basispunkt: Objektfang aktivieren
von Punkt wählen
<Abstand>: relativen Abstand eingeben z.B.: @0,100,100
Nach Punkt:
```

Vorgang: Angenommene Schnittpunkte

Noch ein paar wichtige Dinge finden Sie im Pop-up-Menü (siehe Abbildung 18.19) für die 3D-Konstruktion. Mit der Funktion ANGENOMMENER SCHNITTPUNKT können Sie den angenommenen Schnittpunkt zweier Objekte im Raum bestimmen.

Verläuft beispielsweise eine Linie in der XY-Ebene, und eine andere läuft in einer bestimmten Erhebung darüber hinweg, und Sie wollen den Punkt in der XY-Ebene fangen, an dem die darüberweglaufende Linie die andere überquert. In diesem Fall wählen Sie die Funktion ANGENOMMENER SCHNITTPUNKT. Klicken Sie zuerst die Linie in der XY-Ebene an und dann die andere, und Sie haben den Punkt in der XY-Ebene auf der Linie. Wählen Sie dagegen zuerst die Linie im Raum an, finden Sie den Schnittpunkt auf der Linie im Raum.

Fehler:

Verwenden Sie diese Funktion nicht mit fest eingestelltem Objektfang. Klicken Sie dazu immer in das Pop-up-Menü oder in den Werkzeugkasten, wenn Sie diesen Objektfang verwenden wollen.

18.8 Benutzerkoordinatensysteme im Raum

Bis jetzt haben wir immer in der gleichen Ebene gezeichnet, in der Draufsicht, also unserer Original-XY-Ebene, der Zeichenebene des Weltkoordinatensystems. Wir hatten bis jetzt auch noch keine andere Möglichkeit. Sobald Sie in einer anderen Ebene zeichnen wollen, ist es erforderlich, diese Ebene zur aktuellen Zeichenebene zu machen. Dazu legen Sie ein Benutzerkoordinatensystem, abgekürzt BKS, auf die gewünschte Ebene. So entsteht quasi ein Zeichenblatt im Raum.

Tip:

Wenn Sie ein neues BKS im Raum erzeugen, kann es leicht zu Orientierungsschwierigkeiten kommen. Es kommt auch vor, daß das BKS zwar auf der gewünschten Ebene liegt, die Z-Achse aber in die falsche Richtung zeigt, also um 180 Grad verdreht ist. Alle Höhenangaben sind dann negativ anzugeben und wenn Sie auf dieser Ebene beschriften wollen, ist die Schrift spiegelverkehrt.

Nehmen Sie die rechte Hand zu Hilfe. Strecken Sie Daumen und Zeigefinger aus und spreizen den Mittelfinger rechtwinklig zur Handfläche weg. Keine Sorge, er geht nur in eine Richtung. Der Daumen zeigt in die Richtung der X-Achse, der Zeigefinger in Richtung der Y-Achse und der Mittelfinger in Richtung der Z-Achse. Aus der Ebene, auf der Sie zeichnen wollen, muß die Z-Achse herausragen.

Den Befehl BKS und das Dialogfeld (Befehl DDBKS) zur Verwaltung der Koordinatensysteme haben Sie bereits in Kapitel 4.17 kennengelernt. Nur die 3D-Optionen sind dort ausgespart worden. Diese benötigen Sie jetzt. Hier also der Rest der Befehle bzw. der Befehlsoptionen:

Vorgang: Befehl BKS

Zur Erinnerung, der Befehl BKS mit seinen Optionen und die anderen Befehle zur Verwaltung der Koordinatensysteme finden Sie im Abrollmenü WERKZEUGE. Mit Anwahl der Funktion BKS > erscheint ein Untermenü mit allen Möglichkeiten (siehe Abbildung 18.20).

Abbildung 18.20:
Untermenü mit den Funktionen für das BKS

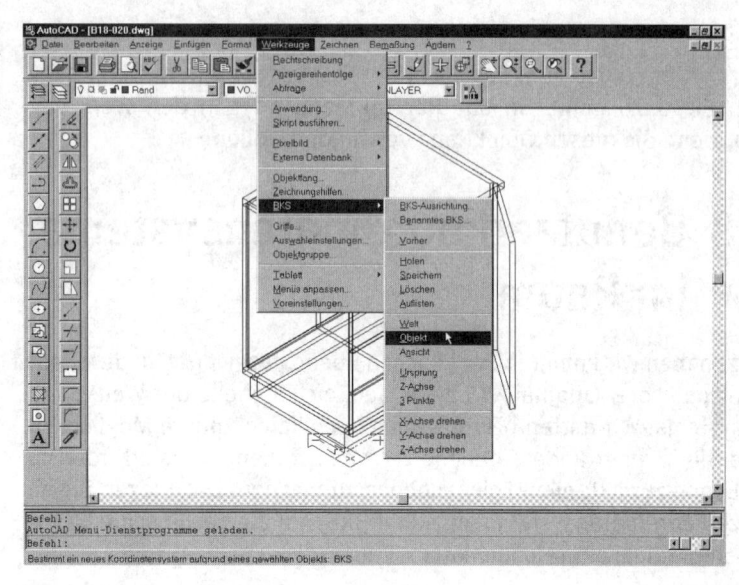

Darüber hinaus finden Sie den Befehl Bks und alle weiteren Befehle für Benutzerkoordinatensyteme auch im:

↪ Fly-outmenü in der STANDARD-FUNKTIONSLEISTE

↪ Werkzeugkasten BKS

↪ Tablettfelder W7-9

Folgende Optionen stehen Ihnen mit dem Befehl BKS zur Verfügung:

URSPRUNG

Definition eines neuen BKS durch Ursprungsverschiebung. Die Richtung der Achsen bleibt gleich.

Z-ACHSE

Definition eines neuen BKS durch die Wahl eines neuen Ursprungs und eines Punktes, der sich auf der neuen positiven X-Achse befinden soll:

```
Befehl: BKS
Ursprung/zAChse/3Punkt/Objekt/ANsicht/X/Y/Z/
Vorher/Holen/Sichern/Löschen/?/<Welt>: _AC für ZAChse
Ursprung <0,0,0>: neuen Ursprung eingeben
Punkt auf der positiven Z-Achse <aktueller Achse>: Punkt für die
neue Richtung der Z-Achse eingeben
```

Mit dieser Methode können Sie zwar die Ausrichtung der XY-Ebene bestimmen, nicht aber die exakten Orientierungen der X- und Y-Achse. Diese sind abhängig vom vorherigen Koordinatensystem.

3 PUNKTE

Definition eines neuen BKS durch drei Punkte:

```
Befehl: _BKS
Ursprung/zACHse/3Punkt/Objekt/ANsicht/X/Y/Z/
Vorher/Holen/Sichern/Löschen/?/<Welt>: _3p oder 3Punkt
Ursprung <0,0,0>: neuen Ursprung eingeben
Punkt auf der positiven X-Achse <aktueller Wert>: Punkt für die
Richtung der X-Achse
Punkt mit positivem Y-Wert in der XY-Ebene des BKS <aktueller
Wert>: Punkt für die XY-Ebene
```

Mit dieser Methode können Sie das neue BKS mit allen Achsen exakt ausrichten. Beim dritten Punkt kann ein beliebiger Punkt im ersten oder zweiten Quadranten des neuen BKS gewählt werden.

OBJEKT

Ausrichtung des neuen BKS an einem Element in der Zeichnung.

```
Befehl: BKS
Ursprung/zACHse/3Punkt/Objekt/ANsicht/X/Y/Z/
Vorher/Holen/Sichern/Löschen/?/<Welt>: _E oder Element
Element für BKS-Ausrichtung wählen: Objekt wählen
```

Das neue BKS wird auf dem gewählten Objekt ausgerichtet. Das neue BKS hat dieselbe positive Z-Achsenrichtung, mit der auch das gewählte Objekt erzeugt wurde.

ANSICHT

Ausrichtung des neuen BKS parallel zum Bildschirm. Die positive Z-Achse ragt aus dem Bildschirm heraus. Der Ursprung bleibt gleich wie beim vorherigen BKS.

```
Befehl: _BKS
Ursprung/zACHse/3Punkt/Objekt/ANsicht/X/Y/Z/
Vorher/Holen/Sichern/Löschen/?/<Welt>: A oder Ansicht
```

Die Methode eignet sich sehr gut für Beschriftungen von Ansichten. Die Schrift liegt dann immer auf der Ansicht, und es entstehen keine Verzerrungen.

X-Achse drehen / Y-Achse drehen / Z-Achse drehen

Oft fehlen die Orientierungspunkte im Raum, um ein neues BKS zu plazieren. Lediglich die Ausrichtung der gewünschten Ebene ist bekannt. Dann können Sie sich unter Umständen schrittweise herantasten, indem Sie das BKS um verschiedene Achsen drehen:

```
Befehl: _BKS
Ursprung/zACHse/3Punkt/Objekt/Ansicht/X/Y/Z/
Vorher/Holen/Sichern/Löschen/?/<Welt>: x, y oder z
Drehwinkel um X Achse <0>: Winkel eingeben
```

Wählen Sie die Drehachse und den Drehwinkel, eventuell auch mit negativem Vorzeichen.

Bei der Bestimmung der Drehrichtung können Sie wieder die rechte Hand zu Hilfe nehmen. Strecken Sie den Daumen aus, und halten Sie ihn in Richtung der Drehachse vom Koordinatenursprung weg. Machen Sie eine halb geöffnete Faust. Die Finger zeigen in die positive Drehrichtung. Wollen Sie entgegengesetzt drehen, stellen Sie dem Drehwinkel ein negatives Vorzeichen voran.

Unter Umständen müssen Sie sich über mehrere Drehungen herantasten und zum Schluß noch den Ursprung verschieben.

Vorgang: BKS mit Dialogfeld DDBKS verwalten

Mit der Funktion BENANNTES BKS... im Untermenü BKS > des Abrollmenüs WERKZEUGE erhalten Sie das Dialogfeld des Befehls DDBKS, mit dem Sie das aktuelle BKS wechseln, ein BKS sichern, umbenennen oder löschen können (siehe Kapitel 4.17). Den finden Sie in den gleichen Werkzeugkästen wie den Befehl BKS.

Vorgang: Dialogfeld zur BKS-Ausrichtung, Befehl DDUCSP

In den gleichen Werkzeugkästen finden Sie eine weitere Funktion für die Plazierung des BKS, den Befehl DDUCSP. Mit der Funktion BKS-AUSRICHTUNG... wählen Sie den Befehl aus dem Abrollmenü. Sie bekommen ein Dialogfeld auf den Bildschirm (siehe Abbildung 18.21).

Abbildung 18.21:
Dialogfeld zur BKS-Ausrichtung

Im Dialogfeld wählen Sie Standardausrichtungen für das BKS. Mit Hilfe eines stilisierten Würfels können Sie das BKS an einer Seite des Würfels ausrichten. Mit dieser Methode wird keine Ursprungsverschiebung vorgenommen. Die müssen Sie danach separat vornehmen, falls es erforderlich ist.

Außerdem kann im Dialogfeld festgelegt werden, ob sich die Begriffe oben, unten, vorne, hinten, links und rechts auf das aktuelle BKS oder das Weltkoordinatensystem beziehen sollen. Das stellen Sie mit den Schaltern RELATIV ZUM AKTUELLEN BKS bzw. ABSOLUT ZUM WKS ein.

Tips:

- In allen Ansichtsfenstern ist das gleiche BKS aktiv.
- Benannte BKS werden mit der Zeichnung abgespeichert.
- Wird die Systemvariable UCSFOLLOW auf 1 gesetzt, wird beim Wechsel des BKS die Draufsicht auf das neue BKS generiert.
- Ist UCSFOLLOW auf 0 gesetzt (Standardeinstellung), wird beim Wechsel des BKS die Ansicht nicht verändert.
- Bei der Arbeit an 3D-Modellen sollten Sie das Koordinatensymbol zur Kontrolle einschalten und am Ursprung anzeigen lassen (Befehl BKSYMBOL, siehe Kapitel 4).

Übung: Zeichnen der Griffe

- Die Griffe für die Türen und Schubladen bestehen im wesentlichen aus 2 kleinen Zylindern und einem größeren, der quer dazu steht.
- Stellen Sie eine isometrische Ansicht aus Richtung SO ein.

Kapitel 18: 3D-Techniken und 3D-Darstellungen

→ Setzen Sie den Ursprung des BKS auf die Mitte der Unterkante der rechten Tür. Das ist die Koordinate 59.6,0,9.

→ Drehen Sie das BKS um die X-Achse um 90°.

→ Stellen Sie eine Objekthöhe von 3 ein, die Erhebung belassen Sie auf 0. Zeichnen Sie zwei Kreise mit Radius 0.8 und den Mittelpunkten 10,70 und -9.5,70.

→ Drehen Sie dann das BKS um die Y-Achse um 90°. Stellen Sie die Objekthöhe auf 30. Zeichnen Sie einen Kreis mit dem Mittelpunkt -3,70,-15 mit dem Radius 1. Der erste Griff ist fertig.

→ Schalten Sie zum Weltkoordinatensystem zurück.

→ Kopieren Sie den kompletten Griff auf die linke obere Schubladenfront. Basispunkt ist das Zentrum eines der Kreise, zweiter Punkt @-39.2,0,0.

→ Erzeugen Sie die restlichen Griffe mit dem Befehl 3DREIHE.

```
Befehl: 3darray
Objekte wählen:
Objekte wählen: ⏎
Rechteckige oder polare Anordnung (R/P): R für rechteckige
Anordnung
Zeilenanzahl (---) <1>: 1
Spaltenanzahl (|||) <1>: 1
Ebenenanzahl (.2..) <1>: 4
Ebenenabstand (...): -19.5
```

Übung: Erzeugen des zweiten Schrankteils

→ Kopieren Sie den kompletten Schrank nochmal auf die rechte Seite. Basispunkt ein Punkt am Schrank, zweiter Punkt @80,0,0.

→ Bearbeiten Sie das rechte Schrankteil wie in Abbildung 1.22.

→ Löschen Sie die oberen drei Schubladenfronten im rechten Schrank. Löschen Sie alle Griffe am rechten Schrankteil bis auf den zweiten von oben an der Schubladenfront.

→ Ändern Sie die Objekthöhe der untersten Schubladenfront und der rechten Tür auf den Wert 58. Sie haben dann gleich hohe Türen.

→ Spiegeln Sie den Griff von der linken auf die rechte Seite mit dem Befehl 3DSPIEGELN.

```
Befehl: 3dspiegeln
Objekte wählen: Griff wählen
```

```
Objekte wählen: [↵]
Ebene von Objekt/Letzte/Z-Achse/Ansicht/XY/YZ/ZX/<3 Punkte>: YZ
Punkt auf YZ-Ebene <0,0,0>: Punkt mit dem Objektfang wählen
oder eingeben, z.B.: 120,0,0
Alte Objekte löschen <N>: [↵]
```

→ Zeichnen Sie noch die Abdeckung. Stellen Sie die Erhebung auf 67.5 und die Objekthöhe auf 19.5. Zeichnen Sie eine Polylinie mit der Breite 2 von 80.5,1 nach 159.5,1. Stellen Sie anschließend Erhebung und Objekthöhe wieder auf 0.

→ Das Ergebnis sollte wie in Abbildung 18.22 aussehen.

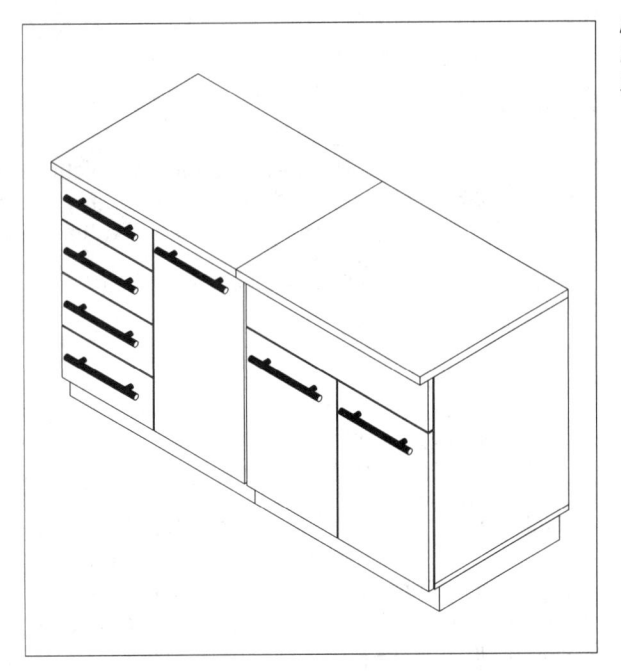

Abbildung 18.22:
Die fertigen Schränke

→ Falls Sie den Anschluß verloren haben: In Ihrem Übungsverzeichnis ist die Lösung der Übung. Sie finden Sie unter dem Namen L18-07.DWG.

18.9 Dynamische Ansichten und Fluchtpunktperspektiven

Wenn wir unser 3D-Modell von einem Ansichtspunkt aus betrachten, erscheint es immer als Parallelperspektive. Entfernte Gegenstände sind dabei genauso groß wie nahe. Man hat daher immer das Gefühl, als ob die Gegenstände nach hinten breiter würden. Abhilfe schafft die Fluchtpunktperspektive. Damit wird der optische Eindruck realistischer. Mit dem Befehl DANSICHT können Sie eine Darstellung in Fluchtpunktperspektive einstellen.

Vorgang: Befehl DANSICHT

Der Befehl DANSICHT ist der Universalbefehl für die Anzeige von 3D-Modellen. Damit können Sie die Funktionen der Befehle ZOOM, PAN und APUNKT in einem ausführen. Außerdem ermöglicht Ihnen der Befehl, wie schon erwähnt, eine Darstellung in der Fluchtpunktperspektive sowie die Erzeugung von Schnitten. Wählen Sie den Befehl:

- Abrollmenü ANZEIGE, DYNAMISCHE 3D-ANSICHT
- Tablettfeld M5

```
Befehl: Dansicht
Objekte wählen:
Kamera/Ziel/ABstand/PUnkte/PAn/ZOom/Drehen/Schnitt/
Verdeckt/AUs/Zurück/<eXit>:
```

Zunächst fordert der Befehl von Ihnen Objekte an. Die Einstellung erfolgt dynamisch. Die Objekte werden am Bildschirm nachgezogen. Das kann bei größeren Modellen zu erheblichen Verzögerungen führen. Deshalb ist es sinnvoll, wenn Sie bei großen 3D-Modellen nur die bildwichtigen Teile zur Einstellung wählen.

Wenn Sie bei der Objektwahl nur ⏎ eingeben, können Sie die Bildeinstellung an einem gespeicherten Standardmodell vornehmen. Dazu wird ein Block verwendet, den Sie zuvor in der Zeichnung definiert haben müssen, der den Namen DVIEWBLOCK hat und dessen Basispunkt in der linken unteren Ecke der Zeichnung liegt. Ist der Block nicht vorhanden, so wird ein einfaches 3D-Haus zur Einstellung verwendet.

Bei der Bildeinstellung wird von der Modellvorstellung mit Kamera, Ziel, Abstand und Objektivbrennweite ausgegangen. Nach der Objektwahl stehen die folgenden Optionen zur Verfügung:

Kamera

Einstellung des Kamerastandortes mit zwei Winkeln wie beim Befehl APUNKT Option DREHEN.

```
Kamera/Ziel/ABstand/PUnkte/PAn/ZOom/Drehen/Schnitt/
Verdeckt/AUs/Zurück/<eXit>: K für Kamera
Winkel einschalten/Winkel aus X/Y-Ebene eingeben <25.00>:
Winkel umschalten von/Winkel von X-Achse aus in
X/Y-Ebene eingeben <-135.00>:
```

Der Winkel kann auf zwei Arten bestimmt werden:

Bewegen Sie das Fadenkreuz auf dem Bildschirm, bis das Bild Ihren Vorstellungen entspricht, und bestätigen Sie dann den Punkt mit der Pick-Taste. Statt der Koordinatenanzeige wird der Winkel zur XY-Ebene angezeigt. Beachten Sie, daß bei einem negativen Wert das Modell von unten dargestellt wird.

Auf die erste Winkelanfrage (Winkel zur XY-Ebene) können Sie aber auch einen Wert zwischen +90° und -90° eintippen. Damit haben Sie die Betrachtungshöhe fixiert. Wenn Sie nun das Fadenkreuz auf dem Bildschirm bewegen, fährt die Kamera in einer Kreisbahn um das Modell. Sie können den gewünschten Punkt anklicken. Auch diesen Winkel können Sie natürlich wieder eintippen. Werte zwischen +180° und -180° sind möglich.

Ziel

Bei dieser Methode gehen Sie wie bei der vorhergehenden vor, nur daß jetzt das Ziel und nicht die Kamera gedreht wird.

```
Kamera/Ziel/ABstand/PUnkte/PAn/ZOom/Drehen/Schnitt/
Verdeckt/AUs/Zurück/<eXit>: Z oder Ziel
Winkel einschalten/Winkel aus X/Y-Ebene eingeben
<-25.00>:
Winkel umschalten von/Winkel von X-Achse aus in
X/Y-Ebene eingeben <+135.00>:
```

Beachten Sie, wenn Sie den Winkel zur X/Y-Ebene eingeben, daß ein negativer Winkel das Modell im Uhrzeigersinn, also nach unten, dreht und damit eine Sicht von oben entsteht. Das Vorzeichen läuft bei dieser Methode genau entgegengesetzt.

PUnkte

Einstellung des Bildausschnitts mit einem Zielpunkt und einem Kamerastandort.

Kapitel 18: 3D-Techniken und 3D-Darstellungen

```
Kamera/Ziel/ABstand/PUnkte/PAn/ZOom/Drehen/Schnitt/
Verdeckt/AUs/Zurück/<eXit>: PU oder Punkte
Zielpunkt eingeben:
Eingabe Kameraposition:
```

Um zu kalkulierbaren Ergebnissen zu kommen, bestimmen Sie die Punkte am besten in der Draufsicht. Verwenden Sie den Punktefilter .XY, und geben Sie den Z-Wert als numerischen Wert an.

PAN

Funktion wie Befehl PAN, aber mit dynamischer Einstellung.

```
Kamera/Ziel/ABstand/PUnkte/PAn/ZOom/Drehen/Schnitt/
Verdeckt/AUs/Zurück/<eXit>: PA oder Pan
Basispunkt der Verschiebung:
Zweiter Punkt:
```

ZOOM

Stufenlose Einstellung des Zoomfaktors an einem Schiebebalken, das Bild wird dynamisch mitvergrößert (siehe Abbildung 18.23).

```
Kamera/Ziel/ABstand/PUnkte/PAn/ZOom/Drehen/Schnitt/
Verdeckt/AUs/Zurück/<eXit>: ZO oder Zoom
Zoom Faktor anpassen <1>:
```

Haben Sie vorher schon auf die Fluchtpunktperspektive umgeschaltet (siehe unten, Option ABSTAND) wird bei der letzten Anfrage die Kamerabrennweite abgefragt:

```
Brennweite anpassen <50.000mm>:
```

DREHEN

Drehung der Kamera um die Kamera-Ziellinie.

```
Kamera/Ziel/ABstand/PUnkte/PAn/ZOom/Drehen/Schnitt/
Verdeckt/AUs/Zurück/<eXit>: D oder Drehen
Neuer Ansichts-Drehwinkel <0>:
```

VERDECKT

Entfernen der verdeckten Kanten.

Dynamische Ansichten und Fluchtpunktperspektiven

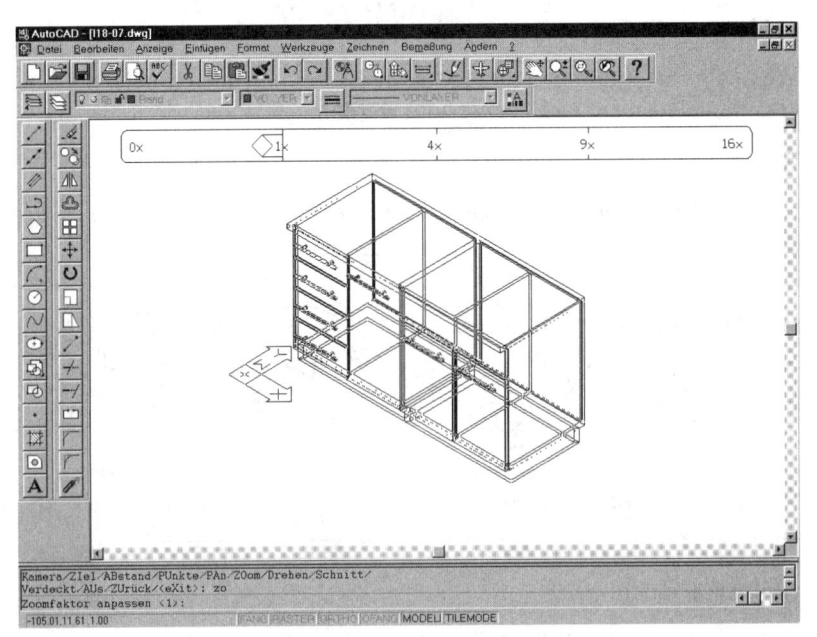

Abbildung 18.23:
Einstellung der Vergrößerung am Schiebebalken

Zurück

Nimmt die letzte Einstelloperation zurück (mehrmals möglich).

Abstand

Mit der Option ABSTAND stellen Sie an einem Schiebebalken den Kamera-Ziel-Abstand ein. Damit wird auf die Fluchtpunktperspektive umgeschaltet. Zum Hinweis auf die neue Darstellung wird das Koordinatensymbol durch einen perspektivischen Würfel ersetzt.

```
Kamera/Ziel/ABstand/PUnkte/PAn/ZOom/Drehen/Schnitt/
Verdeckt/AUs/Zurück/<eXit>: AB oder Abstand
Neue Kamera-/Ziel-Distanz <100>:
```

Sollte beim ersten Versuch der Abstand noch zu gering sein, als daß Sie ihn am Schiebebalken einstellen können, läßt er sich natürlich auch eintippen. Mit der Option ZOOM legen Sie dann die Kamerabrennweite fest. Tasten Sie sich mit den beiden Optionen an die ideale Einstellung heran. Die Größenordnungen entsprechen denen bei der Kleinbildfotografie:

Wie in der Fotografie gilt: Geringer Abstand und kurze Brennweite täuschen Tiefe vor. Vordergrundobjekte werden betont und wirken deshalb größer. Räume wirken größer.

Großer Abstand und lange Brennweite raffen Entfernungen zusammen. Objekte im Hintergrund wirken größer, der Tiefeneindruck verschwindet.

Fehler:

Wenn die Fluchtpunktperspektive aktiv ist, können die normalen Befehle ZOOM und PAN nicht mehr verwendet werden.

AUs

Schaltet die Fluchtpunktperspektive wieder aus.

Abbildung 18.24:
Die Schränke mit verschiedenen Brennweiten fotografiert

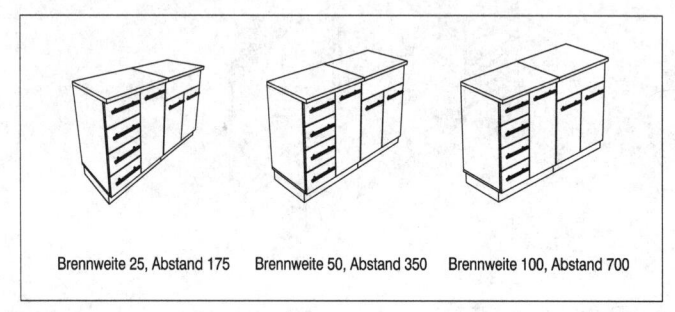

Brennweite 25, Abstand 175   Brennweite 50, Abstand 350   Brennweite 100, Abstand 700

SCHNITT

Erzeugung von Schnittdarstellungen.

```
Kamera/Ziel/ABstand/PUnkte/PAn/ZOom/Drehen/Schnitt/
Verdeckt/AUs/Zurück/<eXit>: S oder Schnitt
Hinten/Vorne/<AUS>: z.B. v oder vorne
EIN/AUS/Abstand vom Ziel:
```

Sie können eine oder zwei Schnittebenen nacheinander einschalten und positionieren, eine vordere und/oder hintere Schnittebene. Diese liegen parallel zur Bildschirmebene und schneiden das 3D-Modell je nach ihrer Position. Sie können sich diese Ebenen als undurchschaubare Vorhänge vorstellen. Teile, die sich vor der vorderen und hinter der hinteren Schnittebene befinden, sind am Bildschirm nicht mehr sichtbar, so lange die Schnittdarstellung eingeschaltet ist. Die Schnittebenen können Sie mit Schiebebalken bewegen.

Wollen Sie ein 3D-Modell aufschneiden oder den Vordergrund entfernen, z. B. um in einen geschlossenen Raum hineinsehen zu können, plazieren Sie eine vordere Schnittebene. Wollen Sie dagegen den Hintergrund verschwinden lassen, setzen Sie die hintere Schnittebene in das Modell. Wenn Sie einen Teil des Modells komplett aus seiner Umgebung herausheben wollen, verwenden Sie beide. Die Unteroptionen HINTEN und VORNE bestimmen die Schnittebenen. Wollen Sie beide verwenden, wählen Sie die Option SCHNITT zweimal. Die Unteroption AUS schaltet die Schnittdarstellungen wieder aus.

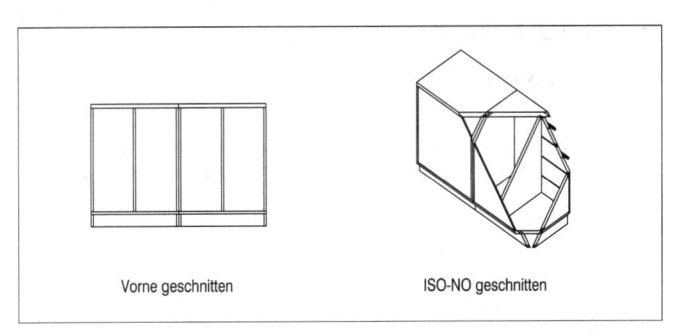

Abbildung 18.25:
Schnittdarstellungen mit dem Befehl DANSICHT

EXIT

Beendet den Befehl und baut die Darstellung komplett am Bildschirm auf.

Fehler:

Den Befehl müssen Sie mit der Option EXIT abschließen. Wird er nur abgebrochen, erscheint die vorherige Einstellung wieder. Alle Änderungen, die Sie mit dem Befehl vorgenommen haben, verschwinden.

Tip:

Haben Sie eine Einstellung gefunden, sichern Sie diese als Ausschnitt. Auch perspektivische Ansichten können Sie als Ausschnitt sichern.

Übung: Fluchtpunktperspektiven

↪ *Stellen Sie eine Darstellung in Fluchtpunktperspektive ein. Variieren Sie Brennweite und Abstand, und testen Sie die verschiedenen Effekte.*

18.10 Aufteilung des Bildschirms in Fenster

Bei komplizierten 3D-Modellen ist es oft sehr hilfreich, wenn Sie den Bildschirm in mehrere Ansichtsfenster aufteilen. In jedem Fenster können Sie dann eine andere Ansicht einstellen, z. B. eine Draufsicht, eine Vorderansicht, eine Seitenansicht und eine Isometrie. Änderungen lassen sich leichter nachverfolgen, und Fehler können rasch erkannt werden.

Vorgang: Befehl AFENSTER

Mit dem Befehl AFENSTER können Sie die verfügbare Fläche des Bildschirms in Ansichtsfenster aufteilen, wenn die Systemvariable TILEMODE den Wert 1 hat. Die sollten Sie so eingestellt lassen, solange Sie am 3D-Modell arbeiten. Dazu später mehr. Sie finden den Befehl unter:

→ Abrollmenü ANZEIGE, Funktion FESTE ANSICHTSFENSTER >, Untermenü für die Optionen des Befehls

→ Tablettmenü M3

Alle Optionen können Sie in dem Untermenü direkt anwählen, aber nur dann, wenn die erwähnte Systemvariable den Wert 1 hat. Ansonsten ist die Funktion im Menü deaktiviert (siehe Abbildung 18.26).

Abbildung 18.26: Untermenü für die Funktionen des Befehls AFENSTER

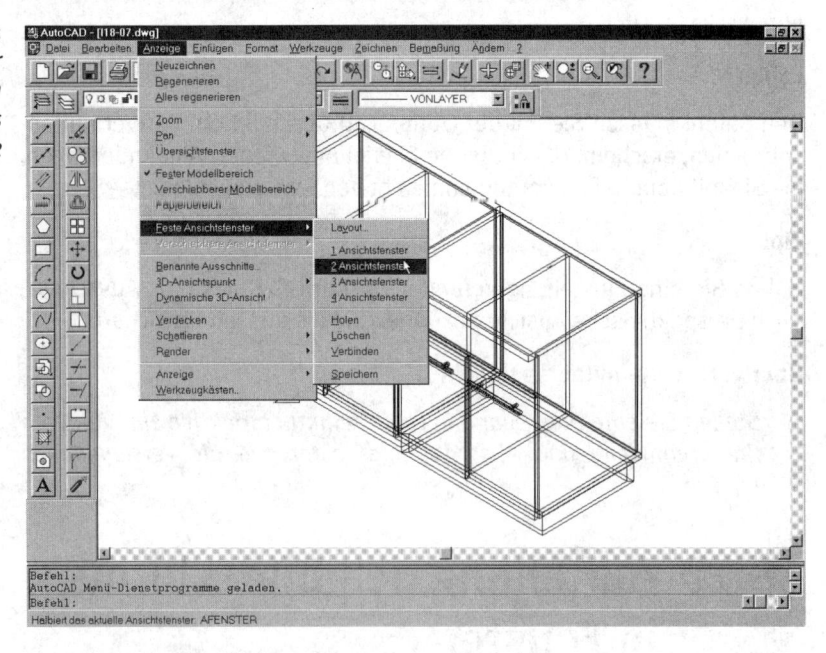

1/2/3/4 ANSICHTSFENSTER

Aufteilung des Bildschirms bzw. des aktuellen Fensters in 2, 3 oder 4 Fenster bzw. Umschaltung auf die bildschirmfüllende Anzeige (1 Ansichtsfenster).

Bei der Teilung in zwei Fenster können Sie wählen, ob Sie den Bildschirm horizontal oder vertikal teilen wollen.

```
Befehl: Afenster
Sichern/Holen/Löschen/Verbinden/Einzeln/?/2/<3>/4: 2
Horizontal/<Vertikal>:
```

Bei der Teilung in drei Fenster können Sie zudem bestimmen, ob horizontal oder vertikal in drei gleiche Fenster geteilt werden soll oder ob ein großes und zwei kleine Fenster erzeugt werden sollen. In letzterem Fall geben Sie an, wo sich das große Fenster befinden soll: oberhalb, unterhalb, links oder rechts.

```
Befehl: Afenster
Sichern/Holen/Löschen/Verbinden/Einzeln/?/2/<3>/4: 3
Horizontal/Vertikal/Oberhalb/Unterhalb/Links/<Rechts>:
```

Haben Sie die Teilung in vier Fenster gewählt, wird der Bildschirm in gleich große Fenster aufgeteilt.

HOLEN

Wiederherstellung einer gesicherten Ansichtsfensterkonfiguration und der in den Fenstern eingestellten Ansichten.

LÖSCHEN

Löschen einer gesicherten Ansichtsfensterkonfiguration.

SPEICHERN

Speichern der momentanen Ansichtsfensterkonfiguration und der in den Fenstern eingestellten Ansichten unter einem Namen.

VERBINDEN

Verbinden zweier nebeneinanderliegender Ansichtsfenster zu einem größeren Fenster. Welcher Ausschnitt in das neue Fenster übernommen werden soll, ist wählbar (siehe Abbildung 18.26).

Tips:

Wenn Sie den Bildschirm aufteilen, erscheint zunächst in allen Fenstern die gleiche Ansicht. Danach können Sie dann in jedem Fenster eine andere Ansicht einstellen. Raster, Fang und diverse andere Zeichenhilfen können ebenfalls in jedem Fenster unterschiedlich eingestellt werden. Es geht aber nicht, daß Sie in jedem Fenster eine andere Zeichnung anzeigen (leider nicht). Außerdem ist in allen Fenstern das gleiche BKS aktiv.

Ein Fenster ist das aktuelle Fenster, in ihm sehen Sie das Fadenkreuz. Fahren Sie in ein anderes Fenster, sehen Sie dort nur den Cursor. Mit der Pick-Taste wird das aktuelle Fenster gewechselt, auch innerhalb eines Befehls. Dadurch ist es möglich, daß Sie in einem Fenster beginnen zu zeichnen, das Fenster wechseln und im anderen Fenster weiterarbeiten. Das aktuelle Fenster erkennen Sie am breiteren Rand. Während der

| **Kapitel 18: 3D-Techniken und 3D-Darstellungen**

Arbeit mit einem Anzeigebefehl (ZOOM, PAN, APUNKT usw.) können Sie das Fenster nicht wechseln.

Abbildung 18.27:
Aufteilung des Bildschirms in Ansichtsfenster

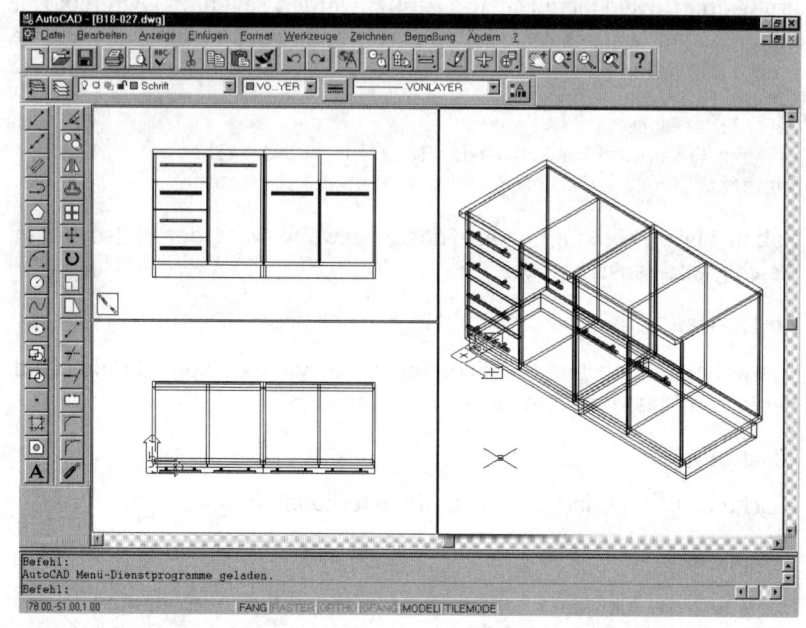

Die Befehle NEUZEICH und REGEN haben nur Wirkung auf das aktuelle Fenster, NEUZALL und REGENALL dagegen auf alle. Sie finden die Befehle so:

- Abrollmenü ANSICHT, Funktion NEUZEICHNEN (Befehl NEUZALL)
- Abrollmenü ANSICHT, Funktion ALLE REGENERIEREN (Befehl REGENALL)
- Tablettfeld O-R11
- Symbol in der Standardfunktionsleiste (Befehl NEUZALL)

Verschiedene Ansichtsfensterkonfigurationen können Sie auch direkt aus einem Bildmenü wählen (siehe Abbildung 18.28). Die Funktion finden Sie ebenfalls im Abrollmenü Anzeige, im Untermenü FESTE ANSICHTSFENSTER > bei LAYOUT... Klicken Sie einfach auf die Fensteraufteilung, die Sie haben wollen.

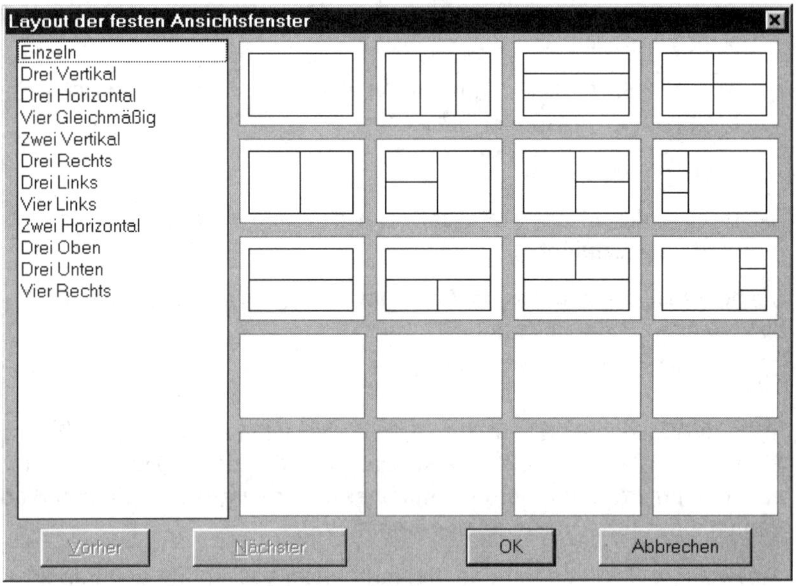

Abbildung 18.28:
Bildmenü zur Auswahl der Fensteraufteilung

18.11 Mehrere Ansichten auf einem Zeichenblatt

Im vorherigen Kapitel haben Sie den Bildschirm aufgeteilt, um einen besseren Überblick bei der Erstellung des Modells zu bekommen.

Mit dieser Methode konnten Sie aber nur die verfügbare Zeichenfläche effektiver nutzen. Wenn Sie das 3D-Modell fertig haben, soll es aber auch in verschiedenen Ansichten und Maßstäben auf einem Zeichenblatt dargestellt und geplottet werden. Dazu gibt es in AutoCAD den Papierbereich, in dem Sie das Zeichnungslayout erstellen können. Die Verwendung bei 2D-Zeichnungen haben Sie in Kapitel 15 kennengelernt. Während bei 2D-Zeichnungen der Papierbereich manche Vorteile bringt, ist er bei 3D-Modellen unverzichtbar.

Mit der Systemvariable TILEMODE schalten Sie zwischen dem Zeichenbereich und dem Papier-/Modellbereich um. Bis jetzt war TILEMODE immer 1, es gab nur den normalen Zeichenbereich. Wenn Sie dagegen TILEMODE 0 setzen, wird in den Papierbereich umgeschaltet. Ein leeres Blatt wird vor die Zeichnung gelegt, auf dem Sie Ihre Fenster anordnen können. Die Variable schalten Sie nach einer der folgenden Methoden um:

- Abrollmenü ANZEIGE, Funktion FESTER MODELLBEREICH entspricht TILE-MODE 1
- Abrollmenü ANZEIGE, Funktion VERSCHIEBBARER MODELLBEREICH oder PAPIERBEREICH entspricht TILEMODE 0
- Tablettmenü L3 bzw. L4
- Doppelklick in der Statuszeile auf das Feld TILEMODE, die Variable wird umgeschaltet

Sie befinden sich zunächst im Papierbereich, denn es gibt noch keine Ansichtsfenster in der Zeichnung.

Tips:

In AutoCAD zeichnen Sie in der Regel immer 1:1 in Zeichnungseinheiten. Sie gehen dabei von einem Papierblatt aus, das der Größe Ihres Originals entspricht. Beim Plotten verkleinern oder vergrößern Sie das Blatt dann auf das tatsächliche Papierformat.

Arbeiten Sie dagegen mit dem Papierbereich, passen Sie den Papierbereich dem Blattformat an. Verwenden Sie einen Zeichnungsrahmen, fügen Sie diesen 1:1 im Papierbereich ein. Eine Zeichnungseinheit im Papierbereich entspricht einem geplotteten mm. Auf diesem Zeichenblatt erstellen Sie Ansichtsfenster, die den Blick von verschiedenen Ansichtspunkten auf das Modell freigeben. Die Darstellung in den Fenstern können Sie dann skalieren, um so eine Ansicht im gewünschten Maßstab zu erhalten.

Vorgang: Befehl MANSFEN

Mit dem Befehl MANSFEN können Sie Ansichtsfenster auf dem Papier erstellen. Den Befehl findet Sie folgendermaßen:

- Abrollmenü ANZEIGE, Untermenü VERSCHIEBBARE ANSICHTSFENSTER >, Funktionen für die Optionen des Befehls
- Tablettfeld M4

Alle Optionen stehen Ihnen im Abrollmenü direkt zur Verfügung (siehe Abbildung 18.29) wenn die Systemvariable TILEMODE den Wert 0 hat. Ansonsten ist das Untermenü nicht wählbar.

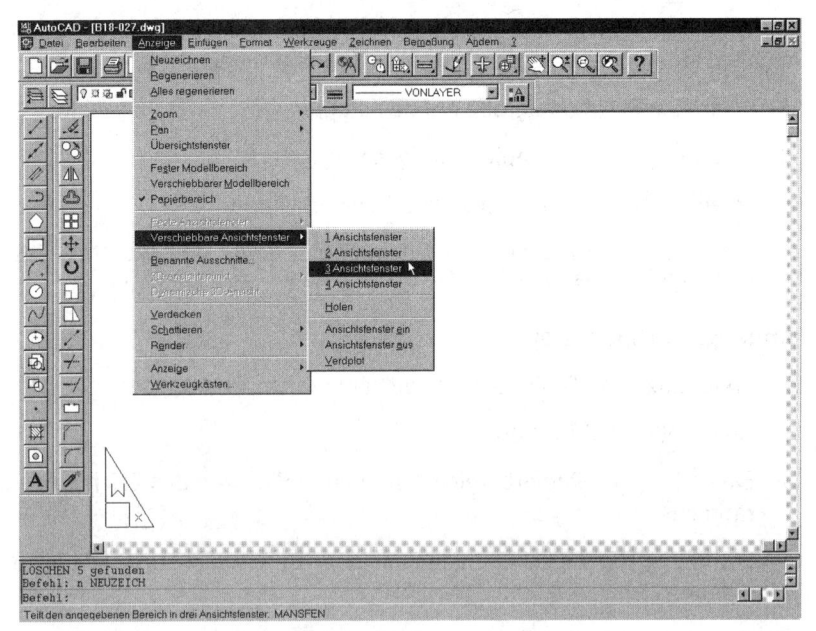

Abbildung 18.29:
Abrollmenü für die Funktionen des Befehls MANSFEN

Die Funktionen des Befehls haben Sie schon in Kapitel 15 kennengelernt. Sie erzeugen damit Ansichtsfenster auf dem Papier. Den Inhalt der Ansichtsfenster können Sie jedoch im Papierbereich nicht verändern. In allen neuen Ansichtsfenstern haben Sie zunächst die gleiche Ansicht. Schalten Sie aber in den Modellbereich, läßt sich in jedem Fenster die gewünschte Ansicht oder der gewünschte Maßstab einstellen.

Vorgang: Befehle MBEREICH und PBEREICH

Der Befehl MBEREICH schaltet in den Modellbereich, der Befehl PBEREICH zurück in den Papierbereich. Die Befehle finden Sie im:

↳ Abrollmenü ANZEIGE, Funktion VERSCHIEBBARER MODELLBEREICH bzw. PAPIERBEREICH

↳ Tablettmenü L4 bzw. L5

↳ Doppelklick auf das Feld PAPIER bzw. MODELL in der Statuszeile am unteren Bildschirmrand, zwischen den Bereichen wird umgeschaltet

Vorgang: Einstellung von Ansicht und Maßstab

In jedem Fenster können Sie mit den bekannten Befehlen die Ansicht einstellen: ZOOM, PAN, APUNKT oder DANSICHT.

Den Maßstab stellen Sie in jedem Fenster separat mit dem Befehl ZOOM ein. Fenster aktivieren, geben Sie einen Zoomfaktor ein:

1XP Zeichnung in Originalgröße auf dem Papier

2XP Zeichnung auf dem Papier zweifach vergrößert

0.5XP Zeichnung auf dem Papier zweifach verkleinert

usw. Der Vergrößerungsfaktor auf dem Papier ergibt den Maßstab. Der Zusatz XP gibt an, daß der Faktor relativ zu den Papiereinheiten gilt.

Vorgang: Zeichnungslayout

- Erstellung des 3D-Modells im Zeichenbereich, TILEMODE = 1
- Umschalten auf TILEMODE = 0
- Einstellung der Papierbereichslimiten und Einfügen des Zeichnungsrahmens
- Erstellung der Ansichtsfenster mit dem Befehl MANSFEN auf einem eigenen Layer
- Anordnung der Ansichtsfenster, eventuell schieben oder strecken
- Wechseln in den Modellbereich
- Einstellung von Ansicht und Maßstab
- Für größere Änderungen am 3D-Modell auf TILEMODE = 1 schalten, kleinere Änderungen bei TILEMODE = 0 im Modellbereich durchführen
- Bemaßen bei TILEMODE = 0 im Modellbereich
- Beschriften im Papierbereich
- Layer mit den Fensterrahmen ausschalten
- Plotten der kompletten Zeichnung im Papierbereich

Vorgang: Befehl MVSETUP

Mit dem Befehl MVSETUP können Sie das komplette Layout im Papierbereich vornehmen. Geben Sie den Befehl auf der Tastatur ein.

```
Befehl: Mvsetup
Ausrichten/Erstellen/ansichtsfenster Skalieren/Optionen
/schrifTfeld/Zurück:
```

Der Befehl ist nur bei TILEMODE 1 sinnvoll, falls Sie sich nicht dort befinden erscheint bei MVSETUP zuerst die Frage:

Befehl: **Mvsetup**
Papierbereich aktivieren? (Nein/<Ja>):

In der Optionsliste haben Sie folgende Auswahl:

OPTIONEN

Unterfunktionen zur Einstellung des Layers für den Zeichnungsrahmen (Titelblock), der Limiten und Einheiten im Papierbereich.

Ausrichten/Erstellen/ansichtsfenster Skalieren/Optionen
/schrifTfeld/Zurück: **O für Optionen**
Einzustellende Option wählen -- LAyer/LImiten/Einheiten/XRef:

Mit der Auswahl LAYER legen Sie fest, auf welchen Layer das Schriftfeld (mit Zeichnungsrahmen) abgelegt werden soll. Ist der Layer nicht vorhanden, dann wird er automatisch angelegt. Sie können auch wählen, daß das Schriftfeld auf den aktuellen Layer kommt. Mit der Option LIMITEN können Sie wählen, ob die Papierbereichslimiten automatisch gesetzt werden sollen, wenn ein Zeichnungsrahmen eingefügt wird. Die Option EINHEITEN stellt Ihnen in einer weiteren Anfrage die verfügbaren Einheiten für den Papierbereich zur Auswahl:

Papierbereichseinheiten in Fuß/Zoll/MEter/
MIllimeter? <mm>:

Weiter können Sie mit der Option XREF wählen, ob das Schriftfeld als Block oder externe Referenz eingefügt werden soll:

XRef zuordnen oder schriftfeld Einfügen? <Einfügen>:

SCHRIFTFELD

Mit der Option SCHRIFTFELD können Sie einen Zeichnungsrahmen einfügen und bearbeiten:

Ausrichten/Erstellen/ansichtsfenster Skalieren/Optionen
/schrifTfeld/Zurück: **T für Schriftfeld**
objekte Löschen/Ursprung/Zurück/<schriftfeld Einfügen>: ⏎
Verfügbare Schriftfeldoptionen:
    0:     Keines
    1:     ISO A4 Format (mm)
    2:     ISO A3 Format (mm)
    3:     ISO A2 Format (mm)
    4:     ISO A1 Format (mm)
    5:     ISO A0 Format (mm)
    6:     ANSI-V Format (Zoll)
    7:     ANSI-A Format (Zoll)
    8:     ANSI-B Format (Zoll)

Kapitel 18: 3D-Techniken und 3D-Darstellungen

```
 9:      ANSI-C Format (Zoll)
10:      ANSI-D Format (Zoll)
11:      ANSI-E Format (Zoll)
12:      Arch/Engineering (24 x 36 Zoll)
13:      Blatt im Format Generic D (24 x 36 Zoll)
Hinzufügen/Löschen/Neuanzeigen/<Nummer des zu ladenden Eintrags>:
```

Wählen Sie aus der Liste einen Zeichnungsrahmen, den Sie im Papierbereich einfügen wollen. Sie können auch einen neuen Eintrag in die Liste aufnehmen oder einen Eintrag aus der Liste löschen (Optionen HINZUFÜGEN bzw. LÖSCHEN). Mit der Option NEUANZEIGEN wird die Liste nochmals angezeigt. Geben Sie eine Nummer ein, wird der entsprechende Rahmen aus der Liste eingefügt. Der Rahmen wird erzeugt, eingefügt, und Sie können noch wählen, ob Sie den Zeichnungsrahmen als Zeichnungsdatei erstellen wollen:

```
Eine Zeichnung namens iso_a4.dwg erstellen? <J>:
```

Bei der ersten Anfrage stehen Ihnen zwei weitere Optionen zur Verfügung:

```
objekte Löschen/Ursprung/Zurück/<schrifTfeld Einfügen>:
```

Wählen Sie mit der Option URSPRUNG, an welcher Stelle der Zeichnungsrahmen eingefügt werden soll (normalerweise bei 0,0). Die Option OBJEKTE LÖSCHEN schaltet in eine Löschfunktion. Falsch eingefügte Zeichnungsrahmen oder Teile davon können Sie damit löschen.

ERSTELLEN

Diese Option hilft Ihnen bei der Erstellung von Ansichtsfenstern.

```
Ausrichten/Erstellen/ansichtsfenster Skalieren/Optionen
/schrifTfeld/Zurück: E für Erstellen
objekte Löschen/Zurück/<ansichtsfenster Erstellen>:
```

Sie können wählen, ob Sie Fenster erstellen oder bereits erstellte Fenster wieder löschen wollen. Geben Sie ⏎ für die Erstellung ein, und Sie erhalten eine Auswahlliste:

```
objekte Löschen/Zurück/<ansichtsfenster Erstellen>: ⏎
Verfügbare Layout-Optionen für Mansfen-Ansichtsfenster
     0:      Keines
     1:      Einfach
     2:      Std. Engineering
     3:      Ansichtsfenster anordnen
Neuanzeigen/<Nummer des zu ladenden Eintrags>: z. B. 2
Begrenzungsbereich für Ansichtsfenster. Erster Punkt:
```
Eckpunkt eingeben

Anderer Punkt: **anderen Eckpunkt eingeben**

Ansichtsfensterabstand in X. <0>: **z.B.: 10**
Ansichtsfensterabstand in Y. <0>: **z.B.: 10**

Durch die Auswahl von 1 erstellen Sie ein einzelnes Ansichtsfenster. Wählen Sie dagegen 2 (siehe oben), erhalten Sie vier Fenster mit Draufsicht, Vorderansicht, Seitenansicht und isometrischer Darstellung (siehe oben). Leider entspricht die Klapprichtung der Ansichten dabei nicht der DIN-Norm. Sie können aber leicht die Ansichtsfenster nachträglich verschieben und damit DINgerecht anordnen. Wählen Sie die Funktion 3, können Sie ebenfalls mehrere Ansichtsfenster erstellen. Allerdings wird bei der Methode kein Ansichtspunkt eingestellt.

Neuanzeigen/<Nummer des zu ladenden Eintrags>: **3**
Begrenzungsbereich für Ansichtsfenster. Erster Punkt: **Eckpunkt eingeben**
Anderer Punkt: **anderen Eckpunkt eingeben**

Anzahl der Ansichtsfenster in X. <1>: **z.B.: 2**
Anzahl der Ansichtsfenster in Y. <1>: **z.B.: 3**

Ansichtsfensterabstand in X. <0>: **z.B.: 10**
Ansichtsfensterabstand in Y. <1>: **z.B.: 10**

SKALIEREN

Eine weitere Arbeitserleichterung haben Sie mit dem Befehl MVSETUP. Sie können den Maßstab in einem Ansichtsfenster oder alle auf einmal einstellen. Wählen Sie dazu die Option SKALIEREN.

Ausrichten/Erstellen/ansichtsfenster Skalieren/Optionen
/schrifTfeld/Zurück: **S für Skalieren**
Zu skalierende Ansichtsfenster wählen...
Objekte wählen: **Fenster auswählen**

Zoomfaktoren für Ansichtsfenster festlegen. Interaktiv/
<Gleichmäßig> **z.B. G für gleich**

Geben Sie das Verhältnis der Papierbereichseinheiten zu den Modellbereichseinheiten ein...
Anzahl der Papierbereichseinheiten. <1.0>:
Anzahl der Modellbereichseinheiten. <1.0>:

Kapitel 18: 3D-Techniken und 3D-Darstellungen

AUSRICHTEN

Beim Erzeugen und Skalieren von Ansichtsfenstern sowie bei der Einstellung des Ansichtspunktes kommt es meist vor, daß Ansichten, die eigentlich übereinander- oder nebeneinanderstehen sollten, nicht richtig ausgerichtet sind. Mit der Option AUSRICHTEN können Sie einen Punkt in einer Ansicht zu einem Punkt in einer anderen ausrichten.

```
Ausrichten/Erstellen/ansichtsfenster Skalieren/Optionen
/schrifTfeld/Zurück: A für Ausrichten
Winkel/Horizontal/Vertikal/ansicht Drehen/Zurück: z.B.: H für
Horizontal
Basispunkt: Bezugspunkt in einem Fenster wählen
Anderer Punkt: Punkt in einem anderen Fenster wählen, der zum
vorhergehenden ausgerichtet werden soll
```

Sie können sowohl horizontal und vertikal als auch in einem bestimmten Winkel ausrichten.

Übung: Die Küchenzeile in verschiedenen Ansichtsfenstern

- *Holen Sie die Zeichnung mit der Küchenzeile auf den Bildschirm oder die Zeichnung L18-07.DWG, wenn Ihre Zeichnung nicht vorführbereit ist.*
- *Schalten Sie TILEMODE auf 0.*
- *Fügen Sie die Zeichnung DIN_A3.DWG aus dem Ordner \ACADR14\SUPPORT als Zeichnungsrahmen im Papierbereich ein.*
- *Setzen Sie die Limiten auf die Eckpunkte des Zeichnungsrahmens.*
- *Erzeugen Sie einen Layer FENSTER, und machen Sie ihn zum aktuellen Layer.*
- *Erzeugen Sie drei Ansichtsfenster wie in Bild 18.30, und stellen Sie links oben die Draufsicht ein, darunter die Vorderansicht und daneben eine perspektivische Ansicht.*
- *Skalieren Sie die Ansichten auf einen Maßstab 1XP, und richten Sie die beiden übereinanderliegenden Ansichtsfenster mit der Funktion MVSETUP aus.*
- *Stellen Sie mit der Option VERDPLOT des Befehls MANSFEN das rechte Fenster so ein, daß beim Plotten die verdeckten Kanten entfernt werden. Schalten Sie dann den Layer Fenster aus.*

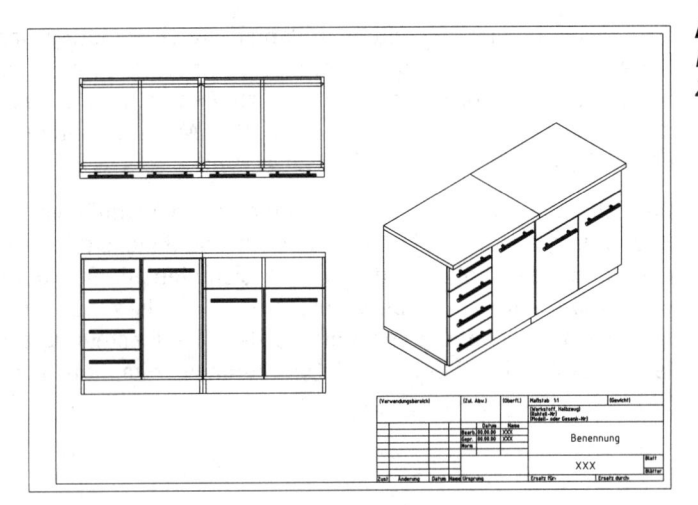

Abbildung 18.30:
Die fertige Zeichnung

Vorgang: Bemaßen von Mehrfachansichten

Wo bemaßen Sie nun Ihr 3D-Modell? Sie könnten im Papierbereich bemaßen. Ihre Punkte auf dem Modell lassen sich mit dem Objektfang abgreifen. Allerdings müßten Sie dann immer den im Fenster eingestellten Maßstab berücksichtigen. Außerdem können Sie dann nicht Bemaßung und Geometrie gemeinsam verändern. Beide sind in unterschiedlichen Bereichen, und die assoziative Bemaßung nützt nichts.

Besser ist es, wenn Sie die einzelnen Fenster im Modellbereich bemaßen. Allerdings ist es dann erforderlich, die Bemaßung jeweils nur in einem Fenster sichtbar zu machen. Gehen Sie wie folgt vor:

- Erstellen Sie einen Bemaßungslayer für jede zu bemaßende Ansicht.
- Frieren Sie die Bemaßungslayer jeweils in allen anderen Ansichtsfenstern ein (siehe dazu Kapitel 15.4).
- Da immer nur parallel zur XY-Ebene bemaßt werden kann, ist es erforderlich, für jede Ansicht ein eigenes Benutzerkoordinatensystem zu erzeugen.
- Wenn Sie das Fenster wechseln, wechseln Sie auch den Layer und das BKS.

Vorgang: Plotten von Mehrfachansichten

Natürlich wollen Sie die Zeichnung auch plotten, aber in welchem Bereich? Wenn Sie im Modellbereich plotten, wird nur das aktuelle Fenster geplottet. Plotten Sie dagegen im Papierbereich, wird das komplette Blatt mit allen Ansichtsfenstern geplottet.

Wird die komplette Zeichnung im Papierbereich geplottet, beziehen sich die Angaben zum Plotbereich im Plotdialogfeld auch auf den Papierbereich. Da der Papierbereich immer 1:1 zum Papierblatt erstellt wird, können Sie auch im Maßstab 1:1 plotten. Den Maßstab haben wir ja durch die Skalierung der Fenster schon eingestellt.

Der Schalter LINIEN VERDECKEN im Plotdialogfeld ist im Papierbereich ohne Bedeutung, da der Papierbereich ja nur zweidimensional ist. Verdeckte Kanten werden beim Plotten der Ansichtsfenster nur dann entfernt, wenn zuvor mit der Option VERDPLOT des Befehls MANSFEN die Ansichtsfenster entsprechend eingestellt wurden. Die Einstellung der Ansichtsfenster läßt sich mit der kompletten Voransicht im Plot-Dialogfeld überprüfen.

Oberflächenmodelle

Kapitel 19

19.1 3D-Polylinien, -Flächen und -Netze
19.2 Editierung von Oberflächenmodellen
19.3 3D-Konstruktion eines Oberflächenmodells

Im letzten Kapitel haben Sie alles über die Darstellungsmöglichkeiten von 3D-Modellen erfahren. Nur die Modelle selbst waren noch relativ bescheiden, eigentlich keine echten 3D-Modelle. Es waren 2D-Objekte mit Objekthöhe, kurz 2∞D-Modelle. Komplizierte Oberflächen konnten damit nicht erstellt werden. Hier helfen Ihnen die Oberflächenmodelle weiter. In diesem Kapitel lernen Sie:

- wie Sie mit 3D-Polylinien und 3D-Flächen arbeiten,
- wie komplexe 3D-Netze entstehen,
- wie Sie aus Drähten Oberflächen erstellen können,
- welche Editiermöglichkeiten Sie noch haben und
- wie Sie ein komplexes Objekt konstruieren können.

19.1 3D-Polylinien, -Flächen und -Netze

Mit den Befehlen für Oberflächen bilden Sie Ihr 3D-Modell durch die Oberfläche nach. Es entsteht sozusagen ein Papiermodell, das nur aus der Außenhaut besteht. Das kleinste Element bei den Oberflächen ist die 3D-Fläche, ein drei- oder viereckiges planes Element. Das 3D-Netz ist ein zusammenhängendes AutoCAD-Objekt aus planen Flächen, vergleichbar mit einem Einkaufsnetz. 3D-Netze lassen sich nur sehr schwer erstellen. Spezielle Befehle erleichtern Ihnen allerdings die Konstruktion.

Oberflächenmodelle haben einen entscheidenden Nachteil, Sie können sie nicht editieren. Die 3D-Fläche ist die kleinste Einheit. Eine Bohrung durch ein Objekt, das aus 3D-Netzen oder 3D-Flächen aufgebaut ist, können Sie praktisch nicht mehr anbringen. Festkörper (siehe Kapitel 20) bieten Ihnen da weitaus mehr Editiermöglichkeiten. Für die Erstellung von Freiformflächen eignen sich Oberflächenmodelle jedoch besser.

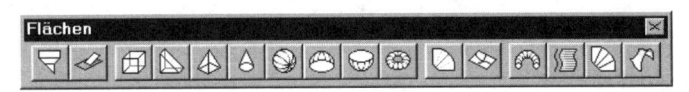

Sie finden alle Befehle zu den Oberflächenmodellen im Abrollmenü ZEICHNEN, Untermenü FLÄCHEN > (siehe Abbildung 19.1). Außerdem sind alle Befehle im Werkzeugkasten FLÄCHEN anwählbar.

Abbildung 19.1:
Untermenü für die Oberflächenbefehle

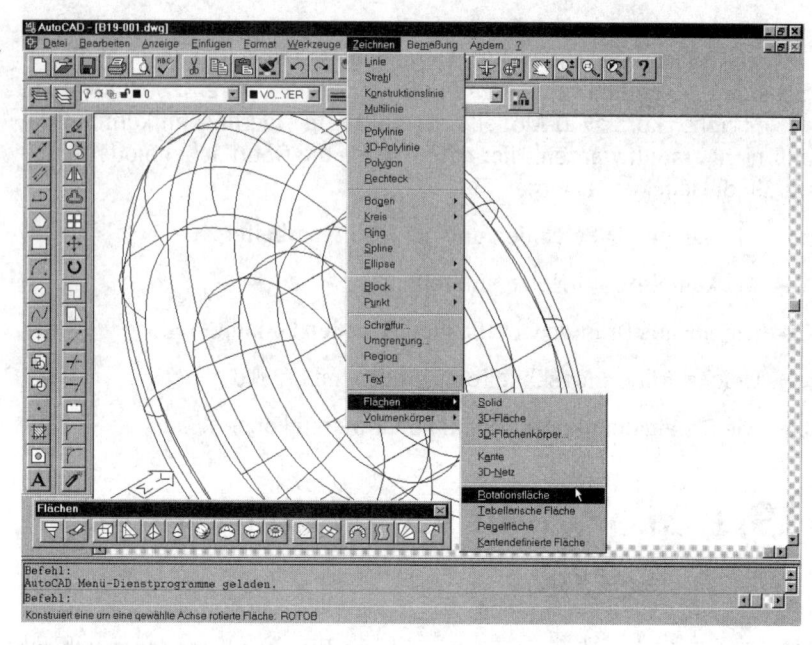

Vor den Befehlen für die Oberflächen noch ein paar Bemerkungen. Zur Konstruktion von Oberflächen von Festkörpern benötigen Sie oft Drahtmodelle im Raum. Wie im letzten Kapitel erwähnt, können Sie Linienzüge, Strahlen, Konstruktionslinien sowie Punkte frei im Raum plazieren. Ein weiteres Objekt ist die 3D-Polylinie. Alle anderen Objekte können Sie nur in der XY-Ebene oder parallel dazu zeichnen.

Vorgang: Befehl 3DPOLY

3D-Polylinien sind eine spezielle Variante der Polylinie, mit denen Sie zusammenhängende Linienzüge im Raum erzeugen können. Bogensegmente lassen sich allerdings nicht erzeugen. Jedem Stützpunkt können Sie einen anderen Z-Wert geben. Sie werden mit dem Befehl 3DPOLY erzeugt. Den Befehl finden Sie im:

↳ Abrollmenü ZEICHNEN, Funktion 3D-POLYLINIE

↳ Tablettfeld O10

```
Befehl: 3dpoly
Von Punkt: Startpunkt eingeben
Schliessen/Zurück/<Endpunkt der Linie>:
```

Den Befehl können Sie wie den Befehl LINIE verwenden, nur daß dabei zusammenhängende Linienzüge im Raum entstehen.

Vorgang: Befehl 3DFLÄCHE

Mit dem Befehl 3DFLÄCHE erzeugen Sie einzelne Flächen mit drei oder vier Eckpunkten oder eine Serie von Flächen, die jeweils an einer Kante zusammenhängen. Jedem Stützpunkt können Sie einen eigenen Z-Wert geben. Somit entstehen Flächen plan oder verwunden im Raum. Erhebung und Objekthöhe haben jetzt keine Auswirkung mehr. Wählen Sie den Befehl:

- Abrollmenü ZEICHNEN, Untermenü FLÄCHEN >, Funktion 3D-FLÄCHE
- Tablettfeld M8
- Symbol im Werkzeugkasten FLÄCHEN

```
Befehl: 3dfläche
Erster Punkt:
Zweiter Punkt:
Dritter Punkt:
Vierter Punkt:
Dritter Punkt:
Vierter Punkt: usw.
```

Die Eckpunkte der 3D-Flächen müssen Sie in einem Umlauf eingeben. Wollen Sie eine Fläche mit drei Eckpunkten haben, geben Sie für den vierten Eckpunkt ⏎ ein. Haben Sie vier Punkte eingegeben, können Sie eine weitere Fläche anhängen. Für diese müssen Sie nur noch den dritten und vierten Punkt eingeben. Die Fläche hängt dann an der Kante der ersten Fläche. Den Befehl schließen Sie ab, wenn Sie auf Anfrage nach dem dritten Punkt ⏎ eingeben. 3D-Flächen verdecken dahinterliegende Objekte.

Wollen Sie eine Kante bei zusammengesetzten Flächen unsichtbar haben, dann geben Sie vor der Eingabe des ersten Punktes dieser Kante die Option U für UNSICHTBAR ein. Ist die Systemvariable SPLFRAME auf 1 gesetzt, werden die unsichtbaren Kanten von 3D-Flächen trotzdem angezeigt. Nur beim Wert 0 verschwinden diese Kanten aus der Zeichnung. Theoretisch können Sie so komplett unsichtbare Scheinflächen ohne jegliche Kanten im Raum zeichnen. Kanten lassen sich allerdings auch nachträglich mit dem Befehl EDGE sichtbar oder unsichtbar machen (siehe unten).

Übung: Würfel aus 3D-Flächen

- *Als einfache Vorübung für 3D-Flächen erstellen Sie einen geschlossenen Würfel aus 3D-Flächen (siehe Abbildung 19.2). Zeichnen Sie zuerst die Grundfläche, und kopieren Sie diese zur Deckfläche. Danach erstellen Sie die Ummantelung.*

Abbildung 19.2:
Würfel aus 3D-Flächen

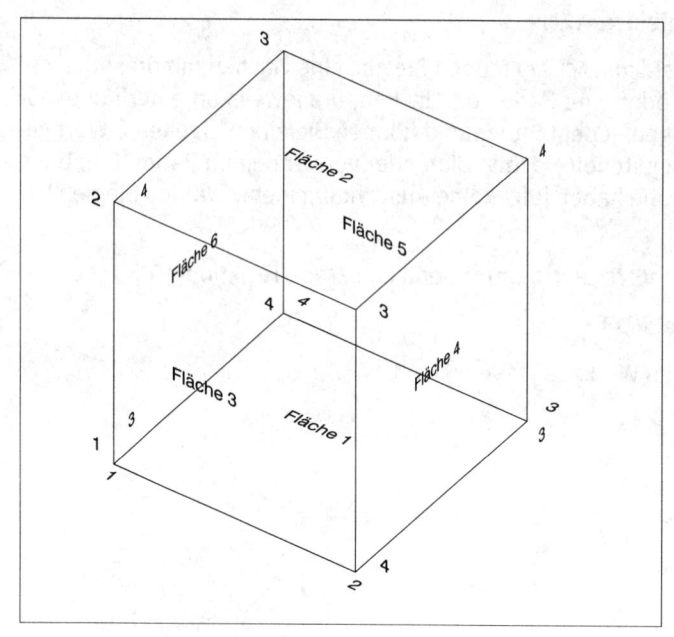

Grundfläche mit der Kantenlänge 100:.

```
Befehl: 3dfläche
Erster Punkt: 0,0
Zweiter Punkt: 100,0
Dritter Punkt: 100,100
Vierter Punkt: 0,100
```

→ *Kopieren Sie die Grundfläche um den Betrag 100 in Z-Richtung zur Deckfläche.*

```
Befehl: Kopieren
Objekte wählen: wählen Sie die Fläche
Objekte wählen: ⏎
<Basispunkt oder Verschiebung>/Mehrfach: 0,0,0
Zweiter Punkt der Verschiebung: @0,0,100
```

→ *Stellen Sie mit dem Befehl DDVPOINT den Ansichtspunkt 305° (Winkel zur X-Achse), 35° (Winkel zur XY-Ebene) im Dialogfeld ein. Nehmen Sie nicht die Isometrie von Süd-Ost. Bei einem Würfel bekommen Sie dann ungünstigerweise die Eckpunkte in einer Flucht.*

→ *Aktivieren Sie den Objektfang SCHNITTPUNKT fest. Zeichnen Sie die äußeren Flächen wie in Abbildung 19.2.*

⇨ Betrachten Sie den Würfel von verschiedenen Ansichtspunkten aus, und kontrollieren Sie, ob alles geschlossen ist. Entfernen Sie dazu die verdeckten Kanten mit dem Befehl VERDECKT.

⇨ Auch wenn Sie nicht mitgezeichnet haben, finden Sie die Lösung in Ihrem Übungsverzeichnis als L19-01.DWG.

Vorgang: Befehl 3DNETZ

Mit dem Befehl 3DNETZ können Sie zusammenhängende Netze im Raum erstellen. Jedem Knotenpunkt können Sie einen eigenen Z-Wert geben. Solche Netze lassen sich mit dem Befehl URSPRUNG in einzelne 3D-Flächen zerlegen oder mit dem Befehl PEDIT editieren. Wählen Sie den Befehl folgendermaßen:

⇨ Abrollmenü ZEICHNEN, Untermenü FLÄCHEN >, Funktion 3D-NETZ

⇨ Symbol im Werkzeugkasten FLÄCHEN

```
Befehl: 3dnetz
M-Wert des Netzes: Ganzzahl eingeben
N-Wert des Netzes: Ganzzahl eingeben
Scheitelpunkt (0,0): Koordinate eingeben
Scheitelpunkt (0,1): ...
Scheitelpunkt (0,2): ...
..
..
Scheitelpunkt (0,N): ...
Scheitelpunkt (1,0): ...
Scheitelpunkt (1,1): ...
Scheitelpunkt (1,2): ...
..
..
Scheitelpunkt (M,N): usw.
```

M und N legen die Zahl der Scheitelpunkte in jeder Richtung fest. Jeden Scheitelpunkt geben Sie danach einzeln ein. Dadurch erhalten Sie ein Netz von beliebiger Form und Krümmung im Raum. Durch die Wahl der Teilung können Sie die gewünschte Oberfläche beliebig genau annähern, allerdings mit erheblichem Aufwand. Um mit diesem Befehl Objekte zu erstellen, die Sie nicht durch eine M x N Matrix nachbilden können, haben Sie auch die Möglichkeit, verschiedene Scheitelpunkte in einem Punkt zu vereinen. So können Sie beispielsweise eine Pyramide mit viereckiger Grundfläche erstellen. Es wird jedoch schwer, sich solche Objekte noch vorzustellen und sie auf diese Art zu konstruieren.

Die Funktionen zum Erzeugen von 3D-Grundkörpern aus Oberflächen sowie die Befehle ROTOB, TABOB, REGELOB und KANTOB automatisieren und vereinfachen die Erstellung solcher Netze.

Vorgang: Befehl PNETZ

Mit dem Befehl PNETZ können Sie ein Netz erstellen, bei dem jede Fläche mehrere Kontrollpunkte haben kann, sogenannte Vielflächen- oder Polygonnetze. Der Befehl ist so exotisch, daß Sie ihn nicht mehr in den Menüs finden. Er läßt sich nur durch Eintippen aktivieren. Das zeigt auch schon, daß er zum Zeichnen nicht mehr geeignet ist. Er ist dagegen wichtig für das automatische Erstellen von komplizierten Oberflächen in Zusatzprogrammen.

```
Befehl: Pnetz
Kontrollpunkt 1: Koordinate für Kontrollpunkt 1 eingeben
Kontrollpunkt 2: Koordinate für Kontrollpunkt 2 eingeben
.
.Kontrollpunkt N: Koordinate für Kontrollpunkt N eingeben
Fläche 1, Kontrollpunkt 1: Nummer des Kontrollpunkts
Fläche 1, Kontrollpunkt 2: Nummer des Kontrollpunkts
.
Fläche 1, Kontrollpunkt X: ⏎
.
Fläche 8, Kontrollpunkt 1: Nummer des Kontrollpunkts
Fläche 8, Kontrollpunkt 2: Nummer des Kontrollpunkts
.
Fläche 8, Kontrollpunkt Y: ⏎
Fläche 9, Kontrollpunkt 1: ⏎ usw.
```

Geben Sie zunächst die Koordinaten aller Kontrollpunkte ein. Dann definieren Sie die Flächen, indem Sie angeben, welche Kontrollpunkte zu welcher Fläche gehören.

Jede Polygonfläche kann beliebig viele Seiten haben. Sie wird intern automatisch aus 3D-Flächen mit 3 oder 4 Eckpunkten aufgebaut, bei denen die Verbindungskanten unsichtbar sind. Wollen Sie eine Kante in einem Polygonnetz unsichtbar machen, geben Sie den Kontrollpunkt vor der entsprechenden Kante mit negativem Vorzeichen ein. Die unsichtbaren Kanten können Sie sich auch hier wieder anzeigen lassen, wenn Sie die Systemvariable SPLFRAME auf 1 setzen.

Vorgang: Befehl EDGE

Kanten von 3D-Flächen sind immer sichtbar, es sei denn, Sie haben beim Zeichnen die Option U für UNSICHTBAR eingegeben. Nachträglich ändern Sie die Anzeige der Kanten mit dem Befehl EDGE.

↳ Abrollmenü ZEICHNEN, Untermenü FLÄCHEN >, Funktion KANTE

↳ Symbol im Werkzeugkasten FLÄCHEN

```
Befehl: Edge
Anzeigen/<Kante auswählen:
```

Klicken Sie eine sichtbare Kante an, wird sie unsichtbar, und klicken Sie eine unsichtbare Kante an, wird sie sichtbar. Das Problem ist nur, daß Sie unsichtbare Kanten nicht anwählen können, da sie eben nicht sichtbar sind. Mit der Option ANZEIGEN können Sie jedoch unsichtbare Kanten zur Auswahl sichtbar machen.

```
Anzeigen/<Kante auswählen: A für Anzeigen
AUswählen/<ALles>:
```

Sie können wählen, ob alle Kanten von Flächen in der Zeichnung sichtbar gemacht werden sollen oder nur die Kanten von Flächen, die Sie anwählen.

Übung: Objekt aus 3D-Netz erstellen

↪ *Trotz aller Schwierigkeiten erstellen Sie ein einfaches 3D-Netz (siehe Abbildung 19.3).*

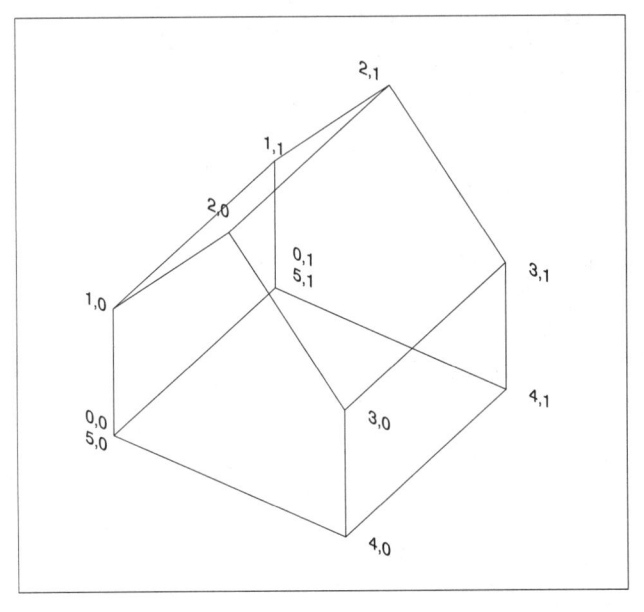

Abbildung 19.3: *Objekt aus 3D-Netz*

↪ *Wählen Sie den Befehl 3DNETZ, und zeichnen Sie ein Netz mit 6 x 2 Kontrollpunkten nach den angegebenen Koordinaten.*

```
Befehl: 3dnetz
M-Wert des Netzes: 6
N-Wert des Netzes: 2
Scheitelpunkt (0,0): 0,0,0
Scheitelpunkt (0,1): 0,100,0
Scheitelpunkt (1,0): 0,0,50
```

Kapitel 19: Oberflächenmodelle

```
Scheitelpunkt (1,1): 0,100,50
Scheitelpunkt (2,0): 50,0,100
Scheitelpunkt (2,1): 50,100,100
Scheitelpunkt (3,0): 100,0,50
Scheitelpunkt (3,1): 100,100,50
Scheitelpunkt (4,0): 100,0,0
Scheitelpunkt (4,1): 100,100,0
Scheitelpunkt (5,0): 0,0,0
Scheitelpunkt (5,1): 0,100,0
```

⇨ Stellen Sie mit dem Befehl DDVPOINT den Ansichtspunkt 305° (Winkel zur X-Achse), 35° (Winkel zur XY-Ebene) im Dialogfeld ein.

⇨ Aktivieren Sie den Objektfang SCHNITTPUNKT fest.

⇨ Jetzt sind die Stirnflächen noch offen, man kann hindurchsehen. Schließen Sie die vordere Fläche mit zwei 3D-Flächen (siehe Abbildung 19.4).

Abbildung 19.4:
Objekt mit geschlossenen Flächen

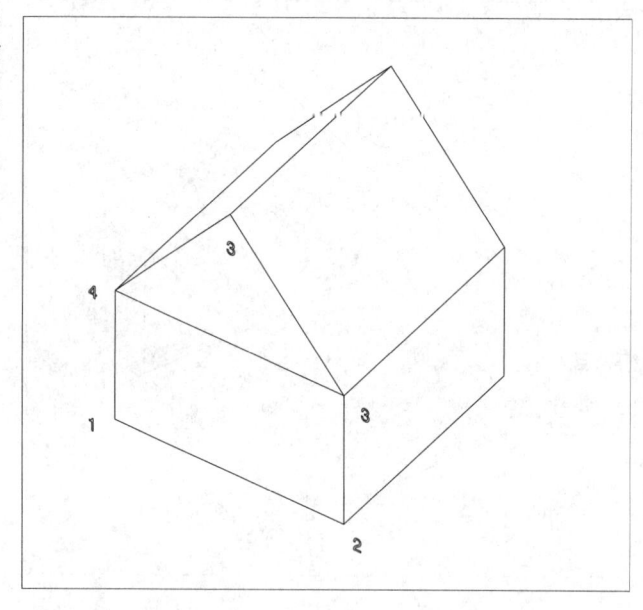

```
Befehl: 3dfläche
Erster Punkt: 0,0,0 oder mit Objektfang wählen
Zweiter Punkt: 100,0,0 oder mit Objektfang wählen
Dritter Punkt: 100,0,50 oder mit Objektfang wählen
Vierter Punkt: 0,0,50 oder mit Objektfang wählen
Dritter Punkt: 50,0,100 oder mit Objektfang wählen
Vierter Punkt: ⏎
Dritter Punkt: ⏎
```

3D-Polylinien, -Flächen und -Netze

↪ *Kopieren Sie die 3D-Flächen auf die andere Seite des Objekts.*

```
Befehl: Kopieren
Objekte wählen: beide Flächen wählen
Objekte wählen: ⏎
<Basispunkt oder Verschiebung>/Mehrfach: 0,0,0 oder mit
Objektfang wählen
Zweiter Punkt der Verschiebung: @0,100,0 oder mit Objektfang
wählen
```

↪ *Wählen Sie den Befehl EDGE, und machen Sie die Trennkante an beiden Giebeln unsichtbar.*

↪ *Führen Sie jetzt den Befehl VERDECKT aus, das Modell sollte geschlossen sein und die Kanten nicht mehr sichtbar (siehe Abbildung 19.5). Wenn Sie es prüfen wollen, die Lösung befindet sich in Ihrem Übungsverzeichnis unter dem Namen L19-02.DWG.*

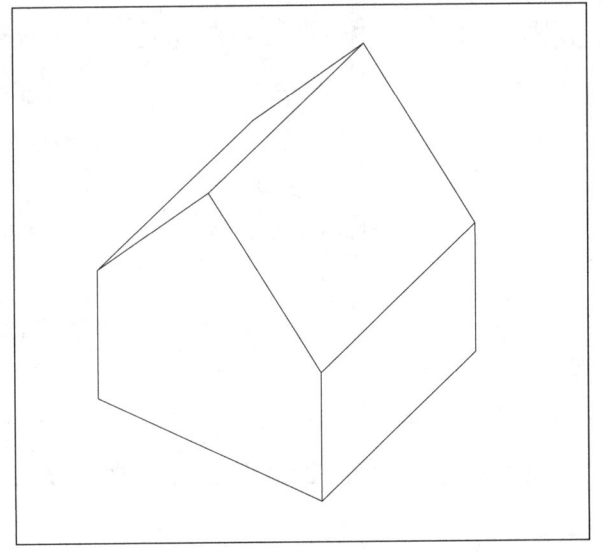

Abbildung 19.5:
Objekt mit unsichtbaren Kanten an den Giebelseiten

19.1.1 3D-Grundkörper aus Oberflächen

Sie sehen, es wird sehr schnell kompliziert, selbst bei einfachen Oberflächenmodellen, wenn Sie mit 3D-Netzen und 3D-Flächen arbeiten.

Vorgang: Befehl 3D zur Erstellung von Grundkörpern

Mit dem Befehl 3D können Sie 3D-Grundkörper aus Oberflächen automatisch durch Eingabe der Geometriepunkte und der Maße erstellen: Quader, Kegel und Kegelstumpf, Kuppel, Schale, Netz, Pyramide, Torus und Keil. Sie finden den Befehl folgendermaßen:

Kapitel 19: Oberflächenmodelle

↳ Abrollmenü ZEICHNEN, Untermenü FLÄCHEN >, Funktion 3D FLÄCHENKÖRPER..., Bildmenü zur Auswahl der Objekte

↳ Tablettfeld N8, Bildmenü zur Auswahl der Objekte

↳ Symbole im Werkzeugkasten FLÄCHEN

Bei Anwahl des Befehls aus den Menüs aktivieren Sie ihn mit einem Bildmenü (siehe Abbildung 19.6), bei dem Sie gleich den gewünschten Grundkörper auswählen können. Im Werkzeugkasten sind Symbole für die verfügbaren Grundkörper.

Abbildung 19.6:
Bildmenü für Grundkörper aus Oberflächen

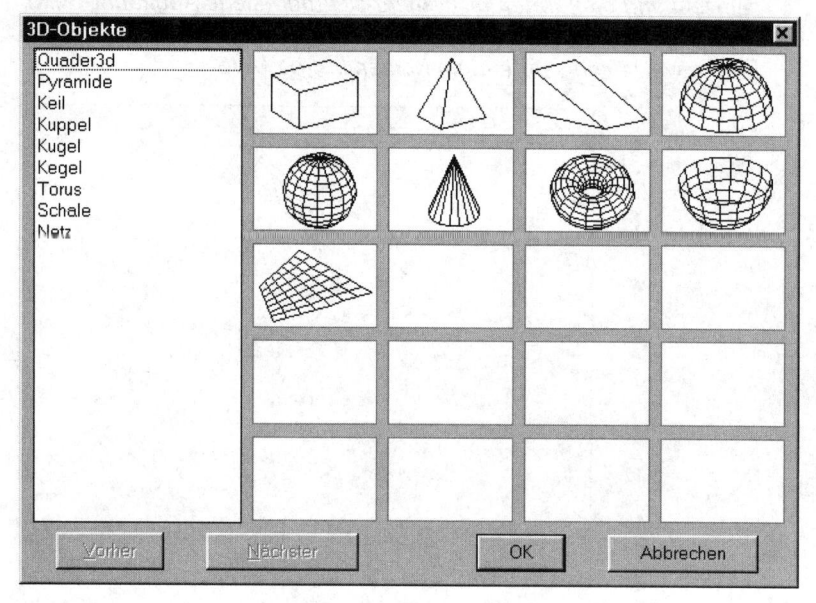

```
Befehl: 3d
Startet...  3D-Objekte geladen.
Quader/KEGel/Schale/KUPpel/Netz/Pyramide/
KUGel/Torus/KEIl:
```

QUADER

```
Quader/KEGel/Schale/KUPpel/Netz/Pyramide/
KUGel/Torus/KEIl: Q für Quader
Ecke des Quaders:
Länge:
Würfel/<Breite>:
Höhe:
Drehwinkel um die Z-Achse:
```

Geben Sie einen Eckpunkt des Quaders, Länge, Breite, Höhe und die Ausrichtung in der XY-Ebene ein. Mit der Option WÜRFEL ersparen Sie sich die Eingabe von Breite und Höhe bei einem Würfel.

KEGEL

```
Quader/KEGel/Schale/KUPpel/Netz/Pyramide/
KUGel/Torus/KEIl: KEG für Kegel
Basismittelpunkt:
Durchmesser/<Radius> der Basis:
Durchmesser/<Radius> oben <0>:
Höhe:
Segmentanzahl <16>:
```

Geben Sie Mittelpunkt und Radius oder Durchmesser der Grundfläche des Kegels ein. Wählen Sie einen Wert größer 0 für die obere Fläche, entsteht ein Kegelstumpf. Die Segmentzahl gibt an, aus wie vielen Flächen der Kegel angenähert wird.

SCHALE

```
Quader/KEGel/Schale/KUPpel/Netz/Pyramide/
KUGel/Torus/KEIl: S für Schale
Mittelpunkt der Schale:
Durchmesser/<Radius>:
Anzahl der Längensegmente <16>:
Anzahl der Breitensegmente: <8>:
```

Geben Sie den Mittelpunkt und Radius oder Durchmesser der Schale ein. Es entsteht eine halbkugelförmige Schale in der angegebenen Teilung in Längen- und Breitensegmente.

KUPPEL

```
Quader/KEGel/Schale/KUPpel/Netz/Pyramide/
KUGel/Torus/KEIl: Kup für Kuppel
Mittelpunkt der Kuppel:
Durchmesser/<Radius>:
Anzahl der Längensegmente <16>:
Anzahl der Breitensegmente: <8>:
```

Es entsteht das gleiche Objekt wie bei der Option SCHALE, nur ist es umgedreht.

NETZ

```
Quader/KEGel/Schale/KUPpel/Netz/Pyramide/
KUGel/Torus/KEIl: N für Netz
Erste Ecke:
```

Kapitel 19: Oberflächenmodelle

```
Zweite Ecke:
Dritte Ecke:
Vierte Ecke:
M-Größe des Netzes:
N-Größe des Netzes:
```

Geben Sie vier Punkte an, die beliebig im Raum liegen können. Die Punkte werden mit einem Netz verbunden. Die Teilung des Netzes kann in M- und N-Richtung vorgegeben werden.

PYRAMIDE

```
Quader/KEGel/Schale/KUPpel/Netz/Pyramide/
KUGel/Torus/KEIl: P für Pyramide
Erster Basispunkt:
Zweiter Basispunkt:
Dritter Basispunkt:
Tetraeder/<Vierter Basispunkt>:
Kante/Oberseite/<Scheitelpunkt>:
```

Geben Sie vier Punkte für die Basisfläche der Pyramide ein. Wird statt des vierten Punktes die Option TETRAEDER gewählt, entsteht eine Pyramide mit dreieckiger Grundfläche. Geben Sie den Scheitelpunkt für eine spitze Pyramide ein. Mit der Option OBERSEITE können Sie die Eckpunkte für die obere Fläche eines Pyramidenstumpfes eingeben. Mit der Option KANTE können Sie eine Firstlinie eingeben, und Sie erhalten eine Dachform.

KUGEL

```
Quader/KEGel/Schale/KUPpel/Netz/Pyramide/
KUGel/Torus/KEIl: KUG für Kugel
Mittelpunkt der Kugel:
Durchmesser/<Radius>:
Anzahl der Längensegmente <16>:
Anzahl der Breitensegmente: <16>:
```

Geben Sie den Mittelpunkt der Kugel, den Radius oder den Durchmesser sowie die Teilung in Längen- und Breitensegmente an.

TORUS

```
Quader/KEGel/Schale/KUPpel/Netz/Pyramide/
KUGel/Torus/KEIl: T für Torus
Torusmittelpunkt:
Durchmesser/<Radius> des Torus:
Durchmesser/<Radius> des Rings:
Segmente um den Ringumfang <16>:
Segmente um den Torusumfang <16>:
```

Geben Sie den Torusmittelpunkt, den Radius oder Durchmesser des Torus, den Radius oder Durchmesser des Rings und die Teilung entlang des Rings und des Rohrs ein.

KEIL

```
Quader/KEGel/Schale/KUPpel/Netz/Pyramide/
KUGel/Torus/KEIl: KEI für Keil
Ecke des Keils:
Länge:
Breite:
Höhe:
Drehwinkel um die Z-Achse:
```

Geben Sie einen Eckpunkt, Länge, Breite und Höhe ein sowie die Ausrichtung in der XY-Ebene.

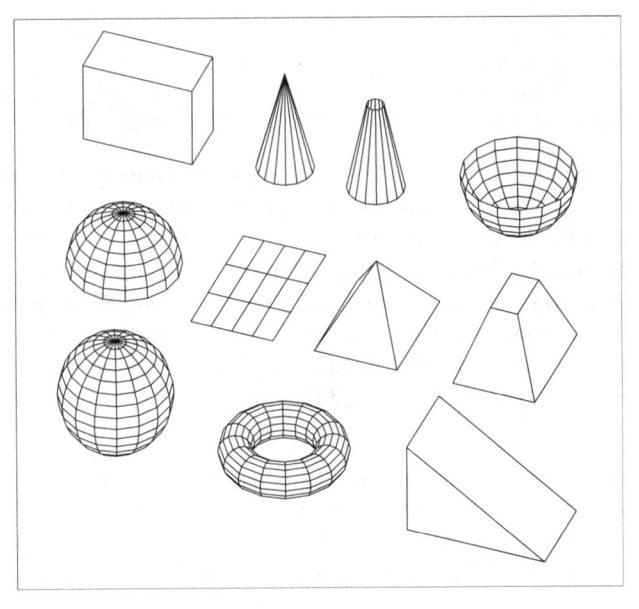

Abbildung 19.7:
3D-Grundkörper aus Oberflächen

Übung: Erstellung von 3D-Grundkörpern

- *Erstellen Sie 3D-Grundkörper mit dem Befehl 3D.*
- *Testen Sie die verschiedenen Optionen zur Erstellung der Objekte.*

19.1.2 Oberflächen aus Drähten

Wenn Sie noch aufwendigere 3D-Modelle erstellen wollen, kommen Sie mit 3D-Netzen und 3D-Flächen erst recht nicht mehr klar. Hierzu benötigen Sie mehr Unterstützung vom Programm. AutoCAD bietet Befehle zur

Erstellung von 3D-Netzen. Drähte, das sind Linien, Polylinien oder 3D-Polylinien im Raum, können zu komplexen Netzen rotiert, extrudiert oder mit einem Netz überzogen werden.

Vorgang: Befehl ROTOB

Mit dem Befehl ROTOB können Sie Rotationsoberflächen erstellen. Ein Profil, die sogenannte Grundlinie, rotiert um die Rotationsachse und erstellt dabei ein 3D-Netz. Wählen Sie den Befehl folgedermaßen:

⇥ Abrollmenü ZEICHNEN, Untermenü FLÄCHEN >, Funktion ROTATIONSFLÄCHE

⇥ Tablettfeld O8

⇥ Symbol im Werkzeugkasten FLÄCHEN

```
Befehl: Rotob
Grundlinie wählen:
Rotationsachse wählen:
Startwinkel <0>:
Eingeschlossener Winkel (+=GUZ, -=UZ) <Vollkreis>:
```

Grundlinie kann sein: Linie, Bogen, Kreis, Ellipse, elliptischer Bogen, 2D- oder 3D-Polylinie. Sie können aber nur ein Objekt verwenden. Komplexe Konturen müssen Sie zuerst mit dem Befehl PEDIT zu einer Polylinie verbinden. Als Rotationsachsen eignen sich Linien und Polylinien. Bei Polylinien wird nur die Verbindungslinie zwischen Start- und Endpunkt berücksichtigt, dazwischenliegende Punkte werden ignoriert. Die Rotation können Sie durch Startwinkel und eingeschlossenen Winkel auch über einen beliebigen Bereich definieren.

Die Systemvariable SURFTAB1 legt die Teilung des Netzes an Bogensegmenten entlang der Grundlinie fest. Die Systemvariable SURFTAB2 bestimmt die Teilung des Netzes entlang der Rotation. Je höher SURFTAB2 ist, desto eher ist das Objekt gerundet. Statt einer angenähert runden Oberfläche können Sie so auch ein vieleckiges Objekt erzeugen.

Übung: Erstellung von Rotationsoberflächen

⇥ *Laden Sie die Zeichnung A19-03.DWG aus Ihrem Übungsverzeichnis.*

⇥ *Erstellen Sie die Oberflächen mit dem Befehl ROTOB wie in Abbildung 19.8.*

⇥ *Experimentieren Sie mit den Variablen SURFTAB1 und SURFTAB2, bis Sie zu dem gewünschten Ergebnis kommen.*

⇥ *Die Lösung finden Sie in der Datei L19-3.DWG.*

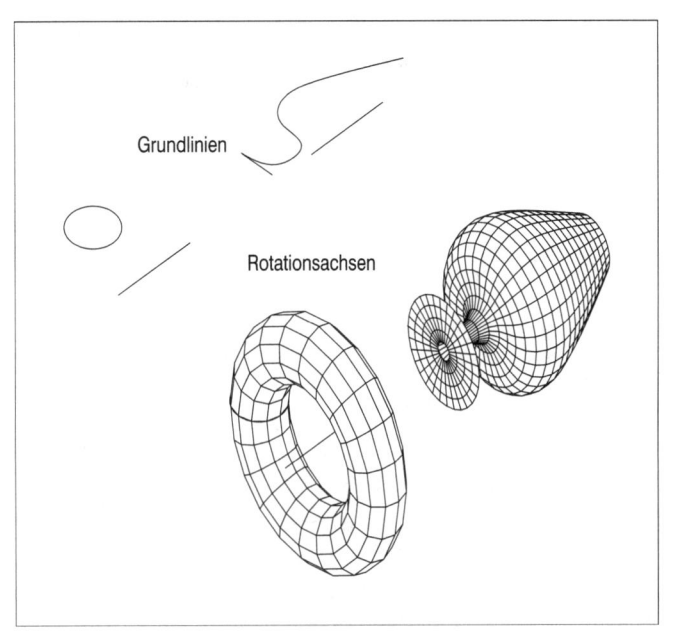

Abbildung 19.8:
Rotationsoberflächen

Vorgang: Befehl TABOB

Mit dem Befehl TABOB erstellen Sie ein Oberflächennetz, das sich aus einer Grundlinie und einem Richtungsvektor bildet. Die Grundlinie wird dabei um die Länge und die Richtung dieses Vektors auseinandergezogen.

- Abrollmenü ZEICHNEN, Untermenü FLÄCHEN >, Funktion TABELLARISCHE FLÄCHE
- Tablettfeld P8
- Symbol im Werkzeugkasten FLÄCHEN

```
Befehl: Tabob
Grundlinie wählen:
Richtungsvektor wählen:
```

Als Grundlinie und Richtungsvektor können Sie wieder die gleichen Objekte wie beim Befehl ROTOB verwenden. Der Punkt, an dem Sie den Richtungsvektor anklicken, entscheidet über den Aufbau des Netzes. Liegt er in der Nähe der Grundlinie, wird das Netz in der Richtung des Vektors erzeugt. Liegt er an der anderen Seite, wird das Netz in der entgegengesetzten Richtung aufgebaut. Die Systemvariable SURFTAB1 legt die Teilung des Netzes an Bogensegmenten entlang der Grundlinie fest.

Abbildung 19.9:
Tabellarische Oberflächen

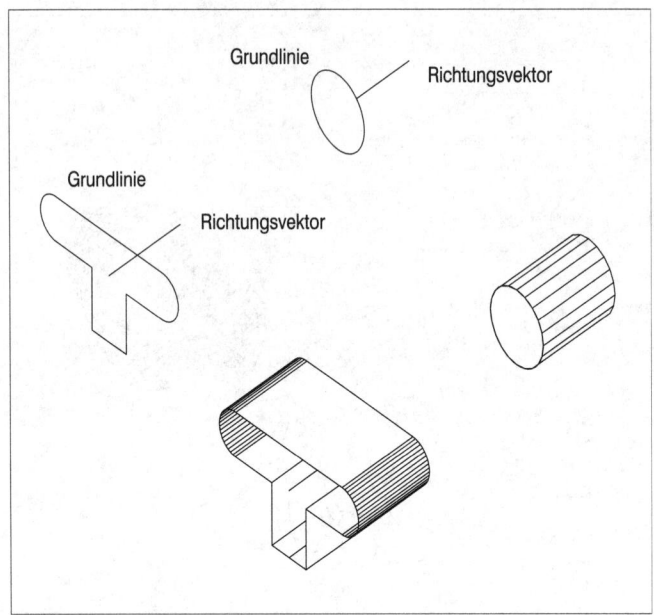

Übung: Erstellung Oberflächen mit TABOB

↳ Laden Sie die Zeichnung A19-04.DWG aus Ihrem Übungsverzeichnis.

↳ Erstellen Sie die Oberflächen mit dem Befehl TABOB wie in Abbildung 19.9. Stellen Sie SURFTAB1 vorher ein.

↳ Die Lösung finden Sie in der Datei L19-04.DWG.

Vorgang: Befehl REGELOB

Mit dem Befehl REGELOB können Sie Regeloberflächen erstellen, die zwei Objekte mit einem Netz verbinden.

↳ Abrollmenü ZEICHNEN, Untermenü FLÄCHEN >, Funktion REGELFLÄCHE

↳ Tablettfeld Q8

↳ Symbol im Werkzeugkasten FLÄCHEN

```
Befehl: Regelob
Erste Definitionslinie wählen:
Zweite Definitionslinie wählen:
```

Als Kanten, die das Netz an den beiden Seiten begrenzen, können Sie Linien, Punkte, Bögen, Kreise, Ellipsen, elliptische Bögen, 2D- und 3D-Polylinien und Splines wählen. Sie werden in diesem Befehl als Definitionslinien bezeichnet. Berücksichtigen Sie dabei, daß Sie nur zwei geschlossene oder zwei offene Objekte miteinander verbinden können. Punkte können Sie ebenfalls verwenden. Verbinden Sie diese mit einem offenen oder einem geschlossenen Objekten.

Wählen Sie offene Objekte, ist es wichtig, daß Sie beide an der gleichen Seite anwählen. Ist dies nicht der Fall, wird das Flächennetz verschränkt.

Die Systemvariable SURFTAB1 legt die Teilung des Netzes entlang der Definitionslinien fest.

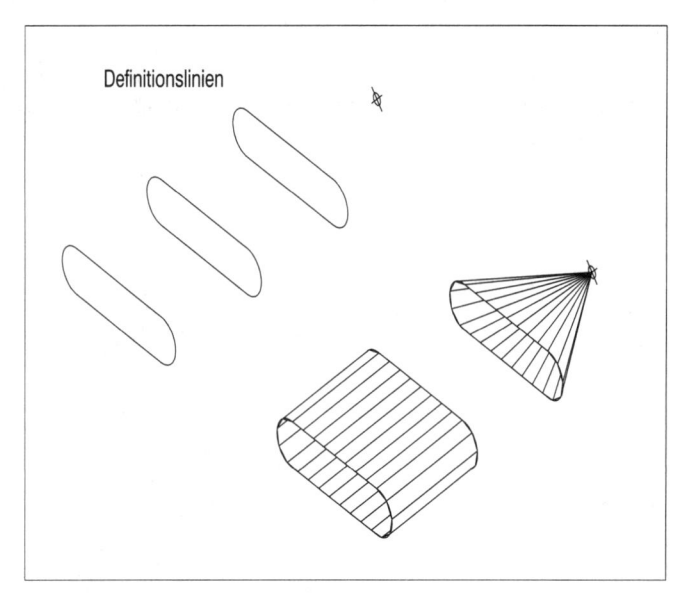

Abbildung 19.10: *Regeloberflächen*

Übung: Erstellung von Regeloberflächen

-+- *Laden Sie die Zeichnung A19-05.DWG aus Ihrem Übungsverzeichnis.*

-+- *Stellen Sie SURFTAB1 ein, und erstellen Sie Oberflächen mit dem Befehl REGELOB wie in Abbildung 19.10.*

-+- *Die Lösung finden Sie in der Datei L19-05.DWG.*

Vorgang: Befehl KANTOB

Mit dem Befehl KANTOB können Sie ein Oberflächennetz erstellen, das von vier Kanten begrenzt wird. Die Kanten können beliebig im Raum liegen, müssen sich aber an ihren Eckpunkten treffen.

-+- Abrollmenü ZEICHNEN, Untermenü FLÄCHEN >, Funktion KANTENDEFINIERTE FLÄCHE

-+- Tablettfeld R8

-+- Symbol im Werkzeugkasten FLÄCHEN

```
Befehl: KANTOB
Kante 1 wählen:
Kante 2 wählen:
Kante 3 wählen:
Kante 4 wählen:
```

Als Kanten, die das Netz an vier Seiten begrenzen, können Sie wählen: Linien, Punkte, Bögen, Kreise, Ellipsen, elliptische Bögen, 2D- und 3D-Polylinien oder Splines. Bedingung ist, daß sie eine geschlossene Kontur bilden und sich an den Eckpunkten treffen.

Die Systemvariable SURFTAB1 legt die Teilung entlang der ersten Kante fest. Entlang der angrenzenden Kante wird entsprechend dem Wert der Variablen SURFTAB2 geteilt.

Abbildung 19.11:
Kantendefinierte Oberflächen

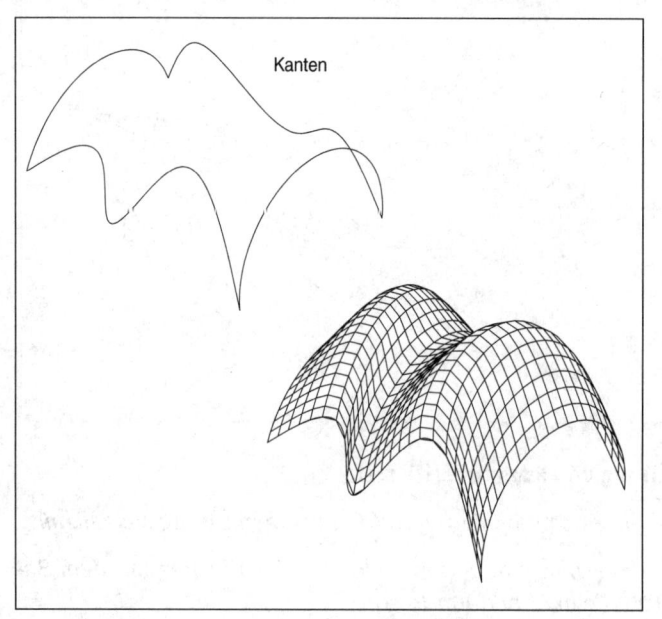

Übung: Erstellung von kantendefinierten Oberflächen

↪ *Laden Sie die Zeichnung A19-06.DWG aus Ihrem Übungsverzeichnis.*

↪ *Stellen Sie SURFTAB1 und SURFTAB2 ein, und erstellen Sie Oberflächen mit dem Befehl KANTOB wie in Abbildung 19.11.*

↪ *Die Lösung finden Sie in der Datei L19-06.DWG*

19.2 Editierung von Oberflächenmodellen

Das Problem bei den Oberflächen ist das Editieren. Es gibt in AutoCAD 14 praktisch keine Möglichkeit, ein 3D-Netz auszuschneiden, zu stutzen, zu brechen usw. Lediglich einzelne Stützpunkte lassen sich editieren. Hier hilft Ihnen nur das Freiformflächenmodul AutoSurf weiter, ein Zusatz zu AutoCAD zur Erstellung und Bearbeitung von Freiformflächen. AutoSurf ist außerdem in Mechanical Desktop enthalten, dem kompletten 3D-Paket zu AutoCAD.

Vorgang: Editieren von 3D-Netzen

Für die Editierung von 3D-Netzen steht Ihnen nur der Befehl PEDIT zur Verfügung, also derselbe Befehl, mit dem Sie Polylinien editieren können. Je nachdem, was Sie für ein Objekt gewählt haben, stehen Ihnen bei dem Befehl unterschiedliche Optionen zur Verfügung. Wir wollen uns hier nur den Teil des Befehls ansehen, der für 3D-Netze relevant ist. Sie finden den Befehl:

- Abrollmenü ÄNDERN, Untermenü OBJEKT >, Funktion POLYLINIE
- Tablettfeld Y17
- Symbol im Werkzeugkasten ÄNDERN II

```
Befehl: Pedit
Objekte wählen: 3D-Netz wählen
Bearbeiten/Oberfläche glätten/Glättung löschen/Mschliessen/
Nschliessen/Zurück/eXit <X>:
```

EDITIEREN

Wie bei 2D- oder 3D-Polylinien kann ein einzelner Scheitelpunkt eines 3D-Netzes editiert werden. Dazu stehen weitere Unteroptionen zur Verfügung:

```
Kontrollpunkt (m,n). Nächster/Vorher/Links/REChts/AUf/AB/Schieben/
REGen/eXit <N>:
```

Die Scheitelpunkte werden in M- und N-Richtung durchnumeriert. Eine Markierung kann mit den Optionen NÄCHSTER, VORHER, LINKS, RECHTS, AUF und AB am gewünschten Scheitelpunkt plaziert werden. Mit der Option SCHIEBEN kann ein neuer Standort eingegeben werden. Mit der Option REGEN wird das Netz neu gezeichnet, und mit der Option EXIT wird der Modus beendet.

Kapitel 19: Oberflächenmodelle

OBERFLÄCHEN GLÄTTEN

Glättung der Oberfläche. Die Art der Glättung wird durch verschiedene Systemvariablen beeinflußt (siehe Tabelle 19.1).

Tabelle 19.1: Systemvariablen bei der Editierung von 3D-Netzen

Variable	Wert	Glättungsart
Surftype	5:	Quadratische Spline-Oberfläche
Surftype	6:	Kubische B-Spline-Oberfläche
Surftype	8:	Bézier-Oberfläche
Surfu	M	Dichte der geglätteten Oberfläche in M-Richtung
Surfv	N	Dichte der geglätteten Oberfläche in N-Richtung
Splframe	0	Nur geglättete Oberfläche anzeigen
Splframe	1	Geglättete Oberfläche und ursprüngliches Netz anzeigen

GLÄTTUNG LÖSCHEN

Löscht eine mit der vorherigen Option erzeugte Glättung.

MSCHLIESSEN, NSCHLIESSEN BZW. MÖFFNEN BZW. NÖFFNEN

Öffnet ein geschlossenes Netz bzw. schließt ein offenes Netz in der angegebenen Richtung. Die Optionen im Befehlsdialog werden entsprechend des Zustands des Netzes angezeigt.

ZURÜCK

Nimmt die letzte Operation zurück.

EXIT

Beendet den Befehl. Beachten Sie, daß die Änderungen nur dann übernommen werden, wenn der Befehl mit dieser Option beendet wird. Wird der Befehl nur abgebrochen, können Änderungen verlorengehen.

Übung: Editierung von 3D-Netzen

↪ Laden Sie die Zeichnung A19-07.DWG aus Ihrem Übungsverzeichnis.

↪ Stellen Sie SURFU und SURFV auf 20 sowie SURFTYPE auf 8 ein. Glätten Sie das obere Netz mit PEDIT (siehe Abbildung 19.12).

↪ Verschieben Sie beim unteren Netz 4 Scheitelpunkte um 100 in Z-Richtung.

↪ Die Lösung finden Sie in der Datei L19-07.DWG

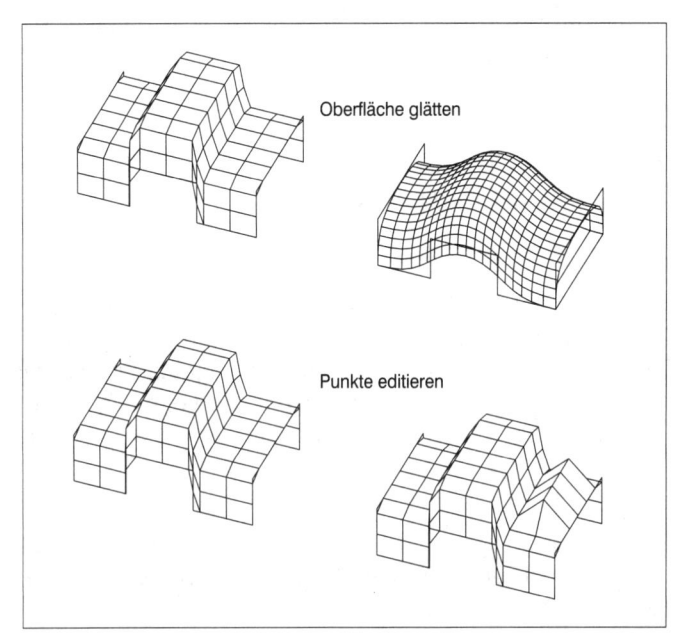

Abbildung 19.12:
Editierung von 3D-Netzen

19.3 3D-Konstruktion eines Oberflächenmodells

Wagen Sie sich nun an eine größere Aufgabe. Aus einer Reihe von Drähten soll ein Oberflächenmodell entstehen. Eine Musterlösung finden Sie weiter unten beschrieben. Doch bevor Sie damit beginnen, noch ein wichtiger Tip zum Arbeiten mit Oberflächen.

Vorgang: Anwahl von übereinanderliegenden Objekten

In AutoCAD haben Sie immer wieder Schwierigkeiten, wenn Sie übereinander liegende Objekte haben und nur ein Objekt anwählen wollen. Besonders schwierig wird es bei den Oberflächenmodellen, wenn Sie einen Draht für mehrere 3D-Netze verwenden wollen.

Es gibt zwei Möglichkeiten, mit denen Sie das Problem in den Griff bekommen: Sie legen sich einen Layer für die 3D-Netze an und schalten ihn aus. Erzeugte 3D-Netze bringen Sie mit einer Änderungsfunktion auf den ausgeschalteten Layer. Sie haben am Bildschirm immer das reine Drahtmodell ohne 3D-Netze und können einfacher arbeiten. Der Nachteil dabei ist, daß Sie selbst Buch führen müssen über das, was Sie schon erzeugt haben.

Kapitel 19: Oberflächenmodelle

Die andere Möglichkeit bietet AutoCAD mit der Funktion SPRINGEN. Wenn Sie bei der Anfrage

```
Objekte wählen:
```

(Strg) beim Anklicken eines Objektes gedrückt halten, schaltet AutoCAD in diesen Modus. Es wird angezeigt:

```
Objekte wählen: <Springen ein>
```

und wie üblich wird ein Objekt hervorgehoben. Drücken Sie die Pick-Taste erneut, und es liegt ein Objekt darunter, wird dieses angezeigt. Das läßt sich wiederholen, bis alle durchgeblättert wurden. Wenn Sie alle übersprungen haben, wird wieder das erste angezeigt. Drücken Sie (↵), wird das gerade hervorgehobene Objekt ausgewählt, und es erscheint:

```
<Springen aus>1 gefunden
```

Sie bleiben im Objektwahlmodus und können den Vorgang an einer anderen Stelle wiederholen.

Übung: Die Spüle

↪ *Erstellen Sie das 3D-Modell einer Spüle (siehe Abbildung 19.17). Verwenden Sie die Oberflächenbefehle. Laden Sie dazu die Zeichnung A19-08.DWG aus Ihrem Übungsverzeichnis. Dort finden Sie das Drahtmodell ohne Oberflächen (siehe Abbildung 19.13). Daraus wollen wir die Spüle konstruieren.*

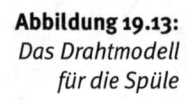

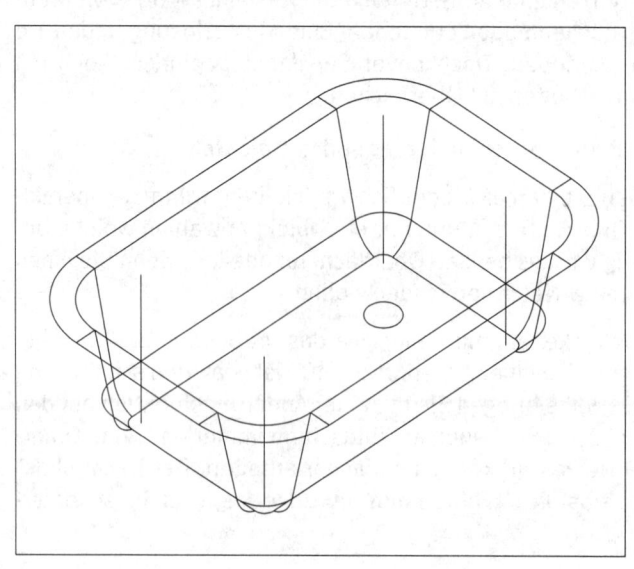

Abbildung 19.13:
Das Drahtmodell für die Spüle

3D-Konstruktion eines Oberflächenmodells

- Viele Wege führen bekanntlich nach Rom, versuchen Sie es auf Ihrem eigenen. Doch vorweg noch einige Tips.
- Alle Hilfskonstruktionen, die Sie brauchen, liegen auf dem Layer Drahtmodell und werden in der Farbe magenta dargestellt.
- Alle neuen Objekte legen Sie auf den Layer SPUELE. Schalten Sie ihn eventuell aus, wenn Sie wie oben beschrieben vorgehen wollen.
- Drehen Sie das Modell immer so, daß die zu bearbeitenden Flächen nicht verdeckt sind.
- Setzen Sie die Variable SURFTAB1 auf den Wert 200
- Machen Sie den äußeren oberen zum inneren oberen Rand und spannen Sie vom Auslauf zum unteren inneren Rand jeweils ein Netz mit REGELOB (siehe Abbildung 19.14).

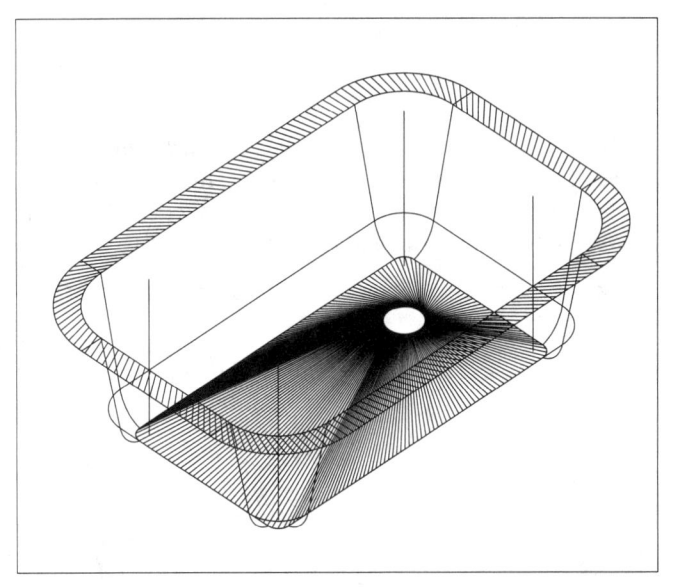

Abbildung 19.14: Ebene Netze als Regeloberflächen

- Setzen Sie SURFTAB1 auf 25, und erzeugen Sie die vertikalen planen Flächen mit TABOB. Grundlinie ist jeweils die vertikale Linie, Richtungsvektor die horizontale. Beachten Sie aber, daß der obere Rand eine durchgehende Polylinie ist. Sie können auch nur jeweils eine erzeugen und den Rest spiegeln.
- Erzeugen Sie die Rundung am Boden mit dem Befehl TABOB auf die gleiche Art und mit den gleichen Einstellungen. Auch hier ist der untere Rand eine durchgehende Polylinie. Die fertigen Flächen sehen Sie in Abbildung 19.15.

Abbildung 19.15:
Vertikale Netze als tabellarische Oberflächen

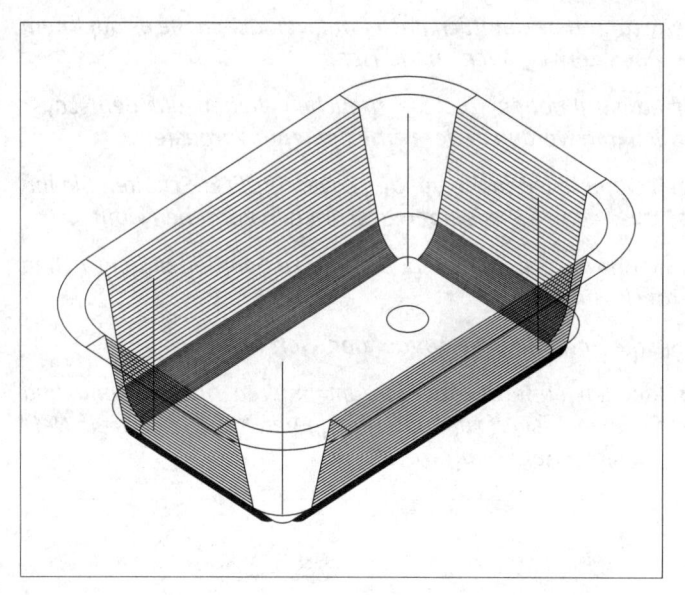

➽ Setzen Sie SURFTAB2 ebenfalls auf 25, und erzeugen Sie die Rundungen mit ROTOB. Drehachse ist die senkrechte Hilfslinie. Drehwinkel ist jeweils 90°, positiv oder negativ, je nachdem wie Sie vorgehen. Die fertigen Rundungen sehen Sie in Abbildung 19.16.

Abbildung 19.16:
Rundungen als Rotationsoberflächen

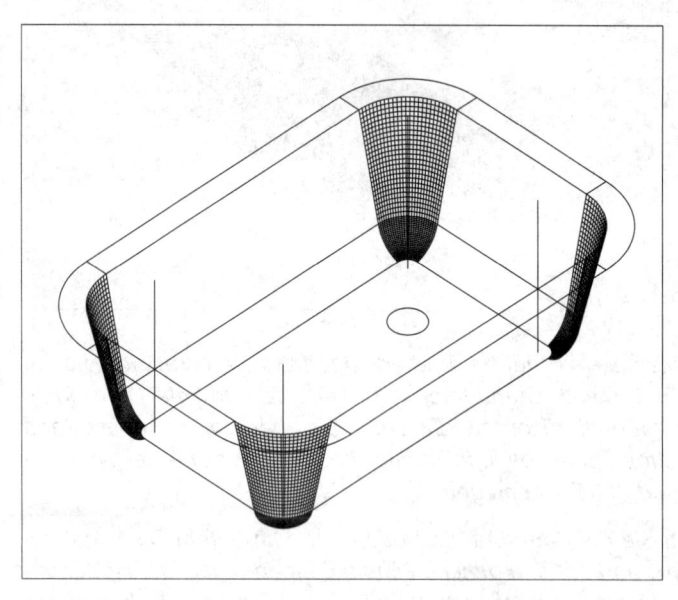

➽ Erzeugen Sie eventuell noch fehlende Flächen durch Spiegeln oder Kopieren.

3D-Konstruktion eines Oberflächenmodells

↳ *Frieren Sie den Layer DRAHTMODELL ein, entfernen Sie die verdeckten Kanten mit dem Befehl VERDECKT. Die Lösung finden Sie in der Datei L19-08.DWG in Ihrem Übungsverzeichnis.*

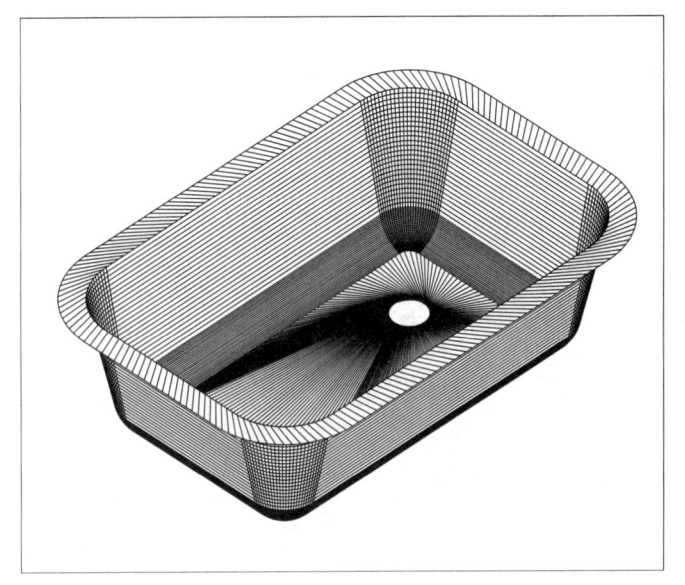

Abbildung 19.17:
Die fertige Spüle

Volumenkörper

Kapitel 20

20.1 Volumenkörper erstellen
20.2 Volumenkörper verknüpfen
20.3 3D-Konstruktionen mit Volumenkörpern
20.4 Zeichnungen von Volumenkörpern erstellen

Nachdem Sie im letzten Kapitel mit Oberflächen gearbeitet haben, lernen Sie hier eine weitere Möglichkeit zur Konstruktion von 3D-Modellen, das Arbeiten mit Volumenkörpern. Dabei wird nicht nur die Oberfläche des Modells gespeichert, sondern die komplette Volumeninformation. Außerdem haben Sie wesentlich mehr Bearbeitungsfunktionen zur Verfügung. Sie lernen in diesem Kapitel:

- wie Sie Grundkörper erstellen,
- wie Extrusions- und Rotationskörper erzeugt werden,
- wie Volumenkörper gekappt und geschnitten werden,
- wie Sie Volumenkörper mit booleschen Operationen verknüpfen,
- wie Sie Volumenkörper bearbeiten,
- wie Sie aus Volumenkörpern Zeichnungen generieren.

20.1 Volumenkörper erstellen

Mit den Volumenkörpern lassen sich in AutoCAD-3D-Volumenmodelle erstellen. Gegenüber den Modellen mit Erhebung und Objekthöhe lassen sich damit beliebige Formen erstellen. Der Nachteil der Oberflächenmodelle, daß sie nachträglich nicht mehr editiert werden können, entfällt bei den Volumenkörpern.

Volumenmodelle aus Volumenkörpern können Sie aus Grundkörpern oder durch Extrusion und Rotation von 2D-Konturen erstellen. Die so entstandenen Volumenkörper können Sie miteinander verknüpfen und bearbeiten. So entstehen beliebig komplexe 3D-Modelle. Daraus können Sie die verdeckten Kanten entfernen, Sie können sie schattieren und rendern, und Sie können Volumen, Schwerpunkt, Masse, Trägsheitsmoment usw. daraus ermitteln.

Sie finden die Befehle für die Erstellung von Volumenkörpern im Abrollmenü ZEICHNEN, Untermenü VOLUMENKÖRPER > (siehe Abbildung 20.1). Lediglich die drei Befehle für die Verknüpfungen befinden sich im Abrollmenü ÄNDERN, Untermenü BOOLSCHE OPERATIONEN >. Außerdem sind alle Befehle im Werkzeugkasten VOLUMENKÖRPER anwählbar.

Abbildung 20.1:
Untermenü für die Volumenkörperbefehle

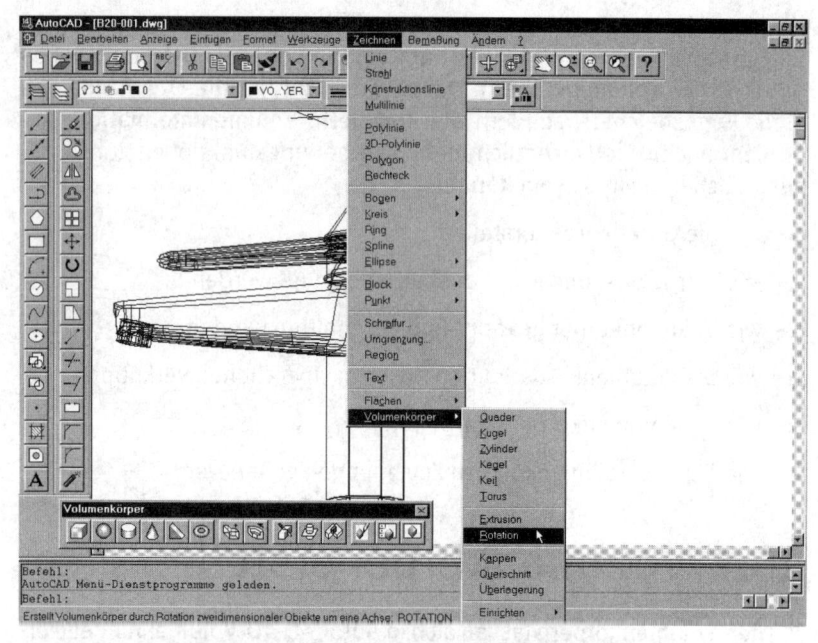

Tip:

Volumenkörper werden am Bildschirm mit Tesselationslinien angezeigt. Das sind Linien an den Rundungen von zylindrischen Objekten. Mit der Systemvariablen ISOLINES können Sie die Dichte dieser Linien festlegen. Die Variable ist standardmäßig auf 4 eingestellt. Damit wird ein kreisförmiger Zylinder mit 4 Linien dargestellt. Sie können die Variable von 0 bis 1024 einstellen. Ist der Wert zu niedrig, fällt Ihnen die Orientierung schwer, ist er zu hoch, kann die Darstellung zu verwirrend sein. Wählen Sie einen Wert zwischen 8 und 12, wenn Ihnen die Darstellung der Standardeinstellung zu dürftig ist.

Vorgang: Grundkörper

Ähnlich wie bei den Oberflächenmodellen stehen Ihnen auch bei den Volumenkörpern Befehle zur Erzeugung von Grundkörpern zur Verfügung. Die erstellten Volumenkörper liegen auf der XY-Ebene des aktuellen Benutzerkoordinatensystems oder, wenn sie mit Erhebung oder einer Z-Koordinate gezeichnet werden, parallel dazu. Sie finden die Befehle für die Grundkörper folgendermaßen:

Volumenkörper erstellen 693

⇒ Abrollmenü ZEICHNEN, Untermenü VOLUMENKÖRPER >, Funktionen für die einzelnen Grundkörper

⇒ Tablettmenü J-O8

⇒ Symbole im Werkzeugkasten VOLUMENKÖRPER

Folgende Befehle stehen Ihnen für die einzelnen Grundkörper zur Verfügung:

QUADER

Einen Quader können Sie mit dem Befehl QUADER durch Angabe eines Eckpunktes oder seines Mittelpunktes plazieren. Danach geben Sie entweder den anderen Eckpunkt oder Länge und Breite ein. Den Spezialfall eines Würfels können Sie ebenfalls wählen: Zuletzt wird die Höhe abgefragt.

```
Befehl: Quader
Mittelpunkt/<Ecke des Quaders> <0,0,0>:
Würfel/Länge/<Andere Ecke>:
Höhe:
```

KUGEL

Eine Kugel erstellen Sie mit dem Befehl KUGEL, indem Sie Mittelpunkt und Radius oder Durchmesser angeben.

```
Befehl: Kugel
Mittelpunkt der Kugel <0,0,0>:
Durchmesser/<Radius> der Kugel:
```

ZYLINDER

Zylinder können Sie mit dem Befehl ZYLINDER mit kreisförmiger oder elliptischer Grundfläche erstellen. Bei kreisförmigen Zylindern geben Sie Mittelpunkt, Radius oder Durchmesser und Höhe an.

```
Befehl: Zylinder
Elliptisch/<Mittelpunkt> <0,0,0>: Mittelpunkt eingeben
Durchmesser/<Radius>:
```

Die Grundfläche für den elliptischen Zylinder können Sie mit denselben Optionen konstruieren wie die 2D-Ellipse von AutoCAD.

```
Befehl: Zylinder
Elliptisch/<Mittelpunkt> <0,0,0>: E für Elliptisch
Mittelpunkt/<Achsenendpunkt>:
Achsenendpunkt 2:
Zweiter Achsenabstand:
```

Neben der Höhe können Sie bei beiden Zylinderarten auch den Mittelpunkt vom anderen Ende eingeben. Damit können Sie auch schiefe Zylinder erstellen.

```
Mittelpunkt vom anderen Ende/<Höhe>:
```

KEGEL

Kegel erstellen Sie mit dem Befehl KEGEL ähnlich wie Zylinder, mit kreisförmiger oder elliptischer Grundfläche sowie mit Höhenangabe oder mit Angabe des Scheitelpunkts.

```
Befehl: Kegel
Elliptisch/<Mittelpunkt> <0,0,0>:
Durchmesser/<Radius>:
Scheitelpunkt/<Höhe>:
```

oder

```
Befehl: Kegel
Elliptisch/<Mittelpunkt> <0,0,0>: E für Elliptisch
Mittelpunkt/<Achsenendpunkt>:
Achsenendpunkt 2:
Zweiter Achsenabstand:
Scheitelpunkt/<Höhe>:
```

KEIL

Keile zeichnen Sie mit dem Befehl KEIL mit den gleichen Angaben wie Quader. Sie werden mit ihrem Mittelpunkt oder Eckpunkt plaziert. Danach werden sie mit einem weiteren Eckpunkt oder Länge und Breite und der Höhe fertiggezeichnet. Auch ein würfelförmiger Keil ist als Option möglich.

```
Befehl: Keil
Mittelpunkt/<Ecke des Keils> <0,0,0>:
Würfel/Länge/<Andere Ecke>:
Höhe:
```

TORUS

Ein Torus ist ein geschlossener Ring aus einer Röhre mit kreisförmigem Querschnitt. Sie zeichnen ihn mit dem Befehl TORUS mit Mittelpunkt, Torusradius bzw. Durchmesser und Rohrradius bzw. Durchmesser.

```
Befehl: Torus
Mittelpunkt des Torus <0,0,0>:
Durchmesser/<Radius> des Torus:
Durchmesser/<Radius> des Rohrs:
```

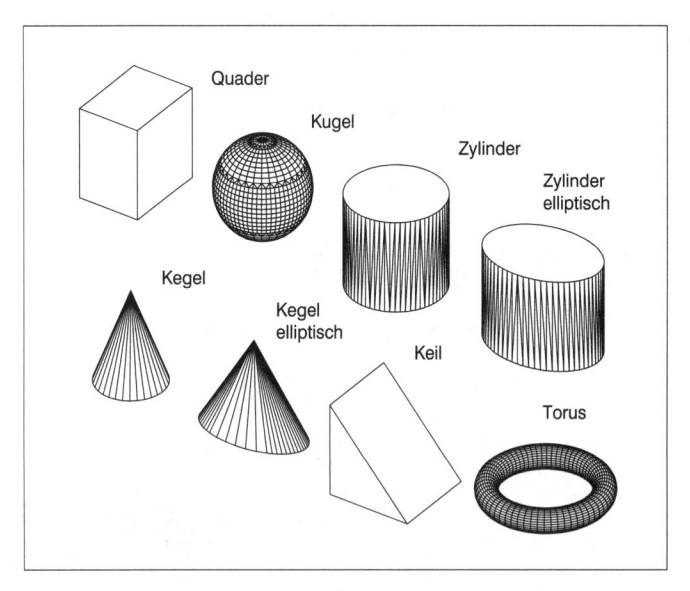

Abbildung 20.2:
Volumenkörper, Grundobjekte

Übung: Erstellung von Grundkörpern

↪ Erstellen Sie Grundkörper mit den Volumenkörperbefehlen.

↪ Testen Sie die verschiedenen Optionen zur Erstellung der Objekte.

Vorgang: Befehl EXTRUSION

Aus 2D-Konturen können Sie durch Extrusion Volumenkörper erstellen, dazu steht Ihnen der gleichnamige Befehl EXTRUSION zur Verfügung. Dabei geben Sie die Höhe an oder einen Pfad, entlang dem die Kontur extrudiert werden soll. Bei der Höhenangabe können Sie zusätzlich einen Verjüngungswinkel für die Extrusion angeben. Bei positiver Winkelangabe verjüngen sich die Objekte, bei negativer weiten sie sich.

Extrudieren können Sie geschlossene Polylinien, Polygone, Rechtecke, Kreise, Ellipsen, geschlossene Splines, Ringe oder Regionen. Sie finden den Befehl folgendermaßen:

↪ Abrollmenü ZEICHNEN, Untermenü VOLUMENKÖRPER >, Funktion EXTRUSION

↪ Tablettfeld P8

↪ Symbol im Werkzeugkasten VOLUMENKÖRPER

```
Befehl: Extrusion
Objekte wählen: Kontur wählen
Objekte wählen: ⏎
```

Kapitel 20: Volumenkörper

```
Pfad/<Extrusionshöhe>: Höhe eingeben
Extrusions-Verjüngungswinkel <0>:
```

oder Extrusion entlang eines Pfades:

```
Befehl: Extrusion
Objekte wählen: Kontur wählen
Objekte wählen: ⏎
Pfad/<Extrusionshöhe>: P für Pfad
Pfad wählen: Pfad wählen
```

Abbildung 20.3:
Extrusion von 2D-Konturen

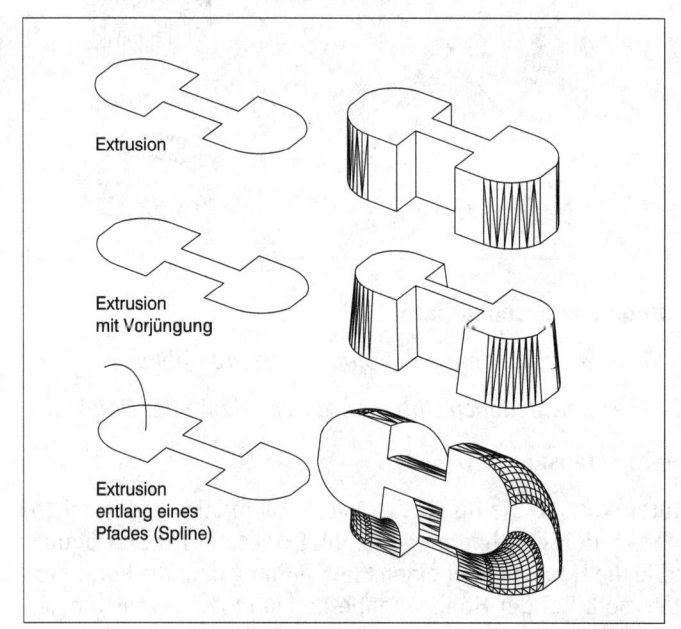

Übung: Erstellung von Extrusionskörpern

↳ *Laden Sie die Zeichnung A20-01.DWG aus Ihrem Übungsverzeichnis.*

↳ *Erstellen Sie Volumenkörper mit Extrusion wie in Abbildung 20.3.*

↳ *Die Lösung finden Sie in der Datei L20-01.DWG.*

Vorgang: Befehl ROTATION

2D-Konturen können Sie rotieren lassen. Daraus erhalten Sie dann ebenfalls wieder Volumenkörper. Der Befehl dazu: ROTATION. Sie können zur Rotation die gleichen Objektarten wie bei der Extrusion verwenden. Sie geben eine Kontur, eine Rotationsachse und einen Rotationswinkel vor. Beachten Sie, daß die Rotationsachse nicht durch das Objekt gehen darf. Die Kontur muß vollständig auf einer Seite der Achse liegen.

Volumenkörper erstellen

→ Abrollmenü ZEICHNEN, Untermenü VOLUMENKÖRPER >, Funktion ROTATION

→ Tablettfeld Q8

→ Symbol im Werkzeugkasten VOLUMENKÖRPER

```
Befehl: Rotation
Objekte wählen: Kontur wählen
Objekte wählen: ⏎
Rotationsachse - Objekt/X/Y/<Startpunkt der Achse>: Rotationsachse
mit eine der Optionen bestimmen
Rotationswinkel <Vollkreis>: Winkel oder ⏎ für Vollkreis
```

Die Achse können Sie durch zwei Punkte festlegen. Es ist aber auch möglich, ein Objekt, die X- oder Y-Achse als Rotationsachse zu verwenden.

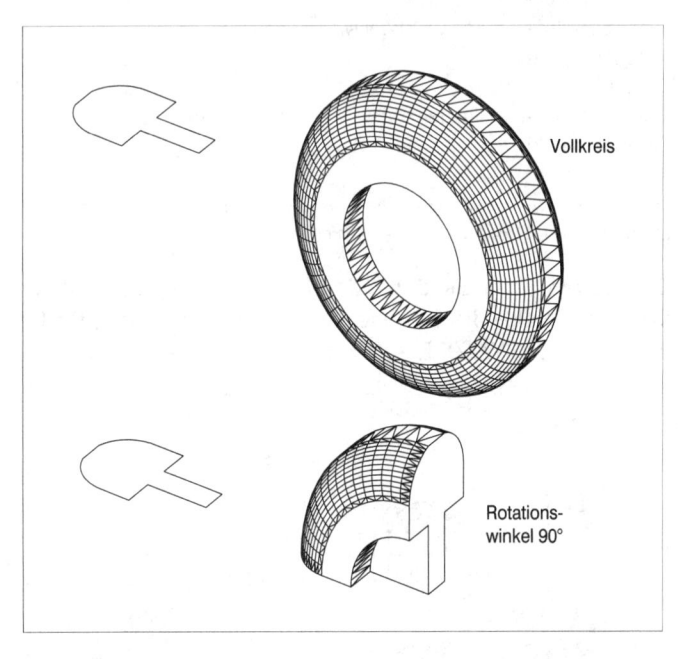

Abbildung 20.4:
Rotation von 2D-Konturen

Übung: Erstellung von Rotationskörpern

→ Laden Sie die Zeichnung A20-02.DWG aus Ihrem Übungsverzeichnis.

→ Erstellen Sie Volumenkörper mit Rotation wie in Abbildung 20.4.

→ Die Lösung finden Sie in der Datei L20-02.DWG.

Kapitel 20: Volumenkörper

Tip:

Haben Sie die Systemvariable DELOBJ eingeschaltet (Wert 1), wird bei den Befehlen EXTRUSION und ROTATION die ursprüngliche Kontur gelöscht. Falls Sie die Konturen noch benötigen, setzen Sie den Wert auf 0.

Vorgang: Befehl KAPPEN

Volumenkörper können Sie mit dem Befehl KAPPEN an einer Ebene trennen. Sie können wählen, ob Sie das Teil nur durchtrennen wollen oder ob eine Seite entfernt werden soll.

↪ Abrollmenü ZEICHNEN, Untermenü VOLUMENKÖRPER >, Funktion KAPPEN

↪ Symbol im Werkzeugkasten VOLUMENKÖRPER

```
Befehl: Kappen
Objekte wählen: Volumenkörper wählen
Objekte wählen: ⏎
Kappebene von Objekt/ZAchse/Ansicht/XY/YZ/ZX/<3Punkte>: Punkt für
die Kappebene eingeben oder eine andere Option
Zweiter Punkt auf Ebene:
Dritter Punkt auf Ebene:
Beide seiten/<Punkt auf der gewünschten Seite der Ebene>: Punkt
eingeben oder B für beide Seiten behalten
```

Die Ebene können Sie durch drei Punkte festlegen. Es ist aber auch möglich, ein Objekt, die Z-Achse, die momentane Ansicht oder eine Ebene parallel zur XY/YZ/ZX-Ebene zum Kappen zu verwenden.

Abbildung 20.5:
Kappen von Volumenkörpern

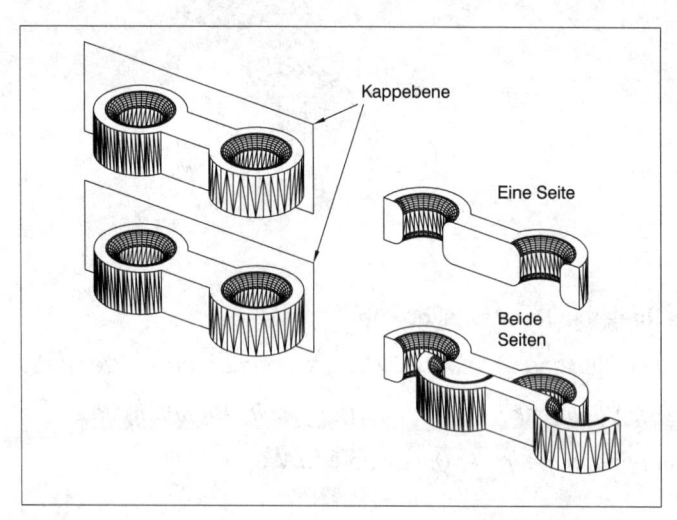

Übung: Kappen von Volumenkörpern

↳ Laden Sie die Zeichnung A20-03.DWG aus Ihrem Übungsverzeichnis.

↳ Kappen Sie die Volumenkörper wie in Abbildung 20.5.

↳ Die Lösung finden Sie in der Datei L20-3.DWG.

Vorgang: Befehl QUERSCHNITT

Mit dem Befehl QUERSCHNITT können Sie einen Schnitt durch einen Volumenkörper erstellen. Die Schnittebene kann wie die Kappebene bestimmt werden. Der Schnitt wird auf dem aktuellen Layer als Region erstellt. Schieben Sie den Schnitt nach dem Befehl aus dem Volumenkörper. Verwenden Sie bei der Objektwahl am besten die Option LETZTES. Eine Region können Sie mit dem Befehl URSPRUNG in einzelne Polylinien und diese wiederum mit dem Befehl URSPRUNG in Linien und Bögen zerlegen.

↳ Abrollmenü ZEICHNEN, Untermenü VOLUMENKÖRPER >, Funktion QUERSCHNITT

↳ Symbol im Werkzeugkasten VOLUMENKÖRPER

```
Befehl: Querschnitt
Objekte wählen: Volumenkörper wählen
Objekte wählen: ⏎
Schnittebene von Objekt/ZAchse/Ansicht/XY/YZ/ZX/<3Punkte>: Punkt
für die Schnittebene eingeben oder eine andere Option
Zweiter Punkt auf Ebene:
Dritter Punkt auf Ebene:
```

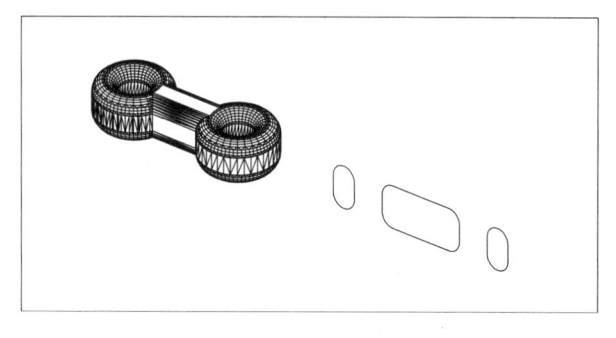

Abbildung 20.6:
Querschnitt durch einen Volumenkörper

Übung: Querschnitt durch einen Volumenkörper

↳ Laden Sie die Zeichnung A20-04.DWG aus Ihrem Übungsverzeichnis.

↳ Erzeugen Sie den Schnitt durch den Volumenkörper wie in Abbildung 20.6.

↳ Die Lösung finden Sie in der Datei L20-04.DWG.

Vorgang: Befehl ÜBERLAGERUNG

Der Befehl ÜBERLAGERUNG hilft Ihnen beim Prüfen Ihres 3D-Modells. Sie können zwei Auswahlsätze von Volumenkörpern wählen und erhalten die Information, ob sie sich überlagern.

Wenn Sie einen Auswahlsatz bilden, werden alle Volumenkörper des Satzes miteinander verglichen. Wenn Sie zwei Auswahlsätze bilden, werden die Volumenkörper im ersten Satz mit denen im zweiten Satz verglichen. Alle sich überlagernden Volumenkörper werden markiert angezeigt.

Sie können bei der letzten Anfrage wählen, ob aus den Überlagerungen eigene Volumenkörper erzeugt werden sollen. Das Volumen des neuen Volumenkörpers entspricht dann genau dem Volumen, das die Volumenkörper gemeinsam haben, und es kann dann beispielsweise von einem der Volumenkörper abgezogen werden.

↦ Abrollmenü ZEICHNEN, Untermenü VOLUMENKÖRPER >, Funktion ÜBERLAGERUNG

↦ Symbol im Werkzeugkasten VOLUMENKÖRPER

```
Befehl: Überlagerung
Ersten Satz Volumenkörper wählen:
Objekte wählen: Einen oder mehrere Volumenkörper wählen
Objekte wählen: ⏎
Zweiten Satz Volumenkörper wählen:
Objekte wählen: Einen oder mehrere Volumenkörper wählen oder ⏎
wenn nur ein Satz geprüft werden soll
Objekte wählen: ⏎
Sich überlagernde Volumenkörper (erster Satz): 1
                  (zweiter Satz): 1
Sich überlagernde Paare:         1
Sich überlagernde Volumenkörper erstellen? <N>:
```

Abbildung 20.7:
Überlagerung zweier Volumenkörper

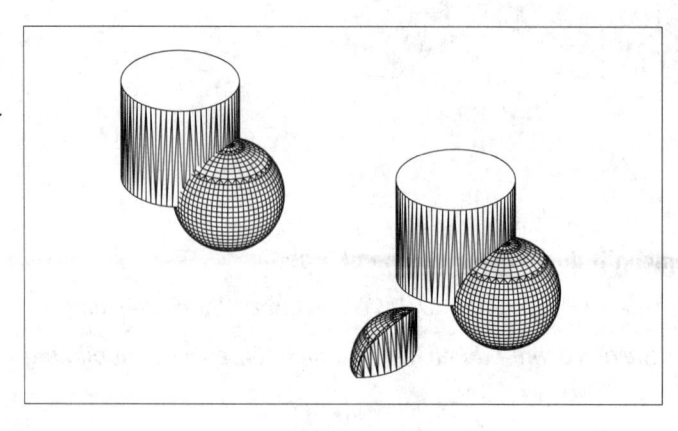

Übung: Überlagerung von Volumenkörpern

→ Laden Sie die Zeichnung A20-05.DWG aus Ihrem Übungsverzeichnis.

→ Lassen Sie sich den Überlagerungskörper erzeugen. Lassen Sie sich die Überlagerung als Volumenkörper generieren, und schieben Sie ihn heraus (siehe Abbildung 20.7).

→ Die Lösung finden Sie in der Datei L20-05.DWG.

20.2 Volumenkörper verknüpfen

Der große Vorteil von Volumenkörpern ist, daß Sie sie mit booleschen Verknüpfungen zu beliebig komplexen Modellen zusammenfassen können. Sie können Vereinigung, Differenz und Schnittmenge aus vorhandenen Volumenkörpern bilden. Die entsprechenden Befehle finden Sie im:

Vorgang: Befehl VEREINIG

Mit dem Befehl VEREINIG bilden Sie aus mehreren Volumenkörpern einen Gesamtkörper (siehe Abbildung 20.8). Sie finden den Befehl unter:

→ Abrollmenü ÄNDERN, Untermenü BOOLSCHE OPERATIONEN >, Funktion VEREINIGUNG

→ Tablettfeld X15

→ Symbol im Werkzeugkasten ÄNDERN II

```
Befehl: Vereinig
Objekte wählen: Volumenkörper wählen
Objekte wählen: Zweiten Volumenkörper wählen
..
Objekte wählen: ⏎
```

Vorgang: Befehl DIFFERENZ

Der Befehl DIFFERENZ subtrahiert von einem oder mehreren Volumenkörpern einen zweiten Satz von Volumenkörpern (siehe Abbildung 20.8). Damit können Sie Bohrungen oder Aussparungen erstellen. Sie müssen nur den Volumenkörper erzeugen, der dem Volumen entspricht, das Sie vom anderen wegnehmen wollen.

→ Abrollmenü ÄNDERN, Untermenü BOOLSCHE OPERATIONEN >, Funktion DIFFERENZ

→ Tablettfeld X16

→ Symbol im Werkzeugkasten ÄNDERN II

```
Befehl: Differenz
Volumenkörper oder Region, von denen subtrahiert werden soll,
wählen...
Objekte wählen: Volumenkörper wählen
..
Objekte wählen: [↵]
Volumenkörper oder Region für Subtraktion wählen...
Objekte wählen: Volumenkörper wählen
..
Objekte wählen: [↵]
```

Vorgang: Befehl SCHNITTMENGE

Mit dem Befehl SCHNITTMENGE bilden Sie das Volumen, das sich bei den zu verknüpfenden Volumenkörpern überlagert. Daraus herausfallende Teile werden entfernt (siehe Abbildung 20.8). Den Befehl verwenden Sie dann, wenn Sie ein Volumen auf eine bestimmte Maximalgröße begrenzen, ein Volumen abfräsen oder einen Teil ausstanzen wollen.

- Abrollmenü ÄNDERN, Untermenü BOOLSCHE OPERATIONEN >, Funktion SCHNITTMENGE
- Tablettfeld X16
- Symbol im Werkzeugkasten ÄNDERN II

```
Befehl: Schnittmenge
Objekte wählen: Volumenkörper wählen
Objekte wählen: Zweiten Volumenkörper wählen
..
Objekte wählen: [↵]
```

Übung: Verknüpfung von Volumenkörpern

- Laden Sie die Zeichnung A20-06.DWG aus Ihrem Übungsverzeichnis.
- Verknüpfen Sie die Volumenkörper wie in Abbildung 20.8.
- Die Lösung finden Sie in der Datei L20-06.DWG.

Vorgang: Befehl FASE

Wie bei 2D-Zeichnungen können Sie bei Volumenkörpern den Befehl FASE zum Abschrägen von Kanten verwenden. Den Befehl finden Sie im:

- Abrollmenü ÄNDERN, Funktion FASEN
- Tablettfeld W18
- Symbol im Werkzeugkasten ÄNDERN

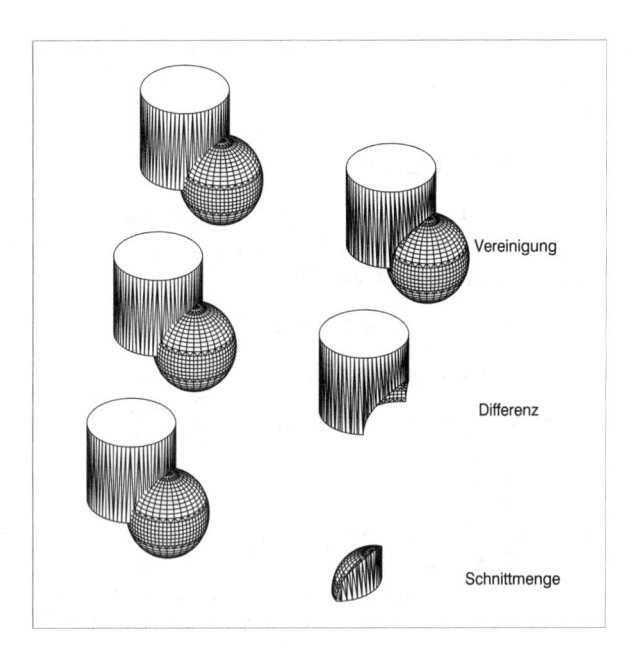

Abbildung 20.8:
Verknüpfung von Volumenkörpern

```
Befehl: Fase
(STUTZEN-Modus) Gegenwärtiger Fasenabst1 = 10.00, Abst2 = 10.00
Polylinie/Abstand/Winkel/Stutzen/Methode/<erste Linie wählen>:
Volumenkörper an der Kante wählen
Basisfläche wählen:
Nächste/<OK>: z. B.N für die nächste Fläche
Nächste/<OK>: ⏎
Abstand Basisfläche eingeben <10.00>: Fasenabstand eingeben
Abstand andere Oberfläche eingeben <10.00>: Anderen Fasenabstand
eingeben
Kontur/<Kante wählen>: Kante nochmal anklicken oder Option KO für
Kontur
Kante/<Kante Kontur wählen>: ⏎
```

Der Befehlsdialog unterscheidet sich, je nachdem, ob Sie 2D-Objekte oder Volumenkörper gewählt haben. Bei Volumenkörpern wird nach einer Basisfläche gefragt. Das ist die Fläche, an der die Fasen angebracht werden. Flächen können Sie in AutoCAD aber immer nur an ihren Kanten wählen. Kanten begrenzen aber definitionsgemäß immer zwei Flächen. Deshalb haben Sie mit der Option NÄCHSTE die Möglichkeit, sich durch die einzelnen Flächen durchzublättern. Erst mit ⏎ übernehmen Sie die angezeigte Fläche. Wollen Sie nur eine einzelne Kante fasen, ist es gleichgültig, welche Fläche Sie als Basisfläche verwenden. Nur wenn alle Kanten einer Fläche gefast werden sollen, ist es sinnvoll, wenn Sie die richtige Fläche auswählen und alles auf einmal ausführen. Dann benötigen Sie die richtige Basisfläche.

Danach stellen Sie die Fasenabstände in beiden Ebenen ein und wählen, ob Sie einzelne Kanten oder eine ganze umlaufende Kontur (Option KONTUR) fasen wollen.

Vorgang: Befehl ABRUNDEN

Ähnlich wie das Fasen erfolgt auch das Abrunden von Kanten. Dafür steht Ihnen der aus dem 2D-Zeichnen bekannte Befehl ABRUNDEN zur Verfügung. Sie finden den Befehl im:

↳ Abrollmenü ÄNDERN, Funktion ABRUNDEN

↳ Tablettfeld W19

↳ Symbol im Werkzeugkasten ÄNDERN

```
Befehl: Abrunden
(STUTZEN-Modus) Gegenwärtiger Abrundungsradius = 5.00
Polylinie/Radius/Stutzen/<erstes Objekt wählen>: Kante eines
Volumenkörpers wählen
Radius eingeben <5.00>: Geben Sie einen Radius ein
Kette/Radius/<Kante wählen>: Option wählen oder ↵
```

Wählen Sie den Volumenkörper an der zu rundenden Kante, und geben Sie dann den Rundungsradius ein. Wenn nur eine Kante zu runden ist, können Sie ↵ eingeben. Ansonsten wählen Sie weitere Kanten oder die Option KETTE. Damit kann eine umlaufende Kante insgesamt gerundet werden. Sie können auch die Option RADIUS anwählen und den Rundungsradius für die nächste Abrundung neu einstellen.

Abbildung 20.9:
Bearbeiten von Volumenkörpern

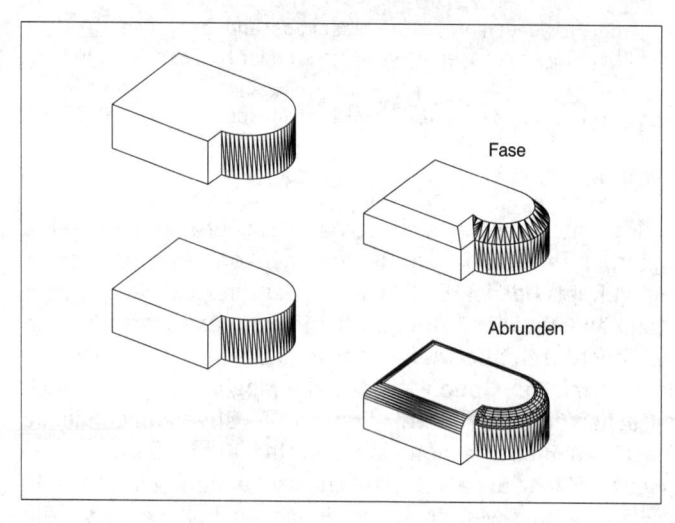

Übung: Bearbeitung von Volumenkörpern

↳ Laden Sie die Zeichnung A20-07.DWG aus Ihrem Übungsverzeichnis.

↳ Bearbeiten Sie die Volumenkörper wie in Abbildung 20.9.

↳ Die Lösung finden Sie in der Datei L20-07.DWG.

Vorgang: AME-Körper konvertieren

AutoCAD 11 und 12 hatten noch den Volumenmodellierer, AME (Advanced Modelling Extension). Haben Sie noch Modelle aus AME 2 können Sie diese mit dem Befehl AMEKONVERT in Volumenkörper umwandeln. Nur so können Sie die 3D-Modelle in AutoCAD 14 weiterbearbeiten. Den Befehl finden Sie nicht in den Menüs, geben Sie ihn auf der Tastatur ein.

```
Befehl: Amekonvert
Objekte wählen:
```

20.3 3D-Konstruktionen mit Volumenkörpern

Sie sind jetzt mit allen Konstruktionsbefehlen gewappnet und können sich an eine größere Aufgabe heranwagen. Erstellen Sie das 3D-Modell der Lupe eines Digitalisiertabletts (siehe Abbildung 20.10).

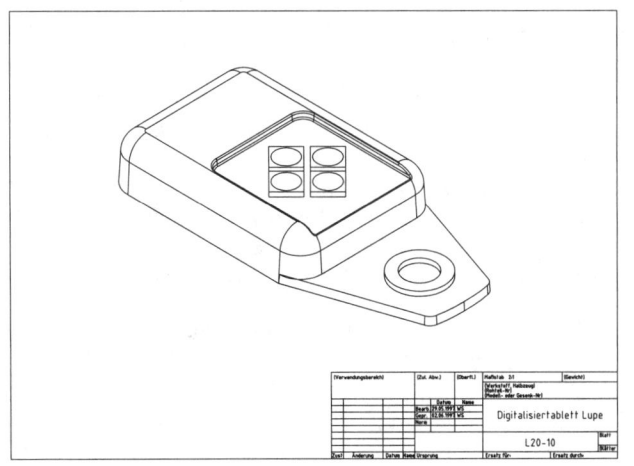

Abbildung 20.10: *Lupe eines Digitalisiertabletts aus Volumenkörpern*

Kapitel 20: Volumenkörper

⇢ *Laden Sie die Zeichnung A20-08.DWG aus Ihrem Übungsverzeichnis. Sie enthält zunächst einmal die Außenkontur des Gehäuses. Es steckt aber noch mehr drin. Auf ausgeschalteten Layern finden Sie alle Konturen, die Sie für die Lupe benötigen. Schalten Sie sie aber erst ein, wenn sie benötigt werden.*

⇢ *Stellen Sie die Systemvariable DELOBJ auf 1, die Konturen werden dann bei der Extrusion gelöscht.*

⇢ *Setzen Sie die Variable ISOLINES auf 8.*

⇢ *Belassen Sie den Layer GEHAEUSE als aktuellen Layer (Vorgabe).*

⇢ *Extrudieren Sie die äußere Kontur auf die Höhe 20 mit einem Verjüngungswinkel von 3. Die innere Kontur soll auf eine Höhe von 15.5 kommen, ebenfalls mit dem Verjüngungswinkel von 3°. Extrudieren Sie ebenfalls, und bilden Sie dann die Differenz aus beiden Körpern.*

```
Befehl: Differenz
Volumenkörper und Regionen, von denen subtrahiert werden soll,
wählen...
Objekte wählen: äußeren Volumenkörper wählen
Objekte wählen: ⏎
Volumenkörper und Regionen für Subtraktion wählen...
Objekte wählen: inneren Volumenkörper wählen
Objekte wählen: ⏎
```

⇢ *Runden Sie die innere Gehäuseoberkante mit dem Radius 6.*

```
Befehl: Abrunden
(STUTZEN-Modus) Gegenwärtiger Abrundungsradius = 5.0000
Polylinie/Radius/Stutzen/<erstes Objekt wählen>:Innere obere
Kante an einem beliebigen Punkt wählen
Radius eingeben <5.0000>: 6
Kette/Radius/<Kante wählen>: Option Kette wählen
Kante/Radius/<Kante Kette wählen>: Kontur nochmal anklicken
Kante/Radius/<Kante Kette wählen>: ⏎
8 Kanten für Abrunden gewählt.
```

⇢ *Runden Sie außen mit dem Radius 8. Sie haben dann die grobe Form des Gehäuses (siehe Abbildung 20.11). Das soll jetzt bearbeitet werden.*

3D-Konstruktionen mit Volumenkörpern

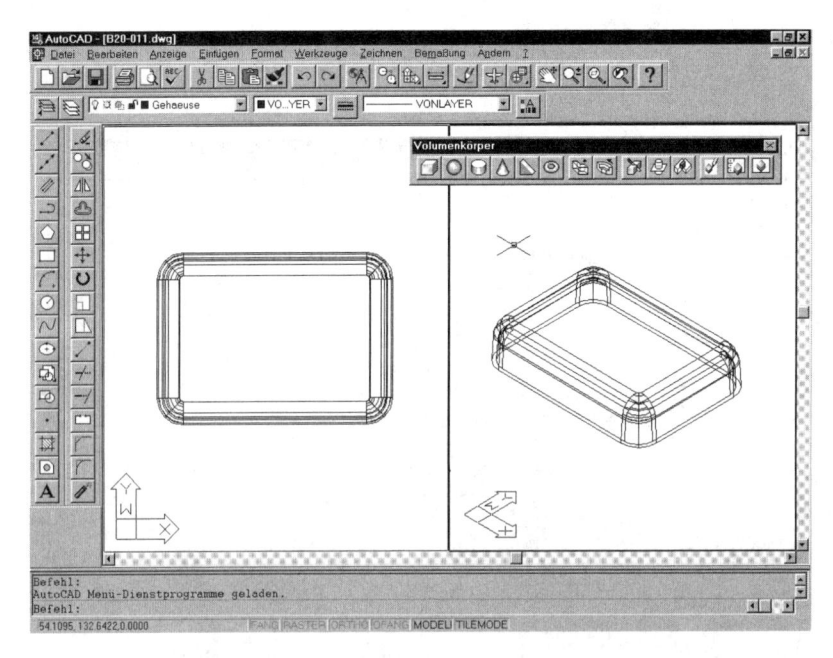

Abbildung 20.11:
Die Grundform des Gehäuses

↦ Zeichnen Sie einen Quader. Beginnen Sie am Punkt 180,50, das sind 10 Einheiten links von der rechten Außenkante des Gehäuses. Setzen Sie den anderen Eckpunkt 20 Einheiten nach rechts und 100 Einheiten höher. Der Quader soll 3.5 Einheiten hoch werden.

```
Befehl: Quader
Mittelpunkt/<Ecke des Quaders> <0,0,0>: 180,50
Würfel/Länge/<Andere Ecke>: @20,100
Höhe: 3.5
```

↦ Subtrahieren Sie den Quader vom Gehäuse. Sie erhalten einen Ausschnitt am vorderen Teil des Gehäuses (siehe Abbildung 20.12).

↦ Schalten Sie den Layer KONTUR2 ein. Belassen Sie als aktuellen Layer den Layer GEHAEUSE. Auf dem Layer KONTUR2 haben Sie eine Kontur, die auf der oberen Gehäusefläche liegt. Extrudieren Sie diese 2.5 nach unten, geben Sie bei der Anfrage nach der Höhe einen negativen Wert ein.

↦ Subtrahieren Sie das entstandene Volumen von dem Gehäuse. Sie bekommen einen Einschnitt wie in Abbildung 20.13.

↦ Wenn Sie es noch besser machen wollen, runden Sie die oberen und unteren Kanten des Einschnitts mit 0.5. (siehe Abbildung 20.13).

Kapitel 20: Volumenkörper

Abbildung 20.12:
Ausschnitt an der Vorderseite

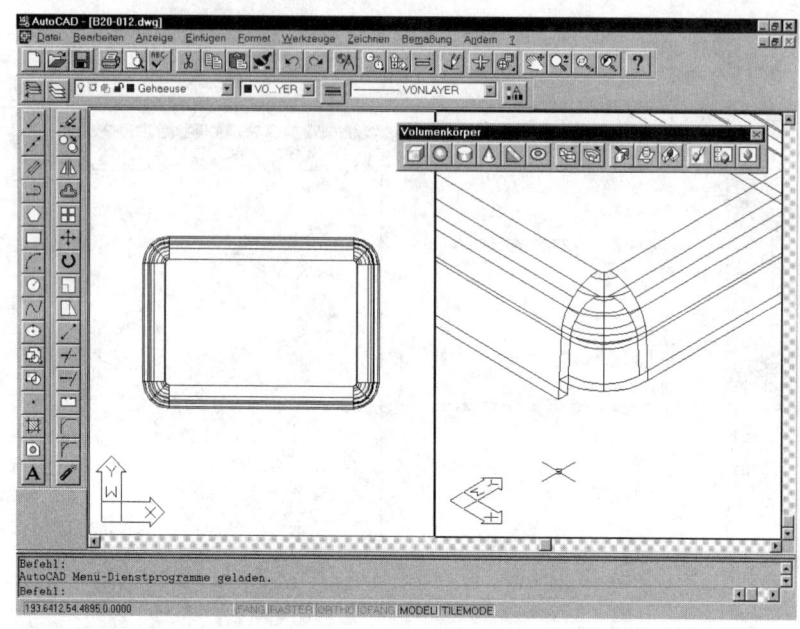

Abbildung 20.13:
Ausschnitt auf der Oberseite

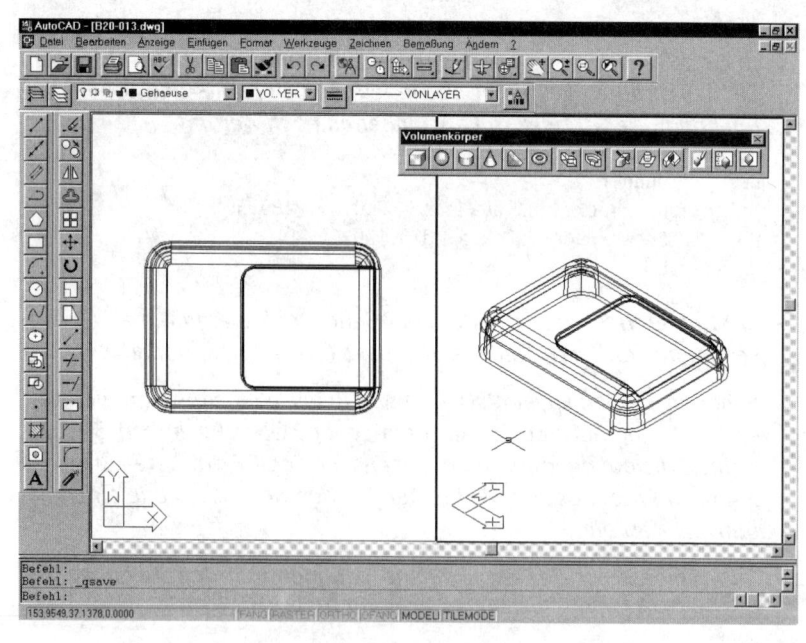

↪ Schalten Sie den Layer KONTUR3 ein, Layer GEHAEUSE bleibt aktuell. Sie bekommen die Ausschnitte für die Tasten. Extrudieren Sie die Konturen alle gleichzeitig auf eine beliebige Höhe größer 20. Damit ragen sie durch die obere Gehäusefläche.

→ Subtrahieren Sie sie vom Gehäuse, und das Gehäuse hat die Ausschnitte für die Tasten (siehe Abbildung 20.14).

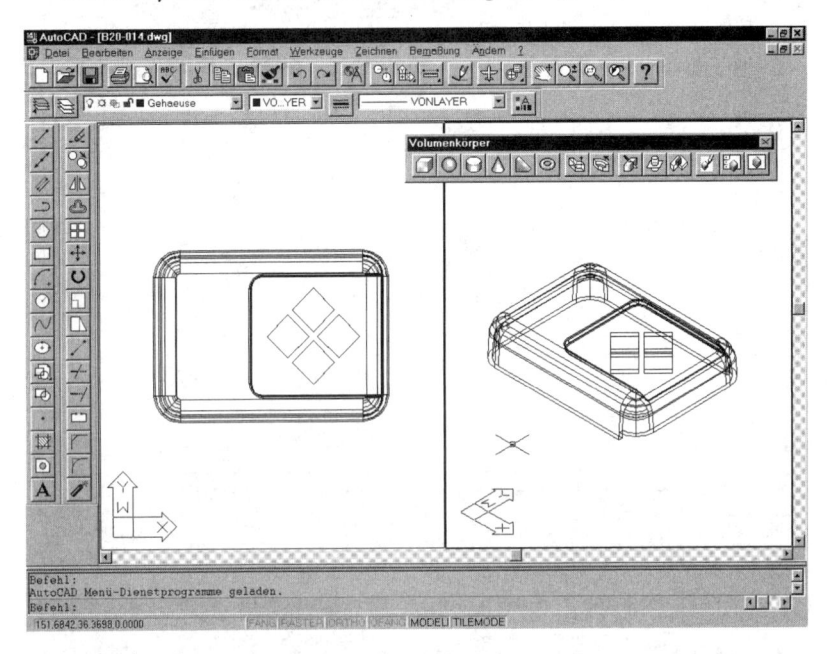

Abbildung 20.14:
Gehäuse mit den Tastenausschnitten

→ Wählen Sie für die Fenster andere Ansichtspunkte. Beim linken Fenster schalten Sie auf eine Ansicht von links und beim rechten auf eine isometrische Ansicht von Süd-West (siehe Abbildung 20.15).

→ Schalten Sie den Layer KONTUR4 ein, Layer GEHAEUSE bleibt weiter aktuell. Darauf befindet sich die Kontur für die hintere Kabeldurchführung. Extrudieren Sie, wie schon mehrmals gemacht, um -5, und subtrahieren Sie das Volumen vom Gehäuse (siehe Abbildung 20.15).

→ Auf dem Layer KONTUR5 liegt die Kontur des Bodens. Schalten Sie den Layer ein. Machen Sie den Layer BODEN zum aktuellen Layer. Schalten Sie wieder auf die vorigen Ansichten: linkes Fenster Draufsicht und rechtes Fenster isometrische Ansicht von Süd-Ost.

→ Extrudieren Sie die Kontur um 3.5 mit einem Verjüngungswinkel von 3°. Diesmal bilden wir keine Differenz. Der Boden ist ein separater Teil, und die Ausschnitte haben Sie schon im Gehäuse angebracht. Das Ergebnis sieht dann wie in Abbildung 20.16 aus.

Kapitel 20: Volumenkörper

Abbildung 20.15:
Gehäuse mit der Kabeldurchführung

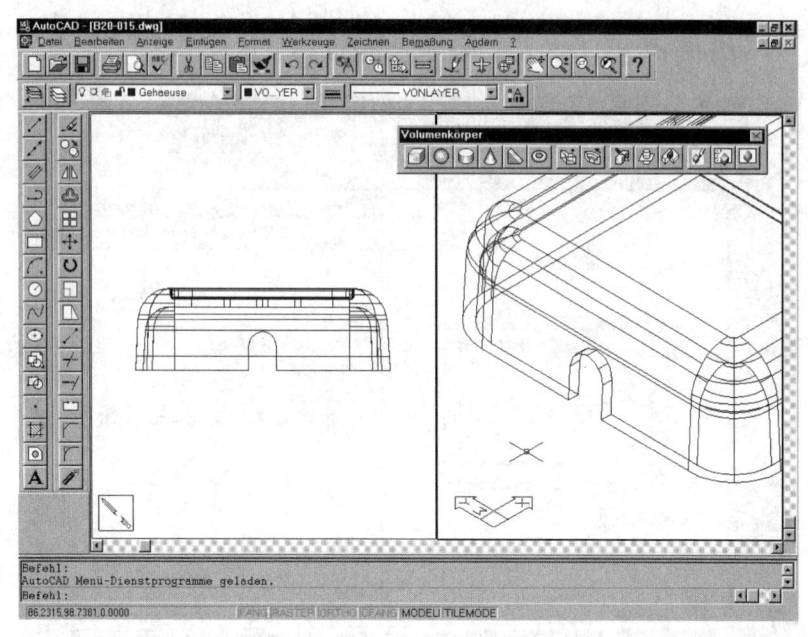

Abbildung 20.16:
Gehäuse mit Boden

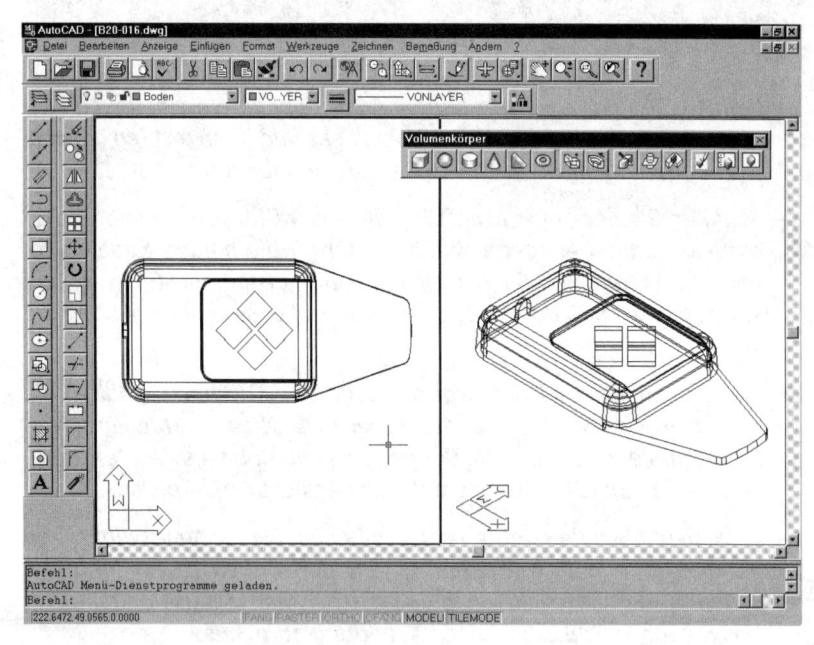

↪ Setzen Sie jetzt einen Zylinder mit der Höhe 2 und dem Durchmesser 23 an die Koordinate 213,100,3.5.

3D-Konstruktionen mit Volumenkörpern

```
Befehl: Zylinder
Elliptisch/<Mittelpunkt> <0,0,0>: 213,100,3.5
Durchmesser/<Radius>: D
Durchmesser: 23
Mittelpunkt vom anderen Ende/<Höhe>: 2
```

↪ Setzen Sie einen zweiten Zylinder an die gleiche Koordinate. Wählen Sie die gleiche Höhe, aber einen Durchmesser von 14.

↪ Addieren Sie den äußeren Zylinder zum Boden, und subtrahieren Sie den inneren davon. Die Lupe ist komplett bis auf die Tasten (siehe Abbildung 10.17).

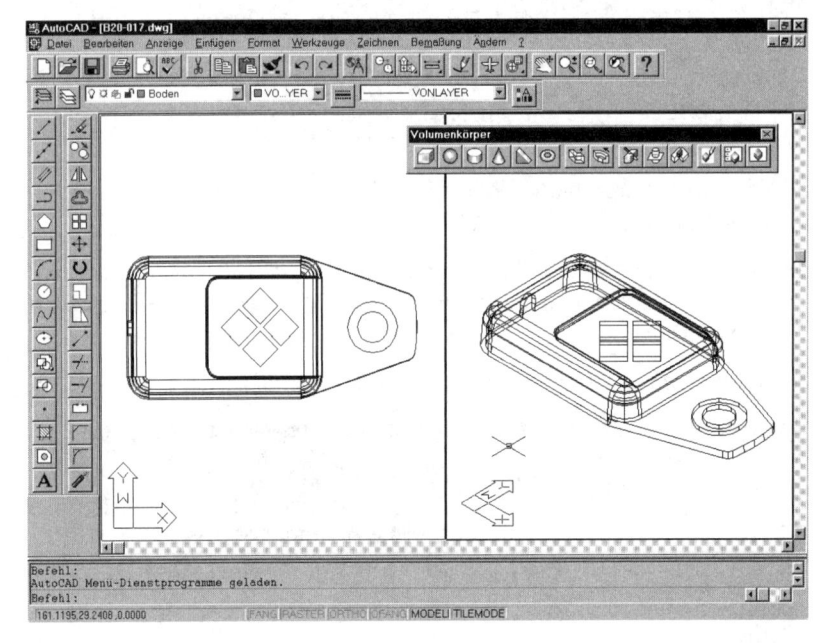

Abbildung 20.17:
Gehäuse und Boden komplett

↪ Schalten Sie den Layer TASTEN als aktuellen Layer. Fügen Sie die Tasten als Block ein. Sie sind in Ihrem Übungsverzeichnis als Zeichnung L20-08TA.DWG gespeichert. Fügen Sie die Tasten am Punkt 0,0 in Ursprung zerlegt ein (siehe Abbildung 10.18).

Kapitel 20: Volumenkörper

Abbildung 20.18:
Tasten als Datei einfügen

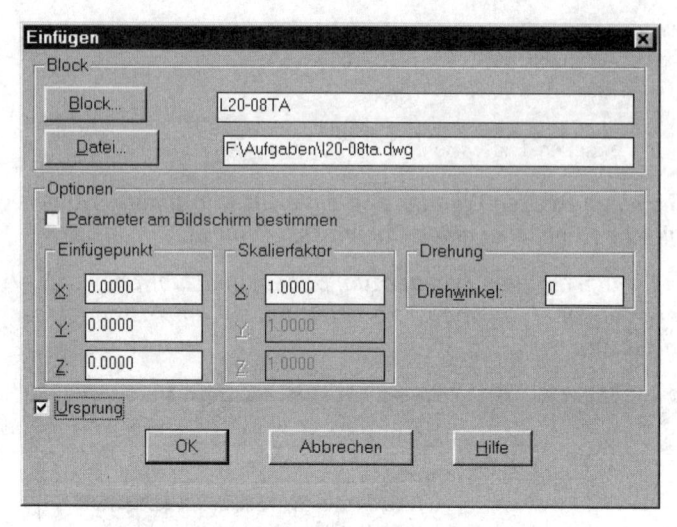

↳ Die Lupe ist komplett. Überprüfen Sie, ob alles stimmt mit den Befehlen VERDECKT oder SHADE.

↳ Sie sollte wie in Abbildung 20.19 aussehen. Falls nicht, in Ihrem Übungsverzeichnis gibt es eine Musterlösung. Es ist die Zeichnung L20-08.DWG.

↳ Speichern Sie Ihre Lösung im Übungsverzeichnis.

Abbildung 20.19:
Die komplette Lupe als 3D-Modell

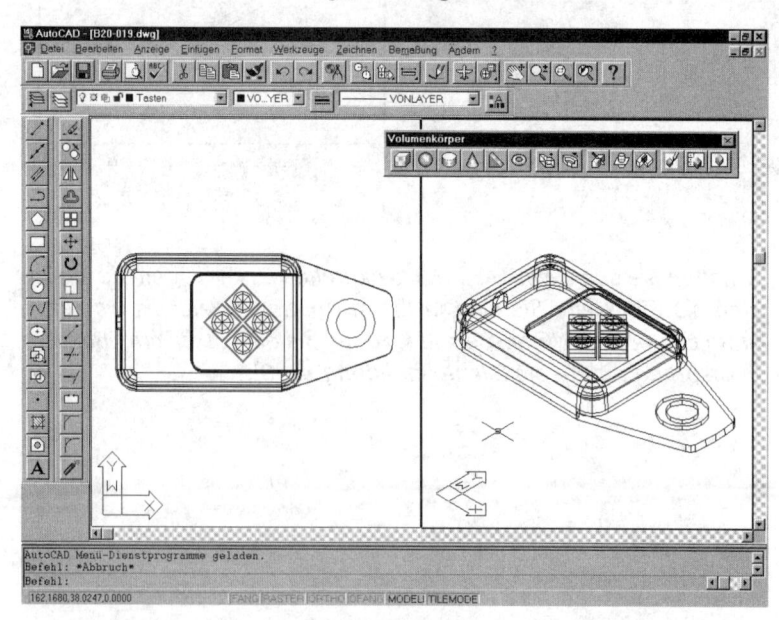

↳ Schneiden Sie die Lupe versuchsweise mit dem Befehl KAPPEN der Länge nach durch.

3D-Konstruktionen mit Volumenkörpern

```
Befehl: Kappen
Objekte wählen: Alle Objekte der Lupe wählen
Objekte wählen: ⏎
Kappebene von Objekt/ZAchse/Ansicht/XY/YZ/ZX/<3Punkte>: ZX
Punkt auf ZX-Ebene <0,0,0>: _Beispielsweise mit dem Objektfang
Zentrum die vordere Bohrung anklicken
Beide seiten/<Punkt auf der gewünschten Seite der Ebene>: Punkt in
der Draufsicht auf der hinteren Seite anklicken
Kappebene schneidet einen gewählten Volumenkörper nicht.
```

↳ *Die vordere Taste wurde von der Kappebene nicht geschnitten, wie Ihnen in der Meldung im Befehlsdialog mitgeteilt wurde. Sie bleibt deshalb in der Zeichnung erhalten. Löschen Sie sie heraus, wenn Sie den reinen Schnitt haben wollen (siehe Abbildung 20.20). Prüfen Sie auch hier wieder mit den Befehlen VERDECKT oder SHADE, ob das Ergebnis stimmt. Wählen Sie auch andere Ansichtspunkte. Auch diese Variante finden Sie in Ihrem Übungsverzeichnis als Zeichnung L20-09.DWG.*

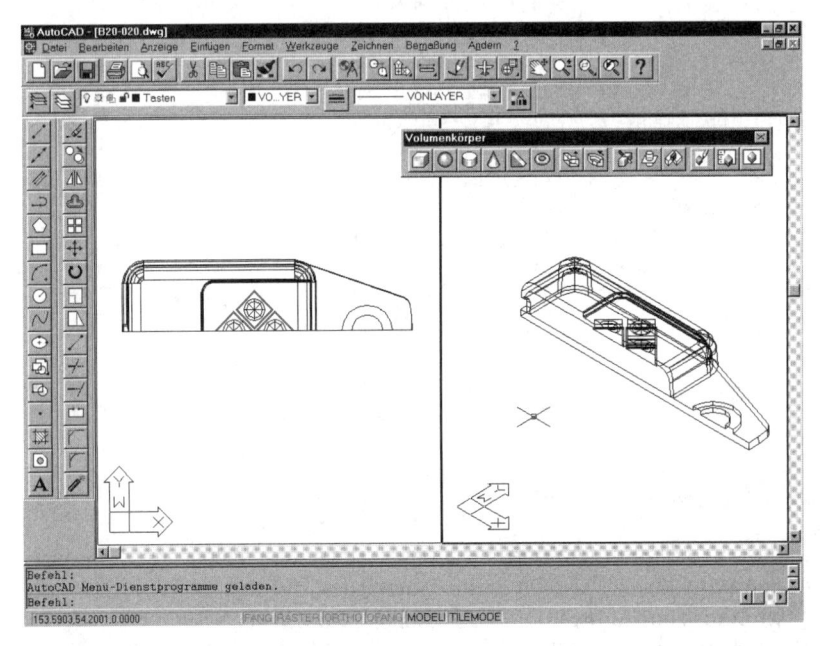

Abbildung 20.20: Die aufgeschnittene Lupe

Vorgang: Befehl MASSEIG

Wollen Sie noch das Volumen und die Masse wissen? Bitte schön, mit dem Befehl MASSEIG bekommen Sie es aufgelistet, für jeden Volumenkörper oder für alle zusammen. Wir haben sechs Teile in unserem Modell: das Gehäuse, den Boden und vier Tasten. Berechnen Sie die Teile einzeln oder für die ganze Lupe. Den Befehl können Sie folgendermaßen wählen:

Kapitel 20: Volumenkörper

⇝ Abrollmenü WERKZEUGE, Untermenü ABFRAGE >, Funktion MASSENEIGEN-SCHAFTEN

⇝ Tablettfeld U7

⇝ Symbol im Werkzeugkasten ABFRAGE

```
Befehl: Masseig
Objekte wählen: Wählen
Objekte wählen: [←]
---------- FESTKÖRPER ----------

Masse:                    51920.0361
Volumen:                  51920.0361
Begrenzungsrahmen: X: 0.0000  --  133.6490
                   Y: -32.0000  --  32.0000
                   Z: -0.0010  --  20.0010
Schwerpunkt:          X: 51.8034
                      Y: 0.0042
                      Z: 8.3238
Trägheitsmomente:     X: 24209984.5698
                      Y: 202671240.9363
                      Z: 214261106.1166
Deviationsmomente:   XY: 6944.2150
                     YZ: 4926.7470
                     ZX: 18964461.1523
Trägheitsradien:      X: 21.5938
                      Y: 62.4782
                      Z: 64.2398
Hauptträgheitsmomente und X-Y-Z-Richtung um Schwerpunkt:
             I: 20397716.1666 entlang [0.9980 -0.0001 -
0.0627]
             J: 59741552.8221 entlang [0.0001 1.0000 0.0002]
             K: 75143684.6704 entlang [0.0627 -0.0002
0.9980]

In Datei schreiben ? <N>:
```

Die Ausgabe könnte so oder so ähnlich aussehen. Volumen und Masse haben denselben Wert. Da keine Materialien mit den Objekten gespeichert sind, geht AutoCAD von der Dichte 1 aus. Wollen Sie die tatsächliche Masse haben, multiplizieren Sie das Volumen mit der Dichte. Die Ausgabe kann in eine Textdatei geschrieben werden, die Sie dann in ein anderes Programm übernehmen oder auch auf der Zeichnung plazieren können.

20.4 Zeichnungen von Volumenkörpern erstellen

Nun soll daraus auch eine Zeichnung entstehen. In Kapitel 18.11 haben Sie schon gesehen, wie aus 3D-Modellen Ansichten auf dem Papier erstellt werden. Wenn das Modell aber aus Volumenkörpern besteht, gibt es eine wesentlich einfachere Methode. Damit geht alles weitgehend automatisch.

Dafür stehen Ihnen die Befehle SOLPROFIL, SOLANS und SOLZEICH zur Verfügung. Die Befehle waren in den ersten 13er Versionen noch nicht enthalten. Erst in Version 13 C4 gab es sie. Da aber die Menüs gegenüber den ersten Versionen nicht mehr verändert wurden, schlummerten die Befehle im Verborgenen. In Version 14 sind sie nun auch fester Bestandteil der Menüs.

Vorgang: Befehl SOLPROFIL

Für die Konstruktion von Volumenkörpern erleichtern Ihnen die Tesselationslinien an gebogenen Flächen die Orientierung. Wollen Sie jedoch eine technische Zeichnung erstellen mit Ansichten und Isometrien, dann ist diese Darstellungsweise nicht üblich.

Mit dem Befehl SOLPROFIL können Sie eine Profildarstellung erzeugen, die nur die Ränder und die Silhouetten von Volumenkörpern darstellt. Voraussetzung für die Verwendung des Befehls ist, daß die Variable TILEMODE auf 0 gesetzt ist, Sie mindestens ein Ansichtsfenster erzeugt haben und daß Sie den Modellbereich aktiviert haben. Sie sollten die Volumenkörper, die Sie in dem Fenster darstellen wollen, schon skaliert und ausgerichtet sowie den Ansichtspunkt eingestellt haben. Sie finden den Befehl folgendermaßen:

↳ Abrollmenü ZEICHNEN, Untermenü VOLUMENKÖRPER >, Untermenü EINRICHTEN > Funktion PROFIL

↳ Symbol im Werkzeugkasten VOLUMENKÖRPER

```
Befehl: Solprofil
Objekte wählen: Volumenkörper wählen
..
Objekte wählen: ⏎
Verdeckte Profilkanten auf separatem Layer anzeigen? <Ja>:
Profilkanten auf eine Ebene projizieren? <Ja>:
Tangentiale Kanten löschen? <Ja>:
```

Wenn Sie die verdeckten Profilkanten nicht auf einen separaten Layer legen, wird für die sichtbaren Profillinien jedes ausgewählten Volumenkörpers ein Block generiert.

Werden die Profilkanten auf separate Layer gelegt, werden für alle Volumenkörper zwei Blöcke erzeugt, einer für die sichtbaren und einer für die unsichtbaren Profilkanten. Die Blöcke kommen auf unterschiedliche Layer, PV-XXX für die sichtbaren Kanten (V für View) und PH-XXX für die unsichtbaren Kanten (H für Hide).

Bei der nächsten Anfrage legen Sie fest, ob Sie das Profil auf einer Ebene haben wollen oder ob es dreidimensional generiert werden soll. Normalerweise ist das ohne Bedeutung, da Sie, nachdem Sie das Profil generiert haben, den Ansichtspunkt sowieso nicht mehr wechseln können.

Zuletzt wählen Sie noch, ob Übergänge von geraden zu gewölbten Flächen mit tangentialen Kanten dargestellt werden sollen oder nicht. Normalerweise werden diese Kanten dargestellt, wählen Sie deshalb Nein. Die tangentialen Kanten werden dann nicht gelöscht.

Tips:

Wollen Sie im Ansichtsfenster nur die sichtbaren Kanten haben, frieren Sie in diesem Ansichtsfenster die Layer ein, auf denen die Original-Volumenkörper erzeugt wurden, und die Layer, die mit PH beginnen. Der Befehl SOLPROFIL ändert die Sichtbarkeit der Layer in dem Fenster nicht automatisch. Sie können aber auch für den Layer PH einen anderen Linientyp wählen und diese Linien gestrichelt darstellen.

Übung: Erstellung einer Profilansicht

- Laden Sie Ihre Lupe, oder holen Sie sich die Beispiellösung L20-09.DWG aus dem Übungsverzeichnis.

- Schalten Sie TILEMODE auf 0, und fügen Sie den Zeichnungsrahmen DIN_A3.DWG aus dem Verzeichnis \ACADR14\SUPPORT ein, der mit AutoCAD gelieferte DIN-Rahmen. Wählen Sie den Befehl ZOOM Option GRENZEN oder ALLES.

- Machen Sie einen neuen Layer FENSTER, und schalten Sie ihn zum aktuellen Layer.

- Erstellen Sie ein Ansichtsfenster mit dem Befehl MANSFEN. Wechseln Sie in den Modellbereich mit dem Befehl MBEREICH, und stellen Sie darin eine isometrische Ansicht von Süd-Ost ein. Skalieren Sie mit dem Befehl ZOOM auf 5XP.

- Starten Sie den Befehl SOLPROFIL, und wählen Sie alle Teile der Lupe.

```
Befehl: Solprofil
Objekte wählen: Alle Objekte der Lupe wählen
Objekte wählen: ⏎
Verdeckte Profilkanten auf separatem Layer anzeigen? <Ja>: J
für ja
Profilkanten auf eine Ebene projizieren? <Ja>: J für ja
Tangentiale Kanten löschen? <Ja>: N für nein
```

→ Frieren Sie die Layer GEHAEUSE, BODEN, TASTE1, TASTE2, TASTE3, TASTE4 und TASTEN sowie PH-XXX in diesem Ansichtsfenster. Wechseln Sie in den Modellbereich, und frieren Sie den Layer FENSTER.

→ Die Lösung sollte wie in Abbildung 20.21 aussehen. Sie finden sie auch in der Datei L20-10.DWG.

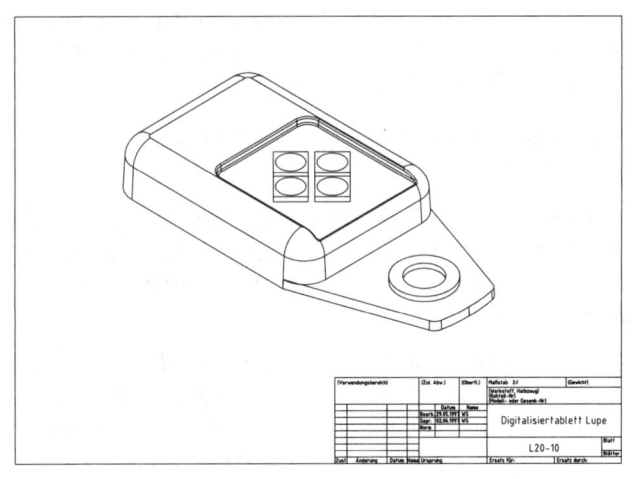

Abbildung 20.21:
Pofilansicht der Lupe

Vorgang: Befehle SOLANS

Noch mehr Komfort und Automatik haben Sie mit dem Befehl SOLANS. Damit werden Ansichtsfenster und die Ausrichtung in den Fenstern automatisch erzeugt. Mit SOLZEICH wird für die Fenster, die mit SOLANS erstellt wurden eine Profildarstellung erzeugt.

Da die beiden Befehle sehr vielseitig sind, soll hier die Wirkungsweise an einem Beispiel gezeigt werden:

→ Laden Sie wieder Ihre Lupe, oder holen Sie sich die Beispiellösung L20-09.DWG aus dem Übungsverzeichnis.

→ Schalten Sie Tilemode auf 0, und fügen Sie auch hier den Zeichnungsrahmen DIN_A3.DWG aus dem Verzeichnis \ACADR14\SUPPORT ein. Wählen Sie den Befehl ZOOM Option GRENZEN oder ALLES.

→ Schalten Sie TILEMODE wieder auf 1, SOLANS schaltet automatisch in den Papierbereich.

Übung: Ansichten erzeugen

↳ *Wählen Sie jetzt den Befehl SOLANS.*

Sie finden den Befehl unter:

↳ Abrollmenü ZEICHNEN, Untermenü VOLUMENKÖRPER >, Untermenü EIN-RICHTEN > Funktion ANSICHT

↳ Symbol im Werkzeugkasten VOLUMENKÖRPER

```
Befehl: Solans
Bks/Ortho/Hilfsansicht/Schnitt/<eXit>:
```

Der Befehl schaltet automatisch in den Papierbereich. Wenn dort noch kein Ansichtsfenster vorhanden ist, können Sie nur die Option BKS wählen, um ein Ansichtsfenster zu erzeugen.

```
Bks/Ortho/Hilfsansicht/Schnitt/<eXit>: BKS
Benannt/Welt/?/<Aktuelles>:
```

Sie wählen damit ein Koordinatensystem aus. Die Draufsicht auf dieses Koordinatensystem wird in dem neuen Fenster als Ansicht generiert. Das kann ein gespeichertes BKS, das Weltkoordinatensystem oder das gerade aktuelle sein.

↳ *Bestätigen Sie mit ⏎ die Vorgabe (aktuelles Koordinatensystem). Danach geben Sie den Skalierfaktor 1 für die Ansicht und die Mitte der Ansicht ein und ziehen ein Ansichtsfenster auf (siehe Abbildung 20.22). Wollen Sie nur einen Teil der Ansicht, können Sie das Fenster kleiner machen. Nehmen Sie die ganze Draufsicht ins Fenster. Als Ansichtsnamen geben Sie z. B.DR (für Draufsicht ein).*

```
Skalierfaktor für Ansicht eingeben <1>: 1 oder ⏎ eingeben
Mitte der Ansicht: Mitte wählen
..
Mitte der Ansicht: ⏎
Erste Ecke wählen: Erster Eckpunkt für Ansichtsfenster
Andere Ecke wählen: Zweiter Eckpunkt für Ansichtsfenster
Ansichtsname: DR
```

Danach fragt der Befehl im Wiederholmodus nach neuen Fenstern. Jetzt soll die Vorderansicht erstellt werden. Dafür steht Ihnen die Option OR-THO zur Verfügung. Damit erstellen Sie die geklappten Ansichten relativ zu einer bereits vorhandenen Ansicht.

Sie klicken nur die Seite einer vorhandenen Ansicht an, deren Ansicht Sie haben wollen. Beachten Sie, daß die Ansichten nicht nach DIN geklappt werden, sondern nach den ANSI-Gepflogenheiten. Das Problem kann aber leicht behoben werden, Klicken Sie die gegenüberliegende Seite an, und plazieren Sie die Ansicht auf der anderen Seite.

→ *Setzen Sie die Seitenansicht links daneben, wählen Sie die Option ORTHO, klicken Sie die linke Kante der Draufsicht an, und plazieren Sie die Seitenansicht links neben die Draufsicht. Damit haben Sie das Problem der falschen Klapprichtung gelöst (siehe Abbildung 20.22).*

```
Bks/Ortho/Hilfsansicht/Schnitt/<eXit>: ORTHO
Seite von Ansichtsfenster für Projektion wählen: Rechte Kante
der Draufsicht anklicken
Mitte der Ansicht: Ansicht links neben der Draufsicht plazieren
..
Mitte der Ansicht: ⏎
Erste Ecke wählen: Erster Eckpunkt für Ansichtsfenster
Andere Ecke wählen: Zweiter Eckpunkt für Ansichtsfenster
Ansichtsname: Seite
```

Jetzt soll noch ein Schnitt erzeugt werden. Wählen Sie dazu die Option SCHNITT, geben Sie die Schnittebene vor und die Ansichtsseite. Der Rest ist schon Routine.

→ *Machen Sie einen Schnitt waagrecht durch die Mitte der Lupe. Setzen Sie den Schnitt nach oben. Skalieren Sie den Schnitt ebenfalls mit dem Faktor 1.*

```
Bks/Ortho/Hilfsansicht/Schnitt/<eXit>: Schnitt
Erster Punkt der Schnittebene: Mit Objektfang Zentrum, Mitte
des vorderen Zylinders in der Draufsicht wählen
Zweiter Punkt der Schnittebene: Mit Objektfang Lot eine
senkrechte Kante links davon wählen
Seite für Ansicht: Punkt unterhalb der gestrichelten
Schnittkante anklicken
Skalierfaktor für Ansicht eingeben <1>: 1 oder ⏎
Mitte der Ansicht: Schnitt über der Draufsicht plazieren
..
Mitte der Ansicht: ⏎
Erste Ecke wählen: Erster Eckpunkt für Ansichtsfenster
Andere Ecke wählen: Zweiter Eckpunkt für Ansichtsfenster
Ansichtsname: SCHNITT
```

→ *Ihre Zeichnung sollte jetzt wie in Abbildung 20.22 aussehen.*

Abbildung 20.22:
Zeichnungslayout automatisch erzeugt

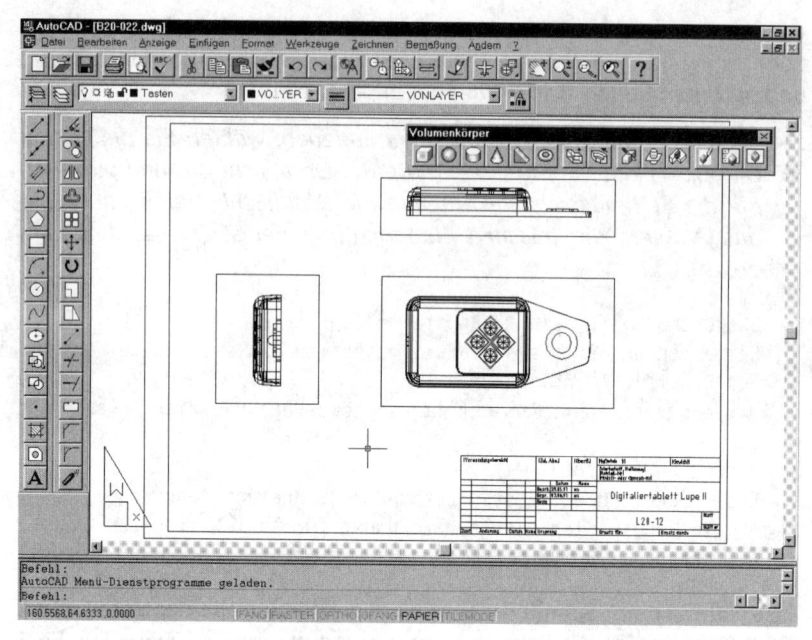

Als weitere Möglichkeit steht noch die Option HILFSANSICHT zur Verfügung. Eine Möglichkeit, die nach unseren Zeichnungsgepflogenheiten etwas ungewöhnlich ist. Damit können Sie eine schräge Ansichtsebene in ein Fenster legen, und die Ansicht wird unter diesem Blickwinkel generiert.

Außer den sichtbaren Ergebnissen auf dem Bildschirm ist im Hintergrund einiges passiert. Es wurde ein Layer VPORTS angelegt. Auf dem befinden sich die Ansichtsfenster. Außerdem wurde für jedes Ansichtsfenster ein Satz Layer erzeugt (siehe Tabelle 20.1). Alle Layer beginnen mit dem Ansichtsfensternamen, und sie sind nur jeweils im eigenen Ansichtsfenster sichtbar, in allen anderen Ansichtsfenstern sind sie gefroren.

Tabelle 20.1:
Layer für jedes Ansichtsfenster

Layername	Inhalt
XXX-DIM	Layer für Bemaßungen in dieser Ansicht
XXX-HAT	Layer für Schraffuren in dieser Ansicht
XXX-HID	Layer für verdeckte Profilkanten in dieser Ansicht
XXX-VIS	Layer für sichtbare Profilkanten in dieser Ansicht

Vorgang: Befehl SOLZEICH

Mit dem Befehl SOLZEICH machen Sie den Rest. Von Ansichten, die Sie mit dem Befehl SOLANS erzeugt haben, werden die Profildarstellungen erzeugt. Der Befehl macht das, was Sie mit SOLPROFIL manuell erstellt haben, automatisch für alle gewählten Fenster. Sollte vorher schon einmal eine Ansicht generiert worden sein, wird diese gelöscht. Somit ist gewährleistet, daß bei Änderungen am Modell die Ansichten mit einem Befehl aktualisiert werden können.

Eine weiterer Vorteil dieses Befehls ist, daß Schnitte gleich schraffiert werden. Dazu sollten Sie vorher aber ein paar Variablen richtig setzen: HPNAME (Schraffurmustername), HPSCALE (Schraffurmustermaßstab) und HPANG (Schraffurmusterwinkel). Laden Sie alle Linientypen, und stellen Sie mit LTFAKTOR einen günstigen Maßstab ein.

Übung: Profile für Ansichten erzeugen

→ *Stellen Sie die Parameter für die Schraffur ein.*

```
Befehl: Hpname
Neuer Wert für HPNAME <"xxx">: z.B.: ANSI31
Befehl: Hpscale
Neuer Wert für HPSCALE <1.0000>: 15
Befehl: Hpang
Neuer Wert für HPANG <0>: ↵
```

→ *Wählen Sie jetzt den Befehl SOLZEICH. Sie finden den Befehl unter:*

→ *Abrollmenü ZEICHNEN, Untermenü VOLUMENKÖRPER >, Untermenü EINRICHTEN > Funktion ZEICHNEN*

→ *Symbol im Werkzeugkasten VOLUMENKÖRPER*

→ *Verwenden Sie den Befehl SOLZEICH, um für alle Ansichtsfenster die Profildarstellung zu generieren.*

```
Befehl: Solzeich
Zu zeichnendes Ansichtsfenster wählen:
Objekte wählen: Alle Ansichtsfenster wählen
Objekte wählen: ↵
```

→ *Frieren Sie die Layer XXX-HID in den einzelnen Ansichtsfenstern, beim Schnitt geschieht dies automatisch.*

→ *Frieren Sie jetzt noch den Layer VPORTS, und Ihre Zeichnung sieht jetzt wie in Abbildung 20.23 aus. Auch diese Lösung finden Sie im Übungsverzeichnis, die Zeichnung trägt den Namen L20-11.DWG.*

Abbildung 20.23:
Profilansichten in den Ansichtsfenstern

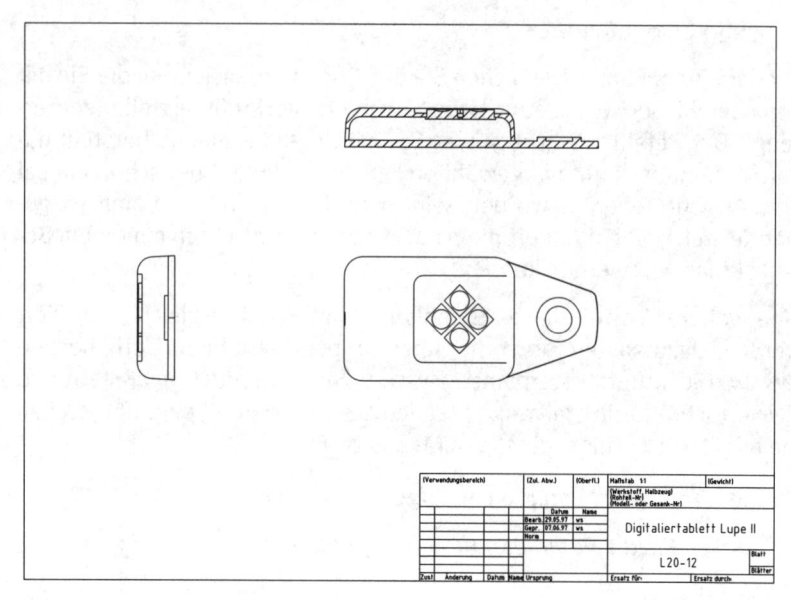

Tip:

Sie können auch die Layer *XXX-HID* in den Ansichten eingeschaltet lassen und ihnen den Linientyp *VERDECKT* zuordnen. So werden die verdeckten Kanten auch mit verdeckten Linien angezeigt.

Damit haben Sie alle konstruktiven Möglichkeiten von AutoCAD 14 im 3D-Bereich kennengelernt. Mehr geht nicht ohne zusätzliche Module. Die Funktionen zur Erstellung von 3D-Modellen von Volumenkörpern sind vielseitig. Schwierigkeiten gibt es aber bei Änderungen. Soll beispielsweise der Durchmesser einer Bohrung geändert werden, muß die Bohrung erst durch Vereinigung mit einem Zylinder wieder geschlossen werden, und es muß eine neue Bohrung erzeugt werden. Das ist natürlich äußerst umständlich, vor allem bei komplexen Modellen. Abhilfe schafft der Designer, ein Modul, das in Mechanical Desktop, der 3D-Software zu AutoCAD, enthalten ist. Der Designer arbeitet parametrisch. Jeder Konstruktionsparameter kann nachträglich geändert werden.

Rendern in AutoCAD

Kapitel 21

21.1 Rendern von 3D-Modellen
21.2 Bilder speichern, wiedergeben und drucken
21.3 Rendern mit Hintergrund
21.4 Rendern im Nebel
21.5 Materialien aus der Materialbibliothek
21.6 Materialien bearbeiten und erstellen
21.7 Mapping
21.8 Lichter und Schatten
21.9 Szenen
21.10 Landschaft
21.11 Sonstiges

Nachdem Sie in den letzten Kapiteln gelernt haben, wie Sie ein 3D-Modell erstellen können und es auch auf ein Zeichenblatt bekommen, werden Sie in diesem Kapitel sehen, wie Sie Ihr 3D-Modell optisch aufbereiten. Mit den Renderfunktionen erzeugen Sie fotorealistische Bilder, die Sie in Kataloge oder Prospekte übernehmen oder auch auf der Zeichnung plazieren können. Sie lernen in diesem Kapitel:

- wie Sie Ihr 3D-Modell ohne weitere Einstellungen schnell gerendert bekommen,
- wie Sie Ihr Bild vor einen Hintergrund bekommen,
- wie Sie Nebel in Ihr Bild bekommen,
- wie Sie Lichter setzen und Schatten erzeugen,
- wie Materialien auf die Objekte kommen,
- wie Sie Landschaftsobjekte in Ihr Modell bekommen,
- wozu Sie Szenen erstellen können und
- wie Sie die Bilder speichern und ausdrucken.

21.1 Rendern von 3D-Modellen

Wenn Sie sich schon die Mühe gemacht haben, Ihre Entwürfe und Konstruktionen als 3D-Modelle zu erstellen, wäre es viel zu schade, wenn Sie daraus nur 2D-Zeichnungen ableiten würden. Sie haben in AutoCAD die Möglichkeit, realitätsnahe, farbig schattierte Darstellungen am Bildschirm zu erzeugen und diese auszudrucken oder als Bilddatei auf das Zeichenblatt zu legen bzw. in ein Grafik- oder Bildbearbeitungsprogramm zu übernehmen.

In AutoCAD 13 waren nur die Basisfunktionen des Renderers enthalten. Weitergehende Möglichkeiten, wie Raytracing, Materialien mit Bitmap-Bildern, Sonnenstandsberechnung, Landschaftsobjekte usw. waren nur mit dem Zusatzmodul AutoVision möglich. In AutoCAD 14 wurden die Funktionen des Moduls AutoVision integriert. Sie sind jetzt standardmäßig vorhanden.

Lediglich die Animationsfunktionen von AutoVision sind nicht in AutoCAD 14 übernommen worden. Animationen können nun leider nicht mehr direkt in AutoCAD erstellt werden. Einfache Kamerafahrten waren mit AutoVision ohne größeren Aufwand und zusätzliche Software machbar. Für solche Anwendungen haben Sie mit dem Programm 3D Studio Max von Autodesk professionelle Möglichkeiten.

Kapitel 21: Rendern in AutoCAD

Da in diesem Kapitel fast jeder Befehl und jedes Dialogfeld neue Funktionen gegenüber Version 13 beinhaltet, wird in diesem Kapitel nicht jedesmal gesondert mit dem Version14-Symbol auf Neuerungen hingewiesen. Fast alles ist neu gegenüber der vorherigen Version.

Was ist Rendern?

Mit den Rendering-Funktionen können Sie Ihre 3D-Modelle farbig schattiert plastisch darstellen. Dazu ist es erforderlich, den Objekten eine Oberfläche zuzuweisen. Mit dem Befehl SHADE (siehe Kapitel 18.6) ist es lediglich möglich, in der gezeichneten Farbe zu schattieren. Die Farbe in der Zeichnung kann sich aber von dem Aussehen der realen Oberfläche unterscheiden. Mit dem Renderer von AutoCAD können Sie deshalb die Oberfläche neu definieren, deren Farbe, ihr Reflektionsverhalten, ihren Glanz, ihre Rauheit und ihr Muster.

Plastische Darstellungen erhalten Sie auch nur dann, wenn Sie Ihr 3D-Modell entsprechend beleuchten. Deshalb haben Sie in dem Renderer die Möglichkeit, gezielt Lichtquellen einzusetzen, um den gewünschten Effekt zu erhalten.

Voraussetzungen für das Rendering

Wenn Sie eine 3D-Fläche in AutoCAD zeichnen, versieht AutoCAD diese mit einer Normalen. Die Normale ist ein Vektor, der senkrecht zu jeder Fläche liegt und nach außen in den Raum zeigt. Ist eine Rückseite auf den Betrachter hin ausgerichtet, muß diese Fläche beim Rendern nicht berücksichtigt werden. Sie kann nur andere Teile des 3D-Modells verdecken.

Normalen werden dadurch festgelegt, wie eine Fläche gezeichnet wurde. Haben Sie eine 3D-Fläche gegen den Uhrzeigersinn gezeichnet, ist die Normale nach außen gerichtet, im Uhrzeigersinn nach innen. Ist dies der Fall, können Sie die Renderzeit wesentlich beschleunigen, wenn Sie die Rückseiten unterdrücken.

Befinden sich in Ihrer Zeichnung Kreise oder Bögen, dann können Sie mit dem Befehl AUFLÖS die Genauigkeit der Anzeige einstellen. Je höher der Wert, desto feiner die Teilung. Den Wert können Sie zwischen 1 und 20000 einstellen. Dieser Wert wirkt sich auch aufs Rendern aus. Standardmäßig ist 100 eingestellt. Je höher Sie gehen, desto glatter werden Zylinder aus hochgezogenen Kreisen und Volumenkörper dargestellt. Aber Vorsicht, bei höheren Werten geht die Renderzeit enorm nach oben. Bleiben Sie bei der Standardeinstellung, oder gehen Sie maximal auf 1000.

Rendern von 3D-Modellen

Die Systemvariable FACETRES bestimmt die Glättung gekrümmter Volumenkörper beim Rendern. Ist FACETRES = 1, werden Volumenkörper gleich geglättet dargestellt wie hochgezogene Kreise. Wird der Wert erhöht, werden Volumenkörper glatter dargestellt. Sie können den Wert zwischen 0.01 und 10 einstellen, Vorgabe ist 0.5. Bleiben Sie bei diesem Wert, oder gehen Sie auf 1.

Die Werte können auch in dem Dialogfeld des Befehls VOREINSTELLUNGEN bearbeitet werden (siehe Kapitel 27).

Alle Renderbefehle finden Sie in dem Untermenü RENDER > des Abrollmenüs ANZEIGE (siehe Abbildung 21.1), im Werkzeugkasten RENDER und auf dem Tablett im Bereich M bis R, 1 bis 2.

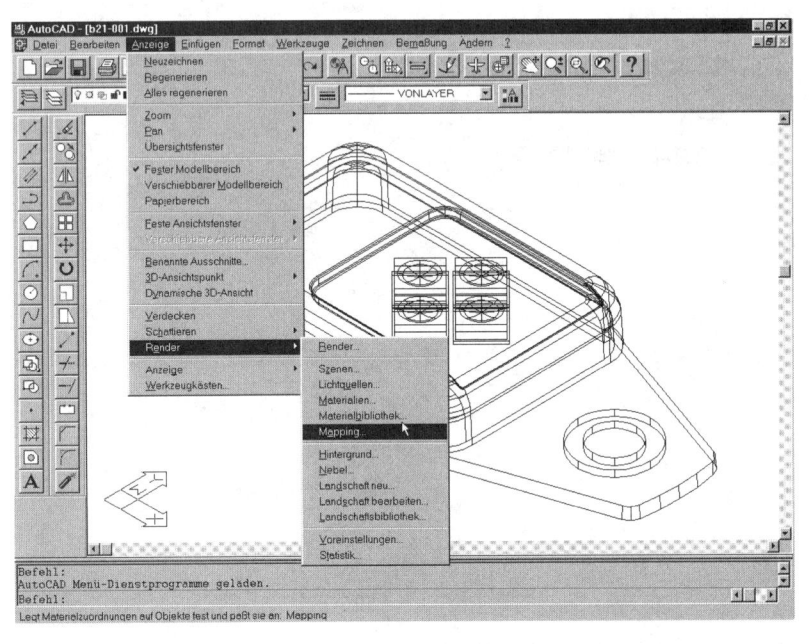

Abbildung 21.1:
Untermenü für die Renderbefehle

Noch ein Hinweis zur Hardware: Während Sie beim Zeichnen in AutoCAD mit einer Farbtiefe von 256 Farben auskommen, sollten Sie bei den Renderfunktionen mehr Farben zur Verfügung haben. Die Ergebnisse werden sonst am Bildschirm nur in geringer Qualität angezeigt. Stellen Sie Ihre Windows-Bildschirmeinstellungen in der Systemsteuerung mindestens auf HIGH COLOR (16 BIT) besser noch TRUE COLOR (32 BIT). Letzteres ist nur bei Grafikkarten mit mindestens 4 Mbyte bei einer vernünftigen Auflösung möglich.

Vorgang: Befehl RENDER

Für das perfekte fotorealistische Bild sind eine ganze Menge Vorarbeiten notwendig. Wollen Sie aber schnell einmal beim Konstruieren rendern, geht das auch ohne Materialien, Lichter und Szenen, mit dem sogenannten Basisrendering des Befehls RENDER. Das Ergebnis ist wesentlich aussagekräftiger als mit den Befehlen VERDECKT oder SHADE. Die einzige Beleuchtung ist dann eine virtuelle Lichtquelle, die hinter dem Betrachter auf das Modell strahlt. Gerendert wird mit dem Befehl RENDER. Sie finden ihn:

- ↠ im Abrollmenü ANZEIGE, Untermenü RENDER >, Funktion RENDER...
- ↠ im Tablettmenü M1
- ↠ als Symbol im Werkzeugkasten RENDER

Alle Einstellungen können Sie in einem Dialogfeld (siehe Abbildung 21.1) vornehmen:

Abbildung 21.2:
Dialogfeld für das Rendern

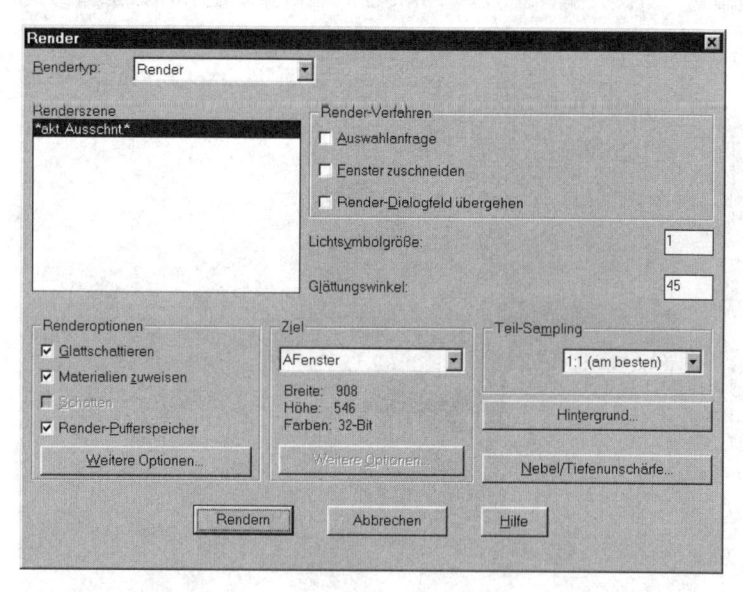

Folgende Einstellungen können Sie machen:

RENDERTYP

Hier können Sie in einem Abrollmenü zwischen drei Einstellungen wählen. RENDER entspricht der Renderqualität von AutoCAD 13, also ohne Schattenwurf, Bitmap-Materialoberflächen, Spiegelung und Lichtbrechung. Die Einstellung PHOTO REAL verwendet schon Bitmap-Oberflächen und berücksichtigt Schattenwurf. Erst mit der Einstellung PHOTO RAYTRACE können Sie Effekte durch Lichtbrechung und Spiegelung erzeugen.

RENDERSZENE

In der Auswahlliste kann markiert werden, was gerendert werden soll: der aktuelle Ausschnitt oder eine bereits gespeicherte Szene (siehe Kapitel 21.9).

RENDERVERFAHREN

In diesem Bereich des Dialogfeldes befinden sich drei Schalter. Ist AUSWAHLANFRAGE ein, wird nicht das komplette Modell gerendert. Sie können die Objekte auswählen, die gerendert werden sollen. Wenn Sie den Schalter FENSTER ZUSCHNEIDEN einschalten, können Sie ein Fenster aufziehen, und nur dieser Teil wird gerendert. Mit diesen beiden Schaltern lassen sich Effekte an Details im Bild schneller kontrollieren, da Sie nicht jedesmal die ganze Zeichnung rendern müssen. Der Schalter RENDERDIALOGFELD ÜBERGEHEN unterdrückt das Dialogfeld. Der Rendervorgang wird mit den letzten Einstellungen wiederholt, was sinnvoll bei der Feinabstimmung des Bildes ist. Sie können den Schalter nur mit dem Befehl REINST (siehe unten) wieder ausschalten.

LICHTSYMBOLGRÖSSE

Wenn Sie in Ihrer Zeichnung Lichter plazieren, werden dort Symbole angezeigt. Mit dieser Einstellung können Sie einen Größenfaktor für die Symbole eingeben.

GLÄTTUNGSWINKEL

Hiermit stellen Sie den Winkel ein, ab dem AutoCAD beim Rendern eine Kante setzt. Winkel zwischen zwei Flächen, die kleiner als dieser Wert sind, werden geglättet.

RENDEROPTIONEN

Mit dem Schalter GLATTSCHATTIEREN legen Sie fest, daß der Renderer auf einer vielflächigen Oberfläche die Farbverläufe über mehrere Flächen hinweg angleicht. Damit bekommen Sie einen kontinuierlichen Farbverlauf ohne Sprünge. MATERIALIEN ZUWEISEN bewirkt, daß die Materialien beim Rendern verwendet werden, die Sie den Objekten zugeordnet haben. Ist der Schalter aus, werden die Objekte in den Zeichnungsfarben gerendert. Mit dem Schalter SCHATTEN schalten Sie die Schattengenerierung ein. Die Schattengenerierung kann nicht beim Standard-Rendertyp verwendet werden.

Mit der Schaltfläche WEITERE OPTIONEN... holen Sie ein weiteres Dialogfeld auf den Bildschirm. Das Fenster ist abhängig davon, welchen Rendertyp Sie eingestellt haben. Abbildung 21.3 zeigt das Fenster für den Standard-Renderer.

Abbildung 21.3:
Dialogfeld für die Renderoptionen

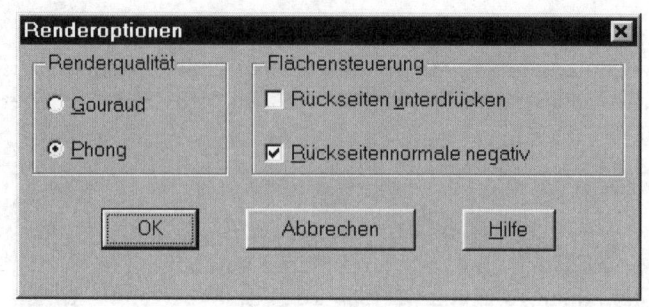

GOURAUD: Algorithmus, der Farbverläufe über benachbarte Flächen interpoliert, um gleichmäßige Farbverläufe zu erzeugen. Dabei wird die Farbe von verschiedenen Kontrollpunkten auf einer Fläche berechnet und dann an benachbarte Farben angeglichen.

PHONG: Algorithmus mit besserer Interpolation. Für jedes Pixel wird die Lichtintensität berechnet.

RÜCKSEITEN UNTERDRÜCKEN: Flächen, deren Normale vom Betrachter weg zeigen, werden beim Rendering nicht berücksichtigt und ausgeblendet, wenn diese Funktion eingeschaltet ist. Dies beschleunigt den Rendering-Prozeß, kann aber auch zu Verfälschungen führen, wenn nicht eindeutig gezeichnet wurde.

RÜCKSEITENNORMALE NEGATIV: Steuert, welche Flächen AutoCAD in einer Zeichnung als rückwärtige Flächen betrachtet. Wenn Sie eine 3D-Fläche zeichnen und die Kontrollpunkte gegen den Uhrzeigersinn eingeben, zeigt die Normale zum Betrachter und kennzeichnet dadurch die Fläche als vordere Fläche. Die rückwärtige Fläche wird durch einen negativen Normalenvektor identifiziert, der vom Betrachter weg zeigt. Ist diese Funktion ausgeschaltet, werden die Flächen mit negativer Normale gerendert.

Beim Rendertyp PHOTO REAL erhalten Sie ein erweitertes Dialogfeld, bei dem Sie zusätzlich die Kantenglättung (Anti-Aliasing), die Schattengenerierung und das Auftragen der Texturen beeinflussen können. Wenn Sie den Rendertyp PHOTO RAYTRACE gewählt haben, ist noch ein Feld mehr vorhanden, in dem Sie die möglichen Spiegelebenen einstellen können.

ZIEL

In diesem Feld stellen Sie ein, wo das Renderergebnis ausgegeben werden soll. Drei Einstellungen sind in einem Abrollmenü möglich: AFENSTER gibt das Ergebnis auf dem Bildschirm aus, RENDERFENSTER überträgt das gerenderte Bild in ein separates Renderfenster, aus dem es dann ausgedruckt werden kann, und die Einstellung DATEI erzeugt eine Bilddatei mit dem gerenderten Bild.

Haben Sie die Einstellung DATEI gewählt, wird die Schaltfläche
WEITERE OPTIONEN... freigegeben. Klicken Sie darauf, erscheint wieder ein
Dialogfeld (siehe Abbildung 21.4), mit dem Sie die Parameter für die
Dateiausgabe einstellen können.

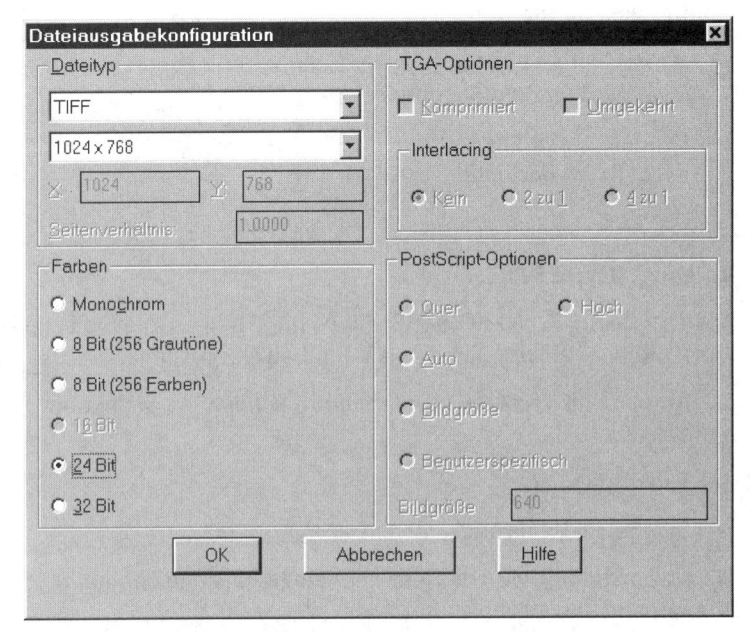

Abbildung 21.4:
Dialogfeld für die Dateiausgabe

Stellen Sie in zwei Abrollmenüs das Dateiformat und die Auflösung ein,
BMP, PCX, PostScript, TGA und TIFF sind möglich. Wählen Sie kein Standardformat, können Sie in den Feldern darunter ein beliebiges benutzerdefiniertes Format bis 4096 Bildpunkte einstellen. Im Bereich darunter
ist die Farbtiefe wählbar. Falls Sie TGA oder PostScript eingestellt haben,
können Sie auf der rechten Seite des Fensters weitere Parameter einstellen.

TEIL-SAMPLING

Für schnelles Proberendern kann die Auflösung beim Rendern heruntergesetzt werden. Gewählt werden kann 1:1 (Originalauflösung) bis 8:1
(kleinster Bildpunkt 8 Pixel).

HINTERGRUND...

Mit der Schaltfläche wird der Befehl HINTERGRUND (siehe Kapitel 21.2)
direkt aus diesem Dialogfeld aufgerufen.

Kapitel 21: Rendern in AutoCAD

NEBEL/TIEFENUNSCHÄRFE...

Auch der Befehl NEBEL (siehe Kapitel 21.4) kann hier mit dieser Schaltfläche direkt gestartet werden.

Übung: Basisrendering

- Holen Sie Ihre Lupe auf den Bildschirm, oder holen Sie sich aus dem Übungsordner die Zeichnung A21-01.DWG.
- Rendern Sie mit den Grundeinstellungen. Lassen Sie sich das Ergebnis auf dem Bildschirm anzeigen.
- Testen Sie die unterschiedlichen Optionen.

Vorgang: Befehl REINST

Mit dem Befehl REINST können Sie alle Einstellungen, die Sie beim Befehl RENDER kennengelernt haben, als Vorgabewerte festlegen.

- Abrollmenü ANZEIGE, Untermenü RENDER >, Funktion VOREINSTELLUNGEN...
- Tablettmenü R2
- Symbol im Werkzeugkasten RENDER

Für die Einstellung wird das gleiche Dialogfeld (siehe Abbildung 21.2) wie beim Befehl RENDER verwendet.

21.2 Bilder speichern, wiedergeben und drucken

Sie haben sich soviel Mühe gegeben mit der Bilderstellung, jetzt wollen Sie es bestimmt auch speichern oder drucken, um es später wieder anschauen zu können. Sonst ist das Bild beim nächsten Neuzeichnen des Bildschirms verschwunden. Mehrere Möglichkeiten stehen Ihnen dafür zur Verfügung.

Vorgang: Befehl BILDSICH

Mit dem Befehl BILDSICH kann das gerade gerenderte Bild auf dem Bildschirm in einer Datei gespeichert werden.

- Abrollmenü WERKZEUGE, Untermenü PIXELBILD >, Funktion SPEICHERN...
- Tablettmenü V7

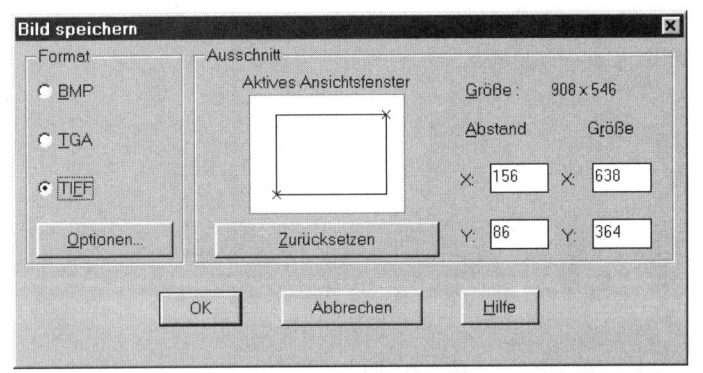

Abbildung 21.5:
Dialogfeld zur Sicherung des gerenderten Bildes

In einem Dialogfeld (siehe Abbildung 21.5) wählen Sie das Bildformat, in dem Sie speichern wollen (BMP, TGA oder TIFF). Normalerweise wird die komplette Anzeige gespeichert. Sie können den Ausschnitt aber auch im Dialogfeld eingrenzen. Wenn Sie OK klicken, kommt das Dialogfeld zur Dateiwahl.

Vorgang: Befehl WIEDERGABE

Mit dem Befehl WIEDERGABE kann eine gespeicherte Bilddatei am Bildschirm wie ein Dia angezeigt werden. Die Zeichnung wird nicht überschrieben, Sie erscheint beim nächsten Neuzeichnen wieder. Sie finden den Befehl im:

- Abrollmenü WERKZEUGE, Untermenü PIXELBILD >, Funktion ANZEIGE...
- Tablettfeld V8

Zunächst suchen Sie sich mit dem Dateiwähler die Bilddatei aus. Auch hier sind die Formate BMP, TGA oder TIFF möglich. Nachdem Sie die Datei gewählt haben, erscheint ein weiteres Dialogfeld für die Anzeigeoptionen (siehe Abbildung 21.6). Damit können Sie die Bilddatei auf dem Anzeigebildschirm positionieren und eventuell beschneiden.

Vorgang: Rendern in eine Datei

Bei der gerade beschriebenen Methode, hat die erzeugte Bilddatei immer die Größe, die der Bildschirmauflösung beim Rendern entspricht. Sie können aber auch Bilddateien mit einer wählbaren Auflösung erstellen. Wie Sie in Kapitel 21.1 gesehen haben, können Sie beim Renderziel wählen, ob statt einer Ausgabe auf dem Bildschirm eine Bilddatei erzeugt werden soll. In den Optionen können Sie dort das Format bestimmen.

Die Bilder, die Sie so erzeugt haben, können Sie ebenfalls mit dem Befehl WIEDERGABE auf den AutoCAD-Bildschirm holen. Wenn Sie BMP- oder PCX-Dateien haben, können sie auch in Windows-Paint angezeigt und bearbeitet werden, das Programm, das als Zubehör mit Windows geliefert wird.

Abbildung 21.6:
Dialogfeld zur Wiedergabe einer Bilddatei

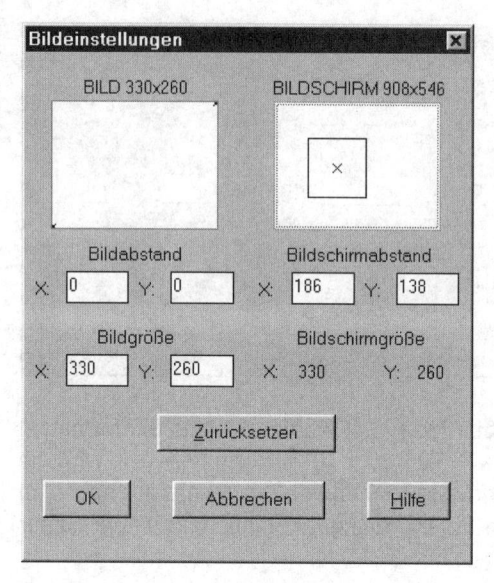

Alle gängigen Bilddateiformate können Sie mit dem Shareware-Programm PAINTSHOP PRO anzeigen, bearbeiten und konvertieren. Das Programm ist auf der CD zu diesem Buch enthalten. Installieren Sie es, und Sie können alle Bildformate anzeigen, die in diesem Buch verwendet werden.

Wichtig:

Shareware-Programme können Sie auf Ihrem Computer installieren und ausprobieren. Wenn Sie nach einer Probezeit (bei PaintShop Pro sind es 30 Tage) weiter mit dem Programm arbeiten, können Sie sich registrieren lassen. Damit wird der Preis für die Software fällig, und Sie erhalten die lizensierte Version und danach die Updates für das Programm.

Vorgang: Rendern ins Renderfenster

Im Renderer können Sie die Bilder nicht direkt ausdrucken. Sie haben aber in Kapitel 2.1 gesehen, daß Sie beim Befehl RENDER für das Renderziel das Renderfenster angeben können. Das gerenderte Bild wird in ein separates Fenster übernommen (siehe Abbildung 21.7). Von dort kann es dann ausgedruckt werden.

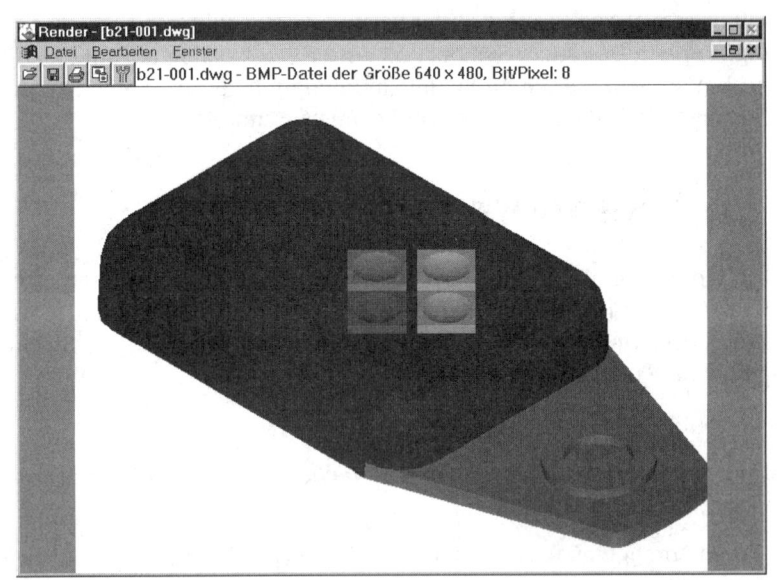

Abbildung 21.7:
Gerendertes Modell im Renderfenster

In der Werkzeugleiste stehen Ihnen fünf Symbole zur weiteren Bearbeitung zur Verfügung. Damit können Sie den Inhalt des Renderfensters speichern oder ein gespeichertes Bild ins Renderfenster holen. Bei Anwahl des Druckersymbols kann der Inhalt des Fensters ausgedruckt werden. In einem weiteren Fenster (siehe Abbildung 21.8) stellen Sie die Bildgröße und Bildlage ein. Auch mit den Anfassern auf dem Voransichtsbild können Sie das Bild verändern.

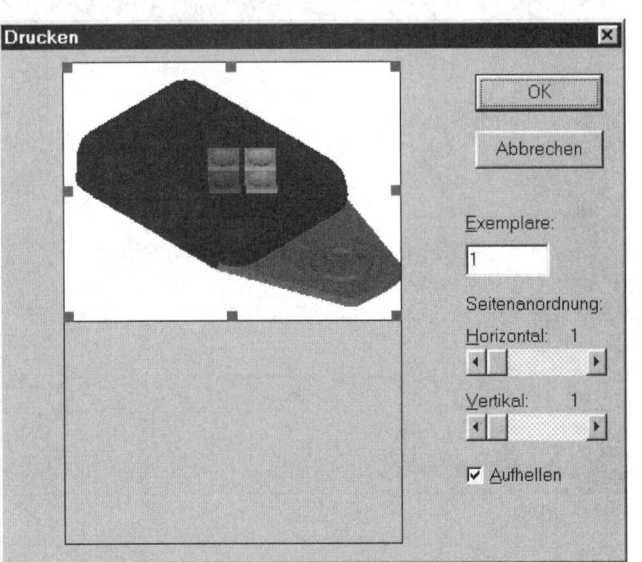

Abbildung 21.8:
Druckerausgabe aus dem Renderfenster

Kapitel 21: Rendern in AutoCAD

Mit dem nächsten Symbol in der Leiste wird das Bild in die Zwischenablage kopiert. Das letzte Symbol holt ein weiteres Dialogfeld auf den Bildschirm, in dem Sie die Auflösung im Renderfenster bestimmen können. Das nächste Bild wird in dieser Auflösung gerendert.

21.3 Rendern mit Hintergrund

Die einfachste Möglichkeit, Ihre Bilder effektvoller zu gestalten, ist es, sie vor einem Hintergrund darzustellen. Statt dem weißen oder schwarzen Bildschirmhintergrund wählen Sie einen farbigen Hintergrund, einen Farbverlauf oder eine Bilddatei.

Vorgang: Befehl HINTERGRUND

Um Bildhintergründe zu definieren, verwenden Sie den Befehl HINTERGRUND. Sie finden den Befehl:

↳ im Abrollmenü ANZEIGE, Untermenü RENDER >, Funktion HINTERGRUND...

↳ im Tablettmenü Q2

↳ als Symbol im Werkzeugkasten RENDER

Sie können den Befehl auch, wie Sie in Kapitel 21.1 gesehen haben, aus dem Dialogfeld des Befehls RENDER anwählen. Die Einstellungen nehmen Sie auch bei diesem Befehl komplett in einem Dialogfeld (siehe Abbildung 21.9) mit verschiedenen Unterfenstern vor.

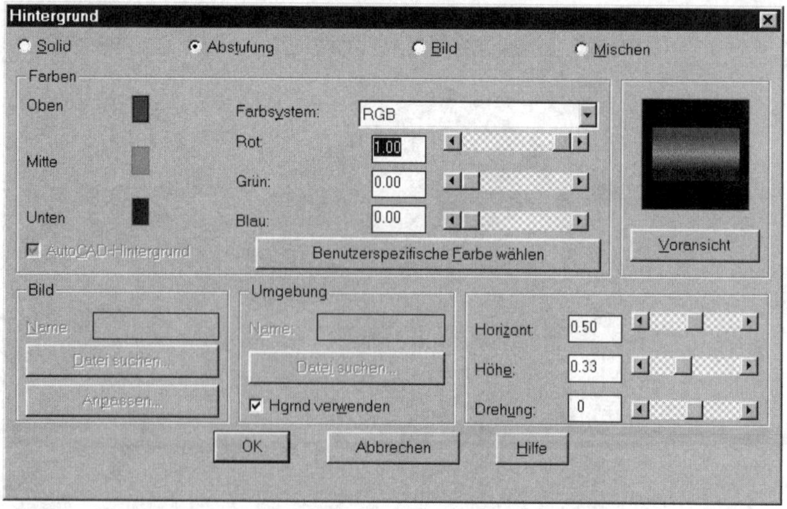

Abbildung 21.9: Dialogfeld für den Hintergrund

Vier Methoden zur Gestaltung Ihres Hintergrunds haben Sie zur Auswahl. Klicken Sie die gewünschte Art in der oberen Zeile des Dialogfelds an.

SOLID

Bei dieser Methode wird ein einfarbiger Hintergrund verwendet, dessen Farbe an den drei Farbschiebereglern eingestellt wird. Im Abrollmenü FARBSYSTEM wird gewählt, ob mit den Reglern die Grundfarben Rot, Grün, Blau (RGB) oder Farbton, Helligkeit und Sättigung (HLS) eingestellt werden soll. Mit der Schaltfläche BENUTZERSPEZIFISCHE FARBE WÄHLEN... kann die Farbe an der Farbpalette eingestellt werden. Nähere Informationen zu Farbeinstellungen im Renderer siehe weiter unten in diesem Kapitel.

Ist der Schalter AUTOCAD-HINTERGRUND eingeschaltet, wird der normale Hintergrund der Zeichenfläche verwendet. Mit dem Feld VORANSICHT lassen sich die Einstellungen im darüberliegenden Fenster kontrollieren.

ABSTUFUNG

Mit dieser Methode können Sie drei Farben für einen vertikalen Farbverlauf auf dem Hintergrund einstellen. Klicken Sie dazu nacheinander auf die Farbfelder hinter OBEN, MITTE und UNTEN, und stellen Sie jeweils eine Farbe ein (siehe unten, Farbeinstellung). In der Voransicht kann der Verlauf sichtbar gemacht werden.

Rechts unten im Dialogfeld kann der Farbverlauf weiter beeinflußt werden. Mit dem Schieberegler HORIZONT wird die Mitte des Verlaufs festgelegt. Mit dem Schieberegler HÖHE gibt man an, wo die zweite Farbe einer dreifarbigen Abstufung beginnt. Wenn der Wert 0 beträgt, ist das Resultat eine zweifarbige Abstufung, die nur die Farben OBEN und UNTEN verwendet. Mit DREHUNG kann der Farbverlauf gedreht werden.

BILD

Soll eine Bilddatei als Hintergrund dienen, sind die Farbregler deaktiviert. Der Name der Bilddatei kann im Bereich BILD links unten im Feld NAME eingetragen werden. Klicken Sie auf die Schaltfläche DATEI SUCHEN..., erhalten Sie das Dialogfeld zur Dateiwahl, mit dem Sie eine Bilddatei auswählen können. Möglich sind folgende Dateiformate: BMG-, TGA-, TIF-, GIF-, JPG- und PCX-Dateien.

Mit dem Schalter ANPASSEN... erscheint ein weiteres Dialogfeld, mit dem die ausgewählte Bilddatei an den Hintergrund angepaßt werden kann (siehe Abbildung 21.10).

Abbildung 21.10:
Anpassung der Bilddatei für den Hintergrund

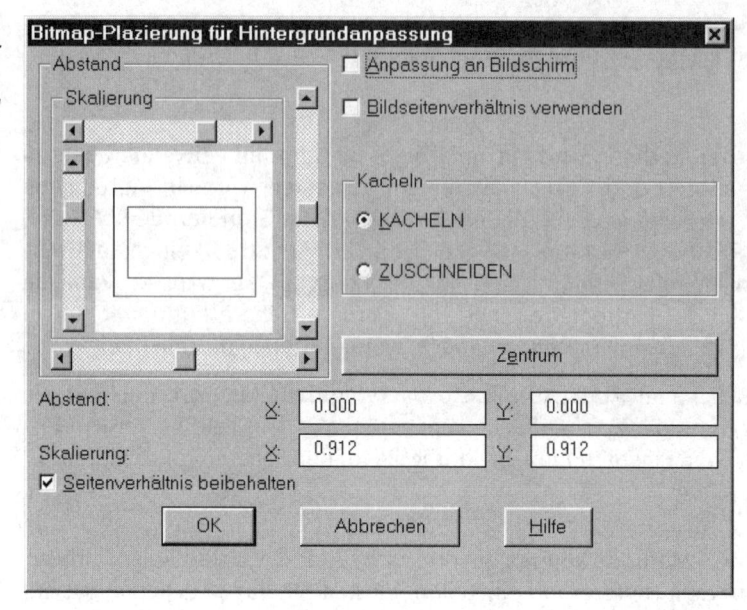

ANPASSUNG AN BILDSCHIRM: Ist der Schalter eingeschaltet, sind alle weiteren Einstellungen deaktiviert, das Bild wird so skaliert, daß es auf den ganzen Hintergrund paßt. Ist der Schalter aus, kann weiter bearbeitet werden.

BILDSEITENVERHÄLTNISSE BEIBEHALTEN: Egal, wie skaliert wird, die Proportionen des Originalbildes bleiben erhalten, wenn dieser Schalter eingeschaltet ist. So lassen sich Verzerrungen des Hintergrundbildes verhindern.

ABSTAND: Im linken oberen Bereich lassen sich die Plazierung und Skalierung grafisch bestimmen. Der Bildschirm wird als rot umrandetes Feld dargestellt, zusätzlich die Größe der Bilddatei mit magenta (rechts und unten) und schwarzem (links und oben) Rand. Am linken und oberen Schieberegler kann das Bild skaliert und am rechten und unteren auf der Hintergrundfläche verschoben werden. An den Farben der Ränder können Sie erkennen, ob die Bilddatei gespiegelt wird. Dann sind die Farben der Ränder vertauscht.

ABSTAND und SKALIERUNG: Im unteren Bereich können Sie die Werte für Abstand und Skalierung numerisch für die X- und Y-Richtung einstellen.

KACHELN: Wenn diese Funktion aktiviert und das Bild kleiner als die Hintergrundfläche ist, wird es wie Fliesen matrixförmig nebeneinandergelegt.

ZUSCHNEIDEN: Bei dieser Funktion wird das Bild abgeschnitten, wenn es über die Hintergrundfläche hinausragt.

ZENTRUM: Haben Sie das Bild verschoben, können Sie es mit dieser Schaltfläche wieder auf dem Hintergrund zentrieren.

MISCHEN

Wird beim ersten Dialogfeld des Befehls (siehe Abbildung 21.9) die Funktion MISCHEN eingeschaltet, wird das Bild, das sich gerade auf dem Bildschirm befindet, als Hintergrund verwendet und das neu gerenderte darüber gelegt. So können Sie zwei Renderdurchgänge machen und beide Bilder übereinanderlegen oder ein vorher gerendertes Bild mit dem Befehl WIEDERGABE (siehe Kapitel 21.2) auf den Bildschirm holen und ein neues darüberrendern.

UMGEBUNG

Die Umgebung kann als Kugel um das 3D-Modell herum gedacht werden. Wird mit dem Raytrace-Renderer gearbeitet, wird zusätzlich zur Geometrie die Umgebung verwendet, um Reflexionen und Lichtbrechungen zu berechnen. Die Umgebung kann mit einer speziellen Bilddatei simuliert werden. Wählen Sie eine Bilddatei für die Umgebung. Als Dateiformate sind dieselben wie beim Hintergrundbild möglich. Ist der Schalter HGRND VERWENDEN an, wird das Hintergrundbild auch für die Umgebung verwendet.

Vorgang: Farben einstellen

In den Dialogfeldern der Renderbefehle müssen immer wieder Farben eingestellt werden, sowohl beim Hintergrund, beim Nebel und den Lichtern als auch bei den Materialien. Dabei stehen immer drei Methoden zur Verfügung:

RGB: Einstellung des Farbtons aus den Anteilen der Grundfarben Rot, Grün und Blau.

HLS: Einstellung des Farbtons mit den Werten für den Farbton, die Helligkeit und die Farbsättigung.

Auswahl aus der Farbpalette: Mit einem Klick auf das Farbfeld oder auf eine spezielle Schaltfläche kann die Windows-Farbpalette aktiviert werden (siehe Abbildung 21.11).

Kapitel 21: Rendern in AutoCAD

Abbildung 21.11:
Palette zur Farbauswahl

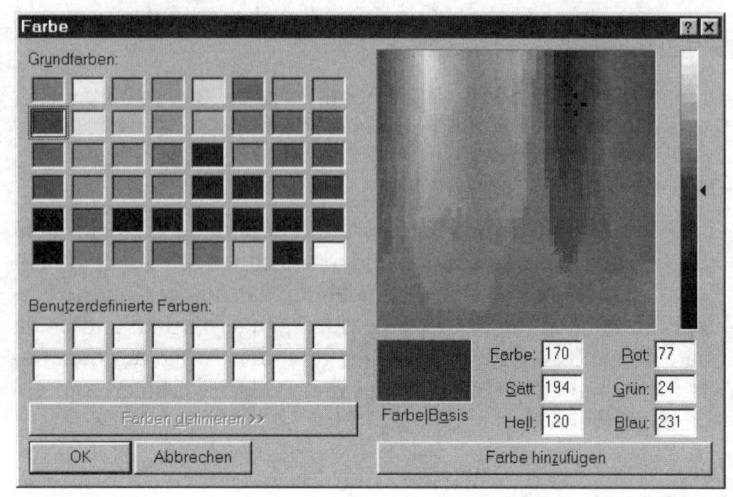

Dort können Sie rechts eine der 48 Grundfarben per Mausklick auswählen. Im linken Farbfeld läßt sich ein Farbton aus dem gesamten Regenbogen anklicken und mit dem senkrechten Schieberegler in der Helligkeit anpassen. Im Feld FARBE|BASIS wird der eingestellte Farbton angezeigt.

Wenn Sie den eingestellten Farbton voraussichtlich öfter benötigen, klicken Sie auf den Schalter FARBE HINZUFÜGEN. Er wird dann in ein freies Feld im Bereich BENUTZERDEFINIERTE FARBEN: übernommen. Wenn Sie vorher ein bestimmtes Feld markiert haben, wird der Farbton in dieses Feld übernommen.

Übung: Rendern mit Hintergrund

- Holen Sie wieder die Lupe auf den Bildschirm, oder nehmen Sie sie aus dem Übungsordner A21-01.DWG.

- Definieren Sie als Hintergrund einen Farbverlauf und rendern Sie.

- Im Ordner \HINTERGR auf der CD zum Buch sind eine ganze Reihe von Bilddateien gespeichert. Nehmen Sie eine Datei als Hintergrund, z. B. die Datei WOLKEN1.GIF oder WOLKEN2.GIF, und rendern Sie Ihr Bild davor.

- Im Ordner \BILDER auf der CD zum Buch finden Sie Renderbeispiele zu allen Übungen aus diesem Kapitel. Zu dieser Übung sind es B21-01-1.TIF und B21-01-2.TIF. Holen Sie die Bilder mit dem Befehl WIEDERGABE auf den AutoCAD-Bildschirm, oder laden Sie sie in PaintShop Pro, wenn Sie sie anschauen wollen.

21.4 Rendern im Nebel

Bei der Standardeinstellung haben Sie immer ideale Sicht. Sie sehen unendlich weit, sofern die Gegenstände nicht durch ihre Größe verschwinden. Sie können aber auch die Umgebungsbedingungen einstellen: Nebel und Sichtweite.

Vorgang: Befehl NEBEL

Mit dem Befehl NEBEL können Sie Nebel aktivieren und die Parameter für den Nebel und die Sichtweite einstellen. Sie finden den Befehl im:

⇝ Abrollmenü ANZEIGE, Untermenü RENDER >, Funktion NEBEL...

⇝ Tablettmenü P2

⇝ Symbol im Werkzeugkasten RENDER

Der Befehl kann auch direkt aus dem Dialogfeld des Befehls RENDER gewählt werden (siehe Kapitel 21.1). Alle Einstellungen zum Nebel werden in einem Dialogfeld vorgenommen (siehe Abbildung 21.12).

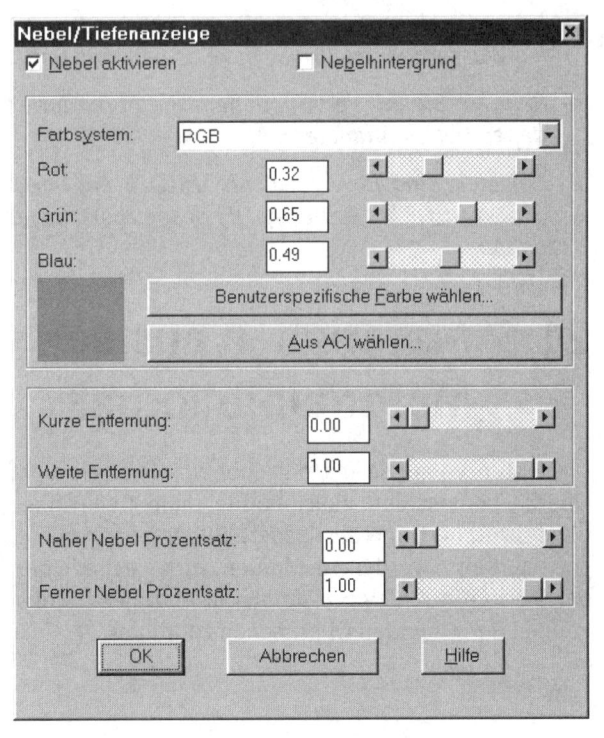

Abbildung 21.12:
Dialogfeld für den Nebel

NEBEL AKTIVIEREN: Nebeleffekt ein- und ausschalten

NEBELHINTERGRUND: Wenn der Schalter aus ist, wird der Nebeleffekt nur für die Geometrie verwendet. Ist er ein, wirkt er sich auch auf das Hintergrundbild aus.

BENUTZERSPEZIFISCHE FARBE WÄHLEN...: Nebel kann auch farbig sein. Im darunterliegenden Bereich kann die Nebelfarbe mit der schon bekannten Farbeinstellmethode eingestellt werden.

AUS ACI WÄHLEN...: Sie haben hier eine weitere Möglichkeit, die Farbe zu wählen. Mit dieser Schaltfläche erhalten Sie die AutoCAD-Farbpalette, und Sie können daraus eine Farbe wählen.

KURZE ENTFERNUNG: Entfernung, bei welcher der Nebel beginnt.

WEITE ENTFERNUNG: Entfernung, bei welcher der Nebel endet.

NAHER NEBEL PROZENTSATZ: Nebelstärke in der Nähe (Prozentwert).

FERNER NEBEL PROZENTSATZ: Nebelstärke in weiterer Entfernung (Prozentwert).

Übung: Rendern im Nebel

- Laden Sie das 3D-Modell A21-02.DWG aus Ihrem Übungsverzeichnis: ein Wasserhahn mehrfach in verschiedenen Entfernungen.

- Rendern Sie mit verschiedenen Hintergrundarten und mit verschiedenen Nebelparametern.

- Beispiele sind im Verzeichnis \BILDER auf Ihrer CD im TIFF-Format (B21-02-1.TIF bis B21-02-3.TIF) gespeichert. Schauen Sie sich die Bilder an.

21.5 Materialien aus der Materialbibliothek

Die ersten Versuche mit der Lupe waren noch nicht überzeugend. Die Oberfläche erschien gleichmäßig, ohne Reflexionen, ohne Glanz und ohne Struktur. Um realistischere Bilder zu bekommen, muß die Oberfläche bearbeitet werden. Im Moment wird sie nur in der Farbe gerendert, in der Sie in AutoCAD gezeichnet wurde. Das muß aber nicht so sein. Sie können den Objekten Oberflächen zuordnen.

Vorgang: Befehl MAT

Sie können Ihren 3D-Objekten Materialien zuordnen. Diese können Sie mit dem Befehl MATBIBL aus einer Materialbibliothek laden und mit dem Befehl MAT Objekten in der Zeichnung zuordnen. Den Befehl MAT wählen Sie im:

- Abrollmenü ANZEIGE, Untermenü RENDER >, Funktion MATERIALIEN...
- Tablettmenü P1
- Symbol im Werkzeugkasten RENDER

Es erscheint ein Dialogfeld (siehe Abbildung 2.13), mit dem Sie Materialien zuweisen können. Mit weiteren Unterfenstern können Sie eigene Materialien definieren. Wir wollen zunächst einmal nur mit den vorhandenen Materialien arbeiten. Wie Sie eigene definieren und diese auf Objekten anordnen, finden Sie in Kapitel 21.6.

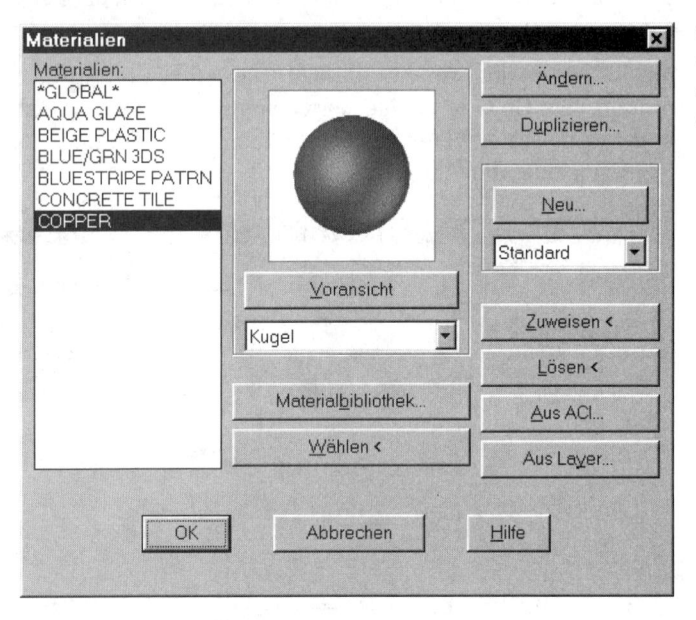

Abbildung 21.13: *Dialogfeld zum Zuweisen von Materialien*

MATERIALIEN: In der Liste auf der linken Seite finden Sie alle in der Zeichnung geladenen oder in der Zeichnung definierten Materialien zur Auswahl. *GLOBAL* ist immer vorhanden und wird für Renderings ohne spezielle Materialzuweisung verwendet. Markieren Sie ein Material, und Sie können es zuordnen oder verändern.

VORANSICHT: Das markierte Material wird in einer Voransicht angezeigt. Im Abrollmenü darunter können Sie wählen, ob Sie in der Voransicht das Material auf einer Kugeloberfläche oder auf einem Würfel sehen wollen.

Kapitel 21: Rendern in AutoCAD

Die Kugeloberfläche eignet sich besser, um die Reflexionseigenschaften des Materials beurteilen zu können. Beim Würfel sehen Sie Transparenz und Spiegelungen besser.

MATERIALBIBLIOTHEK: Wechsel zum Dialogfeld zur Materialauswahl aus der Materialbibliothek (Befehl MATBIBL, siehe unten).

WÄHLEN <: Bei Anwahl dieser Schaltfläche kann ein Objekt in der Zeichnung gewählt werden. Das Material, das diesem Objekt zugewiesen ist, wird in der Liste markiert. So können Sie schnell feststellen, welches Material ein Objekt hat, und dieses eventuell ändern.

Um die Objekte im 3D-Modell mit Materialien zu versehen, gibt es drei Möglichkeiten: Materialien einzelnen Objekten zuordnen, Material allen Objekten zuordnen, die in einer Farbe gezeichnet wurden und Material allen Objekten zuordnen, die auf einem Layer liegen.

ZUWEISEN <: Das markierte Material wird Objekten in der Zeichnung zugewiesen.

AUS ACI...: Material einer AutoCAD-Farbe (ACI=AutoCAD-Color-Index) zuordnen. Alle Objekte in einer Farbe werden mit diesem Material dargestellt. In einem weiteren Dialogfeld kann die Zuordnung vorgenommen werden (siehe Abbildung 21.14).

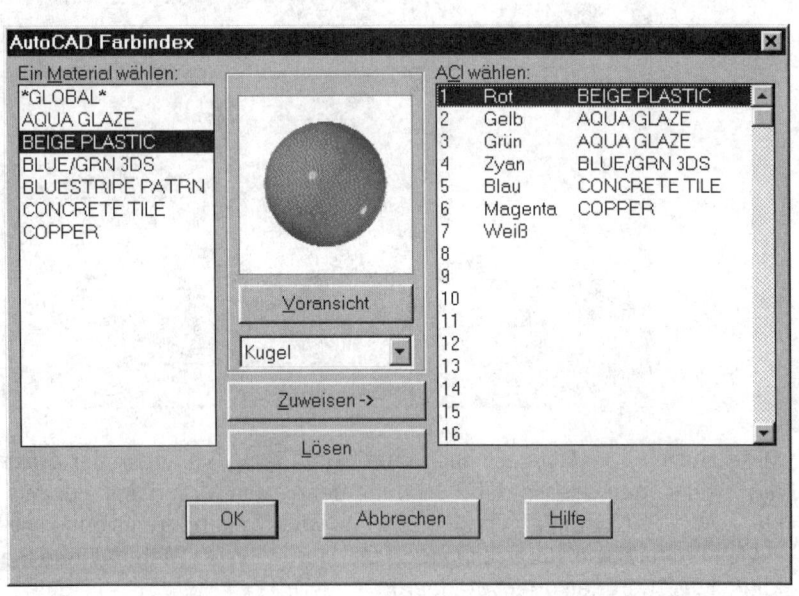

Abbildung 21.14:
Materialien einer Farbe zuweisen

AUS LAYER...: Material einem Layer zuordnen. Alle Objekte auf einem Layer werden mit diesem Material dargestellt. In einem weiteren Dialogfeld kann die Zuordnung festgelegt werden (siehe Abbildung 21.15).

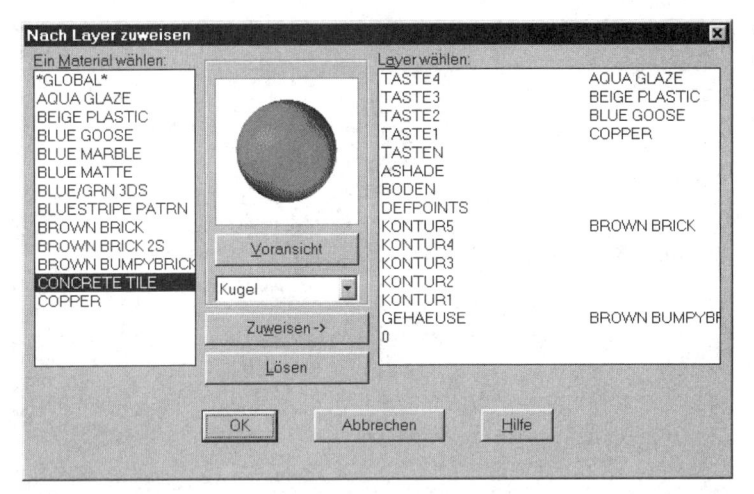

Abbildung 21.15:
Materialien einem Layer zuweisen

LÖSEN <: Bereits zugewiesenes Material wird von den Objekten wieder gelöst. Die Objekte können Sie in der Zeichnung wählen. Ihnen wird das Material *GLOBAL* zugeordnet.

Die weiteren Funktionen zur Gestaltung eigener Materialien finden Sie in Kapitel 21.6.

Vorgang: Befehl MATBIBL

Mit dem Befehl Matbibl können Sie Materialien aus Materialbibliotheken in die Zeichnung holen oder Materialien, die Sie in der Zeichnung definiert haben, in einer Bibliothek speichern. Sie finden den Befehl:

- im Abrollmenü ANZEIGE, Untermenü RENDER >, Funktion MATERIALBIBLIOTHEK...

- im Tablettmenü Q1

- als Symbol im Werkzeugkasten RENDER

Sie können den Befehl auch starten, wenn Sie im Dialogfeld des Befehls MAT (siehe Abbildung 21.13) das Feld MATERIALBIBLIOTHEK... anklicken. Auch dieser Befehl bringt ein Dialogfeld auf den Bildschirm (siehe Abbildung 21.16).

MATERIALLISTE: Anzeige der Materialien in der Zeichnung. Ein Material kann in der Zeichnung geladen sein, ohne daß es verwendet wurde. Es kann durch BEREINIGEN (siehe unten) entfernt werden.

BIBLIOTHEKSLISTE: Anzeige der Materialien in der geladenen Materialbibliothek. Der Name wird darüber angezeigt. Die Standardbibliothek ist *RENDER.MLI*.

Abbildung 21.16:
Materialbibliotheken und Materialien in der Zeichnung

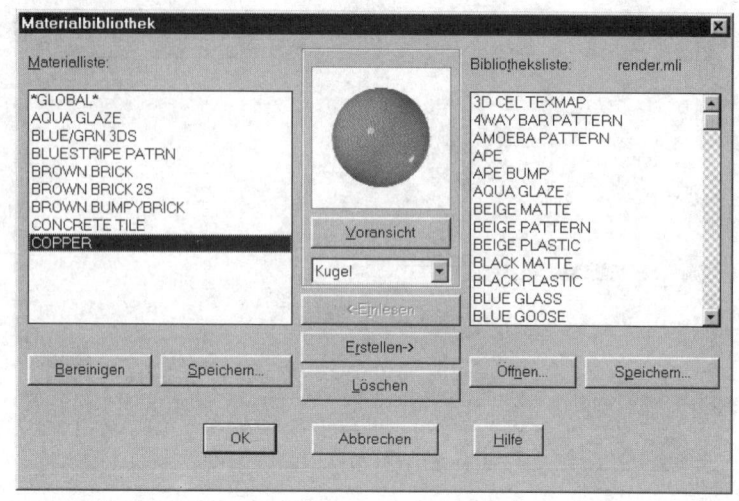

BEREINIGEN: Löschen aller nicht zugewiesenen Materialien aus der Zeichnung.

SPEICHERN...: Speicherung der Materialien der Zeichnung in einer Materialbibliothek. Die Materialbibliothek erhält die Dateierweiterung *.MLI*.

VORANSICHT: Anzeige eines Materials (aus der Zeichnung oder der Materialbibliothek) im Voransichtsfenster.

<- EINLESEN: Einfügen von Materialien aus der Bibliotheksliste in die Zeichnung.

ERSTELLEN ->: Sichern von Materialien aus der Zeichnung in der Bibliothek.

LÖSCHEN: Löschen von Materialien aus der Materialliste der Zeichnung oder der Bibliotheksliste.

ÖFFNEN...: Öffnen einer Materialbibliothek (*.MLI). Bibliotheken aus 3D Studio bzw. 3D Studio Max können ebenfalls eingelesen werden.

SPEICHERN...: Speichert die eventuell geänderten Materialien der Bibliotheksliste in einer Materialbibliothek ab. Die Materialbibliothek erhält die Dateierweiterung *.MLI*.

Vorgang: Befehl ZEIGMAT

Mit dem Befehl ZEIGMAT können Sie kontrollieren, welche Materialien den Objekten zugeordnet sind und welche Zuordnungsart Sie dafür gewählt haben. Den Befehl finden Sie nicht in den Menüs, tippen Sie ihn ein, und wählen Sie ein einzelnes Objekt.

Materialien aus der Materialbibliothek | 747

Sie bekommen angezeigt, welches Material dem Objekt zugewiesen ist und ob es explizit diesem Objekt, über die AutoCAD-Farbe oder über den Layer zugeordnet wurde.

Übung: Lupe mit verschiedenen Materialien

- Verfeinern Sie die Lupe. Holen Sie sie wieder auf den Bildschirm, oder nehmen Sie die aus dem Übungsordner A21-01.DWG.
- Weisen Sie den Einzelteilen oder den Layern Materialien zu.
- Wählen Sie einen Hintergrund aus.
- Stellen Sie einen Ansichtspunkt ein, und rendern Sie das Modell. Beispiele finden Sie im Ordner \BILDER als B21-03-1.TIF und B21-03-2.TIF.

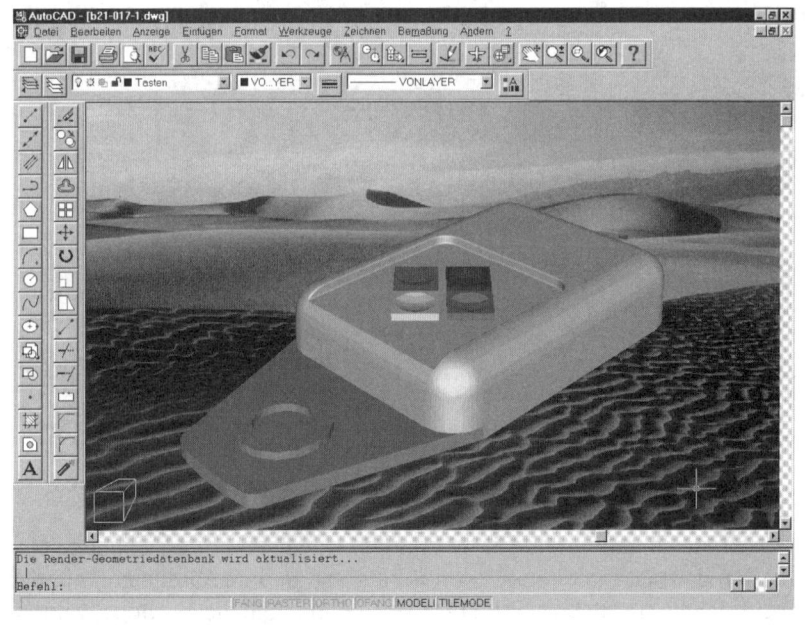

Abbildung 21.17:
Lupe mit Materialien vor einem Hintergrund

21.6 Materialien bearbeiten und erstellen

Beim Befehl MAT haben Sie im Dialogfeld (siehe Abbildung 21.18) drei weitere Schaltflächen, mit denen Sie Materialien bearbeiten und erstellen können.

Abbildung 21.18:
Dialogfeld für die Materialauswahl

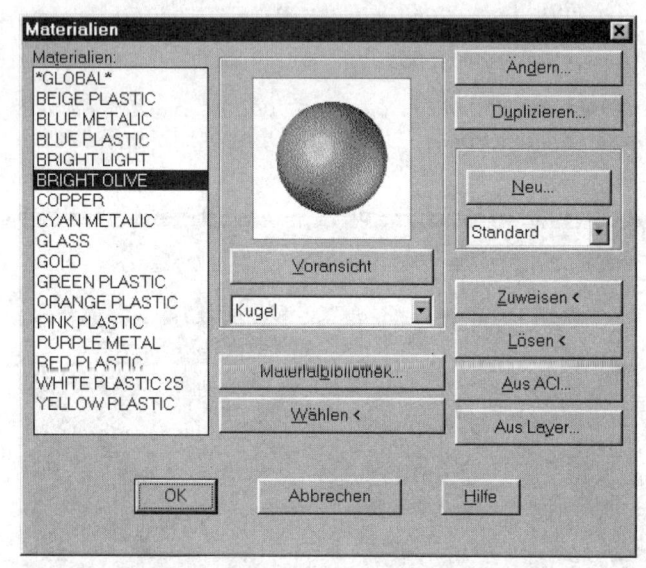

ÄNDERN...: Änderung des markierten Materials.

DUPLIZIEREN...: Duplizierung des markierten Materials.

NEU...: Erstellung eines neuen Materials.

Wollen Sie ein neues Material definieren, stehen Ihnen verschiedene Methoden der Materialdefinition zur Verfügung. In dem Abrollmenü auf der rechten Seite unter dem Schalter NEU... können Sie die Methode wählen. Nur wenn Sie ein neues Material definieren, können Sie eine Methode wählen. Bei der Änderung eines bestehenden Materials wird automatisch das Dialogfeld für die Methode aufgerufen, mit der es erstellt wurde. Das Abrollmenü ist ohne Funktion.

Vorgang: Standardmaterial erstellen oder bearbeiten

Bei der Methode STANDARD erhalten Sie ein Dialogfeld wie in Abbildung 21.19.

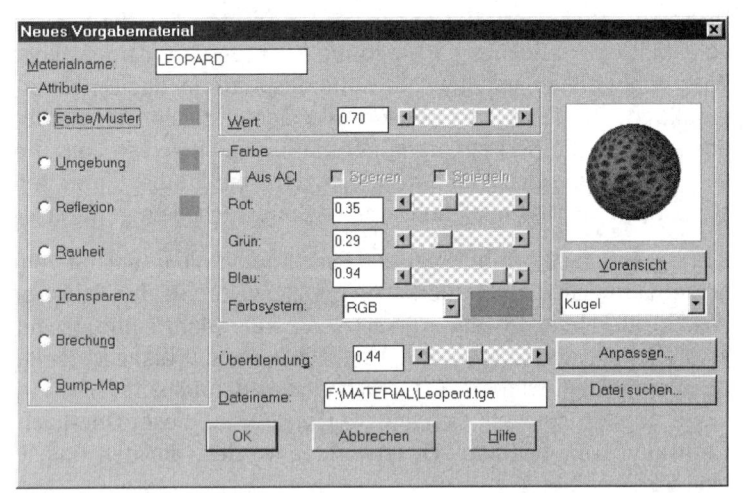

Abbildung 21.19:
Dialogfeld mit den Parametern für Standard-Material

Im Feld MATERIALNAME wird der Name des Materials angezeigt, das Sie gerade bearbeiten. Definieren Sie ein neues Material, oder kopieren Sie ein bestehendes, müssen Sie in diesem Feld einen Namen eintragen.

Ein Material wird durch eine Reihe von Attributen definiert, die Sie der Reihe nach an der linken Seite anklicken und einstellen können. Bei allen Attributen haben Sie ähnliche Einstellmöglichkeiten:

FARBE/MUSTER: Einstellung der Farbe und des Musters der Oberfläche. Mit dem Schieberegler WERT können Sie die Helligkeit der Farbe einstellen. Im Feld FARBE stellen Sie den Farbton für das Objekt ein. Ist der Schalter AUS ACI ein, läßt sich die Farbe nicht einstellen. Ein Objekt, dem dieses Material zugeordnet wird, erhält die AutoCAD-Farbe, mit der es gezeichnet wurde. Ansonsten können Sie die Farbe einstellen. Wie Sie im Renderer Farben einstellen, haben Sie im Kapitel 21.3 gesehen.

Außer der Farbe können Sie auch ein Muster für das Material bestimmen. Das Muster übernehmen Sie aus einer Bilddatei (Formate wie beim Hintergrund). Mit der Schaltfläche DATEI SUCHEN... (rechts unten) können Sie die Bilddatei mit dem Dateiwähler aussuchen. Muster, die Sie in Ihrem 3D-Modell nicht gezeichnet haben, können Sie über das Material auf Ihr Bild bekommen. Mit dem Schalter ANPASSEN... bekommen Sie ein Dialogfeld, das Sie schon vom Hintergrund her kennen (siehe Kapitel 21.3 und Abbildung 21.10), mit dem Sie die Bilddatei anpassen können. Mit dem Regler ÜBERBLENDUNG stellen Sie ein, wie stark das Muster durchscheinen soll. Haben Sie einen niedrigen Wert eingestellt, ist die eingestellte Farbe dominierend, die Bilddatei mit dem Muster scheint nur leicht durch. Erhöhen Sie den Wert, wird die Farbe immer schwächer, und das Muster wird dominierend. So haben Sie beispielsweise die Möglichkeit, ein Bild mit Ziegelmuster in Schwarzweiß zu verwenden und das in einer eigenen Farbe einzufärben.

UMGEBUNG: Dieses Attribut bestimmt den Farbton und die Intensität des vom Material reflektierten Umgebungslichtes. Mit dem Schieberegler WERT können Sie einstellen, wie stark das Material das Umgebungslicht reflektiert. Die Farbe des reflektierten Lichts stellen Sie wie oben ein, oder wählen Sie SPERREN, dann können Sie nichts einstellen. Die Farbe des reflektierten Lichts ist dann gleich der Objektfarbe. Ein weiteres Muster ist hier nicht sinnvoll und kann deshalb auch nicht gewählt werden.

REFLEXION: Dieses Attribut legt den Farbton und die Intensität von Glanzlichtern auf glänzenden Oberfläche fest. Je weiter Sie den Schieberegler WERT zurückstellen, desto schwächer sind die Glanzlichter, je weiter Sie vorstellen, desto stärker werden sie. Die Farbe der Glanzlichter kann wie oben eingestellt werden. Zusätzlich gibt es den Schalter SPIEGELN. Ist er eingeschaltet, spiegeln sich andere Objekte auf dieser Oberfläche. Hier kann eine weitere Bilddatei verwendet werden, die den Glanzlichtern eine Struktur gibt.

RAUHEIT: Dieses Attribut legt die Rauheit der Oberfläche fest. Bei einer rauhen Oberfläche sind die reflektierten Glanzpunkte größer. Je glatter das Material ist, desto kleiner sind die Glanzpunkte. Hierzu ist nur der Schieberegler WERT erforderlich, alle anderen Einstellmöglichkeiten sind ausgeblendet.

TRANSPARENZ: Dieses Attribut legt die Transparenz des Objekts fest. Je weiter Sie den Schieberegler WERT öffnen, desto transparenter wird das Material. Kontrollieren Sie das Ergebnis hier besser an einem Würfel, Sie sehen dann die durchscheinenden Kanten. Im Abrollmenü unter der Schaltfläche VORANSICHT können Sie das wählen. Die Transparenz können Sie mit einer weiteren Bilddatei beeinflussen.

BRECHUNG: Geht ein Lichtstrahl durch ein transparentes Material, wird er je nach Material unterschiedlich gebrochen. An gewölbten Oberflächen ergeben sich dadurch Verzerrungen. Mit diesem Attribut stellen Sie den Wert für die Lichtbrechung ein.

BUMP MAP: Mit diesem Attribut können Sie eine Bilddatei wählen, die die Oberflächenstruktur bestimmt. Helle Bereiche der Bilddatei erscheinen auf der Oberfläche erhaben, dunkle vertieft. So bekommen Sie eine Struktur auf das Material, wie Sie es im 3D-Modell nie zeichnen könnten.

Vorgang: Granit erstellen oder bearbeiten

Haben Sie im ersten Dialogfeld (siehe Abbildung 21.18) die Materialart GRANIT gewählt und auf den Schalter NEU... GEKLICKT, oder ändern Sie einen vorhandenen Granit, dann bekommen Sie ein Dialogfeld, um Granitmaterial zu definieren (siehe Abbildung 21.20).

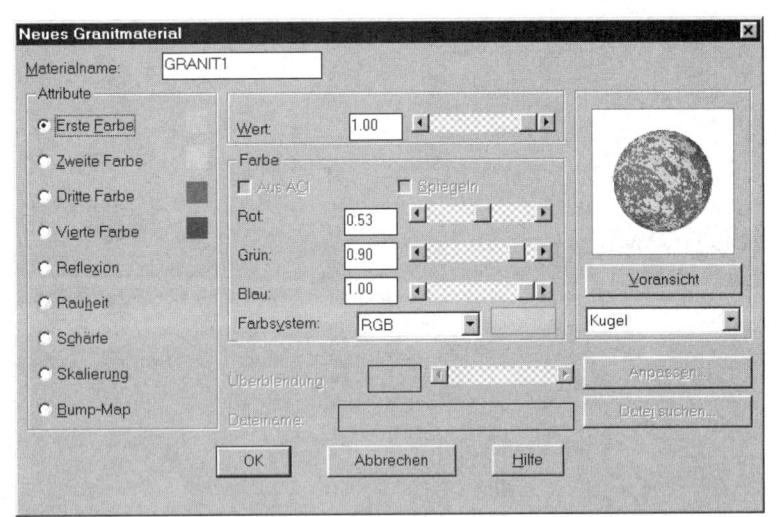

Abbildung 21.20:
Dialogfeld mit den Parametern für Granit

Für das Granitmuster können bis zu vier Farben eingestellt werden. Je höher der Wert der Farbe eingestellt ist, desto höher ist ihr Anteil an dem Muster. Wird der Regler auf 0 gestellt, verschwindet die Farbe ganz aus dem Muster. Reflexion, Rauheit und Bump-Map stellen Sie wie oben ein. Mit dem Attribut Schärfe legen Sie die Übergänge zwischen den Farben fest und mit dem Attribut Skalierung die Mustergröße. Bei der Reflexion und der Bump-Map können Bilddateien vewendet werden.

Vorgang: Marmor erstellen oder bearbeiten

Haben Sie MARMOR gewählt, können Sie Ihren Wunschmarmor in einem Dialogfeld einstellen (siehe Abbildung 21.21):

Für den Marmor legen Sie Stein- und Aderfarbe fest. Reflexion und Rauheit stellen Sie wie oben ein. Je höher die Turbulenz eingestellt ist, desto unruhiger wird der Stein. Werte um 110 werden empfohlen. Weichen Sie nur für spezielle Effekte wesentlich davon ab. Mit der Schärfe können Sie die Übergänge zwischen Stein und Ader härter oder weicher gestalten. Mit der Skalierung bestimmen Sie die Größe der Maserung. Höhere Werte ergeben mehr Adern. Die Bump-Map bestimmt auch hier wieder die Oberflächenstruktur. Bei der Reflexion und der Bump-Map können Sie Bilddateien zur Überblendung verwenden.

Vorgang: Holz erstellen oder bearbeiten

Bei der Auswahl von Holz können Sie eine Holzoberfläche ebenfalls in einem eigenen Dialogfeld einstellen (siehe Abbildung 21.22):

Abbildung 21.21:
Dialogfeld mit den Parametern für Marmor

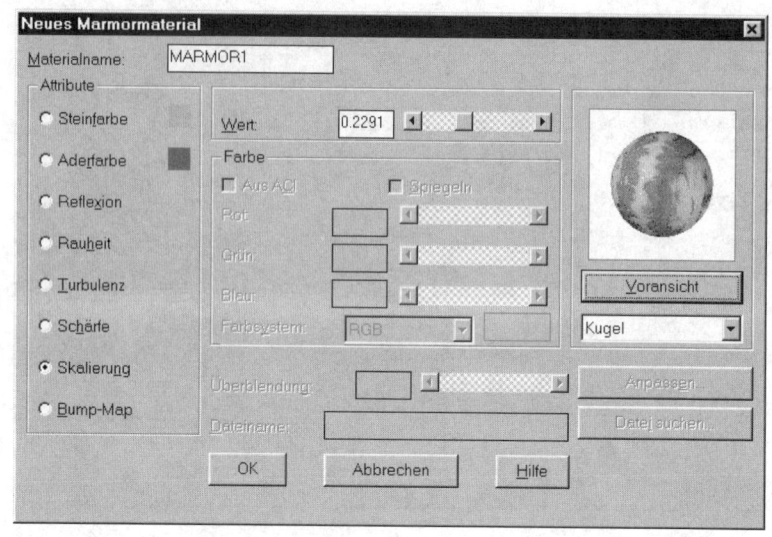

Abbildung 21.22:
Dialogfeld mit den Parametern für Holz

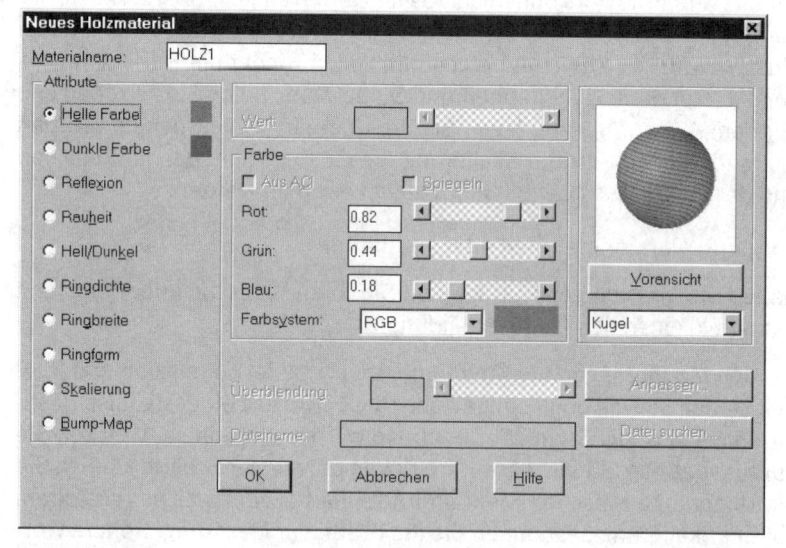

Noch komplexer sind die Einstellungen für die Holzmaserung. Zwei Farbwerte bestimmen den Ton des Holzes. Reflexion und Rauheit sind bekannt. Die Einstellung Hell/Dunkel steuert das Verhältnis von hellen und dunklen Maserungsringen, 0 ergibt nur dunkle, 1 nur helle und in Mittelstellung ist die Verteilung etwa gleich. Darüber hinaus kann die Dichte, die Breite und die Form der Maserungsringe eingestellt werden. Skalierung und Bump-Map kennen Sie schon von den vorherigen Materialien. Auch hier können Sie bei der Reflexion und der Bump-Map Bilddateien zur Überblendung verwenden.

Tips:

- Beachten Sie, daß bestimmte Materialien vom Rendertyp abhängig sind. Mit der Standardeinstellung sind beispielsweise keine transparenten Oberflächen und beim Typ PHOTO REAL keine Lichtbrechung möglich.
- Um einen stumpfen Effekt zu erzielen, stellen Sie die Farbintensität auf etwa 0,7 und den Reflexionswert auf etwa 0,3.
- Stellen Sie bei den Lichtern das Umgebungslicht auf etwa 0,3 (siehe unten, Befehl LICHT) und den Wert für das Umgebungslicht beim Material auf etwa 1.
- Um einen Glanzeffekt zu erzielen, sollte der Reflexionswert auf ca. 0,7 und der Farbwert auf ca. 0,3 eingestellt werden.
- Je geringer der Faktor für Farbe, desto dunkler wird das Objekt
- Je geringer der Faktor für Umgebung, desto höher ist der Kontrast.
- Je höher der Faktor für Reflexion, desto stärker werden Glanzpunkte.
- Je kleiner der Faktor für die Rauheit, desto kleiner und intensiver wird der Glanzpunkt.
- Nehmen Sie sinnvollerweise die gleiche Bilddatei für das Muster und die Oberfläche.

Übung: Maus auf Glas oder Teppich

- *Laden Sie das 3D-Modell A21-04.DWG von Ihrer CD zum Buch, diesmal aus dem Ordner \MATERIAL, eine Maus auf einer Platte: Glas, Teppich, Gold, wie Sie wollen.*
- *Die Materialbibliothek MAT-UEB.MLI aus dem Ordner \MATERIAL von der CD zum Buch ist in der Zeichnung geladen.*
- *Szenen sind schon definiert (siehe Kapitel 21.9), weisen Sie Materialien zu: der Maus, dem Kabel, der Kugel und der Platte. Ziehen Sie der Maus ein Leoparden- oder Zebrafell über.*
- *Machen Sie die Platte aus Teppichboden oder aus Glas, wenn Sie von unten schauen.*
- *Ändern Sie die Materialien, und achten Sie auf die Auswirkungen.*
- *Renderbeispiele zu dieser Übung finden Sie ebenfalls auf der CD im Ordner BILDER: B21-04-1.TIF bis B21-04-3.TIF.*

21.7 Mapping

Vielleicht ist es Ihnen auf den Bildern bei der letzten Übung aufgefallen: Sobald Sie ein Material mit einer Bilddatei für das Muster, als Bump-Map usw. verwenden, bekommen Sie an der Seite der Maus eine etwas seltsame Erscheinung. Es sieht so aus, als ob das Muster von oben nach unten durch die Maus durchgehen würde und die Seitenfläche der Anschnitt wäre. Das Muster wird in einer bestimmten Art auf die Maus projiziert.

Vorgang: Befehl MAPPING

Mit dem Befehl MAPPING legen Sie fest, wie das Muster auf das Objekt projiziert werden soll. Für jede Objektform (Zylinder, Kugel, Würfel usw.), die mit einem Muster belegt ist, muß ein eigenes Mapping durchgeführt werden. Sie finden den Befehl:

- im Abrollmenü ANZEIGE, Untermenü RENDER >, Funktion MAPPING...
- im Tablettmenü R1
- als Symbol im Werkzeugkasten RENDER

Wenn Sie den Befehl anwählen, wählen Sie zuerst ein oder mehrere Objekte, denen Sie ein Mapping zuordnen wollen. Danach erhalten Sie ein Dialogfeld (siehe Abbildung 21.23) auf dem Bildschirm.

Abbildung 21.23: *Dialogfeld für das Mapping*

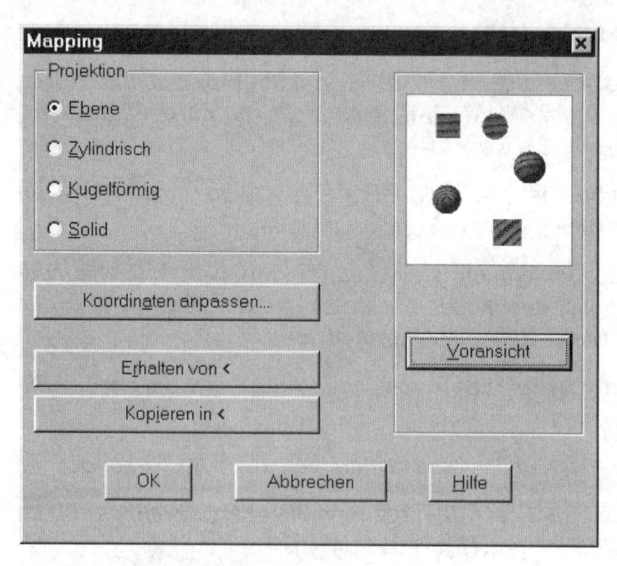

Mit den Schaltern ERHALTEN VON < und KOPIEREN IN < können Sie die Mapping-Parameter von anderen Objekten übernehmen oder an andere Objekte übertragen.

PROJEKTION

Mit diesen Auswahlschaltern kann festgelegt werden, wie die Bilddatei auf den Körper projiziert werden soll. Je nach gewählter Projektionsart lassen sich die Parameter für die Projektion einstellen. Da Sie mit dem Befehl sehr viele Möglichkeiten haben, sehen wir es uns an Beispielen an:

Übung: Mapping 1

→ *Laden Sie das 3D-Modell A21-05.DWG aus Ihrem Übungsordner: Grundkörper mit zugeordnetem Material. Die Materialien sind so gewählt, daß die Effekte deutlich werden.*

→ *Rendern Sie die Objekte.*

→ *Experimentieren Sie mit verschiedenen Projektionsarten.*

Vorgang: Projektion EBENE

Das Muster wird auf eine Ebene projiziert. Wird das Material beispielsweise auf einen Würfel aufgetragen, erscheint es auf zwei gegenüberliegenden Seiten des Würfels, an den anderen vier Seiten ist es angeschnitten. Mit der Funktion KOORDINATEN ANPASSEN... kann in einem weiteren Dialogfeld die Projektionsebene gewählt werden (siehe Abbildung 21.24).

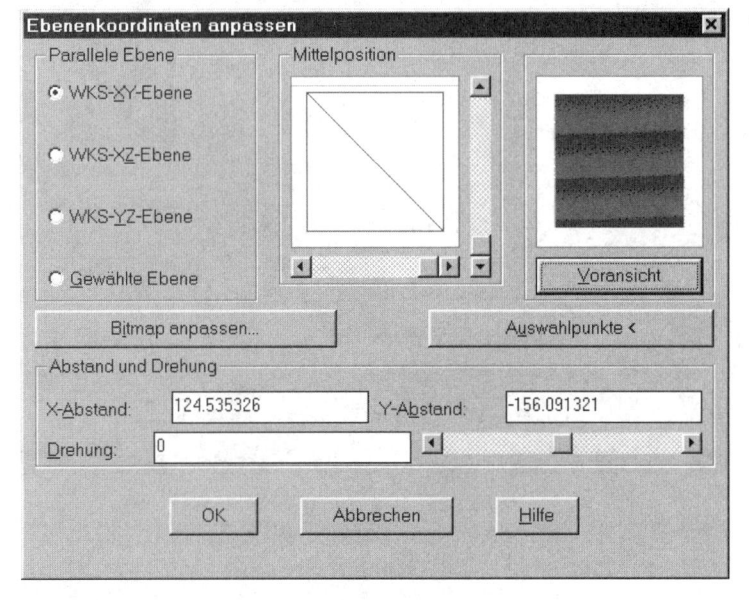

Abbildung 21.24:
Parameter für Projektionsart EBENE

Kapitel 21: Rendern in AutoCAD

Bei PARALLELE EBENE ist eine der Standard-Ebenen im Koordinatensystem oder eine spezielle Ebene, definiert durch drei Punkte in der Zeichnung, wählbar. Auf diese Ebene wird das Material projiziert.

Im Feld MITTELPOSITION kann das Muster in der projizierten Ebene verschoben werden. Mit der Funktion BITMAP ANPASSEN... bekommen Sie wieder dieselbe Dialogbox wie bei der Materialdefinition. Unabhängig von der Materialdefinition können Sie die Skalierung des Bitmap für dieses eine Objekt verändern. Die Ausrichtung des Musters in der Ebene kann durch drei Punkte mit dem Schalter AUSWAHLPUNKTE... in der Zeichnung oder durch Einstellung im Bereich ABSTAND UND DREHUNG bestimmt werden. Im Feld VORANSICHT können die Versuche jederzeit kontrolliert werden.

Übung: Mapping 2

↪ *Wählen Sie den Würfel, und projizieren Sie das Material auf die verschiedenen Flächen des Würfels.*

Vorgang: Projektion ZYLINDRISCH

Das Muster wird so projiziert, daß es auf einer zylindrischen Oberfläche an der Wandung gleichmäßig aufgetragen wird. Auf der oberen und unteren ebenen Kreisfläche wird es angeschnitten. Auch hier ist der Schalter KOORDINATEN ANPASSEN... wählbar. In einem weiteren Dialogfeld können weitere Parameter gewählt werden (siehe Abbildung 21.25).

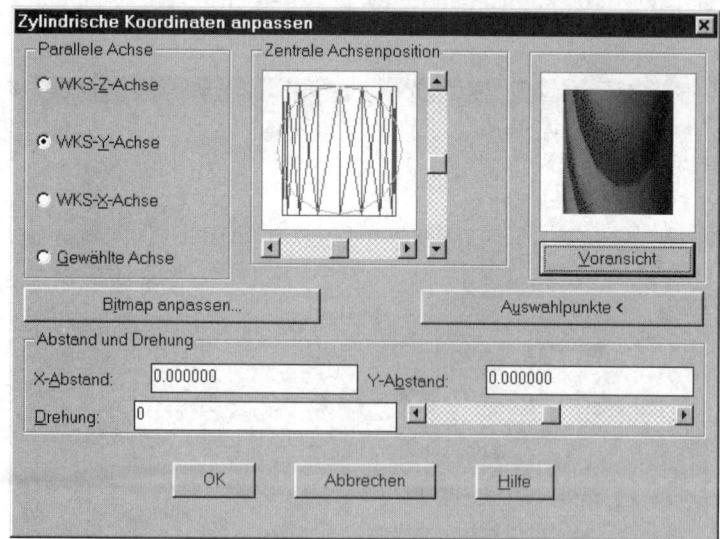

Abbildung 21.25:
Parameter für Projektionsart ZYLINDRISCH

Die Einstellungen sind hier wieder gleich wie oben. Hier kann im Unterschied dazu im Bereich PARALLELE ACHSE die Achse eingestellt werden, entlang derer das Material eben aufgetragen werden soll. Senkrecht wird es auf dem Zylinder aufgetragen.

Übung: Mapping 3

↪ Wählen Sie den Zylinder und den Kegel, und tragen Sie das Material gleichmäßig auf der Wand auf.

Vorgang: Projektion KUGELFÖRMIG

Das Muster wird so projiziert, daß es auf einer Kugeloberfläche gleichmäßig aufgetragen wird. Auch hier kann mit dem Schalter KOORDINATEN ANPASSEN... ein weiteres Dialogfeld auf den Bildschirm gebracht werden (siehe Abbildung 21.26).

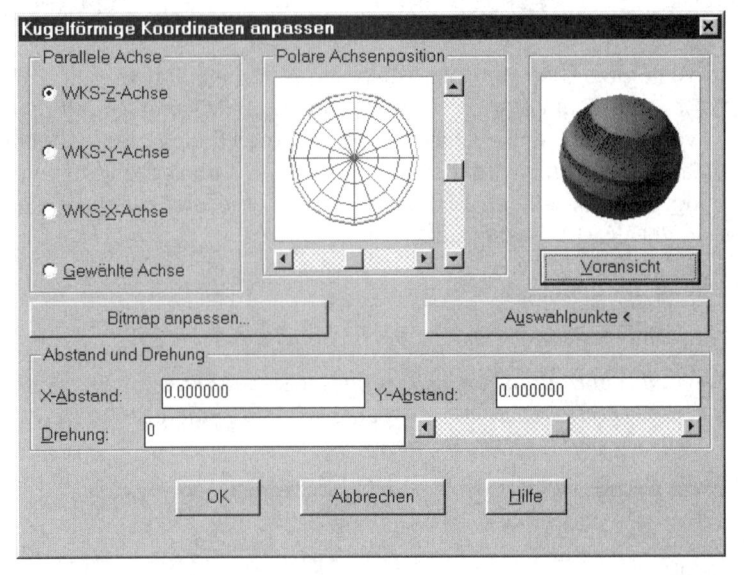

Abbildung 21.26: Parameter für Projektionsart KUGELFÖRMIG

Die Einstellungen sind hier wieder gleich wie oben. Der Unterschied: Die parallele Achse gibt hier die Lage der Achse an, um die das Material aufgetragen wird.

Übung: Mapping 4

↪ Wählen Sie die Kugel, und tragen Sie das Material gleichmäßig auf der Oberfläche auf.

| Kapitel 21: Rendern in AutoCAD

Vorgang: Projektion SOLID

Das Muster kann frei im Raum auf verschiedenen Ebenen aufgetragen werden. Mit dem Schalter KOORDINATEN ANPASSEN... kommt wieder ein Dialogfeld auf den Bildschirm (siehe Abbildung 21.27).

Abbildung 21.27: Parameter für Projektionsart SOLID

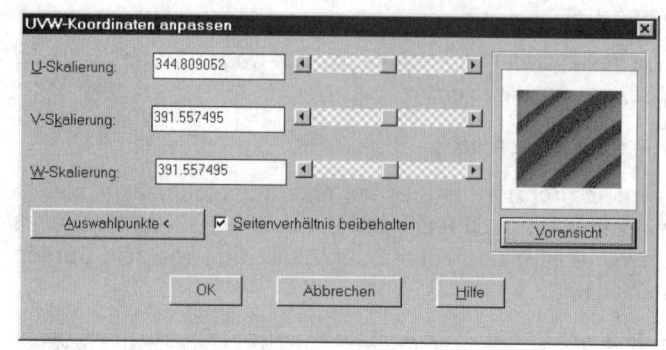

Im Dialogfeld UVW-KOORDINATEN ANPASSEN können drei Koordinaten angepaßt werden, um ein kompaktes 3D-Material (Marmor, Granit oder Holz) zu verschieben. Im Gegensatz zu den anderen Dialogfeldern für die Koordinatenanpassung wird hier keine Bitmap-Position gezeigt. Die Verschiebung eines dreidimensionalen Materials wird erst deutlich, wenn das Feld VORANSICHT gewählt wurde.

Übung: Mapping 5

- Wählen Sie den Keil, und versuchen Sie sich an Solid.
- In Ihrem Übungsverzeichnis finden Sie die Datei L21-05.DWG, in der die Materialien schon ausgerichtet sind. Holen Sie diese zum Vergleich, und rendern Sie sie.

Abbildung 21.28: Verschiedene Projektionsarten beim Mapping

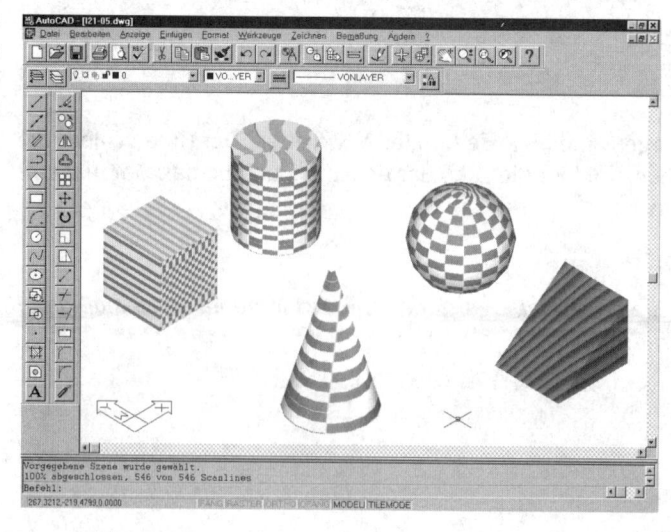

21.8 Lichter und Schatten

Richtig plastische Bilder mit Glanzpunkten bekommen Sie nur dann, wenn Sie Lichter plazieren und das 3D-Modell fachgerecht ausleuchten. Bis jetzt waren noch keine Lichter gesetzt, trotzdem war etwas zu sehen. Wenn Sie keine Lichtquellen gesetzt haben, arbeitet der Renderer mit einer virtuellen Lichtquelle, die hinter dem Betrachter steht. Diese Grundbeleuchtung kann nicht verändert oder bewegt werden.

Vorgang: Befehl LICHT

Mit dem Befehl LICHT können Sie beliebig viele und verschiedenartige Lichtquellen setzen. Sie finden den Befehl unter:

↳ Abrollmenü ANZEIGE, Untermenü RENDER >, Funktion LICHTQUELLEN...

↳ Tablettmenü O1

↳ Symbol im Werkzeugkasten RENDER

Mit einem Dialogfeld plazieren Sie Lichtquellen und stellen ihre Parameter ein (siehe Abbildung 21.29).

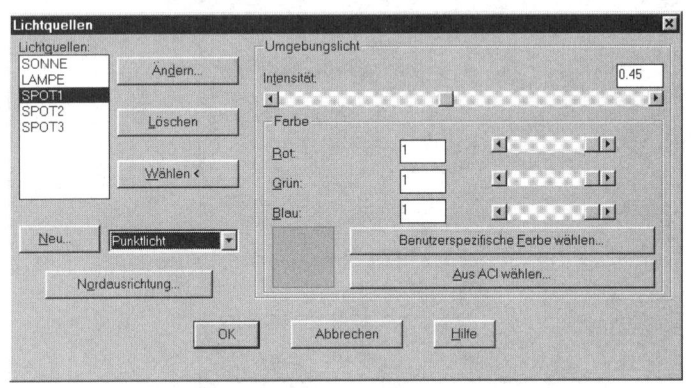

Abbildung 21.29:
Dialogfeld zur Einstellung der Lichter

LICHTQUELLEN: Liste aller Lichtquellen in der Zeichnung (links oben im Dialogfeld). Durch Anklicken wird die Lichtquelle markiert und kann bearbeitet werden.

ÄNDERN...: Ändern der markierten Lichtquelle. Dasselbe Dialogfeld wie beim Definieren einer Lichtquelle erscheint (siehe unten).

LÖSCHEN: Löschen der markierten Lichtquelle.

WÄHLEN <: Jede neue Lichtquelle wird mit ihrem Namen und einem Symbol in die Zeichnung eingetragen. Mit der Funktion WÄHLEN < kann ein Symbol in der Zeichnung angeklickt werden. Die Lichtquelle wird in der Liste markiert.

UMGEBUNGSLICHT: Umgebungslicht ist ein Hintergrundlicht, das alle Objekte des 3D-Modells gleichmäßig beleuchtet. Es kommt aus allen Richtungen. Nur mit dem Umgebungslicht gerenderte Bilder ergeben nur geringe plastische Wirkung. Die Intensität des Umgebungslichtes ist an einem Regler einstellbar. Geringe Intensität entspricht einem dunklen Raum. Hohe Intensitäten bewirken unter Umständen Überbelichtungen. Die Standardeinstellung 0,3 ergibt gute Ergebnisse. Nur für spezielle Effekte sollte sie verändert werden. Die Farbe des Lichts kann ebenfalls eingestellt werden. Stehen alle Regler auf 1, erhält man weißes Licht.

NEU...: Erzeugung einer neuen Lichtquelle. Je nach eingestellter Lichtart (einstellbar im Abrollmenü), erscheint ein anderes Dialogfeld für die Parameter der Lichtquelle. Dieselben Dialogfelder erscheinen auch beim Ändern einer existierenden Lichtquelle.

NORDAUSRICHTUNG...: Wenn Sie diese Schaltfläche anklicken, wird ein weiteres Dialogfeld (siehe Abbildung 21.30) aktiviert, in dem Sie bestimmen können, wo in der Zeichnung die Nordrichtung ist. Das ist wichtig für den Schattenwurf, wenn der Sonnenstand berechnet wird (siehe unten).

Abbildung 21.30:
Dialogfeld für die Nordausrichtung

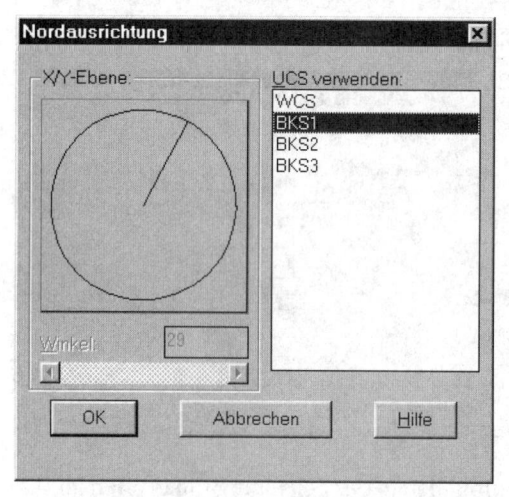

Den Winkel im Weltkoordinatensystem, in dem Norden liegt, können Sie am Kompaß oder am Schieberegler einstellenbzw. Sie tippen einen Wert ein. Norden liegt oben in Richtung der positiven Y-Achse, das entspricht der Nordausrichtung 0°. Der Winkel für die Nordausrichtung zählt im Uhrzeigersinn. Ist die Nordausrichtung 90°, liegt Norden in Richtung der positiven X-Achse. Es ist aber auch möglich, die Nordrichtung an der Y-Achse eines gesicherten Benutzerkoordinatensystems auszurichten. Klicken Sie dazu in der rechten Liste den Namen eines Benutzerkoordinatensystems statt der Standardeinstellung WCS (Weltkoordinatensystem) an.

Vorgang: Punktlichter bearbeiten

Punktlichter strahlen von einem Punkt gleichmäßig in alle Richtungen, vergleichbar mit einer nackten Glühbirne in einem Raum. Sobald Sie ein neues Punktlicht kreieren oder ein bestehendes ändern, können Sie die Parameter in einem Dialogfeld einstellen (siehe Abbildung 21.31).

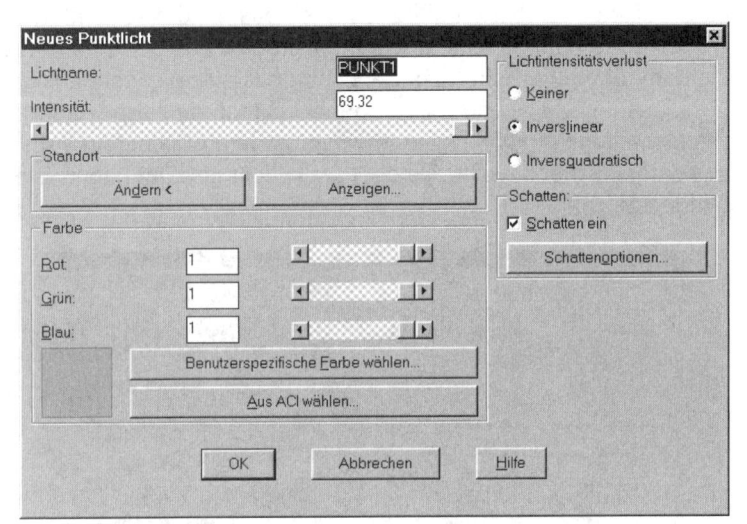

Abbildung 21.31: *Dialogfeld für Punktlichter*

LICHTNAME: Feld für neuen Lichtnamen. Beim Ändern wird der Name des gewählten Lichts angezeigt.

INTENSITÄT: Einstellung der Lichtintensität.

SCHATTEN: Wenn der Schalter SCHATTEN EIN angeschaltet ist, erzeugt die Lichtquelle Schatten von den Objekten, die sie beleuchtet. Mit der Schaltfläche SCHATTENOPTIONEN... kommt ein weiteres Dialogfeld auf den Bildschirm. Darin lassen sich weitere Parameter für die Schattengenerierung einstellen.

LICHTINTENSITÄTSVERLUST: Einstellung der Intensitätsabnahme mit der Entfernung zur Lichtquelle. Beim Modus KEINER nimmt die Intensität nicht ab, vergleichbar mit dem Sonnenlicht, das innerhalb einer Aufnahmeszene überall gleich hell ist. Bei INVERSLINEAR nimmt die Intensität linear und bei INVERSQUADRATISCH im Quadrat der Entfernung ab.

ÄNDERN <: Positionierung der Lichtquelle. Neu erzeugte Lichter sollten positioniert werden, am besten in der Draufsicht. Kann die Position nicht mit dem Objektfang gewählt werden, was meist der Fall ist, sollte der Koordinatenfilter .XY verwendet und Z numerisch eingegeben werden. Wird nur ein Punkt angeklickt, landet die Lichtquelle in Erdbodenhöhe, wo sie meist unerwünscht ist.

Kapitel 21: Rendern in AutoCAD

ANZEIGEN...: Anzeigen der Lichtposition in einem Dialogfeld.

FARBE: Einstellung der Lichtfarbe. Auch bei der Lichtfarbe haben Sie die üblichen Einstellmöglichkeiten für die Farbe.

Vorgang: Parallellichter bearbeiten

Parallellichter senden parallele Strahlen aus, sind also Lichter, die aus großer Entfernung leuchten. Die Intensität ist aus der entsprechenden Richtung überall gleich. Nicht die Position ist wichtig, sondern die Richtung, aus der sie leuchtet. Das Sonnenlicht ist ein solches Parallellicht. Die Einstellungen können Sie in einem anderen Dialogfeld vornehmen, das dann erscheint, wenn Sie ein Parallellicht gewählt haben (siehe Abbildung 21.32).

Abbildung 21.32:
Dialogfeld für Parallellichter

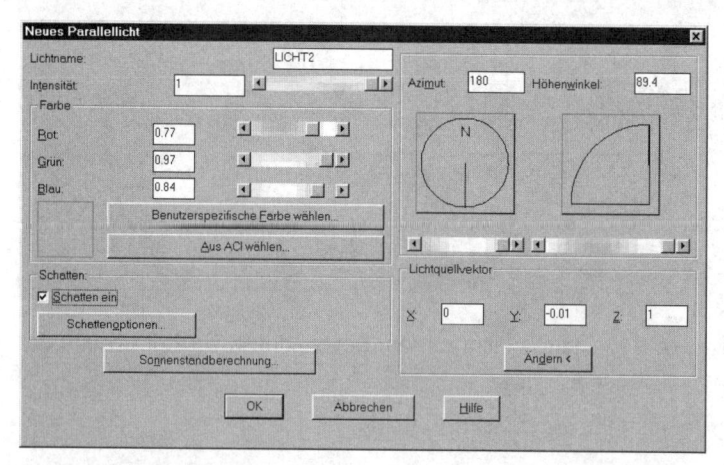

Lichtname, Lichtintensität, Lichtfarbe und Schatten können Sie wie beim Punktlicht einstellen.

AZIMUT, HÖHENWINKEL: Bestimmung des Lichteinfalls mit zwei Winkeln (Azimut=Winkel in der XY-Ebene und Höhenwinkel=Winkel zur XY-Ebene). Die Eingabe kann numerisch sein, als Position auf den grafischen Darstellungen angeklickt oder an den darunterliegenden Schiebereglern eingestellt werden.

LICHTQUELLVEKTOR: Eingabe eines Vektors mit X-, Y- und Z-Koordinate, der die Position der Lichtquelle beschreibt.

ÄNDERN <: Bestimmung der Richtung durch zwei Punkte in der Zeichnung.

SONNENSTANDSBERECHNUNG...: Ein typisches Parallellicht ist die Sonne. Alle ihre Strahlen fallen im gleichen Winkel ein. Sie können Ihr Modell von der Sonne bestrahlen und dabei die Position automatisch ermitteln lassen. Klicken Sie dazu auf die Schaltfläche SONNENSTANDSBERECHNUNG..., und Sie erhalten ein weiteres Dialogfeld (siehe 21.33).

Vorgang: Sonnenstandsberechnung

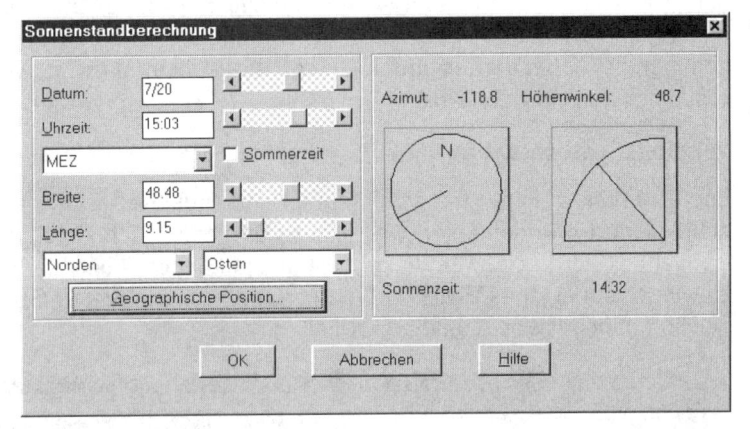

Abbildung 21.33:
Dialogfeld für den Sonnenstand

In dem Dialogfeld geben Sie das Datum (Format: Monat/Tag), die Uhrzeit, die Zeitzone (MEZ für Mitteleuropa) und die geographische Position (Längen- und Breitengrad) ein. Als Ergebnis bekommen Sie den Einstrahlwinkel der Sonne.

Da die geographische Position meist nicht bekannt ist, kann sie aus einer Datenbank entnommen werden. Klicken Sie dazu auf die Schaltfläche GEOGRAPHISCHE POSITION..., und Sie erhalten ein weiteres Dialogfeld (siehe Abbildung 21.34).

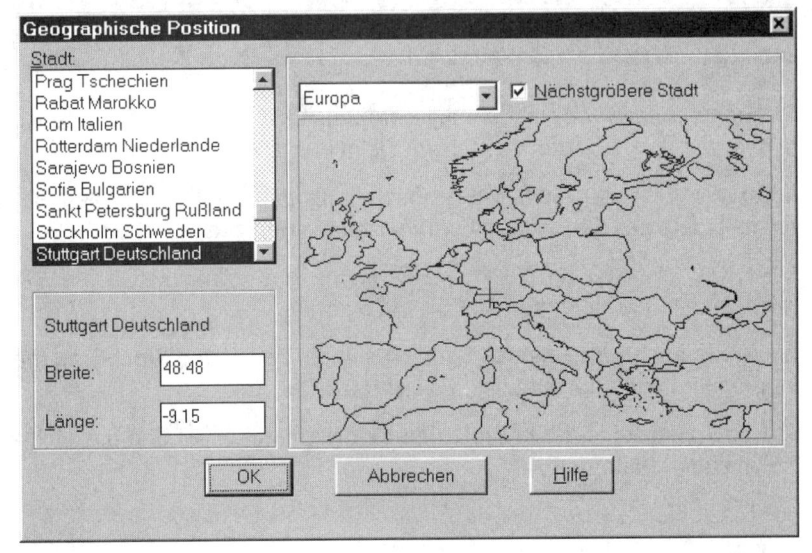

Abbildung 21.34:
Dialogfeld für die geographische Position

Stellen Sie zunächst im Abrollmenü den Kontinent ein. Suchen Sie sich dann die nächstgrößere Stadt in der Liste aus. Sie können aber auch an die ungefähre Position in der Karte klicken, und die Daten werden übernommen. Ist dabei der Schalter NÄCHSTGRÖSSERE STADT aktiviert, wird automatisch dorthin gesprungen.

Vorgang: Spotlichter bearbeiten

Spotlichter sind Lichter mit gerichtetem Lichtkegel. Sie setzen sie an einen Standort und definieren ein Lichtziel und einen Lichtkegel, dessen Bündelung Sie durch zwei Winkel bestimmen können. Auch hierfür gibt es wieder ein eigenes Dialogfeld, das erscheint, wenn Sie ein Spotlicht gewählt haben (siehe Abbildung 21.35).

Abbildung 21.35:
Dialogfeld für Spotlichter

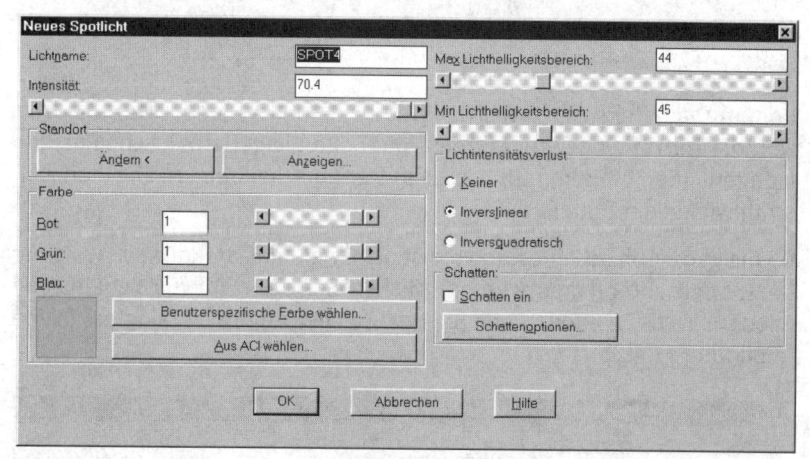

Die Einstellungen von Lichtname, Lichtintensität, Lichtfarbe, Lichtintensitätsverlust und Schatten werden wie beim Punktlicht vorgenommen.

MAXIMALER LICHTHELLIGKEITSBEREICH: Einstellung des Winkels für den Bereich, in dem das Spotlicht mit der maximalen Helligkeit leuchtet.

MINIMALER LICHTHELLIGKEITSBEREICH: Einstellung des Winkels für den Bereich, in dem die Lichtintensität bis auf 0 abfällt.

ÄNDERN <: Positionierung des Spotlichts in der Zeichnung durch Eingabe von zwei Punkten für Lichtziel und Lichtposition.

ANZEIGEN...: Anzeige der Koordinaten für die Lichtposition und das Lichtziel in einem Dialogfeld.

Tip:

Plazieren Sie Lichter in der Draufsicht. Verwenden Sie dazu den Koordinatenfilter .XY, und geben Sie dann die Höhe ein. Plazieren Sie die Lichter so, daß das Modell von den Seiten ausgeleuchtet wird, von denen Sie Bilder machen wollen. In der Szene (siehe Kapitel 21.9) können Sie dann festlegen, für welche Aufnahmen welche Lichter verwendet werden.

21.9 Szenen

Sie können in der Zeichnung beliebig viele Lichter setzen und beliebig viele Ausschnitte speichern. Mit der Szene definieren Sie dann die Bedingungen für ein Bild.

Vorgang: Befehl SZENE

In einer Szene legen Sie fest, welcher mit dem Befehl DDVIEW (siehe 4.30) gesicherte Ausschnitt und welche Lichter für ein Bild verwendet werden sollen. Sie können beliebig viele Szenen definieren, wenn Sie genügend Ausschnitte und Lichter haben. Beim Rendern können Sie dann die gewünschte Szene im Dialogfeld aus der Liste wählen. Szenen erzeugen Sie mit dem Befehl SZENE in einem Dialogfeld (siehe Abbildung 21.36).

↳ Abrollmenü ANZEIGE, Untermenü RENDER >, Funktion SZENE...

↳ Tablettmenü N1

↳ Symbol im Werkzeugkasten RENDER

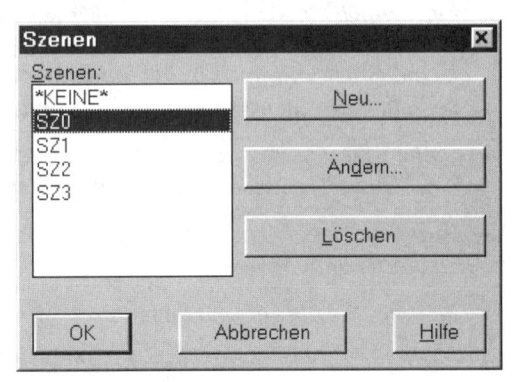

Abbildung 21.36: *Dialogfeld zur Auswahl von Szenen*

SZENEN: Liste der Szenen, die in der Zeichnung bereits definiert sind.

NEU...: Festlegung einer neuen Szene in einem weiteren Dialogfeld (siehe Abbildung 21.37), in dem Ausschnitt und Lichter zu einer Szene kombiniert werden können.

Kapitel 21: Rendern in AutoCAD

ÄNDERN..: Änderung der gewählten Szene im Dialogfeld (siehe Abbildung 21.37).

LÖSCHEN...: Löschen der gewählten Szene.

Abbildung 21.37:
Dialogfeld für die Festlegung von Szenen

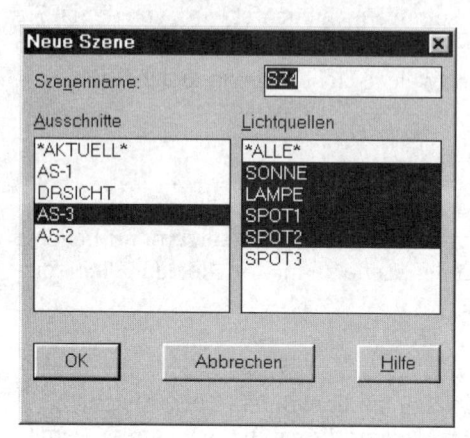

Geben Sie einer neuen Szene einen Namen. Klicken Sie dann die Ansicht für diese Szene an sowie die Lichter, die dafür verwendet werden sollen.

Übung 1: Materialien, Lichter und Szenen

- Laden Sie das 3D-Modell A21-06.DWG aus Ihrem Übungsordner.
- Vergeben Sie Materialien für die Objekte des Modells.
- Plazieren Sie verschiedene Lichter. Leuchten Sie die Lupe aus allen Richtungen aus. Wo Sie ein Licht setzen, wird ein Symbol gezeichnet, je nach Lichtart unterschiedlich. Das Symbol wird entsprechend der Lichtausrichtung auch in der Zeichnung ausgerichtet. Es kann also sein, daß das Symbol verzerrt angezeigt wird.
- Stellen Sie Ansichtspunkte mit dem Befehl DDVPOINT oder DANSICHT ein, sichern Sie diese mit dem Befehl DDVIEW.
- Legen Sie Szenen fest, bei denen Sie Ausschnitte mit den passenden Lichtern kombinieren.
- Rendern Sie die verschiedenen Szenen.
- Im Ordner \BILDER finden Sie gerenderte Bilder dieses Modells (B21-06-1.TIF und B21-06-2.TIF).

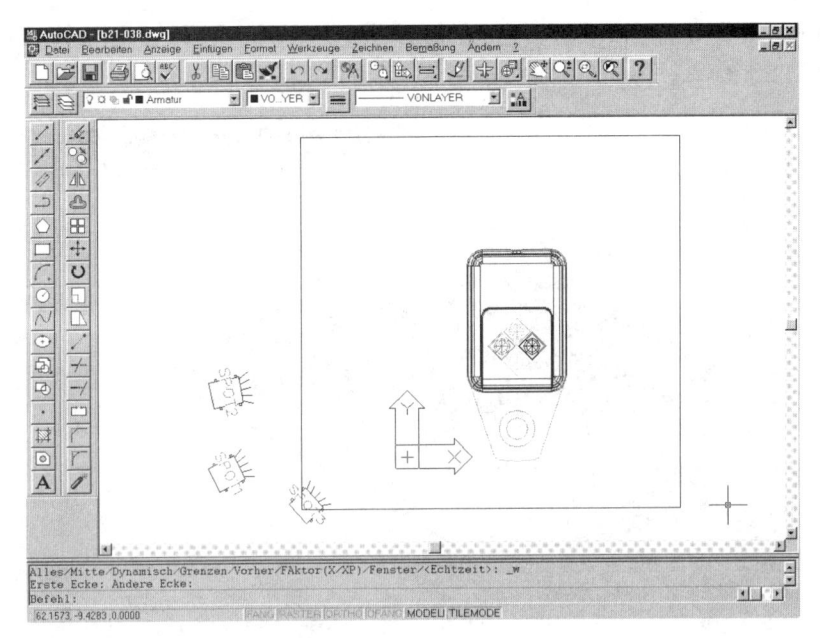

Abbildung 21.38:
3D-Modell mit Lichtern

Übung 2: Sonnenstand

→ Laden Sie das 3D-Modell A21-07.DWG aus dem Ordner mit Ihren Übungszeichnungen. Sie finden dort ein einfaches stilisiertes Haus. Rendern Sie zunächst ohne weitere Veränderungen.

→ Stellen Sie dann die Nordausrichtung auf 60° im Weltkoordinatensystem, und plazieren Sie die Sonne. Verwenden Sie das heutige Datum, 15.00 Uhr an Ihrem geographischen Standort, und lassen Sie den Schatten berechnen.

→ Im Ordner mit den Übungen finden Sie auch eine Lösung, in der die Sonne auf den 02. Juni, 15 Uhr plaziert ist. Rendern Sie dieses Modell zum Vergleich.

Abbildung 21.39:
Sonne mit Schatten

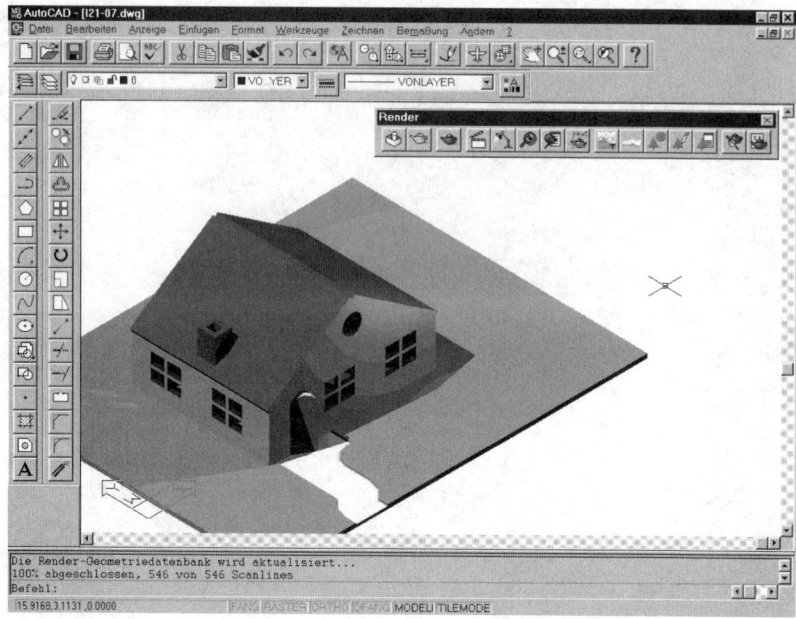

21.10 Landschaft

Alles kann nicht in AutoCAD als 3D-Modell erstellt werden. Versuchen Sie einmal, einen Baum zu erstellen, Sie werden kläglich scheitern. Die Natur läßt sich nur sehr unvollständig kopieren. Aber wir können unserem Modell den letzten Schliff mit Bilddateien geben, die wir im Modell anordnen können. Dafür steht Ihnen die Landschaftsbibliothek zur Verfügung.

Vorgang: Befehl LSNEU

Mit dem Befehl LSNEU plazieren Sie ein Bild aus der Landschaftsbibliothek in Ihrem 3D-Modell.

↳ Abrollmenü ANZEIGE, Untermenü RENDER >, Funktion LANDSCHAFT NEU...

↳ Symbol im Werkzeugkasten RENDER

Ein Landschaftsobjekt ist ein Objekt, auf das eine Bilddatei gelegt wurde. Zur Plazierung bekommen Sie ein Dialogfeld (siehe Abbildung 21.40).

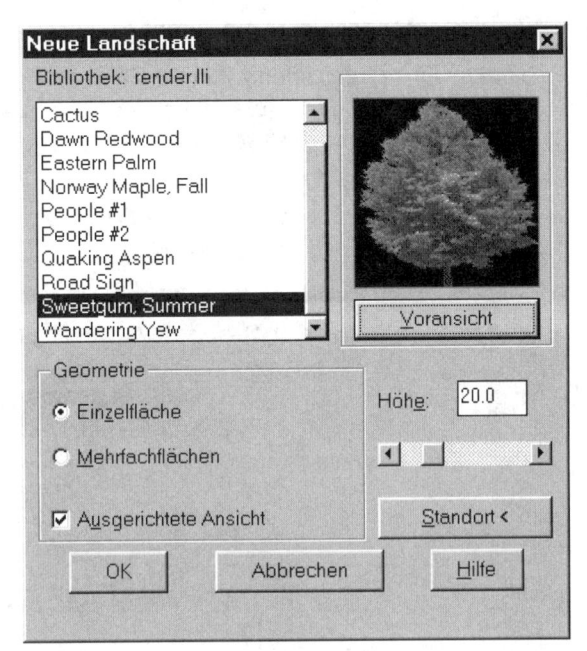

Abbildung 21.40:
Plazierung eines neuen Landschaftsobjekts

In der obersten Zeile bekommen Sie angezeigt, mit welcher Landschaftsbibliothek Sie arbeiten. In der linken Liste sind alle Objekte dieser Bibliothek aufgelistet. Im Bereich VORANSICHT können Sie sich ein Objekt anschauen, bevor Sie es in Ihr Modell setzen.

Ein Einzelflächenobjekt mit festgelegter Ausrichtung wird als Rechteck dargestellt, das mit Hilfe der Griffe gedreht werden kann. Ein Mehrflächenobjekt wird durch zwei Dreiecke dargestellt, die sich an ihrem rechten Winkel überschneiden.

HÖHE: Mit diesem Eingabefeld und dem darunterliegenden Schieberegler stellen Sie nicht die Höhe, sondern die Skalierung des Objekts ein.

STANDORT <: Mit diesem Feld wird in die Zeichnung gewechselt, in der Sie Ihr Objekt plazieren können.

GEOMETRIE: Sie können ein Landschaftsobjekt als einzelne oder mehrfache Fläche einfügen. Mehrfachflächen geben manchmal bessere Bilder, vor allem bei Pflanzen. Bei Ansichten von verschiedenen Seiten erscheinen die Objekte dann immer etwa gleich. Einzelflächen verschwinden unter Umständen sonst zeitweise. Ist der Schalter AUSGERICHTETE ANSICHT ein, wird das Objekt immer zur Kamera hin ausgerichtet. Pflanzen können immer so ausgerichtet werden, dagegen sollten Verkehrsschilder mit fester Ausrichtung plaziert werden.

Übung: Landschaftsobjekte plazieren

↳ Laden Sie die Zeichnung A21-08.DWG aus Ihrem Ordner mit den Übungszeichnungen. Materialien sind schon zugeordnet. Ansichten und Szenen gibt es auch schon. Ein Kaktus und eine Palme stehen im Wohnzimmer (siehe Abbildung 21.41).

↳ Rendern Sie die Szene SZ1. Auf der CD finden Sie im Ordner \BILDER ein gerendertes Bild (B21-08-1.TIF).

Abbildung 21.41:
Wohnung mit Landschaftsobjekten

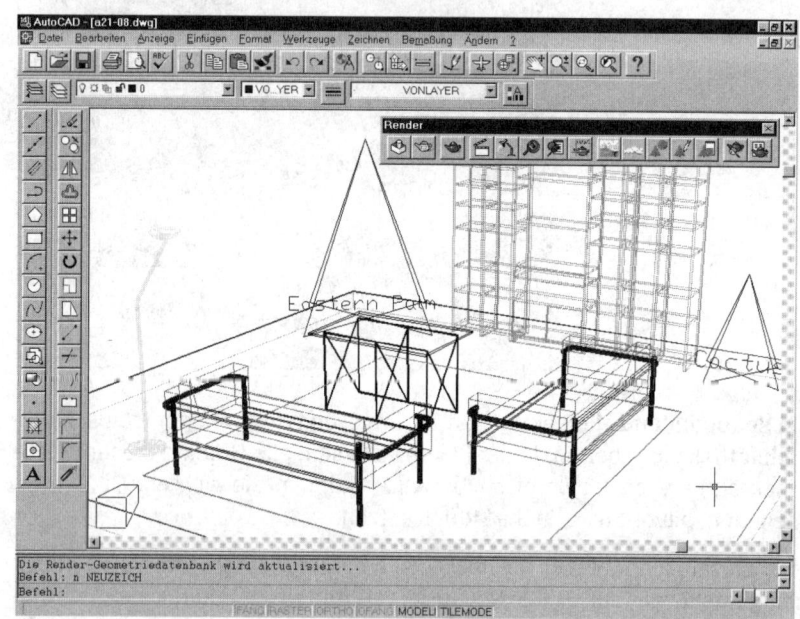

Vorgang: Befehl LSBEARB

Mit dem Befehl LSBEARB können Sie ein Landschaftsobjekt in der Zeichnung nachträglich bearbeiten. Dazu wird das gleiche Dialogfeld wie beim Plazieren verwendet (siehe Abbildung 21.40). Sie finden den Befehl im:

↳ Abrollmenü ANZEIGE, Untermenü RENDER >, Funktion LANDSCHAFT BEARBEITEN...

↳ Symbol im Werkzeugkasten RENDER

Vorgang: Befehl LSBIBL

Der Befehl LSBIBL hilft Ihnen beim Verwalten, Erweitern und Ändern Ihrer Landschaftsbibliotheken. Der Befehl ist im:

→ Abrollmenü ANZEIGE, Untermenü RENDER >, Funktion LANDSCHAFTSBI-
BL...

→ Symbol im Werkzeugkasten RENDER

Wenn Sie ihn anwählen, bekommen Sie ein Dialogfeld (siehe Abbildung 21.42).

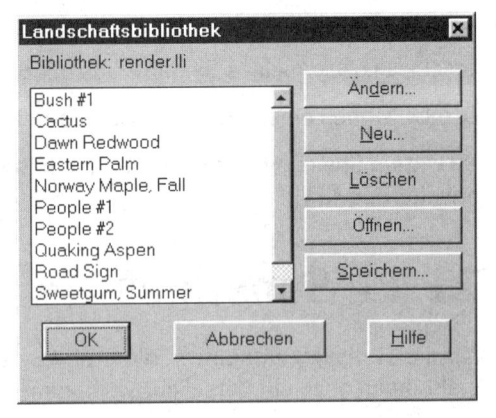

Abbildung 21.42:
Dialogfeld für Landschafts-bibliotheken

Sie finden in der obersten Zeile den Namen der aktuellen Bibliothek. Darunter ist eine Liste mit allen Objekten aus dieser Bibliothek. Rechts finden Sie eine Reihe von Schaltflächen:

ÄNDERN...: In einem weiteren Dialogfeld kann das Bibliotheksobjekt bearbeitet werden (siehe Abbildung 21.43).

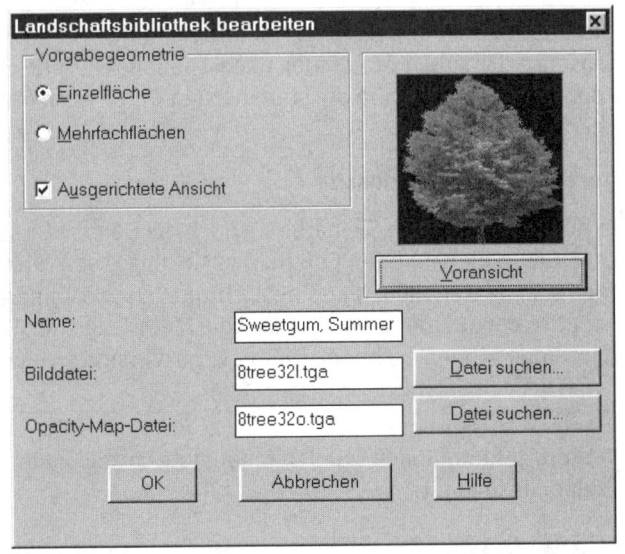

Abbildung 21.43:
Dialogfeld zum Ändern von Objekten

Die Einstellungen im Feld VORGABEGEOMETRIE kennen Sie schon, es sind dieselben wie beim Plazieren. Die Einstellungen, die hier gemacht werden, erscheinen beim Plazieren als Vorgabe. Im darunterliegenden Bereich können Sie den Namen für das Symbol, die zugehörige Bilddatei für das Muster und die Durchlässigkeit einstellen.

NEU: Neudefinition eines Bibliothekselements, Dialogfeld und Funktionen wie oben.

LÖSCHEN: Löschen eines Symbols aus der Bibliothek

ÖFFNEN: Öffnen einer Landschaftsbibliothek (Dateierweiterung *.LLI)

SPEICHERN: Speichern der Landschaftsbibliothek nach Änderungen (Dateierweiterung *.LLI).

21.11 Sonstiges

Für die Statistik gerenderter Bilder und Befehle für den Datenaustausch steht Ihnen noch ein Befehl zur Verfügung.

Vorgang: Befehl STAT

Nach dem Rendern können Sie sich eine Statistik über das Bild anzeigen lassen.

↪ Abrollmenü ANZEIGE, Untermenü RENDER >, Funktion STATISTIK...

↪ Symbol im Werkzeugkasten RENDER

Die Daten zu dem gerenderten Bild bekommen Sie in einem Dialogfeld präsentiert. Wollen Sie später nachschauen, wie das Bild zustandegekommen ist, können Sie die statistischen Daten auch in einer Datei speichern.

Vorgang: Datenaustausch

In AutoVision können Sie natürlich auch die Befehle BILDSICH und WIEDERGABE verwenden. Mit den Befehlen 3DSIN und 3DSOUT können Sie Geometrien samt Materialien, Mapping, Lichtquellen und Kameras austauschen. 3DSOUT übergibt die Geometrie und die Materialien im 3D-Studio-Format. Allerdings können sie nur in 3D Studio bis Version 3 verwendet werden.

Hinweis:

Weitere Informationen zum Datenaustausch mit anderen Programmen finden Sie in Kapitel 17.

Tip: Präsentationen aus Zeichnungen und gerenderten Bildern

Durch die Möglichkeit in AutoCAD 14, Bilddateien wieder in Zeichnungen zu plazieren, haben Sie die Möglichkeit, gerenderte Bilddateien auf dem Zeichenblatt abzulegen. In Kapitel 13.4 haben Sie die Lupe als Zeichnung und Bild auf einem Blatt.

Teil V

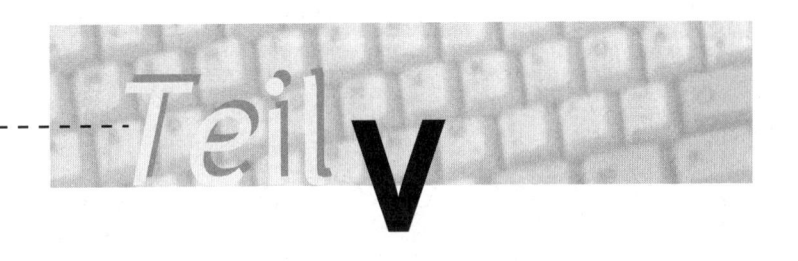

AutoCAD intern

Die Werkzeugkästen

Kapitel 22

22.1 Funktionsleisten und Werkzeugkästen ein- und ausblenden
22.2 Eigenschaften eines Werkzeugkastens
22.3 Inhalt eines Werkzeugkastens ändern
22.4 Einen neuen Werkzeugkasten erstellen
22.5 Ein Fly-out-Menü in einen Werkzeugkasten einbauen
22.6 Belegung eines Symbols ändern
22.7 Syntax für Makros
22.8 Werkzeugkästen wiederherstellen

Die Bedieneroberfläche von AutoCAD 14 ist nicht starr. Der versierte Benutzer hat die Möglichkeit, die Bedienelemente nach seinen Wünschen und Anordnungen zu gestalten. Sie lernen:

- wie Sie bestehende Werkzeugkästen anpassen,
- we Sie die Belegung der Symbole ändern,
- wie Sie neue Werkzeugkästen erstellen,
- wie Sie neue Bilder für die Knöpfe erstellen.

Tip:

Bei vielen der in diesem Teil des Buches beschriebenen Möglichkeiten ändern Sie Grundeinstellungen von AutoCAD. Sichern Sie also vorher die Originaldateien, an denen Sie die Änderungen vornehmen. Zu Beginn jedes Kapitels wird darauf hingewiesen, welche Datei bzw. welche Dateien verändert werden und somit besser gesichert werden sollten.

22.1 Funktionsleisten und Werkzeugkästen ein- und ausblenden

Symbolfelder in den Funktionsleisten und den Werkzeugkästen lassen sich schnell und ohne große Systemkenntnisse ändern. Dazu brauchen Sie keine Dateien editieren und laden. Sie müssen AutoCAD nicht einmal verlassen, Sie können alles direkt in AutoCAD erledigen.

Änderungen an den Werkzeugkästen werden in die Menüdatei (siehe Kapitel 24) eingetragen. Sie können diese Änderungen aber jederzeit wieder rückgängig machen, wenn Sie die Originaldatei wieder laden. Dazu mehr am Ende dieses Abschnitts.

Vorgang: Befehl WERKZEUGKASTEN

In AutoCAD steht Ihnen für alle Änderungen an den Werkzeugkästen der Befehl WERKZEUGKASTEN zur Verfügung. Sie finden den Befehl im:

- Abrollmenü ANZEIGE, Funktion WERKZEUGKÄSTEN...
- Tablettmenü R3
- Rechtsklick auf ein beliebiges Symbol in einem Werkzeugkasten oder in einer Funktionsleiste

Kapitel 22: Die Werkzeugkästen

Wenn Sie den Befehl starten, erhalten Sie ein Dialogfeld (siehe Abbildung 13.1), in dem alle Funktionsleisten und Werkzeugkästen aufgelistet sind, die Ihnen in der gerade verwendeten Menüdatei zur Verfügung stehen.

Abbildung 22.1:
Dialogfeld für die Werkzeugkästen

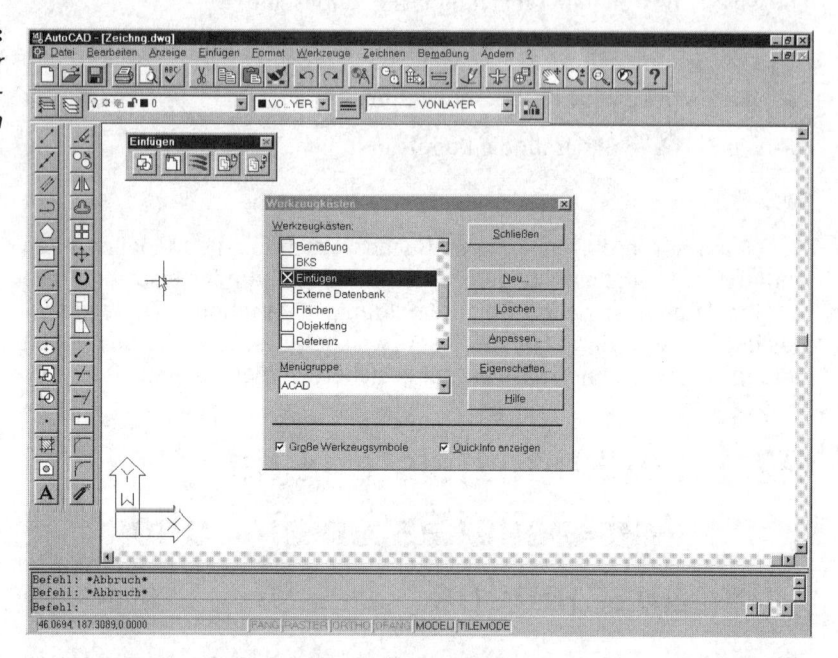

Das Dialogfeld enhält eine Liste aller Werkzeugkästen, die in der Menüdatei definiert sind. Die momentan sichtbaren Werkzeugkästen sind in einem Feld vor dem Namen angekreuzt. Klicken Sie ein solches Feld an, und der Werkzeugkasten war bisher unsichtbar, wird das Feld angekreuzt und der Werkzeugkasten auf der Zeichenfläche angezeigt. Klicken Sie das Feld bei einem sichtbaren Werkzeugkasten an, wird dieser ausgeblendet.

Haben Sie einen Werkzeugkasten eingeschaltet, erscheint er zunächst auf der Zeichenfläche. Wie Sie Werkzeugkästen verschieben, andocken, wieder verschieben und ausblenden, haben Sie schon in Kapitel 2.5 kennengelernt.

Tip:

Wie Sie es schon bei anderen AutoCAD-Befehlen kennengelernt haben, können Sie auch diesen Befehl ohne Dialogfeld im Befehlszeilenfenster ablaufen lassen. Geben Sie dazu auf der Tastatur vor dem Befehlsnamen »-« ein. Die Optionen zum Ein- und Ausschalten der Werkzeugkästen lassen sich dann im Befehlszeilenfenster wählen:

```
Befehl: -Werkzeugkasten
Werkzeugkastenname (oder ALLE): Namen eingeben z.B. Zeichnen
Anzeigen/VERDecken/Links/Rechts/Oben/Unten/VERSchiebbar:
<Anzeigen>:
```

Geben Sie den Namen des Werkzeugkastens ein, den Sie ein- oder ausblenden wollen. Danach wählen Sie eine Option: ANZEIGEN oder VERDECKEN zum Ein- oder Ausschalten, LINKS, RECHTS, OBEN oder UNTEN, um ihn anzudocken, oder VERSCHIEBBAR, um ihn frei plazierbar auf dem Bildschirm anzuordnen.

Normalerweise werden Sie diesen Befehl nicht beim Zeichnen verwenden. Sie können ihn aber in Menümakros oder in den Werkzeugkästen verwenden.

Vorgang: Weitere Schaltflächen im Dialogfeld

Auf der rechten Seite des Dialogfeldes haben Sie eine Spalte mit Schaltflächen, in denen Sie eine Bearbeitung anwählen können:

SCHLIESSEN Zum Beenden des Dialogfeldes und zur Übernahme der Änderungen

NEU... Zur Erstellung eines neuen Werkzeugkastens

LÖSCHEN Zum Löschen des markierten Werkzeugkastens

ANPASSEN... Zum Ändern des Inhalts des Werkzeugkastens

EIGENSCHAFTEN... Zum Ändern des Namens und des Hilfetextes des Werkzeugkastens

GROSSE WERKZEUGSYMBOLE Zum Umschalten auf große Symbole in den Werkzeugkästen

QUICKINFO ANZEIGEN Ist dieser Schalter aktiviert, wird ein Hilfetext am Mauszeiger in einem Feld angezeigt, wenn Sie etwa eine Sekunde mit dem Mauszeiger auf das Symbol zeigen. Außerdem wird in der Statuszeile ein Hilfetext angezeigt.

22.2 Eigenschaften eines Werkzeugkastens

Sehen wir uns zunächst die Eigenschaften des Werkzeugkastens an. Klikken Sie auf die Schaltfläche EIGENSCHAFTEN..., und es erscheint zusätzlich ein weiteres Fenster, das Dialogfeld WERKZEUGKASTENEIGENSCHAFTEN (siehe Abbildung 22.2).

Abbildung 22.2:
Eigenschaften eines Werkzeugkastens

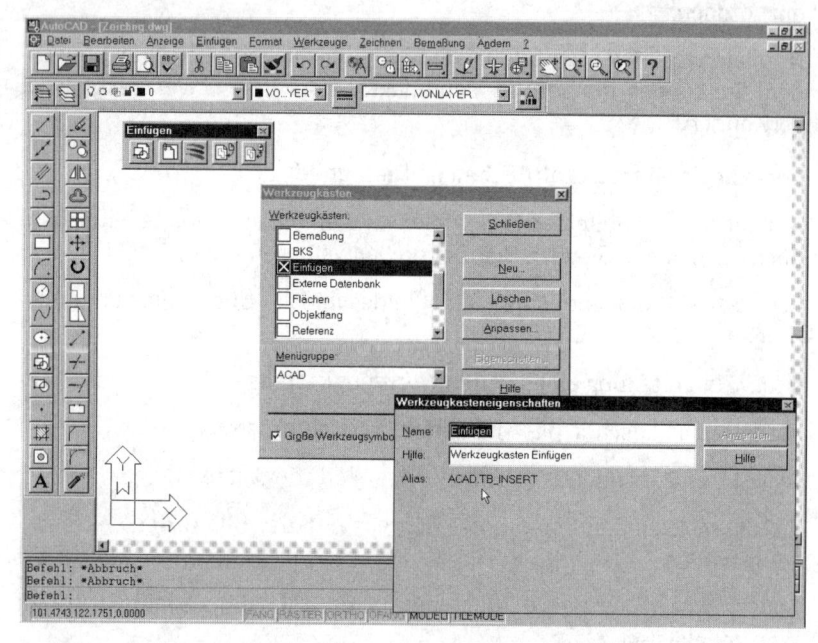

Im Feld NAMEN können Sie den Namen des Werkzeugkastens eintragen, der dann in der Titelleiste des Werkzeugkastens angezeigt wird, wenn er nicht angedockt ist. Der Hilfetext, der im Feld HILFE eingetragen ist, wird in der Statuszeile angezeigt, wenn mit dem Mauszeiger ca. eine Sekunde lang auf den Rand des Werkzeugkastens gezeigt wird.

In der Zeile ALIAS wird angezeigt, mit welchem Namen der Werkzeugkasten in der Menüdatei geführt wird (siehe Kapitel 24). Er kann an dieser Stelle nicht geändert werden.

Haben Sie Änderungen vorgenommen, können Sie diese mit dem Schalter ANWENDEN übernehmen. Sie können auch, während das Dialogfeld WERKZEUGKASTENEIGENSCHAFTEN geöffnet ist, im ersten Dialogfeld in der Liste der Werkzeugkästen weiterschalten und einen weiteren Werkzeugkasten bearbeiten. Mit dem Kreuz in der rechten oberen Ecke des Dialogfeldes WERKZEUGKASTENEIGENSCHAFTEN schalten Sie es wieder ab.

22.3 Inhalt eines Werkzeugkastens ändern

Nachdem Sie das Dialogfeld WERKZEUGKASTENEIGENSCHAFTEN wieder abgeschaltet haben, ändern Sie den Inhalt eines bestehenden Werkzeugkastens. Klicken Sie auf die Schaltfläche ANPASSEN..., Das Dialogfeld WERKZEUGKÄSTEN ANPASSEN erscheint zusätzlich auf dem Bildschirm (siehe Abbildung 22.3).

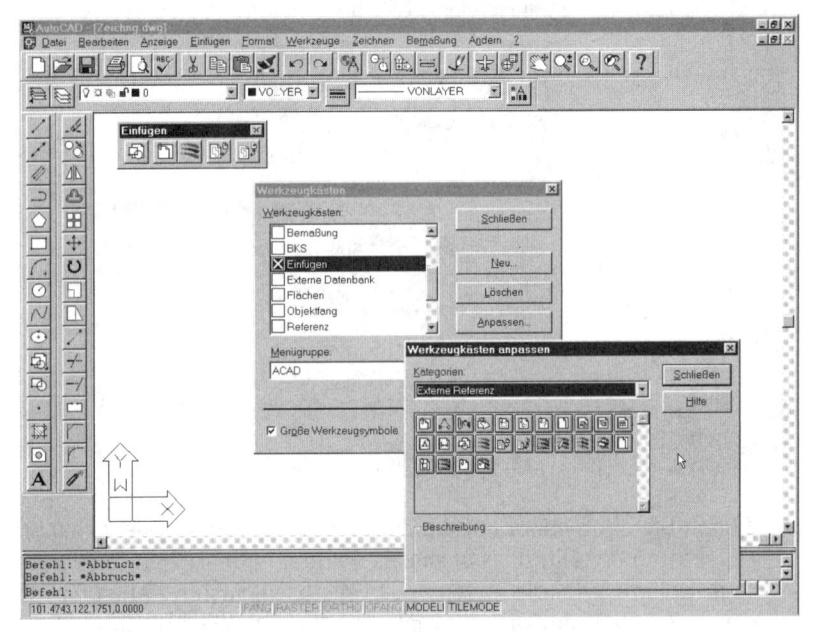

Abbildung 22.3:
Inhalt des Werkzeugkastens anpassen

In einem Fenster können Sie jetzt beliebige Symbole auswählen, die Sie in einen beliebigen Werkzeugkasten übernehmen wollen. Der Werkzeugkasten muß dazu auf dem Bildschirm sichtbar sein. Gehen Sie bei Änderung wie folgt vor:

- Die Symbole sind in Kategorien zusammengefaßt, die Sie im gleichnamigen Abrollmenü KATEGORIEN auswählen können. In der Kategorie BENUTZERSPEZIFISCH finden Sie zwei leere Symbole, die Sie mit eigenen Bildern belegen können. Das Symbol mit dem Pfeil in der rechten unteren Ecke steht für ein Fly-out-Menü, doch dazu später mehr. Wählen Sie eine Kategorie aus.

- Im Feld darunter sehen Sie dann alle Symbole aus dieser Kategorie. Klicken Sie ein Symbol an, und Sie bekommen die Beschreibung, welcher Befehl auf diesem Symbol liegt, in dem Feld darunter angezeigt. Klicken Sie es an, und ziehen Sie es mit gedrückter Maustaste in den Werkzeugkasten an die Stelle, an der es eingefügt werden soll, und lassen Sie die Maustaste los. Das Symbol wird in den Werkzeugkasten eingefügt und der Werkzeugkasten entsprechend vergrößert.

Abbildung 22.4:
Werkzeugkasten
EINFÜGEN
erweitert

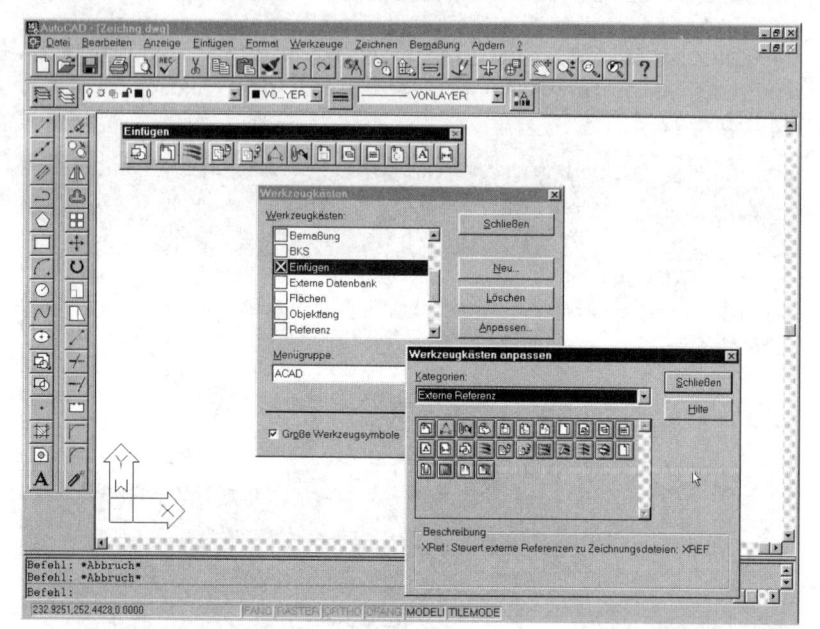

↪ Ziehen Sie ein Symbol auf die Zeichenfläche, wird ein neuer Werkzeugkasten erstellt, der nur dieses Symbol enthält. Sie können danach weitere Symbole in den neuen Werkzeugkasten ziehen. Ein so erzeugter Werkzeugkasten erhält den Namen WERKZEUGKASTEN1, der nächste dann WERKZEUGKASTEN2 usw. Wollen Sie ihm einen anderen Namen geben, ändern Sie seine Eigenschaften wie oben beschrieben.

↪ Wenn Sie ein Symbol wieder aus einem Werkzeugkasten entfernen wollen, ziehen Sie es mit der Maus aus dem Werkzeugkasten auf die Zeichenfläche. Es verschwindet aus dem Werkzeugkasten, und er wird entsprechend verkleinert.

↪ Wenn Sie alle Änderungen vorgenommen haben, schließen Sie alle Dialogfelder. Die Änderungen werden in die Menüdatei übernommen und die geänderten Werkzeugkästen stehen beim nächsten Start von AutoCAD wieder zur Verfügung.

22.4 Einen neuen Werkzeugkasten erstellen

Klicken Sie im Dialogfeld des Befehls WERKZEUGKASTEN auf die Schaltfläche NEU..., und ein weiteres Dialogfeld erscheint (siehe Abbildung 22.5).

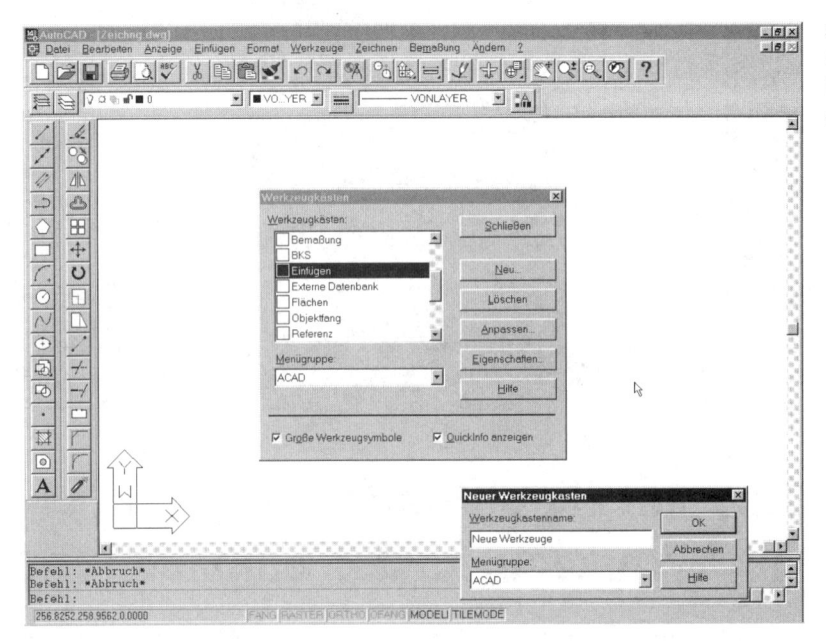

Abbildung 22.5:
Einen neuen Werkzeugkasten erstellen

Tragen Sie einen Namen für den neuen Werkzeugkasten ein. Im Abrollmenü MENÜGRUPPE finden Sie beim Standardmenü von AutoCAD nur die Gruppe ACAD. In diesem Menü wird der neue Werkzeugkasten gespeichert. Klicken Sie dann auf OK. Irgendwo auf der Zeichenfläche erscheint der leere Werkzeugkasten, und Sie finden ihn in der Liste im Dialogfeld (siehe Abbildung 22.6).

Verfahren Sie wie vorher:

- Klicken Sie auf die Schaltfläche EIGENSCHAFTEN..., und tragen Sie einen Namen und einen Hilfetext in das Dialogfeld (siehe Abbildung 22.2) ein.
- Klicken Sie dann auf die Schaltfläche ANPASSEN..., und füllen Sie den Werkzeugkasten nach Ihren Vorstellungen auf.
- Sie können beim Ändern des Werkzeugkastens auch hier wieder die Kategorie BENUTZERSPEZIFISCH wählen. Ziehen Sie leere Symbole oder Fly-out-Menüs in den neuen Werkzeugkasten, die Sie nachher komplett nach Ihren Vorstellungen belegen können.

Abbildung 22.6:
Neuer Werkzeugkasten, noch leer

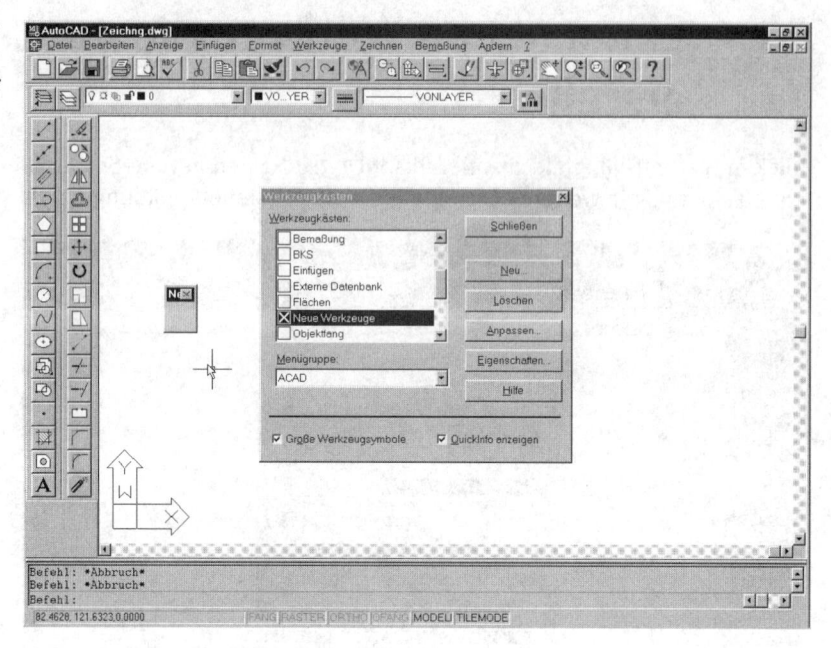

22.5 Ein Fly-out-Menü in einen Werkzeugkasten einbauen

Ein Fly-out-Menü ist ein Symbol in einem Werkzeugkasten, das mit einem Pfeil in der rechten unteren Ecke gekennzeichnet ist. Klickt man ein solches Symbol an und hält die Maustaste fest, wird eine weitere Reihe ausgefahren. Fahren Sie mit gedrückter Maustaste auf ein Symbol in dieser Reihe, wird diese Funktion aktiviert. Danach bleibt das zuletzt gewählte Symbol oben und erscheint im Werkzeugkasten.

Ein Fly-out-Menü ist ein eigener Werkzeugkasten. Wollen Sie ein Fly-out-Menü in einem anderen Werkzeugkasten verwenden, muß das Fly-out-Menü zuerst wie ein Werkzeugkasten erzeugt werden. Verfahren Sie wie oben beschrieben.

Gehen Sie dann wie folgt vor:

→ Aktivieren Sie den Befehl WERKZEUGKASTEN, und schalten Sie zur Kontrolle den Werkzeugkasten ein, den Sie in einem anderen Werkzeugkasten als Fly-out-Menü einbauen wollen.

→ Markieren Sie danach den Werkzeugkasten in der Liste, in den Sie den anderen Werkzeugkasten als Fly-out-Menü einfügen wollen, und schalten Sie ihn sichtbar.

Ein Fly-out-Menü in einen Werkzeugkasten einbauen

-+ Klicken Sie im Dialogfeld die Schaltfläche ANPASSEN... an.

-+ Wählen Sie im Dialogfeld WERKZEUGKASTEN ANPASSEN die Kategorie BENUTZERSPEZIFISCH.

-+ Ziehen Sie das Symbol mit dem Pfeil in den Werkzeugkasten, in den das neue Fly-out-Menü aufgenommen werden soll.

-+ Klicken Sie dann mit der rechten Maustaste auf das neu eingefügte Symbol. Sie bekommen ein weiteres Dialogfeld FLYOUT EIGENSCHAFTEN (siehe Abbildung 22.7).

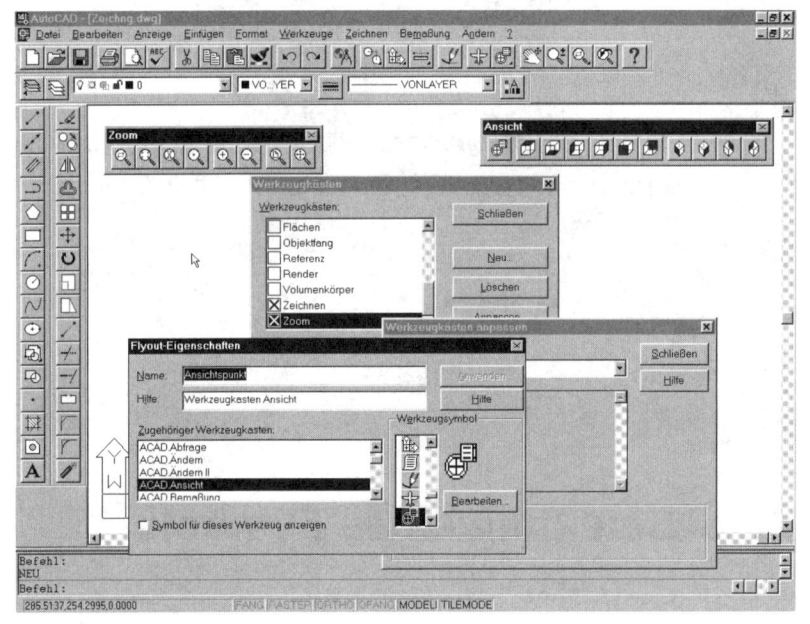

Abbildung 22.7:
Änderung eines Fly-out-Menüs

-+ Tragen Sie den Namen des Werkzeugkastens ein, den Sie auf das Symbol legen wollen, z. B. ACAD.ANSICHT im Feld NAMEN. Der Name setzt sich aus dem Namen der Menüdatei (normalerweise ACAD) und dem Namen des Werkzeugkastens zusammen, getrennt durch einen Punkt.

-+ In der Liste ZUGEORDNETER WERKZEUGKASTEN sind alle Werkzeugkästen aus der Menüdatei aufgelistet.

-+ Ist der Schalter SYMBOL FÜR DIESEN WERKZEUGKASTEN ANZEIGEN eingeschaltet, können Sie ein Symbol aus der Liste auswählen, das auf das Fly-out-Menü gelegt werden soll. Wählen Sie rechts unten in der Liste BUTTONS ICON. Mit der Schaltfläche EDIT... können Sie das Symbol noch verändern, dazu im nächsten Abschnitt mehr.

| Kapitel 22: Die Werkzeugkästen

⇥ Klicken Sie auf die Schaltfläche ANWENDEN, und die Änderungen werden übernommen. Schließen Sie alle Fenster, und Sie haben ein neues Fly-out-Menü in Ihrem Werkzeugkasten (siehe Abbildung 22.8).

Abbildung 22.8:
Werkzeugkasten um ein Fly-out-Menü erweitert

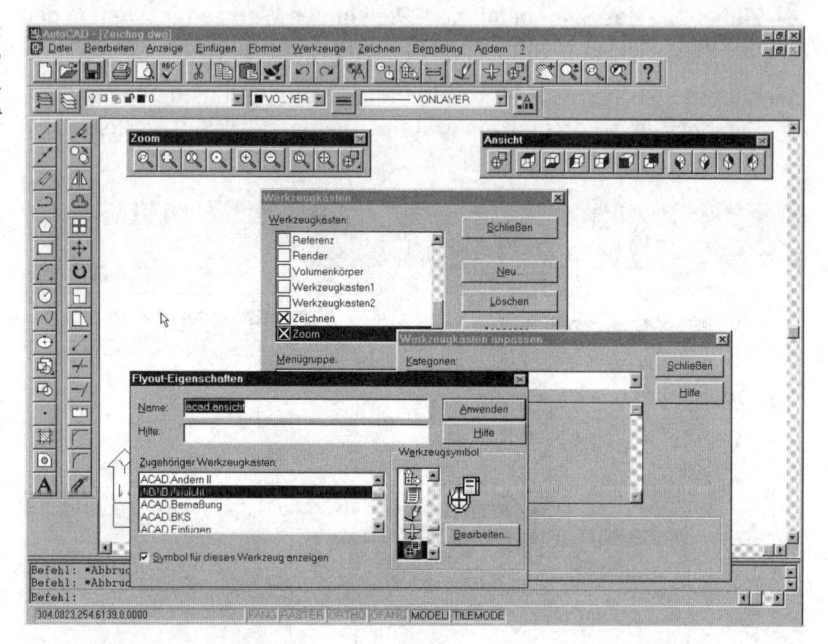

22.6 Belegung eines Symbols ändern

Sie können auch ein Symbol in einem Werkzeugkasten ändern, das angezeigte Bild und den Befehl, der dafür hinterlegt ist. Haben Sie leere Symbole in einen neuen Werkzeugkasten eingefügt, können Sie diesen komplett neu belegen.

Wählen Sie wieder den Befehl WERKZEUGKASTEN wie oben beschrieben. Klicken Sie dann auf das Symbol, das Sie ändern wollen, mit der rechten Maustaste. Sie können sich für diese Aktion auch die Auswahl des Befehls TOOLBAR sparen. Klicken Sie doppelt mit der rechten Maustaste auf das Symbol. Mit beiden Methoden erhalten Sie das Dialogfeld des Befehls WERKZEUGKASTEN und ein weiteres Dialogfeld, EIGENSCHAFTEN DES WERKZEUGSYMBOLS, um die Belegung des Symbols zu ändern (siehe Abbildung 22.9).

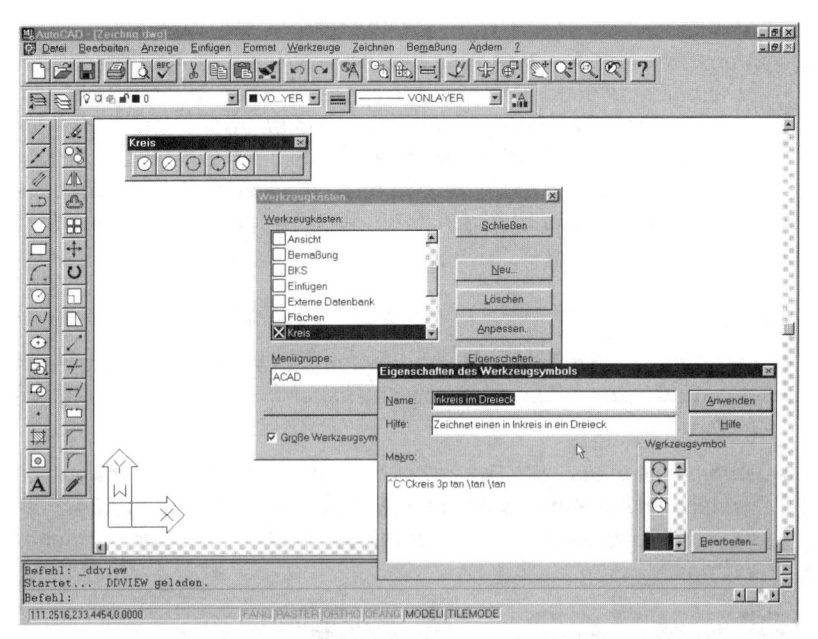

Abbildung 22.9:
Belegung eines Symbols ändern

Sehen Sie sich das Vorgehen an einem Beispiel an.

Übung: Erstellung eines eigenen Werkzeugkastens

- Erstellen Sie einen Werkzeugenkasten Kreis mit den Standardfunktionen zum Zeichnen von Kreisen und zwei Spezialfunktionen zum Zeichnen eines Kreises in und um ein Dreieck.

- Wählen Sie den Befehl WERKZEUGKASTEN.

- Klicken Sie auf die Schaltfläche NEU..., und erstellen Sie einen neuen Werkzeugkasten. Nennen Sie ihn KREIS.

- Markieren Sie den Werkzeugkasten Kreis in der Liste, und klicken Sie auf die Schaltfläche ANPASSEN...

- Wählen Sie im Werkzeugkasten WERKZEUGKASTEN ANPASSEN die Kategorie ZEICHNEN. Ziehen Sie die fünf Standardsymbole für das Zeichnen von Kreisen in den Werkzeugkasten. Wechseln Sie zur Kategorie BENUTZERSPEZIFISCH, und ziehen Sie zwei leere Symbole in den Werkzeugkasten (siehe Abbildung 22.10).

Abbildung 22.10:
Werkzeugkasten zum Zeichnen von Kreisen

Kapitel 22: Die Werkzeugkästen

↳ Klicken Sie auf das erste leere Werkzeugsymbol mit der rechten Maustaste und das Dialogfeld EIGENSCHAFTEN DES WERKZEUGSYMBOLS erscheint (siehe Abbildung 22.11). Tragen Sie in das Feld NAME ein: »Inkreis im Dreieck«. Dieser Text wird als Tooltip angezeigt. Tragen Sie im Feld HILFE ein: »Zeichnet einen Inkreis in ein Dreieck«. Dieser Text wird als Hilfe in der Statuszeile angezeigt. Im Feld MAKRO tragen Sie das Makro ein, das ablaufen soll, wenn Sie das Symbol anklicken. Tragen Sie hier ein:

```
^C^Ckreis 3p tan \tan \tan
```

↳ Mehr zu der Syntax der Makros finden Sie weiter unten in diesem Kapitel. Nehmen Sie es zunächst einmal hin, Sie erfahren gleich mehr dazu.

↳ Wählen Sie in der Liste WERKZEUGSYMBOL ein Symbol aus, das dem Gewünschten am ähnlichsten sieht. Nehmen Sie das leere Symbol (siehe Abbildung 2.11). Wir wollen mit dem WERKZEUGEDITOR ein neues zeichnen.

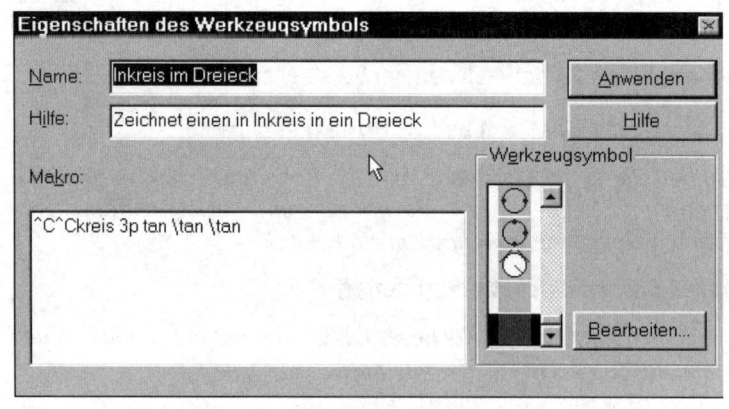

Abbildung 22.11:
Symbol ändern

↳ Klicken Sie auf den Schalter BEARBEITEN..., und das Dialogfeld WERKZEUGEDITOR erscheint (siehe Abbildung 22.12)

In dem Fenster haben Sie folgende Möglichkeiten:

In der Mitte haben Sie das Symbol in vergrößerter Darstellung. Dort können Sie ein Bild erstellen, das Sie auf dem Symbol haben wollen. Darüber haben Sie vier Zeichenwerkzeuge: einen Stift, um einzelne Punkte zu zeichen, ein Linien- und ein Kreissymbol zum Zeichnen von Linien und Kreisen und einen Radiergummi, um einzelne Punkte wieder zu löschen. An der rechten Seite des Fensters können Sie die Zeichenfarbe wählen.

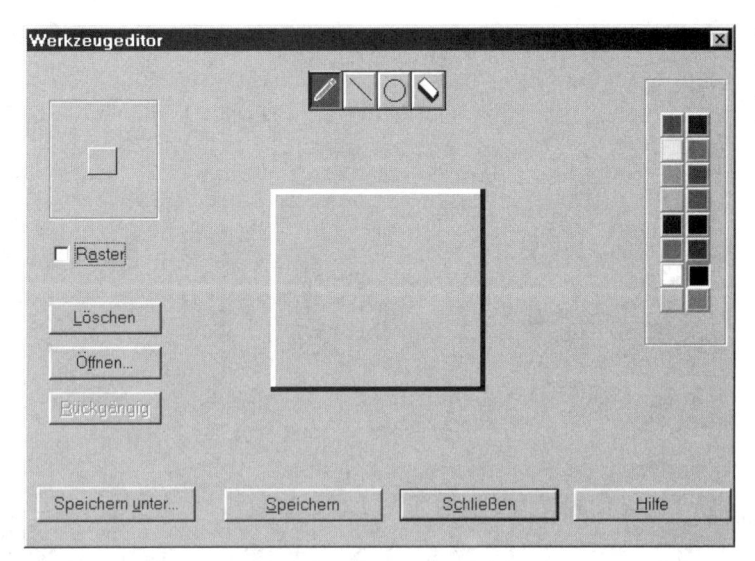

Abbildung 22.12:
Dialogfeld zum Zeichnen von Symbolen

Links oben sehen Sie das Ergebnis Ihrer Zeichenversuche auf dem Symbol in Originalgröße. Darunter haben Sie den Schalter RASTER. Damit können Sie ein Hilfsraster zum Zeichnen ein- und ausschalten.

Darunter ist die Schaltfläche LÖSCHEN. Damit löschen Sie alles, was schon auf dem Symbol ist. Mit der Schaltfläche ÖFFNEN... starten Sie den Dateiwähler, um eine Bilddatei auszuwählen, die auf das Symbol gelegt werden soll. Mit der Schaltfläche RÜCKGÄNGIG machen Sie die letzte Aktion rückgängig.

Mit der Schaltfläche SPEICHERN UNTER... können Sie Ihr Zeichenergebnis in einer Bilddatei speichern, SPEICHERN speichert unter dem gleichen Dateinamen nochmal. Mit SCHLIESSEN beenden Sie Ihre Zeichenarbeit. Beachten Sie: Um die Zeichnung auf ein Symbol zu legen, müssen Sie es nicht speichern. Nur wenn Sie es auch auf einem anderen Symbol so oder in geänderter Form benötigen, sollten Sie es speichern.

- *Zeichnen Sie mit den Werkzeugen einen Kreis und ein Dreieck darum (siehe Abbildung 22.13). Klicken Sie dann auf SCHLIESSEN, und Sie kommen zum letzten Dialogfeld zurück. Klicken Sie dort auf ANWENDEN, und das Symbol wird nach Ihren Vorgaben belegt.*

- *Klicken Sie jetzt mit der rechten Maustaste auf das andere leere Werkzeugsymbol rechts davon. Tragen Sie im Dialogfeld EIGENSCHAFTEN DES WERKZEUGSYMBOLS ein: »Umkreis um Dreieck«. Tragen Sie im Feld HILFE ein: »Zeichnet einen Umkreis um ein Dreieck«. Im Feld MAKRO tragen Sie ein:*

```
^C^Ckreis 3p sch \sch \sch
```

Kapitel 22: Die Werkzeugkästen

Abbildung 22.13:
Bild für ein Symbol

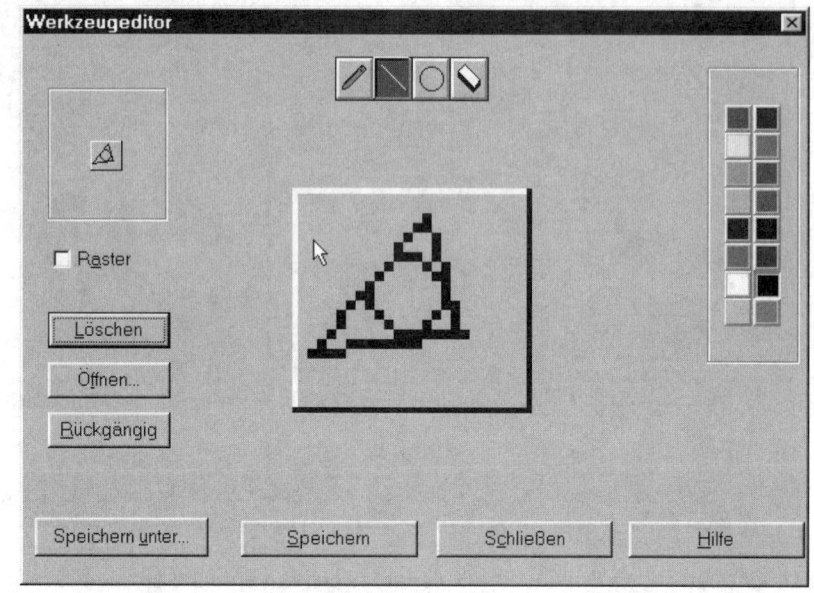

↪ *Wählen Sie in der Liste Werkzeugsymbol das leere Symbol. Klicken Sie auf den Schalter BEARBEITEN... Zeichnen Sie im Editor ein Symbol für ein Dreieck mit einem Umkreis (siehe Abbildung 22.14).*

Abbildung 22.14:
Zeichnung für das zweite Symbol

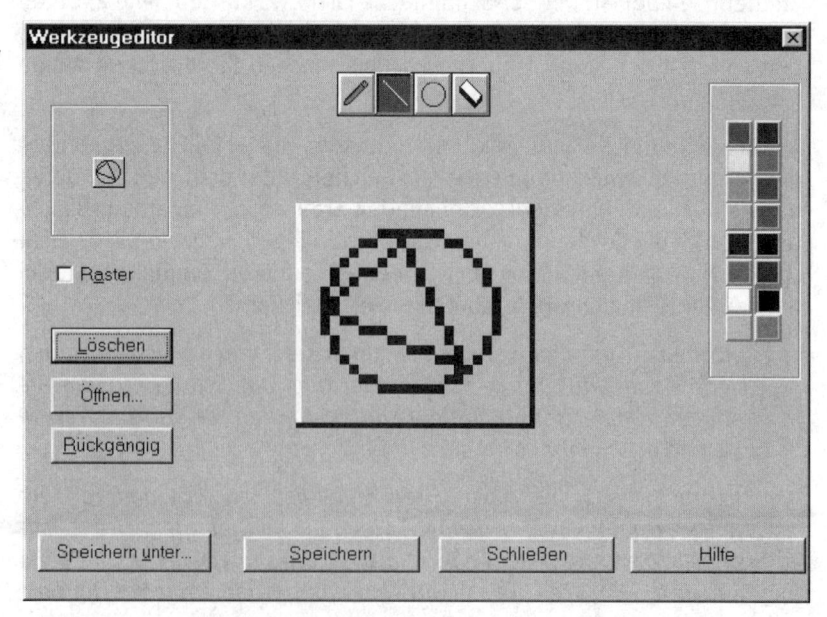

⇾ Klicken Sie auf SCHLIESSEN und im vorherigen Werkzeugkasten auf ANWENDEN. Schließen Sie dann alle Dialogfelder. Es bleibt Ihr neuer Werkzeugkasten. Zeichnen Sie damit In- und Umkreise (siehe Abbildung 22.15).

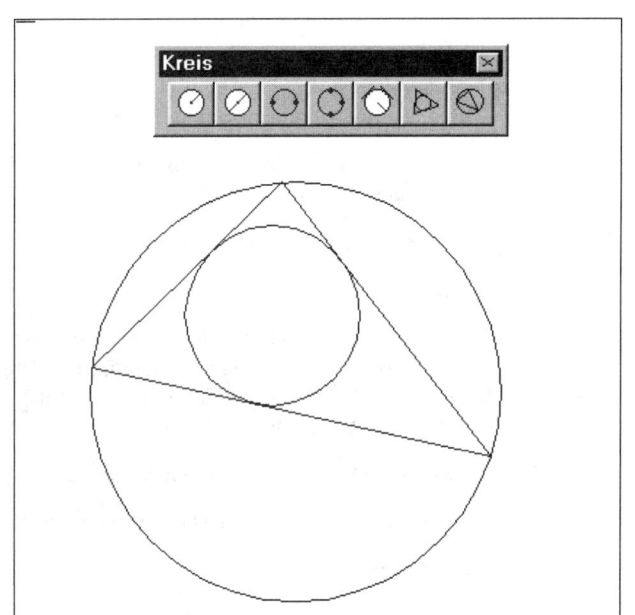

Abbildung 22.15:
Der neue Werkzeugkasten mit ersten Versuchen

22.7 Syntax für Makros

Die Syntax für die Makros entspricht denen der Menüdatei (siehe Kapitel 24). Allerdings kommen in der Menüdatei noch einige hinzu. Die Regel für die Erstellung eines Makros ist einfach: Schreiben Sie in das Makro hinein, was Sie eingeben würden, wenn Sie den Befehl komplett auf der Tastatur eingeben würden. Dazu kommen noch eine Reihe von Sonderzeichen, die den Befehlsablauf steuern. Das wichtigste Steuerzeichen ist beispielsweise das, mit dem die Ausführung des Makros angehalten und auf eine Benutzereingabe gewartet wird.

Die wichtigsten Makros für die Symbole in den Werkzeugkästen sehen Sie in Tabelle 22.1 aufgelistet.

Tabelle 22.1:
Sonderzeichen in der Menüdatei

Zeichen	Funktion
;	Steht für die Eingabe von ⏎
Leerzeichen	Steht für die Eingabe von ⏎
\	Warten auf Benutzereingabe
_	Befehle und Optionen in englischer Sprache
*	* am Beginn einer Menüfunktion bewirkt, daß die Menüfunktion im Wiederholmodus läuft
'	Ausführung eines transparenten Befehls
^B	Fang ein/aus
^C	Befehlsabbruch, steht am Beginn der meisten Menüfunktionen und bricht einen laufenden Befehl ab, wird immer zweimal verwendet ^C^C, da manche Befehle nur durch zweimaligen Abbruch beendet werden
^D	Koordinaten ein/aus bzw. Umschaltung der Anzeigeart
^E	Umschaltung der isometrischen Zeichenebene
^G	Raster ein/aus
^H	Rücktaste
^O	Orthomodus ein/aus
^P	Menümeldungen ein/aus
^V	Umschaltung des aktuellen Ansichtsfensters
^Z	Null-Zeichen; unterdrückt, daß am Ende einer Menüfunktion ein Leerzeichen übergeben wird

In den Makros können Sie mit $-Funktionen Menüteile neu belegen und aktivieren. $Po=* aktiviert das Pop-up-Menü, oder $P=* rollt das fünfte Abrollmenü aus. Mehr dazu finden Sie in dem Kapitel über die Menüdateien (siehe Kapitel 24).

22.8 Werkzeugkästen wiederherstellen

Alle Änderungen an den Werkzeugkästen werden in der Menüdatei ACAD.MNS gespeichert. Die Datei ACAD.MNU enthält dagegen die Standardeinstellung der Werkzeugkästen, wie Sie mit AutoCAD 14 geliefert wird. Sie können die ursprüngliche Menüdatei ACAD.MNU wieder laden, um den ursprünglichen Zustand wiederherzustellen. Dann sind aber alle Änderungen, die Sie bisher an den Werkzeugkästen gemacht haben, verloren.

Wenn Sie zunächst alles wieder so haben wollen, wie es war, wählen Sie den Befehl MENU. Damit können Sie eine neue Menüdatei wählen. Tippen Sie den Befehl auf der Tastatur ein.

Sie bekommen den Dateiwähler (siehe Abbildung 22.16) auf den Bildschirm. Wählen Sie im Abrollmenü DATEITYP die Einstellung MENÜVORLAGE (*.MNU), und klicken Sie in der Dateiliste die Datei ACAD.MNU an. Klicken Sie auf OK, ignorieren Sie die Warnmeldung, und Sie haben wieder den Originalzustand.

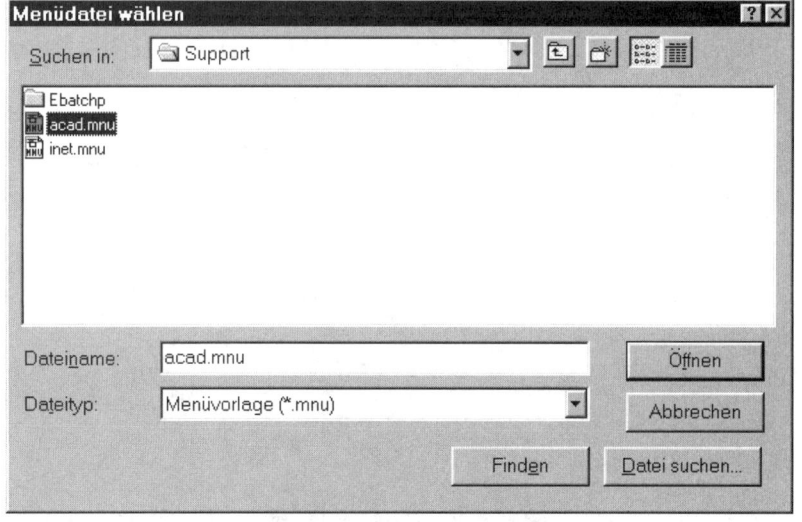

Abbildung 22.16:
Ursprüngliche Menüdatei wieder laden

Umgekehrt gilt natürlich auch: Wenn Sie die Änderungen an den Werkzeugkästen beibehalten möchten, laden Sie nicht mehr die Menüdatei ACAD.MNU. Nehmen Sie eventuelle Änderungen an der Datei ACAD.MNS vor. Alles weitere zu den Menüdateien finden Sie in Kapitel 24.

Die Supportdateien

Kapitel 23

23.1 Linientypen definieren
23.2 Komplexe Linientypen definieren
23.3 Schraffurmuster definieren
23.4 Externe Programme einbinden
23.5 Befehlskürzel definieren
23.6 Diadateien
23.7 Skript-Dateien

AutoCAD wird mit Linientypdateien und Schraffurmusterbibliotheken geliefert. Zudem haben Sie die Möglichkeit, Befehlsabläufe zu automatisieren und Präsentationen mit Dias zu erstellen. Sie lernen in diesem Kapitel:

- wie Sie neue Linientypen definieren,
- wie Sie eigene Schraffurmuster erzeugen
- wie Sie externe Programme in AutoCAD einbinden,
- wie Sie Befehlskürzel ändern und einfügen können,
- wie Sie Befehlsabläufe mit Skript-Dateien automatisieren können und
- wie Dias erstellt und zu Präsentationen zusammengefügt werden können.

23.1 Linientypen definieren

AutoCAD 14 wird mit einer ganzen Reihe von Linientypen geliefert. Trotzdem kann es sein, daß Sie zusätzliche Linienmuster benötigen. Wie Sie am Anfang des Buches schon gesehen haben, sind Linientypen in Linientypdateien gespeichert, die Sie mit dem Befehl LINIENTP laden können. Bei den Linientypdateien handelt es sich um Textdateien, die Sie mit einem Texteditor ändern oder erweitern können. Wenn Sie experimentieren, kopieren Sie sich vorher die Original-Linientypdateien ACADISO.LIN (für metrische Einheiten), und nehmen Sie die Änderungen an der Kopie vor.

AutoCAD verwendet die Datei ACADISO.LIN, wenn Sie mit metrischen Einheiten zeichnen, und ACAD.LIN, wenn Sie die englischen Einheiten (Fuß und Zoll) gewählt haben. Die Dateien befinden sich im Support-Verzeichnis, normalerweise ist das *\Programme\AutoCAD R14\Support*.

Vorgang: Linientypdatei mit dem Texteditor erstellen, erweitern oder ändern

Die Linientypen sind in Textdateien gespeichert. Sie können mit einem Texteditor, z. B. mit dem Windows-Notepad, die Datei ACADISO.LIN oder die Kopie davon ändern bzw. erweitern oder eine neue Datei mit der Dateierweiterung .LIN anlegen.

In einer Linientypdatei finden Sie für jeden Linientyp eine Definition. Sie besteht aus zwei Zeilen.

Kapitel 23: Die Supportdateien

Erste Zeile der Linientypdefinition

Die erste Zeile beginnt mit *. Dann folgt der Name und nach einem Komma die Beschreibung:

```
*Linientypname[,Beschreibung]
```

z. B.:

```
*RAND,__ __ . __ __ . __ __ . __ __ .
```

Für die Beschreibung können Sie auch einen Text eingeben, maximal darf sie 47 Zeichen umfassen. Der beschreibende Text hat keine Auswirkung auf den Linientyp. Er wird lediglich in der Liste des Dialogfelds beim Befehl LINIENTP angezeigt. Wird die Beschreibung weggelassen, darf auch das Komma hinter dem Namen nicht stehen.

Zweite Zeile der Linientypdefinition

In der zweiten Zeile steht »A,« und dahinter die eigentliche Beschreibung. Sie definiert das Muster aus Linien, Punkten und Pausen. Es muß eine Periode des Linientyps beschrieben werden. Begonnen wird immer mit einem Strich, und es endet mit einer Pause. Die Zahlenwerte legen die Längen der Linien und Pausen fest:

- Wert > 0: Strich mit der angegebenen Länge
  (in Zeichnungseinheiten)

- Wert < 0: Pause mit der angegebenen Länge
  (in Zeichnungseinheiten)

- Wert = 0: Punkt

Beispiel für eine strichpunktierte Linie:

A, 12.7, -6.35, 0, -6.35

Im folgenden Listing sehen Sie einen Auszug aus der Linientypdatei ACADISO.LIN.

Listing 23.1: Auszug aus der Datei ACADISO.LIN.

```
*RAND,__ __ . __ __ . __ __ . __ __ . __ __ .
A, 12.7, -6.35, 12.7, -6.35, 0, -6.35
*RAND2,_._._._._._._._._._._._._._._.
A, 6.35, -3.175, 6.35, -3.175, 0, -3.175
*RANDX2,____ ____ . ____ ____ . ____ ____ .
A, 25.4, -12.7, 25.4, -12.7, 0, -12.7
```

```
*MITTE,____ _ ____ _ ____ _ ____ _ ____ _ ____ _ ____ _ ____ _
A, 31.75, -6.35, 6.35, -6.35
*MITTE2,___ _ ___ _ ___ _ ___ _ ___ _ ___ _ ___ _ ___ _ ___
A, 19.05, -3.175, 3.175, -3.175
*MITTEX2,_____ __ _____ __ _____ __ _____ __
A, 63.5, -12.7, 12.7, -12.7

*STRICHPUNKT,__ . __ . __ . __ . __ . __ . __ . __ . __ . __ .
A, 12.7, -6.35, 0, -6.35
*STRICHPUNKT2,_._._._._._._._._._._._._._._._._._._._._._._._
.
A, 6.35, -3.175, 0, -3.175
*STRICHPUNKTX2,____ . ____ . ____ . ____ . ____ . ____ .
A, 25.4, -12.7, 0, -12.7
.
```

Tip:

Ein neuer Linientyp wird nicht automatisch in die Zeichnung geladen. Verwenden Sie dazu den Befehl DDLTYPE bzw. LINIENTP.

Die Längenangaben der Striche und Pausen werden beim Zeichnen mit dem Linientypenfaktor multipliziert und ergeben dann die tatsächliche Länge. Jede Linie endet immer mit dem Segment, mit dem sie begonnen hat. Das Muster wird dann der Linienlänge angepaßt. Dadurch kann es vorkommen, daß gerade bei kurzen Liniensegmenten die Länge der Segmente stark abweicht. Ist die Linie zu kurz, erscheint oft nur ein Strich. Durch Veränderung des GLOBALEN SKALIERFAKTORS im Dialogfeld des Befehls DDLTYPE bzw. LINIENTP können Sie die Linientypen dem Zeichnungsmaßstab anpassen.

23.2 Komplexe Linientypen definieren

Linientypdateien können auch komplexe Linientypen enthalten. Das sind Linientypen, die außer Linien, Strichen und Punkten auch Symbole und Buchstaben enthalten können. Damit lassen sich z.B. sehr anschaulich verschiedene Versorgungsleitungen in Plänen darstellen.

Die Syntax komplexer Linientypen ist einfachen Linientypen ähnlich. Sie bestehen ebenfalls aus einer Liste von durch Kommas getrennten Beschreibungen. Komplexe Linientypen können neben Strichen, Punkten und Pausen auch Symbole und Textobjekte enthalten.

Vorgang: Linientypen mit Symbolen

In Symboldateien lassen sich in AutoCAD einfache Geometrien in einem kompakten Format beschreiben. Bis zu 255 Symbole können in einer Symboldatei definiert sein. Die Syntax eines Symbolobjekts in der Beschreibung eines Linientyps sieht wie folgt aus:

```
[Symbolname,shx-Dateiname] oder
[Symbolname,shx-Dateiname,Transformation]
```

Die Angabe Transformation ist optional und kann jeder der folgenden Zeichenfolgen entsprechen:

R=nnn	Relative Drehung
A=nnn	Absolute Drehung
S=nnn	Skalierfaktor
X=nnn	X-Abstand
Y=nnn	Y-Abstand

Dabei entspricht nnn einer Dezimalzahl mit Vorzeichen. Die Drehung wird als Winkel in Grad angegeben und die Längen in Zeichnungseinheiten. Dem Transformationsbuchstaben muß, wenn eingesetzt, ein Gleichheitszeichen und eine Zahl folgen.

Die folgende Linientypdefinition definiert einen Linientyp mit dem Namen KON1LINIE, der aus einer sich wiederholenden Musterfolge aus einem Liniensegment, einem Leerzeichen und dem eingebetteten Symbol KON1 aus der Datei ES.SHX besteht. Wichtig ist, daß sich die Datei ES.SHX im Support-Pfad befinden muß.

Beispiel:

```
*KON1LINIE, --- [KON1] --- [KON1] --- [KON1]
A, 1.0,-0.25,[KON1,es.shx],-1.0
```

Wie beschrieben, können insgesamt sechs Felder benutzt werden, um ein Symbol als Teil eines Linientyps zu definieren. Die ersten beiden Felder sind erforderlich, die weiteren obligatorisch und können in beliebiger Reihenfolge angegeben werden. Hier zwei weitere Beispiele:

```
[CAP,es.shx,S=2,R=10,X=0.5]
```

Dieser Code definiert das Symbol CAP, das in der Symboldatei ES.SHX enthalten ist. Die Skalierung ist 2, es wird um 10° gedreht und hat einen Abstand von 2 Zeichnungseinheiten.

Der nächste Code definiert das Symbol DIP8, diesmal aus der Symboldatei PC.SHX mit einem X-Abstand von 0.5 Zeichnungseinheiten vor dem Symbol. Außerdem ist das Symbol in A-Richtung verschoben.

```
[DIP8,pc.shx,X=0.5,Y=1,R=0,S=1]
```

Vorgang: Linientypen mit Text

Bei komplexen Linientypen mit Text wird der Text wie ein Symbol eingebunden. Der Unterschied zur Verwendung von Symbolen und zum Einsatz von Text ist der, daß der Text mit einem Textstil angegeben werden muß, während bei einem Symbol der Symboldateiname erforderlich ist. Der Textstil in der Linientypbeschreibung muß vorhanden sein, bevor der Linientyp in die Zeichnung geladen wird. Die Definition sieht wie folgt aus:

```
["Zeichenfolge",Name des Textstils] oder
["Zeichenfolge",Name des Textstils,Transformation]
```

Die Angaben für die Transformation sind identisch mit denen bei der Verwendung von Symbolen.

Beispiel:

```
*MCLinie, --- MC --- MC --- MC
A,1.0,-0.25,["MC",meinstil,S=1,R=0,X=0,Y=-0.25],-1.25
```

Im folgenden Listing sehen Sie einen weiteren Auszug aus der Linientypendatei ACADISO.LIN. Diesmal ist es der Teil mit den komplexen Linientypen:

Listing 23.2: Komplexe Linientypen in der Datei ACADISO.LIN.

```
*GRENZE1,Grenze rund ----O-----O----O-----O----O-----O--
A,6.35,-2.54,[CIRC1,ltypeshp.shx,x=-2.54,s=2.54],-2.54,25.4
*GRENZE2,Grenze eckig ----[]-----[]----[]-----[]----[]---
A,6.35,-2.54,[BOX,ltypeshp.shx,x=-2.54,s=2.54],-2.54,25.4
*EISENBAHN,Eisenbahn -|-|-|-|-|-|-|-|-|-|-|-|-|-|-|-|-|-|-
|-|-
A,3.81,[TRACK1,ltypeshp.shx,s=6.35],3.81
*ISOLATION,Isolation
SSSSSSSSSSSSSSSSSSSSSSSSSSSSSSSSSSSSSSSSSS
A,.00254,-2.54,[BAT,ltypeshp.shx,x=-2.54,s=2.54],-
5.08,[BAT,ltypeshp.shx,r=180,x=2.54,s=2.54],-2.54
*HEISSWASSERLEITUNG,Heißwasserleitung ---- HW ---- HW ---- HW ----
A,12.7,-5.08,["HW",STANDARD,S=2.54,R=0.0,X=-2.54,Y=-1.27],-5.08
*GASLEITUNG,Gasleitung ----GAS----GAS----GAS----GAS----GAS----GAS--
A,12.7,-5.08,["GAS",STANDARD,S=2.54,R=0.0,X=-2.54,Y=-1.27],-6.35
```

```
*ZICKZACK,Zickzack /\/\/\/\/\/\/\/\/\/\/\/\/\/\/\/\/\/\/\/\/
A,.00254,-5.08,[ZIG,ltypeshp.shx,x=-5.08,s=5.08],-
10.16,[ZIG,ltypeshp.shx,r=180,x=5.08,s=5.08],-5.08.
```

23.3 Schraffurmuster definieren

Die Schraffurmuster, mit denen der Befehl GSCHRAFF arbeitet, sind in Schraffurmusterdateien mit der Dateierweiterung *.PAT gespeichert. AutoCAD 14 wird mit einer Datei ACADISO.PAT und ACAD.PAT geliefert. AutoCAD 14 verwendet die Datei ACADISO.PAT, wenn Sie metrische Einheiten gewählt haben, und ACAD.PAT bei englischen Einheiten. Darin sind jeweils 69 Muster enthalten.

Sollten die vorhandenen Muster nicht ausreichen, können Sie die Dateien erweitern. Da es sich um eine Textdatei handelt, ist das mit dem Windows-Notepad möglich. Sie können aber auch eigene Dateien erstellen, die dann aber nur eine Schraffurmusterdefinition enthalten dürfen. Der Name des darin enthaltenen Schraffurmusters muß der Dateiname sein, z.B.: Schraffurmuster RAUTE und Schraffurmusterdatei RAUTE.PAT. Die Schraffurmusterdateien müssen sich in einem Ordner befinden, der im Suchpfad der Support-Dateien angegeben ist.

Vorgang: Schraffurmuster mit dem Texteditor erstellen

In der Schraffurmusterdatei ACADISO.PAT finden Sie alle Schraffuren im metrischen Maßstab definiert. Jede Schraffurmusterdefinition besteht aus mindestens zwei Zeilen, die maximale Zahl ist nicht begrenzt. In der ersten Zeile steht der Name und eine Beschreibung:

```
*NAME, [Beschreibung]
```

z. B.:

```
*DOLMIT,Geologische Gesteinsschichten
```

Die Zeile muß mit einem * beginnen. Die Beschreibung ist nicht unbedingt erforderlich, sie wird nur als Kommentar verwendet.

Jede weitere Zeile enthält die Beschreibung einer Linienfamilie, eine periodisch wiederkehrende Folge von Linien. Diese Linien sind ähnlich wie die Linientypen zum Zeichnen definiert.

Das heißt, ein Schraffurmuster kann nur aus ausgezogenen, gestrichelten, gepunkteten und strichpunktierten Linien in einer periodisch wiederkehrenden Folge aufgebaut sein. Die Linienfamilien werden wie folgt definiert:

```
Winkel,X-Koord.Ursprung,Y-Koord.Ursprung,Versatz in
Linienrichtung,Abstand,[,Strich1,Strich2, usw.]
```

Dabei bedeutet:

Winkel	Winkel der Linien dieser Familie zur X-Achse
X-Koord. Ursprung	X-Koordinate des Ursprungs einer Linie aus dieser Linienfamilie
Y-Koord. Ursprung	Y-Koordinate des Ursprungs einer Linie aus dieser Linienfamilie
Versatz in Linienrichtung	Versatz zur Linie aus der vorherigen Linienfamilie in Linienrichtung, bei ausgezogenen Linien ist dieser Faktor 0
Abstand	Abstand zur Linie aus der vorherigen Linienfamilie

Die weiteren Angaben müssen nur dann gemacht werden, wenn es sich um gestrichelte, gepunktete oder strichpunktierte Linien handelt:

Strich-N	Liniendefinition der Linienfamilie wie bei der Linientypdefinition (siehe 23.1)
	Wert > 0: Strich in der Länge (in Zeichnungseinheiten)
	Wert < 0: Pause in der Länge (in Zeichnungseinheiten)
	Wert = 0: Punkt

Die Definition beginnt immer mit einem Strich, danach folgt eine Pause. Sie endet mit einer Pause und beschreibt eine Periode dieser Folge. Bei Linienfamilien mit ausgezogenen Linien kann diese Beschreibung komplett entfallen.

Listing 23.3 zeigt einen Auszug aus der Schraffurmusterdatei ACADI-SO.PAT, und Abbildung 23.1 zeigt die Schraffurmusterdefinitionen und die zugehörigen Linientypfamilien.

Listing 23.3: *Auszug aus der Datei* ACADI-SO.PAT

```
.
.
.
*CLAY,Ton
0, 0, 0, 0, 4.7625
0, 0, 0.79375, 0, 4.7625
0, 0, 1.5875, 0, 4.7625
0, 0, 3.175, 0, 4.7625, 4.7625, -3.175
*CORK,Kork
```

```
0, 0, 0, 0, 3.175
135, 1.5875, -1.5875, 0, 8.98026, 4.49013, -4.49013
135, 2.38125, -1.5875, 0, 8.98026, 4.49013, -4.49013
135, 3.175, -1.5875, 0, 8.98026, 4.49013, -4.49013
*CROSS,Eine Reihe von Kreuzen
0, 0, 0, 6.35, 6.35, 3.175, -9.525
90, 1.5875, -1.5875, 6.35, 6.35, 3.175, -9.525
*DASH,Gestrichelte Linien
0, 0, 0, 3.175, 3.175, 3.175, -3.175
*DOLMIT,Geologische Gesteinsschichten
0, 0, 0, 0, 6.35
45, 0, 0, 0, 17.9605, 8.98026, -17.9605
*DOTS,Eine Reihe von Punkten
0, 0, 0, 0.79375, 1.5875, 0, -1.5875
*EARTH,[Earth or ground (subterranean,Erde oder Grund
(unterirdisch))]
0, 0, 0, 6.35, 6.35, 6.35, -6.35
0, 0, 2.38125, 6.35, 6.35, 6.35, -6.35
0, 0, 4.7625, 6.35, 6.35, 6.35, -6.35
90, 0.79375, 5.55625, 6.35, 6.35, 6.35, -6.35
90, 3.175, 5.55625, 6.35, 6.35, 6.35, -6.35
90, 5.55625, 5.55625, 6.35, 6.35, 6.35, -6.35
.
.
.
```

Abbildung 23.1:
Beispiele für Schraffurmusterdefinitionen

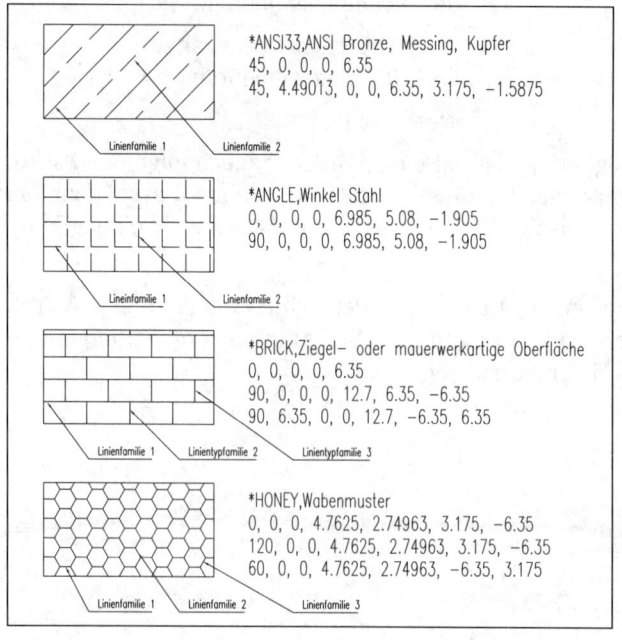

*ANSI33,ANSI Bronze, Messing, Kupfer
45, 0, 0, 0, 6.35
45, 4.49013, 0, 0, 6.35, 3.175, -1.5875

*ANGLE,Winkel Stahl
0, 0, 0, 0, 6.985, 5.08, -1.905
90, 0, 0, 0, 6.985, 5.08, -1.905

*BRICK,Ziegel- oder mauerwerkartige Oberfläche
0, 0, 0, 0, 6.35
90, 0, 0, 0, 12.7, 6.35, -6.35
90, 6.35, 0, 0, 12.7, -6.35, 6.35

*HONEY,Wabenmuster
0, 0, 0, 4.7625, 2.74963, 3.175, -6.35
120, 0, 0, 4.7625, 2.74963, 3.175, -6.35
60, 0, 0, 4.7625, 2.74963, -6.35, 3.175

Übung: Erstellung einer Schraffurmusterdatei ZIEGEL.PAT

➔ *Erzeugen Sie ein Schraffurmuster. Erstellen Sie dazu die Datei ZIEGEL.PAT.*

➔ *Die Schraffur soll eine gemauerte Wand darstellen. Im Maßstab 1:1 sollen die horizontalen Linien einen Abstand von 10 Einheiten haben. Es sollen sich die Ziegel mit schmaler und breiter Seite abwechseln. Die breite Seite mißt 40, die schmale 20 Einheiten. Die zweite Ziegelreihe soll so angeordnet sein, daß die schmalen Ziegel exakt in der Mitte der breiten liegen (siehe Abbildung 23.2).*

➔ *Die Datei ZIEGEL.PAT befindet sich in Ihrem Übungsordner. Wenn Sie sie nicht abtippen wollen, verwenden Sie diese zum Testen. Dazu muß sie sich im Verzeichnis \Programme\AutoCAD 14\Support befinden. Kopieren Sie sie dort hin.*

➔ *Starten Sie AutoCAD 14, und schraffieren Sie eine Fläche mit dem neu erzeugten Muster. In diesem Fall wählen Sie das benutzerspezifische Muster und tragen den Musternamen in das Dialogfeld ein (siehe Abbildung 23.3).*

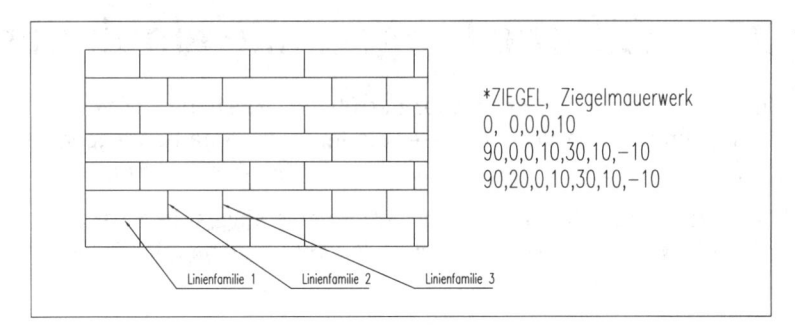

```
*ZIEGEL, Ziegelmauerwerk
0,  0,0,0,10
90,0,0,10,30,10,-10
90,20,0,10,30,10,-10
```

Linienfamilie 1   Linienfamilie 2   Linienfamilie 3

Abbildung 23.2:
Schraffurmuster ZIEGEL

Abbildung 23.3:
Schraffieren mit benutzerspezifischem Muster

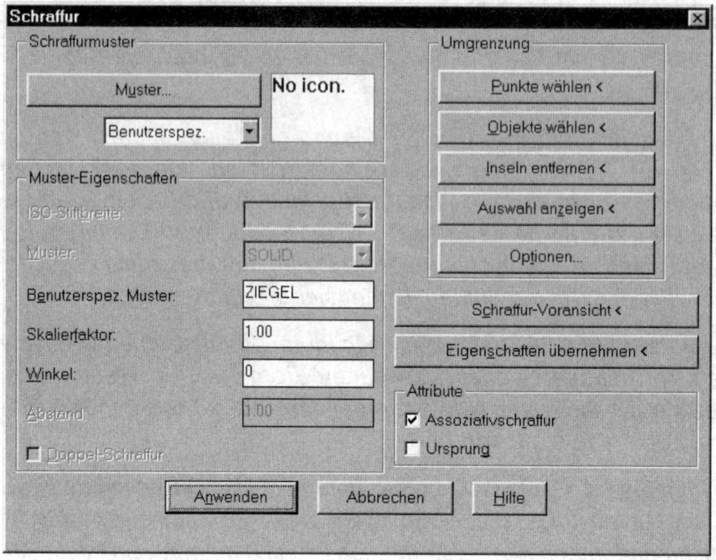

23.4 Externe Programme einbinden

Immer wenn Sie eine neue oder bestehende Zeichnung öffnen, durchsucht AutoCAD die Verzeichnisse, die im Supportpfad angegeben sind und liest die erste vorhandene Datei ACAD.PGP. Darin sind definiert:

- Externe Befehle, die wie AutoCAD-Befehle eingegeben werden, aber auch Windows-Systembefehle, Dienstprogramme oder DOS-Anwendungen aufrufen können.

- Befehlskürzel (siehe Kapitel 23.5)

Externe Befehle definieren Sie durch Angabe eines Befehlsnamens, der in der Befehlsanfrage eingegeben werden muß, und eine ausführbare Befehlszeichenkette, die an das Betriebssystem weitergegeben wird.

Vorgang: Format für externe Befehle

Das Format für die Einbindung eines externen Befehls in AutoCAD sieht wie folgt aus:

```
<Befehlsname>,[<DOS-Befehl>],
<Bitkennzeichen>,[*]<Eingabeaufforderung>,
```

Befehlsnamen

Befehlsname, mit dem das Programm in AutoCAD wie ein AutoCAD-eigener Befehl aufgerufen werden kann.

DOS-Befehl

DOS-Befehl oder Name des Programms, das aufgerufen werden soll, wenn der Befehl eingegeben wird.

Bitkennzeichen

Bitorientierter Code, mit dem angegeben wird, wie das externe Programm ausgeführt werden soll:

- 0 Anwendung starten und auf Abschluß des Vorgangs warten
- 1 Anwendung starten und nicht warten
- 2 Anwendung minimiert ausführen
- 4 Anwendung versteckt ausführen

Eingabeaufforderung

Eingabeaufforderung, die bei Start des Befehls ausgegeben wird. Das eingegebene Argument wird an das aufgerufene Programm übergeben.

Beispiele für Aufrufe von DOS-Befehlen in ACAD.PGP:

```
CATALOG,   DIR /W,        0, Dateispezifikation: ,
DEL,       DEL,           0, Zu löschende Datei: ,
DIR,       DIR,           0, Dateispezifikation: ,
EDIT,      START EDIT,    1, Zu bearbeitende Datei: ,
SH,        ,              1,* OS Befehl: ,
SHELL,     ,              1,* OS Befehl: ,
START,     START,         1,*Zu startende Anwendung: ,
TYPE,      TYPE,          0, Aufzulistende Datei: ,
```

Beispiele für Aufrufe von Windows-Programmen in ACAD.PGP:

```
EXPLORER,  START EXPLORER, 1,,
NOTEPAD,   START NOTEPAD,  1,*Zu bearbeitende Datei: ,
PBRUSH,    START PBRUSH,   1,,
```

23.5 Befehlskürzel definieren

Die meisten AutoCAD-Befehle lassen sich mit einem Kürzel starten, wenn sie auf der Tastatur eingegeben werden. In einem weiteren Abschnitt der Datei ACAD.PGP sind diese Befehlskürzel definiert.

Jede Zeile in diesem Abschnitt der Datei entspricht einem Befehlskürzel. An erster Stelle steht das Kürzel, gefolgt von einem Komma, danach ein * und der AutoCAD-14-Befehlsname. Das Listing 23.4 zeigt einen Auszug aus ACAD.PGP.

Listing 23.4:
Auszug aus der Datei ACAD.PGP

```
.
.
.
3A,      *3DARRAY
3F,      *3DFLÄCHE
3N,      *3DNETZ
3P,      *3DPOLY
B,       *BOGEN
FL,      *FLÄCHE
IF,      *INFO
AD,      *ATTDEF
AE,      *ATTEDIT
AUS,     *AUSRICHTEN
.
.
```

Beachten Sie, daß Änderungen an der Datei ACAD.PGP nicht sofort wirksam werden. Erst wenn Sie eine neue Zeichnung öffnen, wird die Datei neu gelesen. Wollen Sie innerhalb der aktuellen Sitzung veranlassen, daß die Datei neu gelesen wird, verwenden Sie den Befehl NEUINIT. Sie finden den Befehl nicht in den Menüs, geben Sie ihn auf der Tastatur ein. Sie erhalten ein Dialogfeld (siehe Abbildung 23.4).

Listing 23.5:
Dialogfeld zum Neuinitialisieren

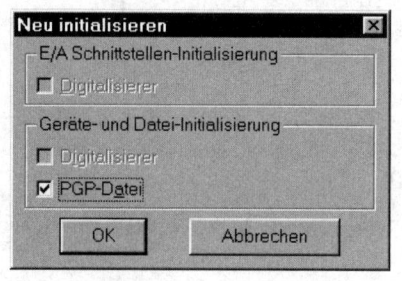

Klicken Sie den Eintrag PGP-DATEI an, und die Datei wird neu gelesen. Verwenden Sie ein Digitalisiertablett, können Sie die Schnittstelle, an der das Gerät angeschlossen ist und das Tablett selbst ebenfalls initialisieren, wenn Sie die entsprechenden Einträge anklicken.

23.6 Diadateien

In AutoCAD können Sie die momentane Ansicht auf dem Bildschirm in einem Dia festhalten. Dabei handelt es sich um einen Bildschirmschnappschuß, der später wieder angezeigt, aber nicht weiterbearbeitet werden kann. Er bekommt die Dateierweiterung *.SLD.

Vorgang: Befehl MACHDIA

Der momentane Ausschnitt der Zeichnung wird mit dem Befehl MACHDIA in einer Diadatei festgehalten. Den Befehl geben Sie auf der Tastatur ein. Verzeichnis und Dateiname für die Diadatei legen Sie im Dateiwähler fest. Der Befehl wird dann ohne weitere Anfragen ausgeführt.

Ist der Bildschirm mit dem Befehl AFENSTER in mehrere Ansichtsfenster aufgeteilt, wird nur das aktuelle Fenster im Dia festgehalten.

Bei Mehrfachansichten und aktivem Modellbereich wird ebenfalls das aktuelle Fenster ins Dia übernommen, bei aktivem Papierbereich der ganze Bildschirm.

Vorgang: Befehl ZEIGDIA

Ein gespeichertes Dia kann mit dem Befehl ZEIGDIA auf den Bildschirm gebracht werden. Geben Sie auch diesen Befehl auf der Tastatur ein, und wählen Sie die Datei im Dateiwähler aus. Das Dia erscheint dann auf dem Bildschirm im aktuellen Ansichtsfenster.

Sie können das Dia nicht verändern. Mit dem Befehl NEUZEICH verschwindet das Dia wieder vom Bildschirm.

Die Anzeige von Dias kann von einer Skript-Datei für Vorführungen und Präsentationen automatisiert werden (siehe Kapitel 23.7).

Vorgang: Diabibliotheken erstellen

Dias können werden hauptsächlich in der Menüdatei verwendet. Sie lassen sich in den Bildmenüs in kleinen Fenstern anzeigen. Dazu ist es aber sinnvoll, die Dias in Diabibliotheken zusammenzufassen. Darin lassen sich beliebig viele Diadateien zu einer Datei zusammenfassen. Bildmenüs können so schneller angezeigt werden.

Diadateien werden mit dem Programm SLIDELIB.EXE erstellt. Dabei handelt es sich um ein unkomfortables DOS-Programm. Es befindet sich im Ordner \PROGRAMME\AUTOCAD R14\SUPPORT.

Gehen Sie wie folgt vor:

- Erzeugen Sie in AutoCAD die Dias.
- Erstellen Sie in einem Texteditor, z. B. im Windows-Notepad eine Datei, in der Sie die Dateinamen aller Dias auflisten, die in die Diabibliothek übernommen werden sollen, z.B.:

```
BILD1.SLD
BILD2.SLD
GESAMT.SLD
...
... usw.
```

- Jeder Dateiname sollte in einer separaten Zeile stehen. Sichern Sie danach die Dateiliste.

- Wechseln Sie ins DOS-Fenster, und starten Sie das Programm SLIDELIB.EXE:

```
C:\PROGRAMMME\AUTOCAD R14\SUPPORT> SLIDELIB
[BIBLIOTHEKSNAME]<[NAME DER LISTE]
```

Eine Bibliothek mit dem angegebenen Namen wird erstellt, die Dateierweiterung *.SLB wird automatisch angehängt. Sie enthält die Dias, deren Namen Sie in die Textdatei geschrieben haben.

Mit dem Programm SLIDELIB.EXE kann die Bibliothek nicht verändert werden. Soll ein Dia aus der Bibliothek entfernt werden oder ein Dia neu aufgenommen werden, benötigen Sie wieder alle Dias, die Sie schon in der Bibliothek haben. Ändern Sie die Dialiste, fügen Sie den Namen ein, oder löschen Sie einen. Danach lassen Sie sich die Bibliothek wieder neu erstellen.

23.7 Skript-Dateien

Oft benötigte Befehlsfolgen lassen sich in AutoCAD in sogenannten Skript-Dateien zusammenfassen. Dabei handelt es sich um Textdateien, in denen die Befehlsfolge so eingegeben wird, wie Sie in AutoCAD 14 auf der Tastatur eingegeben würde. Mit dem Befehl SCRIPT wird die Datei geladen und automatisch ausgeführt. Den Befehl finden Sie im

- Abrollmenü WERKZEUGE mit der Funktion SKRIPT AUSFÜHREN...

Die Skript-Datei wählen Sie im Dateiwähler. Skript-Dateien haben die Dateierweiterung .SCR.

Tips und Hinweise zu Skript-Dateien

- Skript-Dateien werden mit einem Texteditor erstellt. Dazu eignet sich der Windows-Editor. Sie müssen die Dateierweiterung .SCR bekommen.

- Skript-Dateien lassen sich aus AutoCAD 14 mit dem Befehl SCRIPT starten.

- Mit Skript-Dateien lassen sich Befehlsabläufe automatisieren oder automatisch ablaufende Präsentationen erstellen.

- Die Anzeige von Dias läßt sich mit Skript-Dateien ebenfalls automatisieren.

- In Skript-Dateien ist es nicht sinnvoll, Dialogfelder aufzurufen, da innerhalb des Dialogfeldes nur interaktiv geändert werden kann. Der automatische Ablauf wird dann unterbrochen. Alle Befehle, die mit Dialogfeldern ausgeführt werden, sind auch als Befehle ohne Dialogfeld vorhanden und können in einem automatisierten Ablauf in Skript-Dateien verwendet werden.

- Skript-Dateien müssen alle Eingaben enthalten, die Sie auf der Tastatur machen müßten. Beachten Sie, daß Leerzeichen in AutoCAD wie ⏎ wirken.

- Die Bearbeitung einer Skript-Datei kann durch Betätigen der Rücktaste oder mit der Taste Esc unterbrochen werden. Danach lassen sich Befehle wieder normal abarbeiten. Mit dem Befehl RESUME wird die unterbrochene Skript-Datei fortgesetzt.

Steuerbefehle in Skript-Dateien

Einige Befehle in AutoCAD 14 lassen sich nur sinnvoll in Skript-Dateien verwenden.

Befehl	Funktion
Textbld	Umschaltung auf den Textbildschirm
Pause	Pause im Ablauf der Datei
	Beispiel: Pause 2000
	Pausenzeit in Millisekunden
Rscript	Wiederholung der Skript-Datei
Graphbld	Umschaltung auf den Grafikbildschirm

Tabelle 23.1:
Befehle in Skript-Dateien

Spezielle Befehle ohne Dialogfelder für Skript-Dateien

Alle Befehle zum Öffnen oder Sichern von Dateien, die sonst den Dateiwähler verwenden, sowie der Befehl PLOT arbeiten ohne Dialogfeld, wenn sie aus einer Skript-Datei aufgerufen werden. Verschiedene Befehle lassen sich mit einem vorangestellten »-« starten. In diesem Fall wird die Variante ohne Dialogfeld gestartet und kann über die Skript-Datei abgearbeitet werden, z. B. -LAYER, -GSCHRAFF, -LINIENTP usw.

Für Befehle mit Dialogfeldern gibt es spezielle Befehle ohne Dialogfeld. In der Befehlsreferenz (siehe Kapitel 28) finden Sie diese Befehle beschrieben. Tabelle 23.2 zeigt die Ersatzbefehle ohne Dialogfeld:

Tabelle 23.2: Befehle ohne Dialogfeld für Skriptbu-Dateien

Befehl mit Dialogfeld	Befehl für Skript-Dateien ohne Dialogfeld
Bmake	Block
Dbem	Bem
Ddattdef	Attdef
Ddatte	Attedit
Ddattext	Attext
Ddbks	Bks
Ddchprop	Eigändr
Ddcolor	Farbe
Ddedit	Ändern
Ddgrips	Setvar
Ddinsert	Einfüge
Ddltype	Linientp
Ddmodify	Ändern
Ddomodi	Farbe
	Erhebung
Ddosnap	Ofang
Ddrename	Umbennen
Ddrmodi	Kpmodus
	Füllen
	Raster
	Isoebene
	Qtext
	Fang

Befehl mit Dialogfeld	Befehl für Skript-Dateien ohne Dialogfeld
Ddselect	Setvar
Dducsp	Bks
Ddunits	Einheit
Ddview	Ausschnt

Übung: Arbeiten mit Skript-Dateien

↳ *Erstellen Sie eine Skript-Datei A4.SCR, die die Limiten auf 0,0 und 210,297 setzt (A4-Hochformat), einen Rand auf dem Layer RAND um das Blatt zeichnet, das Raster auf 10 und den Fang auf 2 setzt, beide einschaltet und das Blatt formatfüllend auf den Bildschirm bringt. Der Layer RAND soll mit der Farbe Rot neu angelegt werden.*

```
-LAYER M RAND FA ROT RAND

LIMITEN 0,0 210,297
PLINIE 0,0 210,0 210,297 0,297 S
RASTER 10
RASTER EIN
FANG 2
FANG EIN
LAYER SE 0

ZOOM A
```

Listing 23.6:
Beispiel für eine Skript-Datei

↳ *Beachten Sie, daß die Leerzeilen mit eingegeben werden müssen. Testen Sie die Befehlsfolge vorher auf der Tastatur aus, und geben Sie sie dann in den Windows-Editor ein.*

↳ *Starten Sie die Datei in AutoCAD.*

Die Menüs

Kapitel 24

24.1 Die Menüdatei
24.2 Abschnitte in der Menüdatei
24.3 Syntax der Menüdatei
24.4 Das Knopfmenü
24.5 Die Pop-up-Menüs
24.6 Die Abrollmenüs
24.7 Die Bildmenüs
24.8 Werkzeugkästen
24.9 Das Bildschirmseitenmenü
24.10 Die Tablettmenüs
24.11 Der Hilfetext
24.12 Tastaturkürzel

24.13 Laden von Teilmenüs
24.14 Die Makrosprache DIESEL
24.15 DIESEL-Funktionen

Die Bedienoberfläche von AutoCAD 14 ist in der Menüdatei definiert. Dort finden Sie die Beschreibung aller Menüteile. Sie lernen in diesem Kapitel:

- wie die Menüdatei aufgebaut ist,
- welche Syntax verwendet wird,
- wie Sie die Menüs ändern können,
- wie Sie mit verschiedenen Menüdateien und Teilmenüs arbeiten können und
- wozu Sie die Makrosprache DIESEL verwenden können.

24.1 Die Menüdatei

Alle Funktionen, die Sie auf den Knöpfen des Zeigegeräts, in den Abrollmenüs, im Bildschirmseitenmenü, auf dem Tablett und in den Werkzeugkästen finden, sind in der Menüdatei definiert. Auch Tastaturkürzel lassen sich in der Menüdatei definieren. Standardmäßig wird in AutoCAD 14 die Menüdatei ACAD.MNU verwendet. Die Datei kann mit einem Texteditor bearbeitet werden, diesmal aber mit dem Windows Wordpad, da sie für das Notepad zu groß ist. In der Datei ACAD.MNU sind die Standardeinstellungen der Werkzeugkästen definiert. Alle anderen Menüdateien werden aus dieser abgeleitet.

Zusätzlich gibt es aber auch die Datei ACAD.MNS, die inhaltlich identisch mit der Datei ACAD.MNU ist, lediglich die Kommentarzeilen sind entfernt. Jede Änderung an den Werkzeugkästen (Befehl WERKZEUGKASTEN, siehe Kapitel 22) wird mit in diese Datei übernommen. Auch diese Datei kann mit dem Texteditor bearbeitet werden.

Diese Menüdatei wird kompiliert, und AutoCAD arbeitet letztendlich mit der binären Menüdatei ACAD.MNC. Dazu wird die Ressourcendatei ACAD.MNR benötigt, in der die in den Menüs benötigten Bitmap-Dateien definiert sind.

.MNU Menüvorlagedatei mit Menüdefinitionen und Kommentaren. Dient als allgemeine Referenz.

.MNS Menüquelltextdatei, die über den Befehl WERKZEUGKASTEN oder mit einem Texteditor angepaßt werden kann.

.MNC Kompilierte binäre Menüdatei mit Befehlsstrings und Menüsyntax, die das funktionale Erscheinungsbild des Menüs festlegt.

.MNR Binäre Ressourcendatei mit den für das Menü benötigten Bitmaps.

Kapitel 24: Die Menüs

Mit dem Befehl VOREINSTELLUNGEN... (siehe Kapitel 27) können Sie einstellen, mit welcher Menüdatei AutoCAD standardmäßig arbeiten soll. Vorgabe ist *ACAD*, aber Sie können auch eine komplett neue Menüdatei verwenden.

Vorgang: Befehl MENÜ

Mit dem Befehl MENÜ können Sie eine Menüdatei laden. Stellen Sie im Dateiwähler den gewünschten Dateityp (.MNU, .MNS oder .MNC) ein, und suchen Sie die Datei aus.

Abbildung 24.1:
Menüdatei laden

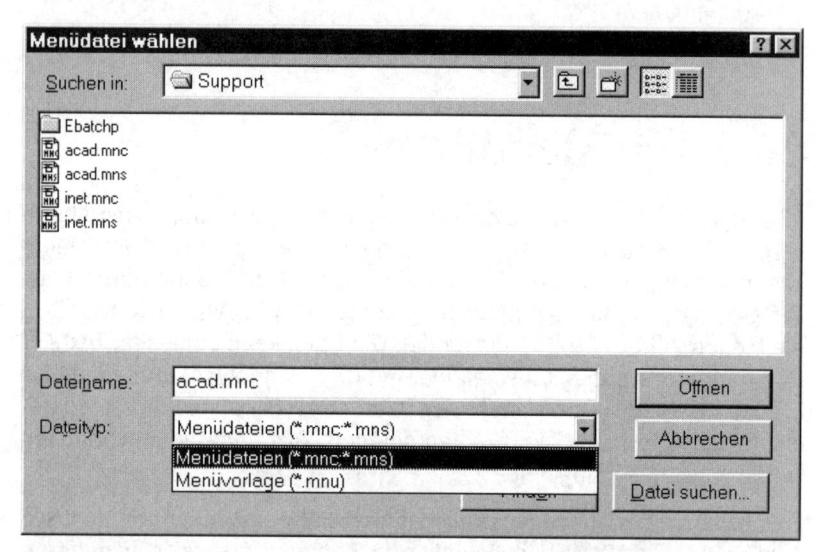

Wählen Sie eine Menüvorlage zum Laden aus, bekommen Sie einen Warnhinweis, daß alle Änderungen an den Werkzeugkästen verlorengehen. Die weiteren Dateien (siehe oben) werden aus der MNU-Datei abgeleitet.

Wenn Sie die MNS- oder MNC-Datei laden, bleiben eventuelle Änderungen an den Werkzeugkästen unverändert.

Übung: Laden einer neuen Menüdatei

→ *Wir wollen in den weiteren Übungen mit einer Kopie der Original-Menüdatei arbeiten, um bei gravierenden Fehlern Ihr Programm nicht lahmzulegen.*

→ *Eine Kopie der Original-Menüdatei befindet sich unter dem Namen KOMP14.MNU auf Ihrer Übungs-CD, also auch im Übungsordner auf Ihrer Festplatte. Laden Sie diese Menüdatei mit dem Befehl MENÜ.*

↳ *Alle weiteren Änderungen in den nachfolgenden Kapiteln machen Sie an dieser Menüdatei im Übungsordner. Wird sie zum erstenmal geladen, wird die Datei KOMP14.MNS erzeugt. Sie könnten auch diese Datei ändern. Da Sie nichts an den Werkzeugkästen geändert haben, ist es egal, welche Datei Sie verwenden. Bearbeiten Sie die Datei KOMP14.MNU, sie ist mit Kommentaren versehen. Die Orientierung ist darin etwas leichter.*

24.2 Abschnitte in der Menüdatei

Die Menüdateien sind in verschiedene Abschnitte unterteilt, in denen die einzelnen Menüs definiert sind. Der Beginn der Abschnitte ist in der Menüdatei mit *** markiert. In AutoCAD gibt es folgende Abschnitte:

Abbildung 24.2: Tabelle 24.1: Abschnitte in der Menüdatei

Abschnitt	Menübereich
***BUTTONS1 bis	Knopfmenü für das Digitalisiertablett
***BUTTONS4	vier verschiedene Belegungen sind möglich
***AUX1 bis	Knopfmenü für die Maus
***AUX4	vier verschiedene Belegungen sind möglich
***POP0	Pop-up-Menü für die dritte Taste
***POP1 bis	Abrollmenüs
***POP10	16 sind im Standardmenü möglich
***POP17	Pop-up-Menü für die rechte Maustaste bei Griffen
***TOOLBARS	Definition der Werkzeugkästen
***IMAGE	Bildmenü im Standardmenü nicht vorhanden
***SCREEN	Bildschirmseitenmenü
***TABLET1 bis	Menübereiche auf dem Tablett
***TABLET4	vier Bereiche sind möglich
***HELPSTRINGS	Hilfetexte, die in der Statuszeile angezeigt werden
***ACCELERATORS	Tastaturkürzel
***COMMENTS	Kommentar

Kapitel 24: Die Menüs

Menübereiche können auch mehrfach belegt werden. Zum Beispiel kann bei Anwahl irgendeines Menüpunktes ein komplettes Abrollmenü oder ein kompletter Tablettbereich neu belegt werden. Das Bildschirmseitenmenü ist hierarchisch aufgebaut. Beim Anklicken von Menüpunkten werden ständig neue Seiten geladen. Auch die Bildmenüs sind je nach gewählter Funktion mit verschiedenen Untermenüs belegt. Diese zusätzlichen Definitionen der Menüs werden in Untermenüs festgelegt. Untermenüs beginnen in der Menüdatei mit **.

```
***POP5
**POP5-Standard
.
.
.
**POP5-Neu
.
.
.
```

Um ein Untermenü nachzuladen, muß ein Untermenüaufruf in irgendeiner Menüzeile hinterlegt sein. Der Untermenüaufruf beginnt mit dem Zeichen »$« und sieht wie folgt aus:

```
$Abschnitt=Menüname   zum Beispiel
$P5=POP5-NEU          oder
$I=SCHRAFF            usw.
```

Ein Spezialfall ist der Aufruf »$M«. Er ruft ein DIESEL-Makro auf, das ist eine bedingte Menüfunktion, die in der Makrosprache DIESEL geschrieben ist (siehe Kapitel 24.13). Die möglichen Untermenüaufrufe finden Sie in Tabelle 24.1.

Tabelle 24.1: Untermenüabschnitte in der Menüdatei

Bezeichnung	Untermenü im Abschnitt
$B1 bis $B4	Untermenü für ein Knopfmenü des Digitalisiertabletts
$A1 bis $A4	Untermenü für ein Knopfmenü der Maus
$P0	Untermenü für das Pop-up-Menü
$P1 bis $P16	Untermenü für ein Abrollmenü
$I	Untermenü für das Bildmenü
$T1 bis $T4	Untermenü für das Tablettmenü
$M	DIESEL-Makro

24.3 Syntax der Menüdatei

In der Menüdatei entspricht prinzipiell jede Zeile einer Funktion im Menü. Ausgenommen sind die Zeilen, die mit »//« beginnen und die nach der Marke ***COMMENT stehen. Dabei handelt es sich um Kommentarzeilen, die nicht ausgeführt werden.

Wichtig: In den Zeilen der Menüdatei steht nur, was Sie eingeben müßten, wenn Sie den AutoCAD-Befehl auf der Tastatur eingeben würden.

In der Praxis ist es dann doch nicht so einfach. Das kommt daher, daß zur Steuerung der Abläufe diverse Steuerzeichen erforderlich sind. Tabelle 24.3 zeigt Ihnen die Sonderzeichen für Menüfunktionen und deren Bedeutung.

Tabelle 24.2: *Sonderzeichen in der Menüdatei*

Zeichen	Funktion
***	Markierung eines Menüabschnitts
**	Markierung eines Untermenüs
[ ]	Angezeigter Text bzw. Name der Menüfunktion
;	Steht für die Eingabe von ⏎
Leerzeichen	Steht für die Eingabe von ⏎
\	Warten auf Benutzereingabe
_	Befehle und Optionen in englischer Sprache
+	Fortsetzung der Menüfunktion in der nächsten Zeile. Normalerweise entspricht jeder Zeile der Menüdatei ein Eintrag im Menü. Bei längeren Menüfunktionen kann am Schluß der Zeile + gesetzt werden, die Menüfunktion wird dann in der nächsten Zeile fortgesetzt.
=*	Aktivierung des aktuellen Bild-, Pop-up- oder Abrollmenüs. Zum Beispiel bringt $P0=* das Pop-up-Menü auf den Bildschirm, aktiviert der Eintrag $P5=* das Abrollmenü 5 oder bringt $I=* das Bildmenü auf den Bildschirm.
*	* am Beginn einer Menüfunktion bewirkt, daß die Menüfunktion im Wiederholmodus läuft.
$	Laden eines Untermenüs oder Aktivierung eines DIESEL-Makros. $P5=POP5-NEU lädt z. B. das Untermenü POP5-NEU, oder $I=SYMBOLE lädt das Untermenü SYMBOLE.
'	Ausführung eines transparenten Befehls

Zeichen	Funktion
^B	Fang ein/aus
^C	Befehlsabbruch. Steht am Beginn der meisten Menüfunktionen und bricht einen laufenden Befehl ab. Wird immer zweimal verwendet ^C^C, da manche Befehle nur durch zweimaligen Abbruch beendet werden.
^D	Koordinaten ein/aus bzw. Umschaltung der Anzeigeart
^E	Umschaltung der isometrischen Zeichenebene
^G	Raster ein/aus
^H	Rücktaste
^O	Orthomodus ein/aus
^P	Menümeldungen ein/aus
^V	Umschaltung des aktuellen Ansichtsfensters
^Z	Null-Zeichen. Unterdrückt, daß am Ende einer Menüfunktion ein Leerzeichen übergeben wird.

Die Funktionen der Sonder- und Steuerzeichen werden in den Beispielen der folgenden Kapitel besser erkennbar. Nehmen Sie die Tabelle zum Nachschlagen.

24.4 Das Knopfmenü

Bei den Tasten der Maus oder des Digitalisiertabletts können Sie über die erste Taste nicht verfügen. Sie ist fest als Picktaste belegt. Lediglich die zweite und, sofern vorhanden, die dritte und die weiteren Tasten beim Digitalisiertablett sind in der Menüdatei definiert. Die Menüdatei enthält vier Belegungen, die Sie mit Tastenkombinationen erhalten (siehe Tabelle 24.4). In den Abschnitten ***BUTTONSn sind die Belegungen des Digitalisiertabletts definiert und in ***AUXn die der Maus.

Tabelle 24.3: Tastenkombinationen mit den Maustasten

Tastenkombination	Knopfmenü
Betätigen der Maustaste	BUTTONS1 bzw. AUX1
⇧ + Maustaste	BUTTONS2 bzw. AUX2
Strg + Maustaste	BUTTONS3 bzw. AUX3
⇧ + Strg + Maustaste	BUTTONS4 bzw. AUX4

In der Standard-Menüdatei sind die Maustasten wie in der Liste unten belegt. Beachten Sie, daß die Erläuterungen nicht in der Menüdatei enthalten sind, sondern hier nur zur Erklärung verwendet werden.

```
.
.
***AUX1
// Simple button
// if a grip is hot bring up the Grips Cursor Menu +
POP 17), else send a carriage return
$M=$(if,$(eq,$(substr,$(getvar,cmdnames),1,5),GRIP_),+
$P0=ACAD.GRIPS $P0=*);
$P0=SNAP $p0=*
^C^CBefehlsabbruch
^Bsiehe Tabelle 24.3
^O"
^G"
^D"
^E"
^T"
```

Die erste Taste ist gleich mit einer Spezialfunktion belegt. Wenn sich ein heißer Griff in der Zeichnung befindet, wird Pop17 auf die Taste gelegt, ansonsten ⏎.

Es ist nicht sinnvoll, die Belegungen der Tasten zu ändern, da meist sowieso nur eine frei belegbare Taste zur Verfügung steht.

24.5 Die Pop-up-Menüs

Die Pop-up-Menüs sind die Menüs, die an der Cursorposition auf dem Bildschirm eingeblendet werden. Zwei Pop-up-Menüs sind verfügbar. Eines erscheint, wenn Sie die dritte Maustaste drücken oder die Taste ⇧ gemeinsam mit der zweiten Maustaste drücken, das andere, wenn Sie einen heißen Griff in der Zeichnung aktiviert haben und die zweite Maustaste drücken. In der Menüdatei stehen sie bei den Marken ***POP0 und ***POP17.

Über den Umfang in Tabelle 24.3 hinaus finden Sie in den Pop-up-Menüs sowie in den Abrollmenüs noch eine Reihe weiterer Sonderzeichen. In Tabelle 24.5 finden Sie die speziellen Zeichen erläutert.

Kapitel 24: Die Menüs

Tabelle 24.4:
Sonderzeichen im Pop-up-Menü und in den Abrollmenüs

Zeichen	Funktion
[--]	Trennlinie im Menü
->	Eröffnung eines Untermenüs
<-	Letzte Zeile eines Untermenüs
<-<-	Letzte Zeile eines zweiten Untermenüs, schließt das übergeordnete Menü mit ab
&	Tastaturkürzel

Das Pop-up-Menü *POPo* hat folgendes Aussehen:

```
.
.
***POPO
**SNAP
// Shift-right-click
              [&Objektfang-Cursormenü]
ID_Tracking   [S&pur]_tracking
ID_From       [&Von]_from
ID_MnPointFi  [->Pu&nktfilter]
ID_PointFilx  [.X].X
ID_PointFily  [.Y].Y
ID_PointFilz  [.Z].Z
              [--]
ID_PointFixy  [.XY].XY
ID_PointFixz  [.XZ].XZ
ID_PointFiyz  [<-.YZ].YZ
              [--]
ID_OsnapEndp  [&Endpunkt]_endp
ID_OsnapMidp  [&Mittelpunkt]_mid
ID_OsnapInte  [&Schnittpunkt]_int
ID_OsnapAppa  [&Angenomm. Schnittpunkt]_appint
              [--]
ID_OsnapCent  [&Zentrum]_cen
ID_OsnapQuad  [&Quadrant]_qua
ID_OsnapTang  [&Tangente]_tan
              [--]
ID_OsnapPerp  [&Lot]_per
ID_OsnapNode  [P&unkt]_nod
ID_OsnapInse  [&Basispunkt]_ins
ID_OsnapNear  [Näc&hster]_nea
ID_OsnapNone  [&Keiner]_non
              [--]
ID_Osnap      [&Objektfang...]'_osnap
```

Das Pop-up-Menü für die Griffe POP17 sieht wie folgt aus:

.
.
.
```
***POP17
**GRIPS
//  When a grip is hot, then display the following+ shortcut menu
for grips.  See also AUX1 menu.
//  Note:  This menu appears in the Menu Customization+ dialog,
//  but it is intended for use as a right-click+
cursor menu.
              [Gri&ffe-Cursormenü]
ID_Enter      [Ei&ngabe];
              [--]
ID_GripMove   [S&chieben]_move
ID_GripMirro  [S&piegeln]_mirror
ID_GripRotat  [&Drehen]_rotate
ID_GripScale  [&Varia]_scale
ID_GripStret  [&Strecken]_stretch
              [--]
ID_GripBase   [B&asispunkt]_base
ID_GripCopy   [&Kopieren]_copy
ID_GripRefer  [$(if,$(or,$(eq,$(getvar,cmdnames),+
GRIP_SCALE),$(eq,$(getvar,cmdnames),+
GRIP_ROTATE)),,~)&Referenz] reference
ID_GripUndo   [&Zurück]_u
              [--]
ID_Ddmodify   [&Eigenschaften...]^C^C_ai_propchk
ID_GotoURL    [&Gehe zu URL...]^C^C_gotourl
              [--]
ID_GripExit   [&Beenden]_exit
```

Vor der eckigen Klammern steht der Verweis auf den Hilfetext. Zeigen Sie mit dem Mauszeiger auf die entsprechende Funktion, wird in der Statuszeile ein Hilfetext angezeigt. Der Hilfetext ist im Menüabschnitt ***HELPSTRINGS definiert. Dort erscheinen alle Marken mit dem Hilfetext.

In eckigen Klammern steht der im Menü angezeigte Text. Ein Pfeil nach rechts -> zeigt die Stelle an, an der ein Untermenü beginnt, und der Pfeil nach links <- die Stelle, an der das Untermenü endet. Meist steht vor einem Buchstaben das Zeichen »&«. Es markiert das Tastaturkürzel, das ist der Buchstabe, mit dem die Menüfunktion auf der Tastatur aktiviert wird.

Beachten Sie, daß am Ende jedes Menüabschnitts mindestens eine Leerzeile stehen muß.

Kapitel 24: Die Menüs

Übung: Erweiterung des Pop-up-Menüs

↳ Erweitern Sie Ihre Menüdatei KOMP14.MNU im Übungsordner.

↳ Fügen Sie die beiden wichtigsten Zoomfunktionen Fenster und Vorher ebenfalls in das Pop-up-Menü ein. Die Befehle sollen transparent arbeiten.

↳ Machen Sie eine zweite und dritte Belegung des Pop-up-Menüs. Die zweite Belegung aktiviert mit ⇧ und der rechten Maustaste den Objektfang (Standard), die Taste [Strg] und die rechte Maustaste sollen ein Pop-up-Menü mit den Zeichenbefehlen aktivieren.

```
***AUX1
// Simple button
// if a grip is hot bring up the Grips Cursor Menu (POP 17), else
send a carriage return
$M=$(if,$(eq,$(substr,$(getvar,cmdnames),1,5),GRIP_),$P0=ACAD.GRIPS
 $P0=*);
$P0=SNAP $p0=*
^C^C
^B
^O
^G
^D
^E
^T


***AUX2
// Shift + button
$P0=SNAP $p0=*
$P0=SNAP $p0=*


***AUX3
// Control + button
$P0=ZEICH $p0=*

***AUX4
// Control + shift + button
$P0=SNAP $p0=*

//
//    Begin AutoCAD Pull-down Menus
//
***POP0
**SNAP
// Shift-right-click
            [&Objektfang-Cursormenü]
            [Zoom Fenster]'Zoom Fenster
```

Die Pop-up-Menüs

```
              [Zoom Vorher]'Zoom Vorher
              [--]
ID_Tracking   [S&pur]_tracking
ID_From       [&Von]_from
ID_MnPointFi  [->Pu&nktfilter]
ID_PointFilx  [.X].X
ID_PointFily  [.Y].Y
ID_PointFilz  [.Z].Z
              [--]
ID_PointFixy  [.XY].XY
ID_PointFixz  [.XZ].XZ
ID_PointFiyz  [<-.YZ].YZ
              [--]
ID_OsnapEndp  [&Endpunkt]_endp
ID_OsnapMidp  [&Mittelpunkt]_mid
ID_OsnapInte  [&Schnittpunkt]_int
ID_OsnapAppa  [&Angenomm. Schnittpunkt]_appint
              [--]
ID_OsnapCent  [&Zentrum]_cen
ID_OsnapQuad  [&Quadrant]_qua
ID_OsnapTang  [&Tangente]_tan
              [--]
ID_OsnapPerp  [&Lot]_per
ID_OsnapNode  [P&unkt]_nod
ID_OsnapInse  [&Basispunkt]_ins
ID_OsnapNear  [Näc&hster]_nea
ID_OsnapNone  [&Keiner]_non
              [--]
ID_Osnap      [&Objektfang...]'_osnap


**ZEICH
[Zeichnen]
[Linie]^C^CLINIE
[Kreis]^C^CKREIS
[Bogen]^C^CBOGEN
[Plinie]^C^CPLINIE
[Text]^C^CDTEXT
[Ofang]$p0=SNAP $p0=*
.
.
```

↪ *Wenn Sie das Menü geändert haben und die Datei gespeichert ist, sind die Änderungen noch nicht wirksam. Laden Sie also zuerst die geänderte Menüdatei aus dem Übungsordner.*

⇥ Wenn Sie keine Lust zum Tippen haben: Die Änderungen finden Sie in der Menüdatei KOMP14-1.MNU. Sie können auch diese laden und testen.

Auf Hilfetexte haben wir diesmal verzichtet. Sie stehen normalerweise vor den eckigen Klammern, dazu weiter unten mehr.

24.6 Die Abrollmenüs

Die Abrollmenüs sehen prinzipiell gleich aus wie die Pop-up-Menüs. Jedes Abrollmenü beginnt mit der Marke ***POPn. Bis maximal 16 Abrollmenüs sind möglich. Die folgende Liste zeigt den Anfang des Abrollmenüs ZEICHNEN.

```
***POP7
**DRAW
ID_MnDraw       [&Zeichnen]
ID_Line         [&Linie]^C^C_line
ID_Ray          [Stra&hl]^C^C_ray
ID_Xline        [K&onstruktionslinie]^C^C_xline
ID_Mline        [&Multilinie]^C^C_mline
                [--]
ID_Pline        [&Polylinie]^C^C_pline
ID_3dpoly       [&3D-Polylinie]^C^C_3dpoly
ID_Polygon      [Pol&ygon]^C^C_polygon
ID_Rectang      [&Rechteck]^C^C_rectang
                [--]
ID_MnArc        [->Bo&gen]
ID_Arc3point    [&3 Punkte]^C^C_arc
                [--]
ID_ArcStCeEn    [&Startp, Mittelp, Endp]^C^C_arc \_c
ID_ArcStCeAn    [S&tartp, Mittelp, Winkel]^C^C_arc \_c \_a
ID_ArcStCeLe    [St&artp, Mittelp, Sehnenlänge]^C^C_arc \_c \_l
                [--]
ID_ArcStEnAg    [Sta&rtp, Endp, Winkel]^C^C_arc \_e \_a
ID_ArcStEnDi    [Start&p, Endp, Richtung]^C^C_arc \_e \_d
ID_ArcStEnRa    [Startp, &Endp, Radius]^C^C_arc \_e \_r
                [--]
ID_ArcCeStEn    [&Mittelp, Startp, Endp]^C^C_arc _c
ID_ArcCeStAn    [M&ittelp, Startp, Winkel]^C^C_arc _c \\_a
ID_ArcCeStLe    [Mitte&lp, Startp, Sehnenlänge]^C^C_arc _c \\_l
                [--]
ID_ArcContin    [<-&Weiter]^C^C_arc ;
ID_MnCircle     [->&Kreis]
ID_CircleRad    [Mittel, &Radius]^C^C_circle
ID_CircleDia    [Mittel, &Durchm.]^C^C_circle \_d
                [--]
```

```
ID_Circle2pt   [&2 Punkte]^C^C_circle _2p
ID_Circle3pt   [&3 Punkte]^C^C_circle _3p
               [--]
ID_CircleTTR   [&Tan, Tan, Radius]^C^C_circle _ttr
ID_CircleTTT   [<-T&an, Tan, Tan]^C^C_circle _3p _tan \_tan \_tan \
.
.
```

Bei den Funktionen BOGEN > und KREIS > öffnen sich Untermenüs. In diesen finden Sie die Befehle schon mit den entsprechenden Optionen, z. B.:

```
ID_ArcStCeAn   [S&tartp, Mittelp, Winkel]^C^C_arc \_c \_a
```

Dabei bedeutet:

ID_ArcStCeAn	Hilfetext im Bereich ***HELPSTRINGS
[.....]	Anzeigetext im Menü
&t	Markiertes Zeichen im Anzeigetext, das Tastaturkürzel
^C^C	Abbruch eines eventuell aktiven Befehls
_arc	Aktivierung des Befehls BOGEN mit seinem englischen Befehlsnamen
\	Warten auf die Benutzereingabe des Startpunkts Beachten Sie, daß hinter einem \ keine Leertaste folgt, da der Benutzer die Eingabe selbst quittiert. Eine weitere Leertaste würde den Befehlsablauf durcheinanderbringen.
_c	Aktivierung der Option *Mittelpunkt* mit dem englischen Optionsnamen
\	Warten auf die Benutzereingabe des Mittelpunkts
_a	Aktivierung der Option *Winkel* mit dem englischen Optionsnamen

Übung: Erstellung eines zusätzlichen Abrollmenüs

↪ *Erstellen Sie ein Abrollmenü mit dem Namen POP11. Damit sollen Möbelsymbole als Blöcke eingefügt werden. Die Zeichnungsdateien sind in Ihrem Übungsordner \Aufgaben gespeichert. Falls Sie ein anderes Verzeichnis für Ihre Übungsdateien gewählt haben, korrigieren Sie entsprechend. Das Menü soll Gruppennamen erhalten wie Sitzmöbel, Betten, Sanitär usw. Jede Gruppe ruft Untermenüs auf. Dann soll der Befehl EINFÜGE den entsprechenden Block einfügen. Die Symbole sind im Unterverzeichnis vorhanden (siehe unten).*

```
***POP11
[&Möbel]
[->&Sitzmöbel]
[Sitzgr. &1]^C^CEinfüge c:/Aufgaben/s-stz-01
[Sitzgr. &2]^C^CEinfüge c:/Aufgaben/s-stz-02
[<-Sitzgr. &3]^C^CEinfüge c:/Aufgaben/s-stz-03
```

```
[->&Betten]
[Bett &1]^C^CEinfüge c:/Aufgaben/s-sch-01
[Bett &2]^C^CEinfüge c:/Aufgaben/s-sch-02
[Bett &3]^C^CEinfüge c:/Aufgaben/s-sch-03
[<-Bett &4]^C^CEinfüge c:/Aufgaben/s-sch-04
[->S&anitär]
[&Wanne]^C^CEinfüge c:/Aufgaben/s-san-01
[Wascht. &1]^C^CEinfüge c:/Aufgaben/s-san-02
[Wascht. &2]^C^CEinfüge c:/Aufgaben/s-san-03
[Wascht. &3]^C^CEinfüge c:/Aufgaben/s-san-04
[<-&Dusche]^C^CEinfüge c:/Aufgaben/s-san-05
```

- *So könnten wir weitermachen und die Menüs weiter verschachteln. So oder so ähnlich können Sie Ihre Standardblöcke ebenfalls in das Menü einbinden.*

- *Speichern Sie Ihre Änderungen, laden Sie die geänderte Menüdatei in AutoCAD, und testen Sie Ihr neues Menü.*

- *Das obige Beispiel ist schon mit dem vorherigen in der Menüdatei KOMP14-2.MNU enthalten, die im Verzeichnis \AUFGABEN gespeichert ist. Die verwendeten Blöcke sind ebenfalls in dem Verzeichnis. Dort können sie auch bleiben, da beim Befehl EINFÜGE der Pfad mit angegeben ist. Beachten Sie, daß bei der Pfadangabe »/« verwendet wird, »\« steht in Menüdateien für eine Benutzereingabe.*

24.7 Die Bildmenüs

Bildmenüs lassen sich nur von einem anderen Menüteil aufrufen. Bildmenüs haben aber Vorteile, man kann eine Funktion per Bild oder mit ihrem Namen aus der Liste wählen. Die Bildmenüs sind nach der Marke ***SCREEN definiert.

Im Folgenden wollen wir ein Bildmenü wie in Abbildung 24.2 für eine Symbolbibliothek erstellen.

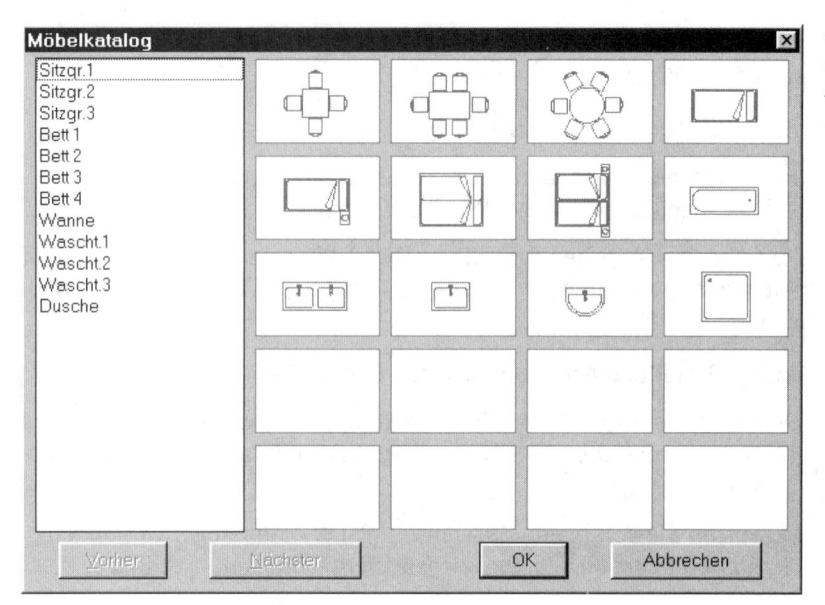

Abbildung 24.3:
Bildmenü zur Auswahl der Symbole

Bildmenüs müssen immer aus anderen Menüs heraus aufgerufen werden, z.B. aus einem Abrollmenü oder einem Tablettfeld.

```
***POP11
.
.
[B&ildmenü...]$I=Moebel $I=*
.
.
```

Für Bildmenüs gelten einige Besonderheiten. In den eckigen Klammern wird das Dia angegeben, das im Bildmenü angezeigt werden soll, und der Text, der in der Liste links daneben aufgeführt werden soll. Ist das Dia Teil einer Diabibliothek, stehen der Dianame und der Text innerhalb einer weiteren Klammer ( ). Neben diesem normalen Format sind weitere Varianten möglich:

Kapitel 24: Die Menüs

[Dia]

Der Dianame wird in der Liste angezeigt und das Dia selbst in einem Bildfeld rechts.

[Dia,Bezeichnung]

Die Bezeichnung wird in der Liste angezeigt und das Dia in einem Bildfeld rechts.

[Bibliothek(Dianame)]

Der Dianame wird in der Liste angezeigt und das Dia aus der Bibliothek in einem Bildfeld rechts.

[Bibliothek(Dianame,Bezeichnung)]

Die Bezeichnung wird in der Liste angezeigt und das Dia aus der Bibliothek in einem Bildfeld rechts (Standardformat).

Die folgenden Angaben nach den eckigen Klammern sind identisch mit den anderen Menüteilen. Im Folgenden ein Beispiel zu einem neuen Bildmenü.

Übung: Erstellung eines zusätzlichen Bildmenüs

- Fügen Sie in das neue Abrollmenü, wie oben gezeigt, eine weitere Zeile ein, mit der ein Bildmenü zur Auswahl der Möbelsymbole gestartet wird.

- Setzen Sie den neuen Abschnitt ***ICON hinter einen vorhandenen Abschnitt, am besten nach dem letzten Abrollmenü ***POP11.

```
[Wascht. &2]^C^CEinfüge c:/Aufgaben/s-san-03
[Wascht. &3]^C^CEinfüge c:/Aufgaben/s-san-04
[<-&Dusche]^C^CEinfüge c:/Aufgaben/s-san-05
[B&ildmenü...]$I=Moebel $I=*
  .
  .
  .
//
//  Bildmenü
//

***ICON
**Moebel
[Möbelkatalog]
[Moebel(S-Stz-01,Sitzgr.1)]^C^CEinfüge c:/Aufgaben/s-stz-01
[Moebel(S-STZ-02,Sitzgr.2)]^C^CEinfüge c:/Aufgaben/s-stz-02
[Moebel(S-STZ-03,Sitzgr.3)]^C^CEinfüge c:/Aufgaben/s-stz-03
[Moebel(S-SCH-01,Bett 1)]^C^CEinfüge c:/Aufgaben/s-sch-01
```

```
[Moebel(S-SCH-02,Bett 2)]^C^CEinfüge c:/Aufgaben/s-sch-02
[Moebel(S-SCH-03,Bett 3)]^C^CEinfüge c:/Aufgaben/s-sch-03
[Moebel(S-SCH-04,Bett 4)]^C^CEinfüge c:/Aufgaben/s-sch-04
[Moebel(S-SAN-01,Wanne)]^C^CEinfüge c:/Aufgaben/s-san-01
[Moebel(S-SAN-02,Wascht.1)]^C^CEinfüge c:/Aufgaben/s-san-02
[Moebel(S-SAN-03,Wascht.2)]^C^CEinfüge c:/Aufgaben/s-san-03
[Moebel(S-SAN-04,Wascht.3)]^C^CEinfüge c:/Aufgaben/s-san-04
[Moebel(S-SAN-05,Dusche)]^C^CEinfüge c:/Aufgaben/s-san-05
```

Im oben aufgeführten Beispiel muß sich die Diabibliothek *MOEBEL.SLB* im Ordner \PROGRAMME\AUTOCAD R14 oder im Ordner \PROGRAMME\AUTOCAD R14\SUPPORT befinden. Kopieren Sie also die Datei dort hin. Sie finden sie in Ihrem Übungsordner.

Das Bildmenü ist im Beispielmenü KOMP14-3.MNU eingebaut, komplett mit Pfadangabe für die Symbole aus dem Übungsordner.

24.8 Werkzeugkästen

Die Werkzeugkästen sind ebenfalls in der Menüdatei definiert. Sie sind im Abschnitt ***TOOLBARS festgehalten. Jeder einzelne Werkzeugkasten und jedes einzelne Fly-out-Menü hat wieder ein weiteres Untermenü **XYZ. Im Folgenden finden Sie einen Ausschnitt mit dem Werkzeugkasten ZEICHNEN und dem Fly-out-Menü LINIE.

```
***TOOLBARS
.
.
.
**TB_DRAW
ID_TbDraw   [_Toolbar("Zeichnen", _Left, _Show, 0, 0, 1)]
ID_Line     [_Button("Linie", ICON_16_LINE,
            ICON_24_LINE)]^C^C_line
ID_Xline    [_Button("Konstruktionslinie", ICON_16_XLINE,
            ICON_24_XLINE)]^C^C_xline
ID_Mline    [_Button("Multilinie", ICON_16_MLINE,
            ICON_24_MLINE)]^C^C_mline
ID_Pline    [_Button("Polylinie", ICON_16_PLINE,
            ICON_24_PLINE)]^C^C_pline
ID_Polygon  [_Button("Polygon", ICON_16_POLYGO,
            ICON_24_POLYGO)]^C^C_polygon
ID_Rectang  [_Button("Rechteck", ICON_16_RECTAN,
            ICON_24_RECTAN)]^C^C_rectang
ID_Arc      [_Button("Bogen", ICON_16_ARC3PT,
            ICON_24_ARC3PT)]^C^C_arc
ID_Circle   [_Button("Kreis", ICON_16_CIRRAD,
```

```
                      ICON_24_CIRRAD)]^C^C_circle
ID_Spline    [_Button("Spline", ICON_16_SPLINE,
             ICON_24_SPLINE)]^C^C_spline
ID_Ellipse   [_Button("Ellipse", ICON_16_ELLCEN,
             ICON_24_ELLCEN)]^C^C_ellipse
ID_TbInsert  [_Flyout("Block", ICON_16_BLOCK, ICON_24_BLOCK,'
             OtherIcon, ACAD.TB_INSERT)]
ID_Bmake     [_Button("Block erstellen", ICON_16_BLOCK,
             ICON_24_BLOCK)]^C^C_bmake
ID_Point     [_Button("Punkt", ICON_16_POINT,
             ICON_24_POINT)]*^C^C_point
ID_Bhatch    [_Button("Schraffur", ICON_16_BHATCH,
             ICON_24_BHATCH)]^C^C_bhatch
ID_Region    [_Button("Region", ICON_16_REGION,
             ICON_24_REGION)]^C^C_region
ID_Mtext     [_Button("Mehrzeiliger Text", ICON_16_MTEXT,
             ICON_24_MTEXT)]^C^C_mtext
```

Die Zeile beginnt mit dem Verweis zum Hilfetext, danach folgt der Zeilentyp:

Toolbar:für die Titelzelle des Werkzeugkastens

Button:für einen einfachen Knopf

Flyout:für ein Fly-out-Menü

Der Rest ist unterschiedlich, je nach Art der Zeile.

Toolbar

Es folgt in ".." der Text, der in der Titelzeile angezeigt werden soll, die Lage (Floating für bewegliche Werkzeugkästen, Top, Bottom, Left oder Right für angedockte Werkzeugkästen, die Sichtbarkeit (Hide oder Show) und die Position auf der Zeichenfläche.

Button

Bei einem einfachen Knopf folgt nach der Typangabe in der Menüzeile in ".." der Tooltip für dieses Feld, der Name des Icon, das auf dem Knopf angezeigt werden soll, und zwar für kleine und große Werkzeugsymbole. Hinter der Klammer steht dann der eigentliche Befehl.

Flyout

Die Zeile für ein Fly-out-Menü ist ähnlich aufgebaut. Zuerst der Tooltip, dann die Icons und danach der Name des Flyout-Menüs.

Trotz dieser Möglichkeit, die Werkzeugkästen im Menü zu definieren, ist es einfacher, Werkzeugkästen innerhalb von AutoCAD zu erstellen und zu ändern. Mit den Funktionen in Kapitel 22 kommen Sie schneller und einfacher zum Ziel.

24.9 Das Bildschirmseitenmenü

Das Bildschirmseitenmenü hat in den letzten AutoCAD-Versionen immer mehr an Bedeutung verloren. Während in der Version 12 noch alle Befehle mit ihren Optionen im Seitenmenü vertreten waren, hatte Version 13 schon ein eingeschränktes Seitenmenü. Mit den neuen Werkzeugkästen in der Windows-Version war es auch nicht mehr notwendig. In Version 14 hat es in etwa den gleichen Umfang behalten. Sie finden es in der Menüdatei an der Marke ***SREEN.

Die Befehle sind hierarchisch in Gruppen gegliedert. Jeder Eintrag des Hauptmenüs ruft Untermenüs auf. In jedem Menü haben Sie eine Reihe von Standardeinträgen: AUTOCAD für die Rückkehr ins Hauptmenü, **** für das Menü mit den Objektfangfunktionen, ? für die Hilfefunktionen, DIENST für die Hilfsfunktionen der Objektwahl sowie Zeichenhilfen und LETZTES für das letzte Menü (siehe Abbildung 24.4).

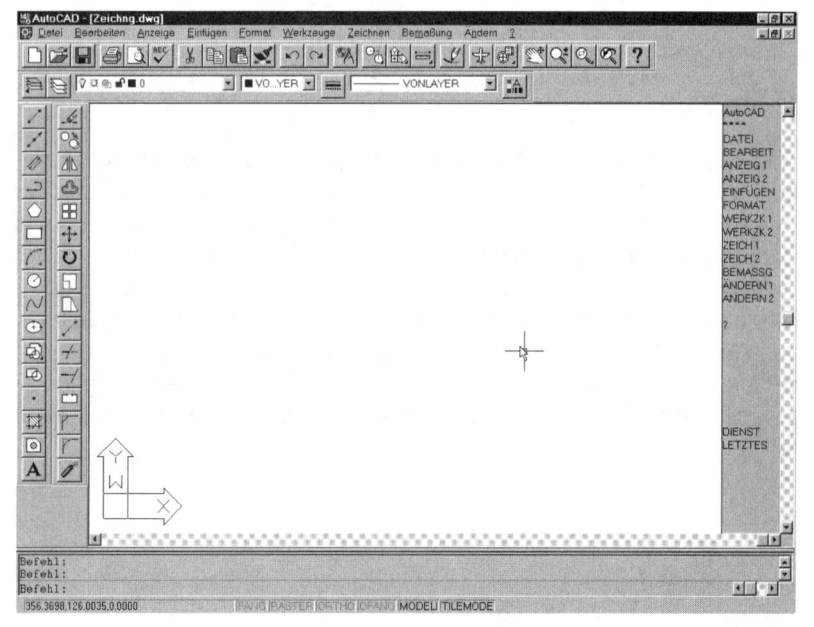

Abbildung 24.4:
AutoCAD-Bildschirm mit Bildschirmseitenmenü

Im Folgenden das Haupmenü, so wie es in der Menüdatei steht:

Kapitel 24: Die Menüs

```
***SCREEN
**S
[AutoCAD ]^C^C^P(ai_rootmenus) ^P
[* * * * ]$S=ACAD.OSNAP
[DATEI    ]$S=ACAD.01_FILE
[BEARBEIT]$S=ACAD.02_EDIT
[ANZEIG 1]$S=ACAD.03_VIEW1
[ANZEIG 2]$S=ACAD.04_VIEW2
[EINFÜGEN]$S=ACAD.05_INSERT
[FORMAT  ]$S=ACAD.06_FORMAT
[WERKZK 1]$S=ACAD.07_TOOLS1
[WERKZK 2]$S=ACAD.08_TOOLS2
[ZEICH 1 ]$S=ACAD.09_DRAW1
[ZEICH 2 ]$S=ACAD.10_DRAW2
[BEMASSG ]$S=ACAD.11_DIMENSION
[ÄNDERN 1]$S=ACAD.12_MODIFY1
[ÄNDERN 2]$S=ACAD.13_MODIFY2

[?       ]$S=ACAD.14_HELP



[DIENST  ]$S=ACAD.ASSIST
[LETZTES ]$S=ACAD.
```

Wieder steht in eckigen Klammern der angezeigte Text, dahinter der Menüaufruf mit *$S=*. Danach steht der Name der Menüdatei (*ACAD*) und der Untermenüname (*09_DRAW*)1. Die Untermenüs überschreiben das Hauptmenü ab der dritten Zeile, die ersten beiden Zeilen bleiben in allen Untermenüs stehen. Die Zeilen 3 bis 24 können von Untermenüs überschrieben werden. Hinter der Marke für das Untermenü steht deshalb auch immer 3, für den Beginn in der dritten Zeile. Die Untermenüs sind mit Leerzeilen bis zur Zeile 24 aufgefüllt, um vorher angezeigte Menüs zu überschreiben. Im folgenden das erste Untermenü für die Zeichenbefehle:

```
.
.
**09_DRAW1 3
[Linie   ]^C^C_line
[Strahl  ]^C^C_ray
[KLinie  ]^C^C_xline
[MLinie  ]^C^C_mline
```

```
[PLinie   ]^C^C_pline
[3DPoly   ]^C^C_3dpoly
[Polygon  ]^C^C_polygon
[Rechteck]^C^C_rectang

[Bogen    ]^C^C_arc
[Kreis    ]^C^C_circle
[Ring     ]^C^C_donut

[Spline   ]^C^C_spline
[Ellipse  ]^C^C_ellipse
.
.
```

Wählen Sie einen Befehl an, wird in der Menüdatei im Seitenmenübereich nach einem Untermenü gesucht, das den gleichen englichen Namen wie der Befehl hat. Dieses wird automatisch eingeblendet. Im folgenden das Seitenmenü für den Befehl KREIS, englisch CIRCLE.

```
.
.
**CIRCLE 3
[Kreis:   ]^C^C_circle

[Mi,Rad   ]\\

[Mi,Durch]\_d

[2 Punkte]_2p \
[3 Punkte]_3p \\

[TaTaRad ]_ttr
[TaTaTan ]_3p _tan \_tan \_tan \

[KopRad:]^C^C_circlerad '_cal rad;
.
.
```

24.10 Die Tablettmenüs

Als nächsten Abschnitt im Menü finden Sie die Bereiche für das Tablett. Die verfügbare Tablettfläche kann in maximal vier Tablett- und einen Bildschirmzeigebereich aufgeteilt werden. Wie das Tablett konfiguriert wird, finden Sie in Kapitel 27.5.

Jeder Tablettbereich hat einen eigenen Abschnitt in der Menüdatei: ***TABLET1 bis ***TABLET4. Die Tablettbereiche können auch mit Untermenüs mehrfach belegt werden.

Jedes Feld auf dem Tablett hat eine eigene Zeile in der Menüdatei. Im Bereich 1, der ja frei für eigene Anpassungen und dafür auch prädestiniert ist, sind alle Zeilen mit den Tablettkoordinaten bezeichnet. Die Bezeichnung steht in eckigen Klammern: [A-1] bis [A-25], [B-1] bis [B-25] usw. Wollen Sie Änderungen in den anderen Bereichen machen, müssen Sie die Zeilen abzählen. Der Text in den eckigen Klammern ist normalerweise der angezeigte Text. Da es aber auf dem Tablett nichts anzuzeigen gibt, sind es nur Platzhalter. Dahinter können Sie direkt die Menüfunktion schreiben.

Übung: Erstellung eines Tablettmenüs

↳ *Um die Sache komplett zu machen, legen Sie die Symbole auch noch auf das Tablett, damit Sie Ihre Blöcke direkt von dort einfügen können.*

```
***TABLET1
**TABLET1STD
[A-1]^C^CEinfüge c:/Aufgaben/s-stz-01
[A-2]^C^CEinfüge c:/Aufgaben/s-stz-02
[A-3]^C^CEinfüge c:/Aufgaben/s-stz-03
[A-4]^C^CEinfüge c:/Aufgaben/s-sch-01
[A-5]^C^CEinfüge c:/Aufgaben/s-sch-02
[A-6]^C^CEinfüge c:/Aufgaben/s-sch-03
[A-7]^C^CEinfüge c:/Aufgaben/s-sch-04
[A-8]^C^CEinfüge c:/Aufgaben/s-san-01
[A-9]^C^CEinfüge c:/Aufgaben/s-san-02
[A-10]^C^CEinfüge c:/Aufgaben/s-san-03
[A-11]^C^CEinfüge c:/Aufgaben/s-san-04
[A-12]^C^CEinfüge c:/Aufgaben/s-san-05
.
.
```

↳ *Ändern Sie die Menüdatei wie oben oder ähnlich, und speichern Sie die Datei. Laden Sie dann in AutoCAD die Menüdatei um sie zu testen.*

↳ *Auch dafür gibt es in Ihrem Übungsverzeichnis schon die Lösung. Wenn Sie sie verwenden wollen, sie heißt KOMP14-4.MNU.*

Die Tablettauflage ist in AutoCAD 14 als Zeichnungsdatei vorhanden: Tablet14.dwg. Zeichnen Sie in diese Auflage Symbole auf die selbst belegten Felder. Plotten Sie die Zeichnung aus, und befestigen Sie sie auf der Tablettfläche. Dem Programm liegt auch eine Tablettauflage aus

Kunststoffolie bei. Der erste Bereich ist transparent, und Sie können eine Zeichnung mit der Belegung darunter einschieben.

Tablettbereich mit Untermenüs

Wie alle anderen Bereiche kann auch das Tablett mehrfach belegt werden. Sie können die Auflage mit Wechselkarten versehen. Nun benötigen Sie nur noch Menüfelder, um die Tablettfelder umzuschalten. Nehmen Sie dazu ein Abrollmenü. Im folgenden Beispiel sehen Sie das vorher erstellte Menü um drei Zeilen erweitert. Diese dienen der Umschaltung des Tablettbereichs 1:

```
***POP11
[&Möbel]
[->&Sitzmöbel]
[Sitzgr. &1]^C^CEinfüge c:/Aufgaben/s-stz-01
[Sitzgr. &2]^C^CEinfüge c:/Aufgaben/s-stz-02
[<-Sitzgr. &3]^C^CEinfüge c:/Aufgaben/s-stz-03
[->&Betten]
[Bett &1]^C^CEinfüge c:/Aufgaben/s-sch-01
[Bett &2]^C^CEinfüge c:/Aufgaben/s-sch-02
[Bett &3]^C^CEinfüge c:/Aufgaben/s-sch-03
[<-Bett &4]^C^CEinfüge c:/Aufgaben/s-sch-04
[->S&anitär]
[&Wanne]^C^CEinfüge c:/Aufgaben/s-san-01
[Wascht. &1]^C^CEinfüge c:/Aufgaben/s-san-02
[Wascht. &2]^C^CEinfüge c:/Aufgaben/s-san-03
[Wascht. &3]^C^CEinfüge c:/Aufgaben/s-san-04
[<-&Dusche]^C^CEinfüge c:/Aufgaben/s-san-05
[B&ildmenü...]$I=Moebel $I=*
   [--]
[Tablett 1: Möbelsymbole]$T1=MB1
[Tablett 1: Außenanlagen]$T1=AU2
[Tablett 3: Wandsymbole]$T1=WS3
.
.
.
***TABLET1
**MB1
[A-1]^C^CEinfüge c:/Aufgaben/s-stz-01
[A-2]^C^CEinfüge c:/Aufgaben/s-stz-02
.
.
.
[I-25]...

**AU2
[A-1]^C^CEinfüge c:/Aufgaben/XY-01
```

```
[A-2]^C^CEinfüge c:/Aufgaben/XY-02
.
.
.
[I-25]...

**WS3
[A-1]^C^CEinfüge c:/Aufgaben/ABC-01
[A-2]^C^CEinfüge c:/Aufgaben/ABC-02
.
.
.
[I-25]...
```

So können Sie die Belegung beliebig erweitern. Mit jedem neuen Untermenü stehen Ihnen 225 neue Felder im ersten Bereich zur Verfügung.

24.11 Der Hilfetext

Der nächste Bereich, der in der Menüdatei folgt, beginnt mit der Marke ***HELPSTRINGS. Dort sind die Hilfetexte definiert, die bei den Abrollmenüs und den Werkzeugkästen in der Statuszeile erscheinen, wenn mit dem Mauszeiger darauf gezeigt wird.

Bei jedem Menüeintrag in diesen Bereichen steht vor der eckigen Klammer für den Anzeigetext der Verweis zum Bereich ***HELPSTRINGS: ID_Abc. Im Folgenden ein kurzer Ausschnitt der Hilfetexte aus der Menüdatei.

```
.
.
.
ID_Mledit   [Bearbeitet mehrfache parallele Linien:  MLEDIT]
ID_Mline    [Erstellt mehrfache parallele Linien:  MLINIE]
ID_Mlstyle  [Verwaltet Stile für mehrfache parallele Linien:
MLSTIL]
ID_MnDimensi [Erstellt und bearbeitet Bemaßungsobjekte]
ID_MnDraw   [Erstellt Objekte]
.
.
.
```

24.12 Tastaturkürzel

Im Bereich ***ACCELERATORS der Menüdatei können Sie auf einfache Weise Tastenkombinationen definieren, die einen Befehl, eine Befehlskombination oder ein Menümakro aufrufen. Das Verfahren ist ähnlich dem in Kapitel 23.5 beschriebenen. Diese Kürzel werden jedoch in der Menüdatei definiert, und Sie können auch Tastenkombinationen und die Funktionstasten verwenden.

```
***ACCELERATORS
// Toggle PICKADD
[CONTROL+"K"]$M=$(if,$(and,$(getvar,pickadd),1),'_pickadd 0,'_pickadd 1)
// Toggle Orthomode
[CONTROL+"L"]^O
// Next Viewport
[CONTROL+"R"]^V
// ID_Spell       ["\"F7\""]
// ID_PanRealti   ["\"F11\""]
// ID_ZoomRealt   ["\"F12\""]
ID_Copyclip    [CONTROL+"C"]
ID_New         [CONTROL+"N"]
ID_Open        [CONTROL+"O"]
ID_Print       [CONTROL+"P"]
ID_Save        [CONTROL+"S"]
ID_Pasteclip   [CONTROL+"V"]
ID_Cutclip     [CONTROL+"X"]
ID_Redo        [CONTROL+"Y"]
ID_U           [CONTROL+"Z"]
```

Für die Einträge in diesem Bereich gibt es zwei Formate:

- In den eckigen Klammern steht die Tastenkombination und danach, wie in allen Menüabschnitten vorher auch, die Funktion, die ausgeführt werden soll.

```
[CONTROL+"K"]^c^cKreis
```

In diesem Beispiel würde mit der Tastenkombination [Strg] und [K] der Befehl KREIS aufgerufen.

- Beim anderen Format steht der Verweis zu der Menüfunktion vor den eckigen Klammern.

```
ID_Selall [CONTROL+"A"]
```

Kapitel 24: Die Menüs

Menüfunktionen, die in den Abrollmenüs oder Werkzeugkästen definiert sind, sind mit dem Verweis zum Hilfetext versehen (siehe oben). Dieser Verweis wird zusätzlich für das Tastaturkürzel verwendet. Findet sich für die entsprechende Menüfunktion ein Eintrag im Bereich ***ACCELERATORS, kann die Funktion mit der Tastenkombination aufgerufen werden, die dahinter in eckigen Klammern steht.

Bei den Tastaturkürzeln steht die Bezeichnung CONTROL für die Taste [Strg] und dahinter die Taste in Anführungszeichen, die in Kombination damit die Funktion ausführen soll. Auch weitere Steuerungstasten können verwendet werden, die dann auch in Anführungszeichen stehen. In Tabelle 24.6 finden Sie die Bezeichnungen für die Steuerungstasten, wie sie in den Menüfunktionen verwendet werden können.

Tabelle 24.5:
Steuerungstasten im Menü

Bezeichnung in der Menüdatei	Taste
»F1 »	Taste [F1]
»F2 »	Taste [F2]
»F3 »	Taste [F3]
»F4«	Taste [F4]
»F5«	Taste [F5]
»F6«	Taste [F6]
»F7«	Taste [F7]
»F8«	Taste [F8]
»F9«	Taste [F9]
»F10«	Taste [F10]
»F11«	Taste [F11]
»F12«	Taste [F12]
»HOME«	Taste [Pos1]
»END«	Taste [Ende]
»INSERT«	Taste [Einfg]
»DELETE«	Taste [Entf]
»NUMPAD0 »	Taste [0] des Ziffernblocks
»NUMPAD1 »	Taste [1] des Ziffernblocks
»NUMPAD2 »	Taste [2] des Ziffernblocks

Bezeichnung in der Menüdatei	Taste
»NUMPAD3 »	Taste ③ des Ziffernblocks
»NUMPAD4 »	Taste ④ des Ziffernblocks
»NUMPAD5 »	Taste ⑤ des Ziffernblocks
»NUMPAD6 »	Taste ⑥ des Ziffernblocks
»NUMPAD7 »	Taste ⑦ des Ziffernblocks
»NUMPAD8 »	Taste ⑧ des Ziffernblocks
»NUMPAD9 »	Taste ⑨ des Ziffernblocks
»UP »	↑ Pfeiltaste aufwärts
»DOWN »	↓ Pfeiltaste abwärts
»LEFT »	← Pfeiltaste links
»RIGHT »	→ Pfeiltaste rechts
»ESCAPE »	Taste Esc
»CONTROL«	Taste Strg

24.13 Laden von Teilmenüs

Sie können in AutoCAD auch Werkzeugkästen und Abrollmenüs von verschiedenen Menüdateien in beliebiger Kombination zusammensetzen.

Vorgang: Befehl MENÜLAD

Mit dem Befehl MENÜLAD lassen sich die Menüs in einem Dialogfenster (siehe Abbildung 24.4) zusammensetzen. Sie finden den Befehl im:

→ Abrollmenü WERKZEUGE, Funktion MENÜS ANPASSEN...

→ Tablettfeld Y9

In der Liste MENÜGRUPPE: sind die geladenen Menüdateien aufgelistet. Die markierte Menüdatei kann mit der Schaltfläche BEENDEN entladen werden. Wenn Sie die Menügruppe *ACAD* beenden, sind alle Menüs weg. Im unteren Teil des Dialogfensters kann eine Menüdatei zusätzlich geladen werden. Mit dem Schalter BLÄTTERN... können Sie die Datei (*.MNS, *.MNC oder *.MNU) auswählen und mit der Schaltfläche LADEN dazuladen. Ist dabei der Schalter ALLES ERSETZEN ein, werden bestehende gleichnamige Menüteile überschrieben.

Abbildung 24.5:
Menüdateien laden

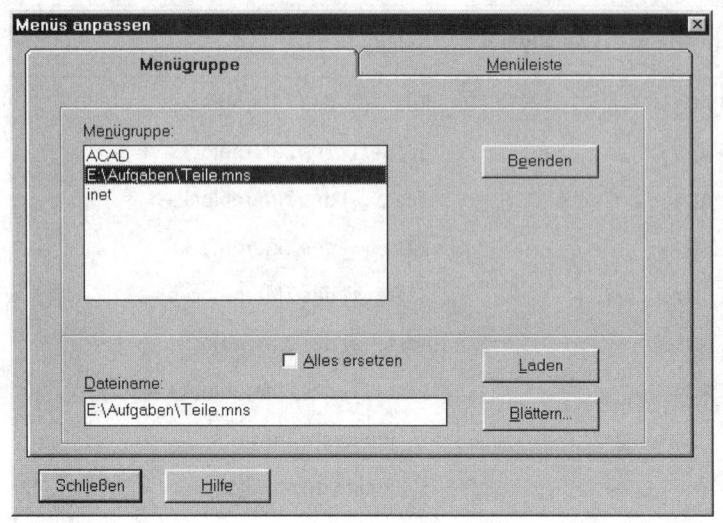

Hat das zugeladene Menü Abrollmenüs, können diese in die Menüzeile übernommen werden (siehe unten). Alle anderen Menüteile (Werkzeugkästen, Bildmenüs, Bildschirmseitenmenüs usw.) sind automatisch zugeladen.

Übung: Teilmenüs laden

→ Laden Sie in den Voreinstellungen wieder die Standardmenüdatei ACAD.MNU oder ACAD.MNS aus dem Verzeichnis \Programme\-AutoCAD R14\Support.

→ Laden Sie dann die Datei TEILE.MNS aus dem Übungsordner \Aufgaben dazu (siehe Abbildung 24.4).

→ Markieren Sie die zugeladene Datei. Schalten Sie auf die Registerkarte MENÜLEISTE um (siehe Abbildung 24.5). In der rechten Liste haben Sie die aktuelle Menüdatei. Links haben Sie die verfügbaren Abrollmenüs von der Menüdatei, die Sie im Abrollmenü MENÜGRUPPE gewählt haben.

→ Mit den Schaltflächen << EINFÜGEN, ENTFERNEN >> und << ALLES ENTFERNEN können Sie die Abrollmenüs bearbeiten.

→ Aktivieren Sie die Datei TEILE.MNS. Markieren Sie den einzigen Eintrag MÖBEL, und fügen Sie diesen Eintrag in die Menüdatei ein. Klicken Sie auf SCHLIEßEN, und das neue Abrollmenü wird in die Menüzeile aufgenommen.

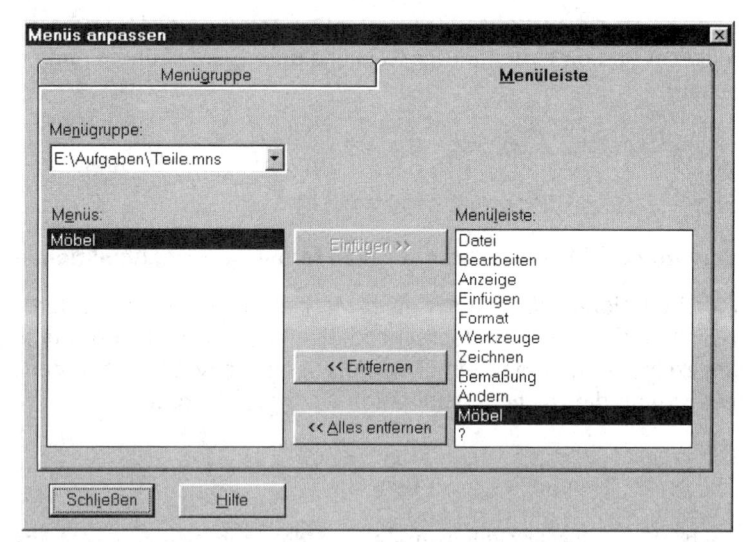

Abbildung 24.6:
Menüzeile bearbeiten

Hinweis:

Mit dem Befehl MENÜENTF wird dasselbe Dialogfeld gestartet. Sie finden den Befehl nicht in den Menüs. Tippen Sie ihn auf der Tastatur ein.

24.14 Die Makrosprache DIESEL

Im Menü können Sie Ausdrücke der Makrosprache DIESEL verwenden, um Abrollmenüs je nach Programmzustand zu verändern bzw. Werte oder Zeichenketten an AutoCAD-Befehle zu übergeben. DIESEL ist die Abkürzung für Direct Interpretively Evaluation String Expression Language, und Ausdrücke von DIESEL beginnen immer mit dem Zeichen $.

Vorgang: DIESEL-Ausdrücke zur Ausblendung von Menüfunktionen

Menüfunktionen lassen sich je nach Zustand des Programms ausblenden. Die entsprechende Funktion erscheint dann im Menü grau gerastert und kann nicht angewählt werden. Dazu muß in der Menüdatei vor die Bezeichnung ~ gesetzt werden:

```
[~&Mansfen]^C^CMansfenFunktion ist ausgeblendet
[~->&Mansfen]Untermenü ist ausgeblendet
```

Ein Menüteil, der immer ausgeblendet ist, ergibt jedoch wenig Sinn. Deshalb lassen sich Menüteile abhängig von bestimmten Zuständen ausblenden. Diese Abhängigkeiten werden mit DIESEL-Ausdrücken angegeben. Im obigen Beispiel würde man den Befehl MANSFEN ausblenden, wenn die Systemvariable Tilemode den Wert 1 hat. Die DIESEL-Funktion

GETVAR liefert den Wert einer Systemvariablen, und die Funktion IF ermöglicht bedingte Ausführungen (siehe unten). Das könnte dann so aussehen:

```
[$(if,$(getvar,tilemode),~)&Mansfen]^C^CMansfen
oder
[->$(if,$(getvar,tilemode),~)&Mansfen]
```

Vorgang: DIESEL-Ausdrücke zur Markierung von Menüfunktionen

Menüfunktionen können mit einer Markierung versehen werden, einem Häkchen, das vor die entsprechende Funktion gesetzt wird. Damit kann angezeigt werden, daß eine Funktion bereits gesetzt ist. Vor den Anzeigetext muß die Zeichenkombination »!.« gesetzt werden:

```
[!.Ortho]^OFunktion ist markiert
[!.Fang]^BFunktion ist markiert
```

Auch das ist nur sinnvoll, wenn es vom Programmzustand abhängig gemacht wird. Im Beispiel oben ist es sinnvoll, die Funktionen zu markieren, wenn sie bereits eingeschaltet sind. Die Zeichenmodi sind in Systemvariablen gespeichert, deren Zustand mit einem DIESEL-Makro abgefragt werden kann:

```
[$(if,$(getvar,orthomode),!.)&Ortho]^O
[$(if,$(getvar,snapmode),!.)&Fang]^B
```

Beide Funktionen können auch kombiniert werden. So würde im folgenden Beispiel der Befehl markiert und grau gerastert werden, wenn die Systemvariable Tilemode den Wert 1 hat:

```
[$(if,$(getvar,tilemode),~!.)Mansfen]^C^CMansfen
```

Vorgang: wechselnde Anzeigen gesteuert von DIESEL-Ausdrücken

Sollen Funktionen in Menüdateien je nach Programmzustand wechseln, so kann das ebenfalls über DIESEL-Ausdrücke gesteuert werden. Beispielsweise soll eine andere Anzeige erscheinen, je nachdem, ob der Ortho-Modus aus- oder eingeschaltet ist:

```
[$(if,$(getvar,orthomode),Ortho &aus,Ortho &ein)]^O
```

Vorgang: DIESEL-Ausdrücke innerhalb der Anzeige oder der Menüfunktion

Innerhalb der Anzeige oder der Menüfunktion lassen sich DIESEL-Ausdrücke zur Berechnung von Werten oder zur Ausgabe von Texten benützen. Die Ergebnisse lassen sich anzeigen oder an AutoCAD-14-Befehle übergeben.

Erscheinen DIESEL-Ausdrücke in einer Menüfunktion, haben Sie die Form
$M=$(Ausdruck). Im Folgenden einige Beispiele:

Anzeige des aktuellen Layer im Menü

```
[$(eval,"Aktueller Layer: "$(getvar,clayer))]
```

Anzeige des aktuellen Datums im Menü

```
[$(edtime,$(getvar,date),DDD", "D MON YYYY)]
```

Bedingte Ausführung von Befehlen

```
[->/WWahl]
  [&Letztes]$M=$(if,$(getvar,cmdactive),,_select;)_last
  [&Alle]$M=$(if,$(getvar,cmdactive),,_select;)_all
  [&Zaun]$M=$(if,$(getvar,cmdactive),,_select;)_fence
```

Die Systemvariable Cmdactive ist 1, wenn ein Befehl aktiv ist. Wenn also in den obigen Beispielen ein Editierbefehl aktiv ist, wird _select (Befehl Wahl) nicht ausgeführt, sondern nur die Option hinter der Klammer.

Abfrage von Werten

```
[Objekt auf &akt.Layer]^C^C_change \ EI LAYER;$M=$(getvar,clayer);;
```

Die gewählten Objekte werden mit dem Befehl ÄNDERN auf den aktuellen Layer gebracht.

Berechnen von Werten

```
[Zoom 30%]^C^CZOOM $M=$(/,1,0.7)XP
[Zoom 50%]^C^CZOOM $M=$(/,1,0.5)XP
```

Ein Fenster im Papierbereich wird um einen berechneten Faktor vergrößert.

24.15 DIESEL-Funktionen

DIESEL-Funktionen eignen sich für Statusabfragen, Berechnungen und Anzeigefunktionen. In den folgenden Übersichten finden Sie alle Funktionen aufgelistet. Alle Funktionen sind auf zehn Parameter begrenzt, einschließlich des Funktionsnamens.

Berechnung

Der Wert der Berechnung wird von der Funktion zurückgegeben.

```
Addition$(+,Wert1{,Wert2,...Wert9})
Subtraktion$(-,Wert1{,Wert2,...Wert9})
Multiplikation$(*,Wert1{,Wert2,...Wert9})
Division$(/,Wert1{,Wert2,...Wert9})
```

Vergleich

Trifft die Bedingung zu, liefert die Funktion 1, ansonsten 0.

```
Gleichheit$(=,Wert1,Wert2)
Kleiner als$(<,Wert1,Wert2)
Größer als$(>,Wert1,Wert2)
Ungleichheit$(!=,Wert1,Wert2)
Kleiner gleich$(<=,Wert1,Wert2)
Größer gleich$(>=,Wert1,Wert2)
```

Logische Verknüpfung

Die Funktion liefert die bitweise logische Verknüpfung von Ganzzahlen

```
AND$(and,Wert1{Wert2,...Wert9})
OR$(or,Wert1{Wert2,...Wert9})
XOR$(xor,Wert1{Wert2,...Wert9})
```

Winkel umwandeln

Der angegebene Wert wird als Winkel verarbeitet. Das Format kann mit Modus und Genauigkeit angegeben werden. Ohne Angabe werden die Einstellungen des Befehls EINHEIT übernommen.

```
Angtos   $(angtos,Wert{,Modus,Genauigkeit})
```

Modus Format

```
0 Grad
1 Grad/Minuten/Sekunden
2 Neugrad
3 Bogenmaß
4 Feldmaß
```

Datum

Das Datum, das aus der Systemzeit ausgelesen wird (z.B. aus der Systemvariablen Date), wird entsprechend der Angabe in Muster verarbeitet. Das Muster besteht aus Formatmustern, die durch die entsprechenden Datums- und Zeitangaben ersetzt werden.

```
Edtime$(edtime,Zeit,Muster)
```

Die folgende Formattabelle zeigt die Ausgabe am Beispiel des Datums 8. Januar 1997, 11.30 Uhr, 12 Sekunden:

Format	Ausgabe
D	8
DD	08
DDD	Mittwoch
M	1
MO	01
MON	Jan.
MONTH	Januar
YY	97
YYYY	1997
H	11
HH	11
MM	30
SS	12
AM/PM	AM
am/pm	am
A/P	A
a/p	a

Das Beispiel von oben liefert bei folgender Funktion:

$(edtime,$(getvar,date),DDD"," DD MON YYYY - H:MMam/pm

das Ergebnis: Mi, 08 Jan. 1997 – 11:30am

Texte vergleichen

Die Funktion gibt 1 zurück, wenn zwei Texte gleich sind.

EQ$(eq,Text1,Text2)

Text übergeben

Der Text wird an die DIESEL-Funktion übergeben.

EVAL$(eval,Text)

Umwandlung von Zahlen

Aus der reellen Zahl wird eine Ganzzahl gebildet, indem Stellen abgeschnitten werden.

FIX$(fix,Zahl)

Abfrage von Variablen

Der Wert der Umgebungsvariablen bzw. Systemvariablen wird zurückgegeben.

GETENV$(getenv,Variable)
GETVAR$(getvar,Variable)

Bedingte Ausführung

Wenn der Ausdruck ungleich 0 ist, wird AKTION1 ausgewertet, ansonsten AKTION2.

IF$(if,Ausdruck,Aktion1{,Aktion2})

Indiziert auswählen

Das Element mit der angegebenen Nummer wird aus dem Text ausgewählt und zurückgegeben. Die Zeichenfolge muß aus Werten bestehen, die durch Kommas eingegrenzt sind. Der erste Wert hat die Nummer 0.

Die Funktion bietet sich an, um X-, Y- oder Z-Komponenten von Punkten abzurufen, die von der Funktion GETVAR zurückgegeben werden.

INDEX$(index,Nummer,Text)

Das Element mit der angegebenen Nummer wird aus den verschiedenen Argumenten ausgewählt und zurückgegeben.

NTH$(index,nth,Nummer,Wert0 {,Wert1,...,Wert9})

Zahl umwandeln

Der angegebene Wert wird als reelle Zahl editiert. Das Format kann mit Modus und Genauigkeit angegeben werden. Ohne Angabe werden die Einstellungen des Befehls EINHEIT übernommen.

RTOS$(rtos,Wert{,Modus,Genauigkeit})

Zeichenfolgen umwandeln

Die Länge des Textes wird zurückgegeben.

STRLEN$(strlen,Textes)

Der Teiltext des Textes wird am Zeichen START und mit der angegebenen Länge zurückgegeben.

SUBSTR$(substr,Teiltext,Start{,Länge})

Der Text wird in Großbuchstaben zurückgegeben.

UPPER$(upper,Text)

ASE-Datenbank-schnittstelle

Autor: Frank Müller

Kapitel **25**

25.1 Datenbanken in AutoCAD
25.2 Beispiel einer dBase3-Datenbank

Im Kapitel 11 haben Sie die Möglichkeit kennengelernt, Objekte mit Attributen zu versehen, um zusätzliche Daten an die einzelnen Elemente anzuhängen. Wollen Sie dagegen auf eine externe Datenbank zugreifen, können Sie die SQL-Schnittstelle von AutoCAD verwenden. Sie lernen in diesem Kapitel:

- wie Sie externe Datenbanken aus AutoCAD ansprechen können,
- wie Sie eine neue Tabelle anlegen,
- wie Sie Zeichnungselemente mit Daten verknüpfen und
- wie Sie die Daten mit der Abfragesprache SQL auswerten können.

Diese Möglichkeiten, die in diesem Kapitel beschrieben sind, eignen sich nicht fürs normale Zeichnen mit AutoCAD. Nur als erfahrener AutoCAD-Anwender bekommen Sie damit ein Werkzeug, das Sie in Ihren Anwendungen verwenden können.

25.1 Datenbanken in AutoCAD

Mit der Attributtechnik (siehe Kapitel 11) haben Sie eine einfache Methode, Daten an Ihre Zeichnungsobjekte anzuhängen. Diese Methode eignet sich z.B. sehr gut für Normteile. Der Nachteil liegt jedoch darin, daß die in der Zeichnung enthaltenen Daten nicht in mehreren Zeichnungen über einen Aufruf geändert werden können.

Um nun eine externe Datenbank zu verwenden und Datensätze mit Zeichnungselementen zu verbinden, ist in AutoCAD eine Schnittstelle namens ASE (Autocad SQL-Extension) implementiert. Diese Art der Datenverknüpfung soll keinesfalls ein Ersatz für Attribute sein, sondern ist vielmehr eine Möglichkeit, Daten einer Datenbank grafisch darzustellen und auch innerhalb von AutoCAD auszuwerten. Leider ist die Benutzung dieser Schnittstelle nicht ganz einfach, zumal die Funktionen auch nur in englischer Sprache verfügbar sind. Trotzdem werden durch ASE sehr interessante Möglichkeiten geschaffen.

So wird mit AutoCAD eine Beispieldatei mitgeliefert, in der ein Bürogebäude dargestellt ist. Dort sind die Arbeitsplätze mit einer Tabelle der Mitarbeiter und die installierten Rechneranlagen mit einer zweiten Tabelle, in der die technischen Eigenschaften der Rechner enthalten sind, verknüpft. Über SQL-Funktionen (Structured Query Language) können Einträge in den Datenbanken geändert und ausgewertet werden.

25.2 Beispiel einer dBase3-Datenbank

Im folgenden Kapitel wird eine kleine Datenbank zu Möbeln erstellt. Dabei werden jedem Möbelstück die Daten über den Hersteller und den Preis zugewiesen, wodurch später über eine Abfrage die Gesamtkosten direkt ermittelt werden können.

Einrichten der Umgebung

Um mit dem Beispiel zu beginnen, erstellen Sie auf dem Laufwerk C: einen neuen Ordner mit dem Namen BEISPIEL. Wechseln Sie in diesen Ordner, und legen Sie darin einen weiteren Ordner mit dem Namen DBF1 an. Starten Sie die das Programm EXTERNE DATENBANK-KONFIGURATION, das Sie in derselben Progammgruppe wie AutoCAD 14 finden. Gehen Sie wie folgt vor:

→ Menü START, Eintrag PROGRAMME, Eintrag AUTOCAD R14, Programm EXTERNE DATENBANK-KONFIGURATION

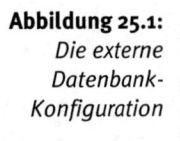

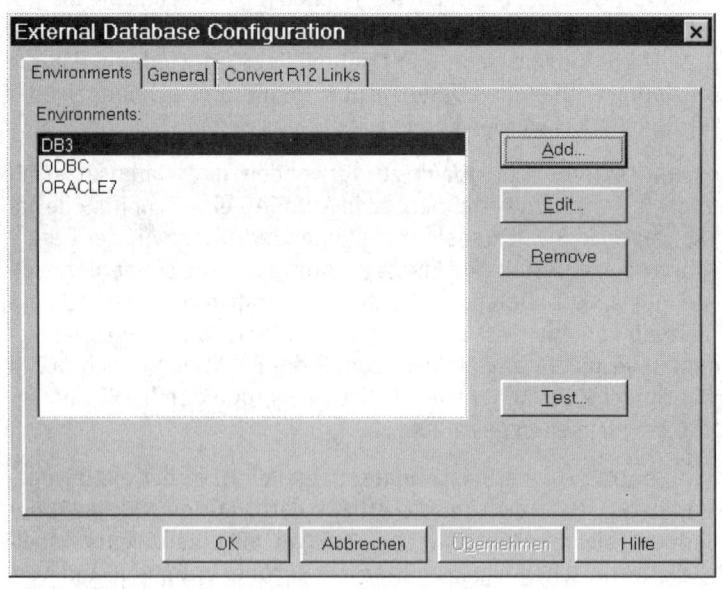

Abbildung 25.1:
Die externe Datenbank-Konfiguration

Zuerst soll eine neue Umgebung angelegt werden. Klicken Sie hierzu auf ADD. Geben Sie im daraufhin erscheinenden Dialogfeld die Daten ein, wie in Abbildung 25.2 zu sehen ist.

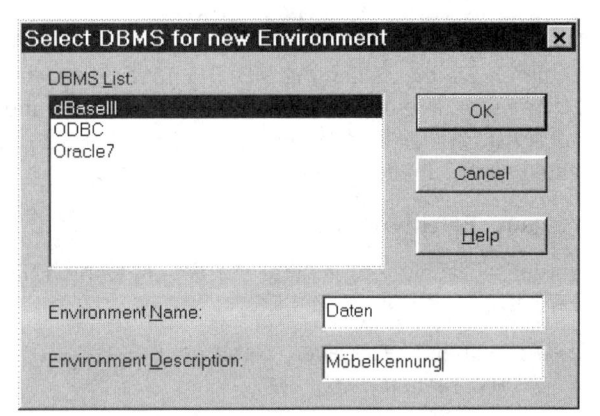

Abbildung 25.2:
Hinzufügen einer neuen Umgebung

Wählen Sie in der Liste DBMS LIST (DataBase Management System) den Eintrag DBASEIII, und drücken Sie auf OK. Es erscheint ein weiteres Dialogfeld. Wählen Sie hier die Eingaben wie in Abbildung 25.3.

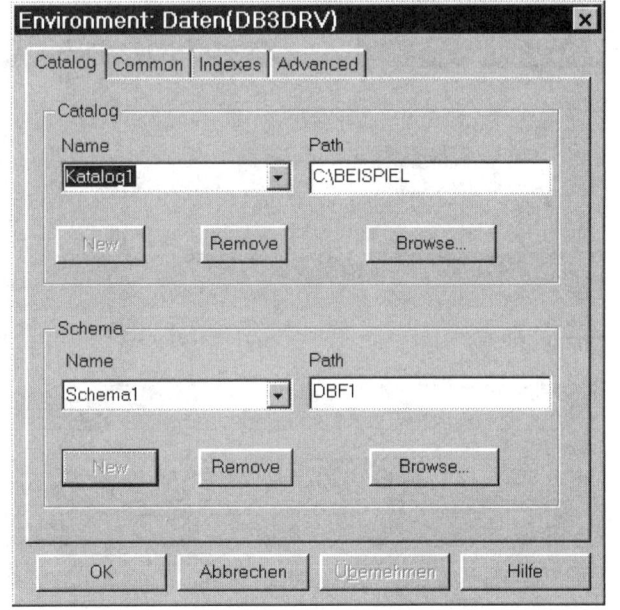

Abbildung 25.3:
Einstellung der Umgebung

Der Katalog stellt das von Ihnen erstellte Verzeichnis dar, in welchem sich verschiedene Schematas befinden können. Auch diese sind Verzeichnisse. Die eigentlichen Daten werden in Tabellen gespeichert, welche als Dateien im jeweiligen Verzeichnis angelegt werden. Da es sich um Tabellen im dBase-Format handelt, haben diese die Endung .DBF. Wenn Sie alle Eingaben gemacht haben, drücken Sie OK.

| Kapitel 25: ASE-Datenbank-schnittstelle

Anlegen einer neuen Tabelle

Kopieren Sie die Zeichnung MOEBEL.DWG, die sich im Ordner \ASE der CD befindet, in einen Ordner auf Ihrer Festplatte, und öffnen sie diese in AutoCAD. In der Zeichnung sind Möbelstücke zu sehen, die nun mit Daten einer Tabelle verknüpft werden sollen.

Vorgang: Befehl AseAdmin

Um diese Tabelle erst einmal anzulegen, wählen Sie den Befehl ASEAD-MIN:

↳ Abrollmenü WERKZEUGE, Untermenü EXTERNE DATENBANK >, Funktion ADMINISTRATION...

↳ Tablettfeld W12

↳ Symbol im Werkzeugkasten EXTERNE DATENBANKEN

In der Liste DATABASE OBJECTS finden Sie das von Ihnen angelegte ENVIRONMENT mit dem Namen *DATEN*.

Abbildung 25.4:
Administration

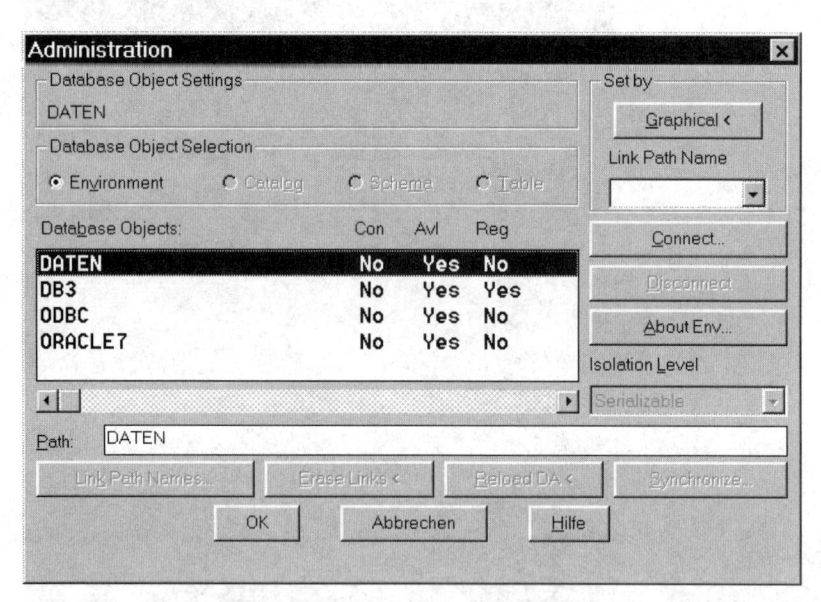

Wählen Sie diesen Eintrag, und klicken Sie auf CONNECT. Im daraufhin erscheinenden Dialogfeld CONNECT TO ENVIRONMENT drücken Sie lediglich auf OK, ohne einen Namen oder ein Paßwort einzugeben. Wenn Sie bei DATABASE OBJECT SELECTION das Auswahlfeld CATALOG anklicken, erscheinen in der Liste die Kataloge dieser Umgebung. In unserem Beispiel gibt es nur einen Katalog mit dem Namen KATALOG1. Nachdem Sie den gewählt haben, klicken Sie auch auf SCHEMA, um das von Ihnen angelegte Schema zu sehen.

Im nächsten Schritt wird nun eine Tabelle angelegt, welche die eigentlichen Daten enthält. Beenden Sie den Befehl AsEADMIN mit OK.

Vorgang: Befehl AsESQLED

Mit dem Befehl AsESQLED können Tabellen angelegt, mit Einträgen versehen oder auch ausgewertet bzw. geändert werden. Sie finden den Befehl:

- im Abrollmenü WERKZEUGE, Untermenü EXTERNE DATENBANK >, Funktion SQL EDITOR...
- im Tablettfeld Y13
- als Symbol im Werkzeugkasten EXTERNE DATENBANKEN

Die Bearbeitung der Tabellen erfolgt über SQL (Strukturierte Abfragesprache), die sehr umfangreich ist. Deshalb werden in diesem Buch nur die für dieses Beispiel benötigten Funktionen erläutert. Um eine neue Tabelle anzulegen, wählen Sie die Einstellungen wie in Abbildung 25.5 zu sehen und geben die SQL-Anweisung im Textfeld SQL ein.

```
CREATE TABLE MOEBEL (BEZ CHAR(40), NUMMER INTEGER, HERST CHAR(40), PREIS DECIMAL(5,2))
```

Um die Anweisung auszuführen, klicken Sie auf das Schaltfeld EXECUTE. Falls Sie bei der Eingabe einen Fehler gemacht haben, erscheint ein zusätzliches Dialogfeld, das darüber informiert, was bei der Ausführung der SQL-Anweisung fehlgeschlagen ist.

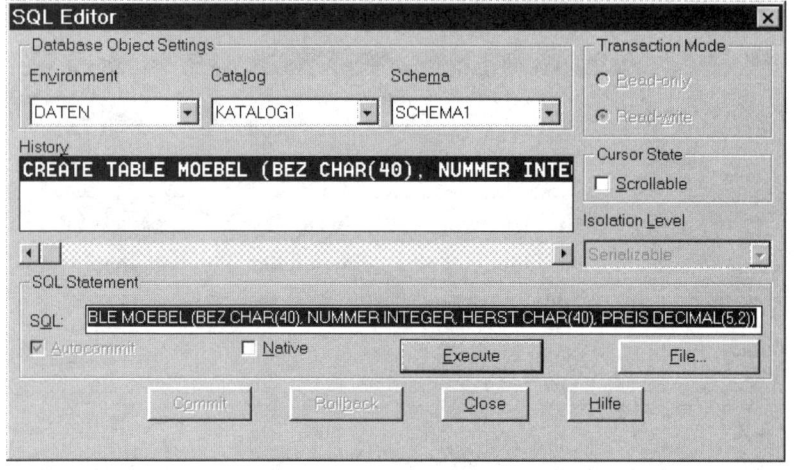

Abbildung 25.5: *Anlegen einer neuen Tabelle*

Die Anweisung *Create Table* erstellt eine neue Tabelle mit dem übergebenen Namen. In der Klammer werden die Bezeichnungen und Typen der Felder festgelegt, die mit Kommas getrennt werden. *Bez Char(40)* bedeu-

Kapitel 25: ASE-Datenbank-schnittstelle

tet also, daß ein Datenfeld mit dem Namen *BEZ* (Bezeichnung) angelegt wird, das eine Zeichenkette mit bis zu 40 Zeichen aufnehmen kann. *Integer* steht für eine Ganzzahl, bei *Decimal* wird zusätzlich die Anzahl der Stellen vor und nach dem Komma angegeben. Beim Datenfeld *PREIS* sind dies zwei Nachkommastellen, da es sich um eine Währung handelt. Als nächstes werden die eigentlichen Daten in die Tabelle geschrieben. Auch dies kann über ein, SQL-Kommando geschehen. Geben Sie im Textfeld SQL folgende Zeile ein, und drücken Sie anschließend wieder auf EXECUTE, um sie auszuführen.

```
INSERT INTO MOEBEL VALUES('Sessel1', 1001, 'Muster1', 450)
```

Insert into fügt einen Datensatz in die Tabelle ein. Die einzutragenden Werte werden ebenfalls in einer Klammer übergeben und jeweils durch ein Komma getrennt. Zeichenketten müssen zusätzlich mit einem Hochkomma gekennzeichnet werden. Somit unterscheiden sie sich von Zahlenwerten.

Vorgang: Befehl ASEROWS

Werden viele Daten eingegeben, ist diese Art, Datensätze anzulegen, sehr zeitaufwendig. Um es ein wenig einfacher zu machen, wählen Sie den Befehl ASEROWS:

↦ Abrollmenü WERKZEUGE, Untermenü EXTERNE DATENBANK >, Funktion ROWS...

↦ Tablettfeld W13

↦ Symbol im Werkzeugkasten EXTERNE DATENBANKEN

Abbildung 25.6:
Dialogfeld des Befehls ASEROWS

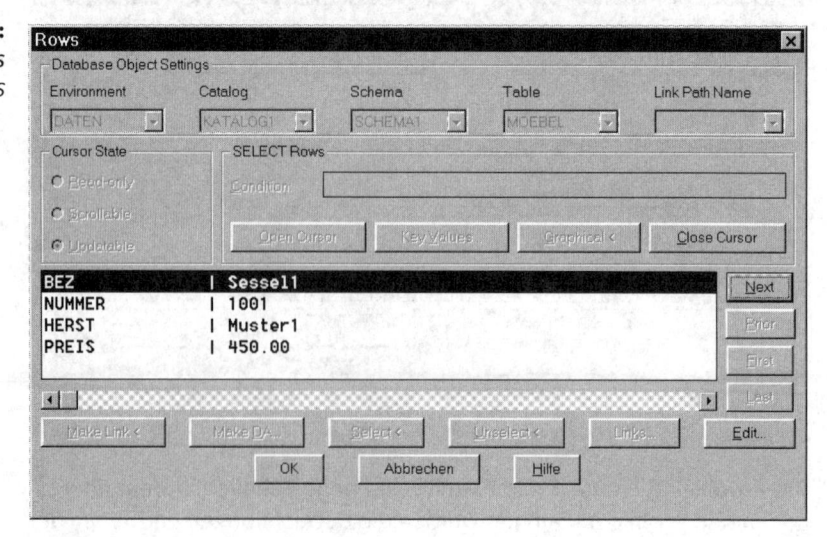

In diesem Dialogfeld können Datensätze (Rows) betrachtet, geändert, gelöscht und auch mit Elementen der Zeichnung verknüpft werden. Damit Sie Datensätze ändern bzw. hinzufügen können, muß das Schaltfeld UPDATABLE gewählt sein. Wählen Sie im Abrollmenü TABLE den Eintrag *MOEBEL*. Klicken Sie auf OPEN CURSOR, um die Tabelle zu öffnen. In der Liste erscheint der erste Datensatz, den Sie über die SQL-Anweisung angelegt haben. Um nun einen weiteren Datensatz anzulegen, klicken Sie auf das Schaltfeld EDIT. Es erscheint das Dialogfeld EDIT ROW mit dem zuvor gewählten Eintrag.

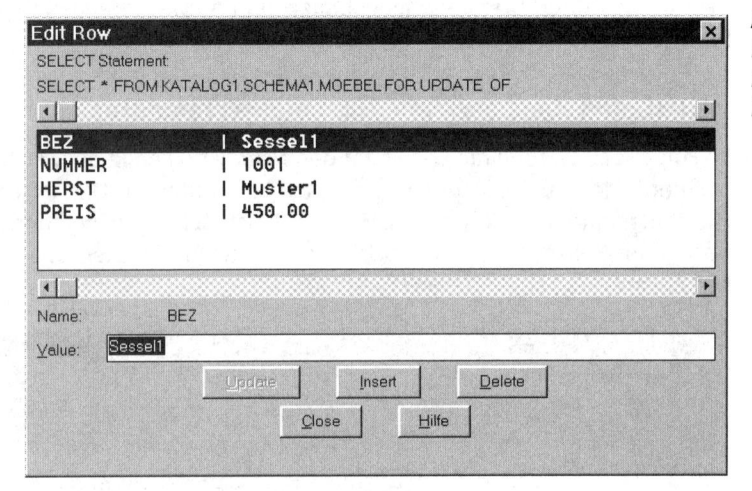

Abbildung 25.7:
Dialogfeld zum Editieren von Daten

Klicken Sie auf INSERT. Der aktuelle Datensatz wird kopiert, und Sie erhalten einen neuen, mit denselben Daten. Um die Bezeichnung zu ändern, klicken Sie in der Liste auf *BEZ* und geben im Textfeld VALUE *Sessel2* ein. Drücken Sie die Taste ⏎, um die Änderung zu übernehmen. Gleichzeitig wird zum nächsten Eintrag gewechselt. Geben Sie nun 1002 ein, und drücken Sie wieder ⏎. Ändern Sie noch den letzten Eintrag auf 550. Wenn Sie alle Änderungen durchgeführt haben, drücken Sie das Schaltfeld UPDATE, um den Datensatz in der Tabelle zu aktualisieren. Mit diesem Verfahren geben Sie nun die nachfolgenden Daten ein:

Sofa	1003	Muster1	1100
Sessel1	2001	Muster2	400
Zwei	2002	Muster2	600
Sofa	2003	Muster2	950

Kapitel 25: ASE-Datenbank-schnittstelle

Nach Eingabe aller Datensätze klicken Sie auf CLOSE, um das Dialogfeld zu schließen. Um die Datensätze anzuschauen, klicken Sie CLOSE CURSOR. Wählen Sie SCROLLABLE aus, und klicken Sie dann auf OPEN CURSOR. Wie zuvor sind die eingegebenen Daten zu sehen. Zusätzlich sind jetzt jedoch die Schaltfelder rechts der Liste aktiv, mit denen Sie durch die Datensätze blättern können. NEXT springt zum nächsten und PRIOR zum vorherigen Datensatz. Mit FIRST und LAST kann zum ersten bzw. letzten Datensatz der Tabelle gesprungen werden. Leider können nun keine Daten geändert werden. Wenn Sie jedoch UPDATEABLE auswählen, ist nur die Schaltfläche NEXT aktiv. Prüfen Sie die eingegebenen Daten. Die Datenbank ist nun fertig und steht für weitere Anwendungen zur Verfügung.

Verknüpfen der Daten mit Zeichnungselementen

Im Folgenden werden die Daten mit den Möbelstücken in der Zeichnung verknüpft. Hierzu muß zuerst in der Administration ein LINK PATH (Verknüpfungspfad) erstellt werden. Wählen Sie noch mal die Funktion ADMINISTRATION (Befehl ASEADMIN) im Untermenü EXTERNE DATENBANK, und klikken Sie auf das Schaltfeld LINK PATH NAMES.

Abbildung 25.8:
Erstellen eines Verknüpfungspfades

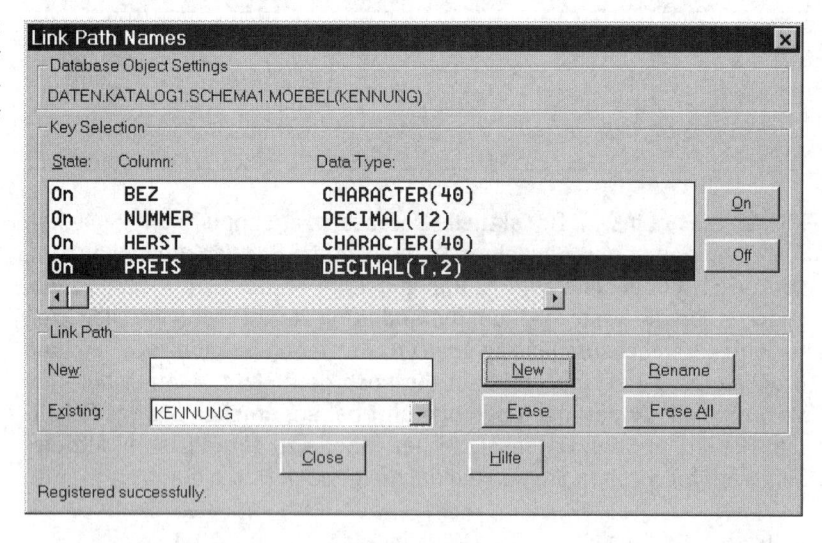

Bei DATABASE OBJECT SETTINGS sehen Sie den kompletten Pfad Ihrer Tabelle.

```
Environment.Katalog,Schema.Tabelle (Verknüpfungspfad)
```

Wählen Sie in der Liste KEY SELECTION nacheinander jeden Eintrag aus, und drücken Sie das Schaltfeld ON, um ihn zu aktivieren. Wenn alle Einträge gewählt sind, geben Sie im Textfeld NEW die Bezeichnung KENNUNG ein und drücken anschließend auf das Schaltfeld NEW, um den Pfad anzulegen. Klicken Sie auf CLOSE, und schließen Sie das Dialogfeld mit OK.

Öffnen Sie nun wieder das Dialogfeld des Befehls AsEROWS. Wählen Sie SCROLLABLE, und klicken Sie auf OPEN CURSOR, um sich Ihre Daten anzeigen zu lassen. Um einen Datensatz mit einem Zeichnungselement zu verknüpfen, wählen Sie den entsprechenden Satz, klicken auf MAKE LINK und wählen das Element, das verknüpft werden soll. Die in der Zeichnung befindlichen Möbelstücke wurden als Blöcke zusammengefaßt. Es genügt also, eine Linie oder einen Bogen des jeweiligen Stückes anzuklicken. Weisen Sie die Datensätze den Elementen wie in Abbildung 25.9 zu.

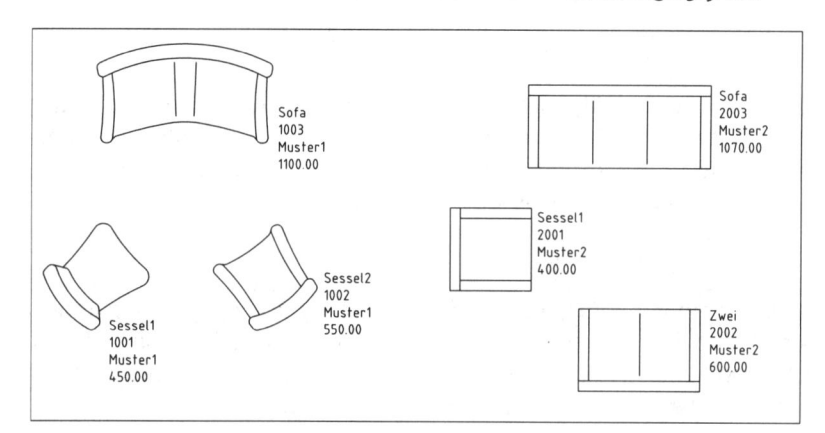

Abbildung 25.9:
Die Zeichnung mit verknüpften Daten

Auswerten der Daten mit SQL

Öffnen Sie den SQL EDITOR (Befehl AsESQLED), um die mit den Zeichnungselementen verknüpften Daten auszuwerten. Dies geschieht wieder über SQL-Anweisungen. Wählen Sie zuerst das Auswahlfeld SCROLLABLE, damit Sie die ausgewerteten Daten besser betrachten können. Tragen Sie nun im Textfeld SQL die folgende Anweisung ein:

```
SELECT * FROM MOEBEL
```

Über die *Select*-Anweisung werden Datensätze aus einer Tabelle ausgewählt. Über *From* wird der Name der Tabelle angegeben. Das Zeichen * hat auch hier die Bedeutung eines Wildcard-Zeichens, mit dem alle zutreffenden Datensätze gewählt werden. In unserem Beispiel werden also alle Datensätze der Tabelle *MOEBEL* gewählt. Drücken Sie auf EXECUTE, um sich das Ergebnis anzeigen zu lassen. Blättern Sie durch die Datensätze, um zu sehen, ob wirklich alle Datensätze gewählt wurden. Klicken Sie auf CLOSE, um das Dialogfeld zu schließen. Nachfolgend werden noch einige Beipiele aufgeführt, um Sie mit der Sprache SQL etwas vertrauter zu machen.

Über die Anweisung *Where* kann eine Bedingung in die SQL-Funktion eingebracht werden. Tragen Sie die folgende Zeile in das Textfeld ein, und führen Sie diese aus.

SELECT * FROM MOEBEL WHERE HERST='Muster1'

Durch die Anweisung *Where* werden nun nur noch die Einträge gewählt, die beim Hersteller den Eintrag *MUSTER1* beinhalten. Im Ergebnisfenster werden keine Möbel des anderen Herstellers angezeigt.

SELECT * FROM MOEBEL WHERE BEZ='Sofa'

Hier werden nur Sätze gewählt, die bei der Bezeichnung den Eintrag *SOFA* haben. Mit SQL können jedoch nicht nur Daten gefiltert, sondern auch Berechnungen durchgeführt werden. Über die Anweisung *Count* können Einträge gezählt werden. Die Zeile

SELECT COUNT(*) FROM MOEBEL

gibt als Ergebnis 6 aus, da 6 Einträge in der Tabelle *MOEBEL* eingetragen sind. Auch hier können über die *Where*-Anweisung bestimmte Eigenschaften herausgefiltert werden. Die nachfolgende Anweisung zählt die Möbelstücke des Herstellers *MUSTER1*.

SELECT COUNT(*) FROM MOEBEL WHERE HERST='Muster1'

Um den Preis der in unserer Zeichnung befindlichen Möbelstücke zu kalkulieren, kann die Anweisung *Sum* verwendet werden.

SELECT SUM(PREIS) FROM MOEBEL

Diese Anweisung berechnet den Gesamtpreis aller Möbelstücke. Die nachfolgenden Anweisungen summieren den Preis der Möbel eines Herstellers.

SELECT SUM(PREIS) FROM MOEBEL WHERE HERST='Muster1'
SELECT SUM(PREIS) FROM MOEBEL WHERE HERST='Muster2'

Wie am Ergebnis zu sehen ist, ist das Angebot des Herstellers *MUSTER2* etwas günstiger.

Die an die Elemente angehängten Daten können über eine zusätzliche Verknüpfung in der Zeichnung sichtbar gemacht werden. Dabei wird von AutoCAD eine Art Textblock mit Attributen erzeugt, die die Daten des ausgewählten Datensatzes enthalten. Um solche Blöcke in Ihre Zeichnung einzufügen, wählen Sie die Funktion Rows (Befehl AseRows).

Wählen Sie wieder das Auswahlfeld SCROLLABLE und klicken Sie auf OPEN CURSOR. Nachdem Sie den einzufügenden Datensatz gewählt haben, klicken Sie auf MAKE DA (Displayable Attribute). Im daraufhin erscheinenden Dialogfeld können Sie wählen, welche Datenfelder im Block enthalten sein sollen. Klicken Sie auf ADD ALL, um alle Felder zu übernehmen. Im unteren Teil des Dialogfelds können Sie die Eigenschaften der Attribute festlegen, wie Sie dies bereits vom Erstellen eines Textes kennen. Nach Drücken von OK wird das Dialogfeld ausgeblendet, und Sie können den Einfügepunkt des Textblockes bestimmen. Führen Sie dies mit allen Datensätzen durch. Orientieren Sie sich hierbei an der Abbildung 25.9.

Nun hat sich der Preis eines Möbelstücks geändert. Da alle Verknüpfungen in der Zeichnung auf dem Eintrag der Datenbank beruhen, genügt es, den entsprechenden Datensatz zu ändern. Die Verknüpfungen werden hierbei automatisch aktualisiert. Auch Änderungen an Daten werden im Dialogfeld ROWS durchgeführt. Wählen Sie das Auswahlfeld UPDATABLE, damit Sie Änderungen durchführen können, und klicken Sie auf OPEN CURSOR. Wählen Sie über das Schaltfeld NEXT den Datensatz, der das Sofa des Herstellers *MUSTER2* enthält. Um den Eintrag zu ändern, klicken Sie auf EDIT. Wie schon beim Erstellen von Datensätzen, wählen Sie *PREIS* und tragen im Textfeld den neuen Preis 1070 ein. Drücken Sie (↵) und anschließend auf das Schaltfeld UPDATE.

Da Sie bereits Elemente der Zeichnung mit diesem Datensatz verknüpft haben, werden Sie in einem Dialogfeld aufgefordert, zu entscheiden, ob die Verknüpfungen aktualisiert oder gelöscht werden sollen. Wählen Sie UPDATE LINKS, um die Verknüpfungen zu aktualisieren, und drücken Sie anschließend auf OK. Klicken Sie auf CLOSE, um den Editor zu schließen, und beenden Sie das Dialogfeld ROWS. In der Zeichnung können Sie sehen, daß der Textblock aktualisiert wurde.

Vorgang: Befehl ASESELECT

Um Zeichnungselemente in AutoCAD über eine Datenbankverknüpfung zu selektieren, wählen Sie den Befehl ASESELECT:

↳ Abrollmenü WERKZEUGE, Untermenü EXTERNE DATENBANK >, Funktion SELECT OBJECTS...

↳ Tablettfeld X13

↳ Symbol im Werkzeugkasten EXTERNE DATENBANKEN

In diesem Dialogfeld können AutoCAD-Auswahlsätze erstellt werden, die dann mit normalen AutoCAD-Befehlen wie SCHIEBEN oder DREHEN verwendet werden können. Im Textfeld muß lediglich die Bedingung der WHERE-Anweisung eingetragen werden.

Durch Drücken der Schaltfläche SELECT wird automatisch die Anweisung

```
SELECT * FROM MOEBEL WHERE
```

vorangestellt. Um also alle Möbel des Herstellers *MUSTER1* zu wählen, geben Sie im Textfeld

```
HERST='Muster1'
```

ein und drücken auf SELECT. Im unteren Teil des Dialogfelds erscheint eine Meldung, der Sie die Anzahl der gewählten Elemente entnehmen können.

```
selected Objects 6
```

Dabei wurden die verknüpften Möbelstücke und die Textblöcke in den Auswahlsatz miteinbezogen. Drücken Sie nun auf OK, um das Dialogfeld zu schließen. Die Elemente bleiben ausgewählt. Um den Auswahlsatz zu verwenden, müssen Sie lediglich einen Befehl aufrufen. Benutzen Sie den Befehl SCHIEBEN, um alle Möbelstücke des Herstellers *MUSTER1* zu verschieben.

Die ASE-Schnittstelle ist sehr umfangreich, aber relativ aufwendig zu benutzen. Jedoch können hiermit Informationen in die Zeichnung eingebracht werden, die ansonsten nur sehr schwierig zu implementieren sind. Zum Beispiel kann bei der Aufnahme eines Firmengebäudes mit den damit verbundenen Informationen wie Maschinen, Arbeitsplätzen usw. ein grafischer Bezug geschaffen werden, was bei der Auswertung der Daten sehr hilfreich sein kann.

Software-Schnittstellen

Autor: Frank Müller

Kapitel 26

26.1 Wozu Software-Schnittstellen?
26.2 AutoLISP und DCL
26.3 Die ADS-Schnittstelle
26.4 Die ARX-Schnittstelle
26.5 ActiveX-Automation, VBA-Entwicklungsumgebung in AutoCAD
26.6 Die Bonus-Utilities

26.1 Wozu Software-Schnittstellen?

Wie Sie in diesem Buch gesehen haben, enthält AutoCAD eine Vielzahl von Zeichen- und Editierfunktionen. Trotzdem sind oft spezielle Funktionen wünschenswert, die die Konstruktion branchenspezifischer Aufgaben vereinfachen können. So sind in AutoCAD z. B. keine Funktionen zum Zeichnen von Gewinden, Stahlträgern, Wänden oder Türen enthalten.

AutoCAD wurde nicht speziell für den Maschinenbau oder die Architektur entwickelt, es liefert vielmehr einen großen Umfang von Grundfunktionen.

Da AutoCAD ein offenes CAD-System ist, kann es durch jeden Anwender auf seine jeweiligen Bedürfnisse angepaßt werden. Um dies zu gewährleisten, sind mehrere sogenannte »Software-Schnittstellen« integriert, durch die nicht nur einfache Makros, sondern auch komplexe Programme erstellt werden können. Mit Hilfe dieser Schnittstellen kann AutoCAD um eigene Funktionen erweitert werden. Dabei kann oft schon eine kleines Programm, das z. B. das automatische Zeichnen eines Langlochs übernimmt, die Arbeit mit dem System erheblich beschleunigen. Gerade auf diese Möglichkeiten bei der Anpassung ist es zurückzuführen, daß AutoCAD heute zu den führenden CAD-Systemen gehört. Es gibt eine Vielzahl von Zusatzapplikationen, die den Einsatz von AutoCAD in nahezu jedem Bereich wesentlich effizienter machen.

Die Anpassung von AutoCAD ist keineswegs nur für den professionellen Applikationsentwickler gedacht, sondern auch für den Anwender, der direkt mit diesem System seine Zeichnungen erstellt und AutoCAD besser nutzen möchte. Trotz der vielen Applikationen werden Sie immer wieder Funktionen vermissen. Das folgende Kapitel enthält eine Einführung in diese Programmierschnittstellen, mit denen Sie den Standardbefehlssatz von AutoCAD um Ihre eigenen Funktionen erweitern können.

26.2 AutoLISP und DCL

Die am meisten verwendete Programmiersprache in AutoCAD ist AutoLISP (LISt Processing Language). Mit der zusätzlichen Scriptsprache DCL (Dialog Control Language), mit der Dialogfelder erstellt werden können, wird AutoLISP zu einem effektiven Werkzeug. AutoLISP ist eine Implementierung von CommonLISP in AutoCAD und wird direkt interpretiert. Das heißt, das AutoLISP-Programm muß nicht erst kompiliert werden. Alles, was Sie benötigen, ist ein Texteditor, der im Lieferumfang von Windows enthalten ist. Eigene Programme werden lediglich als Textdatei gespeichert und können jederzeit über eine AutoLISP-Funktion geladen werden.

LISP ist eine Sprache aus der künstlichen Intelligenz und wurde in den 50er Jahren von John McCarthy am Massachusetts Institute of Technology entwickelt. Nach Fortran ist sie die zweitälteste der sogenannten »höheren Programmiersprachen«. Ein Grund, warum LISP in AutoCAD integriert wurde, liegt sicherlich in der Art der Sprache, Listen zu speichern und zu manipulieren, die sich sehr gut für Punktkoordinaten und Elementdaten eignet. Die Unterschiede zu anderen Programmiersprachen bestehen im wesentlichen darin, daß es in LISP keinen formalen Unterschied zwischen Daten und Programmen gibt, wodurch Programme sogar neue Programme erzeugen und verändern können. Des weiteren müssen Datentypen in LISP nicht explizit angegeben werden. LISP unterscheidet keine Groß- und Kleinschreibung. Die Funktion »MyFunction« kann also nicht von »MYFUNCTION« oder »myfunction« unterschieden werden.

Auch wenn ein LISP-Programm auf den ersten Blick, aufgrund der unzähligen Klammern (jede Liste ist durch Klammern umschlossen), erst mal sehr kompliziert aussieht, werden Sie schnell sehen, daß schon eine kurze Einführung in die Syntax der Sprache ausreicht, um sich selbst weiter in die Materie einarbeiten zu können.

In diesem Kapitel wird ein neuer AutoCAD-Befehl mit einem AutoLISP-Programm erzeugt, mit dem nach Eingabe der Parameter ein Langloch gezeichnet wird. Das Programm wird Schritt für Schritt erweitert und zum Schluß noch um ein Dialogfeld ergänzt, das mit DCL erstellt wird.

Direktes Ausführen von AutoLISP-Befehlen

Da der LISP-Interpreter in AutoCAD integriert ist, können LISP-Funktionen und sogar ganze Programme direkt in der Befehlszeile eingegeben und deren Ergebnis ausgewertet werden. Um dies auszuprobieren, geben Sie in der Befehlszeile von AutoCAD folgende Zeile ein und bestätigen die Eingabe mit ⏎:

```
Befehl: (sqrt 9)
3.0
Befehl:
```

Zuerst einmal fällt auf, daß AutoCAD schon nach der ersten Klammer den Ausdruck als AutoLISP-Funktion erkennt. Wie Sie vielleicht bemerkt haben, konnten Sie nach dem Wort *Sqrt* eine Leerstelle eingeben, was sonst von AutoCAD als ⏎ interpretiert wird.

AutoLISP-Funktionen haben alle den gleichen Aufbau. Sie werden von Klammern umschlossen (Listen). Nach der ersten geöffneten Klammer folgt immer der Funktionsname. Danach kommen, durch Leerzeichen getrennt, die einzelnen Übergabeparameter. In unserem Beispiel heißt die Funktion *Sqrt*. Diese Funktion berechnet die Wurzel aus der übergebenen Zahl 9. Die Rückgabe der Funktion ist das Berechnungsergebnis 3.0. Dieses Ergebnis könnte nun für weitere Berechnungen verwendet oder an AutoCAD-Funktionen übergeben werden.

Ein weiteres Beispiel:

```
Befehl: (getpoint "Klicken Sie einen Punkt: ")
Klicken Sie einen Punkt: 100,200,300
(100.0 200.0 300.0)
Befehl:
```

Die Funktion *Getpoint* wartet, bis der Benutzer einen Punkt anklickt oder eine gültige Koordinate eingibt und gibt dann den Punkt in Form einer Liste zurück. Die Liste ist ebenfalls von Klammern umschlossen und enthält x, y und z, jeweils durch Leerzeichen getrennt. Da AutoLISP sehr viele Funktionen enthält, um Listen zu bearbeiten, können sehr einfach Manipulationen an diesem Punkt durchgeführt werden. Als Parameter kann an die Funktion *Getpoint* ein Text übergeben werden, der bei der Anfrage des Punktes verwendet wird. Texte werden in AutoLISP, wie in den meisten Programmiersprachen, in Anführungszeichen gesetzt.

Als nächstes soll der Punkt für die weitere Verwendung in einer Variablen gespeichert werden. Aus anderen Programmiersprachen oder auch aus der Mathematik kennen Sie die Zuweisung:

```
a = 1
```

a stellt dabei den Namen der Variablen dar, der der Wert 1 zugewiesen wird. Diese Funktion sieht in AutoLISP etwas anders aus:

```
(setq a 1)
```

In AutoLISP steht auch hier die Funktion gleich nach der öffnenden Klammer. Die Funktion *Setq* weist der Variablen a (erster Parameter) den Wert 1 (zweiter Parameter) zu. Um jetzt den eingegebenen Punkt in einer Variablen zu speichern, geben Sie folgende Zeile ein.

```
Befehl: (setq p1 (getpoint "Klicken Sie einen Punkt: "))
Klicken Sie einen Punkt: 100,200,300
(100.0 200.0,300)
Befehl:
```

Kapitel 26: Software-Schnittstellen

Im Gegensatz zum vorherigen Beispiel wurde der von der Funktion *Getpoint* zurückgegebene Punkt mit Hilfe der Funktion *Setq* in der Variablen p1 gespeichert. Die Rückgabe des Punktes, der in der Befehlszeile erscheint, stammt von der Funktion *Setq*. Nun soll in der Variablen p2 ein zweiter Punkt gespeichert werden:

```
Befehl: (setq p2 (getpoint "Klicken Sie einen zweiten Punkt: "))
Klicken Sie einen Punkt: 200,200
(100.0 200.0 0.0)
Befehl:
```

Da die Z-Koordinate nicht eingegeben wurde, wird in der Liste automatisch 0.0 eingesetzt. Der Inhalt der Variablen p2 kann nun direkt an AutoCAD übergeben werden, wenn dem Variablenamen ein Ausrufezeichen vorangestellt wird. Rufen Sie den Befehl LINIE auf, und übergeben Sie die Punkte p1 und p2.

```
Befehl: Linie
Von Punkt: !p1
Nach Punkt: !p2
Nach Punkt:
Befehl:
```

Um einen AutoCAD-Befehl aus AutoLISP heraus aufzurufen, wird die Funktion COMMAND verwendet. An diese Funktion wird übergeben, was in AutoCAD ausgeführt werden soll. Löschen Sie die zuvor gezeichnete Linie, und geben Sie folgende Zeile in der Befehlszeile ein.

```
Befehl: (command "linie" "0,0" "100,100" "")
linie Von Punkt: 0,0
Nach Punkt: 100,100
Nach Punkt:
Befehl: nil
```

Alle Übergaben an COMMAND (außer Zahlen) müssen in Anführungszeichen geschrieben werden. COMMAND aktiviert hier den Befehl LINIE und übergibt die Punkte 0,0 bzw. 100,100. Die zwei Anführungszeichen am Ende der Funktion COMMAND stehen für ein ⏎ in AutoCAD, da der Befehl LINIE durch eine Leereingabe beendet werden muß. Der Rückgabewert der Funktion ist das Wort nil (not in list), das in AutoLISP eine besondere Bedeutung hat. Nun soll eine Linie mit den zuvor gespeicherten Punkten auf dieselbe Weise gezeichnet werden.

```
Befehl: (command "linie" p1 p2 "")
linie Von Punkt:
Nach Punkt:
Nach Punkt:
Befehl: nil
```

Die Linie wird wie zuvor, jedoch ohne Benutzereingabe gezeichnet. Die Variablen werden ohne Anführungszeichen direkt an die Funktion übergeben. *Command* übergibt dann den Inhalt der Variablen (hier Punktkoordinaten) an AutoCAD.

AutoLISP-Programme

Um mit einem Programm zu beginnen, mit dem ein Quadrat gezeichnet wird, starten Sie zuerst einen Texteditor. Sie können jeden beliebigen Editor verwenden, achten Sie jedoch darauf, das geschriebene Programm im Textformat ohne Steuerzeichen abzuspeichern. Am einfachsten ist es, den in Windows enthaltenen Editor zu verwenden. Wählen Sie dazu im STARTMENÜ die Funktion PROGAMME, Funktion ZUBEHÖR und darin das Programm NOTEPAD. Nachdem Sie den Editor geöffnet haben, kann sofort mit der Erstellung des Programms begonnen werden.

Um eine Funktion in AutoLISP zu definieren, wird die Funktion DEFUN verwendet.

```
(defun Funktionsname ()
  Funktion
)
```

Der Funktionsname wird zum Aufruf der Funktion verwendet. Sind die ersten beiden Zeichen des Funktionsnamens C:, wird in AutoCAD ein neuer Befehl mit diesem Namen generiert. Dabei ist zu beachten, daß Sie keine Namen verwenden, die bereits in AutoCAD als Befehle enthalten sind, da sonst Ihre eigenen Befehle ignoriert werden. Die beiden Klammern nach dem Funktionsnamen sind anfänglich für die Programmierung nicht relevant, weshalb in diesem Buch nicht weiter darauf eingegangen wird. Nach den Klammern kommt die eigentliche Funktion des Programms.

In unserem ersten Programm gibt der Benutzer den Einfügepunkt (untere linke Ecke) und die Seitenlänge des Quadrats ein. Danach werden die Punkte berechnet und das Quadrat gezeichnet.

Kommentare können in AutoLISP durch Voranstellen eines Semikolons gemacht werden. Alles, was hinter diesem Zeichen steht, wird vom Interpreter ignoriert:

```
; Kommentar
```

Mit der Funktion *defun c:quadrat* wird ein neuer AutoCAD-Befehl mit dem Namen Quadrat erzeugt. Der Einfügepunkt wird in der Variablen *ep* gespeichert. Mit der Funktion *Getdist* wird der Benutzer nach der Seitenlänge gefragt. Wird an diese Funktion zusätzlich ein Punkt übergeben (*ep*), hängt das Fadenkreuz über ein Gummiband an diesem Punkt, wie Sie es

Kapitel 26: Software-Schnittstellen

z. B. vom AutoCAD-Befehl LINIE kennen. Die Berechnung der erforderlichen Punkte erfolgt über die Funktion *Polar*, welche der Polar-Koordinate von AutoCAD ähnelt.

```
(polar Ausgangspunkt Winkel Abstand)
```

Der Ausgangspunkt ist eine bereits bestehende Koordinate, von der aus der neue Punkt berechnet werden soll. Bei der Angabe des Winkels ist darauf zu achten, daß der Winkel nicht in Grad, sondern im Bogenmaß übergeben wird. In AutoLISP existiert bereits eine Variable mit dem Namen *Pi*, der das Gradmaß 180° entspricht. PI * 0.5 entsprechen also 90°.

Auch die Berechnungsfunktionen in AutoLISP wie z. B. Plus und Minus sind Funktionen. So entspricht dem mathematischen Ausdruck:

```
a + 2
```

der Lisp-Ausdruck:

```
(+ a 2)
```

In Abbildung 26.1 sehen Sie die Variablennamen, die im Programm verwendet werden.

Abbildung 26.1:
Quadrat mit Variablen

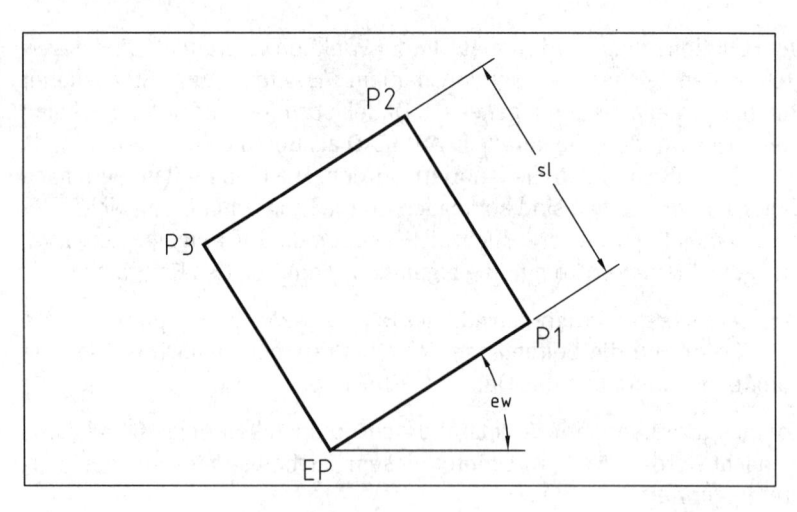

Schreiben Sie das nun folgende Programm im Editor, oder kopieren Sie die Datei *QUAD1.LSP*, welche sich im Ordner *PRG\LISP* auf der CD befindet, in den Ordner, in dem Sie Ihre Programmdateien von AutoCAD installiert haben. Achten Sie darauf, daß von der CD kopierte Dateien schreibgeschützt sind. Entfernen Sie nach dem Kopieren den Schreibschutz mit dem Explorer, und benennen Sie die Datei in *QUAD.LSP* um.

```
; Definition der Funktion Quadrat
; als AutoCAD-Befehl
(defun c:quadrat ()

    ; Eingabe der Parameter
    (setq ep (getpoint "Einfügepunkt des Quadrats: "))
    (setq sl (getdist "Seitenlänge des Quadrats: " ep))

    ; Berechnung der Eckpunkte
    (setq p1 (polar ep 0.0 sl))
    (setq p2 (polar p1 (* PI 0.5) sl))
    (setq p3 (polar ep (* PI 0.5) sl))

    ; Zeichnen der Linie in AutoCAD
    (command "linie" ep p1 p2 p3 "s")

) ; Klammer beendet Funktion defun
```

Der Punkt *p1* wird über die Funktion *Polar* vom Einfügepunkt *ep* aus in o-Richtung (X-Achse) mit der Seitenlänge *sl* berechnet und in der Variablen *p1* gespeichert. Der Punkt *p2* wird vom vorher berechneten Punkt *p1* in einem Winkel von 90° im gleichen Abstand gesetzt. Mit der Funktion *Command* wird schließlich das Quadrat mit dem Befehl LINIE gezeichnet. Mit der Übergabe von »s« wird die Linie geschlossen und gleichzeitig der Befehl beendet.

Speichern Sie nun das Programm im AutoCAD-Ordner, normalerweise C:\PROGRAMME\AUTOCAD 14\ unter dem Namen *QUAD.LSP* ab. Achten Sie auf die Endung der Datei. Bei manchen Versionen von Windows kann es passieren, daß der Editor automatisch die Endung *.TXT* zusätzlich an den Dateinamen anhängt. Falls dies geschieht, können Sie die Datei im Explorer umbenennen. Um das Programm zu laden und in AutoCAD auszuprobieren, muß der Editor nicht geschlossen werden. Lassen Sie ihn also geöffnet, da im nächsten Schritt das Programm noch erweitert wird. Kehren Sie nun zurück zu AutoCAD.

Um ein AutoLISP-Programm in AutoCAD zu laden, gibt es im wesentlichen zwei Möglichkeiten. Die einfachere ist, den Befehl APPLOAD zu verwenden. Sie finden Ihn, wenn Sie im Abrollmenü WERKZEUGE auf ANWENDUNG klicken.

Kapitel 26: Software-Schnittstellen

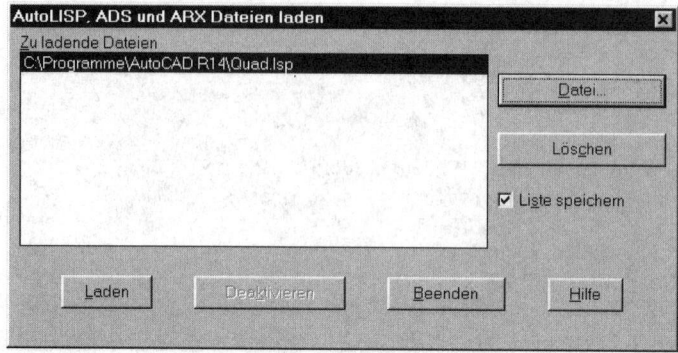

Abbildung 26.2:
Laden von Anwendungen

[Dialogfeld: AutoLISP, ADS und ARX Dateien laden — Zu ladende Dateien: C:\Programme\AutoCAD R14\Quad.lsp — Schaltflächen: Datei..., Löschen, Liste speichern (angekreuzt), Laden, Deaktivieren, Beenden, Hilfe]

Mit diesem Befehl können zusätzliche Anwendungen, wie LISP-, ADS- und ARX-Programme in AutoCAD geladen werden. Klicken Sie auf DATEI, um den Namen des zu ladenden Programms, auszuwählen. Ist das Auswahlfeld LISTE SPEICHERN angekreuzt, werden die Namen der ausgewählten Programme gespeichert und stehen beim nächsten Start von AutoCAD wieder zur Verfügung. Um ein Programm zu laden, wählen Sie es in der Liste aus und klicken auf die Schaltfläche LADEN. Das Dialogfeld wird dabei automatisch geschlossen. Die Schaltfläche DEAKTIVIEREN ist nur für ADS- und ARX-Programme verfügbar.

Die zweite Möglichkeit, ein AutoLISP-Programm zu laden, besteht darin, eine AutoLISP-Funktion mit dem Namen *Load* zu verwenden.

```
(load Dateiname)
```

Da der Dateiname ein Text (String) ist, muß er in Anführungszeichen geschrieben werden. Wenn kein Verzeichnis, sondern nur der Dateiname angegeben wird, sucht AutoCAD in den Supportdatei-Suchpfaden. Befindet sich Ihre Programmdatei in keinem dieser Pfade, müssen Sie das Laufwerk und das Verzeichnis mit angeben. Dabei ist zu beachten, daß der Backslash »\« in AutoLISP-Strings eine besondere Bedeutung hat und deshalb doppelt geschrieben werden muß. Es kann auch ein normaler Schrägstrich / statt des Backslash verwendet werden.

Beispiel:

```
(load "quad.lsp")Lädt die Programmdatei quad.lsp
(load "quad")Die Endung .LSP muß nicht angegeben werden.
(load "c:\\r14\\quad")Backslash wird durch doppelten ersetzt
(load "c:/r14/quad")Backslash wird durch Schrägstrich ersetzt.
```

Da Sie zuvor das Programm im Installationsverzeichnis von AutoCAD abgelegt haben, muß kein Pfad mit angegeben werden. Es genügt also, in der Befehlszeile von AutoCAD einzugeben:

```
Befehl: (load "quad")
C:QUADRAT
Befehl:
```

Wurde das Programm erfolgreich geladen, erscheint *C:QUADRAT* in der darauffolgenden Zeile. Dies ist der Rückgabewert der Funktion *Defun*, welche als Ergebnis den Funktionsnamen liefert. Tritt ein Fehler auf, überprüfen Sie Ihr Programm im Editor, speichern es und versuchen es, erneut zu laden. Beim Laden eines Programmes können die folgenden Fehler auftreten:

```
Fehler: überzählige rechte Klammer
```

In Ihrem Programm fehlt eine öffnende Klammer. Am Anfang ist es nicht einfach, den AutoLISP-Quellcode zu lesen. Deshalb werden Sie etwas länger brauchen, bis Sie die fehlende Klammer finden. Eine große Hilfe ist die eingerückte Schreibweise, wie Sie im oberen Programmbeispiel sehen. Diese Schreibweise muß in AutoLISP nicht verwendet werden, sie erhöht aber die Übersicht.

```
Fehler: fehlerhaft gebildete Liste
```

In Ihrem Programm fehlt mindestens eine schließende Klammer.

Es kann auch vorkommen, daß ein Anführungszeichen im Programm fehlt, was zu folgendem Fehler führt:

```
Fehler: fehlerhafte Zeichenfolge
Fehler: falscher Argumenttyp
```

Die letzte Fehlermeldung deutet darauf hin, daß Sie in Ihrem Programm einen ungültigen Wert an eine Funktion übergeben haben. Dies tritt z. B. auf, wenn Sie einen Text an die Wurzelfunktion übergeben. Tritt der Fehler beim Laden des Programms auf, weist dies meist auf eine fehlende Klammer hin. Bei der Ausführung liegt es sehr oft an einem falsch geschriebenen Variablennamen. Wenn Sie das Programm erfolgreich geladen haben, existiert in AutoCAD ein neuer Befehl mit dem Namen QUADRAT. Um ihn auszuführen, wird er wie ein normaler AutoCAD-Befehl in der Befehlszeile eingegeben.

```
Befehl: quadrat
Einfügepunkt des Quadrats: 100,100
Seitenlänge des Quadrats: 100
linie Von Punkt:
Nach Punkt:
Nach Punkt:
Nach Punkt:
Nach Punkt: s
Befehl: nil
Befehl:
```

Kapitel 26: Software-Schnittstellen

Durch die Funktion *Getpoint* im Programm wird nach dem Einfügepunkt des Quadrats gefragt. Anschließend erfolgt die Eingabe der Seitenlänge. Dabei hängt das Fadenkreuz über ein Gummiband am Einfügepunkt. Die Länge kann, wie in AutoCAD üblich, durch Klicken oder Eingabe einer Zahl angegeben werden. Danach wird das Quadrat gezeichnet. Wie Sie im Befehlszeilenfenster sehen können, läuft dabei die Anfrage des Linienbefehls mit. Bei komplexen Zeichenfunktionen kann dies zu erheblichen Zeitverlusten führen. Durch eine zusätzliche Erweiterung des Programms wird dies unterdrückt. Auch die Ausgabe des Worts *Nil* am Ende des Programms kann durch eine Funktion namens *Princ*, die normalerweise der Anzeige von Werten dient, verhindert werden. Zusätzlich soll nun noch der Einfügewinkel des Quadrats angegeben werden können.

Führen Sie in Ihrem Programm die folgenden Änderungen durch, oder kopieren Sie die Datei QUAD2.LSP aus dem Ordner \PRG\LISP auf der CD in den AutoCAD-Ordner. Die grau unterlegten Flächen enthalten die neuen oder geänderten Programmteile.

```
; Definition der Funktion Quadrat
; als AutoCAD-Befehl
(defun c:quadrat ()

    ; Auschalten des Befehlsechos
    (setvar "cmdecho" 0)

; Eingabe der Parameter
(setq ep (getpoint "Einfügepunkt des Quadrats: "))
(setq sl (getdist "Seitenlänge des Quadrats: " ep))

    (setq ew (getangle "Einfügewinkel: " ep))
    ; Berechnung der Eckpunkte
    (setq p1 (polar ep ew sl))
    (setq p2 (polar p1 (+ ew (* PI 0.5)) sl))
    (setq p3 (polar ep ( + ew (* PI 0.5)) sl))

    ; Zeichnen der Linie in AutoCAD
    (command "linie" ep p1 p2 p3 "s")

    ; Unterdrücken der Rückgabe
    (princ)

)   ; Klammer beendet Funktion defun
```

Mit der Funktion *Setvar* kann eine Systemvariable in AutoCAD gesetzt werden. Im Programm wird die Variable CMDECHO auf 0 gesetzt, dadurch wird das Befehlsecho von AutoCAD (von Punkt: , nach Punkt ...) ausgeschaltet. Es empfiehlt sich, diese Variable erst nach erfolgreichem Test des Programms zu setzen. Vorher lassen sich leichter Fehler im Programm erkennen.

Die Funktion *Getangle* fordert den Benutzer, auf einen Winkel einzugeben. Der Vorteil dieser Funktion liegt darin, daß sie den Winkel bereits im Bogenmaß an das Programm zurückgibt, auch wenn der Winkel in Grad eingegeben wurde. Auch bei dieser Funktion wird ein Punkt abgefragt, an dem das Gummiband hängt, wie z. B. beim Befehl DREHEN. Die Berechnung der Punkte wurde so geändert, daß nun der Winkel zu dem Einfügewinkel hinzuaddiert wird. Die Funktion *Princ* am Ende des Programms hat keinen Rückgabewert, wodurch verhindert wird, daß nach Ablauf des Programms *Nil* angezeigt wird.

Speichern Sie das Programm, und laden Sie es erneut in AutoCAD, um es auszuprobieren. Nach einem erfolgreichen Test führen Sie das Programm noch mal aus und drücken bei der Anfrage nach dem Einfügepunkt nur die Taste ⏎.

```
Befehl: quadrat
Einfügepunkt des Quadrats:
Fehler: falscher Argumenttyp
(GETDIST "Seitenlänge des Quadrats: " EP)
(SETQ SL (GETDIST "Seitenlänge des Quadrats: " EP))(C:QUADRAT)
*Abbruch*
Befehl: n
```

Vom Interpreter wird der Fehler »falscher Argumenttyp« ausgegeben. Dies bedeutet, daß an eine Funktion ein ungültiger Wert übergeben wurde. Da bei der Funktion *Getpoint* kein Punkt eingegeben wurde, gibt diese den Wert *Nil* zurück. Dieser wird dann an die Funktion *Getdist* als Argument (Parameter) übergeben. Da dies bei der Funktion nicht zulässig ist, tritt ein Fehler auf, und der Interpreter zeigt die Stelle an, an der der Fehler aufgetreten ist.

Nun wäre es sinnvoll, Eingabefehler im Programm abzufangen. Wie Sie bald feststellen werden, kann diese Aufgabe sehr umfangreich sein und mehr Zeit beanspruchen als die eigentliche Entwicklung des Programms. Es ist schwierig, alle möglichen Fehlerquellen auszuschalten und Fehleingaben abzufangen. Bei komplexen Programmen ist dies nahezu unmöglich.

AutoLISP-Programm für ein Langloch

Am letzten Beispiel haben Sie gesehen, daß schon mit relativ geringem Aufwand eigene Funktionen in AutoCAD integriert werden können. Um noch ein wenig tiefer in AutoLISP einzusteigen, soll nun ein Programm erstellt werden, das nach Eingabe der entsprechenden Werte ein Langloch zeichnet. Dabei soll das Langloch über eine Polylinie erzeugt werden. Es soll wählbar sein, ob zusätzlich die Mittelachsen eingezeichnet werden. Die Linien sollen natürlich gleich auf den richtigen Layern liegen. In Abbildung 26.3 sehen Sie das zu erstellende Langloch.

Abbildung 26.3:
Das Langloch mit den verwendeten Variablen

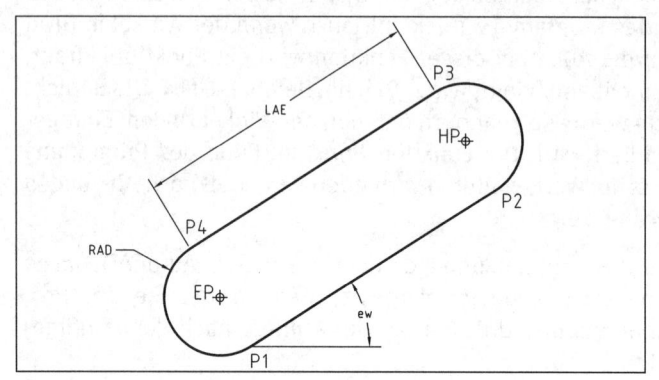

Öffnen Sie wieder den Editor, um eine neue Datei zu erstellen. Auch hier wird wieder ein neuer AutoCAD-Befehl mit dem Namen LANGLOCH erzeugt. Die Berechnungen und Eingaben werden in eigenen Funktionen abgelegt, wodurch das Programm übersichtlicher wird. Eigene AutoLISP-Funktionen werden ebenfalls mit der Funktion *Defun* definiert. Diese sind dann von normalen AutoLISP-Funktionen nicht unterscheidbar.

Zuerst definieren wir die Eingabe, die für die Abfrage der Werte zuständig ist. Um Fehler bei der Eingabe zu vermeiden, können die *getxxx*-Funktionen initialisiert werden. Das heißt, es kann vor Aufruf der jeweiligen Funktion festgelegt werden, wie die Funktion auf eine fehlerhafte Eingabe reagieren soll. Dies geschieht mit der Anweisung *Initget*.

(initget Steuerbit ["Schlüsselwort"])

Mit dem Steuerbit werden die zulässigen Werte festgelegt:

- 1   Leereingabe nicht gestattet
- 2   Nullwert nicht gestattet
- 4   Negativer Wert nicht gestattet
- 8   Limiten nicht überprüfen
- 16 Reserviert
- 32 Gestrichelte Gummibandlinien
- 64 Ignoriert Z-Werte
- 128 Gibt unumschränkte Tastatureingabe zurück

Außerdem können Sie die möglichen Schlüsselwörter festlegen, die der Benutzer an dieser Stelle eingeben kann. Diese entsprechen den Optionen eines Befehls in AutoCAD.

```
; Funktion zur Abfrage der Werte
(defun Eingabe ()

    ; Eingabe des Einfügepunkts, Leereingabe
    ; nicht gestattet
    (initget 1)
    (setq ep (getpoint "Einfügepunkt: "))

    ; Eingabe der Länge, Leereingabe, Null
    ; und negative Werte nicht gestattet
    (initget (+ 1 2 4))
    (setq lae (getdist "Länge des Langlochs: " ep))

    ; Eingabe des Radius
    (initget (+ 1 2 4))
    (setq rad (getdist "Radius des Langlochs: " ep))

    ; Eingabe des Winkels
    (initget 1)
    (setq ew (getangle "Einfügewinkel: " ep))

    ; Angabe, ob Achsen gezeichnet werden
    ; sollen über Ja, Nein
    (initget 1 "Ja Nein")
    (setq az (getword
    "Sollen Achsen eingezeichnet werden ? Ja/Nein: "))

)
```

Nach Eingabe der Werte werden die erforderlichen Punkte berechnet. Hierzu wird die Funktion *Berechne* definiert, die diese Aufgabe übernimmt.

```
; Funktion zur Berechnung der Punkte
(defun Berechne ()

    (setq p4 (polar ep (+ ew (* PI 0.5)) rad))
    (setq p1 (polar ep (- ew (* PI 0.5)) rad))
    ; Berechnung des Hilfspunkts
    (setq hp (polar ep ew lae))

    (setq p3 (polar hp (+ ew (* PI 0.5)) rad))
    (setq p2 (polar hp (- ew (* PI 0.5)) rad))
)
```

Kapitel 26: Software-Schnittstellen

Im Hauptprogramm müssen diese Funktionen lediglich aufgerufen werden wie andere AutoLISP-Funktionen. Die verschiedenen Funktionen eines Programms können in verschiedenen Dateien stehen, die dann vor der Ausführung geladen werden müssen. Variable sind in AutoLISP, wenn nicht explizit angegeben, global. Das heißt, daß Variablen, die in einer Funktion benutzt wurden, in jeder anderen Funktion verwendbar sind, sogar in einem anderen Programm.

Beim Zeichnen der Polylinie muß darauf geachtet werden, daß die Vorgabebreite auf 0 gesetzt wird. Zuvor wird jedoch noch der Layer *LANGLOCH* erzeugt, falls er nicht existiert, und zum aktuellen Layer gemacht.

```
; Die Hauptfunktion des Programms
(defun c:Langloch ()

    ; Aufruf der Eingabefunktion
    (Eingabe)

    ; Aufruf der Berechnungsfunktion
    (Berechne)

    ; Layer Kontur mit der Farbe gelb
    ; aktuell machen
    (command "layer" "m" "Kontur"
        "fa" "gelb" "" "")

    ; Zeichnen des Langlochs
    (command "plinie" p1 "b" 0.0 0.0
        p2 "k" p3 "li" p4 "k" "s")

    ; überprüfen, ob Achsen eingezeichnet
    ; werden sollen.
    (if (= az "Ja")
        (progn

            ; Berechnung der Punkte
            (setq p1 (polar ep (+ ew (* PI 0.5))
                (* rad 2.0)))
            (setq p2 (polar ep (- ew (* PI 0.5))
                (* rad 2.0)))
            (setq p3 (polar hp (+ ew (* PI 0.5))
                (* rad 2.0)))
            (setq p4 (polar hp (- ew (* PI 0.5))
                (* rad 2.0)))
            (setq p5 (polar ep (+ ew PI) (* rad 2.0)))
            (setq p6 (polar hp ew (* rad 2.0)))
```

```
            ; Layer für die Achsen setzen
            (command "layer" "m" "Mitte"
                "fa" "cyan" "" "lt" "mitte" "" "")

            ; Achsen einzeichnen
            (command "linie" p1 p2 "")
            (command "linie" p3 p4 "")
            (command "linie" p5 p6 "")
        )
    )

    ; Rückmeldung unterdrücken
    (princ)
)
```

Über die *If*-Anweisung kann das Programm verzweigt werden.

```
(if (Bedingung)
    (Block1)
    [(Block2)]
)
```

Wenn die Bedingung erfüllt ist, wird Block1 ausgeführt, ansonsten Block2. Da der jeweilige Block nur eine Funktion enthalten kann, werden im oberen Programmabschnitt über die Funktion *Progn* mehrere Funktionen zu einer einzelnen zusammengefaßt. Block2 ist optional und muß nicht eingefügt werden.

Über die Funktion = werden die nachfolgenden Parameter verglichen. Besteht Gleichheit, gibt diese Funktion *T* (true, wahr) zurück, ansonsten *Nil* (not in list, falsch). Schreiben Sie die einzelnen Funktionen in eine gemeinsame Datei. Die Reihenfolge spielt dabei keine Rolle. Erzeugen Sie auf Laufwerk C: einen neuen Odner mit dem Namen *LISP* und speichern Sie dort das neue Programm unter dem Namen *LANGLOCH.LSP*. Falls Sie das fertige Programm von der CD verwenden möchten, kopieren Sie die Datei *LANG1.LSP* aus dem Ordner *\PRG\LISP* auf der CD in das neue Verzeichnis. Benennen Sie es dort um in *LANGLOCH.LSP*.

Wechseln Sie wieder zu AutoCAD, und laden Sie das Programm. Da sich der soeben erstellte Ordner nicht im Support-Pfad von AutoCAD befindet, muß der Pfad beim Laden mit angegeben werden:

```
(load "c:/lisp/langloch")
```

Wurde das Programm ohne Fehlermeldung geladen, starten Sie es mit dem Befehl LANGLOCH. Testen Sie ausgiebig das neue Programm, und untersuchen Sie die Meldungen von AutoCAD, wenn Sie ungültige Werte eingeben, z. B., wenn Sie bei der Anfrage nach dem Einfügepunkt einfach nur ⏎ drücken.

Dialogfelder mit DCL programmiert

Um das Programm benutzerfreundlicher zu gestalten, wird die Eingabe durch ein Dialogfeld realisiert. Hierzu wird die Sprache DCL (Dialog Control Language) verwendet, die ebenfalls in AutoCAD enthalten ist. Die Sprache ist scriptartig aufgebaut und beschreibt lediglich das Aussehen des Dialogfeldes. Gesteuert wird das Fenster über spezielle Funktionen aus AutoLISP.

Die einzelnen Elemente des Dialogfelds werden wie folgt beschrieben:

```
:Element
{
    // Eigenschaften des Elements bzw. Unterelemente.
}
```

Das wichtigste Element ist *dialog*, in dem das eigentliche Fenster beschrieben wird. In ihm befinden sich Steuerelemente wie Schaltfelder, Listen oder Texteingabefelder. Das folgende Script beschreibt das Dialogfeld für das Programm *LANGLOCH*. Geben Sie diesen Text ebenfalls im Editor ein, und speichern Sie ihn unter dem Namen *LANGLOCH.DCL* im Ordner *\LISP* auf Laufwerk C:, oder kopieren Sie die entsprechende Datei von der CD aus dem Ordner *\PRG\LISP*. Im Gegensatz zu AutoLISP wird hier zwischen Groß- und Kleinschreibung unterschieden.

```
// Dialogfenster Langloch
LANGL:dialog
{
    // Text in Titelzeile
    label = "Langloch";

    // Texteingabefeld
    :edit_box
    {
        // Name des Steuerelements in LISP
        key = "LAE";
        // Beschriftung des Steuerelements
        label = "Länge:";
    }
    :edit_box
    {
        key = "RAD";
        label = "Radius:";
    }
```

```
// Auswahlfeld
:toggle
{
    key = "ACH";
    label = "Achsen einzeichnen";
}

// Steuerelemente zu eine Reihe zusammenfassen
:row
{
    // Schaltfeld OK
    :button
    {
        key = "OK";
        label = "OK";
    }

    // Schaltfeld Abbruch
    :button
    {
        key = "ABB";
        label = "Abbruch";

        // Abbruch-Eigenschaft gesetzt
        is_cancel = true;
    }
}
}
```

Am Anfang der Dialogsteuerungsdatei steht der Name des Dialogfelds, über den es in AutoLISP initialisiert wird. Über *dialog* wird das Dialogfeld definiert.

edit_box fügt in das Dialogfeld ein Texteingabefeld ein, in das der Benutzer Texte und Zahlen eingeben kann. *toggle* definiert ein Auswahlschaltfeld, in dem durch Ankreuzen eine Einstellung gewählt werden kann. Mit den Wörtern *row* und *column* können Elemente ausgerichtet werden. Dabei werden Elemente, die von *row* umschlossen sind, in einer Reihe angeordnet, von *column* in einer Spalte. Standardmäßig werden die Elemente untereinander angeordnet. *button* plaziert Schaltfelder wie OK oder ABBRUCH im Dialogfeld.

Über die Eigenschaft *label* wird die Beschriftung des jeweiligen Elements festgelegt. Damit die einzelnen Steuerelemente in AutoLISP unterschieden werden können, ist es erforderlich, dem jeweiligen Element einen Schlüssel (Name) zuzuweisen. Dies geschieht über die Eigenschaft *key*, der dieser Name zugeordnet wird. Damit das Dialogfeld auch sicher beendet werden kann, muß einem Schaltfeld die Eigenschaft eines Abbruchknopfes zugewiesen werden. Im oberen Beispiel wird beim Abbruchknopf die Eigenschaft *is_cancel* auf *true* (wahr) gesetzt, um dies zu erreichen. Abbildung 26.4 zeigt Ihnen das fertige Dialogfeld.

Abbildung 26.4:
Das fertige Dialogfeld

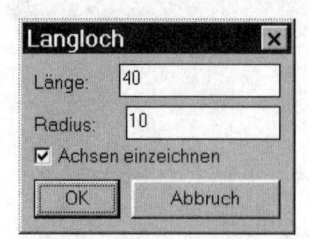

Um das Dialogfeld auf den Bildschirm zu bringen, müssen im AutoLISP-Programm zuerst noch einige Änderungen vorgenommen werden. Öffnen Sie hierzu die Datei LANGLOCH.LSP aus Ihrem Ordner \LISP und ändern Sie den folgenden Abschnitt. Sie können aber auch die Datei LANG2.LSP aus dem Ordner \PRG\LISP\ der CD verwenden. Dort sind die Änderungen schon eingebracht. Kopieren Sie es in den Ordner auf Ihrer Festplatte, und benennen Sie es dort in LANGLOCH.LSP um.

```
; Funktion zur Abfrage der Werte
(defun Eingabe ()
    ; Laden der Dialogsteuerungsdatei
    (setq dia (load_dialog "c:\\lisp\\langloch"))

    ; Initialisieren des Dialogfensters
    (new_dialog "LANGL" dia)

    ; Zuweisen der Ereignisse
    (action_tile "OK" "(LeseDaten)(done_dialog 1)")

    ; Anzeigen des Dialoges
    (setq w (start_dialog))

    ; Entladen der Dialogsteuerungsdatei
    (unload_dialog dia)

    ; Überprüfen, ob der Dialog mit
    ; OK beendet wurde
    (if (= w 1)
        (progn

            ; Eingabe des Einfügepunkts,
            ; Leereingabe nicht gestattet
            (initget 1)
```

```
(setq ep (getpoint "Einfügepunkt: "))
        ; Eingabe des Winkels
        (initget 1)
        (setq ew (getangle "Einfügewinkel: " ep))
    )
  )
)
```

Die Funktion *load_dialog* lädt die Datei, in der sich die Beschreibung des Dialogfelds befindet, und gibt den sogenannten *Handle* zurück, welcher an *new_dialog* übergeben wird, um das Dialogfeld mit dem Namen *LANGL* zu initialisieren. Mit *action_tile* wird einem Steuerelement ein Ereignis zugeordnet. Dieses muß der Funktion in Anführungszeichen übergeben werden. Im oberen Beispiel wird dem OK Schaltfeld zwei Aktionen zugewiesen, die ausgeführt werden, wenn der Benutzer auf dieses Schaltfeld klickt.

Die erste liest die Daten aus dem Dialogfeld aus. Mit der zweiten wird das Dialogfeld über die Funktion *done_dialog* mit dem Rückgabewert 1 beendet. Die Funktion *start_dialog* öffnet das Dialogfeld und startet den Dialog, um die Eingaben des Benutzers entgegenzunehmen. Nun können die Daten eingegeben werden. Wenn der Benutzer das Dialogfeld schließt, wird ein Wert zurückgegeben, der in der Variablen *w* gespeichert wird. Damit wird in der Hauptfunktion geprüft, ob das Dialogfeld mit OK oder ABBRUCH beendet wurde. Zum Schluß wird über die Funktion *unload_dialog* die Dialogsteuerungsdatei aus dem Speicher entfernt. Um die Daten aus dem Dialogfeld auszulesen, wird zusätzlich eine Funktion namens *LeseDaten* erzeugt:

```
; Funktion zum Auslesen der Daten aus dem Dialog
(defun LeseDaten ()

    ; Auslesen der Daten
    (setq lae (atof (get_tile "LAE")))
    (setq rad (atof (get_tile "RAD")))
    (setq az (get_tile "ACH"))
)
```

Die Funktion *get_tile* liest den Wert eines Steuerelements, dessen Name als Argument übergeben wird, und gibt diesen zurück. Da Textfelder in Dialogfeldern immer nur Text enthalten, muß dieser in den entsprechenden Datentyp umgewandelt werden. Über die Funktion *atof* (ascii to float) wird Text (String) in eine Dezimalzahl umgewandelt. Das Auswahlfeld gibt, je nachdem, ob es angekreuzt wurde, den Wert 1 oder 0 zurück.

Kapitel 26: Software-Schnittstellen

Deshalb muß auch noch im Hauptprogramm eine kleine Änderung vorgenommen werden.

```
; Die Hauptfunktion des Programms
(defun c:Langloch ()
    ; Aufruf der Eingabefunktion
    (Eingabe)
        ; Überprüfen, ob der Dialog mit OK beendet wurde
        (if (= w 1)
            (progn
                ; Aufruf der Berechnungsfunktion
                (Berechne)
                ; Layer Kontur mit der Farbe gelb aktuell
                ; machen
                (command "layer" "m" "Kontur" "fa"
                    "gelb" "" "")
                ; Zeichnen des Langlochs
                (command "plinie" p1 "b" 0.0 0.0 p2
                    "k" p3 "li" p4 "k" "s")
                ; überprüfen, ob Achsen eingezeichnet
                ; werden sollen.
                (if (= az "1")
                    (progn
                        ; Berechnung der Punkte
                        (setq p1 (polar ep (+ ew (* PI 0.5))
                            (* rad 2.0)))
                        (setq p2 (polar ep (- ew (* PI 0.5))
                            (* rad 2.0)))
                        (setq p3 (polar hp (+ ew (* PI 0.5))
                            (* rad 2.0)))
                        (setq p4 (polar hp (- ew (* PI 0.5))
                            (* rad 2.0)))
                        (setq p5 (polar ep (+ ew PI)
                            (* rad 2.0)))
                        (setq p6 (polar hp ew (* rad 2.0)))
                        ; Layer für die Achsen setzen
                        (command "layer" "m" "Mitte" "fa"
                            "cyan" "" "lt" "mitte" "" "")
                        ; Achsen einzeichnen
                        (command "linie" p1 p2 "")
                        (command "linie" p3 p4 "")
                        (command "linie" p5 p6 "")
                    )
```

```
      )
    )
  )
  ; Rückmeldung unterdrücken
  (princ)
)
```

Speichern Sie das Programm, und laden Sie es erneut in AutoCAD, um es zu testen. Auch hier müßten noch die Fehler, die durch Benutzereingaben entstehen können, abgefangen werden. Wird z. B. beim Radius nichts eingetragen und auf OK gedrückt, so entsteht ein Fehler, da der Leerstring (Wort ohne Zeichen) nicht in eine Gleitkommazahl umgewandelt werden kann. Um Dialogfelder ansprechender gestalten zu können, gibt es in DCL eine ganze Reihe weiterer Möglichkeiten, die Sie aus der Dokumentation zu AutoCAD 14 entnehmen können.

Start aus einem Werkzeugkasten

Damit das Programm nicht jedesmal vor der Ausführung geladen werden muß, kann es in einen Werkzeugkasten eingebunden werden. Klicken Sie mit der rechten Maustaste auf ein Symbol eines Werkzeugkastens. Drücken Sie im daraufhin erscheinenden Dialogfeld auf die Schaltfläche NEU, und geben Sie einen Namen für den neuen Werkzeugkasten ein (siehe Abbildung 26.5).

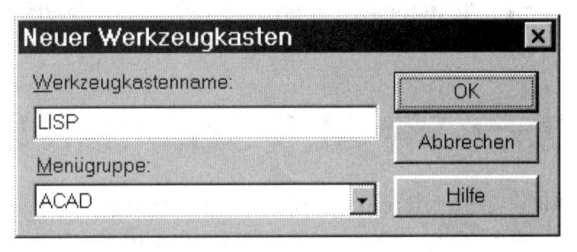

Abbildung 26.5:
Erstellen eines neuen Werkzeugkastens

Fügen Sie in den Werkzeugkasten ein neues, benutzerdefiniertes Symbol ein. Klicken Sie mit der rechten Maustaste auf das neue Schaltfeld, und füllen Sie das Dialogfeld wie in Abbildung 26.6 aus.

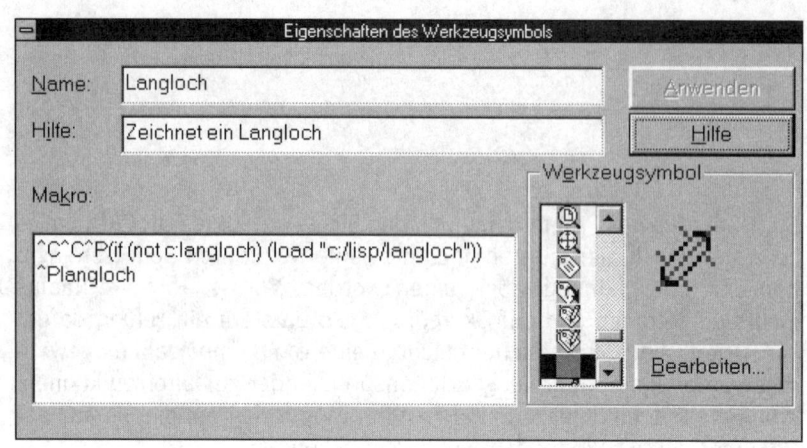

Abbildung 26.6:
Einbinden eines AutoLISP-Programms

Dialogfeld "Eigenschaften des Werkzeugsymbols":
- Name: Langloch
- Hilfe: Zeichnet ein Langloch
- Makro:
  ```
  ^C^C^P(if (not c:langloch) (load "c:/lisp/langloch"))
  ^Plangloch
  ```

Klicken Sie die Schaltfläche ANWENDEN an, und schließen Sie das Dialogfeld. Wenn Sie auf das Symbol in Ihrem neuen Werkzeugkastens klicken, wird zuerst geprüft, ob das Programm bereits geladen ist. Falls nicht, wird zuerst die AutoLISP-Datei geladen und dann der Befehl LANGLOCH ausgeführt.

Natürlich war dies nur ein kleiner Einblick in die Software-Entwicklung mit AutoLISP, jedoch reicht diese Einführung aus, sich selbständig weiter in dieses Gebiet einzuarbeiten. Wie Sie bei weiterer Arbeit mit dieser Sprache feststellen werden, gibt es noch eine Vielzahl weiterer Funktionen, die aber immer auf ähnliche Weise benutzt werden können.

26.3 Die ADS-Schnittstelle

ADS ist eine bereits veraltete, auf der Programmiersprache C basierende Schnittstelle, die in Version 11 eingeführt wurde. Sie wird durch eine neue Software-Schnittstelle ersetzt: ARX, die in Version 13 von AutoCAD neu eingeführt wurde.

26.4 Die ARX-Schnittstelle

Seit der Version 13 von AutoCAD gibt es eine objektorientierte Schnittstelle mit dem Namen ARX. Auch hier kommt die Sprache C bzw. C++ zum Einsatz. Diese Schnittstelle ist die schnellste Zugriffsmethode auf AutoCAD-Objekte und auch die vielseitigste. Um ARX-Programme erstellen zu können, benötigen Sie den Microsoft Visual C++-Kompiler der Version 4.2 oder höher. Zusätzlich müssen die ARX-Bibliotheken auf Ihrem System installiert sein. Diese erhalten Sie über das Internet von Autodesk.

Die Schnittstelle ist sehr umfangreich und verlangt einige Erfahrung im Umgang mit C++ und AutoCAD. Für den Einstieg in die Programmierung von AutoCAD ist diese Schnittstelle aufgrund ihres Umfangs sicherlich nicht geeignet.

26.5 ActiveX-Automation, VBA-Entwicklungsumgebung in AutoCAD

Die neuste Version von AutoCAD unterstützt nun auch die ActiveX-Automation von Windows (früher: OLE-Automation). Dabei handelt es sich um eine sehr komplexe Schnittstelle, für die eine auf Automatisierung basierende Programmierumgebung wie z. B. Visual Basic 5.0 oder Excel benötigt wird. Mit Hilfe der ActiveX-Automation können aus jeder Anwendung, die als Automatisierung-Steuerungs-Software dient, AutoCAD-Objekte erstellt oder verändert werden. Die Programmiersprache ist Visual Basic.

Gegenüber AutoLISP besteht der Vorteil, anwendungsübergreifend programmieren zu können. Das heißt, Sie können in einer Anwendung ein Programm erstellen, das z. B. aus AutoCAD-Daten liest, in Excel berechnet und die Tabelle in Word einfügt, um sie mit einem Begleitschreiben zu drucken. Die in AutoCAD verfügbaren Objekte werden Automatisierungsobjekte genannt. Diese verfügen über Eigenschaften und Methoden. Die Begriffe stammen aus der »Objektorientierten Programmierung«. Unter Eigenschaften versteht man das Aussehen bzw. den Zustand des Objekts, unter Methoden dessen Funktionen, die Aktionen mit oder am Objekt ausführen.

Wäre das Objekt z. B. ein Auto, so könnten die Eigenschaften die Farbe oder die Anzahl der Räder sein. Die Methoden wären dann fahren, bremsen oder beschleunigen.

Um die ActiveX-Automation in AutoCAD zu verwenden, ist es am einfachsten, die mitgelieferte Entwicklungsumgebung VBA (Visual Basic for Applications) zu verwenden, die sich auf der AutoCAD-Programm-CD befindet. Um sie zu installieren, wechseln Sie auf der CD in den Ordner *VBAINST* und führen dort das Programm *SETUP.EXE* aus. Nach erfolgreicher Installation erscheint ein neues Abrollmenü mit der Bezeichnung VBA in AutoCAD. Die mitgelieferte Entwicklungsumgebung ist eine Vorab-Version und deshalb nur in Englisch verfügbar.

Kapitel 26: Software-Schnittstellen

Vorgang: Der erste Versuch in VBA

Um den Umgang mit der Entwicklungsumgebung und den Visual-Basic-Objekten kennenzulernen, wird zuerst ein Programm vorgestellt, das noch keine AutoCAD-Objekte verwendet. Beachten Sie, daß in Visual Basic Funktionen und deren Argumente in eine Zeile geschrieben werden müssen. Aufgrund des Buch-Layouts sind eventuell Zeilen umbrochen.

Klicken Sie in AutoCAD im Abrollmenü VBA auf SHOW VBA IDE. Es erscheint die Entwicklungsumgebung, in der VBA-Programme erstellt werden können.

Abbildung 26.7:
Die Entwicklungsumgebung

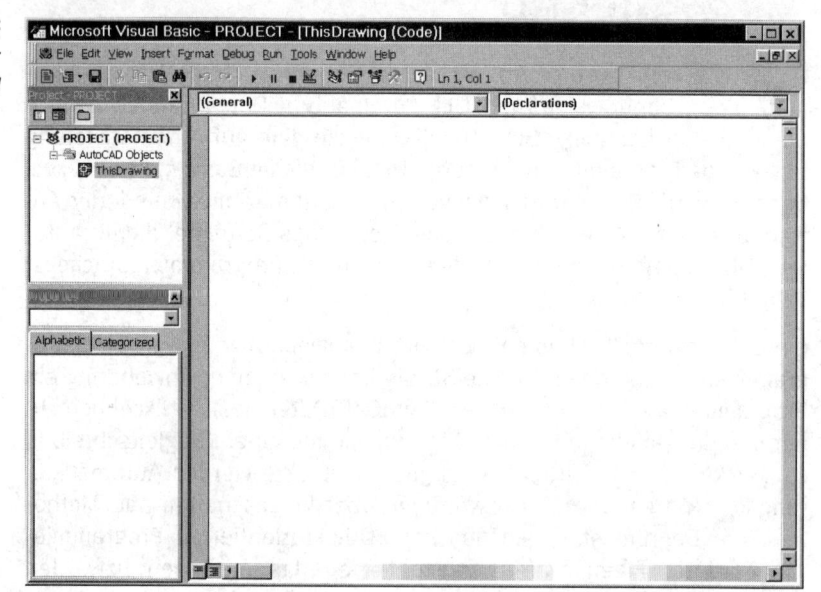

Das Fenster, bei dem *Project* in der Titelzeile steht, ist der *Project Explorer*. In ihm sehen Sie ihr aktuelles Projekt mit den darin enthaltenen Ordnern und Objekten. Es ist bereits ein Ordner für AutoCAD-Objekte mit dem Objekt *ThisDrawing* enthalten, das die aktive Zeichnung in AutoCAD darstellt. Im darunter angeordneten Fenster *Properties* erscheinen die Eigenschaften der jeweiligen im Projekt enthaltenen Objekte. Im rechten Bereich des Fensters wird später der Quellcode eingegeben bzw. das Dialogfeld erstellt.

Um dem Projekt einen Namen zu geben, muß es zuerst gespeichert werden. Klicken Sie hierzu im Abrollmenü FILE die Funktion SAVE PROJECT. Wählen Sie gegebenenfalls ein Verzeichnis, geben Sie beim Dateiname *TEST1* ein, und drücken Sie auf SPEICHERN. Im *Project Explorer* wird der Name des aktuellen Projekts angezeigt.

ActiveX-Automation, VBA-Entwicklungsumgebung in AutoCAD

Zuerst wird ein Modul in das Projekt eingefügt. Ein Modul kann Variablen und Funktionen enthalten, über die in AutoCAD die jeweiligen Aktionen ausgeführt werden. Klicken Sie im Abrollmenü INSERT auf MODULE, um Ihrem Projekt ein Modul hinzuzufügen. Klicken Sie im *Project Explorer* auf den neuen Eintrag *Module1*, um ihn zu markieren. Im Fenster *Properties* erscheint die Eigenschaft des Moduls. Um den Namen zu ändern, klicken Sie im Eigenschaftenfenster in das Feld hinter dem Eintrag *Name* und geben dort *Test* ein.

Auf der rechten Seite wurde ein Code-Fenster geöffnet, in dem das eigentliche Programm eingetragen wird. Klicken Sie in das Codefenster, und geben Sie die folgenden Zeilen ein.

```
Sub MeinTest()

    ' Meldungsdialog anzeigen
    MsgBox "Dies ist ein Test"

End Sub
```

Kommentare können in VBA über ein vorangestelltes Hochkomma (') gekennzeichnet werden. Wie in AutoLISP wird die gesamte Zeile hinter dem Zeichen ignoriert. Die Hilfe bei der Eingabe ist sehr komfortabel gestaltet. Bei Eingabe eines Befehls wird über ein *ToolTip* die Syntax angezeigt. Wenn Sie einen syntaktischen Fehler bei der Eingabe machen, werden Sie beim Verlassen der Zeile sofort darauf hingewiesen. Im oberen Programm wurde eine Prozedur mit dem Namen *MeinTest* generiert. Im Gegensatz zu AutoLISP gibt es zwei Arten von Funktionen: Funktionen ohne Rückgabewert werden Prozeduren genannt und mit dem Schlüsselwort *Sub* gekennzeichnet und Funktionen mit Rückgabewert mit *Function*. Wie in AutoLISP müssen auch hier die Datentypen nicht explizit angegeben werden. Wenn Sie einen Variablennamen benutzen, der noch nicht existiert, wird er automatisch erzeugt. Es ist jedoch zu empfehlen, Variablen einen entsprechenden Datentyp zuzuweisen, um eventuelle Fehler leichter zu finden. Die einzige Funktion, welche in der Prozedur *MeinTest* enthalten ist, ist der Befehl *MsgBox*, über den in einem Dialogfeld Meldungen angezeigt werden können, die als Text übergeben werden. Wie in AutoLISP muß ein Text in Anführungszeichen geschrieben werden.

Speichern Sie das Projekt, indem Sie im Abrollmenü FILE die Funktion SAVE TEST1.DVB klicken. Obwohl Sie dem Projekt bereits einen Namen gegeben haben, erscheint das Dialogfeld, in dem Sie einen Namen eingeben können. Lassen Sie sich nicht irritieren, wenn Sie gefragt werden, ob Sie Ihr Projekt überschreiben wollen, und drücken Sie OK.

Um das Programm zu testen, klicken Sie auf RUN SUB/USERFORM im Abrollmenü RUN. Dabei wird immer die Funktion ausgeführt, in der sich momentan der Textcursor befindet. Bei Ausführung des Programms wird automatisch zu AutoCAD gewechselt. Es erscheint das Dialogfeld mit der Meldung.

Nun wollen wie ein zusätzliches Dialogfeld erstellen, in dem ein Wert eingegeben werden kann, der ebenfalls mit einem Meldungsfenster angezeigt wird. Um ein neues Dialogfeld zu erzeugen, klicken Sie im Abrollmenü INSERT auf USERFORM. Dialogfelder werden in Visual Basic *Form* genannt. Auf der rechten Seite erscheint ein leeres Dialogfeld, in das Sie die erforderlichen Steuerelemente, wie Schaltfelder, Eingabefelder usw. einzeichnen können. Klicken Sie auf die leere Form, um sich die Eigenschaften ansehen zu können. Ganz oben steht der Name der Form. Über diesen Namen kann das jeweilige Steuerelement innerhalb des Programms angesprochen werden. Ändern Sie den Namen auf *MeineForm*. Im *Project Explorer* werden im Ordner *Forms* alle in diesem Projekt enthaltenen Dialogfelder angezeigt. Die Eigenschaft *Caption* beinhaltet die Beschriftung des Elements. Bei einem Dialogfeld ist dies der Text in der Titelzeile. Ändern Sie diese Eigenschaft in *Eingabedialog*. Um mehr über die jeweiligen Eigenschaften zu erfahren, markieren Sie diese in der Tabelle und drücken die Taste [F1] für die Hilfe-Funktion. Auch die Hilfe ist nur in Englisch verfügbar. Mit der neuen Form ist auch ein neuer Werkzeugkasten auf dem Bildschirm erschienen mit dem Namen *ToolBox*. Dieser enthält die Steuerelemente, die Sie in das Dialogfeld einfügen können.

Klicken Sie auf die Schaltfläche COMMANDBUTTON. Um ein Schaltfeld in das Dialogfeld zu zeichnen, klicken Sie auf das leere Dialogfeld und ziehen den Mauszeiger, bis das neue Schaltfeld die gewünschte Größe hat. Die Steuerelemente eines Dialogfeldes können wie Zeichnungselemente in Grafikprogrammen verschoben und in der Größe geändert werden. Klicken Sie auf das neue Schaltfeld, um es zu aktivieren, und ändern Sie die Eigenschaft *Caption* in *OK*.

Um dem Schaltfeld eine Funktion zuzuweisen, klicken Sie es doppelt an. Es erscheint ein neues Codefenster, in dem bereits die Prozedur für das Element *CommandButton1* enthalten ist. Diese spezielle Prozedur wird Ereignis genannt, das dann eintritt, wenn der Benutzer eine bestimmte Aktion, wie anklicken, doppelklicken, eine Taste drücken usw. durchführt. An der oberen Leiste des Codefensters erscheinen zwei Listenfelder. Das linke enthält die Steuerelemente dieses Dialogfeldes, das rechte die jeweiligen Ereignisse. Momentan ist das Ereignis *Click* ausgewählt, das eintritt, wenn der Benutzer mit der linken Maustaste auf das Schaltfeld klickt. Tragen Sie den folgenden Code ein.

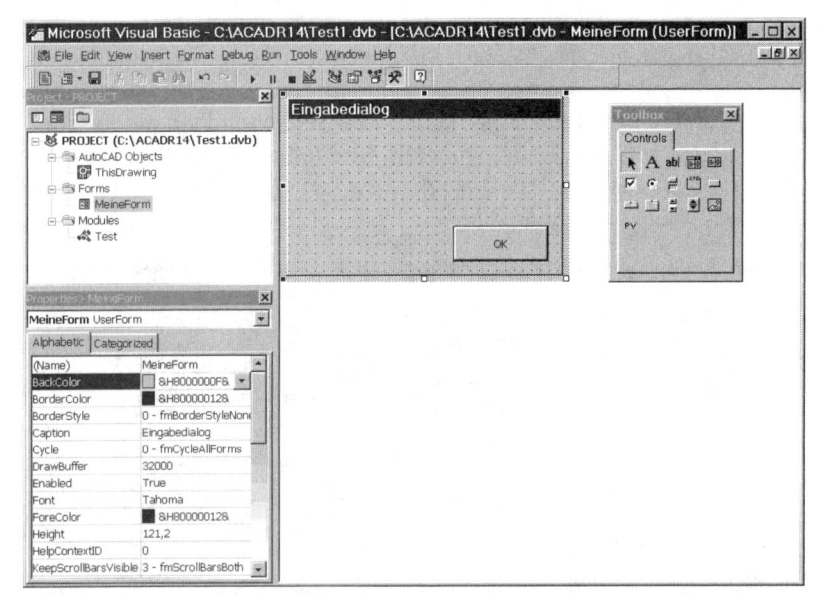

ActiveX-Automation, VBA-Entwicklungsumgebung in AutoCAD

Abbildung 26.8:
Das erste Dialogfeld

```
Private Sub CommandButton1_Click()

    ' entladen des Dialogfensters
    Unload Me

End Sub
```

Die Funktion *Unload* entlädt das übergebene Dialogfeld. *Me* bezeichnet das Dialogfeld, in dem das Schaltfeld enthalten ist. Beim Klicken auf OK wird also das Dialogfeld beendet. Starten Sie wieder die Anwendung im Abrollmenü RUN mit der Funktion RUN SUB/USERFORM. Da Sie momentan das Dialogfeld vor sich sehen, wird nur dieses gestartet. Die vorherige Funktion *MeinTest* wird dabei ignoriert. Drücken Sie auf OK, um das Dialogfeld zu schließen.

Um wieder zur Erstellung des Dialogfelds zurückzukehren, klicken Sie den Namen der Form im *Project Explorer* doppelt an. Zeichnen Sie ein zweites Schaltfeld in das Dialogfeld, und ändern Sie die Beschriftung in *Abbruch*. Klicken Sie dieses Schaltfeld doppelt an, und tragen Sie dieselbe Zeile ein wie beim ersten Schaltfeld.

```
Private Sub CommandButton2_Click()

    Unload Me

End Sub
```

Kapitel 26: Software-Schnittstellen

Um einen Text in das Dialogfeld einzufügen klicken Sie in der *Toolbox* auf das Schaltfeld LABEL. Ändern Sie die Beschriftung wie in Abbildung 26.9. Die Beschriftung eines Steuerelements kann auch direkt geändert werden, indem das Element markiert und anschließend auf die Beschriftung geklickt wird. Ein Texteingabefeld wird mit dem Schaltfeld TEXTBOX der *Toolbox* eingefügt. Das Dialogfeld ist nun fertig und sollte in etwa aussehen wie in Abbildung 26.9.

Abbildung 26.9:
Das fertige Dialogfeld

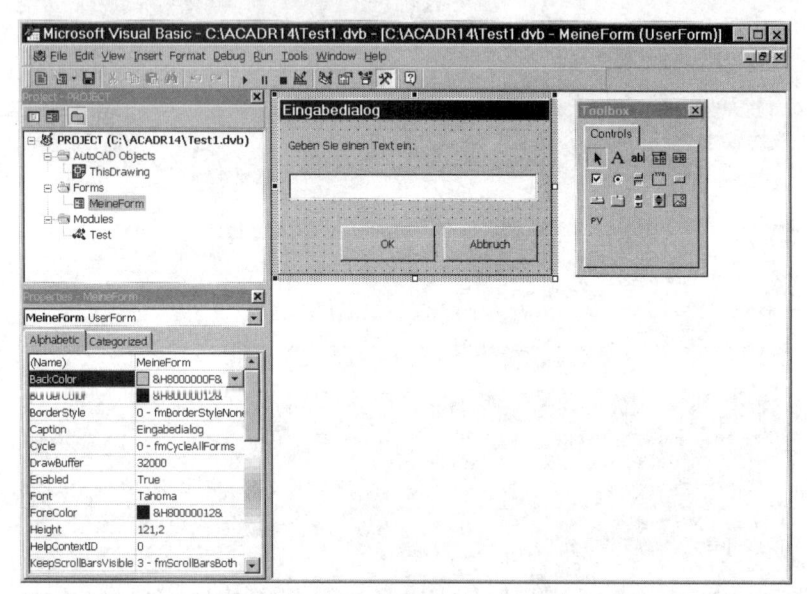

Um den vom Benutzer eingegebenen Text anzeigen zu können, wird der Text aus dem Eingabefeld ausgelesen und in einer Variablen gespeichert, die den Typ *String* hat (Wort, Zeichenkette). Diese Variable wird danach an die Funktion *MsgBox* übergeben. Klicken Sie doppelt auf die Schaltfläche OK, und führen Sie die folgenden Änderungen durch.

```
Private Sub CommandButton1_Click()

    ' Variable vom Typ String definieren
    Dim Eingabe As String

    ' Text aus Eingabefeld in Variable speichern
    Eingabe = TextBox1.Text

    ' text in Meldungsfenster anzeigen
    MsgBox Eingabe


    ' entladen des Dialogfensters
    Unload Me
End Sub
```

ActiveX-Automation, VBA-Entwicklungsumgebung in AutoCAD

Mit *Dim* wird die Definition einer Variablen eingeleitet. Danach steht der Variablenname und, durch das Schlüsselwort *As* getrennt, der Typ. Nach der Eingabe von *As* erscheint ein Listenfeld, aus dem Sie den Typ durch die ⏎- oder ⇥-Taste auswählen können. Eigenschaften von Objekten können wie Variablen behandelt werden. Es muß lediglich der Name des Elements vor die Eigenschaft geschrieben und von dieser mit einem Punkt getrennt werden.

```
Objekt.Eigenschaft
```

Um Werte einer Variablen zuzuweisen, genügt also folgende Schreibweise:

```
AktuellerWert = Objekt.Eigenschaft
```

Auch das Ändern einer Eigenschaft während der Programmausführung erfolgt auf dieselbe Weise:

```
Objekt.Eigenschaft = NeuerWert
```

So kann z. B. die Beschriftung des Dialogfelds während der Programmausführung geändert werden, wenn der Eigenschaft *Caption* des Objekts *Me* ein anderer String zugewiesen wird:

```
Me.Caption = "Neue Titelzeilen-Beschriftung"
```

Somit wird also vom Eingabefeld *TextBox1* der Inhalt der Eigenschaft *Text* (der vom Benutzer eingegebene Text) der Variablen *Eingabe* zugewiesen und an die Funktion *MsgBox* übergeben. Dieser wird dann in einem Meldungsfenster anzeigt. Danach wird über die *Unload*-Anweisung das Dialogfeld beendet. Drückt der Benutzer auf die Schaltfläche ABBRUCH, wird das Dialogfeld ohne weitere Funktionen entladen. Testen Sie das Programm.

Wechseln Sie nun wieder in das Modul *Test*, indem Sie es im *Project Explorer* doppelt anklicken, und fügen Sie die folgende Prozedur hinzu:

```
Sub MeinTest()
    MsgBox "Dies ist ein Test"
End Sub
```

```
Sub EingabeDialog()

    ' Dialogfenster MeineForm anzeigen
    MeineForm.Show

End Sub
```

Kapitel 26: Software-Schnittstellen

Die Prozedur trägt den Namen *EingabeDialog*. Über die Methode *Show* wird das Dialogfeld für die Eingabe angezeigt. Achten Sie darauf, daß sich der Textcursor innerhalb der neuen Prozedur befindet, und starten Sie das Programm erneut. Speichern Sie das Projekt, und klicken Sie auf den Eintrag CLOSE AND RETURN TO AUTOCAD im Abrollmenü FILE. Die Entwicklungsumgebung wird nun geschlossen. Das Projekt bleibt in AutoCAD geladen. Es kann immer nur ein einzelnes Projekt geladen werden. Dies geschieht über den Eintrag LOAD PROJECT im Abrollmenü VBA in AutoCAD. Um nun eine Funktion des Projekts auszuführen, klicken Sie in diesem Abrollmenü auf RUN MACRO. In der Liste MACRO SCOPE erscheinen alle Module, Dialogfelder usw., die in dem Projekt enthalten sind. Wenn Sie einen der Einträge anklicken, sehen Sie in dem Listenfeld die enthaltenen ausführbaren Funktionen. Der Eintrag ALL STANDARD MODULES enthält alle Funktionen des Projekts. Mit RUN kann die ausgewählte Funktion ausgeführt werden.

Abbildung 26.10:
Starten eines Makros in AutoCAD

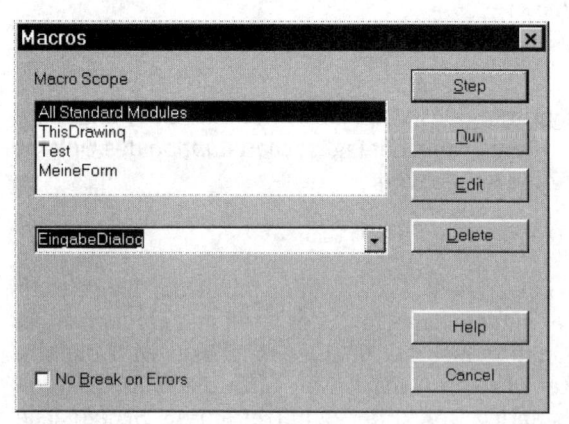

DELETE löscht die gewählte Funktion und damit den Code, den Sie in der Entwicklungsumgebung eingegeben haben. Mit STEP kann das Programm schrittweise durchlaufen werden, um eventuell vorhandenen Fehlern auf die Spur zu kommen. Um ein Projekt komplett zu entladen, klicken Sie auf UNLOAD PROJECT im Abrollmenü VBA.

Nun möchte man natürlich nicht jedesmal, wenn man eine selbst erstellte Funktion ausführen will, zuerst dieses Dialogfeld aufrufen. Um eine Funktion aus einem Projekt direkt auszuführen, können Sie den AutoCAD-Befehl -VBARUN verwenden. Nach Eingabe des Projekts- und Funktionsnamens wird dieser ausgeführt. Starten Sie die Funktion *EingabeDialog* aus der Befehlszeile:

```
Befehl: -vbarun
Macro name: Test.EingabeDialog
Befehl:
```

ActiveX-Automation, VBA-Entwicklungsumgebung in AutoCAD

Die Angabe der Funktion erfolgt mit:

`ModulName.FunktionsName`

Diese Eingabe kann auch, wie Sie im letzten Kapitel gesehen haben, einem Symbol eines Werkzeugkastens zugewiesen werden.

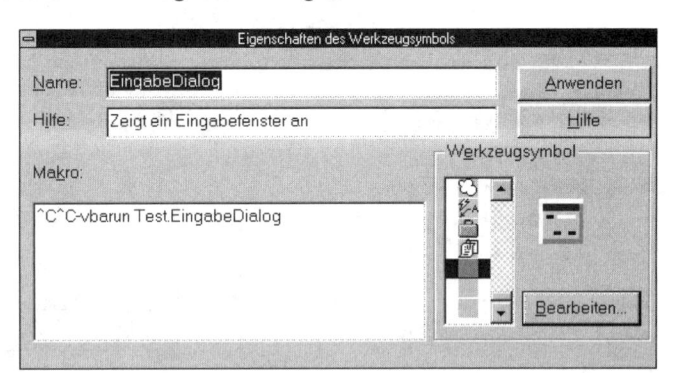

Abbildung 26.11:
Makros aus einem Werkzeugkasten ausführen

Leider muß das Projekt trotzdem beim Start von AutoCAD über die Funktion LOAD PROJECT im Abrollmenü VBA geladen werden. Das Projekt bleibt jedoch so lange verfügbar, bis Sie AutoCAD beenden oder ein anderes Projekt laden.

Vorgang: Programm mit AutoCAD-Objekten

Im nächsten Projekt werden die Objekte von AutoCAD verwendet. Um ein neues Projekt anzulegen, klicken Sie im Abrollmenü VBA auf UNLOAD PROJECT und anschließend auf SHOW VBA IDE. Das neue Projekt enthält eine Funktion zum Zeichnen eines Quadrats, wie Sie sie bereits vom Abschnitt der AutoLISP-Programmierung kennen. Fügen Sie ein neues Modul in das Projekt ein, und ändern Sie den Namen des Moduls in *Tools*. Geben Sie im Codefenster den folgenden Text ein, oder kopieren Sie das fertige Projekt mit dem Namen *QUADRAT.DVB* aus dem Ordner *\PRG\ACTIVEX* auf der CD in einen Ordner auf Ihrer Festplatte, und laden Sie es über die Funktion LOAD PROJECT.

```
Sub Quadrat()
    ' anzeigen des Dialogfensters frmQuadrat
    frmQuadrat.Show

End Sub
```

Mit der Prozedur *Quadrat* wird nur ein Dialogfeld angezeigt. Das eigentliche Fenster muß erst noch erzeugt werden. Erzeugen Sie hierzu eine neue Form in Ihrem Projekt, und fügen Sie die Steuerelemente wie in Abbildung 26.12 ein.

Kapitel 26: Software-Schnittstellen

Abbildung 26.12:
Das fertige Dialogfeld

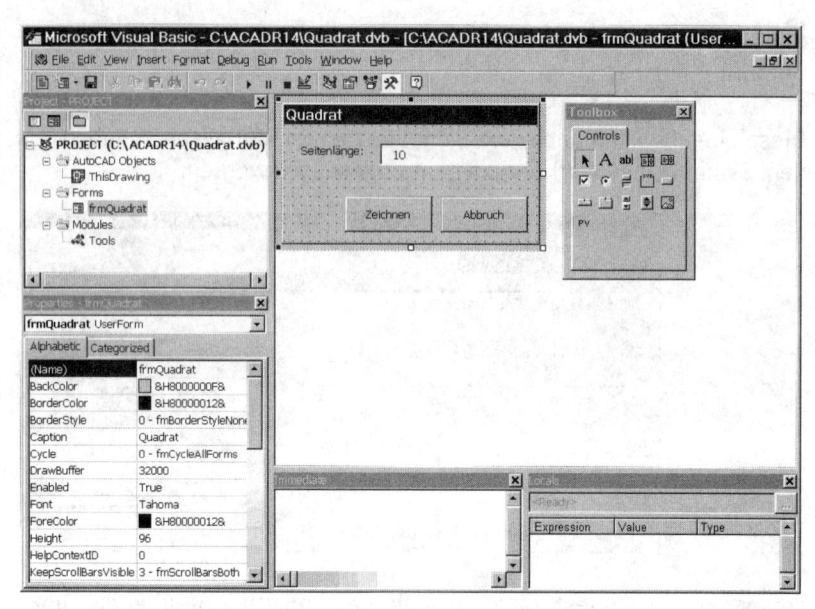

Im Folgenden finden Sie eine Auflistung der Steuerelemente und die zu ändernden Eigenschaften. Es wurden die Namenskonventionen von Microsoft verwendet. Dabei steht ein Kürzel vor dem jeweiligen Variablennamen, an dem Sie erkennen können, um welchen Typ es sich handelt.

Steuerelement	Eigenschaft	Wert
Schaltfeld ZEICHNEN	Name	cmdZeichnen
Schaltfeld ABBRUCH	Name	cmdAbbruch
Texteingabefeld	Name	txtLänge Text 10
Beschriftung	Name	lblLänge
Dialogfeld	Name	frmQuadrat

Beim Drücken des Schaltfeldes ABBRUCH soll das Dialogfeld entladen werden, ohne daß eine weitere Aktion ausgeführt wird:

```
Private Sub cmdAbbruch_Click()

    ' entladen des Dialogfensters
    Unload Me

End Sub
```

Die erforderlichen Zeichenfunktionen sollen durchgeführt werden, wenn der Benutzer auf die Schaltfläche ZEICHNEN klickt. Um die Objekte von AutoCAD verwenden zu können, muß eine Instanz des Hauptobjekts von AutoCAD erzeugt werden. Eine Instanz ist der Inhalt einer Variablen, die auf ein Objekt verweist. Das Hauptobjekt hat den Namen *Application*. Mit der Funktion *GetObject* kann das Objekt aus AutoCAD erzeugt werden. Danach sind die Objekte von AutoCAD, wie die Zeichnungsobjekte, der Modellbereich usw. verfügbar. Um das Arbeiten mit diesen Objekten zu testen, fügen Sie folgenden Code im Click-Ereignis der Schaltfläche ZEICHNEN ein:

```
Private Sub cmdzeichnen_Click()

    ' Variablen deklarieren
    Dim AcadObj As Object
    Dim Drawing As Object
    Dim Mspace As Object

    Dim Punkt1(0 To 2) As Double
    Dim Punkt2(0 To 2) As Double

    ' Instanzen der AutoCAD-Objekte erzeugen
    Set AcadObj = GetObject(, "AutoCAD.Application")
    Set Drawing = AcadObj.ActiveDocument
    Set Mspace = Drawing.ModelSpace

    ' Punkte initialisieren
    Punkt1(0) = 0
    Punkt1(1) = 0
    Punkt1(2) = 0

    Punkt2(0) = 200
    Punkt2(1) = 100
    Punkt2(2) = 0

    ' dem Modellbereich eine Linie hinzufügen
    Mspace.AddLine Punkt1, Punkt2

    ' Dialogfenster entladen
    Unload Me

End Sub
```

Punkte werden nicht wie in AutoLISP in Listen gespeichert, sondern bestehen aus sogenannten *Arrays* (Feldern) vom Typ *double* (Gleitkommazahl). Über einen Index, welcher der Variablen in einer Klammer angehängt wird, kann auf das jeweilige Element zugegriffen werden. Im Falle eines Punktes stellt Punkt(0) den X-Wert des Punktes, Punkt(1) den Y-

Kapitel 26: Software-Schnittstellen

Wert und Punkt(2) entsprechend den Z-Wert dar. Nachdem die Punkte initialisiert wurden, wird dem Objekt *Mspace*, dem Modellbereich in AutoCAD, eine Linie über die Funktion *AddLine* hinzugefügt. Dieser wird der Start- und Endpunkt übergeben. Im Gegensatz zu AutoLISP können in VBA keine AutoCAD-Befehle über eine Funktion aktiviert werden, sondern die Zeichnungselemente müssen als Objekte erzeugt werden. Werden mehrere Argumente an eine Funktion übergeben, so werden diese mit einem Komma getrennt. Wenn der Rückgabewert einer Funktion verwendet werden soll (z.B. *GetObject*), müssen die Parameter in einer Klammer übergeben werden. Testen Sie das Programm, und verändern Sie den Code, um z. B. einen Kreis mit der Funktion *AddCircle* zu erzeugen.

Zuerst muß die Seitenlänge aus dem Dialogfeld ausgelesen und in der Variablen *Länge* gespeichert werden. Danach werden Funktionen aufgerufen, mit denen der Benutzer am Bildschirm den Einfügepunkt und Einfügewinkel festlegen kann. Dazu muß das Dialogfeld ausgeblendet werden, damit die Zeichenfläche nicht verdeckt wird. Dies geschieht mit der Methode *Hide*. *Unload* kann hier nicht verwendet werden, da dies zum Entladen des Dialogfeldes und somit zum Beenden des Programms führen würde. Anschließend werden ganz ähnlich wie im AutoLISP-Programm die Eckpunkte berechnet und das Quadrat mit Linien auf dem Layer *Kontur* gezeichnet. Ändern Sie die Zeichenfunktion wie folgt:

```
Private Sub cmdzeichnen_Click()
    ' Variablen deklarieren
    Dim AcadObj As Object
    Dim Drawing As Object
    Dim Mspace As Object

    Dim Util As Object
    Dim Layer As Object

    Dim Punkt1(0 To 2) As Double
    Dim Punkt2(0 To 2) As Double

    Dim Punkt3(0 To 2) As Double
    Dim Punkt4(0 To 2) As Double

    ' Hilfspunkt für Rückgabe
    Dim Punkt As Variant

    Dim Länge As Double
    Dim Winkel As Double

    ' Konstante PI
    Const PI = 3.14159265358979
```

ActiveX-Automation, VBA-Entwicklungsumgebung in AutoCAD

```vb
' Instanzen der AutoCAD-Objekte erzeugen
Set AcadObj = GetObject(, "AutoCAD.Application")
Set Drawing = AcadObj.ActiveDocument
Set Mspace = Drawing.ModelSpace

Set Util = Drawing.Utility

' Auslesen der eingegebenen Länge
Länge = txtLänge.Text

' Ausblenden des Dialogfensters
Me.Hide

' Eingabe des Einfügepunktes
Punkt = Util.GetPoint(, "Einfügepunkt: ")

' Punkt vom Typ Variant in Double-Array umwandeln
Punkt1(0) = Punkt(0)
Punkt1(1) = Punkt(1)
Punkt1(2) = Punkt(2)

' Eingabe des Einfügewinkels
Winkel = Util.GetAngle(Punkt1, "Einfügewinkel: ")

' Berechnung der Punkte
Punkt = Util.PolarPoint(Punkt1, Winkel, Länge)
Punkt2(0) = Punkt(0)
Punkt2(1) = Punkt(1)
Punkt2(2) = Punkt(2)

Punkt = Util.PolarPoint(Punkt2, Winkel + PI * 0.5, Länge)
Punkt3(0) = Punkt(0)
Punkt3(1) = Punkt(1)
Punkt3(2) = Punkt(2)

Punkt = Util.PolarPoint(Punkt1, Winkel + PI * 0.5, Länge)
Punkt4(0) = Punkt(0)
Punkt4(1) = Punkt(1)
Punkt4(2) = Punkt(2)

' Den Layer Kontur der Zeichnung hinzufügen
Set Layer = Drawing.Layers.Add("Kontur")

' Ändern der Eigenschaft Farbe des Layer-Objekts
Layer.Color = 2

' den Layer als aktuellen Layer setzen
Drawing.ActiveLayer = Layer

' dem Modellbereich die Linien hinzufügen
```

Kapitel 26: Software-Schnittstellen

```
Mspace.AddLine Punkt1, Punkt2
Mspace.AddLine Punkt2, Punkt3
Mspace.AddLine Punkt3, Punkt4
Mspace.AddLine Punkt4, Punkt1
```

```
    Unload Me
End Sub
```

Im Objekt *Utility* sind Berechnungs- und Abfragefunktionen enthalten. Die Funktionen, die einen Punkt zurückgeben, können dies leider nicht direkt in einem Double-Array. Der Datentyp *Variant* wird zurückgegeben. Dieser kann nicht direkt in einen normalen Punkt umgewandelt werden. Deshalb wurde ein Punkt vom Typ *Variant* erzeugt, mit dem Rückgaben in ein Array umgewandelt werden können. Die einzelnen Werte werden dabei über den Index kopiert.

Der Datentyp *Variant* ist ein besonderer Datentyp, der alle Arten von Daten aufnehmen kann. In diesem Typ können auch Uhrzeiten oder ein Datum gespeichert werden. Die Umwandlung der Punkte ist relativ aufwendig und kann den Quellcode unnötig vergrößern. Auf der CD befindet sich das Projekt *LANGLOCH.DVB*. In diesem Projekt befindet sich die Funktion *VarToArray*, die bei diesem Problem Abhilfe schafft. Die Funktion können Sie in jedes Projekt übernehmen, in dem solche Umwandlungen nötig sind. Die Funktion *GetPoint* entspricht der gleichnamigen Funktion in AutoLISP. Auch hier kann ein Punkt übergeben werden. Bei der Eingabe ist ein Gummiband am Fadenkreuz zu sehen. Da keine Variable *Pi* existiert, geschieht dies in dieser Funktion, indem eine Konstante über das Schlüsselwort *Const* deklariert und ihr der erforderliche Wert zugewiesen wird. Auch in VBA werden die Winkel im Bogenmaß berechnet und übergeben. Die Funktion *PolarPoint* entspricht der Funktion *Polar* von AutoLISP und berechnet einen neuen Punkt aus den übergebenen Werten. Auch diese Funktion gibt den Punkt als *Variant* zurück und muß zur weiteren Verwendung umgewandelt werden.

Um einen Layer zu erzeugen, wird der Layerauflistung, die im *ActiveDocument*-Objekt enthalten ist, ein Layer über die *Add*-Methode hinzugefügt. An diese wird der Name des neuen Layers übergeben. Die Rückgabe der Methode ist das in AutoCAD erzeugte Objekt *Layer*. Existiert der Layer bereits, wird diese Eingabe ignoriert. Auch bei diesem Objekt können nun die Eigenschaften, wie z. B. die Farbe, geändert werden, indem einfach ein neuer Wert zugewiesen wird:

```
Layer.Color = 2
```

ändert die Farbe des Layers in Gelb. Um den Layer aktuell zu machen, wird an die Eigenschaft *ActiveLayer* des *ActiveDocument*-Objekts das neue *Layer*-Objekt übergeben.

Speichern Sie das Projekt unter dem Namen QUADRAT.DVB, und testen Sie das Makro *Quadrat*.

Vorgang: Das Langloch in VBA

Auf der CD befindet sich im Ordner \PRG\ACTIVEX ein weiteres Projekt mit dem Namen LANGLOCH.DVB. Um dieses Projekt anzuschauen, kopieren Sie es in ein Verzeichnis Ihrer Festplatte und öffnen es mit der Funktion LOAD PROJECT im Abrollmenü VBA in AutoCAD. Dieses Projekt entspricht in der Funktion etwa dem Langloch-Programm, das Sie in AutoLISP erstellt haben. Zusätzlich wird in diesem Projekt die Zugriffsmöglichkeit auf die Systemregistrierung genutzt, um Vorgabewerte zu speichern und wieder auszulesen. Testen Sie auch dieses Projekt, und versuchen Sie, Änderungen am Programm durchzuführen.

Vorgang: AutoCAD und Excel

Wie bereits zu Beginn dieses Kapitels erwähnt, kann über die ActiveX-Automation anwendungsübergreifend programmiert werden. Das heißt, Sie können in AutoCAD ein Makro erstellen, das Excel benutzt, um Daten in einer Tabelle anzuzeigen und dort zu berechnen. Um dies zu demonstrieren, befinden sich auf der CD Makros, die mit verschiedenen Anwendungen arbeiten. Das Makro für AutoCAD befindet sich im Ordner \PRG\ACTIVEX auf der CD. Das Makro für Excel 97 ist in der Mappe KREIS.XLS im Verzeichnis \PRG\EXCEL97 zu finden. Das Makro für Word 97 befindet sich im Dokument KREIS.DOC, und Sie finden das Dokument im Verzeichnis \PRG\WORD97. Um das Makro in der jeweiligen Anwendung benutzen zu können, muß sowohl Excel 97 als auch AutoCAD bereits gestartet sein. Im Folgenden wird die Funktionsweise erklärt, wenn Sie das Makro in Excel ausführen.

Zeichnen Sie zuerst in AutoCAD einen Kreis. Wechseln Sie dann zu Excel, und öffnen Sie die Arbeitsmappe KREIS.XLS. Es erscheint eine Warnung, bei der Sie die Schaltfläche MAKROS AKTIVIEREN wählen, da sonst die Funktionen nicht ausgeführt werden können. Klicken Sie im Abrollmenü EXTRAS das Untermenü MAKRO und dort die Funktion MAKROS an. Wählen Sie das Makro EINLESEN, und klicken Sie auf AUSFÜHREN. Die Funktion wechselt automatisch zu AutoCAD. Wählen Sie dort den gezeichneten Kreis aus, und bestätigen Sie Ihre Auswahl mit ⏎.

Nachdem Sie zu Excel zurückgekehrt sind, sehen Sie in der *Tabelle1* die Daten des Kreises. X, Y, Z beschreiben den Mittelpunkt. ID beschreibt die *ObjectID* des Kreises und darf nicht verändert werden, da sonst die nachfolgende Funktion den Kreis in AutoCAD nicht mehr findet. Ändern Sie nun den Mittelpunkt, den Radius und die Farbe des Kreises. Die Farbe 256 ist die Farbe *VonLayer*. Um den Kreis in AutoCAD zu aktualisieren, wählen Sie wieder die Funktion MAKROS aus dem Abrollmenü EXTRAS und führen dort das Makro AKTUALISIEREN aus. Sie sehen die Änderungen sofort in AutoCAD.

Dieses kleine Beispiel soll die Möglichkeit der Parametrisierung in Zusammenarbeit mit Excel zeigen. Sie können nun in AutoCAD das Projekt KREIS.DVB laden und testen. Es enthält dieselben Funktionen. Obwohl Sie sich nun in AutoCAD befinden, funktioniert das Makro auf dieselbe Weise. Wenn Sie zusätzlich Word starten, können Sie dort das Dokument KREIS.DOC öffnen. Auch hier sind die gleichen Makros enthalten, und Sie können sie wie in Excel ausführen.

Wenn Sie in den Anwendungen die Makros vergleichen, werden Sie sehen, daß alle Makros völlig identisch sind. Eine Funktion, die in AutoCAD erstellt wurde, kann in die Entwicklungsumgebung von Excel kopiert und dort genauso ausgeführt werden. Da immer mehr Anwendungen diese Möglichkeit der ActiveX-Automation bieten, ist dieses Gebiet der anwendungsübergreifenden Programmierung sehr interessant.

Die ActiveX-Automation kann jedoch nicht nur innerhalb von Anwendungen genutzt werden. Programmiersprachen wie Visual Basic unterstützen ebenfalls diese Methode. Dadurch lassen sich Windows-Anwendungen erstellen, die z. B. verschiedene Dokumente in Word erzeugen und dort drucken können. Auch hierfür ist im Ordner \PRG\VB5 ein Beispiel enthalten, das mit Visual Basic 5.0 erstellt wurde. Der Compiler von Visual Basic erzeugt eine EXE-Datei, die Sie in AutoCAD über eine AutoLISP-Funktion starten können:

```
(startapp "LANGLOCH.EXE")
```

Das Beispiel enthält wieder das Langloch-Beispiel aus AutoLISP.

Das Gebiet der ActiveX-Automation und der damit verbundenen Anwendungs-Entwicklung ist sehr umfangreich. In diesem Buch kann nur ein kleiner Einblick gegeben werden. Sie finden jedoch in der AutoCAD-Hilfe und in der Hilfe der Entwicklungsumgebung weitere Informationen.

26.6 Die Bonus-Utilities

In AutoCAD14 ist eine große Anzahl sehr nützlicher Zusatzprogramme enthalten. Sie müssen aber zusätzlich installiert werden. Falls Sie beim Setup von AutoCAD die vollständige Installation gewählt haben, sind diese Zusatzprogramme automatisch installiert. Ansonsten ist es möglich, diese nachträglich hinzuzufügen, indem Sie erneut das Setup auf der CD starten und bei den INSTALLATIONSOPTIONEN das Schaltfeld HINZUFÜGEN anklicken. Wählen Sie bei den Komponenten BONUS. Nach erfolgreicher Installation erscheint ein zusätzliches Abrollmenü in AutoCAD mit der Bezeichnung BONUS. Leider sind diese nur in englischer Sprache verfügbar.

Nicht alle der mitgelieferten Programme arbeiten fehlerfrei in der deutschen AutoCAD-Version. Durch die englischen Programmtexte werden teilweise die falschen Argumente übergeben. Sie können jedoch die fehlerhaften Programme leicht anpassen, da es sich um AutoLISP-Programme handelt. Ein Fehler, der auftreten kann, wird mit der Meldung angezeigt:

```
"unzulässige Option für ssget"
```

Öffnen Sie in diesem Fall die zugehörige AutoLISP-Programmdatei. Sie finden alle Bonus-Programme im Ordner \BONUS\CADTOOLS. Suchen Sie den Eintrag: (ssget »p«). ersetzen Sie den Eintrag durch (ssget »_p«).

Im Folgenden finden Sie eine kurze Beschreibung zur jeweiligen Funktion. Dabei wird die englische Bezeichnung aus dem Abrollmenü verwendet. Um eine ausführliche Beschreibung zu erhalten, klicken Sie im Abrollmenü BONUS auf HELP. Leider ist auch diese Hilfe nur in englischer Sprache abgefaßt.

Layer-Funktionen

→ Abrollmenü BONUS, Untermenü LAYER >, Funktion LAYER MANAGER

Mit dem Layermanager können komplette Layereinstellungen unter einem Namen in der Zeichnung gespeichert und wiederhergestellt werden. Diese Einstellungen können in eine Datei exportiert bzw. aus einer Datei importiert werden, wodurch komplette Layerstrukturen aus einer Zeichnung in eine andere übertragen werden können.

→ Abrollmenü BONUS, Untermenü LAYER >, Funktion LAYER MATCH

Legt ausgewählte Elemente auf den Layer eines anderen Elements. Die Funktion kann verwendet werden, wenn Objekte auf demselben Layer liegen sollen, man aber den Namen des Layers nicht kennt.

→ Abrollmenü BONUS, Untermenü LAYER >, Funktion CHANGE TO CURRENT LAYER

Legt die ausgewählten Objekte auf den aktuellen Layer. Sehr praktisch, wenn man vergessen hat, den entsprechenden Layer vor dem Zeichnen auszuwählen.

↳ Abrollmenü BONUS, Untermenü LAYER >, Funktion LAYER ISOLATE

Isoliert Objekte auf einem gewählten Layer, indem alle anderen Layer ausgeschaltet werden.

↳ Abrollmenü BONUS, Untermenü LAYER >, Funktion LAYER FREEZE

Friert die Layer der ausgewählten Elemente ein. Über die Optionen kann eingestellt werden, was mit den Layern geschehen soll, wenn z. B. eine Linie innerhalb eines Blocks gewählt wurde.

↳ Abrollmenü BONUS, Untermenü LAYER >, Funktion LAYER OFF

Wie LAYER FREEZE. Die gewählten Layer werden jedoch ausgeschaltet.

↳ Abrollmenü BONUS, Untermenü LAYER >, Funktion LAYER LOCK

Sperrt die Layer der ausgewählten Objekte.

↳ Abrollmenü BONUS, Untermenü LAYER >, Funktion LAYER UNLOCK

Entsperrt die Layer der ausgewählten Elemente.

↳ Abrollmenü BONUS, Untermenü LAYER >, Funktion TURN ALL LAYERS ON

Schaltet alle Layer ein.

↳ Abrollmenü BONUS, Untermenü LAYER >, Funktion THAW ALL LAYERS

Taut alle Layer auf.

Text-Funktionen

↳ Abrollmenü BONUS, Untermenü TEXT >, Funktion TEXT FIT

Paßt den gewählten Text ein, indem ein neuer Startpunkt bzw. Endpunkt gewählt werden kann. Die Funktion ist sehr praktisch, wenn der Text zu lang bzw. zu kurz ist.

↳ Abrollmenü BONUS, Untermenü TEXT >, Funktion TEXT MASK

Mit dieser Funktion kann ein unsichtbarer Kasten um einen bestehenden Text gezogen werden, der den Hintergrund verdeckt. So bleiben Texte lesbar, ohne daß zuvor Linien gestutzt werden müssen, die durch den Text laufen.

↳ Abrollmenü BONUS, Untermenü TEXT >, Funktion CHANGE TEXT

Die Funktion CHANGE TEXT war schon in früheren Versionen von AutoCAD enthalten. Mit ihr kann sehr komfortabel das Aussehen eines Textes geändert werden. Der Vorteil gegenüber dem Befehl DDMODIFY liegt darin, daß mehrere Texte auf einmal editiert werden können.

↳ Abrollmenü BONUS, Untermenü TEXT >, Funktion EXPLODE TEXT

Wandelt einen Text in Linien und Bögen um.

↳ Abrollmenü BONUS, Untermenü TEXT >, Funktion ARC ALIGNED TEXT

Richtet einen Text an einem gewählten Bogen aus. Dabei können im Dialogfeld sehr viele Einstellungen vorgenommen werden.

↳ Abrollmenü BONUS, Untermenü TEXT >, Funktion FIND AND REPLACE TEXT

Diese Funktion ist mit dem Suchen und Ersetzen in Textverarbeitungsprogrammen vergleichbar. Global kann in der gesamten Zeichnung Text geändert werden.

↳ Abrollmenü BONUS, Untermenü TEXT >, Funktion EXPLODE ATTRIBUTES TO TEXT

Dieser Befehl extrahiert Attribute aus einem Block und wandelt sie in Text um. Die Bearbeitung ist dann einfacher. Bedenken Sie jedoch, daß Sie dann keine Attribute mehr haben und diese nicht in einer Stückliste ausgeben können.

↳ Abrollmenü BONUS, Untermenü TEXT >, Funktion GLOBAL ATTRIBUTE EDIT

Mit dieser Funktion können in einer Zeichnung alle gleichnamigen Attribute geändert werden.

Änderungs-Funktionen

↳ Abrollmenü BONUS, Untermenü MODIFY >, Funktion EXTENDED CHANGE PROPERTIES

Mit Hilfe dieser Funktion können Zeichnungselemente sehr komfortabel geändert werden. Im Gegensatz zum Befehl DDMODIFY können hier mehrere Elemente auf einmal geändert werden.

↳ Abrollmenü BONUS, Untermenü MODIFY >, Funktion MULTIPLE ENTITY STRETCH

Beim AutoCAD-Befehl STRECKEN kann immer nur eine Auswahl erfolgen. Mit dieser Funktion lassen sich mehrere Elemente wählen und gleichzeitig strecken.

↳ Abrollmenü BONUS, Untermenü MODIFY >, Funktion MOVE COPY ROTATE

Nach der Auswahl von Elementen können diese in beliebiger Reihenfolge kopiert, verschoben und gedreht werden.

⇢ Abrollmenü BONUS, Untermenü MODIFY >, Funktion COOKIE CUTTER TRIM

Mit dieser Funktion können sehr einfach Elemente gestutzt werden. Dabei genügt es z. B., innerhalb eines Kreises einen Punkt zu zeigen, um alle kreuzenden Linien abzuschneiden.

⇢ Abrollmenü BONUS, Untermenü MODIFY >, Funktion EXTENDED CLIP

Erweiterte Funktion zum Ausschneiden von Zeichnungsobjekten.

⇢ Abrollmenü BONUS, Untermenü MODIFY >, Funktion MULTIPLE PEDIT

Mit Hilfe dieser Funktion können mehrere Polylinien gleichzeitig bearbeitet werden.

⇢ Abrollmenü BONUS, Untermenü MODIFY >, Funktion EXTENDED EXPLODE

Das Zerlegen von Objekten wie z. B. Polylinien und Blöcke in ihre Bestandteile wird mit dieser Funktion komfortabler.

⇢ Abrollmenü BONUS, Untermenü MODIFY >, Funktion COPY NESTED ENTITIES

Wie beim Befehl KOPIEREN können Elemente und sogar Unterelemente, wie eine Linie innerhalb eines Blockes oder einer Polylinie, kopiert werden.

⇢ Abrollmenü BONUS, Untermenü MODIFY >, Funktion TRIM TO BLOCK ENTITIES

Dieser Befehl stutzt Elemente an Schnittkanten, die zu einem Block gehören.

⇢ Abrollmenü BONUS, Untermenü MODIFY >, Funktion EXTEND TO BLOCK ENTITIES

Dieser Befehl dehnt Elemente bis zu Kanten, die zu einem Block gehören.

Zeichnungs-Funktionen

⇢ Abrollmenü BONUS, Untermenü DRAW >, Funktion WIPEOUT

Um einen ganzen Bereich einer Zeichnung auszublenden, zeichnen Sie eine Polylinie um den Bereich und verwenden die Funktion WIPEOUT. Die umschlossene Fläche wird unsichtbar.

⇢ Abrollmenu BONUS, Untermenü DRAW >, Funktion REVISION CLOUD

Mit dieser Funktion kann eine Wolke gezeichnet werden, um z. B. Objekte hervorzuheben.

- Abrollmenü BONUS, Untermenü DRAW >, Untermenü LEADER TOOLS, Funktion QUICK LEADER

Zum schnellen Zeichnen einer Führungslinie.

- Abrollmenü BONUS, Untermenü DRAW >, Untermenü LEADER TOOLS, Funktion ATTACH LEADER TO ANNOTATION

Bindet die gewählte Führungslinie an einen Textabsatz. Beim Verschieben des Textes wird die Führungslinie nachgeführt.

- Abrollmenü BONUS, Untermenü DRAW >, Untermenü LEADER TOOLS, Funktion DETACH LEADER FROM ANNOTATION

Trennt eine mit einem Textabsatz verbundene Führungslinie

- Abrollmenü BONUS, Untermenü DRAW >, Untermenü LEADER TOOLS, Funktion GLOBAL ATTACH LEADER TO ANNOTATION

Verbindet Führungslinien mit Texten in der gesamten Zeichnung.

Werkzeuge

- Abrollmenü BONUS, Untermenü TOOLS, Funktion POPUP MENU

Mit dieser Funktion kann ausgewählt werden, welches Pop-up-Menü erscheinen soll, wenn in AutoCAD die Taste `Strg` und die rechte Maustaste gedrückt wird (normalerweise das Objektfang-Menü). Um die Einstellung zu ändern, drücken Sie die Taste `Alt` und die rechte Maustaste.

- Abrollmenü BONUS, Untermenü TOOLS, Funktion PACK'N GO

Mit dieser Funktion werden Zeichnungen zusammen mit allen erforderlichen Dateien wie externen Referenzen, Textzeichensätzen usw. in einen separaten Ordner kopiert. Somit besteht die Garantie, daß nach Weitergabe der Zeichnung der Empfänger alle Daten für eine korrekte Darstellung der Zeichnung erhält.

- Abrollmenü BONUS, Untermenü TOOLS, Funktion PLINE CONVERTER

Wandelt alte Polylinien in das neue Format der Version 14 um (Light weight Polyline).

- Abrollmenü BONUS, Untermenü TOOLS, Funktion GET SELECTION SET

Es wird anhand der Layerzugehörigkeit und des Elementtyps ein Auswahlsatz erstellt. So ist es z. B. möglich, durch Anklicken eines Elements alle Elemente auf dem Layer *Kontur* oder alle Kreise auf dem Layer *Bohrung* zu wählen.

Kapitel 26: Software-Schnittstellen

↳ Abrollmenü BONUS, Untermenü TOOLS, Funktion COMMAND ALIAS EDITOR

Im Editor können Sie AutoCAD-Befehlen und externen Shell-Funktionen einen anderen Namen oder ein Kürzel zuordnen.

↳ Abrollmenü BONUS, Untermenü TOOLS, Funktion SYSTEM VARIABLE EDITOR

Sehr komfortabel können mit dieser Funktion Systemvariablen in AutoCAD angezeigt und geändert werden. Zusätzlich wird zu jeder Variablen ein Text angezeigt, der die Funktion und die Einstellungsmöglichkeiten der Variablen erläutert.

↳ Abrollmenü BONUS, Untermenü TOOLS, Funktion LIST XREF/BLOCK ENTITIES

Zeigt die in einem Block oder Xref enthaltenen Elemente an.

↳ Abrollmenü BONUS, Untermenü TOOLS, Funktion XDATA ATTACHMENT

Mit dieser Funktion können Daten an Zeichnungsobjekte angehängt werden. So können Sie z. B. an eine Linie anhängen, welche Kabelart sie darstellt und wieviel Adern enthalten sind, ohne daß Sie dazu Blöcke mit Attributen erzeugen müssen.

↳ Abrollmenü BONUS, Untermenü TOOLS, Funktion LIST ENTITY XDATA

Die zuvor mit XDATA ATTACHMENT angehängten Daten können mit dieser Funktion aufgelistet werden.

↳ Abrollmenü BONUS, Untermenü TOOLS, Funktion DIMSTYLE EXPORT

Um in mehreren Zeichnungen denselben Bemaßungsstil zu verwenden, können sie mit dieser Funktion in eine Datei exportiert werden.

↳ Abrollmenü BONUS, Untermenü TOOLS, Funktion DIMSTYLE IMPORT

Importiert die mit DIMSTYLE EXPORT abgespeicherten Bemaßungsstile.

Installation und Konfiguration

Kapitel 27

27.1 Die Installation von AutoCAD
27.2 Der erste Start von AutoCAD
27.3 Schalter beim Start von AutoCAD
27.4 Voreinstellungen für AutoCAD
27.5 Konfiguration des Tabletts

Wenn Ihnen ein fertig installierter und konfigurierter AutoCAD-Arbeitsplatz zur Verfügung steht, braucht Sie dieses Kapitel nicht zu interessieren. Wenn Sie bis jetzt AutoCAD 14 nur auf der CD haben, lernen Sie in diesem Kapitel:

- wie Sie AutoCAD von der CD installieren,
- mit welchen Schaltern AutoCAD gestartet werden kann,
- wie Sie die Suchpfade in AutoCAD verändern können,
- wie Sie Ihren AutoCAD-Arbeitsplatz einrichten können,
- mit welchen Peripheriegeräten Sie arbeiten können,
- wie Sie Benutzerprofile anlegen und
- wie Sie eine Netzwerksinstallation vornehmen.

In diesem Kapitel ist alles neu im Vergleich zu AutoCAD 13, deshalb finden Sie das Symbol im weiteren Verlauf des Kapitels nicht mehr.

27.1 Die Installation von AutoCAD

AutoCAD 14 wird nur noch in einer CD-Version ausgeliefert. Diskettenversionen sind schon allein aufgrund des Umfangs des Programms nicht mehr möglich. Sie erhalten zwei CDs, eine mit dem Programm und eine mit einem Multimedia-Einführungslehrgang. Zur Installation des eigentlichen Programms benötigen Sie nur die CD »AutoCAD Release 14«.

Vorgang: Neuinstallation

Die Installation erfolgt weitgehend automatisch. Es sind nur einige wenige Angaben erforderlich. Gehen Sie wie folgt vor:

- Legen Sie die CD »AutoCAD Release 14« in Ihr CD-Laufwerk ein. Auf der CD befindet sich eine Datei AUTORUN.EXE, die normalerweise beim Schließen des Laufwerkschachts automatisch gestartet wird. Damit wird die Installation automatisch gestartet.
- Falls nicht, wählen Sie im Menü START von Windows 95 bzw. Windows NT die Funktion AUSFÜHREN. Im Dialogfeld, das dann erscheint, tragen Sie ein: X:\SETUP.EXE. Anstelle von X tragen Sie den Laufwerksbuchstaben Ihres CD-ROM-Laufwerks ein (siehe Abbildung 27.1).

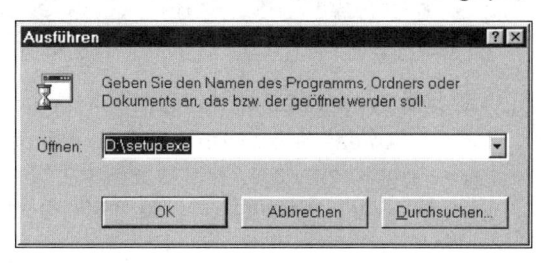

Abbildung 27.1:
Dialogfeld AUSFÜHREN

| **Kapitel 27: Installation und Konfiguration**

➥ Klicken Sie dann auf OK, und die Installation wird gestartet. Sie können das Installationsprogramm SETUP.EXE auch durch einen Doppelklick auf den Programmnamen im Windows-Explorer starten. Der Installations-Assistent wird vorbereitet. In einem Verlaufsmelder sehen Sie den Zustand (siehe Abbildung 27.2).

Abbildung 27.2:
Installationsassistent wird geladen

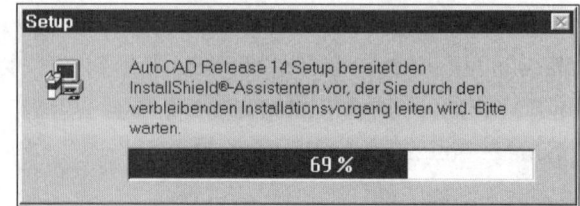

➥ Nach kurzer Zeit bekommen Sie den Startbildschirm für die Installation (siehe Abbildung 27.3). Ein Hinweis macht Sie darauf aufmerksam, daß alle noch offenen Windows-Programme vor der Installation geschlossen werden sollten. Befolgen Sie die Anweisung, um keinen Datenverlust zu riskieren. Wenn Sie bereit sind, klicken Sie auf die Schaltfläche WEITER. Falls Sie es sich während des Vorgangs noch anders überlegen, können Sie jederzeit auf ABBRECHEN klicken, die Installation wird beendet.

Abbildung 27.3:
Startbildschirm für die Installation

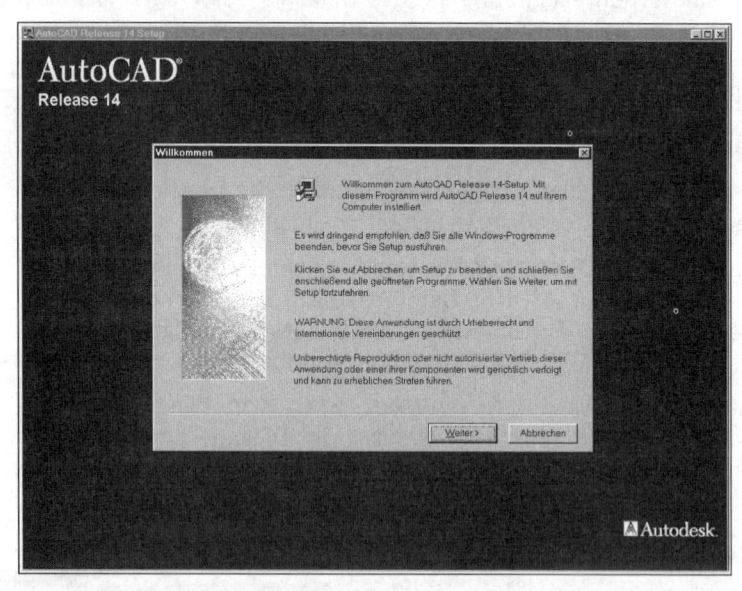

➥ Wenn Sie weitergehen, müssen Sie bestätigen, daß Sie mit den Bedingungen des Lizenzvertrags einverstanden sind (siehe Abbildung 27.4). Nur wenn Sie JA anklicken, wird die Installation fortgesetzt. Bei NEIN bricht das Installationsprogramm ab.

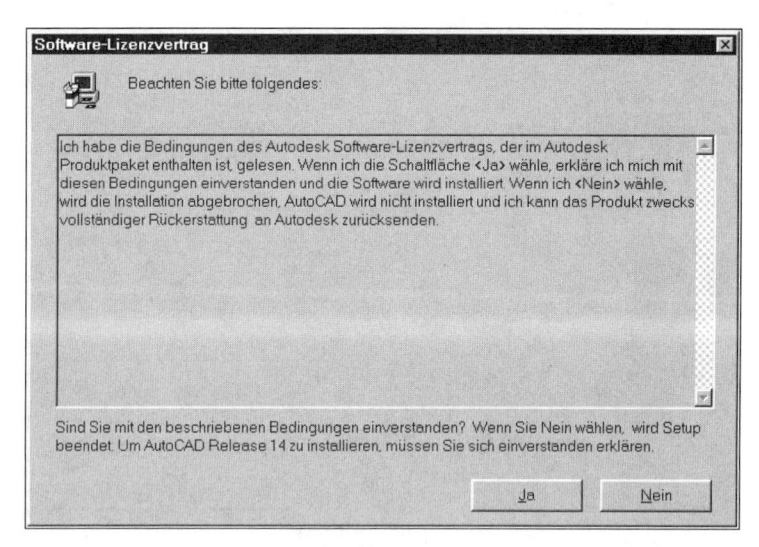

Abbildung 27.4:
Lizenzvertrag akzeptieren

↪ Im nächsten Fenster tragen Sie die Seriennummer Ihrer AutoCAD-Version ein und einen CD-Schlüssel, der auf einem Aufkleber auf Ihrer CD-Hülle aufgedruckt ist (siehe Abbildung 27.5).

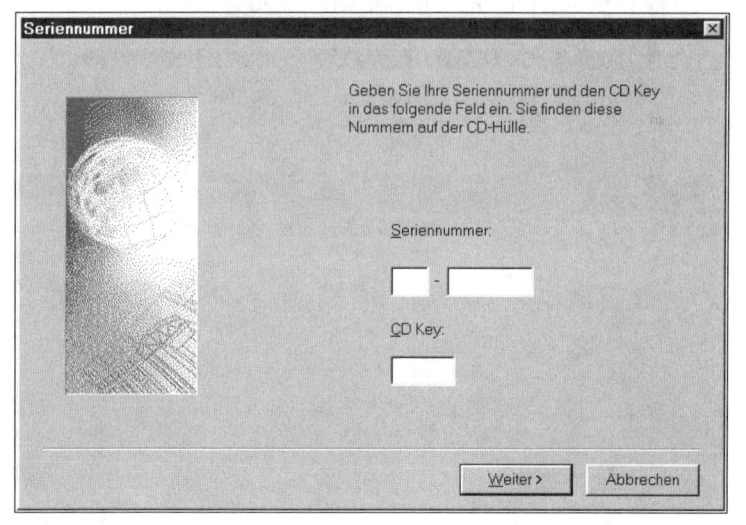

Abbildung 27.5:
Seriennummer und CD-Schlüssel eintragen

↪ Tragen Sie im nächsten Fenster Ihre Personalisierungsdaten ein (siehe Abbildung 27.6). Erforderlich sind: Ihr Name und der Name Ihrer Firma sowie Ihr AutoCAD-Händler und dessen Telefonnummer. In einem weiteren Fenster werden die Daten zur Bestätigung nochmal angezeigt.

Kapitel 27: Installation und Konfiguration

Abbildung 27.6:
Personalisierungsdaten eingeben

→ Im nächsten Fenster legen Sie den Ordner fest, in dem AutoCAD installiert werden soll (siehe Abbildung 27.7). Vorgabe ist C:\Programme\AutoCAD R14. Bestätigen Sie diese Vorgabe, oder klicken Sie auf DURCHSUCHEN, um einen neuen Ordner zu wählen.

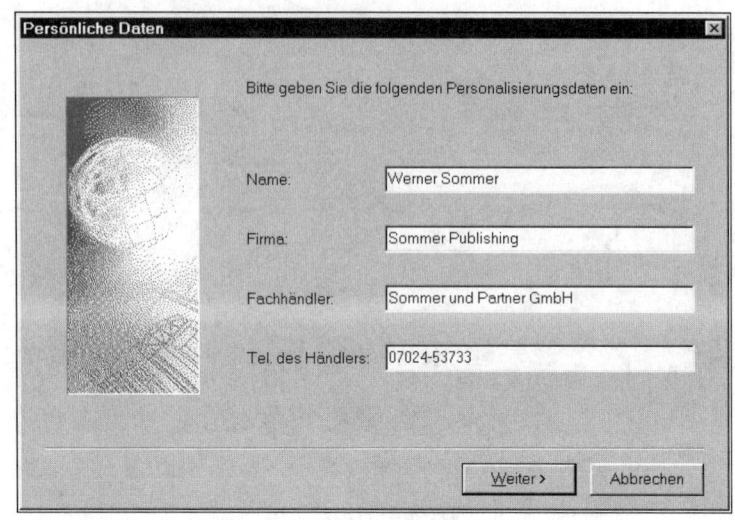

Abbildung 27.7:
Wahl des Ordners für AutoCAD

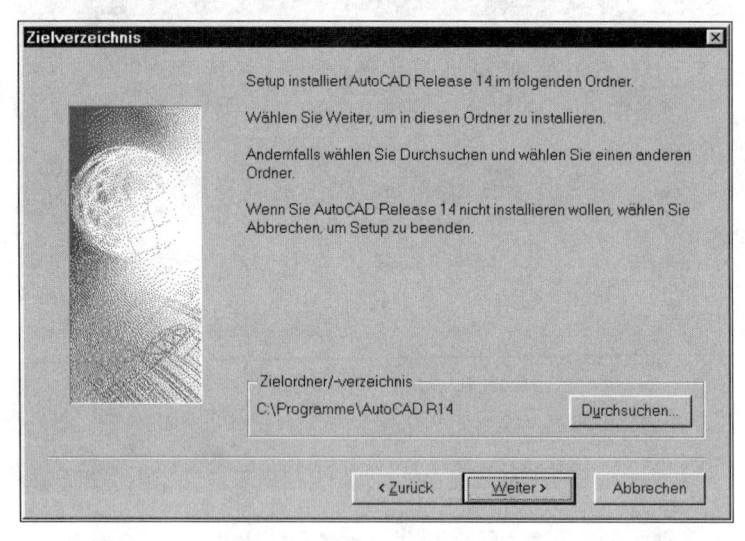

→ In einem weiteren Fenster wählen Sie den Installationsumfang (siehe Abbildung 27.8). Sie können wählen zwischen STANDARD, VOLLSTÄNDIG und MINIMAL. Mit der Option BENUTZER können Sie die Komponenten wählen, die installiert werden sollen.

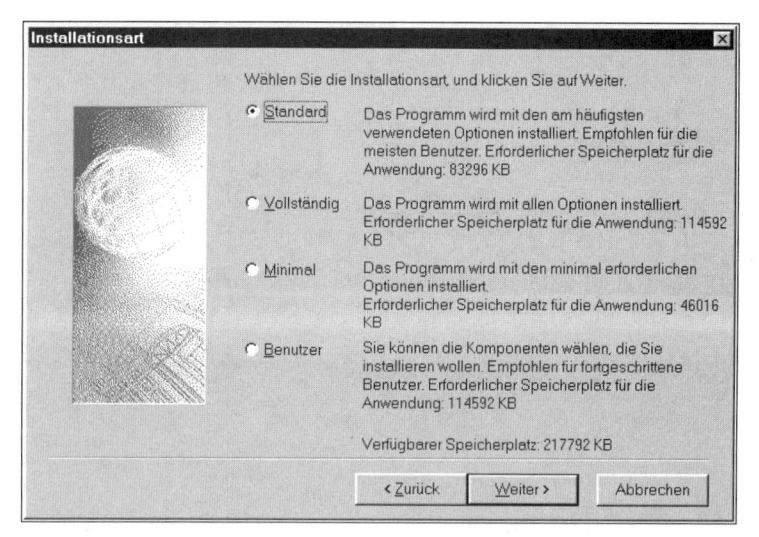

Abbildung 27.8:
Wahl des Installationsumfangs

↳ Wenn Sie fortfahren, wird geprüft, ob der freie Platz auf der Festplatte ausreicht. Danach können Sie festlegen, in welchem Programmordner die AutoCAD-Symbole erscheinen sollen. Als Vorgabe wird *AutoCAD R14.0 – Deutsch* angezeigt (siehe Abbildung 27.9).

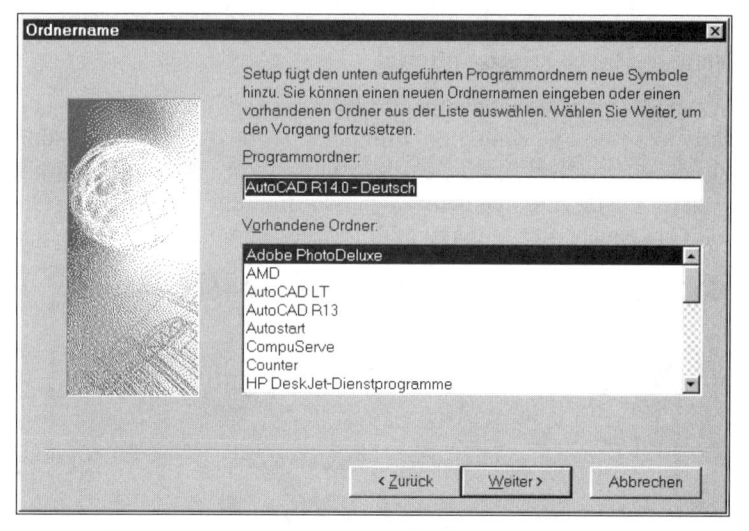

Abbildung 27.9:
Wahl des Programmordners

↳ Danach bekommen Sie Ihre Auswahl nochmal detailliert in einem Fenster. Die Schaltfläche ZURÜCK ist jetzt die letzte Möglichkeit, Korrekturen anzubringen, mit WEITER wird die Installation gestartet. Ein Verlaufsmelder informiert Sie über den Fortgang (siehe Abbildung 27.10).

Kapitel 27: Installation und Konfiguration

Abbildung 27.10:
Anzeige des Installationsverlaufs

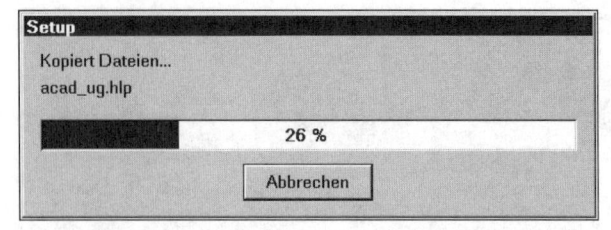

↪ Nach der Installation müssen Sie Ihren Computer neu starten (siehe Abbildung 27.11). Erst dann können Sie mit AutoCAD arbeiten.

Abbildung 27.11:
Neustart nach der Installation

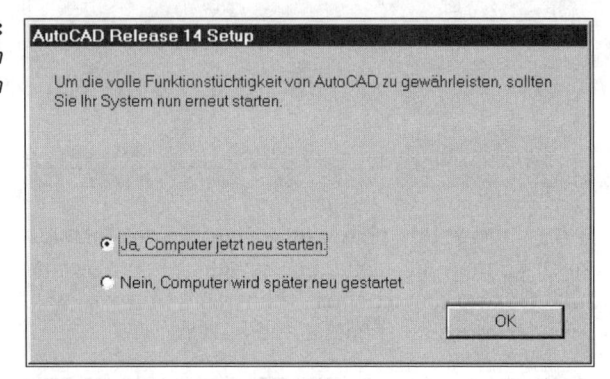

Vorgang: Erneute Installation

Wenn Sie AutoCAD schon installiert haben und Änderungen an der Installation vornehmen wollen oder die Installation fehlerhaft ist, können Sie sie erneut starten. Nach dem Startbildschirm erhalten Sie ein anderes Fenster bei der Erstinstallation (siehe Abbildung 27.12). Dort können Sie wählen, welche Änderungen oder Erweiterungen Sie vornehmen wollen.

Abbildung 27.12:
Wahl der Installationsoptionen

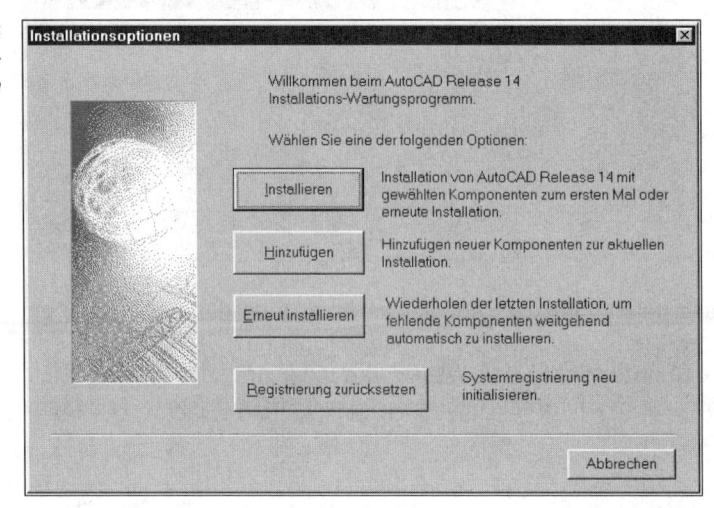

⇨ Folgende Optionen stehen Ihnen für die Installation zur Auswahl:

INSTALLIEREN: Für die erste Installation von AutoCAD oder eine weitere Neuinstallation des Programms.

HINZUFÜGEN: Bei der Erstinstallation konnten Sie angeben, welche Komponenten des Programms installiert werden sollen. Wollen Sie jetzt nachträglich weitere installieren, klicken Sie diese Optionen.

ERNEUT INSTALLIEREN: Haben Sie Probleme mit Ihrer Programminstallation, wählen Sie diese Option. Die letzte Installation wird wiederholt, und fehlende oder beschädigte Dateien werden erneut installiert.

REGISTRIERUNG ZURÜCKSETZEN: Bei der Installation wird AutoCAD in die Registrierdatenbank von Windows 95/NT eingetragen. Mit dieser Funktion wird AutoCAD neu registriert und eine eventuell beschädigte Registrierung beseitigt.

⇨ Wählen Sie eine Option, und folgen Sie den weiteren Anleitungen.

27.2 Der erste Start von AutoCAD

Nachdem Sie Ihren Computer neu gestartet haben, steht Ihnen AutoCAD zur Verfügung. Stop! Bevor Sie starten: AutoCAD ist mit einem »Hardwarelock«, auch Dongle genannt, gesichert. Das ist ein Stecker, den Sie auf eine parallele Schnittstelle Ihres Computers stecken. Es ist egal, welche parallele Schnittstelle Sie verwenden. Ohne diesen Dongle läuft Ihr AutoCAD nicht. Es bricht dann mit einer Fehlermeldung ab. Das ist der Schutz gegen illegale Kopien.

Der Dongle ist durchgängig, das heißt, Sie können auf der anderen Seite Ihren Drucker anschließen. In der Vergangenheit ist es aber schon vorgekommen, daß der Computer den Dongle nicht erkannt hat, wenn der Drucker ausgeschaltet ist. Das Programm bricht dann ab. Bei solchen Problemen schalten Sie den Drucker ein, bevor Sie AutoCAD starten.

Manche neuere Druckertreiber in Windows 95 fragen den Status des Druckers ständig ab. Der Computer meldet Ihnen, wenn kein Papier mehr im Drucker ist oder sonstige Störungen auftreten. Es gab Fälle, in denen diese Druckertreiber die Kommunikation mit dem Dongle stören. Hier half nur eine weitere parallele Schnittstelle, auf der nur der Dongle betrieben wird. Wenden Sie sich an Ihren Händler, wenn solche Probleme auftreten.

| Kapitel 27: Installation und Konfiguration

Vorgang: Start von AutoCAD

Starten Sie AutoCAD wie in Kapitel 2.1 beschrieben. AutoCAD 14 ist sofort lauffähig. Sie müssen nicht, wie in vorherigen Versionen, AutoCAD zuerst konfigurieren. Das Programm startet mit den Grundeinstellungen (siehe Abbildung 27.13), die Sie später mit dem Befehl VOREINSTELLUNGEN korrigieren können.

Abbildung 27.13:
Start mit den Grundeinstellungen

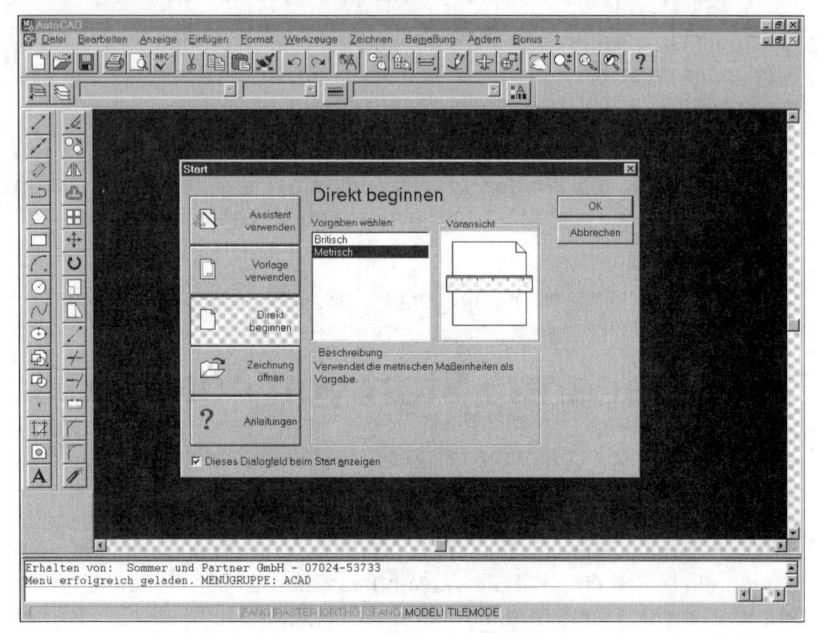

27.3 Schalter beim Start von AutoCAD

AutoCAD kann mit verschiedenen Optionen gestartet werden, wenn Sie beim Programmaufruf einen Schalter setzen. Erstellen Sie dazu am besten eine Verknüpfung auf dem Desktop, und ändern Sie diese entsprechend. Mit den Schaltern haben Sie die Möglichkeit, AutoCAD mit bestimmten Voreinstellungen zu starten.

Gehen Sie dazu wie folgt vor:

→ Starten Sie den Windows Explorer. Öffnen Sie den Ordner C:WINDOWS\STARTMENÜ\PROGRAMME\AUTOCAD R14 – DEUTSCH. Bei Windows NT ist es etwas komplizierter. Dort wählen Sie C:\WINDOWS\PROFILE\ALL USERS\STARTMENÜ\PROGRAMME\AU-

TOCAD R14 – Deutsch. Klicken Sie die Verknüpfung AUTOCAD R14 – DEUTSCH an, halten Sie die Maustaste fest, und ziehen Sie die Datei auf den Desktop.

→ Sie können auch die Verknüpfung anklicken, so daß sie markiert wird. Drücken Sie dann die rechte Maustaste, und wählen Sie im Cursormenü, das dann auf dem Bildschirm erscheint, den Eintrag KOPIEREN. Schließen Sie den Explorer, und klicken Sie auf den Desktop. Drücken Sie wieder die rechte Maustaste, und wählen Sie aus dem Cursormenü den Eintrag EINFÜGEN.

→ Auf dem Bildschirm haben Sie jetzt eine neue Verknüpfung, die mit dem AutoCAD-Symbol dargestellt wird. Klicken Sie das Symbol an, und drücken Sie dann wieder die rechte Maustaste. Im Cursormenü können Sie dann den Eintrag EIGENSCHAFTEN wählen. Sie erhalten ein Dialogfeld auf dem Bildschirm, in dem Sie die Verknüpfung bearbeiten können (siehe Abbildung 27.14).

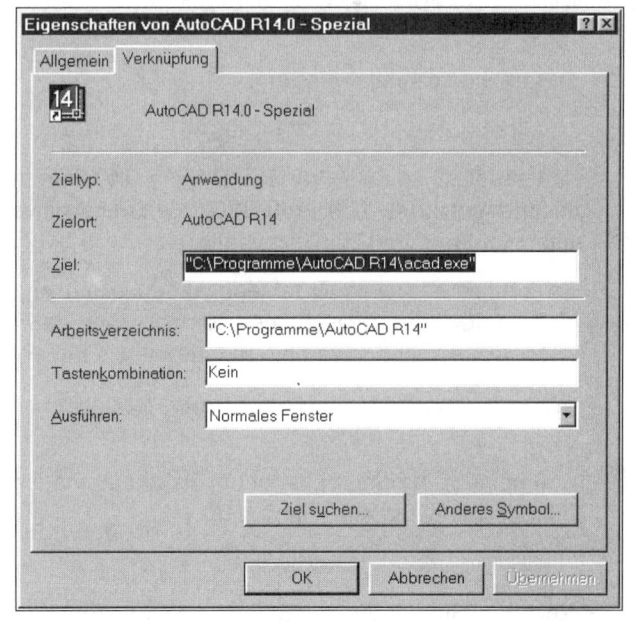

Abbildung 27.14: *Verknüpfung bearbeiten*

→ Klicken Sie die Registerkarte VERKNÜPFUNG an. Dort sehen Sie im Feld ZIEL, welches Programm ausgeführt wird, wenn Sie das Symbol anklicken. In dem Feld können Sie dem Programm zusätzlich einen Schalter für den Start von AutoCAD anhängen.

→ Tabelle 27.1 zeigt, welche Schalter zur Verfügung stehen.

Kapitel 27: Installation und Konfiguration

Tabelle 27.1:
Schalter zum
Start von
AutoCAD

Schalter	Funktion
/b	Angabe einer Script-Datei, die nach dem Start von AutoCAD ausgeführt werden soll
/t	Angabe einer Vorlage, die nach dem Start von AutoCAD geladen werden soll
/v	Ausschnittname, der nach dem Start von AutoCAD aktiviert werden soll
/s	Angabe des Supportverzeichnisses
/c	Angabe des Konfigurationsverzeichnisses
/d	Angabe des Konfigurationsverzeichnisses
/p	Angabe des Profils, mit dem gestartet werden soll
/nologo	Kein Logo beim Start anzeigen

↳ Tragen Sie beispielsweise ein:

```
"C:\Programme\AutoCAD R14\acad.exe" /t din_a3 /p werner /nologo
```

wird AutoCAD mit der Vorlage *DIN_A3.DWT* aus dem Vorlagenverzeichnis gestartet. Das Profil *WERNER* (siehe unten) wird aktiviert, und beim Start wird kein Logo angezeigt.

↳ So können Sie auch Zusatzapplikationen mit eigenem Konfigurations- und Supportverzeichnis starten, ohne daß Sie die Original-AutoCAD-Installation verändern müssen. Ein Beispiel dazu:

```
"C:\Programme\AutoCAD R14\acad.exe" /c c:\Genius14 /s c:\Genius14
```

↳ Soll beim Start immer eine Script-Datei automatisch ablaufen, können Sie beispielsweise eintragen:

```
"C:\Programme\AutoCAD R14\acad.exe" /b c:\demo\start
```

↳ Nachdem Sie das Ziel verändert haben, klicken Sie auf OK und starten AutoCAD mit dem geänderten Symbol.

Vorgang: Startmenü ändern

↳ Sie können auch einen Eintrag in den Programmgruppen des Startmenüs verändern. Klicken Sie dazu mit der rechten Maustaste in die Taskleiste am unteren Bildschirmrand Ihres Windows-Desktop. Im Cursormenü wählen Sie die Funktion EIGENSCHAFTEN und im folgenden Dialogfeld die Registerkarte PROGRAMME IM MENÜ "START".

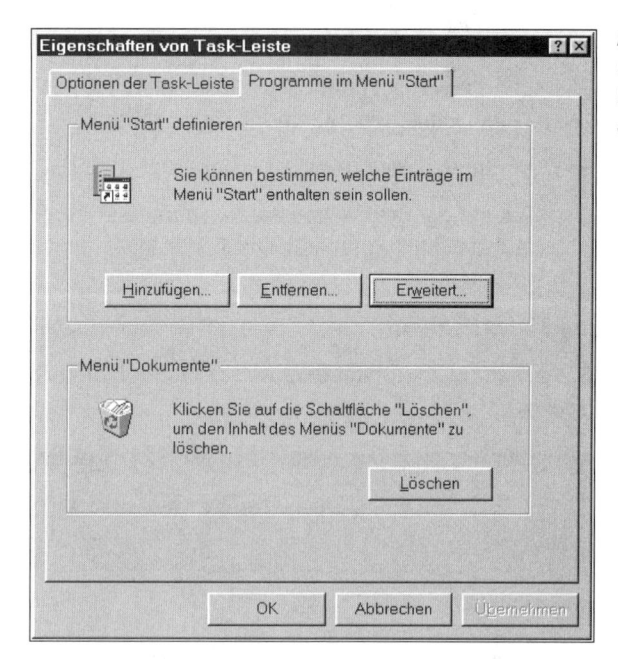

Abbildung 27.15:
Programme im Startmenü ändern

- Klicken Sie auf die Schaltfläche ERWEITERT, und Sie erhalten den Windows-Explorer, um das Startmenü zu bearbeiten. Suchen Sie dort unter dem Eintrag PROGRAMME die Gruppe AUTOCAD R14 DEUTSCH und dort die Verknüpfung AUTOCAD R14 DEUTSCH. Markieren Sie sie, und drücken Sie die rechte Maustaste. Im Cursormenü wählen Sie die Schaltfläche EIGENSCHAFTEN, und Sie erhalten dasselbe Dialogfenster wie in Abbildung 27.14.

- Die oben besprochenen Änderungen können Sie auch hier durchführen. Sie können auch eine Verknüpfung kopieren und einfügen und die Kopie bearbeiten.

27.4 Voreinstellungen für AutoCAD

Alles, was in vorherigen Versionen von AutoCAD in der Konfiguration und in AutoCAD 13 mit dem Befehl Konfig gemacht wurde, ist jetzt mit dem Befehl VOREINSTELLUNGEN in AutoCAD 14 machbar. Es wird nicht mehr zwischen Konfiguration und Voreinstellung unterschieden, es gibt nur noch letztere.

Eine Konfiguration oder Voreinstellung eines Grafiktreibers ist ebenfalls nicht mehr erforderlich. AutoCAD 14 arbeitet mit dem neuen WHIP-Treiber. Spezielle Treiber der Grafikkartenhersteller sind nicht mehr erforderlich. Aber sonst läßt sich eine Menge einstellen.

Kapitel 27: Installation und Konfiguration

Vorgang: Befehl VOREINSTELLUNGEN

Wie schon erwähnt, können Sie alle Einstellungen mit dem Befehl VOREINSTELLUNGEN machen. Sie finden den Befehl:

↳ Abrollmenü WERKZEUGE, Funktion VOREINSTELLUNGEN...

↳ Klick auf die rechte Maustaste, wenn der Cursor im Befehlszeilenfenster oder im Textfenster steht, VOREINSTELLUNGEN... im Pop-up-Menü anwählen.

↳ Tablettfeld Y10

Sie erhalten ein Dialogfeld mit acht Registerkarten (siehe Abbildung 27.16).

Abbildung 27.16:
Dialogfeld mit acht Registerkarten für die Voreinstellungen

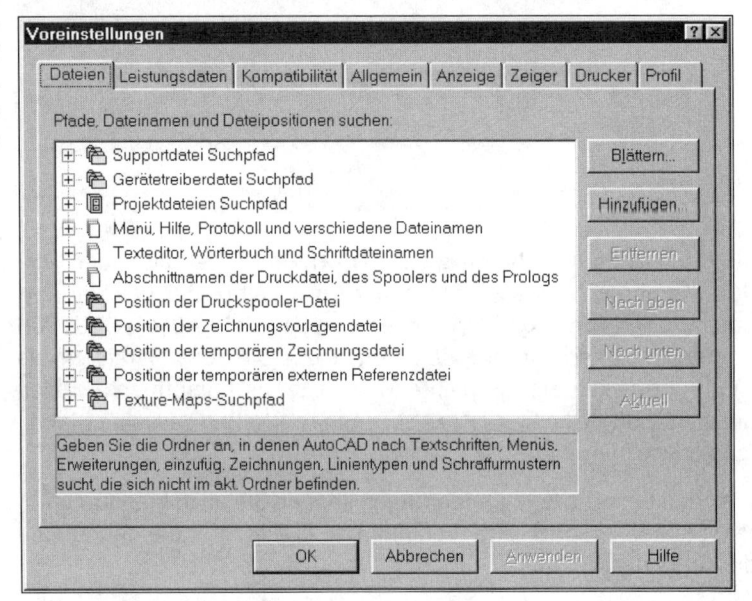

Vorgang: Registerkarte DATEIEN

In der Registerkarte DATEIEN legen Sie fest, mit welchen Dateien AutoCAD arbeitet bzw. in welchen Ordnern AutoCAD nach Dateien sucht. Im Dialogfeld befindet sich ein Fenster, in dem wie im Windows-Registrieditor alle Einträge aufgelistet sind (siehe Abbildung 27.16). Klicken Sie auf das ⊞ vor einem Eintrag, werden die Elemente dieses Eintrags angezeigt. Damit die Liste übersichtlich bleibt, werden sie eingerückt angezeigt (siehe Abbildung 27.17). Jetzt haben Sie ein Minus vor dem Eintrag. Wenn Sie darauf klicken, werden die Elemente dieses Eintrags wieder ausgeblendet. Manche Einträge verzweigen sich weiter.

Voreinstellungen für AutoCAD | 929

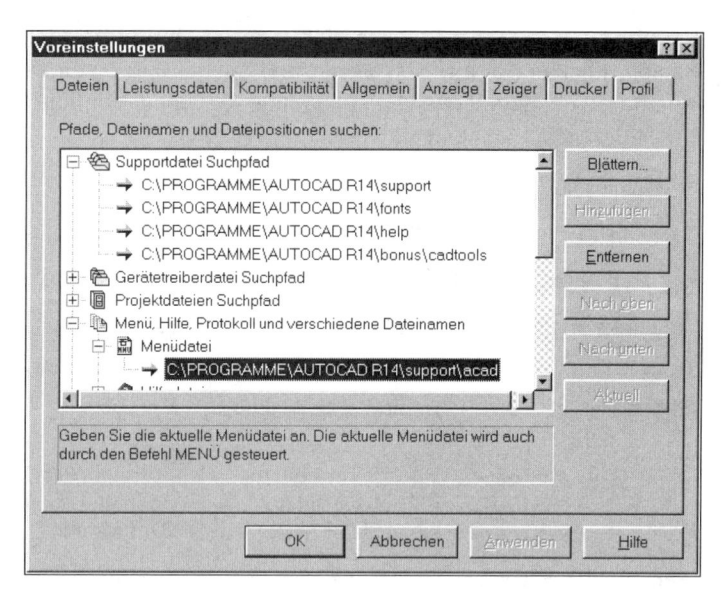

Abbildung 27.17:
Bearbeitung der Dateien und Suchpfade

Um eine Datei oder einen Pfad hinzuzufügen, klicken Sie das [+] vor einem Eintrag in der Liste an. Ein Eintrag ist entweder mit einem Ordnersymbol oder einem Dateisymbol gekennzeichnet. Für manche Einträge kann nur ein Ordner oder eine Datei aufgenommen werden. Abhängig davon werden die Schaltflächen an der rechten Seite freigegeben:

BLÄTTERN...: zum Blättern im Verzeichnisbaum nach einem Ordner oder einer Datei. Zur Auswahl bekommen Sie ein Dialogfeld mit dem Verzeichnisbaum (siehe Abbildung 17.18).

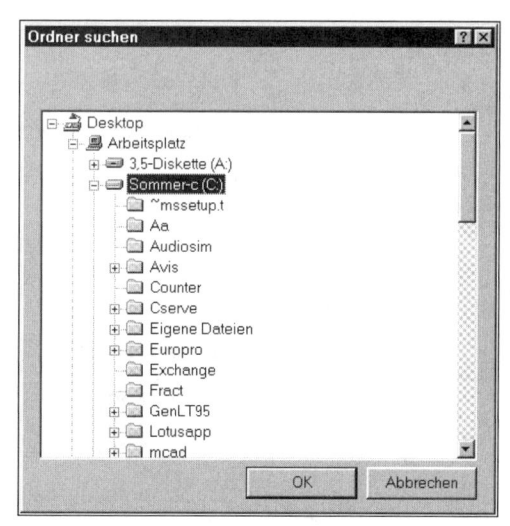

Abbildung 27.18:
Blättern im Verzeichnisbaum

| Kapitel 27: Installation und Konfiguration

HINZUFÜGEN...: Hinzufügen eines Eintrags. Der Eintrag ist zunächst ohne Namen. Klicken Sie auf BLÄTTERN..., und suchen Sie einen Ordner oder eine Datei aus dem Verzeichnisbaum aus. Wenn nur ein Eintrag möglich ist, ist die Schaltfläche deaktiviert.

ENTFERNEN: Entfernt den markierten Eintrag aus der Liste.

NACH OBEN bzw. NACH UNTEN: Verschiebung der Markierung in der Liste.

AKTUELL: Macht den markierten Eintrag in der Liste zum aktuellen Eintrag.

Die Funktionen der Einträge finden Sie in Tabelle 27.2:

Tabelle 27.2: *Suchpfade und Ordner für AutoCAD*

Eintrag	Untereintrag	Funktion
Supportdatei Suchpfad		Ordner, in denen AutoCAD-Schriften, einzufügende Blöcke, Linientypen, Schraffuren und Menüs sucht, wenn Sie nicht im aktuellen Ordner sind
Gerätetreiber Suchpfad		Ordner, in denen sich die Treiberdateien für Tabletts, Drucker oder Plotter befinden, soweit sie nicht direkt in Windows installiert sind
Projektdateien Suchpfad		Ordner, in dem AutoCAD nach Xrefs sucht
Menü, Hilfe, Protokoll und verschiedene Dateien	Menüdatei	
	Hilfedatei	
	Datei für die autom. Speicherung	
	Protokolldatei	
	Vorgabe Internet-Adresse	
	Konfigurationsdatei	
	Lizenzserver	
Texteditor, Wörterbuch und Schriftdateiname	Texteditoranwendung	
	Hauptwörterbuch	
	Benutzerwörterbuch	
	Alternative Schriftdatei	
	Schriftzuordnungsdatei	

Eintrag	Untereintrag Funktion
Abschnittsname der Druckdatei, des Spoolers und des Prologs	Druckdateiname
	Ausführbare Druckspooldatei
	Abschnittname des PostScript-Prologs
Position der Druckspoolerdatei	Ordner für die Druck-Spooldateien
Position der Zeichnungsvorlagendatei	Ordner, in dem die Zeichnungsvorlagen gesucht und angezeigt werden
Position der temporären Zeichnungsdatei	Ordner, in dem temporäre Dateien, die beim Zeichnen angelegt werden, gespeichert werden
Position der temporären ext. Referenzdatei	Ordner, in dem temporäre Dateien, die beim Arbeiten mit externen Referenzen angelegt werden, gespeichert werden
Texture Maps Suchpfad	Ordner, in denen der Renderer nach Texturdateien sucht

Vorgang: Registerkarte LEISTUNGSDATEN

In der Registerkarte LEISTUNGSDATEN werden Grundeinstellungen für das Laden und die Anzeige der Zeichnung auf dem Bildschirm eingestellt (siehe Abbildung 27.19). Durch Optimierung der Werte läßt sich das Laden der Zeichnung und der Bildaufbau beschleunigen. Die meisten der Einstellmöglichkeiten beeinflussen AutoCAD-Systemvariablen.

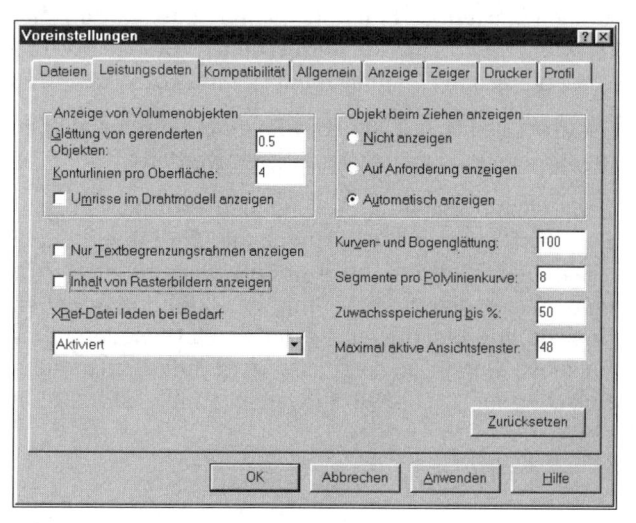

Abbildung 27.19: Leistungsdaten für den Bildaufbau

ANZEIGE VON VOLUMENMODELLEN: Einstellung der Glättung von gerenderten Objekten (Systemvariable FACETRES), der Konturlinien (Systemvariable ISOLINES) und Einstellung, ob die Umrißlinien von Volumen angezeigt werden sollen (Systemvariable DISPSILH).

OBJEKTE BEIM ZIEHEN ANZEIGEN: Legt fest, ob Objekte beim Editieren dynmisch mitgezogen werden sollen. Das kann automatisch erfolgen (Standardeinstellung), ausgeschaltet werden oder nur dann erfolgen, wenn bei der entsprechenden Aktion ZUG eingegeben wird (Systemvariable DRAGMODE).

NUR TEXTBEGRENZUNGSRAHMEN ANZEIGEN: Text wird nur als Begrenzungsrahmen angezeigt, wenn der Schalter aktiviert ist (Systemvariable QTEXTMODE bzw. Befehl QTEXT).

INHALT VON RASTERBILDERN ANZEIGEN: In die Zeichnung geladene Rasterbilder anzeigen (Systemvariable RTDISPLAY).

XREF-DATEI LADEN BEI BEDARF: Steuert das bedarfsgerechte Laden von externen Referenzen. Da dabei jeweils nur die Teile der referenzierten Zeichnung geladen werden, die für das Regenerieren der aktuellen Zeichnung erforderlich sind, läßt sich die Leistung durch diese Option erhöhen. Deaktiviert oder aktiviert die Funktion zum Laden nach Bedarf. Die Einstellung MIT KOPIE AKTIVIERT aktiviert die Funktion zum Laden bei Bedarf, verwendet aber lediglich eine Kopie der referenzierten Zeichnung. Damit kann die Originalzeichnung weiterhin durch andere Benutzer bearbeitet werden (Systemvariable XLOADCTL).

KURVEN- UND BOGENGLÄTTUNG: Steuert die Glättung von Kreisen, Bogen und Ellipsen. Je größer der Wert, desto glatter werden die Objekte dargestellt. Allerdings verlängert sich damit auch die zum Regenerieren der Objekte erforderliche Zeit. Um eine optimale Leistung zu gewährleisten, können Sie den Wert für Kurven- und Bogenglättung beim Zeichnen niedrig wählen und zum Rendern erhöhen. Gültige Werte liegen im Bereich von 1 bis 20000 (Systemvariable VIEWRES bzw. Befehl AUFLÖS).

SEGMENTE PRO POLYLINIENKURVE: Bestimmt die Anzahl der Liniensegmente, die für jede Polylinienkurve erzeugt werden (Systemvariable SLINESEGS).

ZUWACHSSPEICHERUNG IN %: Legt den Prozentwert von nicht genutztem Platz fest, der in einer Zeichendatei toleriert wird. Bei Erreichen des angegebenen Wertes führt AutoCAD anstelle einer Zuwachsspeicherung eine vollständige Speicherung der Datei durch. Bei einer vollständigen Speicherung wird der nicht genutzte Platz wieder frei. Wenn Sie den Wert für diese Option auf 0 setzen, wird jede Speicherung als vollständige Speicherung durchgeführt (Systemvariable ISAVEPERCENT).

MAXIMAL AKTIVE ANSICHTSFENSTER: Maximalzahl für die Ansichtsfenster im Papierbereich. Es können zwar mehr erzeugt werden, deren Inhalt wird aber nicht mehr angezeigt (Systemvariable MAXACTVP).

Vorgang: Registerkarte KOMPATIBILITÄT

In der Registerkarte KOMPATIBILITÄT können Sie die Kompatibilität zu früheren Bedienungsarten und Dateien aus anderen AutoCAD-Modulen einstellen (siehe Abbildung 27.20).

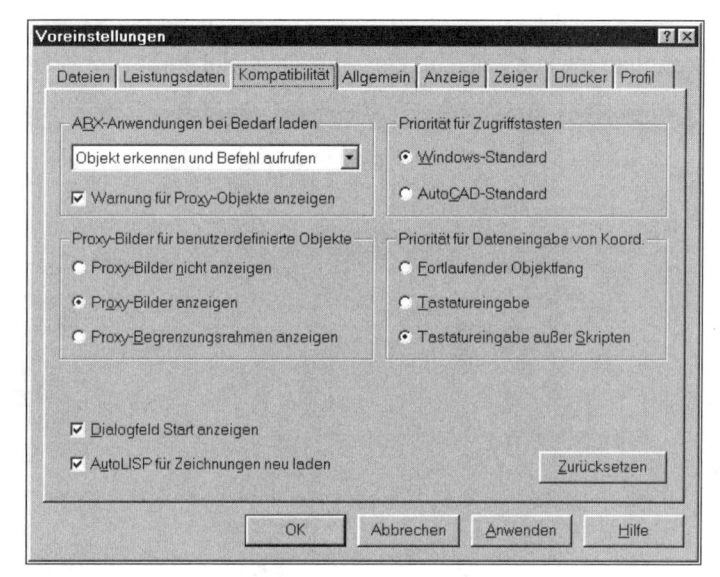

Abbildung 27.20: *Einstellung der Kompatibilität*

ARX-ANWENDUNGEN BEI BEDARF LADEN: Legt fest, ob und wann AutoCAD eine Anwendung eines anderen Anbieters lädt, wenn die Zeichnung ein in dieser Anwendung erstelltes benutzerdefiniertes Objekt enthält (Systemvariable DEMANDLOAD).

PROXY-BILDER FÜR BENUTZERDEFINIERTE OBJEKTE: Steuert die Anzeige von Zeichnungsobjekten, die in einer Anwendung eines anderen Anbieters erstellt wurden (Systemvariable PROXYSHOW).

DIALOGFELD START ANZEIGEN: Legt fest, ob das Dialogfeld START beim Starten von AutoCAD angezeigt wird.

AUTOLISP FÜR ZEICHNUNGEN NEU LADEN: Legt fest, ob AutoLISP-definierte Funktionen und Variablen beim Öffnen einer neuen Zeichnung erhalten bleiben oder jeweils nur für die aktuelle Zeichnung gelten (Systemvariable LISPINIT).

PRIORITÄT FÜR ZUGRIFFSTASTEN: Steuert, wie AutoCAD-Tastenkürzel interpretiert: Windows-Standard oder AutoCAD-Standard (Strg + C): Befehlsabbruch).

PRIORITÄT FÜR DATENEINGABE VON KOORD.: Steuert, wie AutoCAD auf die Eingabe von Koordinaten reagiert. Sie können einstellen, daß die Tastatureingabe Vorrang vor dem Objektfang hat (Systemvariable OSNAPCOORD).

Vorgang: Registerkarte ALLGEMEIN

In der Registerkarte ALLGEMEIN können Sie allgemeine Vorgaben für die Handhabung von Zeichnungen einstellen (siehe Abbildung 27.21).

Abbildung 27.21: *Allgemeine Einstellungen*

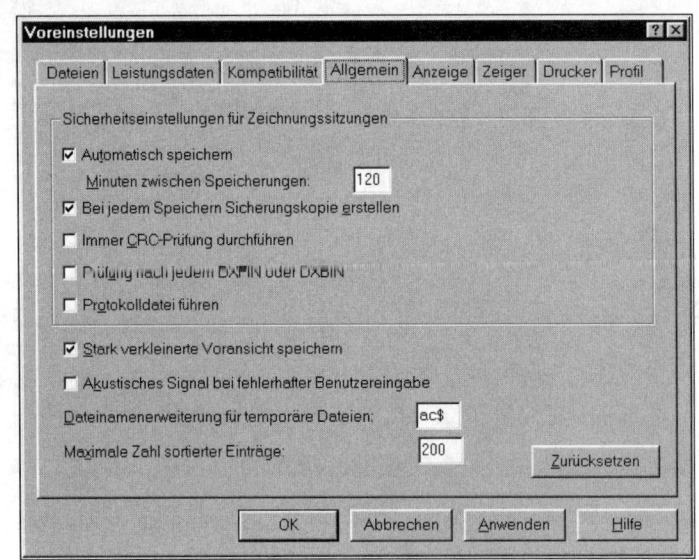

SICHERHEITSEINSTELLUNGEN FÜR ZEICHNUNGSSITZUNGEN: Hier legen Sie fest, ob automatisch gesichert werden soll und in welchem Zeitintervall, ob eine Backup-Datei angelegt werden soll, ob Prüfungen beim Speichern und Öffnen durchgeführt werden sollen und ob der Inhalt des Textfensters in eine Protokolldatei übernommen werden soll.

STARK VERKLEINERTE VORANSICHT SPEICHERN: Legt fest, ob im Voransichtbereich des Dialogfelds Öffnen ein Bild der Datei angezeigt werden soll (Systemvariable Rasterpreview).

AKUSTISCHES SIGNAL BEI FEHLERHAFTER BENUTZEREINGABE: Legt fest, ob AutoCAD bei einer ungültigen Eingabe ein akustisches Signal ausgeben soll.

DATEINAMENERWEITERUNG FÜR TEMPORÄRE DATEIEN: In diesem Feld kann der aktuelle Benutzer eine eindeutige Erweiterung angeben, durch die seine Plotdateien in einer Netzwerkumgebung identifizierbar sind.

MAXIMALE ZAHL SORTIERTER EINTRÄGE: Legt fest, wie viele Einträge in Listen maximal sortiert werden. Wenn Sie diesen Wert auf 0 setzen, werden die Einträge in der Reihenfolge ihrer Erstellung aufgelistet. Ansonsten werden die Einträge alphabetisch geordnet (Systemvariable MAXSORT).

Vorgang: Registerkarte ANZEIGE

In der Registerkarte ANZEIGE können Sie Vorgaben für den AutoCAD-Bildschirm einstellen (siehe Abbildung 27.22).

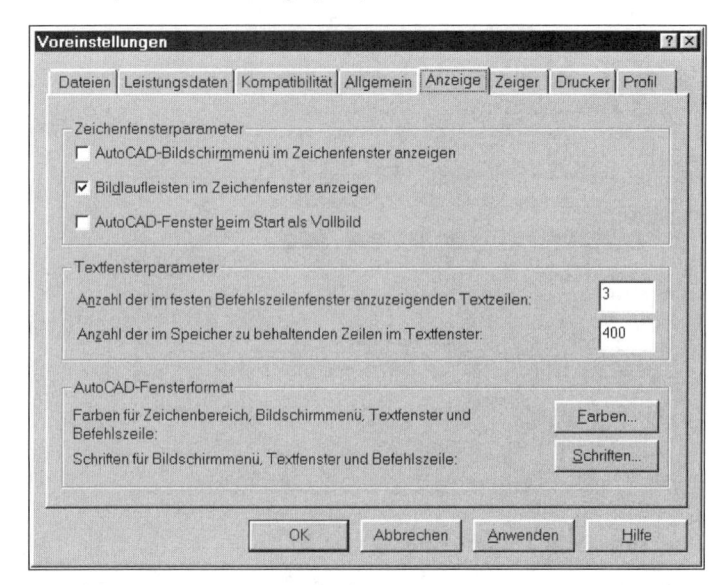

Abbildung 27.22:
Einstellung der Bildschirmanzeige

ZEICHENFENSTERPARAMETER: Legen Sie fest, ob Sie mit dem Bildschirmseitenmenü arbeiten wollen, ob Sie Bildlaufleisten an der rechten und unteren Seite des Bildschirms haben wollen und ob AutoCAD beim Start als Vollbild erscheinen soll.

Textfensterparameter: Hier können Sie einstellen, wie viele Zeilen das Befehlszeilenfenster enthalten soll und um wie viele Zeilen Sie im Textfenster maximal zurückblättern können.

AUTOCAD-FENSTERFORMAT: Mit zwei Schaltflächen bekommen Sie weitere Dialogfenster zur Einstellung der Bildschirmfarben und der Schriften für Bildschirmmenü, Befehlszeile und Textfenster (siehe Abbildung 27.23 und 27.24).

Kapitel 27: Installation und Konfiguration

Abbildung 27.23:
Einstellung der Bildschirmfarben

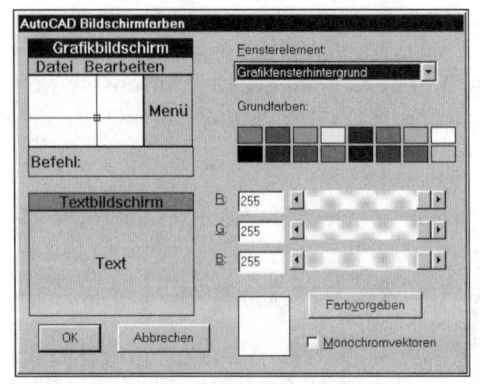

Abbildung 27.24:
Einstellung der Bildschirmschriften

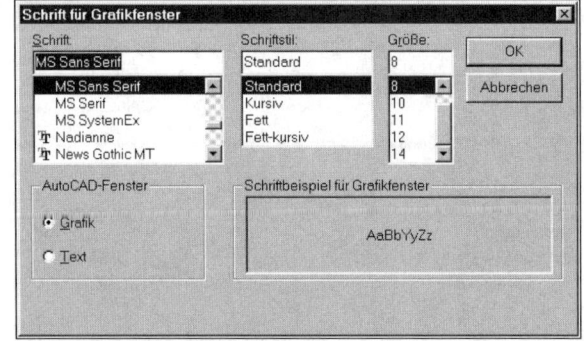

Vorgang: Registerkarte ZEIGER

In der Registerkarte ZEIGER können Sie das Zeigegerät, mit dem Sie Auto-CAD bedienen, konfigurieren (siehe Abbildung 27.25).

Abbildung 27.25:
Konfiguration Zeigegerät

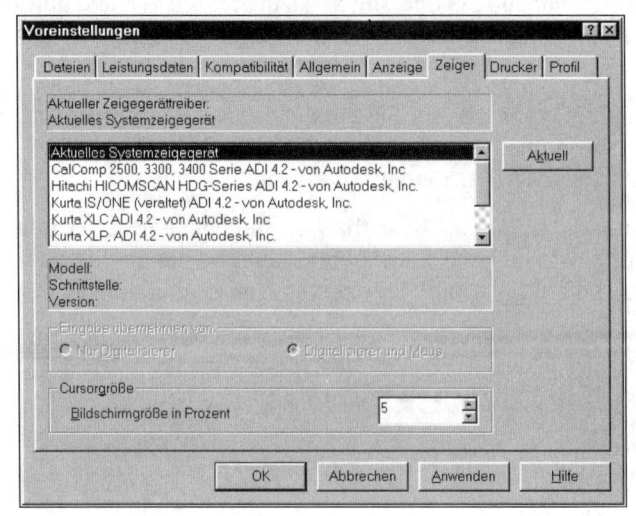

AutoCAD läßt sich mit Maus oder Grafiktablett bedienen. Standardmäßig ist AutoCAD auf das Systemzeigegerät konfiguriert. Das Systemzeigegerät ist das Gerät, das in Windows konfiguriert ist, also normalerweise die Maus oder, bei einem tragbaren Computer, ein Trackball. Haben Sie ein Grafiktablett angeschlossen, muß es in AutoCAD konfiguriert werden.

Gehen Sie wie folgt vor:

↪ Wählen Sie das Gerät in der Liste aus, und markieren Sie es.

↪ Klicken Sie auf die Schaltfläche AKTUELL, und Sie kommen in das Textfenster. Dort wählen Sie das Modell und die Parameter für das entsprechende Modell. Im Folgenden ein Beispiel für die Konfiguration eines Summagraphics Tabletts:

```
Unterstützte Modelle:

  1.  Modell 961 1,4 Tasten
  2.  Modell 1201 II 1,4 Tasten
  3.  Modell 1201 II 16 Tasten
  4.  Modell 1201 III 1,4 Tasten
  5.  Modell 1201 III 16 Tasten
  6.  Modell 1812 1,4 Tasten
  7.  Modell 1812 16 Tasten

Ihre Auswahl, 1 bis 7 <1>: 4

Der Digitalisierer funktioniert mit den folgenden Cursortypen:

  1 Taste
  4 Tasten

Geben Sie bitte die Anzahl Tasten auf Ihrem Zeigegerät ein <4>: 4

Geben Sie den seriellen Schnittstellennamen für Digitalisiergerät
oder . für keinen ein <com2>: COM2
```

Haben Sie für Ihr Tablett einen Wintab-Treiber, sollten Sie diesen in Windows installieren. Sie können Ihr Tablett dann in Windows immer parallel zur Maus oder ganz ohne Maus betreiben. Dann sollten Sie in AutoCAD den letzten Eintrag in der Liste verwenden: WINTAB KOMPATIBLER DIGITALISIERER. In AutoCAD sind dann keine weiteren Einstellungen erforderlich, es setzt auf den Wintab-Treiber auf.

EINGABE ÜBERNEHMEN VON: Legt fest, ob über die Maus vorgenommene Eingaben bei eingerichtetem Digitalisierer ignoriert werden.

Kapitel 27: Installation und Konfiguration

CURSORGRÖSSE: Steuert die Größe des Fadenkreuzes. Es kann ein beliebiger Wert zwischen 1 und 100 % des Gesamtbildschirms angegeben werden. Bei einem Wert von 100 % werden die Enden des Fadenkreuzes nie angezeigt. Der Vorgabewert ist 5 %.

Vorgang: Registerkarte DRUCKER

In der Registerkarte DRUCKER können Sie Drucker und Plotter konfigurieren, mit denen Sie Ihre AutoCAD-Zeichnung ausgeben wollen (siehe Abbildung 27.26).

Abbildung 27.26: Konfiguration Drucker und Plotter

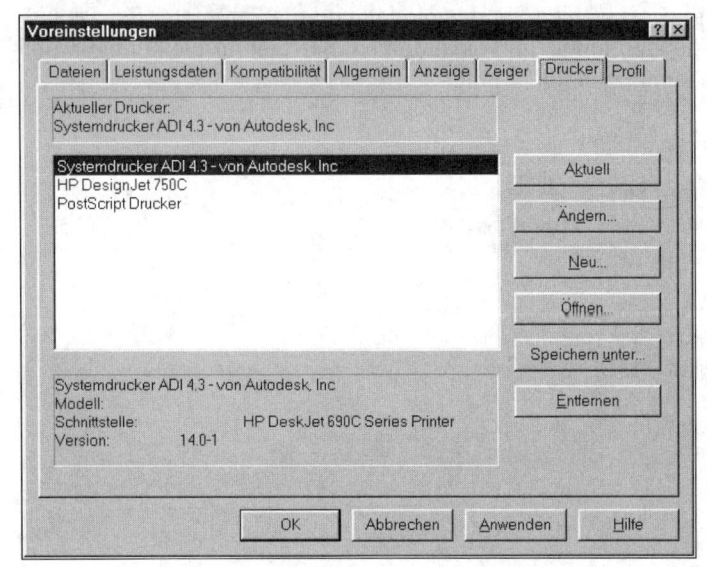

In der Liste finden Sie die bereits konfigurierten Drucker oder Plotter. 32 Drucker oder Plotter lassen sich konfigurieren. Sie haben grundsätzlich zwei Möglichkeiten, einen Drucker oder Plotter in AutoCAD zu betreiben:

ADI-TREIBER: Für Ihren Drucker ist ein ADI-Treiber (Autodesk Device Interface) in AutoCAD vorhanden, oder er wird vom Gerätehersteller mitgeliefert. Dann können Sie Ihr Gerät in AutoCAD konfigurieren. Vorher sollten Sie den Treiber in den Ordner \PROGRAMME\AUTOCAD R14\DRV kopieren, damit er von AutoCAD gefunden wird.

SYSTEMDRUCKER: Für Ihren Drucker gibt es in AutoCAD keinen Treiber, und vom Hersteller ist auch keiner verfügbar. Da jeder Drucker über einen Treiber für Windows verfügt, können Sie Ihren Drucker in Windows konfigurieren. In AutoCAD konfigurieren Sie dann den Systemdrucker. Damit können Sie in AutoCAD alle Drucker verwenden, die in Windows konfiguriert sind.

Die erste Möglichkeit ist vorzuziehen, da die ADI-Treiber für die Ausgabe von Vektorgrafik optimiert sind und damit wesentlich schneller als mit dem Systemdrucker ausgegeben werden kann. Außerdem haben Sie meist mehr Einstellmöglichkeiten und eine einfachere Bedienung mit den ADI-Treibern.

Folgende Möglichkeiten haben Sie in der Registerkarte:

AKTUELL: Markieren Sie einen Drucker in der Liste, und klicken Sie auf die Schaltfläche. Der Drucker wird beim nächsten Drucken verwendet, kann aber im Dialogfeld des Befehls PLOT umgestellt werden.

ÄNDERN: Ändert die Konfiguration des markierten Druckers. In einem weiteren Dialogfeld können Sie die Bezeichnung des Druckers ändern oder mit der Schaltfläche REKONFIGURIEREN die Konfiguration ändern (siehe unten, Schaltfläche NEU).

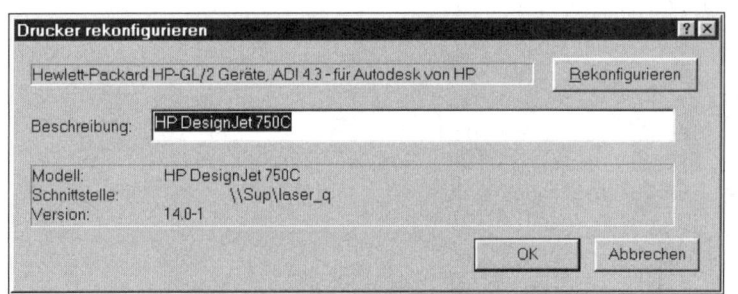

Abbildung 27.27: *Rekonfiguration eines Druckers bzw. Plotters*

NEU: Neukonfiguration eines Druckers, dazu erhalten Sie zunächst die Liste der verfügbaren Drucker bzw. Plotter (siehe Abbildung 27.28).

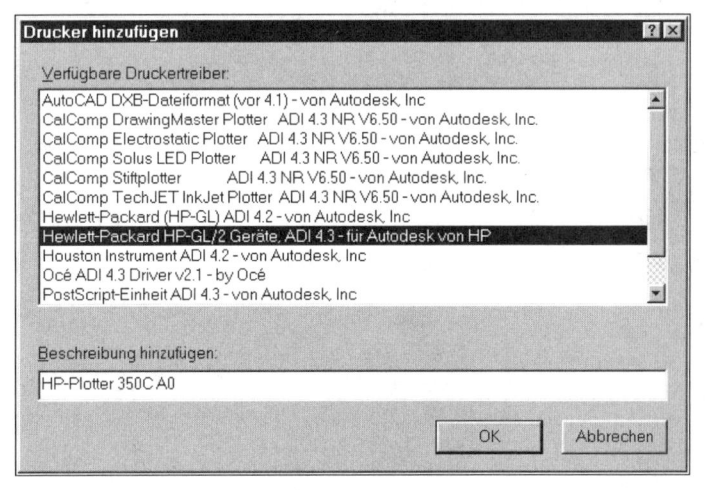

Abbildung 27.28: *Liste der verfügbaren Drucker bzw. Plotter*

Kapitel 27: Installation und Konfiguration

Wählen Sie das Gerät aus, tragen Sie einen Gerätenamen ein, und klicken Sie dann auf OK. Im Textfenster können Sie dann die Konfiguration durchführen. Der Dialog ist abgängig vom gewählten Gerät. Als Beispiel der Dialog bei der Konfiguration eines Hewlett-Packard-Plotters:

Mit "NR" markierte Geräte in der untenstehenden Liste können mit diesen Treibern keine Rasterbilder drucken. Verwenden Sie statt dessen für Ihr Gerät (falls verfügbar) einen Treiber für einen Windows-Systemdrucker (beachten Sie, daß Stift-Plotter keine Rasterbilder drucken können).

Unterstützte Modelle:

1. HP DesignJet 755CM
2. HP DesignJet 750C Plus
3. HP DesignJet 750C
4. HP DesignJet 650C
5. HP DesignJet 350C
6. HP DesignJet 250C
7. HP DesignJet 700
8. HP DesignJet 600-NR
9. HP DesignJet 330
10. HP DesignJet 230
11. HP DesignJet 220
12. HP DesignJet 200
13. HP DraftMaster Endlospapier-NR
14. HP DraftMaster Plus Einzelbl.-NR
15. HP DraftMaster Einzelblattz.-NR
16. HP PaintJet XL300-NR
17. HP DraftPro Plus-NR
18. HP 7600 Color (veraltet)-NR
19. HP 7600 Monochrome (veraltet)-NR
20. HP LaserJet III-NR
21. HP LaserJet 4-NR

Ihre Auswahl, 1 bis 21 <1>: z. B. 6

****
WICHTIG: Um die Vorgabewerte für Einstellungen wie

- Druckqualität
- Ausrichtung des Zeichenträgers
- Plotterspeicher
- Maßtext

in Ihrem HP-Gerät festzulegen, sollten Sie HPCONFIG an der AutoCAD-Befehlseingabeaufforderung eingeben.

```
***********************************************************

Drücken Sie eine Taste, um fortzufahren, Anschluß festlegen:

    <S>erieller Anschluß (Lokal).
    <P>arallelanschluß (Lokal).
    <N>etzwerkanschluß.

Woran ist Ihr/e Plotter angeschlossen? <P> z. B.: P

Geben Sie den parallelen Schnittstellennamen für Plotter oder .
für keinen ein <LPT1>: lpt1

Plot kann NICHT in die gewünschte Datei geschrieben werden
Alle Größen sind in Zoll und der Stil in Querformat angegeben
Der Plotursprung liegt auf (0.00,0.00)
Der Plotbereich mißt 43.00 auf 33.00 (E Größe)
Der Plot wird NICHT gedreht
Die verdeckten Linien werden NICHT unterdrückt
Die Plotgröße wird der Größe des verfügbaren Bereichs angepaßt

Möchten Sie noch etwas ändern? (Nein/Ja/Datei) <N>:
```

Ein Treiber dient meist für mehrere Plottermodelle. Wählen Sie das Modell aus der Liste aus, und geben Sie an, an welchem Ausgang Ihres Computers das Gerät angeschlossen ist. Danach werden die Voreinstellungen angezeigt, die Sie im Anschluß ändern können. Alle Einstellungen sind aber auch beim Befehl PLOT im Dialogfeld änderbar. Jeweils die letzten Einstellungen bleiben dort als Vorgabe gespeichert, so daß Sie hier keine Änderungen vornehmen müssen.

Haben Sie beim Anschluß den Netzwerkanschluß gewählt, bekommen Sie die Struktur Ihres Netzwerks in einem Dialogfeld auf den Bildschirm (siehe Abbildung 27.29). Klicken Sie die Druckerwarteschlange an, auf der Sie Ihre Daten ausgeben wollen. Erstmals ist es damit in AutoCAD möglich, direkt auf eine Warteschlange in einem Novell- oder Windows-Netzwerk zuzugreifen.

Abbildung 27.29:
Druckerwarteschlangen im Netzwerk

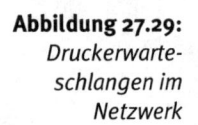

ÖFFNEN...: Alle Einstellungen des Druckers, wie Stiftzuordnung, Papierformate, Drehung und Ursprungsverschiebung usw. lassen sich in Druckervorgabedateien speichern. Mit dieser Schaltfläche kann eine solche Datei mit dem Dateiwähler geladen werden. Druckervorgabedateien haben die Dateierweiterung *.PC2. In vorherigen AutoCAD-Versionen konnten die Einstellungen ebenfalls in Druckervorgabedateien gespeichert werden. Dort wurden aber nur die Stiftzuordnungen gespeichert, Papierformate und andere Größen waren nicht enthalten. Diese Dateien hatten die Dateierweiterung *.PCP.

SPEICHERN UNTER: Speichern der aktuellen Druckereinstellungen in einer Druckervorgabedatei *.PC2.

ENTFERNEN: Löschen der markierten Druckerkonfiguration.

Vorgang: Registerkarte PROFILE

In AutoCAD 14 ist es möglich, alle Einstellungen der Konfiguration in sogenannten Benutzerprofilen zu speichern. Jeder Benutzer der installierten AutoCAD-Version hat damit die Möglichkeit, sich seine Bildschirmfarben einzustellen, seine Schriften zu wählen, seine Anzeigeoptionen zu wählen usw., kurz: alles, was in diesem Kapitel behandelt wurde, auf seine Vorstellungen hin einzustellen. Ein anderer Anwender speichert seine Einstellungen in seinem Benutzerprofil. Natürlich ist es auch möglich, unterschiedliche Menüdateien, Supportverzeichnisse, Bibliotheken, Hilfedateien, Zusatzprogramme usw. in den Profilen zu hinterlegen. Damit lassen sich unterschiedliche Zusatzapplikationen in einem Profil speichern. Lediglich die konfigurierten Drucker gelten für alle Benutzerprofile.

Ein Profil kann also für verschiedene Benutzer oder verschiedene Anwendungen von AutoCAD stehen.

In dieser Registerkarte (siehe Abbildung 27.30) können Sie Profile anlegen, wechseln, löschen usw.

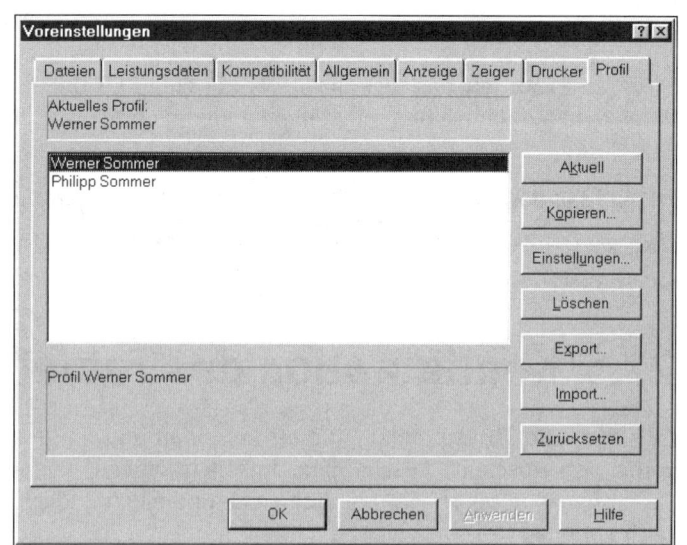

Abbildung 27.30:
Verwaltung von Profilen

Folgende Möglichkeiten haben Sie in dieser Registerkarte:

AKTUELL: Markiertes Profil zum aktuellen Profil machen. Die Einstellungen des Profils werden übernommen.

KOPIEREN: Das aktuelle Profil wird kopiert. Damit können ähnliche Varianten eines bestehenden Profils erzeugt werden. In einem Dialogfeld können Sie den Namen und eine Beschreibung für das neue Profil eingeben (siehe Abbildung 27.31).

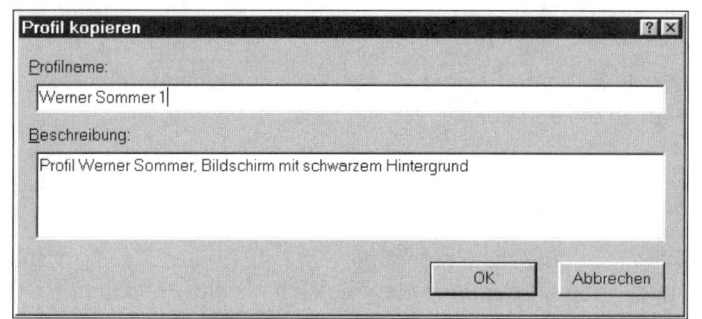

Abbildung 27.31:
Name und Beschreibung für ein neues Profil

EINSTELLUNGEN: Ruft das Dialogfeld PROFIL ÄNDERN (wie in Abbildung 27.31) auf, in dem Sie den Namen und die Beschreibung des markierten Profils ändern können. Verwenden Sie diese Option, wenn Sie ein vorhandenes Profil umbenennen, dessen aktuelle Einstellungen aber behalten möchten.

LÖSCHEN: Löscht das markierte Profil.

EXPORT...: Exportiert das markierte Profil in eine REG-Datei. Diese REG-Datei kann auf demselben oder einem anderen Computer wieder importiert werden.

IMPORT...: Importiert eine über EXPORT erstellte Profil-(REG-)Datei.

ZURÜCKSETZEN: Setzt die Werte im markierten Profil auf die Vorgabeeinstellungen zurück.

27.5 Konfiguration des Tabletts

Falls Sie AutoCAD mit einem Tablett betreiben und Sie dieses, wie im vorherigen Abschnitt beschrieben, installiert haben, können Sie Ihre Tablettfläche in bis zu vier Menübereiche und einen Bildschirmzeigebereich aufteilen.

Die AutoCAD-Standardmenüdatei ACAD.MNU enthält in drei Menübereichen die wesentlichen Befehle für die Arbeit mit AutoCAD. Ein weiterer Menübereich im oberen Teil des Tabletts kann vom Anwender frei belegt werden.

Ihrem AutoCAD-Paket liegt eine Menüfolie bei, die Sie auf Ihrem Tablett befestigen können. Sollte sie nicht passen, finden Sie in dem Verzeichnis \PROGRAMME\AUTOCAD R14\SAMPLE eine Zeichnungsdatei TABLET14-.DWG. In dieser Zeichnung sind alle Menüfelder mit Symbolen und Text gekennzeichnet. Diese Datei kann in den Maßen des verwendeten Digitalisiertabletts ausgeplottet und auf das Tablett gelegt werden.

Mit dem Befehl TABLETT können Sie die Tablettauflage konfigurieren. Wählen Sie den Befehl:

↪ Abrollmenü WERKZEUGE, Untermenü TABLETT..., Funktion KONFIGURIEREN

↪ Tablettfeld X7

Geben Sie die Zahl der Menübereiche an, für das Standardtablett sind es vier. Geben Sie dann die Menübereiche (siehe Abbildung 27.32) mit drei Punkten an und für jeden Bereich die Zahl der Zeilen und Spalten. Zum Schluß werden Sie noch nach dem Bildschirmzeigebereich gefragt. Für alle geforderten Punkte finden Sie auf der Menüfolie die entsprechenden Punkte (siehe Abbildung 27.32).

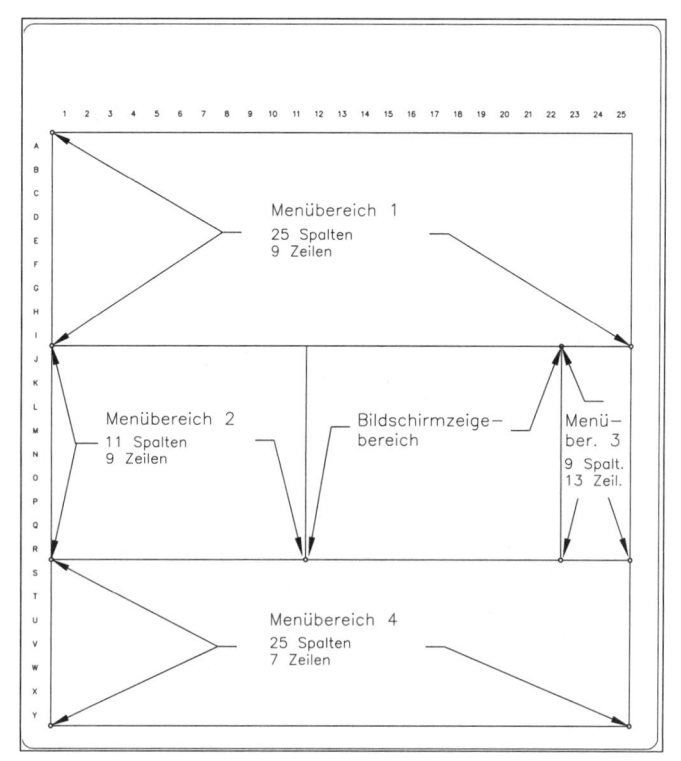

Abbildung 27.32:
Konfiguration des Tabletts in Menübereiche

Menübereich 1
25 Spalten
9 Zeilen

Menübereich 2
11 Spalten
9 Zeilen

Bildschirmzeigebereich

Menüber. 3
9 Spalt.
13 Zeil.

Menübereich 4
25 Spalten
7 Zeilen

Smart.

Word 97 / Rudi Kost
880 Seiten, 1 CD-ROM
ISBN 3-8272-**5214**-8
DM 79,95

Access 97 / Said Baloui
1024 Seiten, 1 CD-ROM
ISBN 3-8272-**5215**-6, DM 79,95

Excel 97 / Said Baloui
1008 Seiten, 1 CD-ROM
ISBN 3-8272-**5216**-4
DM 79,95

PowerPoint 97
Christian Schmidt
760 Seiten, ISBN 3-8272-**5247**-4
DM 69,95

Office 97 / O. Bouchard / K. P. Huttel / Th. Irlbeck
1056 Seiten, 1 CD-ROM
ISBN 3-8272-**5220**-2, DM 89,95

Markt&Technik-Produkte erhalten Sie im Buchhandel, Fachhandel und Warenhaus.

Informationen zu allen Neuerscheinungen finden Sie rund um die Uhr im Internet: http://www.mut.com

Markt&Technik
Markt&Technik Buch- und Software-Verlag GmbH, Hans-Pinsel-Str. 9b, 85540 Haar,
Telefon (0 89) 4 60 03-222, Fax (0 89) 4 60 03-100

A VIACOM COMPANY

SCHNELL-ÜBERSICHT

... schon über 3,5 Millionen mal verkauft!

Das perfekte
Nachschlagewerk
für den täglichen Einsatz –
handlich, kompakt und übersichtlich

Praxisgerechter Aufbau

Quer-verweise

Hinweise, Tips und Tricks

Beispiele, Abbildungen

Ausklappbare Themenübersicht

Schritt-für-Schritt-Lösungen

Schnellübersichten gibt es zu folgenden Themen:

- Betriebssysteme
- Datenbank
- Textverarbeitung
- CAD
- Programmierung
- Online
- Netzwerke
- Kalkulation & Business
- Office

Markt&Technik
A VIACOM COMPANY

Buch- und Software-Verlag GmbH
Hans-Pinsel-Straße 9b
85540 Haar bei München
Tel.: 089 / 4 60 03-222
Fax: 089 / 4 60 03-100
Internet: http://www.mut.com

Kompetent & ausführlich

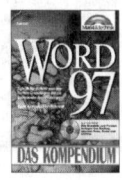

WORD 97 — DAS KOMPENDIUM
Excel 97 — DAS KOMPENDIUM
Office 97 — DAS KOMPENDIUM
Access 97 — DAS KOMPENDIUM
PowerPoint 97 — DAS KOMPENDIUM

Markt&Technik-Produkte erhalten Sie im Buchhandel, Fachhandel und Warenhaus.

LAURA LEMAY'S WEB WORKSHOP

Frontpage 97 –
Mit einem Mausklick zur eigenen Web-Seite
L. Lemay/D. Tyler

28 Workshops, gefüllt mit anschaulichen und animierenden Beispielen, führen Sie etappenweise hin zu den höheren Weihen des Web-Surfers. Dabei benötigen Sie keine Erfahrung im Erstellen von Web-Seiten. Hier erhalten Sie praxisorientierte Anleitungen zur Erstellung von Web-Seiten wie auch zur Wartung von Web Sites mit Frontpage 97. Auf CD-ROM: Web-Publishing-Programme, Beispiele aus dem Buch, Vorlagen, Grafiken u.v.m

944 Seiten · 1 CD-ROM ·
ISBN 3-8272-5248-2 · DM 69,95

ActiveX und VBScript – Kreieren Sie
interaktive Web-Seiten mit ActiveX und VBScript
L. Lemay/P. Lomax

Die Bestsellerautorin beschreibt in diesem Workshop-Band in leichtverständlichen Worten, wie Sie HTML-Seiten um interaktive Elemente wie Formulare, Objekte und Cookies bereichern können. Zusätzlich erhalten Sie wertvolle Tips beim Umgang mit Datenbanken, Spiel- und Steuerungselementen. Auf CD-ROM:

- Microsoft Internet Explorer 3.01 für Windows 95R und NTR 4.0, ActiveX-Control-Pad und HTML-Layout-Steuerung, Internet-Assistenten für Word, Excel, Access, PowerPoint und Schedule+, Viewer für Excel, PowerPoint und Word PowerPoint Animation Player & Publisher
- Sun Developer Kit (V.1.0.2), fertige Applets
- CGI StarDuo und CGI StarDuo95, CGI PerForm u.v.m.

552 Seiten · 1 CD-ROM · ISBN 3-8272-5260-1 · DM 59,95

Markt&Technik-Produkte erhalten Sie im Buchhandel, Fachhandel und Warenhaus.

Markt&Technik

Markt&Technik Buch- und Software-Verlag GmbH, Hans-Pinsel-Str. 9b, 85540 Haar, Telefon (089) 4 60 03-222, Fax (089) 4 60 03-100 · Internet: http://www.mut.com

A V I A C O M   C O M P A N Y

Windows NT & Server in einem Band

**Windows NT 4 – Das Kompendium
Platin Edition**

Geballtes Expertenwissen zu Windows NT Workstation und Server in einem Buch!
- Hochaktuelle Profithemen: Windows NT Registry, IP-Networking und MS Internet Information Server
- Systemadministration und -konfiguration – hier finden Sie die Lösungen
- Die Datei- und Druckdienste von Windows NT – mit diesem Buch eine Leichtigkeit
- Auf 2 CD-ROMs: Zeitlich begrenzte Vollversionen von Anwenderprogrammen, Microsoft Internet Explorer, Online-Schnupperzugänge und aktuelle 32-Bit-Shareware

**Olaf G. Koch · 1200 Seiten · 2 CD-ROMs
ISBN 3-8272-5304-7 · DM 99,95**

Markt&Technik-Produkte erhalten Sie im Buchhandel, Fachhandel und Warenhaus.

Markt&Technik
Markt&Technik Buch- und Software-Verlag GmbH, Hans-Pinsel-Str. 9b, 85540 Haar,
Telefon (0 89) 4 60 03-222, Fax (0 89) 4 60 03-100 · Internet: http://www.mut.com

A VIACOM COMPANY

Microsoft Internet Explorer
Die neuesten Features der
Version 4!

Microsoft Internet Explorer 4 – Das Kompendium
P. Monadjemi/E. Tierling

Der Microsoft Internet Explorer 4 integriert PC und Internet in das Microsoft-Gesamtkonzept mit dem Namen Web-PC. In diesem Kompendium erfahren Sie alles Wissenswerte über die Installation, Konfiguration und die Integration von Surfen im Web in eine bewährte und ansprechende Benutzeroberfläche. Auf CD-ROM: Internet Explorer 4 sowie Beispiele aus dem Buch.
600 Seiten · 1 CD-ROM
ISBN 3-8272-5316-0 · DM 59,95

Microsoft Internet Explorer 4 – Taschenbuch
Max D. Klick

Dieses Buch enthält viele nützliche Übersichten und einen ausführlichen Referenzteil. Viele Hintergrundinformationen, Zusatzfunktionen und ein ausführlicher Anhang bieten zudem einen effizienten Nutzen. Die leichtverständlichen Schritt-für-Schritt-Anleitungen führen Sie schnell und sicher zum Ziel.
380 Seiten · ISBN 3-8272-5302-0 · DM 19,95

Markt&Technik-Produkte erhalten Sie im Buchhandel, Fachhandel und Warenhaus.

Markt&Technik
Markt&Technik Buch- und Software-Verlag GmbH, Hans-Pinsel-Str. 9b, 85540 Haar, Telefon (0 89) 4 60 03-222, Fax (0 89) 4 60 03-100 · Internet: http://www.mut.com
A VIACOM COMPANY

Alles, was Sie über das Internet wissen sollten

Internet – Das Kompendium Thomas Lauer
Was ist das Internet? Welche Internet-Dienste gibt es? Wie komme ich ins Internet? Und viele andere Fragen werden in diesem Kompendium beantwortet. In fünf Teilen erfahren Sie alles zum Thema Internet sowohl als Einsteiger wie auch als fortgeschrittener Anwender, der eine Referenz benötigt. Auf der CD-ROM finden sich zahlreiche Tools zum Thema, die den Umgang mit dem Internet erleichtern und im Buch vorgestellt werden.
ca. 800 Seiten · 1 CD-ROM · ISBN 3-8272-5265-2 · DM 79,95

Internet Taschenbuch Eric Tierling
Schnell, sicher und einfach ins Internet, mit dem Modem oder mit ISDN. In diesem Taschenbuch wird benutzerfreundlich erklärt, was das Internet ist und wie es genutzt wird. Die wichtigsten Inhalte: das Internet-Angebot, die Installation von ISDN und Modems, DFÜ-Netzwerke, WWW und MS Internet Explorer und E-Mail mit Exchange.
368 Seiten · ISBN 3-8272-5231-8 · DM 19,95

So geht's! Internet Starthilfen R. Kost/J. Steiner/R. Valentin
Der Einstieg in die verschiedenen Online-Dienste CompuServe, Internet, T-Online, AOL und MSN wird im Detail beschrieben. Außerdem erhalten Sie einen Überblick über das Informationsangebot und damit wichtige Entscheidungshilfen für einen der Dienste. Natürlich auch Hilfen zum Auffinden der richtigen Informationen.
184 Seiten · 1 CD ROM · komplett in Farbe · ISBN 3-8272-5041-2 · DM 39,95

Markt&Technik-Produkte erhalten Sie im Buchhandel, Fachhandel und Warenhaus.
Informationen zu allen Neuerscheinungen finden Sie rund um die Uhr im Internet: http://www.mut.com

Markt&Technik
Markt&Technik Buch- und Software-Verlag GmbH, Hans-Pinsel-Str. 9b, 85540 Haar,
Telefon (0 89) 4 60 03-222, Fax (0 89) 4 60 03-100
A VIACOM COMPANY

Teil VI

Referenzteil

# Befehlsübersicht

Kapitel 28

28.1 Menüfunktionen und Befehle
28.2 Werkzeugkästen und Befehle
28.3 AutoCAD-Befehle von A bis Z
28.4 Befehlsaliase

Im Referenzteil finden Sie jeden Befehl von AutoCAD 14 mit seinen Optionen, Dialogfenstern und Einstellmöglichkeiten kurz beschrieben. Vor allem die Befehle, die im Befehlszeilenfenster ablaufen und in den bisherigen Kapiteln nicht behandelt wurden, werden hier ausführlich behandelt.

Da bei der Bedienung aus den Abrollmenüs und den Werkzeugkästen der AutoCAD-Befehlsname nicht immer ersichtlich ist, finden Sie zunächst eine Zusammenstellung der Menüfunktionen und der Befehle und Optionen, die sich dahinter verbergen.

28.1 Menüfunktionen und Befehle

Abrollmenü DATEI

Neu...	NEU
Öffnen...	ÖFFNEN
Speichern	KSICH
Speichern unter...	SICHALS
Erstellen...	ERSTELLEN
Druckereinrichtung...	VOREINSTELLUNGEN
Voransicht	VORANSICHT
Druck/Plot...	PLOT
Dienstprogramme >	
Prüfung	PRÜFUNG
Wiederherstellen ...	WHERST
Bereinigen >	
Alles	BEREINIG A
Layer	BEREINIG LA
Linientypen	BEREINIG LT
Textstile	BEREINIG T
Bemaßungsstile	BEREINIG BE
Multilinienstile	BEREINIG M
Blöcke	BEREINIG BL
Symbole	BEREINIG S
Senden...	Zeichnung als E-Mail-Anlage
Zeichnung 1	ÖFFNEN Zeichnung 1
Zeichnung 2	ÖFFNEN Zeichnung 2
Zeichnung 3	ÖFFNEN Zeichnung 3
Zeichnung 4	ÖFFNEN Zeichnung 4
Beenden	QUIT

Abrollmenü BEARBEITEN

Zurück	Z
Zlösch	ZLÖSCH
Ausschneiden	AUSSCHNEIDEN
Kopieren	COPYCLIP
Kopie verknüpfen	KOPIEVERKNÜPFEN
Einfügen	CLIPEINFÜG
Inhalte einfügen...	INHALTEINFÜG
Löschen	LÖSCHEN
Verknüpfungen...	OLEVERKN

Abrollmenü Anzeige

Neuzeichnen	NEUZALL
Regenerieren	REGEN
Alles Regenerieren	REGENALL
Zoom >	
Echtzeit	ZOOM ⏎
Vorher	ZOOM V
Fenster	ZOOM F
Dynamisch	ZOOM D
Zoomfaktor	ZOMM X/XP
Mitte	ZOOM M
Vergrößern	ZOOM 2XP
Verkleinern	ZOOM 0.5XP
Alles	ZOOM A
Grenzen	ZOOM G
Pan >	
Echtzeit	PAN ⏎
Punkt	PAN
Links	PAN nach links
Rechts	PAN nach rechts
Nach oben	PAN nach oben
Nach unten	PAN nach unten
Übersichtsfenster	ÜFENSTER
Fester Modellbereich	TILEMODE=1
Verschiebbarer Modellbereich	TILEMODE=0
Papierbereich	PBEREICH
Feste Ansichtsfenster >	
Layout	AFENSTER mit Bildmenü
1 Ansichtsfenster	AFENSTER E
2 Ansichtsfenster	AFENSTER 2
3 Ansichtsfenster	AFENSTER 3
4 Ansichtsfenster	AFENSTER 4

Holen	AFENSTER H
Löschen	AFENSTER L
Verbinden	AFENSTER V
Speichern	AFENSTER S
Verschiebbare Ansichtsfenster >	
1 Ansichtsfenster	MANSFEN
2 Ansichtsfenster	MANSFEN 2
3 Ansichtsfenster	MANSFEN 3
4 Ansichtsfenster	MANSFEN 4
Holen	MANSFEN H
Ansichtsfenster Ein	MANSFEN EIN
Ansichtsfenster Aus	MANSFEN AUS
Verdplot	MANSFEN V
Benannte Ausschnitte...	DDVIEW
3D-Ansichtspunkt >	
Wählen	DDVPOINT
Drehen	APUNKT D
Achsen	APUNKT ⏎
Vektor	APUNKT
Draufsicht >	
Aktuelles BKS	DRSICHT ⏎
Welt	DRSICHT W
Benanntes BKS	DRSICHT BKS
Oben	APUNKT 0,0,1
Unten	APUNKT 0,0,-1
Links	APUNKT -1,0,0
Rechts	APUNKT 1,0,0
Vorne	APUNKT 0,-1,0
Hinten	APUNKT 0,1,0
Iso-Ansicht SW	APUNKT -1,-1,1
Iso-Ansicht SO	APUNKT 1,-1,1
Iso-Ansicht NO	APUNKT 1,1,1
Iso-Ansicht NW	APUNKT -1,1,1
Dynamische 3D-Ansicht	DANSICHT
Verdecken	VERDECKT
Schattieren >	
256 Farben	SHADEDGE 0, SHADE
256 Farben, mit Kanten	SHADEDGE 1, SHADE
16 Farben, verdeckt	SHADEDGE 2, SHADE
16 Farben, gefüllt	SHADEDGE 3, SHADE
Render >	
Render...	RENDER
Szenen...	SZENE
Lichtquellen...	LICHT

Kapitel 28: Befehlsübersicht

	Materialien...	MAT
	Materialbibliothek...	MATBIBL
	Mapping...	MAPPING
	Hintergrund...	HINTERGRUND
	Nebel...	NEBEL
	Landschaft neu...	LSNEU
	Landschaft bearbeiten...	LSBEARB
	Landschaftsbibliothek...	LSBIBL
	Voreinstellungen...	REINST
	Statistik...	STAT
Anzeige >		
	BKS-Symbol >	
	Ein	BKSYMBOL EIN
	Ursprung	BKSYMBOL U
	Attributanzeige >	
	Normal	ATTZEIG N
	Ein	ATTZEIG E
	Aus	ATTZEIG A
	Textfenster	TEXTBLD
Werkzeugkästen...		WERKZEUGKASTEN

Abrollmenü EINFÜGEN

Block...	DDINSERT
Xref...	XREF
Pixelbild	BILD
3D Studio...	3DSIN
ACIS-Objekt...ACSIN	
DXB...	DXBIN
WMF...	WMFIN
EPS...	PSIN
OLE-Objekt...	OBJEINF

Abrollmenü FORMAT

Layer...	LAYER
Farbe...	DDCOLOR
Linientyp...	LINIENTP
Textstil...	STIL
Bemaßungsstil...DBEM	
Punktstil...	DDPTYPE
Multilinienstil...MLSTIL	
Einheiten...	DDUNITS
Objekthöhe	OBJEKTHÖHE
Limiten	LIMITEN
Umbenennen...	DDRENAME

Abrollmenü WERKZEUGE

Rechtschreibung	RECHTSCHREIBUNG
Anzeigereihenfolge >	
Ganz oben	ZEICHREIHENF O
Ganz unten	ZEICHREIHENF U
Nach vorne	ZEICHREIHENF B
Nach unten	ZEICHREIHENF N
Abfrage >	
Abstand	ABSTAND
Fläche	FLÄCHE
Masseneigenschaften	MASSEIG
Auflisten	LISTE
ID Punkt	ID
Zeit	ZEIT
Status	STATUS
Variable definieren	SETVAR
Anwendung...	APPLOAD
Script ausführen...SCRIPT	
Pixelbild >	
Anzeigen...	WIEDERGABE
Speichern...	BILDSICH
Externe Datenbank >	
Administration...	ASEADMIN
Rows...	ASEROWS
Links...	ASELINKS
Select Objects	ASESELECT
Export Links...	ASEEXPORT
SQL Editor...	ASESQLED
Objektfang...	FANG
Zeichnungshilfen...	DDRMODI
BKS >	
BKS-Ausrichtung...	DDUCSP
Benanntes BKS...	DDBKS
Vorher	BKS V
Holen	BKS H
Speichern	BKS S
Löschen	BKS L
Auflisten	BKS ?
Welt	BKS W
Objekt	BKS O
Ansicht	BKS A
Ursprung	BKS U
Z-Achse	BKS ZA
3 Punkte	BKS 3P

Kapitel 28: Befehlsübersicht

X-Achse drehen	BKS X
Y-Achse drehen	BKS Y
Z-Achse drehen	BKS Z
Griffe...	DDGRIPS
Auswahleinstellungen...	DDSELECT
Objektgruppe...	GRUPPE
Tablett >	
Ein	TABLETT E
Aus	TABLETT A
Kalibrieren	TABLETT KAL
Konfigurieren	TABLETT KFG
Menüs anpassen...	MENÜLAD
Voreinstellungen...	VOREINSTELLUNGEN

Abrollmenü ZEICHNEN

Linie	LINIE
Strahl	STRAHL
Konstruktionslinie	KLINIE
Multilinie	MLINIE
Polylinie	PLINIE
3D-Polylinie	3DPOLY
Polygon	POLYGON
Rechteck	RECHTECK
Bogen >	
3 Punkte	BOGEN
Startp,Mittelp,Endp	BOGEN S M E
Startp,Mittelp,Winkel	BOGEN S M W
Startp,Mittelp,Sehnenlänge	BOGEN S M L
Startp, Endp,Winkel	BOGEN S E W
Startp, Endp,Richtung	BOGEN S E RI
Startp, Endp,Radius	BOGEN S E R
Mittelp,Startp,Endp	BOGEN M S E
Mittelp,Startp,Winkel	BOGEN M S W
Mittelp,Startp,Sehnenlänge	BOGEN M S L
Weiter	BOGEN ⏎
Kreis >	
Mittel,Radius	KREIS
Mittel,Durchm	KREIS D
2 Punkte	KREIS 2P
3 Punkte	KREIS 3P
Tan,Tan,Radius	KREIS TTR
Tan,Tan,Tan	KREIS 3P TAN TAN TAN
Ring	RING
Spline	SPLINE

Ellipse >
    Mittelpunkt   ELLIPSE M
    Achse,Endpunkt   ELLIPSE
    Bogen   ELLIPSE B

Block >
    Erstellen...   BMAKE
    Basis   BASIS
    Attribute...   DDATTDEF

Punkt >
    Einzelner Punkt   PUNKT
    Mehrere Punkte   PUNKT
    Teilen   TEILEN
    Messen   MESSEN

Schraffur...   GSCHRAFF
Umgrenzung...   UMGRENZUNG
Region   REGION

Text >
    Absatztext...   MTEXT
    Einzeiliger Text   DTEXT

Flächen >
    Solid   SOLID
    3D-Fläche   3DFLÄCHE
    3D-Flächenkörper...   3D Bildmenü
    Kante   EDGE
    3D-Netz   3DNETZ
    Rotationsfläche   ROTOB
    Tabellarische Fläche   TABOB
    Regelfläche   REGELOB
    Kantendefinierte Fläche   KANTOB

Volumenkörper >
    Quader   QUADER
    Kugel   KUGEL
    Zylinder   ZYLINDER
    Kegel   KEGEL
    Keil   KEIL
    Torus   TORUS
    Extrusion   EXTRUSION
    Rotation   ROTATION
    Kappen   KAPPEN
    Querschnitt   QUERSCHNITT
    Überlagerung   UBERLAG
    Einrichtung >
    Zeichnung   SOLZEICH

Kapitel 28: Befehlsübersicht

Ansicht	SOLANS
Profil	SOLPROFIL

Abrollmenü BEMASSUNG

Linear	BEMLINEAR
Ausgerichtet	BEMAUSG
Koordinatenbemaßung	BEMORDINATE
Radius	BEMRADIUS
Durchmesser BEMDURCHM	
Winkel	BEMWINKEL
Basislinie	BEMBASIS
Weiter	BEMWEITER
Führung	FÜHRUNG
Toleranz...	TORERANZ
Mittelpunkt	BEMMITTELP
Schräg	BEMEDIT S
Text ausrichten >	
Ausgangsposition	BEMTEDIT A
Winkel	BEMTEDIT W
Links	BEMTEDIT L
Zentriert	BEMTEDIT H
Rechts	BEMTEDIT R
Stil...	DBEM
Überschreiben	BEMÜBERSCHR
Aktualisieren	BEMSTIL

Abrollmenü ÄNDERN

Eigenschaften...	DDMODIFY/DDCHPROP
Eigenschaften anpassen	EIGÜBERTRAG
Objekt >	
Xref >	
Binden...	XREF B
Rahmen	XCLIPFRAME
Bild >	
Anpassen...	BILDANPASSEN
Qualität	BILDQUALITÄT
Transparenz	TRANSPARENZ
Rahmen	BILDRAHMEN
Zuschneiden	XZUSCHNEIDEN
Bild zuschneiden	BILDZUSCHNEIDEN
Schraffur bearbeiten...	SCHRAFFEDIT
Polylinie bearbeiten	PEDIT
Spline bearbeiten	SPLINEEDIT
Multilinie bearbeiten...	MLEDIT

Attribute >
    Bearbeiten... DDATTE
    Global bearbeiten ATTEDIT
    Text bearbeiten... DDEDIT
Löschen LÖSCHEN
Kopieren KOPIEREN
Spiegeln SPIEGELN
Versetzen VERSETZ
Reihe REIHE
Schieben SCHIEBEN
Drehen DREHEN
Varia VARIA
Strecken STRECKEN
Länge LÄNGE
Stutzen STUTZEN
Dehnen DEHNEN
Bruch BRUCH
Fasen FASE
Abrunden ABRUNDEN
3D Operationen >
    3D Reihe 3DARRAY
    3D Spiegeln 3DSPIEGLEN
    3D Drehen 3DDREHEN
    Ausrichten AUSRICHTEN
Boolesche Operationen >
    Vereinigung VEREINIG
    Differenz DIFFERENZ
    Schnittmenge SCHNITTMENGE
Ursprung URSPRUNG

Abrollmenü ?

AutoCAD-Hilfethemen... HILFE
Kurze Programmbegleitung...
Neu in R14...
Learning Assistance
Verbindung zum Internet...
Info über AutoCAD... INFO

28.2 Werkzeugkästen und Befehle

Werkzeugkasten ABFRAGE

Befehle, die den Symbolen hinterlegt sind (von links nach rechts):

ABSTAND, FLÄCHE, MASSEIG, LISTE, ID

Werkzeugkasten ÄNDERN

Befehle, die den Symbolen hinterlegt sind (von links nach rechts):

LÖSCHEN, KOPIEREN, SPIEGELN, VERSETZ, REIHE, SCHIEBEN
DREHEN, VARIA, STRECKEN, LÄNGE, STUTZEN, DEHNEN, BRUCH
FASE, ABRUNDEN, URSPRUNG

Werkzeugkasten ÄNDERN II

Befehle, die den Symbolen hinterlegt sind (von links nach rechts):

ZEICHENREIHENF, SCHRAFFEDIT, PEDIT, SPLINEEDIT
MLEDIT, DDATTE, DDEDIT, VEREINIG, DIFFERENZ
SCHNITTMENGE

Werkzeugkasten ANSICHT

Befehle, die den Symbolen hinterlegt sind (von links nach rechts):

DDVIEW, APUNKT 0,0,1, APUNKT 0,0,-1, APUNKT -1,0,0
APUNKT 1,0,0, APUNKT 0,-1,0, APUNKT 0,1,0, APUNKT -1,-1,1
APUNKT 1,-1,1, APUNKT 1,1,1, APUNKT -1,1,1

Werkzeugkästen und Befehle

Werkzeugkasten BEMASSUNG

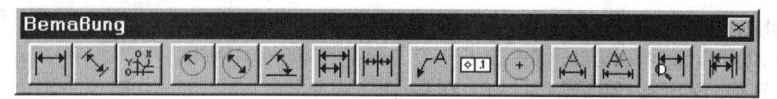

Befehle, die den Symbolen hinterlegt sind (von links nach rechts):

BEMLINIEAR, BEMAUSG, BEMORDINATE, BEMRADIUS
BEMDURCHM, BEMWINKEL, BEMBASISL, BEMWEITER
FÜHRUNG, TOLERANZ, BEMMITTELP, BEMEDIT Ausgangsposition
BEMTEDIT, DBEM, BEM Update

Werkzeugkasten BKS

Befehle, die den Symbolen hinterlegt sind (von links nach rechts):

BKS, DDBKS, DDUCSP, BKS Vorher, BKS Welt, BKS Objekt
BKS Ansicht, BKS Ursprung, BKS zAChse, BKS 3Punkt
BKS X, BKS Y, BKS Z

Werkzeugkasten EINFÜGEN

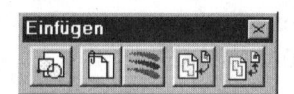

Befehle, die den Symbolen hinterlegt sind (von links nach rechts):

DDINSERT, XREF, BILD, EINLESEN, OBJEINF

Werkzeugkasten EXTERNE DATENBANKEN

Befehle, die den Symbolen hinterlegt sind (von links nach rechts):

ASEADMIN, ASEROWS, ASELINKS, ASESELECT, ASEEXPORT
ASESQLED

Werkzeugkasten FLÄCHEN

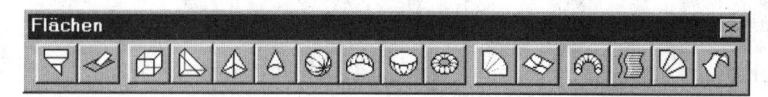

Kapitel 28: Befehlsübersicht

Befehle, die den Symbolen hinterlegt sind (von links nach rechts):

SOLID, 3DFLÄCHE, 3D Quader, 3D KEIl, 3D Pyramide, 3D KEGel
3D KUGel, 3D KUPpel, 3D Schale, 3D Torus, EDGE, 3DNETZ
ROTOB, TABOB, REGELOB, KANTOB

Werkzeugkasten OBJEKTFANG

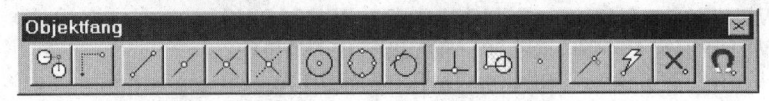

Befehle, die den Symbolen hinterlegt sind (von links nach rechts):

SPUR, VONP, ENDpunkt, MITtelpunkt, SCHnittpunkt,
ANP (angenommener Schnittpunkt), ZENtrum, QUAdrant
TANgente, LOT, BASispunkt, PUNkt, NÄChster
QUIck, KEIner, OFANG

Werkzeugkasten REFERENZ

Befehle, die den Symbolen hinterlegt sind (von links nach rechts):

XREF, XZUORDNEN, XZUSCHNEIDEN, XBINDEN, XCLIPFRAME
BILD, BILDZUORDNEN, BILDZUSCHNEIDEN, BILDANPASSEN
BILDQUALITÄT, TRANSPARENZ, BILDRAHMEN

Werkzeugkasten RENDER

Befehle, die den Symbolen hinterlegt sind (von links nach rechts):

VERDECKT, SHADE, RENDER, SZENE, LICHT, MAT, MATBIBL
MAPPING, HINTERGRUND, NEBEL, LSNEU, LSBEARB
LSBIBL, REINST, STAT

Werkzeugkasten VOLUMENKÖRPER

Befehle, die den Symbolen hinterlegt sind (von links nach rechts):

QUADER, KUGEL, ZYLINDER, KEGEL, KEIL, TORUS, EXTRUSION
ROTATION, KAPPEN, QUERSCHNITT, ÜBERLAG, SOLZEICH
SOLANS, SOLPROFIL

Werkzeugkasten ZEICHNEN

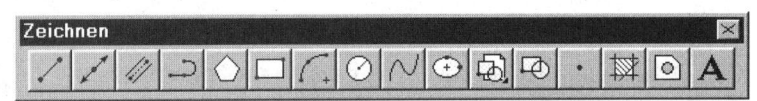

Befehle, die den Symbolen hinterlegt sind (von links nach rechts):

LINIE, KLINIE, MLINIE, PLINIE, POLYGON, RECHTECK, BOGEN
KREIS, SPLINE, ELLIPSE, Fly-out-Menü, identisch mit Werkzeugkasten
EINFÜGEN, BMAKE, PUNKT, GSCHRAFF, REGION, MTEXT

Werkzeugkasten ZOOM

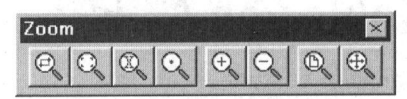

Befehle, die den Symbolen hinterlegt sind (von links nach rechts):

ZOOM Fenster, ZOOM Dynamisch, ZOOM FAktor, ZOOM Mitte
ZOOM 2x, ZOOM 0.5x, ZOOM Alles, ZOOM Grenzen

Standard-Funktionsleiste

Befehle, die den Symbolen hinterlegt sind (von links nach rechts):

NEU, ÖFFNEN, KSICH, PLOT, VORANSICHT, RECHTSCHREIBUNG
AUSSCHNEIDEN, COPYCLIP, CLIPEINFÜG, EIGANPASS, Z, ZLÖSCH
Internet-Browser starten
Fly-out-Menü, identisch mit Werkzeugkasten OBJEKTFANG
Fly-out-Menü, identisch mit Werkzeugkasten BKS
Fly-out-Menü, identisch mit Werkzeugkasten ABSTAND
NEUZALL, ÜFENSTER
Fly-out-Menü, identisch mit Werkzeugkasten ANSICHT
PAN, ZOOM
Fly-out-Menü, identisch mit Werkzeugkasten ZOOM
ZOOM Vorher, HILFE

Funktionsleiste EIGENSCHAFTEN

Befehle, die den Symbolen hinterlegt sind (von links nach rechts):

AI_MOLC (Aktuellen Layer auf Layer von gewähltem Objekt setzen)
LAYER
Abrollmenü zur Layersteuerung
Abrollmenü zur Farbsteuerung
LINIENTP
Abrollmenü zur Linientypensteuerung
AI_PROPCHK (DDMODIFY oder DDCHPROP)

28.3 AutoCAD-Befehle von A bis Z

AutoCAD 14 verfügt über den im folgenden beschriebenen Befehlssatz. Die Befehle, die im Übungsteil des Buches nicht beschrieben wurden, finden Sie in diesem Kapitel beschrieben. Das sind vor allem die Befehle, die im Befehlszeilenfenster arbeiten und für die es in AutoCAD-Befehle mit Dialogfeldbedienung gibt. Bei den Befehlen, die im Übungsteil ausführlich beschrieben wurden, finden Sie nur eine Kurzbeschreibung und einen Verweis zu den entsprechenden Kapiteln im Buch.

Tips:

Eine Reihe von AutoCAD-Befehlen arbeitet auf unterschiedliche Arten. Werden die Befehle ohne Zusatz mit ihrem Namen aufgerufen, können die Funktionen des Befehls in Dialogfeldern gewählt werden. Setzt man dagegen vor den Befehlsnamen das Zeichen –, werden sie im Befehlszeilenfenster abgearbeitet. In Menümakros, Script-Dateien oder in AutoLisp-Befehlen werden diese Befehle immer im Befehlszeilenfenster abgearbeitet, hier muß kein Zeichen vorangestellt werden.

Transparente Befehle sind durch ' (Apostroph) gekennzeichnet. Transparente Befehle können während der Arbeit mit einem anderen Befehl aufgerufen werden, ohne den laufenden Befehl abbrechen zu müssen. Nach dem Beenden des transparenten Befehls wird der unterbrochene Befehl fortgesetzt.

Die Systemvariable FILDEDIA legt fest, ob bei Befehlen, die einen Dateinamen erfordern, das Dialogfeld mit dem Dateiwähler verwendet wird:

o   Dialogfelder werden nicht angezeigt. Sie können aber den Dateiwähler anfordern, wenn Sie bei der Eingabeaufforderung für den Befehl eine Tilde (~) eingeben. Dasselbe gilt für AutoLISP- und ADS-Funktionen.

1 Dateiwähler werden angezeigt. Wenn der Befehl aber in einer Script-Datei oder in einem AutoLisp-Programm verwendet wird, gibt AutoCAD eine normale Eingabeaufforderung aus.

Die Systemvariable CMDDIA legt fest, ob beim Befehl PLOT und bei den Befehlen für Zugriffe auf externe Datenbanken Dialogfelder verwendet werden sollen: 0 = Dialogfelder aus, 1 = Dialogfelder ein.

28.3.1 Befehlsliste

Sie finden in diesem Kapitel lediglich eine Kurzinformation über die Befehle und den Verweis, wo sie im Buch ausführlich beschrieben sind. Nur die Befehle, die Sie bisher nicht im Buch gefunden haben, sind hier näher erläutert. Das sind vor allem die, für die es komfortablere Befehle mit Dialogfeldern gibt.

Trotzdem sind die Befehle, die im Befehlszeilenfenster ablaufen, wichtig für Skript-Dateien, Menümakros und die Programmierung mit AutoLISP.

Transparente Befehle (Befehle, die während des Ablaufs eines anderen Befehls verwendet werden können) sind mit ' gekennzeichnet, so wie sie auch auf der Tastatur eingegeben werden können, z.B.: 'NEUZEICH.

Aufruf der Hilfe-Funktion (siehe Befehl HILFE, Kapitel 2.12).

3D

Erstellt 3D-Netze in Form von Quader, Kegel, Schale, Kuppel, Netz, Pyramide, Kugel, Torus oder Keil.

⤴ Auf der Tastatur eingeben

```
Befehl: 3d
Quader/KEGel/Schale/KUPpel/Netz/Pyramide/KUGel/
Torus/KEil:
```

Geben Sie die Option für die Form ein, die Sie zeichnen wollen.

3DARRAY

Erstellt eine dreidimensionale Anordnung von Objekten (siehe Kapitel 18.7).

3DDREHEN

Drehen von Objekten um eine Achse im Raum (siehe Kapitel 18.7).

3DFLÄCHE

Erstellt eine frei im Raum liegende Fläche mit drei oder vier Eckpunkten (siehe Kapitel 19.1).

3DNETZ

Erstellt ein Freiform-Polygonnetz im Raum (siehe Kapitel 19.1).

3DSIN

Liest eine 3D-Studio-Datei in AutoCAD ein (siehe Kapitel 17.5).

3DSOUT

Erstellt aus der aktuellen AutoCAD-Zeichnung eine 3D-Studio-Datei.

⏎ Auf der Tastatur eingeben

Geben Sie Laufwerk, Pfad und Dateiname im Dateiwähler ein. Der Dateityp *.3DS ist vorgegeben. Die weiteren Einstellungen werden wie beim Befehl ERSTELLEN für das 3D-Studio-Format vorgenommen (siehe Kapitel 17.5).

ABRUNDEN

Rundet die Objektkanten ab (siehe Kapitel 4.7).

'ABSTAND

Mißt den Abstand und den Winkel zwischen zwei Punkten (siehe Kapitel 5.4).

ACISIN

Liest eine ACIS-Datei ein (siehe Kapitel 17.5).

ACISOUT

Erstellt AutoCAD-Festkörperobjekte in einer ACIS-Datei.

⏎ Auf der Tastatur eingeben

Geben Sie Laufwerk, Pfad und Dateiname im Dateiwähler ein. Der Dateityp *.3DS ist vorgegeben.

AFENSTER

Teilt den Grafikbereich in mehrere feste Ansichtsfenster (siehe Kapitel 18.10).

AFLAYER

Bestimmt die Sichtbarkeit von Layern in Ansichtsfenstern.

⏎ Auf der Tastatur eingeben

```
Befehl: Aflayer
?/Frieren/Tauen/Rücksetz/Neufrier/Afsvorg:
```

?: Listet alle Layer, die in einem wählbaren Ansichtsfenster gefroren sind.

FRIEREN: Friert einen oder mehrere Layer, in einem, in allen oder in ausgewählten Ansichtsfenstern.

TAUEN: Taut einen oder mehrere Layer, in einem, in allen oder in ausgewählten Ansichtsfenstern.

RÜCKSETZ: Setzt einen oder mehrere Layer, in einem, in allen oder in ausgewählten Ansichtsfenstern, auf ihre Vorgabewerte zurück (getaut oder gefroren).

NEUFRIER: Friert einen oder mehrere Layer, in einem, in allen oder in ausgewählten Ansichtsfenstern.

FRIEREN: Erstellt einen oder mehrere Layer, die in allen Ansichtsfenstern gefroren sind.

AFSVORG: Festlegung, ob ein oder mehrere Layer in später erzeugten Ansichtsfenstern gefroren oder getaut sein sollen.

AMEKONVERT

Konvertiert AutoCAD Advanced Modeling Extension (AME)-Volumenmodelle in AutoCAD-Volumenobjekte (siehe Kapitel 20.2).

ÄNDERN

Ändert die Eigenschaften existierender Objekte.

↳ Auf der Tastatur eingeben

```
Befehl: Ändern
Objekte wählen:
EIgenschaften / <Modifikationspunkt>:
```

MODIFIKATIONSPUNKT: Durch eine Punkteingabe wird der Modifikationspunkt des gewählten bzw. der gewählten Objekte geändert. Je nach den gewählten Objekten werden entsprechende Änderungen ausgeführt.

Linien	neuer Endpunkt
Kreis	neuer Kreisradius
Text	neuer Texteinfügepunkt, neuer Textstil, neue Höhe, neuer Drehwinkel, neuer Text
Attributsdefinition	wie Text, zusätzlich neue Attributsbezeichnung, neue Eingabeaufforderung, neuer Vorgabewert
Block	neuer Einfügepunkt, neuer Drehwinkel

Kapitel 28: Befehlsübersicht

EIGENSCHAFTEN: Änderung der Objekteigenschaften für die gewählten Objekte:

```
Welche Eigenschaft ändern (Farbe / ERhebung / LAyer / LTYp /
LTFaktor / Objekthöhe)?
```

Geben Sie die Option für die Eigenschaft ein, die Sie ändern wollen.

'APPLOAD

Lädt AutoLISP-, ADS- und ARX-Anwendungen.

↳ Abrollmenü WERKZEUGE, Funktion ANWENDUNGEN

In einem Dialogfeld finden Sie eine Liste der ladbaren Anwendungen (siehe Abbildung 28.1).

Abbildung 28.1:
Dialogfeld zum Laden von Applikationen

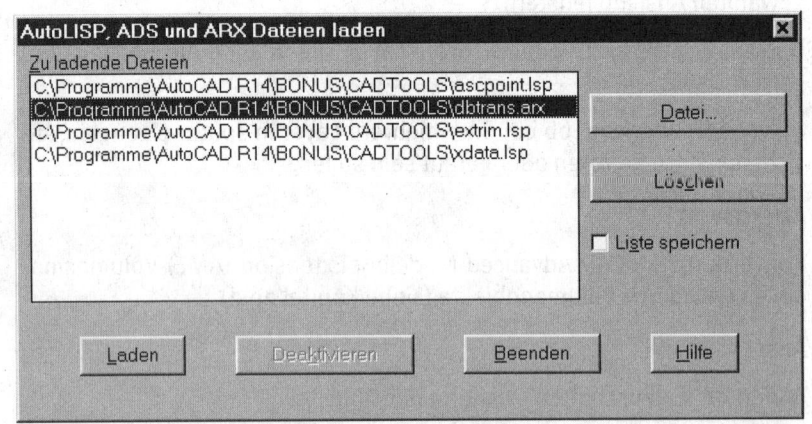

DATEIEN: Mit der Schaltfläche wird der Dateiwähler aktiviert. Damit können Sie Programmdateien (*.LSP, *.EXE und *.ARX) in die Liste aufnehmen.

LÖSCHEN: Löscht markierte Dateien aus der Liste, nicht aber die zugehörigen Programmdateien.

LISTE SPEICHERN: Ist der Schalter angekreuzt, wird die Liste gespeichert und erscheint bei der nächsten Anwahl des Befehls in gleicher Form.

LADEN: Lädt die in der Liste markierten Programme.

DEAKTIVIEREN: Deaktiviert die in der Liste markierten Programme.

APUNKT

Legt die Blickrichtung für eine dreidimensionale Visualisierung der Zeichnung fest (siehe Kapitel 18.5).

Arx

Lädt und entfernt ARX-Anwendungen und bietet Informationen dazu.

↲ Auf der Tastatur eingeben

```
Arx
?/Load/Unload/Commands/Options:
```

?: Listet die derzeit geladenen ARX-Anwendungen auf.

Load: Lädt die angegebene ARX-Anwendung.

Unload: Entfernt die angegebene ARX-Anwendung.

Commands: Listet die durch ARX definierten Kommandos auf.

Options: Stellt vom Entwickler erstellte Optionen in der ARX-Anwendung vor.

Aseadmin

Führt Verwaltungsfunktionen für externe Datenbank-Befehle aus (siehe Kapitel 25).

Aseexport

Exportiert Verknüpfungsinformationen für ausgewählte Objekte (siehe Kapitel 25).

Aselinks

Handhabt Verknüpfungen zwischen Objekten und einer externen Datenbank (siehe Kapitel 25).

Aserows

Zeigt Daten in tabellarischer Form an, bearbeitet sie und stellt Verknüpfungen sowie Auswahlsätze her (siehe Kapitel 25).

Aseselect

Erzeugt einen Auswahlsatz aus Reihen, die mit Textauswahlsätzen und/oder Grafikauswahlsätzen verknüpft sind (siehe Kapitel 25).

Asesqled

Führt Structured Query Language (SQL)-Anweisungen aus (siehe Kapitel 25).

Attdef

Erzeugt eine Attributsdefinition.

↲ Auf der Tastatur eingeben

```
Befehl: Attdef
Attributmodi  --  Unsichtbar:N  Konstant:N  Prüfen:N  Vorwahl:N
Für Änderungen (UKPV) eingeben, Eingabetaste wenn abgeschlossen:
Attributsbezeichnung:
Attributanfrage:
Vorgegebener Attributwert:
Position/Stil/<Startpunkt>:
Höhe <2.5000>:
Drehwinkel <0>:
```

Die Attributsmodi werden angezeigt, geben Sie ein Kürzel für den Modus ein, den Sie ändern wollen. Bestätigen Sie mit ⏎. Der neue Status wird angezeigt. Beenden Sie mit ⏎. Geben Sie dann Attributsbezeichnung, Attributsanfrage, Vorgabewert und die Optionen für die Textdarstellung des Attributs ein.

ATTEDIT

Ändert die Attributsinformation unabhängig von der entsprechenden Blockdefinition (siehe Kapitel 11.11).

ATTEXT

Extrahiert Attributdaten.

↵ Auf der Tastatur eingeben

```
Befehl: Attext
Attribute im CDF-, SDF oder DXF-Format ausgeben (oder objEkte)?
<C>:
```

Wählen Sie das Ausgabeformat oder die Option OBJEKTE, um vorher die Blöcke zu wählen, deren Attribute ausgegeben werden sollen. Wählen Sie danach mit dem Dateiwähler die Schablonen- und die Ausgabedatei.

ATTREDEF

Definiert einen Block um und aktualisiert zugehörige Attribute.

↵ Auf der Tastatur eingeben

```
Befehl: Attredef
Blockname zum Neudefinieren:
Objekte für neuen Block wählen...
Objekte wählen:
Einfügen-Basispunkt für neuen Block:
```

Neue Attribute, die vorhandenen Blockreferenzen zugewiesen werden, werden auf ihre Vorgabewerte gesetzt. Alte Attribute in der neuen Blockdefinition behalten ihre Werte bei. Alte Attribute, die nicht in der neuen Blockdefinition enthalten sind, werden aus den alten Blockreferenzen gelöscht.

ATTZEIG

Steuert die Sichtbarkeit von Attributen global (siehe Kapitel 11.12).

AUFLÖS

Bestimmt die Auflösung für das Generieren von Objekten im aktuellen Ansichtsfenster.

↵ Auf der Tastaur eingeben

```
Befehl: Auflös
Wollen Sie Schnellzoom? <J>
Kreiszoomkomponente eingeben (1-20000) <100>:
```

Wenn Sie bei der Anfrage nach Schnellzoom N eingeben, bewirken die Befehle ZOOM, PAN und AUSSCHNITT HOLEN eine Regenerierung. Bei Eingabe von J verwaltet AutoCAD einen virtuellen Bildschirm und führt die Befehle ZOOM, PAN und AUSSCHNITT HOLEN in der Geschwindigkeit des Befehls NEUZEICH aus, wann immer dies möglich ist.

Diese Abfrage nach den Kreiszoomprozenten steuert mit Hilfe von Kurzvektoren die Darstellung von Kreisen, Bogen, Ellipsen und Splines. Je größer die Anzahl der Vektoren, desto glatter erscheint der Kreis bzw. Bogen. Sie können mit dieser Option im Interesse einer höheren Systemleistung die Glättung verringern oder eine höhere Darstellungsgenauigkeit auf Kosten der Geschwindigkeit erreichen. Wenn Sie beispielsweise einen sehr kleinen Kreis erstellen und ihn anschließend zoomen, sieht er möglicherweise wie ein Polygon aus. Durch Regenerierung wird die Zeichnung aktualisiert und der Kreis geglättet.

AUSRICHTEN

Richtet Objekte gegenüber anderen Objekten in 2D und 3D aus (siehe Kapitel 18.7).

AUSSCHNEIDEN

Kopiert Objekte in die Zwischenablage und löscht sie aus der Zeichnung (siehe Kapitel 16.3).

'AUSSCHNT

Sichert benannte Ansichten und stellt sie wieder her.

↵ Auf der Tastatur eingeben

```
Befehl: Ausschnt
?/Löschen/Holen/Speichern/Fenster:
```

?: Listet die benannten Ausschnitte in der Zeichnung.

Kapitel 28: Befehlsübersicht

LÖSCHEN: Löscht einen benannten Ausschnitt.

HOLEN: Holt einen gespeicherten benannten Ausschnitt.

SPEICHERN: Sichert den aktuellen Ausschnitt.

FENSTER: Sichert ein Fenster der aktuellen Anzeige als Ausschnitt.

BAND

Erstellt breite ausgefüllte oder nicht ausgefüllte Linien.

↪ Auf der Tastatur eingeben

```
Befehl: Band
Bandbreite <1.00>:
Von Punkt:
Nach Punkt:
Nach Punkt:
..
Nach Punkt: ⏎
```

Die aktuelle Bandbreite wird angezeigt und kann geändert oder mit ⏎ bestätigt werden. Danach werden die Punkte für das Band eingegeben. Die Endpunkte eines Bandes liegen auf der Mittellinie und werden immer rechtwinklig abgeschnitten. Wenn der Füllmodus eingeschaltet ist, werden Bänder gefüllt. Ist der Füllmodus deaktiviert, wird lediglich der Umriß des Bandes angezeigt.

Der Befehl BAND ist aus alten AutoCAD-Versionen aus Gründen der Kompatibilität übernommen. Verwenden Sie statt dessen den Befehl PLINIE.

'BASIS

Setzt den Einfügebasispunkt für die aktuelle Zeichnung (siehe Kapitel 11.3).

BEM/BEM1

Schaltet in den Bemaßungsmodus um (BEM) bzw. führt den Bemaßungsmodus einmal aus (BEM1).

Bis zur Version 12 von AutoCAD waren alle Bemaßungsfunktionen Optionen dieser Befehle. Ab Version 13 stehen dafür jeweils eigene Befehle zur Verfügung (siehe unten). Aus Kompatibilitätsgründen wurden die Befehle beibehalten. Folgende Optionen stehen darin zur Verfügung:

↪ AUSRICHTEN: Direkte Abmessung zwischen zwei Punkten.

↪ BASISLINIE: Für Bezugsmaße auf eine gemeinsame Basislinie.

↪ DREHEN: Abmessungen in beliebigen Winkeln.

- DURCHMESSER: Für Bemaßung von Durchmessern.
- EXIT: Beendet den Bemaßungsmodus.
- FÜHRUNG: Zum Zeichnen von Führungslinien für Maßtexte oder beliebige Texte.
- HOLEN: Wiederherstellen eines gesicherten Bemaßungsstils. Der geholte Stil wird zum aktuellen Bemaßungsstil. Mit ? werden alle bereits gesicherten Stile aufgelistet. Wird ⏎ statt eines Namens angegeben, kann ein Maß mit der Pickbox gewählt werden. Der Bemaßungsstil, mit dem dieses Maß erzeugt wurde, wird als aktueller Stil gesetzt.
- HOMETEXT: Wurde bei einer Geometrieänderung der Text verschoben, kann er damit an die ursprüngliche Stelle gebracht werden.
- HORORIZONTAL: Abmessungen in horizontaler Richtung.
- MITTELPUNKT: Markiert Mittelpunkte von Kreisen und Bögen, ohne eine Bemaßung zu zeichnen.
- NEUTEXT: Bemaßungstext kann für eine wählbare Bemaßung geändert werden. <> steht für den gemessenen Wert. ⏎ bei der Anfrage nach dem neuen Bemaßungstext bewirkt, daß das Maß neu vermessen und eingetragen wird.
- NEUZEICH: Zeichnet das aktuelle Ansichtsfenster neu.
- ORDINATE: Zur Bemaßung der X- oder Y-Koordinate von Punkten in der Zeichnung.
- RADIUS: Für Bemaßung von Radien.
- SCHRÄG: Schrägstellen eines oder mehrerer Maße.
- SICHERN: Sichern der aktuellen Bemaßungsvariablen in einem Bemaßungsstil.
- STATUS: Listet alle Bemaßungsvariablen und deren Wert.
- STIL: Zum Ändern des Textstils für den Bemaßungstext. Bemaßungstexte werden normalerweise im aktuellen Textstil gezeichnet. Ein anderer Stil ist mit diesem Befehl wählbar.
- TEDIT: Änderung des Textstandortes.
- TDREHEN: Schrägstellen des Textes.
- ÜBERSCHR: Überschreibung einer oder mehrerer Bemaßungsvariablen für ein oder mehrere Maße, ohne die aktuelle Einstellung zu ändern.
- UPDATE: Bemaßung wird geänderten Bemaßungsvariablen, Textstilen oder Einheiten angepaßt.

Kapitel 28: Befehlsübersicht

- **Variablen:** Zeigt die Bemaßungsvariablen eines angegebenen oder gewählten Bemaßungsstils an.
- **Vertikal:** Abmessung in vertikaler Richtung.
- **Weiter:** Für Kettenmaße.
- **Winkel:** Für Winkelmaße.
- **Zurück:** Löscht das zuletzt gezeichnete Maß.

BEMAUSG
Erstellt eine ausgerichtete Linearbemaßung (siehe Befehl 5.7).

BEMBASISL
Führt eine Linear-, Winkel- oder Ordinatenbemaßung von der Basislinie der zuletzt erstellten oder gewählten Bemaßung weiter (siehe Kapitel 5.8).

BEMDURCHM
Erstellt Durchmesserbemaßungen für Kreise und Bögen (siehe Kapitel 5.9).

BEMEDIT
Bearbeitet Bemaßungen (siehe Kapitel 10.5).

BEMLINEAR
Erstellt lineare Bemaßungen (siehe Kapitel 5.7).

BEMMITTELP
Erstellt den Mittelpunkt oder die Mittellinien von Kreisen und Bögen (siehe Kapitel 5.14).

BEMORDINATE
Erstellt Ordinatenpunktbemaßungen (siehe Kapitel 5.12).

BEMRADIUS
Erstellt Radialbemaßungen für Kreise und Bögen (siehe Kapitel 5.9).

BEMSTIL
Erstellt und ändert Bemaßungsstile von der Befehlszeile aus.

- Auf der Tastatur eingeben

```
Befehl: Bemstil
Bemaßungsstil: STANDARD
Bemaßungsstil bearbeiten (SIchern/Holen/STatus/Variablen/Anwenden/
?) <Holen>:
```

SICHERN: Sichert die aktuellen Einstellungen der Bemaßungsvariablen in einem Bemaßungsstil.

HOLEN: Einlesen eines gespeicherten Bemaßungsstils.

STATUS: Zeigt die aktuellen Werte für alle Bemaßungssystemvariablen an.

VARIABLEN: Listet die Werte der Bemaßungssystemvariablen eines Bemaßungsstils auf, ohne daß die aktuellen Werte geändert werden.

ANWENDEN: Aktualisiert die von Ihnen ausgewählten Bemaßungsobjekte auf die aktuellen Werte der Bemaßungssystemvariablen einschließlich des Bemaßungsstils und eventueller Überschreibungen.

?: Listet die in der aktuellen Zeichnung verwendeten, benannten Bemaßungsstile auf.

BEMTEDIT

Bearbeitet Bemaßungen (siehe Kapitel 10.5).

BEMÜBERSCHR

Überschreibt Bemaßungssystemvariablen (siehe Kapitel 10.5).

BEMWEITER

Führt eine Kette von Linear-, Winkel- oder Ordinatenbemaßungen von der zweiten Hilfslinie der zuletzt erstellten oder einer gewählten Bemaßung weiter (siehe Kapitel 5.8).

BEMWINKEL

Erstellt eine Winkelbemaßung (siehe Kapitel 5.10).

BEREINIG

Entfernt nicht verwendete, benannte Objekte, wie beispielsweise Blöcke oder Layer, aus der Datenbank (siehe Kapitel 11.5).

BFLÖSCH

Ermöglicht es, daß ein anwendungsdefinierter Befehl Vorrang vor einem internen Befehl von AutoCAD hat. Der Original-AutoCAD-Befehl wird außer Funktion gesetzt.

⏎ Auf der Tastatur eingeben

Befehl: Bflösch
Befehlsname:

Wenn Sie einen AutoCAD-Befehlsnamen eingeben, wird dieser Befehl unterdrückt. Der Name des unterdrückten Befehls kann für die Ausführung einer anderen Funktion umdefiniert werden. Sie können einen systemeigenen Befehl von AutoCAD jederzeit aufrufen, indem Sie vor dem Befehlsnamen einen Punkt eingeben, z. B.: .LINIE.

BFRÜCK

Stellt systemeigene Befehle von AutoCAD wieder her, die mit dem Befehl BFLÖSCH unterdrückt wurden.

↵ Auf der Tastatur eingeben

Befehl: Bfrück
Befehlsname:

Geben Sie den Namen des AutoCAD-Befehls ein, der durch den Befehl BFLÖSCH deaktiviert wurde.

BILD

Fügt Bilder mit vielen Formaten in eine AutoCAD-Zeichnungsdatei ein (siehe Kapitel 13.1).

BILDANPASSEN

Steuert die Werte für Helligkeit, Kontrast und Fade der ausgewählten Bilder (siehe Kapitel 13.2).

BILDQUALITÄT

Steuert die Anzeigequalität von Bildern (siehe Kapitel 13.2).

BILDRAHMEN

Steuert, ob der Rahmen des Bildes auf dem Bildschirm angezeigt oder ausgeblendet ist (siehe Kapitel 13.2).

BILDSICH

Speichert ein gerendertes Bild in einer Datei (siehe Kapitel 21.2).

BILDZUORDNEN

Ordnet der aktuellen Zeichnung ein neues Bildobjekt und eine neue Definition zu (siehe Kapitel 13.1).

BILDZUSCHNEIDEN

Erstellt neue Zuschneide-Umgrenzungen für einzelne Bildobjekte (siehe Kapitel 13.3).

BKS

Verwaltet Benutzerkoordinatensysteme (siehe Kapitel 4.17 und 18.8).

BKSYMBOL

Steuert die Sichtbarkeit und die Plazierung des BKS-Symbols (siehe Kapitel 4.17).

BLOCK

Erzeugt eine Blockdefinition aus ausgewählten Objekten.

↵ Auf der Tastatur eingeben

```
Befehl: Block
Blockname (oder ?):
Einfügebasispunkt:
Objekte wählen:
```

Geben Sie den Blocknamen ein, oder lassen Sie sich mit ? alle in der Zeichnung definierten Blöcke auflisten. Danach legen Sie den Einfügebasispunkt des Blocks fest und die Objekte, die zum Block gehören sollen.

BMAKE

Definiert einen Block mit Hilfe eines Dialogfeldes (siehe Kapitel 11.2).

BMPSICH

Speichert ausgewählte Objekte in einer Datei mit geräteunabhängigem Bitmap-Format.

↵ Auf der Tastatur eingeben

Geben Sie Laufwerk, Pfad und Dateiname im Dateiwähler ein. Der Dateityp *.BMP ist vorgegeben.

BOGEN

Erzeugt einen Bogen (siehe Kapitel 4.16).

BROWSER

Startet den in Ihrem Systemregister vorgegebenen Web-Browser (siehe Kapitel 16.5).

Bruch

Löscht Teile von Objekten oder spaltet ein Objekt in zwei Teile auf (siehe Kapitel 7.10).

Clipeinfüg

Fügt Daten aus der Zwischenablage ein (siehe Kapitel 16.3).

Copyclip

Kopiert Objekte in die Windows-Zwischenablage (siehe Kapitel 16.3).

Dansicht

Definiert Parallelprojektionen oder perspektivische Ansichten (siehe Kapitel 18.9).

Dbem

Erstellt und bearbeitet Bemaßungsstile (siehe Kapitel 10.2).

Dbliste

Listet die Datenbankinformationen für jedes Objekt in der Zeichnung auf.

↵ Auf der Tastatur eingeben

Im Textfenster werden Informationen über alle Objekte der aktuellen Zeichnung angezeigt. Die Ausgabe wird angehalten, wenn das Textfenster mit Informationen gefüllt ist. Drücken Sie ↵, um die Ausgabe fortzusetzen.

Ddattdef

Erstellt eine Attributdefinition (siehe Kapitel 11.8).

Ddatte

Bearbeitet die Variablenattribute eines Blocks (siehe Kapitel 11.11).

Ddattext

Extrahiert Attributsdaten (siehe Kapitel 11.13).

Ddbks

Verwaltet definierte Benutzerkoordinatensysteme (siehe Kapitel 4.17).

Ddchprop

Ändert Farbe, Layer, Linientyp und Höhe eines Objekts (siehe Kapitel 14.1).

DDCOLOR

Legt die Farbe für neue Objekte fest (siehe Kapitel 3.8).

DDEDIT

Bearbeitet Text- und Attributdefinitionen (siehe Kapitel 5.16).

'DDGRIPS

Aktiviert Griffe und legt ihre Farbe fest (siehe Kapitel 14.4).

DDINSERT

Fügt einen Block oder eine andere Zeichnung ein (siehe Kapitel 11.4).

DDLMODI

Steuert Layer (siehe Kapitel 3.6 und Befehl LAYER).

DDLTYPE

Steuert Linientypen (siehe Kapitel 3.7 und Befehl LINIENTP).

DDMODIFY

Steuert die Eigenschaften bereits vorhandener Objekte (siehe Kapitel 14.2).

'DDPTYPE

Bestimmt den Anzeigemodus und die Größe von Punktobjekten (siehe Kapitel 7.9).

DDRENAME

Benennt Objekte um.

↳ Abrollmenü FORMAT, Funktion UMBENENNEN

In einem Dialogfeld finden Sie zwei Listen (siehe Abbildung 28.2).

In der linken Liste können Sie den Objekttyp markieren und finden dann in der rechten Liste die benannten Objekte dieses Typs. Markieren Sie ein benanntes Objekt, wird der Name in das Feld BISHER übernommen. Tragen Sie im Feld darunter einen neuen Namen ein, und klicken Sie auf das Feld UMBENENNEN IN.

Abbildung 28.2:
Dialogfeld zum Umbenennen von benannten Objekten

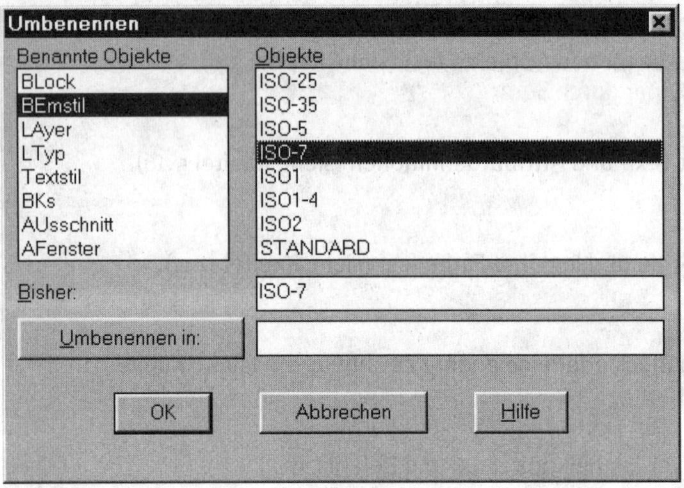

'DDRMODI

Legt Zeichnungshilfen fest (siehe Kapitel 3.5).

'DDSELECT

Bestimmt die Auswahlmodi für Objekte (siehe Kapitel 4.10).

Dducsp

Wählt ein vordefiniertes Benutzerkoordinatensystem aus (siehe Kapitel 18.8).

'DDUNITS

Steuert die Anzeigeformate von Koordinaten und Winkeln und legt die Genauigkeit fest (siehe Kapitel 3.2).

DDVIEW

Erstellt Ausschnitte und stellt sie wieder her (siehe Kapitel 4.30 und 18.5).

DDVPOINT

Legt die dreidimensionale Ansichtsrichtung fest (siehe Kapitel 18.5).

DEHNEN

Dehnt ein Objekt bis zum Berührungspunkt mit einem anderen Objekt (siehe Kapitel 4.6).

Differenz

Erstellt eine zusammengesetzte Region bzw. einen zusammengesetzten Volumenkörper durch Subtraktion (siehe Kapitel 9.3 und 20.2).

Drehen

Verschiebt Objekte um einen Basispunkt (siehe Kapitel 4.21).

Drsicht

Zeigt die Draufsicht eines Benutzerkoordinatensystems an (siehe Kapitel 18.5).

Dtext

Zeilenweise Eingabe von Text (siehe Kapitel 5.15).

Dwfout

Exportiert eine Drawing-Web-Format-Datei.

↵ Auf der Tastatur eingeben

Geben Sie Laufwerk, Pfad und Dateiname im Dateiwähler ein. Der Dateityp *.*DWF* ist vorgegeben.

Dxbin

Importiert speziell kodierte Binärdateien (siehe Kapitel 17.7).

Dxfin

Importiert eine DFX-Datei.

↵ Auf der Tastatur eingeben

```
Befehl: Dxfin
```

Geben Sie Laufwerk, Pfad und Dateiname im Dateiwähler ein. Der Dateityp *.*DXF* ist vorgegeben.

Dxfout

Erstellt eine Datei der aktuellen Zeichnung im DXF-Format.

↵ Auf der Tastatur eingeben

```
Befehl: Dxfout
```

Geben Sie Laufwerk, Pfad und Dateiname im Dateiwähler ein. Der Dateityp *.*DXF* ist vorgegeben. Einstellung der Optionen wie beim Befehl Erstellen (siehe Kapitel 17.2).

EDGE

Ändert die Sichtbarkeit von Kanten eines dreidimensionalen Objekts (siehe Kapitel 19.1).

EIGÄNDR

Ändert Farbe, Layer, Linientyp, Linientyp-Skalierfaktor und Höhe eines Objekts.

↵ Auf der Tastatur eingeben

```
Befehl: Eigändr
Objekte wählen:
Welche Eigenschaft ändern (Farbe/LAyer/LTYp/LTFaktor/Objekthöhe) ?
```

Geben Sie die Option für die Eigenschaft ein, die Sie ändern wollen.

EIGANPASS

Kopiert die Eigenschaften eines Objekts auf ein oder mehrere Objekte (siehe Kapitel 14.3).

Einfüge

Fügt einen benannten Block oder eine benannte Zeichnung in die aktuelle Zeichnung ein.

↵ Auf der Tastatur eingeben

```
Befehl: Einfüge
Blockname (oder ?):
Einfügepunkt:
X-Faktor <1>/Ecke/XYZ:
Y-Faktor (Vorgabe=X):
Drehwinkel<0>:
```

Die Eingabe von ? beim Blocknamen listet alle Blöcke, die in dieser Zeichnung definiert sind.

Statt eines Blocknamens kann auch der Dateiname einer Zeichnung angegeben werden (eventuell mit Laufwerks- und Pfadangabe, aber ohne Dateierweiterung). Sie wird als Block eingefügt. Soll der Block einen anderen Namen als den Zeichnungsnamen erhalten, ist dieser in der Form *Blockname=Dateiname* mitanzugeben:

```
Blockname: STUHL=D:\MOEBEL\ST1
```

Mit dem Zeichen ~ bei der Anfrage nach dem Blocknamen wird das Dialogfenster zur Dateiauswahl aktiviert. Der gewünschte Block kann daraus gewählt werden.

Die Eingabe von * vor dem Blocknamen bewirkt, daß der Block nach dem Einfügen in seine Bestandteile zerlegt wird. Dann kann aber nur ein Maßstabsfaktor angegeben werden.

Danach werden Einfügepunkt des Blocks, Faktoren und Drehwinkel abgefragt.

'EINHEIT

Legt das Anzeigeformat und die Genauigkeit für Koordinaten und Winkel fest.

↳ Auf der Tastatur eingeben

```
Befehl: Einheit

Einheitensysteme(Beispiele)

1. Wissenschaftlich1.55E+01
2. Dezimal15.50
3. Engineering1'-3.50"
4. Architectural1'-3 1/2ööäöö
5. Bruch15 1/2

Mit Ausnahme von Engineering und Architectural können diese
Formate mit allen Grundmaßeinheiten verwendet werden. Zum Beispiel
eignet sich der Dezimalmodus gut für metrische und englische
Dezimaleinheiten.

Auswahl eingeben, 1 bis 5 <2>:
Anzahl Dezimalstellen (0 bis 8) <4>:

Winkelmaßeinheiten(Beispiele)

1. Dezimal Grad45.0000
2. Grad/Minuten/Sekunden45d0'0"
3. Neugrad50.0000g
4. Bogenmass0.7854r
5. FeldmassN 45d0'0" E

Auswahl eingeben, 1 bis 5 <1>:
Anzahl Dezimalstellen für anzuzeigenden Winkel (0 bis 8) <0>:

Winkelrichtung 0:

Osten      3 Uhr = 0
Norden    12 Uhr = 90
Westen     9 Uhr = 180
Süden      6 Uhr = 270
```

Kapitel 28: Befehlsübersicht

```
Winkelrichtung eingeben <0.00>:
Sollen Winkel im Uhrzeigersinn gemessen werden <N>:
```

EINLESEN

Importiert verschiedene Dateiformate in AutoCAD.

↳ Auf der Tastatur eingeben

```
Befehl: Einlesen
```

Stellen Sie den Dateityp für das einzulesende Format ein, und geben Sie Laufwerk, Pfad und Dateiname im Dateiwähler ein. Der Dateityp ist vorgegeben, je nach eingestelltem Format. Einstellung der Optionen wie bei den einzelnen Importbefehlen (siehe Kapitel 17).

ELLIPSE

Erzeugt eine Ellipse oder einen elliptischen Bogen (siehe Kapitel 7.4.1).

'Erhebung

Legt die Erhebung und Objekthöhe für neue Objekte fest (siehe Kapitel 18.4).

ERSTELLEN

Speichert Objekte in einem anderen Dateiformat (siehe Kapitel 17.).

Extrusion

Erstellt durch Extrusion bereits vorhandener zweidimensionaler Objekte einen eindeutigen primitiven Festkörper (siehe Kapitel 20.1).

'FANG

Beschränkt die Cursorbewegung auf die angegebenen Fangintervalle.

↳ Auf der Tastatur eingeben

↳ Doppelklick auf das Feld FANG in der Statuszeile (nur ein- und ausschalten)

↳ Funktionstaste [F9] drücken (nur ein- und ausschalten)

```
Befehl: Fang
Fangwert oder Ein/AUs/ASpekt/Drehen/Stil <aktueller Fangwert>:
```

Werteingabe: Bei Eingabe eines numerischen Wertes wird das Fangraster aktiviert und der Punkteabstand auf diesen Wert gesetzt.

EIN/AUS: Schaltet den Fangmodus ein bzw. aus.

ASPEKT: Festlegung unterschiedlicher Fangwerte in X- und Y-Richtung.

DREHEN: Drehen des Fangrasters um einen festzulegenden Punkt und um einen wählbaren Winkel. Beide Werte werden erfragt.

STIL: Wahl zwischen dem isometrischen und dem Standardfang. Beim isometrischen wird der vertikale Fangwert abgefragt.

'FARBE

Legt die Farbe für neue Objekte fest.

↪ Auf der Tastatur eingeben

```
Befehl: Farbe
Neue Objektfarbe <aktuelle Einstellung>:
```

Wird die aktuelle Farbe geändert, werden alle folgenden Objekte mit der neuen Farbe gezeichnet. Vorher gezeichnete Objekte bleiben erhalten. Farbwerte von 1 bis 255 sind möglich, 1 bis 7 sind Standardfarben und können auch mit dem Farbnamen eingegeben werden:

1. Rot
2. Gelb
3. Grün
4. Cyan (Dunkelblau)
5. Blau
6. Magenta (Karminrot)
7. Weiß

Sinnvollerweise sollte jedoch immer mit der Farbe *VONLAYER* gezeichnet werden. Die Objekte übernehmen dann die Farbe von dem Layer, auf dem sie gezeichnet werden. Wird die Farbe *VONBLOCK* vergeben, werden die Objekte weiß gezeichnet, bis sie zu einem Block zusammengefaßt werden. Wenn der Block eingefügt wird, erhält er die Farbe, die bei der Einfügung aktuell ist.

FASE

Schrägt die Kanten von Objekten ab (siehe Kapitel 4.7).

'FILTER

Objekte anhand von Eigenschaften auswählen. In einem Dialogfeld lassen sich die Objekte in einer Liste aufnehmen, nach denen die Zeichnung durchsucht werden soll.

↪ Auf der Tastatur eingeben

Kapitel 28: Befehlsübersicht

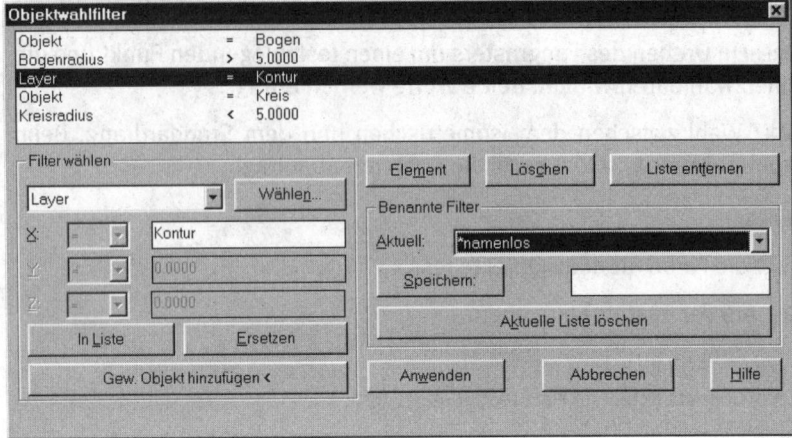

Abbildung 28.3:
Dialogfeld zur Filterung von Objekten

Im Feld FILTER WÄHLEN können Sie im Abrollmenü ein Objekt, eine Farbe, einen Linientyp oder einen Layer wählen. Bei einem Objekt lassen sich zusätzlich Bedingungen vorgeben, z.B.: Kreisradius > 10, Linienstartpunkt bei 0,0 usw. Bei Layern, Linientypen oder Farben können Sie einen Wert mit dem Schalter WÄHLEN... aussuchen. Haben Sie die Vorgaben eingestellt, wird die Einstellung mit IN LISTE in die Liste aufgenommen. Die Schaltfläche ERSETZEN ersetzt den markierten Eintrag in der Liste. Mit der Schaltfläche GEW. OBJEKT HINZUFÜGEN < können Sie ein Objekt in der Zeichnung wählen, das dann in die Filterliste aufgenommen werden kann.

Mit der Schaltfläche ELEMENT kann der markierte Eintrag in der Liste bearbeitet werden. LÖSCHEN löscht den markierten Eintrag aus der Liste, und LISTE ENTFERNEN löscht die komplette Liste.

Benötigen Sie die Filterliste mehrmals, können Sie sie im Feld BENANNTE FILTER speichern und später wieder laden.

Die Schaltfläche ANWENDEN beendet das Dialogfeld. Sie können eine Objektwahl mit den üblichen Methoden ausführen. Es werden nur die Objekte in den Auswahlsatz aufgenommen, die den Filterbestimmungen entsprechen. Führen Sie danach einen Editierbefehl aus, wählen Sie die Option VORHER, um den vorher gefilterten Auswahlsatz zu verwenden.

Da die Filterfunktion transparent arbeitet, können Sie sie auch innerhalb eines Editierbefehls aufrufen:

```
Befehl: Schieben
Objekte wählen: 'Filter
```

FLÄCHE

Berechnet die Fläche und den Umfang von Objekten oder von definierten Flächen (siehe Kapitel 5.4).

FÜHRUNG

Erzeugt eine Linie, die Maßtext mit einer Funktion verbindet (siehe Kapitel 5.11).

FÜLLEN

Steuert das Füllen von Multilinien, Bändern, Festkörpern, Schraffuren mit kompakter Füllung und breiten Polylinien (siehe Kapitel 8.3 und 18.4).

'GRAPHBLD

Wechselt vom Textbildschirm zum Grafikbildschirm (siehe Kapitel 23.7).

Gruppe

Erstellt einen benannten Auswahlsatz von Objekten (siehe Kapitel 11.14).

Sie können den Befehl aber auch im Befehlszeilenfenster ausführen, wenn Sie ihn wie folgt starten:

```
Befehl: -Gruppe
?/Reihenfolge/Hinzufügen/ENtfernen/URsprung/UMbenennen/
Wählbar/<ERzeugen>:
```

Alle Funktionen, die sonst im Dialogfeld des Befehls gewählt werden können, können Sie hier auch als Option wählen.

GSCHRAFF

Füllt eine umgrenzte Fläche mit einem Schraffurmuster (siehe Kapitel 5.1 und 9.1).

Sie können den Befehl aber auch im Befehlszeilenfenster ausführen, wenn Sie ihn wie folgt starten:

```
Befehl: -Gschraff
Eigenschaften/Auswählen/Inseln entfernen/
Optionen/<internen Punkt>:
```

Alle Funktionen, die sonst im Dialogfeld des Befehls gewählt werden können, können Sie hier auch als Option wählen.

'HILFE

Zeigt die Online-Hilfe an (siehe Kapitel 2.12).

Hintergrund
Legt den Hintergrund Ihres Bildschirms fest (siehe Kapitel 21.3).

Hoppla
Stellt gelöschte Objekte wieder her (siehe Kapitel 4.10 und 11.3).

'Id
Zeigt die Koordinaten einer Position an (siehe Kapitel 5.4).

'Info
Zeigt Informationen über AutoCAD an (siehe Kapitel 21.3).

Inhalteinfüg
Fügt Daten aus der Zwischenablage ein und steuert das Datenformat (siehe Kapitel 16.3).

'Isoebene
Bestimmt die aktuelle isometrische Ebene.

↳ Auf der Tastatur eingeben

↳ Funktionstaste [F5] drücken (Umschalten der Isoebene)

```
Befehl: ISOEBENE
Links/Oben/Rechts/<Schalter>:
```

Links, Rechts oder Oben: Schaltet auf die angegebene Ebene.

[↵]: Schaltet auf die nächste isometrische Ebene.

'Kal
Wertet arithmetische und geometrische Ausdrücke aus (siehe Kapitel 7.13).

Kantob
Erzeugt ein dreidimensionales Polygonnetz (siehe Kapitel 19.3).

Kappen
Schneidet eine Reihe von Volumenkörpern mit einer Ebene (siehe Kapitel 20.1).

Kegel
Erstellt einen dreidimensionalen Festkörperkegel (siehe Kapitel 20.1).

KEIL

Erstellt einen 3D-Volumenkörper mit einer schrägen Fläche, die sich entlang der X-Achse verjüngt (siehe Kapitel 20.1).

KLINIE

Erstellt eine unendliche Linie (siehe Kapitel 4.12).

KMPILIER

Kompiliert AutoCAD-Symboldateien und Schriftdateien *.SHP. AutoCAD-Symboldateien müssen in *.SHX-Dateien kompiliert werden, bevor sie als Schriften oder Symbole in einer Zeichnung verwendet werden können. Wenn sie kompiliert sind, werden diese Dateien mit dem Befehl LADEN in eine Zeichnung eingefügt.

↵ Auf der Tastatur eingeben

Geben Sie den Dateinamen im Dateiwähler ein. Die Datei wird in eine Datei mit demselben Namen, aber mit der Erweiterung *.SHX kompiliert.

KONVERT

In Version 14 werden 2D-Polylinien und Assoziativschraffuren in einem optimierten Format erstellt, wodurch Speicher und Platz auf der Festplatte gespart werden. Mit dem Befehl KONVERT werden Schraffuren und Polylinien aus früheren AutoCAD-Versionen aktualisiert.

↵ Auf der Tastatur eingeben

```
Befehlszeile: Konvert
Schraffur / Polylinie / <ALles>:
AUswählen / <ALles>:
```

Beim Öffnen einer mit einer früheren Version von AutoCAD erstellten Zeichnung werden die Objekte nicht automatisch konvertiert.

KOPIEBISHER

Kopiert den Text des Befehlszeilenfensters in die Zwischenablage.

↵ Auf der Tastatur eingeben

KOPIEREN

Dupliziert Objekte (siehe Kapitel 4.20).

KOPIEVERKNÜPFEN

Kopiert die aktuelle Ansicht in die Zwischenablage, um sie mit anderen OLE-Anwendungen zu verknüpfen (siehe Kapitel 16.2).

'KPMODUS

Steuert die Anzeige von Markierungspunkten.

↵ Auf der Tastatur eingeben

```
Befehl: Kpmodus
EIN/AUS <aktuell>:
```

EIN/AUS: Ein- oder Ausschalten der Konstruktionspunkte.

KREIS

Erzeugt einen Kreis (siehe Kapitel 4.15).

KSICH

Speichert die aktuelle Zeichnung (siehe Kapitel 3.9).

KUGEL

Erstellt eine dreidimensionale Volumenkörperkugel (siehe Kapitel 20.1).

LADEN

Macht Symbole für die Verwendung mit dem Befehl SYMBOL verfügbar (siehe Kapitel 7.8).

LÄNGE

Verlängert ein Objekt (siehe Kapitel 4.29).

'LAYER

Verwaltet Layer (siehe Kapitel 3.6).

Sie können den Befehl aber auch im Befehlszeilenfenster ausführen, wenn Sie ihn wie folgt starten:

```
Befehl: -Layer
?/Mach/SEtzen/Neu/EIn/Aus/FArbe/Ltyp/FRieren/Tauen/
SPerren/ENtsperren:
```

Alle Funktionen, die sonst im Dialogfeld des Befehls gewählt werden können, können Sie hier auch als Option wählen.

LICHT

Verwaltet Licht und Lichteffekte (siehe Kapitel 21.8).

LIMITEN

Setzt und steuert die Zeichnungsumgrenzungen und die Rasteranzeige (siehe Kapitel 3.4)

'LINIENTP

Erzeugt, lädt und setzt Linientypen (siehe Kapitel 3.6 und 3.7).

Sie können den Befehl aber auch im Befehlszeilenfenster ausführen, wenn Sie ihn wie folgt starten:

```
Befehl: -Linientp
?/Erzeugen/Laden/Setzen:
```

Alle Funktionen, die sonst im Dialogfeld des Befehls gewählt werden können, können Sie hier auch als Option wählen.

LINIE

Erzeugt gerade Liniensegmente (siehe Kapitel 4.2).

LISTE

Zeigt Datenbankinformationen für gewählte Objekte an (siehe Kapitel 5.4).

LOGFILEOFF

Schließt die Protokolldatei, die mit dem Befehl LOGFILEON geöffnet wurde.

↵ Auf der Tastatur eingeben

LOGFILEON

Schreibt den Inhalt des Befehlszeilenfensters in eine Datei.

↵ Auf der Tastatur eingeben

LÖSCHEN

Entfernt Objekte aus einer Zeichnung (siehe Kapitel 4.10).

LSBEARB

Ermöglicht das Bearbeiten von Landschaftsobjekten (siehe Kapitel 21.10).

LSBIBL

Ermöglicht die Verwaltung von Landschaftsobjekten (siehe Kapitel 21.10).

LSNEU

Ermöglicht das Hinzufügen realistischer Landschaftselemente, wie beispielsweise Bäume und Büsche, in Ihre Zeichnungen (siehe Kapitel 21.10).

'LTFAKTOR

Mit dem Befehl kann die relative Länge von strichpunktierten Linientypen geändert werden.

↪ Auf der Tastatur eingeben

```
Befehl: Ltfaktor
Neuer Faktor <aktueller Skalierfaktor>:
```

Geben Sie einen Wert ein, oder drücken Sie die ⏎-Taste. Die Änderung des Skalierfaktors für Linientypen bewirkt, daß die Zeichnung regeneriert wird.

MACHDIA

Erstellt aus dem aktuellen Ansichtsfenster eine Diadatei (siehe Kapitel 23.6).

MANSFEN

Erstellt verschiebbare Ansichtsfenster und aktiviert bereits vorhandene verschiebbare Ansichtsfenster (siehe Kapitel 18.11).

MAPPING

Ermöglicht das Zuordnen von Materialien zur Geometrie (siehe Kapitel 21.7).

MASSEIG

Berechnet die Masseeigenschaften von Regionen und Volumenkörpern und zeigt sie an (siehe Kapitel 9.2 und 20.3).

MAT

Verwaltet Rendermaterialien (siehe Kapitel 21.6).

MATBIBL

Liest Materialien in eine Materialbibliothek ein oder erstellt Materialien aus dieser (siehe Kapitel 21.5).

MBEREICH

Wechselt vom Papierbereich zu einem Ansichtsfenster des Modellbereichs (siehe Kapitel 15.1 und 18.11).

MEINFÜG

Fügt mehrere Blöcke in eine rechteckige Anordnung ein.

↪ Auf der Tastatur eingeben

```
Befehl: Meinfüg
Blockname (oder ?):
Einfügepunkt: X Faktor <1> / Ecke/ XYZ:
Y Faktor (Vorgabe=X):
Drehwinkel <0>:
Anzahl Zeilen (---) <1>:
Anzahl Spalten (|||) <1>:
```

Fügen Sie einen Block wie beim Befehl EINFÜGE ein, und geben Sie dann eine rechteckige Matrix wie beim Befehl REIHE ein.

MENÜ

Lädt eine Menüdatei (siehe Kapitel 24.1).

MENÜENTF

Entfernt ergänzende Menüdefinitionsdateien (siehe Kapitel 24.13).

MENÜLAD

Lädt ergänzende Menüdefinitionsdateien (siehe Kapitel 24.13).

MESSEN

Plaziert Punktobjekte oder Blöcke in bestimmten Intervallen auf einem Objekt (siehe Kapitel 7.9).

MLEDIT

Bearbeitet mehrere parallele Linien (siehe Kapitel 7.7).

MLINIE

Erstellt mehrere parallele Linien (siehe Kapitel 7.7).

MLSTIL

Definiert einen Stil für mehrere parallele Linien (siehe Kapitel 7.7).

MTEXT

Erstellt einen Absatztext (siehe Kapitel 5.15).

MVSETUP

Ermöglicht das Einrichten einer Zeichnung (siehe Kapitel 18.11).

NEBEL

Stellt sichtbare Anhaltspunkte für den sichtbaren Abstand von Objekten zur Verfügung (siehe Kapitel 21.4).

Neu

Erstellt eine neue Zeichnungsdatei (siehe Kapitel 3.1, 4.1 und 15.7).

Neuinit

Initialisiert die Ein-/Ausgabe-Anschlüsse, das Digitalisiergerät, die Anzeige und die Programmparameterdatei neu.

Die Datei ACAD.PGP ist eine Textdatei, in der externe Befehle und Befehlsaliase sind. Die Datei wird gelesen, wenn Sie eine neue oder bestehende Zeichnung öffnen. Der Befehl NEUINIT liest ACAD.PGP während einer Bearbeitungssitzung erneut. Außerdem kann der Digitalisierer (Schnittstelle und Gerät) initialisiert werden. Die Funktionen werden in einem Dialogfeld eingestellt (siehe Abbildung 28.5)

Abbildung 28.4:
Initialisierung
Digitalisierer
und ACAD.PGP

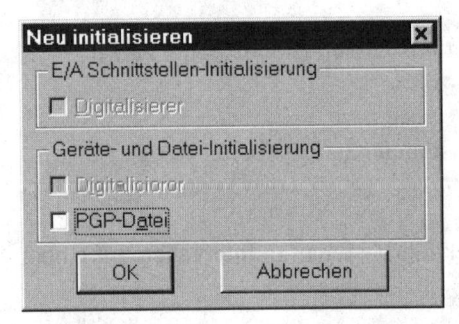

'Neuzall

Aktualisiert die Anzeige aller Ansichtsfenster (siehe Kapitel 4.8).

'Neuzeich

Aktualisiert die Anzeige des aktuellen Ansichtsfensters (siehe Kapitel 4.8).

Nochmal

Wiederholt den darauffolgenden Befehl bis zum Abbruch. AutoCAD wiederholt den eingegebenen Befehl, bis Sie [Esc] drücken. Da der Befehl nur den nachfolgenden Befehlsnamen wiederholt, müssen bei jedem Befehlsaufruf eventuell zugehörige Parameter angegeben werden. Der Befehl eignet sich nicht für das normale Zeichnen. Er ist für den Einbau in Menüs gedacht.

Objeinf

Fügt ein verknüpftes oder eingebettetes Objekt ein (siehe Kapitel 16.3).

OFANG

Legt die Modi für den fortlaufenden Objektfang fest und ändert die Größe der Pickbox (siehe Kapitel 4.11).

Sie können den Befehl aber auch im Befehlszeilenfenster ausführen, wenn Sie ihn wie folgt starten:

```
Befehl: -Ofang
Objektfang-Modi:
```

Geben Sie den Namen oder das Kürzel für den Objekteinfang ein, den Sie dauerhaft setzen wollen. Mit der Option KEINER wird der Objektfang ausgeschaltet.

ÖFFNEN

Öffnet eine vorhandene Zeichnungsdatei (siehe Kapitel 2.3).

'ÖFFNUNG

Steuert die Größe des Objektfang-Fensters.

↳ Auf der Tastatur eingeben

```
Befehl: Öffnung
Größe des Objektfangfensters (1-50 Pixel)<10>:
```

Die Größe des Fangfensters läßt sich in Pixel einstellen.

OLEVERKN

Aktualisiert, ändert und löscht bestehende OLE-Verknüpfungen.

'ORTHO

Ein- und Ausschalten des orthogonalen Zeichenmodus.

↳ Funktionstaste [F8] drücken

↳ Doppelklick im Feld ORTHO in der Statuszeile

```
Befehl: Ortho
Ein/Aus <aktueller Zustand>:
```

'PAN

Verschiebt die Zeichnungsanzeige im aktuellen Ansichtsfenster (siehe Kapitel 2.10).

'PAUSE

Bestimmt eine zeitlich festgelegte Pause in einem Skript (siehe Kapitel 23.7).

Kapitel 28: Befehlsübersicht

PBEREICH

Wechselt vom Ansichtsfenster des Modellbereichs in den Papierbereich (siehe Kapitel 15.1 und 18.11).

PEDIT

Bearbeitet Polylinien und dreidimensionale Polygonnetze (siehe Kapitel 7.2).

PLINIE

Erstellt zweidimensionale Polylinien (siehe Kapitel 7.1).

PLOT

Plottet eine Zeichnung auf einen Plotter oder Drucker oder gibt die Plottdaten in eine Datei aus (siehe Kapitel 6).

Ist die Systemvariable CMDDIA auf den Wert 0 gesetzt, wird der Befehl PLOT im Befehlszeilenfenster abgearbeitet.

```
Befehl: Plot
Plotten -- Sicht, Grenzen, Limiten, Ausschnitt oder Fenster <G>:
Gerätename:  HP DeskJet 690C Series Printer
Ausgabeschnittstelle:      LPT1:
Treiberversion:       3.10

Benutzen Sie die Systemsteuerung, um die Konfiguration eines
Druckers permanent zu ändern.

Das Plotgerät ist Systemdrucker ADI 4.3 - von Autodesk, Inc
Bezeichnung: Systemdrucker ADI 4.3 - von Autodesk, Inc
Plotoptimierungsebene = 0
Plot kann NICHT in die gewünschte Datei geschrieben werden
Alle Größen sind in Millimeter und der Stil im Querformat angegeben
Der Plotursprung liegt auf (0.00,0.00)
Der Plotbereich mißt 201.68 auf 279.40 (MAX Größe)
Der Plot wird NICHT gedreht
Flächenfüllung wird NICHT an Stiftbreite angepaßt
Die verdeckten Linien werden NICHT unterdrückt
Die Plotgröße wird der Größe des verfügbaren Bereichs angepaßt

0. Keine Änderungen, mit Plot fortfahren
1. Konfiguration teilweise aus .pcp-Datei zusammenführen
2. Konfiguration aus .pc2-Datei ersetzen
3. Konfiguration  teilweise als .pcp-Datei speichern
4. Konfiguration als .pc2-Datei speichern
5. Detaillierte Plotkonfiguration
```

```
Auswahl eingeben, 0-5 <0>:
Tatsächlicher Plotbereich:   201.68 breit und   142.61 hoch
```

Plot beendet.

PNETZ

Erstellt kontrollpunktweise ein dreidimensionales Vielflächennetz (siehe Kapitel 19.1).

POLYGON

Erstellt eine gleichseitige, geschlossene Polylinie (siehe Kapitel 7.4).

PRÜFUNG

Überprüft die Korrektheit einer Zeichnung. Damit läßt sich die aktuelle Zeichnung auf Fehler prüfen und korrigieren. Jeder erkannte Fehler wird angezeigt, und es wird eine Maßnahme zur Fehlerbehebung empfohlen.

↪ Abrollmenü DATEI, Untermenü DIENSTPROGRAMME, Funktion PRÜFUNG

```
Befehl: Prüfung
Gefundene Fehler beheben? <N>:
```

Geben Sie Ja ein, wenn eventuelle Fehler behoben werden sollen.

Für den leichten Zugriff werden alle Objekte, bei denen Fehler berichtet werden, in den Auswahlsatz VORHER übernommen. Sie können dann mit der Objektwahl angesprochen werden.

Wenn die Systemvariable AUDITCTL auf 1 gesetzt ist, legt der Befehl eine Protokolldatei an, die die Beschreibung der Probleme und der ausgeführten Schritte enthält. Diese Berichtdatei wird in demselben Verzeichnis wie die aktuelle Datei abgelegt und hat die Dateierweiterung *.ADT.

Wenn eine Zeichnung Fehler enthält, die mit dem Befehl nicht gefunden werden können, verwenden Sie den Befehl WHERST, um die Zeichnung beim Laden wiederherzustellen und die Fehler zu beheben.

PSFÜLL

Füllt einen zweidimensionalen Polylinienumriß mit einem PostScript-Muster. PostScript-Füllmuster werden nicht auf dem Bildschirm anzeigt, sie werden aber mit dem Befehl PSOUT in die erzeugte PostScript-Datei übernommen.

↪ Auf der Tastatur eingeben

```
Psfüll
Wählen Sie eine Polylinie:
PostScript Füllmuster (. = keines) <aktuelle Einstellung> / ?:
```

Wählen Sie für die Grenze des Füllmusters eine Polylinie, und geben Sie den Namen des gewünschten Musters oder ? ein für die Liste der verfügbaren Muster. Stellen Sie dem Musternamen ein Sternchen (*) voran, wenn der Polylinienumriß nicht angezeigt werden soll.

PSIN

Liest eine PostScript-Datei ein (siehe Kapitel 17.6).

PSOUT

Erstellt eine Encapsulated-PostScript-Datei (siehe Kapitel 17.6).

PSZIEH

Steuert die Darstellung eines PostScript-Bildes, während es mit PSIN an eine neue Position gezogen wird.

☞ Auf der Tastatur eingeben

```
Befehl: Pszieh
PSIN Zugmodus <0>:
```

Wenn der Zugmodus auf 0 gesetzt ist, werden während des Ziehens nur der Begrenzungsrahmen des Bildes und der Dateiname angezeigt. Ist der Zugmodus dagegen auf 1 gesetzt, wird das PostScript-Bild angezeigt, während Sie es in die gewünschte Position ziehen.

PUNKT

Erstellt ein Punktobjekt (siehe Kapitel 7.9).

QUADER

Erzeugt einen dreidimensionalen, gefüllten Quader (siehe Kapitel 20.1).

QUERSCHNITT

Verwendet den Querschnitt einer Ebene sowie Volumenkörper zum Erstellen einer Region (siehe Kapitel 20.1).

'QTEXT

Enthält eine Zeichnung viel Text, erfordert das Regenerieren Zeit. Die Anzeige von Texten und Attributen kann deshalb am Bildschirm mit dem Befehl QTEXT abgeschaltet werden. Ein Rechteck wird dann als Platzhalter für Text angezeigt.

Die Umschaltung des Modus wird erst bei der nächsten Regenerierung wirksam.

↪ Auf der Tastatur eingeben

```
Befehl: Qtext
EIN/AUS <aktuell>:
```

EIN/AUS: Schaltet die Quicktext-Anzeige ein bzw. aus.

QUIT

Beendet AutoCAD (siehe Kapitel 2.14).

'Raster

Mit dem Befehl wird der Punkteabstand des optischen Rasters eingestellt und das Raster ein- und ausgeschaltet.

↪ Doppelklick auf das Feld RASTER in der Statuszeile

↪ Funktionstaste [F8] drücken (nur ein- und ausschalten)

```
Befehl: Raster
Rasterwert(X) oder Ein/AUs/Fang/ASpekt <Wert>:
```

Werteingabe: Der Punkteabstand wird auf diesen Wert gesetzt. Ein angehängtes X bedeutet, daß der Rasterabstand gleich dem Fangwert mal dem eingegebenen Wert ist.

EIN/AUS: Schaltet das Raster mit dem gesetzten Punkteabstand ein bzw. aus.

ASPEKT: Eingabe unterschiedlicher Punkteabstände für die beiden Achsrichtungen.

RECHTECK

Zeichnet eine rechteckige Polylinie (siehe Kapitel 4.18).

'Rechtschreibung

Prüft die Rechtschreibung der Texte in einer Zeichnung (siehe Kapitel 5.17).

REGELOB

Erstellt eine Regeloberfläche zwischen zwei Kurven (siehe Kapitel 19.2).

REGEN

Regeneriert die Zeichnung und zeichnet das aktuelle Ansichtsfenster neu (siehe Kapitel 4.8).

Kapitel 28: Befehlsübersicht

REGENALL

Regeneriert die Zeichnung und zeichnet alle Ansichtsfenster neu (siehe Kapitel 4.8).

'REGENAUTO

Steuert die automatische Regenerierung einer Zeichnung. Zeichnungen werden in AutoCAD automatisch regeneriert, wenn REGENAUTO aktiviert ist. Bei umfangreichen Zeichnungen kann es sinnvoll sein, diesen Modus auszuschalten.

↵ Auf der Tastatur eingeben

```
Befehl: Regenauto
Ein / Aus <aktuelle Einstellung>:
```

Wenn eine Regenerierung notwendig ist und der Modus aus ist, wird immer dann, wenn eine Regenerierung erforderlich ist angefragt:

```
Regenerierung -- fortfahren <J>
```

REGION

Erstellt aus einem Auswahlsatz vorhandener Objekte ein Region-Objekt (siehe Kapitel 9.1).

REIHE

Erzeugt mehrere Kopien von Objekten in einem Muster (siehe Kapitel 4.19).

REINST

Legt die Render-Voreinstellungen fest (siehe Kapitel 21.1).

RENDER

Erstellt aus einem dreidimensionalen Draht- oder Volumenmodell ein photorealistisches oder ein realistisch schattiertes Bild (siehe Kapitel 21).

'RESUME

Setzt die Ausführung eines unterbrochenen Skripts fort (siehe Kapitel 23.7).

RING

Zeichnet gefüllte Kreise und Ringe (siehe Kapitel 7.4).

ROTATION

Erstellt einen Volumenkörper durch Rotation eines zweidimensionalen Objekts um eine Achse (siehe Kapitel 20.1).

ROTOB

Erstellt eine Rotationsfläche um eine gewählte Achse (siehe Kapitel 19.2).

RSCRIPT

Erstellt ein Skript, das fortlaufend wiederholt wird (siehe Kapitel 23.7).

SCHIEBEN

Verschiebt Objekte um einen bestimmten Abstand in eine bestimmte Richtung (siehe Kapitel 4.22).

SCHNITTMENGE

Erstellt zusammengesetzte Volumenkörper oder Regionen aus der Schnittmenge zweier oder mehrerer Volumenkörper oder Regionen (siehe Kapitel 20.2).

SCHRAFF

Schraffurbefehl ohne automatische Konturerkennung. Der Befehl war bis Version 11 von AutoCAD der Standard-Befehl für Schraffuren. Inzwischen wurde er durch GSCHRAFF ersetzt. Aus Kompatibilitätsgründen und zur Verwendung in Makros und Script-Dateien wurde er beibehalten. Der Befehl wurde in Version 14 nochmal erweitert und enthält eine Option zum Zeichnen einer Umgrenzung.

⌨ Auf der Tastatur eingeben

```
Befehl: Schraff
Muster eingeben oder [?/Solid/Benutzerdefiniert] <ANGLE>:
Maßstab für Muster <1.0000>:
Winkel für Muster <0>:
Wählen Sie die Schraffurumgrenzungen oder drücken Sie die
Eingabetaste, um eine Direktschraffuroption zu erhalten.
Objekte wählen:
```

Geben Sie den Schraffurnamen ein, oder wählen Sie benutzerdefiniert oder die Option SOLID für eine gefüllte Fläche. Wählen Sie dann einen Maßstab und einen Winkel für das Muster.

Danach haben Sie die Möglichkeit, die Schraffurgrenze zu wählen oder mit ⏎ in den Polylinienmodus umzuschalten. Sie können dann eine Polylinie um die Schraffur zeichnen, die anschließend auf Wunsch auch wieder automatisch gelöscht wird.

Kapitel 28: Befehlsübersicht

```
Polylinie behalten? <N>
Von Punkt:
Kreisbogen/Schliessen/Länge/Zurück/<Nächster Punkt>:
..
Kreisbogen/Schliessen/Länge/Zurück/<Nächster Punkt>: ⏎
Von Punkt oder Eingabetaste drücken, um die Schraffur anzuwenden:
```

Mit ⏎ bei der letzten Anfrage wird die Schraffur ausgeführt. Sie können aber auch eine weitere Polylinie erstellen. Die eingeschlossenen Flächen unter den Polylinien werden schraffiert. Beachten Sie aber, daß die Polylinien die zu schraffierenden Flächen umschließen müssen und daß es keine Überschneidungen geben sollte.

SCHRAFFEDIT

Verändert ein vorhandenes Schraffurobjekt (siehe Kapitel 5.1).

'SCRIPT

Führt eine Reihe von Befehlen aus einem Skript aus (siehe Kapitel 23.7).

'SETVAR

Mit dem Befehl SETVAR werden Systemvariablen verändert.

↪ Abrollmenü WERKZEUGE, Untermenü ABFRAGE, Funktion VARIABLE DEFINIEREN

```
Befehl: Setvar
Variablenname oder ?:
```

?: Zeigt alle Systemvariablen mit ihren aktuellen Werten an.

Variablenname eingeben: Ändert den Wert einer Systemvariablen

```
Neuer Wert für "Variable" <aktuell>:
```

Anstelle von »Variable« steht der gewählte Variablenname und in <> der aktuelle Wert, der überschrieben werden kann.

Der Variablenname kann auch direkt auf der Tastatur eingegeben werden. Beide Vorgehensweisen bewirken dasselbe. Auch die direkte Eingabe kann transparent ausgeführt werden, wenn ' vorangestellt wird.

SHADE

Zeigt ein flachschattiertes Bild der Zeichnung im aktuellen Ansichtsfenster an (siehe Kapitel 18.6).

SHELL

Greift auf Betriebssystembefehle zu.

↳ Auf der Tastatur eingeben

```
Befehl: Shell
OS Befehl:
```

Geben Sie einen Betriebssystembefehl ein, oder drücken Sie die Taste ⏎. Mit dem Befehl können Sie von AutoCAD aus Befehle des Betriebssystems ausführen. Wenn die Eingabe eines Betriebssystembefehls angefragt wird, können Sie Befehle für Ihr Betriebssystem eingeben. Nach der Ausführung des Befehls wird in AutoCAD zurückgekehrt.

Wenn Sie bei der Anfrage:

```
OS Befehl:
```

⏎ eingeben, wird ein DOS-Fenster aufgemacht. Sie können nun Betriebssystembefehle eingeben und mit EXIT das DOS-Fenster schließen und zu AutoCAD zurückkehren.

Warnung: Löschen Sie im DOS-Fenster keine temporären Dateien (Dateierweiterung *.AC$ oder *.$A). Bei der Rückkehr in AutoCAD kann es sonst sein, daß Sie Ihre Zeichnung nicht mehr bearbeiten können und AutoCAD abstürzt.

SICHALS

Speichert eine unbenannte Zeichnung unter einem Dateinamen oder benennt die aktuelle Zeichnung um (siehe Kapitel 3.9).

SICHERN

Speichert die Zeichnung unter dem aktuellen oder einem angegebenen Dateinamen (siehe Kapitel 3.9).

SKIZZE

Erstellt eine Reihe von Freihand-Liniensegmenten (siehe Kapitel 7.5).

SOLANS

Erstellt verschiebbare Ansichtsfenster unter Verwendung orthogonaler Projektion, um Zeichnungen dreidimensionaler Volumenkörperobjekte in Mehrfach- und Abschnitt-Ansichten darzustellen (siehe Kapitel 20.4).

SOLID

Erstellt Polygone mit Flächenfüllung (siehe Kapitel 8.2).

SOLPROFIL

Erstellt Profilbilder von dreidimensionalen Volumenkörpern (siehe Kapitel 20.4).

SOLZEICH

Erstellt Profile und Abschnitte in Ansichtsfenstern, die mit dem Befehl SOLANS erstellt wurden (siehe Kapitel 20.4).

SPIEGELN

Erstellt eine spiegelbildliche Kopie von Objekten (siehe Kapitel 4.23).

SPLINE

Erstellt einen quadratischen oder kubischen Spline (siehe Kapitel 7.3).

SPLINEEDIT

Bearbeitet ein Spline-Objekt (siehe Kapitel 7.3).

STAT

Zeigt die Renderstatistik an (siehe Kapitel 21.11).

'STATUS

Zeigt Zeichnungsstatistiken, -modi und -grenzen an (siehe Kapitel 5.4).

'STIL

Erstellt mit Namen versehene Stile für Text, den Sie in Ihre Zeichnungen einfügen (siehe Kapitel 5.19).

Sie können den Befehl aber auch im Befehlszeilenfenster ausführen, wenn Sie ihn wie folgt starten:

```
Befehl: -Stil
Name des Textstils (oder ?):    <STANDARD>:

Aktueller Textstil.
Geben Sie den vollständigen Namen der Schrift oder der
Schriftdatei an <txt>:
Höhe <0.0000>:
Breitenfaktor <1.0000>:
Neigungswinkel <0>:
Rückwärts? <N>
Auf dem Kopf? <N>
Vertikal? <N>

STANDARD ist jetzt der aktuelle Textstil
```

Alle Parameter, die sonst im Dialogfeld des Befehls eingegeben werden, können hier im Befehlszeilenfenster eingegeben werden.

STLOUT

Speichert einen Volumenkörper in einer ASCII- oder einer binären Datei.

⤷ Auf der Tastatur eingeben

```
Befehl: Stlout
Wählen Sie einen einzelnen Volumenkörper für STL:
Objekte wählen:
...
Objekte wählen: ⏎
Eine binäre STL-Datei erstellen? <J>:
```

Geben Sie Laufwerk, Pfad und Dateiname im Dateiwähler ein. Der Dateityp *.STL ist vorgegeben.

STRAHL

Erstellt eine einseitig unendliche Linie (siehe Kapitel 4.12).

STRECKEN

Verschiebt oder streckt Objekte (siehe Kapitel 4.25).

STUTZEN

Stutzt Objekte an einer Schnittkante, die durch andere Objekte definiert wird (siehe Kapitel 4.6).

SYMBOL

Fügt ein Symbol ein (siehe Kapitel 7.8).

SYSFENSTER

Ordnet Fenster an. Der Befehl entspricht den Standardoptionen des Menüs FENSTER in Windows-Anwendungen. Der Befehl wird für externe Anwendungen verwendet, die auf das AutoCAD-Fenster zugreifen.

⤷ Auf der Tastatur eingeben

```
Befehl: Sysfenster
Überlappend / Horizontal / Vertikal / Symbolanordnung:
```

SZENE

Verwaltet Szenen im Modellbereich (siehe Kapitel 21.9).

Kapitel 28: Befehlsübersicht

TABLETT

Kalibriert und konfiguriert ein verbundenes Digitalisiertablett und schaltet es ein und aus (siehe Kapitel 7.12 und 27.5).

TABOB

Erstellt anhand einer Grundlinie und eines Richtungsvektors eine tabellarische Oberfläche (siehe Kapitel 19.2).

TEILEN

Positioniert Punktobjekte oder Blöcke in gleichmäßigem Abstand über die Länge/den Umfang eines ausgewählten Objekts (siehe Kapitel 7.9).

TEXT

Der Befehl TEXT dient der Positionierung und Eingabe von Text in die Zeichnung. Mit dem Befehl läßt sich nur eine Textzeile ohne Cursor eingeben. Die Abfragen entsprechen denen beim Befehl DTEXT. Der Befehl ist für das Zeichnen nicht geeignet, ist aber in Skript-Dateien und Menümakros sinnvoll.

⇥ Auf der Tastatur eingeben

```
Befehl: Text
Position/Stil/<Startpunkt>:
Höhe <3.5000>:
Drehwinkel <0>:
Text:
```

'TEXTBLD

Öffnet das AutoCAD-Textfenster (siehe Kapitel 23.7).

TOLERANZ

Erstellt geometrische Toleranzen (siehe Kapitel 5.14).

TORUS

Erstellt einen ringförmigen Volumenkörper (siehe Kapitel 20.1).

TRANSPARENZ

Steuert, ob die Hintergrundpixel in einem Bild transparent oder deckend sind (siehe Kapitel 13.2).

'TREESTAT

Zeigt Informationen über den aktuellen Raumindex der Zeichnung an. AutoCAD indiziert Objekte einer Region, indem es ihre Positionen im Raum aufzeichnet. Das Ergebnis wird als Raumindex bezeichnet. Der

Raumindex weist eine Baumstruktur und Verzweigungsknoten auf, denen Objekte zugewiesen werden. Der Index besitzt zwei Hauptäste. Der Ast des Papierbereichs wird als »Quad-Tree« bezeichnet und behandelt Objekte zweidimensional. Der Ast des Modellbereichs heißt »Oct-Tree« und behandelt Objekte zwei- oder dreidimensional. Bei der Bearbeitung von zweidimensionalen Zeichnungen kann der Ast des Modellbereichs auch in einen »Quad-Tree« geändert werden.

↳ Auf der Tastatur eingeben

```
Befehlszeile: Treestat

Modellbereich-Zweig
-------------------
Oct-tree, Grenztiefe = 30
Objekte mit undefinierten Grenzen: 19
Verästelung mit Objekten, deren Grenzen definiert sind:
   Knoten: 99   Objekte: 43   Maximale Tiefe: 27
   Durchschnittl. Anzahl Objekte pro Knoten: 0.43
   Durchschnittl. Tiefe des Knoten: 19.56
   Durchschnittl. Objekttiefe: 15.95
   Objekte in Tiefe 7: 12   14: 3   25: 2   27: 6
   Belegte Knoten 0: 74   1: 19   4: 1   12: 1
Anzahl Knoten: 102   Anzahl Objekte 62

Papierbereich-Zweig
-------------------
Quad-tree, Grenztiefe = 20
Objekte mit undefinierten Grenzen: 2
Verästelung mit Objekten, deren Grenzen definiert sind:
   Knoten: 8   Objekte: 4   Maximale Tiefe: 11
   Durchschnittl. Anzahl Objekte pro Knoten: 0.50
   Durchschnittl. Tiefe des Knoten: 7.75
   Durchschnittl. Objekttiefe: 7.00
   Objekte in Tiefe 5: 1   6: 2   11: 1
   Belegte Knoten 0: 4   1: 4
Anzahl Knoten: 11   Anzahl Objekte 6
```

Der Befehl listet alle Zweige und Informationen darüber auf. Die wichtigsten Informationen finden Sie in den ersten beiden Zeilen des Berichts: die Anzahl der Knoten, die Anzahl der Objekte, die maximale Verzweigungstiefe und die durchschnittliche Anzahl von Objekten pro Knoten.

ÜBERLAG

Erkennt die Überlagerung zweier oder mehrerer dreidimensionaler Festkörper und erzeugt aus ihrem gemeinsamen Volumen einen zusammengesetzten 3D-Festkörper (siehe Kapitel 20.2).

ÜFENSTER

Öffnet das Übersichtsfenster (siehe Kapitel 2.9).

UMBENENN

Mit dem Befehl UMBENENN können Blöcke, Layer, Linientypen, Textstile, Ausschnitte, Benutzerkoordinatensysteme und Ansichtsfenster neu benannt werden.

↵ Auf der Tastatur eingeben

```
Befehl: Umbenenn
BLock/BEmstil/LAyer/LTyp/Textstil/BKs/
AUsschnitt/AFenster:
```

Mit der entsprechenden Option kann der gewünschte Elementtyp bestimmt werden. Bei jeder Umbenennung werden der alte und der neue Objektname abgefragt.

UMGRENZUNG

Erzeugt aus einer umgrenzten Fläche eine Region oder Polylinie (siehe Kapitel 8.5).

URSPRUNG

Löst ein zusammengesetztes Objekt in seine Teilobjekte auf. Ein zusammengesetztes Objekt enthält mehrere Objekte: Blöcke, 3D-Netze, 3D-Festkörper, Blöcke, Körper, Bemaßungen, Multilinien, Vielflächennetze, Polygonnetze, Polylinien. Diese lassen sich mit dem Befehl wieder in einzelne Objetkte zerlegen.

↵ Werkzeugkasten ÄNDERN

↵ Abrollmenü ÄNDERN, Funktion URSPRUNG

```
Befehl: Ursprung
Objekte wählen:
```

VARIA

Vergrößert oder verkleinert ausgewählte Objekte gleichmäßig in X-, Y- und Z-Richtung (siehe Kapitel 4.24).

VERDECKT

Regeneriert ein dreidimensionales Modell mit unterdrückten verdeckten Linien (siehe Kapitel 18.7).

Vereinig

Erstellt eine zusammengesetzte Region bzw. einen zusammengesetzten Volumenkörper durch Addition (siehe Kapitel 20.2).

Versetz

Erstellt konzentrische Kreise, parallele Linien und parallele Kurven (siehe Kapitel 4.5).

Voransicht

Zeigt an, wie die Zeichnung nach dem Drucken oder Plotten aussehen wird (siehe Kapitel 4.5).

Voreinstellungen

Paßt die AutoCAD-Einstellungen an (siehe Kapitel 27.4).

Wahl

Nimmt ausgewählte Objekte in den vorhergehenden Auswahlsatz auf (siehe Kapitel 4.10).

Wblock

Der Befehl Wblock speichert Blöcke oder Teile der Zeichnung in einer Datei.

↵ Auf der Tastatur eingeben

```
Befehl: Wblock
Dateiname:
Blockname:
```

Der Dateiname wird normalerweise im Dateiwähler bestimmt. Ist die Systemvariable Filedia = 0, wird der Name ebenfalls im Dialogbereich abgefragt. Beim Blocknamen sind vier Varianten möglich:

Name	Ein Block mit diesem Namen wird aus der Zeichnung in einer Datei gespeichert.
=	Wie oben, aber Blockname und Dateiname sind identisch.
*	Die gesamte Zeichnung wird wie ein Block in einer Datei gespeichert. Bei dieser Gelegenheit werden alle unbenutzen Elemente (Blöcke, Layer, Linientypen, Textstile und Bemaßungsstile) wie beim Befehl Bereinig aus der Zeichnung entfernt.
↵	Objekte, die in der Datei gespeichert werden sollen, lassen sich wie beim Befehl Block bestimmen.

```
Einfüge-Basispunkt:
Objekte wählen:
...
Objekte wählen: ⏎
```

WERKZEUGKASTEN

Ermöglicht das Anzeigen, Verdecken und Anpassen von Werkzeugkästen (siehe Kapitel 22.1).

WHERST

Stellt eine beschädigte Zeichnung wieder her, die mit dem Befehl ÖFFNEN nicht geladen werden kann.

↳ Abrollmenü DATEI, Untermenü DIENSTPROGRAMME, Funktion WIEDERHERSTELLEN

Wählen Sie im Dateiwähler Laufwerk, Pfad und Dateiname der Zeichnung, die wiederhergestellt werden soll. Die Wiederherstellung wird versucht und das Ergebnis im Textfenster angezeigt.

Wenn beim Befehl ÖFFNEN aufgrund der Header-Informationen der Zeichnung feststellt wird, daß die Datei beschädigt ist, führt der Befehl ÖFFNEN automatisch eine Wiederherstellung aus.

WIEDERGABE

Zeigt ein BMP-, TGA- oder TIFF-Bild an (siehe Kapitel 21.2).

WMFIN

Liest eine Windows-Metadatei ein (siehe Kapitel 17.3).

WMFOPT

Legt Optionen für WMFIN fest

↳ Auf der Tastatur eingeben

In einem Dialogfeld lassen sich die Einleseoptionen einstellen (siehe Abbildung 18.6).

WMFOUT

Speichert Objekte in einer Windows-Metadatei.

↳ Auf der Tastatur eingeben

Geben Sie Laufwerk, Pfad und Dateiname im Dateiwähler ein. Der Dateityp *.WMF ist vorgegeben.

XBINDEN

Bindet abhängige Symbole einer XRef an eine Zeichnung (siehe Kapitel 12.4).

XREF

Steuert externe Referenzen auf Zeichnungsdateien (siehe Kapitel 12.1).

XZUORDNEN

Weist der aktuellen Zeichnung eine externe Referenz zu.

⇒ Werkzeugkasten REFERENZ

In einem Dialogfenster kann die Zeichnungsdatei ausgesucht werden. Der Befehl arbeitet wie eine Funktion des Befehls XREF (siehe Kapitel 12.2).

XZUSCHNEIDEN

Definiert eine XRef- oder Blockzuschneide-Umgrenzung und legt die vorderen oder hinteren Schnittflächen fest (siehe Kapitel 11.6).

Z

Macht den letzten Vorgang rückgängig (siehe Kapitel 4.3).

ZEICHENREIHENF

Ändert die Anzeigereihenfolge von Bildern und weiteren Objekten (siehe Kapitel 8.4).

ZEIGDIA

Zeigt im aktuellen Ansichtsfenster eine Rasterbild-Diadatei an (siehe Kapitel 23.6).

ZEIGMAT

Listet den Materialtyp und die Zuweisungsmethode für das ausgewählte Objekt auf (siehe Kapitel 21.5).

'ZEIT

Zeigt eine Statistik der Zeichnung mit Datum und Zeit an (siehe Kapitel 5.4).

ZLÖSCH

Macht die Auswirkungen des vorangegangenen Befehls ZURÜCK oder Z rückgängig (siehe Kapitel 4.3).

'ZOOM

Vergrößert oder verkleinert die sichtbare Größe von Objekten im aktuellen Ansichtsfenster (siehe Kapitel 2.10).

'ZUGMODUS

Steuert die Art und Weise, wie gezogene Objekte angezeigt werden. Sie können neue Objekte dynamisch zeichnen und an ihre Position auf dem Bildschirm ziehen. Vorhandene Objekte lassen sich mit den meisten Editierbefehlen ziehen. Bei bestimmten Aktionen mit sehr großen Zeichnungen kann das Ziehen sehr zeitaufwendig sein. Mit dem Befehl ZUGMODUS können Sie die Funktion ein- und ausschalten.

```
Befehl: Zugmodus
Ein / AUS / AUTo <aktuelle Option>:
```

Wählen Sie eine Option für den Zugmodus.

ZURÜCK

Der Befehl ZURÜCK macht eine bestimmte Zahl von Befehlen rückgängig. Zusätzlich kann eine Stelle im Arbeitsablauf markiert werden, an die auf Wunsch zurückgekehrt werden kann.

↵ Auf der Tastatur eingeben

```
Befehl: Zurück
Auto/Steuern/Beginn/Ende/Gruppe/Markierung/Rück/<Zahl>:
```

AUTO: Verschiedene Menüfunktionen rufen Befehlsmakros auf, also eine ganze Serie von AutoCAD-Befehlen. Wird die Option AUTO eingeschaltet, können alle Menüoperationen mit einem Z-Befehl gelöscht werden.

STEUERN: Mit dieser Option und weiteren Unteroptionen kann die Wirkung der Befehle Z und ZURÜCK eingeschränkt (auf die Rücknahme eines Befehls beschränkt) oder ein- und ausgeschaltet werden.

BEGINN: Markiert den Beginn einer Befehlsgruppe.

ENDE: Markiert das Ende einer Befehlsgruppe.

GRUPPE: Markiert den Beginn einer Befehlsgruppe.

MARKIERUNG: Markiert eine Stelle im Befehlsablauf.

RÜCK: Rücknahme aller Befehle bis zu einer vorher im Arbeitsablauf markierten Stelle.

ZYLINDER

Erzeugt einen dreidimensionalen massiven Zylinder (siehe Kapitel 20.1).

28.4 Befehlsaliase

Die meisten AutoCAD-Befehle lassen sich mit einem Kürzel starten, wenn sie auf der Tastatur eingegeben werden, sogenannte Befehlsaliase. Diese Kürzel sind in der Datei *ACAD.PGP* definiert (siehe Kapitel 23.5). Im foldgenden finden Sie die Befehlskürzel und die zugehörigen Befehlsnamen aufgelistet. Verschiedene Befehle sind aus Gründen der Kompatibilität zu früheren AutoCAD-Versionen in der Datei *ACAD.PGP* umdefiniert. Auch diese sind als Befehlsaliase definiert. Außerdem sind in der Datei Befehle enthalten, für die mehrere Befehlsaliase definiert sind.

#

3DARRAY	3A
3DFLÄCHE	3F
3DPOLY	3P

A

ABRUNDEN	AR
ABSTAND	AB
ÄNDERN	- AN
APPLOAD	AO
APUNKT	AP
ASEADMIN	ASA
ASEEXPORT	ASE
ASELINKS	ASL
ASEROWS	ASR
ASESELECT	ASS
ASESQLED	ASQ
ATTDEF	AD
ATTEDIT	AE
AUSRICHTEN	AUS
AUSSCHNT	AS

B

BEMAUSG	BEMA, BMA
BEMBASISL	BEMB
BEMBASISL	BMB
BEMDURCH	BMD, BEMD
BEMEDIT	BMED,
BEMEDIT	BEMED
BEMLINEAR	BEMLIN, BMLIN
BEMMITTELP	BMM
BEMORDINATE	BMORD, BEMORD

BEMRADIUS	BMRAD, BEMRAD
BEMSTIL	BMS
BEMTEDIT	BMTED
BEMÜBERSCH	BMÜ
BEMWEITER	BMWT, BEMWT
BEMWINKEL	BEMWIN, BMWIN
BEREINIG	BE
BILD	BI
-BILD	.BI
BILDANPASSEN	BIA
BILDZUORDNEN	BIZ
BILDZUSCHNEIDEN	BIU
BLOCK	BL
BMAKE	BMK
BOGEN	B
BRUCH	BR

D

DANSICHT	DA
DBEM	DM
DDATTDEF	DAT
DDATTE	DD
DDBKS	BK
DDCHPROP	CR
DDCOLOR	FAR
DDEDIT	ED
DDGRIPS	GR
DDINSERT	I
DDMODIFY	MO
DDRENAME	DU
DDRMODES	DDR
DDSELECT	SL
DDUCSP	UP
DDUNITS	UT
DDVIEW	AU
DDVPOINT	AV
DEHNEN	DE
DIFFERENZ	DI
DREHEN	DH
DTEXT	DT

E

EIGANPASS	EG
EINFÜGE	EIN
EINHEIT	ET
EINLESEN	EN
ELLIPSE	EL
ERSTELLEN	ER
EXTRUSION	EX

F

FANG	F
FASE	FA
FILTER	FI
FLÄCHE	FL
FÜHRUNG	FRN, FRG

G

GSCHRAFF	GS
-GSCHRAFF	-GS
GRUPPE	GP
-GRUPPE	-GP

I

INHALTEINFÜG	IE

K

KAPPEN	KA
KEIL	KE
KLINIE	KL
KOPIEREN	KO
KOPIEREN	KOP
KREIS	K

L

LÄNGE	LÄN
LAYER	LA
-LAYER	-LA
LINIE	L
LINIENTP	LT
-LINIENTP	-LT
LISTE	LS
LÖSCHEN	LÖ
LTFAKTOR	LK

M

MANSFEN	MA
MBEREICH	MB
MESSEN	ME
MLINIE	ML
MTEXT	T
-MTEXT	-T

N

NEUZALL	NA
NEUZEICH	N

O

OBJEINFÜG	OEI
OBJEKTHÖHE	OH
OFANG	OF
-OFANG	-OF

P

PAN	P
-PAN	-P
PBEREICH	PB
PEDIT	PE
PLINIE	PL
PLOT	PP
POLYGON	PG
PUNKT	PU

Q

QUERSCHNITT	QU
QUIT	EXIT

R

RECHTSCHREIB	RS
RECHTECK	RK
REGEN	RG
REGENALL	RGA
REGION	RIO
REIHE	RH
REINST	REI
RENDER	REN
RING	RI
ROTATION	ROT

S

SCHIEBEN	S
SCHNITTMENGE	SM
SCHRAFF	SC
SCHRAFFEDIT	SE
SCRIPT	SR
SETVAR	SET
SHADE	SHA
SOLID	SO
SPIEGELN	SP
SPLINE	SPL
SPLINEDIT	SIE
STIL	STI
STRECKEN	STR
STUTZEN	SU

T

TABLETT	TA
TEILEN	TL
TILEMODE	TM
TOLERANZ	TOZ
TORUS	TOR

U

ÜBERLAG	ÜB
ÜFENSTER	ÜF
UMBENENN	UN
UMGRENZUNG	UM
-UMGRENZUNG	UM
URSPRUNG	UR

V

VARIA	V
VERDECKT	VD
VEREINIG	VEE
VERSETZ	VS
VORANSICHT	VA
VOREINSTELL	VE

W

WBLOCK	W
WERKZEUGK	WE

X

XBINDEN	XB
-XBINDEN	-XB
XREF	XR
-XREF	-XR
XZUORDNEN	XZ
XZUSCHNEIDEN	XZU

Z

ZEICHREIHENF	ZR
ZOOM	ZO

Systemvariablen

Kapitel 29

29.1 AutoCAD-Systemvariablen von A bis Z

Die meisten Zeichenmodi, Konfigurationsdaten und Zeichnungsparameter werden in Systemvariablen gespeichert. Die Wirkung vieler AutoCAD-14-Befehle beruht darauf, daß diese Befehle den Wert der entsprechenden Systemvariablen ändern.

- Die Variablenwerte können mit dem Befehl SETVAR angezeigt werden. Die meisten Variablen, bis auf wenige schreibgeschützte, lassen sich damit auch ändern.

- Systemvariablen können auch durch direkte Eingabe ihres Namens auf die Befehlsanfrage angezeigt und geändert werden. Beide Möglichkeiten arbeiten transparent.

- Systemvariablen werden zum Teil in der jeweiligen Zeichnungsdatei, andere dagegen dauerhaft in der Konfigurationsdatei gespeichert, und wieder andere werden überhaupt nicht gespeichert, sie sind nur während einer Zeichnungssitzung verfügbar.

- Die Variablen können ganze Zahlen, logische Werte (0 oder 1 für AUS und EIN), Kommazahlen (reell), Koordinatenwerte oder Texte enthalten.

Vorgang: Informationen über Systemvariablen anzeigen

Mit der AutoCAD-Hilfe lassen sich Erläuterungen zu allen Systemvariablen anzeigen. Wählen Sie den Befehl HILFE:

- Abrollmenü ?, Funktion AUTOCAD-HILFETHEMEN..,
- Funktionstaste [F1] drücken oder
- ? eingeben

Im Hilfe-Fenster wählen Sie die Registerkarte INHALT an (siehe Abbildung 29.1). Blättern Sie das Kapitel BEFEHLSREFERENZ und das Unterkapitel SYSTEMVARIABLEN auf.

Kapitel 29: Systemvariablen

Abbildung 29.1:
Hilfe-Fenster in AutoCAD

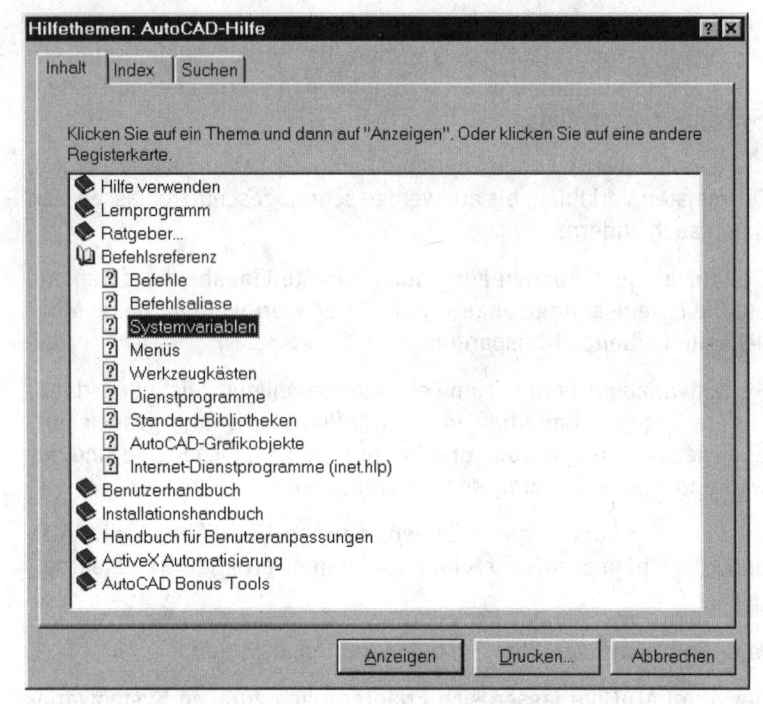

Ein Doppelklick auf den Eintrag SYSTEMVARIABLEN bringt die Systemvariablen ins Hilfe-Fenster. Ein weiterer Klick auf den Buchstaben, mit dem die gesuchte Variable beginnt, zeigt die Systemvariablen dieses Anfangsbuchstabens an (Abbildung 29.2).

Abbildung 29.2:
Hilfe-Fenster mit den Systemvariablen

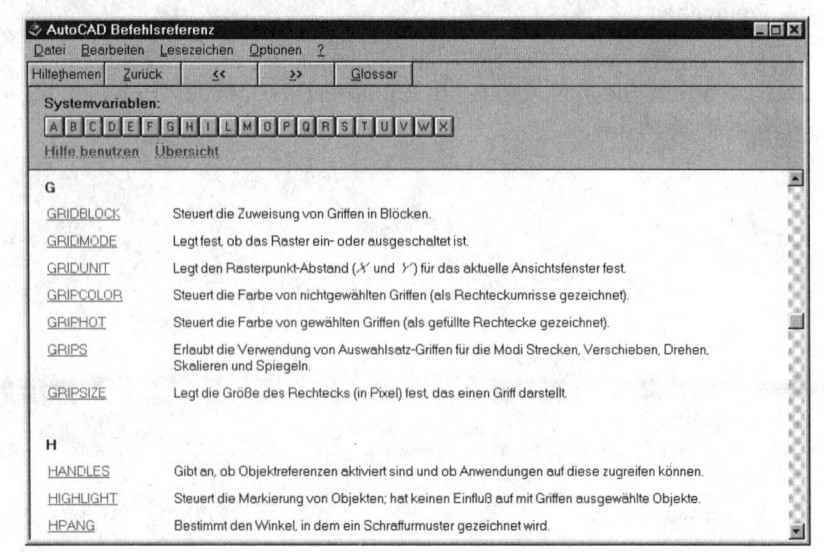

Mit einem Doppelklick auf den Namen der Systemvariablen kommt die ausführliche Hilfe auf den Bildschirm (siehe Abbildung 29.3).

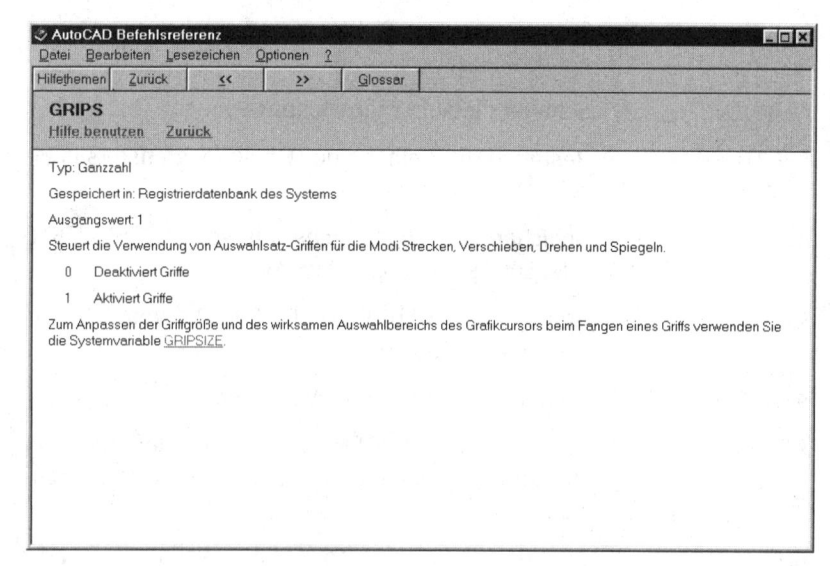

Abbildung 29.3:
Hilfe-Fenster mit dem Hilfetext für eine Systemvariable

29.1 AutoCAD-Systemvariablen von A bis Z

In diesem Abschnitt finden Sie alle Systemvariablen von AutoCAD 14 mit einer Kurzbeschreibung im Überblick. Weitere Informationen zu den Variablen schlagen Sie in der AutoCAD-Hilfe nach.

Systemvariable	Kurzbeschreibung
A	
ACADPREFIX	Speichert den Verzeichnispfad (falls vorhanden, bei Bedarf mit Pfadtrennzeichen), der durch die Umgebungsvariable ACAD bestimmt wird.
ACADVER	Speichert die AutoCAD-Versionsnummer, die Werte wie 14 oder 14a annehmen kann.
ACISOUTVER	Kontrolliert die ACIS-Version von SAT-Dateien, die mit dem Befehl ACISOUT erstellt wurden.
AFLAGS	Setzt Attribut-Flags für den Befehlsbitcode ATTDEF.

ANGBASE	Setzt den Basiswinkel 0, bezogen auf das aktuelle BKS.
ANGDIR	Legt die positive Richtung vom Winkel 0, bezogen auf das aktuelle BKS fest.
APBOX	Schaltet die AutoSnap-Pickbox ein oder aus.
APERTURE	Bestimmt die Zielhöhe des Objektfangfensters in Pixel.
AREA	Speichert die letzte Fläche, die von FLÄCHE, LISTE oder DBLISTE berechnet wurde.
ATTDIA	Steuert, ob EINFÜGE für die Eingabe von Attributwerten ein Dialogfeld verwendet.
ATTMODE	Steuert die Anzeige von Attributen.
ATTREQ	Legt fest, ob EINFÜGEN während des Einfügens von Blöcken vorgegebene Attributeinstellungen verwendet.
AUDITCTL	Steuert, ob eine AutoCAD-Protokolldatei (.adt) (Prüfberichtsdatei) erzeugt wird.
AUNITS	Bestimmt Winkeleinheiten.
AUPREC	Bestimmt die Anzahl der Dezimalstellen für die Winkeleinheiten.
AUTOFANG	Steuert die Anzeige der Markierung AutoSnap und der AutoSnap-Tips und schaltet den AutoSnap-Magneten ein oder aus.

B

BACKZ	Speichert für das aktuelle Ansichtsfenster den Abstand der hinteren Schnittfläche von der Zielebene (in Zeicheneinheiten).
BEMABH	Bestimmt, mit welchem Abstand von den Ursprungspunkten Hilfslinien gezeichnet werden.
BEMABST	Legt den Abstand um den Maßtext fest, wenn die Maßlinie unterbrochen wird, um den Maßtext einfügen zu können.
BEMAEINH	Definiert das Einheitenformat für alternative Maßeinheiten und alle Bemaßungstypen außer der Winkelbemaßung.

BEMALT	Legt fest, ob alternative Maßeinheiten für die Bemaßung verwendet werden.
BEMALTD	Speichert die Anzahl der Dezimalstellen für alternative Maßeinheiten.
BEMALTU	Steuert den Skalierfaktor bei alternativen Maßeinheiten.
BEMANACH	Definiert ein Textpräfix oder -suffix (oder beides) für die Bemaßung mit Alternativeinheiten bei allen Bemaßungstypen außer der Winkelbemaßung.
BEMASSO	Steuert die Erzeugung von Assoziativbemaßungsobjekten.
BEMATDEZ	Legt die Anzahl der Dezimalstellen für den Toleranzwert einer Bemaßung mit alternativen Maßeinheiten fest.
BEMATNU	Aktiviert bzw. deaktiviert die Unterdrückung von Nullen bei Toleranzwerten.
BEMAUS	Steuert die horizontale Position des Maßtextes.
BEMAWNU	Steuert die Unterdrückung von Nullen für alternative Bemaßungs-Einheitenwerte.
BEMBLK	Legt den Namen eines Blocks fest, der anstelle einer normalen Pfeilspitze an den Enden einer Maß- oder Führungslinie gezeichnet werden soll.
BEMBLK1	Ist BEMPFKT gesetzt, bestimmt BEMBLK1 benutzerdefinierte Pfeilspitzenblöcke für das erste Ende der Maßlinie.
BEMBLK2	Ist BEMPFKT gesetzt, bestimmt BEMBLK2 benutzerdefinierte Pfeilspitzenblöcke für das zweite Ende der Maßlinie.
BEMBTXT	Steuert die Optionen für vom Benutzer positionierte Texte.
BEMDEZ	Legt die Anzahl der angezeigten Dezimalstellen für die Primäreinheiten einer Bemaßung fest.
BEMEINH	Setzt das Einheitenformat für alle Bemaßungsstilarten außer Winkel.
BEMFARH	Legt die Farbe von Hilfslinien und Bemaßungen fest.

BEMFARM	Weist Maßlinien, Pfeilspitzen und Maßlinienführungen Farben zu.
BEMFART	Definiert die Farbe für den Maßtext.
BEMFKTR	Bestimmt den globalen Skalierfaktor für Bemaßungsvariablen, die Größen und Abstände festlegen.
BEMGFLA	Setzt einen globalen Skalierfaktor für lineare Bemaßungen.
BEMGRE	Wenn aktiviert, werden als Vorgabetext Maßgrenzen erzeugt.
BEMH1U	Steuert die Unterdrückung der ersten Hilfslinie.
BEMH2U	Steuert die Unterdrückung der zweiten Hilfslinie.
BEMIML	Steuert die Abstände von Maßlinien in Basisbemaßungen.
BEMM1U	Steuert die Unterdrückung der ersten Maßlinie.
BEMM2U	Steuert die Unterdrückung der zweiten Maßlinie.
BEMMAHU	Unterdrückt bei Aktivierung das Zeichnen von Maßlinien außerhalb der Hilfslinien.
BEMNACH	Legt für die Bemaßung ein Text-Präfix und/oder -Suffix fest.
BEMNZ	Steuert die Unterdrückung von Nullen in Werten der Primäreinheiten.
BEMPASS	Steuert, je nach verfügbarem Platz zwischen den Hilfslinien, die Positionierung von Text und Pfeilspitzen innerhalb oder außerhalb der Hilfslinien.
BEMPFKT	Steuert die Verwendung benutzerdefinierter Pfeilspitzenblöcke an den Enden einer Maßlinie.
BEMPLG	Steuert die Größe der Pfeilspitzen von Maß- und Führungslinien.
BEMRND	Rundet alle Maßabstände auf den angegebenen Wert.
BEMSLG	Legt die Größe der Schrägstriche fest, die statt Pfeilspitzen für Linear-, Radius- und Durchmesserbemaßung gezeichnet werden.

BEMSTIL	Legt den aktuellen Bemaßungsstil über den Namen fest.
BEMTAH	Wenn aktiviert, wird die Position des Maßtexts außerhalb der Hilfslinien gesteuert.
BEMTAL	Definiert, ob eine Bemaßungslinie auch dann zwischen die Hilfslinien gezeichnet wird, wenn der Bemaßungstext sich außerhalb dieser Linien befindet.
BEMTDEZ	Legt die Anzahl der Dezimalstellen fest, mit der die Toleranzwerte für eine Bemaßung angezeigt werden sollen.
BEMTFAC	Bestimmt den Skalierfaktor für die Texthöhe von Toleranzen relativ zur Texthöhe von Bemaßungen (diese wird in BEMTXT festgelegt).
BEMTIH	Steuert die Position von Maßtext innerhalb der Hilfslinien für alle Bemaßungstypen außer Ordinatenbemaßungen.
BEMTIL	Zeichnet Text zwischen den Hilfslinien.
BEMTM	Wenn BEMTOL oder BEMGRE auf Ein gesetzt ist, wird die Minimal- (oder untere) Toleranzgrenze für Maßtext gesetzt.
BEMTNZ	Steuert die Unterdrückung von Nullen in Toleranzwerten.
BEMTOL	Hängt Maßtoleranzen an Maßtext an.
BEMTOM	Steuert die vertikale Position von Text in bezug auf eine Maßlinie.
BEMTP	Wenn BEMTOL oder BEMGRE auf Ein gesetzt ist, wird die maximale (oder obere) Toleranzgrenze für Maßtext gesetzt.
BEMTSTIL	Bestimmt den Textstil der Bemaßung.
BEMTVP	Bestimmt die vertikale Position von Maßtext oberhalb oder unterhalb der Maßlinie.
BEMTXT	Legt die Höhe des Maßtexts fest, wenn der aktuelle Textstil keine feste Höhe besitzt.
BEMVAUS	Setzt für Toleranzwerte die vertikale Ausrichtung relativ zum nominalen Maßtext.

BEMVEH	Gibt an, wie weit eine Hilfslinie über die Maßlinie hinausreichen soll.
BEMVML	Wenn Sie schräge Striche anstelle von Pfeilspitzen verwenden, wird mit dieser Option ein Abstand festgelegt, um den die Maßlinie über die Hilfslinie hinausreicht.
BEMWDEZ	Definiert die Anzahl der Dezimalstellen, die im Text der Winkelbemaßung angezeigt werden.
BEMWEINH	Definiert das Winkelformat für Winkelbemaßungen.
BEMZEN	Steuert mit den Bemaßungsbefehlen BEMMITTELP, BEMDURCHM und BEMRADIUS das Zeichnen von Kreis- oder Bogen-Mittelpunkten und -Mittellinien.
BEMZUG	Steuert die Neudefinition von Bemaßungsobjekten beim Ziehen.
BLIPMODE	Steuert die Sichtbarkeit von Konstruktionspunkten.

C

CDATE	Legt das Kalenderdatum und die Zeit fest.
CECOLOR	Definiert die Farbe neuer Objekte.
CELTSCALE	Bestimmt den aktuellen globalen Linientypfaktor für Objekte.
CELTYPE	Definiert den Linientyp für neue Objekte.
CHAMFERA	Setzt den ersten Fasenabstand.
CHAMFERB	Definiert den zweiten Fasenabstand.
CHAMFERC	Legt die Fasenlänge fest.
CHAMFERD	Definiert den Fasenwinkel.
CHAMMODE	Bestimmt die Eingabemethode, mit der AutoCAD Fasen erstellt.
CIRCLERAD	Definiert den Vorgabewert für den Radius eines Kreises.
CLAYER	Setzt den aktuellen Layer.
CMDACTIVE	Speichert den Bitcode, der anzeigt, ob ein normaler Befehl, ein transparenter Befehl, ein Skript oder ein Dialogfeld aktiv ist.

CMDDIA	Legt fest, ob Dialogfelder für PLOT und für externe Datenbankbefehle verwendet werden.
CMDECHO	Steuert, ob AutoCAD während der Ausführung der AutoLISP-Funktion (command) Eingabeaufforderungen und Eingaben auf dem Bildschirm anzeigt.
CMDNAMES	Zeigt den Namen des aktuell aktiven und des transparenten Befehls (in Englisch) an.
CMLJUST	Legt die Ausrichtung für Multilinien fest.
CMLSCALE	Steuert die Gesamtbreite einer Multilinie.
CMLSTYLE	Legt den Multilinienstil fest.
COORDS	Steuert, wann Koordinaten in der Statuszeile aktualisiert werden.
CURSORSIZE	Definiert die Größe des Fadenkreuzes als Prozentsatz der Bildschirmgröße.
CVPORT	Setzt die Kennummer des aktuellen Ansichtsfensters.

D

DATE	Speichert das aktuelle Datum und die Uhrzeit.
DBMOD	Gibt unter Verwendung eines Bitcode den Änderungszustand der Zeichnung an.
DCTCUST	Zeigt den aktuellen Pfad und Dateinamen für das benutzerdefinierte Rechtschreibwörterbuch an.
DCTMAIN	Zeigt den aktuellen Pfad und Dateinamen für das Haupt-Rechtschreibwörterbuch an.
DELOBJ	Steuert, ob Objekte, die zur Erstellung weiterer Objekte verwendet werden, erhalten bleiben oder aus der Zeichnungsdatenbank gelöscht werden.
DEMANDLOAD	Legt fest, ob und wann AutoCAD bei Bedarf Anwendungen anderer Anbieter aufruft, wenn eine Zeichnung Objekte enthält, die mit der entsprechenden Anwendung erstellt wurden.
DIASTAT	Speichert die Methode, die beim Verlassen des zuletzt benutzten Dialogfelds verwendet wurde.
DISPSILH	Steuert im Drahtmodellmodus die Anzeige der Umrißkurven von Festkörpern.

DISTANCE	Speichert eine Entfernung, die mit ABSTAND errechnet wurde.
DONUTID	Bestimmt den Vorgabewert für den Innendurchmesser eines Rings.
DONUTOD	Bestimmt den Vorgabewert für den Außendurchmesser eines Rings.
DRAGMODE	Legt fest, wie gezogene Objekte angezeigt werden.
DRAGP1	Setzt die Bildregenerationsrate für das Ziehen.
DRAGP2	Setzt die Bildregenerationsrate für das schnelle Ziehen.
DWGCODEPAGE	Speichert aus Gründen der Kompatibilität den selben Wert wie SYSCODEPAGE.
DWGNAME	Nimmt den vom Benutzer eingegebenen Namen einer Zeichnung auf.
DWGPREFIX	Nimmt das Laufwerk-/Verzeichnis-Präfix für die Zeichnung auf.
DWGTITLED	Gibt an, ob der aktuellen Zeichnung ein Name zugeordnet wurde.

E

EDGEMODE	Steuert, wie die Befehle STUTZEN und DEHNEN die Schnitt- und Grenzkanten bestimmen.
ELEVATION	Speichert die aktuelle Erhebung (relativ zum aktuellen BKS für den aktuellen Bereich).
EXPERT	Steuert die Ausgabe von bestimmten Eingabeaufforderungen.
EXPLMODE	Steuert, ob der Befehl URSPRUNG uneinheitlich skalierte (NUS) Blöcke unterstützt.
EXTMAX	Speichert den rechten oberen Punkt der Zeichnungsabmessungen.
EXTMIN	Speichert den linken unteren Punkt der Zeichnungsabmessungen.

F

FACETRES	Paßt die Glätte von gerenderten und schattierten Objekten sowie von Objekten an, bei denen ausgeblendete Linien entfernt wurden.

FILEDIA	Unterdrückt die Anzeige der Dialogfelder für die Dateiauswahl.
FILLETRAD	Speichert den aktuellen Abrundungsradius.
FILLMODE	Legt fest, ob mit SOLID erzeugte Objekte ausgefüllt werden.
FONTALT	Bestimmt die alternative Schriftart, die verwendet wird, wenn die angegebene Schriftart nicht gefunden werden kann.
FONTMAP	Legt die zu verwendende Schriftzuordnungsdatei fest.
FRONTZ	Speichert für das aktuelle Ansichtsfenster den Abstand der vorderen Schnittfläche von der Zielebene.

G

GRIDBLOCK	Steuert die Zuweisung von Griffen in Blöcken.
GRIDMODE	Legt fest, ob das Raster ein- oder ausgeschaltet ist.
GRIDUNIT	Legt den Rasterpunkt-Abstand (X und Y) für das aktuelle Ansichtsfenster fest.
GRIPCOLOR	Steuert die Farbe von nichtgewählten Griffen (als Rechteckumrisse gezeichnet).
GRIPHOT	Steuert die Farbe von gewählten Griffen (als gefüllte Rechtecke gezeichnet).
GRIPS	Erlaubt die Verwendung von Auswahlsatz-Griffen für die Modi Strecken, Verschieben, Drehen, Skalieren und Spiegeln.
GRIPSIZE	Legt die Größe des Rechtecks (in Pixel) fest, das einen Griff darstellt.

H

HANDLES	Gibt an, ob Objektreferenzen aktiviert sind und ob Anwendungen auf diese zugreifen können.
HIGHLIGHT	Steuert die Markierung von Objekten; hat keinen Einfluß auf mit Griffen ausgewählte Objekte.
HPANG	Bestimmt den Winkel, in dem ein Schraffurmuster gezeichnet wird.
HPBOUND	Steuert den mit den Befehlen GSCHRAFF und UMGRENZUNG erstellten Objekttyp.

HPDOUBLE	Bestimmt die Verdoppelung von Schraffurmustern bei benutzerdefinierten Mustern.
HPNAME	Legt den Namen des Schraffurmusters fest.
HPSCALE	Definiert die Schraffurmusterskalierung.
HPSPACE	Legt für einfache benutzerdefinierte Schraffurmuster den Abstand der Schraffurlinien fest.

I

INDEXCTL	Steuert, ob Layer- oder Raumindizes erstellt und mit der Zeichnung gespeichert werden.
INETLOCATION	Definiert die von BROWSER verwendete Internet-Adresse.
INSBASE	Speichert den Basispunkt für das Einfügen von Objekten, der über den Befehl BASIS festgelegt wird.
INSNAME	Legt den Vorgabenamen für Blöcke für die Funktionen DDINSERT oder INSERT fest.
ISAVEBAK	Beschleunigt die Geschwindigkeit von Teilspeichervorgängen, besonders bei größeren Zeichnungen in Windows.
ISAVEPERCENT	Legt die Größe von nicht genutztem Platz fest, der in einer Zeichendatei toleriert wird.
ISOLINES	Bestimmt auf Objekten die Zahl der Isolinien pro Oberfläche.

L

LASTANGLE	Speichert den Endwinkel des zuletzt eingegebenen Bogens.
LASTPOINT	Speichert den zuletzt angegebenen Punkt.
LASTPROMPT	Speichert die letzte an die Befehlszeile zurückgegebene Zeichenfolge.
LENSLENGTH	Speichert die Brennweite (in Millimeter), die in perspektivischen Ansichten für das aktuelle Ansichtsfenster verwendet wird.
LIMCHECK	Steuert die Objekterstellung außerhalb der Zeichnungsgrenzen.
LIMMAX	Speichert die rechte obere Zeichnungsbegrenzung für den aktuellen Bereich.

LIMMIN	Speichert die linke untere Zeichnungsbegrenzung für den aktuellen Bereich.
LISPINIT	Legt fest, ob die in AutoLISP definierten Funktionen und Variablen beim Öffnen neuer Zeichnungen erhalten bleiben.
LOCALE	Zeigt den ISO-Sprachcode des von Ihnen aktuell verwendeten AutoCAD-Release an.
LOGFILEMODE	Legt fest, ob der Inhalt des Textfensters in einer Protokolldatei abgelegt wird.
LOGFILENAME	Definiert den Pfadnamen der Protokolldatei.
LOGINNAME	Zeigt den Benutzernamen so an, wie er konfiguriert oder beim Laden von AutoCAD eingegeben wurde.
LTSCALE	Speichert den globalen Skalierfaktor für Linientypen.
LUNITS	Stellt lineare Einheiten ein.
LUPREC	Speichert die Anzahl der Dezimalstellen für lineare Einheiten.

M

MAXACTVP	Definiert die maximale Anzahl der Ansichtsfenster, die gleichzeitig aktiv sein dürfen.
MAXOBJMEM	Steuert den Objekt-Pager.
MAXSORT	Bestimmt die maximale Anzahl der Symbol- und Dateinamen, die mit Listen-Befehlen sortiert werden.
MEASUREMENT	Legt fest, ob britische oder metrische Zeicheneinheiten verwendet werden.
MENUCTL	Steuert die Seitenumschaltung im Bildschirmmenü.
MENUECHO	Setzt Steuerbits für Menürückmeldungen und Eingabeaufforderungen.
MENUNAME	Speichert den Namen der Menügruppe (MENUGROUP).
MIRRTEXT	Steuert, wie SPIEGELN Text darstellt.
MODEMACRO	Zeigt in der Statuszeile eine Zeichenfolge an.
MTEXTED	Setzt den Namen des Programms, das zur Bearbeitung von MTEXT-Objekten verwendet wird.

O

OFFSETDIST	Bestimmt den Vorgabeabstand.
OLEHIDE	Steuert die Anzeige von OLE-Objekten in AutoCAD.
ORTHOMODE	Beschränkt Cursorbewegungen auf die Lotrechte.
OSMODE	Setzt fortlaufende Objektfangmodi mit Bitcodes.
OSNAPCOORD	Legt fest, ob in der Befehlszeile eingegebene Koordinaten gegenüber dem fortlaufenden Objektfang bevorzugt werden.

P

PDMODE	Legt fest, wie Punktobjekte dargestellt werden.
PDSIZE	Legt die Anzeigegröße von Punktobjekten fest.
PELLIPSE	Steuert den mit ELLIPSE erstellten Ellipsentyp.
PERIMETER	Enthält den letzten Umfang, der von FLÄCHE, LISTE oder DBLISTE berechnet wurde.
PFACEVMAX	Bestimmt die maximale Anzahl von Scheitelpunkten pro Fläche.
PICKADD	Steuert das Hinzufügen von Objekten zu einer vorhandenen Objektauswahl.
PICKAUTO	Steuert die automatische Fenstertechnik bei der Eingabeaufforderung OBJEKTE WÄHLEN.
PICKBOX	Bestimmt die Zielhöhe der Objektwahl in Pixeln.
PICKDRAG	Bestimmt die Methode zum Ziehen eines Auswahlfensters.
PICKFIRST	Legt fest, ob Objekte vor oder nach der Befehlseingabe gewählt werden.
PICKSTYLE	Bestimmt die Gruppenauswahl sowie die assoziative Schraffurauswahl.
PLATFORM	Zeigt an, welche AutoCAD-Plattform verwendet wird.
PLINEGEN	Legt fest, wie Linienmuster um die Kontrollpunkte einer zweidimensionalen Polylinie herum erzeugt werden.
PLINETYPE	Legt fest, ob AutoCAD optimierte 2D-Polylinien verwendet.
PLINEWID	Speichert die Vorgabebreite für Polylinien.

PLOTID	Wechselt den Vorgabeplotter mit Hilfe der ihm zugewiesenen Beschreibung.
PLOTROTMODE	Steuert die Ausrichtung von Plots.
PLOTTER	Wechselt den Vorgabeplotter über die ihm zugewiesene Ganzzahl.
POLYSIDES	Bestimmt die Vorgabezahl der Seiten für ein POLYGON.
POPUPS	Zeigt den Status des aktuell konfigurierten Bildschirmtreibers an.
PROJECTNAME	Enthält den Namen des aktuellen Projekts.
PROJMODE	Setzt den aktuellen Projektionsmodus für Stutz- oder Dehnvorgänge.
PROXYGRAPHICS	Bestimmt, ob grafische Darstellungen benutzerdefinierter Objekte (Proxy-Objekte) in die Zeichnung aufgenommen werden sollen.
PROXYNOTICE	Gibt eine Nachricht aus, falls eine Zeichnung mit benutzerdefinierten Objekten geöffnet wird, die mit einer nicht vorhandenen Anwendung erstellt wurden.
PROXYSHOW	Steuert die Anzeige von Proxy-Objekten in einer Zeichnung.
PSLTSCALE	Steuert die Skalierung von Linientypen im Papierbereich.
PSPROLOG	Weist einem Prologabschnitt, der bei Verwendung des Befehls PSOUT aus der Datei acad.psf gelesen wird, einen Namen zu.
PSQUALITY	Steuert die Qualität des Rendering von PostScript-Bildern.

Q

QTEXTMODE	Steuert, wie Text angezeigt wird.

R

RASTERPREVIEW	Legt fest, ob Zeichnungsvoransichten mit der Zeichnung gespeichert werden, und stellt den Formattyp ein.
REGENMODE	Steuert die automatische Regenerierung von Zeichnungen.

RE-INIT	Bewirkt eine erneute Initialisierung der E/A-Anschlüsse, des Digitalisiergeräts, des Bildschirms, des Plotters und der Datei acad.pgp.
RTDISPLAY	Steuert die Darstellung von Rasterbildern bei Echtzeit-Zoom oder -Pan.

S

SAVEFILE	Speichert den Namen der aktuellen Datei, in die automatisch gespeichert wird.
SAVENAME	Speichert den Namen der Datei.
SAVETIME	Stellt das automatische Speicherintervall ein (in Minuten).
SCREENBOXES	Speichert die Anzahl der Felder im Bildschirmmenü des Grafikbereichs.
SCREENMODE	Speichert einen Bitcode, der den Grafik-/Text-Status des AutoCAD-Bildschirms angibt.
SCREENSIZE	Speichert die Größe des aktuellen Ansichtsfensters (X und Y) in Pixel.
SHADEDGE	Steuert das Schattieren von Kanten beim Rendering.
SHADEDIF	Bestimmt das Verhältnis des diffusen Reflexionslichts zum Umgebungslicht.
SHPNAME	Legt den Namen des Vorgabesymbols fest.
SKETCHINC	Bestimmt die Skizziergenauigkeit von SKIZZE.
SKPOLY	Legt fest, ob SKIZZE Linien oder Polylinien erzeugt.
SNAPANG	Setzt den Fang-/Rasterdrehwinkel für das aktuelle Ansichtsfenster.
SNAPBASE	Setzt den Fang-/Rasterursprungspunkt für das aktuelle Ansichtsfenster.
SNAPISOPAIR	Steuert die aktuelle isometrische Ebene für das aktuelle Ansichtsfenster.
SNAPMODE	Schaltet den Fangmodus ein und aus.
SNAPSTYL	Setzt den Fangstil für das aktuelle Ansichtsfenster.
SNAPUNIT	Speichert den Fangabstand für das aktuelle Ansichtsfenster.
SORTENTS	Steuert DDSELECT-Sortieroperationen für Objekte.

SPLFRAME	Steuert die Anzeige der Polylinien von Spline-Angleichungen.
SPLINESEGS	Speichert die Anzahl von Liniensegmenten, die für jede an Splines angepaßte Polylinie erzeugt werden.
SPLINETYPE	Legt den Typ des Spline fest, der von PEDIT *Spline* erzeugt werden soll.
SURFTAB1	Setzt die Anzahl der Tabellationen, die für REGELOB und TABOB erzeugt werden sollen.
SURFTAB2	Setzt die Netzdichte in N-Richtung für ROTOB und KANTOB.
SURFTYPE	Steuert den Typ der Oberflächenangleichung, der von dem Befehl PEDIT *Oberfläche glätten* durchgeführt werden soll.
SURFU	Steuert die Oberflächendichte in die M-Richtung.
SURFV	Steuert die Oberflächendichte in die N-Richtung.
SYSCODEPAGE	Zeigt die in der Datei acad.xmf angegebene System-Zeichenumsetzungstabelle.

T

TABMODE	Steuert die Verwendung des Tabletts.
TARGET	Speichert die Position des Zielpunkts für das aktuelle Ansichtsfenster.
TDCREATE	Speichert Uhrzeit und Datum der Zeichnungserstellung.
TDINDWG	Berechnet die Gesamtbearbeitungszeit.
TDUPDATE	Speichert Zeit und Datum des letzten Aktualisierungs-/Speichervorgangs.
TDUSRTIMER	Speichert die Benutzer-Stoppuhr.
TEMPPREFIX	Enthält den Verzeichnisnamen für temporäre Dateien.
TEXTEVAL	Steuert die Auswertungsmethode von Zeichenfolgen.
TEXTFILL	Steuert das Füllen von Bitstream-, TrueType- und Adobe-Type-1-Schriften.
TEXTQLTY	Setzt die Auflösung für Bitstream-, TrueType- und Adobe-Type-1-Schriften.

TEXTSIZE	Stellt die Vorgabehöhe für neue Textobjekte ein, auf die der aktuelle Textstil angewendet wird.
TEXTSTYLE	Enthält den Namen des aktuellen Textstils.
THICKNESS	Setzt die aktuelle Objekthöhe.
TILEMODE	Steuert den Zugriff auf den Papierbereich und das Verhalten von Ansichtsfenstern.
TOOLTIPS	Steuert die Anzeige von QuickInfos.
TRACEWID	Setzt die Vorgabe-Bandbreite.
TREEDEPTH	Legt die maximale Tiefe fest, d.h., wie oft sich der baumartig strukturierte Raumindex verzweigen darf.
TREEMAX	Beschränkt den Speicherverbrauch während der Regeneration von Zeichnungen durch Beschränkung der maximalen Anzahl von Verzweigungsknoten im Raumindex (Octree).
TRIMMODE	Steuert, ob AutoCAD ausgewählte Kanten für Fasen und Abrundungen stutzt.

U

UCSFOLLOW	Erzeugt bei jedem Wechsel von einem BKS zu einem anderen eine Draufsicht.
UCSICON	Zeigt für das aktuelle Ansichtsfenster das Symbol des BKS an.
UCSNAME	Speichert den Namen des aktuellen Koordinatensystems für den aktuellen Bereich.
UCSORG	Speichert den Ursprungspunkt des aktuellen Koordinatensystems für den aktuellen Bereich.
UCSXDIR	Speichert die X-Richtung des aktuellen BKS im aktuellen Raum.
UCSYDIR	Speichert die Y-Richtung des aktuellen BKS für den aktuellen Bereich.
UNDOCTL	Speichert einen Bitcode, der den Status der ZURÜCK-Funktion bestimmt.
UNDOMARKS	Speichert die Anzahl der Markierungen, die von der Markierungsfunktion im Steuerdatenstrom der ZURÜCK-Funktion abgelegt worden sind.
UNITMODE	Steuert das Darstellungsformat für Einheiten.

USERI1-5	Speichern und Abrufen von Ganzzahlen-Werten.
USERR1-5	Speichern und Abrufen von reellen Zahlen.
USERS1-5	Speichern und Abrufen von Zeichenketten.

V

VIEWCTR	Speichert den Ansichtsmittelpunkt des aktuellen Ansichtsfensters.
VIEWDIR	Speichert die Blickrichtung des aktuellen Ansichtsfensters.
VIEWMODE	Steuert den Ansichtsmodus für das aktuelle Ansichtsfenster mit Hilfe von Bitcode.
VIEWSIZE	Speichert die Höhe der Ansicht im aktuellen Ansichtsfenster.
VIEWTWIST	Speichert den Ansichtsdrehwinkel für das aktuelle Ansichtsfenster.
VISRETAIN	Steuert die Sichtbarkeit von Layern in Xref-Dateien.
VSMAX	Speichert die rechte obere Ecke des virtuellen Bildschirms im aktuellen Ansichtsfenster.
VSMIN	Speichert die linke untere Ecke des virtuellen Bildschirms im aktuellen Ansichtsfenster.

W

WORLDUCS	Gibt an, ob das BKS mit dem Weltkoordinatensystem identisch ist.
WORLDVIEW	Legt fest, ob das BKS bei der Verwendung von DANSICHT oder APUNKT zum WKS überwechselt.

X

XCLIPFRAME	Legt fest, ob Xref-Clipping-Umgrenzungen sichtbar sind.
XLOADCTL	Schaltet das Laden nach Bedarf aus und an; legt fest, ob eine Originalzeichnung oder eine Kopie geladen wird.
XLOADPATH	Erzeugt einen Pfad für temporäre Kopien der nach Bedarf geladenen Xref-Dateien.
XREFCTL	Steuert die Erstellung von externen Referenzprotokollen (XLG-Dateien) unter AutoCAD.

Branchenapplikationen

Kapitel 30

30.1 Architektur und Bauwesen
30.2 Kartographie und Geographische Informationssysteme
30.3 Mechanik
30.4 Verfahrenstechnik
30.5 Elektrotechnik
30.6 Symbolbibliotheken
30.7 Zeichnungsverwaltungen, EDM-Systeme
30.8 GENIUS – Applikationen rund um den Maschinenbau

Mit ein Grund für den Erfolg von AutoCAD ist seine offene Architektur. Zahlreiche, von Autodesk unabhängige Software-Entwickler haben Anwendungen für die unterschiedlichsten Branchen entwickelt. Weltweit gibt es mehrere Tausend. AutoCAD wird deshalb auch als »CAD-Betriebssystem« bezeichnet. Immer weniger arbeiten mit AutoCAD allein. Mehr als 80% aller Anwender setzen eine Branchenapplikation ein.

Im deutschsprachigen Raum sind über 200 Branchenpakete im Applikations-Katalog von Autodesk aufgeführt. Das reicht von einfacheren Hilfsprogrammen bis zu kompletten Programmpaketen, von der einfachen Zeichnungsverwaltung bis zum kompletten EDM-System (Elektronik Dokument Managing), abgestimmt auf AutoCAD.

Der Applikations-Katalog liegt in gedruckter Form oder auf CD vor. Sie erhalten ihn bei den autorisierten AutoCAD-Händlern oder direkt von Autodesk. Nähere Informationen gibt es an der Autodesk Infoline: Deutschland: 0180/5225959, Österreich: 07242/42256 und Schweiz: 0844/854864.

In diesem Kapitel finden Sie lediglich eine Übersicht über die wichtigsten Branchenapplikationen. Weitere Informationen zu den Produkten können Sie auch direkt beim Hersteller anfordern.

30.1 Architektur und Bauwesen

Architektur

ACAD-Bau

Architekturlösung für dreidimensionale Gebäudeplanung mit Raumbuch und Schnittstelle zur AVA und fotorealistischer Darstellung der Modelle

Hersteller bzw. Vertrieb: Mensch und Maschine GmbH, Argelsrieder Feld 5, D-82234 Weßling, Telefon: 08153/933-0, Telefax: 08153/933-100

acadGraph BITMAP

2D- und 3D-Architektur-Lösung für Entwurf- und Detailplanung mit Projektverwaltung und fotorealistischer Darstellung

Hersteller bzw. Vertrieb: acadGraph CADstudio GmbH, Braunstraße 6, D-81545 München, Telefon: 089-6423040, Telefax: 089-640422

acadGraph PALLADIO

2D- und 3D-Architektur-Lösung für Entwurf- und Detailplanung mit Projektverwaltung und fotorealistischer Darstellung

Hersteller bzw. Vertrieb: acadGraph CADstudio GmbH, Braunstraße 6, D-81545 München, Telefon: 089-6423040, Telefax: 089-640422

acadGraph RAUMBUCH

Raumbuch nach DIN 277 mit Schnittstelle zu AVA-Programmen

Hersteller bzw. Vertrieb: acadGraph CADstudio GmbH, Braunstraße 6, D-81545 München, Telefon: 089-6423040, Telefax: 089-640422

AICAD Architektur

2D- und 3D-Architektur-Lösung mit Flächen- und Massenermittlung sowie Raumbuch

Hersteller bzw. Vertrieb: bauCAD GmbH – CAD im Bauwesen, Robert-Bunsen-Straße 81, D-64579 Gernsheim, Telefon: 06258-93215, Telefax: 06258-932199

ArchiC.A.T.S. Professional

2D- und 3D-Architektur-Lösung

Hersteller bzw. Vertrieb: C.A.T.S. Software GmbH, Platz der Deutschen Einheit 25, D-64293 Darmstadt, Telefon: 06151-82490, Telefax: 06151-829418

ARTIFEX plus

2D- und 3D-Architektur-Lösung

Hersteller bzw. Vertrieb: WELLCOM Software GmbH, Schillerstraße 49, D-69234 Dielheim, Telefon: 06222-98010, Telefax: 06222-980111

BauCAD *K+R*-Architekt

2D- und 3D-Architektur-Lösung

Hersteller bzw. Vertrieb: BauCAD *K+R* GmbH, Von-Weckenstein-Straße 9, D-88639 Wald, Telefon: 07578-9200, Telefax: 07578-92030

CAD vom Architekten

2D- und 3D-Architektur-Lösung mit Visualisierungsmodul

Hersteller bzw. Vertrieb: Vifian + Zuberbühler AG, Haldenstraße 31, CH-8904 Aesch, Telefon: 0041-1-7373811, Telefax: 0041-1-7370140

CADiBAU

2D- und 3D-Architektur-Lösung

Hersteller bzw. Vertrieb: CAD-BAU Meier, Wydenmatt 213, CH-4316 Hellikon, Telefon: 0041-61-8710500, Telefax: 0041-61-8710500

CADline Architektur

2D- und 3D-Architektur-Lösung

Hersteller bzw. Vertrieb: WiedemannSysteme, Egerstraße 2, D-65205 Wiesbaden, Telefon: 0611-700156, Telefax: 0611-761216

SOFiCAD Architektur

2D- und 3D-Architektur-Lösung mit Massenermittlung und Projektverwaltung

Hersteller bzw. Vertrieb: Sofistik GmbH, Tassiloplatz 7, D-81541 München, Telefon: 089-458702-0, Telefax: 089-458702-22

speedikon A

2D- und 3D-Architektur-Lösung

Hersteller bzw. Vertrieb: IEZ AG, Berliner Ring 89, D-64625 Bensheim, Telefon: 06251-1309-0, Telefax: 06251-1309-21

Innenarchitektur, Büroplanung

BüroCAD/BüroShop

3D-Raumplanungssystem für Büro und Laden

Hersteller bzw. Vertrieb: hicad systeme gmbh, Im Niederfeld 4, D-64293 Darmstadt, Telefon: 06151-8121-0, Telefax: 06151-8121-21

LIGNOS-P

Programm zur Einrichtungsplanung für die Möbelbranche (Küchen-, Wohn- und Büroplanung)

Hersteller bzw. Vertrieb: Unternehmensberatung G. Schuler & Partner GmbH, Karl-Berner-Straße 4, D-72285 Pfalzgrafenweiler, Telefon: 07445-830-0, Telefax: 07445-830-166

Schalung und Bewehrung

AICAD Schalung und Bewehrung

2D- und 3D-Lösung für den Ingenieurbau

Hersteller bzw. Vertrieb: bauCAD GmbH – CAD im Bauwesen, Robert-Bunsen-Straße 81, D-64579 Gernsheim, Telefon: 06258-93215, Telefax: 06258-932199

BauCAD *K+R*-Bauingenieur

2D- und 3D-Lösung für den Ingenieurbau

Hersteller bzw. Vertrieb: BauCAD *K+R* GmbH, Von-Weckenstein-Straße 9, D-88639 Wald, Telefon: 07578-9200, Telefax: 07578-92030

SOFiCAD Ingenieurbau

Modulares Programmsystem für den Ingenieurbau

Hersteller bzw. Vertrieb: Sofistik GmbH, Tassiloplatz 7, D-81541 München, Telefon: 089-458702-0, Telefax: 089-458702-22

Stahlbau

ACAD-Stahl

Branchenlösung für die Stahlbaukonstruktion in 3D

Hersteller bzw. Vertrieb: Schäfer Computer GmbH, Siegtalstraße 186, D-57080 Siegen, Telefon: 0271-354456, Telefax: 0271-355560

GCB-Steel

Stahlbausoftware in 2D- und 3D-Version

Hersteller bzw. Vertrieb: GCB mbH, Am Kellenhagen 8, D-57223 Kreuztal, Telefon: 02732-58380, Telefax: 02732-583830

Pro-Stahl 3D

3D-Stahlbausoftware

Hersteller bzw. Vertrieb: TECHNO-LINE EDV Systeme GmbH, Freigerichter Straße 1, D-63755 Alzenau, Telefon: 06023-9731-0, Telefax: 06023-9732-32

Haustechnik

CAD-HKLS

Planungssystem für Heizungstechnik, Lüftungstechnik und Sanitärtechnik

Hersteller bzw. Vertrieb: GTS mbH, Hageneuer Straße 44, D-65203 Wiesbaden, Telefon: 0611-9200823, Telefax: 0611-9200821

pit – CAD Haustechnik

Planungssystem für Heizungstechnik, Lüftungstechnik, Elektrotechnik, Regelungstechnik und Sanitärtechnik

Hersteller bzw. Vertrieb: pit cup GmbH, Hebelstraße 22c, D-69115 Heidelberg, Telefon: 06221-5393-10, Telefax: 06221-5393-11

RoCAD EL

Planungswerkzeug für die Elektroinstallation

Hersteller bzw. Vertrieb: Mensch und Maschine GmbH, Argelsrieder Feld 5, D-82234 Weßling, Telefon: 08153/933-0, Telefax: 08153/933-100

RoCAD für die Haustechnik

Planungswerkzeug für Heizung, Klima und Sanitär

Hersteller bzw. Vertrieb: Mensch und Maschine GmbH, Argelsrieder Feld 5, D-82234 Weßling, Telefon: 08153/933-0, Telefax: 08153/933-100

SOFiTEC Gebäudetechnik

Planungssystem für Heizungstechnik, Lüftungstechnik, Elektrotechnik, Regelungstechnik und Sanitärtechnik

Hersteller bzw. Vertrieb: Sofistik GmbH, Tassiloplatz 7, D-81541 München, Telefon: 089-458702-0, Telefax: 089-458702-22

SymCAD

Verschiedene Module für alle Gewerke der Haustechnik

Hersteller bzw. Vertrieb: C.A.T.S. Software GmbH, Platz der Deutschen Einheit 25, D-64293 Darmstadt, Telefon: 06151-82940, Telefax: 06151-829418

Messebau

OCTACAD

Planungssystem für den Messebau

Hersteller bzw. Vertrieb: STÖHR + SAUER GmbH, Kaiserstraße 100, D-52134 Herzogenrath, Telefon: 02407-5071, Telefax: 02407-18899

30.2 Kartographie und Geographische Informationssysteme

Stadtplanung

acadGraph STADTBAU

Planungs- und Informationssystem für die Stadtplanung

Hersteller bzw. Vertrieb: acadGraph CADstudio GmbH, Braunstraße 6, D-81545 München, Telefon: 089-6423040, Telefax: 089-640422

MM-GEO

Programm für die Stadt- und Kommunalplanung

Hersteller bzw. Vertrieb: Mensch und Maschine GmbH, Argelsrieder Feld 5, D-82234 Weßling, Telefon: 08153/933-0, Telefax: 08153/933-100

WS LANDCAD Stadtplanung

Zeichen- und Gestaltungsprogramm für die Stadtplanung

Hersteller bzw. Vertrieb: WiedemannSysteme, Egerstraße 2, D-65205 Wiesbaden, Telefon: 0611-700156, Telefax: 0611-761216

Versorgung/Entsorgung

AutoGis

Geographisches Informationssystem für Energieversorgung und Entsorgung

Hersteller bzw. Vertrieb: Wiethüchter GmbH, Ahornallee 3, D-99438 Weimar, Telefon: 03643-779444, Telefax: 03643-77944

GeoNetz

Planungs- und Erfassungssystem für die Bearbeitung von Versorgungs- und Entsorgungsnetzen

Hersteller bzw. Vertrieb: GEOGRAT Informationssystem GmbH, Schloßstraße 7, D-91792 Ellingen, Telefon: 09141-4340, Telefax: 09141-3372

Vermessungstechnik und Kartographie

AutoVerm

Programm zur Aufnahme und Erstellung von Karten

Hersteller bzw. Vertrieb: IBB Ingenieurbüro Battefeld, Nöckerstraße 37c, D-44879 Bochum, Telefon: 0234-491885, Telefax: 0234-496682

GeoNetz

Berechnungssystem für die Vermessungstechnik

Hersteller bzw. Vertrieb: GEOGRAT Informationsystem GmbH, Schloßstraße 7, D-91792 Ellingen, Telefon: 09141-4340, Telefax: 09141-3372

30.3 Mechanik

Maschinenbau

AutoNORM 6.0

Maschinenbaulösung mit großer Auswahl von Normteilen

Hersteller bzw. Vertrieb: LANG CAD-COMP, Rathausplatz 2, A-4560 Kirchdoef/Krems, Telefon: 0043-7582-60566, Telefax: 0043-7582-6056618

CADBAS-NORM

Normteilsystem mit umfangreicher Normteilebibliothek

Hersteller bzw. Vertrieb: CADBAS GmbH, Kruppstraße 86, D-45145 Essen, Telefon: 0201-233701, Telefax: 0201-8127293

CCC Mechanik-Menü

Tablettauflage mit Tools für die mechanische Konstruktion

Hersteller bzw. Vertrieb: CAD/CAM-Center GmbH, Nußbaumstraße 1, D-85757 Karlsfeld, Telefon: 08131-5960-0, Telefax: 08131-5960-50

GENIUS

Maschinenbaulösung mit Normteilebibliothek in 2D und 3D (Genius Desktop) und verschiedenen Zusatzmodulen (siehe Kapitel 30.7).

Hersteller bzw. Vertrieb: GENIUS CAD-Software GmbH, Faberstraße 9, D-92224 Amberg, Telefon: 09621-700-0, Telefax: 09621-700-100

ICEMetrix

Modul zur Erzeugung von parametrischen Zeichnungen

Hersteller bzw. Vertrieb: Control Data GmbH, Stresemannstraße 30, D-60596 Frankfurt/Main, Telefon: 069-6305-228, Telefax: 069-6305-288

Mechslide

Maschinenbaulösung mit Normteilebibliothek

Hersteller bzw. Vertrieb: GENIUS CAD-Software GmbH, Faberstraße 9, D-92224 Amberg, Telefon: 09621-700-0, Telefax: 09621-700-100

SI Mechanical

Maschinenbaulösung mit Normteilebibliothek in 2D und 3D

Hersteller bzw. Vertrieb: Design Pacific International Germany, Widenmayerstraße 41, D-80538 München, Telefon: 0130-822816, Telefax: 089-21999233

StarVars LIBS

2D- und 3D-Teilebibliothek

Hersteller bzw. Vertrieb: IWS-Ing. Büro, Zugspitzstraße 22, D-86163 Augsburg, Telefon: 0821-262490, Telefax: 0821-2624988

Fertigung

AutoNC

Integrierte NC-Lösung auf der Basis von AutoCAD

Hersteller bzw. Vertrieb: CAMpartner GmbH, Neue Weilheimer Straße 24, D-73239 Kirchheim/Teck, Telefon: 07021-950510, Telefax: 07021-9505125

BlechCAD

Blechbearbeitungsprogramm mit Berechnung der Abwicklung

Hersteller bzw. Vertrieb: GFAD, Bockenheimer Anlage 13, D-60322 Frankfurt am Main, Telefon: 069-9550540, Telefax: 069-95505411

Genius-Blech/SOLID-Blech

Blechbearbeitungsprogramme für 2D (Genius-Blech) und 3D (SOLID-Blech) mit Berechnung und Abwicklung

Hersteller bzw. Vertrieb: data M Software GmbH, Mehlbeerenstraße 2, D-82024 Taufkirchen, Telefon: 089-6140077, Telefax: 089-6127327

hyperMILL

Integrierte 3D CAM-Lösung für Mechanical Desktop

Hersteller bzw. Vertrieb: OPEN MIND Software Technologies GmbH, Kanalstraße 7, D-85774 Unterföhring, Telefon: 089-950-0305, Telefax: 089-950-6979

hyperWORK

Integrierte 2,5D CAM-Lösung für AutoCAD und AutoCAD LT

Hersteller bzw. Vertrieb: OPEN MIND Software Technologies GmbH, Kanalstraße 7, D-85774 Unterföhring, Telefon: 089-950-0305, Telefax: 089-950-6979

NC Polaris

NC-Programmiersystem vollständig in AutoCAD bzw. Mechanical Desktop integriert

Hersteller bzw. Vertrieb: alcams GmbH, Altwasserstraße 8, D-83043 Bad Aibling, Telefon: 08061-932926, Telefax: 08061-2016

PEPS

Grafisches CAM-System 2D und 3D mit Schnittstelle zu AutoCAD

Hersteller bzw. Vertrieb: CAD/CAM-Center GmbH, Nußbaumstraße 1, D-85757 Karlsfeld, Telefon: 08131-5960-0, Telefax: 08131-5960-50

SPI – 3D BLECH

Konstruktionssystem für Blechbaugruppen in 3D mit NC-Schnittstelle

Hersteller bzw. Vertrieb: CAD/CAM-Center GmbH, Nußbaumstraße 1, D-85757 Karlsfeld, Telefon: 08131-5960-0, Telefax: 08131-5960-50

SPI – 3D ROHR

Programm zur automatischen Generierung von geschweißten Rohrleitungsteilen und Verbindungselementen

Hersteller bzw. Vertrieb: CAD/CAM-Center GmbH, Nußbaumstraße 1, D-85757 Karlsfeld, Telefon: 08131-5960-0, Telefax: 08131-5960-50

30.4 Verfahrenstechnik

2D-PIPE

Programm zur Erstellung von verfahrenstechnischen Fließbildern und 2D-Isometrien mit Fließbildern

Hersteller bzw. Vertrieb: vögtlin Engineering GmbH, Am Huiller Platz 4, D-61381 Friedrichsdorf, Telefon: 06172-76900, Telefax: 06172-769040

3D-PIPE

Programm zur Erstellung von 3D-Rorhleitungs- und Aufstellungsplanung

Hersteller bzw. Vertrieb: vögtlin Engineering GmbH, Am Huiller Platz 4, D-61381 Friedrichsdorf, Telefon: 06172-76900, Telefax: 06172-769040

AC Plant Designer

Modulares Programm zur Erstellung von Schemabildern, Aufstellungsplanung, Verrohrung 2D und 3D sowie Stücklisten

Hersteller bzw. Vertrieb: Aquaconsult GmbH, Helenenstraße 28, A 2500 Baden/Wien, Telefon: 0043-2252-41818-0, Telefax: 0043-2242-41818-32

RohrCAD

Programm zur Planung von Rohrleitungssystemen mit Kalkulationsmodul

Hersteller bzw. Vertrieb: dapro GmbH, Kammerstück 23, D-44357 Dortmund, Telefon: 0231-9359150, Telefax: 0231-367062

30.5 Elektrotechnik

MG-CAD

Elektro-Konstruktionssystem

Hersteller bzw. Vertrieb: MG-DATA Entwicklungsgesellschaft mbH, Karl-Heinz-Beckurts-Straße 13, D-52428 Jülich, Telefon 02461-690440, Telefax: 02461-690449

ECS-CAD

Elektro-Konstruktionssystem

Hersteller bzw. Vertrieb: Mensch und Maschine GmbH, Argelsrieder Feld 5, D-82234 Weßling, Telefon: 08153/933-0, Telefax: 08153/933-100

30.6 Symbolbibliotheken

MuM-Symbolbibliotheken

Symbolbibliotheken für die verschiedensten Anwendungen:

- Architektur
- Innenarchitektur
- Brandschutz, Sicherheitstechnik, Katastrophenschutz
- Maschinenbau
- Elektrotechnik
- Elektronik
- Kartographie
- Hydraulik, Verfahrenstechnik, Pneumatik, Lufttechnik

Hersteller bzw. Vertrieb: Mensch und Maschine GmbH, Argelsrieder Feld 5, D-82234 Weßling, Telefon: 08153/933-0, Telefax: 08153/933-100

30.7 Zeichnungsverwaltungen, EDM-Systeme

AutoManager WorkFlow

Zeichnungs- und Dokumentenverwaltung mit integriertem Viewer und Schnittstelle zu AutoCAD

Hersteller bzw. Vertrieb: Mensch und Maschine GmbH, Argelsrieder Feld 5, D-82234 Weßling, Telefon: 08153/933-0, Telefax: 08153/933-100

AutoORG

Zeichnungs- und Dokumentverwaltung mit Modulen zur Blockverwaltung, Stücklistenverwaltung usw.

Hersteller bzw. Vertrieb: CAD & LAN Computersysteme GmbH, Dr.-Ernst-Mucke-Straße 8, D-02625 Bautzen, Telefon: 03591-37440, Telefax: 03591-374419

Compass ZV

Zeichnungs- und Projektverwaltung mit Viewer und Schnittstellen zu AutoCAD und Office-Programmen

Hersteller bzw. Vertrieb: CAD/CAM-Center GmbH, Nußbaumstraße 1, D-85757 Karlsfeld, Telefon: 08131-5960-0, Telefax: 08131-5960-50

GAIN System

Arbeitsgruppenorientiertes Dialogsystem zur Verwaltung und Archivierung aller anfallenden Zeichnungen, Dokumente und Unterlagen

Hersteller bzw. Vertrieb: PDS Software GmbH, Amtmann-Tiemann-Straße 16, D-33647 Bielefeld, Telefon: 0521-9440300, Telefax: 0521-445710

MOZAD

Projektorientierte Zeichnungsverwaltung mit integrierbarem Viewer

Hersteller bzw. Vertrieb: MOTIVA DV-Support GmbH, Am Weichselgarten 23, D-91058 Erlangen, Telefon: 09130-777710, Telefax: 09130-777711

PRO*FILE

Verwaltung von Projektdaten, Zeichnungen und Dokumenten mit Workflow Management und Mailing System

Hersteller bzw. Vertrieb: PROCAD GmbH & Co. KG, Vinzenz-Prießnitz-Straße 3, D-76131 Karlsruhe, Telefon: 0721-9656-5, Telefax: 0721-9656-650

30.8 GENIUS – Applikationen rund um den Maschinenbau

Als Beispiel für eine komplette Applikationsfamilie soll an dieser Stelle GENIUS näher beschrieben werden. GENIUS hat sich inzwischen zur Standardlösung für den Maschinenbau auf der Basis von AutoCAD etabliert. Der Name GENIUS hat in dieser Branche schon fast soviel Gewicht wie AutoCAD selbst.

Eine Basisapplikation GENIUS 14 bietet alle Grundfunktionen für die mechanische 2D-Konstruktion mit einer umfangreichen Normteilebibliothek. Darauf können weitere Module aufgesetzt werden, einschließlich GENIUS Desktop, der Maschinenbauzusatz für Mechanical Desktop. Die Zusatzmodule sind in die Bedienoberfläche integriert.

Genius 14

Genius macht aus AutoCAD ein leistungsfähiges Maschinenbau CAD-System. Das Ziel von Genius war ein Programm, das den Konstrukteur beim Zeichnen und beim Konstruieren gleichermaßen unterstützt. Die Lösung hierfür lautet: »Intelligente Objekte«.

Bisher war z.B. eine Schraube nur ein Block oder eine Anhäufung von Linien oder Bögen. In Genius ist sie nun ein Objekt. Die intelligenten Genius-Objekte wissen, was sie sind, mit welchen Befehlen sie erzeugt wurden und mit welchen Objekten sie in Beziehung stehen (z.B. Schraffur). Mit Hilfe der Genius Power-Tools wie Power-Edit, Power-Kopie, Power-Löschen, ... stehen Ihnen sämtliche Vorteile der Objektorientiertheit zur Verfügung. Klicken Sie einfach mit dem Power-Edit auf eine Schraubenverbindung, und schon erscheint genau die Dialogbox, mit der Sie die Schraube erzeugt haben. Wählen Sie einen anderen Durchmesser oder eine zusätzliche Unterlegscheibe aus, und sofort wird Ihre Schraubverbindung geändert und der Hintergrund automatisch angepaßt.

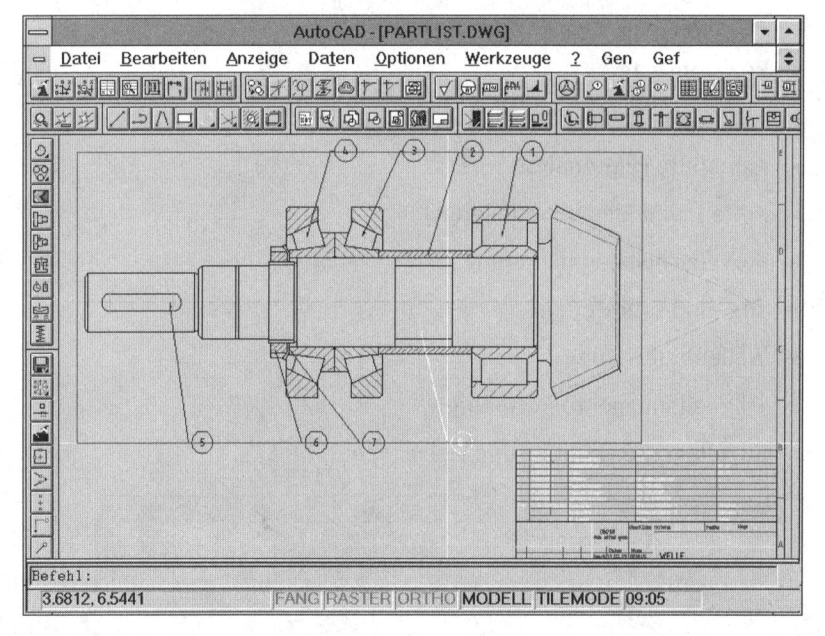

Abbildung 30.1:
Genius-Normteile und Stücklistenerstellung

Der Power-Snap arbeitet auf die gleiche Weise. Er nimmt die Information des Objekts auf und erkennt automatisch die typischen Objektfänge. Sie berühren einfach mit dem Fadenkreuz das Objekt, und die möglichen Fangpunkte werden durch logische Symbole angezeigt.

Alle Normteile sind auf einem parametrischen Kern aufgebaut und beinhalten den gleichen Constraint Manager wie der AutoCAD-Designer.

Hier eine kurze Auflistung, was Sie sonst noch in Genius finden:

- Power-Werkzeuge (Power-Befehl, Power-Edit, Power-Kopie)
- Power-Snap
- Power-Bemaßung (automatisch und assoziativ)

Kapitel 30: Branchenapplikationen

- Integration eigener Normteile
- Stücklisteneditor WYSIWYG
- mehrere Maßstäbe in einer Zeichnung
- vollautomatische Maßstabsänderung von kompletten Zeichnungen
- Block-Editor für verschachtelte Blöcke
- intelligente Schraffur
- verbessertes Layer- und Layergruppenmanagement
- Wellengenerator mit automatischer Generierung von Schnitten und Seitenansicht
- Revisionsliste
- Vollautomatische Einzelheiterstellung
- Komplette FEM-Analyse
- Ketten- und Riemenoptimierung
- Kurvenscheibengenerierung
- Zug- und Druckfedern
- Wellenberechnung
- Trägheitsmomentberechnung
- Kugellagerberechnung und vieles mehr....

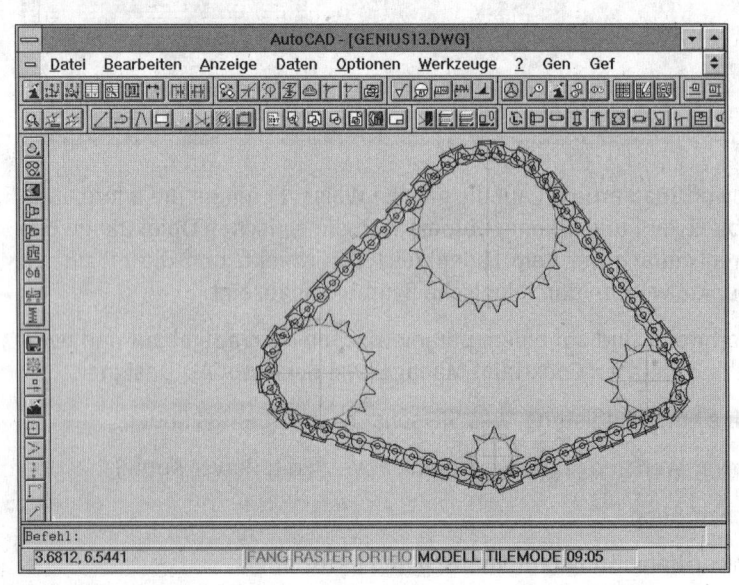

Abbildung 30.2:
Genius-Kettenberechnung

Genius-Vario

Genius-Vario ist ein leistungsfähiges und trotzdem einfach zu bedienendes Variantenprogramm. Verschiedene Varianten können miteinander verschachtelt werden. Dadurch lassen sich auch große Varianten erstellen. Ebenso können auch Abhängigkeiten definiert werden, wie z. B: »Ist der Flanschdurchmesser größer als 100 mm, werden sechs Bohrungen erzeugt, sonst nur vier.«

Die verschiedenen Variablen können in Tabellen abgespeichert werden, aus denen Sie dann die passende Größe auswählen. Als Tabellen können Sie sowohl Excel-Tabellen, Access-Datenbanken oder die Vario-eigenen Tabellen verwendet werden.

Genius-TNT

Explosionszeichnungen sind einfach unschlagbar, effizient und verständlich. Jede Dokumentation gewinnt durch eine Explosionszeichnung und ist somit ein Muß für viele Anwender.

Die meisten Zeichnungen sind zweidimensional. Aufbauend auf die 2D-Zeichnung wird bei Genius-TNT die Kontur durch Anpicken übernommen und in eine isometrische Darstellung übertragen. Die Explosionszeichnung selbst bleibt eine 2D-Zeichnung, d.h., sie ist einfach zu editieren und schnell zu bearbeiten.

Genius-Profile

Stahlbauprofile sind im Maschinenbau ein häufig verwendetes Bauelement. Genius-Profile macht das Zeichnen von Profilen so einfach wie das Zeichnen von Linien. Sie klicken einfach den Menüpunkt »Profile« an und wählen aus einer grafischen Übersicht das gewünschte Profil aus. Es stehen nun alle Ansichten des Profils, wie z.B. Querschnitt, Seitenansicht, Draufsicht usw. ... zur Verfügung. Sie können nicht nur die Einbaulage, sondern auch die Profilgröße dynamisch bestimmen.

Mit dem in Genius-Profile enthaltenen Datenbank-Editor können Sie eigene Profilgrößen für Sonderfälle erstellen oder die Profilauswahl auf Ihren Lagerbestand beschränken. Sie können auch aus unterschiedlichen Normensystemen auswählen, wie z.B. DIN, ISO, JIS, ANSI oder BS.

Genius-Motion

Genius-Motion ist ein leistungsstarkes Kinematikmodul zur Bewegungsanalyse. Sie ermitteln intuitiv Geschwindigkeiten, Beschleunigungen, Kräfte, Momente und vieles mehr. Diese werden nach Wunsch als Diagramme, Koppelkurven, Polbahnen, Tabellen, Vektorscharen oder Hodographen ausgegeben. Neben der Definition einer Vielzahl von Gelenken, können eigene komplexe Antriebe definiert werden. Als Antriebsfunktionen stehen lineare, sinusförmige, polynominale und viele weitere Funktionen zur Verfügung.

Folgende Gelenke können definiert werden:

- Schubgelenk
- Drehschubgelenk
- Abstandsgelenk
- Übersetzungsgelenk
- Richtungsgelenk
- Festgelenk
- Schleppgelenk

Genius-Mold

Der Formenbau ist ein Sonderfall des Maschinenbaus, und die Zeichnungen sind meist sehr komplex. Für dieses spezielle Einsatzgebiet müssen auch spezielle Funktionen und Normbibliotheken zur Verfügung stehen.

Genius-Mold nimmt Ihnen alle Routineaufgaben ab, indem es komplette Kataloge von Herstellern wie Hasco, DME, Strack und Meusburger zur Verfügung stellt. Sie wählen einfach den Hersteller aus, definieren das Material und die Größen Ihrer Form- und Aufspannplatten, und Ihre vier Ansichten werden automatisch richtig erstellt.

Spezielle Funktionen, wie z.B. die automatische Verschraubungsfunktion, die die einzelnen Komponenten vollautomatisch miteinander verbindet, sind eine weitere Arbeitserleichterung. Säulen, Führungen etc. werden dynamisch eingefügt und in den Ansichten mit Ausblenden der verdeckten Kanten eingezeichnet.

Stichwortverzeichnis

$M 822
%%c 272, 293, 297
%%d 293, 297
%%nnn 293
%%o 293
%%p 293, 297
%%u 293
'Treestat 1006
***ACCELERATORS 843
***AUX 824
***BUTTONS 824
***HELPSTRINGS 842
***POP 825, 830
***SCREEN 833
***SREEN 837
***TABLET 840
***TOOLBARS 835
*.PAT 250
.3ds 588
.arx 583
.BMP 587
.dwf 589
.dxx 585
.exe 583
.lsp 583
.MLN 359
.mnc 819
.mnr 819
.mns 819
.mnu 819

.PC2 315
.PCP 315
.sat 588
.SHX 305, 366
.stl 588
.TTF 305
.WMF 586–587
.X 234
.Y 234
<> 271
@ 110
¡ + Ã 90
« + C 561
« + E 372
» 81
fl 66
" 119, 157
" 119
2P, Befehl Kreis 201
3 Punkte, Befehl BKS 637
3d 671, 965
3D Flächenkörper 672
3D reihe 628
3d studio 590
3D-Ansichtspunkt 615
3darray 628
3D-Befehle 34
3ddrehen 625
3D-Editierfunktionen 623
3dfläche 665

Stichwortverzeichnis

3D-Grundkörper 671
3D-Koordinatenformate 605
3dnetz 667
3D-Netz, Befehl Ddmodify 509
3D-Objekte mit Objekthöhe 604
3Dpoly 664
3D-Polylinie 664
3dsin 590
3D-Solid, Befehl Ddmodify 511
3dsout 966
3dspiegeln 627
3d-studio 588
3D-Techniken 603
3P, Befehl Kreis 201

A

Abfragen 259
Abrollmenü 45, 57, 830
Abrollmenü ? 959
Abrollmenü Ändern 958
Abrollmenü Anzeige 952
Abrollmenü Bearbeiten 952
Abrollmenü Bemaßung 958
Abrollmenü Datei 46, 951
Abrollmenü Einfügen 954
Abrollmenü Format 954
Abrollmenü im Übersichtsfenster 72
Abrollmenü Werkzeuge 955
Abrollmenü Zeichnen 956
Abrunden 165, 344, 704
– Befehl Rechteck 217
– Dbem 417
Abrundungsradius 166
Absatztext 294
Absolute kartesische Koordinaten 110
Absolute polare Koordinaten 110
Abstand 168, 260
– Befehl Dansicht 645
– Schraffurmuster 251
Abstand, Konstruktionslinie 195
ACAD.DWT 97, 150
ACAD.FMP 581
ACAD.MLN 359
ACAD.MNC 819
ACAD.MNR 819
ACAD.MNS 795, 819
ACAD.MNU 795, 819
ACAD.PGP 808–809

ACAD.PSF 593
ACADISO.DWT 97, 150
ACADISO.LIN 357, 799
Achse drehen, Befehl BKS 638
Achsen, Befehl Apunkt 616
Achsendreibein 617
Achsenendpunkte, Befehl Ellipse 352
Acis 588
Acisin 591
ACIS-Objekt 591
Acisout 966
ACLT.PAT 804
ACLTISO.LIN 132
ACLTISO.PAT 804
ActiveX-Automation 893
Addieren, Befehl Fläche 261
ADI-Treiber 311
Administration 860
ADS 583
ADS-Applikation 583
ADS-Schnittstelle 892
Änderbare Parameter 504
Ändern 967
– der Objekteigenschaften 257
Änderung, Bonus-Utilities 911
Afenster 648
Aflayer 541, 966
Aktualisieren, Bemaßung 429
Aktuelle Farbe 141
Aktuelle Objektskalierung 140
Aktueller Bemaßungsstil 422
Aktueller Bildschirm, Befehl Ddview 243
Aktueller Layer 125
Alias, Werkzeugkasten 782
Alle regenerieren 650
Alle, Befehl Rechtschreibung 301
Alle, Objektwahl 176
Alles löschen, Layerliste 124
Alles regenerieren 171
Alles schneiden, Befehl Mledit 365
Alles verbinden, Befehl Mledit 365
Alles wählen, Layerliste 124
Alles, Befehl Bksymbol 212
Allgemein, Befehl Voreinstellungen 934
Alternativeinheiten, Dbem 416
AME-Körper 705
Amekonvert 705
Analyse von Regionen 396

Stichwortverzeichnis

Andocken 60
Anfangsansicht 50
Angenommener Schnittpunkt 188, 634
Anleitungen 99
Anpassungsdaten, Befehl Splinedit 351
Anpassungstoleranz, Befehl Spline 350
Ansicht ⟶ 53
Ansicht, Befehl BKS 637
Ansichtsfenster beim Setup 549
Ansichtsfenster, Befehl Ddmodify 515
Ansichtsfenster, Befehl Mansfen 533
Anwendung 582
Anzahl der Segmente, Befehl Teilen 368
Anzeige, Befehl Voreinstellungen 935
Anzeigebefehle 34
Anzeigereihenfolge 387
Appload 582, 968
Apunkt 615
Arbeitsplatz 86
Arbeitsspeicher 30
Architektur 1043
ARX 583
Arx 969
ARX-Applikation 583
ARX-Schnittstelle 892
ASE 855
Aseadmin 860
Aserows 862
Aseselect 867
Asesqled 861
Assistent verwenden 96, 100
Assoziative Bemaßung 265
Assoziativschraffur 182, 253
Attdef 969
Attdia 454
Attedit 455
Attext 970
Attredef 970
Attreq 454
Attributanzeige 457
Attributdefinition
– ändern 452
– Befehl Ddmodify 512
– erstellen 450
Attribute 35, 449
– Anzeige 457
– Ausgabe 458
– bearbeiten 303
– Schraffur 253

Attributwert
– ändern 455
– eingeben 453
Attzeig 457
Auflisten der Objektdaten 263
Auflös 726, 971
Auflösung 30
Ausgabebefehle 35
Ausgabegeräte 32
Ausgangsposition,
– Befehl Bemedit 427
– Befehl Bemtedit 427
Ausmessen 259
Ausrichten 631
– Befehl Dtext 291
– Befehl Mtext 294
– Befehl Mvsetup 658
Ausrichtung, Befehl Mlinie 362
Ausschneiden 562
Ausschnitt speichern, Befehl Ddview 243
Ausschnitt, Befehl Plot 317
Ausschnitte 242
Ausschnt 971
Auswählen, Bembasisl 275
Auswählen, Bemweiter 275
Auswahl anzeigen, Schraffur 252
Auswahleinstellungen 518
Auswerten der Daten, ASE 865
Auto, Objektwahl 179
AUTO.SV$ 146
Auto-AFenster 72
AutoCAD 14, Bildschirm 43
AutoCAD-DOS-Version, Datenaustausch 580
AutoCAD-Hilfethemen 81
AutoLISP 871
AutoLisp-Applikation 583
AutoLISP-Programme 875
Automatische Speicherung 146
Automatisches Fenster 181
AutoSnap 183, 191
Autospool 319
AutoVision 725

B

Backup-Datei 146
BAK 146
Band 972
BAS oder Basispunkt 188
Basis 440

Stichwortverzeichnis

Basispunkt,
- Befehl Bmake 437
- Befehl Kopieren 223
- Block 435
- Griffe 524

Batchplt 315
Bearbeiten, Attribute 455
Bedienelemente 39
Befehl
- 3d 671, 965
- 3darray 628
- 3ddrehen 625
- 3dfläche 665
- 3dnetz 667
- 3Dpoly 664
- 3dsin 590
- 3dsout 966
- 3dspiegeln 627
- Abrunden 165, 344, 704
- Abstand 260
- Acisin 591
- Acisout 966
- Ändern 967
- Afenster 648
- Aflayer 966
- Amekonvert 705
- Appload 582, 968
- Apunkt 615
- Arx 969
- Aseadmin 860
- Aserows 862
- Aseselect 867
- Asesqled 861
- Attdef 969
- Attedit 455
- Attext 970
- Attredef 970
- Attzeig 457
- Auflös 971
- Ausrichten 631
- Ausschneiden 562
- Ausschnt 971
- Band 972
- Basis 440
- Bem 406
- Bem/Bem1 972
- Bem1 406
- Bemausg 272
- Bembasisl 275
- Bemdurchm 278
- Bemedit 427
- Bemlinear 270
- Bemmittelp 289
- Bemordinate 285
- Bemradial 278
- Bemstil 974
- Bemtedit 426
- Bemüberschr 428
- Bemweiter 275
- Bemwinkel 280
- Bereinig 445
- Bflösch 975
- Bfrück 976
- Bild 486
- Bildanpassen 492
- Bildqualität 493
- Bildrahmen 493
- Bildsich 732
- Bildzuordnen 491
- Bildzuschneiden 494
- Bks 209, 635
- Bksymbol 211
- Block 977
- Bmake 436
- Bmpsich 977
- Bogen 203
- Browser 572
- Bruch 369
- Clipeinfüg 562
- Copyclip 561
- Dansicht 642
- Dbem 266, 408
- Dbliste 978
- Dbtrans 580
- Ddattdef 450
- Ddatte 303, 455
- Ddattext 458
- Ddbks 215, 638
- Ddchprop 258, 501
- Ddcolor 141
- Ddedit 300, 452
- Ddgrips 518
- Ddinsert 441, 453
- Ddlmodi 123
- Ddltype 137
- Ddmodify 258, 503

Stichwortverzeichnis

- Ddosnap 190
- Ddptype 367
- Ddrename 979
- Ddrmodi 117, 372, 386
- Ddselect 180, 518
- Ddstyle 305
- Dducsp 638
- Ddunits 108
- Ddview 242, 619
- Ddvpoint 618
- Dehnen 163
- Differenz 398, 701
- Drehen 224
- Drsicht 618
- Dtext 291
- Dwfout 981
- Dxbin 595
- Dxfin 981
- Dxfout 981
- Edge 668
- Eigändr 982
- Eigübertrag 515
- Einfüge 982
- Einheit 983
- Einlesen 586, 984
- Ellipse 351
- Ende 90
- Erhebung 611
- Erstellen 438, 584, 587f.
- Extrusion 695
- Fang 984
- Farbe 985
- Fase 167, 344, 702
- Filter 985
- Fläche 260, 345
- Führung 282, 288
- Füllen 386
- Graphbld 813
- Gruppe 463, 987
- Gschraff 248, 383, 987
- Hintergrund 736
- Hoppla 183, 440
- Id 259
- Inhalteinfüg 565
- Isoebene 988
- Kal 375
- Kantob 679
- Kappen 698
- Klinie 194
- Kmpilier 989
- Konfig 324
- Konvert 989
- Kopieren 223
- Kopieverknüpfen 562
- Kpmodus 990
- Kreis 200
- Ksich 143
- Laden 366
- Länge 241
- Layer 123, 990
- Licht 759
- Limiten 116
- Linie 152
- Linientp 137, 991
- Liste 263, 344, 396
- Löschen 173
- Logfileoff 991
- Logfileon 991
- Lsbearb 770
- Lsbibl 770
- Lsneu 768
- Ltfaktor 992
- Machdia 811
- Mansfen 533, 652
- Mapping 754
- Masseig 397, 713
- Mat 743
- Matbibl 745
- Mbereich 536, 653
- Meinfüg 992
- Menü 820
- Menülad 845
- Messen 367
- Mledit 363
- Mlinie 362
- Mlstil 358
- Mtext 294
- Mvsetup 654
- Nebel 741
- Neu 100
- Neuinit 810, 994
- Neuzall 170, 540, 650
- Neuzeich 170
- Nochmal 994
- Objeinfüg 566
- Öffnen 47

Stichwortverzeichnis

- Öffnung 995
- Ofang 190, 995
- ohne Dialogfelder 813
- Oleverkn 571
- Ortho 995
- Pan 75, 79
- Pause 813
- Pbereich 536, 653
- Pedit 345, 681
- Plinie 337, 385
- Plot 311, 996
- Pnetz 668
- Polygon 353
- Prüfung 997
- Psfüll 997
- Psin 594
- Pszieh 998
- Punkt 367
- Qtext 998
- Querschnitt 699
- Raster 999
- Rechteck 216
- Rechtschreibung 301
- Regelob 678
- Regen 171
- Regenall 171, 540, 650
- Regenauto 1000
- Region 395
- Reihe 218
- Reinst 732
- Render 728
- Ring 353
- Rotation 696
- Rotob 676
- Rscript 813
- Schieben 226
- Schnittmenge 399, 702
- Schraff 1001
- Schraffedit 255
- Script 812
- Setvar 407, 1002
- Shade 620
- Shell 1003
- Sichals 143
- Skizze 354
- Solans 717
- Solid 385
- Solprofil 715
- Solzeich 721
- Spiegeln 227
- Spline 349
- Splinedit 350
- Stat 772
- Status 264
- Stil 305, 1004
- Stlout 1005
- Strahl 195
- Strecken 230
- Stutzen 161
- Symbol 366
- Sysfenster 1005
- Szene 765
- Tablett 63, 374
- Tabob 677
- Teilen 368
- Text 1006
- Textbld 813
- Toleranz 287
- Transparenz 493
- Treestat 1006
- Überlagerung 700
- Üfenster 70
- Umbenenn 1008
- Umgrenzung 390
- und Optionen 67
- Ursprung 340, 396, 445, 1008
- Varia 228
- Verdeckt 620
- Vereinig 398, 701
- Versetz 159, 343
- Voransicht 324
- Voreinstellungen 86, 324
- Wahl 180
- Wblock 1009
- Werkzeugkasten 59, 779
- Wherst 1010
- Wiedergabe 733
- Wmfopt 586, 1010
- Wmfout 1010
- Xbinden 481
- Xref 471
- Xzuordnen 1011
- Xzuschneiden 446, 476
- Z 156
- Zeichreihenf 388, 494
- Zeigdia 811

- Zeigmat 746
- Zeit 264
- Zlösch 156
- Zoom 73
- Zugmodus 1012
- Zurück 156, 1012
- zurücknehmen 156

Befehlsaliase 1013
Befehlsdialog 27, 65
Befehlskürzel 67, 809
Befehlszeilenfenster 44, 65
- Änderung 65
Bem 406
Bem/Bem1 972
Bem1 406
Bemaßen 265
- Mehrfachansichten 544, 659
Bemaßung 34
- Befehl Ddmodify 514
Bemaßungsbefehle 265
Bemaßungsstil 408, 420
- einstellen 266
Bemaßungsstile 266, 420
Bemaßungsvariablen 405
Bemausg 272
Bembasisl 275
Bemdurchm 278
Bemedit 427
Bemlinear 270
Bemmittelp 289
Bemordinate 285
Bemradial 278
Bemstil 974
Bemtedit 426
Bemüberschr 428
Bemweiter 275
Bemwinkel 280
Benannte Ausschnitte 242
Benannte Objekte 476
- Binden 481
Benanntes BKS 215, 638
Benutzerdefiniert,
- Dbem 414
- Schraffurmuster 250
Benutzerdefinierte Formate
- Befehl Plot 320
Benutzerdefinierter Start 100
Benutzerhandbuch 84

Benutzerkoordinatensystem 108, 208, 635
Benutzerspezifisch, Schraffurmuster 250
Benutzerwörterbuch 302
Bereich 104
Bereich ausfüllen, Befehl Plot 318
Bereinig 123, 445
Bereinigen 445
Beschriften 290
Beschriftung 34
Bewehrung 1046
Bezeichnung, Befehl Ddattdef 451
Bezug,
- Befehl Drehen 225
- Befehl Varia 229
- Griffe 525
Bezugsmaß 275
Bezugswinkel, Befehl Drehen 225
Bflösch 975
Bfrück 976
Big Font 306
Bild 486
- bearbeiten 492
- zuschneiden 494
Bildanpassen 492
Bildinformationen, Befehl Bild 488
Bildlaufleisten 45, 73
Bildmenü 833
Bildname, Befehl Bild 488
Bildparameter, Befehl Bild 488
Bildqualität 493
Bildrahmen 493
Bildschirm 30
- Befehl Plot 317
Bildschirmseitenmenü 87, 837
Bildsich 732
Bildzuordnen 491
Bildzuschneiden 494
Binden, Befehl Xref 476, 480
BKS 108, 208
Bks 635
BKS-Ausrichtung 638
BKS-Symbol 211
Bksymbol 211
BL,
- HANDLE 459
- LAYER 460
- LEVEL 459
- NAME 459

- NUMBER 459
- ORIENT 460
- X 459
- XEXTRUDE 460
- XSCALE 460
- Y 459
- YEXTRUDE 460
- YSCALE 460
- Z 459
- ZEXTRUDE 460
- ZSCALE 460

Blättern im Zeichnungsbestand 54
Block 977
- Befehl Ddmodify 512
- Eigenschaften 433
- einfügen 441
- erstellen 436
- exportieren 438
- zuschneiden 446
Block einfügen 442
Blockdefinition 434
Blocknamen 434
Blockreferenz 434
Blöcke 35
Bmake 436
BMP-Dateien 587
Bmpsich 977
Bogen 203
- Befehl Ddmodify 508
Bonus-Utilities 908
Boolesche Operationen 398, 701
Box, Objektwahl 179
Branchenapplikationen 31, 1041
Brechen von Objekten 369
Breite,
- Befehl Mtext 295
- Befehl Pedit 346
- Befehl Polylinie 338
- Befehl Rechteck 217
Breitenfaktor, Befehl Stil 306
Browse, Befehl Xref 472
Browser 572
Bruch 369
Büroplanung 1045

C

C,
- DELIM 460
- QUOTE 460
CAD-Peripherie 31
CD zum Buch 28
CDF 458
CD-ROM-Laufwerk 30
Clipboard 561
Clipeinfüg 562
Cmdactive 849
Cmddia 965
Comma Delimited Format 458
CONTINUOUS 127
Copyclip 561

D

Dansicht 642
Darstellen, Befehl Zeit 264
Data Exchange Format 583
- Attribute 459
Datei,
- einfügen 441
- Stapelplotten 327
- suchen 54
Dateiauswahl 48
Dateien, Befehl Voreinstellungen 928
Dateischablone 459
Dateityp 144
Dateiwähler 48
Datenaustausch 575
Datenbanken 857
Datenbank-Konfiguration 858
Datumsfilter 55
Dbem 266, 408
Dbliste 978
Dbtrans 580
DCL 886
Ddattdef 450
Ddatte 303, 455
Ddattext 458
Ddbks 215, 638
Ddchprop 258, 501
Ddcolor 141
Ddedit 300, 452
Ddgrips 518

Ddinsert 441, 453
Ddlmodi 123
Ddltype 137
Ddmodify 258, 503
Ddosnap 190
Ddptype 367
Ddrename 979
Ddrmodi 117, 372, 386
Ddselect 180, 518
Ddstyle 305
Dducsp 638
Ddunits 108
Ddview 242, 619
Ddvpoint 618
Dehnen 163
Delobj 698
DElta, Befehl Länge 241
Detailanzeige,
– Befehl Layer 136
– Befehl Linientp 139
Diabibliotheken 811
Diadateien 810
Dialog Control Language 886
Dialogfeld beim Start 96
Dialogfelder 46
– mit DCL 886
Dienstprogramm Stapelplotten 325
DIESEL 847
DIESEL-Funktionen 849
DIESEL-Makro 822
Differenz 398, 701
Digitalisieren 374
Digitalisiertablett 30–31, 63
Direct Interpretively Evaluation String Expression Language 847
Direkt beginnen 98
– Setup 115
– Start 150
Doppel-Schraffur 251
DOS-Version, AutoCAD 580
Drag and Drop 557
Drahtmodelle 604
Draufsicht 618
Drawing (*.dwg) 50
Drawing Template File (*.dwt) 50
Drehen 224
– Befehl Apunkt 616
– Befehl Bemedit 427

– Befehl Dansicht 644
– Befehl Mtext 294
– Bemlinear 270
DREHEN, Griffe 525
Drehung,
– Befehl Ellipse 352
– Befehl Plot 320
Drsicht 618
Druck/plot 311
Drucken 311
Druckereinrichtung 324
Drücken und ziehen 181
Dtext 291
– Drag and Drop 559
Durchmesser, Befehl Kreis 201
Durchmessermaße 278
Durchmesserzeichen 293, 297
DVIEWBLOCK 642
Dwfout 981
DWG 146
DXB-Format 594
Dxbin 595
DXF, Attribute 459
DXF-Dateien 583
Dxfin 981
Dxfout 981
Dxx-extrakt 585
Dynamisch, Befehl Länge 241
Dynamisch aktualisieren 72
Dynamische 3D-Ansicht 642

E

Echtzeit Pan 75
Echtzeit-Zoom 72
Eckverbindung, Befehl Mledit 364
Edge 668
Editierbefehle 34
Editierung
– von Polylinien 343
– von Maßen 426
EDM Systeme 1053
Effekte, Befehl Stil 306
Eigändr 982
Eigenreferenz 435
Eigenschaften 501
– anpassen 515
– Befehl Mtext 297
– einer Datei 52

Stichwortverzeichnis

- von Polylinien 340
- Werkzeugkasten 782
- übernehmen 253
Eigübertrag 515
Einbetten 564
Einfach schneiden, Befehl Mledit 365
Einfüge 982
- Drag and Drop 558
Einfügebasispunkt 440
Einfügen, Befehl Xref 480
Einführung 23
Eingabe von Koordinaten 108
Eingabeaufforderung, Befehl Ddattdef 451
Eingabegeräte 31
Einheit 983
Einheiten 101
- Dbem 417
Einlesen 586, 984
Einpassen,
- Befehl Dtext 291
- Dbem 414
Einzeiliger Text 291
Einzeleditierung, Attribute 457
Einzeln, Objektwahl 180
Einzelner Punkt 367
Elektrotechnik 1052
Elevation 611
Ellipse 351
Ellipsenbögen 352
Encapsulated ps 593
END oder Endpunkt 187
Ende 90
Englische Bedienung 67
Entfernen,
- Befehl Bild 490
- Befehl Xref 476
- Objektwahl 178
EPS-Datei 592
Erhebung 608, 611
- Befehl Rechteck 216
Erstellen 438, 584, 587–588
- Befehl Mvsetup 656
- Block 436
Erweitertes Setup 549
Excel-Tabelle 570
Externe Referenz 35
- Befehl Ddmodify 513
- Binden 479
- zuordnen 471

Externes Programm 808
Extrusion 695
Exzentrität, Befehl Ellipse 352

F

Facetres 727
Fadenkreuz 44
Fang 118, 984
Fang/Raster, isometrisch 119, 372
Fangwinkel 119
Farbe 141, 985
- einem Layer zuweisen 129
Farbeinstellung, Funktionsleiste Eigenschaften 142
Farbname 130
Farbnummer 130
Fase 167, 344, 702
Fasen,
- Befehl Rechteck 216
- Polylinien 344
Fasenabstand 167
Feder, Befehl Skizze 355
Fenster bestimmen, Befehl Ddview 243
Fenster,
- Befehl Plot 317
- Objektwahl 174
Fertigung 1050
Feste Ansichtsfenster 648
Fester Modellbereich 530, 652
Fildedia 964
Fillmode 386
Filter 985
Filtern, Layer 134
Fläche 260, 345
Flächenfüllung 339
- Zeichnungshilfen 120
Flyoutmenü 62
Fontalt 581
Form- und Lagetoleranzen 287
Format,
- Befehl Führung 282
- Befehl Plot 319
- Dbem 413
Formatierung im Texteditor 295
FPolygon, Objektwahl 177
Führung 282, 288
Führungslinien 282
Füllen 386

Funktionen
- im Modellbereich 540
- im Papierbereich 540
- von AutoCAD 14 33
Funktionsleiste Eigenschaften 45, 964

G
Gefüllte Flächen 383
Gegen den Uhrzeigersinn 103
Genauigkeit 101
GENIUS 1054
Geographische Informationssysteme 1048
Geographische Position 763
Geometrie, Dbem 409
Geometrierechner 375
Gerade, Befehl Führung 282
Geräte und Vorgabenwahl, Druck/Plot 312
Geräteauswahl 312
Gerätespezifische Konfiguration, Befehl Plot 312
Gesamt, Befehl Länge 241
Geschlossenes Kreuz, Befehl Mledit 364
Geschlossenes T, Befehl Mledit 364
Getvar 848
Glättung löschen,
- Befehl Pedit 682
Gliederung 26
Global bearbeiten, Attribute 456
Globale Editierung, Attribute 456
Globaler Skalierfaktor 140, 538
- Dbem 412
Globus 617
Glossar 85
Gradzeichen 293, 297
Grafikkarte 30
Granit 750
Graphbld 813
Grenzen, Befehl Plot 317
Grenzkanten 164
Grenzkantenermittlung 251
Griffe 517
- Größe 519
- heiß 521
- kalt 521
- OLE-Objekte 569
- warm 521
- in Blöcken 436, 519
Griffposition 520
Größe der Pickbox 182, 190

Größe angepaßt, Befehl Plot 321
Große Werkzeugsymbole 59
Grundeinstellungen 93
Gruppe 463, 466, 987
- Objektwahl 179
Gruppen 35, 462
- Zeichnungshilfen 121
Gschraff 248, 383, 804, 987
Gummibandlinie 153

H
HAlb, Konstruktionslinie 194
Halbbreite, Befehl Polylinie 338
Handbuch für Benutzeranpassungen 84
Hardware-Voraussetzungen 29
Haustechnik 1047
Heiße Griffe 521
Hervorhebung,
- Objektwahl 174
- Zeichnungshilfen 121
Hierarchie, Bemaßungsstil 420
Hilfe
- anfordern 81
- Index 82
- Inhalt 82, 84
- ohne AutoCAD 85
- Suchen 83
- verwenden 84
Hilfe-Funktionen 81
Hilfetext 842
Hilfslinie, Dbem 411
Hintergrund 736
Hinzu, Objektwahl 178
Höhe,
- Befehl Mtext 294
- Befehl Stil 306
Holen,
- Befehl Afenster 649
- Befehl BKS 211
- Befehl Mansfen 534
Holz 751
Hoppla 183, 440
Horizontal,
- bemlinear 270
- Kontruktionslinie 194
Horizontale Anordnung, Dbem 414
HPGL-Dateien 597

I

Id 259
In Datei plotten 318
Inhalt, Werkzeugkasten 783
Inhalte einfügen 565
Inhalteinfüg 565
Inkreis, Befehl Ploygon 353
Innenarchitektur 1045
Inseln entfernen, Schraffur 252
Inseln erkennen,
- Befehl Umgrenzung 390
- Schraffur 253
Installation 917
Installations-Assistent 918
Installationshandbuch 84
Integriertes Kreuz, Befehl Mledit 364
Integriertes T, Befehl Mledit 364
Internet-Browser 572
Isoebene 988
Isokreis, Befehl Ellipse 373
Isolines 692
Isometrisch 119
Isometrischer Fang 372
Isometrisches Zeichnen 371

K

Kal 375
Kalibrieren,
- Befehl Tablett 374
Kalte Griffe 521
Kamera, Befehl Dansicht 643
Kante 668
Kantendefinierte Fläche 679
Kantob 679
Kappen 698
Kartesische Koordinaten 606
Kartographie 1048–1049
Kaskadierende Menüs 57
Kegel,
- Volumenkörper 694
- Befehl 3D 673
KEI oder Keiner 189
Keil,
- Volumenkörper 694
- Befehl 3D 675
Kein Ursprung, Befehl Bksymbol 212
Kettenmaß 275
Klinie 194

Kmpilier 989
Knopfmenü 824
Kompatibilität, Befehl Voreinstellungen 933
Kompilierte binäre Menüdatei 819
Komplexe Linientypen 357, 801
Konfig 324
Konfigurationsdatei 315
Konstant, Befehl Ddattdef 451
Konstruktionen aus Regionen 400
Konstruktionslinie 194
- Befehl Ddmodify 507
Konstruktionspt, Zeichnungshilfen 120
Konstruktionspt. 170
Kontrollpunkt hinzufügen, Befehl Mledit 364
Kontrollpunkt löschen, Befehl Mledit 364
Konventionen 27
Konvert 989
Koordinaten,
- Befehl Apunkt 615
- eines Punktes 259
Koordinatenbemaßung 285
Koordinatenfilter 632
Koordinatenformate 109
Koordinatensymbol 44
Kopie verknüpfen 562
Kopieren 223
- Griffe 524
- mit Abstandsangabe 224
- der Übungsdateien 29
Kopieverknüpfen 562
Kpmodus 990
KPolygon, Objektwahl 177
Kreis 200
- Befehl Ddmodify 508
Kreisbogen, Befehle Polylinie 339
Kreisradius, Befehl Polygon 353
Kreuzen, Objektwahl 174
Ksich 143
Kugel,
- Volumenkörper 693
- Befehl 3D 674
Kugelkoordinaten 606
Kuppel, Befehl 3D 673
Kurve angleichen, Befehl Pedit 347
Kurve löschen, Befehl Pedit 347
Kurvenlinie, Befehl Pedit 347

L

Laden 366
Länge 240
Längenangaben 157
Landschaft 768
Landschaftsbibliothek 770
Laserdrucker 32
Laufwerk wechseln 49
-Layer 123
Layer 122f., 990
– 0 122
– anlegen 127, 129
– aus 126
– Bonus-Utilities 909
– ein 126
– entsperrt 126
– filtern 478
– gefroren 126
– gesperrt 126
– getaut 126
– setzen durch Zeigen 257
– Stapelplotten 328
– umbenennen 128
– löschen 128
Layerfilter 135
Layerliste filtern 134
Layerstatus 125
– Funktionsleiste Eigenschaften 127
Layout, Befehl Afenster 650
Leistungsdaten, Befehl Voreinstellungen 931
Lernprogramm 84
Letztes, Objektwahl 176
Licht 759
Limiten 113, 116
– Befehl Plot 317
Limitenkontrolle 116
Lineare Bemaßungen 270
Linie 152
– Befehl Ddmodify 506
Linie innerhalb, Dbem 414
Linien verdecken, Befehl Plot 318
Linienfamilie, Schraffurmuster 804
Linientp 137, 538, 799, 991
LInientp, Befehl Pedit 346
Linientyp 137
– definieren 799
– einem Layer zuweisen 131
– laden 132, 138

Linientypdatei ändern 799
Linientypeinstellung, Funktionsleiste Eigenschaften 141
Linientypfaktor in Ansichtsfenstern 538
Lisp 583
LISP-Interpreter 872
Liste 263, 344, 396
Liste der Leistungsmerkmale,
– Befehl Plot 316
Löschen 173
– Befehl Afenster 649
– Befehl Skizze 355
– Befehl BKS 211
Löschung zurücknehmen 183
Lösen,
– Befehl Bild 490
– Befehl Xref 476
Logfileoff 991
Logfileon 991
Lot 188
Lsbearb 770
Lsbibl 770
Lsneu 768
Ltfaktor 992

M

Machdia 811
Magnet 192
Makros 793
Mansfen 533, 652
Mapping 754
Marmor 751
Maschinenbau 1049
Masseeigenschaften 397, 714
Masseig 397, 713
Maßlinie, Dbem 409
Maßstab, Befehl Mlinie 362
Maßstäbliches Zeichnen 109
Maßtext, Dbem 415
Mat 743
Matbibl 745
Materialbibliothek 745
Materialien 742
Maustaste
– links 80
– Mitte 80
– rechts 80
Maxactvp 535

Mbereich 536, 653
Mechanical Desktop, Datenaustausch 577
Mechanik 1049
Mehrere,
– Objektwahl 179
– Punkte 367
Mehrfach, Befehl Kopieren 223
Mehrfachansichten 533
– Bemaßen 659
– Plotten 659
Meinfüg 992
Menü 820
– Programme 41
Menübereiche 63
Menüdatei 819
Menüfolie 944
Menüfunktionen 951
Menügruppe 785
Menülad 845
Menü-Quelltextdatei 819
Menü anpassen 845
Menüvorlagedatei 819
Menüzeile 45
Messebau 1047
Messen 367
Methode, Befehl Fase 168
Metrisch, Setup 115
Mindestanforderungen 30
MIT oder Mittelpunkt 187
Mit Umschalttaste hinzufügen 181
Mitte,
– Befehl Dtext 291
– Dbem 412
Mittellinie 239, 289
Mittelp, Startp, Endpunkt, Befehl Bogen 205
Mittelp, Startp, Sehnenlänge, Befehl Bogen 206
Mittelp, Startp, Winkel, Befehl Bogen 206
Mledit 363, 365
Mlinie 362
Mlstil 358
Modellbereich 105, 536
Monochromvektoren 88
Mtext 294
– Befehl Führung 283
– Bemlinear 271
MText,
– Befehl Bemwinkel 281
– Bemordinate 285
– Bemradius bzw. Bemdurchm 278

Multiline,
– Befehl Ddmodify 510
Multilinie 358, 362
Multilinienstil 358
Multilinienstildateien 359
Muster,
– Befehl Ddinsert 442
Muster-Eigenschaften,
– Schraffur 250
Mvsetup 654

N
Nadeldrucker 32
NÄC oder Nächster 189
Nebel 741
Neigungswinkel,
– Befehl Stil 306
Netscape Navigator 589
Netz, Befehl 3D 673
Neu 100
Neu in AutoCAD 14 35
Neudefinition, Block 434
Neuinit 810, 994
Neuinstallation 917
Neuladen,
– Befehl Bild 490
– Befehl Xref 476
Neuzall 170, 540, 650
Neuzeich 170
Neuzeichnen 170
Nochmal 994
Nordausrichtung 760
Null unterdrücken, Dbem 419
Null-Grad-Richtung 102, 109
Nur im Pbereich, Dbem 419

O
Oberflächen glätten,
– Befehl Pedit 682
Oberflächenmodelle 605, 661
Objeinfüg 566
Objekt, Befehl Fläche 262
Objekt Linking and Embedding 564
Objekt, Befehl BKS 637
Objekte
– auf anderen Layer bringen 257
– vor Befehl 181
Objekte beibehalten, Befehl Bmake 438

Objekte wählen 173
– Schraffur 252
Objekteigenschaften 501, 515
Objektfang 183
– fest einstellen 190
– für eine Punkteingabe 185
Objektgruppe 181, 463
Objekthöhe 608, 611
– Befehl Rechteck 217
Objektsortiermethode 182
Objekttyp, Befehl Umgrenzung 390
Objektwahl-Einstellungen 180
Œ 111
œ 119
Öffnen 47
– Befehl Pedit 346
– von Zeichnungen 46
Öffnung 995
-Ofang 194
Ofang 190, 995
Offenes Kreuz, Befehl Mledit 364
Offenes T, Befehl Mledit 364
OLE 564
OLE-Automation 893
OLE-Client 564
OLE-Server 564
Oleverkn 571
Optimierung, Befehl Plot 316
Optionen 67
– Befehl Mvsetup 655
– Befehl Wmf 586
– Schraffur 252
Ordner wechseln 49
Ortho 119, 995
Orthogonales Zeichnen 119, 157

P
Pan 72, 75, 79
PAn, Befehl Dansicht 644
Papierbereich 105, 529, 536
Papierformat 113
– Befehl Plot 319
Parallellichter 762
Pause 813
Pbereich 536, 653
Pedit 345, 681
Pellipse 351

Pfad speichern,
– Befehl Bild 491
– Befehl Xref 476
Pfeil, Befehl Führung 282
Pfeilspitzen, Dbem 411
Pickbox 174
– Objektwahl 173
Picktaste 80, 824
Pixelbild 486
Plinie 337, 385
Plot 311, 996
Plotangabe, Stapelplotten 329
Plotbefehl 311
Plotbereich 317
– Stapelplotten 328
Plotdateien 595
Plotmaßstab 113
Plotten 311
– Mehrfachansichten 659
– von Mehrfachansichten 548
Plotter konfigurieren 324
Plotvoransicht 321
Pnetz 668
Polar, Befehl 3darray 630
Polare Anordnungen 220
Polygon 353
Polylinie 337
– bearbeiten 345
– Befehl Ddmodify 509
– Editierung 343
Polylinienoptionen 343
Pop-up-Menü 186, 825
– OLE-Objekte 570
Position, Befehl Dtext 291
PostScript 591
PostScript-Dateien 597
Präfix, Dbem 415
Primäreinheiten, Dbem 415
Priorität für Koordinateneingabe 193
Profil 715
Profile, Befehl Voreinstellungen 942
Projektion 161, 164
Projektion Ebene, Befehl Mapping 755
Projektion Kugelförmig, Befehl Mapping 757
Projektion Solid, Befehl Mapping 758
Projektion Zylindrisch, Befehl Mapping 756
Protokoll, Stapelplotten 329

Stichwortverzeichnis

Proxy-Grafiken 577
Proxy-Objekte 577
Proxy-Show 579
Prozent, Länge 241
Prozessor 30
Prüfen, Befehl Ddattdef 451
Prüfung 997
Psfüll 997
Psin 594
Psltscale 538
Pszieh 998
PUN oder Punkt 188
Punkt 367
– Befehl Ddmodify 506
Punkte wählen, Schraffur 251
Punkte, Befehl Dansicht 643
Punktfilter 233
Punktlichter 761
Punktstil 367
Pyramide, Befehl 3D 674

Q

Qtext 998
QUA oder Quadrant 188
Quader, Volumenkörper 693
Quader, Befehl 3D 672
Querschnitt 699
QUI oder Quick 189
Quickinfo 59, 62

R

Radius, Befehl Kreis 201
Radiusmaße 278
Raster 117, 999
Rasterbild, Befehl Ddmodify 513
Rasterdateien 35, 485
Rasterdateiexport 595
Ratgeber 84
Rechteck 216
Rechteckig, Befehl 3darray 629
Rechteckige Anordnungen 219
Rechte-Hand-Regel 606, 635
Rechts, Befehl Dtext 291
Rechtschreibprüfung 301
Rechtschreibung 301
Regelfläche 678
Regelmäßige Anordnungen 218
Regelob 678

Regen 171
Regenall 171, 540, 650
Regenauto 1000
Regenerieren 171
Region 395
– Befehl Ddmodify 511
Registerkarte,
– Blättern 54
– Anzeige 87
– Suchen 55
Reihe 218
Reinst 732
Relative kartesische Koordinaten 110
Relative polare Koordinaten 111
Relativpunkte 199
Render 728
Renderbefehle 35
Renderfenster 734
Rendern 725
– in Datei 733
Richtung 109
Richtung wechseln,
– Befehl Splinedit 351
Ring 353
Rotation 696
Rotationsfläche 676
Rotob 676
Rscript 813

S

SCH oder Schnittpunkt 187
Schale, Befehl 3D 673
Schalung 1046
Schattieren 620
Scheitelpunkte editieren,
– Befehl Pedit 348
Scheitelpunkte verschieben,
– Befehl Splinedit 351
Schieben 226
SCHIEBEN, Griffe 525
Schließen,
– Befehl Linie 153
– Befehl Pedit 346
Schnellstart 107
Schnelltext, Zeichnungshilfen 120
Schnitt, Befehl Dansicht 646
Schnittkanten 161
Schnittmenge 399, 702

Stichwortverzeichnis

Schnittpunkt angenommener 634
Schräg, Befehl Bemedit 427
Schraff 1001
Schraffedit 255
Schraffieren 248
Schraffur,
- Befehl Ddmodify 514
- Zeichnungshilfen 121
Schraffurgrenze 252
Schraffurmuster 249
- definieren 804
- erstellen 804
Schraffurmusterbibliothek 248
Schraffurmusterpalette 249
Schraffur-Voransicht 253
Schreibschutz 50
Schriftfeld 104
- Befehl Mvsetup 655
Schriftname 305
Schriftstil 305
Script 812
SCSI-Controller 30
SCSI-Festplatte 30
SDF 458
Segmentlänge,
- Befehl Messen 368
- Messen 367
Sehnenlänge, Befehl Polylinie 339
Seite, Befehl Polygon 353
Seitenmenü 87
Select Objects 867
Senden an 52
Setup,
- Einstellung des Zeichenbereichs 550
- Schritte 101
- Wahl des Papierbereichs 551
Setvar 407, 1002, 1021
Shade 620
Shadedge 621
Shadedif 622
Shell 1003
Sichals 143
Sichern, Befehl BKS 211
Sicherungsdatei 146
Sichtbarkeit in Ansichtsfenstern 541
Skalieren 228
- Befehl Mvsetup 657
- Griffe 525

Skalierfaktor für Pbereich, Dbem 412
Skalierfaktor,
- Befehl Plot 320
- Befehl Varia 229
- Dbem 419
- Schraffur 250
Skalierfaktor, Linientypen 139
Skizze 354
Skpoly 356
Skript-Dateien 812
SLIDELIB.EXE 811
Software-Schnittstellen 869
Software-Voraussetzungen 29
Solans 717
Solid 385
- Befehl Ddmodify 510
Solprofil 715
Solzeich 721
Sonderzeichen, Menüdatei 794, 823
Sonnenstandsberechnung 763
Space Delimited Format 458
Speichern,
- Befehl Afenster 649
- Befehl Skizze 355
- der Zeichnung 143
Spiegelachse 227
Spiegeln 227
- Griffe 525
Splframe 347, 665, 668, 682
Spline 349
- Befehl Ddmodify 510
- Befehl Führung 282
Splinedit 350
Spotlichter 764
Spur 236
SQL Editor 861
SQL Rows 862
Stadtplanung 1048
Stahlbau 1046
Standard-Funktionsleiste 45, 963
Standardmaterial 748
Stapelplotten 325
Start
- einer neuen Zeichnung 95
- mit einer Vorlage 150
- ohne Setup 115
Startdialogfeld 99
Starten von AutoCAD 41

Startmenü 926
Startp, Endp, Radius, Befehl Bogen 205
Startp, Endp, Richtung, Befehl Bogen 205
Startp, Endp, Winkel, Befehl Bogen 205
Startp, Mittelp, Endp, Befehl Bogen 205
Startp, Mittelp, Sehnenlänge, Befehl Bogen 205
Startp, Mittelp, Winkel, Befehl Bogen 205
Stat 772
Statistik 772
Status 264
Statusinformationen 45
Statuszeile 45
Stereolithographie 588
Steuerbefehle in Skript-Dateien 813
Stiftnummer 315
Stiftplotter 33
Stiftzuordnung 315
Stil 305, 1004
- Befehl Dtext 292
- Befehl Mlinie 363
- Befehl Mtext 294
- Bemaßung 408
Stlout 1005
Strahl 195
- Befehl Ddmodify 507
Strecken 230
STRECKEN, Griffe 522
Stückliste 460
Stutzen 161
Subtrahieren, Befehl Fläche 261
Suche anhalten 56
Suchen einer Zeichnung 54f.
Suchen/ersetzen, Befehl Mtext 298
Suchkriterium 55
Suchpfad 56
Suffix, Dbem 415
Surftab1 676f., 679f.
Surftab2 676, 680
Surftype 682
Surfu 682
Surfv 682
Symbol 366
Symbolanzeige 53
Symbolbibliotheken 1053
Symbole 365, 802
- anordnen 53
Syntax Menüdatei 823
Sysfenster 1005

Systemvariablen 1019
Systemzeigegerät 31
Szene 765

T
Tabellarische Fläche 677
TABLET14.DWG 63, 944
Tablett 374
Tablettauflage 63
Tablettkonfiguration 944
Tablettkoordinaten 840
Tablettmenü 63f., 839
Tabob 677
TAN oder Tangente 188
Tangente, Befehl Pedit 347
Tastaturkürzel 843
Tastenbelegung der Maus 80
Teilen 368
Teilmenüs 845
Tetxabsatz, Befehl Ddmodify 511
Text 1006
- Befehl Bemwinkel 281
- Bemlinear 272
- Bemordinate 285
- Bemradius bzw. Bemdurchm 278
- Bonus-Utilities 910
- Dbem 417
Text ausrichten, Befehl Bemtedit 426
Text bearbeiten 300
Text importieren, Befehl Mtext 295
Text, außen horizontal, Dbem 415
Text, innen horizontal, Dbem 414
Textänderungen 300
Textauflösung, Befehl Plot 318
Textbld 813
Texteditor 294
Textfenster 66
Textfill 318
Textfüllung, Befehl Plot 318
Textoptionen, Befehl Ddattdef 452
Textqlty 318
Textstil 305
- definieren 305
Textzeile, Befehl Ddmodify 511
Thickness 611
Tilemode 529
Tintenstrahldrucker 32
Tintenstrahlplotter 33

Toleranz 287
- Befehl Führung 282, 288
- Dbem 417
Toleranzfunktionen 288
Torus,
- Volumenkörper 694
- Befehl 3D 674
Transparente Befehle 69, 964
Transparenz 493
TrueType-Schriften 305
TTR, Befehl Kreis 202

U
Ucsfollow 639
Übergeordnet, Bemaßungsstil 420
Überlagern, Befehl Xref 473
Überlagerung 700
Überschreiben, Befehl Bemüberschr 428
Übersichtsfenster 70
Überstreichen 293
Übungsanleitungen 28
Üfenster 70
Umbenenn 1008
Umgebung, ASE 858
Umgebungslicht 760
Umgrenzung 390
- Schraffur 251
Umgrenzungsoptionen,
- Schraffur 253
Umgrenzungsstil,
- Schraffur 253
Umkreis, Befehl Ploygon 353
Unsichtbar,
- Befehl 3dfläche 665
- Befehl Ddattdef 451
- Befehl Edge 668
Untermenüabschnitte 822
Untermenüaufruf 822
Unterstreichen 293
Ursprung 340, 396, 445, 636, 1008
- Befehl BKS 210, 636
- Befehl Bksymbol 212
- Befehl Ddinsert 444
- Befehl Plot 320
- Schraffur 253

V
Varia 228
Variable definieren 407
VBA 893
VBA-Entwicklungsumgebung 893
Verbinden,
- Befehl Afenster 649
- Befehl Pedit 346
- Befehl Skizze 355
Verdeckt 620
- Befehl Dansicht 644
Verdplot, Befehl Mansfen 534
Vereinig 398, 701
Verfahrenstechnik 1052
Verfeinern, Befehl Splinedit 351
Verknüpfen 564
Verknüpfen der Daten,
- ASE 864
Verknüpfung 42
- von Regionen 398
Vermessungstechnik 1049
Verschiebbare Ansichtsfenster 533, 652
Verschiebbarer Modellbereich 530, 652f.
Versetz 159, 343
Versetzen 158
- Polylinien 343
Versorgung/Entsorgung 1048
Vertikal,
- bemlinear 270
- Konstruktionslinie 194
Vertikale Ausrichtung, Dbem 415
Visretain 478
Visual Basic for Applications 893
Volumenkörper 605, 691
Von Punkt 633
VONBLOCK 434
- Bemaßung 410
VONLAYER 138, 142, 502
- Bemaßung 410
vonp 200
Voransicht 49, 324
- Befehl Bild 487
- Befehl Plot 321
- Befehl Stil 306
Vordefiniert, Schraffurmuster 249
Voreinstellungen 86, 324, 927f.

Vorher, Objektwahl 176
Vorlage 95, 149
– verwenden 96, 150
Vorlagenbeschreibung 145
Vorwahl, Befehl Ddattdef 451
Vorwort 17

W
Wahl 180
Warme Griffe 521
Wblock 1009
Web-Zeichnungsformat 589
Weiter, Befehl Bogen 206
Weitere Parameter, Befehl Plot 317
Welt, Befehl Bks 211
Weltkoordinatensystem 108
Werkzeuge, Bonus-Utilities 913
Werkzeugkästen 45, 58, 779, 835
– ein- und ausschalten 60
– Funktionen anwählen 62
– verschieben 61
– wiederherstellen 795
Werkzeugkasten 59, 779, 960
– Belegung 788
– erstellen 785
– plazieren 60
Werkzeugkasten Abfrage 960
Werkzeugkasten Ändern 960
Werkzeugkasten Ändern II 960
Werkzeugkasten Ansicht 960
Werkzeugkasten Bemaßung 961
Werkzeugkasten Bks 961
Werkzeugkasten Einfügen 961
Werkzeugkasten Externe Datenbanken 961
Werkzeugkasten Flächen 961
Werkzeugkasten Objektfang 962
Werkzeugkasten Referenz 962
Werkzeugkasten Render 962
Werkzeugkasten Volumenkörper 962
Werkzeugkasten Zeichnen 963
Werkzeugkasten Zoom 963
Wert, Befehl Ddattdef 452
Wherst 1010
Wiedergabe 733
Windows 95 31
Windows NT 31
Windows, Zwischenablage 561
Windows-Dialogfelder 51

Windows-Metafile 561
Windows-Systemdrucker 314
Winkel 101
– Befehl Bemwinkel 281
– Befehl Stil 306
– Bemlinear 272
– Bemradius bzw. Bemdurchm 278
– Schraffurmuster 251
Winkel, Konstruktionslinie 194
Winkelbemaßung 280
Winkeleinheiten 101
Winkelhalbierende, Konstruktionslinie 194
Winkelmaß 102
Winkelmeßrichtung 109
Winkelrichtung 103
WINTAB-Treiber 31
WKS 108
WMF-Dateien 585
WMF-Format 561
Wmfopt 586, 1010
Wmfout 1010

X
X-Abstand,
– Fang 118
– Raster 117
X-Basis, Fang 118
Xbinden 481
Xclipframe 449, 476
Xdaten, Bemordinate 285
XP, Befehl Zoom 541
Xref 471
Xzuordnen 1011
Xzuschneiden 446, 476

Y
Y-Abstand,
– Fang 118
– Raster 117
Y-Basis, Fang 118
Ydaten, Bemordinate 285

Z
Z 156
Z-Achse,
– Befehl BKS 636
Zaun, Objektwahl 176
Zbereich, Befehl Mansfen 535

Zeichen, Befehl Mtext 296
Zeichenbefehle 33
Zeichenbildschirm 43
Zeichenfläche 43
Zeichentechniken 114
Zeichnen,
– Bonus-Utilities 912
– öffnen 98
– von Linien 152
Zeichnung auswählen 49
Zeichnungsanordnung 105
Zeichnungsdatei 144
Zeichnungseinheiten 112
Zeichnungshilfen 34, 116, 372, 386
Zeichnungskoordinatensystem 108
Zeichnungslayout 35, 654
Zeichnungslimiten 113
Zeichnungsstatus 264
Zeichnungsverwaltungen 1053
Zeichnungsvorlage 144
Zeichreihenf 388, 494
Zeigdia 811
Zeiger, Befehl Voreinstellungen 936
Zeigmat 746
Zeit 264
Zeitmessung 264
ZEN oder Zentrum 188
Zerlegung von Polylinien 340

Ziel, Befehl Dansicht 643
Zlösch 156
Zoom 73
– Alles 77
– Befehl Dansicht 644
– Dynamisch 78
– Faktor 76
– Fenster 75–76
– Grenzen 75, 77
– Mitte 77
– Vorher 75–76
Zoom XP 541
Zoomen im Übersichtsfenster 71
Zugmodus 1012
Zuordnen,
– Befehl Bild 487
– Befehl Xref 472
Zurück 156, 1012
– Befehl Linie 153
Zurückstellen,
– Befehl Zeit 264
Zusammengesetzte lineare Maße 275
Zusatzübung 28
Zuschneiden 446
Zwischenablage 561
Zylinder, Volumenkörper 693
Zylinderkoordinaten 606

Visuelle Streifzüge durch neue Technologien

ONLINE FOCUS

BESTSELLER

Alle Bücher komplett in Farbe, je DM 29,95

BESTSELLER

So funktionieren Intranets
Preston Gralla

Ein weiterer Titel der Bestsellerreihe zur Zukunftstechnologie Intranet. Verstehen Sie die Komponenten und Funktionsweisen eines Intranet. Begreifen Sie, wie sich Intranet und Internet unterscheiden und wie Workgroup-Computing in einer Firma funktioniert.

224 Seiten,
ISBN 3-8272-**5278**-4

So funktioniert das World Wide Web
Shipley/Fish

Auf der visuellen Reise durch die Funktionsweisen des WWW erfahren Sie, warum das World Wide Web nicht gleich Internet ist. Sie verstehen die Anatomie einer Web-Verbindung und die Sprache des WWW – das HTML. Und Sie erfahren eine ganze Menge über diese vielen Abkürzungen, die in aller Munde sind: CGI, URL, IRC usw.

192 Seiten,
ISBN 3-8272-**5250**-4

So funktioniert das Internet
Preston Gralla

Auf einer visuellen Reise durch die Funktionsweisen des Internet erfährt und versteht der Leser, wie die Daten fließen, um Menschen in aller Welt miteinander zu verbinden. Alles Wichtige und Wissenswerte für Anwender und Einsteiger, wie z.B. Online-Dienste, E-Mails, Netzwerke und Datenkomprimierung.

192 Seiten,
ISBN 3-8272-**5209**-1

So funktionieren Computer
Ron White

Das Allroundbuch sowohl für Einsteiger als auch für alle, die einfach mehr über die Computerwelt wissen wollen. Auf einer visuellen Reise durch das Innenleben des Computers erfährt der Leser auf leichte und anschauliche Weise alles über die abstrakte Computer-Technologie, wie z.B. Mikrochips, Datenspeicher, Drucker.

232 Seiten,
ISBN 3-8272-**5208**-3

Markt&Technik
A VIACOM COMPANY

Buch- und Software-Verlag GmbH
Hans-Pinsel-Straße 9b
85540 Haar bei München
Tel.: 089 / 4 60 03-222
Fax: 089 / 4 60 03-100
Internet: http://www.mut.com